南通大学教务处　主编

学海图南

南通大学优秀毕业设计(论文)集

2016 届

苏州大学出版社
Soochow University Press

图书在版编目(CIP)数据

学海图南：南通大学优秀毕业设计(论文)集. 2016届/南通大学教务处主编. —苏州：苏州大学出版社,2017. 3
ISBN 978-7-5672-2046-1

Ⅰ. ①学… Ⅱ. ①南… Ⅲ. ①高等学校-毕业论文-汇编-南通-2016 Ⅳ. ①G642.477

中国版本图书馆 CIP 数据核字(2017)第 024686 号

学海图南——南通大学优秀毕业设计(论文)集
2016 届
南通大学教务处 主编
责任编辑 肖荣 巫洁 苏秦

苏州大学出版社出版发行
(地址：苏州市十梓街 1 号 邮编：215006)
南通印刷总厂有限公司印装
(地址：南通市通州经济开发区朝霞路 180 号 邮编：226300)

开本 787 mm×1 092 mm 1/16 印张 39.25 字数 956 千
2017 年 3 月第 1 版 2017 年 3 月第 1 次印刷
ISBN 978-7-5672-2046-1 定价：70.00 元

苏州大学版图书若有印装错误，本社负责调换
苏州大学出版社营销部 电话：0512-65225020
苏州大学出版社网址 http://www.sudapress.com

编　委　会

前　言

21世纪是知识经济的时代，迫切需要具有创新能力的复合型人才，作为培养高级专门人才的高等学校应该着眼于培养学生的创新能力，提高学生的综合素质，以适应现代社会的激烈竞争和世界经济全球化的需要。

毕业设计(论文)是高等学校人才培养方案的重要组成部分，是人才培养过程中一个非常重要的实践环节，是学生在校学习的一次全面检验、总结和提高，是学生利用所学的专业知识解决实际问题的一次综合训练，是体现学校整体教学水平的重要标志，是教学水平评估的主要检查环节，是学生由学校走入社会的桥梁。因此，毕业设计(论文)在整个本科教学中所起的作用和地位，是其他教学环节无法替代的。

南通大学是经教育部批准合并的一所综合性大学，学科门类较全，涵盖文学、理学、工学、医学、教育学、经济学、法学、历史学、管理学、艺术学等学科门类。学校秉承“祈通中西，力求精进”的校训，立足南通，服务江苏，面向全国，为经济建设和社会发展提供有力的人才支持、智力支撑和知识贡献，努力建设高水平、有特色的综合性大学。学校注重培养和提高学生的综合素质，提高学生的创新意识和创新能力，对毕业设计(论文)这一实践教学环节尤其重视。

为了更好地总结经验，做好毕业设计(论文)工作，加强毕业设计(论文)经验交流，学校每年组织一次校级优秀毕业设计(论文)评选，编辑出版一本优秀毕业设计(论文)集。

南通大学教务处

2016年8月

目　　录

《楚辞疏·离骚》异文研究

学生姓名：邓杨婷　指导教师：张学城

南通大学文学院，汉语言文学(师范)专业，学号：1201012009

【摘　要】陆时雍的《楚辞疏》罗列了陆氏当时所能见到的《楚辞》异文，对其进行研究具有文献学、训诂学等方面的意义。本文首先介绍陆时雍与《楚辞疏》。其次结合出土文献和传世文献，逐字辨证《楚辞疏·离骚》中的异文。最后总结本研究的意义和存在的不足之处。

【关键词】《楚辞疏》；离骚；异文；辨证

《楚辞》是继《诗经》以后，对我国文学具有深远影响的一部诗歌总集。自古以来，研究《楚辞》的著作数不胜数，明代陆时雍的《楚辞疏》就是其中一部。

1　《楚辞疏》简介

1.1　陆时雍及其著作

陆时雍，浙江桐乡人，明代末年的学者和诗论家，其生卒年史料无明确记载。徐小利指出其生卒年为1589—1640年。

其著作主要有《古诗镜》《唐诗镜》《法言新注》《陆昭仲诗集》八卷、《楚辞疏》等。其中《楚辞疏》的一大特色是陆氏罗列了他当时所能见到的《楚辞》异文，有助于读者阅读和研究《楚辞》。

1.2　《楚辞疏》的版本

现能见到的《楚辞疏》版本主要有：(1)明缉柳斋刻本；(2)缉柳斋原刻学山堂重印本；(3)缉柳斋原刻天章阁重刻本；(4)缉柳斋原刻康熙四十四年有文堂重印本。

1.3　《楚辞疏》的体例与注疏特色

《楚辞疏》的体例：

每篇正文之前为陆氏所作的小序，以“陆时雍叙曰”开头。其次，陆时雍分小节注疏。每小节先列出《楚辞》原文，然后是注音与校文。此后罗列“旧诂”。最后为陆时雍的注疏，以“陆时雍曰”开头。

陆氏的注疏有许多特色：

(1)陆时雍不再沿用前人注疏的套路，而是着重于疏。

(2)简洁明了，四六句较多，句子相对整齐。

(3)有主有次，对于拟骚作品，陆氏只将其收录于《楚辞疏》中，不做具体分析。

2　《楚辞疏·离骚》异文辨证

2.1　异文界定

本文研究的异文定义为“凡同一书的不同版本，或不同的书记载同一事物，字句互异，都叫异文”①。

2.2 《楚辞疏·离骚》异文辩证

2.2.1 异体字形成的异文

本文研究的异体字是指同一时期音义相同而字形不同的一组字，两者在任何情况下都可以互换。

擥——攬

《楚辞疏·离骚》：“夕擥洲之宿莽。”擥，一作攬。

“擥”，《说文》：“擥，撮持也。”《广雅·释诂一》：“擥，取也。”

“攬”，指以手引取。《广雅·释诂三》：“攬，持也。”

综上，“擥”与“攬”意义相同，仅字形有异，则“擥”与“攬”为异体字关系。故黄灵庚在《楚辞异文辩证》中曰“擥、擥，皆攬字异体文”。

此外还有“雧——集”这组异文，通过分析“雧”字字形演变情况可知，“雧”与“集”在古文字中并存，两者可以互相替换，因此它们是异体字。但由于战国时期楚文字里均写作“集”，所以我们怀疑屈原在创作《楚辞》时写作“集”。

2.2.2 正俗字形成的异文

正俗字，即一字有正写和俗写之分。正字为通用写法，更符合造字原意。俗字是民间为了书写方便而减去或改变部分笔画形成的。两者音义相同，仅字形有别。

椉——乘

《楚辞疏·离骚》：“椉骐骥以驰骋兮。”椉，一作乘。

“椉”，《说文》：“椉，覆也。”

“乘”，《说文》：“乘，覆也。”

现将“乘”字字形演变情况罗列如下：《虢季子白盘》作，《克钟》作，《格伯簋》作、、，《禹鼎》作，《晏公匜》作，《睡虎地简一〇·一一》作，《春秋事语四二》作。

由上表可知，从西周开始，“椉”与“乘”并存于同一时期，可以互相替换，两者为异体字。

又《敦煌俗字典》指出，“乘”是“乘”的一个俗体，见于《太上洞玄灵宝妙经众篇序章》：“并乘五色穷轮。”

综上，“椉”与“乘”应为正俗字。故《正字通·丿部》曰：“乘，《说文》作椉……俗作乘。”

此外，根据“乘”字字形变化情况来看，从西周到秦汉时期，“椉”字盛行，因此，屈原在创作《楚辞》时很有可能写作“椉”。

2.2.3 古今字形成的异文

古今字一般包含三种情况：(1) 由于词义的引申，原有的字承担的义项较多，因此就在其基础上增加或改变偏旁，另造新字表示其中的一个义项；(2) 古字通过假借表示新词，然后根据假借字的字形另造新字来表示原意；(3) 通过音义相承，形体上已经没有较大联系。本文研究的是广义的异体字，具体情况如下。

① 王彦坤《古籍异文研究》，第1页，广东高等教育出版社，1993。

駝——馳

《楚辞疏·离骚》："窫骐骥以駝骋兮。"駝，一作馳。

"駝"，《玉篇》："駝，駱駝也。"

"馳"，《说文》："馳，大驱也。"

"馳"字字形演变情况如下：《包二·一八七》作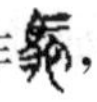，《睡虎地秦简杂二八》作，《居延简甲一七二》作，《唐公房碑》作。

可见战国时期，"馳"写作"駝"，后盖因隶变而作"馳"。此外，孙海波在《甲骨金文研究》中指出，"它"，金文作，即后"也"字之所从出。古从"也"之字多从"它"，如"匜"金文作，"池"金文作，可证"它""也"一字。因此，"駝"为古"驰"字。

此外还有"晦——畝""陳——陳""要——腰""㠯——以"四组异文。通过其字形发展变化进行分析，同时结合文献资料，我们认为"晦"为古"畝"字，"陳"为古"陳"字，"要"为古"腰"字，"㠯"为古"以"字。但由于战国时期"陈"字盛行，因此，我们怀疑屈原创作时写作"陈"。

2.2.4　通假字形成的异文

本文研究的通假主要是指"在已有本字的情况下，利用汉字间的音义关系，出现临时替代本字的现象"①。这类通假字使得汉字音义脱离，让读者难以根据字形凭空猜想其含义，因此需要通过大量的材料来证明其关系。

齎——齌

《楚辞疏·离骚》："反信谗而齎怒。"齎，一作齌。

"齎"，《说文》："齎，持遗也。"

"齌"，《说文》："齌，炊餔疾也。"

根据《古字通假会典》可知，"齊"与"齎"通，"齊"与"齌"通，则"齎"与"齌"上古读音相同或相近，两者应为通假字，义为"疾，暴"，言怒气之盛。例如：明袁宏道《叙小修诗》："不揆中情，信谗齎怒。"

此外还有"謇——蹇""圜——圓""鮌——鯀""婞——倖""澆——奡""待——持""假——暇"七组异文。通过对各组异文的上古读音进行对比，查询古书用例予以佐证，我们认为这七组均为通假字形成的异文。

2.2.5　但记词音形成的异文

汉语中有些词的书写形式不考虑字的本义，仅仅利用其读音来标写，那么一个词就会有多种不同的写法。现将《楚辞疏·离骚》中的这类异文逐一疏证如下。

昌被——昌披

《楚辞疏·离骚》："何桀纣之昌被兮。"被，一作披。

《易林·观之大壮》："心志无良，昌披妄行。"姜亮夫认为，是古只作"昌披"，指人性行狂乱言，故后人以训诂字书之。则此为连绵词无定字。

此外还有"相羊——穰佯""鶗鴂——鷤鴂""委蛇——逶迤""欝邑——欝悒""崦嵫——奄兹"五组异文，皆以音为衍，字无定体。

① 杨冰郁《唐诗异文研究——以李白诗歌异文为例》，第41页，陕西师范大学博士学位论文，2009。

2.2.6 衍脱形成的异文

衍脱致异是指在古籍传抄、刊刻的过程中因疏忽而误增或者误漏文字的现象，由此产生的异文叫作衍文和脱文。

余不难夫离别兮——余既不难夫离别兮

《楚辞疏·离骚》："余不难夫离别兮。"一本"余不难""余"下有"既"字。

"既"，《说文》："既，小食也。"

黄灵庚曰："无既者。辞气不畅。"此观点有待商榷。"余不难夫离别兮"大意为"我"不害怕离别，"既"字之意与该诗句无甚关联。而上句"初既与余成言兮"以及下节"余既滋兰之九畹兮"，两句中"既"字均有实际意义，即作表示动态的副词，相当于"已经"，对辞气畅与否并未有较大作用。综上，此处"既"字大概是因上下句中的"初既"与"余既"误衍而得。

此外，《楚辞疏·离骚》指出，"樧又充夫佩帏"，"又"下有"欲"字。根据分析发现，"欲"字应是传抄过程中形成的脱文。

3 结 语

通过对上述异文的具体分析，我们可以看出异文产生的原因多种多样，有异体字形成的、古今字形成的等，这些给后人阅读文本造成了极大的阻碍。本文的研究在文献学、训诂学、音韵学等方面具有一定的意义，能够帮助解决这些问题。例如"余既不难夫离别兮"中的"既"，"樧又欲充夫佩帏"中的"欲"，通过分析两字的含义与用法，结合上下文内容，我们认为两者分别为衍文和脱文。又如文中的八组通假字，通过对每组字的上古读音进行考证、比较，搜集通假用例予以佐证，确定其通假关系，可以方便读者理解。这些分析能够帮助我们尽可能地探索《离骚》原貌，更好地理解文本内容。总之，异文研究是非常重要的。

囿于本人学识，本文在分类、辩证等方面还存在浅显、疏漏等问题，文章的具体分析不够透彻，仍需深入挖掘。

参考文献

[1] 吴平，回达强. 楚辞文献集成[M]. 扬州：广陵书社，2008：4127—4176.
[2] 王彦坤. 古籍异文研究[M]. 广州：广东高等教育出版社，1993：1.
[3] 杨冰郁. 唐诗异文研究——以李白诗歌异文为例[D]. 西安：陕西师范大学博士学位论文，2009：41.
[4] 徐小利. 陆时雍《楚辞疏》研究[D]. 兰州：西北师范大学硕士学位论文，2011：1—43.
[5] 赵逵夫. 陆时雍与《楚辞疏》[J]. 文献，2002(3)：124—134.
[6] 汉语大字典编辑委员会. 汉语大字典[M]. 2版. 成都：四川辞书出版社，2010.
[7] 张世禄. 古代汉语教程[M]. 上海：复旦大学出版社，1991：74.
[8] 滕壬生. 楚系简帛文字编[M]. 武汉：湖北教育出版社，1995：761.
[9] 古文字诂林编纂委员会. 古文字诂林(第8册)[M]. 上海：上海教育出版社，2004：487.
[10] 古文字诂林编纂委员会. 古文字诂林(第10册)[M]. 上海：上海教育出版社，2004：365—829.
[11] 汤馀惠. 战国文字编[M]. 福州：福建人民出版社，2001：167.
[12] 汉语大字典字形组. 秦汉魏晋篆隶字形表[M]. 成都：四川辞书出版社，1985：184—185.
[13] 郭锡良. 汉字古音手册[M]. 北京：北京大学出版社，1986：8—278.
[14] 许慎. 说文解字[M]. 北京：中华书局，2013.

［15］ 段玉裁. 说文解字注［M］. 上海：上海古籍出版社，1981.
［16］ 崔富章，李大明. 楚辞集校集释［M］. 武汉：湖北教育出版社，2002：34—703.
［17］ 黄灵庚. 楚辞异文辩证［M］. 郑州：中州古籍出版社，2000：1—141.
［18］ 洪成玉. 古今字［M］. 北京：语文出版社，1995：1—4.
［19］ 黄征. 敦煌俗字典［M］. 上海：上海教育出版社，2005：50.
［20］ 古文字诂林编纂委员会. 古文字诂林（第 4 册）［M］. 上海：上海教育出版社，2004：201.
［21］ 容庚. 金文编［M］. 北京：中华书局，1985：387.
［22］ 高亨. 古字通假会典［M］. 济南：齐鲁书社，1989.

佛家的“色戒”与《红楼梦》中的情爱

学生姓名：王　琪　指导教师：王树林
南通大学文学院，汉语言文学专业，学号：1201051030

【摘　要】 本文认为《红楼梦》情爱描写的背后是对佛家“色戒”思想的宣扬，从《红楼梦》情爱框架下的佛家思想及其根源，《红楼梦》中的色戒概瞰，贾宝玉的淫、情、戒、空的生命历程，《红楼梦》“情爱”“色戒”的理论透视四个角度探析。

【关键词】 红楼梦；情爱；色戒；色空

1 引　　言

就《红楼梦》主题，鲁迅曾说“单是命意，就因读者的眼光而有种种：经学家看见《易》，道学家看见淫，才子看见缠绵，革命家看见排满，流言家看见宫闱秘事”[1]，可以有多种见解。

2 《红楼梦》情爱框架下的佛家思想及其根源

第一回中“此回中凡用‘梦’用‘幻’字等，是提醒阅者眼目，亦是此书立意本旨，兼语提醒阅者之意”[2]。前人亦有论述“巍峨高耸的红楼大厦是建基于‘梦幻’的地基之上的”[3]。又写空空道人“因空见色，由色生情，传情入色，自色悟空”[4]。这些观念的根源来源于佛教。小说中表达出人生老病死，离合盛衰就如同“泡影电光”[5]，是《金刚经》中“一切皆有法，如梦幻泡影”[6]，更表达了对人世间荣辱更替周而复始以及盛久必衰的感叹与彻悟[7]。

1.1 佛教在中国的流传以及曹雪芹的身世背景

佛教文化流传进入中国后与儒道文化互相作用，形成了儒道佛三家并存发展的形势，到了清朝，佛道融合的思想成为清代佛教发展的主流。[8]当时许多文人将其作为精神支柱，如“梦故是醒，则空即是色；醒亦是梦，则色即是空”[9]。

曹雪芹少年时代荣华富贵，被抄家后过着“举家食粥酒常赊”[10]的困顿生活并与佛僧有密切接触。撰写红楼成为他的寄托，“他对这部书的感情越来越深厚了”[11]。所以其中浸透着他对现实人生的思考领悟，同时又透露佛家思想也就不足为奇了。

1.2 佛家的色与戒

“梦幻”“色空”属于“色戒”思想。《佛家名相通释》：“色者何？《论》云：‘谓曰大种及四大种所造，皆名为色。’”[12]戒，在佛教的基本意义是约束，即戒除杂念和执念。“色戒”即要求众生看清楚色相的本质，破除对外在色相的执念，无欲无求，即进入佛家“空”的境界。空，《华严经·还原观》云：“谓尘无自性，即空也；幻相宛然，即有也。”[13]色是一切能够被人类感知到的现象，空是无法被人类察觉到但又绝对存在的表象内在的本质特征。其关系如佛家箴言“色不异空，空不异色，色即是空，空即是色”[14]。世间万物都是“因缘和合”的假象，无论外在的色如何变化，内在的空这个本质，才是不变的真理。故“色不异空”。而正因为空是色的本体，却又无可感知，所以需要通过色这种外界的客体才能显现出来，故“空不异色”。能够体会色的存在，又不被其迷惑，明白色相是空的，看透色相戒除执念，便是“色戒”思想的内涵。

3 《红楼梦》中的色戒概瞰

3.1 声色空幻

第一回二仙说“究竟是到头一梦，万境归空，倒不如不去的好”[15]，第五回中的对联“假作真时真亦假，无为有处有还无”[16]，都表明世事如梦。小说中描写四大家族的荣辱兴衰和众多美好的感情及悲剧结局，体现了“浮生着甚苦奔忙，盛席华筵终散场。悲喜千般皆幻渺，古今一梦甚荒唐”[17]。《好了歌》“荒冢一堆草没了，及到多时眼闭了，君死又随人去了，孝顺儿孙谁见了？”[18]“好便是了，了便是好。若不了，便不好；若要好，需事了”[19]，意在劝说世人放下对于色相的执念，因为声色空幻，若是苦苦寻求，最后只是“甚荒唐，到头来都是为他人做嫁衣裳”[20]！正如《飞鸟各投林》一曲，金银钱财、官途命运、痴情薄命终是“落得片白茫茫大地真干净”[21]！

3.2 情色为介

《红楼梦》作为一部“无真无假，无事无非，无善无恶，无因无果，因此也是无边无际的艺术大自在”[22]，伟大之处在于以情爱为媒介，来连接色与空两端。

色是存在，空是本质。想要达到空的境界，最重要的就是破除对色即存在的执念。而情，是人生命的昂扬境界，是存在的极致。《六祖坛经》亦云：“无情无佛种。”[23]强调佛种包含情种，破情是证悟的必经阶段。正所谓“悟通大道，必先空破情根；空破情根，必先走入情内；走入情内，见得世界情根之虚，然后走出情外，认得道根之实”[24]。曹雪芹用情爱过程与悲剧结局这种巨大的落差来诠释“情之所空”，与佛家以“大欲大乐”的方式来使世人达到内心真正的清净是一致的，是即大乐法，是名欲解脱。[25]第一回中写二仙知不可强制，便大施佛法相助，待劫终之日，复还本质，以了此案。[26]第五回中警幻仙子“万望先以情欲声色等事警其痴顽”[27]，都说明大旨谈情，是为了破除情执，也就是“戒情”。

3.3 滥淫与意淫

小说重点描写情爱，甲戌本批：“全用幻，情之至，莫如此。”[28]同时严格区分情淫，“淫里无情，情里无淫，淫必伤情，情必戒淫，情断处淫生，淫断处情生”[29]。第五回“如世之好淫者，不过悦容貌，此皆皮肤淫滥之蠢物耳，如尔则天分中生成一段痴情，吾辈推之为‘意淫’”[30]，将淫分为滥淫与意淫，意淫是“痴情”，是情欲，指贾宝玉，滥淫是肉欲，即贾珍贾琏之流。

贾琏的情恋贯穿全书，通过写他与王熙凤的“淫”、对香菱的色心、调戏平儿、私通鲍二家的、偷娶尤二姐、纳秋桐为妾等行为来刻画了滥淫之典型。贾瑞执着于凤姐的美色以至病入膏肓，后跛足道人给其“风月宝鉴”并给了诫告。可惜“要紧，要紧”[31]并未起效。贾瑞终因无法抵制凤姐的诱惑进而因淫丧命，这正体现了佛家的色空思想。在佛家看来，一切美色与骷髅无疑，不过是外相的不同罢了。若不能认清其本质，便会陷进无限的痛苦。

贾宝玉的意淫是指他对所有女孩子的真情爱悦、乐意趋奉的情状。意淫而生情欲，他是一个有着“情极之毒”的人。但宝玉是痴迷最深、幻灭最深，却醒悟最深的。“呼吸而领会之者，独宝玉而已。”[32]

4　宝玉淫、情、戒、空的生命历程

第一回中暗示大荒山“青埂”峰下的石头，可知“情根”早已埋下，情是宝玉“色”。写贾宝玉破情，也是“因空见色，由色生情，传情入色，自色悟空”[33]而渐渐放下许多执着的过程。

4.1　因空见色

宝玉由“大荒”到了温柔乡，是“因空见色”。且他独钟情于情色，“女儿是水做的骨肉，男人是泥作的骨肉，我见了女儿便清爽，见了男子便觉浊臭逼人”[34]。第五回宝玉第一次神游太虚幻境，警幻仙子本欲以“情欲声色”使其“悟”，但此时宝玉未感受过情欲，因此他尚不能悟，而此番游历却起到了开蒙的作用。

4.2　由色生情、传情入色

宝玉自太虚幻境之后，由色生情，将情感投射到大观园中的众女儿身上，即“传情入色”的阶段，大观园是与太虚幻境相对的色的存在处所，“观园”在佛中代表华美景色，也是人世无常的象征符号。“往来生死如游园观”[35]，众人在此看似逃离了物质的牢笼，却为情所累，直至回归太虚幻境，才是真正度脱红尘。宝玉在此过程中逐渐领悟。

十九回袭人与宝玉约法三章，宝玉执着于“等我化成一股轻烟，风一吹便散了的时候，你们也管不得我，我也顾不得你们了。那时凭我去，我也凭你们爱那里去就去了”[36]。第二十回《寄生草》一曲中“没缘法转眼分离乍。赤条条来去无牵挂”[37]，无意中有着点化宝玉的作用。后宝玉因烦恼无解而占偈：“你证我证，心证意证。是无有证，斯可云证。无可云证，是立足境。”[38]由填一支《寄生草》作解想到“到如今回头试想真无趣”[39]！宝玉在不如意中悟出来你、我、心、意，这些“有”，都只是过眼烟云，只有“无”或“空”，才是最终的立足之地。后黛玉补充“无足立境，是方干净”[40]是作者所认为的空的要义，宝玉之悟尚未得真谛。因此第二十五回中，僧道说通灵宝玉被声色所迷故不灵验了，告诫“沉酣一梦终须醒，冤债偿清好散场”[41]！第二十八回，宝玉听到葬花词后感叹“试想林黛玉的花容月貌，将来亦到无可寻觅之时，宁不心碎肠断”[42]！又想到其他众女儿以及自己也终会有无可寻觅之时而心中郁结悲伤。这正是他深陷情中难以自拔的表现。

三十六回写宝玉希望能够使自己的尸首漂在众女儿眼泪流成的大河上，并说“自此再不要托生为人，就是我死的得时了”[43]。之后他央龄官唱“袅晴丝”一套被拒绝，又目睹了贾蔷与龄官的互动，知晓了龄官的情意，方明白众女儿的眼泪是竟不能全得的，遂说“从此后只是各人各得眼泪罢了”[44]。宝玉从希望得到所有女儿的情爱的“意淫”到追求“不知将来葬我洒泪者为谁”的至情，放下了许多执着，是他最后悟空悬崖撒手的一个重要契机。

九十一回，宝玉烦恼：“我想这个人生他做什么！天地间没了我倒也干净！”黛玉道：“原是有了我，便有了人；有了人，便有了无数的烦恼生出来，恐怖，颠倒，梦想，更有许多缠碍。”[45]宝玉此处是为情所扰而产生的不悦，认识到有自己的不好，而黛玉点明了人生一切烦恼的产生皆是因为自己这个主体因世间万象而产生的执着。宝玉的烦恼不是外界施压于他身的，而是来源于“我”。“没了我倒也干净”这句话看似是“色戒”，但是“没了我”是对于人存在的整体否定，并不是佛家色戒思想“戒”的要义。如三十一回写黛玉“既清冷则生伤感，所以不如倒是不聚的好”[46]。而宝玉只想：“只到筵散花谢，虽有万种悲伤，也就无可如何了。”[47]这里宝黛二人成为对比，宝玉是通过不断地追求来弥补色相无法永恒的苦痛，黛玉“不聚的好”也便是和“没了我”一样是对存在的否定，并非“戒”。戒色，更是戒执。此时宝玉未悟到烦恼来源于人对于色相的执着，而非色相本身。空即是色，通过消除感受色的主体的自身的存在是无法做到戒色的。

之后黛玉开解宝玉，宝玉忽然明白“任凭弱水三千，我只取一瓢饮”[48]，“我虽丈六金生，还借你一茎所化”[49]。至此宝玉之执着唯在黛玉，其悟空之契机也在黛玉。黛玉之死让他体会到情极的苦痛，使他失去了情执的对象，破除情执，是进入“自色悟空”的最重要的契机。

4.3 自色悟空

黛玉身亡打开了宝玉突破情执的缺口。之后他称甄宝玉是“禄蠹”[50]。和尚点化他“宝玉，宝玉，你的宝玉回来了”[51]，并引导他二次来到太虚幻境。宝玉重读了金陵十二钗正副册，再见到已是仙子的林黛玉、晴雯等人，方知之前的情爱执着不过都是色相变化的表象，本质在这太虚幻境之中。听到和尚“世上的情缘都是那些魔障”[52]的言语后彻底放下了情执：“不但厌弃功名仕进，竟把那儿女情缘也看淡了好些。”[53]

第一一七回宝玉自道“是了，是了”[54]，欲还玉给和尚，说“我已经有了心了，要那玉何用”[55]，又对袭人说“我便跟着他走了，看你们就守着那块玉怎么样”[56]，对宝钗说“如今才晓得‘聚散浮生’四字，古人说了，不曾提醒一个”[57]。这里宝玉已经彻悟色空是相互依存的，色相无法被摒弃，唯有心灵无执念，色空统一，才能自由。至此，宝玉已经做到了“色戒”，即作者大旨谈情的目的：“那‘淫’字固不可犯，只是这‘情’字也是沾染不得的。”[58]

5 《红楼梦》“情爱”“色戒”的理论透视

小说中的情爱即空，色—情—空三个阶段，情是色空的媒介，如佛家禅境。未参禅时，见山是山，见水是水。及至后来，亲见知识，有个入处，见山不是山，见水不是水。而今得个休歇处，依前见山只是山，见水只是水。[59]第一阶段是无欲无求，空空如也的状态，之后是人们因执念而歪曲客观存在，第三个阶段是做到了主客观统一。因此《红楼梦》中的色空思想是对佛家色空思想的变创。“色”是就吾人之执而说，而“空”是就吾人去执而言。[60]及至今日我们依旧可以从中继承许多精辟的理念。对于生活，我们更应该努力追求精神的自由，而不应被物质所束缚，进而用自己的执念来改变物质原本单纯的存在。

6 结 语

小说亦写了空空道人由情到空的过程，他是作者，也是读者，借空空道人放下执着间接告诉世人不必执着于书中情节感情，不过红楼一梦罢了。

参考文献

[1] 鲁迅. 鲁迅全集[M]. 北京：人民文学出版社，1987：3.
[2] 曹雪芹. 红楼梦[M]. 北京：人民文学出版社，1994：1.
[3] 白小易. 佛教思想：隐藏于梦幻中的“红楼大厦”基座——兼论曹雪芹创作《红楼梦》的主观命意[J]. 红楼梦学刊，1997(3).
[4] 曹雪芹. 红楼梦[M]. 北京：人民文学出版社，1994：3.
[5] 朱一玄. 红楼梦资料汇编[M]. 北京：中华书局，1964：351.
[6] 小野玄妙. 大正藏[M]. 日本：大正一切经刊行会，1960：361.
[7] 李华生.《红楼梦》梦幻意旨与曹雪芹梦幻心态[J]. 红楼梦研究，1991(5).

[8] 谢氏映凤-释坚莲.《红楼梦》中的佛教思想探讨[D].福州：福建师范大学，2009：37.
[9] 林辰.明末清初小说述景[M].辽宁：春风文艺出版社，1985：77.
[10] 周汝昌.曹雪芹新传[M].济南：山东画报出版社，2007：205.
[11] 周汝昌.曹雪芹新传[M].济南：山东画报出版社，2007：267.
[12] 熊十力.佛家名相通释[M].上海：上海书店出版社，2007：6.
[13] 冯友兰.中国哲学史[M].上海：商务印书馆，2001：67.
[14] 梅新林.红楼梦哲学精神[M].上海：华东师范大学出版社，2007：104.
[15] 曹雪芹.红楼梦[M].北京：人民文学出版社，1994：2.
[16] 朱一玄.红楼梦资料汇编[M].北京：中华书局，1964：423.
[17] 朱一玄.红楼梦资料汇编[M].北京：中华书局，1964：451.
[18] 曹雪芹.红楼梦[M].北京：人民文学出版社，1994：29.
[19] 曹雪芹.红楼梦[M].北京：人民文学出版社，1994：9.
[20] 曹雪芹.红楼梦[M].北京：人民文学出版社，1994：9.
[21] 曹雪芹.红楼梦[M].北京：人民文学出版社，1994：40.
[22] 刘再复.红楼梦悟[M].北京：生活·读书·新知三联书店，2006：149.
[23] 小野玄妙.大正藏[M].东京：大正一切经刊行会，1960：349.
[24] 朱一玄.红楼梦资料汇编[M].北京：中华书局，1964：424.
[25] 小野玄妙.大正藏[M].东京：大正一切经刊行会，1960：576.
[26] 曹雪芹.红楼梦[M].北京：人民文学出版社，1994：2.
[27] 曹雪芹.红楼梦[M].北京：人民文学出版社，1994：40—41.
[28] 朱一玄.红楼梦资料汇编[M].北京：中华书局，1964：501.
[29] 朱一玄.红楼梦资料汇编[M].北京：中华书局，1964：544.
[30] 曹雪芹.红楼梦[M].北京：人民文学出版社，1994：40.
[31] 曹雪芹.红楼梦[M].北京：人民文学出版社，1994：86.
[32] 鲁迅.中国小说史略[M].东京：里仁书局，1994：211—212.
[33] 曹雪芹.红楼梦[M].北京：人民文学出版社，1994：3.
[34] 曹雪芹.红楼梦[M].北京：人民文学出版社，1994：35.
[35] 小野玄妙.大正藏[M].东京：大正一切经刊行会，1960：752.
[36] 曹雪芹.红楼梦[M].北京：人民文学出版社，1994：137.
[37] 曹雪芹.红楼梦[M].北京：人民文学出版社，1994：155.
[38] 曹雪芹.红楼梦[M].北京：人民文学出版社，1994：157.
[39] 曹雪芹.红楼梦[M].北京：人民文学出版社，1994：157.
[40] 曹雪芹.红楼梦[M].北京：人民文学出版社，1994：185.
[41] 曹雪芹.红楼梦[M].北京：人民文学出版社，1994：201.
[42] 曹雪芹.红楼梦[M].北京：人民文学出版社，1994：228.
[43] 曹雪芹.红楼梦[M].北京：人民文学出版社，1994：228.
[44] 曹雪芹.红楼梦[M].北京：人民文学出版社，1994：228.
[45] 曹雪芹.红楼梦[M].北京：人民文学出版社，1994：268.
[46] 曹雪芹.红楼梦[M].北京：人民文学出版社，1994：269.
[47] 曹雪芹.红楼梦[M].北京：人民文学出版社，1994：726.
[48] 曹雪芹.红楼梦[M].北京：人民文学出版社，1994：726.
[49] 曹雪芹.红楼梦[M].北京：人民文学出版社，1994：726.
[50] 曹雪芹.红楼梦[M].北京：人民文学出版社，1994：899.

[51] 曹雪芹.红楼梦[M].北京：人民文学出版社，1994：901.
[52] 曹雪芹.红楼梦[M].北京：人民文学出版社，1994：906.
[53] 曹雪芹.红楼梦[M].北京：人民文学出版社，1994：908.
[54] 曹雪芹.红楼梦[M].北京：人民文学出版社，1994：906.
[55] 曹雪芹.红楼梦[M].北京：人民文学出版社，1994：910.
[56] 曹雪芹.红楼梦[M].北京：人民文学出版社，1994：911.
[57] 曹雪芹.红楼梦[M].北京：人民文学出版社，1994：911.
[58] 曹雪芹.红楼梦[M].北京：人民文学出版社，1994：943.
[59] 释普济.五灯会元[M].张思富，吴德新，钱发平，译.重庆：西南师范大学出版社，2005：24.
[60] 高柏园.神学与中国佛学《心经》之诠释与发展[M].台北：里仁书局，2001：17.

论《金粉世家》冷清秋的悲剧命运

学生姓名:孙　慧　指导教师:范钦林
南通大学文学院,汉语言文学(师范)专业,学号:1201012074

【摘　要】《金粉世家》是张恨水的代表作,以金燕西与冷清秋的婚姻悲剧为线索,描绘了北洋军阀统治时期国务总理家族的兴衰。冷清秋是小说着力塑造的人物,本文将阐述冷清秋悲剧的体现,分析金、冷二人爱情的离散及造成清秋悲剧命运的原因,探讨出走后清秋的出路,并从中总结经验教训。

【关键词】《金粉世家》;冷清秋;悲剧命运

1　冷清秋的悲剧命运

1.1　金家生活四面楚歌

《金粉世家》是一部描写北洋军阀统治时期,内阁总理金家盛衰过程的长篇小说,描述了金粉飘零、世家没落的故事。在父亲金铨暴亡之后,金家兄弟开始四分五裂,原本钟鸣鼎食之家,渐渐走向衰亡的道路。小说的女主人公冷清秋在这个豪门大家经历了一段令人扼腕叹息的婚姻。

起初,燕西和白秀珠走得很近,直到金燕西驾车外出偶遇冷清秋,便一发不可收拾地开始追求清秋。而清秋也渐渐被金燕西的风流和表面上做出来的体贴与好学深深地吸引了,情感的防线很快就土崩瓦解。然而,婚姻是另一个起点而不是终点,婚后两人的生活是怎样的呢?

婚礼当天,清秋看着富丽堂皇的金府,悲喜相加,她自知出身微寒,与燕西来自两个不同的阶层,各方面相去甚远。之前处于热恋期,情感居于上风,对方的不同意见可以被包容。当生活在一起的时候,矛盾终于爆发。对于燕西终日游戏人间的生活状态,清秋苦劝无果,两人口角不断,琐碎的日常生活渐渐让激情退去,燕西骨子里的放荡不羁使他不能习惯平淡无趣的生活,这样的两个人又怎能相处融洽呢?

金铨暴毙之后,金家开始四分五裂,每个小家庭都忙着争家产。燕西没有工作,昔日的狐朋狗友也早已不知去向。他又开始和白秀珠交往密切,甚至表示要与她一起去德国。忍让与争吵,观念意见的不合,让清秋明白两人间的爱情早已消失,也开始意识到女子若是屈服于金钱势力,终究是一个玩物罢了。

几千年的封建历史中,妇女始终处于"失语"的状态中,在新旧交替的时期,清秋选择了自己把握命运,无疑是进步的。她本可以选择做沉默的大多数,过"寄生虫"式的生活,但是她没有。清秋毅然决然地和丈夫划清界限,自闭于小楼中。直到阁楼失火,冷清秋便抱着孩子彻底地离开金家,去往更为广阔的天空。

1.2　出走后清贫度日

离开金家以后,清秋想到过死亡,却因思及年迈的母亲与年幼的儿子,放弃了自杀的念头。后来冷清秋在街头书春,带着儿子独自过活。后因写书人介绍的一份家教工作,却发现那家人与三嫂玉芬有关,立即举家隐藏。

冷清秋有勇气脱离落后腐朽的家庭，实在是难能可贵的，在她的文化观念中，已经融入了自由平等的现代女性意识。但她不可能像五四新小说中塑造的进步女青年形象那样，在挣脱枷锁之后，勇敢投身于时代革命的洪流中，而仅仅只是含辛茹苦地将儿子抚养成人，并没有获得真正的自由。

2 冷清秋悲剧命运的原因

2.1 婚前情感基础不牢

2.1.1 金燕西的伪"专情"

吸引金燕西眼光的是清秋清丽脱俗的外貌。阳春三月，金燕西在郊外偶遇清秋，清新脱俗的外貌立即吸引了燕西的注意，一见倾心之后便开始了狂热的攻势。但燕西本质是渴望自由的，他的追求是经过一番利益均衡的。他认为交女朋友可以是交际场中的新式女子，但是结为终身伴侣还是朴实无华的比较好，因此燕西对清秋的爱，一开始就有利己成分。

2.1.2 冷清秋被爱情冲昏头脑

冷清秋当时正值少女时期，而燕西多情公子哥的模样又让她心动。燕西在院子里摆满百合花，不断赠送珠宝等，在清秋家隔壁大张旗鼓地成立诗社，伪装成热爱诗词，有学问的模样。清秋虽接受过新思想，但身上仍有一般女性的弱点——虚荣心，再加上燕西伪装出好学上进，又甜言蜜语地追求，于是清秋渐渐敞开心扉，接受了他的追求。

2.2 婚姻进行仓促

2.2.1 未婚先孕

两人选择结婚，并非完全因为择一人深爱，等一人终老，促成婚礼迅速举行的直接原因是清秋怀孕了。在当时的社会环境下，未婚先孕是违反礼教纲常的，又被三嫂玉芬抓住了把柄，在日后的生活中拿出来说三道四。

2.2.2 传统婚嫁中的门第观

(1) 冷家

从一开始，冷母就深知两家地位悬殊，心里颇为担心。不过在热恋的状态下，七少爷是很能体谅清秋的，"相敬如宾"的表面现象也渐渐让冷母卸下心里的担忧。

舅父宋润卿则乐意促成两人的婚事，作为冷家唯一的男性长辈，宋润卿在冷家充当父亲角色，他是一个小部门的下等人物，甚至希望通过自己的侄女让自己得到生活的依靠，舅父的因素也更加促成了清秋的悲剧命运。

(2) 金家

a. 以金铨、金太太为首的开明派

金铨对于两人婚事的态度还是比较开明的，他对子女的婚姻，并不给予过多的关注。另外，金太太对于子女的婚姻也认为不要论什么门第，只要孩子好就行。金家的长辈对这桩婚事还是持肯定态度的。

b. 接受西方进步思想的金家三姐妹

金家三姐妹接受了西方进步文化，即使清秋的出身并不高贵，但清秋的独立与自尊、深厚的文学功底吸引了她们的目光，也赢得了她们的尊重，所以对两人的婚姻也是极力促成的。

c. 保守派

妯娌们大多家境殷实，而冷清秋出身微寒，显然是会被别人看不起的。王玉芬等保守派希望白秀珠和金燕西在一起。因而不断干涉两人恋爱，结婚后又对冷清秋进行攻击，更恶劣的是，玉芬等人希望金燕西和白秀珠重归于好，破坏金、冷两人的婚姻。

2.3 婚后矛盾不断

2.3.1 新旧转型时期的社会

北洋政府时期充斥着中兴与没落，同时这也是一个思想碰撞激烈的年代，金家的故事正是发生在这一时期。书中提及了新思想在当时社会的一些传播情况，但是也可以看到，落后思想存在于生活的角角落落，社会仍然会用旧道德来评判女性，压抑着有新思想却又无力反抗的弱者。

2.3.2 与腐朽没落的家庭格格不入

金家人员众多，家庭关系复杂。金铨身居国务总理要职，也是银行的总董，有一位太太，两位姨太太，育有四子四女。他在衙门里是个“活阎王”，在儿女面前则伪装成道貌岸然的正人君子。金凤举在外包藏妓女，为她赎身，对怀孕的妻子却不闻不问。老三金鹏振也是一丘之貉，不仅大捧坤角，自己也醉心于唱戏。

兄弟们的生活不堪入目，众妯娌们也不安分，她们的主要目标就转向对家庭利益的争夺以及名分的纷争。在大家庭里，人人都只注重自己的利益。

由此可见，金家人员众多，且关系复杂，人人有着自己的小算盘，暗地里争夺着利益，亲戚之间的情谊多是表面文章，这样的家庭一旦失去庇佑的大树，很快便金粉飘零，显然是冷清秋无法适应的。婚后，她自食其力，外出教书。而在金家这样一个男权至上的大家庭，这样的行为只会让其他人觉得她败坏了家族的声誉。清秋的现代意识在这样的一个半开化的家庭是无法继续走下去的，只能让自己的立场变得越来越尴尬。腐朽的家庭也吞噬了清秋的青春和本可以美好的未来。

2.3.3 清秋的性格无法应对复杂的人际关系

原生家庭对清秋的影响是难以磨灭的。她深深明白门第悬殊，做事谨小慎微，嫁到金家那样一个人际关系复杂，充斥着勾心斗角的府邸，将自己陷入四面楚歌的境地，但是为了金燕西她努力地生存着。冷清秋性格内向，不喜与人交际，当闲言碎语传到燕西的耳中，又不愿过多解释，金、冷二人之间的误会也就越积越多。而燕西在猎物得手后，旋即转向新的目标，他不能体会清秋的痛苦与孤独，只能使清秋置身于巨大的牢笼之中。

2.3.4 与金燕西思念观念不合

成长环境不同，势必导致两人的价值观存在差异。即使双方建立了一种亲密关系，也始终无法真正走进对方的世界，无法相互理解就意味着会相互误解。当金、冷二人冲破重重障碍，终于在一起了，在婚后却因为两人的思想价值观念迥异而口角不断。

(1) 关于读书

为了追求清秋，金燕西东拼西凑，借钱买下冷家隔壁的屋子，时不时地还会组织一些文人“写诗”。实际上，燕西对于读书并没有什么兴趣。与之相反，清秋是一位才女，写得一手好字，对文学有较高的造诣。婚后，每当清秋规劝燕西继续读书的时候，燕西基本上是不以为然的。

(2) 价值观

一个是游戏人间的纨绔子弟，得过且过，一个则是勤勉认真的才女，这样的两个人结合在一起，一开始还会因为爱情互相包容，时间久了，矛盾冲突便不断凸显。

2.3.5 旧式才女与新时期女性的矛盾

冷清秋出身于没落的书香门第，和母亲相依为命。尽管出身寒门，冷清秋倒也是饱读诗书，诗词歌赋样样精通。但她并非不食人间烟火的女子，同样有着七情六欲，爱恨嗔痴。面对着丈夫经常晚归，对自己的态度日渐冷漠，她渐渐明白这场婚姻中的爱情已经消失殆尽。此时，清秋骨子里的新式思想开始觉醒，敢于和无爱婚姻决裂。但是，处在新旧转型的社会，自身又兼有旧式女子和新式女子的思想，“出走”之后的清秋，未来又在哪里呢？

3 总结与反思

3.1 “出走”结局的原因

《金粉世家》作为一部连载小说，在当时的社会引起了极大的反响，冷清秋这一形象深受读者喜爱，人们也很关注她的结局。张恨水先生在后来的论述中也提到，之所以没有让清秋在最后死去大抵是为了安慰读者。但是当时也已经考虑到让清秋离开金家，隐居西湖，这样的安排，清秋的奋斗精神体现得还不够热烈。

安排这样的结局一方面是基于作者的读者意识，“通俗文学必须适合读者的需要，这是它的生命所在，否则就会被读者排斥，达不到普及的效果”。因此，金、冷二人爱情的离合，无不是在奇怪、生动的故事中推进的。作为旧式的章回体小说，《金粉世家》满足了普通市民的阅读习惯，适应了他们的审美情趣和期待视野。

另一方面，受限于作者本人的思想认识，尽管笔下的女性形象已经具有了某些现代意识，但是“张恨水毕竟是一位距离‘主流文化’较远的市民小说家，他的小说留有新旧‘过渡时代’的印记，他塑造的女性形象与主流作家笔下的时代女性、革命女性形象相差甚远。她们带有更多世俗化倾向”。所以张恨水选择了让清秋永远地离开金家，自食其力，并把这场婚姻悲剧归结于“齐大非偶”，这有一定的道理，但张恨水对封建社会制度的本质缺乏认识，因而未能揭示出导致悲剧的社会根源。

3.2 “出走”后的反思

那么作为新时代的女性，我们又能从冷清秋身上得到哪些启示呢？

首先，成长环境差距越大，培养出来的人在性格、价值观、兴趣等方面相似的可能性越小。因此，不要在爱情中迷失自己，感情中要始终保有一份理性。

其次，女子在嫁人之后不能只是作为男性的附属品而存在，没有社会地位，甚至外出自己谋生都被视为不光彩的事情。不论处于何种境况，一定要保持自己的人格独立，拥有一技之长，依附于他人是不会有话语权的，“大树”何时会坍塌也未可知。

最后，一定懂得自尊自爱，清秋在怀孕后别无选择只能嫁给金燕西。在浮华中守住心内的一方净土显得尤为重要，一时的迷恋终究是不能使一段关系天长地久的。

参 考 文 献

[1] 张纪.我所知道的张恨水[M].北京：金城出版社，2007.

[2] 黄永林.张恨水及其作品论[M].武汉：华中师范大学出版社，2003.

[3] 叶农.左传（上下）[M].广州：花城出版社，2007.

[4] 马柯楠.论中国古代婚姻中“门当户对”的社会学意义[J].法制与社会，2014(6).

[5] 周谷城.中国社会史话[M].济南：齐鲁书社，1988.

[6] 范伯群.中国近现代通俗文学史[M].南京：江苏教育出版社，1999.

[7] 程孟辉.西方悲剧学说史[M].北京：中国人民大学出版社，1994.

[8] 胡适.论贞操问题[J].新青年，1919，6，(4).

[9] 张恨水.金粉世家[M].北京：人民文学出版社，2009.

[10] 袁进.张恨水评传[M].长沙：湖南文艺出版社，1988.

[11] 潘荣妹.张恨水言情名作中女性命运探析——以《春明外史》、《金粉世家》、《啼笑因缘》为例[J].北方文学（下半月），2011(4).

[12] 胡曦露.乍“新”还“旧”——张恨水小说人物研究[D].上海：复旦大学，2012.

[13] 张恨水.写作生涯回忆[M].南京：江苏文艺出版社，2012.

[14] 范伯群，孔庆东.通俗文学十五讲[M].北京：北京大学出版社，2003.

[15] 张伍.雪泥印痕——我的父亲张恨水[M].北京：团结出版社，2006.

[16] 张占国，魏守忠.张恨水研究资料[M].北京：知识产权出版社，2009.

[17] 陈小波.五四文学中觉醒后的“娜拉”意向[J].衡阳师范学院学报，2006(4).

[18] 黄芳.娜拉的出走：对冷清秋悲剧命运的思考[J].电影文学，2007(20).

[19] 胡红.论冷清秋的现代女性意识[J].安徽文学（下半月），2008(6).

[20] 张蔚天.妥协与叛逆——《金粉世家》、《啼笑因缘》的女性形象对比分析[J].安徽文学（下半月），2011(5).

[21] 范维哲.中国式娜拉与乌托邦——关于现代文学中女性出走模式的分析[J].语文知识，2012(4).

[22] 于晓风.略论中国近现代通俗小说中的女性形象[D].济南：山东大学，2006.

[23] 曾锦华.试论张恨水前期长篇言情小说中的中下层女性形象[D].重庆：重庆师范大学，2010.

[24] 张玉.张恨水笔下的女性形象分析[D].青岛：青岛大学，2011.

董国英《楚辞贯》研究

学生姓名：李国荣　指导教师：陈　亮
南通大学文学院，对外汉语专业，学号：1201072007

【摘　要】本文是对清代文人董国英《楚辞贯》的专题研究，主要可分为三个部分，第一部分是对董国英生平的考证，围绕董国英国籍、籍贯、生卒年月等问题加以梳理。第二部分针对《楚辞贯》全书体例、成书过程及对前人的借鉴等方面加以梳理。第三部分重点评析《楚辞贯》。

【关键词】《楚辞贯》；董国英；《离骚》；《史记》

1　董国英其人

1.1　董国英生平

首先是关于董国英国籍的探讨。根据黄灵庚《楚辞文献丛刊》所录，董国英为朝鲜人，而其他提及《楚辞贯》的书均言其为中国清朝人。笔者通过翻检史书，发现其中关于董国英及《楚辞贯》亦有一些记载，如《清史稿》载："《楚辞贯》一卷，董国英撰。"[1]再如《八千卷楼书目》卷十五集部中记载："楚词贯一卷，国朝董国英撰刊本。"[2]清代的史书与书目相对而言较为可靠，我们基本可以确定，董国英为中国清朝人，而非朝鲜人。

其次是董国英的籍贯，当今学者一致认同其为"昌化博川人"，而关键在于"昌化博川"的具体位置，多数学者认为昌化在今浙江，而周建忠《五百种楚辞著作提要》中则认为博川今属山东，黄灵庚《楚辞文献丛刊》则以朝鲜博川郡为准。翻检资料，提及"昌化"与"博川"的资料很多，陈桥驿《浙江古今地名辞典》中记载："昌化县，北宋太平兴国三年(978)吴越纳土归宋，改吴昌县为昌化县，以示昌地归化之意。县治即今昌化镇，属杭州。南宋属临安府，元属杭州路，明、清属杭州府……1960 年昌化县撤销并入临安县，划属杭州市。"[3]又《大中华浙江省地理志》中记载："昌化县治……秦汉晋为于潜地。唐初紫溪县。析置武隆县。循省入，又复置，改唐山，或称唐昌。吴越更名金昌。唐复故。晋改横山，后改吴昌。宋太平兴国三年改昌化。元明清因之。"[4]此外，民国时期浙江省《昌化县志》卷十八书目集部曾载录《离骚贯》一卷，题为"诸生董国英注"，同书卷十三人物、节妇、董家烈继妻毕氏下亦略言之云："(毕氏)上博庄人，年二十三归董，夫已抱疾，奉汤药惟谨，逾年夫亡，时翁讳国英，府庠生，为邑名宿，问字者无虚日……"[5]综上，由于其余提及昌化县的资料中并未提及董国英其人，而且《楚辞贯》中亦提及"唐昌董逸伦论释"字样，因此基本可以确定董国英所在的"昌化"属于今浙江省。

关于董国英具体生卒年月，多种记载均认为其生于清雍正七年(1729)，其卒年则至今仍未有定论。董国英本人在《楚辞贯》"凡例"中自注"嘉庆五年，岁在庚申，腊月之吉，博川董国英识，时年七十有二"[6]。罗以智所作序言中提及，"先生名国英……今殁且三十余载，著是书时，嘉庆庚申之岁，余甫生，先生年已七十有二矣"。嘉庆庚寅年为公元 1800 年，由此可以推断其生年为公元 1729 年，即清雍正七年。但其卒年已不可确考，罗以智为《楚辞贯》作序时正值道光癸卯年间，即道光二十三年(公元 1843 年)，而此时董国英"殁且三十余载"，那么可以推测其卒年大致在公元 1804—1812 年之间。

综上，董国英，生于公元1729年(清雍正七年)，卒于公元1804—1812年之间，字逸伦，昌化博川(今属浙江)人，以诸生终老。

1.2 董国英思想

载录董国英其人及其生平事迹的资料很少，其诗稿也已散佚，毕生著作现仅存《楚辞贯》一卷。因此关于董国英的思想，我们只能以目前掌握的《楚辞贯》一卷为主，结合其生平来做一个大致的总结。

董国英历经乾隆一朝，由于统治者政策严苛，文人或被圈养于朝中大修史书，或在政治高压下埋头于故纸潜心治学，因而学术上求真务实之风盛行。董氏浸染其间，亦难免受其影响，思想与学术研究都趋于严谨保守，终《楚辞贯》一书，字里行间往往平实周正，仅仅就文论文，行文中规中矩，无一处妄加议论，显露出其对现实政治的回避，且注解时往往以儒家思想连贯其间，抱定"修己取人"之旨意，大肆赞扬屈原之忠君爱国思想。在注解屈子之文时，亦仅限于对文中旨意的阐发，少有对时事的议论与评价，虽有"怨君"一说，但对君王德性未加一字置喙，可见其小心保守之处。

整体而言，董国英的思想与儒家思想中的"修身、治国、齐家、平天下"相吻合。书中将《离骚》一文的主旨概括为"修己""取人"，已然表明董国英赞成儒家注重个人德行修养的观点，这一点在注解中也有体现。他在注解中对屈子之忠心的反复赞扬与强调，也表明了他对儒家忠君爱国思想的赞同。

2 《楚辞贯》其书

2.1 《楚辞贯》之成书

董国英撰写《楚辞贯》的动机主要可以概括为学术动机，即立足于文章结构、整体脉络以及作者情感的角度，对《离骚》进行解读。首先结合《史记·屈原列传》揭示《离骚》主旨，通过对文章结构的划分，指明其旨意所在。其次结合旧注与自身理解，注解并阐释《离骚》文意，揭示文章脉络。一方面，他对之前旧注仍有不满，认为其不能使《离骚》"全体透彻，豁然贯通"，因此决定著述此书，完成对《离骚》的疏通注解，在注解时，董国英非常注重上下文之间的联系，往往将前后字句联系起来，并以"修己""取人"将前后文连贯起来。另一方面，他认为从前旧注之所以重复繁杂，牵强附会，主要原因是未能意识到《史记·屈原列传》与《离骚》的关系，未能从文章旨意入手理清全文脉络。

《楚辞贯》的出版过程颇为艰难。董国英著成《楚辞贯》时，已是七十二岁高龄，且"以诸生终老"，可见其仕途不顺，"家贫且老，无力版行"，书成之后，"藏箧笥中四十余年"，始终不得流传于世，平生所作诗稿也均散佚。董国英去世三十余年之后，其曾孙董希仲之夫子余莲偶尔得见，为之作序。当时董希仲忙于童子试，未能及时将其刻印出版。壬寅(1842)年间，罗以智侨居昌南，亦为之作序，然希仲当时在乡间教书，更没有机会将之付梓，至道光乙巳(1845)年间此书才最终得以刊布出版。

2.2 《楚辞贯》之体例

《楚辞贯》全书凡一卷，开篇为罗以智与余莲所作的两篇序言，序言中谈及其创作动机与成书过程，以及对《楚辞贯》一书的评价。序言之后摘录《史记·屈原列传》全文，以及作者自身对《史记·屈原列传》与《离骚》之间关系的看法，并道出全书主要思想。其后为作者所作六条"凡例"，具体说明全书体例，并将《离骚》划分为前后各半篇，具体划分为十二段。

全书只收录《离骚》一篇。关于注疏,《楚辞贯》选录《离骚》全文,以鲁笔《楚辞达》为蓝本,采取逐句注解,逐段分疏的方式,对其中见解不同之处加以指点说明,同时在眉间加以详细批注。书中于字法精妙或虚字精当处用密圈(○○)标之,大旨所在则用重圈(◎◎),两柱眼目处用符号(▭),两柱分贴字面处用密点(、、、)标明。篇中每段歇处用曲截(└),过文处则在两端用横截(—),并将旧注本中注为叶音的地方一一删去。

2.3 《楚辞贯》之渊薮

2.3.1 对《楚辞达》的借鉴

首先,《楚辞贯》中仅注解《离骚》一文,并将《离骚》视作屈原所有作品之代表的观点脱胎于《楚辞达》。鲁笔在《楚辞达》"总论"中指出:"《离骚》一篇包举《楚辞》全部,全义全神,最是难看。看透此一篇以后,各篇自可迎刃而解,则一达无不毕达者矣。"[7] 而董国英在此看法的基础上,又增加了对《史记·屈原列传》的借鉴。

其次,《楚辞贯》中对《离骚》一文篇章与段落的划分与《楚辞达》亦有相似之处,均将《离骚》划分为前后半篇加一段过文,具体分为十二段。鲁笔将全文划分为前后篇的依据是前半篇为实叙法,后半篇纯为虚写,"一实一虚,相为经纬"。而董国英划分的依据是"前半按实言情,后半凭空结撰,前后绝不相连属",二人观点亦颇为相似。

最后,董国英对《离骚》全文旨意的关注与重视也受到了鲁笔的启发。《楚辞达》在对《离骚》一文的章法、段落、笔法、句法、字法等进行研究之外,还对其骨法与辞法加以研究,将文章的研读与其旨意的理解相结合。董国英在《楚辞贯》中延续了这一做法,并将其发展为"知人论世",进一步以屈子之志解读屈子之文,将"修己""取人"两大主旨与《离骚》全文结构结合起来。

2.3.2 对《楚辞灯》的借鉴

首先,董国英将目光转向《史记》显然是受到了林云铭的启发。林氏《楚辞灯》率先以"知人论世""文史互证"的方法对屈原的作品加以解读。董国英进一步将《屈原列传》与屈原的创作联系起来,由楚国当时政治状况生发出屈原冀幸君王"修己""取人"两大愿望,并将之与《离骚》的写作联系起来,从而对《离骚》全文做出了新的解读。

其次,林云铭将《楚辞》视为文学作品,从文学角度加以研究,他从作品结构层次入手,体会文本脉络,把握全文旨意。而《楚辞贯》以"贯"名篇,正揭示了他试图剖析文理脉络,以求贯通文脉的目的。在对《离骚》的注解中,他也非常重视理清前后文之间的关系,将上下文联系起来,最终以两大主旨将全文贯穿起来。

3 《楚辞贯》评析

3.1 解读《离骚》

3.1.1 对《离骚》主旨的概括

董国英在注解中提出,屈原作《离骚》一文,全在于一个"怨"字,主要在于怨王,次要在于怨党人,由此指出了《离骚》一篇的情感趋向。而其最后一句"吾将从彭咸之所居"是一篇大旨,与开篇以正而生相呼应,揭示最后以正而卒的结局,中间以"修己""取人"两条线索贯穿全文,结构全篇。前半篇主要是阐述屈子自身之修己取人,以及慨叹党人与楚王之不能修己取人,并自叙其谏王修己取人而终见疏见替。后半篇则阐述屈子忠君爱国之心志。

3.1.2 对《离骚》全文的划分

《楚辞贯》对《离骚》全文进行了细致的划分，他将全文分为十一段，这十一段包括前后各半篇，此外还有一段过文未包括其中，因此实际上是将全文分为十二段。具体而言，自“帝高阳之苗裔兮，朕皇考曰伯庸”至“虽体解吾犹未变兮，岂余心之可惩”五段为前半篇。均是据实言情之文。后半篇可分为六段，均属凭空结撰成文，前后篇之间有一段承上启下的过文，即“女媭”一段。

3.2 注解特色

3.2.1 文史互证，知人论世

一方面，《楚辞贯》采用了“文史互证”的方法，即在正文前附录《史记·屈原列传》全文，并将屈原生平及其所处政治环境与《离骚》旨意逐段相接，从中提取出“修己”“取人”两大主旨，在此基础上对《离骚》全文结构加以具体阐释。另一方面，在对《离骚》的注解中，董国英更加注重以屈子之志为本，对作品结构加以细致分析。首先，《屈原列传》点明了屈原作《离骚》之缘由，即一“怨”字。其次，《列传》全文点明了《离骚》“修己”“取人”两大主旨。董国英指出，《离骚》一文可以分为前半篇与后半篇，以“修己”“取人”两大旨意为本，前后篇各有侧重。同时，董国英在注解《离骚》的过程中，并非仅通过字句的训诂来阐释《离骚》一文，而是将之与屈原一生志向修养结合起来。

3.2.2 批驳旧注，创立新说

《楚辞贯》中的注解以鲁笔《楚辞达》为底本，但他并不迷信旧说，而是在此基础上提出以司马迁《屈原列传》为注脚，以“修己取人”两大旨意为本，对旧注进一步加以辩论订正。其批驳与纠正集中于鲁笔与林西仲的注解，对于二人有所分歧的地方，也能结合自身理解做出判断。与此同时，董国英还以“修己”“取人”为本，以《屈原列传》为注脚，对从前《离骚》注解中部分存在争议或不妥的地方进行了解读与纠正。

《楚辞贯》中的注解主要从《离骚》全文“修己”“取人”两大主旨入手，并结合《屈原列传》中提到的史实，在此基础上对《离骚》全文结构加以分析梳理，较之于旧注，提出了许多颇有新意的看法，诸多不同于旧注的地方也能够自圆其说，成一家之言。

3.2.3 兼采众家，别开生面

《楚辞贯》全书虽以鲁笔《楚辞达》为蓝本，但并非迷信一家，而是在以鲁笔与林云铭注释为主的基础上，兼采众家所长，上至《尔雅》、郭象，下至《说文解字》、王逸、朱熹、方朴山等人的注解，书中均有所涉及。如“畹，王逸注，十二亩。《说文》，二十亩。无确据可考”，再如“《说文》，直骋曰驰，乱驰曰骛”“菉，《尔雅》云，王刍也”等。

此外，书中注解不仅不拘泥于众家，甚至于取材于后世诗歌，如注解“纷总总其离合兮”一句时，在眉间批注“江上数峰青”，揭示其意犹未尽之意。又如注解“陟升皇之赫戏兮，忽临睨乎帝乡。仆夫悲余马怀兮，蜷局顾而不行”一句时，引用杜甫诗句“返照入江翻石壁，归云拥树失山村”来解释其意境，更具新意。

3.3 不足之处

首先，《楚辞贯》尽管题名为“贯”，力求处处贯通，但仍不免有自相矛盾之处。在“凡例”中，董国英明言《离骚》全文可分为十一段，“女媭”一节为过文，不包括在前五段、后六段之中，在注解之时也是这样说明，但在具体划分时，却将“女媭”接下来的一段直接划归为第七段，可以说仍是将“女媭”一段看作了第六段，最终实际将《离骚》划分为十二段，与之前所说

"十一段"相矛盾。

其次，董国英之所以写作《楚辞贯》，是因为认为前人注解多穿凿附会之处，他在文中也进行了纠正，但是不可避免地也有鲁注正确而董注反而穿凿附会之处。如"女媭之婵媛"以下八句，鲁注为"二章合一为波澜，上势已完，忽生出女媭一番训斥，为上半篇收足，实为下半篇转关，所谓舟行已穷，忽又无际，绝妙过文"。鲁笔的注解揭示了《离骚》的结构，对这一段的定位也较为恰当，而董国英提出了批评："上文由朝廷说到田荒之民，已经说到尽头处，忽又突出一女郎，殊觉不类。细思君臣属尊一边，民生属卑一边，至此则合尊卑内外亲疏无一室漏……"将女郎放在尊卑亲疏关系中殊为牵强附会，反而不如鲁注符合文章旨意。

最后，整本书虽名为《楚辞贯》，但实际上只收录了屈原的《离骚》一文，虽然《离骚》的确为屈原一生作品的精华所在，但若因此而忽略了对屈原其他文章的研究，未免失之粗疏。事实上屈原的作品各有特色，也各有其研究价值，并非全都可以用"修己""取人"这两大旨意来梳理分析。我们可以推测，《楚辞贯》自问世后始终未能广泛流传，乃至今日研究之人寥寥，某种程度上或许正是其覆盖面较窄，未能包括屈原大部分作品的缘故。

参考文献

[1] 赵尔巽，等. 清史稿[M]. 长春：吉林人民出版社，1998：3002.

[2] 丁立中. 八千卷楼书目[M]. 北京：北京图书馆出版社，2008：379.

[3] 陈桥驿. 浙江古今地名词典[M]. 杭州：浙江教育出版社，1991：399.

[4] 林传甲. 大中华浙江省地理志[M]. 杭州：浙江印刷公司，1918：185.

[5] 陈培珽. 民国昌化县志[M]. 台北：成文出版社有限公司，1924：821—1480.

[6] 董国英. 楚辞贯//黄灵庚. 楚辞文献丛刊(80)[M]. 北京：国家图书馆出版社，2014：554—680.

[7] 鲁笔. 楚辞达//黄灵庚. 楚辞文献丛刊(49)[M]. 北京：国家图书馆出版社，2014：445.

中唐杨凭的文学交往与诗歌创作

学生姓名：孙赛楠　指导教师：王育红

南通大学文学院，汉语言文学(师范)专业，学号：1201012023

【摘　要】 清编《全唐诗》意义深远，然非尽善尽美。卷二八九收录中唐诗人杨凭诗十九首，经比勘研究，对诗中异文、讹字进行补正。其小传仅寥寥数句，经考订，杨凭卒于元和十二年(817)，字虚受，一字嗣仁，行十，虢州弘农(今河南宝灵)人。代宗大历九年(774)登进士第，为状元。初入仕，历佐使府，累徙太子詹事，与柳宗元、权德舆、徐晦、韩愈等文士多有交游，诗作多散佚。据现存诗研读分析，凭诗意象丰富，手法多样，情感充沛，独具特色。

【关键词】 杨凭；生平交游；诗歌考订；文学创作

1　杨凭的生平与交游

杨凭，生卒年不详，据柳宗元在其故后所作《祭杨凭詹事文》，旧注此文作于元和十二年(817)，可知卒于本年。字虚受，一字嗣仁，排行十，虢州弘农(今河南宝灵)人，安史之乱中，凭与二弟杨凝、三弟杨凌奉母移居苏州。杨凭兄弟早孤，而母郑氏教导有方，代宗大历九年(774)，杨凭登进士第，为状元；十一年，杨凌取进士；十三年，杨凝取状元。一门踵擢进士及第，"两状元一进士"，杨氏三兄弟名声大噪，时人誉为"三杨"。

杨凭仕途不顺，历佐使府，召为监察御史。迁起居舍人，左司员外郎，礼部兵部郎中，德宗贞元中累迁太长少卿。贞元十八年(802)出任湖南观察史，顺宗永贞元年(805)徙镇江西。宪宗元和二年(807)召还，入为左散骑常侍，转刑部侍郎，四年拜京兆尹。御史中丞李夷简与凭有隙，劾奏凭在江西贪赃不法，七月以脏罪贬临贺尉，俄迁杭州长史。历三年召为王傅，分司东都，累徙太子詹事。凭生性不喜拘束，官场烦累让他颇感不适，其仕途坎坷与自身性格不无关系，性格缺点主要有三：其一，生性疏散，不知变通；御史李夷简曾视下，杨凭放纵疏散未曾接待，古时官场讲究上尊下卑，进退有度，杨凭无视官场规则，为李夷简日后弹劾埋下伏笔；其二，杨凭生性喜爱奢华，以至受诏归长安，大兴土木，造奢华居室，给早有嫌隙的李夷简提供了弹劾自己的由头；其三，杨凭生性倨傲，不能容人，因而交恶同僚，当其大兴土木造豪华居室时，众臣群起而攻之，李夷简也借机弹劾，故被外放广西临贺。

杨凭一生交游极广。《新唐书》卷一六〇云："凭重交游，尚气节然诺，与穆质、许孟容、李鄘相友善，一时歆慕，号'杨、穆、许、李'。"除此外，与杨凭交游可考者还有窦牟、马炼师、张籍、韩愈、柳宗元、吕温、刘禹锡、杨浚、裴均、柳冕、元稹、权德舆、徐晦、戴简等人。今择其重要者概述如次。

1.1　柳宗元与杨凭

杨、柳两家乃世交，柳宗元(773—819)在其《先君石表阴先友记》载："杨氏兄弟者，弘农人。皆孝友，有文章。凭，由江南西道入为散其常侍。"柳宗元作此记是为表明其父亲柳镇虽官阶较低，但与之交游者俱为高雅之人。以此可见柳宗元之父柳镇与杨凭为好友。杨、柳两家本通家之好，贞元十二年(796)，柳宗元娶杨凭之女为妻，因这层关系，柳宗元成为杨凭之后学兼女婿。

1.2 权德舆与杨凭

权德舆(759—818)，善文章，为中唐台阁体重要作家。权德舆才华横溢且仕宦显达，但他十分倾慕杨凭的才华，二人更为至交。权德舆曾自编《制诰集》，邀凭为之作序，《文献通考》卷二三二著录《权丞相集五十卷》，云："尝自纂制诰集五十卷，杨凭为序，今亡逸。"序成，权德舆作《答杨湖南书》以表谢意，赞云："使至，蒙惠寄制集序，发函焕然，盈耳溢目，宏丽博厚，坦夷章明。如黄钟大玉，庆霄天籁，奇采正声，铿锵照耀。真可谓作者之表，方驾古人，忻欢骇悚，咏叹无斁。"假若权德舆乃一介白衣，盛赞杨凭文笔则不足为奇，而权本就满腹经纶，且凭位卑言轻，权无须应酬，于此，乃知权之赞美实为真情切意。遗憾的是，杨凭所作之序已亡佚。

1.3 徐晦与杨凭

徐晦(760—838)，字大章，号登瀛。唐德宗贞元十八年(802)壬午科状元及第。徐晦受杨凭恩惠颇多，参加科举及入仕，多次得杨凭举荐。御史中丞李夷简与杨凭素有嫌隙，后夷简借机弹劾杨凭，致使凭受贬临贺尉。当杨凭受贬离京时，众亲友因怕受累而不敢为其送行，唯徐晦前往，以此可见徐晦对杨凭赏识之恩感激于心。事见《新唐书》卷一六〇："凭所善客徐晦者，字大章，第进士、贤良方正，擢栎阳尉。凭得罪，姻友惮累，无往候者，独晦至蓝田慰饯。宰相权德舆谓曰：'君送临贺诚厚，无乃为累乎？'晦曰：'方布衣时，临贺知我，今忍遽弃邪？有如公异时为奸邪谮斥，又可尔乎？'德舆叹其直，称之朝。李夷简遽表为监察御史，晦过谢，问所以举之之由。夷简曰：'君不负杨临贺，肯负国乎？'后历中书舍人，强直守正，不沉浮于时。嗜酒丧明，以礼部尚书致仕，卒。"

1.4 韩愈与杨凭

杨凭与韩愈(768—824)长兄韩会为好友，柳宗元《先君石表阴先友记》云："杨氏兄弟者，弘农人。皆孝友，有文章。凭。由江南西道入为散其常侍……韩会，昌黎人。善清言，有文章，名最高。"可见柳宗元之父柳镇与杨凭、韩会皆为好友。杨凭与韩会交好，同时也影响到杨凭与韩愈的关系。韩愈在其《送杨支使序》中表明自己与杨凭、杨仪之(杨凭之侄)友谊深厚。

此外，杨凭还与柳冕、张籍、刘禹锡、元稹等文士有往来。柳冕，字敬叔，蒲州河东人，据《全唐文》卷五二七《答杨中丞论文书》，柳冕与杨凭也有书信交往。元和中，杨凭因受弹劾左迁临贺尉，张籍也曾作《伤歌行》送之。而刘禹锡在杨凭贬谪期间曾作《酬杨侍郎凭见寄》以慰友人，刘禹锡还有《寄杨虢州与之旧姻》寄与杨凭。元稹有《第三岁日咏春风凭杨员外寄长安柳》寄赠杨凭。现存史料中，杨凭写与友人的唱和所作诗文多亡佚，只有《赠窦牟》篇，其中"应欺李杜久为尘"一句表明杨凭是早期将李白、杜甫二人并称之人。按，窦牟(749—822)，字贻风，扶风平陵人，贞元进士。杨凭又有《赠马炼师》篇。

2 杨凭诗歌考订

清编《全唐诗》卷二八九录杨凭诗一卷，同样存在讹字、异文等问题，对于杨凭诗的考订，主要依据以下版本：

令狐楚《御览诗》(简称御览，下同)，见傅璇琮主编《唐人选唐诗新编》，陕西人民教育出版社，1996年，录杨凭诗十八首。

洪迈《万首唐人绝句》(绝句)卷二七，书目文献出版社，1983年，录十四首。

方回《瀛奎律髓汇评》(律髓)卷二九,上海古籍出版社,1986年,存一首。

高棅《唐诗品汇》(品汇),上海古籍出版社,1982年,存二首。

胡震亨《唐音统签》(统签)卷二九二,故宫博物院图书馆藏范希仁抄补书影印,存十八首。

季振宜《全唐诗季振宜写本》(季写本)卷二四六,海南出版社,2000年,存十九首。

清编《全唐诗》(全诗)卷二八九,中华书局,1980年,存十九首。

在严谨细致地考订后,总结问题依次如下:

《晚泊江戍》这首诗中,题目中的"晚"字在《瀛奎律髓》题中作"晓","泊"字在《唐诗品汇》题中作"宿"。"零落对沧洲"句中,《瀛奎律髓》中"落"字作"露","对"字作"湿","沧"字作"芳"。

《雨中怨秋》这首诗中,"日暮隔山投古寺"句中,"暮"字在《唐音统签》和《全唐诗季振宜写本》中作"莫"。

《寄别》这首诗中,"回旆转舟行数里"句中,"舟"字在《万首唐人绝句》中作"船"。

《早发湘中》这首诗中,"红旌白旆满船开"句中,"旆"字在《全唐诗季振宜写本》中作"旗"。

《海榴》这首诗中,"海榴殷色透帘栊"句中,"栊"字在《万首唐人绝句》中作"笼"。

《春情》这首诗中,"莫逐狂风缭乱飞"句中,"缭"字在《万首唐人绝句》作"撩"。

《送客往荆州》这首诗中,"云水湘东一日平"句中,"日"字在《万首唐人绝句》与《唐音统签》中作"色"。

《赠马炼师》这首诗中,题目在《万首唐人绝句》与《唐音统签》中作《戏赠马炼师》,"月帔花冠冰雪容"句中"帔"字在《万首唐人绝句》中作"破","行雨若迷归处路"句在《万首唐人绝句》中作"行雨若迷归路处","近南惟见祝融峰"句中,"南"在《万首唐人绝句》和《唐音统签》中作"前"。

3 关于杨凭的诗歌创作

杨凭现存于世的诗歌共计19首,虽然数量有限,但其主题多样,主题的变化也就使得诗在意象、情感、手法上产生多样化的效果。

3.1 意象使用

纵观杨凭诗歌,其草木动物类意象有"花""草""雁""鸿"等,其中出现最多的是"花"与"雁"。

杨凭在对"花"这一意象进行使用时,主要出于两个目的:一是将花作为歌咏对象,以表达自己对千叶桃花、石榴花、梅花等花或色泽或气节的喜爱之情;二是借花色娇媚且热烈反衬现实感情的愁苦。杨凭在使用这些花的意象时,对不同种类的花各有描述。"鸿雁"在我国诗歌中常代表两种意思,一是天涯游子的羁旅愁思,二是相思人借雁传递信息。杨凭对"鸿雁"意象的使用也基于这两点。

杨凭诗歌中出现的与自然气象相关的意象种类较多,如"云""月""烟""雨""风""水"等,其中出现较为频繁的有"月""风""雨"等。

在杨凭笔下,"月"主要表达两种情感,一是借"月"抒发羁旅愁思,二是借"月"之亘古不变反衬人世的世事无常。古诗的"风""雨"意象,多渲染氛围,给人以凄迷、幽远之感,杨凭在诗歌创作中同样也考虑到了这一点。

杨凭诗中有关地点的意象繁多，其中“山”和“江”的意象中，描写“湘江”最多。杨凭诗作中“山”“江”意象频繁出现，不是没有原因的。凭仕途坎坷，从初入仕途到终老，辗转无定所，贞元十八年(802)出任湖南观察史，顺宗永贞元年(805)徙镇江西，宪宗元和四年(809)受弹劾贬临贺尉，从湖南到江西再到临贺(广西省内)，所到之处多高山大川，如罗霄山分江西与湖南，南岭分江西与广西，而湘江则是湖南省内最大的河流，因而杨凭诗中频现“山”“江”意象不足为奇。“山”与“江”意象本身也带有愁思色彩，另外如“荆门”等山有一定的历史感，这是不可忽视的。按，荆门即荆门山，历代兵家必争之地，有“楚之西塞”之称。秦楚荆门之战、公孙述浮桥拒汉兵、夷陵之战(陆逊火烧连营)等著名战事均于此发生。

3.2 情感类型

杨凭诗歌主要收录在《全唐诗》卷二八九中，共计19首，有酬赠、咏物、边塞、送别、羁旅、游记，以及写景抒情等类。

在交游方面，从两首酬赠诗赠予的对象上来看，一首赠予男性，一首赠予女性。杨凭之于交游对象不吝褒奖。以《赠马炼师》为例，杨凭为了夸赞马炼师的蕙质兰心，于“月帔花冠冰雪容”“近南惟见祝融峰”两句各用一处典故，诗中虽未直接描写马炼师如何貌美，品德如何高尚，但从侧面可以直观感受杨凭对于友人的欣赏与赞美之情。而在三首送别诗中，我们可以看到杨凭豁达的一面，虽然与友人分别是一件令人常感愁苦与不舍的事，但在杨凭这里读出了另一种豁达与开阔。如在《送别》中杨凭目送友人归去，望着渐行渐远的背影时，他没有愁绪满怀，而是“相闻不必因来雁，云里飞軿落素书”，这份阔达与“海内存知己，天涯若比邻”有几分异曲同工之妙。

从自然景物方面分析，在上文意象的归纳得出，杨凭诗中频繁出现“花”“草”“雁”“风”“雨”“烟”“月”“山”“江”等，一切景语皆情语，诗人之所以能在诗歌中大量使用自然界的意象，当然是因为他对凡世间的一花一草都有着感情。

杨凭宦海沉浮若干载，而在受贬谪三年最是失意、愁苦与黯然神伤的。在四首羁旅诗中，我们可以读出杨凭悲观的一面：所到之地是“五岭天无雁，三巴客问津”的荒凉萧索之处，在离家之后满目都是“辞家远客怆秋风，千里寒云与断蓬”之景，杨凭的愁绪溢满胸腔，只得无比辛酸、无比悲凉地发出“年年不得意，零落对沧洲”的悲鸣。

此外，杨凭诗歌以五言、七言为主，单句字符长度有限，在这有限的发挥空间里诗人却利用写作手法的多元化将诗歌写得极为生动。杨凭在诗歌中多采用情景交融、白描、侧面烘托等写作手法。杨凭诗19首，在不同程度上显出神幻色彩，这与诗中用典用事相关，如“霓裳”“洞府”“蓬瀛”“避俗秦人”等；也有与史实相关的典故如“自勒兵”“看去节旄余几多”；还有与文士诗作有关的典故如“春秋繁露”等。杨凭诗也化用前人诗文，如“南浦”，见屈原《九歌·河伯》：“子交手兮东行，送美人兮南浦。”“零落”，见《离骚》：“惟草木之零落兮；恐美人之迟暮。”“千钱沽酒”，见曹丕《典论》：“孝灵末百司湎酒，千文一斗。”“别玉”，见刘宋袁淑《种兰诗》：“种兰忌当门，怀璧莫向楚。楚少别玉人，门非植兰所。”杨凭一举状元及第，自是学富五车，满腹经纶，熟悉前人诗文不足为奇，值得称颂的是，杨凭对于诗文化用的手法炉火纯青，在驾驭各类诗文时能信手拈来，引经据典，旁征博引。读杨凭诗，因这些化用诗文的使用，满口余香。

参考文献

[1] 柳宗元.柳宗元集[M].北京：中华书局,1979：1047.

[2] 欧阳修,宋祁.新唐书[M].北京：中华书局,1975：4970.

[3] 王溥.唐会要[M].北京：中华书局,1975：1051.

[4] 严羽.沧浪诗话校释[M].北京：人民文学出版社,1961：159—160.

[5] 马端临.文献通考[M].北京：中华书局,1986：1851.

[7] 彭定求.全唐诗[M].北京：中华书局,1980：3038.

[8] 徐松.登科记考[M].北京：中华书局,1984：393.

[9] 董诰.全唐文[M].北京：中华书局,1983：5995.

试论新闻反转剧的成因及处理策略

学生姓名：万　晨　指导教师：郭文志
南通大学文学院，广播电视新闻学专业，学号：1201032017

【摘　要】“新闻反转剧”在本质上是一种新闻失实。一起引发社会争议的新闻事件，随着舆论态度的发酵、追踪调查的深入，呈现出与原始报道不一样的剧情。本文采用了案例分析、文本分析等方法指出其特征，分析其背后的原因，针对其危害提出合理化建议，以期推动传播环境朝着健康理性的方向发展。

【关键词】新闻反转剧；特征；成因；处理策略

1　新闻反转剧的界定

真实性是新闻安身立命的准则，每个新闻报道者都应该首先坚持用事实说话。可近年来，有学者发现，“一则新闻报道往往不是揭开事实真相，引导社情民意，而仅仅是一出多幕反转剧的开篇，引发难以预料的后续与结局”[1]。新闻反转剧是指某个新闻事件经过调查求证后，最终呈现的事实主体或全貌与初始报道不相符合，甚至出现完全相悖的状况，同时舆论矛头伴随剧情反转也由某一方瞬间逆转为另一方。同时新闻反转剧借助舆论场所具备的自我过滤能力，使真相得以越辩越明，最后渐渐浮出水面。一般而言，这种“反转剧”式的假新闻，以真相在短期内的全部呈现而告终。

2　新闻反转剧的形成模式和共同特征

2.1　新闻反转剧的形成模式

本杰明·哈里森说：“公众舆论是世界上最有权势的君主。”[2]在人人都有麦克风的环境里，笔者看到的是公众的自媒体造势和情绪渲染、媒体的选择性报道等现象，这一切都使得追寻事实真相的过程变得崎岖坎坷。于是原始舆论在第一时间被发布时，真相却潜落海底，旋即出现颠覆性反转。本文利用网络资源整理出近年来的新闻反转剧，不难发现新闻反转剧有其自身依循的行为模式：当一起事件发生，经过媒体的最初报道后，形成初期舆论场，直至转机出现，舆论发生反转，有时甚至发生多次连续的反转。特别是当事件的“内幕隐情”作为转折点出现时，新闻反转剧将被推向高潮，相关舆论也呈现U形反转。从信息传播路径来看，这些事件大都经历舆论爆发、反转、发酵、平息四个阶段。

2.1　新闻反转剧的共同特征

2.1.1　话题性强，契合现实语境

通过数据收集与分析，笔者发现新闻反转剧题材丰富，话题吸睛，涵括民情，一般都是与百姓生活息息相关的社会民生话题。从颇受热议的“上海姑娘逃离江西农村”“成都女司机被打”“淮南女大学生扶老人”三起事件可以发现，有关城乡差距、交通事故、社会道德的题材非常契合现实语境和媒介环境。新闻反转剧恰好让潜伏于社会生活中的情绪迸发出来，产生强烈的社会共鸣。因此事件的话题性强于事件本身的新闻价值，同时不断被挖掘出的后续话题也引爆舆论场，成为新闻反转剧的一大特点。

2.1.2 传播范围广，公众深入参与

2013年济南市民哄抢菊花事件中，笔者注意到在微博被发布后的三小时的时间里，这条颇具卖点的微博就已获得数万次转发量。纵观数起新闻反转剧，笔者发现它们几乎都得到了全国媒体的争相报道和持续跟进，广大民众也深入参与其中。从舆论的爆发到平息阶段，持续时间短则几天，长则半个多月，值得注意的是，新闻事件在有限时间内的传播范围却非常广泛。诸如北京老外撞人事件、中国老太太在日本碰瓷等事件还被传播到国外。

2.1.3 舆论前后反差巨大

2014年8月发生的湘潭妇幼保健院产妇死亡事件，第一发布方"华声在线"争做标题党，发表文章《产妇死在手术台，医生护士全失踪！》，在基于社交媒体、人际关系形成的舆论场中，矛头一开始就对准医护人员，然而最终被曝出孕妇是羊水栓塞致死，于是第一发布方"华声在线"成为众矢之的，网民如墙头草般纷纷倒戈，舆论前后的巨大反差和快速呈现令人咋舌。

2.1.4 有图未必有真相

发布者为避免新闻语言的平淡，有意突出视频或图片部分，形成近似真实的发布模式。然而现实情况是，有图未必有真相。受众在进行新闻解读的时候，原则上应该把事件和意义结合起来进行，但是现实中常常出现理解时的分离，如只理解事件不顾意义的情况，就表现为新闻误解。[3]处于信息传播不对称环境下的网民，只能从报道者的图片影像中去认知某个事件，容易造成对事件的误读。

2.1.5 事实被模糊化处理

报道者为了追求眼球效应而常常有意剪裁、模糊事件细节，尽管没有对事件定性，但媒体的选择性、倾向性的报道容易让公众先入为主地做出判断。当媒体的倾向性表露无遗后，公众才发现自己如同拉线木偶一般被任意摆布。

2.1.6 参与主体各执一词

在渠道多元的新媒体时代，媒体从业者可以采访多个对象，但是在当事人各执一词、互不让步的情况下，报道难度之大可见一斑。在淮南女大学生扶老人事件调查初期，既可能存在老人讹人的情况，也存在女大学生撞人后故意装作无辜的可能。在舆论发酵阶段，随着各方观点的不断介入，媒体记者和公众反而找不到头绪，容易引起舆论认同中心发生反转。

3 新闻反转剧的形成原因

3.1 内因

3.1.1 新闻生产者的失职

就"西安医护人员手术室自拍"事件而言，自拍具有偶发性，但暴露了长期存在的医患矛盾问题。对于此类社会矛盾的报道，媒体完全可以通过常规的新闻文本状态来客观报道，为什么会呈现出"新闻反转剧"的报道形态，并且掀起一波三折的舆论喧哗呢？笔者认为，最根本的原因在于新闻生产者自身的素质缺失，包括四点：浮躁背后的失察跟风、时效性下的碎片化报道、缺乏相关领域的专业常识、报道框架受民间舆论干扰。

3.1.2 新媒介传播特性的催化

随着新媒体的快速发展和自媒体终端的大规模普及，新闻反转剧频频出现在公众视野，成为媒介生态里备受关注的课题。人们对于一起公共事件可以自由发声，这就容易造成网络上鱼目混珠的状况。新媒介特有的交互性、匿名性、非理性特征催化了新闻反转剧的产生。

3.1.3　标签的变更影响舆情

在一些标签的选择和提炼过程里，发布者的倾向性和主观情绪也被渗透其中。他们所撰写的报道通常没有关于新闻事件的理性分析，而是充满了各式各样的标签，试图利用公众的情绪操纵舆论。

3.2　外因

3.2.1　媒介生产环境趋于浮躁

事实上，在新旧媒介合力营造的社会中，整个媒介环境都陷入了浮躁焦虑的状态。这种焦虑感来自于行业内部的互相对比。传统媒体是“被挑战者”，处于守势。随着自媒体的崛起，传统媒体遭遇受众流失、地位削弱的尴尬境地；新媒体是“挑战者”，它试图抢夺传统行业的蛋糕，却也常常怀疑自身模式，陷入深度发展的瓶颈。在这样一种感性大于理性的浮躁环境里，新闻的客观性常常被忽视，新闻反转剧就此不断出现。

3.2.2　刻板印象下的新闻误读

“我们心目中从一个没有缺陷的、正常的人贬低为一个有污点、被轻视的人。这样一种属性就是污名。”[4]当年彭宇案事件中的公众舆论就表现出了强烈的记忆性和传染性。彭宇六年后也公开承认老人确实是被自己撞倒。在事实真相最终认定之前，网友与公众舆论匆忙质疑倒地老人，污名化了老年人群体。在刻板印象的影响下，公众往往疏于思考和核实细节，不追求事实，而是先入为主地对事件做出价值判断。

3.2.3　网民缺乏新媒介素养

随着信息大爆炸时代的到来，以往侧重于媒介批判能力的媒介素养不能够解决信息焦虑症等问题。网民亟须加强的是新媒介素养，其核心内容是信息管理能力。在很多新闻事件中，网民缺乏筛选、辨别、整合信息的能力，多数人随大流式地发表意见，从而为新闻反转剧的舆情热度添柴加薪。

3.2.4　利益相关者的幕后推动

很多新闻反转剧是由一些网络推手、营销账号故意推动的，不断扩展事件的辐射范围，使得舆论偏离原有的方向，令事件本身变得扑朔迷离。

4　新闻反转剧的双重影响

4.1　负面影响

4.1.1　透支媒体公信力

公信力的树立绝非一日之功，但公信力的瓦解可能只要一两篇不实报道就能轻松实现。无论是早年的纸箱馅包子还是近年来的陈永洲事件等，我们都可以看见这些新闻在取得一时轰动效应后，涉事媒体必将付出公信力被透支的巨大代价。

4.1.2　助长新闻界浮躁之风

新闻反转剧不仅让媒体的公信力受到波及，也容易助长新闻行业里急功近利的浮躁心态和赌徒心理，主要表现为有偿新闻、虚假报道、低俗之风、不良广告等现象。

4.1.3 引发网络暴力

正如法国社会学家勒庞所言："群体的力量成了唯一没有受到威胁的力量，而且它的权威正处于不断上升之中。我们将要进入的时代将是一个群氓的时代。"[5] 在成都女司机被打事件和云南女导游事件的后续阶段里，都出现了"人肉搜索"现象。"全民参与"让事件一波三折，引发网络暴力，给当事人带来无妄的二次伤害。

4.1.4 过度消费社会资源

当新闻反转剧占据社会议题时，受众热衷于挖掘话题，参与讨论，不仅忽视了新闻事件本身，甚至还会冷落其他更有新闻价值的议题。例如在淮南女大学生扶老人事件中，无论是同情被讹者、谴责讹人者，还是探讨"扶不扶"的问题，舆论对这些话题的讨论热情远远超过对事实本身的关注，一波三折的反转剧情极大浪费了社会资源。

4.1.5 加深刻板印象

新闻反转剧的热演容易导致人们对某一类群体抱有很深的偏见，甚至持续加深人们脑中固化的刻板印象。诸如淮南女大学生扶老人这样的反转案例越来越多，人们对"扶老人"愈发感到焦虑。2015 年 8 月 30 日发生于开封、暴雨中老人摔倒无人扶起不幸死亡的惨剧，就是这种刻板成见带来的沉重代价。

4.1.6 带来"反转剧症候群"

在和颐酒店女生遇袭事件发生后，许多网民谨慎围观，甚至怀着一种坐等反转的看戏心态来看待此事。被太多新闻反转剧打脸后，人们开始冷漠解读网络热点事件，并且毫无依据地怀疑一切，以逆转先前报道为乐。公众似乎患上错综复杂的后遗症，即"反转剧症候群"。

4.2 积极影响

4.2.1 促使真相水落石出

新闻反转剧却不同于新闻罗生门，它所涉及的事件本身存在许多可供确认的因素，因此是一个越辩越明的过程。如果网络舆论场存在于信息顺畅流通的环境里，实际上是具备一种社会舆论自净、对冲机制的。换言之，拥有不同价值观的人群发表观点，不同的声音相互制衡，各种舆论相互制衡，最终在进行充分的讨论后，达成一种理性的社会共识。

4.2.2 凸显人气效应和调查优势

在对一条新闻反转剧的报道过程中，媒体也不断刷新了自身的传播量与关注度。此外新闻反转剧也是传统主流媒体重塑公信力的契机，适时发出释疑、权威、有深度的声音。

5 规制新闻反转剧的处理策略

5.1 媒体坚守新闻专业主义

5.1.1 做好信息把关人工作

新闻媒体要及时核实新闻线索的源头，在制作传播信息时做好把关工作。破解新闻反转剧难题，媒体需要行业共识和制度性约束，建立和严格履行行业内规范。

5.1.2 坚持客观真实平衡的原则

媒体要少一些刻板印象和"标签化"思维，遵循客观、平衡的基本报道原则。在安徽女大学生扶老人事件的起初阶段，一些媒体将报道重心集中在女大学生的说辞上面，极力渲染女大学生"无辜""被讹"的悲情故事，却缺乏目击者的有力证词以及事件受害者对于该事件的详细陈述，显得厚此薄彼。

5.1.3　坚持人文主义关怀

在采访和报道新闻当事人时，要尊重采访对象的意愿，事先预估社会舆论对当事人的关注度，把对被采访者的伤害降到最低，避免受到报道带来的二次伤害。以人文关怀理念为支撑，选取新闻报道的角度，整合新闻报道材料，最终给受众呈现有价值而真实的新闻报道。

5.1.4　发挥议程设置的正效应

媒体要坚持积极向上的舆论引导，传达正能量。先褒后贬、先扬后抑的新闻反转剧，都有媒体追逐眼球效应、故意制造话题的不良驱动。因此一旦出现有争议的话题，唯有进行积极正面的舆论引导，才能确保事件朝健康理性的方向转变。

5.2　新老媒体要联动合作，创新报道方式

由于传播介质特性不同，传统媒体和新媒体在信息发布上各有长处，如果形成互补，就能大大提升传播效果，对反转剧中出现的不实信源也能够起到阻击作用。

5.3　媒体和公民加强网络媒介素养

5.3.1　媒体强化自律意识

对于媒体来说，要提高对信息的处理分析能力和道德自律意识。

5.3.2　网民强化公共素养

为了避免成为新闻反转剧的始作俑者、参与者，网民需要培养判断力，提高自身的媒介素养。网民应当注意如下几点：警惕标签化传播；勇于质疑，勤于思考；兼听则明，偏听则暗；博览群书，理智发声；远离别有用心的网络水军。

5.4　政府亮剑严惩，净化传播环境

首先，政府的相关权威部门要加强意见领袖队伍建设，团结和扶植意见领袖的理性发言。其次，政府相关管理部门应当针对新闻的"发布""转发""信源"等方面制定操作规范，对编辑记者使用社交媒体制定严格细化的使用规范，以减少对未经证实消息的传播。此外，政府相关部门要主动呼应民间舆论场运作，把握分寸节奏，回应各方关切。

参考文献

[1]　田甜.新媒体时代极速传播的失范与规制——以近期几起新闻反转事件为例[J].新闻窗，2015(4)：58—59.

[2]　丹尼尔·B.贝克.权力语录[M].王文斌，译.南京：江苏人民出版社，2008：288—296.

[3]　陈秀云.新闻误解——论新闻文本间距[M].北京：中国书籍出版社，2011：68—75.

[4]　戈夫曼.污名——受损身份管理札记[M].北京：商务印书馆，1963：2—3.

[5]　古斯塔夫·勒庞.乌合之众[M].冯克利，译.北京：中央编译出版社，2000：6—12.

论战后日本和平宪法的制定及其影响

学生姓名：耿　浩　指导教师：陆　梅

南通大学文学院，历史学(师范)专业，学号：1201042027

【摘　要】 日本是东亚最早实行宪政的国家，但战前宪法及体制内带有的专制主义因素使其最终沦为战争机器。战后同盟国对日本实施军事占领后随即开始重新制宪，而新宪法也在日美两国的博弈下最终诞生。因其最为突出体现和平主义原则，故被称为和平宪法。这部宪法对日本在战后得以迅速崛起起到重要的保护作用，但它依旧存在着一些不足之处。

【关键词】 战后日本；和平宪法；和平主义；影响

引言：二战对日本政治的影响

1945年8月15日，日本宣布无条件接受《波茨坦公告》。《波茨坦公告》中对日本的改造成为同盟国对其进行制裁的重要内容，而它的核心则是将日本彻底改造为民主国家。

而战后同盟国对日进行军事占领与民主化改造是以美国为主导的。

为确保改革顺利，同盟国在驻日美军的基础上成立盟军总司令部(GHQ)。这一部门成为对日改革的主导机关。一个以美国为核心，以同盟国为主体对日本实行军事占领政权的体系便由此设立。

以美国为核心的盟总认为推行日本民主化改革的关键是把改革的成果用宪法的形式固定下来，而明治维新后制定的《大日本帝国宪法》及由其所设定的专制主义等缺陷被同盟国认为是日本走向军国主义的根源。

1　和平宪法的前缘：《大日本帝国宪法》

1.1 《大日本帝国宪法》的诞生

1.1.1　近代日本国家实施宪政的背景

日本是东亚最早制定宪法、实施宪政的国家。宪政实践在一定程度上推动了日本的快速发展，但由于宪法本身的缺陷导致其走向了灾难的结局。而它为日本战后的民主实践提供了条件。

随着日本开始走上近代化国家的轨道，在1889年依据伊藤博文等元老的意见参照普鲁士宪法制定《大日本帝国宪法》，而它的出现也标志着日本正式开始了宪政历程。

1.1.2 《大日本帝国宪法》的价值

《大日本帝国宪法》作为日本由传统专制国家转型为近代君主立宪制国家的标志，它无论对于日本的法治进程还是对于日本的国家、民众都有着很大的意义。

一方面，它在一定程度上避免了专制权力任意行使，保障了公民享有民主权利；另一方面，它确立了立宪主义的原则。以宪政为基础的法制的完善，使日本成为当时唯一跻身世界列强的东亚国家。

1.2 《大日本帝国宪法》的缺陷

一个合理且稳固的制度尽管相对保守，但它的结构将会为这个社会带来持续的发展动力。反之，若该制度尽管能为社会带来强劲的增长因素，但若缺乏一定的制约，它将会如癌细胞一样疯狂增长扩张，并最终以快速发展为代价吞噬整个社会。《大日本帝国宪法》尽管为日本带来了成就，但后果更为可怕。

1.2.1 天皇权力的至尊性导致专制主义

日本历史实际掌握政权的天皇并不多见，随着明治维新的开始，天皇权力也重新得到巩固。其权力亦超然于国家体系之上，国家机构与全体人民成为个人的附庸。

在宪法确立各项既有制度的同时，社会也是不断发展着的。随着新专制的形成，资产阶级民主运动也在社会中产生影响，但这些民主运动都受到专制政府打压。同时，军部借爱国主义煽动国民的不满情绪并借机把持政局，日本由此走上不归之路。

1.2.2 军事力量的独立性导致军国主义

在这部宪法所设定的以立宪主义为原则的三权分立国家制度之下，并没有将军方力量纳入这一体系中。法律规定军队直接对天皇负责，天皇与军方都有着密切的关系。

随着政局变化，政府与军部的冲突愈加明显。军部利用经济危机下人民对政府的不满阴谋夺取政权。极端军人们肆意妄为使国家机构成为军部的附庸，军国一体的局面由此形成。[1]

1.2.3 《大日本帝国宪法》下军国主义与专制主义的关系

《大日本帝国宪法》下不断扩张的军队权力与近代专制皇权之间有着不可分割的联系，而日本传统的文化因素更是强化了它的负面影响。日本特有的宗教和思想——神道教与武士道，也成为专制主义和军国主义的催化剂，缺乏民主传统的日本社会在特殊的时代背景下沦为战争机器也是不可避免的结果。

2 和平宪法的制定过程

2.1 日本政府主导制定新宪法草案

《大日本帝国宪法》成为日本走向军国主义的重要因素。因此同盟国在日本投降后，便开始进行民主化改造。起初同盟国寄希望于日本政府以民主的方式自行提出宪法修正方案，但日本并未按照同盟国的要求进行制宪活动。

日本政府主导制定的“松本草案”的最大特点便是极其保守。在内容上，它与旧宪法几乎相同。在修订宪法的原则上，松本烝治也提出了保守的“宪法改正四原则”，其中天皇依旧享有实质上的统治权。

GHQ 民政局在了解宪法草案的内容后认为这部草案过于保守，对日本的旧国体并没有进行实质性的变更。因此以日本政府为主导制定宪法修正案的行动最终以失败而告终。

2.2 盟军总部的制宪活动

在战后错综复杂的政治环境下，很难找到一种相对稳妥的制宪方案。盟军总部由于面临着来自日本国内左派与同盟国要求严惩的双重压力，因此麦克阿瑟决定由 GHQ 亲自进行制宪。[2]

麦克阿瑟对 GHQ 将要召开的宪法制定会议提出了三项基本原则：第一，天皇为国家元首并世袭，依宪法行使职权；第二，废除发动国家主权之战争，并禁止设立三军；第三，封建制度予以废止。

新宪法草案的最大特点即是完全体现出未来日本社会民主的框架。GHQ 宪法制定会议的成员相信，自己是在“参与创造一个大多数日本人渴望而从自己的领导者那里得不到更少压抑的社会”，而这部草案也成为新宪法最终的基础。

2.3 美日间就新宪法草案的博弈

GHQ宪法制定会议在日本政府不知情的条件下提出了新宪法的草案，日本在无法拒绝的前提下又通过种种方式加入了旧宪法因素，而《日本国宪法》也通过美日两国在宪法修正方案中的不断较量最终诞生。

美国以废除天皇制为理由迫使日本接受新宪法草案，但也对日本政府做出了妥协。双方冲突的焦点在于天皇地位、国家机构设置与人民权利等方面。在盟军总部的默许下，日本人主要采取了两种方式对新宪法草案进行变更。但无论如何，它所蕴含着的国民主权、基本人权与和平主义的理念还是受到了期待。

3 和平宪法的三大原则

在新宪法的制定过程中，GHQ民政局宪法制定会议的成员们将麦克阿瑟提出的三项基本原则转化并融入新宪法的草案中，在一些关键性的条文中对其进行了具体的规定。这些基本原则与旧宪法有着明显的不同，而且都具有自身的共性。因此，新宪法所具备的国民主权、尊重基本人权与和平主义被人们称为新宪法的“三大原则”。

3.1 国民主权原则

通常人们认为，主权这一概念类似于对特定物的所有权。只不过它的客体是将具体的对象转换为作为特定国家所拥有的“最高权威”的一个抽象概念。旧宪法以普鲁士宪法为蓝本加以制定，它从整体而言依旧体现了传统的专制主义观点。

旧体制不平衡的结构若不及时进行变革则势必将会垮塌。因此主权归属原则的重新确立是对日本民主化改革的必经过程。新宪法一方面架空了天皇的权力，使天皇转变为虚位元首；另一方面，对新政权的体系进行了重新建构，国民也由天皇的臣民转变为新国家的主人。

3.2 尊重基本人权

基本人权是人类所应当享受到的权利。随着资产阶级统治的确立，人权的概念也渐趋于普世化。但在传统日本社会中，人权概念是相对缺失的，而且社会的等级根深蒂固。

旧宪法所设定的社会中，只有臣民，并没有拥有完整权利的人民。在国民权利方面，宪法将其视为天皇的授予。为维持专制统治的稳固，所有的国民被纳入特殊的监控行为之中，同时设置了相应的专制机构与秘密警察。

盟军对日本进行军事占领后，解散长期压制国民思想的专制主义机构。通过对行政机构进行再编制及确立地方自治，培养国民的民主习惯与权利抗争意识。对人权的尊重也为日本全面民主化奠定了最坚定的根基。

3.3 和平主义原则

经过修正后的《日本国宪法》最大的特点，就是在宪法中专门规定了放弃战争。和平主义包含两个部分：第一，日本将彻底抛弃所拥有的一切战争力量；第二，日本也将放弃战争的权力，也就是将自身的安全委托给世界的和平力量加以维护。

但在之后的修正过程中，这一条款出现了偏离。在审议修改中，宪法第九条修正案加入“为达到前项目的”。这为日本拥有武装力量设置了一个合法的前提，也为日本的未来埋下了不安定因素。

4　和平宪法对战后日本社会的影响

4.1　从三大原则看和平宪法的积极作用

《日本国宪法》因其产生于特殊的历史背景之中,因而在许多方面有很大的进步性。而麦克阿瑟所提出的三项制宪原则在制宪过程中演化为和平主义、尊重基本人权与国民主权三大基本原则,其自身也为日本带来了显著而积极的影响。

4.1.1　国民主权原则的确立为日本最终奠定了全面民主化的基础

在由美国主导的新宪法草案的制定过程中,麦克阿瑟所提出的国民主权原则被宪法制定会议从三个方面加以规制:第一,天皇为虚位元首;第二,主权归国民所有;第三,实施责任内阁制。以新宪法为核心的战后初期日本民主化基石的奠定为日本社会各个方面的转型起到了关键性的作用。

4.1.2　尊重基本人权成为促进国民政治意识觉醒与重塑民主意识的保障

日本投降后,专制性的官僚机构与特种警察均被解散,相关的法律也被废除。GHQ对带有封建专制色彩与法西斯时代的人权压制体制的清算,使日本与其他民主国家一样具备了发展自由民主主义的制度前提。新宪法在国民主权的基础上确立了尊重基本人权的原则,日本国民的政治地位得到提高。人民心理压力与政治阻力的消除也就拉近了因人为因素而隔绝于自由社会的日本人民与快速发展的世界文明之间的距离,蓬勃发展并对世界产生较大影响的日本文化产业也因此开始发展。

4.1.3　和平主义理念使日本积极融入战后国际新秩序之中

和平主义寄托了人们对未来世界和平的期待。随着民主化改革的深入,和平主义原则因其与国民自身的权益保障有着直接的关系,因此被日本民众所普遍接受。因此,和平主义可以归纳为三个方面:第一,理论上放弃拥有军事力量与战争权的狭义上的和平主义;第二,和平主义所追求的更是一种在人类理想层面上的国际和平;第三,和平主义意味着它将是一种具有普适性意义的人权。[3]

宪法的三大基本原则及其带来的积极影响对日本在战后能够抛弃战争阴影、全力投入经济建设从而达到快速发展起到了重要的保驾护航作用。

4.2　和平宪法的不足

尽管这部宪法有着很大的价值,但日本官僚并非真正认可这部宪法,而周边国家与日本的关系至今仍保持紧张。从另一个角度证明其依然是存在不足的。

4.2.1　理想主义思维使宪法中的一些原则无法得到有效的贯彻

《日本国宪法》因为在制定过程中想要表达太多的意义,具有致命的不足。和平主义的核心思想即日本不得拥有武装力量,并将其和平委之于国际社会。但在冷战的背景下国际环境并未朝着和平的方向发展。在美国的纵容下,与军队相同的武装力量自卫队横空出世,由此和平主义原则在实质意义上受到了破坏。

谋求正常国家乃至全球大国之路,是当代日本政治家所推崇的目标。因此,宪法过于超前的原则在当代复杂的国际关系之中是难以真正得到实现的。

4.2.2　日本国内修宪纷争不断

宪法代表着构成这个国家的多数国民的意志,但和平宪法是例外。尽管有门槛较高的修宪程序，但全体国民作为国家的主体在当前的国际形势下很难享有对宪法进行适应性修正的权利。

与战后人们的期待并不相同，和平宪法并没有完全阻挡日本再度崛起的大国梦想。第一，复杂的国际环境为日本突破和平主义原则提供了契机；第二，日本国内政治环境的变化使得修宪成为可能；第三，右翼势力的发展成为修宪的中坚力量。

和平宪法代表着战后的世界新秩序，因此它可能也会成为日后日本社会，尤其是政治上的矛盾焦点之所在。

5 结　语

回顾战后《日本国宪法》的制定过程及其主要特征，可以充分看出它与旧宪法相比所表现出的进步性。它为引导战后日本走向和平发展道路提供了法律上的根本保证，是战后日本社会走向新生的标志。

未来的日本社会终究将走向何方？在今日已经实现高度民主化的日本社会，这个问题也应由其国民进行回答。但以当前的情形来看，和平宪法已经充分实现了它的内在价值。

总之，现代化转型对任何国家而言绝不是一蹴而就的。在世界文明之中，基于历史传承与现实条件的约束，各国都会走向不同的发展道路，但这并不代表着否定不同文明间进行沟通与相互借鉴，因为人类文明的最高理想是殊途同归。

修宪或许需要很长的时间才能完成，但从日本宪政历史的角度来看，这部宪法将何去何从还是值得我们关注的。

参考文献

[1] James L. McClain. 日本史[M]. 王翔，等，译. 海口：海南出版社，2014：196—197.
[2] 约翰·W. 道尔. 拥抱战败：第二次世界大战后的日本[M]. 北京：生活·读书·新知三联书店，2009：328—329.
[3] 杨昕叶. 论日本宪法的和平主义原则[D]. 苏州：苏州大学，2014：7—10.

于永正写作教学课例研究

学生姓名：刘　苹　指导教师：时金芳

南通大学文学院，汉语言文学专业，学号：1201051003

【摘　要】 于永正的“言语交际表达训练”写作教学改革试验，取得了丰硕的成果。从对于永正大量写作教学课例的研究中，发现于永正成功的写作教学主要是通过强化学生的自我倾诉欲望和简单直观有趣味性的情境建构来激发学生的写作动机；通过“对话”和细节来丰富写作内容；通过练习、积累、模仿等手段来指导学生掌握和运用写作方法和技巧。这些理论和实践对一线教师极具启发、借鉴意义。

【关键词】 于永正；小学；写作教学；课例研究

1　写作动机：于永正如何强化学生的写作兴趣

1.1　强化学生自我倾诉的欲望

如何让学生写作，就是如何让学生用书面语言来对于某一主题进行自我描述性或者评价性的表达。写作是一项高强度的表达活动，非有某种需要一般是不会动笔来写东西的。文章写出来是以一定的物质形态存在的，这个物质成果是要在人们的生活中起到某种作用的。简单来说，就是让学生基于一个真实的言语任务，表达真实的自我体验。在这里，表达才是关键。

在一个个体成长的过程中，作为群居的人类，社会交流是必不可少的。交流简单来说就是表达和倾听。因此，个体的表达欲望是个体天然具有的。表达的方式却是多样的，如言语、肢体、行动或者文字等。个体将想要倾诉的内容以文字的形式表现出来，这便是写作了。当然，需要倾诉的内容是多种多样的，可以是主体对于客观事物的主观感受，也可以是纯粹主体的想象。因此，激发学生的写作兴趣简单来说就是强化其对于某一限定主体的表达欲望，并使其转化成文字表达出来。

在《义务教育语文课程标准（2011 年版）》中，写作教学的目标要求、形式要求等方面有了明显变化，写作教学的要求降低了，文体淡化了。之前要求孩子们写的记叙文也改成了记实写作和想象写作等。为何？生硬的写作要求不能激起学生主体的表达欲望，相反，为了应付学业而强迫性的写作，很难写出真情实感，也很难提高写作水平。因此，强化学生作为写作主体的倾诉欲，从而激发学生的写作欲是写作教学的关键。

1.2　设置简单直观的教学情境

在写作学上，有一个术语叫作写作背景。简单来说，就是创作的环境。这个环境包括人文环境和物质环境。写作背景也是写作动机的一个来源。人是基于社会的生物，这个社会指的就是一个大环境。环境的改变会引起人情绪的变化，从而激发人的倾诉欲。

儿童的社会经验和生活常识比较匮乏，抽象思维能力弱，情绪起伏大、变化快。因此，在强化儿童的写作动机，联系儿童的日常生活经验时，复杂的情境或者抽象的描述往往让学生不能理解，或者无法融入情境之中，当学生以局外人的身份作壁上观时，倾诉欲望不高，写作欲望自然不强。因此，教师在创设写作情境时，需要以直观而非抽象的方式呈现或者营造写作环境，切忌过分复杂抽象。

1.3 突出儿童心理的低龄趣味

儿童心理发展具有特殊性、不稳定性，这点与成人心理差别很大，是迥然不同的存在状态。但因习惯使然，作为成人的教师总是会不自觉地以成人的心态来对待儿童，这里就存在一个理解偏差的问题。因此，教师基于自己的生活经验和思维方式营造的真实的言语任务，即写作动机，往往是不被儿童所认可的，准确来说，是不被大部分儿童所认可的。

因此，作为教师，要更多地抛弃自己一贯的思维方式和言语习惯，了解研究儿童的言语习惯和思维方式。比如，儿童的言语能力不发达，因此言语词汇比较简单，多重复，肢体语言往往会更多，作为教师，就不太适合用复杂的语言来教导学生。在引导学生时，相对于成人来说夸张的肢体动作和丰富的表情更容易被学生所接受，也更容易引起学生的兴趣。

强化写作动机，需要教师做到简单有趣，于永正做了一个很好的示范。

2 写作内容：于永正如何让学生有话可写

2.1 字不够，对话凑

于永正曾说过，指导孩子们写作时，在内容上可以“字不够，对话凑”。即指导学生写作时，如果遇上内容不够写的情况，可以适当添加一些对话来补充写作内容。这其实是于永正“言语交际表达训练”写作改革的一个简单化的应用。于永正自 1984 年就提出言语交际写作训练的写作改革，提倡从言语交际的实际需要出发，进行写作训练。1985 年于永正成为江苏省特级教师后便开始实践，成果十分喜人。对话写作其实是言语交际表达训练的一个简单特殊的典型。

对于儿童来说，情绪和思想表达比较直接，大段复杂的心理活动一般较为少见。因此，对话是孩子们日常生活的一个重要组成部分。这个对话的内容不仅仅局限于言语内容，而且包括表情、动作、神态等诸多信息要素的构成在内。巧妙地让孩子们注意对话，描写对话，想象对话，便展开了许多写作内容。事件、人物身份、情感等都是可以在对话中体现出来的。

2.2 补细节，加修饰

同样一个句子，细节的处理是否到位将会产生迥然不同的效果。举个例子来说，“花开了”和“细细绵绵的春雨中，粉嫩嫩的樱花一簇簇地开了，远远看去，像小姑娘害羞时脸上的红霞”这两个句子，同样的意思，第一句只有句子主干，没有丝毫的修饰词，因此显得单调乏味。第二句将花开的时间、环境、颜色等细节都描绘了出来，因此不但内容丰富，而且给人身临其境之感。细节决定成败，巧妙地运用词汇和修辞会让写作增色不少，同时也是丰富写作内容的一个手段。同样一个句子，加上表现细节的修饰词，就会立刻丰富起来。

因此，丰富写作内容，细节不可缺少。

3 写作方法：于永正如何指导学生掌握写作的方法和写作技巧

3.1 广阅读，深积累

于永正说，学语文其实十分简单，概括来说就是“读读写写，写写读读”，熟读课本内容，积累语言文字文学基础。但是要提高学生的写作能力，更重要的是要广泛地进行课外阅读，增长知识，开拓视野，这样才能从根本上提高学生的语文素养，在写作时也能更具有创造性和深入性，而不是流于表面的粗浅和老套。于永正一直强调要多写，养成写作的习惯，每天的日记，不拘泥形式题材，但坚持写作，日积月累的锻炼一定会提高同学们的写作水平和写作能力。掌握写作方法和技巧，最根本的方法是提高个人的语文素养。于永正对此有自己的一套，认为阅读是重中之重。大量的阅读不但能开拓学生的知识面，更关键的是会在时间的流逝中让学生积累下丰富的人文素养，在不知不觉中掌握和熟练自己的写作方法和写作技巧。

3.2 先模仿，后创造

儿童从呱呱坠地到牙牙学语，在最初语言习得的过程中，都是在对父母的言谈进行模仿学习。可以说，模仿的能力是人与生俱来的。对于写作技巧和写作方法的熟悉、掌握和运用，最直接最有效的方式就是模仿。找出最典型的手法和技巧，直接模仿。举个简单的例子，描写人物时有正面直接的描写，也有侧面描写，如他人对于人物的认知评价。教师说侧面描写，学生可能会有一个概念，但具体如何对人物进行侧面描写，却像隔帘看花，不甚清楚，更遑提掌握。而直接拿出一段比较典型的侧面描写让学生模仿，却能很快让学生进行运用。一般来说，这样的作品都是大家之作，很难模仿。但依葫芦画瓢，有个样子摆在眼前参考，怎么也不会歪到哪里去。经历了模仿才能在之后根据自己的个性和环境的不同来进行具有自我独特性的创造。因此，对于写作方法和写作技巧的掌握，第一位的就是模仿，而后才是创造。

3.3 在激励中点拨方法技巧

教学艺术的核心在于激励。激励是于永正最常用的教学手段。他曾经笑言，自己上课前会准备一百顶高帽子给学生，告诫教师要竖起大拇指，对于学生多多鼓励。这样做，可以充分利用语言激励及情感激励，使课堂气氛融洽，使学生在学习中能够放松放开，有效激发他们对学习的热情，增强课堂教学的效果。

科学实验表明，相对于消极否定的评价，我们更容易接受积极肯定的评价，对于学生来说，经常性的鼓励和偶尔的批评是最适合最有效的评价方式。

因此，对于学生的写作，更要采取以鼓励为主的多样评价方式，单一粗暴的不当评价会打击学生的信心，削弱其写作兴趣。教师评价、学生自评、学生互评等，这样的多样化评价显然更符合当前的教学实际。教师评价时也需要更加注意，加大力度进行肯定性评价，对于不同的学生要根据其个性情况进行不同的评价，写作的修改应当以学生为主体，以教师的点拨为辅助，让学生自读自改或者让学生互改，这样更容易激发学生的写作积极性，使其更好地掌握写作方法和技巧，提高自身写作水平。

3.4 于多练多写中熟能生巧

不动笔墨不读书。于永正的五重教学法中，第五重的含义就是要重积累重习惯。因此，他在写作指导上十分注重迁移练习。经常进行课堂随笔训练，不但让学生更好地掌握运用课上所学内容，并且能够在日复一日的练习中积累写作素材，锻炼写作能力，更能养成动笔的好习惯，较好解决了目前小学语文教学中学生缺乏写作训练的问题。

这里的多练多写指的不仅仅是学生，还包括教师。

于永正在读到陶行知有关下水写作的文章后，感触很深。多年来也一直提倡教师下水写作。下水写作是指在写作教学过程中，教师和学生一起写作，用自身的写作体验，发现写作中的问题，进行切实细致的写作指导。但由于教师和学生所扮演的社会角色不同，各自的心智和人生经历以及看待问题的角度都有差异，因此，教师下水写作也要避免盲目，不求同样的题材内容，内容和主体相关即可。教师亲自写作，与学生一起，进行同一主题的写作，在行文过程中更能感受到写作中的问题所在，从而更好地指导学生解决问题。此外，进行这样的写作锻炼也不失为教师提高自身写作水平和鉴赏能力的一个很好的途径。

于永正曾说过，学语文就是八个字“读读写写，写写读读”。大量的阅读才能丰富学生的语言积累；同理，大量的写作才是提高写作技巧的最好方法。

参考文献

[1] 叶圣陶. 对于小学写作教授之意见[M]. 北京：人民教育出版社，1980.

[2] 于永正. 于永正课堂教例与经验[M]. 徐州：中国矿业大学出版社，1997.

[3] 于永正. 小学语文教学精品录[M]. 徐州：中国矿业大学出版社，1999.

[4] 于永正. 教海漫记[M]. 徐州：中国矿业大学出版社，1999.

[5] 于永正，潘自由. 于永正小学“言语交际表达训练”写作实验[M]. 山东：山东教育出版社，2000.

[6] 于永正. 于永正文集[M]. 徐州：中国矿业大学出版社，2002.

[7] 于永正. 于永正语文教学实录荟萃[M]. 徐州：中国矿业大学出版社，2005.

[8] 王道俊，郭文安. 教育学[M]. 北京：人民教育出版社. 2009.

[9] 教育部师范司. 于永正与五重教学[M]. 北京：北京师范大学出版社，2011.

[10] 刘尊立. 于永正：“五重教学”的不断探索[J]. 小学教育科研论坛，2002(1).

[11] 于永正. 翘起大拇指[J]. 广西教育，2001(10).

[12] 于永正. 全国著名特级教师于永正谈教育教学——童年，应当是一首诗[J]广西教育，2001(16).

[13] 于永正，陶志斌. 习作课：《考试》[J]. 人民教育，2006(5).

[14] 于永正. 当榜样的言行一致时[J]. 基础教育，2007(5).

[15] 魏本亚，张庆，李亮，等. 向于永正学什么？——五位专家一席谈[J]. 语文建设，2012(Z3).

[16] 李建军. “简单”语文“不简单”——于永正语文教学艺术的审美特征[J]. 江苏教育研究，2008(11).

[17] 陈林. 阅读教学，应是合规律的文本解读——以《我和祖父的园子》教学谈于永正“简单语文”之道[J]. 教学与管理，2013(11).

[18] 刘识亭. 小学语文说、写训练新思路——著名特级教师于永正写作教学研究[D]. 苏州：苏州大学，2008.

[19] 王森. 于永正阅读教学中学习活动的类型与特点研究[D]. 合肥：合肥师范学院，2014.

[20] 庞会香. 于永正语文教育思想与实践研究[D]. 济南：山东师范大学，2005.

[21] 王春晓. 小学记叙文课堂教学设问的研究[D]. 济南：山东师范大学，2013.

心电信号分数阶零相位滤波算法设计

学生姓名：殷　姝　指导教师：王建宏
南通大学理学院，信息与计算科学专业，学号：1202072007

【摘　要】 首先，基于 Liouville 和 Weyl 分数阶积分算子的幅频特性相同、相频特性相反的特点，设计分数阶零相位滤波的卷积实现算法。其次，在分数延迟滤波器及其拉格朗日实现算法的基础上，提出分数超前滤波器与分数阶零相位滤波器及其拉格朗日实现算法。最后，基于 MIT-BIH 心律失常数据库的心电信号，进行 MATLAB 滤波仿真实验，验证所提算法的有效性。

【关键词】 心电信号；分数阶零相位滤波；分数阶积分；拉格朗日插值

1　引　　言

当前国际上已提出多种心电信号滤波器，但这些滤波器大多是建立于整数阶次[1-2]，可调控性较低，在信号处理上有较大的局限性，难以在保留心电信号特征信息和抑制噪声之间保持平衡。分数阶算法具有更大的灵活性，已在多个领域取得应用，但较少应用到心电信号的处理中。本文研究分数阶心电信号滤波算法，以达到更好的降噪保真效果。同时引入零相位思想[3]，从空间域[4-5]和频域[6]两个角度设计分数阶零相位滤波算法，解决滤波过程中产生的相位失真问题。

2　分数阶零相位滤波空间域卷积实现

定义[4]对函数 $f(t)$进行 v 阶 Liouville 分数阶积分，得到下式：

$$J_l^{-v} f(t)=\frac{1}{\Gamma(-v)}\int_{-\infty}^{t}(t-u)^{-v-1}f(u)\mathrm{d}u,\quad v<0,$$

此分数阶积分滤波系统的传递函数为：

$$H_l^{-v}(\mathrm{e}^{\mathrm{i}\omega})=(\mathrm{i}\omega)^v=|\omega|^v\mathrm{e}^{\mathrm{i}(v\pi/2)\operatorname{sgn}(\omega)},$$

其幅频特性和相频特性分别为：

$$\begin{cases}A_l^{-v}(\omega)=|\omega|^v,\\ \varphi_l^{-v}(\omega)=\dfrac{v\pi}{2}\operatorname{sgn}(\omega),\end{cases}$$

可见此滤波系统相当于一个分数相位延迟滤波器。

定义[4]对函数 $f(t)$进行 v 阶 Weyl 分数阶积分，得到下式：

$$J_\omega^{-v} f(t)=\frac{1}{\Gamma(-v)}\int_{t}^{\infty}(u-t)^{-v-1}f(u)\mathrm{d}u,\quad v<0,$$

此分数阶积分滤波系统传递函数为：

$$H_\omega^{-v}(\mathrm{e}^{\mathrm{i}\omega})=(-\mathrm{i}\omega)^v=|\omega|^v\mathrm{e}^{\mathrm{i}(-v\pi/2)\operatorname{sgn}(\omega)}$$

其幅频特性和相频特性分别为：

$$\begin{cases}A_\omega^{-v}(\omega)=|\omega|^v,\\ \varphi_\omega^{-v}(\omega)=-\dfrac{v\pi}{2}\operatorname{sgn}(\omega),\end{cases}$$

可见此滤波系统相当于一个分数相位超前滤波器。

定义[5] v 阶 Liouville-Weyl 分数阶中心积分算子 J_{L+W}^{-v} 为：

$$J_{L+W}^{-v}=\frac{1}{2\cos\left(-\frac{v\pi}{2}\right)}(J_l^{-v}+J_\omega^{-v}),v<0,v\neq 2n+1,$$

其传递函数为：

$$H_{L+W}^{-v}(\mathrm{e}^{\mathrm{i}\omega})=\frac{1}{2\cos\left(-\frac{v\pi}{2}\right)}[(\mathrm{i}\omega)^v+(-\mathrm{i}\omega)^v]=|\omega|^v,$$

其幅频特性和相频特性分别为：

$$\begin{cases}A_{L+W}^{-v}(\omega)=|\omega|^v,\\ \varphi_{L+W}^{-v}(\omega)=0。\end{cases}$$

因此，v 阶 Liouville-Weyl 中心积分算子 J_{L+W}^{-v} 等价于一个 v 阶零相位滤波器（PLW）。其卷积核函数如下：

$$K_{L+W}^{-v}(t)=\begin{cases}\dfrac{t^{-v-1}}{2\cos\left(\dfrac{-v\pi}{2}\right)\Gamma(-v)}, & t>0,v<0,\\[2ex] \dfrac{|t|^{-v-1}}{2\cos\left(\dfrac{-v\pi}{2}\right)\Gamma(-v)}, & t>0,v<0。\end{cases}$$

滤波仿真效果图如图 1 所示。

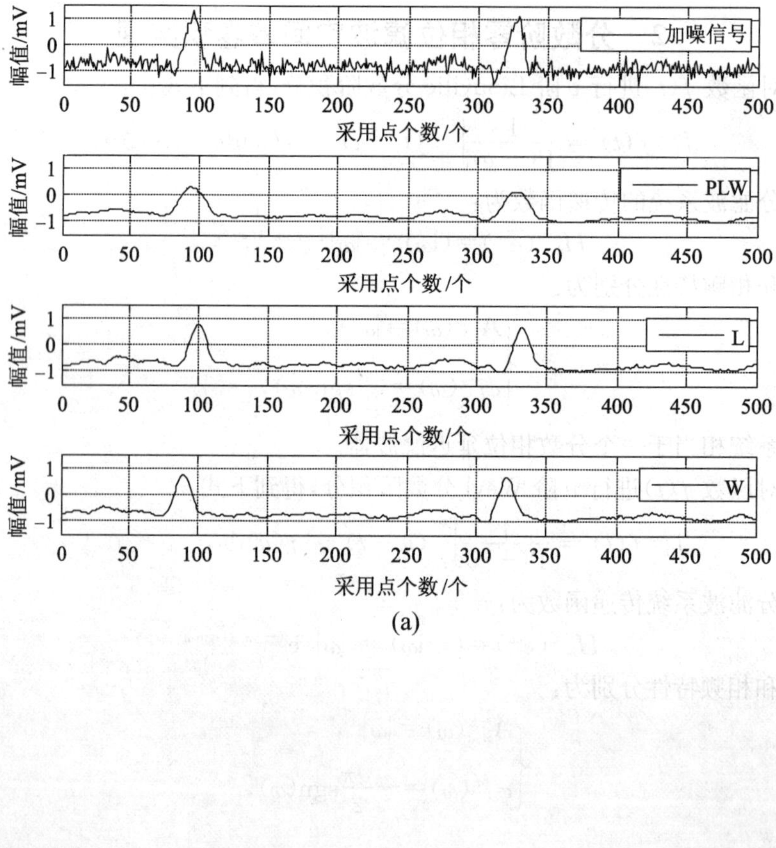

(a)

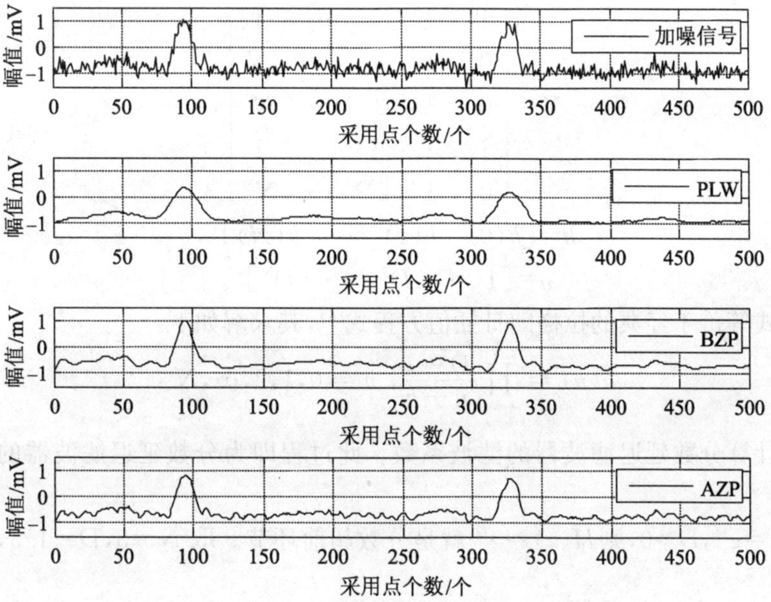

(b)

图 1　滤波仿真效果图

图 1(a)为噪声信号与 PLW 及两个分数阶滤波器 Liouville 和 Weyl 滤波后信号，图(b)为噪声信号与 PLW 及两个零相位滤波器 BZP 和 AZP 滤波后信号。

从图上可见经过 PLW 滤波器滤波后的输出信号变得更加平滑，各种特征波形也得到了加强，可见所设计的分数阶零相位滤波器具有较好的滤波效果。

3　分数阶零相位滤波频域拉格朗日插值实现

N 阶 FIR 滤波器对应的 Z 变换传递函数为：

$$H(z)=\sum_{n=0}^{N}h(n)z^{-n}。$$

定义 $E(z)=H(z)-H_{\mathrm{d}}(z)$ 为 FIR 滤波器的频域误差方程，其中 $H_{\mathrm{d}}(z)$ 表示的是理想的延迟环节。取 $z=\mathrm{e}^{\mathrm{i}\omega T}$，可得

$$E(\mathrm{e}^{\mathrm{i}\omega T})=H(\mathrm{e}^{\mathrm{i}\omega T})-H_{\mathrm{d}}(\mathrm{e}^{\mathrm{i}\omega T}),$$

我们希望误差 $E(\mathrm{e}^{\mathrm{i}\omega T})$ 在频率从 $\omega=\omega_0$ 开始就为 0，即在 $\omega=\omega_0$ 处，$E(\mathrm{e}^{\mathrm{i}\omega T})$ 对频率的导数为 0，并且其对 ω 的二阶、三阶、…、N 阶导数在 $\omega=\omega_0$ 处都为 0，即

$$\left.\frac{\mathrm{d}^n E(\mathrm{e}^{\mathrm{i}\omega T})}{\mathrm{d}\omega^n}\right|_{\omega=\omega_0}=0,\ n=0,1,2,\cdots,N。$$

取 $\omega_0=0$，得到 $L=N+1$ 组线性方程，L 为滤波器的长度。可以用下面的脉冲响应来表示：

$$\sum_{k=0}^{N}k^n h(k)=D^n,\ n=0,1,2,\cdots,N,$$

其矩阵形式为：

$$\boldsymbol{Vh}=\boldsymbol{v},$$

其中

$$\boldsymbol{V}=\begin{bmatrix}1 & 1 & 1 & \cdots & 1\\0 & 1 & 2 & \cdots & N\\0 & 1 & 2^2 & \cdots & N^2\\\vdots & \vdots & \vdots & & \vdots\\0 & 1 & 2^N & \cdots & N^N\end{bmatrix},$$

$$\boldsymbol{h}=[h(0)\quad h(1)\quad \cdots \quad h(N)]^{\mathrm{T}},$$

$$\boldsymbol{v}=[1\quad D\quad D^2\quad \cdots \quad D^N]^{\mathrm{T}}。$$

该矩阵表达式等价于经典的拉格朗日插值方程式[6]，其求解如下：

$$h(n)=\prod_{\substack{k=0\\k\neq n}}^{N}\frac{D-k}{n-k},\ n=0,1,2,\cdots,N。$$

根据上式可计算分数延迟滤波器的滤波系数。此过程即为分数延迟滤波器的拉格朗日插值实现。

令$\overline{H(z)}=z^D$，$D>0$，则$\overline{H(z)}=z^D$就是分数超前环节。取$N=3$，$D=1.3$，可得分数延迟如下所示：

$$z^{-1.3}\approx -0.0595+0.7735z^{-1}+0.3315z^{-2}-0.0455z^{-3},$$

则分数超前如下所示：

$$z^{1.3}\approx -0.0595+0.7735z^{1}+0.3315z^{2}-0.0455z^{3},$$

将分数延迟与分数超前过程相结合，可得分数阶零相位滤波器：

$$G(z)=\sum_{n=0}^{N}[H(z)+\overline{H(z)}]/2。$$

滤波效果仿真如下：图2(a)为叠加50Hz工频噪声的心电信号滤波前后的信号，图(b)为叠加随机噪声心电信号滤波前后的信号。

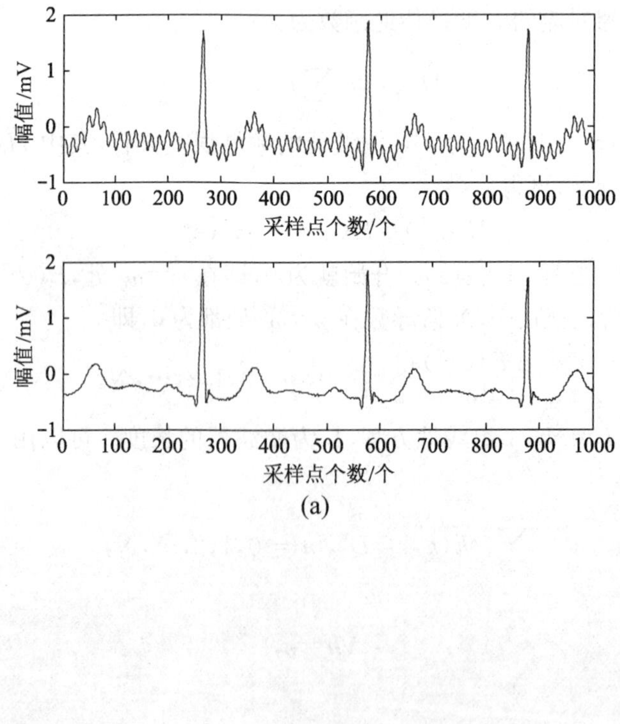

(a)

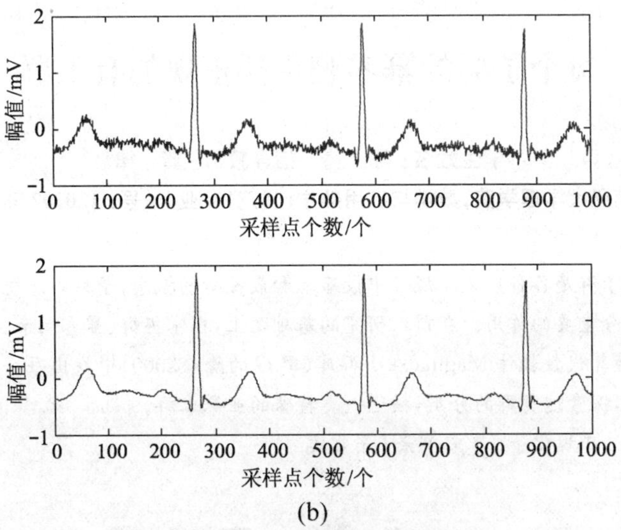

(b)

图 2　叠加不同噪声滤波最后的信号

从上图可见，经过所设计分数阶零相位滤波器滤波后的输出信号变得更加平滑，各种特征波形也得到了加强，可见所设计的分数阶零相位滤波器具有较好的滤波效果。

4　总　　结

首先，将零相位滤波思想植入分数阶滤波器设计，提出适用于心电信号去噪的一种基于分数阶 Liouville 和 Weyl 积分算子的分数阶零相位滤波算法。其次，通过分析分数延迟滤波器的拉格朗日实现算法及其频率特性，给出了分数超前滤波器的设计及其拉格朗日实现算法，并分析了其频率特性。再次，基于分数延迟和分数超前滤波器的幅频特性相同、相频特性相反的特点，设计了分数阶零相位滤波器，同时给出其拉格朗日实现算法。基于 MIT-BIH 心律失常数据库的心电信号，分别从定性和定量两方面进行 MATLAB 仿真实验。结果表明，所设计的分数阶零相位滤波算法在滤除心电信号噪声的同时，能较好地保留原始信号的主要特征波形，有效避免相位失真，具有保真性能好、抗噪能力强、计算复杂度低的优点。

参 考 文 献

[1]　Rockmore N, Daniel M, Dennis, et al. Modern Signal Processing[M]. London: Cambridge University Press, 2004: 20—45.

[2]　Wang J, Ye Y, Pan X, et al. Fractional zero-phase filtering based on the Riemann-Liouville integral[J]. Signal Processing, 2014, 98(4): 150—157.

[3]　Tseng C C, Lee S L. Design of digital Reisz fractional order differentiator[J]. Signal Processing, 2014, 102(9): 32—45.

[4]　Wang J, Ye Y, Gao Y, et al. Fractional compound integral with application to ECG signal denoising [J]. Circuits, Systems & Signal Processing, 2015, 34(6): 1915—1930.

[5]　殷姝，王建宏，郑开兴，等. 心电信号波形保持的分数阶零相位滤波[J]. 南通大学学报（自然科学版），2016, 15(1): 17—23.

[6]　Laakso T L, Välimäki V, Karjalainen M, et al. Splitting the unit delay tools for fractional delay filter design[J]. IEEE Signal Processing Magazine, 1996, 13(1): 30—60.

每个子群的幂零剩余都正规的有限群

学生姓名：陈　隽　指导教师：龚　律
南通大学理学院，数学与应用数学(师范)专业，学号：1202022046

【摘　要】 正规子群是各种广义正规性中最基本和最核心的概念，子群的正规性在研究有限群的结构中起着十分重要的作用。在前人研究的基础之上，在掌握群、幂零剩余、正规化子等相关概念之后，利用计算代数软件 Magma 在小群库(群 G 的阶<2000)中找出每个子群的幂零剩余都正规的有限群，探索这类群的分类，描述一类特殊的亚幂零群。

【关键词】 norm；正规化子；幂零剩余；幂零类

1　引　言

群论是抽象代数中的一个重要分支，它起源于对代数方程的研究，是人们对代数方程求解问题逻辑考察的结果。群论开辟了全新的研究领域，用结构观念的思维方式代替偏重计算研究的思维方式，这一崭新的研究方式促进了群论的快速发展，给近世代数的形成和发展奠定了稳固的根基。

1.1　有限群的介绍

众所周知，有限群是群论众多分支中的基础部分，也是应用最为广泛的一个分支。历史上，有限群论促进了许多抽象群论的概念的形成。近年来，有限群理论的迅速发展也加速了它在各个领域的应用，是科技工作者想要学习掌握的一种数学工具。

1.2　伽罗瓦理论的介绍

伽罗瓦作为这具有划时代意义的数学分支——群论的创立者，在数学发展史上做出了重大贡献。早在 1828 年，伽罗瓦就开始研究代数方程理论，试图研究一个方程存在根式解的情况。他仅用了四年的时间，于 1832 年完全解决了五次方程没有根式解这一难题，他用方程根的置换群的结构原理来求解高次方程问题，而这种用群论的方法来求解代数方程的解的理论被后人称为“伽罗瓦理论”。[1]

2　幂零剩余都正规的有限群

2.1　基本概念

定义 2.1.1[2]　设 G 为任意群，$a,b\in G$，我们规定$[a,b]=a^{-1}b^{-1}ab$，叫作元素 a 和 b 的换位子，则$\langle [a,b]\mid a,b\in G\rangle$称为 G 的换位子群或导群，记为 G'。

定义 2.1.2[3]　若群 H 是群 G 的正规子群，则 H 与其全部不相同的陪集所构成的集合，在陪集乘法下构成一个群，称为群 G 的商群，记为 G/H。

定义 2.1.3[4]　设 G 为群，若对任意 $g\in G$ 均有 $gN=Ng$，则称 N 为 G 的正规子群，记为 $N\trianglelefteq G$。若存在群列 $N=G_r\trianglelefteq G_{r-1}\trianglelefteq\cdots\trianglelefteq G_0=G$，则称 N 为 G 的一个次正规子群，并记作 NsnG。反之，若 N 与 G 之间不存在上述的次正规群列，则称 N 为 G 的一个非次正规子群，并记作 NnsnG。

定义 2.1.4[5] 如果$[K_i,G]\leqslant K_{i+1}$,$i=1,2,\cdots,s$,称群列$G=K_1\geqslant K_2\geqslant\cdots\geqslant K_{s+1}=1$为群$G$的中心群列,存在中心群列的群叫作幂零群。

群G为幂零群当且仅当对每个$p\in\pi(G)$,G为p-幂零群。

所谓幂零剩余就是使得商群幂零的所有正规子群的交,即$\bigcap\left\{N\trianglelefteq G\,\middle|\,G/N\text{ 幂零}\right\}$。

2.2 norm 的概念

早在 1897 年,Dedekind 在文[6]中规定了所有子群都正规的有限群,这样的群被称为 Dedekind 群,且 Dedekind 群G的充要条件是群G同构于$G=Q_8\times E\times O$。

1934 年,在无限 Dedekind 群分类的时候,Baer 提出了 norm 的概念。

定义 2.2.1[7] 给定群G,G的 norm 记作$N(G)$,被定义为所有子群的正规化子的交,即

$$N(G)=\bigcap_{H\leqslant G}N_G(H)。$$

另一方面,1958 年,Wielandt 引入了一个与其相关的 Wielandt 子群。

定义 2.2.2[8] 设G是群,$\omega(G)$表示G中每个次正规子群的正规化子的交,即

$$\omega(G)=\bigcap_{H\mathrm{sn}G}N_G(H)。$$

值得一提的是,在 1956 年,Baer 在文[9]中证明了著名定理:

定理 1.1.1[9] 若群G的导群G'正规化每个子群,则G幂零。

在此基础上,李世荣和申振才提出了一个新的子群。

定义 2.2.3[10] 给定群G,$D(G)$表示G每个子群的导群的正规化子的交,即

$$D(G)=\bigcap_{H\leqslant G}N_G(H')。$$

而在 2013 年,龚律、郭秀云在前人的基础上,在文[11]中提出了新的子群。

定义 2.2.4[11] 设G是群,$N^N(G)$表示G的每个子群的幂零剩余的正规化子的交,即

$$N^N(G)=\bigcap_{H\leqslant G}N_G(H^N),$$

其中H^N是G的子群H的幂零剩余。

2016 年,龚律、赵立博、郭秀云在文[12]中给出了非次正规子群导群的正规化子的交的概念。

定义 2.2.5[12] 设G是群,$\theta^A(G)$表示G的每个非次正规子群导群的正规化子的交,即

$$\theta^A(G)=\bigcap_{H\mathrm{sn}G}N_G(H'),$$

其中H'是G的非次正规子群H的导群。

同年龚律、张庆亮、刘伟俊在文[13]中提出了每个非次正规子群的幂零剩余的正规化子的交这一概念。

定义 2.2.6[13] 设G是群,$\theta^N(G)$表示G的每个非次正规子群的幂零剩余的正规化子的交,即

$$\theta^N(G)=\bigcap_{H\mathrm{sn}G}N_G(H^N),$$

其中H^N表示G的非次正规子群H的幂零剩余。

3 Magma软件的介绍与应用

3.1 Magma的介绍

在澳大利亚悉尼大学John Cannon的领导下研发了一款用于大型代数计算的软件包，并命名为Magma。这款软件拥有非常强大的计算功能，尤其是在计算代数系统中的数论、代数几何以及代数组合学的计算问题中处理能力更为突出。

3.2 Magma在群论中的初步应用

众所周知，群论的概念是十分抽象的，其中包括各种较难理解的定义及一些烦琐的证明过程，所以我们可以利用Magma软件帮我们简化计算，编辑相关程序，引导推理证明。

4 利用Magma研究幂零剩余都正规的有限群

4.1 幂零剩余都正规的有限群在Magma中的程序

根据前面的介绍，我们知道Magma在群论中的应用是很广泛的，不仅是在简化烦琐的计算方面，而且对某些特殊的亚幂零群的分类提供了很大的帮助，同时也十分有助于研究每个子群的幂零剩余都正规的有限群的情况。下面利用Magma软件讨论每个子群幂零剩余都正规的有限群的群结构的过程。

每个子群的幂零剩余都正规的有限群是一类亚幂零群，我们考虑小群库(群G的阶<2000)中所有的群例，它的结构比较多，但是局限于论文的篇幅，我们在后面只列举部分分析结果。

4.1.1 幂零剩余交换

在Magma中输入：

```
SetLogFile("201601.txt");
f：=function(G)//sub
H ：=Subgroups(G);S：=[];C：={};D：=[];
  E：={@ @};
for i in[1.. #H]do
if H[i]`length eq 1 then
Append(~S,H[i]`subgroup);
else C：=Class(G,H[i]`subgroup);
E：=SetToIndexedSet(C);
D：=IndexedSetToSequence(E);
for j in [1.. H[i]`length]do
Append(~S,D[j]);
end for;
end if;

end for;
return(S);
end function;

f1：=function(G)//ni res
H：=f0(G);s：=[];
for i：=1 to #H do
if IsNilpotent(quo<G|H[i]>) then
Append(~s,H[i]);
end if;
end for;
t：=G;
for j：=1 to #s do
t：=t meet s[j];
end for;
return(t);
end function;

f2：=function(G)//d_(G)
H：=f(G);s1：=[];s：=[];
for i：=1 to #H do
```

```
f0：=function(G)//normal
H ：=Subgroups(G)；S：=[]；C：={}；D：=[]；
  E：={@ @}；
for i in[1.. #H]do
if H[i]'length eq 1 then
Append(~S,H[i]`subgroup)；
end if；
end for；
return(S)；
end function；
```

```
Append(~s1,f1(H[i]))；end for；
for i：=1 to #s1 do
Append(~s,Normalizer(G,s1[i]))；
end for；
t：=G；
for j：=1 to #s do
t：=t meet s[j]；
end for；
return(t)；
end function；
```

```
for i in [12..2000]do n：=0；P：=SmallGroupProcess(i)；
repeat G：=Current(P)；CurrentLabel(P)；S：=[]；M：=[]；L：=[]；
if not IsNilpotent(G) then H1：=f0(G)；
if f2(G) eq G and f1(G) eq Centralizer(G,f1(G))
then n：=n+1；CurrentLabel(P),G；
",,,,,,,,,,,,,,,,,,,,,,,,,,,,,,,,,,,,,,,,,,,,n"；
end if；
end if；
Advance(~P)；
until Is Empty(P)；
end for；
```

4.2 幂零剩余都正规的有限群在 Magma 中输出的结果及其分析

根据上述程序，输出的群结构很多，将结果进行对比分析，研究在子群幂零剩余都正规的情况下，导群的幂零类的情况。

4.2.1 幂零剩余交换和导群交换结果相同的情况

以上群的阶的不同素因子的指数和为 2、3、4、5、6 的情况下，满足题意的群与导群的素数分解如上形式时，结果情况相同，群的生成元均为 2、3、4、5、6。

4.2.2 幂零剩余交换和导群交换结果不相同的情况

若群的阶的素数分解形式为 $p^a \times q^b$，当 $p=2$ 且 $a\geqslant4$ 或 $p=2$ 且 $a\geqslant2,b\geqslant4$ 时，或群的阶的素数分解形式为 $p^a \times q^b \times m^c$，当 $p=2$ 且 $a\geqslant3$ 时，导群满足条件的结果中包含群满足条件的情况，即两者输出情况不相同，以上群的生成元均等于群的阶的不同素因子的指数之和。

4.2.3 探究子群导群的幂零类

根据程序输出的结果，我们发现绝大多数的子群幂零剩余都正规的导群的幂零类为 1，即可交换，少数幂零类为 2。

5 关于幂零剩余都正规的有限群的其他结果

文献[10−13]中已分别给出了每个子群的导群的正规化子的交、子群幂零剩余正规化子的交以及非次正规子群导群的正规化子的交和非次正规子群的幂零剩余正规化子的交等相关概念，对这样的群进行分类非常困难，我们试图利用 Magma 软件，通过上述程序的运行，归类整理了满足要求的群结构以及导群的幂零类，得到以下主要结果：

定理 5.1 我们的例子说明，每个子群的幂零剩余的正规化子的交和每个非次正规子群的幂零剩余的正规化子的交，这两个概念在小群库中相等，即 $N^{N}(G)=\theta^{N}(G)$。

定理 5.2 上面的语句中幂零剩余换成导群，这两个概念能通过我们所给的例子说明它们不一样，即 $D(G)\neq\theta^{A}(G)$。

参考文献

[1] 刘绍学，章璞. 近世代数导引[M]. 北京：高等教育出版社，2011：12.

[2] 施武杰. 有限群论导引[M]. 北京：科学出版社，2009：12—18.

[3] 徐明曜. 有限群引导[M]. 北京：科学出版社，1987：16—20.

[4] Schenkman E. On the norm of a group[J]. Illionis J. Math.，1960(4)：10—12.

[5] Baer R. Classes of finite groups and their properties[J]. Illionis J. Math.，1957(1)：15—18.

[6] Dedekind R. Über Cruppen，deren samtliche Teilter Normalteiler sind[J]. Math. Ann.，1897(48)：548—561.

[7] Baer R. Der Kern eine charakteristische Untergruppe[J]. Compos. Math.，1934(1)：254—283.

[8] Wielandt H. Uber den Normalisator der subnormalen Untergruppen[J]. Math. Z.，1958，69：463—465.

[9] Baer R. Norm and hypernorm[J]. Publ. Math. Debrecen.，1956(4)：347—350.

[10] Li S，Shen Z. On the intersection of the normalizers of derived subgroups of all subgroups of a finite group[J]. Algebra.，2010(323)：1349—1357.

[11] Gong L，Guo X. On the intersection of the normalizers of the nilpotent residuals of all subgroups of a finite group[J]. Algebra Colloq.，2013(20)：349—360.

[12] Gong L，Zhao L，Guo X. On the generalized norm of a finite group[J]. J. Algebra Appl.，2016(15)：1—9.

[13] Gong L，Zhang Q，Liu W. On the generalized Wielandt subgroup and norm of nilpotent residuals in finite groups[J]. Commun. Contemp. Math.，2016(18)：11—18.

Logistic 分布及其相关问题研究

学生姓名：房钦钦　指导教师：赵为华

南通大学理学院，信息与计算科学专业，学号：1202072040

【摘　要】 Logistic 分布是一种重要的位置—尺度分布。在总结该分布函数和密度函数性质的基础上，研究了该分布的回归建模问题，利用牛顿迭代法得到了参数估计算法，再由 Score 检验方法研究了相关的假设检验问题。之后，还提出了两类有偏 Logistic 分布回归模型并做了相关研究。

【关键词】 Logistic 分布；Score 检验；有偏 Logistic 回归

1　基础知识

若随机变量 X 服从 Logistic 分布[1]，下式中 $\mu\in\mathbf{R}$，$\sigma>0$ 分别称为位置参数、尺度参数。则总体的分布函数为：

$$F(x)=\left[1+\exp\left(-\frac{x-\mu}{\sigma}\right)\right]^{-1},x\in\mathbf{R}。\tag{1}$$

由分布函数可以得出总体的分布密度函数为：

$$f(x)=\frac{\exp\left(-\frac{x-\mu}{\sigma}\right)}{\sigma\left[1+\exp\left(-\frac{x-\mu}{\sigma}\right)\right]^{2}},x\in\mathbf{R}。\tag{2}$$

通过式(1)和式(2)计算得 Logistic 分布均值 $E(X)=\mu$，方差 $\mathrm{Var}(X)=D(X)=\frac{1}{3}\sigma^2\pi^2$。

我们也可画出 Logistic 分布和正态分布的密度函数图进行比较，并通过计算它们的峰度值可得，Logistic 分布峰度为 4.2，大于正态分布的峰度 3，因此，Logistic 分布有尖峰厚尾特性。

2　Logistic 分布联合位置与尺度模型

2.1　建模

设 $y_i\sim \mathrm{LG}(\mu_i,\sigma_i)$，$\mu_i=x_i^{\mathrm{T}}\boldsymbol{\beta}$，$\log_2\sigma_i=z_i^{\mathrm{T}}\boldsymbol{\gamma}$，$i=1,2,\cdots,n$，$\boldsymbol{\beta}=(\beta_0,\beta_1,\beta_2,\cdots,\beta_p)^{\mathrm{T}}$ 是 $(p+1)\times 1$ 的位置模型的未知参数向量，$\boldsymbol{\gamma}=(\gamma_1,\gamma_2,\cdots,\gamma_q)^{\mathrm{T}}$ 是 $q\times 1$ 的尺度模型的未知参数向量，x_i 与 z_i 分别为对应 y_i 位置和尺度部分的解释变量。则 Logistic 分布位置—尺度回归模型[2]为：

$$\begin{cases}y_i=\beta_0+x_1^{\mathrm{T}}\beta_1+x_2^{\mathrm{T}}\beta_2+\cdots+x_i^{\mathrm{T}}\beta_i+\varepsilon_i,\\ \theta=(\beta_1,\beta_2,\cdots,\beta_i;\gamma_1,\gamma_2,\cdots,\gamma_i)^{\mathrm{T}},\\ f(y)=\dfrac{\exp\left(-\frac{y-\mu}{\sigma}\right)}{\sigma\left[1+\exp\left(-\frac{y-\mu}{\sigma}\right)\right]^2}=\dfrac{\exp\left(-\frac{y-x_i^{\mathrm{T}}\boldsymbol{\beta}}{\exp(z_i^{\mathrm{T}}\boldsymbol{\gamma})}\right)}{\sigma\left[1+\exp\left(-\frac{y-x_i^{\mathrm{T}}\boldsymbol{\beta}}{\exp(z_i^{\mathrm{T}}\boldsymbol{\gamma})}\right)\right]^2}。\end{cases}$$

我们利用牛顿迭代法实现计算 $\theta^{(k+1)}=\theta^{(k)}-H^{-1}(\theta^{(k)})\cdot S(\theta^{(k)})$，从而得到参数估计。我们用以下两个均方误差来评价估计的好坏：

$$MSE(\hat{\boldsymbol{\beta}})=(\hat{\boldsymbol{\beta}}-\boldsymbol{\beta}_0)^{\mathrm{T}}(\hat{\boldsymbol{\beta}}-\boldsymbol{\beta}_0),MSE(\hat{\boldsymbol{\gamma}})=(\hat{\boldsymbol{\gamma}}-\boldsymbol{\gamma}_0)^{\mathrm{T}}(\hat{\boldsymbol{\gamma}}-\boldsymbol{\gamma}_0),$$

其中 $H(\theta)=\begin{pmatrix}\frac{\partial^2 l}{\partial\boldsymbol{\beta}\partial\boldsymbol{\beta}^{\mathrm{T}}} & \frac{\partial^2 l}{\partial\boldsymbol{\beta}\partial\boldsymbol{\gamma}^{\mathrm{T}}}\\ \frac{\partial^2 l}{\partial\boldsymbol{\gamma}\partial\boldsymbol{\beta}^{\mathrm{T}}} & \frac{\partial^2 l}{\partial\boldsymbol{\gamma}\partial\boldsymbol{\gamma}^{\mathrm{T}}}\end{pmatrix},S(\theta)=\begin{pmatrix}\frac{\partial l}{\partial\boldsymbol{\beta}}\\ \frac{\partial l}{\partial\boldsymbol{\gamma}}\end{pmatrix}$，$l$ 为 Logistic 分布的对数似然函数。

2.2 模拟分析

因为 Logistic 分布中 $F(x)\sim U(0,1)$，所以我们首先由 $y^*\sim U(0,1)$，$n=50,100,\cdots$，$x_i,z_i\sim N(0,1)$生成随机数，其中 x_i,z_i 为 y_i 的位置和尺度参数对应的解释变量，并由逆函数法可得 $y_i=F^{-1}(y^*)\sim L(\mu,\sigma)$，由最小二乘法得到参数的估计初值，再经过牛顿迭代法得到精确的参数估计。最后在模拟次数为 1000 次的试验中，根据联合位置与尺度模型参数估计的平均情况，可得模拟结果，如表 1 所示。

表 1　$\boldsymbol{\beta},\boldsymbol{\gamma}$ 参数模拟估计的均方误差表

	$\boldsymbol{\gamma}=(1,0.5,-1,-0.5,0)^{\mathrm{T}}$, $\boldsymbol{\beta}=(1,1,-1,-1,0)^{\mathrm{T}}$				$\boldsymbol{\gamma}=(1,1,-1,-1,0)^{\mathrm{T}}$, $\boldsymbol{\beta}=(1,1,-1,-1,0)^{\mathrm{T}}$			
n	200	300	400	500	200	300	400	500
$MSE(\hat{\boldsymbol{\beta}})$	0.1762	0.1114	0.0851	0.0655	0.1396	0.0900	0.0654	0.0531
$MSE(\hat{\boldsymbol{\gamma}})$	0.2373	0.1553	0.1194	0.0908	0.2459	0.1617	0.1147	0.0916
	$\boldsymbol{\gamma}=(1,0.5,-1,-0.5,0)^{\mathrm{T}}$, $\boldsymbol{\beta}=(1,2,-1,-1,0)^{\mathrm{T}}$				$\boldsymbol{\gamma}=(1,1,-1,-1,0)^{\mathrm{T}}$, $\boldsymbol{\beta}=(1,2,-1,-1,0)^{\mathrm{T}}$			
$MSE(\hat{\boldsymbol{\beta}})$	0.1725	0.1105	0.0847	0.0655	0.1423	0.0917	0.0659	0.0522
$MSE(\hat{\boldsymbol{\gamma}})$	0.2544	0.1564	0.1186	0.0913	0.2402	0.1600	0.1162	0.0884

从上表可得到结论：在位置与尺度模型中，参数的均方误差随着样本量 n 的增加越来越小，说明了其模拟方法的效果越来越好。

2.3 参数 $\boldsymbol{\beta}$ 的 Score 检验及其功效

应用 Score 检验统计量[3] 对参数 $\boldsymbol{\beta}$ 的重要性进行检验，记 $\boldsymbol{\beta}=(\boldsymbol{\beta}_a^{\mathrm{T}},\boldsymbol{\beta}_b^{\mathrm{T}})^{\mathrm{T}}$，其中 $\boldsymbol{\beta}_a$ 是 p_1 维参数，$\boldsymbol{\beta}_b$ 是 p_2 维参数，且 $p_1+p_2=p$。考虑检验问题：H_0：$\boldsymbol{\beta}_b=\mathbf{0}$；$H_1$：$\boldsymbol{\beta}_b\neq\mathbf{0}$。

若 $\hat{\boldsymbol{\beta}}=(\hat{\boldsymbol{\beta}}_a^{\mathrm{T}},\mathbf{0}^{\mathrm{T}})^{\mathrm{T}}$ 表示原假设 H_0 下的限制最大似然估计，则关于 H_1 的检验统计量为

$$SC=\left\{\left(\frac{\partial l(\boldsymbol{\beta},\boldsymbol{\gamma})}{\partial\boldsymbol{\beta}_a}\right)^{\mathrm{T}}\boldsymbol{I}^{\boldsymbol{\beta}_a\boldsymbol{\beta}_a}\frac{\partial l(\boldsymbol{\beta},\boldsymbol{\gamma})}{\partial\boldsymbol{\beta}_a}\right\}_{\hat{\boldsymbol{\beta}}},\tag{3}$$

其中 $\boldsymbol{I}$ 为 Fisher 信息阵，$\boldsymbol{I}^{\boldsymbol{\beta}_a\boldsymbol{\beta}_a}$ 为观测 Fisher 信息阵的逆矩阵对应参数 $\boldsymbol{\beta}_a$ 的分块矩阵，$\frac{\partial l(\boldsymbol{\beta},\boldsymbol{\gamma})}{\partial\boldsymbol{\beta}_a}$表示得分函数向量$\frac{\partial l(\boldsymbol{\beta},\boldsymbol{\gamma})}{\partial\boldsymbol{\beta}}$对应于 $\boldsymbol{\beta}_b$ 的部分。由渐近性质可知，检验统计量 SC 渐近服从卡方分布 $\chi^2(p_2)$。

我们考察检验统计量(3)的检验功效，即在显著性水平 0.05 下，计算 1000 次模拟中拒绝原假设 H_0 的比例。

表 2　**β** 参数的 Score 检验比例表

n \ β_2	0	0.1	0.2	0.3	0.4	0.5	0.6	0.7	0.8	0.9	1.0
100	0.076	0.126	0.189	0.362	0.542	0.698	0.861	0.913	0.965	0.988	0.99
200	0.059	0.113	0.289	0.548	0.794	0.924	0.981	0.995	1	1	1
300	0.058	0.145	0.396	0.692	0.902	0.993	1	1	1	1	1
400	0.051	0.172	0.488	0.827	0.97	0.998	1	1	1	1	1

可以观察到在相同的样本量下，随着参数 β_2 的取值远离 0 时，检验的功效显著增加；另一方面，随着样本量的增大，检验的功效迅速接近于 1，且在原假设正确时（$\beta_2=0$），检验的功效非常接近于名义水平 0.05。这说明 Score 检验统计量对参数的检验是有效的。同样地，对参数 γ 也可进行 Score 检验，在此就不做其模拟分析了。

3　广义 Logistic 回归模型

有偏 Logistic 分布[4]的密度函数为

$$f(x;\alpha)=\frac{\alpha\exp(-x)}{[1+\exp(-x)]^{\alpha+1}},\alpha>0,$$

且它的分布函数为

$$F(x;\alpha)=\frac{1}{[1+\exp(-x)]^{\alpha}},\alpha>0,\alpha \text{ 为偏态参数},$$

记为第一类有偏 Logistic 分布。

还有一类有偏 Logistic 分布函数为

$$F(x;\alpha)=1-\frac{\exp(-\alpha x)}{[1+\exp(-x)]^{\alpha}},\alpha>0,$$

相应的概率密度函数为

$$f(x;\alpha)=\frac{\alpha\exp(-\alpha x)}{[1+\exp(-x)]^{\alpha+1}},\alpha>0,$$

记为第二类有偏 Logistic 分布。

同样地，根据第 2 节内容，对两类有偏 Logistic 回归模型的偏态参数进行 Score 检验。对两类有偏 Logistic 分布，分别在两种情况下进行模拟实验，结果如表 3 所示。

表 3　两种有偏 Logistic 分布 **α** 参数检验比例表

第一类	$\alpha=0.4$	0.6	0.8	0.9	1	1.1	1.2	1.4	1.6
$n=200$	0.999	0.779	0.33	0.153	0.055	0.057	0.09	0.258	0.501
$n=300$	1	0.943	0.392	0.166	0.058	0.063	0.121	0.396	0.702
第二类	$\alpha=0.4$	0.6	0.8	0.9	1	1.1	1.2	1.4	1.6
$n=200$	0.98	0.617	0.141	0.049	0.052	0.125	0.274	0.491	0.725
$n=300$	1	0.82	0.192	0.071	0.054	0.152	0.286	0.606	0.873

从表 3 中我们可以看到，对 $H_1:\alpha\neq1,\alpha>0$，在 $\alpha\to0,\alpha\in(0,1)$，Score 检验量趋近于 1；在 $\alpha\to+\infty,\alpha\in(1,+\infty)$，Score 检验量也趋近于 1，趋近速度小于 $\alpha\in(0,1)$时的速度；而当 $\alpha=1$ 时，Score 检验量接近于名义水平 0.05。这也说明了 Score 检验统计量对该参数的检

验是有效的。

4 实例分析

为了探究经济中产出与投入之间的关系，我们将上述模型应用于一组希腊 1961—1987 年制造业的数据中，分析资本和劳动对产出的影响。

除了以上三种模型外，还有最小二乘法的线性回归模型，得到的参数及标准差估计如表 4：

表 4 四种模型所求参数估计值

参数 $\boldsymbol{\beta}$	β_0	β_1	β_2
最小二乘	−135.8	0.0113	0.268
标准差估计	17.07	0.037	0.028
标准 Logistic	−127.18	0.039	0.251
标准差估计	16.75	0.039	0.029
一类有偏	−64.250	0.164	0.139
标准差估计	14.80	0.032	0.025
二类有偏	−68.798	0.152	0.150
标准差估计	0.87	0.0019	0.0015

为了从四种模型中选择最优模型，我们利用 AIC 信息准则和 BIC 信息准则，$AIC=\frac{-2\log_2(L)}{n}+\frac{2k}{n}$，$BIC=\frac{-2\log_2(L)}{n}+\frac{k\log_2(n)}{n}$，其中 k 为参数的个数，$\log_2(L)$ 为对数似然函数，n 为样本量。两种准则是衡量模型拟合好坏的标准，它们的值越小，说明模型对数据拟合得越好。四种模型的计算结果为：

表 5 四种模型 AIC 和 BIC 信息准则量

模型	最小二乘	标准 Logistic	一类有偏	二类有偏
AIC	6.456237	6.187617	6.054971	5.623812
BIC	6.552225	6.283605	6.198953	5.767793

由表 4 和表 5 可以看到，对于所应用的实例数据，从 AIC 信息量、BIC 信息量和标准差估计三个方面进行比较，得到二类有偏 Logistic 回归模型拟合程度最高，三种 Logistic 回归模型比用最小二乘法的线性回归模型模拟得好。

5 总　　结

为了解释该模型的优点，本文从 Logistic 分布与正态分布的比较、三种 Logistic 回归模型的建立、模型的数据模拟、Score 检验统计量、实例运用这几个方面叙述和论证，也将这三种模型和线性回归应用于同一实际案例，并利用 AIC 和 BIC 信息准则选出了最优模型。大量数值模拟和实例数据分析验证了所提方法的有效性，并且得出了结论：基于 Logistic 分布的回归模型比最小二乘法的线性回归模型更能很好地分析复杂型数据。

参考文献

[1] 程维虎，陈冬. Logistic 分布参数的渐进置信估计(I)[J]. 北京工业大学学报，2001，27(2)：169—170.

[2] 李玲雪，吴刘仓，邱贻涛. Logistic 分布下联合位置与尺度模型[J]. 统计与决策，2014(20)：19—21.

[3] 赵为华，张日权. Beta-Binomial 回归模型及其应用[J]. 统计与信息论坛，2016，31(3)：10—12.

[4] 史小康，常志勇. 两类有偏 Logistic 分布在信用评分模型中的应用[J]. 统计与决策，2015(14)：19—20.

自旋轨道耦合调节的自旋相关的输运

学生姓名：眭萍萍　指导教师：赵志云
南通大学理学院，应用物理学专业，学号：1202052009

【摘　要】 用传输矩阵的方法讨论了石墨烯中自旋轨道耦合(SOC)作用和电势的影响下自旋相关的输运性质。结果发现，对于单个界面结构，粒子在SOC区域产生两种传播模式。对于两个界面结构，粒子的透射概率与入射角、SOC的强度和区域宽度有关。

【关键词】 石墨烯；传输矩阵；自旋轨道耦合；透射概率

1　理论模型与公式推导

近年来，人工制备的最薄的物质——石墨烯，由于其成熟的制备方法[1-2]和广泛的应用[3-5]，成为物理学的研究热点[6]，电势和自旋轨道耦合影响下的输运引起了越来越多的关注[7-10]。考虑自旋轨道耦合作用后，石墨烯中单粒子哈密顿方程可表示为

$$H=v_F\sigma\cdot p+H_{SO},\tag{1}$$

$$H_{SO}=\frac{\lambda(x)}{2}(\sigma\times s)_z+\Delta(x)\sigma_z s_z,\tag{2}$$

其中，$V_F\approx10^6\,\mathrm{m/s}$ 代表石墨烯材料中的费米速度，H_{SO} 包含两种自旋轨道相互作用，一种是强度为 λ 的 Rashba 自旋轨道相互作用，另一种是强度为 Δ 的内禀的自旋轨道相互作用。实验证明，可以通过优化基底来增强 Rashba 自旋轨道相互作用到 14meV，而固有自旋轨道相互作用要小一些，我们这里讨论时不考虑这个限制。由于在不同的自旋轨道相互作用的界面处波函数是连续的，所以界面左边的波函数可以用界面右边的波函数通过转移矩阵得出来。

$$\boldsymbol{M}=[\boldsymbol{\Omega}(x_0^-)]^{-1}\boldsymbol{\Omega}(x_0^+),\tag{3}$$

其中，x_0 就是界面处的位置，并且 $x_0^{\pm}=x_0\pm\delta$（δ 是无穷小量）。对于具有 N 个界面的体系而言，即 $x_i(i=1,2,3,\cdots,n)$，转移矩阵可以通过矩阵相乘得到，

$$\boldsymbol{M}=\prod_{i=1}^{N}[\boldsymbol{\Omega}(x_i^-)]^{-1}\boldsymbol{\Omega}(x_i^+)。\tag{4}$$

从这个转移矩阵可以直接求出透射和反射矩阵，这些矩阵包含了所有和散射有关的性质。

2　外加电势下的自旋轨道耦合调节的自旋相关的输运

2.1　外加电势下的 NG-SOCG 界面结构

首先我们讨论只存在一个界面的弹性散射问题（如图 1 所示），即 x 小于零的区域称为正常石墨区域(NG)，在这个区域里面没有自旋轨道相互作用，x 大于零的区域则称为自旋轨道耦合区域(SOCG)，同时，在这个区域我们再加上一个电势来调节。我们考虑一个带有能量为 E 的准粒子，该准粒子从左边正常石墨区域入射，在正常石墨区域与自旋轨道耦合区域的界面处波函数是连续的，因而有

$$k_y^N=E\sin\varphi=E_a\sin\xi_a=k_y^{SO},k_x^N=E\cos\varphi,k_{xa}^{SO}=E_a\cos\xi_a,\tag{5}$$

其中 $\alpha=\pm1$，$E_\alpha=\sqrt{(E-V_0-\Delta)(E-V_0+\Delta-\alpha\lambda)}$，根据 y 方向动量守恒，得出折射角：

$$\xi_\alpha=\arcsin\left(\frac{E}{E_\alpha}\sin\varphi\right)。\tag{6}$$

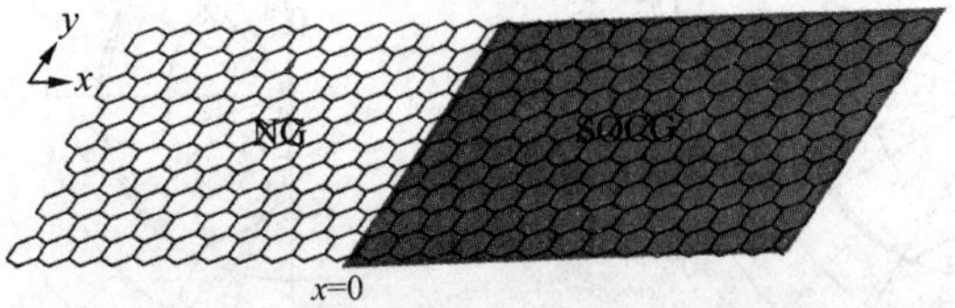

图 1　NG-SOCG 界面的结构图

假定自旋沿着 z 方向的入射粒子，在界面处发生折射，当入射波进入自旋轨道相互作用的区域后以本征态叠加的形式分裂，这些本征态会沿着两个不同的折射角传播，它们之间的差异受自旋轨道耦合的影响，如图 2 所示。从图中可以发现：折射波分为两种模式，两种模式的折射角基本随着入射角的增加而增加，红实线代表的模式有一个临界角，在增加了电势($V_0=0.5$)后，这种折射模式的临界角变小，在相同的入射角情况下，两种模式的折射角变大。对于两个模式的折射角，方程式(6)隐含着一个临界角，表达式为 $\widetilde{\Phi}_\alpha=\arcsin(E_\alpha/E)$，当入射角 φ 比两个临界角都大的时候，准粒子发生全反射，因为在自旋轨道耦合区域没有输运通道；当入射角 φ 介于两个临界角之间的时候，准粒子的传播只会存在一条输运通道。

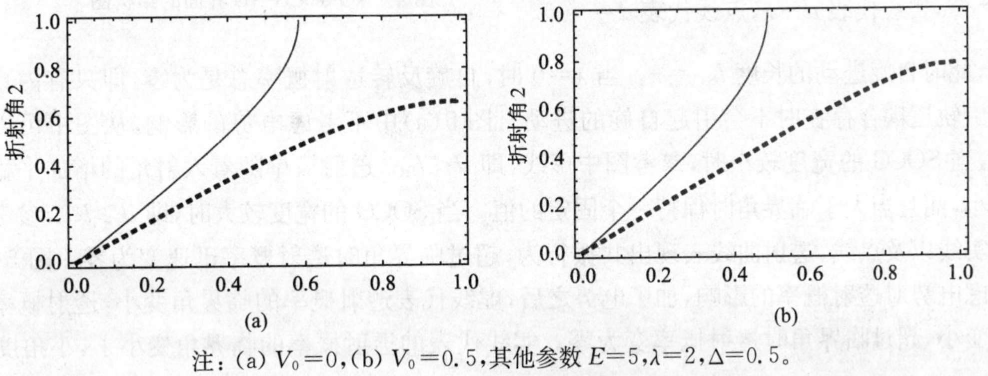

注：(a) $V_0=0$，(b) $V_0=0.5$，其他参数 $E=5$，$\lambda=2$，$\Delta=0.5$。

图 2　折射角 ξ_+ 模式(实线)与 ξ_- 模式(虚线)随着入射角的变化关系图

图 3 给出了在 $E=2.5$，$\lambda=0.5$，$\Delta=0.1$ 的情况下无电势/存在电势时，传输概率随入射角度的变化关系，可以看出，透射波在自旋轨道耦合区域产生两种模式：$T_{+\uparrow}$(虚线)和 $T_{-\uparrow}$(实线)。无电势时，当入射角在 $-60°\sim60°$ 范围内，两种模式几乎没有差别，但是在临界角差别比较大，(一)模式的临界角比较大，而且透射概率大一些。加了电势后，如图 3(b)，(十)模式(虚线)临界角明显变小，(一)模式(实线)临界角变化不明显，但是入射角度在 $60°\sim85°$ 范围内对应的透射概率变大。

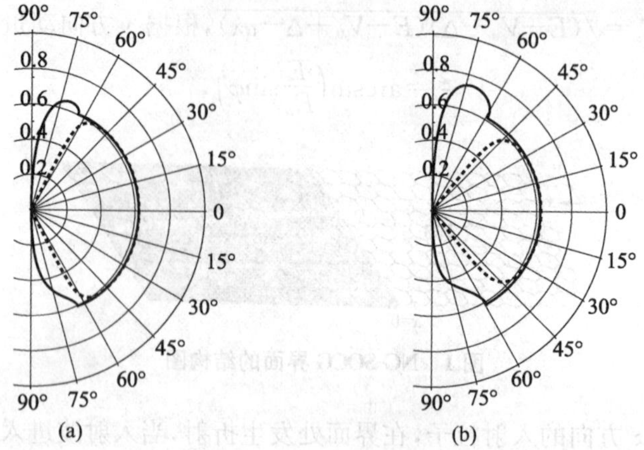

(a) (b)

注：$T_{+\uparrow}$(虚线)，$T_{-\uparrow}$(实线)。(a) $V_0=0$，(b) $V_0=0.5$，其他参数 $E=2.5$，$\lambda=0.5$，$\Delta=0.1$。

图 3　透射概率随着入射角的变化关系图

2.2　外加电势下的 NG-SOCG-NG 界面结构

对于如图 4 所示的双界面结构，透射概率随着入射角的变化关系在图 5 中给出。三条不同的曲线对应着两个界面之间不同的宽度(即自旋轨道耦合区域的宽度)：虚线代表 $d=\frac{\pi}{2}$，实线代表 $d=\pi$，点线代表 $d=2\pi$，此时自旋进动的长度 $l_{SO}=\pi$。当 $\lambda=0$ 时，自旋反转透射概率总是为零，即只有内禀的自旋轨道耦合存在时不会引起自旋的进动。图 5(a)中不考虑电势的影响，从图中可以发现，当 SOCG 的宽度较小时，参考图中虚线，即 $d<l_{SO}$，透射概率随着入射角的增加平稳地减小，而且当大于临界角时保持一个固定的值。当 SOCG 的宽度较大时，即 $d\geqslant l_{SO}$，参考图中实线以及点线，透射曲线表现出共振行为，超过临界角时透射概率迅速变为零。图 5(b)考虑电势对透射概率的影响，加了电势之后，虚线代表透射概率的临界角变小，透射概率明显变小，超过临界角时透射概率变为零。实线代表的透射概率的临界角变小了，小角度入

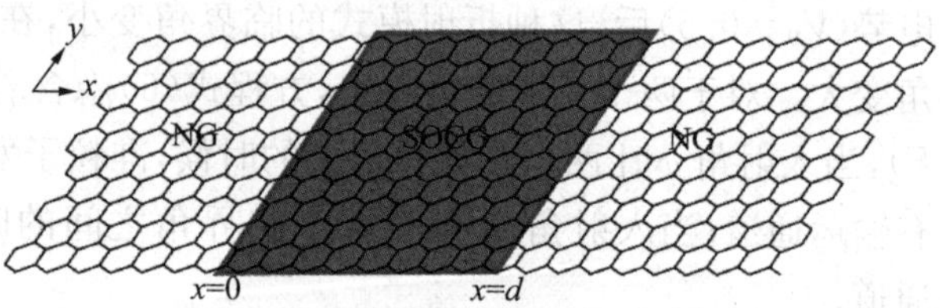

图 4　NG-SOCG-NG 界面的结构图

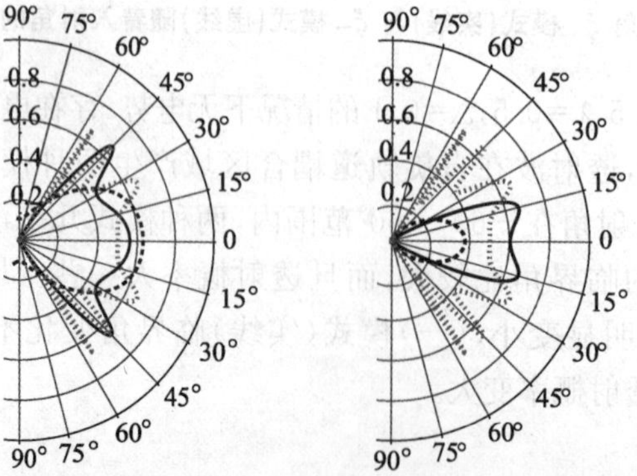

(a) (b)

注：(a) $V_0=0$；(b) $V_0=0.5$。其他参数 $E=2$，$\lambda=0$，$\Delta=1$。

图 5　透射概率 $T_{\uparrow\uparrow}$ 随着入射角的变化关系图

射的透射概率变大了，电场对点线代表的透射概率几乎没有影响。

对于两种自旋轨道耦合都存在的情况，电势对透射概率产生的影响如图 6 所示，透射概率表现出来的曲线比只存在一种自旋轨道相互作用的时候更为丰富。考虑电势的影响之后，自旋翻转的透射概率（虚线）的临界角变小，低角度（$-15^\circ\sim15^\circ$）入射时透射概率明显增加，另外入射角在 $35^\circ\sim65^\circ$ 时自旋翻转的概率明显增加。保持原自旋方向（实线）的透射概率的临界角变小了，同时某特定方向（$30^\circ\sim45^\circ$）的透射概率变小，另外一些方向（$15^\circ\sim30^\circ$）变大，对称的方向也是如此。

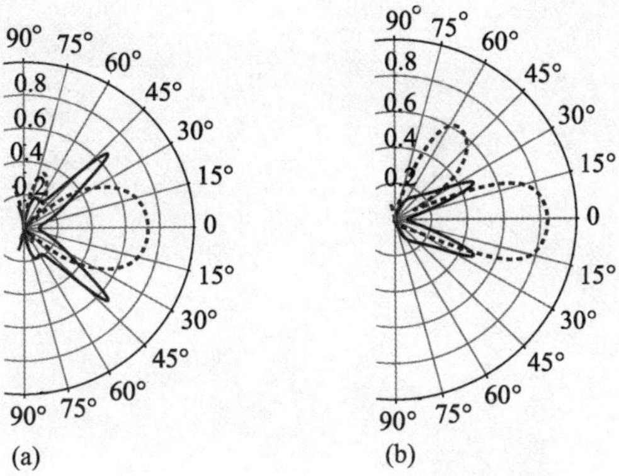

注：(a) $V_0=0$，(b) $V_0=0.5$。其他条件 $E=2,\lambda=1,\Delta=\frac{\lambda}{4}$。两个界面之间的距离保持在 $d=l_{SO}$。

图 6　透射概率（实线）$T_{\uparrow\uparrow}$ 与 $T_{\downarrow\uparrow}$（虚线）随着入射角的变化关系图

3　结　论

本文讨论和分析了电势和自旋轨道耦合影响下，存在一个界面和两个界面的粒子的自旋相关的输运。对势垒区加电势与没有加电势的情况进行对比，发现自旋轨道耦合的宽度对传输概率的大小和临界角的影响很大，而电势对同自旋方向的传输概率的影响是临界角变小，某些方向的传输概率减少，另外一些方向的概率增加，对自旋翻转概率的影响是临界角变小，低角度入射和某些特定方向入射时透射概率增加，接下来再进一步的工作就是考虑自旋过滤的行为，实现对电子自旋的操控。

参考文献

[1] 张伟娜，何伟，张新荔. 石墨烯的制备方法及其应用特性[J]. 化工新型材料，2010(38)：15—18.

[2] 商文砚，孙初锋. 石墨烯制备方法研究进展[J]. 科研，2015(2)：176.

[3] 于桂亮，黄书腾. 浅析石墨烯的性质与应用前景[J]. 科技风，2011(21)：91.

[4] 赵承强. 石墨烯的应用研究及展望[J]. 广东化工，2011，38(12)：61—62.

[5] 梁彤祥，刘娟，王晨. 石墨烯的电子结构及其应用进展[J]. 材料工程，2014(6)：89—96.

[6] 杨全红，吕伟，杨永岗，等. 自由态二维碳原子晶体——单层石墨烯[J]. 新型炭材料，2008，23(2)：97—103.

[7] Chen X，Tao J W. Design of electron wave filters in monolayer graphene by tunable transmission gap [J]. Applied Physics Letters，2009，94(26)：2—3.

[8] Allain P E，Fuchs J N. Klein tunneling in graphene：optics with massless electrons[J]. European Physical Journal B，2011，83(3)：301—317.

[9] Bercioux D, Urban D F, Romeo F, et al. Rashba spin-orbit-interaction-based quantum pump in graphene[J]. Applied Physics Letters, 2012, 101(12): 2405—2405.
[10] Bercioux D, Martino A D. Spin-resolved scattering through spin-orbit nanostructures in graphene [J]. Physical Review B Condensed Matter, 2010, 81(16): 2149.

三粒子海森堡自旋链中的量子退相干研究

学生姓名：陆晓宇　指导教师：董小燕

南通大学理学院，光信息科学与技术专业，学号：1202062030

【摘　要】 研究表明，三粒子海森堡掺杂自旋链中，相邻粒子间的纠缠值会随着相互作用掺杂系数的增大而增大。考虑退相干效应对系统的影响，系统纠缠值随时间振荡的幅值会逐渐减小为零。如果同时引入自发衰变和集体自发发射，纠缠会随着时间振荡后趋于一个定值，该值随着集体自发发射率的增大而相应增大。

【关键词】 量子纠缠；海森堡自旋链；相互作用掺杂；时间演化；量子退相干

1　前　言

量子纠缠是量子力学理论中已然被实验证实的最伟大的预测之一，它描述的是两粒子经过短暂耦合后，不论相距多远，一个粒子的变化会立即在另一个粒子中反映出来的现象。物质系统状态用量子态表示，相对于可分离态来说具有纠缠现象的量子态称为纠缠态。为了更好地研究和探索量子纠缠的本质，需要用一个量来描述量子系统中含有纠缠的具体值，这个量被称为纠缠度。本文引用 Concurrence 的度量算法[1]，由该方法得到的混态的可分性判据具有较好的充分性和操作性，所以我们运用这种度量方法研究量子纠缠的变化。

量子退相干指的是量子系统状态间相互干涉的性质随着时间逐步丧失的现象[2-3]。量子退相干的原因有很多，主要包括：(1) 量子测量造成的退相干；(2) 与环境耦合造成的退相干；(3) 量子信息的衰减造成的退相干。要进行量子计算就要尽可能地保持量子系统的相干性，减少或消除这种由环境带来的退相干。所以本文研究含掺杂相互作用的三粒子海森堡自旋链中，量子纠缠在退相干效应下随时间的动力学演化及保持问题。

2　三粒子海森堡自旋链中量子纠缠的退相干行为

2.1　掺杂自旋链中纠缠的时间演化

对于含掺杂相互作用的三粒子海森堡自旋链，其物理模型如图 1 所示。图中 J 表示粒子间的交换相互作用常量，$J\beta$ 是掺杂粒子间的交换相互作用常量，定义 β 为粒子间相互作用掺杂系数($\beta\neq1$)。

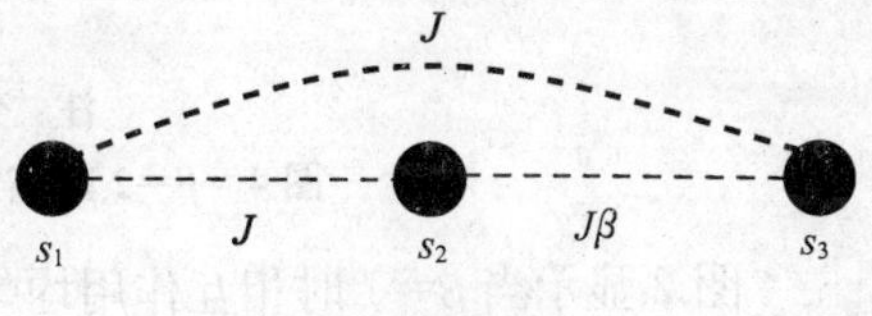

图 1　物理模型

该模型的哈密顿量表示为：

$$H=J(\sigma_1^-\sigma_2^-+\sigma_2^+\sigma_1^-)+J(\sigma_1^+\sigma_3^-+\sigma_3^+\sigma_1^-)+J\beta(\sigma_3^+\sigma_2^-+\sigma_2^+\sigma_3^-),\tag{1}$$

其中 σ_i^+ 和 σ_i^- 分别表示粒子的上升及下降算符[4]。

在希尔伯特空间{|01>⊗|01>⊗|01>}里，基于图 1 所示模型的哈密顿量矩阵，由公式可得哈密顿量的本征值和本征态。再利用公式(其中 $\hbar=1$)，得到系统幺正演化算符 $U(t)$。取系统初态 $|\psi(0)>$ 为 $|010\rangle$。我们通过时间演化算符来分析系统态的动态演化过程：由公式 $|\psi(t)>=U(t)|\psi(0)><\rho(t)=|\psi(t)><\psi(t)|$ 可得系统在 t 时刻的态密度矩阵；再利用 Concurrence 的计算方法得到存在掺杂相互作用的 2、3 粒子间的纠缠为：

$$C_{23}=2|D_2D_3|,\tag{2}$$

其中,

$$D_2=-\frac{1}{2}e^{iJ\beta t}+\frac{1}{b_1^2}e^{-iJa_1t}+\frac{1}{b_2^2}e^{-iJa_2t},D_3=-\frac{a_2}{b_1^2}e^{-iJa_1t}-\frac{a_1}{b_2^2}e^{-iJa_2t},\tag{3}$$

式中,$a_1=\frac{\beta+\sqrt{\beta^2+8}}{2}$,$a_2=\frac{\beta-\sqrt{\beta^2+8}}{2}$,$b_1=\sqrt{4+\beta a_2}$,$b_2=\sqrt{4+\beta a_1}$。

根据公式(2),我们可以分析相互作用掺杂系数不同时,纠缠随时间演化的规律。

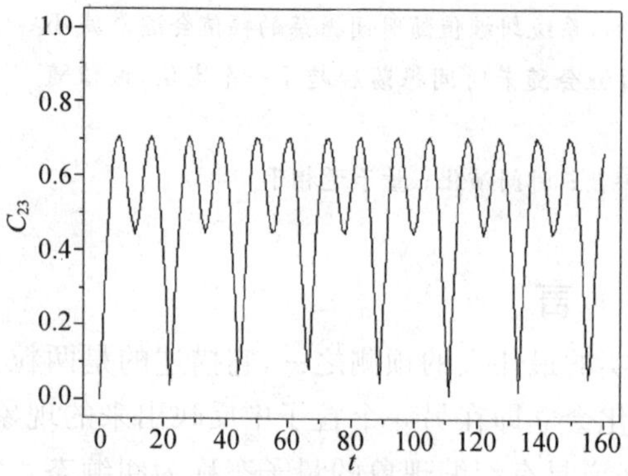

注:交换相互作用常数 $J=3$。

图 2 $\beta=1$ 时,相互作用均匀的 2、3 粒子间的纠缠演化关系图

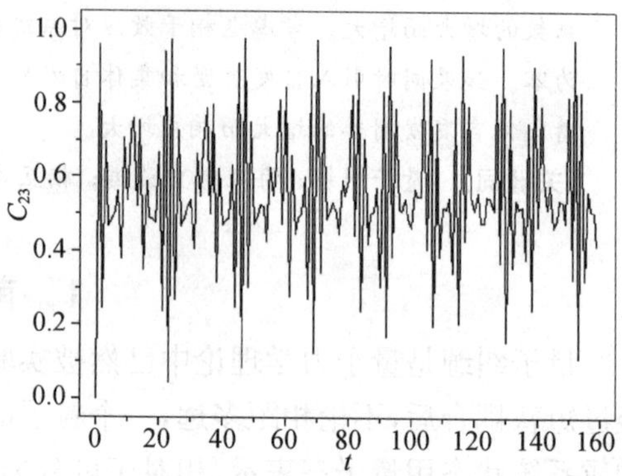

注:交换相互作用常数 $J=3$。

图 3 $\beta=0.2$ 时系统中的 C_{23} 随时间的动态演化关系图

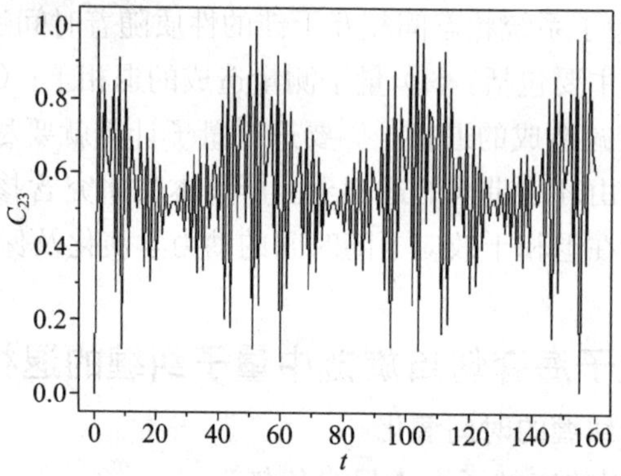

注:交换相互作用常数 $J=3$。

图 4 $\beta=2$ 时系统中的 C_{23} 随时间的动态演化关系图

图 2 显示当 $\beta=1$ 时相互作用均匀的相邻两粒子之间的纠缠演化。图 3 表现的是 β 取 0.2 时掺杂自旋系统中的 C_{23} 随时间的动态演化过程。图 4 所示的是 $\beta=2$ 时 C_{23} 值随时间的动态演化。通过对三图的观察比较,我们可知:与相互作用均匀的三粒子自旋系统相比,自旋链内含掺杂相互作用的粒子间纠缠可以达到最大值,而且随着相互作用掺杂系数的增大,掺杂粒子间的纠缠处于较高值的时刻相对增多,即系统内存在较高纠缠值的概率越来越高。

2.2 退相干对纠缠动力学演化的影响

上文讨论的三粒子海森堡自旋链的理论模型,是一个不考虑环境作用的孤立系统。下面我们研究三粒子海森堡掺杂自旋链两种不同的退相干情况。假设研究对象处于一个真空腔内，分别分析系统单独存在自发衰变，以及与偶极-偶极相互作用导致的集体自发发射同时存在时的纠缠动力学演化情况。整个体系的态密度算符随时间演化的主方程为：

$$\frac{\mathrm{d}\rho}{\mathrm{d}t}=-i[H,\rho]+K(\rho), \tag{4}$$

其中 $K(\rho)$ 是描述系统在退相干作用下的耗散项。

系统如果只存在自发衰变时，此时耗散项表示为：

$$K(\rho)=\sum_{i=1,2,3}\gamma\left(\sigma_i^-\rho\sigma_i^+-\frac{1}{2}\sigma_i^+\sigma_i^-\rho-\frac{1}{2}\rho\sigma_i^+\sigma_i^-\right)。 \tag{5}$$

如果同时存在集体自发发射，此时耗散项表示为：

$$K(\rho)=\sum_{i=1,2,3}\gamma\left(\sigma_i^-\rho\sigma_i^+-\frac{1}{2}\sigma_i^+\sigma_i^-\rho-\frac{1}{2}\rho\sigma_i^+\sigma_i^-\right)+\sum_{j=2,3}\gamma_c\left(\sigma_1^-\rho\sigma_j^+-\frac{1}{2}\sigma_j^+\sigma_1^-\rho-\frac{1}{2}\rho\sigma_j^+\sigma_1^-\right)+$$
$$\sum_{k=1,3}\gamma_c\left(\sigma_2^-\rho\sigma_k^+-\frac{1}{2}\sigma_k^+\sigma_2^-\rho-\frac{1}{2}\rho\sigma_k^+\sigma_2^-\right)+\sum_{n=1,2}\gamma_c\left(\sigma_3^-\rho\sigma_n^+-\frac{1}{2}\sigma_n^+\sigma_3^-\rho-\frac{1}{2}\rho\sigma_n^+\sigma_3^-\right), \tag{6}$$

其中 γ 为系统的自发衰变率，γ_c 代表整个自旋体系的集体自发发射率。

我们下面利用 Matlab 数值分析 2、3 粒子的纠缠随时间的演化关系。

图 5 是只存在自发衰变时 C_{23} 的时间演化示意图。图 6 是相互作用掺杂系数一定，而集体自发发射率不同时 C_{23} 随时间演化的示意图。图 7 是相互作用掺杂系数 β 取不同值时 C_{23} 的动力学演化关系图。

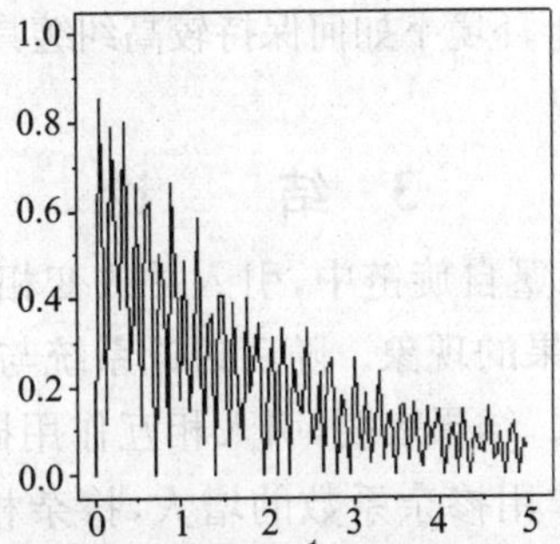

注：$\gamma=0.5$；$J=3$；$\beta=9$。

图 5　只存在自发衰变时 C_{23} 随时间演化的关系图

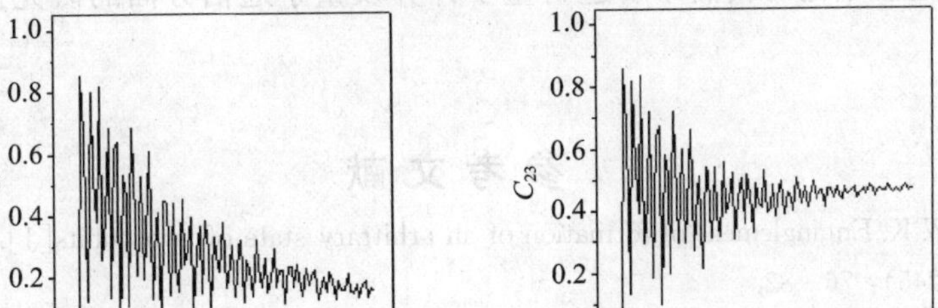

注：(a) $\gamma_c=\frac{1}{2}\gamma=0.25$；(b) $\gamma_c=\gamma=0.5$，取 $J=3$；$\beta=9$。

图 6　相互作用掺杂系数 β 一定，γ_c 取不同值时 C_{23} 随时间演化的关系图

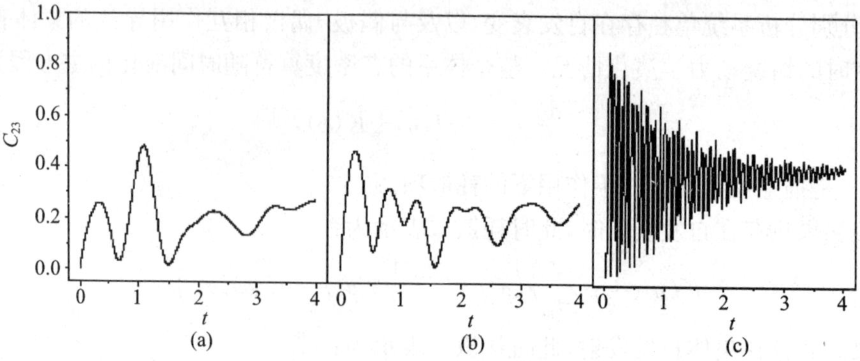

注：(a) β=0.3；(b) β=1；(c) β=13，取 J=3；$\gamma_c=\gamma$=0.5。

图7　C_{23}随时间演化的关系图

由上图可知，当只存在自发衰变时，系统纠缠值 C_{23} 随时间的演化会呈现出快速振荡的现象，并且振荡的幅值会随着时间逐渐减小为零。这表明了真空腔内系统的自发衰变是引起粒子间的相干性逐渐消失的主要原因。当同时存在自发衰变和集体自发发射时，在相互作用掺杂系数不变的情况下，两相邻粒子间的纠缠值 C_{23} 会在随时间的演化过程中不断振荡并逐渐衰减，最终趋于一个稳定值，且该定值会随着集体自发发射率 γ_C 的增大而相应增大。这表明集体自发发射在系统的纠缠时间演化中起到了积极的作用。当系统相互作用掺杂系数变化时，掺杂系数 β 越大，两端相邻粒子间耦合作用就越强，产生的纠缠就越大，从而在经过自发衰变和集体自发发射后，C_{23} 的值在随时间变化的过程中振荡频率变快，并最终趋于一个较大的稳定值。这对于我们研究在退相干环境下如何保持较高纠缠具有一定的理论意义。

3　结　　论

本文分析了在三粒子海森堡自旋链中，引入并改变相互作用掺杂系数，系统内粒子间纠缠动力学演化出现了不同结果的现象。随后讨论系统与环境间的退相干行为，并探讨其对纠缠随时间演化关系的影响。结果表明，引入相互作用掺杂系数可以使相邻粒子间的纠缠达到较大值，而且随着相互作用掺杂系数的增大，掺杂相互作用两端的粒子获得高纠缠态的概率会越来越高。在自发衰变率一定时，两粒子的纠缠会随着时间振荡后逐渐达到一个稳定值，该定值会随着集体自发发射率的增大而增大，并且粒子纠缠处于较高值的时间也越来越多。这些结论对我们今后进行量子计算及量子通信方面的研究提供了一些有效的帮助。

参 考 文 献

[1] Wootters W K. Entanglement of formation of an arbitrary state of two qubits[J]. Phys. Rev. Lett, 1998, 80(2245): 76—82.

[2] Caldeira A O, Leggett A J. Influence of Dissipation on Quantum Tunneling in Macroscopic Systems [J]. Physical Review Letters, 1981, 46(46): 211—214.

[3] Rao D D B, Ravishankar V, Subrahmanyam V. Decoherence of two-electron spin states in quantum dots[J]. Physical Review A, 2007, 75(5): 497—500.

[4] 魏亮. 多光子纠缠及干涉度量与其应用前景[J]. 中国科技术语，2016，18(1)：64.

复合薄膜 $EuTiO_3$ /$SrTiO_3$ 的铁电和电热性质

学生姓名：张文举　指导教师：仲崇贵
南通大学理学院，应用物理学专业，学号：1202052025

【摘　要】在考虑两薄膜间晶格失配应变以及表面耦合强度、成分浓度和 ETO 板的厚度比例对绝热温变影响的基础上，通过朗道-格兹堡-德文希尔理论对成分调制的 $EuTiO_3/SrTiO_3$ 超晶格薄膜的铁电性质和电热效应进行了详细研究。通过计算模拟，我们发现该超结构表现出了显著的电热效应，在外加电场 $\Delta E=100kV/cm$ 时的电致温变可达 $\Delta T=14.2K$。本课题的探究提供了一种能够使铁电超晶格获得良好电热效应的思路，即通过调整表面耦合强度、成分组成和各板厚度等调制电热效应。

【关键词】电热效应；超晶格；朗道-格兹堡-德文希尔理论

1 前　言

电热效应是指热电体在绝热条件下当外加电场引起永久极化强度改变时，其温度发生变化的现象。铁电性是指在一些电介质晶体中，晶胞结构的破缺使正负电荷中心不重合而出现电偶极矩，产生不等于零的宏观电极化强度的性质。晶体不但具有宏观自发极化，而且其自发极化的方向能够被外加电场反转或重新定向。晶体的铁电相与顺电相的转变通常称为铁电相变。早先的研究发现，铁电体在相变时，通常呈现较大的电热效应[1]。

近年来，超晶格因其具有极好的铁电性、绝缘性和压电性而取得了极大的关注，对薄膜 $PbZr_{0.95}Ti_{0.05}O_3$ 和弛豫铁电体 $0.9PbMg_{1/3}Nb_{2/3}O_3-0.1PbTiO_3$（0.9PMN－0.1PT）的巨大电热性的研究已经激起诸多该课题方面的研究投入[2]。在实验室研究层面，众多的努力指向寻找表现出强电热性的新型铁电材料，比如聚酯纤维（亚乙烯基氟乙烯-三氟乙烯）、共聚合物、钽酸锶铋以及 0.87PMN－0.13PT 等材料[3-4]。理论上，研究人员使用基于 slater 晶格模型和第一性原理方法的 GLD 热力学唯象理论来探索研究铁电薄膜的电热效应[5-6]。但即便如此，仍然会有一些关于铁电超晶格电热效应的细节问题亟待解决。研究人员通过调制超晶格薄膜的组分和各层厚度使超晶格薄膜的特性取得了显著提升，这也将使得材料的设计更加灵活[7]。本文基于 $EuTiO_3$ 和 $SrTiO_3$ 两种量子顺电体的基态不稳定性以及两者之间的晶格失配，运用基于唯象的朗道热力学理论，研究 $EuTiO_3/SrTiO_3$ 复合薄膜的铁电和电热性质，寻找室温下具有实用价值的电热材料和结构。

2 模型及理论

我们考虑如图 1 所示的 $EuTiO_3/SrTiO_3$ 复合薄膜的超晶格结构，超晶格结构由层叠的多层铁电厚膜耦合而成，其中黑色部分表示 $EuTiO_3$，斜纹部分表示 $SrTiO_3$。

我们假定 ETO 膜厚度为 d_1，STO 膜厚度为 d_2，那么 ETO 膜的厚度所占比例为 $q=\frac{d_1}{d_1+d_2}$，根据朗道唯象理论模型，超晶格每一周期 d_1+d_2 的自由能表达式为[8]：

图1　超晶格的层叠结构

$$G=G_1+G_2,\tag{1}$$

这里 G_1 和 G_2 分别是两种薄膜的自由能，其具体的表达式分别是：

$$\frac{G_1}{S}=\int_{-d_1}^{0}\left[\frac{1}{2}A_1^*P_1^2+\frac{1}{4}B_1^*P_1^4+\frac{1}{6}C_1^*P_1^6+\frac{1}{2}D_1\left(\frac{\partial P_1}{\partial z}\right)^2+K\,\overline{P}_2P_1-EP_1\right]\mathrm{d}z+\frac{1}{2}D_1\delta_1^{-1}(P_{1,-d_1}^2+P_{1,0}^2),\tag{2}$$

$$\frac{G_2}{S}=\int_{0}^{d_2}\left[\frac{1}{2}A_2^*P_2^2+\frac{1}{4}B_2^*P_2^4+\frac{1}{6}C_2^*P_2^6+\frac{1}{2}D_2\left(\frac{\partial P_2}{\partial z}\right)^2+K\,\overline{P}_1P_2-EP_2\right]\mathrm{d}z+\frac{1}{2}D_2\delta_2^{-1}(P_{2,1}^2+P_{2,d_2}^2),\tag{3}$$

式中 $P_i(i=1,2)$和$\overline{P}_i(i=1,2)$分别表示每块板中的极化和平均极化。$P_{1,-d_1}$、P_{2,d_2}、$P_i(i=1,2)$ 分别表示两块板表面之间的极化。A_i、B_i 和 $C_i(i=1,2)$分别表示每块电介质板中的刚度系数和高阶介电刚度系数。吉布斯梯度系数 $D_i(i=1,2)$大约等于 $\delta^2|A_i|$。表面耦合系数 $K=2\alpha(a_1+a_2)$，其中 α 是描述两板之间耦合强度的耦合因子。此外，还需要考虑到两板间的晶格失配应变，其分别表示为 $S_{m1}=(a_2-a_1)/a_2$ 和 $S_{m2}=(a_1-a_2)/a_1$，其中 a_1 和 a_2 分别表示两板的面内晶格常数。因此，考虑到边界条件后，修正后的 A_i、B_i 和 C_i 分别为：

$$A_1^*=a\left(A_1-\frac{2S_{m1}q_{12}}{s_{11}+s_{12}}\right),B_1^*=4\left(B_1+\frac{q_{12}^2}{s_{11}+s_{12}}\right),C_1^*=6C_1,$$

$$A_2^*=2\left[A_2+2\left(\frac{c_{12}q_{11}}{c_{11}}-q_{12}\right)S_{m2}\right],B_2^*=4\left(B_2-\frac{q_{11}^2}{2c_{11}}\right),C_2^*=6C_2,\tag{4}$$

其中 q_{11} 和 q_{12} 为电致伸缩系数，s_{11} 和 s_{12} 是弹性柔量，c_{11} 和 c_{12} 是恒定极化时的弹性刚度系数。对极化自由能 G 求极值，我们可以得到如下的 Euler-Lagrange 方程：

$$D_1\,\frac{\mathrm{d}^2P_1}{\mathrm{d}z^2}=A_1^*P_1+B_1^*P_1^3+C_1^*P_1^6+K\,\overline{P}_2-E,\tag{5}$$

$$D_2\,\frac{\mathrm{d}^2P_2}{\mathrm{d}z^2}=A_2^*P_2+B_2^*P_2^3+C_2^*P_2^6+K\,\overline{P}_1-E,\tag{6}$$

薄膜界面处的边界条件：

$$\left(\frac{\mathrm{d}P_1}{\mathrm{d}z}\right)_{z=-d_1,0-}=\pm\left(\frac{P_1}{\delta_1}\right),\tag{7}$$

$$\left(\frac{\mathrm{d}P_2}{\mathrm{d}z}\right)_{z=0+,d_2}=\pm\left(\frac{P_2}{\delta_2}\right),\tag{8}$$

其中 $\delta_i(i=1,2)$代表每个板的极化外推长度，用来描述每块板表面和内部之间的差异。

另一方面，基于麦克斯韦关系式$\left(\frac{\partial P}{\partial T}\right)_E=\left(\frac{\partial S}{\partial E}\right)_T$，可逆的电致温变与外加电场的关系可以表述为：

$$\Delta T=-T\int_{E_1}^{E_2}\frac{1}{C_E(T,E)}\left[\frac{\partial P(E)}{\partial T}\right]_E\mathrm{d}E, \tag{9}$$

其中的 $C_E(T,E)$是热容的绝对值，$\Delta E=E_2-E_1$ 为外加电场之差。

3 结果与讨论

本文计算所用参数均来自参考文献[9]。此外计算中我们首先考虑了较小的外加电场差 $\Delta E=100\text{kV/cm}$，薄膜厚度 $d=20\text{nm}$。可逆、绝缘的电热效应的基本准则是：由于电场变化诱导的电偶极子有序排列减少的熵，必须通过提升铁电材料的温度来补偿。为了更好地理解表面耦合强度以及组分变化对电熵效应的作用，根据实验结果，我们主要从以下几个方面来分析。

3.1 界面耦合对电致温变的影响

图 2 和图 3 分别展示了 $EuTiO_3/SrTiO_3$ 超晶格的电致温变 ΔT 随温度的变化。其中图 2 是在不同的表面耦合因子 $\alpha(\alpha=-0.05,-0.08,-0.10,-0.12)$和 ETO 薄膜在每个周期所占固定的厚度比例 $q(q=0.5)$的情况下计算得到的结果。我们可以从中发现电致温变值在铁电顺电相发生转变的这一温度处趋于最大。从图 2 中我们发现电致温变的最大值不仅随着耦合因子增大而增大，而且由于两板间的耦合作用增强而逐渐趋向高温区。此外，在 $\alpha=0$ 的情况下，两板间没有界面耦合作用，显然这对超晶格系统的电热效应无益。

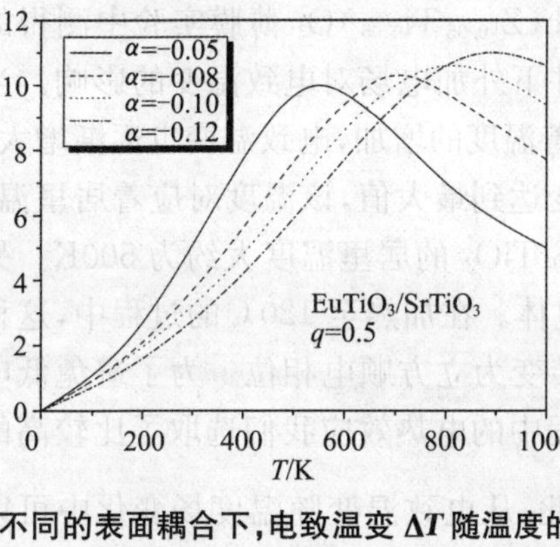

图 2 不同的表面耦合下，电致温变 ΔT 随温度的变化

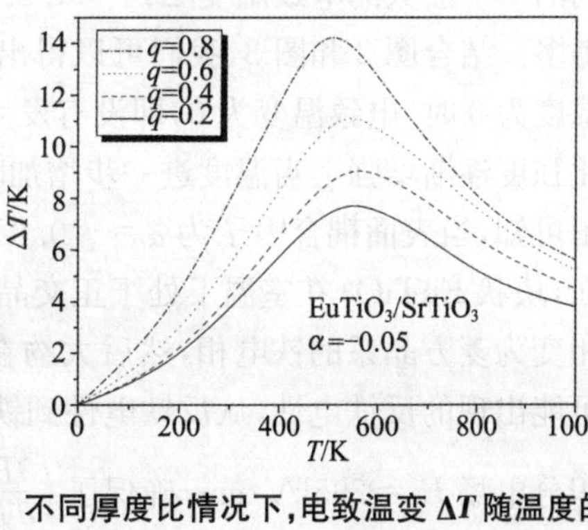

图 3 不同厚度比情况下，电致温变 ΔT 随温度的变化

3.2 薄膜厚度比对电致温变的影响

图 3 是在 ETO 在每个周期内具有不同厚度比例$(q=0.2,0.4,0.6,0.8)$和固定的表面耦合因子$(\alpha=-0.05)$的情况下得到的结果。从图 3 中发现，对于厚度周期给定的超晶格，电致温变的最大值随着 ETO 板在每个周期内所占厚度比例的上升而增加。一些实验结果表明[10]，界面耦合作用主要应归因于超晶格中巨大的界面应力，这是由于两种交替材料间巨大的晶格失配和热膨胀失配引起的。这种巨大的界面压力极大地影响着超晶格参数，从而影响了极化行为。所以，界面间耦合系数受界面组成结构和实际超晶格系统中板的厚度的调控，而界面组成结构和实际超晶格系统中板的厚度可以通过实验技术来控制和制备。

3.3 电致温变对外加电场的响应

为了选取合适的变化电场，得到较大的电热效应，图 4 展示的是 $EuTiO_3/SrTiO_3$ 的电致温变在不同的电场变化下随着工作温度变化的函数图像。我们发现，在温度较低(250K)时，不同的外加电场下，$EuTiO_3/SrTiO_3$ 的电致温变都基本相同（$\Delta T=2.3K$），说明该温度下，电场对电致温变的影响不是非常明显。但随着温度的增大，$EuTiO_3/SrTiO_3$ 在不同电场下诱导的温度变化发生很大改变。在温度约为 500K 时，$EuTiO_3/SrTiO_3$ 的电致温变随着外加电场的增大达到最大。当外加电场达到 220kV/cm 时，该超晶格中的电致温变可达到 19K 左右，这是在其他薄膜材料中很少出现的巨大的电热效应。而且，随着外加电场的增大，$EuTiO_3/SrTiO_3$ 的电致温变的峰值区域越宽，这意味着 $EuTiO_3/SrTiO_3$ 的工作区间随着外加电场的增大而增大。如果在纳米级别，外加电场不超过 0.022V/nm。但是，我们发现电致温变最大时对应的工作温度高于 500K，显然不利于实际应用。

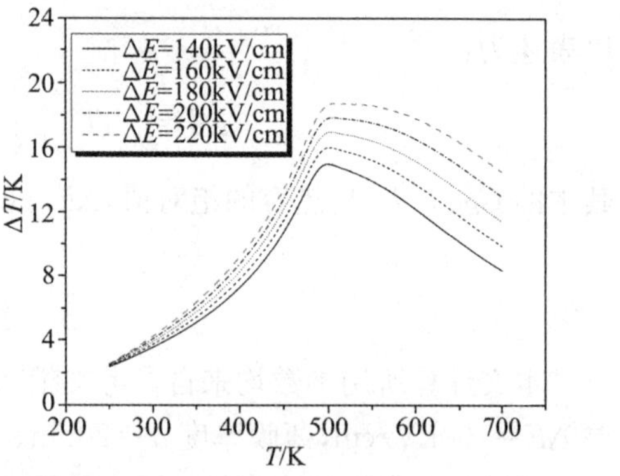

图 4 不同的外加电场作用下，$EuTiO_3/SrTiO_3$ 超晶格复合薄膜的电致温变 ΔT 随温度变化的曲线

3.4 电致温变对温度场的响应

这里最重要的、最值得一提的是在给定的较小外加电场变化($\Delta E=100kV/cm$)下，我们得到的一个巨大的电致温变 $\Delta T=14.2K$，这比在 $Pb(Zr_{0.95}Ti_{0.05})O_3$ 薄膜实验中测得的要大得多。结合图 2 和图 3，我们可以得出在给定条件下外加电场对电致温变的影响。当工作温度为 0 时，电致温变为 0，即没有发生极化。随着温度的增加，电致温变也逐渐增大，即极化强度逐渐增强。当温度进一步增加时，电致温变达到最大值，该温度对应着居里温度。据图可知，当表面耦合因子为 $\alpha=-0.05$，$EuTiO_3/SrTiO_3$ 的居里温度大约为 500K。另一方面，块状 $EuTiO_3$ 在室温下处于正交晶系的反铁电体。在加热至 120℃的过程中，这种结构相变为菱方晶系的铁电相，然后大约在 242℃时转变为立方顺电相位。为了避免低电场下可能出现的反铁电性，从反铁电性到铁电相变过程中的电热效应我们选取了比较高的初始积分电场 $E_1=295kV/cm$，确保了 $\left(\frac{\partial P}{\partial T}\right)<0$。因此，从电致温变随温度场变化中可以看出，最大的电致温变总是发生在 500K 附近，也很难通过对界面耦合、超晶格组分的调控实现室温下的最大电热温变，这应该是与构成该超晶格的组分材料相关。要实现室温下的较大电致温变，必须对超晶格的组分进行调控或另行选取。

4 结论

总而言之，在考虑超晶格 $EuTiO_3/SrTiO_3$ 两板间失配应变的基础上，我们已经利用修正过的 LGD 热力学理论对成分调制的 $EuTiO_3/SrTiO_3$ 超晶格进行了研究。表面耦合强度、适当的成分组成以及 ETO 板和 STO 板的厚度比例对电致温变的影响均已被考虑到。计算结果证明，在较小的外电场 $\Delta E=100kV/cm$ 作用下，我们可以得到一个巨大的电致温

变 $\Delta T=14.2$K，而且这比在 $Pb(Zr_{0.95}Ti_{0.05})O_3$ 的实验中测得的数据要大。此外，对于设备操作，如果我们考虑室温下电热效应，最佳的超晶格结构可以通过强的表面耦合系数、比 STO 板更大的 ETO 板厚度比例来实现。因此，铁电超晶格提供了一个有效的方法，即通过调整上述三者的大小来取得较高的电热效应，这将为制冷设备的实际应用提供更多的有利条件。

参考文献

[1] 钟维烈. 铁电体物理学[M]. 北京：科学出版社，1998：3—143.

[2] Mischenko A S, Zhang Q, Scott J F, et al. Giant electrocaloric effect in thin-film $PbZr_{0.95}Ti_{0.05}O_3$[J]. Science, 2006(311)：1270—1271.

[3] Neese B, Chu B, Lu S G, et al. Large electrocaloric effect in ferroelectric polymers near room temperature[J]. Science, 2008(321)：821—823.

[4] Bai Y, Zheng G P and Shi S Q. Direct measurement of giant electrocaloric effect in $BaTiO_3$ multilayer thick film structure beyond theoretical prediction[J]. Appl. Phys. Lett, 2010(96)：192902.

[5] Akcay G, Alpay S P, Mantese J V, et al. Magnitude of the intrinsic electrocaloric effect in ferroelectric perovskite thin films at high electric fields[J]. Appl. Phys. Lett, 2007(90)：252909.

[6] Li B, Wang J B, Zhong X L, et al. Room temperature electrocaloric effect on $PbZr_{0.8}Ti_{0.2}O_3-PbZr_{0.8}Ti_{0.2}O_3$ thin film[J]. J. Appl. Phys, 2010(107)：014109.

[7] Sun L L, Ooi Kiang Tan, Liu W G, et al. Characterization of sol-gel derived $Pb(Zr_{0.3}Ti_{0.7})O_3/PbTiO_3$ multilayer thin films[J]. Ceramics. Int., 2004(30)：1835.

[8] Ma Y Q, Shen J and Xu X H. Coupling effects in ferroelectric superlattice[J]. Solid State Commun, 2000(114)：461.

[9] Pertsev N A, Zembilgotov A G and Tagantsev A K. Effect of mechanical boundary conditions on phase diagrams of epitaxial ferroelectric thin films[J]. Phys. Rev. Lett, 1998(80)：1988.

[10] Tabata H, Tanaka H, Kawai T, et al. Strained $SrTiO_3/BaTiO_3$ superlattices formed by laser ablation technique and their high dielectric properties[J]. Jpn. J. Appl. Phys, 1995(34)：5.

体育运动协会管理平台及 App 研发团队毕业设计总结报告

学生姓名：杨　鹏、商林鹏、章志刚　指导教师：石　建
南通大学理学院

1　研究背景

随着人们生活水平的提升，越来越多的人开始关注健康问题，人们参与体育运动的热情也随之高涨。而作为运动爱好者参与体育运动的载体——体育运动协会，一直是运动爱好者之间活动与交流的一个重要平台。随着移动互联网的发展，人们开始意识到网络管理平台与移动应用的重要性。然而国内尚未出现成型的体育运动协会管理平台及移动应用。因此，开发一套适用于运动爱好者组织活动与交流的体育运动协会管理平台及移动应用，作为一个重要的课题摆在我们面前。如何让运动爱好者更好地参与到体育运动中来，如何更便捷地分享运动过程中的心得体会与感受，是我们开发此管理与应用平台的重点。

2　课题目标及意义

此课题来源于社会生活实践，为方便工会加强对各协会的管理、方便协会和体育运动爱好者之间的互动交流而设计，并通过此次开发，提升个人和团队的开发技术水平。本设计吸收各大社交平台（如微博、贴吧、微信等）的成熟框架，并针对体育运动的组织提供独到的管理与交流模式。同时，降低管理成本，以带来更大的社会效益。

3　团队组成及分工

该平台由三名信息与计算科学专业的学生共同协作完成，团队成员包括：杨鹏、商林鹏和章志刚，由商林鹏担任此次设计团队的组长。商林鹏除需完成个人“网页界面设计与制作”的任务之外，还参与到团队设计方案的探讨、决策以及团队之间的沟通与协调工作。杨鹏完成“个人模块”的功能实现，章志刚完成“协会模块”的功能实现。

整个系统由五大模块组成，包括登录及注册模块、首页模块、我的档案模块、好友模块、协会模块，每个模块都有各自的功能。登录及注册模块为用户提供了个性化的登录平台，同时也对系统中的成员提供了保护屏障。首页模块主要包含个人的基本信息、好友信息以及发表动态信息，让运动爱好者随时与好友进行交流。我的档案模块包含着用户的详细信息，包括所属地区、出生日期、爱好特长、联系方式等。好友模块中包含着用户添加的所有好友信息，系统提供了好友搜索及自定义分组功能，更加方便用户对好友进行管理。协会模块中包含着协会首页、通知公告、活动中心等小模块，为用户提供一个多样化、特色化的协会交流平台，方便用户随时了解协会动态。

因为整个系统中模块众多，所以三个人对整个系统的任务按照不同模块进行了分工，具体分工如下：

（1）共同完成需求分析及数据库的设计。在做体育运动协会系统之前，我们团队三人和指导老师共同完成了对系统需求分析的描述并整理了需求文档，然后三人共同完成数据

库的设计。

(2) 系统中的所有界面的设计。系统中所有页面的设计工作由商林鹏来完成，并对页面上的弹出层、样式变化等简单动态效果进行制作。

(3) 首页、我的档案和好友模块功能的实现。这部分功能由杨鹏来完成，并且要对模块中的发表个人新鲜事、发表评论、回复评论、修改档案资料、修改好友分组等重要功能进行添加。

(4) 协会模块设计，包括发布通知公告、发布活动、创建协会等页面。这部分由章志刚负责完成，同时需要添加浏览协会动态、参加协会、关注协会、报名参加活动等功能，为用户提供更加方便的交流平台。

(5) 系统整合。当所有人的工作都完成之后，将自己的代码检测完成之后进行整合。整合工作由三个人共同完成，并对系统进行整体测试。

4　团队设计技术简介

在本次毕业设计开发中，我们是以 HTML 和 Javascript 制作平台 Web 页面、C＃作为开发语言，使用 asp. net 技术进行网站搭建，SQL Server 作为数据存储与交换中心。主要涉及的技术与平台有：MVC 设计模式、三层架构、ADO. NET 数据连接技术、AJAX 异步请求技术、SQL 数据存储与处理技术、Visual Studio 2013 开发平台、SQL SERVER 2012 数据库、Android 技术以及 Android Studio 开发平台。

4.1　Visual Studio 2013

Visual Studio 2013 是由微软公司推出的开发环境，Visual Studio 2013 可以用来创建 Windows 平台下的 Windows 应用程序与网络应用程序，也可用于创建网络服务、智能设备应用程序和 office 插件。本次开发中，以 Visual Studio 2013 作为本协会管理平台的开发环境。

4.2　Android Studio 1.5

Android Studio 1.5 是一个 Android 开发环境，基于 IntelliJ IDEA。类似于 Eclipse ADT，Android Studio 1.5 提供了集成的 Android 开发工具用于开发和调试。相比较于 Eclipse，Android Studio 1.5 具有更高的运行效率与更好的调试工具。故本次开发中以 Android Studio 1.5 作为手机 App 的开发工具。

4.3　SQL SERVER 2012

SQL SERVER 2012 是一个全面的关系型数据库管理系统，区别于层次模型与网状模型，它将每个表都独立出来而又通过某个字段或者某些字段的集合来形成相互的关联。在本次开发中，利用 SQL SERVER 2012 作为数据存储与交换中心。sql 是一种数据结构化查询语句，用于对数据库的数据进行处理，通过 ADO. NET 来调用 sql 语句或存储过程来实现数据库端的数据的新增、修改、删除、查询等功能，对数据库的所有操作都是通过 sql 语句来完成的。

4.4　MVC 简介

MVC 是一种通用的设计模式，虽然在不同语言中表现形式不同，但其中总体的设计模型是没有区别的，模型(Model)—视图(View)—控制器(Controller)将前台页面数据展示，后台数据请求与处理，对象模型化分开来了。MVC 使整个开发流程更加清晰、模块化。

4.5 三层架构

在多层开发中三层架构是最为常见的，如同 MVC 一样，将后台数据请求与处理分为三层。表现层（UIL）用于将前台请求的数据传递到逻辑层与将数据展示到页面上，在这里用 MVC 作为表现层的设计模式。逻辑层（BLL）用于进行数据的业务逻辑处理。数据访问层（DAL）用于进行与数据库的链接与访问。

4.6 ADO.NET 数据连接

在数据访问层中，我们利用 ADO.NET 进行数据连接，利用已封装的数据类来连接数据库，实现数据的访问、获取、删除、查询、插入功能。

4.7 AJAX 异步请求

AJAX 是一种无刷新异步请求技术。随着网页技术的发展，页面刷新已经成为用户体验优劣的评判标准之一，异步请求技术在于无须刷新页面即可请求后台的数据并通过 js 将请求结果展现给用户，实现了只改变用户想要改变的网页区域的功能，加强了网站与用户的交互性，也提高了访问速度。

5 团队总结

在三个多月的开发过程中，团队成员能够很好地合作与分工，遇到问题能够协同解决，各取所长，将每个人的优点最大限度地运用到此次设计中。尽管也遇到了各种各样的问题，但我们始终本着坚持不放弃的原则，通过书本、网络及其他渠道寻找解决方案，并对问题和解决方案进行总结和分享，提升团队的开发效率。

此次设计，虽最大限度地将我们所学到的知识运用到实际开发中，但依然存在着一些不足之处，如 JavaScript 的运用较少、没有操作记录和出错记录日志，用户体验还有待进一步提高，对于论述不恰当及欠缺的地方等，我们将在今后的工作中进一步改进。

参考文献

[1] 周光亮.浅释.NET 三层架构的设计与实现[J].科技信息(学术研究)，2008：16—43.

[2] 高扬.基于.NET 平台的三层架构软件框架的设计与实现[J].计算机技术与发展，2001：48—60.

[3] 刘克.MVC 架构及其在 Web 应用开发中的应用[J].计算机应用与软件，2006：25—55.

[4] 陈彦，沙莎.基于 MVC 架构的 Web 应用程序的分析与实现[J].湖南科技学院学报，2006，20：5—8.

[5] 陈一明.SQL Server 数据库应用技巧探讨[J].科学技术与工程，2008：64—95.

[6] 仰燕兰，金晓燕，叶桦.ASP.NET AJAX 框架研究及其在 Web 开发中的应用[J].计算机应用与软件，2011：30—55.

[7] 郭翠.洗煤厂煤质管理信息系统的研究与实现[J].西安科技大学学报，2010：38—86.

[8] 杨洁.基于 ASP.NET Ajax 的 Web 开发研究及应用[J].武汉理工大学学报，2008：15(2)：1—8.

[9] 张卓.SQL 注入攻击技术及防范措施研究[J].上海交通大学学报，2007：30—87.

[10] 柯昌正，黄厚宽.Ajax 技术的原理与应用[J].铁路计算机应用，2007：42—86.

[11] 赵强，张红忠.基于 ASP.NET 的网站系统安全性设计与实现[J].计算机应用，2008：20—46.

“互联网+”视域下高校学生理论性社团建设研究

学生姓名：冯长东　指导教师：蔡　娟

南通大学政治学院，思想政治教育专业，学号：1203012036

【摘　要】 近年来，高校学生理论性社团不断涌现，取得了一些成效，但传统思维束缚其进一步发展。“互联网+”使社团建设迎来新机遇，面临新挑战，需要我们运用“互联网+”思维探索适合社团建设的路径，从而更好地发挥其独特的价值功能，书写“互联网+高校学生理论性社团建设”的新篇章。

【关键词】 “互联网+”；高校；学生理论性社团；建设

“互联网+”作为一个新兴热词，它的巨大影响不仅体现在促进传统行业产业升级和经济转型上，更与我们的日常学习、生活密切相关。它特有的创新思维对于高校社团组织的建设也有着重要影响，甚至会带来某些革命性的变化。鉴于此，研究“互联网+”与高校学生理论性社团建设，就显得尤为必要。

1　高校学生理论性社团的内涵及作用

1.1　高校学生理论性社团的内涵

高校学生理论性社团是指在高校党团组织领导下，以马克思列宁主义、毛泽东思想和中国特色社会主义理论体系为指导思想，组织和引导广大学生进行理论学习和社会实践，从而培养具有坚定理想信念、高尚道德情操和实践创新能力的合格大学生的学生组织。其特点表现为坚定的政治性、鲜明的时代性、生动的实践性和一定的包容性。

1.2　高校学生理论性社团的作用

第一，是加强和改进大学生思想政治教育的特殊载体。高校学生理论性社团作为大学生的群众性组织，通过加强理论知识学习与参加社会实践活动相结合，政治教育与积极健康的文体活动相结合的方式，对大学生进行思想政治教育。第二，是培育和践行社会主义核心价值观的有力抓手。习近平总书记指出，“意识形态工作是党的一项极端重要的工作”[1]。高校学生理论性社团能够在配合高校思想政治理论课教学的基础上，积极作为、主动作为，使社会主义核心价值观成为每个大学生内化于心、外化于行的基本遵循。第三，是传承和繁荣校园文化及学校特质的独特平台。作为校园文化建设的生力军，高校学生理论性社团能够把继承优良传统与体现时代精神，弘扬主旋律与贴近学生群体相结合，进一步推动优良校风、学风的建设。

2　传统思维下高校学生理论性社团建设面临的困难

为了解当前高校学生理论性社团的发展现状，探究影响其发展的不利因素，以便提出对策，推进高校学生理论性社团不断健康发展。笔者通过实践调研和理论分析，力图呈现传统思维下高校学生理论性社团建设面临的困难。

2.1 社团规章不够完善，社团管理模式滞后

高校学生理论性社团自身特征决定了它会处于时代的前沿，如何与时俱进地管理社团、改革社团规章，就成为一个亟须解决的问题。大多数的社团管理者由于缺乏“互联网＋”视域下的跨界思维以及一定的创新思维，社团管理模式滞后。

2.1.1 学校层面管理制度不健全

主要体现在管理考核制度缺乏针对性、指导教师配备缺乏专业性和硬件配套设施缺乏保障性这三大方面。

2.1.2 社团内部管理制度不完善

主要体现在指导思想不清晰、组织架构不合理和奖惩机制不健全这三大方面。

2.2 社团成员缺乏培育，社团长效发展受阻

个人与社团的价值，是由两者连接的广度和厚度决定的。连接越广、连接越厚，个人的价值就越大，从而社团的价值在其长效发展的过程中体现出来，这就要求以“互联网＋”的价值思维以及人性思维去培育社团成员，促进社团发展，否则，社团长效发展受限。

2.2.1 成员构成影响社团的长期发展

一是年级构成影响“传帮带”。高年级学生在社团管理经验和理论素养方面相对于低年级学生而言要丰富得多，但由于升学、就业的压力，大多数学生在大三时便会退出社团管理工作。社团只重视骨干培训，缺乏对普通成员的培训。如此，既没有必要的工作衔接，又没有完善的培训体系，导致“传帮带”断层。二是专业构成影响受众面。高校学生理论性社团大多挂靠文科学院，成员也多以社团挂靠学院的学生为主，这就势必造成成员结构单一、社团影响的受众面变小的局面。

2.2.2 成员素质影响社团的稳定发展

一是部分社团骨干素质参差不齐。社团骨干对学生理论性社团的发展起着关键性作用。目前部分社团骨干的素质参差不齐，缺乏一定的领导才干和创新精神。二是部分社团成员入会动机不纯。当前，部分学生出现信仰不坚定、价值观多元和道德底线模糊等现象，有的人甚至对学生理论性社团心存怀疑，即便加入社团，也是为了评奖评优、捞取政治资本。

2.3 社团活动形式单一，社团功能发挥受限

要使社团功能发挥良好，社团价值得到彰显，就必须使自己的活动具有创意和特色，符合主流价值观。但当下一些高校学生理论性社团缺乏“互联网＋”创新思维，社团活动形式单一，精品活动影响力不够，甚至少数活动出现价值偏移现象。

2.3.1 活动形式单一，创新活力缺乏

社团的成立和发展主要是通过活动的开展和功能的发挥来体现的。高校学生理论性社团活动的开展呈现良性发展的趋势，但同时我们也要注意到社团的活动仍局限于学术沙龙、读书交流等，活动形式和内容陈旧，创新活力缺乏。

2.3.2 理论脱离实际，出现价值偏移

因现实不良思想的影响，主流价值观有时在高校学生理论性社团中没有完全占领阵地。为了追求较高的参与率和较广的活动影响力，一些活动偏娱乐趣味性、轻思想性和政治性，重活动形式、轻活动内容和目的性。这种理论脱离实际的现象，使得社团活动文化品位降低，价值取向出现偏移，导致社团功能发挥受限。

3 “互联网+”视域下高校学生理论性社团建设的机遇和挑战

“互联网+”是互联网在新的发展阶段功能增强和应用的拓展，是把互联网的创新成果与社会经济生活各领域相结合，以解放和发展生产力，提升整体竞争力为根本目的的一种新模式。“互联网+”既具备互联网的某些特点，又具备一些更为丰富的特点，主要表现为融合性、重塑性、开放性、平等性、创新性和价值性。

3.1 “互联网+”给高校学生理论性社团建设带来的机遇

3.1.1 “互联网+”提供了社团制度建设的新思路

高校学生理论性社团制度建设主要指学校和社团内部两个层面。制度建设有很强的延续性，但社团服务的主要对象是具有很强主观性和时代性的大学生，因此，面对新情况、新问题，必须有具有针对性的新思路。“互联网+”的融合性和重塑性强调的是借鉴、融合和改革，这种新思维的运用为社团制度建设提供了新思路。

3.1.2 “互联网+”打破了社团成员培育的局限性

随着“互联网+”时代的到来，几乎全国所有的高等院校都成立了学生理论性社团，社团数量和规模的不断扩大，使得社团成员的培育成为困扰社团的难题。“互联网+”的开放性和平等性强调营造一种以人为本、和谐开放的社团氛围，为成员的发展提供更多的机会。

3.1.3 “互联网+”增强了社团活动创新的影响力

活动形式单一，精品活动缺乏是几乎所有高校学生理论性社团都会面临的难题。“互联网+”的创新性和价值性强调多方连接，重在运用多种资源，增强创新活力。线上线下开展活动，充分运用新媒体资源，不仅开辟了新的活动领域，而且拓宽了活动的时空性，增强了活动的吸引力和影响力。

3.2 “互联网+”给高校学生理论性社团建设带来的挑战

3.2.1 网络信息传播的自由性增强社团宣传的难度

“互联网+”离不开互联网，网络信息的传播具有自由性、随意性，大学生正处在世界观、人生观和价值观形成的关键时期，面对网络上海量的信息和多元的文化，一旦缺乏辨别意识，就很容易受到网络上负面信息的影响，因此对高校学生理论性社团而言，舆论引导的重任会越来越艰巨。

3.2.2 对网络的依赖性遏制创新能力的提高

“互联网+”增强了社团活动创新的原动力，但同时我们也必须认识到，由于网络的便捷性，利用网络资源完成各项工作是很多人的首选，这种网络依赖使得很多人丧失学习渴望，懒于思考，甚至照搬照抄网络上其他社团的活动，这势必会造成社团和社团成员都缺乏创新能力，丧失开展社团活动的实际成效。

4 “互联网+”视域下高校学生理论性社团建设的路径选择

要建设能培养具有坚定理想信念、高尚道德情操和实践创新能力的高素质人才的学生组织，就必须运用“互联网+”思维，抓住“互联网+”给高校学生理论性社团建设带来的机遇，敢于迎接面临的挑战。“互联网+”为我们探索高校学生理论性社团建设的路径提供了具有重要指导作用的思维方式和具体措施。

4.1 跨界融合、重塑结构，打造学习型理论社团

4.1.1 跨界融合，实现优势互补

跨界就是“＋”，实质是融合，目的在于实现优势互补。只有敢于跨界，接受来自不同领域、群体的良性影响，取其精华，才能使创新的基础更加坚实。“互联网＋”视域下，高校学生理论性社团在面对自身存在的问题时，需要积极跨界，寻求解决之道。

4.1.2 重塑结构，完善管理制度

跨界融合在于学习他人优势，而要做到优势互补，就必须首先做到重塑结构，完善相关管理制度。首先是健全学校层面管理制度。一是制定针对性的管理考核制度；二是配备专业性的指导教师；三是配套保障性的硬件设施。其次是完善社团内部管理制度。一是指导思想要清晰；二是组织架构要合理；三是奖惩机制要健全。

“互联网＋”视域下，解决高校学生理论性社团管理模式滞后，我们必须做到以“互联网＋”思维武装社团管理者的思想，同时认识到，高校学生理论性社团是一个开放性组织，设计科学合理的举措，在跨界学习的动态过程中，寻求结构重塑的相对稳定，加强学习常态化，在制度创新中，打造学习型理论社团。

4.2 以人为本、开放生态，打造服务型理论社团

4.2.1 以人为本，突出主体地位

在“互联网＋”视域下，坚持以人为本，尊重受教育者的主体地位和主体人格，这既是一种正确的价值观，也是一种科学的工作思维。首先是成员构成梯次分布，交流平台畅通。其次是完善培训机制，精英化与大众化融合。总之，要充分利用网络平台，开展网络培训，从而打破时空限制，将培训覆盖和惠及每一位成员。

4.2.2 开放生态，活跃社团氛围

“互联网＋”视域下，开放的生态强调把过去制约发展的因素去掉，创造让各种要素活力特别是创新思维竞相迸发的环境，让所有人都有努力实现自身价值的机会。高校学生理论性社团本身就是一个开放的组织，其成员更是来自不同的地域、年级和专业，因此和谐开放的社团氛围能够调动社团成员积极性，有助于加强对成员的培养，提高整体素质。

高校学生理论性社团作为学生组织，其根本任务在于服务广大同学，在应对多元、多样、多变的成员需求时，通过以人为本、开放生态和服务方式、创新平台，打造服务型理论社团，使其成为加强学生与学校、学生与社会之间联系的桥梁，以真实有效的服务赢得广大同学的认可和支持。

4.3 创新驱动、多方连接，打造创新型理论社团

4.3.1 创新驱动，打造精品活动

“互联网＋”思维创新社团活动，就是求变、自我改革，以创新驱动社团活动机制，打造精品活动，提高社团活动层次，扩大社团影响力。首先是创新理论学习与实践活动，形成品牌效应。其次是创新宣传形式，扩大社团影响力。

4.3.2 多方连接，实现功能优化

多方连接是充分发挥“互联网＋”价值性的基础。对高校学生理论性社团而言，通过社团与个人、社团与社团、社团与社会等的连接，实现互联互动。但这种连接是有选择的、有层次的、有差异的，不能为了追求表象，而忽视了内在要求，否则，理论脱离实际，价值取向偏移的运作实际上是曲解了多方连接的真正内涵，优化社团功能更无从谈起。

创新型理论社团是我们在全面推进高校学生理论性社团建设科学化进程中的必然要求。通过创新驱动，不断完善高校学生理论性社团的管理制度、培育机制，丰富社团的活动内容与形式。构建高校学生理论性社团的创新机制，永葆高校学生理论性社团的青春活力，打造创新型理论社团将是一个永恒的命题。

加强高校学生理论性社团建设，有助于大学生坚定中国特色社会主义道路自信、理论自信、制度自信，增强文化自信，促进大学生全面发展。高校学生理论性社团建设研究是一个具有长期性、时代性和创新性的系统工作，"互联网＋"视域下高校学生理论性社团建设研究只是其中一个方面的初步尝试。习近平总书记强调："加强网络内容建设，做强网上正面宣传，培育积极健康、向上向善的网络文化，用社会主义核心价值观和人类优秀文明成果滋养人心、滋养社会，做到正能量充沛、主旋律高昂。"[2]这也为我们打造"互联网＋"视域下的学习型、服务型和创新型高校学生理论性社团指明了方向，更需要我们不断探索，书写"互联网＋高校学生理论性社团建设"的新篇章。

参考文献

[1] 中共中央宣传部. 习近平总书记系列重要讲话读本[M]. 北京：学习出版社，人民出版社，2014：105.
[2] 习近平. 在网络安全和信息化工作座谈会上的讲话[N]. 人民日报，2016-04-26(2).

国家治理现代化过程中群众利益实现机理研究

学生姓名：刘学莎　指导教师：臧乃康
南通大学管理学院，行政管理专业，学号：1205012033

【摘　要】人民群众各项活动的开展、延伸以自身利益为根本出发点，其利益实现既是保障广大人民群众各项利益实现的内在要求，也是国家治理现代化的必然选择。厘清国家治理现代化过程中群众利益的实现机理，有助于解决国家治理现代化过程中的种种困境，充分实现人民群众利益。

【关键词】群众利益；治理现代化；实现机理；路径

社会转型时期，面对国家治理主体多元化、治理空间多样化、治理问题复杂化的现状，中国共产党提出国家治理现代化的要求，在建立政府—市场—社会多元治理体系的同时，实现人民群众利益的最大化与国家治理效能的最优化，以解决国家治理现代化过程中群众利益实现问题。

1　群众利益实现与国家治理现代化的关系描述

群众利益及实现处于社会生活的循环往复之中，人民群众对利益的追求产生于对物质与精神生活的需要，依托国家治理政策的实施过程。国家治理现代化进程与群众利益实现互为前提和条件。

1.1　治理现代化是实现群众利益的有效工具

广大人民群众的利益是以本体为存在的，其实现不仅需要利益追求主体的积极参与，还需要社会网格中主体间的积极配合，国家治理现代化进程为群众利益实现提供了有效契机和理性工具。

1.1.1　治理现代化要求多元主体的合作意识

市场经济的发展带来社会结构调整、价值观念多元、社会组织涌现等一系列变化，整体性的社会聚合体伴随社会转型时期的特殊性，碎片化为多元利益群体产生多样性需求结构。在不同利益群体之间，信息不对称、追求自身利益最大化等因素阻碍着国家治理现代化进程，需要不同利益群体建立和强化契约执行的规则和良好的合作关系，即坚定多元主体合作意识，将遍布各个阶层的人民群众广泛纳入国家治理主体体系中，参与国家治理政策的制定、执行和评估过程，在利益博弈中共赢。

1.1.2　治理现代化要求公平公正的制度安排

公平公正的制度是避免自利性、非理性化的重要限定，尤其是被由社会群体认可并达成共识的、反映利益主体共同意志的宪法，既是国家治理现代化的根本保证，又为群众利益实现创造了公平公正的制度安排。公平公正的制度标准须具有普遍性和适用性，这一标准使处于公平公正制度之下的广大人民群众避免由于制度失衡而造成利益诉求受阻，使每一位公民享有宪法和法律赋予的政治权利。

1.1.3 治理现代化要求统筹兼顾的公共政策

社会转型时期利益需求的多样性要求国家治理现代化从分散走向集中，统筹兼顾政策系统运行主体、客体与环境。面对社会转型时期阶层间利益矛盾以及人民群众多样化利益诉求等问题，国家治理政策需最大限度包容广大人民群众的利益诉求，形成一套整体性、系统性的国家治理政策。

1.2 群众利益实现是治理现代化的内在要求

国家治理现代化是实现社会多元利益主体诉求和平衡的过程，其中，群众利益实现关系着政治稳定、经济发展和社会建设等方方面面，实现好群众各方面利益，是国家治理现代化的前提条件和内在要求。

1.2.1 政治利益是治理现代化的合法性源泉

政治利益是群众参与政治生活而获得的与之相关的收益，如权利、地位、荣誉等，广大人民群众的政治利益得到实现是对国家政治认同的前提条件，并且使广大人民群众拥护国家发展的信念不断坚定。政治认同是建立在共同的政治利益构架、国家治理现代化合法性源泉基础上的，将群众政治利益实现置于国家治理现代化的全过程，既是国家治理现代化的政治主张，也是治理现代化的合法性资源的聚集过程。

1.2.2 经济利益是治理现代化的物质性基础

国家治理现代化需要以发达的经济实力作为政策进程的推动性力量，需要满足广大人民群众生存、生活和发展的需求。人民群众经济利益实现首先以对劳动产品和公共服务的占有和分享为基础，并以此为动力不断提高人民群众的文化水平、专业技能、劳动效率、职业素养等。人民群众作为社会物质财富的创造者，不断更新生产工具、提高劳动效率，促进社会经济发展，为国家治理现代化提供雄厚的物质基础。

1.2.3 社会利益是治理现代化的公共性空间

国家治理现代化需要稳定的社会基础，群众社会利益实现有赖于多种社会资源的重新配置，从而回应社会利益公平公正的价值要求，填充和拓展治理现代化过程中生成和让渡出的公共空间。人民群众的社会利益可以归结为群众私人利益实现和社会公共利益实现两大类，其满足都需要充足的公共性空间，即更多的生活资源和发展空间。然而在垄断和私人占有的语境下，治理现代化的公共空间会被挤占，应拓展社会公共性空间，保障人民群众私人利益实现，以实现社会多元主体的多样性利益需求。

1.2.4 文化利益是治理现代化的价值性资源

文化利益既是通过文化建设和文化发展来调整和实现广大人民群众的利益需求的，也是群众对更高层次和更优质量的社会、政治、经济生活品质和价值的追求。文化利益最广泛地渗透在政治、经济利益之中，也是国家治理现代化的价值性资源。文化利益寓于政治过程，影响着政治走向、政策倾向以及国家治理运行进程，也推动着经济发展，更为国家治理现代化过程中的社会建设锦上添花。广大人民群众文化利益实现是国家治理现代化过程中的价值性需求，也是人全面发展的核心性资源和利益。治理现代化首先是人的现代化，也是以文化利益的实现为精神和价值基础的。

2 国家治理现代化过程中群众利益实现机理呈现

依托国家治理现代化与群众利益现实的相关性研究，从思想价值到政策落地的整个过程探讨国家治理现代化过程中群众利益实现机理，能够更好地在国家治理现代化过程中彰显群众利益实现的重要作用。

2.1 人民群众利益的价值实现机理

坚持公平正义是国家治理现代化过程中群众利益的价值实现机理，不仅补充了功利主义所忽略的资源的公平分配问题，将社会总体发展与群众个人发展相统一，而且在公平正义背景下秉承以人为本的理念，将广大人民群众的根本利益作为出发点和目的。在国家治理现代化过程中，治理政策的公平性决定着人民群众的回应程度和参与程度，公平正义的治理政策在分配制度上既坚持按劳分配的普适原则，又强调政策激励，同时辅以完善的社会保障制度进行调控。公平正义的价值前提又为法治的运行和普及奠定了基础，以法治促正义，以正义促公平，真正实现人民群众在公平正义的规则化的程序下处于平等的起点，享有平等的政治权利、资源和机会，实现群众所追求的差异性、多样化利益。

2.2 人民群众利益的政策实现机理

从发散到聚合再散发出去，实现合法化的政策过程，这是国家治理现代化过程中群众利益的政策实现机理。国家治理的政策过程是从政策制定开始，通过执行落地，以评估反馈进行完善。系统而完善的政策过程是国家制度的表达途径和具体体现，国家制度安排以群众路线为指导、群众利益实现为目标，并通过政策的制定、执行以及评估反馈落到实处。良好的制度安排不仅是政策过程的良好开端，更是政策实施的根本依据，有利于从根本上和在整个过程中保障群众利益实现。

2.3 人民群众利益的参与实现机理

群众参与国家治理的积极性和广泛性影响着国家治理现代化的主体形态，同时是国家治理现代化过程中群众利益的参与实现机理。国家治理强调“在双向的沟通和互动过程中实现社会公共事务秩序化”，吸纳更多社会组织和人民群众，并委以重任，即使人民群众在利益博弈中增强了话语权。同时，推动社会基层自治组织的完善和发展，吸纳广大人民群众积极参加城市居民自治组织和乡镇村民自治组织的政治、经济、文化建设。人民群众广泛参与到国家治理现代化过程中，实现社会和国家之间、官方政策活动者与非官方政策活动者之间的双向沟通，为治理现代化过程中群众利益实现奠定了良好的基础。

2.4 人民群众利益的均衡实现机理

社会多元利益的协调是国家治理现代化过程中群众利益的均衡实现机理，也是群众利益实现的基本范式。多元社会利益均衡“是社会权力结构和利益结构的重新塑造，有些社会阶层在结构重组中利益得到增进，同时，必然导致其他一些社会利益群体的利益受到损害”，此番博弈致使多方主体利益趋于均衡。从权力结构角度分析，面对国家转型时期社会力量壮大与政治权力不足的显著对比，人民群众寄希望于通过得到更多的政治权力参与国家治理以实现利益诉求。然而，国家权力越来越无法满足群众多样化、差异化的利益需求，反而由于权力的集中导致了行政效能的相对弱化。扩大社会力量加入国家治理的比重，公正均衡的利益配置有助于剔除强势群体不正当获利。伴随官僚制结构弹性增强，国家权力对社会的回应程度也相应提高，弱势群体的利益得到进一步重视。

3 国家治理现代化过程中群众利益实现路径选择

通过国家治理现代化的目标原则、方式路径的系统化促进群众利益的逐步实现，改变当前群众利益诉求受阻、群众利益实现不足的态势，凭借国家治理民主化、法制化、合作化的发展，充分发挥国家治理现代化的作用和优势，推动广大人民群众多样化利益需求与国家治理现代化进程的正相关实现。

3.1 坚持群众利益至上的国家治理原则

以人民群众利益实现为根本出发点和落脚点是国家治理现代化进程的必然要求，国家治理现代化的推进过程需要坚持人民群众利益至上的治理原则。首先，在政治制度上完成国家权力体系的重构，既要将权力装进制度的笼子，又要将本来就不属于国家的权力回归到社会组织和人民群众当中去。其次，在经济结构方面不断完善社会主义市场经济，提高广大人民群众在初次分配中所占的比重，并通过再分配调整群众利益差距，利用激励作用的同时，运用国家社会保障体系和社会福利政策控制收入差距。最后，在社会结构方面，充分照顾到社会弱势群体的利益，制定系统的社会保障体系和完善的社会福利政策，促使社会资源广泛流动，满足群众对多种社会资源的需求。

3.2 推进群众利益实现的多重政策保障

推进群众利益实现多重政策保障是国家治理现代化趋于完善的必然选择。国家政治制度决定了国家治理的政治原则和方式，经济结构决定了国家经济的发展方向，系统整合根本政治制度下的一系列治理政策是推进国家治理现代化过程中群众利益实现的有效途径。首先，完善基本公共服务政策，调整收入分配，积极促进就业，完善医疗卫生、教育教学等相关领域政策；其次，完善和理顺社会政策，完善社会组织发展和运行机制，将社会组织建设和运行纳入国家治理、社会服务。多重政策将分散的国家政策转变为系统性的保障制度并从各方全面协调、保障广大人民群众的利益诉求及实现。

3.3 提高群众利益实现的组织化程度

提高群众利益实现的政策参与主体组织化程度有利于在国家治理现代化过程中实现群众利益。促进参与主体组织化的前提是实现国家治理过程中多元利益主体共同参与。在多元利益主体中，政府组织是国家治理的主导者，非政府组织协同参与并要求逐步实现占有更多的政治权力份额。提高国家治理多元主体的组织化程度，既壮大了群众个体利益实现力量，也有利于众多群众利益有序表达和实现。在具体实践中，一是大力发展社会组织，使不同群众利益得以有效聚合，分散利益得以组织化，不仅可以"克服'乌合之众'的情绪化问题和'集体行动的困境'，而且在很大程度上可以弥补个体参与行政活动时所面临的资源、信息、政策影响力等方面的弱势"；二是将广大人民群众以不同的社会角色纳入相应的利益组织，使多角色个体利益实现找到归属和依靠，有组织、有目的地参与到国家治理现代化过程中。

3.4 完善群众利益实现的多元治理结构

由于个体能力、知识技能、政治地位、社会资源等方面存在差异性，完善多元治理结构对于广大人民群众的利益实现是十分必要的。首先，以多元治理主体完善多元治理结构，国家治理过程运行要求采用"分权的政策执行"手段，避免政策执行"自上而下"的集权式运行，充分发挥各级人民代表大会、基层自治组织、政府派出机构、社会独立组织等官方或非官方主体的比较优势，实现国家治理的参与—自主性回应—责任模式。其次，以完善的治理政策保障多元治理结构，从其制定开始到评估反馈结束，用政策执行结果的事实和数据说明广大人民群众的参与程度及其利益实现程度，以真正实现从高层决策平民化到群众利益广泛实现的治理结构。

参考文献

[1] 魏治勋. “善治”视野中的国家治理能力及其现代化[J]. 法学论坛，2014(2).

[2] 赵成根. 新公共管理改革——不断塑造新的平衡[M]. 北京：北京大学出版社，2007：31.

[3] 王锡锌. 利益组织化、公众参与和个体权利保障[J]. 东方法学，2008(4).

[4] 简·莱恩. 新公共管理[M]. 赵成根，译. 北京：中国青年出版社，2004：39.

“校园健身达人”App的设计与实现

学生姓名：陈　思　指导教师：徐晨飞
南通大学管理学院，信息管理与信息系统专业，学号：1205052005

【摘　要】本文设计并实现了基于APICloud开发技术的跨平台移动应用程序：“校园健身达人”。该程序结合传统健身类App的基本功能，在此基础上设定以大学生为用户目标群体，实现了场地预约、健身活动发起、达人排行等功能，不仅能促进大学生自主发起与参与各类健身项目，还能帮助他们养成良好的健身习惯。

【关键词】APICloud；校园健身达人；移动应用；App

1　引　言

在网络时代，移动互联网占据了大半壁江山。移动应用程序迅速崛起，App市场规模迅速扩大。各类健身运动类App迅速抢占市场，仅在Apple Store里面的健康健美类栏目下就有上百种运动健身类App。大多数App均具备运动数据记录、运动目标设置和监测、运动社交或好友排行等功能。本研究在此基础上，以大学生用户为目标群体，设计并实现了一款“校园健身达人”移动应用程序，以期促进国家提倡的“全民健身计划”在大学生群体中更好地开展与实施。

2　理论基础

2.1　系统设计的关键技术

2.1.1　HTML5介绍

HTML5是万维网的核心语言、标准通用标记语言下的一个应用超文本标记语言(HTML)的第五次重大修改。在HTML5平台上，视频、音频、图像、动画以及和电脑、手机移动端交互都有了新的标准，HTML5将成为HTML、XHTML以及HTML DOM的新标准。

2.1.2　CSS3.0介绍

CSS是一种叫作样式表的技术，也称为层叠样式表。在开发过程中，采用CSS技术制作主页，可以精确地控制页面的布局、背景、颜色、字体和其他效果等。

2.1.3　JavaScript介绍

JavaScript是一种直译式脚本语言，是一种动态类型、弱类型、基于原型的语言，内置支持类型。本App在开发过程中，前段界面的显示多是用HTML、CSS实现的，而具体的与用户的交互行为，例如提交信息等活动都是通过JavaScript来实现的。

2.2　APICloud跨平台App技术开发

APICloud是中国首个“云端一体”的移动应用云服务提供商。API中封装了大量的函数和方法，将所有后台数据的存储过程、逻辑结构隐藏，大大简化了操作流程。

2.2.1　端API技术介绍

APICloud封装了大量移动应用程序所需的主要功能，均以模块化的形式储存在端API

中，便于开发者之间调用接口实现功能，通过 JavaScript 语言，一个模块的代码可同时兼容 IOS 平台和 Android 平台，充分体现了跨平台开发的优势。

2.2.2　云 API 技术介绍

APICloud 的"云 API"提供包括数据服务、推送、云端修复和大数据分析等服务，极大地简化了开发者的开发过程，可以自动生成移动应用程序所需要的各种云服务接口。

3　系统分析

3.1 数据流分析

数据流程图是一种能全面地描述信息系统逻辑模型的主要工具。它可以用少数几种符号综合地反应出信息在系统中的流动、处理和存储情况。一般由外部实体、数据流、处理和数据存储四个部分组成。校园健身达人移动应用程序的数据流程图如图 1 所示：

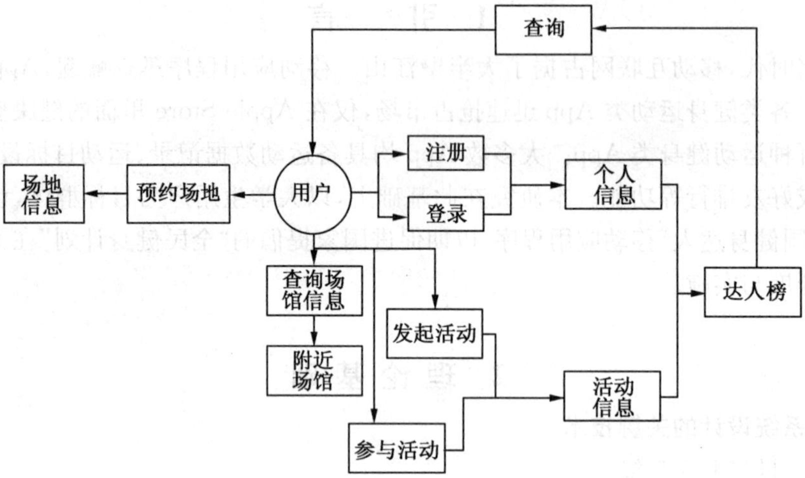

图 1　数据流程图

3.2　数据字典

数据字典是关于数据的信息集合，也就是对数据流程图中包含的所有元素的定义的集合。数据流程图配以数据字典可以从图形和文字两个方面完整地描述系统的逻辑模型。下面对于校园健身达人中数据流的描述更加详细地定义了数据流程图的数据。

3.2.1　数据流编号：D-01

数据流名称：用户注册；简述：用户进行注册所填写信息；数据流来源：用户。

数据流去向：云端服务器；数据流组成：用户 ID＋用户名＋ 邮箱＋手机号＋密码。

3.2.2　数据流编号：D-02

数据流名称：健身活动信息；简述：用户发起或参与健身活动的信息。

数据流来源：用户发起活动填写的信息，用户参加活动更新的信息。

数据流去向：云端服务器。

数据流组成：活动 ID＋活动名称＋活动时间＋活动地点＋活动介绍＋限制人数＋活动类型。

3.2.3　数据流编号：D-03

数据流名称：预约场地信息；简述：用户进行场地预约所更新的信息。

数据流来源：系统设定场地信息，云端服务器存储；数据流去向：用户。

数据流组成：场地 ID＋场地名称＋预约时间＋预约状态＋场地类型。

3.2.4　数据流编号：D-04

数据流名称：附近场馆信息；简述：用户可查询的附近场馆的基本信息。

数据流来源：云端服务器设定附近场馆信息；数据流去向：用户。

数据流组成：场馆 ID＋场馆名称＋价格＋场馆地点＋联系电话＋简要介绍。

4　系统设计

4.1　系统架构设计

采用 APICloud 云端一体化技术，端开发与云服务器巧妙地结合，极大地简化了开发环境和系统架构的设计。

4.2　功能结构设计

本款 App 功能主要包括“健身会校友”“达人排行榜”“健身场地预约”，以及“个人信息展示”四个模块。

4.2.1　健身会校友模块

该模块可实现用户发布校内各类运动健身活动的信息，注册用户可自主发布与报名参加各项活动。通过活动的参与，与志同道合的人一起去健身，健康乐观地创建新型校园绿色生活。

4.2.2　达人排行榜模块

系统根据用户技能数据与运动健身情况综合分析生成达人排行榜单，用户可了解自己的排行情况，并以此激发健身热情，提高自我健身积极性。

4.2.3　健身场地预约模块

(1) 场地预约：可发布健身场地信息，包括场地分布总布局、已用场地信息、空闲场地信息等。用户可提前预约自己需要的运动场地。

(2) 附近场馆推荐：推送学校周围的健身场馆信息，为用户提供更多选择。

4.2.4　个人信息展示模块

(1) 记录个人信息：可设置个人头像、昵称、性别、年龄等个人信息，用户可查看自己发布的活动以及相关好友信息。

(2) 身份认证：为提高用户健身的安全性，实现邮箱账户绑定安全认证功能。

5　系统实施

5.1　用户系统注册登录的实现

在移动端登录界面时，可以进行注册和登录，注册时设定了确认密码，两次输入密码相同时才能正确登录，同时提供了邮箱验证，登录之后可以设置性别、常住地等信息（图 2、图 3）。

图 2　注册界面

图 3　注册出错界面

5.2　健身会校友模块的实现

在该模块首页可以看到健身运动分类，在一级分类下面有相关的活动，在活动信息界面可以参与活动，同时活动的相关信息会进行更新；也可发起活动，设置健身活动的名称、活动时间、活动类型、参与人数等。所有发起的活动按发起的时间顺序进行排序。具体界面如图 4、图 5、图 6 所示：

图 4　模块主界面显示

图 5　发起活动界面展示

图 6　活动信息界面显示

5.3　达人成长模块的实现

重要实现代码如下：从服务器端获取参加活动和发起活动次数，较为简单地运算评分得出榜单列表。具体界面如图 7 所示。达人成长模块重要代码如下：

```
function fnDecideTalent() {var userInfo= $api.getStorage('userInfo');var userid=userInfo.userId;
var username=userInfo.account; var client=new Resource(appid,appkey);var User=client.Factory
("user"); User.query({ "filter" : {"where" : {"id" : userid },"skip" : 0,"limit" : 20,"include" : ["
talentPointer"] }}, function(ret, err) {if(ret[0].talent) {fnUpdateCountUserLanch(); } else {
fnCountUserLanch();}}});
```

5.4 健身场地预约模块的实现

该模块第一个窗口是预约健身场地，在第一级分类下显示场地信息，同时在第一级分类下的 frame 界面可以预约场地，同时更新数据。在附近健身场馆信息界面，可以发布场馆的名称、价格、地址、联系电话和介绍等信息。具体界面如图 8、图 9 所示，预约健身场地重要代码如下：

```
function fnUpdateState1(IdInfo) {
    var userInfo= $api. getStorage('userInfo'); var userid=userInfo. userId;
    var username=userInfo. account; var client=new Resource(appid, appkey);
    var OrderFields=client. Factory("OrderFields");
    OrderFields. save({"_id" : IdInfo}, {"orderuser1" : username, "_method" : "PUT" }, function
(ret, err) { window. location. reload(); }); };
```

图 7 达人排行显示

图 8 场地预约主界面展示

图 9 场地预约列表展示

5.5 个人信息展示模块的实现

个人信息展示模块，可以从数据库读取设置的昵称、个人照片以及一些系统的相关设置信息。

6 总 结

目前，基于大学校园的健身类软件并不多见，本款 App 突出的“校园健身达人”概念具有一定的创新性，可促进在校大学生主动参加健身活动，实现“互联网＋”背景下健康的校园生活方式。未来，笔者将继续完善界面交互等功能，给用户带来更好的体验。

参考文献

[1] 张晓军. 基于 HTML5+CSS3.0+jQuery 在移动电商 App 开发中的应用[J]. 通讯世界，2015(3).
[2] 祁瑾. 基于苹果手机的爱运动应用程序的设计实现[D]. 长春：吉林大学，2015.
[3] 沈华英. 基于开放云 API 的移动 App 设计研究[J]. 电脑编程技巧与维护，2015(20).
[4] 余成成，高凯. 运用 APICloud 进行融资价值评估系统的开发[J]. 电脑知识与技术，2015(21).
[5] 张海潘. 软件工程导论[M]. 北京：清华大学出版社，2005：47.
[6] 王珊. 数据库系统概论[M]. 北京：高等教育出版社，2005：14—17.

政府回应社会热点事件的能力提升研究

学生姓名：赵　琪　指导教师：季燕霞
南通大学管理学院，公共事业管理专业，学号：1205022013

【摘　要】政府回应社会热点事件体现出政府对社会矛盾的敏感度，政府可以透过热点事件及时了解群众所感、群众所思、群众所急，创造性地满足公民需求，打造服务型政府，维护社会的和谐稳定，提高政府公共服务的能力。

【关键词】热点事件；政府回应；能力提升；政府责任

进入21世纪以来，互联网平等、开放、互动、透明的特点，使得人人面前都有一个"麦克风"，可以自由地向社会传达自己的观点与诉求。在此背景下，反映社会矛盾纠葛的热点事件频频发生。政府对热点事件的积极回应，有利于政府塑造"全心全意"为人民服务的负责任政府的形象，提高政府的公信力。

1　相关概念的内涵界定

1.1　回应与政府回应

政府回应正式进入学者的视野起始于1980年弗雷德里克森的《新公共行政学》一书问世，他强调政府回应是公共行政和政府治理的基本价值。而真正对政府回应做出经典定义的是著名行政管理学者斯塔林，他认为：回应能力是"指政府具有遵从民众要求、满足公民需要的快速反应能力"[1]。

我国政府回应相关的理论研究起步较晚。何祖坤于2000年发表的《关注政府回应》被誉为我国政府回应性研究的开创之作。文章指出：政府回应是指政府在实施公共管理与服务阶段，对公众提出的不满和利益诉求进行主动、有效应对和解决的过程。[2]政府如何对公众的需求做出恰到好处的回应，使得公众的需求得到满足、人格得到尊重、权利得到保障，是各级政府机关需要认真思考、亟待解决的关键问题。

在现代国家公共治理中，治理理论强调的是一种多元、民主和合作的管理模式。治理理论认为，政府绩效标准应该包括公民参与、依法治国、政府透明性、回应性、公平、效率、效益、责任和合法性等方面。治理理论明确把政府的回应性作为衡量政府绩效的重要标准之一。治理理论提出的政府绩效的若干标准实际上都是为政府回应保驾护航。在政府回应的过程中，政府信息公开透明是政府回应的前提条件，政府与公民良性互动是政府回应的必然要求，依法建立相关回应制度是政府回应的根本保障，三位一体，共同推进政府回应的规范化和法制化。

1.2　热点事件

对于社会热点事件这一名词，学术界还没有统一的界定。孟祥栋和吴铭认为：被社会公众广泛关注的事件、现象乃至一个名词、一种说法就是社会热点事件。[3]周振林认为：所谓的热点问题，就是群众关注、热议，引起广泛社会反响的事件和问题。[4]在综合分析众多学者的观点的基础上，本文认为社会热点事件是社会普遍关注、公众广泛讨论、媒体跟踪报道，反映社会现状和公民诉求的事件。

2 政府回应社会热点事件过程中存在的问题与原因

随着互联网的发展、新媒体运用进程的加快，各级政府虽然意识到政府回应的紧迫性，但是由于制度环境、回应理念、回应能力、回应认知等主客观的原因，出现回应迟缓、回应形式重于回应内容、回应不到位等现象，严重影响了政府的公共形象，造成政府和公众关系紧张。

2.1 政府回应社会热点事件过程中存在的问题

2.1.1 回应主体缺乏主动性

政府回应热点事件通常以被动回应为主，基本上是在热点事件爆发或者公民提出需求之后再给予必要的回复，缺少回应热点事件的预警机制。更糟糕的是，一些政府机关工作人员在热点事件爆发之后、公民强烈要求政府回应之时，仍然稳坐泰山，妄想不费吹灰之力，坐等事件的平息。

2.1.2 回应机制不健全

传统政府要求公民自下而上地服从，从而导致回应机制建设在我国历史性地缺失。回应机制的缺失包括两个方面：一是政府回应社会热点事件规范流程的缺失；二是政府回应社会热点事件绩效评估体系的缺失。

回应流程是指政府在回应社会热点事件的各个阶段对各项事务的具体布置和安排。从当今政府回应社会热点事件的现状来看，政府回应处在一个探索的时期，回应流程随意性的特征明显，缺少精细的组织设计和制度安排。

政府回应绩效评估体系，主要是指对政府回应中的政府及其公务人员在回应过程中采取的行动、起到的作用、取得的成效等方面的综合评估，并把它们作为行政效率和行政业绩评定的依据。[5]但是，在现实生活中，政府回应更关注热点事件如何平息，通常把热点事件的平息作为事件的终结。在回应社会热点事件过程中，对政府机关、行政人员的表现以及回应社会热点事件所引起的社会影响、对政府公信力的塑造等缺少总结评估。

2.1.3 政府回应技巧失当

政府回应社会热点事件既要有姿态又要有实质内容，既要讲究回应技巧，又不能片面地强调技巧。

2011 年 7 月 23 日温州动车事故发生之后，对于社会质疑“为什么要把列车车头及零散部件就地掩埋”，新闻发言人王勇平在答记者问时说：“就地掩埋车头是为了更好地开展救援工作。信不信由你，反正我信了。”此话一出引起人们对 7 · 23 事件更大的怀疑，民愤、民怨甚嚣尘上。这起回应悲剧发生的原因是新闻发言人没有运用好回应技巧，错误地使用了个性用语，没有平息公众的怒火，反而激化了矛盾。

但是过度地使用回应技巧就会使得回应空有形式而没有内容，陷入“打官腔”“说套话”。以南通政府官网市长邮箱为例，众多市民留言询问地铁建设相关问题。政府工作人员虽然有所回应，内容却是大赞南通地铁建设在促进南通城市发展、缓解交通压力、提升南通综合竞争力方面的积极意义。这样的回应，其实是答非所问，回应了也相当于没有回应，只会抹黑政府的形象。

2.2 政府回应缺陷原因分析

造成我国政府回应困境的原因是多方面的，既有主观方面的也有客观方面的，既有理念层面的也有实践层面的。概括起来，主要可以分为以下四个方面：

2.2.1 “官本位”思想根深蒂固

中国实行了两千多年的中央集权制度，“官本位”的思想根深蒂固，政府官员习惯被捧着、供着、求着办事。虽然党中央积极贯彻落实服务型政府和责任型政府，但是部分官员的理念还没有转变。此外，一些政府官员在回应社会热点事件中，不以公众满意度为导向，企图掩盖事实的真相，带有地方保护主义的色彩。哈尔滨天价鱼事件中，在未取得与当事人联系的情况下，调查组就单方面向社会声明：北岸野生渔村在餐馆内公示了相关食材价格，属明码标价，不存在漫天要价的欺诈行为。调查结果句句都是偏向地方企业，而对于动手打人，是否缺斤少两却避重就轻，极具地方保护主义思维。当地媒体、相关监管部门，急于护短，希望维护当地的形象。但是，正是地方政府的不秉公执法，造成了对当地形象的二次伤害，因小失大，得不偿失。政府要牢记，网络是一面照妖镜，任何护短遮丑，掩盖事实的真相行为都无处藏匿，主动公布事实真相才是上上之策。

2.2.2 回应制度建设滞后

面对热点事件的层出不穷，政府回应的制度建设还是相对滞后。目前没有相关制度或者法律法规对回应时间、回应程序、回应手段、回应效果等问题做出具体规定。回应监督和问责体系的缺失也使得一些政府官员有恃无恐、扯皮推诿。最重要的是，社会热点事件往往涉及多个部门，并有可能牵涉人大、政府、司法机关、党委等不同的领域，没有相关制度加以规范，在热点事件触发之时，就不会产生有条不紊的联动反应，自动按照制度要求回应热点事件，将不利于提高回应的效率、质量和水平，实现双赢。

2.2.3 回应主体和客体缺乏良性互动

社会热点事件的完美解决，需要回应主体和回应客体的共同努力和良性互动。但是，在现实生活中，行政人员对社会热点事件的舆情分析和转化能力差，缺乏应变和处理问题的能力。有的政府工作人员面对鱼龙混杂的网民常常感到无所适从，不习惯与网民平等交流；在大量公民对同一事项反复询问时缺乏足够的耐心；当受理回应事项数量太大时往往会心烦气躁，对网民敷衍了事，政府工作人员的回应能力还不足以应对日常的公民诉求。

而作为回应客体的公民面对各式各样的热点事件通常会情绪激动、跟风指责、幸灾乐祸，甚至会随意攻击、人肉搜索、攻讦谩骂，强烈的感情色彩和先入为主的观念让公民对于政府的回复持怀疑态度，这样给政府信息的收集、汇总、分析、回应造成了巨大的挑战。

2.2.4 塔西佗陷阱效应蔓延

古罗马政论家塔西佗认为：当政府不受欢迎的时候，好的政策与坏的政策都会同样得罪人民。同样，政府公信力的下滑，导致政府回应不论说的是真话还是假话，都会被公众贴上狡辩的标签，使得政府回应的效果大打折扣，政府面对的将不是想不想回应的问题，而是会陷入回应有没有人相信的困境。

3 提升政府回应社会热点事件能力的对策建议

政府回应社会热点事件是其行使公共管理职能的重要形式之一。政府通过主动、及时的回应，能够获得良好的社会评价、维护公民的合法权益，重塑政府公信力。但是，当前政府回应中存在着诸多问题，需要多方施策、多管齐下提升政府的回应能力。

3.1 牢固树立"以人民为中心"的行政理念

政府官员应该明确自己人民公仆的身份，转变官本位的思想，树立"一切以人民为中心"的工作导向。政府官员绝不能高高在上地以一种恩赐的态度给予公民回应，或者以本部门利益为先，要求公民给予相应的回报，而要在回应的过程中贯彻落实服务型与责任型政府的理念，以公共利益为政府工作的最高导向。在回应的过程中，何时回应、回应范围、回应形式都要以公民的意愿为先。公民想知道什么，政府回应什么；以何种形式回应方便快捷，政府就采取什么方式。

3.2 完善日常预警机制

预警机制是指能灵敏、准确地昭示风险前兆，并能及时提供警示的机构、制度、举措等预警系统，其作用在于超前反馈、及时布置、防风险于未然。完善政府预警机制，需要注重对网络舆情的监测。政府要注重完善、更新自己的舆情监测系统。舆情监测系统不单单要对网络信息进行监控，更要能够运用大数据分析的技术进行关键字截取、热点识别、信息汇集整理、倾向性分析、自动报警等。只有完善以网络舆情监测系统为核心的日常预警机制，才能预测可能发生的热点事件，并为可能发生的热点事件做好准备。

3.3 优化政府回应流程设计

"官僚制"曾以其层级节制的权力体系、依照规程办事的运作机制而备受追捧，但是也带来了管理层级过多、回应流程烦琐等问题。因此，需要以提高回应质量和效率、降低回应成本为目的对回应流程进行优化，改变流程、减少环节、提高效率。

回应流程的优化要注意地方政府之间、政府部门之间的协调合作。社会热点事件往往涉及多个政府部门，归属不清必然会导致职能交叉、多头管理的问题，而职能交叉通常意味着职能真空，最终导致回应机制的失灵。这种情况下，建立起"无缝隙政府"，通过跨部门的政府资源整合，使每个政府机构都能坚持服务理念，提供公共服务，从而实现以整体的而不是各自为政的方式为公众提供全面、便捷、高效率和高质量的公共服务。[6]回应流程优化设置要坚持具体化的原则。政府的回应时间、回应步骤、回应规范用语、回应过程中必须公开的信息以及回应效果公众评价都要进行优化再设计，在确保公民知情权和回应效率的基础上，保证流程尽可能地简化。

3.4 提高政府工作人员的回应素质

政府回应社会热点事件能力的提升关键在于政府工作人员能力的增强。围绕社会关注的热点事件，相关部门和单位的工作人员在阐明政策、答疑解惑、化解矛盾的过程中，只有提高自己新媒体的运用能力和掌握适当的回应技巧，才能在工作中产生事半功倍的效果。要想做好回应工作，在硬件上，政府工作人员应该熟悉计算机的基本操作。在软件上，政府工作人员应该懂得网络流行语言，掌握"两微一端"、论坛的使用方法，具备互联网思维。只有这样，政府工作人员才有引导舆论的能力，以一种平等、亲切、平民化的姿态回应社会热点事件。

3.5 完善政府回应绩效评估机制

绩效评估制度的建立有利于提高政府工作人员的回应积极性，工作人员的回应情况直接与官员个人的年终考核挂钩，鞭策政府工作人员改变过去不干不出错，干了不讨好的畸形状况。中央应该建立政府回应社会热点事件年度考核评估和监督监察机制，对需要考核的指标分级分类，设置专门机构，分配专门的人员确保制度的贯彻执行，使之规范化、常态化。政府可以结合内部评估、专业机构评估和社会公众评估，全方位、多角度对政府机关开展社会评价和监督，并将评价过程和结果向社会公开。在评估的基础上，引入激励机制，注重奖罚分明。

参考文献

[1] 斯塔林. 公共部门管理[M]. 8版. 北京：中国人民大学出版社，2012：132.

[2] 何祖坤. 关注政府回应[J]. 中国行政管理，2000(7)：9—10.

[3] 孟祥栋，吴铭. 社会热点问题的新特征及其与高校思想政治教育的互动——基于《新周刊》年度关键词的考察[J]. 思想理论教育，2015(1)：101—105.

[4] 周振林. 社会热点问题试析[J]. 党校论坛，1994(5)：43—45.

[5] 刘学民. 提升我国政府回应能力的路径选择[J]. 中国经贸导刊，2010(15)：77.

[6] 秦元旭. 从善治的视角提高政府公共服务回应能力[J]，铜仁学院学报，2008(1)：60—62.

青少年校园欺凌的现状与专业介入
——以湖南两所中学为例

学生姓名：赵广梅　指导教师：臧其胜
南通大学管理学院，社会工作专业，学号：1203022003

【摘　要】 青少年校园欺凌现象已经成为公众瞩目的议题，然而目前国内研究多止于理论层面，关注传统主体的改变。本文通过问卷调查了解青少年校园欺凌的现状，据此从社会工作的视角出发探讨具体的介入策略。

【关键词】 青少年；校园欺凌；社会工作

1　绪　　论

1.1　研究背景

目前，青少年之间的欺凌/暴力事件不断被网络、媒体曝光，暴力与欺凌充斥在校园内外，氤氲着不健康的气息。校园欺凌行为对被欺凌者造成严重的心理伤害，也会给家庭、学校带来很大影响，甚至威胁到社会治安，亟待引起全社会的关注。

1.2　研究意义

本研究通过文献回顾和问卷分析，一方面了解目前青少年校园欺凌的特点、原因、影响以及已有的介入方案，另一方面探索运用社会工作的专业方法介入欺凌行为，这不仅有利于降低欺凌行为对各方面所产生的不良影响，减少校园欺凌事件的发生，同时也有助于发展社会工作，拓宽社会工作的工作范围，更新社会工作的介入技巧和方法。

1.3　概念界定

本文所指青少年是介于儿童与成人之间，年龄在12—18岁的一类群体或个人。青少年多处于心理的疾风骤雨期，身心发育尚不完善，容易两极化，需要老师家长等进行积极引导。校园欺凌是指在校园内并延伸至校外范围的主要发生在学生之间的强势群体针对弱势群体施行的一种攻击行为，通常表现为孤立排挤、言语侮辱、使唤干活、索要财物、性骚扰以及暴力殴打等。

2　资料收集及研究方案

2.1　资料收集

前期研究主要通过查阅文献了解目前国内外学者关于校园欺凌的研究成果，中期通过问卷法调查湖南隆回两所中学的120名在校青少年学生。

2.2　研究方案

本研究编纂问卷作为调查工具，采用无记名方式，选取湖南隆回两所中学（金潭中学及隆回二中）的青少年学生为样本，调查总共发放了120份问卷，回收106份，回收率为88.33%，有效回收问卷100份，有效回收率为83.33%，并通过SPSS进行数据的录入与统计分析。

3 青少年校园欺凌的现状

3.1 总体趋势

研究发现校园欺凌行为呈现倒U形增长的趋势，从小学到初中，欺凌行为发生的比例有所上升，而高中后，欺凌行为发生的比例有所下降。而青少年在校园欺凌中主要扮演五种角色，包括施暴者(13.5%)、受害者(7.3%)、保护者(14.6%)、附和者(7.3%)以及旁观者(57.3%)。青少年报告主要受到高年级学长或学姐欺负(25%)，被同年级学生欺负的占22%，遭受社会闲散人员欺负的为21%。欺凌行为的实施一般选择较为隐蔽的地方，主要是校外(31%)、厕所(15%)以及宿舍(11%)、校门口(11%)等，说明校园欺凌行为具有隐蔽性。[1]与此相对应的是，欺凌行为主要发生在放学时(49%)以及宿舍熄灯后的夜晚时分(13%)，这段时间游离于学校教职工的管理时限之外，往往成为校园欺凌事件发生的最佳时间。

3.2 具体情况

3.2.1 性别差异

男生之间主要以直接身体欺负为主，包括威胁恐吓(15.8%)、暴力殴打(16.3%)以及索要财物(16.9%)，女生主要以直接言语欺负为主，包括孤立排挤(23.4%)、言语侮辱(17.4%)，但是也有暴力殴打的现象，约占11%，而男女生之间的欺凌以性骚扰为主(23.6%)。

3.2.2 年级差异

初一年级的学生主要被高年级学长/学姐欺负(7.8%)，初二年级的学生主要被同年级学生欺负(10.9%)，初三年级的学生主要被同年级学生(6.3%)和社会闲散人员欺负(4.7%)。高一年级学生主要被高年级学长/学姐欺负(12.5%)，高二年级主要被高年级学长/学姐(6.3%)和同年级学生欺负(3.1%)，高三年级的主要被老师(6.3%)和社会闲散人员欺负(4.7%)。

4 青少年校园欺凌的影响

4.1 对于被欺凌者的影响

学生遭遇校园暴力后，有11.3%的学生表示会报复回去，6.2%的学生表示自己感到害怕，选择沉默应对，也有5.2%的人选择逃学或是转学。目前越来越多的研究显示，发生欺侮行为后，被欺凌者常见的反应为愤怒、委屈和想报复，而最常见的方式是闷在心里，由此容易产生压抑、厌学等现象，甚至可能在心里留下阴影。欺侮通常会影响受害者的身体健康，伴随有尿床、忧郁，并且经历头痛和胃痛，受害者的精神常处于紧张状态，失眠甚至自杀。[2]此外，还可能引发报复行为，影响青少年的身心发展。

4.2 对施暴者的影响

依据调查结果，报告自己曾扮演过施暴者角色的学生学习成绩大多徘徊在合格与不合格之间，一般而言，扮演施暴者角色的学生学习成绩往往处于班级下游水平，施暴行为本身会影响学生的学习成绩。从近期意义来看，施暴者自身的盛气凌人减少了自己与他人的正常交往，人际交往的需求无法得到满足，受到班级同学甚至老师的排斥。此外，施暴者的欺凌行为也有可能招致他人的报复，给自身带来伤害。从长远来看，施暴者可能在暴力行为中获得满足,因而在其成年生活中大多延续其侵犯性行为并通常走向了犯罪的道路。

5 青少年校园欺凌现象的现实成因分析

5.1 青少年自身因素

青少年成为受害者主要是因为与施暴者发生言语冲突(23.9%),或被人看不顺眼(22.4%)、性格软弱(19.4%)等。至于施暴者方面,有14.3%的学生表示是替哥们出气,青少年正处于自我同一性认同的时期,拉帮结派或者组成小团体是为了获他人对自己的认可,青少年很容易陷入为朋友两肋插刀就是表示忠诚、巩固友谊的思维,另外恋爱纠葛(4.5%)也是产生欺凌行为的一大因素,青少年早恋以及感情的纠纷容易成为欺凌行为的导火索。

5.2 家庭因素

运用统计软件分别分析家长的教育方式与孩子被人欺负和欺负他人之间关系,在95%的可信度下可以认为家长的教育方式与学生是否被人欺负之间存在相关关系(Sig. $=0.001<\alpha=0.05$),家庭结构与学生欺负他人之间存在相关关系(Sig. $=0.006<\alpha=0.05$)。

5.3 学校因素

采用SPSS软件对学校风纪与校园欺凌(包括被人欺负以及欺负他人)之间的关系进行交叉分析,在95%的置信区间下可以认为学校风纪与学生被欺凌之间存在相关关系且为中等负相关(Sig. $=0.013<\alpha=0.05$ 且 Gamma $=-0.318$),学校风纪与学生欺负他人之间同样存在相关关系且为中等负相关(Sig. $=0.003<\alpha=0.05$ 且 Gamma $=-0.369$)。一般而言,学校风纪差,对学生的管理不严格,容易使得学生养成散漫、不爱学习等不良的品格,加剧欺凌行为发生的比例,相应的,被欺凌的学生比例也会增加。另外,我国当前的教育仍然有着“重智轻德”的倾向,学校过于重视应试教育,学校管理者和教师一心提高学生的成绩和升学率[3],忽视学生品格的成长修炼,德育教育缺失等也有助于滋生校园暴力。

5.4 社会因素

将学生是否热衷网络游戏与受人欺负的频率这两个变量进行交叉分析,在90%的可信度下,学生是否热衷网络游戏与受欺负之间存在相关关系但关联性不是很强(Sig. $=0.084<\alpha=0.1$ 且 $=0.030$,Sig. $=0.085<\alpha=0.1$)。此外,针对校园欺凌事件,目前青少年学生之间主要存在三种态度,63%的学生对校园欺凌行为表示深恶痛绝,有27%的学生认为正常,只是同学之间的打打闹闹,也有6%的学生对此表示并不关心,随便如何,这些态度的存在与社会风气和学校教育不无关系。根据上述分析可以发现,校园欺凌现象频发与社会环境有着较为密切的关系,一般而言,文化越呈现多元化趋势,社会环境越高度自由,社会环境对青少年的影响越大,在现代化社会,网络文化和网络信息对青少年健康成长的影响愈加明显。

6 校园欺凌问题的社会工作介入

6.1 制度层面

我国专业的社会工作力量进驻学校介入校园欺凌现象,在尚不成熟的情况下需要政府在政策法规和资金场地等方面加以扶持,为社会工作专业力量的发挥创造良好的空间环境，具体包括如下几个方面：

6.1.1 完善相关政策法规

借鉴国内外的反欺凌经验我们可以发现，建立和完善反校园欺凌的政策法规是减少欺凌行为的一大重要举措。政府部门和相关的立法机关应该加强对校园欺凌事件的重视，尽快在听取法务专家以及民众等各方面意见的前提下修改现行的未成年人保护法，抑或制定专门的反校园欺凌或校园暴力的政策法规，有助于社会工作者在制定干预策略时寻找到政策法规的支持。

6.1.2 政府在资金、场地等方面的支持

目前社会工作服务机构是社会工作职业化的主要载体，政府各方面的支持是社会工作机构成长的主要依靠力量。具体操作上，政府向社工机构购买服务是目前支持社会工作生存的一大途径。针对校园欺凌问题，政府可以将校园欺凌问题的干预实行项目化操作，以招标的形式选择合适的社工机构进驻校园开展工作。此外，为更好地发挥专业力量，政府亦需在场地上对社工机构予以支持。另外，针对目前社会工作人才流失严重的情况，政府应该在住房、工资等方面对社会工作者进行补助，提高社工的待遇是留住专业社工人才的一大方法。

6.2 环境层面

社会工作强调“人在环境中”，社会工作的目的是建立人与环境、人与自我的联结，这种联结关系出现问题后，需要社会工作的介入，即关系重构。据此理念，社会工作介入校园欺凌现象不能忽视学校、家庭、社区甚至社会组织对个体产生的影响。

6.2.1 改善学校环境

学校首先应尽快完善学校的校规校纪，明确处罚条例，形成对校园欺凌行为的震慑作用，与此同时，学校要加强对校园欺凌现象的宣传力度，引起青少年学生、家长以及教职工对校园欺凌的重视。另外，有条件的学校应该积极引入学校社工入驻校园，尽快实现“一校一社工”的政策，学校还应发挥好心理辅导老师的作用，及时帮助学生疏导有关的心理问题。硬件方面，在校园或是周边地区安装电子摄像头也是一种重要措施，配置足够数量的学校保安以监控和巡查校园安全也是必要的。

6.2.2 构建家庭支持体系

家庭应该尽最大的努力，为学生提供家庭支持，同时与社工、教师合作以实现家校社等空间的无缝对接，保证青少年的安全。家庭也要注重思想道德教育，帮助孩子塑造良好的品格，此外，由于家庭经济和家庭的教养环境也会影响青少年，因此尽量改善家庭的经济和环境，为青少年提供良好的学习环境是有必要的。与此同时调整家庭成员之间的互动模式，让家庭从责备型的沟通模式走向健康互动型。

6.2.3 净化社区环境

社区内的基层单位(居委会、街道等)要加强防止校园欺凌的宣传活动，也可以和学校、家庭合作，实现三者的无缝对接，此外社区内的辖区单位如物业公司等可以为社区活动提供资金支持和人员、场地等的协助。社区民警也是打击欺凌行为的重要力量，社区居委会可以联合民警、派出所等单位，对社区周边的环境进行排查，如网吧、酒吧等地方，防止未成年人进出这些场所，加大对非法接纳未成年人进出酒吧、网吧等场所的处罚力度。

6.2.4　发展社会组织

社会组织是防止校园欺凌的一大重要力量,减少校园欺凌事件的发生可以充分挖掘社会组织的作用,如培育反校园欺凌的青少年社会组织,开展关爱被欺凌青少年的活动,甚至开展针对施暴者的关爱活动,从多方面多角度来帮助减少校园欺凌行为的发生。

6.3　技术层面

社会工作最先发展成熟的一大方法是个案工作,在校园欺凌行为里面,不仅包括对受害者的个案辅导,也包括对施暴者的辅导。社会工作者运用个案工作开展辅导,对受害者要首先帮助其消除心理阴影,运用抗逆力的方式帮助其构建对未来的信心和勇气,其次,与受害者一起分析导致自身被人欺负的原因。至于施暴者方面,让其接受个案辅导一开始是很困难的,因为他们往往并不能认识到自己需要帮助,他们往往以强者或胜利者自居,因此,让其能够正确认识自己和自己的情绪是建立彼此关系的第一步,然后再与其一起分析施行欺凌行为的深层次原因,对症下药。此外,针对青少年本身的特质,开展小组工作是一大重要的工作方法,秉着自愿原则,邀请施暴者以及受害者各组成一个小组,针对不同群体开展小组工作,对于受害者群体,小组工作的目的是建立社会支持网络,以及促进小组成员的成长,小组的性质可以是治疗小组,也可以是成长小组或是互助小组,而针对施暴者的小组,小组的性质可以是教育小组,也可以是成长小组等,帮助施暴者认识自己,顺利度过青春期,达到健康成长的目的。

参考文献

[1]　屈生宪,李雪屏.简析新形势下校园欺凌行为的特征、成因和对策[J].价值工程.2012(4):252—255.

[2]　罗建河.国外中小学校园欺侮行为研究述评[J].上海教育科研.2007(9):29—33.

[3]　王德伟.对校园欺凌现象的教育反思[J],基础教育研究.2015(9):18—20.

对患者知情同意权的法律保护

学生姓名：谢辛湉　指导教师：王　菁

南通大学管理学院，公共事业管理（医学法学）专业，学号：1203032031

【摘　要】 本文通过对患者知情同意权概念和构成要件的探究，反思该权利在法律制度、告知标准、代理行使、医患认知以及监督和救济方面存在的不足，并在联系我国的医疗现状和借鉴相关先进经验的基础上，归结出解决不足的重中之重是构建完整的患者权利法律体系，同时也对其他的完善构想进行了深入的思考。

【关键词】 知情同意；患者利益；法律保护

1　患者知情同意权的概念

我国目前对于患者知情同意权的概念尚无统一定论，学术界流行的概念大体有以下三种：

1.1　广义说

患者知情同意权是在医方充分告知的基础上，具有独立判断能力的患者及其家属能够理解所知晓的与其病情有关的各种医疗信息，以及医疗行为所可能导致的风险和后果，并对医方将要采取的治疗方案自主决定取舍的一种权利。[1]疾病的诊治具有限时性等特点，因此，如果将患者知情同意权的范围规定得过于宽泛反而会使患者的生命健康受损。

1.2　狭义说

患者知情同意权是患者在医疗过程中有权知晓自己的病情或者所实施手术和特殊检查的方法、风险和好处等重要情形，然后自主选择治疗计划，接受或者拒绝。[2]该种观点所主张的“病情、手术和特殊检查”的有限告知，让本就为弱势群体的患者难以有效地享有知情同意权。

1.3　拆分说

患者知情同意权是由多个权利组成的权利复合体。认同此学说的学者大多趋向于其是由“知情权”和“同意权”两个权利复合而成的。患者的知情同意权理应为一个有机整体，患者是否享有知情权是患者同意权能否实现的决定性因素。这种观点将患者的知情同意权进行机械拆割，容易造成权利瑕疵。

综合上述观点，以病患利益为基点，笔者认为该权利可以这样界定：患者在接受医疗的过程中，有权获知自己的病情、必要的医疗措施及其预后等将会影响患者决定的重要医学信息，并在充分理解的基础上自主做出接受与否的真实意思表示。

2　我国患者知情同意权的法制化现状

1982 年，卫生部颁布的《医院工作制度》明文要求手术前需要履行签字程序，然而此时权利主体是患者的家属或者患者的单位。到了 1994 年，患者在医疗知情同意中的主体地位才在《医疗机构管理条例》中被正式确认，同年又有辅助其施行的配套文件——《医疗机构管理条例实施细则》出台。此后的十多年是医疗法制化、规范化进程的快速发展时期：《母婴保健法》(1995 年)、《执业医师法》(1999 年)、《医疗事故处理条例》(2002 年)、《病历书写基本规范(试行)》(2002 年)、《产前诊断技术管理办法》(2003 年)等法律法规都不同程度地涉及患者知情同意权的相关规定。2010 年关于患者知情同意权的保护在法律上取得重大突破,主要是缘于《侵权责任法》中专设了“医疗损害责任”的章节,该章节对比之前的相关规定,更细致化完善了医方的告知和患者的知情同意等方面的规定。

3 患者知情同意权的构成要件

3.1 主体

患者对自己的生命健康和身体完整享有自主决定的权利,确立患者知情同意权的初衷就是旨在维护与患者本身密切相关的健康、安全等利益,就其本质属性而言,具有鲜明的人身权特征,因此,患者本人理所应当是该项权利的主体。

医方告知义务的完整履行是实现患者知情同意权利的前置条件。由于医学的高度专业化导致普通患者难以深入了解疾病的相关情况,因此医方的告知不可或缺,且直接关系到患者同意行为的做出,故医方毋庸置疑就是患者知情同意权的义务主体。

3.2 内容

根据《侵权责任法》,患者知情同意的内容至少要包括以下四个方面(见下表):

表 1 患者知情同意的内容及解读

知情同意的内容	内容的解读
病情	与患者所患疾病相关的所有信息,包括初步诊断、检查结果、疾病的严重程度和治愈可能性、疾病的转归等。
医疗措施	在对患者的病情做出基本分析后,医生会向患者表明治疗意见,提出不同的治疗方法,以及各种不同方法的性质、治疗效果、花费成本、危险系数等信息。
医疗风险	在整个医疗过程中可能导致的风险、风险出现的概率、预防和控制危险的可能性、药物的不良反应和毒副作用、疾病的后遗症等内容要详细地告知患者,以便患者综合考量。
替代医疗方案	替代医疗方案并不仅仅只涉及治疗方案,而应该是涵盖预防保健、预后与康复、非治疗目的的外科手术、兼具诊断和治疗作用的有创检查等一切医疗相关方案。

3.3 行使方式

口头方式通常使用于一般医疗行为。遭遇可能对患者的人身具有一定侵袭性或者对财产权益造成重大损失的特殊医疗行为,则书面的知情同意是较为恰当的方式。有些医疗行为患者并没有口头或书面确认,便主动接受检查、配合治疗,此举就是默示。另外,有关医院概况等信息是所有的患者广泛需要的,所以往往采用公示的方式告知。

4 我国患者知情同意权法律保护的不足之处

4.1 未形成统一的法律体系

时至今日,我国依旧没有一部专门调整医患关系的法律。关于患者知情同意权的规定散见于各个不同的法律规范之中,并且相关条文数量少、规定浅显,导致缺少立法的指导原则,给患者知情同意权利的保护造成诸多不便,而且有些条文就同一问题的规定还存在着冲突,导致实践中适用混乱的局面。

4.2 缺少规范化的告知标准

医方告知信息的程度直接影响患者知情同意权利行使的效率，是该权利能否充分实现的关键所在。在实践中，究竟需要告知什么医疗信息以及告知多少，这是对医方的极大考验。另外，我国医疗实践中常采用的几种告知方式，大都为约定俗成，并没有法律明文的统一规定。

4.3 权利的代理行使存在疏漏

患者的知情同意权作为专属于患者自身的人格权，理应只有患者本人才能行使。我国《执业医师法》第二十六条把患者或其家属作为医师的告知对象，问题是我国的立法者并没有对家属的范围做出明确的界定。《医疗机构管理条例》第三十三条规定了患者家属或关系人在特殊情况下是患者知情同意权的代理人，那么，此处的"关系人"又指谁？

4.4 监督和救济机制尚不健全

我国目前对于医疗卫生机构的监督检查机构大部分由其内部人员组成，不仅系统上不够完整，而且极有可能在运行过程中掩盖职务的缺失，执行力度不强。在救济方面，根据目前的情况，患者的知情同意权受到侵害后只能选择医患双方协商、行政调解、向法院起诉和第三方调解四种解决渠道寻求救济，且这四种方式存在或多或少的短板，导致对患者的知情同意权保护不到位。

4.5 医患双方权利意识缺乏

患者在医疗过程中的主动性不足，对医生往往采取"听之任之"的态度。而负有告知义务的医方，受所处专业领域的限制，大部分医务人员只敏感于医学问题，法律观念比较淡薄，不能深刻认识到患者享有知情同意这一法定权利。

5 完善我国患者知情同意权法律保护的建议

5.1 制定特别法——《患者权益保护法》

我国迫切需要为保护包括患者知情同意权在内的其他患者权利进行专门立法。综合各方面因素，笔者认为出台一部《患者权益保护法》更符合我国的现实需要，理由有二：

其一，时下医患矛盾较为尖锐，医疗纠纷陷入了"医方侵权"和"患方维权"的循环之中，在这种背景下，相对弱势的患者更需要强有力的立法支持，以彰显法律的关怀，符合法律的精神。另外，新型的医患关系要求坚持以患者为中心，强化医疗中患者为权利主体的观念，具有现实的合理性。

其二，我国目前已有单独保护特殊群体权利的专门法律，如《消费者权益保护法》《未成年人保护法》等，为《患者权益保护法》的制定提供了成功范例。在国外，如美国的《病人权利法案》、日本的《患者权利法纲要》等，也为我国该方面的立法工作提供了宝贵的参考经验。

因此，国家应当尽快制定一部以保护患者权利为主题的《患者权益保护法》。另外，随着新医学成果的诞生，及时制定《患者权益保护法》的司法解释。

5.2 明确告知标准

以下为国际上最具代表性的四种告知标准：

第一，理性医生的告知标准。在该种标准下，信息的披露程度取决于"医疗工作者"这一专业群体在遭遇类似或者完全相同情况下的习惯性做法。

第二,外行标准。该标准以理性患者的需求为导向,认为揭示的内容应当满足理性患者的需求。

第三,主观标准。该标准主张告知的内容来源于具体患者的需要,医方需要根据患者的具体情况来判断告知信息的范围。

第四,混合标准。该标准是在采用主观标准的前提下,理性医生预见或者应当预见患者所希望获得的信息时,医生再对这类信息进行告知。

综合考量,第四种标准将理性医生标准和主观标准相结合,考虑医患双重因素。医生一定程度上考虑不同患者的实际差异,再以专业的目光合理审视患者需要的知情内容,从整体上把握好患者正确选择的做出应需要的告知信息,相比较前三种标准更有利于实现患者生命健康和知情同意利益的最大化。

5.3 规范权利的代理行使

5.3.1 规范代理行使主体的范围

首先,肯定患者的知情同意权当然由患者自己享有,防止个人权利遭到滥用,制约家属权利的增长。在患者无能力进行知情同意而耽误诊断治疗的特别情况下,再由家属等其他人介入,代为行使该权利。其次,我国法律中关于患者知情同意权代为行使主体的用词模糊,所以必须强化概念,统一规定。患者的亲属与患者的接触时间长,有的甚至是一起生活的家庭成员,他们相比较其他人更易准确把握住契合患者自我意思的价值选择,所以实践中将"近亲属"视作"患者的家属",使用民法上关于"近亲属"的范畴是比较合适的。对于"关系人"的争议,实际中常有医方将患者的恋爱对象或是同学等主体作为关系人,视作告知对象。笔者认为此类做法并不妥当,这些人与患者并没有法定的权利义务关系,也没有血缘关系,由他们代为行使患者的知情同意权是否出于善意,不能定论,所以"关系人"也可采用"近亲属"的概念。

5.3.2 规范代理行使主体的顺序

在上文基础上,确立代理人的顺位,可以在《民法通则》的基础上结合《继承法》关于法定继承的相关规定:配偶、父母、子女是第一顺序代理人,兄弟姐妹、祖父母、外祖父母是第二顺序代理人,孙子女、外孙子女是最后一顺位。在没有第一顺位代理人或是第一顺位代理人无代为行使能力时,由第二顺位人代为行使知情同意权;在没有第二顺位代理人或是第二顺位代理人无代为行使能力时,由第三顺位人代为行使知情同意权。

5.3.3 代理行使的创新——事前决定制度

医疗事前决定是患者在未来可能因特殊原因丧失知情同意能力时事先将该权利委托给指定的人代为行使,或者患者直接针对未来可能发生的医疗状况提前做出决定,被指定人的范围可以不受近亲属规定的限制,由患者自主决定人选。

5.4 完善监督和救济机制

5.4.1 完善监督机制

美国所有的医院都基本配有伦理委员会,其成员主要是"医师、法学家、生命伦理学家和患者代表团体"[3],它的作用是审查、评价医疗行为的安全性、伦理合理性、合法性等,基于其公共的视角,使患者的权益得到有效的保障。因此,我国也可以借鉴建立该种监督模式。首先,在公平公正方面,机构的组成人员要脱离附属医院的角色,使之能够客观、中立地审查医疗行为,避免医院权威意志的影响。其次,机构要制定严格的工作章程,对医务人员的告知内容、方式、态度等进行全方位的审查,并在患者出院前对其进行知情状况满意度反馈调查,听取患者对告知行为的意见和投诉,对问题进行及时的整改。同时,有针对性地分析医疗实务中的突出问题,对告知活动实行风险管理,消除潜在的危险因素。

5.4.2 完善救济机制

提升患者知情同意权的保障力度,从长效考虑,建立专门的医事法庭不失为一种行之有效的好方法。各级法院要组织法官学习医学知识,逐步培养一批兼具医学知识和法学知识的复合型法官专门审理医疗侵权案件。必要时还可吸收一批医学或者医学伦理学等医学领域的专家以人民陪审员的身份参加审理。同时,结合当下的医患关系,在司法保护上探索符合实际的合理方案,提升专业业务水平深度,进一步妥善解决医患纠纷。

积极探索第三方调解机制,发挥医患纠纷非诉讼解决途径的显著优势,该调解组织可遴选法学界和医学界的专业人士作为调解人,高质量解决医法双重难题,其他领域的各界人员均可加入,如人大代表等,以彰显其公平公正性。

5.5 提高医患双方的权利认知水平

国家应该培养具备法律和医德双重素养的高标准医学人才,相关教育的课程应该在医学生进入学校接受专业知识之前就开始落实。教师可以通过相关的实际案例再结合教学经验,帮助医学生初步形成良好的职业道德观念。与此同时,辅以法制教育,告诫医学生未按规定的告知是违法失职行为,需承担法律责任。患者也要提高权利意识,将自己从被动地位的错误观念中完全解放出来,珍视自己的医疗权利,加强对知情同意权的自我保护。

参考文献

[1] 马军,温勇,刘鑫. 医疗侵权案件认定与处理实务[M]. 北京:中国检察出版社,2006:89.
[2] 王岳. 医疗纠纷法律问题新解[M]. 北京:中国检察出版社,2004:73.
[3] 蔡昱,古津贤. 论医院伦理委员会在患方决策中的作用[J]. 医学与哲学(临床决策论坛版),2008,29(11):71—73.

国际原油价格变化对中国家用汽车消费的影响

学生姓名：洪悦霏　指导教师：何新易

南通大学商学院，国际经济与贸易专业，学号：1204012009

【摘　要】 近年来原油市场价格跌宕起伏，影响了全球各国经济，中国经济特别是家用汽车消费出现了联动变化。本文利用经济学基本原理，探讨了家用汽车销售量与原油价格之间的互补变动关系，细分了不同乘用车消费量受油价变化的特点，研究了国家能源战略下乘用车消费的必然趋势，提出了应对国际原油价格变化下我国家用汽车健康消费的对策和建议。

【关键词】 原油价格；家用汽车；消费

1　国内外原油市场及国内家用汽车市场概述

1.1　国际原油市场形势

石油成为全球范围内的主导性燃料已经有三十余年的时间了。2014年，世界各地区每天共生产石油8891万桶，比起2013年，每天增加了210万桶；消费量为每天9213万桶，比起上年，每天增加80万桶，增幅为0.8%，比近几年的历史平均水平稍低，总的来说，全球经济发展仍在继续拉动石油消费水平的不断提高。与此同时，国际石油价格却在不断走低，以2014年年底为起点，国际原油价格开始下降，一路跌到2016年2月11日的每桶26.19美元，至今市场价格一直低位徘徊。此外，尽管可再生能源技术在发展，短期看来，这些能源还是无法代替石油等传统的化石燃料。

1.2　国内原油市场形势

2014年，中国一共消费了49970.6万吨石油，分结构来看，位居首位的就是交通运输、仓储和邮政业18967.585万吨，占比37.96%，其次是工业17594.6万吨，占比35.2%；而2014年我国国内生产总值的35.9%都是由工业创造的，由此可见，中国经济能否正常运行，与国际原油价格关系极大。此外，中国原油消费越来越依靠进口，对外依存度变大。2014年，我国石油对外依存度达到59.5%，较2013年继续上涨。

1.3　中国家用汽车市场现状

1.3.1　家用汽车分类与总体销量情况

目前我国汽车市场上的家用汽车，按功能分类，大体可以分为轿车、SUV和MPV；按品牌分类，大体可以分为自主品牌、合资品牌以及海外品牌；而按使用的能源类型分类，又可以分为使用新能源的汽车和使用传统化石燃料的汽车。2015年，中国家用汽车一共卖出了2114.63万辆，比2014年增长7.3个百分点；对比2014年同期销量数据，虽然销量增长速度放慢，但总体销量仍呈上升趋势。

1.3.2　家用汽车角色和家庭购车心理的转变

在中国，乘用车逐渐走进普通家庭的日常生活。但汽车本质上仍然是耐用消费品，使用周期比较长，所以消费者做决定时还是会比较谨慎的。但消费者对于未来的预期会左右消费时的决策。2014年年底至今，油价一直在低位徘徊，消费者预期油价在相当长的一段时间内保持较低的价格。加之，国际油价下降时，购买力转移，从原油的出口国转移到了进口国，引起出口国的国内消费需求减少的同时，进口国的国内消费需求增加。在这样的环境下，中国的消费者便会考虑购入汽车，而本来已有购车打算的，可能会增加预算，提高购买车的标准。

2 国际原油价格变化对不同类型的家用汽车消费的影响

2.1 对不同功能的家用汽车消费的影响

在中国乘用车市场上的主流车型轿车、MPV、SUV 中，SUV 因其排量大、耗油高的特点，受油价影响较大。近年来，国际油价一直低位徘徊，传导至国内油价后，减少了消费者购买 SUV 后的消费成本，使得我国 SUV 的市场发展迅猛。此外，综合实用性、舒适性、安全性这几项性能，MPV 在几种车型中显得相当出色，MPV 在家用汽车市场上也受到颇多年轻人的欢迎。而 SUV、MPV 市场的蓬勃发展，在一定程度上也使轿车销量下滑。归纳来讲，低油价让中国乘用车市场的轿车数量增速放缓，甚至减速为负增长，SUV、MPV 数量增长迅猛。

2.2 对不同价位的家用汽车消费的影响

油价下降促进了居民的汽车消费。2014 年 3 月到 2015 年 1 月，中国 93＃汽油的价格从 7.5 元/升降至 5.9 元/升，不到 1 年的时间降幅达 22%。油价的调整，让普通家庭每月至少少付 200～300 元的油钱，养车成本有所下降。面对油价将低位运行的预期心理，人们决定购车或是考虑提高购车的档次。受影响最大的是售价介于 6 万～15 万元区间的经济适用型汽车。这个区间的消费者因为石油价格下降，一年的养车费可减少几千元，这类汽车的市场空间大大扩大了。

2.3 对低能耗、新能源家用汽车消费的影响

目前世界范围内已经探明的可以开采的剩余石油储量仅可供人类使用 50 余年。意识到能源问题的严峻，有更加理性的消费者，购车时优先考虑低能耗车或是新能源汽车。中国政府也鼓励居民选购低能耗车或新能源汽车，出台了一系列的相关政策。此外，企业的产品技术也在不断提升，消费者可选择的新能源汽车的品种类别越来越多，这就促成了我国新能源汽车销量的高速增长。

3 国际原油价格影响家用汽车消费的原因分析

3.1 不同收入群体的不同反应

国际原油价格降低，传导至国内后，带动了国内原油价格降低，中国消费者对于家用汽车需求增加。但消费者的经济水平会极大地影响其对产品的选择。对于年收入 25 万元以上的家庭，乘用车缺乏弹性。因为大部分这个区间的家庭预算充足，他们对于买车的时机没有太大的想法。对于年收入 8 万～25 万元的家庭，乘用车弹性较大，因为原油价格降低减少了养车费用，使他们中原本不打算购车的，改变想法，决定购车；有购买汽车打算的，购车预算增加，可选车范围扩大。而对于年收入 8 万元以下的家庭，他们的经济实力与购车需要的支付能力不相匹配，基本上没有购车打算，原油价格的波动自然也就对他们没有影响了。

3.2 消费者的个性化选择

在中国,"80后"年轻人在乘用车消费群体中的比例越来越高。随着国内消费群体的年轻化,SUV凭借个性的外观、轻松的驾驶感受和较好的通过性,逐渐流行开来。虽然SUV耗油,但预计会长期保持低位徘徊的油价,减少了使用SUV的费用,进一步减轻了车主的消费负担,使消费者期待的增长空间相对扩大。此外,MPV既有舒适宽敞的乘坐区域,又有部分货车的功能;且相比同排量的轿车,MPV的空间要大一些。如今,"80后"家庭结构改变,全家自驾出游风靡,伴随着油价降低,养车费用减少,使得MPV加速进入中国家庭用车市场。

3.3 消费者节能环保意识的觉醒

原油作为一种不可再生资源,目前全球储量仅可供使用50余年。此外,化石燃料石油会在行驶的过程中燃烧产生有污染的尾气。政府于2014年出台了一系列的政策措施,促进节能型车辆数量的增长。这些措施起到了一定的效果,部分消费者树立环保消费观,购入节能车型或是新能源汽车,理性消费。企业也意识到新能源汽车的优越性和节能汽车的广阔市场,在政府的扶持下或是自身资金助力下,不断升级产品技术,丰富了可选择的相关车型,为消费者提供了多样的参考。供给决定需求,新能源和节能汽车销量增加。

4 家用汽车消费趋势判断

4.1 节能型汽车更受热捧

家庭用车的消费者大部分是私人,而现在国内汽车市场上这群消费者的家庭月收入集中在5000~15000元的区间内,这样的私人消费者往往追求经济适用性,对于用油成本比较敏感。目前国内汽车市场的"黄金排量"已经呈现逐渐下移的趋势,私人购车的黄金排量正在向1.6升水平以下集中,汽车企业应顺应这一市场趋势,加快产业结构调整的步伐。

4.2 改进后的老旧产品市场前景良好

中国汽车消费者看重实用性、看重性价比,而很多被冠以"经典"名头的车型都符合这个要求。这些经典车型虽然款式较为老旧,但会被品牌用拉低价格的方式提高性价比。但品牌也要注意更新换代,跟上市场的步伐,提高产品的竞争力,延续老旧产品的生命周期。

4.3 新能源汽车继续热销

首先,短期内,石油不可再生,且需求越来越大,而石油作为乘用车的互补品,乘用车对其依赖性相当大。此外,国际油价虽然预期会长时间在低位徘徊,但价格具有周期性,未来会重新上涨。然而,如果选购了新能源汽车就不会存在这样的烦恼。其次,现在汽车制造商也意识到新能源汽车的前景,在发展新能源汽车方面投入了很多的人力、物力;加之便捷充电桩的普及,大大促进了新能源汽车消费。最后,新能源汽车可以在价格、牌照、车贷方面享有更多的政策性的优惠。

5 总　结

近年来的低油价,降低了乘用车消费者的用油成本,拉动了家用汽车的消费,促进了汽车行业的发展。但低油价拉动的消费只是暂时的,原油资源有限,油价受各种因素影响而具有周期性,且化石燃料燃烧污染巨大,消费者真正需要的还是节能、环保的车型。这不仅需要政府出台相关的政策来推动消费者观念的改变与觉醒，更需要企业看清未来的消费趋势，研发相应的产品，为乘用车消费者提供更多的选择。

参考文献

[1] 怀玉."十三五"期间新能源汽车市场的发展趋势浅谈[J]. 上海汽车，2016(03).

[2] 吴勇，宋传平. 高油价对我国汽车市场的影响分析[J]. 汽车工业研究，2008(09).

[3] 郑辉，汪波. 国际石油价格上涨对我国消费者购车影响分析[J]. 价格理论与实践，2006(04).

[4] 孟刚，张意翔. 国际原油价格波动对我国经济的影响与对策建议[J]. 工业技术经济，2008(02).

[5] 杨新军. 石油价格对汽车产业的影响及其对策研究[J]. 法制与社会，2010(01).

[6] 吴勇. 试析成品油价大幅下调对汽车市场的影响[J]. 汽车维修，2012(08).

[7] 陈向怀，路霞. 我国成品油价格变动对汽车消费的影响[J]. 中国市场，2011(32).

[8] 李洪伟，杨彩丽，陶敏. 我国纯电动汽车消费的影响因素分析及其对策研究[J]. 科技信息，2014(02).

[9] 田明华，郑琳，史莹赫. 影响中国原油进口量主要因素的实证分析[J]. 科技和产业，2015(11).

[10] 罗佐县，何平. 油价变化对我国汽车消费的影响探析[J]. 中国石油和化工经济分析，2008(09).

[11] 邱畅. 油价波动对我国汽车产业结构的影响[J]. 现代商业，2009(04).

[12] 程军，赵娟. 油价上涨对我国汽车行业的影响分析[J]. 上海汽车，2006(12).

[13] 贺建清. 制约我国城市家用汽车消费的因素分析[J]. 价格理论与实践，2007(12).

[14] 华炜. 国际原油价格波动对我国宏观经济的影响[D]. 上海：复旦大学硕士论文，2013.

[15] 廉明鸽. 国际原油价格波动对我国物价的传导效应研究[D]. 北京：北京工业大学硕士论文，2014.

[16] 何文忠. 国际原油价格对中国股票市场的溢出效应及其传导机制研究[D]. 上海：复旦大学博士论文，2012.

[17] 罗亚明. 武汉家用汽车消费市场研究[D]. 武汉：武汉大学硕士论文，2005.

[18] 王晓峰. 对我国家用汽车消费群体及其消费特征的社会学分析[D]. 长春：吉林大学硕士论文，2008.

[19] 崔光炜. 对家用汽车的特征及其消费者偏好的研究[D]. 北京：对外经济贸易大学硕士论文，2006.

[20] 汤维祺. 不确定性条件下油价宏观经济影响的动态一般均衡模拟研究[D]. 上海：复旦大学博士论文，2013.

[21] Samii, M. V. Exchange Rate Fluctuations and Stability in the Oil Market[J]. Energy Policy, 1986, 16(4).

[22] BP, BP Statistical Review of World energy[R]. London: BP, 2014.

[23] Ye, M., J. Zyren, J. Shore: Recent Disconnects in the Crude Oil Price and Inventory Relationship[J]. International Advances in Economic Research, 2006, 11(12).

[24] Ye, M. Short-Run Response of Crude Oil Inventory and Demand to Crude Oil Price[J]. International Advances in Economic Research, 2003, 11(9).

[25] Mona R. El Shazly. Estimating Oil Price Pass-through on Domestic Prices Using an ANN Model[J]. International Advances in Economic Research, 2002, 11(8).

[26] The Global Impact of Rising Oil Prices[N]. Knowledge@Wharton, 2005-05-10.

[27] Why Oil Prices Are Up, and What We Can, and Can't, Do about It[N]. Knowledge@Wharton, 2006-05-03.

供应链柔性测度与提升策略研究

学生姓名：李存存　指导教师：黄　健
南通大学商学院，物流管理专业，学号：1204082003

【摘　要】在供应链全球化的大背景下，本文利用 Fuzzy-Meta 图对供应链进行建模，从反应、联盟以及供应能力三个指标出发对供应链柔性进行测度，最终利用多目标规划方法进行综合评价，并提出提升供应链柔性的八点建议。

【关键词】供应链柔性；Fuzzy-Meta 图；反应柔性；联盟柔性；供应能力柔性

1　选题背景及意义

市场不安因子的动态性，不可预测性，以及供应链成分的复杂性，都直接或间接地导致供应链风险广泛的存在。[1]这些风险在小范围造成供应链断裂、供应延迟、需求波动，同时也可能造成大环境下的市场波动。例如，继 2000 年爱立信破产事件、2008 年的金融危机之后，2015 年天津港爆炸事件成为对全球供应链影响最大的一次灾难。

针对以上风险，现代供应链普遍采取提高柔性来应对供应链中的不确定事件。近年来，柔性作为系统中普遍存在的特征，针对它的研究已引起自然学科和社会学科多个领域的关注。在供应链系统中，内生的不确定性以及外生的不确定性都加大了供应链的风险，从而影响整个供应链以及链中各个成员的运作。

2　供应链柔性相关概念

供应链与食物链堪有一比，其上的各节点企业相互依存，一个企业的破产势必影响其他的成员，例如 2000 年发生在美国沙漠城市阿尔布开克的一场微不足道的火灾，却导致北欧手机巨头爱立信就此退出历史舞台。

供应链(Supply Chain)也被称为"供需链"，可追溯至 20 世纪 80 年代波特提出的价值链概念[2]，在当时作为一种有计划的管理思想开始在企业中流行。而现在被大家普遍接受的是马士华教授提出的对供应链的定义：供应链是围绕核心企业，通过对商流、信息流、物流、资金流的控制，从采购原材料开始到制成中间产品及最终产品、最后由销售网络把产品送到消费者手中的一个由供应商、制造商、分销商、零售商直到最终用户所连成的整体功能网链结构。[3]

早期许多有关柔性的研究只是简单的集中在制造设备能力上，即柔性制造系统(FMS)。[4]而现在从通常意义上来说，柔性一般是指供应链中企业生产运作过程处理由各种外界以及自身因素造成的各种不确定性的能力。习惯性地可以将柔性分为以下三种能力：缓冲能力、适应能力、创新能力[5]，并从时间、数量与成本三个维度出发来测度柔性水平。在供应链中，各节点企业之间相互交互，跨越了企业边界，因此，其柔性也从单一的企业延伸到整个网链结构中。

3　运用赋权 Fuzzy-Meta 图的对供应链柔性进行测度

Meta 图最早是由美国 Vanderbilt 大学的 A. Basu 和 R. W. Blanning 在 1992 年提出的,因其良好的描述和分析动态系统的模型,可广泛地适用于各领域系统建模与行为分析中。

3.1　Fuzzy-Meta 图的相关概念

Fuzzy-Meta 图是在 Meta 图概念的基础上推广而来,其定义[6]如下:

在 Fuzzy-Meta 图 $\widetilde{S}=<X,\widetilde{X},\widetilde{E}>$中,$X=\{x_i|i=1,2,\cdots,I\}$是 $\widetilde{S}$ 中生成元的集合。其中 $\widetilde{X}$ 是有限元素集合 X 上的模糊集,$\widetilde{E}$ 是 $\widetilde{X}\times\widetilde{X}$ 上的一个模糊关系,$\widetilde{E}=\{\tilde{e}_k|k=1,2,\cdots,K\}$是 $\widetilde{S}$ 中弧的集合,则在有序对弧 $\tilde{e}_k=<\widetilde{V}_k,\widetilde{W}_k>$中,弧 $\tilde{e}_k$ 的入点集被记为 $\widetilde{V}_k\subseteq\widetilde{X}$,弧 $\tilde{e}_k$ 上的出点集被记作 $\widetilde{W}_k\subseteq\widetilde{X}$。对 $\forall\tilde{x}\in\widetilde{V}_k$ 的共入点集记作 $\widetilde{V}_k\{\tilde{x}\}$,$\forall\tilde{x}\in\widetilde{W}_k$ 的共出点集记作 $\widetilde{W}_k\{\tilde{x}\}$。Meta 图的基本路是指通过生成元 x_i 到达生成元 x_j 的通路,Fuzzy-Meta 图中的最大通路对应一套供应链方案。

3.2　基于赋权 Fuzzy-Meta 图的供应链柔性测度模型

Fuzzy-Meta 图主要从供应链柔性的供应能力、反应和联盟三维来描述。

其在 Fuzzy-Meta 图模型中的具体计算方法如下:

最大 Fuzzy-Meta 路 $M(c)$中长度与时间柔性的比值为该条供应链的反应速度柔性,记为:$FLESPEED=\dfrac{L}{\sum_{k=1}^{K}ACFLE(e_k)+\sum_{i=1}^{I}NFLE(x_i)}$

最大 Fuzzy-Meta 路 $M(c)$中的联盟柔性记为:$FLEFIX=\dfrac{L}{\sum_{k=1}^{K}CFFLE(e_k)+\sum_{i=1}^{I}FFLE(x_i)}$

该条供应链的供应能力柔性记为:$FLEPSAT=\dfrac{\sum_{k=1}^{K}CCSFLE(e_k)+\sum_{i=1}^{I}CSFLE(x_i)}{K+I}$

4　基于 Fuzzy-Meta 图的供应链柔性实证计算

4.1　基于 Fuzzy-Meta 图模型的供应链柔性的测度计算

根据文献[6]给出的实例数据进行改造计算。

表 4.1　各生成元上的权值

编号	时间	联盟	最大能力	可用能力	有效概率
1	0	0	3000	2900	1
2	10	1.60	4000	2500	0.9
3	0	0	20000	20000	1
4	7	2.50	4500	3000	0.8
5	5	1.00	4500	3000	0.8
6	8	0.90	3400	2800	0.7
7	15	0.70	20000	20000	0.6
8	60	0.80	5000	4500	0.8

续表

编号	时间	联盟	最大能力	可用能力	有效概率
9	4	0.80	4600	4600	0.9
10	30	0.55	7700	3000	0.9
11	25	5.70	1900	1800	0.5
12	40	1.10	5800	3500	0.9
13	50	1.20	4000	2000	0.7

表 4.2　各弧上的权值

编号	时间	联盟	最大能力	可用能力	发生效用可能性
1	10	0.20	5000	5000	0.8
2	20	0.40	6000	6000	0.8
3	25	0.50	7000	7000	0.7
4	20	0.48	8000	8000	0.9
5	25	0.11	5000	5000	0.9
6	30	0.12	4000	4000	0.8

根据最大 Meta 路算法得到四套不同的供应链方案，分别为：
{1,2,5},{1,2,6},{1,3},{1,4}

利用基于 Fuzzy-Meta 图模型的反应柔性、联盟柔性和供给能力柔性算法得到四条供应链的柔性测度，分别为：

四条供应链的反应柔性(FLESPEED)测度结果如下：0.3571、0.3583、0.3539、0.4034；

四条供应链的联盟柔性(FLEFIX)测度结果如下：0.3541、0.3583、0.3967、0.3975；

四条供应链的供给能力柔性(FLEPSAT)测度结果如下：0.8088、0.7925、0.8133、0.7501。

利用改进的理想解法对四个供应链方案综合评价得到：$a_4>a_2>a_1>a_3$。而在文献[6]中，高永利用广义加权法对四个方案进行综合评价得到：$a_1>a_3>a_2>a_4$，其中方案 1 柔性最优。对以上结果差异进行分析说明：

(1) 各方案指标柔性对比：

表 4.3　各方案指标柔性对比

	反应/时间	联盟/成本	生产能力/供应能力
本文	$a_4>a_3>a_2>a_1$	$a_4>a_3>a_2>a_1$	$a_3>a_1>a_2>a_4$
文献[6]	$a_3>a_1>a_2>a_4$	$a_1>a_3>a_4>a_2$	$a_3>a_1>a_2>a_4$

由于最终所利用的多目标规划方法，各柔性指标权重不同因此得到各方案柔性值不同。

(2) 高永文章中对供应链柔性指标确定为时间、成本和生产能力。而在本文中供应链柔性指标设置为反应速度、联盟和供应能力，相比较更加适用于整个供应链。时间是一个绝对变量，而反应速度则是一个相对变量，随着供应链的长度，以及供应链组成企业数量变化而变化，这样的指标设置更加的科学；供应链柔性的提高会引起成本的变化，因此成本是结果，而不是原因，联盟柔性则是其柔性成因的描述；生产能力仅局限于以制造企业为核心的供应链，相对地供应能力这个概念更加适用于普遍供应链。

(3) 结果计算方法的比较：高永的文章最终利用理想解法进行综合评价各方案，本文则采取了改进的理想解法。理想解法构造了理想解和负理想解，并以靠近理想解和远离负理想解两个基准作为评价各可行方案的判据，需要事先确定决策指标的权重系数，或者主观赋权。而改进的理想解法直接利用决策矩阵的信息，客观地赋以权重系数，使得计算结果更加的准确科学。

5 关于提高供应链柔性方法的建议

根据以上测度研究，总结出如下几个供应链柔性的提升方法。

5.1 供应链反应速度的提升

5.1.1 建立信息共享平台

供应链上的各节点企业要做到真正的信息共享，必须在保留一定企业机密的基础上，最大限度地信息共享，而这些都是基于一个技术平台进行操作。当突增一份需求时，零售商接受订单的同时，就能立刻向他的上游企业下达订单。同时供应企业能对此立刻做出无差别反应。

5.1.2 搭建风险管控体系

做好风险预防，梳理面临的主要风险点，条件具备的做个供应链风险地图。成熟的供应链风险管理体系才能避免事情发生时的手忙脚乱。事件黄金反应时间也就 24 小时或者 48 小时，搭建风险管控体系才能抢得先机。也就是说在能力允许的条件下，争取具备适应能力或者更高层次的创新能力。

5.1.3 同层次的企业实现库存互通有无

在供应链中实现货物的互通有无，库存共享，建立一个网状型流通方式。

5.2 供应链联盟柔性的提升

5.2.1 构建战略性合作伙伴关系

站在企业战略的高度，寻找适合自己频率的伙伴，建立一条供应链以高效地满足响应市场需求，有效地应对市场风险。企业应该基于一整套科学严谨的合作伙伴选择标准，对多家企业进行考核评价，最终选择一个具有共同发展能力的企业，同时要进行长期的考核与评估，建立互信互助的合作关系，持久发展，稳定供应链。

5.2.2 柔性利益分配

企业之间的合作都是以利润驱动的，合理的收益分配机制是合作关系得以维系的关键因素。良好的合作伙伴关系能够提高资源利用效率，以较低的成本合理配置资源，以期提高供应链的竞争能力。

5.2.3 核心企业更加关注上游供应商

从 2015 年国庆节福昌电子的倒闭可以看出供应链上的核心企业，比如华为、中兴等，对上下游企业的关注度大不相同。它们更加愿意亲近下游的销售企业，而对于上游的供应商则疏于关注。事实上，核心企业作为供应链条上的主导，与上下游企业一起，做到供应链协同非常重要。要想做到供应链协同，核心企业可以通过供应链金融给予支持，去帮助供应商取得银行授信，解决融资难题，并关注供应商，对其进行评级，评估和检测其财务状况。

5.3 供应链供应能力柔性的提升

5.3.1 适当的冗余

基于"适当"这个前提条件，供应链中应该存在冗余，即在产品的运输过程中设置紧急运输方式来应对各种不确定事件导致的需求突增，保持额外的人力资源或者设施设备，在需求急剧增加时减少缺货损失。

5.3.2 延迟产品设计的模块化

延迟产品的差异化，在最接近最终用户的时候对产品进行差异化处理，这种差异化可以在配送中心或者分销中心完成。在低库存、低成本的同时，满足市场的差异化需求，一举两得。

6 总 结

文章通过对文献[6]中影响供应链柔性的因素做出修正，并利用 Fuzzy-Meta 模型对供应链柔性重新进行测度，使得供应链柔性的提升建议更科学、更合理。未来将针对具体行业，对供应链柔性测度模型进行适度修正，使得测度模型的实用性更强。

参考文献

[1] 杜航. 融资渠道建设中的供应链管理应用[D]. 合肥：中国科学技术大学，2010：47－49.
[2] 中国论文网. [EB/OL]. [2015－03－15.]http：//www.xzbu.com/2/view－6731117.htm.
[3] 马士华，林勇，陈志祥. 供应链管理[M]. 北京：机械工业出版社，2000：58－60.
[4] 徐宁. 大规模定制下的企业生产柔性研究[D]. 西安：西安电子科技大学，2007：38－40.
[5] 吴冰，刘仲英. 供应链柔性研究现状与展望[J]. 科技进步与对策，2007，24(2)：190－195.
[6] 高永. 基于 Fuzzy-Meta 图以制造型企业为中心的供应链柔性研究[D]. 南京：南京航空航天大学，2010：49－65.

地方政府持股对城市商业银行业绩影响研究

学生姓名：魏　韶　指导教师：马　娟

南通大学商学院，会计学专业，学号：1204102022

【摘　要】 运用32家城商行数据，从地方政府持股比例、第一大股东的政府属性及地方政府对经济的干预环境角度实证分析地方政府持股对城商行经营绩效的影响。认为：基于提升城商行经营绩效的视角，地方政府作为城商行的第一大股东是有利的，但需降低政府大股东的持股比例，强化其他股东对于政府股权的制衡程度；地方政府对当地经济的干预应适度。

【关键词】 地方政府持股；城市商业银行；经营绩效

1　问题提出

我国的城市商业银行是20世纪90年代在治理地方金融风险的背景下，由原有的城市信用社组建成立的。由于地方政府的支持，城市商业银行在当地与其他银行相比，有很强的政策优势，地方政府持股对城市商业银行绩效似乎有积极影响。但是，中央政府通过经济指标评价地方政府官员的政绩的实际，可能导致地方官员为了自身政绩而干预所持股的城市商业银行的经营与资金投向，使其承担巨大风险，这似乎不利于城市商业银行的经营绩效。综合看，地方政府持股对城市商业银行经营影响如何？是有利于经营绩效还是阻碍其经营绩效的提高？在未来城市商业银行的发展中，地方政府是否需要做出一定程度的改变？对于这些问题的回答，不仅可深入了解地方政府和城市商业银行之间的关系及影响，还可为城市商业银行经营业绩的提升提供实证证据。

本文运用32家城市商业银行2009—2013年的平衡面板数据，从地方政府的持股比例、第一大股东的政府属性及地方政府对经济发展的干预环境角度实证分析近年来地方政府持股对城市商业银行经营业绩和经营绩效的影响。结果表明：地方政府持股比例与城市商业银行经营绩效反向变动；但城市商业银行第一大股东的政府属性则对其经营绩效的提升产生显著的正面影响；而近年来当地政府对经济的干预环境改善了城市商业银行的绩效。据此认为，基于提升城市商业银行经营绩效的视角，地方政府作为城市商业银行的第一大股东是有利的，但应降低政府大股东的持股比例，增加银行股权的多样性，强化其他股东对于政府股权的制衡程度，同时，地方政府对经济发展应适度干预。

2　相关文献回顾

2.1　城市商业银行与地方政府的关系

关于地方政府持股城市商业银行的目的和影响有两种观点：“帮助之手”和“掠夺之手”。其中，“帮助之手”认为：政府控股会给城市商业银行带来隐形担保，群众认为资金存放在城市商业银行是安全的，并信任银行。而“掠夺之手”可以由Barth等(2006)[2]的观点体现，即政府官员更关心的是优秀的政绩能否帮助他们增加自身利益和权力，出于政治目的，城市商业银行的各种资源更易流向与政府官员关系密切的利益群体。两种观点都认为：地方政府能够控制城市商业银行时，会要求银行运用行内资金，支持政府主导的产业和企业，这种行为会破坏城市商业银行实现价值最大化的目标，导致银行资源配置效率下降。

2.2 地方政府持股对城市商业银行绩效的影响

赵尚梅、杜华东、车亚斌(2012)[1]认为地方政府处于相对控股地位时，城市商业银行的业绩水平最高。但是国际经验并不支持以上观点。Alchian 等(1969)[3]提出，企业具有政府属性时，政治利益会影响企业的日常经营，偏离企业的价值最大化的经营目标。

关于地方政府持股是否影响城市商业银行经营业绩这一问题，各方观点不一。一方面，若地方政府基于自身政治目的对城市商业银行的经营过多干预，则有可能会使银行偏离价值最大化的经营目标，不利于其经营业绩；另一方面，国有股的存在会给城市商业银行带来隐形担保，可能会对银行业绩产生积极影响。由此，具体结论仍需经过实证研究确定。

3 研究设计

3.1 研究假设

(1) 地方政府持股比例高低对城市商业银行业绩的影响。城市商业银行作为地方政府财政支出的重要融资渠道，会向基础设施等提供资金，但是周期长、收益低，不利于城市商业银行的业绩提升。尤其是地方政府可以控股城市商业银行时，以这种方式融资的负面影响就会更明显。据此，提出：

假设1：地方政府持股比例对城市商业银行业绩水平会产生负影响，而地方政府对城市商业银行的持股比例越高，城市商业银行的经营绩效就会越低。

(2) 第一大股东的政府属性对城市商业银行业绩的影响。城市商业银行是地方政府支持地方经济建设的重要资金源头，因而，地方官员为了自身政绩获取短期利益，而使城市商业银行承担巨大风险，进而会阻碍城市商业银行的未来发展。因此，如果地方政府为第一大股东，就很有可能利用控股权力干预其信贷投向，从而不利于城市商业银行的经营发展。

假设2：城市商业银行第一大股东的政府性质对其经营业绩将产生负面影响。

(3) 地方政府干预经济发展的环境对城市商业银行业绩的影响。地方官员晋升机制的改变，造成地方政府官员把经济增长作为最重要的努力方向，所以他们通过财政支出干预经济发展，因此，地区财政支出也会促进经济增长。但作为一种宏观环境，地方政府干预的环境应该对城市商业银行的经营绩效的影响不太直接。据此，我们假设：

假设3：地方政府干预经济发展的环境会对城市商业银行的经营业绩产生影响，地方政府干预程度的提高，将有利于城市商业银行业绩的提升。

3.2 样本选取及数据来源

本文样本银行的选取主要依据 wind 数据库。剔除财务数据缺失的城市商业银行，本文所用样本数据为32家城市商业银行2009—2013年的相关信息和财务数据。32家样本银行分布在全国18个省(具体见下表1)，具较强代表性。变量指标中，如若 wind 数据库缺少，则手工逐一查找每家银行网站披露的年报，设法加以补全。

表 1　样本选取与构成状况

面板数据的样本容量	160 个
其中：样本截面维度	32 家
样本时间维度	5 年
样本截面中：第一大股东为地方政府的城商行	18 家
第一大股东为非地方政府的城商行	14 家

表 2　32 家样本银行省际分布状况

省份	浙江	内蒙古	山东	广西	广东	湖北	河北	湖南	江苏
银行数(家)	6	1	4	2	1	1	1	2	1
省份	江西	新疆	甘肃	河南	宁夏	四川	福建	上海	重庆
银行数(家)	2	1	1	2	1	1	2	1	2

3.3　研究方法

为验证本文提出的研究假设，本文构建了如下的回归模型：

$$ROTA_{it}=\alpha_i+\beta_i GOV\text{-}SHA_{it}+\beta_i GOV_{it}+\beta_i GDP\text{-}BZ_{it}+\beta_i NPL_{it}+\beta_i LNSize_{it}+\beta_i CAR_{it}$$

其中 i 代表样本银行，t 代表年份。ROTA(总资产收益率)为城市商业银行业绩代理变量，在稳健性检验中选择 CBSRB(成本收入比)作为业绩变量替代。GOV-SHA(地方政府持股比例)为地方政府持股的代理变量；GOV 为城市商业银行第一大股东性质变量，第一大股东是地方政府的为 1，否则为 0；GDP-BZ(扣除科、教、文、卫开支后的各地财政支出占各地 GDP 的比率)为地方政府对城市商业银行干预程度的代理变量。控制变量包括城市商业银行的财务特征变量：不良贷款率 NPL；资产规模 LNSize；资本充足率 CAR。在稳健性检验中，增加贷存比 DCB 控制变量。本文运用 Stata11 对模型进行处理分析。

3.4　变量说明

本文选择的研究变量及其相关说明具体见表 3 所示。

表 3　研究变量及说明

项目	变量名称	符号	变量说明
被解释变量	总资产收益率	ROTA	总资产收益率＝净利润÷平均资产总额(年初资产总额＋年末资产总额)÷2)×100%
	成本收入比	CBSRB	银行营业费用与营业收入的比率
解释变量	地方政府持股比例	GOV-SHA	地方政府所持股份在银行里所占的比例
	第一大股东性质	GOV	虚拟变量，第一大股东为地方政府时取值 1，否则取 0
	地方政府干预程度	GDP-BZ	扣除科、教、文、卫后的地方政府财政支出占 GDP 的比例
控制变量	不良贷款率	NPL	银行不良贷款占总贷款余额的比重
	银行总资产的自然对数	LNSize	银行总资产是指银行拥有或控制的、能够带来经济利益的全部资产，取其自然对数
	资本充足率	CAR	保证银行正常运营和发展所必需的资本比率
	贷存比	DCB	银行资产负债表中的贷款资产占存款负债的比例

4 实证结果与分析

4.1 描述性统计

表4描述了样本的统计特征。GOV-SHA最小值0%，最大值92.64%，标准差18.73043，说明地方政府持股的差异较大，均值18.72449%，说明地方政府对城市商业银行持股普遍较高。ROTA平均值1.187822，相对理想，最小值0.058%为正，说明五年里所有城市商业银行的收益率都为正。CBSRB为稳健性检验中的替换变量，均值在34.48094%，说明我国城市商业银行成本控制不太理想，而最大值66.63%，最小值17.14%，说明不同城市商业银行对于成本的控制差异比较大。GOV这一虚拟变量均值为0.56875，说明第一大控股股东为政府的比例较高，达到56.875%。GDP-BZ均值约为12.38%，较高，说明各地政府为满足地方经济的发展目标和政治目标，普遍倾向于借助财政支出调控经济发展。

表4 描述性统计结果

变量	样本量	平均值	标准差	最小值	最大值
GOV-SHA(%)	160	18.72449	18.73043	0	92.64
ROTA(%)	160	1.187822	0.4263151	0.058	2.33
LNSize	160	1.13e+07	1.51e+07	1302953	9.78e+07
GOV	160	0.56875	0.4968058	0	1
GDP-BZ	160	0.1237749	0.0553962	0.0687876	0.2977551
CAR(%)	160	13.39238	2.113405	9.14	23.05
NPL(%)	160	1.047438	1.1356194	0	13.97
CBSRB(%)	160	34.48094	8.238652	17.14	66.63
DCB(%)	160	59.48481	11.75479	21.03	74.8

4.2 实证结果分析

运用Hausman检验结果Prob>chi2=0.7513，判断应选择随机效应模型。表5列出了对面板数据使用随机效应模型处理的结果。据表5，GOV-SHA系数为负，统计显著，假设1得到验证。GOV的系数为正，统计显著，即城市商业银行第一大股东的政府属性对银行业绩将产生显著的正面影响。这一结果与假设2不同。原因可能是，当第一大股东是政府时，可在一定程度上保证城市商业银行对于存款或优质贷款资源的垄断性以及获取政策支持的优势，从而第一大股东的政府属性对城市商业银行业绩产生了显著的积极影响。GDP-BZ的系数为正，统计不显著，说明当地政府对于经济的调控正面影响了城市商业银行的经营业绩，但这种环境的影响不大，验证了假设3。

表5 实证结果

变量	系数	T值	P值
常数项 α	1.477165***	6.36	0.000
解释变量 GOV-SHA	−0.0079584**	−2.20	0.028
GOV	0.3291876***	2.76	0.006
GDP-BZ	0.4132168	0.44	0.657

续表

变量	系数	T值	P值
控制变量 NPL	−0.45739***	−2.61	0.009
LNSize	1.63e−09	0.58	0.563
CAR	−0.260772**	−2.21	0.027
Adjusted R^2	0.1292		
模型的F统计量	0.0047		

注：*，**，***分别表示在10%，5%，1%的水平上显著。

4.3 稳健性检验

为进一步验证上述研究结果的可靠性，对模型进行了稳健性检验。具体方法为：对于ROTA，使用CBSRB这一反映银行经营效率的指标替代，依然是各个银行的2009—2013年的数据，同时将DCB作为控制变量直接加入等式右边，对模型重新处理。通过豪斯曼检验选择固定效应模型。实证结果表明，政府持股比例的系数符号为正值，与表5中政府持股比例的系数符号正好相反，这主要是因为：成本收入比越高，越不利于银行资产收益率的提升。但GOV与CBSRB成正向变动关系，这与表5中GOV与ROTA成正向变动关系并不矛盾，说明地方政府控股城市商业银行虽然可增加总资产收益率却不利于银行经营效率的提高。这里GDP-BZ的系数为正，与表5中的一致。据此，稳健性结果验证了本文实证分析的结论。

5 研究结论及建议

地方政府作为城市商业银行的第一大股东，有利于银行业绩和经营效率的提升，但是地方政府持股比例与银行业绩和经营效率的反方向变动，说明政府对银行持股比例不宜过高，故应强化银行的股权多样性和股权制衡程度。近年来地方政府对经济的干预环境改善了城商行的绩效，但这种干预应该适度。

本文的结论意味着，地方政府持股并不是影响城市商业银行业绩的根本，作为银行股东的地方政府的政治目的才是影响其做出各种不利于城市商业银行业绩行为的重要原因。为此，应改革当前财政、事务权力不对等的财政制度，改变以经济发展为官员考核的重要标准，降低地方经济增长在地方政府官员政绩考核中的重要性。此外，加快市场化改革，提升各地的市场化发展水平，逐渐减少地方政府对城市商业银行的直接控制，由市场主导地方经济的发展。

参考文献

[1] 赵尚梅，杜华东，车亚斌. 城市商业银行股权结构与绩效关系及作用机制研究[J]. 财贸经济，2012(7)：47—48.

[2] Barth, J. R., Caprio, G. J. and Levine, R. Rethinking Bank Regulation: Till Angels Govern[M]. New York: Cambridge Univ. Press., 2006.

融资性售后回租的税务处理
——基于"营改增"背景下的节税效应

学生姓名：陈　思　指导教师：沈小燕
南通大学商学院，会计学专业，学号：1204042136

【摘　要】 本文以理论与案例相结合，通过介绍融资性售后回租的概念与特性，加以分析"营改增"对其发展产生的影响，对"东方航空"以及"公交网络"两个案例进行分析，证明现有经济背景下，通过售后回租方式来达到节税目的是明显可行的，以期为企业的融资行为开辟最大规模节税效应。

【关键词】 融资性售后回租；"营改增"；节税效应

1 引　　言

1.1 研究背景及意义

融资性售后回租是由承租方将资产出售给金融机构、投资者个人或集团的投资者，再以租赁的方式租回使用，并定期支付租金，其目的是融资。一般认为售后回租是当企业资金不足时，为了改善它的财务状况而采用的一种融资方式。

售后回租的历史由来已久，据报道早在1882在英国就已经出现。由于二战的工业增长造成的营运资金的增加和物理设备规模的扩大，售后回租交易在美国流行起来。在我国，自2008年金融危机爆发以后，企业陷入了融资难的困境，尤其是中小企业融资特别困难。在这个时候较为新颖的融资方式——"售后回租"出现在人们的视线内。在中小企业的经营情况不尽如人意的情况下，融资租赁业务开始发展，它们有选择地为中小企业提供售后回租业务，解决了中小企业的燃眉之急。

1.2 研究方法与创新

本文紧密联系当前实际，介绍什么是融资性售后回租。探讨"营改增"后融资性售后回租的税务处理与改革之前在哪些方面有所不同。根据所搜集的资料与数据，分析在税务处理方面的售后回租的优势与劣势。通过理论研究与实践调查相结合，利用相关理论对"东方航空"与"公共网络"的案例进行分析；通过"纳税筹划"的方法与技巧，探讨节税的主要方式和途径，为不同企业策划出能获得最大的节税效应的融资方式。

2 售后回租的理论分析

2.1 售后回租的实质与特性

按照售后回租的相关规定，出租人应该在租金全部收齐后，将承租人所出售资产的所有权转让。从这个方面来说，售后回租与抵押贷款有比较类似的地方。所以，我们也可以认为融资性售后回租的实质是缺乏资金的企业通过租赁方式获得了一笔抵押贷款，融资性售后回租在筹资的特点上更为鲜明。

2.2 售后回租的优势与劣势

售后回租有其优势与劣势。优势主要为三点：一是承租人可以保全资本，租金较为低廉；二是投资的安全性得以保障；三是是税收可以进行抵扣。劣势有承租人失去他的行动自由；出租人需要承租人一直拥有能够支付租金的能力；关于融资租赁方面的国内法律法规并不健全。售后回租还有其他技术问题，如基于租赁的条款，待遇改善的费用将由承租人支付，等等。

2.3 售后回租的节税效应

售后回租的融资业务是迫切需要资金去购进生产技术或者设备的生产企业与融资租赁公司合作开展的新业务。在“营改增”之前，迫切需要现金的生产企业将有形资产出售给融资租赁企业，这样可以免去增值税与营业税；再将其售出的有形资产从融资租赁公司租回，租金收入只需缴纳5%的营业税。自2013年11月“营改增”开始，租赁企业的租金收入要缴纳17%的增值税，在税率大幅度提高的同时也不能取得进项税额，实行售后回租这类的融资租赁企业一度陷入了绝境。

近日，国家税务总局和财政部发布了通知，规定有形动产售后回租融资租赁的本金可以不用缴纳增值税(摘自《国家税务总局公告2015年第90号》)。终于，衰败了近一年的售后回租业务在政策颁布后，开始了新的发展。但我们应当注意到的是，并不是所有开展售后回租业务的融资租赁公司都能从新的政策中获得利益。根据财税〔2013〕106文件的规定，能够享受优惠政策的融资租赁公司必须要有两块敲门砖：① 要经过审批，② 必须达到一定标准的法定资本。这些融资租赁公司要经过中国人民银行，中国银监会和商务部部批准，才能从事融资性售后回租业务。

3 营改增背景下售后回租的政策

3.1 “营改增”新政颁布过程

国家税务总局早在2010年9月“营改增”实行前就发布了第13号公告，其中规定“对售后回租的承租方出售资产的行为，不征收增值税和营业税，并且对承租人的所得税处理做出了相关规定”。

在“营改增”的试点大规模开展以后，按规定从事的融资业务所适用税率提高了12个百分点(由原来5%的营业税变成了17%的增值税)，融资租赁业税负相较于其他试点行业，出现了“不减反增”的现象，从事该类融资租赁业务的公司对他们未来的发展感到深深的担忧。为此，财政部、国家税务总局于2013年年底颁布了财税〔2013〕106号文件(简称“106号文件”)。这个新文件明确规定了差额征税的扣除项目中包括向承租方收取的有形动产价款本金，关于融资性售后回租业务的政策发生了重大变化。随着新文件的颁布与落实与售后回租业务有关的纳税筹划、税务风险都将可控，融资性售后回租业务的发展慢慢走上了正轨。

3.2 售后回租“营改增”新旧政策对比解析

调整并增加了多项可按差额征税的业务：

从事有关融资租赁业务的纳税人，提供的融资性售后回租业务(企业为了达到融资的目的，将资产出售再租回使用，并支付租金)，销售额的计算公式：销售额＝收取的全部价款和价外费用－向承租方收取的有形动产价款本金－对外支付的借款利息(包括外汇借款和人民币借款利息）一发行债券利息后的余额。提供融资性售后回租业务的纳税人收取的本金只能开具普通发票，不得开具增值税发票。

在融资性售后回租业务中，融资租赁企业购进对方资产时，进项税额已经进行了抵扣，但是根据有关规定，“融资方出售有形动产的行为，不属于增值税征收的范围，将不征收增值税”。如果融资企业对承租方租金中包含的全部价款开具的是增值税专用发票，那将会导致其重复抵扣税款。在这种情况下，只能开具普通发票。

3.3 售后回租“营改增”新政实施现状

对于新文件的出台，大家观点不一。有些观点认为这是十分有利的好消息，租赁公司减负后很多业务就可以解套，回笼资金的期限就会放宽，优惠标准就可以调低。而另一些观点则认为新政策的出现并没有彻底解决售后回租税收政策的关键问题。当落实到具体的操作层面时，仍面临着多种多样的困难，比如实际操作仍然困难重重，本金发票的开票方式还有待推敲，具体流程规定不明确等问题还需要摸索着解决。

4 售后回租的实施现状及原因分析

4.1 售后回租的实施现状分析

我国在20世纪80年代初，随着经济体制改革的推进，现代租赁业务才逐步发展壮大。目前，国外发达国家融资租赁业发展相对来说比较成熟。自2008年金融危机爆发以来，融资性售后回租业务在我国迅速发展，势头十分强劲，有很广阔的发展前景。但是由于我国的融资渠道太过狭窄、租赁公司的经验管理能力比较薄弱等问题，对于售后回租业务的理解与运用还不够成熟，我国租赁业务的发展与发达国家相比还处于比较初级的阶段。因此，我们需要在借鉴国外的成功经验的同时结合我国的经济发展的实际情况，提高租赁行业员工的水平，完善相关制度与业务流程，建立真正具有竞争力的融资租赁公司，促进我国现代融资租赁业的发展，加快我国经济发展的步伐，早日走出低谷。

表 2012—2015年融资租赁公司与合同余额变化①

年 份	2015年	2014年	2013年	2012年
融资租赁公司(家)	4508	2202	1026	560
融资租赁合同余额(亿元)	44400	32000	21000	15500

4.2 售后回租现状的原因分析

国家出台的一系列政策，例如扩大市场有效需求、拉动内需、引导资本合理有序流动、调节宏观经济等方面政策，都有助于我国现代租赁业的发展。尤其受金融危机的影响，通过售后回租的方式，中小企业只需支付很少量资金就能够获得其所需的先进的技术或者设备，并且在生产发展的同时返还租金，极大地缓解了大部分中小企业面临的技术改革中的资金紧张问题，加快了中小企业设备的更新换代。当然，对于公路、机场等需要大量设备投资的基础设施的建设，售后回租业务也同样适用。通过售后回租业务模式，在满足我国工程的投资需求的同时，也促进了设备制造业的发展，并且盘活了发达地区的闲置设备和存量资产。

① 数据来源 http://finance.sina.com.cn/roll/2016-03-10/doc-ifxqhmvc2276861.shtml

5 售后回租的节税效应

5.1 以"东方航空"为例

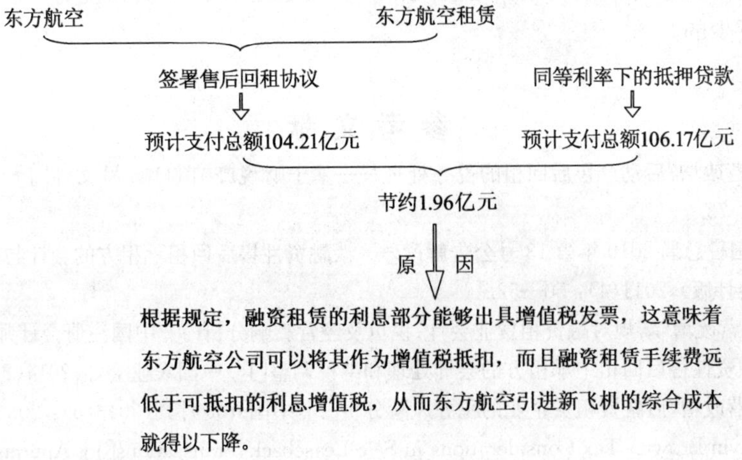

5.2 以"公交系统"为例

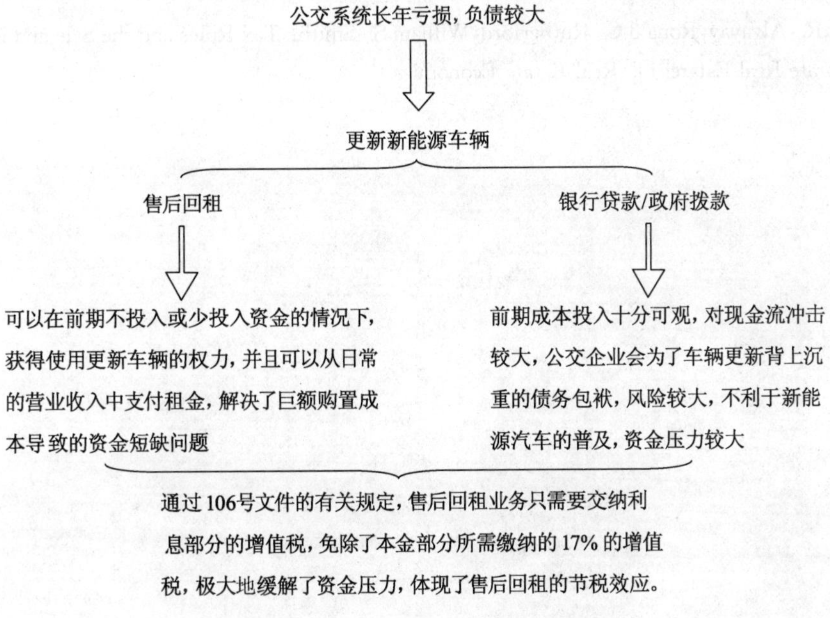

6 结论与建议

从经济角度来看，售后回租从长远来说可能比直接获取所有权更为有价值。这笔巨大的成本会被消费前的扣除费用所抵消。作为一个金融投资，售后回租相较于债务证券或抵押融资，更受到承/出租双方的青睐。经过上文的测算，类似于航空公司和公交系统这两个既需要大量现金流，也需要较大投资成本的行业，售后回租无疑是一个通过税收优惠来降低成本的好方法。

但是这并不能代表所有的企业都适合售后回租这一融资租赁的方式，草率地决定进入售后回租交易是不明智的，双方都必须仔细研究整个形势。要综合考虑各方面因素，一旦决定要进行售后回租，在签订实际协议条款时，需要考虑许多额外的因素，比如产业发展情况、财产价值、经济状况等都有可能发生改变[7]。尽管售后回租一般都有一定特点，但并没有固定的规则去涵盖每一例售后回租业务，为了确定是否存在税收优势，每个企业的特定分析是必不可少的。

参考文献

[1] 骆剑华."营改增"后动产售后回租的税务处理——基于财税〔2013〕106 号文件[J]. 财会月刊，2014(11)：71—73.

[2] 王玉娟. 国税总局 2010 年第 13 号公告解读——谈融资性售后回租承租方的会计与税务处理[J]. 财会月刊(会计版)，2011(4)：50—52.

[3] 张宏敏."营改增"新规对融资租赁业会计、税负及经营影响分析[J]. 中国注册会计师，2014(3).

[4] 王玉娟. 融资性售后回租中承租方的会计处理和纳税调整[J]. 中国农业会计，2014(2)：46—48.

[5] 王化敏."营改增"后融资租赁企业的税务风险分析[J]. 中国外资月刊，2013(5)：205—206.

[6] Robert Kevin Brown. Tax Considerations in Sale-Leaseback Transactions[J]. Appraisal Journal.

[7] Nick Fiore. From the Tax Adviser：Sale and Leaseback of Real Property[J]. Journal of Accountancy，2001(5).

[8] Jaime R. Alvayay，Ronald C. Rutherford，William S. Smith. Tax Rules and the Sale and Leaseback of Corporate Real Estate[J]. Real Estate Economics.

基于低碳经济的江苏出口结构调整

学生姓名：黄金君 指导教师：童 霞

南通大学商学院，国际经济与贸易专业，学号：1204012053

【摘 要】 本文分析了江苏省商品出口结构的现状和问题。探讨了低碳经济对江苏出口结构的影响。建立计量模型研究江苏商品出口结构和单位GDP能耗、工业污染投资比重等要素之间的关系，对模型进行检验与分析，提出优化建议。

【关键词】 出口结构；低碳经济；单位GDP能耗

1 绪 论

1.1 研究背景

低碳经济盛行，各国纷纷走低碳化之路。① 江苏出口结构存在“高投入，高耗能，低附加值”的问题，碳减排的任务十分迫切。江苏必须尽快调整出口贸易结构，改变现状。

1.2 研究目的及意义

在低碳经济的背景下，提高江苏整体的出口水平。本文的研究有利于江苏省的出口商品符合国际要求，克服商品出口存在的阻碍；有助于江苏省产业结构的变革；有利于江苏省发展绿色贸易。

1.3 研究方法

通过理论研究和实证研究相结合，利用计量经济学模型探索江苏出口结构与单位GDP能耗、出口污染治理投资和产业结构的关系，并利用平稳性检验和协整检验进行分析。

2 江苏省出口结构现状及问题

2.1 江苏出口结构现状

2.1.1 工业制成品比重超过初级产品

工业制成品在出口总额中从2000年的96.7%升至2014年的98.3%，近十年一直保持在98%以上，初级产品占据的出口份额是非常小的。这表明江苏省的工业化进程在不断地加快，其贸易结构在不断地优化。

2.1.2 资本密集型产品出口比重超过劳动密集型产品

资本密集型产品包括化学品及有关产品出口和机械运输设备的出口，数据显示这两类商品的出口比重明显超过了劳动密集型产品。

2.2 江苏省出口结构存在的问题

2.2.1 出口工业制成品技术含量低，附加值不高

工业制成品的来源主要是加工贸易。加工贸易商品主要是劳动密集型和资本密集型的产品，它们对技术的要求不高且附加值比较低。

---

① 张庆彩，卢丹，等. 国际贸易的低碳化及我国外贸突破“高碳锁定”的策略[J]. 科技管理研究，2014(06)：111—127.

2.2.2 对外资企业依赖性大

数据显示，虽然外商投资企业的比重在逐年地下降，但是仍然超过了50%，超过其他三类企业。这说明了江苏省商品出口对于外商投资的依赖性还是非常大。①

2.2.3 高耗能、高污染产品出口比重过大②

江苏工业制成品在所有的出口产品中的能源消费总量是最大的，并且有着很明显的上升趋势。可见，占据江苏出口总额很大比重的工业制成品能源消耗非常大。

3 低碳经济对江苏出口结构的影响

3.1 国内角度

3.1.1 劳动密集型产品出口比重下降③

为了使自己的产品能够符合国际标准，江苏省很多企业必须要引进国外先进的技术和设备进行节能减排。这些花费是相当大的，这就意味着江苏省的低成本优势将不复存在。

3.1.2 加工贸易产品出口比重下降

江苏加工贸易产品出口比重非常大。④ 加工贸易会排出二氧化碳。低碳经济下，从事加工贸易的企业要推进节能减排，成本会随之提高。这样，外商会另外寻找加工地，加工贸易比重也会随之下降。

3.2 国际角度

3.2.1 绿色贸易壁垒抬头，高碳排量产品出口受阻

随着低碳经济的逐步深入，很多发达国家为了自身的利益纷纷开始以保护环境为由，推行绿色贸易壁垒，将发展中国家的产品拒之门外。⑤ 江苏省的高碳排放量商品占比很大⑥，它在这种贸易保护主义的浪潮下难以出口。

3.2.2 国际贸易结构转型⑦，带动江苏出口结构的优化升级

劳动密集型产品与资本密集型产品是国际贸易的主力军，而这两类产品污染高、资源消耗大。在低碳经济下，各国将发展的重心转移至技术密集型产业，国际贸易结构会转型升级。江苏也必然会受其带动，积极地推动出口结构的转型。

4 江苏出口结构实证分析

4.1 变量选取与模型构建

4.1.1 变量的选取

本文将江苏出口结构设为被解释变量 Y，利用工业制成品占出口总额比重表示。选取

---

① 卢昀灿灿. 江苏外贸竞争力的态势分析及应对之策[J]. 海峡科学，2015(09)：27—30.

② 李媛娜. 低碳经济背景下我国出口贸易结构调整研究[J]. 北方经济，2013(05)：72—73.

③ 梁宵. 低碳经济对中国出口贸易的影响及其对策建议[D]. 长春：东北师范大学，2013.

④ 胡国珠. 贸易模式对碳排放的影响差异研究——基于苏、浙、粤三省数据的实证分析[J]. 国际经贸探索，2013(10)：95—105.

⑤ 董展眉. 低碳经济对我国对外贸易的影响[J]. 对外经贸，2015(11)：13—15.

⑥ 曹旭平，陈倩. 低碳经济对江苏省出口贸易的影响及对策[J]，无锡商业职业技术学院学报，2013(04)：25—28.

⑦ 谢守红，薛红芳，等. 低碳经济与国际贸易结构转型研究综述[J]. 世界地理研究，2013(02)：159—166.

工业污染治理投资、产业结构、单位 GDP 能耗、技术水平①作为解释变量。

(1) 工业污染治理投资比重(X_1)。

工业污染治理投资的多少直接决定着其工业制成品的出口量。而江苏省每年出口的绝大多数都是工业制成品,投资治理的金额对于江苏省商品出口的结构影响是非常大的。

(2) 产业结构(X_2)。

产业结构的变化影响着出口结构,它决定着资源配置和贸易流向,是出口结构优化的重要因素。故选用产业结构作为解释变量。本文用江苏省第二产业产出占总产出的比重来表示产业结构。

(3) 单位 GDP 能耗(X_3)。

单位 GDP 能耗即能源强度,是资源禀赋的一种表示。以此来判定资源禀赋对出口结构的影响程度,故选取该要素作为解释变量 X_3。

(4) 技术水平(X_4)。

在出口结构的调整中,技术水平发挥着极为重要的作用。技术水平的提高能够使各种能源得到有效合理的利用,能源使用效率就会提高。

4.1.2 模型的构建

建立如下多元线性回归模型,并用 EVIEWS 系统进行实证分析。

$$Y=B_0+B_1X_1+B_2X_2+B_3X_3+B_4X_4+Ut$$

4.1.3 数据采集

表 4.5 数据处理结果

年 份	工业制成品占总额的比重 Y(%)	工业污染治理投资占 GDP 的比重 X_1(%)	产业结构 X_2(%)	单位 GDP 能耗 X_3	技术水平 X_4(%)
2000	96.70	0.15	72.92	1.01	0.59
2001	96.70	0.11	72.92	0.94	0.97
2002	97.50	0.07	73.38	0.91	1.03
2003	98.10	0.12	74.81	0.90	1.21
2004	98.40	0.15	76.43	0.91	1.38
2005	98.70	0.21	76.27	0.92	1.48
2006	98.70	0.13	76.67	0.90	1.60
2007	98.80	0.21	77.21	0.80	1.68
2008	98.60	0.13	76.59	0.72	1.93
2009	98.50	0.08	76.17	0.70	2.08
2010	98.40	0.04	74.99	0.60	2.10
2011	98.00	0.06	73.75	0.60	2.20
2012	98.30	0.07	72.39	0.53	2.33
2013	98.40	0.10	70.48	0.50	2.45
2014	98.30	0.07	69.36	0.50	2.50

① 崔文娟.低碳经济背景下山西省出口商品结构优化研究[D].太原:山西财经大学,2013.

4.2 回归分析

4.2.1 平稳性检验

时间序列数据很容易出现一种虚假回归①,因此必须要对序列的平稳性进行检验。本文采用PP检验,结果显示各变量都是一阶平稳的,结果如下:

	PP值	1%level	5%level	10%level
Y	−2.088397	−2.754993	−1.970978	−1.603693
X_1	−4.707121	−2.754993	−1.970978	−1.603693
X_2	−6.507564	−4.886426	−3.828975	−3.362984
X_3	−2.298797	−2.754993	−1.970978	−1.603693
X_4	−2.803383	−2.754993	−1.970978	−1.603693

综上,解释变量经过一阶差分都通过了5%和10%显著水平下的平稳性检验,并且序列都是一阶单整序列。

4.2.2 回归结果

由于原序列经过1阶差分后才能够平稳,因此要对原数列进行1阶差分后对一阶差分的数据利用OLS进行回归,得到方程:

$$Y=0.249390+1.043608X_1+0.168330X_2-0.073025X_3-0.652334X_4$$

4.2.3 协整检验

本文采用残差序列平稳性来检验序列之间是否存在协整关系,对残差数列进行ADF检验。检验得到T值为−3.696836,1%、5%、10%显著水平下的临界值分别为−2.740613、−1.968430、−1.604392。T统计量的值小于1%、5%、10%的显著水平下的临界值,被解释变量与解释变量间存在长期稳定的协整关系。

4.2.4 结果分析

(1) 出口污染治理投资比重。出口污染治理投资比重前的系数在1.05左右,说明它对江苏出口结构调整的影响度很大。增加投资,有助于改善江苏出口的结构,江苏省要加大出口污染治理投资比重。

(2) 产业结构。产业结构前面的系数在0.17左右,系数为正,表明江苏的产业结构能够推动出口结构优化升级。系数虽然很小,但可能是江苏的产业结构存在一定的问题导致效果不明显。因此,江苏要引进先进技术,调整产业结构。

(3) 单位GDP能耗前的系数在−0.073左右,说明了它对于江苏省出口结构的调整在现阶段不具有影响力。江苏需要做的是引进先进节能减排技术,提高能源利用效率,减少资源过度消耗,而不是一味地增加能源的消耗量。

(4) 技术水平前面的系数为−0.65左右,表明现阶段江苏省的技术水平不能够推动出口结构的优化升级。可能是由于技术投资的方向发生了偏移,技术投资领域出现了偏差。也由于一味地利用投资引进国外现成的技术,缺乏创新,导致成本不断增加。因此必须在增加投资额的同时转变技术发展模式,改变技术投资领域,提高自主创新能力。

① 童霞,高申荣,等.基于低碳经济的中国出口结构调整的统计分析[J].统计与决策,2015(24):154−157.

5 调整江苏省出口结构的对策建议

5.1 从企业角度

5.1.1 提高自主创新能力

在低碳经济下，企业需要从国外引进先进的低碳技术和设备，低成本优势就会丧失。如果企业能够提高自主创新能力，低碳成本会得到很大的降低，能源使用效率会提高。①

5.1.2 优化产业结构②

江苏的很多企业大都生产劳动密集型产品，从事加工贸易的企业也占多数。这些企业的发展会很艰难。它们必须要优化产业结构，积极推进高新技术产业的发展。

5.2 从政府角度

5.2.1 积极发展服务业③

相较于商品贸易，服务贸易所耗用的资源比较低而且污染也比较少。政府可以引导开拓一些新型的服务型企业，将传统服务业与新型服务业相融合。

5.2.2 鼓励技术创新，加大资金扶助④

企业在进行技术创新时可能会缺少资金，政府应该加大扶植力度，对一些技术创新型企业进行资金投资。政府应该将资金花费在必要的领域，鼓励企业转变技术发展模式。

5.2.3 完善法律法规⑤

很多企业都缺乏低碳环保的意识，它们在追求自身效益的同时，往往会忽视环境保护，政府要制定低碳环保相关的法律法规，强制企业执行。

参考文献

[1] 张庆彩，卢丹，等. 国际贸易的低碳化及我国外贸突破“高碳锁定”的策略[J]. 科技管理研究，2014(06)：111—127.

[2] 卢昀灿灿. 江苏外贸竞争力的态势分析及应对之策[J]. 海峡科学，2015(09)：27—30.

[3] 李媛娜. 低碳经济背景下我国出口贸易结构调整研究[J]. 北方经济，2013(05)：72—73.

[4] 梁宵. 低碳经济对中国出口贸易的影响及其对策建议[D]. 长春：东北师范大学，2013.

[5] 胡国珠. 贸易模式对碳排放的影响差异研究——基于苏、浙、粤三省数据的实证分析[J]. 国际经贸探索，2013(10)：95—105.

[6] 董展眉. 低碳经济对我国对外贸易的影响[J]. 对外经贸，2015(11)：13—15.

[7] 曹旭平，陈倩. 低碳经济对江苏省出口贸易的影响及对策[J]，无锡商业职业技术学院学报，2013(04)：25—28.

[8] 谢守红，薛红芳，等. 低碳经济与国际贸易结构转型研究综述[J]. 世界地理研究，2013(02)：159—166.

[9] 崔文娟. 低碳经济背景下山西省出口商品结构优化研究[D]. 太原：山西财经大学，2013.

[10] 童霞，高申荣，等. 基于低碳经济的中国出口结构调整的统计分析[J]. 统计与决策，2015(24)：

① 朱文超. 中国发展低碳经济的能源效率及经济结构调整问题研究[D]. 合肥：中国科学技术大学博士论文，2013.

② 贾林娟. 全球低碳经济发展与中国的路径选择[D]. 长春：东北财经大学，2014.

③ 杜强. 论低碳经济与中国出口贸易的战略调整[J]. 亚太经济，2013(02)：53－56.

④ 王婷. 低碳经济背景下江苏省工业转型升级研究[D]. 扬州：扬州大学，2014.

⑤ 廉天远. 基于低碳的出口结构调整对策[J]. 全国商情，2015(14)：31－32.

154—157.
[11] 朱文超.中国发展低碳经济的能源效率及经济结构调整问题研究[D].合肥：中国科学技术大学博士论文,2013.
[12] 贾林娟.全球低碳经济发展与中国的路径选择[D].大连：东北财经大学,2014.
[13] 杜强.论低碳经济与中国出口贸易的战略调整[J].亚太经济,2013(02)：53—56.
[14] 王婷.低碳经济背景下江苏省工业转型升级研究[D].扬州：扬州大学,2014.
[15] 廉天远.基于低碳的出口结构调整对策[J].全国商情,2015(14)：31—32.

供应链脆弱性测度与优化途径研究

学生姓名：解艳丽　指导教师：黄　健

南通大学商学院，物流管理专业，学号：1204082004

【摘　要】本文在前人研究的基础上，对供应链脆弱性的定义及其影响因素进行了探讨和总结，并借助于熵理论原理，分析脆性因子间的关联系数、扰动对各脆弱性因子的影响程度来建立测度模型，最后根据熵的相关思想和已建的测度模型提出降低供应链脆弱性的建议。

【关键词】供应链；供应链脆弱性；熵理论

1　供应链脆弱性概述

1.1　供应链脆弱性定义

很早就出现了有关供应链的研究，它的定义也已经很完善了，但是关于供应链脆弱性的研究直到 20 世纪 90 年代才逐渐有所发展，它的定义目前仍没有一个公认的界定，不过已有不少学者试图从不同角度给它下定义。

Svensson(2000)从供应链内部和外部风险的角度对供应链的脆弱性做出了定义；Peck 则认为供应链的脆弱性主要体现在破坏性上；而 Cranfield Universitv 的研究表明其脆弱性是对内外风险严重干扰的一种暴露……

笔者根据自己对它的理解，结合前人的观点，将其定义为：由于供应链风险对其造成的扰动致使其可能发生断裂，衡量自身抗断裂的能力及其恢复能力的强度。

1.2　供应链脆弱性的影响因素

影响其脆弱性的因素有很多，从不同角度可以给出不同的答案。从系统角度来说，其脆弱性来自于系统内部风险和外部风险。内部风险即系统内各成员的相互关系，如信息不对称、缺乏合作默契等；外部风险多是不可抗的，不能人为改变的，如自然灾害、地震、海啸等。从构成供应链的节点角度，可将其脆弱性的影响因素分为：(1) 供应商数量减少；(2) 外包逐渐增加；(3) 企业注重效率而非效力；(4) 集中生产和分销。

除此之外，一些学者还指出，供应链的脆弱性来自于供应和需求的不确定性[2]，透明性和控制措施的缺乏[3]，过分注重供应网络效率、OEM 的盛行、供应网络可视性和控制措施的缺乏[4]……

2　供应链脆弱性测度模型

供应链脆弱性探究的核心在于脆弱性的评估，以便能让企业及时发现问题、解决问题，减少不必要的损失。本文通过分析脆性因子之间的关系，并借鉴熵理论在其他领域中的应用，来建立供应链脆弱性测度模型。

2.1　基于熵理论的供应链脆弱性评价方法

假设供应链系统中包含 m 个子系统，每一个子系统包含 i 种脆弱性因子，脆弱性因子间的脆弱性影响关联矩阵为 M，T_{ij} 表示评价脆弱性因子 j 的决定因素，并将 T 分为 C_a 类，

n_τ 表示脆弱性因子决定因素属于 C_a 第 i 类的个数；并且令 $\sum_{i=1}^{k} n_\tau = q$，$q$ 表示该决定脆弱性因子自身脆弱性强弱的所有因素的总和。则脆弱性因子间的脆弱性影响关联矩阵[5]：

$$M=(\mu_{jk})=\begin{bmatrix} \mu_{12} & \mu_{12} & \cdots & \mu_{1n} \\ \mu_{21} & \mu_{22} & \cdots & \mu_{2n} \\ \vdots & \vdots & \cdots & \vdots \\ \mu_{n1} & \mu_{n2} & \cdots & \mu_{nn} \end{bmatrix}$$

则供应链系统总脆弱性影响矩阵 A 为(Helbing，2003)[1]：

$$A = A_\tau = \frac{1}{\tau}\sum_{k=1}^{n}\frac{\tau^k M^k}{k\,!} = \frac{2}{\tau}[\exp(\tau M) - 1] \tag{1}$$

用向量 X 来表示当风险发生时，该子系统脆弱性因子所受到的干扰，则该风险对系统潜在影响值(Y)为：

$$Y=(\tau A+1)X \tag{2}$$

根据 θ 企业自身情况，引入 i 种脆弱性因子的权重要素(Z_i)，则定义评估该子系统的脆弱性度量值(F_θ)如下：

$$F_\theta=\sqrt{\sum Z_i Y_i^2} \tag{3}$$

则该供应链系统总的脆弱性度量值为：

$$F=\sum_{\theta=1}^{m} F_\theta \tag{4}$$

将 F_θ 标准化，得

$$F'_\theta = \frac{F_\theta}{\sum_{\theta=1}^{m} F_\theta} = \frac{F_\theta}{F} \tag{5}$$

则根据熵理论公式，计算已知的供应链系统的脆弱性：

$$H = -\sum_{\theta=1}^{m} F'_\theta \ln F'_\theta \tag{6}$$

式中，$\sum F'_\theta=1$。

由此可得：供应链系统脆弱性的理论最大值是 $H_{\max}=\ln(m)$[6]。

因此得，系统处于稳定状态下的脆弱性到系统能够承受的最大脆弱性波动范围为 R：

$$R=\ln(m)-H \tag{7}$$

2.2 应用举例

本文选取某制造企业的其中两个供应商为例论证上述供应链脆弱性测度模型，并假设其面临的风险为交通事故。

2.2.1 供应链系统描述

该供应链系统只包含三个子系统，其中两个为供应同一种零部件的供应商，一个核心制造商，两个供应商分别与核心制造商构成系统 1 和系统 2。本案例中选取企业管理能力(M)、企业生产能力(P)和企业分销方式(D)三个要素，来计算供应链脆弱性。下面分别计算各子系统的 F_θ 值。①

① 本案例中所有数据均来自于某公司采购部各级同仁的排序汇总.

2.2.2　供应商 1 风险扰动下脆弱性度量值

该子系统脆弱性因子决定因素相关数据见表 1。

表 1　供应商 1 脆弱性因子分类

脆弱性因子	价格	资本	质量	成本	服务	市场	职工学历
生产能力(P)	2	1	2	1	2	1	1
管理能力(M)	2	1	3	1	2	1	2
分销能力(D)	2	3	2	3	1	2	2

假设系统参数 $\tau=0.25$，本案例中，脆弱性因子数量 k 取值为 1，2，3。$X=[x_1\quad x_2\quad x_3]=[0.1\quad -0.3\quad -0.5]$。其中，$x_1=x_p$，$x_2=x_M$，$x_3=x_D$。并假定 $Z=[z_1\quad z_2\quad z_3]=[0.35\quad 0.40\quad 0.25]$，则供应商 1 的脆弱性度量值为：

$$F_{s2}=\sqrt{\sum Z_i Y_i^2}=0.438 \tag{8}$$

2.2.3　供应商 2 风险扰动下脆弱性度量值

供应商 2 脆弱性因子相关数据见表 2。

表 2　供应商 2 脆弱性因子分类

脆弱性因子	有效工作时间	物流能力	成本	设备	资本	经验	职工学历
生产能力(P)	1	3	2	1	1	1	2
管理能力(M)	2	3	2	3	2	1	1
分销能力(D)	2	1	2	2	1	3	3

假设 $X=[x_1\quad x_2\quad x_3]=[0.1\quad -0.3\quad -0.5]$、$Z=[z_1\quad z_2\quad z_3]=[0.40\quad 0.45\quad 0.15]$，则供应商 2 的脆弱性度量值为：

$$F_{s2}=\sqrt{\sum Z_i Y_i^2}=0.417 \tag{9}$$

2.2.4　制造商风险扰动下脆弱性度量值

制造商这个子系统的脆弱性因子相关数据见表 3。

表 3　制造商脆弱性因子分类

脆弱性因子	有效工作时间	地域	成本	服务	资本	经验	职工学历
生产能力(P)	1	3	2	2	1	1	2
管理能力(M)	2	3	3	3	2	1	1
分销能力(D)	2	1	1	1	2	2	3

假设 $X=[x_1\quad x_2\quad x_3]=[0.1\quad -0.3\quad -0.5]$、$Z=[z_1\quad z_2\quad z_3]=[0.50\quad 0.30\quad 0.20]$，则制造商的脆弱性度量值为：

$$F_M=\sqrt{\sum Z_i Y_i^2}=0.403 \tag{10}$$

2.2.5　计算整个供应链系统的脆弱性

根据公式 12-15 计算仅包含两个子系统的脆弱性，脆弱性度量值为：

$$H_{S1\to M}=0.692$$

$$H_{S2\to M}=0.693$$

由此可见，即使在受到的脆弱性风险的扰动相同的情况下，由于企业自身管理水平、生产能力等的差异，也会使得其所在供应链的脆弱性存在差异。

整个系统的脆弱性为：

$$H=1.098$$

所以该供应链所能承受的最大脆弱性波动范围为：

$$R=\ln 3-H=0.01$$

由上述计算结果可知，供应链系统包含的子系统越多，其脆弱性就越大。当该供应链系统遭受交通事故的扰动时，系统的脆弱性几乎达到该系统脆弱性的上线，该系统存在过多问题，迫切需要采取措施来降低其脆弱性。

3 基于熵理论的供应链脆弱性优化建议

利用熵理论的思想和已建的脆弱性测度模型，从系统内部和外部角度出发，降低供应链系统的内部熵(即供应链脆弱性)。

3.1 引入负熵流，降低系统熵

引入负熵的前提条件是保持系统的开放性，使系统能与外界环境能够完全地进行信息交流与能量交换，才能引进负熵。引入负熵流的方法有很多，如：

(1) 引进外部人才。外部人才的引进能够给企业灌入新鲜血液，活跃企业文化，给企业带来先进的管理思想和管理方法，从而降低企业正熵，降低供应链脆弱性。

(2) 引进外部先进技术。通过引进外部先进的生产和管理技术，能够提高企业生产和管理的效率，使企业变得更加秩序井然，从而降低企业熵值。

(3) 加强市场信息的收集。加强市场信息的收集与处理，时刻掌握市场动态，能够增加系统的信息量，降低系统的不确定性，从而降低供应链系统的脆弱性。

3.2 建立供应链多指标综合评价体系和反馈机制

由脆弱性关联矩阵 M 和脆弱性测度模型可以看出，系统的脆弱性因子有很多，这些脆弱性因素的数量、各脆弱性之间脆弱性关联度等直接或间接影响供应链系统的稳定性，使供应链脆弱性呈递增趋势。而系统一直保持着熵在不断增加的趋势，若不加以约束任其发展，系统最终会走向灭亡。虽然系统熵增加是不可避免的，但是可以通过建立健全多指标综合评价体系，客观、准确地分析供应链系统的稳定性，并建立供应链反馈机制，减少系统内部的利益冲突，从而使供应链自身的熵增幅度最小，保持供应链的稳定性。

3.3 缩减系统规模

由上述讨论的供应链脆弱性的理论最大值 $H_{max}=\ln(m)$ 可以看出，供应链系统的规模愈大，其包含的子系统愈多，子系统之间的脆弱性关系愈复杂，系统的混乱度也愈大，供应链可能达到的熵值也就会愈大。因此，应在满足系统一定柔性和敏捷性的条件下，缩减系统规模，如压缩供应链链条的长度、减少子系统数量、减少外包等，从而降低子系统之间及脆弱性因子间联系的复杂性，增加系统的敏捷性，优化系统结构，降低脆弱性。

3.4 建立资源共享机制

由于供应链上各企业间存在利益冲突，各企业为了自身利益而隐瞒自身资源、歪曲信息的事屡见不鲜，这大大降低了信息的可信度，增加了系统的不确定性，提高了系统的脆弱性。由公式(6)至(9)可知：信息的输入可以降低供应链脆弱性因子间的脆弱性关联度，从而降低系统熵。建立资源共享机制，能够加大资源共享程度，使信息高效、快速、准确地传递，使企业间的合作更加准确、完美。因此，建立资源共享机制能够大幅度降低系统熵，降低供应链脆弱性。

3.5 引入竞争机制

根据熵思想可知，自然界的运动害怕拉平，拉平就意味着无差别无优势。所以，在选择供应商时可以引入竞争机制，按照供货满意度的等级，不均等地分配供货比例。比如：供货质量优，供货及时的供应商等级为A，获得相应的供货数量的比例也就越高；供货质量差，供货不及时的供应商等级为C或者D，可适当减少其供货数量，或者直接将其从供应链上剔除；对于降级的供应商应采取一定的惩罚措施，如减少供货数量；对于升级的供应商应采取一定的奖励措施，如增加供货数量、利润返回等。有竞争才有动力，只有引入竞争机制才能优中选精，增加供应链的敏捷性和柔性，降低脆弱性。

3.6 加强风险预测

由上述讨论：向量 X 表示当风险发生时，该子系统中脆弱性因子所受到的干扰，而风险对供应链的潜在影响 $Y=(\tau A+1)X$，所以当风险发生时，其对供应链中各脆弱性因子的影响程度直接关系到供应链脆弱性的程度。一般说来，风险对脆弱性因子的影响越积极，系统遭受风险时的脆弱性就越小；风险对脆弱性因子的影响越消极，系统遭受风险时的脆弱性就越大。所以，加强供应链风险预测，能使企业及时采取有效措施应对风险，从而有效降低风险对各脆弱性因子的消极影响，降低供应链脆弱性。

除此之外，通过减少外包、建立合适的分销中心和建立利益分配机制等方法也可以降低供应链系统的脆弱性。

4 结　　论

文章通过对文献[1]中供应链脆弱性测度模型的修正，并利用修正后的模型对供应链脆弱性进行重新测度，使得供应链脆弱性的提升建议更科学、更合理。未来将针对具体行业，对供应链脆弱性测度模型进行适度修正，使得测度模型的实用性更强。

参考文献

[1] Dirk Helbing, Christian Kuhnert. Assessing Interaction Networks with Applications to Catastrophe Dynamics and Disaster Management[J]. Physca A: Satistical Mechanics and Its Application, 2003 (328): 584-606.

[2] 刘彦平. 供应链脆弱性和风险管理策略研究[J]. 现代管理科学，2009(11)：104—106.

[3] 宁钟. 供应链脆弱性的影响因素及其管理原则[J]. 中国流通经济，2004(4)：13—16.

[4] 刘希龙. 供应网络弹性研究[D]. 上海：上海交通大学，2007.

[5] 西广成. 生态经济区划的熵方法[J]. 自动化学报，1990(03)：170-173.

[6] 李洋. 基于熵理论的敏捷供应链供需协作模式与脆弱性研究[D]. 哈尔滨：东北林业大学，2010.

我国农产品贸易逆差形成的原因及对策研究

学生姓名：徐露露　指导教师：徐　惟

南通大学商学院，国际经济与贸易专业，学号：1204012036

【摘　要】 自2004年开始，我国农产品贸易领域出现长达11年的贸易逆差，文章从我国农产品贸易的现状和逆差的结构出发，首先定性分析了逆差形成的主要原因，接着采用计量分析的方法定量分析了逆差的主要影响因素，最后根据农产品逆差的成因提出相关有参考性的对策和建议。

【关键词】 农产品贸易；逆差；形成原因

1　我国农产品贸易的现状和逆差结构

我国作为世界农业资源和贸易大国，农业生产资料丰富，农产品贸易发达。但是随着人口的几何增长，我国在很长一段时间内都在积极寻找解决粮食自给的措施。入世以来，中国逐渐融入世界农产品市场，随着国际市场的价格浮动和世界农产品的供需变化，2004年开始我国一跃成为农产品净进口大国。

表1　2004—2015年我国农产品贸易差额表　　单位：亿美元

年　份	出口	进口	差额
2004	233.90	280.50	−46.60
2005	276.00	287.80	−11.80
2006	314.20	312.70	1.50
2007	370.10	411.90	−41.80
2008	405.30	587.90	−182.60
2009	369.30	527.00	−157.70
2010	494.20	725.70	−231.50
2011	607.50	948.70	−341.20
2012	632.90	1124.80	−491.90
2013	678.30	1188.70	−510.40
2014	719.60	1225.40	−505.80
2015	706.80	1168.80	−462.00

数据来源：2004—2015《国家统计年鉴》。

从表1的统计数据可以看出，从2004年开始我国农产品贸易领域开始出现赤字，虽然2006年逆差情况有所改善，但是2007年开始逆差规模逐步扩大，到2013年逆差规模最大为510.4亿美元。从2004年到2015年的数据可以看出农产品的进口额的增速远远高于出口额的增速，但贸易差额从2013年开始缓慢下降。

从逆差的结构来看，产品方面，造成逆差的主要产品为谷物、棉花、食用植物油、油籽、农畜产品和食糖。市场结构方面，我国的农产品逆差主要来源于亚洲、南美洲、北美洲，主要国家为美国、巴西、加拿大、泰国、阿根廷和澳大利亚。

2 农产品贸易逆差形成的原因

我国农产品逆差的形成可以从两个方面来分析，一个是造成农产品出口国外市场受挫的原因和因素分析，另一个是造成我国农产品进口需求旺盛的原因和因素分析。

2.1 我国农产品出口受挫原因研究

首先，出口方面，随着近年来贸易保护主义的盛行，农产品领域的技术性贸易壁垒成为我国农产品出口国际市场的一个重要阻碍。自 WTO 乌拉圭回合谈判以后，农产品关税和其他非关税壁垒数量和使用受到制约，技术性贸易壁垒大幅度增加，中国作为农贸商品的出口大国深受主要进口国的 TBT 限制。就 2015 年的最新数据来看，我国共遭到来自美国、日本、欧盟、韩国、加拿大和澳大利亚等所扣留或召回的不符合标准的贸易商品共计 2132 批，农食类产品达到 1842 批。①

其次，我国的农业生产成本较高，农产品领域的科技投入较低，出口的大都为低附加值产品，导致农产品在国际市场上缺乏主要的核心竞争能力。从农产品的国际市场占有率和贸易竞争力指数这两个指标来衡量，2014 年我国农产品的国际市场占有率为 4.1%，相较于美国的 10.28%和欧盟地区的 10.12%还有较大的差距；农产品贸易竞争力指数为−0.4，不具备竞争优势，除欧盟外，世界主要农产品大国的 TC 指数都在 0 值以上。以上两个指标都说明了我国农产品缺乏贸易竞争能力。

2.2 我国农产品进口需求旺盛原因研究

进口方面，近年来，由于我国的农业生产资源总体匮乏，农业上的科技投入较低和人民币的升值等因素导致我国国内的主要大宗农产品价格水平偏高。同时由于全球范围内的经济复苏迟缓，对于主要的大宗农产品的需求将持续处于较低水平，导致国际市场农产品价格水平偏低。因此，国内市场农产品的价格高于国外农产品市场价格，形成价格倒挂现象。短期的价格倒挂将造成农贸商品进口量的大幅增加，从而进一步加剧农产品的逆差规模，长期内，将对我国的粮食安全问题产生负面影响。②

此外，我国的农业生产资源包括耕地资源和农业灌溉水资源都有较大的缺口，加上有限的农业生产资源分布不均，农业生产机械化水平不能完全覆盖和自然灾害的频发致使我国的农产品总供给存在缺口，从而导致我国农产品的出口规模较小和对进口的需求较大，引发农产品贸易逆差。从相关的数据来看，2014 年我国粮食作物的自给率为 96.75%，食用油脂的自给率仅有 31.39%，棉花的自给率为 69.93%。我国主要农产品的自给率并不能完全符合总人口的生活需要，甚至在某些农作物上面自给率严重不足。由此可见，我国主要农产品的供给并不能完全满足需求，很多生活必需的农产品必须依赖国际进口，这可以解释我国农产品长期处于逆差状态的原因。

3 农产品贸易逆差影响因素实证分析

上文从出口和进口两个方面分析了我国农产品逆差形成的原因，接下来将从计量经济的视角进一步实证分析影响我国农产品逆差的主要因素，由于影响分析因素众多，实证研

---

① 江凌，陈玛丽．技术性贸易壁垒的经济效应及对我国农产品出口的影响[J]．西南师范大学学报，2013(03)：149－155.

② 高云龙，肖坚．完善农产品价格形成机制问题研究[J]．价格月刊，2014(09)：17－21.

究部分也将从进口和出口两个角度出发进行定量分析。

3.1 出口面因素实证分析

主要选取的变量有：我国历年农产品总出口额(EX)，国际市场农产品需求额(X_1)，国内市场农产品供给额(X_2)，国内市场农产品需求额(X_3)，农产品的国际贸易竞争能力(X_4)，人民币汇率(X_5)，我国历年农产品总进口额(X_6)。

首先对数据的平稳性进行检验，由于在实际的验证过程中在5%水平之内各个自变量间不能形成同阶单整，所以对国内市场需求(X_3)和农产品进口额(X_6)取对数分别记为LX_3，LX_6，ADF检验结果表明EX，X_1，X_2，LX_3，X_4，X_5和LX_6在分别取了一阶差分后在5%以内，ADF值均小于检验临界值即均为一阶单整，因此根据协整的定义可进一步进行协整检验。

最小二乘法得出的回归方程为：

$$EX=1549.318+0.0063X_1+(3.97\text{E}-05)X_2-157.39LX_3+593.49X_4-1.528X_5+0.98LX_6$$

对此方程的残差序列进行ADF协整分析结果表明残差序列的ADF值小于1%显著水平下的临界值，是以该残差序列是平稳的即方程的因变量和自变量间是(1,1)阶协整，说明EX和X_1，X_2，LX_3，X_4，X_5，LX_6之间存在长期稳定的“均衡”关系，可以建立经典多元回归模型。

最后对变量进行逐步回归，在解决了序列相关性的问题后最终的最优方程为：

$$EX=-166.59+0.017X_1-0.632X_5$$

即国际市场上农产品需求每变化一个单位导致我国农产品的出口额变化0.017个单位，人民币的汇率每变化一个单位导致我国农产品的出口额变化0.632个单位。

通过上述的分析可以得出结论，影响我国农产品出口最主要的影响因素为国际市场农产品需求和人民币的汇率。

3.2 进口面因素实证分析

主要选取的变量有：我国历年农产品总进口额(IM)，国内市场农产品供给额(X_1)，国内市场农产品需求额(X_2)，进口农产品的市场价格(X_3)，农业的生产成本(X_4)，人民币汇率(X_5)，我国历年农产品总出口额(X_6)。

首先对数据的平稳性进行检验，由于在实际的验证过程中在5%水平之内变量之间不能形成同阶单整关系，所以对农产品进口额(IM)和国内市场需求(X_2)取对数分别记为LIM，LX_2，ADF检验结果表明LIM，X_1，LX_2，X_3，X_4，X_5和X_6分别取一阶差分后在5%以内，ADF值均小于其临界值即均为一阶单整，因此根据协整的定义可进一步进行协整检验。

最小二乘法得出的回归方程为：

$$LIM=-9.686+(1.15\text{E}-07)X_1+1.171LX_2-0.003X_3+0.019X_4+0.00069X_5+0.00016X_6$$

对此方程的残差序列进行ADF协整分析结果表明残差序列的ADF值小于1%显著水平下的临界值，所以该残差序列是平稳的即方程的因变量和自变量间是(1,1)阶协整，说明LIM和X_1，LX_2，X_3，X_4，X_5，X_6之间存在长期稳定的“均衡”关系，可以建立经典多元回归模型。

最后对变量进行逐步回归，在解决了序列相关性的问题后最终的最优方程为：

$$LIM=-9.1+1.154LX_2+0.017X_4$$

即国内市场农产品需求变动 1 个百分比导致农产品进口额变动 1.154 个百分比，农业成本每变动一个单位导致农产品进口额变动 0.017 个百分比。

通过上述的分析可以得出结论，影响我国农产品进口最主要的影响因素为国内市场农产品需求和我国农业生产成本。

4 改善农产品贸易逆差的对策

4.1 建立技术贸易壁垒(TBT)应对和预防措施

从个人和农产品出口企业的角度来看，针对目前国际农产品市场盛行的技术性贸易壁垒和绿色贸易壁垒，生产和加工环节出口企业需要严格把控，营造绿色无污染的生产环境，同时加大科技投入生产符合检验检疫标准的农产品；从行业协会的角度来看，作为一个非营利性组织需要履行其职能服务于农产品出口企业，帮助他们学习市场通用的规则和惯例，尽可能规避 TBT，维护出口企业的总体利益，解决和协调 TBT 相关的贸易争端和摩擦；从国家的角度来看，为了维护本国出口企业和广大农民的利益，政府应该积极地制定相关政策完善农产品的标准化体系，严格农产品的检验和检疫标准，使其与国际接轨，与此同时建立和 TBT 相关的预防系统，最大限度减小出口企业的损失。

4.2 加大生产过程中的科技运用，提高农产品的核心竞争能力

首先，从生产和流通两个环节降低农产品的交易成本提升农产品的出口附加值，创建国际性商标和品牌①；其次，农产品出口企业在生产环节应追加和支持科技的投入和技术的创新，推行集约化机械化农业。在流通过程中应发展现代电子物流系统，减少流通环节数量。在出口销售环节，注重包装物的材质和绿色卫生，进一步实现精细包装，提升出口农产品的档次，重视农产品电子商务的发展②；最后，通过增加农产品附加值、降低生产成本和政府政策扶植使其具备一定的国际竞争力，同时加强产业集聚，建立农产品出口加工园区，创造规模经济效益，节省流通成本。

4.3 维持农产品价格水平，改善价格倒挂现状

政府在国内农产品价格过高的时候提高相关的农业生产补贴，调动农民和企业生产的积极性，满足我国居民的需求和农产品的供给；在农产品价格过低的时候加大政府采购力度，保证农产品价格维持在一个可控的水平上，通过这种方法提高农产品的价格调控和预警机制。此外，政府需要发挥宏观上的调控职能，充分使用财政拨款和资金对农产品出口企业和个体农户实施相关的政策优惠和补贴，确保出口企业有利可图，从事生产活动的农民收入满足基本的生活需要，从而保证农产品的产量以降低国内市场价格。

4.4 保证国内农产品的供给以减少进口

第一，我国是一个人口大国，农产品特别是粮食问题一直是影响我国生存和发展的大问题，保证粮食的供给不仅需要增加粮食的产量，还需要完善我国的粮食储备系统，确保市场供应充足，降低对进口的依赖。③ 第二，我国虽然地大物博，但是农业资源分布极为不均匀，因地制宜地进行农业的生产和耕作，充分利用各地区的不同资源，发展有地方特色的农

① 刘雪飞，胡胜德. 国外农产品品牌建设的基本经验及启示[J]. 世界农业，2014(6)：1—5.

② 李乾杰. 美国、日本农业机械发展的经验[J]. 世界农业，2013(04)：91—94.

③ 吴娟. 基于粮食安全的我国粮食储备体系优化研究[D]. 武汉：华中农业大学，2012(06).

业模式，对保证国内的农产品供给影响深远。第三，发展机械化集约化生产，引导农民之间的合作化生产，创造规模生产效应，降低农产品的生产成本，进一步增加农产品产量。①

参考文献

[1] 江凌，陈玛丽. 技术性贸易壁垒的经济效应及对我国农产品出口的影响[J]. 西南师范大学学报，2013(03)：149—155.

[2] 高云龙，肖坚. 完善农产品价格形成机制问题研究[J]. 价格月刊，2014(09)：17—21.

[3] 刘雪飞，胡胜德. 国外农产品品牌建设的基本经验及启示[J]. 世界农业，2014(6)：1—5.

[4] 李乾杰. 美国、日本农业机械发展的经验[J]. 世界农业，2013(04)：91—94.

[5] 吴娟. 基于粮食安全的我国粮食储备体系优化研究[D]. 武汉：华中农业大学，2012(06).

[6] 罗列. 农户经营高附加值农产品的交易成本障碍分析[D]. 杨凌：西北农林科技大学，2012(04).

① 罗列. 农户经营高附加值农产品的交易成本障碍分析[D]. 杨凌：西北农林科技大学，2012(04)。

基于“中概股”事件的中美监管之比较研究

学生姓名：王雨玚　指导教师：沈小燕
南通大学商学院，会计学专业，学号：1204042072

【摘　要】 本文简要介绍中概股的概念、现有中概股企业的上市情况和退市情况，从中美两国会计准则的差异、信息披露的差异和文化的差异及原因中进行分析。通过案例提出现有企业面对中概股事件的应对方式与措施，为赴海外上市企业能够更好地适应中美监管的差异提出相对应的政策建议。

【关键词】 中概股；会计监管；会计准则差异；信息披露

1　绪　论

1.1　研究背景及意义

随着全球资本市场的不断发展，越来越多的中国公司选择去海外上市，但由于对境外市场的了解不够全面以及做空机构的做空行为，不少企业遭遇诚信危机。中国与美国之间的国情、文化、会计准则、信息披露和法律体系，既有共通之处，也有不少差异，从而导致一些矛盾、争议。虽然国内证券市场发展较发达国家晚，会计监管成文不够完备，也没有建立相应的完善的上市公司会计监管体系，但是国内企业和政府开始注重问题和解决问题，缩小和适应这些差异。企业如何解决这些问题，适应差异已经成为“中概股”事件中遗留问题中的重点。

1.2　研究方法与创新

本文紧密联系当前实际，根据所搜集的资料与数据，分析近年来中美会计监管准则的差异和监管措施的差异；案例分析“中概股”企业所面临的问题，通过理论研究与实践调查相结合，运用相关理论探索解决“中概股”企业所遇到的主要问题。本文的创新之处在于，针对企业的应对做空危机时，单独设立了反做空机构，这一机构能使企业更好地应对危机，也提出了相关政策建议，以及在上市的现状分析上将案例整理到 2016 年纽交所中国上市公司。

2　“中概股”企业上市与退市现状分析

2.1　“中概股”企业上市现状

中概股上市可大致分为两个阶段，2000—2011 年为第一阶段，2012—2016 年为第二阶段。中概股在两个阶段存在不同的情况。

2.2　“中概股”企业退市现状

中国概念股从一开始受热烈追捧，到遭受诚信危机，再到浑水等做空机构调研、机构质疑和被频频做空，中国概念股在 2010 年后的 2 年间受到了从山顶到山谷般的变化。就拿分众传媒来说，以浑水为代表的机构对分众传媒提出质疑，这给分众传媒造成很大牵制，股价不断下跌。国内的其他中概股企业也同样遭受到了类似的打击。

不少企业面临冲击后选择“私有化”①退市。2015 年以来，已有智联招聘、聚美优品、博纳影业等 30 余家中国企业宣布私有化，直白的态度与立场正式掀起中概股集体退市潮，退市规模超过去四年的总和，总规模逾 400 亿美元。②

2.3 阿里巴巴案例分析

2016 年 5 月 25 日，阿里巴巴集团提交了年报，之后披露正在配合 SEC(美国证监会)的例行问讯，导致阿里巴巴及其领衔的中概股不同程度下跌。美国证监会对阿里巴巴的问讯，首先是想了解阿里巴巴这独特的“双 11”运营模式，其次是调查其专有的菜鸟网络物流公司的会计操作和未来规划。这一次问讯事件，导致阿里的股价大幅下降并波及其余中概股。但是，阿里主动配合证监会的调查，公开相关材料，主动出击证明自己，在第二天股价大幅度回升。

3 基于“中概股”事件相关监管问题分析

3.1 基于会计准则暴露出的问题

2009 年东南融通曾委托一家中介机构 xlhrs③，对自身员工支付合计 568 万元的职工福利费。做空机构针对此项事件提出质疑，因为根据现有的员工数量和薪酬水平及职工福利费的计提，认为东南融通的职工福利费应该在 2000 万元以上，所以存在极大的隐瞒费用和夸大利润的财务舞弊的可能性，东南融通公司遭受到了做空机构的一次重击。[1]

3.2 基于信息披露暴露出的问题

在美的上市公司是否能进行及时而持续的信息披露尤其重要。当前，信息披露不及时问题是“中概股”企业在海外受到集体诉讼的主要原因。

比如 2014 年陌陌成功进入纳斯达克前，总共有四轮投资。2012 年网易科技报道阿里投资 4000 万美元，经纬投资 1000 万美元，则网易第二轮一共收到 5000 万美元的投资。事后，陌陌的 CEO 并未直接否认这个数字，表示投资方以及数额无法透露。实际并非如此，在 2014 年 11 月 7 日陌陌递交的招股书(P130)记录显示，经纬没有投资 1000 万美元，仅投资 150 万美元，阿里并没有出资 4000 万美元，而是投了 1500 万美元。但是之后的第三轮、第四轮投资媒体都报少了。④

3.3 基于诚信暴露出的问题

2010 年，东南融通造假事件引发“中概股”风波，导致美国证券交易委员会对此高度重视，美国证券交易委员会随后便开始加强对境外上市企业的监管。东南融通一案是中美审计争议的标志性事件。涉嫌财务造假的东南融通，是德勤中国会计师事务所为其做审计服务的。美国证券交易委员会多次向会计事务所索要东南融通的审计底稿没有结果后，向法院提出诉讼。这导致了之后的一段时间中国公司很难在美国成功上市。而浑水公司、香橼公司等做空中概股的公司博得了大众的关注，同时也获取了高额的报酬。[2]

---

① 私有化指上市公司大股东或重要股东回购该公司所有流通股票，从而取消上市资格.

② Wind 资讯.

③ xlhrs：厦门人力资源服务机构 Xiamen LonGTop Human Resource Service.

④ http://www.arfa.cn/6060.html.

4 基于“中概股”事件的中美会计监管比较

4.1 会计准则差异

在制定方式上，美国进行规范化公平化的制定程序，信息公开透明，而我国则是金字塔形自上而下的决策性的制定程序。

在会计实务上，两国采取不同的会计处理方法会产生不同的实务结果，所以“中概股”企业在美国上市会产生处理方式差异的矛盾，也会造成一些事务所产生处理的错误。中国的会计准则在大方向上相比美国的会计准则更加整体和全面，具备了严密的逻辑体系，规定了全面的范围。但是，中国的会计准则在细小之处的处理上还有许多需要改进的部分，比如对于一些重要术语缺乏必要的说明和解释。[3]

4.2 信息披露差异

从法律的规范程度上可以看出，美国对信息披露的严密监管程度更加深。中美两国在信息的标准规范程度上也是十分不同。我国对信息披露的格式有严格的规定，一切的信息指标都倾向数据化和利于管理的方式，而美国更加注重信息间的关联度和明确度，同时，除了必需的数字和文字外，还会添加图表等更加丰富的形式，更具亲切感。

从数据的事件长度来看，我国的财务数据、指标等都是进行三年的收集，将其披露。而美国则是采集五年以上的数据进行披露和分析，数据更多就难以财务造假，也更具真实性。而从政策来看，我国缺少对金融衍生工具、通货膨胀的相关会计政策。美国在信息披露的最后一部分还会放上企业承担的社会责任，例如环境保护、污染治理等，说明在披露信息的同时还会把社会责任作为己任。[4]

4.3 中美诚信文化差异

中国自古就是集权型的国家，崇尚集体的整体利益，强调社会价值的实现，目的是实现企业的稳定运行，所以国内的企业在发布财务报表时都将最好的一面展现给投资者，而一些瑕疵与缺陷则由会计事务所通过特定方式而让使用者看不出有重大错报风险，这是大多数国内企业的“传统”。[5]而美国，第1号财务会计概念公告中提出“编制财务报告应为现在和潜在的投资者、信贷者以及其他用户，提供有价值的信息，以便作出合理的投资、信贷和类似的决策”，投资者所需要的信息需要放在首要的位置，这与我国将政府决策放首要位置大有不同。

5 面对“中概股”事件的企业应对能力

5.1 企业反击方式

当企业受到恶意攻击应快速反应，迅速发布报告，公开透明，企业保持开放。同时及时地进行信息披露，发放财务报表稳定投资者，加强与投资者的沟通，减少双方之间的摩擦与不理解。奇虎360在回应香橼发起的唱空上就做了很好的示范，第一轮唱空时，还没准备好，但是面对后面几轮的唱空都做足了准备，所以唱空机构唱空失败。[6]

信用的建立首先依赖于沟通，投资者面对来自各行各业、成百上千的股票，他投资哪一种股票，都具有不确定性，所以要和投资者建立沟通。与投资者有良好的沟通，一些长期投资者对企业的未来持乐观态度，愿意持有股份，不会变动手中的股票，股价就会非常稳定。要达到这种状态，就要建立信用。同时更重要的是对业绩的支持，达到或是高出预期，企业的整体业绩提升，整个季度的承诺完成好，就会将信任建立起来。

5.2 企业战略调整

企业在海外专门设立反做空机构，培养相应的人才。首先，在被做空的情况下，绝对不保持沉默，一定要在第一时间做出回应。如果无法在第一时间对每一个做空回应，也可以在总体上做出回应。随后，机构做出详细的回应。

"中概股"回归转战内地市场的三种方式，一是 IPO，二是借壳上市，三是登陆新三板市场。

6 相关政策建议

中概股普遍被低估价值，面对做空机构的做空阻击，企业应该完善好自身的应对机制，同时加强自身的内部控制机制。内控建设涉及各方面，需要科学构建，规范相关的内控制度，使之易于实施，尤其是要加强成本控制，企业具有良好的业绩，才能与长期战略投资者维持良好的关系。同时，需要我们政府更加完善法律法规，但是也要考虑到我国的国情与文化差异。[7] 在普通法中，应完善有关的法律条文，将专门法与普通法口径修改一致，防止做空机构钻法律的空子。针对选择转战市场的企业，可以选择接近境外市场的全新市场来重新登录，但是也要遵守新市场的准入规则和证券法规。

参考文献

[1] 邓瑞. 跨国审计监管合作研究——基于东南融通案例分析[J]. 现代商贸业，2015(08)：79—80.

[2] 陈树国. 中国企业境外上市信息披露的问题与启示——以东南融通美国上市为例[J]. 海南大学学报，2013(02)：90—94.

[3] 胡雯珍，薛慧，崔雪. 中美会计准则差异分析——对会计信息确认及计量的影响[J]. 现代商业，2015(15)：164—165.

[4] 陈竹韵. 中美上市公司财务信息披露差异分析[J]. 北方经贸，2006(10)：53—55.

[5] 彭瑾. 中美会计准则的差异及其原因分析[J]. 西部财会，2012(08)：43—45.

[6] 董雪萍. 美国香橼唱空中国奇虎 360 研究[D]. 郑州：郑州大学硕士论文，2013.

[7] 季晓燕. 后金融危机时代中美会计监管比较及启示[J]. 商业会计，2013(10)：36—38.

电商模式下传统旅游行业盈利能力分析

——以中青旅为例

学生姓名：徐　雯　指导教师：倪　苏

南通大学商学院，会计学专业，学号：1103012035

【摘　要】文章以中青旅企业为例，分析其近三年的盈利状况，对其推出遨游网之后的盈利能力进行综合评价，通过与纯电商模式的携程旅行网进行对比，借助杜邦分析法找出中青旅与携程的差距及原因，并对增强传统旅游企业盈利能力提出对策建议。

【关键词】电商模式；旅游行业；中青旅；盈利能力

1　盈利能力相关概念

1.1　盈利能力概念

盈利能力指的是企业可以取得收益的能力。利润率相对而言较高的企业，获利能力就比较强，通过计算相关指标，可以反映企业经营成果的好坏。[1] 在分析企业盈利能力的时候，应当排除非正常性损益，不应该包括非持续经营和非常项目。[2]

1.2　盈利能力的分析方法

1.2.1　比率分析法

比率分析法是指将财务报表中相互间有着一些内部联系的两个或者两个以上科目的数值进行相除，计算其相应比率，从分析的目的及作用角度，将财务比率分析分为结构比率、效率比率、相关比率。[3]

1.2.2　比较分析法

比较分析法是指选定标准数值，并按照这个将企业与之相关的财务数据或指标数值与之进行对比，计算数值差异并分析产生差异的原因，常用的标注有：本公司历史上曾经达到过的最好指标、当期计划或预算指标、同行业平均水平、国内外同行业先进指标。

1.2.3　趋势分析法

趋势分析法是指对企业两期有持续性财务报表中相同的指标进行对比，比较它们的增减变化金额差异及幅度，主要方式有比较财务报表数据绝对额、比较重要财务指标、比较财务报表项目构成。[4]

2　电商模式下旅游行业盈利现状分析

2.1　传统旅行社的盈利特点

第一，传统旅行社的利润来源主要是从上游供应商取得的差价，通过大量的购买量来获取来自上游的低价，从而减少成本费用。第二，传统旅行社通过各种销售手段和营销渠道为旅游者提供与旅游相关的各类服务，主要是通过广播报纸广告等宣传形式，主要的交易渠道包括直营店及代理店。第三，传统旅行社盈利能力的强弱与上游的关联度很高，上游的采购成本会直接影响旅行社的经营状况。第四，传统旅行社提供相关服务主要利用电话、传真等传统的信息技术方式。[5]总的来说，传统旅行社的盈利能力主要来自对上游的各类资源进行组合和通过宣传建立下游销售渠道。

2.2 电商模式下旅游行业盈利现状

2015年我国在线旅游交易金额达到4326亿元，同比增长40%，预测2016年在线旅游市场交易金额能够达到5421亿元，渗透率将超过10%。

虽然形势看好，但现在真正盈利的电商平台很少，其存在着短期为了扩大市场占有率而亏损的问题，但电商平台盈利只是时间问题，因为旅游业与电子商务结合可以降低旅游企业的运营成本，信息传递成本和营销中介成本也会降低。由此可见，电商模式可以弥补传统旅游业的不足，提高时效性和便捷性，降低交易成本，实现产业结构的升级，为旅游业的发展开拓市场。

3 中青旅盈利能力分析

3.1 中青旅控股股份有限公司概况

中青旅控股股份有限公司(以下简称中青旅)是采用社会募集方式、由中国青旅集团公司作为主发起人成立的股份有限公司，拥有总股本4.1535亿元[6]。

3.2 中青旅资本盈利能力分析

3.2.1 净资产收益率分析

中青旅2013—2015年净资产收益率逐年递减，分别为10.93%、9.9%、6.51%。2014年净资产收益率比2013年减少了1.33%，主要是由于2014年净利润同比增长48.85%，净资产同比增长64.2%，净利润增长速度低于净资产的增长速度。2015年由于企业净利润出现下滑，但净资产同比增长19.66%，净资产收益率比上一年减少了3.09%。从2015年的利润表中看出，2015年主营业务收入减少0.3%，投资收益下长期股权投资收益同比减少62.17%，这说明中青旅资产盈利能力在下降。总体来看，中青旅净资产收益率三年平均值为9.12，低于行业均值10.63。

3.2.2 每股收益分析

与净资产收益率的变动相一致，中青旅2013－2015年基本每股收益逐年递减，其主要原因还是净利润发生了变化。

3.3 中青旅资产盈利能力分析

3.3.1 总资产净利率分析

中青旅2013—2015年总资产净利率变化幅度很小，可以用销售净利率与总资产周转率的乘积来表示总资产净利率，2013—2015年的总资产周转率分别是1.16次、1.24次、1.15次，没有太大变动，2013—2015年销售净利率分别是5.14%、4.78%、4.32%，呈下降趋势，并且销售净利率的变动对总资产净利率的影响较大，所以2013年至2015年总资产净利率有轻微的下降，可见，中青旅近三年来运用资产获得净利润的能力有所降低。

3.4 中青旅经营盈利能力分析

3.4.1 销售净利润率分析

中青旅2013—2015年销售净利率逐年降低，2014年，虽然其净利润和营业收入都有所上升，但是营业收入上升幅度(13.85%)大于净利润的上升幅度(6.05%)，主要原因是2014年的期间费用上升了6.8个百分点，所以净利润的上升空间缩小，2015年同2014年相比，营业收入与净利润都在减少，主要是由期间费用的上升以及投资收益中因长期股权投资收益减少而大幅度下降了267.71%所导致的。

3.4.2　成本费用利润率分析

2013—2015年，中青旅花费100元的成本，可以创造出的利润分别是6.39元、6.58元和6.54元，2014年在这三年中成本费用利润率相对好一点，但是中青旅这三年的成本费用总额还是比较高的，可能是因为该企业目前仍然在大力地推广遨游网网站，对其投入建设费用比较大，销售费用中的宣传推广费用每年递增，因此，企业应当特别注意对其在线平台成本进行控制。

3.5　遨游网推出后中青旅盈利能力综合分析

在2005—2015年中，2005年中青旅的各项盈利能力指标达到最低，盈利能力最弱，这10年中，各项指标的变化趋势基本保持一致，总体呈缓慢上升的趋势，2005年与2000年相比，中青旅盈利能力指标也出现了大幅度的降低，2005年中青旅推出遨游网，处于投资期，投入的成本大，对于成本费用的控制能力较弱，盈利能力也是近15年中最低的，在2005至2015年期间，中青旅盈利能力有上涨也有下跌，但是总体呈现出缓慢上升趋势，说明电商模式下的中青旅在不断地进步。

通过分析，现在电商模式下的中青旅盈利能力是不如2000年时传统经营模式下的，但是与电商结合是大势所趋，并且盈利能力也在缓慢上升，因此提高遨游网的销售额，使之在竞争激烈的市场中占有一席之位是中青旅所面临的挑战。

3.6　中青旅与携程旅行网盈利能力对比分析

中青旅2013—2015年反映盈利能力的指标出现了下降，但是降低的幅度很小，另外，在2014年除每股收益外，其余指标均超过携程，反映资产盈利能力的总资产报酬率指标在这三年间也呈现出小幅下降的态势。2013年和2015年与携程相差很小，中青旅的资产盈利能力总体有缓慢上升，但是仍有一定的提升空间；反映资本盈利能力的净资产收益率指标同总资产报酬率类似，净资产获利能力稳定，但是每股收益指标近三年与携程相差较大，说明中青旅普通股股东所持有的每一个公司股份所享有的公司利润较低，股东的收益水平较低；体现经营能力的销售净利润率和成本费用率指标在2013年与2015年均与携程有较大差距，说明中青旅在销售能力以及成本费用控制能力上需要进一步的提高，总的来说，中青旅获利能力虽出现小幅下降，但是发展稳定，企业管理、经营水平良好，有很大的进步空间。

3.7　中青旅与携程的杜邦财务综合分析对比

2015年中青旅净资产收益率为6.51%，携程为9.27%，二者相差幅度不大，净资产收益率相差的2.76%，主要原因是中青旅的权益乘数低，说明中青旅的负债比率比携程低，企业对负债经营利用程度不如携程，但是财务风险也比较小，因此，中青旅偿还债务的保证程度较高。

2015年中青旅总资产净利率比携程低1.65%，虽然销售净利润率比携程低17.7%，但是总资产周转率高于携程。而销售净利率又受净利润与营业收入的影响，导致中青旅净利润比携程少19.42亿元的原因主要是中青旅的总成本费用是携程的1.2倍，因此，中青旅应重点提高成本费用控制能力。总的来说，中青旅2015年与携程相比，资产结构合理，营运能力及偿债能力较好，资产使用效率高，资产规模适度。

4 电商模式下旅游行业增强盈利能力的对策

4.1 提高资产及销售盈利能力

取得收益的最重要来源是营业收入，增强盈利能力的关键是提高企业在销售过程中的获利能力[7]，传统旅游行业在依靠传统的经营业务来获取利润的同时，需要兼顾在线平台来开拓市场，增加销售收入，要利用电子商务旅游网站开展个性化服务，针对不同消费者的需求，对信息进行提炼整合，将旅游信息分门别类，客户可以根据自己的需求来进行个人定制，可以拥有独一无二的商品。

4.2 加强成本费用控制

企业不仅要控制产品成本，还要严格控制在生产经营销售过程中所耗费的期间费用，从而增加收益。[8]传统旅游行业开展电子商务旅游网站服务最关键的就是控制成本费用支出，其建立电商平台的投入成本大，但是在线旅游业务为其带来的收入不及它的支出，因此电商模式下的传统旅游业要逐渐提高管理企业的成本费用水平，减少营业成本及期间费用。此外，企业的生产经营规模也会对成本费用产生影响[9]，旅游行业在结合电商模式时要考虑到网站的开发运营需要强大资金的支持，应制定合理的经营规模，尽可能地减少企业的生产成本。

4.3 加快资产周转速度

传统旅游企业应当重视营运能力的提升，用较少的资金创造较高的收益，更需要对自己的在线平台定期地对生产经营活动进行分析总结，及时、准确地查找企业生产经营过程中潜在的问题，并制订相关方案，从而不断提高公司的经营绩效。[10]

4.4 降低资产负债率

传统旅游企业应当不断提高税后利润，加强企业内部资金的管理，减少成本费用，提高销售利润率，扩大融资渠道，同时有适当的负债，优化企业资本结构，使得获利更大。[11]

传统旅游业还可以通过一些非指标对策来增强盈利能力，比如传统旅游企业可以加强对旅游市场的专业化细分，网站寻求深度专业化，做好差异化市场定位。[12]结合旅游企业目前拥有资源分配情况，创新经营模式以及对在线旅游产品、对关键的部分进行组合，通过提升网络技术水平，加强移动终端技术，通过移动终端业务量来提高营业额。

5 结　　论

传统旅游企业必须在拓展自身业务、扩大在线旅游平台的建设时，重视控制成本费用的支出，在扩大线上业务的同时，也不能忽视了原有的主要经营活动，企业要确保有足够的资金流，来取得较好的经济收益，保证企业的利润来源，同时提高产品营销能力从而保持盈利能力的不断上升。

参考文献

[1] 张先治，陈友邦. 财务分析[M]. 大连：东北财经大学出版社，2014：174.

[2] 查尔斯·H. 吉布森. 财务报表分析[M]. 大连：东北财经大学出版社，2012：210.

[3] 陈胤默. 新疆燕京啤酒有限公司盈利能力分析及对策研究[D]. 石河子：石河子大学，2013：1—30.

[4] 李远慧，郝宇欣. 财务报告解读与分析[M]. 北京：清华大学出版社，2011：176.

［5］ 高锐.浅谈中国旅游业发展现状及发展趋势[J].经济发展研究，2012(5)：82.
［6］ 许磊.旅游上市公司财务状况分析及对策研究[J].改革与开放，2013(18)：18—20.
［7］ 段翠莲.对企业盈利能力分析的探究[J].经济论坛，2012(268)：27—28.
［8］ 李亚伟.财务报表分析[M].北京：中国水利水电出版社，2014：188.
［9］ 徐飒.我国上市公司盈利能力及影响因素研究[J].会计师，2014(23)：20—21.
［10］ 汤青.中国上市公司盈利能力影响因素的实证分析[J].山东财政学院学报，2005(2)：56—59.
［11］ Mihail，N. Diakomihalis. Financial Structure and Profitability Analysis of Greek Hotels[J]. The Journal of Hospitality Financial Management，2011，Vol. 19(1)：51—70.
［12］ Ray Ball，Joseph Gerakos，Juhani T. Linnainmaa，Valeri Nikolaev. Accruals，Cash Flows and Operating Profitability in the Cross Section of Stock Returns [J]. Journal of Financial Economics，2015.

要素积累与中国出口商品结构升级

学生姓名：褚张娟　指导教师：马　飒

南通大学商学院，国际经济与贸易专业，学号：1204012040

【摘　要】随着经济不断发展，中国资本与技术要素不断积累，出口商品结构也发生了重大改变。为进一步论证要素积累对中国出口商品结构升级的影响，本文通过中国要素与出口商品结构现状分析，结合现有理论基础，进行实证研究，进而得出相应结论并提出相关对策。

【关键词】要素积累；出口商品结构；贸易转型升级

1　中国出口商品结构与要素积累现状

1.1　中国出口商品结构现状

2009年，中国取代德国成为世界第一大商品出口国。与此同时，中国出口商品结构也在悄然改变。1980—2014年，初级产品占比由50.30%降到4.81%。工业制成品占比则由49.70%增加到95.19%。这说明目前我国的工业制成品已经取得了出口商品中的主导地位。在此期间工业制成品出口结构也发生了较大改变。资本密集型产品在工业制成品的比重到2014年超过50%，高技术产业的出口额也在逐年上涨。2014年高技术产品出口贸易总额比2005年增长超过200%。从专利申请情况来看，2011年中国成为世界第一大专利申请国，2015年专利数量突破200万件。但高技术产品在出口贸易额的占比波动较大，2014年占比大幅下降，达到自2005年以来的最低水平。这说明高技术产品对出口贸易额上涨的贡献并不是太大。

由此可见，总体上中国出口商品结构处于不断升级之中。

1.2　中国要素积累现状

中国自入世以来，积极参与国际贸易活动，要素积累状况随之发生了较大的改变。

从劳动要素来看，根据2014的《世界概况》，中国仍是全球劳动人口最多的国家。① 国际上通常认为一国总人口中有超过10%在60岁以上，或超过7%在65岁以上，则说明该国已经处于人口老龄化阶段。② 而2014年中国60岁及以上人口占15.5%；65岁及以上人口数占10.1%。③ 由此可见，中国已经迈进人口老龄化的门槛。

从资本要素来看，2014年中国固定资产投资总额达512021亿元，比2005年约增长476.77%，环比增长约为14.73%，说明中国资本要素积累状况良好。而随着世界经济一体化和地区经济区域性合作日益增强，外商投资对中国资本要素积累发挥着越来越不可替代的重要作用。

从技术要素来看，2011—2014年高技术产业专利申请数年均增长量过万，中国正为积累更多技术要素而不懈努力。当然，技术要素的积累离不开高素质人才团队的建设。

---

① 凤凰财经，http://finance.ifeng.com/a/20140924/13142914_0.shtml.

② 王艳祯.人口老龄化挑战及其应对[J].农家科技，2011(S3)：62—62.

③ 中华人民共和国2014年国民经济和社会发展统计公报[J].中国统计，2015(3)，6—14.

2005—2014 年,我国高等教育人口数量总体呈增长趋势,体现了我国技术要素积累强大的储备力量。

总体来看,我国要素积累状况良好,为我国出口商品结构升级提供了良好的条件。

2 要素积累对出口商品结构的作用机理分析

H-O 理论认为,一国应专业化生产并出口密集使用该国相对丰裕生产要素的产品,进口密集使用该国相对稀缺生产要素的产品。[①] 如果两国的要素禀赋存在差异,就会造成这两个国家要素价格的不同,要素价格的不同又会使得两国生产成本不同,而这又会造成同一种商品在这两个国家的售价差异,进而促使国际贸易的发生。

罗伯津斯基进一步发展了 H-O 理论并指出,在商品相对价格保持不变的前提下,一种生产要素的增加,会使密集使用该要素的生产部门产量增加,而使其他生产部门的产量下降[②]。要素增加后,生产可能性边界将向外移动,且移动的方向偏向于密集使用该要素的产品。假设资本供给增加 ΔK,需要资本密集型部门(X)来吸收,要保证 X 部门能将新增资本完全吸收,还需一定的劳动力搭配,因此劳动密集型部门(Y)就不得不缩小生产规模,释放一定的劳动力 ΔL_y。Y 部门在释放劳动力的同时,也会释放出一定数量的资本,这些资本也将流入 X 部门,最后状态满足以下公式:

$$k_x=\frac{K_x}{L_x}=\frac{K_x+\Delta K+\Delta K_y}{L_x+\Delta L_y}\quad k_y=\frac{K_y}{L_y}=\frac{K_y-\Delta K_y}{L_x-\Delta L_y}$$

当满足上述两式时,所有要素都得到了充分利用,结果 X 部门生产扩大,Y 部门生产下降。因此一个国家,尤其是发展中国家,可以通过要素积累来实现比较优势产业的转变。

3 要素积累影响中国出口商品结构升级实证分析

本部分选取 1995—2014 年的数据构建模型,验证要素积累对中国出口商品结构的影响。

3.1 建立模型

本文对所选变量取自然对数,β_0、β_1、β_2、β_3、β_4 为待估参数,μ_t 为随机干扰项。所得模型为:

$$\ln EDI=\beta_0+\beta_1\ln EDU+\beta_2\ln FDI+\beta_3\ln FIX+\beta_4\ln PATENT+\mu_1$$

3.2 变量及数据说明

EDI:表示出口商品差异指数,数据来自 Unctad。将中美 i 商品出口比重之差取绝对值后加总再乘以 100。[③]该指数越大,则意味着中美出口结构差异越大。

EDU:表示人力资本水平,数据来自国家统计局,由中国大学入学人数占非农人口比重表示。一国高等教育人口占比越大,则表明其劳动力的生产技术水平越高。[④]

---

① 蔡洪杰.中国进出口产业要素密集度的 H-O 定理实证[J].沿海企业与科技,2008(7):10—12.

② 薛荣久.国际贸易[M].北京:对外经济贸易大学出版社,2008:5—18.

③ Zhi Wang, Shang-Jin Wei. What Accounts for the Rising Sophistication of China's Exports? [M]. National Bureau of Economic Research, Inc, 2010: 63—104.

④ 刘笑飞.世界人口大国高等教育人口比重的比较研究[C].中国教育经济学年会会议.2006:119—127.

FDI：表示外资流入，数据来自国家统计局，由中国实际利用外商直接投资金额表示。外资有利于扩大资金来源、改善投资效益，扩大产出、增加利润，有利于引进先进技术。①

FIX：表示固定资产，数据来自国家统计局，由中国全社会固定资产投资金额表示。该指标能综合反映固定资产投资规模大小、投资速度、其各部分的比例关系以及使用的方向。②

PATENT：表示技术水平，数据来自国家统计局，由中国专利申请授权数表示。专利数量能反映一国科技实力，其积累是提高该国新兴产业竞争力的重要支撑。③

3.3 检验结果分析

3.3.1 单位根检验

为保证变量同阶平稳，本文应用 ADF 单位根检验方法，同时检验单位根，所选变量在1%的显著水平下全部二阶单整，因此能够采用协整分析对各变量之间的关系进行检验。

3.3.2 协整检验结果

由 Johnson 协整分析得出所选变量之间协整关系，结合本文需要，得出所需协整方程为：

$$\ln EDI = -2.581\ln EDU + 7.895\ln FDI - 0.142\ln FIX - 0.616\ln PATENT$$

外资变量系数为正，说明外资流入扩大了中美出口商品结构差异。目前，部分国家将传统加工制造业转移到我国，以节省劳动力、运输等成本，可能是造成这一结果的原因。此外，其他变量的系数均为负，则说明资本、技术和人才的积累推动了中国出口商品结构的升级。

3.3.3 格兰杰因果检验

根据检验结果，外资流入与固定资产的确是引起出口差异化指数变动的原因，而人力资本水平和技术与出口差异化指数之间虽然存在相关的数量关系，但不存在因果关系。这反映出目前我国的人力资本和技术水平还较低，对出口商品结构的升级没有起到应有的作用。

4 结论与建议

综上分析发现，要素积累与中国出口商品结构升级联系密切。要实现我国出口商品结构升级，必须进一步推进人力资本要素与技术要素的积累，促进资本与技术密集型产业的发展。

4.1 吸引外资流入，增加国内资本要素拥有量

由分析发现，我国目前的外商直接投资资金实际上扩大了中美出口商品结构差异。因此要提高 *FDI* 质量，优化外商投资分布，同时重视国内资本的积累，充分发挥民营企业作用。

---

① 江小娟，李蕊. FDI对中国工业增长和技术进步的贡献[J]. 中国工业经济，2002(7)：5—16.

② 宋丽智. 我国固定资产投资与经济增长关系再检验：1980—2010年[J]. 宏观经济研究，2011(11)：17—21.

③ 俞文华. 发明专利、比较优势、授权差距——基于中国国内外发明专利授权量比较分析[J]. 中国软科学，2009(6)：9—32.

4.1.1 优化外商投资结构，加强对外资的引导

外商所需要的不仅是优惠政策，更是能保障企业稳定发展、持续获利的投资环境。政府应积极完善地方基础设施建设，营造服务高效、制度规范、设施完备的投资环境，吸引外资流入。此外，要引导外商投资与我国经济发展目标相一致。一方面，政府要积极引导外资投向高附加值、低能耗、低污染产业，实现外商投资结构的战略性转变；另一方面，要积极利用外资发展中国特色传统产业，实现中国传统劳动密集型产业的转型，增强出口竞争力。

4.1.2 重视国内企业发展，加强对内资的积累

重视外资的同时，更要关注内资的发展，促进内外资有效融合，营造协调有序的合作环境。第一，政府应鼓励金融机构简化贷款审批程序，进一步拓宽民营企业融资渠道。第二，政府要完善对民营企业的税收优惠政策，降低收费标准，减少收费项目，透明税收过程。第三，民营企业也要提升品牌意识，实施名牌战略，创造品牌优势。第四，民营企业要创新单位经营管理模式，借鉴先进的管理经验，结合自身实际情况，逐渐建立先进的企业运营制度。

4.2 重视自主创新，提高出口商品国际竞争力

要实现中国出口商品结构升级，必须重视自主创新，注重技术要素积累，在追求技术数量的同时，更加注重提高技术质量，提高中国出口商品的国际竞争力。

4.2.1 加大专项资金投入，提高技术研发能力

一方面政府应对企业的技术研发给予必要的资金和政策支持，积极推动企业成为科技创新的主体，大力扶持民营科技企业，加强科技企业与高校、科研机构之间的合作。另一方面，企业应积极与研发机构合作，重视引进创新人才，加大科技创新投入，提高自身技术创新能力。企业要充分利用外资，引进国外先进技术，做好高新技术的引进、学习和创新工作。同时也应重视保护好自己的创新成果，确保企业的核心利益。

4.2.2 充分利用高新技术，提升企业产品品质

要切实解决科技与经济脱节，实现科技创新与产业结构调整相结合，充分利用高新技术，提高产品品质。第一，利用高新技术优化产品设计，改进生产工艺流程，实现产品多元化，打造特色化产品。第二，利用高新技术改造传统产品，使传统产品向低能耗、高性能、高附加值转变，加快产品更新换代。第三，利用高新技术降低生产成本，提高产品的竞争优势。第四，利用高新技术打造中国名牌产品，创造培育中国品牌，促使我国优质产品走出国门。

4.3 加强技能培训，优化国内劳动力资源结构

根据实证分析结果，劳动力教育能够减小中美出口差异，实现我国出口商品结构升级。因此，要巩固和完善我国的教育体系，优化劳动力质量与劳动力资源结构。

4.3.1 优化高等教育结构，满足劳动市场需求

要进一步开放高等教育市场，辅之以必要的职业教育市场，优化配置教育资源。首先，政府应赋予高校充分的办学权力，使高校充分享有设置和调整专业、学科等自由。其次，本科院校应以建设教学研究型大学为目标，重视培养高技术和创新型优秀人才，而专科院校则应注重提高学生实践技能和技术水平，培养实用性人才，充分发挥自身教学特色。另外，应给予职业教育市场更多的发展空间，充分利用社会教学资源，满足市场对不同类型人才需要。

4.3.2 转变就业价值观念，实现劳动合理配置

现实生活中一些高知识、高技能人才执着于工资高、福利好、环境舒适的工作，导致劳动配置严重失衡。一些传统落后产业由于缺乏高素质人才，无法实现转型，商品得不到优化，最终不利于中国出口商品结构的升级。因此，无论是社会就业人员还是应届毕业生，都应积极转变就业观念，把个人理想和期望与社会需求相融合。尤其是一些传统出口企业员工，应充分利用个人才能，帮助企业实现结构优化，提升企业出口商品的竞争力，实现个人价值。

参考文献

[1] 凤凰财经，http://finance.ifeng.com/a/20140924/13142914_0.shtml.

[2] 中华人民共和国2014年国民经济和社会发展统计公报[J].中国统计，2015(3)：6—14.

[3] 王艳祯.人口老龄化挑战及其应对[J].农家科技，2011(S3)：62—62.

[4] 蔡洪杰.中国进出口产业要素密集度的H-O定理实证[J].沿海企业与科技，2008(7)：10—12.

[5] 薛荣久.国际贸易[M].北京：对外经济贸易大学出版社，2008：5—18.

[6] Zhi Wang, Shang-Jin Wei. What Accounts for the Rising Sophistication of China's Exports? [M]. National Bureau of Economic Research, Inc, 2010：63—104.

[7] 刘笑飞.世界人口大国高等教育人口比重的比较研究[C].中国教育经济学年会会议.2006：119—127.

[8] 江小娟，李蕊.FDI对中国工业增长和技术进步的贡献[J].中国工业经济，2002(7)：5—16.

[9] 宋丽智.我国固定资产投资与经济增长关系再检验：1980—2010年[J].宏观经济研究，2011(11)：17—21.

[10] 俞文华.发明专利、比较优势、授权差距——基于中国国内外发明专利授权量比较分析[J].中国软科学，2009(6)：9—32.

南通市老年人力资源现状研究
——养老服务业人力资源现状分析

学生姓名：生晨曦　指导教师：席　群、沐浴晖
南通大学商学院，人力资源管理专业，学号：1204002162

【摘　要】 通过对养老机构实地调查，发现南通市养老服务从业人员面临着严重紧缺的局面，并存在缺少专业服务工作者、从业人员社会地位低、行业内缺乏专业的管理体系和医学人才以及行业标准不明确等主要障碍。提出推动智能化养老服务等可供借鉴的政策建议。

【关键词】 养老服务业；人力资源；人口老龄化；养老服务体系

1 绪　　论

1.1 研究背景

2000年第五次人口普查的数据（10.2%）证实了我国在世纪更替之时进入老年型国家的行列，而早在1982年全国第三次人口普查时，南通市60岁及以上老年人口占比就已达到10.2%，超过国际传统标准（10.0%）。历年来的南通市统计局数据显示：南通市老年人口增长量没有下降趋势，一直呈现出高速增长的态势。截至2015年年底，南通市60岁及以上老年人口占总人口比例已高达27.0%。至此，南通市60岁及以上老年人口拥有量以及在总人口的占比均位列全省之首，成为全国地级市中老龄化程度最高的城市。

欧美发达国家社会经济以及科学技术都发展较快，很自然且缓慢进入老龄化社会，对从业人员的职业教育和培训也非常重视。反观我国，老龄化进程增速太快、时间太短，使得我国政府和社会措手不及，直接导致从业人员的专业化养老服务知识和核心医疗服务技能不足。

1.2 研究意义

南通市养老服务业的人力资源现状的研究较为典型，可以说是全国养老服务业人力资源现状的一个“缩影”。在养老服务业的建设中，养老服务工作者扮演着核心角色，而政府的介入也必不可少，这对南通市养老服务业人力资源的现状以及问题措施研究具有十分重要的借鉴意义和现实意义。南通市养老服务业人力资源现状的研究理论将会对于应对人口老龄化过快和化解当前从业人员供求不平衡局面具有十分重要的指导意义。

2 南通市人口发展概况

2.1 南通市人口发展情况

近几年，南通市呈现出老年人口拥有量和老龄化程度都处于高速增长的景象。到2015年年底，南通市自然增长率为－1.4%，连续14个年头呈负增长状态。第三产业即服务产业占总就业人员比例虽处于中间水平，但其占比（32.24%）比全省平均水平低6.4个百分点，这间接说明南通市养老服务业就业人员数量之少以及产生从业人员供不应求局面的原因。

2.2 南通市人口老龄化特点

2.2.1 老龄化进程逐年加快，高龄老人数量逐年增加

自1964年至2010年的五次全国人口普查数据(图1)显示，南通市老年人口增速不减反增，更在近十年老龄化速度激增。至2015年年末，南通市60岁及以上老年人口拥有量相比2010年以五年增速3.5%的高比率激增。从高龄化结构来看，2000年至2010年期间，80岁及以上高龄老年人口数年均增速为7.0%，远远大于老龄化人口年均3.1%的增长速度。

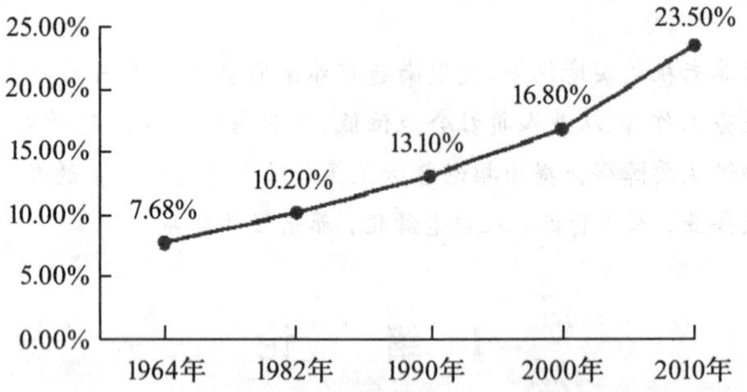

图1 南通60岁及以上老年人口发展趋势

数据来源：全国第二次人口普查至第六次普查

2.2.2 家庭结构变化，"空巢"老人迅速增加

近年来，南通市常住人口开始出现流失，外迁和流动人口数增加，且随着计划生育政策后的大多数家庭呈现出一家三口的常规结构，是直接导致空巢老人数量急剧增加的主因。直至2014年年底，南通市半数以上的老年人为空巢老人，其中48.0%的农村老年人口和54.0%的城市老年人口为空巢老人，分别约有56万和42万人。

3 南通市养老服务业人力资源发展现状

3.1 南通市养老服务业人力资源结构现状

养老服务业主要以中年女性为工作主力，女性工作者数量(75.1%)近于男性工作者(24.9%)的三倍之多。46岁到65岁的工作者是养老服务的主力军，约占56.71%，性别、年龄比例不平衡的现象较为普遍。养老服务机构基层工作者整体年龄偏大，养老服务业合理化、专业化的人才发展梯队仍未形成。

3.2 南通市养老服务业人力资源的受教育状况

南通市接受养老服务技能培训的221人中，初中学历从业人员占47.1%，专科、高中和小学学历从业人员人数相差不大，学历最高的本科生只占5.8%。从业人员学历不高的现象直接导致了我国养老服务业工作者服务技能和专业知识缺乏，也间接导致养老服务业从业者社会地位和工资水平不高，更甚者间接上也导致偶尔出现养老机构工作者虐待老人的不良情况。

3.3 南通市养老服务业人力资源主要来源

统计整合数据发现，南通市养老服务业人力资源主要来自农村，占总受调查人数的67.42%。我国农村人力资源充足，只要对农村的过剩劳动力进行适当的开发利用，就可以形成中国养老服务业的劳动力主力军。

3.4 南通市养老服务业需求状况以及人力资源供给状况

2015年年末南通市统计局数据显示(表格1),相较于全省平均水平,南通市劳动年龄人口在全部常住人口中的占比低3.57个百分点。南通市常住人口总抚养比为41.72%,同比增长1.33%,也就是说全市劳动年龄人数大于非劳动年龄人数,劳动力资源看似在一定程度上相对充足,但直到2015年年末,南通市就业人口总量同比减少2万,劳动年龄人口的不断减少、就业人数总量的下降、人口抚养比的上升都使得南通市养老服务业面临供不应求的局面。

表1 南通市人口统计表

老年人口总数	197.12万人
失能老人数	39.42万人
空巢老人数	100.02万
养老机构总数	21所
服务产业就业人数	148.3万人

4 南通市养老服务业人力资源发展中存在的问题

4.1 从业人员综合素质偏低

南通市养老服务业存在一个普遍的现象,就是从业人员学历水平不高、综合素质偏低且工作地位低下。养老服务行业对工作人员的要求高低参差不齐且工作环境恶劣,只有大多数初高中毕业者因服务工作没有过多的学历要求,并为了养家糊口而选择从事该行业。

4.2 服务技能欠缺

南通市养老服务业现阶段养老机构服务者的文化素质普遍不高,更妄谈受过系统化专业养老服务相关方面的培训或具备相关资格证书。南通市养老服务业的发展一直在缓慢进行中,近几年因为老龄人口的迅猛增加才真正引起了社会的关注,中间过渡时间的留白,对从业人员的服务技能欠缺、专业化程度低甚至创新意识薄弱都提供了充足的解释。

4.3 匮缺专业管理和医学人才

养老服务业,不仅仅基层工作者的有效输送是一个越来越大的缺口,专业化医疗护理员和管理人员的空缺也亟待填补。专业的管理者更懂得跟紧时代发展的脚步,知道市场的需求。而面对老年人经常出现的由心理障碍引发的老年突发病症等,则更需要专业的医学人才。但我国专业管理人员和医学人才大都奋斗在更有前景的行业,养老服务业的吸引力显然不够。

4.4 管理办法不完善,行业标准不明确

家有家法,行有行规,每一个行业都有其从业者应当遵循的行规和行业标准,起到规范市场秩序的作用。而我国养老服务业起步晚,因此目前面临很多严重的问题,其中很大一部分原因是政府和社会的不够重视。目前仍没有一套完善的养老服务业管理体系和明确的行业标准,导致业内管理混乱,从业人员资质不够,在一定程度上延缓了养老服务业的发展。

5 制约南通市养老服务业人力资源发展的影响因素

5.1 观念因素

我国九年义务教育的大范围普及提高了就业者对工作环境和社会地位的要求。在南通市,养老服务行业的工作者社会地位不高,得不到应有的尊重,大多数居民也对这类工作

者抱有轻视的态度，这都直接导致了高水平受教育者不愿从事服务行业的工作。

改革开放之后，公众却逐渐淡忘了我国一直崇尚的“劳动最光荣”理念，劳动人民的社会地位受到了轻视，人们开始追求金钱利益所带来的权力地位。习近平主席在 2015 年 4 月 28 日庆祝“五一”国际劳动节暨表彰全国劳动模范和先进工作者大会中强调：“任何时候任何人都不能看不起普通劳动者，且劳动者素质对一个国家、一个民族的发展至关重要。”这是党和政府再一次对这一群体进行最高规格表彰，这将有助于提升劳动人民的社会地位，转变公众对劳动认知上的偏差和错误理念。

5.2 经济因素

南通市在 1982 年开始出现老龄化时，经济仍相对滞后，属于“未富先老”。南通市在应对人口老龄化和高龄化问题时，社会养老机构的承受能力远远低于实际老年人口数，且经济实力无法较好地应对这一现象。养老服务业从业人员的工资水平普遍偏低，没有编制，工作岗位不稳定，尤其是民营养老服务机构，从业人员流动程度更大，其工资水平与岗位职责也相挂钩。护理人员收入普遍偏低，是产生养老服务业基层服务工作者缺口和养老服务业质量普通较低的主要因素。

5.3 政策因素

南通市老龄化进程之快尚未引起政府和社会对养老服务业发展倾注更多的关注。南通市政府虽出台养老文件，加大政府介入力度，但并未从根本上解决养老问题，没有出台关于养老服务业人力资源方面的文件。南通市政府可以借鉴丽水市制定养老护理员工资指导价位的这一做法，规范工资管理体制，从而督促从业人员加强自身服务技术和能力，同时也提高了养老服务业工作者的工资水准，进一步提升其社会地位。

6 南通市养老服务业人力资源发展思路与对策

6.1 建立具有养老护理等方面专业知识的人才队伍

南通市政府现已将大力对养老服务业工作者进行培养和再教育纳入全市卫生人才发展规划中，政府也已提出相应的政策以表支持。南通市政府也可以联合养老机构，在现有的基层养老服务工作者中选送一批青年骨干，到培训机构参加再教育和专业培训，以改善养老服务从业人员素质不高、专业人才寥寥无几的现状。

6.2 大胆招收国内外优秀人才，优化队伍结构

我国国内专业化人才虽然匮乏，但欧美发达国家养老服务业有大量的优秀人才，南通市政府或养老机构可以大胆招收此类人才。同时也可以面向国内大专本科类院校，联合增设养老服务业方向的护理、管理等专业，培养养老服务专业化从业人员，毕业后直接分配到养老机构工作，或培养成为养老服务技能培训讲师，达到优化南通市养老服务队伍的目的。

6.3 推进智能化养老服务，降低从业人员工作强度

南通市政府可以推出智能化养老服务，利用计算机、网络、媒体等工具，向社会宣传智能化养老所带来的好处。智能化养老的普及在一定程度上能减缓从业人员的工作强度，甚至机器人发达的“大脑”可以发现人类无意中忽视的漏洞，从而帮助管理者和服务者更加轻松地应对工作难题。

6.4 提升养老服务人员的社会地位，转变社会群众的传统认识

南通市政府应当借助电视、网络等媒体，向社会群众大力宣传养老机构所肩负的使命

责任和现今养老服务行业所面对的种种困难，从根本上改变群众因传统思想所带来的对养老服务业工作者的偏见和误解。政府机构可以将养老服务机构的工作岗位纳入事业单位编制或者让工作人员享受事业单位工资待遇，并将护理人员根据其能力水平划分等级，也可通过考取相应的资格证书提升等级，使得养老服务业工作管理更加规范，也从一定程度上通过提升自身能力水平来提高工资水平。

6.5 政府应建立健全管理体制，并给予政策支持和资金保障

南通市政府应从宏观上加强对养老服务业的管理，给予政策上的支持和资金方面的保障，实行政府资金支持为主导、社会管理体系为主体、各养老组织机构积极参与的运行机制，进一步带动养老机构服务管理设施的改进和服务功能的完善，强化养老服务工作者专业知识和服务技能水平，促进养老服务业的稳定发展。

7 结论与展望

综上所述，通过对南通市区就业培训定点单位（企业）与职业培训学校中221名受训人员进行问卷调查得到的数据显示，养老服务业人力资源现状目前仍存在大量问题，解决这些困难是南通市养老服务业工作者当前阶段面临的最大考验。

参考文献

[1] 孙钦荣. 论居家养老服务老年人力资源开发[J]. 中国老年学杂志，2012(6).
[2] 张淑谦，傅建敏，等. 国内外养老服务业发展研究综述[J]. 新西部杂志，2014(10).
[3] 杨国峰. 发展养老服务业的思考与建议[Z]. 综合管理部，2014(9).
[4] 南通市人民政府办公室. 市政府关于进一步推进社会养老服务体系建设加快养老服务业发展的实施意见[Z]，2015(4).
[5] 民政部社会福利中心数据分析课题组. 我国养老机构从业人员现状、问题及对策研究——基于全国养老机构数据直报系统239312名从业人员的数据分析[Z]. 中国民政，2015(17).
[6] 侯非，曹俐莉. 国外养老服务业标准化及认证现状与启示[J]. 国家交流，2014(12).
[7] 时念新. 我国养老服务业发展出路探究[J]. 中国培训，2015(10).
[8] 郭晶. 城市社区人力资源管理策略研究[J]. 赤峰学院学报(哲学社会科学版)，2013(3).
[9] 罗楠，张永春. 城市老人养老模式的选择意愿及影响因素分析[J]. 西安财经学院学报，2012(7).
[10] 杨团. 农村养老服务业　拉动内需的优势产业[J]. 社会福利，2009(8).
[11] 陈恒. 养老服务业：突围之路[J]. 山东人力资源和社会保障，2013(10).
[12] 杨燕绥. 激活养老服务业　延长就业年龄[J]. 中国人力资源社会保障，2014(9).
[13] 毕佳. 城市社区养老服务产业人力资源开发研究——以昆明市为例[D]. 昆明：云南财经大学，2014.
[14] 朱海涛. 化解养老服务业人才荒[J]. 人力资源，2014(5).
[15] 孙梦娇. 国外养老服务业的借鉴及启示[J]. 商，2015(43).
[16] 葛玉辉. 人力资源管理[M]. 北京：清华大学出版社，2006.
[17] 高艳. 人力资源管理理论研究综述[J]. 西北大学学报(哲学社会科学版)，2005，35(2).
[18] Baldi F, Trigeorgis L. Toward a Real Options Theory of Strategic Human Resource Management [J]. Academy of Management Annual Meeting Proceedings, 2015, 2015(1).

认知冲突加工的消极启动效应

学生姓名：施　亮　指导教师：潘发达

南通大学教育科学学院，应用心理学专业，学号：1206032005

【摘　要】 本研究结合情感启动范式和事件相关电位(ERPs)技术，考察不同加工阶段认知冲突加工的启动效应。结果显示在监测阶段冲突诱发消极启动效应，而在解决阶段冲突诱发积极启动效应。结果表明认知冲突在不同加工阶段的信号作用是相反的。

【关键词】 冲突启动效应；认知控制；事件相关电位(ERPs)

1　引　　言

1.1　认知冲突

认知控制是指人们在信息加工过程中根据内外部需求调整行为和目标的能力。[1]在过去的几十年里，认知控制研究已经从“纯认知”[2][3]发展到认知与情感相整合的模型[4][5]。例如，Botvinick 等人发现大脑前扣带回(anterior cingulate cortex，简称 ACC)在认知控制加工中担任重要角色。[6]

1.2　ACC 功能理论

冲突监测论认为当大脑探测到反应冲突时就会调动认知控制。[6]而结果评价说认为 ACC 主要是检测、登记和评估行为表现，尤其是消极的行为，而评估后的结果(假设是消极反馈)会被视为接下来选择行为动作的回避信号。[7][8]Botvinick 提出了一个关于 ACC 功能的整合理论[4]，即 ACC 的功能实际上是对连续加工过程的消极负性信号的检测，因此认知冲突也会产生一个消极情感信号。

1.3　冲突启动研究

Dreisbach 和 Fischer[9]为了评估冲突的消极性质，采用情感启动范式，发现消极目标词在冲突启动条件下反应时更短而积极目标词在一致启动条件下反应时更短。这为认知冲突的消极性质第一次提供了直接证据。

另外，Fritz 和 Dreisbach[10]通过控制启动刺激和目标刺激之间的时间间隔(stimulus onset asynchronies，SOA)来探究冲突消极性质的时间进程。研究结果发现在 SOA 为 200ms 和 400ms 时诱发消极启动效应，而在 SOA 为 800 ms 时启动效应倒转，出现积极启动效应。此外，Schouppe[11]等人结合 Flanker 范式和情感启动范式来研究正确反应后启动一致性的情感效价。结果发现在一个正确的反应之后发生了反转：即对冲突试次做出正确反应相比于对一致试次做出正确反应更能够带来一个相对积极的效应。他们认为，对冲突启动刺激做出正确反应意味着将冲突解决，因而当被试接着判断目标刺激的效价时，启动的性质将不再对后续加工产生影响，即不会诱发冲突启动效应。

2　问题提出与研究构想

2.1　问题提出

综上，一些研究表明冲突应被视为一种负性信号，诱发消极启动效应；而另一些研究则认为认知冲突在冲突解决之后会诱发一个积极信号。基于这些研究结果，本研究意在提出一个整合两种观点的综合全面的解释。

2.2 研究构想与预期

当前研究使用ERPs技术，结合stroop任务和情感启动范式来探讨认知冲突的信号作用及其生理机制。我们设计了两个实验，二者的唯一区别就在于SOA的长短：分别是200ms和800ms。我们预期在启动一致性和目标词效价之间会出现交互作用。具体地说，当SOA为200 ms时，即处于冲突检测阶段，我们预期出现消极启动效应；当SOA为800 ms时，即处于冲突解决阶段，我们预期出现积极启动效应。

3 实 验 一

3.1 方法

3.1.1 被试

有偿招募南通大学20名本科大学生（男生10名，女生10名），平均年龄为20.35±1.18岁，年龄范围在19～23岁之间。

3.1.2 实验材料与程序

实验中的启动刺激是中国汉语色词（即红、绿、黄、蓝、紫五个汉字，分别用红、绿、黄、蓝、紫五种颜色书写组成），当启动刺激的颜色和语义一致时即为一致刺激（例如绿色的"绿"字），启动刺激的语义和颜色不一致时即为冲突刺激（例如红色的"绿"字）。目标刺激是从中国现代汉语情感词系统（CAWS）[12]中选取的88个情感词，其中积极词汇（愉悦度大于6.90）和消极词汇（愉悦度小于3.08）各占一半。

实验过程中被试任务是对启动刺激出现后的目标情感词进行效价判断，要求他们对消极词汇按左键（"f"键），积极词汇按右键（"j"键）。按键在被试间平衡。实验程序为：250ms的注视点"＋"，随后出现启动刺激（一致刺激和冲突刺激），呈现200ms后消失，接着出现目标情感词，被试需要判断目标词的效价，按键消失，刺激间隔时长为1000ms。实验为2（启动一致性：一致vs冲突）×2（目标词效价：积极vs消极）的被试内设计。

3.1.3 ERP记录与分析

实验仪器为德国Brain Products公司脑电记录系统Vision Recorder和分析系统Analyzer 2.0，在分析Stroop效应N2成分时，以启动刺激出现为零点，分析窗口为－200ms～800ms，将－200ms～0ms作为基线，时间窗口为200ms～300ms，统计大脑额区和中央区的10个点（FCz，FC_3，FC_4，FC_5，FC_6，Cz，C_3，C_4，C_5，C_6）。在分析启动效应N400成分时，同样以启动刺激出现为零点，分析窗口为－200ms～1000ms，将－200ms～0ms作为基线，其时间窗为500ms～700ms，统计中央-顶区的9个点（Cz，C_3，C_4，CPz，CP_3，CP_4，Pz，P_3，P_4）。

3.2 结果

3.2.1 行为结果

对平均反应时进行2（启动一致性：一致vs冲突）×2（目标词效价：积极vs消极）的两因素重复测量方差分析。结果显示，目标词效价主效应显著，$F(1,19)=6.34$，$p<0.05$，$\eta^2=0.25$，积极目标词的反应时（729.28ms）显著小于消极目标词的反应时（757.06ms）。更重要的是，启动一致性和目标词效价之间的交互作用显著，$F(1,19)=7.04$，$p<0.05$，$\eta^2=0.27$。简单效应分析显示，积极目标词在一致启动下的反应时显著短于冲突启动，$F(1,19)=$

3.60，$p=0.07$；而消极目标词在冲突启动下的反应时显著短于一致启动条件下的反应时，$F(1,19)=4.54$，$p<0.05$。

3.2.2 脑电结果

在Stroop效应上，对脑电数据导出的N2成分的平均波幅进行10（电极点）× 2（启动一致性：一致vs冲突）的两因素重复测量方差分析。结果显示：电极点主效应极其显著，$F(9,171)=4.98$，$p<0.001$，$\eta^2=0.21$；启动一致性主效应显著，$F(1,19)=7.80$，$p<0.05$，$\eta^2=0.29$，冲突启动刺激的N2成分的波幅显著高于一致启动刺激。

在情感启动效应上，对脑电数据导出的N400成分的平均波幅进行9（电极点）× 2（启动一致性：一致vs冲突）× 2（目标词效价：积极vs消极）的三因素重复测量方差分析。结果显示：电极点主效应显著，$F(8,152)=3.67$，$p<0.05$，$\eta^2=0.16$。重要的是，启动一致性和目标词效价交互作用显著，$F(1,19)=19.98$，$p<0.001$，$\eta^2=0.51$。简单效应分析显示，积极目标词在一致启动条件下的波幅显著低于冲突启动条件，$F(1,19)=11.93$，$p<0.01$；而消极目标词在冲突启动条件下的波幅显著低于一致启动条件，$F(1,19)=4.84$，$p<0.05$。其他交互作用均不显著（所有$p>0.05$）。

3.3 讨论

实验一的目的是探究在早期知觉加工阶段认知冲突的消极性质，所以我们将启动刺激和目标刺激之间的时间间隔控制在200ms。当前实验结果支持了认知冲突是一种负性信号的观点，因此在知觉早期加工阶段诱发了消极启动效应。

4 实验二

4.1 被试和实验材料与程序

重新招募20名大学生，男女各半，平均年龄为20.9±1.65岁，年龄在19～24岁之间。实验材料和程序与实验一基本相同，区别在于在目标情感词的选取中，积极词汇的愉悦度均高于6.60，消极词汇的愉悦度均低于3.55。另外是启动色词的呈现时间延长为800ms，因此对情感启动效应上N400成分的分析窗口调整为1100ms～1300ms。

4.2 结果

4.2.1 行为结果

对平均反应时进行2（启动一致性：一致vs冲突）×2（目标词效价：积极vs消极）的两因素重复测量方差分析。结果显示：目标词效价主效应显著，$F(1,19)=6.92$，$p<0.05$，$\eta^2=0.27$，积极目标词的反应时（(733.17ms)显著小于消极目标词的反应时(764.47ms)。启动一致性和目标词效价交互作用显著，$F(1,19)=12.99$，$p<0.01$，$\eta^2=0.41$。简单效应分析显示，积极目标词在冲突启动条件下的反应时显著小于一致启动条件下的反应时，$F(1,19)=14.11$，$p<0.01$；而消极目标词在一致启动条件下和冲突启动条件下的反应时差异不显著，$F(1,19)=0.84$，$p>0.05$。

4.2.2 脑电结果

在stroop效应上，对N2成分的平均波幅进行10（电极点）× 2（启动一致性：一致vs冲突）的两因素重复测量方差分析。结果显示：启动一致性主效应显著，$F(1,19)=5.74$，$p<0.05$，$\eta^2=0.23$，其中冲突启动刺激的波幅显著高于一致启动刺激。

在情感启动效应上，对N400成分的平均波幅进行9（电极点）× 2（启动一致性：一致

vs 冲突)× 2(目标词效价：积极 vs 消极)的三因素重复测量方差分析。结果显示：电极点主效应显著，$F(8,152)=4.16, p<0.001, \eta^2=0.18$；重要的是，启动一致性和目标词效价的交互作用显著，$F(1,19)=5.01, p<0.05, \eta^2=0.21$。简单效应分析显示，消极目标词在一致启动条件下的波幅显著低于冲突启动条件，$F(1,19)=5.77, p<0.05$；而积极目标词在冲突启动条件和一致启动条件下波幅的差异不显著，$F(1,19)=0.66, p>0.05$。

4.3 讨论

实验二中一个重要的改变就在于将 SOA 延长到 800ms，通过这样的设置使得被试有足够的时间识别并且解决冲突，由此考察认知冲突在冲突解决阶段对后续加工产生的影响。与实验一相反，实验二出现了积极启动效应：N400 成分上消极目标词在一致启动条件下的波幅显著低于冲突启动条件。

5 总 讨 论

当前研究通过运用高时间分辨率的脑电技术，探讨了冲突在不同加工阶段的信号作用以及由此诱发启动效应的内在生理机制。结果提示，当 SOA 为 200ms，即在冲突检测阶段，行为和脑电数据上都出现了显著的消极启动效应；而当 SOA 为 800ms，即在冲突解决阶段，行为和脑电数据上都出现了显著的积极启动效应。

首先，行为结果上，SOA 为 200ms 时，积极目标词在一致启动下的反应时显著低于冲突启动，而消极目标词在冲突启动下的反应时显著短于一致启动条件下的反应时，显示了显著的消极启动效应，这与前人的实验结果相同[9]；而 SOA 为 800ms 时，与实验一的结果相反，积极目标词在冲突启动条件下的反应时显著小于一致启动条件下的反应时。由于 SOA 的延长，冲突的负性信号作用逐渐减弱甚至消失，因此对后续事件的消极影响也会消失，心理状态重新达到平衡，开始新一轮加工，由此在积极目标词上出现了积极启动效应。

其次，Stroop 效应上，两个实验的结果都显示：在 N2 成分上出现了启动刺激一致性的主效应显著，即冲突启动刺激比一致启动刺激诱发的 N2 波幅更大，显示了显著的认知冲突效应。

最后，探讨启动效应生理机制的 ERP 研究大多集中在 N400 成分上。而 N400 是在刺激呈现之后 350ms～550ms 之间在中央顶区出现的一个负波。不相关的启动-目标词对的 N400 波幅比相关的启动-目标词对的 N400 波幅更负。[13] 这个称为 N400 启动效应。研究结果证实了研究假设。在实验一中，即处于冲突检测阶段，消极目标词在冲突启动条件下的 N400 波幅显著低于一致启动条件，显示了显著的消极启动效应；而在实验二中，即处于冲突解决阶段，消极目标词在一致启动条件下的 N400 波幅显著低于冲突启动条件，显示了显著的积极启动效应。

6 结 论

在冲突检测阶段，认知冲突被视为一种负性信号，由此诱发消极启动效应；而一旦冲突被解决(冲突刺激呈现时间足够长)，冲突的负性信号作用减弱甚至消失，由此减弱了对后续加工的消极影响，从而诱发了积极启动效应。

参 考 文 献

[1] Miller E K,Cohen J D. An Integrative Theory of Prefrontal Cortex Function[J]. Annual Review of Neuroscience,2001,24(1): 167—202.

[2] Atkinson R C,Shiffrin R M. Human Memory: A Proposed System and its Control Processes[J]. The Psychology of Learning and Motivation,1968(02): 89—195.

[3] Norman D A,Shallice T. Attention to Action[M]. Springer US,1986.

[4] Botvinick M M. Conflict Monitoring and Decision making: Reconciling Two Perspectives on Anterior Cingulate Function[J]. Cognitive,Affective & Behavioral Neuroscience,2007,7(4): 356—366.

[5] Verguts T, Notebaert W. Adaptation by Binding: A Learning Account of Cognitive Control[J]. Trends in Cognitive Sciences,2009,13(6): 252—257.

[6] Botvinick M M, Braver T S, Barch D M, et al. Conflict Monitoring and Cognitive Control[J]. Psychological Review,2001,108(3): 624—652.

[7] Gehring W J, Willoughby A R. The Medial Frontal Cortex and the Rapid Processing of Monetary Gains and Losses[J]. Science,2002,295(5563): 2279—2282.

[8] Holroyd C B,Coles M G H. The Neural Basis of Human Error Processing: Reinforcement Learning, Dopamine,and the Error-related Negativity[J]. Psychological Review,2002,109(4): 679—709.

[9] Dreisbach G,Fischer R. Conflicts as Aversive Signals[J]. Brain and Cognition,2012,78(2): 94—98.

[10] Fritz J, Dreisbach G. The Time Course of the Aversive Conflict Signal[J]. Experimental Psychology,2015,62(1):30—39.

[11] Schouppe N,Braem S,De Houwer J,et al. No Pain,no Gain: the Affective Valence of Congruency Conditions Changes Following a Successful Response[J]. Cognitive, Affective & Behavioral Neuroscience,2015,15(1): 251—261.

[12] 王一牛,周立明,罗跃嘉. 汉语情感词系统的初步编制及评定[J]. 中国心理卫生杂志,2008,22(8): 608—612.

[13] Brown C M, Hagoort P, Chwilla D J. An Event-related Brain Potential Analysis of Visual Word Priming Effects[J]. Brain and Language,2000,72(2): 158—190.

在校师范本科生休学创业意向研究

学生姓名：杨　珣　指导教师：季学军

南通大学教育科学学院，教育学(小学语文教育)(师范)专业，学号：1206122023

【摘　要】 随着国家允许大学生休学创业政策的出台，教师资格认证制度的实施以及中小学对于创业教育的日益重视，在校师范本科生休学创业显得尤为必要。本文通过对南通大学在校师范本科生休学创业意向进行实证调查和分析，归纳出其可取之处与存在的不足。并针对存在的不足，从政府、学校、家庭和学生个人四个层面提出了提升在校师范本科生休学创业意向的有效策略。

【关键词】 在校师范本科生；休学创业；意向；分析；策略

1　导　言

1.1　研究背景

2015年5月，国务院办公厅印发的《关于深化高等学校创新创业教育改革的实施意见》指出："实施弹性学制，放宽学生修业年限，允许调整学业进程、保留学籍休学创新创业。"2000年，教育部开始实行教师资格认证制度，基础和中等教育系统由师范生垄断的局面被打破，创业成为师范生的又一选择。师范生需要对中小学生进行创业教育，其自身应当具有创业意向和创业经历。因此，在校师范本科生休学创业显得尤为迫切和必要。

1.2　重要概念解释

1.2.1　师范生

《辞源》和《教育辞典》分别将"师范生"定义为"在师范学校读书或者从师范学校毕业的学生"和"在中等师范学校和高等师范学校就读的学生"①。本课题中界定的在校师范生既包括师范大学、师范学院、师范学校，也包括综合性大学师范教育专业培养的各学历层次的在校师范生。

1.2.2　创业

《辞海》将创业定义为"创立基业"，指开拓、创立国家、社会、集体和个人的各项事业及取得的成就。国外学者的代表性观点是：创业是不受当前资源条件的限制去寻求机会，组合不同的资源来利用和开发机会并创造价值的过程。② 笔者采取以下观点：创业是创业者在具备创业理念与创业技能的基础上，发现机遇、利用资源并进行组织活动。③

1.2.3　创业意向

创业意向是指潜在创业者是否从事创业活动的一种主观态度，是对人们具有创业者特质的程度以及对创业的态度、能力的一般描述，是创业行为最好的预测指标。

---

① 张焕庭，李放，张燕镜，居思伟. 教育辞典[M]. 南京：江苏教育出版社，1989.

② 席升阳. 我国大学创业教育的观念、理念与实践[M]. 北京：科学出版社，2008：0—169.

③ 曲殿彬. 论创业的内涵、特性、类型及价值[J]. 白城师范学院学报，2011(05)：91—93.

1.2.4 休学创业

大学生休学创业是指大学生在完成学业前，保留学籍，抓住最佳的创业时机去开创事业，待创业一段时间后，在规定的休学限期内再回到学校完成学业。1999年，清华大学率先允许优秀学生中断学业去创业。2015年5月，国务院办公厅发布的《关于深化高等学校创新创业教育改革的实施意见》鼓励大学生休学创业。

2 文献综述

2.1 大学生自主创业研究

20世纪80年代初，大学生自主创业活动在西方国家兴起。我国的大学生自主创业活动则始于1998年5月在清华大学举办的第一届创业计划大赛，随后逐步发展。大学生创业的动因可分为内部和外部动因。内部动因包括个体特征和价值驱动，外部动因包括社会支持、家庭影响、就业压力以及实例激励。① 学生创业的基本素质可归纳为：思想政治素质、创业意识、创业能力、创业心理品质、创业社会知识结构和身体素质。

2.2 大学生创业意向的研究

通过对收集的文献资料进行整理和分析，笔者归纳出：大学生创业意向的结构一般包括创业行为倾向、创业希求性和创业可行性三个维度；大学生创业意向的影响因素可涵盖为人格特质、性别、年龄、环境、自我效能感等；提升大学生创业意向可以从国家、社会、学校、家庭、个人等多个层面来采取有效的策略和措施。

2.3 大学生休学创业的研究

大学生休学创业十分必要：大学阶段是一个人进行创业实践的关键黄金期；休学创业可以促进大学生明确职业目标，改被动就业为主动就业；休学创业带来的成长比成功更重要；休学创业能够满足学生个性化、多样化的学习需求。

大学生休学创业的阻碍因素包括：从社会层面上看，与休学创业相配套的服务支持和资金不到位；从学校层面上看，创业教育体系和休学创业管理流程不完善；从家庭层面上看，父母受传统就业观念影响，不支持儿女休学创业；从个人层面上看，很多大学生认为休学创业会耽误学业，风险较大。

大学生休学创业的保障机制包括：国家实行政策引领，营造创业氛围；高校实行弹性学制，解决创业、学业矛盾；大学生休学创业的“软环境”需愈加完备。

2.4 研究意义

理论意义在于：研究成果可以弥补大学生尤其是师范生休学创业研究领域上的空白；为建立和制定大学生休学创业制度提供理论支撑。实践意义在于：可以了解师范生休学创业意向现状，针对性地提出提升师范生休学创业意向的策略；加强师范生创业教育，提高师范生的创业素质；促进师范生的全面发展，为中小学创业教育创设条件。

---

① 聂志毅，阎卫，张朗. 女大学生创业动因分析[J]. 中国成人教育，2010(17)：69—70.

3 研究方法

3.1 文献法

通过文献检索，收集国内外与“在校师范本科生休学创业”相关的文献资料，并认真研读、梳理、归纳与提炼，为本文的深入研究奠定坚实的理论基础。

3.2 问卷法

笔者对南通大学12个师范专业712名在校师范本科生进行自制问卷调查。问卷的第一部分为基本信息，共12道题；第二部分为选择题，共11道题(含单选和多选)，根据有无休学创业的想法分别进行了命题。

3.3 访谈法

笔者在接受调查的对象中随机抽取了12名学生，并对他们进行了半结构式访谈。

3.4 比较法

笔者分别从性别、专业、年级、家庭来源、父母文化程度、是否独生子女、是否担任学生干部、家人有无创业经历八个方面对在校师范本科生休学创业意向是否产生影响进行比较研究。

4 结果分析与探讨

4.1 在校师范本科生休学创业意向现状

4.1.1 在校师范本科生休学创业意向的总体水平

在712份有效问卷中，关于“在大学阶段您有休学创业的想法吗”一问，有16.85%的人选择了“有休学创业的想法”，而83.15%的人选择“无休学创业的想法”。在校师范本科生休学创业意向总体水平较低。

4.1.2 家庭与学校对在校师范本科生休学创业的态度

关于“您的家人会支持您休学创业吗”一问，有18.68%的家长“会”支持，而81.32%的家长“不会”支持；关于“您校领导和老师会鼓励学生休学创业吗”一问，有32.30%的校领导和老师持“鼓励”态度，而67.70%的校领导和老师不鼓励。因此，家庭和学校对于在校师范本科生休学创业缺乏足够的支持和鼓励。

4.1.3 在校师范本科生对休学创业政策的了解情况

关于“您对国家休学创业的政策了解吗”一问，有0.98%的人选择“十分了解”，5.76%的人选择“比较了解”，66.85%的人选择“不太了解”，26.41%的人选择“完全不了解”。因此，超过半数的在校师范本科生对于休学创业的相关政策缺乏应有的关注和了解。

关于“若您了解主要通过下列哪种方式获知的”(多选题)，有31.48%的人选择“自己查找资料”，23.61%的人选择“社会媒体宣传”，20.00%的人选择“学校老师介绍”，14.17%的人选择“同学交流”，5.66%的人选择“亲友介绍”，5.08%的人选择“家长介绍”。可见，在校师范本科生能够主动搜集信息，而从社会媒体及学校老师处获得的信息十分有限，与同学、亲友和家人的交流较少。

4.1.4 在校师范本科生选择休学创业的原因

关于“您选择休学创业的原因”(多选题)，有21.67%的人选择“体验一下创业经历”，其次是“提升和锻炼自身能力”“喜欢做冒险和富有挑战的事情”“获取一些经济收入”等。

4.1.5　在校师范本科生选择休学创业的形式

在有休学创业想法的120名在校师范本科生中，关于"您打算选择何种休学创业的形式"一问，有31.67%的人选择"自主经营"，68.33%的人选择"合伙经营"。可见，"合伙经营"更受青睐。

4.1.6　在校师范本科生选择休学创业的领域

在有休学创业想法的120名在校师范本科生中，关于"您打算选择休学创业的领域"一问，有36.50%的人选择"教育培训"，21.17%的人选择"技术服务"，18.98%的人选择"住宿与餐饮"，15.33%的人选择"批发零售"，8.02%的人选择"高科技产业"。这说明大部分在校师范本科生更愿意在专业领域内休学创业，也有部分学生不乏在其他领域创业的勇气。

4.1.7　在校师范本科生选择休学创业的启动资金来源

在有休学创业想法的在校师范本科生中，关于"您打算休学创业的启动资金来源"（多选题）一问，有31.95%的人选择"家庭支持"，24.07%的人选择"学校设立的创业基金"，22.41%的人选择"政府贴息贷款"，12.03%的人选择"向亲戚朋友借款"，9.54%的人选择"风投公司基金"。可见，家庭支持是休学创业启动资金的最主要来源，其次是学校和政府支持。

4.1.8　在校师范本科生对休学创业最大的顾忌

在没有休学创业想法的在校师范本科生中，担心"影响学业和正常毕业"和"创业失败"的人数分别占50.99%和49.01%，可见两者都对在校师范本科生的休学创业意向造成了阻碍。

4.1.9　在校师范本科生不想休学创业的原因

在没有休学创业想法的在校师范本科生中，关于"您不想休学创业的原因"（多选题）一问，有49.01%的人选择"缺乏创业资金"，16.44%的人选择"缺乏创业能力和知识"，15.90%的人选择"不了解国家休学创业相关政策"，13.48%的人选择"缺乏管理经验"，13.39%的人选择"家人不支持"，10.75%的人选择"没有一个好的创业项目"，4.12%的人选择"学校缺乏良好的休学创业氛围"，3.98%的人选择"国家、社会和学校有关休学创业的配套措施不全面"，3.31%的人选择"怕吃苦"。可见，资金缺乏是在校师范本科生不想休学创业的主要原因。

4.2　在校师范本科生休学创业意向比较

笔者采用SPSS独立性卡方检验，得出：性别、是否独生子女和家人是否有创业经历是影响在校师范本科生休学创业意向的主要因素，而专业、年级、家庭来源、父母文化程度、是否担任学生干部这些因素则不会产生较大影响。

5　结论与建议

5.1　在校师范本科生休学创业意向的可取之处

在校师范本科生能够通过多种方式了解休学创业政策；选择休学创业的原因积极，动机良好；乐于通过"合伙经营"进行休学创业，发挥团队优势；选择休学创业的领域多样；能够从多方获取休学创业所需的启动资金。

5.2 在校师范本科生休学创业意向存在的问题

在校师范本科生休学创业意向的总体水平较低;对于休学创业准备不足;休学创业意向受到性别、是否独生子女和家人是否有创业经历这三个主要因素的影响。

5.3 在校师范本科生休学创业意向的提升策略

5.3.1 政府层面的策略

首先,采取优惠政策措施,加大扶持力度;其次,加大休学创业宣传,营造良好的创业氛围;最后,创设休学创业园区,提供硬件软件支持。

5.3.2 学校层面的策略

首先,制定和完善高校休学创业制度;其次,针对师范生群体进行创业教育;最后,落实国家休学创业政策并措施到位。

5.3.3 家庭层面的策略

首先,改变传统观念,强化创业意识;其次,紧跟时代步伐,关注休学创业信息;最后,鼓励子女休学创业,并提供经济、资源、经验支持。

5.3.4 个人层面的策略

首先,转变"求稳"心态,树立创业意识;其次,发挥主观能动性,主动获取休学创业信息;最后,积极投身创业实践,培养创业能力。

参考文献

[1] 林强,姜彦福,张健.创业理论及其架构分析[J].经济研究,2001(9):85—94.

[2] 朱红,张优良.北京高校创业教育对本专科生创业意向的影响机制——基于学生参与视角的实证分析[J].清华大学教育研究,2014(6):100—107.

[3] 钱永红.创业意向影响因素研究[J].浙江大学学报(人文社会科学版),2007(4):144—152.

[4] 郭必裕.大学生休学创业与毕业后创业的比较研究[J].新乡师范高等专科学校学报,2002(2):113.

[5] 谷力群.论大学生创业精神的培养[D].沈阳:辽宁大学,2013.

[6] 李伟铭,黎春燕,杜晓华.我国高校创业教育十年:演进、问题与体系建设[J].教育研究,2013(6):42—51.

[7] 杨宝忠.美国大学生的创业实践活动及其启示[J].外国教育研究,2005(11):49—51.

[8] 张楠.北京市大学生自主创业机制研究[D].北京:北京交通大学,2009.

[9] 陈云.创业政策对大学生创业意向影响关系研究——以杭州市为例[D].杭州:杭州电子科技大学.2012.

[10] 马章良.美国、日本、中国大学生创业教育的比较与启示[J].职业技术教育,2011(23):92—95.

[11] 聂志毅,阎卫,张朗.女大学生创业动因分析[J].中国成人教育,2010(17):69—70.

[12] 席升阳.我国大学创业教育的观念、理念与实践[M].北京:科学出版社,2008:0—169.

[13] 曲殿彬.论创业的内涵、特性、类型及价值[J].白城师范学院学报,2011(5):91—93.

[14] 李璐.创业文化、创业教育与大学生创业意愿关系研究——以天津地区为例[D].天津:天津大学,2011.

[15] 郭磊,冯喜良,毛畅果.美国大学生的创业实践活动及其启示[J].中国青年社会科学,2015(5):49—51.

[16] 彭钢.创业教育学[M].南京:江苏教育出版社,2000.

[17] 季学军.师范生创业基本素质的现状与思考[J].教师教育研究,2004(2):6—11.

[18] 陈艳,雷育胜,等.大学生创业素质调查与思考[J].高教探索,2006(4):80—82.

[19] 刘晓春,张宇立.谈大学生创业素质的培养[J].社会科学战线,2006(2):325—327.
[20] 关越.大学生创业素质及其培养研究[D].沈阳:东北大学,2008.
[21] 严强.社会发展理论[M].南京:南京大学出版社,1991.
[22] 刘志.大学生创业意向结构及其现状的实证研究[J].教育发展研究,2013(21):35—40.
[23] 刘志.大学生创业意向的结构、影响因素及提升对策研究[D].长春:东北师范大学,2013.
[24] 钱永红.女性创业意向与创业行为及其影响因素研究[D].杭州:浙江大学,2007.
[25] 杨晓慧.创业教育的价值取向、知识结构与实施策略[J].教育研究 2012(9):73—78.
[26] 李国彦,朱雪春,卢荣花.江苏省在校大学生休学创业认知影响因素实证研究[J].南京航空航天大学学报,2014,16(2):91—96.
[27] 严建雯,叶贤.大学生创业意向的现状调查[J].心理科学,2009,32(6):1471—1474.
[28] 汪琪,龚佾菁,华炜,王雪慧.大学生创业意愿与创业政策影响分析[J].企业技术开发,2013,32(11):40—41.
[29] Sevda Aslan. The Views of Primary School 4th and 5th Year Students and Teachers Regarding Entrepreneurship[J]. Social and Behavioral Sciences,2011.
[30] Halil Asici,Sevda Aslan. The Views of Primary School 6th,7th and 8th Year Students and Teachers Regarding Entrepreneurship[J]. Social and Behavioral Sciences,2011.

我喜欢的好老师

——来自5—6岁儿童的图像语言

学生姓名：程沭欢　指导教师：钱　慧

南通大学教育科学学院，学前教育专业，学号：1206022039

【摘　要】 本研究采用目的性取样的方法，选取了江苏省南通市S幼儿园中的大一班34名5—6岁的幼儿作为研究对象，通过收集题为“我喜欢的好老师”的幼儿绘画作品对其分析并结合对幼儿的访谈，揭示出幼儿喜欢的好老师对幼儿的重要性，以及幼儿喜欢的好老师的工作范畴，并从教师的专业知识、专业能力、专业情谊、教师性别这些方面以儿童的视角来揭示幼儿心中喜欢的好老师的形象。

【关键词】 儿童视角；图像语言；教师角色

1　研究缘起

1.1　研究背景

人生最初的几年决定和影响人一生的发展，是道德观念、行为习惯形成的关键期。幼儿兴趣广泛、好奇心强、活泼好动、模仿力强，这个时期是他们接受外界影响形成性格特点的阶段。而幼儿园教师是这个时期对他们产生影响的关键人物，他们在幼儿心目中有很高的威信，在这个阶段幼儿园教师的语言行为，为人处世，时刻都对幼儿起着潜移默化的作用，甚至对幼儿今后的一生都会产生深远的影响，对幼儿的教育起着至关重要的作用。时至今日，越来越多的人开始关注幼儿的研究，但是研究的角度大多基于成人的视角。只有通过儿童的视角充分地了解幼儿、理解儿童，探寻他们的精神世界，才能更好地理解和满足幼儿的发展需要。

1.2　核心概念

1.2.1　儿童绘画

陈鹤琴、皮亚杰等人从儿童心理的视角研究儿童绘画。陈鹤琴认为“儿童绘画是语言的先导，表达美感之良器”；皮亚杰将儿童绘画视作介于象征性游戏与心理意象之间的一种符号手段。

国内学者边霞、孔起英等从学前儿童艺术教育的角度研究儿童绘画。边霞认为“学前儿童美术是儿童记录生活和表达观念、情感、需要的一种手段”；孔起英认为儿童绘画是幼儿进行情感表达与交流的工具，是幼儿个性的表现。

因此，笔者将儿童绘画界定为一种儿童用非言语的象征性工具表达对生活观察、感受、理解的方式。儿童绘画作品的内容是儿童视域中的儿童生活，反映了儿童对其日常生活的态度、情感、观念。

1.2.2　图像语言

在学前儿童小组围绕着一个共同的“项目”研究的过程中，瑞吉欧鼓励学前儿童运用他们的自然语言和表达风格，自由地表达和相互交流——包括语词、动作、手势、姿态、表情、绘画、雕塑等，这种符号性的视觉表征活动，瑞吉欧称其为图像语言。

1.2.3 儿童视角

儿童在观察、描摹事物，讲述和理解事件时表露出儿童所特有的思维习惯、认知方式和价值取向，与成人相比有很大的区别。因此，笔者将儿童视角界定为一种对儿童绘画作品的独特的话语表述方式，是一种叙事策略，是一种为了使儿童绘画作品中关于他们心中好老师的态度想法的声音能够被听见的一种方法。

1.3 文献综述

(1) “儿童绘画”定义、本质以及价值研究的综述。

(2) 关于5—6岁儿童绘画发展特点的相关研究。

(3) 关于儿童绘画中瑞吉欧图像语言的相关研究。

(4) 关于儿童视角的相关研究。

2 研究设计

2.1 研究方法

在本研究中，收集资料的具体方法有三种，第一种是观察法，第二种是作品分析法，第三种是访谈法。研究儿童视角的材料包括了比较宽阔的范围，包括绘画作品、照片、模型、观察、谈话分析、日记和其他的写作记录，直接技术一般是指直接的自陈问卷和访谈。本研究用了直接和非直接技术相结合起来的办法来收集研究资料，主要的具体方法是收集幼儿的绘画作品和访谈。

2.1.1 观察法

在本研究中，研究者将自身设定为参与式观察者。观察法主要是指观察幼儿的绘画过程和绘画作品。除了规定绘画主题外，没有对幼儿的绘画进行任何的帮助和修改，全是幼儿的真实原创，幼儿可以凭借充分的想象来创作出自己心中喜欢的好老师。在观察结束后，对观察过程进行记录、整理。并在幼儿不知情的情况下，将幼儿的绘画作品进行摄像记录并转为笔录。以事件取样的方式进行记录。

2.1.2 作品分析法

本研究中的绘画作品的主题是“我喜欢的好老师”，在本研究中结合对幼儿绘画的过程和对幼儿日常生活的了解，参考罗泽·弗莱克-班格尔特对儿童美术作品分析方法的成果，分析收集到的幼儿绘画作品的形式要素和内容。研究者共收集到34幅以“我喜欢的好老师”为题的绘画作品。

2.1.3 访谈法

本研究对幼儿采取了半结构式的访谈，通过随机抽取绘画作品决定访谈对象的访谈顺序。笔者将事先设计好访谈提纲在其他幼儿园进行预试，再修改和完善访谈提纲。在孩子们完成绘画作品之后，研究者针对绘画作品和访谈提纲对幼儿进行个别访谈并录音。访谈的地点选取在该班卧室。选取卧室是因为这样的环境相对比较安静，较少受到外界干扰；卧室是幼儿熟悉的地方，且卧室给人一种温馨舒适的感觉，减少了幼儿的紧张感、排斥感等。

3 研究结果与讨论

3.1 研究结论与分析

3.1.1 我眼中的幼儿园老师——幼儿的重要他人

"重要他人"一词最早是美国社会学家米尔斯在乔治·米德在关于自我发展的理论基础上提出来的。国内,顾明远从人全面发展的角度出发提出"重要他人是指对个体自我发展(尤其是儿童时期)有重要影响的人和群体,即对个人智力、语言及思维方式的发展和行为习惯、生活方式及价值观的形成有重要影响的父母、教师、受崇拜的人物及同辈群体等"。吴康宁认为"重要他人是指个体的社会化过程具有重要影响的具体人物"。本文中,重要他人主要指对幼儿的发展有重要影响的幼儿教师,他们对幼儿社会化的发展有着主导性影响。

3.1.2 我喜欢的好老师——幼儿期待的教师职业素养

(1) 幼儿喜欢的好老师拥有着完善的专业知识。

"专业知识指在特定专业领域里被实践证明是真实准确的、可以指导解决该领域的实践问题的经验。这些经验可以被呈现为事实、概念、程序和原理。教师的专业知识则是指为胜任教育教学工作,教师所必须具备的知识,是被教育实践证明了的、真实准确的、可以指导解决教育教学实践中的问题的经验。"幼儿园教师作为教师队伍的组成部分,同样需要具备一定的专业知识,才有可能胜任保育教育工作。

(2) 幼儿喜欢的好老师拥有着全面的专业能力。

"专业能力是幼儿园教师专业化发展在教育实践中的集中体现,是保障其完成职业要求和工作职责的必要条件,直接影响着幼儿园的教育质量和幼儿的健康快乐发展。"幼儿园教师的专业能力不同于中小学教师以学科教学为核心的能力结构,而必须凸显幼儿园保教结合、以游戏为基本活动的特点,以及环境和生活对幼儿发展的重要价值和独特作用。

(3) 幼儿喜欢的好老师拥有着丰富的专业情谊。

"情谊"是指人与人、国与国之间相互关切、爱护、照顾、帮助的感情,彼此之间不一定非要认识。同时,"情谊"也可以表示彼此之间有很深的感情。在本文当中,笔者将专业情谊演绎为"教师的专业理念与师德"。幼儿园教师的专业理念与师德是幼儿园教师所持有的专业理念及其所拥有的师德的统称,是幼儿园教师专业发展的一个关键维度,在《专业标准》的结构框架中居于首要位置。"专业理念指专业人员对自身专业的性质、标准、价值等的理解、判断、期待与认同,指引着专业人员的思考方式和行为举止。师德即教师的职业道德,是教师在长期的教育教学实践中形成的比较稳定的道德观念、行为规范和道德品质的综合,是教师的思想觉悟、道德品质和精神面貌的集中体现。"

3.2 研究问题与讨论

在研究结果部分呈现了幼儿眼中的老师形象和幼儿期望的好老师的形象。通过对研究资料的深入分析和探究,研究者发现了两个现象并对此产生了浓厚的兴趣和深入的思考。首先是幼儿的绘画作品中教师形象多以女性的角色呈现,但在对幼儿的访谈过程中,研究者发现幼儿并非只青睐于女性教师。其次是幼儿的30号作品中呈现出了在课堂上玩手机的幼儿园教师形象。针对幼儿绘画作品中出现的上述现象形成了两个问题,这两个问题值得进一步地讨论与分析。

4 教育建议与反思

4.1 教育建议

幼儿园教师是幼儿学习活动的支持者、合作者、引导者。传统模式中以教师为主体的教转变成了以学生为主体的学，教学更加强调幼儿的主体性。人们越来越期待幼儿教育的高质量，随之对教师的素质提出更高的要求。并且伴随着研究问题的不断丰富和深入，基于儿童视角下对儿童的精神世界的追寻也受到越来越多的关注。以儿童的视角为起点的研究领域正在不断地扩大，研究内容也逐渐地细化，通过以上的分析得出的结论，很好地充实了儿童视角领域的研究内容，笔者也因此对幼儿喜欢的好老师的教师角色发展提出以下建议：

(1) 在专业知识方面，幼儿教师要树立起终身学习的理念，具备终身学习与持续发展的意识，做终身学习的典范。

(2) 在专业能力方面，幼儿教师要具备完善的专业实践能力和行动能力，以幼儿园课程游戏化为中心，寓教于乐，给幼儿的成长创造良好的环境。

(3) 在专业情谊方面，幼儿教师要培养良好的审美情趣，提高自身人格修养，树立起良好的榜样形象。

(4) 在幼儿园教师性别差异方面，幼儿园应优化教师性别的设置，为幼儿园的健康运行和长远发展奠定良好的人才基础。

4.2 研究不足

4.2.1 研究方法的反思

(1) 资料收集的反思。

首先是对研究对象的取样，研究者之所以选择幼儿园大班幼儿是由于：一般来说大班幼儿都在幼儿园生活了三到四年，他们对幼儿园有着更多的体验和了解；同时，大班幼儿在学前年龄阶段的身心发展水平最高，对幼儿园的感知的能力也相对较好；此外，大班幼儿语言的发展水平也相对较高，他们能够清楚地表达自己的想法，以及大班幼儿的绘画水平和技巧也相对较高，能够更好地用绘画的方式表达自己喜欢的好老师的形象。但是，在研究的过程中发现有些孩子的表达能力发展不是很好，并不能清楚地表达自己内心的想法。同时，在绘画过程中有些幼儿因为不会画，所以出现了幼儿希望出现在作品中的一些形象呈现不出来的情况。这些表达的限制导致本研究丧失了很多有效信息，可能不能完全了解到幼儿的想法。

其次是关于访谈提纲的设置和具体的访谈过程。研究者在设置访谈提纲的过程中列出了一些现场的问题，在一定程度上限制了幼儿对内心喜欢的好老师想法的丰富性。在具体事物访谈过程中，由于条件的限制，访谈之余的幼儿在聆听，在一定程度上造成了幼儿回答问题的相互模仿，从而影响到了幼儿访谈资料的真实度。

最后是关于绘画，由于不能影响到班级的正常教学进度和教学秩序，研究者只能在提供给的短暂时间内进行活动。虽然已经安排幼儿分开就座，但是由于班级的桌椅数量有限，仍在一定程度上造成了幼儿间的相互模仿。但是这种模仿发生在幼儿之间，没有成人的参与，还是属于幼儿自己的想法。

(2) 资料分析的反思。

首先是对绘画作品的分析，由于研究者本身的幼儿美术专业知识有限，在欣赏和理解幼儿的绘画作品的过程中难免有一定的限制。同时，由于研究者在访谈过程中没有注意到一些绘画作品中的细节，因而有些内容无法了解。

其次是对访谈记录文本的分析，由于当时访谈时有两名幼儿没有来幼儿园，因而没有收集到这两位幼儿作品，也没有收集到对这两位幼儿访谈的资料。此外，根据访谈的实际情况，研究者事先设计的问题没有完全提问，同时幼儿又出现了一些新的问题。在处理这些资料的过程中难免出现前后衔接不一致的问题，给研究者的资料整理带来了一定的挑战。

最后在研究过程中，尽管以"儿童视角"去看待问题，但是由于研究者是成人，在实际操作中还是难以避免成人的思维和认知，所以很难把握儿童视角下心中真正喜欢的好老师形象。

4.2.2 研究结果的反思

(1) 研究结果的反思。

在论文正式的写作过程中，研究者感觉到对收集回来的资料进行驾驭是存在着一定的难度的。由于研究者自身理论水平的限制，在写作的过程中，研究者难以发现有价值的信息。有时候研究者发现了，但感觉到理论修养的限制，仍难以进行深入的分析。此外，由于数量较多，信息量较大，研究者在写作过程中不得不进行一些取舍，但是在进行取舍时难免会因为研究者的水平限制以及主观愿望舍弃掉一些有价值的信息，而留下了一些价值性相对较少的内容。再者，由于研究者与研究对象相处的时间太少，开展活动收集资料时间的限制，对该幼儿园的了解也有限，所以在写作的过程中，一些内容的分析也受到了限制。最后，研究者的所有资料都来自于大班这 34 名儿童，以这 34 名幼儿的想法来代表普遍大班幼儿的想法，是存在一定的局限性的，不过这并不影响本研究者的价值。

(2) 后续研究的反思。

对于本研究，仍然有机会继续深入研究。首先，可以进一步扩大研究的样本数量，同时扩大样本的分布，比如对不同性质的、不同地区的幼儿园的不同年龄阶段的幼儿进行研究。其次，研究者的理论修养和研究能力制约着研究的进行，所以研究者应提高自身的理论水平，运用理论知识分析实际问题的能力来进行深入的研究。

参考文献

[1] [美]罗恩菲德. 创造与心智成长[M]. 王德育，译. 长沙：湖南美术出版社，1993.

[2] [英]里德. 通过艺术的教育[M]. 吕廷和，译. 长沙：湖南美术出版社，1993.

[3] [美]Carolyn Edwards，Lella Gandini，George Forman，等. 儿童的一百种语言：瑞吉欧·艾米利亚教育取向进一步的回响[M]. 罗雅芬，等，译. 新北：心理出版社，2000.

[4] 朱家雄. 儿童绘画心理与绘画指导[M]. 上海：上海教育出版社，1991.

[5] 张念芸. 学前儿童美术教育[M]. 北京：北京师范大学出版社，1996.

[6] 孔起英. 儿童美术教育[M]. 南京：南京师范大学出版社，1998.

[7] 刘晓东. 儿童教育新论[M]. 南京：江苏教育出版社，1998.

[8] 杨景芝. 美术教育与人的发展[M]. 北京：人民美术出版社，1999.

[9] 王振宇. 儿童心理发展理论[M]. 上海：华东师范大学出版社，2000.

[10] 滕守尧. 西方艺术教育史[M]. 成都：四川人民出版社，2000.

[11] 腾守尧. 生态式艺术教育概论[M]. 西安：陕西师范大学出版社，2002.

[12] 屠美如.向瑞吉欧学习什么——《孩子的一百种语言》解读[M]. 北京：教育科学出版社，2002.
[13] 李跃儿.谁拿走了孩子的幸福[M]. 昆明：云南人民出版社，2005.
[14] 边霞.幼儿园美术教育与活动设计[M].北京：高等教育出版社，2009.
[15] 陈鹤琴.儿童美术教育[M].南京：南京师范大学出版社，2013.
[16] 朱家雄.瑞吉欧学前教育系统中幼儿对美术语言的运用[J].幼儿教育，2000(2).
[17] 冯晓霞，朱细文.瑞吉欧教育理念中的儿童与教师[J]. 学前教育，2000(12).
[18] 林玉莲.幼儿园：儿童的花园[J].华中建筑，2000(1).
[19] 戴莉.幼儿眼中好老师标准的调查研究[J].学前教育研究，2005(11).
[20] 王萍.瑞吉欧儿童美术教育特点及启示[J]. 天津市教科院学报，2007(6).
[21] 黄进.当童年成为艺术——论审美视角的儿童观[J].中国教师，2009(11).
[22] 李召存.瑞吉欧美术教育理念及其对我国学前美术教育的启示[J]. 学前教育研究，2002(4).
[23] 张娜.不同主体视野中"好幼儿园"标准的比较[J].学前教育研究，2012(3).
[24] 杨翠.幼儿眼中的好老师[D].重庆：西南大学，2010.
[25] 袁永雄.我喜欢的幼儿园——来自5～6岁大班幼儿的声音[D].南京：南京师范大学，2013.

多音字的主要与次要读音误读的原因

学生姓名：钟君瑜　指导教师：冷　英

南通大学教育科学学院，应用心理学专业，学号：1206032003

【摘　要】 采用认知实验方法探讨多音字的误读原因，以期解决小学语文多音字教学这一难点。本研究共三个实验，均采用被试内重复测量设计，实验结果表明：(1) 读音越相似的多音字越容易误读；(2) 人们越不熟悉的多音字越容易误读；(3) 语义越相似的多音字越容易误读。

【关键词】 多音字；误读原因；命名；启动

1 引　言

现代汉语多音字是我国中小学生语文学习的难点，也是会影响人际交往的语言现象。目前，关于汉语多音字的研究大多集中在多音字的本体研究，包括多音字的来源和成因[1]—[3]、规律[4]、分类[5]以及多音字的整理和规范方面[6]、[7]，另外还有研究把多音字的应用研究与对外汉语教学[8]、计算机编程和音译外来语[9]结合。尽管多音字的本体研究已较为成熟，但对于汉语多音字我们还有很多地方是不了解的。过去的研究几乎都是由语言学专业的研究者用调查研究的方法探讨多音字，若要更深入了解多音字，亟须注入新的元素为这一研究领域增加活力，因此，本研究将不再采用问卷调查的方法，而是用实验研究的方法探讨汉语多音字。

研究多音字的误读原因对汉语的发展有很重要的意义。首先，多音字出现在我们的日常生活和工作中，误读多音字可能会成为我们交际中的障碍。其次，中小学生学习语文都需要学习多音字，然而多音字总是给学生学习带来很多困难。再次，汉语在国际语言中的地位日益重要，如今掀起一场汉语潮，研究多音字更是对外汉语教学不可或缺的一部分。因此，我们需要不断深入认识汉语多音字。

在结合现有的关于多音字研究的基础上，本研究拟将多音字的研究纳入心理学的认知领域范畴中，用科学的实验方法以及心理学的实验范式对多音字误读原因进行剖析，以期为小学生学习汉语多音字提供更好的教学指导。

2 实验研究

2.1 实验 1

2.1.1 实验目的

采用命名法，考察汉语多音字的读音相似性对误读的影响。

2.1.2 被试

被试为南通大学 36 名本科生，年龄为 18—24 岁，自愿参加实验且母语为汉语，视力或矫正视力正常。完成实验后均获少量报酬。

2.1.3 刺激材料

实验材料包括三种类型：声母韵母相同而声调不同(A_1)、声母相同韵母不同(A_2)、声母不同韵母相同(A_3)的首字为多音字的字对,每种类型的多音字对各18对,共108个词语,其中每种类型的多音字对的两个读音分为主要读音(B_1)和次要读音(B_2)。填充材料为54个单音字词语。

实验材料中多音字对类型让29名大学生进行5点量表的读音相似性的主观评定。单因素方差分析结果显示三种类型的多音字对的读音相似性有显著差异。而多音字对的主次读音则让另外的46名大学生进行多音字读音熟悉性的5点量表主观评定,数据统计后得分较高的读音为主要读音,得分较低的读音为次要读音。

2.1.4　实验设计与程序

实验1为逐字阅读的命名实验,采用两因素被试内实验设计,自变量为多音字对类型和呈现词语的读音地位,因变量为被试报告的反应时和正确率。

实验采用E-prime 2.0程序。首先在电脑屏幕中央呈现"+"500ms,继而呈现一个词语,该词语在被试开始对着麦克风出声报告时消失,然后进入空白屏,空白屏设置持续时间为1000ms以等待被试反应完毕,程序设置为麦克风接收到声音刺激后自动进入下一个词语。正式实验前被试先进行练习实验,正式实验进行到一半,被试可以休息。本程序接入SRBOX以记录被试的反应时。被试的报告正确率由主试手动记录。

2.1.5　实验数据与分析

对实验数据进行预处理,首先计算每个被试的正确率,剔除实验材料的正确率低于75%的被试的所有数据(实验1剔除2名被试);其次对正确率符合要求的被试,删除其错误反应的反应时以及Z值在3个标准差以外的反应时数据。

对正确率进行方差分析,结果显示,多音字对类型的主效应显著,呈现词语的读音地位的主效应显著,两者的交互作用显著。进一步进行简单效应分析,结果是:(1)当呈现词语为主要读音时,多音字对类型A_1和A_2、A_1和A_3之间的正确率有显著差异;当呈现词语为次要读音时,多音字对类型A_1和A_2、A_1和A_3、A_2和A_3之间的正确率均有显著差异。(2)当多音字对类型分别为A_1、A_2、A_3时,呈现词语为主要读音和次要读音之间均有显著差异。

对反应时进行方差分析,结果与正确率的分析结果相一致。

2.1.6　实验结果小结

多音字对类型的主效应显著,且正确率A_1小于A_2小于A_3,说明读音越相似的多音字,越容易误读。呈现词语的读音地位的主效应显著,且主要读音的正确率大于次要读音的正确率,说明人们越不熟悉的读音越容易误读。

2.1.7　讨论

实验1的分析结果显示,多音字对类型为A_1、A_2、A_3时,呈现词语为主要读音B_1和次要读音B_2之间均有显著差异,尽管三种情况下主次读音之间的正确率都有显著差异,但是它们的差异量不同,很明显读音越相似的多音字对的主次读音正确率的差异量越大,读音不相似的多音字对的主次读音正确率的差异量小。这个结果说明,多音字对的读音越相似,次要读音的正确率越低,次要读音与主要读音的差异量越大。而多音字对的读音不那么相似时,虽然次要读音也会误读,但是相对来说没有那么容易读错。

2.2　实验2

2.2.1　实验目的

采用启动命名法,考察汉语多音字的读音相似性对误读的影响。

2.2.2 被试

被试为南通大学 53 名本科生,其他条件同实验 1。

2.2.3 刺激材料

实验材料包括三种类型的多音字对 A_1、A_2、A_3,每种类型的多音字对各 16 对。其中每对多音字的两个读音通过评定实验分为主要读音和次要读音。启动词分为多音字和控制词(单音字),目标词都是多音字对。

填充材料共有 64 对词语,其中启动词有 32 对多音字对和 32 对单音字对,目标词均为单音字对。

2.2.4 实验设计与程序

实验 2 为启动命名实验,实验设计为多因素被试内设计,自变量为多音字对类型、启动词类型和目标词读音地位。因变量为被试报告的反应时和正确率。

实验程序与实验 1 相似,不同的是呈现注视点后,呈现启动词 57ms,再呈现目标词,被试报告目标词。其他实验设置与实验 1 相同。

2.2.5 实验数据与分析

对实验数据进行预处理的方法同实验 1(实验 2 剔除 4 名被试)。

对实验 2 的反应时进行方差分析,结果显示,多音字对类型的主效应显著,目标词读音地位的主效应显著,两者的交互作用显著。三个自变量的交互作用显著,进一步进行简单效应分析,结果是:(1) 当多音字对类型为 A_3 且目标词为主要读音时,启动词类型为多音字和启动词类型为控制词之间有显著差异。(2) 当多音字对类型为 A_1 时,不管是多音字启动还是控制词启动,均有显著差异;当多音字对类型为 A_2 和 A_3,启动词为控制词时,目标词为主要读音和次要读音之间的反应时有显著差异。

对实验 2 的正确率进行方差分析,结果显示与反应时相一致,不同的是启动词类型和目标词读音地位的交互作用显著。进一步进行简单效应分析,结果是:(1) 当目标词为主要读音时,A_1 和 A_2、A_1 和 A_3、A_2 和 A_3 之间的差异显著;当目标词为次要读音时,A_1 和 A_2、A_1 和 A_3 之间正确率的差异显著。(2) 当启动词分别为多音字和控制词时,目标词为主要读音 C_1 和目标词为次要读音 C_2 正确率之间均有显著差异。

2.2.6 实验结果小结

因变量为反应时和正确率时都出现:多音字对类型的主效应显著,目标词读音地位的主效应显著,两者的交互效应显著;当因变量为反应时出现:多音字对类型、启动词类型和目标词读音地位三者的交互作用显著。当因变量为正确率时出现:启动词类型和目标词读音地位的交互效应显著。

2.2.7 讨论

启动词类型的主效应不显著,但是启动词类型与目标词读音地位的交互效应显著,简单效应分析后发现,当目标词为主要读音时,多音字启动的正确率小于控制词启动的正确率($B_1C_1=0.917$,$B_2C_1=0.929$,$B_1C_1-B_2C_1=-0.012$);当目标词为次要读音时,多音字启动的正确率大于控制词启动的正确率($B_1C_2=0.785$,$B_2C_2=0.764$,$B_1C_2-B_2C_2=0.021$),虽然都没有达到显著差异,但是从中可以看出当目标词为主要读音时,多音字启动出现了抑制效应,而当目标词为次要读音时,多音字启动则出现了促进效应。启动词类型的主效应不显著可能是因为在其中两者相互抵消了启动效应。

因变量为反应时，三个自变量的交互作用显著，简单效应分析结果显示，当多音字对类型为 A_2 和 A_3，启动词为多音字时，目标词为主要读音和次要读音之间的反应时没有显著差异，但当启动词为控制词时，两者之间有显著差异。这可能是因为在 A_2 和 A_3 这两种多音字对中，目标词为主要读音时，多音字启动都出现了抑制效应，从实验 2 的数据，我们可以看出，$A_1B_1C_1 < A_1B_2C_1$，但 $A_2B_1C_1 > A_2B_2C_1$，$A_3B_1C_1 > A_3B_2C_1$，即有抑制效应出现但不明显，抑制效应没有达到显著水平。由于目标词为主要读音时出现了抑制效应，使得当启动词为多音字时，目标词为主要读音的反应时比控制启动条件下的反应时延长，而目标词为次要读音的反应时与控制启动条件下的反应时没有变化，所以出现了 A_2 和 A_3 的多音字对类型在控制词启动时，目标词为主要读音和次要读音之间有显著差异，而在多音字启动时，两者的差异反而不显著。

2.3 实验 3

2.3.1 实验目的

考察汉语多音字的字义相似性对误读的影响。

2.3.2 被试

被试为南通大学 36 名本科生，其他条件同实验 1。

2.3.3 刺激材料

本实验控制语音变量，实验材料只使用声母韵母相同而声调不同的多音字对（A_1），把这些多音字对分为语义相似性高和语义相似性低两组。让 36 名大学生对字义相似性进行 5 点量表的主观评定。按照评定完的数据统计，把 A_1 类多音字对按字义相似性评定均分分为高低各 36 对。对高低组的字义相似性均分做独立样本 t 检验，结果显示高低组的字义相似性有显著差异。

填充材料为 72 对由单音字组成的词语，每对词语的首字相同。这样，每组测验共有 144 对材料。

2.3.4 实验设计与程序

实验设计为两因素被试内设计。自变量为语义相似性和主次读音呈现顺序，因变量为被试反应的正确率和反应时。

实验采用 E-prime 2.0 程序。首先在电脑屏幕中央呈现“＋”500ms，然后相继呈现词对，每个词语的呈现时间均为 128ms，词语消失后进入空白屏，此时被试判断呈现的一对词语中的首字读音是否相同并按键反应，若被试判断错误，会出现提示语反馈。正式实验前被试进行练习实验，设置练习实验的正确率低于 75％则返回继续练习。实验进行到一半时，被试可以休息。为控制“是”“否”按键的反应速度的误差，两组测验的程序还分别设置了“是”“否”的按键位置互换。电脑程序记录被试的反应时和正确率。

2.3.5 实验数据与分析

对实验数据进行预处理的方法同实验 1（本实验剔除 5 名被试）。

对实验 3 的反应时和准确率进行方差分析，结果均显示，语义相似性的主效应显著。

2.3.6 实验结果小结

语义相似性的主效应显著，主次读音呈现顺序的主效应不显著，两者的交互效应不显著。实验结果说明，语义相似性影响多音字的认读，多音字的语义越相似，越容易误读。

2.3.7 讨论

主次读音呈现顺序的主效应不显著,说明不管先呈现主要读音还是先呈现次要读音,如处理—处所,处所—处理两种呈现顺序,对被试判断多音字的读音没有影响,即被试对这两种呈现顺序的判断结果一致,这一结果可能与实验任务的性质有关。人们很多时候只知道读音不同,但是不知道正确读音应该怎么读,因此判断任务不受人们对读音的熟悉性的影响,若实验是命名任务,那么人们对读音的熟悉性则会影响正确率。

3 综合讨论

本研究与过去的研究在研究方法、研究重点以及数据分析方法上都是不同的,本研究采用的是实证研究方法,研究重点放在多音字的误读原因一个方面,且数据的统计和分析采用多因素方差分析。因此,这些与以往相关研究的不同点均是本研究的创新之处。

由于缺乏一定的实验研究参考,因此本研究还存在许多问题需要改进:(1) 三个实验材料的选用,还有许多因素没有控制,如字对的字形、词频、结构等没有进行匹配;(2) 实验1探讨读音相似性对误读的影响,但实验材料没有控制好语义这一变量;(3) 实验2的实验材料的拉丁方设计还不够完美,可能存在误差。希望在后续的研究中,研究者能够改善这些问题。

参考文献

[1] 季素彩,张德继. 汉语多音字的成因[J]. 汉字文化,2000(3):7—11.

[2] 孙强. 现代汉语多音字研究[D]. 成都:四川大学,2007.

[3] 刘春丽. 汉语多音字成因简析[J]. 黑龙江教育学院学报,2008,27(6):113—114.

[4] 刘文山. 多音字音义分配规律浅探[J]. 语文知识,2000(9):40—42.

[5] 卢偓. 现代汉语常用字中多音字的分类与识别[J]. 南京社会科学,2009(12):128—132.

[6] 张德继. 现代汉语多音字的规范问题[J]. 河北师范大学学报(哲学社会科学版),2002,25(1):63—67.

[7] 黄长泉. 关于多音字教学的思考[J]. 深圳信息职业技术学院学报,2002(1):90—93.

[8] 窦连芳. 对外汉语教学中的多音字研究[D]. 青岛:中国海洋大学,2010.

[9] 李清. 中文文一语转换系统中多音字问题研究[D]. 保定:河北大学,2010.

学龄前流动儿童意外伤害现状调查

学生姓名：陈奕文　指导教师：王晓芬

南通大学教育科学学院，学前教育专业，学号：1206022068

【摘　要】本研究以问卷法为主，访谈法为辅，对南通市4所幼儿园进行调研。发现：学龄前流动儿童的意外伤害发生率是42.7%，高于非流动儿童；跌伤为主要的伤害；受伤部位主要为下肢；意外伤害地点主要在家；意外伤害有男女的性别差距。

【关键词】学龄前流动儿童；意外伤害；安全教育

1 研究缘起

1.1 研究背景

近年来，儿童意外伤害事件频发，而学龄前流动儿童作为一个特殊的群体值得研究。

1.2 核心概念

1.2.1　学龄前流动儿童(the floating preschool children)

本研究是指随父母或其他监护人从非调查市流出、在被调查城市暂时居住半年以上，且在流入地就读幼儿园的3—6周岁儿童。

1.2.2　意外伤害(unintentional injury)

本研究中的意外伤害定义是指身体受到的外来的、突发的、非本意的、非疾病的伤害。具体考察维度包括交通伤、跌伤、烧烫伤、锐器伤、碰撞伤、砸伤、挤压伤、爆炸伤、动物咬伤、电击伤、中毒、溺水、异物伤这13种。

2 研究设计

2.1 研究方法

2.1.1　问卷法

(1) 被试选择和问卷发放。

问卷发放数量为460份，其中，北城幼儿园160份；观音山幼儿园小、中、大班各40份，共120份；机关幼儿园小、中、大班各40份，共120份；通州幼儿园小、中、大班各20份，共计60份；有效问卷为250份，有效率为54.3%。

(2) 研究对象及基本情况。

在此次调查的250份有效问卷中，本地儿童119名，占总人数的47.6%，流动儿童131名，占总人数的52.4%。其中，男孩138名，占总数的55.2%，女孩112名，占总数的44.8%；大班、中班、小班、小小班四个年龄段的幼儿比例依次为39.2%、42.0%、14.4%、4.4%。

2.1.2　访谈法

研究者选择了在南通市区机关二园和通州幼儿园的家长和老师进行访谈。共访谈了5名家长和3位老师。

3　研究发现与讨论

3.1　流动儿童意外伤害的发生现状

3.1.1　流动儿童意外伤害的发生次数

在调查的250份有效问卷中，在最近一年中发生意外伤害的有88份。流动儿童的意外伤害发生率为42.7%，非流动儿童发生意外伤害率为24.4%。在出现意外伤害的儿童中，流动儿童有56个，非流动儿童有32个。

表1　学龄前流动非流动儿童在最近一年意外伤害发生情况次数的比较(%/N)

儿童类型	发生次数				
	0	1	2	3～5	6次以上
流动儿童 (N=131)	53.6 (69)	38.2 (50)	4.6 (6)	2.3 (3)	2.3 (3)
非流动儿童 (N=119)	44.7 (83)	19.5 (23)	5.9 (7)	2.5 (3)	2.5 (3)

3.1.2　流动儿童意外伤害的类型

由表2可以看出，流动儿童意外伤害最多的是跌伤，占46.4%，接下来依次为碰撞伤(25%)和锐器伤(10.7%)。

表2　学龄前流动与非流动儿童在最近一年意外伤害发生类型的比较(%/N)

儿童类型	意外伤害发生类型											
	交通伤	跌伤	烧烫伤	锐器伤	碰撞伤	砸伤	挤压伤	爆炸伤	动物咬伤	电击伤	中毒	溺水	异物伤
流动儿童 (N=56)	3.6 (2)	46.4 (26)	7.1 (4)	10.7 (6)	25 (14)	3.6 (2)	3.6 (2)	0 (0)	8.9 (5)	1.8 (1)	0 (0)	1.8 (1)	1.8 (1)
非流动儿童 (N=32)	6.2 (2)	53.1 (17)	12.5 (4)	15.6 (5)	15.6 (5)	0 (0)	0 (0)	0 (0)	9.4 (3)	0 (0)	0 (0)	0 (0)	0 (0)

3.1.3　流动儿童意外伤害的受伤部位

从表3看出，流动和非流动儿童意外伤害的部位均以下肢居多。

表3　学龄前流动与非流动儿童在意外伤害受伤部位的比较(%/N)

儿童类型	受伤部位			
	头颈部	上肢	躯干	下肢
流动儿童 (N=64)	28.1 (18)	34.4 (22)	1.6 (1)	35.9 (23)
非流动儿童 (N=31)	16.1 (5)	38.8 (12)	0 (0)	45.1 (14)

3.1.4　流动儿童意外伤害的发生地点

绝大多数意外伤害发生在家里，流动儿童的伤害发生地在家中的高达87.7%，而非流动儿童也达到了62.5%。

3.1.5　流动儿童受伤后的处理方法

对于受伤后的处理方法，流动儿童在“没做处理或儿童自己处理”“家长或老师处理”“去医院或医务室诊治”这三个选项中，所占的比例分别为35%、31.7%和33.3%；而非流动儿童在这三项的比例依次为23.5%、32.4%和44.1%。

3.1.6　流动儿童伤后的休息天数

由表2可知，学龄前儿童最主要的意外伤害类型是跌伤，这类伤害不会给儿童带来很大的损伤，所以有近一半的儿童在伤后并未休息。

3.1.7　流动儿童受伤后的恢复情况

绝大多数的儿童受伤后都可以痊愈，因为大多数学龄前儿童的意外伤害是跌伤，不会给儿童带来很大的伤害，所以流动儿童和非流动儿童在"痊愈"这一项占比高达88.7%和94.1%。

3.2　流动儿童意外伤害的结论及影响因素分析

3.2.1　流动儿童的意外伤害类型多于非流动儿童

由上文的表2可知，学龄前流动与非流动儿童都以跌伤为主。但是研究者发现流动儿童比非流动儿童出现的意外伤害类型更多，比如流动儿童出现砸伤（3.6%）、挤压伤（3.6%）、电击伤（1.8%）、溺水（1.8%）和异物伤（1.8%）。

流动儿童居住的环境比较差是导致意外伤害发生的主要因素。在访谈中，一些家长表示，"我们住的都是租的房子，吃住都在一间，旁边还有公共厕所和垃圾桶，比较脏"（通州幼儿园，家长4，4月11日）。

家庭中较多的兄弟姐妹导致流动儿童受关注度低，影响了家长对于每个儿童意外伤害的有效监管。调查发现，41.4%的流动儿童有一个兄弟姐妹，11.7%的流动儿童有两个或两个以上兄弟姐妹，这样的家庭构成，不利于家长照顾到每个儿童。家庭的收入状况也是影响儿童意外伤害的因素之一，47%的流动儿童家庭的父母月总收入集中在"3000—6000元"，这些收入能满足家庭的基本生活需要，但是并不能满足儿童在娱乐、学习等方面的要求。

3.2.2　流动儿童的意外伤害以跌伤为主，受伤部位以下肢居多

研究者发现学龄前流动儿童受伤部位最多的是下肢。35.9%的流动儿童的受伤部位是下肢。

幼儿不小心、跑和跳是绝大多数意外伤害发生的原因。调查发现，家长在填写"意外伤害发生的原因"这一栏时，大多数都写道 "走路不小心""追着跑""跑的时候不小心""从凳子上跳下来"等。同时，幼儿的年龄阶段特点也是意外伤害发生的原因之一。研究者发现处于学龄前期的3—6岁的儿童认知发展不足，对意外伤害的危险不能及时发现并预防，易发生窒息、交通意外和烫伤等意外伤害。

3.2.3　流动儿童的意外伤害发生的地点多在家

从实验数据发现，87.7%的流动儿童发现意外伤害的场所在家，这与徐韬（2011）和赵丹等人（2011）的发现相一致。

父母忙于工作是导致流动儿童意外伤害的直接导火线。因为父母要工作，儿童独自一人在家或附近玩耍，常因疏于看护而导致意外伤害的发生。

3.2.4　流动儿童意外伤害多不做处理、伤后不休息。

从实验可知，流动儿童家长多选择"没做处理或儿童自己处理"，占35%；而非流动儿童家长则多选择"去医院或医务室诊治"，比例占44.1%，这说明流动儿童家长与非流动儿童家长在儿童受伤后的处理有些不同。

流动儿童父母的文化水平对流动儿童意外伤害的处理方式有一定的影响。研究者发现流动学前儿童父母的受教育程度普遍较低，这会使得他们在面对儿童发生意外伤害时不知该如何选择较为正确、及时的处理方式，从而给流动儿童造成更大的伤害。

3.2.5 流动男孩的意外伤害比例高于女孩

在出现意外伤害的56个流动儿童中，男生有32个，女生为24个。男生在最近一年出现意外伤害的总次数为36次，女生出现的总次数为26次。男女学龄前流动儿童在发生次数上有比较大的差异，男生在发生一次意外伤害的比例远高于女生，而女生在“2”“3—5”和“6次以上”这三个次数中比例均高于男生。这与黄勤锦(2013)的研究一致。

身体素质是造成男女幼儿意外伤害差别的主要原因。男女性格之间的差异也是导致男女意外伤害不同的原因之一。黄勤锦(2013)认为男生普遍好动，活动的频率和范围较大，比女生更喜欢户外活动，更喜欢参与竞争性游戏，也更容易进入比较危险的情景中，因此相对女生来说更易发生伤害。

4 教育建议与不足

4.1 教育建议

4.1.1 对流动幼儿的建议

(1) 增强体质。

陈丽(2010)认为身体素质较差的孩子对危险的识别和应对能力较差，身体抵抗力弱，更容易在危险环境中遭受到伤害。因此幼儿应该在家长及教师的鼓励下多参加体育锻炼，主动、积极地参加各种户外体育活动。

(2) 提高自我安全意识。

让幼儿在锻炼中认识到要多观察周围的事物，逐渐意识到什么是意外伤害，意外伤害会给自己带来什么危害等，从而从自己开始提高安全意识，避免一些不必要的意外伤害，如：上下楼梯时不蹦蹦跳跳；吃饭时不讲话；不玩火、玩爆竹等。

4.1.2 对流动家庭的建议

(1) 提高意外伤害安全意识和技能。

研究者认为家长首先要树立正确的意外伤害防护意识，及时注意到幼儿身边存在的危险。同时流动家长应该有意识地利用各种形式和宣传工具，熟悉对小儿意外伤害的急救常识。

(2) 营造一个较为安全和谐的生活环境。

首先，流动家长要教育幼儿树立正确的自我保护意识，主动远离危险源，提高自身应对危险的能力；其次，要注意给幼儿营造一个较为安全和谐的生活环境。幼儿的认知水平还未发展完全，家长要作为榜样帮助幼儿树立良好的生活卫生习惯，同时要尽自己努力为幼儿创造一个较为安全和谐的生活环境，让幼儿尽可能少地受到意外伤害的威胁。

4.1.3 对社会的建议

(1) 家庭、幼儿园、社区三者合力。

教育是一项系统复杂的工程，安全教育的缺失不是单方面主体的责任，研究者建议积极推行协同教育，要形成家庭、幼儿园、社区充分合作、充分衔接的优良体系。

首先是家庭，家长要多和老师交流，了解幼儿在园情况。在访谈中，教师提到“一些爷爷奶奶接孩子后直接走了，不会想到和老师交流”（机关二园，教师1,4月13日）。家长应定期向老师了解幼儿在园学习、生活上的情况，是否有一些不安全的行为或习惯，以便及时解决幼儿的问题。

其次，幼儿园是幼儿获得专业意外伤害知识的场所，要加强教师的责任意识，同时完善幼儿园的安全管理制度。幼儿园作为教育的核心力量，也是三个合力的中间力量，应该加强流动家庭和社区的联系，多开展亲子活动，让流动家庭与非流动家庭有更多的交流，利于提高流动家长和幼儿的安全意识，也让流动儿童在集体活动中发展社会性，逐渐融入城市生活。

最后，社区作为流动人群接触的社会的一部分，应该关注和帮助每一个成员的生活及发展，流动儿童作为一个特殊的群体，应该得到社区的帮助。研究者指出社区不仅要配合幼儿园教育，而且要把流动人口纳入到社区管理中来，主动采取措施关爱流动儿童，帮助学龄前流动儿童的家长树立正确的早期教育观和安全观。

4.2 研究不足

（1）问卷有效率限制。由于问卷是正反填写，回收问卷后发现针对儿童发生意外的回答不多，因此在分析时可能存在一定的局限性。

（2）研究分析的局限，有待进一步拓展。由于研究者学术水平的限制，不能提出更深层次的教育建议。

参考文献

[1] Karkhaneh M, Kalenga J C, Hagel B E, et al. Effectiveness of Bicycle Helmet Legislation to Increase Helmet Use: a Systematic Review[J]. Injury Prevention, 2006, 12(2): 76—82.

[2] Schnitzer PG. Prevention of Unintentional Childhood Injuries[J]. Am Fam Physician, 2006, 74(11): 1864—1869.

[3] Towner E, Mytton J. Prevention of Unintentional Injuries in Children[J]. Paediatrics and Child Health, 2009, 19(11): 517—521.

[4] Keyes K M, Susser E, Pilowsky D J, et al. The Health Consequences of Child Mental Health Problems and Parenting Styles: Unintentional iInjuries Among European Schoolchildren[J]. Preventive Medicine, 2014, 67: 182—188.

[5] 刘慧燕，查达永，杨丽，等. 广州地区3～6岁流动儿童意外伤害综合干预效果评价[J]. 医学与社会，2015，28(8)：74—76.

[6] 刘慧燕，杨丽，冯琼，等. 广州地区3～6岁流动儿童意外伤害特征及相关因素分析[J]. 中国儿童保健杂志，2015，4：28.

[7] 徐韬，张瑞，梁艺，等. 北京市4社区0～6岁流动儿童意外伤害的流行病学特征研究[J]. 中国儿童保健杂志，2011，19(8)：704—706.

[8] 赵丹，陈忠伟，欧阳斌发，等. 深圳市南山区0～18岁流动儿童与本地儿童伤害急诊监测结果比较分析[J]. 中华疾病控制杂志，2011，15(5)：412—414.

[9] 陈丽，屈智勇. 留守儿童和流动儿童伤害发生状况调查[J]. 中国学校卫生，2010，31(3)：332—334.

[10] 吴康敏. 我国儿童意外伤害现状及干预分析[J]. 中国儿童保健杂志，2013，21(10)：1009—1011.

[11] 翟蕾，黄娜. 北京市海淀区流动儿童与本地儿童健康危险行为现状分析[J]. 中国学校卫生，2008，29(7)：590—591.

[12] 李丽萍，黄革. 伤害儿童的父母其相关因素的病例对照研究[J]. 疾病控制杂志，1999，3(4)：256—257.
[13] 余红，刘丹. 2011 年浙江省绍兴市 5 岁以下流动儿童死亡监测结果分析[J]. 疾病监测，2012，27(11)：903—905.
[14] 何梅英，丁可，李小勇，等. 流动儿童伤害干预效果评价[J]. 浙江预防医学，2011，23(3)：22—23.
[15] 吕兰秋，钱莹莹，胡卓杰. 宁波市流动儿童意外伤害现状及干预措施[J]. 中国农村卫生事业管理，2008，28(5)：395—396.
[16] 薛桂芝，李国强. 滨州市学龄前儿童意外伤害分析[J]. 社区医学杂志，2003，1(4)：28—29.
[17] 黄叶莉，蔡伟萍，霍世英，等. 儿童意外伤害的原因与预防研究进展[J]. 海军总医院报，2005，18(1)：41—43.
[18] 徐新华，杨慧玲. 留守幼儿安全认知的调查与分析[J]. 学前教育研究，2009(7)：11—15.
[19] 黄勤锦. 流动儿童意外伤害状况研究——以佛山外来工家庭为例[J]. 儿童发展研究，2013(1)：004.
[20] 刘馨，李淑芳. 我国部分地区幼儿园安全状况与安全教育调查[J]. 学前教育研究，2005(12)：15—18.
[21] 贺琳霞. 流动幼儿家园合作的现状及思考[J]. 现代教育科学：高教研究，2008(8)：66—67.
[22] 朱玉华. 幼儿意外伤害的干预策略[J]. 幼儿教育，2005(7).
[23] 崔明辰，熊均平，王建国，等. 5 岁以下儿童意外伤害相关因素分析及干预建议[J]. 现代预防医学，2007，34(17)：3326—3328.
[24] 倪慧渊，何敬瑜. 在园幼儿家庭安全教育的调查报告[J]. 上海教育科研，2008(11)：47—49.
[25] 宋文珍. 预防和控制儿童意外伤害的基本对策[J]. 中国儿童保健杂志，2006，14(4)：325—325.
[26] 蒋竞雄，丁宗一. 中国儿童意外伤害研究现状分析[J]. 中国儿童保健杂志，2000，8(1)：53—55.
[27] 朱晓霞. 杭州市民工子弟学龄儿童伤害流行特征及相关危险因素研究[D]. 杭州：浙江大学，2008.

《南通大学》动漫宣传片毕业设计（论文）团队总结报告

学生姓名：孟　晨、陈　赟、方乐莹　指导教师：杨晓新、徐红波
南通大学教育科学学院

1　选题背景

上溯到20世纪90年代后期，我国高等教育在经历了一场华丽的蜕变之后，飞快地摆脱原来的轨迹，踏上了高等教育普及化的道路。随着改革开放的深入，许多国外的名校和教育机构在中国开拓市场，国家因此也越来越注重“科教兴国”和“人才强国”的战略方针，鼓励高校通过进行大规模合并、升格来提高自身的综合实力以及竞争能力，与此同时涌现出一大批民办高校，国内各大高校招生的竞争压力便与日俱增。2014年9月，国务院发布的《关于深化考试招生制度改革的实施意见》指出：2015年起在有条件的省份开展录取批次改革试点，并逐步取消录取批次。据统计，2014年和2015年全国高考录取人数都是将近700万，但是仅仅一年时间高校数量就增长了12%，新增342所普高。由此可见，如何成功地将学校形象推销出去成为当今各大高校关注的热点话题。

互联网的普及以及计算机合成技术和电视摄像后期制作技术的发展，成为高校宣传片兴起的必要条件，许多高校纷纷开始将学校各方面的信息，通过几分钟的宣传视频来呈现给大众。但是，要想制作出一部优秀的高校宣传片并不容易。首先，宣传片要把高校的办学理念、文化背景、大学精神等一系列庞杂的内容压缩在短短的几分钟里，然后能够运用恰到好处的艺术手法，将其展现在受众面前。可以预料的是，工程量比较浩大，这其中，前期的企划又是相当重要的，要能准确抓住新颖的创意点，同样重要的是要找到合适的艺术表现手段去表达创意，否则，是达不到预期的传播效果的。

在如今这个新媒体技术迅速普及的数据化时代，互联网紧紧地包裹着现代人的生活，每天睁开眼睛后要做的第一件事情，就是低头看“世界”——移动终端设备。由于工作和生活节奏的不断加快，人们已经慢慢地习惯，随时随地地去享用各种媒介上的视听快餐，并试图以最快的速度去捕获自己需要的信息，进而做出判断，那些拐弯抹角，看了一分钟仍然找不到重点的内容，立刻会被无情地翻页。这也是为什么近几年各大高校的宣传片数量在增长，宣传效果却一直处于不理想状态的重要原因。因此，值得笔者思考的是，如何才能抓住受众的眼球，成功地将学校形象推广出去？这不仅是对高校宣传片获得创新突破的严峻考验，也是对笔者能否正确做好宣传片企划的巨大挑战。

2　研究现状

2.1　高校宣传片的研究现状

国内各大高校积极投入高校宣传片的制作，渐渐暴露出竞相模仿的问题，宣传片的数量虽然在持续增长，但具有创意与突破点的宣传片寥寥无几。

截止到2016年5月份，在百度搜索引擎中输入“高校宣传片”的关键词，可以搜索到31159个相关视频，其中大部分是国内各大高校的宣传片，还有一小部分是国外高等院校的

宣传片。按照国内高校试图通过宣传片要表达的主旨内容可以分为招生类型的宣传片、学校或者学院下设机构活动宣传类型的宣传片、校庆校史纪念类型的宣传片、国际版宣传类型的宣传片等，列举几部近期比较有代表性的宣传片：《梦开始的地方——深圳大学 2015 年招生宣传片》《日月光华　旦复旦兮——复旦大学 2015 年校庆宣传片》《天津大学 2015 年国际版宣传片》等。高校宣传片在表现形式方面也渐渐形成了几种分类：具有艺术气息的精美绝伦式的宣传片、主持人式的采访问答互动式的宣传片、具有情节故事的微电影模式的宣传片、以音乐或者摄影为主题的宣传片以及 MG 动画宣传片等。北京大学最新发布的宣传电影《星空日记》，是在继 2011 年院庆宣传片《女生日记》和 2012 年《男生日记》之后推出的微电影模式的青春系列宣传片，在网络上引起了高度的关注。微电影打破了传统的主旋律式去展现大学精神的禁锢，更加注重展示在青春的主题中大胆去追逐梦想的过程，获得了大众的青睐。在厦门大学 2015 年延时摄影宣传片中，主要是将学校的风景用延时摄影的技术记录下来，组成一部摄影主题的宣传片，也是当下比较流行的一种形式。还有最近兴起的动画形式的宣传片也深受大家的喜爱，例如《N 种未来——2014 年浙江大学 MG 动画宣传片》《清小华带你上清华——2014 年清华大学招生宣传动画》《锐普 2016 年全国高校公益巡讲宣传片》等。

2.2　动漫宣传片的研究现状与发展趋势

目前，动画行业依旧是全球范围内的朝阳产业，无论是欧美还是日韩都非常重视动漫产业。而中国，动画的起步相对较晚，各个方面的发展都间接地受到经济条件的制约，动画产业发展明显不够成熟。但是值得庆幸的是，数字时代的到来让数字动画的制作成本降低，数字技术为中国发展好动漫产业创造了重要的机遇，与此同时，国家也开始颁布政策支持北京、苏州、常州等地发展动漫产业，并提供资金支持。

动漫产业在国内刚刚有了起色，因此，不难想象国内关于动画类的高校宣传片屈指可数，在中国知网中搜索全部文献，其中符合“动画宣传片”的有 7782 个，在百度搜索引擎中搜索关于“高校动画宣传片”关键词的结果只有 195 个，且其中大都是企业商业化的宣传片以及非官方的动画作品，真正关于高校动画宣传片的很少。其中比较有代表性的要数在上文中提到的浙江大学的 MG 动画招生宣传片《N 种未来》、清华大学招生宣传动画《清小华带你上清华》以及锐普 PPT 研究院用 PPT 制作的《全国高校公益巡讲宣传片》。虽然高校在制作动画宣传片这一方面数目有限，但是好多企业在宣传企业形象或者推送产品的时候大胆选用动画来宣传，2012 年中央电视台的动画公益广告《家——有爱就有责任》感动了许多人，给人留下深刻的印象。为了响应习主席提出的“中国梦”的号召，中央电视台又推出了一系列关于社会主义核心价值观的《中国梦娃》的公益广告，受到公众的高度关注和一致好评。

动漫作品往往能将现实具体的世界抽象化，徜徉在动画的艺术里的人们可以天马行空，随心所欲将梦想的事情变成现实，它以独特的优势，赢得了全世界大众的喜爱，这也是动漫产业一直作为全球朝阳产业的重要原因。数字技术给中国的动漫产业带来机遇，同时将数字动画与宣传片相结合又是一大创新点，一定会进一步丰富中国高校宣传片的制作形式，扩大企划者的创作空间，给予大众更多新奇的体验。在这种提倡“万众创新”的社会浪潮中，相信动漫宣传片最终一定会不断发展壮大成为高校宣传片所主力推崇的表现形式。

3 研究目的

(1) 提高南通大学在国内的知名度,让更多的人认识或进一步了解南通大学。

(2) 加强南通大学在同等级别院校间的竞争能力,从而扩大招生选择区间。

(3) 利于推动南通大学与其他高校间的战略合作以及学术交流。

(4) 将动漫元素融入宣传片的制作之中,丰富了宣传片的呈现形式,使受众更容易接受。

(5) 提高自我专业能力、创新能力以及协作能力,送给母校最后一个离别礼物。

4 总体设计思路

团队成员任务分工:孟晨同学负责总的企划,陈赟同学负责脚本创作,方乐莹同学负责后期制作,大家各有所长,分工协作,共同完成宣传片的制作。

本课题主要以前期整体企划及中期拍摄和后期 AE 合成动画设计为主,具体分段如下:

4.1 前期准备阶段

(1) 赏析大量的国内外优秀的与高校宣传相关的动画,在观看中尝试去模仿,大胆创新,以求丰富自己的画面造型设计。广泛地阅读关于高校宣传片的相关文献,了解时下高校宣传片流行的宣传模式,以及国内外宣传片的发展现状、面临的问题等。可以从商业广告以及企业宣传片中寻找创作灵感,然后进行深入的小组探讨。

(2) 小组探讨的结果是:考虑到现代人的心理特征,我们决定从“数据”入手,收集整理与南通大学相关的所有数据,然后对数据进行进一步的筛选工作,按照受众的需求选出较为重要的数据,紧接着,开始着手讨论创作文字稿本和分镜头稿本。

4.2 中期拍摄阶段

(1) 根据分镜头稿本内容,我们初步决定在南通大学各个学院选出 3 名男生和 3 名女生作为最终的演员。

(2) 对报名参选的同学进行试镜,拍摄场地定在 18 号楼摄像实验室。

(3) 从参选人员中选出在试镜环节表现良好的演员,根据稿本内容为每一位演员分配台词。

(4) 要求演员在拍摄之前提前熟悉好台词,由导演向每一位演员讲解拍摄注意事项,然后开始拍摄录制,拍摄场地定在 18 号楼摄影实验室。

4.3 后期制作阶段

(1) 对拍摄的素材进行整理、归类。

(2) 使用 EDUIS 软件对整理好的视频进行初步的剪辑和校色工作。

(3) 使用 AE 软件进行数字特效合成,包括对片头、片中和片尾的进一步包装加工。

(4) 最后使用 AU 软件对人物声音进行处理,并为宣传片配好背景音乐和音效。

4.4 创作过程

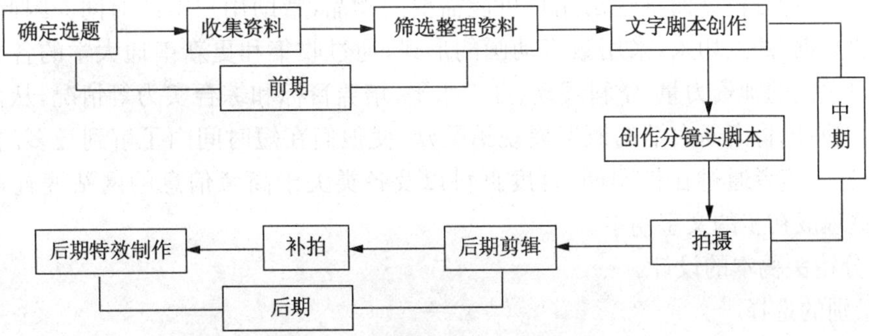

图 4-1 动漫宣传片创作流程图

5 整体企划方案

5.1 设计需求

表 5-1 动画规格要求

作品题材选择	高校宣传片
动画作品形式	AE 合成数字动画
合成大小	1920×1080
动画时长	4 分钟左右(包括片头片尾)
帧速率	25.00
音频采集格式	MP3
视频输出格式	H.264(MPEG-4/AVC)
视频质量要求	风格一致,视觉流畅,音画同步表

选题立意:从“数据”的点出发,以动画的形式,采用虚实结合的手法,利用 AE 软件合成南通大学动漫宣传片。

动画宣传片在后期的视频剪辑和特效部分,分别是在 EDIUS 和 AE 中完成的,统一的视频格式是帧尺寸:1920×1080 和帧速率:25.00 的参数。预计片长 4 分钟,其中包括片头和片尾花絮,音频采集格式为 MP3,最终视频的输出格式为 H.264(MPEG-4/AVC)。

H.264(MPEG-4/AVC)是新一代数字视频压缩格式,同时也是 MPEG-4 的第十部分,采用该格式压缩的视频体积小、质量高,是现在主流的视频格式之一,方便之后在新媒体上的宣传工作。EDIUS 7 和 AE CC 上面都有这种输出格式,因此无须再进行视频转格式的处理。

5.2 宣传片的整体企划

5.2.1 稿本设计

(1) 文字稿本的设计。

创新点是检验一部宣传片是否成功的灵魂关键,通俗地说,就是受众在自己的朋友圈中看到了宣传片的推广信息,在欣赏完视频之后,他们是否愿意为我们点一个赞,或者转发给更多的人,这也是笔者在努力想利用创新点去打动他们的原因。

如今，在大数据的时代背景下，好多移动媒体、网站等利用大数据了解用户的信息，并通过大数据进行分析进而推送出用户可能需要的物品，帮助用户节约时间。因此，本宣传片决定从"数据"的点切入，采用数字动画的形式，通过收集和更新南通大学的各类官方数据，来体现学校的师资力量、学科规模、办学水平、培养目标和综合实力等情况，从而更加直观、形象、透明地将南通大学的概况展现给受众，使他们在短时间内了解到最多的、最权威的相关信息。笔者通过在校园网、百度百科以及各类关于高考信息的网站搜查得到了数据，将其整理成初步的文字稿本。

(2) 分镜头稿本的设计。

① 景别的选择。

中近景，宣传片中大多采用中近景，主要是为了能在看清人物的动作手势的同时也能看清人物的表情，传递的信息量较为丰富，给观众亲切感和对话感。

特写，宣传片中用到特写的视听表达功能主要是有呈现细节、突出重点和缺乏空间位置感。空间位置感的缺失使得特写可以作为转场镜头，增强画面流畅感。

② 角度的选择。

正面角度，宣传片中大多采用正面的拍摄角度，主要是为了呈现最丰富的信息量，同时给观众制造出一种近距离交流的感觉。

平拍角度，表达一种平等与尊重，使镜头无感情色彩。

前侧写，用于表现人物面部轮廓，增加画面变化的同时也可用于转场处理。

③ 固定画面的选择。

表现出一定的客观性，符合观众的生理机制和收看的心理。

(3) 主要动作手势设计。

为了更好地展现数据，笔者设计了一系列动作辅助演员展示，主要有以下几种：

招—托—拍、捏—抛—接、开—合—开、画—划—放、合—开、拉拽、画—托—拉、推—切—推、手拎—放大、取景器、双手托。多种多样的动作，经过演员的演绎，使得画面生动活泼，增强了宣传片的可看性和趣味性，同时方便后期制作充满创意的数字特效，提高宣传片的质量。

5.2.2 人物角色设定

由于是关系到学校形象的宣传片，因此在演员选择这方面还是要严格要求的。首先演员的精神面貌要好，主要是衣着和发型方面要得体，得体不代表死板，适当的新潮比较符合受众的审美；其次就是镜头感要好，也就是面对镜头能够做到自然从容，面带微笑，表现出通大学子的阳光心态；最后就是演员要上镜，人人都有爱美之心，好的外貌能够为动画宣传片和宣传效果加分。

(1) 选角信息发布。

根据文字稿本初定在学校里选出 3 名男生和 3 名女生。为了让更多的同学加入其中，一方面是依靠自己的人脉，在朋友圈间寻找，另一方面我们通过微信、微博、百度贴吧、腾讯 QQ 等社交平台进行人物搜选。经过两天的努力，有将近 20 名同学有意向前来试镜。

(2) 试镜拍摄。

试镜拍摄时间比较分散，因为考虑到每个人的空余时间，拍摄地点就在 18 号楼数字媒体实验中心的摄像实验室。

试镜的具体程序包括以下几点：

① 首先进行相关信息的登记，包括姓名、学院、联系方式以及最近的空余时间段等。

② 然后使用马克笔将名字写在空白A4纸上，主要是试镜的时候展示2秒，方便我们后期筛选时能够将姓名与本人相对应。

③ 试镜第一个环节是试镜人在镜头前360度转一圈，目的是了解一下试镜人是否上镜，宣传片事关学校的形象，对于外貌还是有所要求的。

④ 试镜的第二个环节就是面对镜头做一段简短的自我介绍，这主要是检验被试者是否对镜头有恐惧感，由于作品的需要，要求被选人物要自然从容地对着镜头演说台词。

(3) 选定名单公布。

经过小组讨论，考虑到被选人的时间问题，为了安全起见，我们在选定的人数中增加了备选人员，分别确定3名女生和5名男生。

5.2.3　现场拍摄设计

(1) 设备选定。

现场拍摄用到的设备主要有：摄像机三台、收声设备一套、灯光两台、绿幕一个。

(2) 用光方案。

考虑到是在室内拍摄，在一般情况下都要依靠电光源来完成拍摄，所以笔者采用软光拍摄，一盏实验的日光灯，两台柔光灯。软光又称散射光线，无明显投影的光线，受光均匀，能用光调描绘出被摄物的外观形貌，表现其细腻的层次。光线是顺侧光，又叫前侧光，优点是可以形成丰富的影调变化，被摄体的立体感和质感都能很好地表现出来，其在摄影艺术中也常被用作塑形光。

(3) 标准镜头拍摄。

标准镜头是正常的焦距镜头，跟人的眼睛观察到的事物最相似，无空间的压缩，也不夸张变形，易于受众接受。

5.2.4　视频剪辑设计

为了保证在观看整个宣传片时的流畅度，恰到好处的视频剪辑设计是很有必要的。在中期拍摄的过程中，笔者采用了多机位的拍摄，一个正面的主机位，两个侧面的辅机位，主机位主要拍摄正面的中近景，侧机位主要拍摄特写或者近景镜头。这样宣传片就不会因为机位单一而缺乏变化，同时，在后期进行剪辑的过程中，便于进行多样的镜头切换。

(1) 转场。

① 进出画。

② 特写转场。

(2) 连贯剪辑。

连贯剪辑是用特定的剪辑方法来表现一个连续的时空段落，在段落中，时间看上去应该是连续的，而空间看上去应该是统一并且封闭的。

① 保持时间的连续性。

② 保持空间的完整性。

5.2.5　数字特效设计

笔者所创作的动漫宣传片想要突出的重点便是关于南通大学的各种数据，中期拍摄的内容主要是人物所做的一些手势，后期将视频素材进行特效的加工。宣传片中用到的技术和特效主要有3D摄像机、发光、画笔描边、轨道蒙版、亮度蒙版、运动跟踪以及关键帧的缓动等。

5.2.6 音像素材的收集与加工

(1) 同声同录。

笔者借用了实验室的松下(Panasonic)AG-AC90AMC摄像机进行拍摄,还有摄像机专用的收声用的麦克风和话筒,对现场音进行收集。

(2) 后期处理。

由于每个人的声音大小有不同,语速有快慢,所以我们尽管采用了同声同录,也避免不了后期用AU进行声音的微处理,包括降噪、加速、减速以及音量的调整。

(3) 背景音乐和音效。

广泛搜集各类音乐和音效素材,从中挑选符合动画宣传片的背景音乐,保持声画同步。

6 结　语

6.1 研究创新

《南通大学》动漫宣传片企划中的主要创新点,体现在以下几点:

(1) 由"面"及"点",用"数据"说话。

本部动画宣传片,从"数据"的点切入,避开以往的面面俱到通过收集和更新南通大学的各类官方数据,来体现学校的师资力量、学科规模、办学水平、培养目标和综合实力等情况,更加直观、形象、透明地将南通大学的概况展现给受众,使他们在短时间内了解到最多的、最权威的相关信息。

(2) 稿本语言"接地气"。

创作中,在把创意融入稿本的同时,还应该注意稿本语言的通俗性、幽默性、时代性。考虑到受众大都是学生或学生家长,所以适当加入一些网络流行语言,是很有必要的。这样有助于增强稿本语言的活泼性和生活性,拉近宣传片与受众之间的距离。其实,稿本创作的成功,本身就是一种创意。

(3) 虚实结合,彰显时代个性。

考虑到成本问题,近年来,虚实结合的手法越来越受到人们的青睐。对于其中实的部分,就要涉及前期的拍摄和后期的合成。在本部作品中,主要是以人物为实,后期特效合成部分为虚。

(4) "乐"动人心,以"声"定情。

要想完成一部优秀的宣传片,就必须全面考虑影响它成功的因素。配音的录制和背景音乐的选择,同样至关重要。合适的配音和配乐可以调动受众的情绪,定位整部作品的基调。对于动漫宣传片来说,配音要摆脱传统的官方腔调。基于脚本内容的情感表达,要求配音的节奏是稍快的,腔调是活泼的。同样,背景音乐也要符合配音的节奏,具有一定的时代特性和科技感。

(5) 传播媒体推崇"移动终端"。

充分利用移动终端这一传播渠道,使《南通大学》的动漫宣传片广为人知,以达到宣传的最终目的。这就要求成品可以转换成各种视频格式,以便在微博、微信、腾讯、优酷等移动终端上传播,而我们后期用AE进行合成输出的成品,是H.264(MPEG-4/AVC)格式的，也就满足了这一传播的条件。发布一天，点击量就过 3000。

6.2 研究不足

(1) 动画宣传片在企划细节方面还存在许多问题，手势动作的变化不够多样，有些动画设计过于简单。

(2) 以“数据”为创意的设计和 AE 合成形式以及背景音乐的选择不知道是否能迎合观众在视觉和听觉上的需求。

(3) 演员的配音方面存在不足，某些演员的声音不具感染力。

(4) 某些镜头画面剪辑的流畅感方面有待改进，镜头间的切换存在一定的跳跃。

(5) 分镜头稿本不够细致，导致现场拍摄状况百出。

(6) 宣传片中只对 2014 年江苏地区的招生分数线的数据做了分析，不够全面细致。

学前情境教育与儿童创造力发展的实验研究毕业论文团队总结报告

学生姓名:孙 琪、毛碧琪、蒋异秋、竺 洁、周 宁 指导教师:季 燕
南通大学教育科学学院

1 团队课题的选题背景

当前国际竞争日趋激烈,创新人才的培养不仅是时代的呼唤,更是推动人类社会进步的重要力量。习近平总书记在全国科技创新大会、中国科协第九次全国代表大会上提出要深入实施创新驱动发展战略,深入实施科教兴国和人才强国战略。李克强总理强调,深化教育改革要注重培养学生的原始创新意识,开展启发式、讨论式、探究式教学。这意味着不仅要在量上保证适龄儿童的入学机会,更要在质上关注儿童学习与发展的内容、方式、机制、特点等,重视儿童教育质量的同步提高。因此,创新人才的早期培养显得尤为重要。

幼儿期的创造力发展尤为重要,此时儿童创造力的发展水平对其后期的学习与发展都起着举足轻重的作用。然而,关于学前儿童创造力的研究中仍存在以下一些问题:首先,我国对学前儿童创造力的研究较西方而言起步晚,内容稀疏;其次,在研究内容上,过于关注幼儿解决问题能力的培养,忽视了学前儿童自身的特点和价值;再次,在研究方法上,多为资深教师的经验总结,缺乏系统的理论依据和严谨的数据支撑。

李吉林情境教育多年来一直扎根实践课堂,它以"美"作为培养儿童创新精神的土壤,提倡知识、能力、智力以及情感意志等心理品质的整体和谐发展。以发展思维为核心,取深远意境拓宽想象空间,着眼于儿童创造性思维的发展。[1]从情境教学到情境教育,到情境课程,形成了一套独具中国特色的情境教育理论。笔者查阅了大量文献,发现关于学前情境教育与儿童创造力发展的研究鲜有人尝试,因此该实验研究具有一定的新颖性和创新性。本研究借助王灿明教授的国家社会科学基金教育学一般项目"情境教育与儿童创造力发展的实验与研究"(BHA120051),在其子课题"学前情境教育与儿童创造力发展的实验研究"中进行教育实验研究和课例研究,从质性研究和量化研究两方面双管齐下,探索学前情境教育对儿童创造力发展的影响因素及效果,尝试归纳出学前情境教学的一般模式并提出教学建议。

2 团队成员组成及课题分配

课题团队内的成员,由学前教育专业的同学组成,孙琪同学担任组长,组长除负责完成自己的子课题研究外,还要负责组织其他成员探讨研究进展情况和沟通协调工作。团队成员围绕学前情境教育与儿童创造力发展的实验研究这一课题进行科学的分工和密切合作,分配的子课题作为总课题的一部分,与总课题相辅相成。团队成员在季燕老师的指导下,互相学习、互相帮助,在团队中学到了更多的知识和能力,还培养了互助、合作的团队精神,并且顺利地完成了毕业设计任务。具体的团队成员组成及子课题设置如下:

序号	学生姓名	性别	子课题
1	孙 琪	女	学前情境教育与儿童创造力发展的实验研究之一：基于三所幼儿园实验研究数据的统计与分析
2	毛碧琪	女	学前情境教育与儿童创造力发展的实验研究之二：民间艺术情境教育与学前儿童创造力发展
3	蒋异秋	女	学前情境教育与儿童创造力发展的实验研究之三：美术情境教育与学前儿童创造力发展
4	竺 洁	女	学前情境教育与儿童创造力发展的实验研究之四：绘本情境教育与学前儿童创造力发展
5	周 宁	女	学前情境教育与儿童创造力发展的实验研究之五：语言情境教育与学前儿童创造力发展

指导教师及指导任务设置如下：

教师姓名	专业技术职务	承担指导任务
季 燕	副教授	论文的章节结构、实验设计、论文规范性指导

3 团队设计的成果总结

团队同学按照自己毕业设计指定的任务在团队指导教师的分配下，对课题进行分析、设计和研究，最终顺利地完成了学前情境教育与儿童创造力发展的实验研究工作。

3.1 成果分析

经过三年的实证研究，实验取得了一定成效，基本验证了实验假设，学前情境教育能促进儿童创造力的发展。本研究得出以下结论：实验班 A 和对照班 A 儿童创造性思维水平在实验后具有极其显著差异，实验班 A 优于对照班 A，并且实验班 A 儿童创造性思维水平在实验前后具有明显差异。实验班 B 和对照班 B 儿童创造性思维的流畅性、独创性、标题抽象性和总分在实验后存在显著差异，实验班 B 优于对照班 B，精致性和沉思性不存在显著差异。

(1) 发散性问题情境与儿童创造性思维的流畅性。

创造性思维的流畅性，顾名思义，就是思维的顺畅，即指在同一维度上思维产生的想法的量的多少，流畅性是其他维度的量的基础。吉尔福特指出，思维的流畅性和灵活性与“运演”有关，“思维的灵活性和首创性与‘转化’有关”[2]。即凡是进行了发散性加工或转化，那么就可以说发生了发散性思维。本实验中，教师为幼儿营造的开放式问题情境，使得幼儿的内在好奇心产生驱动，在内在冲力的指引下自主地大胆展开丰富的联想和想象。如大班美术活动《运动的小人》中，教师的设问“你的动作跟大家有什么不同”摈弃了传统的示范—模仿，而是让幼儿自主想象，发散思维，寻求各种不同的方法。一句“看谁想出的动作多”契合大班幼儿好胜、喜竞争的心理特点，幼儿发散思维的触角伸向了各个方向，“单脚跳，双脚同时跳，双脚轮流跳，叉花跳”等五花八门的跳法充分发展了儿童创造性思维的流畅性。

(2) 整合性情境与儿童创造性思维的沉思性、独创性和标题抽象性。

在教学活动中培养儿童的创造力不仅仅体现在创编环节的安排上，更要注重目标和活动过程的创设。传统教育的离散性往往削弱了教育的整体效应，学前情境教育的整合情境把各科融通整合起来，教育的内容可以水到渠成地进行交流沟通，互相强化。在幼儿园的主题性区域情境中，没有了成人代替儿童学习、思考，幼儿自身被视为发展的连续体。如大班以丰收为主题的"蔬果游艺园"情境活动，设置了"蔬果游艺园服务总台""旅游团游客""服务台工作人员"等角色形象，"蔬果美食一条街""蔬果文化一条街""蔬果基地种植园"等情境，充分再现现实生活场景，幼儿可以挑选任意的角色进入情境，开始活动。在游戏中幼儿积极参与区域评价，敢想、敢说、敢评价角色和自我，发挥了主动性，引导幼儿开展多元评价，从亲身感受出发，形成具有自己独特体验的新颖看法和评价。

(3) 低结构化材料情境与儿童创造性思维的精致性。

儿童创造性思维的精致性表现为想象或描述事物的细节。细节越多，精致性越高。在学前情境教育活动中，教师一开始为幼儿提供简易、具有低结构特点的材料，可以促使幼儿在自主操作的过程中展开更细致的创作。大班民间艺术活动《花布秀》中，第一次创作时教师提供的是单一的形状各异的蓝印花布，幼儿用裹、塞、缠绕等方法来打扮自己，集中于打扮的方式不同。但在第二次创作时，幼儿看到了各种不同的小东西：夹子、皮筋、回形针、发箍、发夹、小篓子、草帽……幼儿随即用这些小物件来给身上美丽的花布进行细致的装扮，有的用夹子夹花布，有的用布绑在帽子上，这样的花布秀不再是单一的捆、绑、塞，而是在精致的花布装饰基础上，展示幼儿无限的创造力。

3.2 创新与不足

在整个课题的研究过程中，我们既有创新也存在着不足，创新之处是本研究首次将情境教育与学前儿童创造力的发展相结合，对学前情境教育理论方法和学前儿童创造力研究的特殊方法做了系统的研究和阐述，填补了学前儿童创造力系统研究方法的空白，为学前教师更好地开展情境教育和儿童创造教育指明了方向，提供了较为完善的理论和方法，有利于创新人才的早期培养。

然而，本实验研究也有不足之处。首先，实验数据中儿童创造性人格并无显著差异，究其原因发现，在设计和实施过程中，偏向于对创造性思维的训练，而忽视了教学活动中对幼儿创造性人格的培养，具体的教学措施设计较少。其次，在进行学前情境教育活动时，受到客观和主观原因影响，主班老师或配班老师生病或者怀孕请假，以及每年南通大学及南通高等师范院校的实习生来园实习，进行实习生执教，可能出现创造力水平略低于本应达到的水平的情况，从而影响实验结果的有效性。

4 总 结

经过课题小组的共同努力，我们最终完成了学前情境教育与儿童创造力发展的实验研究。从课题选定、资料收集和分析、文献综述、实验设计到实验数据分析和讨论，课题成员都积极参与其中，经常召开讨论会议，鼓励大家发表自己的观点与看法，在解决研究过程中的问题时做到求同存异。团队协作和成员间的共同努力在此过程中起到巨大的作用。

学前情境教育与儿童创造力发展的实验研究是一个团队合作的结晶，我们每个成员负责一项子课题的研究，各子课题之间互相独立，但又有联系，这不仅考验了我们4年来专业知识的掌握程度，锻炼了实验研究数据的统计与分析能力，还培养了我们团队的合作能力和沟通能力，有利于今后的职场合作和人际交往。

创新时代的崛起，对创新人才的培养提出了更高的要求。本研究首次将情境教育与学前儿童创造力的发展相结合，对学前情境教育理论方法和学前儿童创造力研究的特殊方法做了系统的研究和阐述，丰富了学前情境教育理论，填补了学前儿童创造力系统研究方法的空白，对创新人才的早期培养具有重要的借鉴和参考意义。

参考文献

[1] 李吉林. 情境教育精要[M]. 北京：教育科学出版社，2016：1—32.

[2] 刘伟. 吉尔福特关于创造性才能研究的理论和方法[J]. 北京师范大学学报，1999(5)：43.

《中美小学语文教科书比较研究》团队毕业论文总结报告

学生姓名：张宗艺、王　宇、王程程、陈蓉蓉、仇亚敏　指导教师：慕　君

南通大学教育科学学院

1　选题背景和意义

近年来，与基础课程改革相适应，教科书的研究成为热点话题。如何借鉴国际先进理念和国外教科书编写的先进经验，是值得关注的问题。本研究试图通过苏教版与 McGraw-Hill 小学语文教科书的比较研究，为苏教版小学语文教科书的完善提供借鉴与参考，希望能够转化到促进小学生母语学习的教育实践中，不断推广应用，推动小学语文课程改革。

2　毕业论文研究过程

小组成员同步进行了对苏教版与 McGraw-Hill 教科书中的插图、学习策略指导、选文文体、非连续性文本运用以及表达训练对比研究五个子课题。

2.1　中美小学语文教科书比较研究之一：苏教版与 McGraw-Hill 插图比较研究

两版教科书插图的种类、数量、分布都是各有偏差，描绘图、漫画图、实物图三种类型的插图各占有一定比重，并不是平均分配的。实物图的大量使用，使得 McGraw-Hill 版更有生活气息，教科书插图丰富多彩，拉近了学生与书本的距离，将学习与生活连在了一起；数据明显显示苏教版教科书插图以描绘图为主，其他两种插图数量加起来都不及描绘图的数量，而描绘图往往会有细节不够完整等缺点。因此，苏教版如此大量使用描绘图是否有利于学生的学习值得我们深思。

两版插图各具特色，苏教版的插图有中国古典元素在其中，比如中国的古代神话传说故事的插图、古诗的插图，McGraw-Hill 版带有西方的自由、探险的精神，比如西方的神话传说故事的插图。此外，从数量上看两版的课文插图与习作插图，McGraw-Hill 版插图数量高于苏教版的此类插图。

纵观教科书整体，McGraw-Hill 版小学语文教科书基本处处有插图，且插图制作得很精细，苏教版小学语文教科书的插图数量要少于 McGraw-Hill 版插图。即使两版都是侧重于一类插图的使用，但都注重每种类型插图的运用，同时也能够发现苏教版小学语文教科书插图的配置没有 McGraw-Hill 版好。由此，笔者认为美国更注重插图的使用。

苏教版小学语文教科书生字部分无插图，而 McGraw-Hill 版小学语文教科书生字部分为每一个生词配上了合适的实物图，为生字教学创设了情境。不得不说，McGraw-Hill 版十分重视插图的运用，而苏教版这一版块有待完善。

本研究通过细致深入的比较分析，得出以下结论：(1) 两版小学语文教科书都重视插图的运用。(2) McGraw-Hill 版小学语文教科书插图多为实物图，而苏教版则是描绘图。(3) McGraw-Hill 版十分重视生字部分的插图，而苏教版生字部分无插图。(4) 苏教版小学语文教科书存在插图与内容、主题不符的现象。

本研究针对苏教版小学语文教科书插图提出以下完善建议：(1) 插图要符合课文内

容。(2) 关注插图的细节。(3) 插图要与时俱进。(4) 插图要更精美。

2.2 中美小学语文教科书比较研究之二：苏教版与 McGraw-Hill 学习策略指导比较研究

苏教版小学语文教科书中的学习策略指导具有以下特点：偏重于字词策略指导，形式比较多样，但不够全面系统，写作策略指导有些欠缺，阅读策略指导则很难找到；学习策略指导并没有显性、明确地安排在小学语文教科书中，多以要求的形式出现，很少给出具体的步骤，指导并不细致。McGraw-Hill 中的学习策略指导则是显性、明确地呈现的，涉及方方面面，非常全面系统，注重读写结合。一到六年级又一以贯之，循序渐进。两个版本小学语文教科书均注重创设情境，让学生联系生活经验，轻松掌握知识。

本研究通过细致深入的比较分析，得出以下结论：(1) McGraw-Hill 版小学语文教科书中学习策略指导的设计系统全面，值得借鉴。(2) 苏教版小学语文教科书中的字词学习策略指导存在与课文脱节的现象。(3) 苏教版小学语文教科书中的阅读学习策略指导有所欠缺，McGraw-Hill 版则非常成熟。(4) 苏教版版小学语文教科书忽视写作的修改学习策略指导，存在写作学习策略指导与阅读学习策略指导分离的现象。(5) 苏教版小学语文教科书学习策略指导对辅助手段的利用不够系统，McGraw-Hill 版的则一以贯之。

本研究针对苏教版小学语文教科书学习策略指导提出以下完善建议：(1) 学习策略指导的设计要全面、细致。(2) 字词学习策略指导随文安排。(3) 完善阅读学习策略指导。重视文学知识，丰富学生文学知识的积累。(4) 引导学生自主合作。(5) 写作学习策略指导注重修改策略指导，与阅读学习策略指导相结合。(6) 学习策略指导应充分利用辅助手段。

2.3 中美小学语文教科书比较研究之三：苏教版与 McGraw-Hill 选文文体比较研究

本文以中美小学语文教科书为研究对象，采用文献法、内容分析法和比较法，以苏教版小学语文教科书和美国 McGraw-Hill 版小学语文教科书为例，对中美两个版本小学教科书的选文文体进行分析和比较研究，阐述了它们各自在选文文体上的特色，并且针对苏教版小学语文教科书选文在文体方面的不足或者需要借鉴美国 McGraw-Hill 版小学语文教科书选文文体特色的地方，提出了几个建议。

中美两个版本的小学语文教科书的选文文体多样化，不拘一格。苏教版小学语文教科书和美国 McGraw-Hill 版小学语文教科书均包含了十几种文体的选文。苏教版小学语文教科书低年级学段童话和寓言的数量比较多，到了中高年级学段又增加了小说、戏剧、议论文和应用文等文体的选文。美国 McGraw-Hill 版小学语文教科书低年级学段就出现了小说、戏剧和传记等文体的选文，但童话选文的数量太少，到了中高年级出现了应用和议论文的选文。根据中美两个版本小学语文教科书选文文体的研究与比较，我们可以看出，苏教版小学语文教科书整个小学阶段信息类文本的比例明显偏低，美国 McGraw-Hill 版小学语文教科书信息类文本的比例适中。

笔者得出以下结论：(1) 中美两个版本小学语文教科书选文文体都丰富多样。(2) 苏教版小学语文教科书信息类文本占选文比例明显偏低。(3) McGraw-Hill 版小学语文教科书文体标注明确，更加注重文体意识。(4) 美国 McGraw-Hill 版小学语文教科书中小说和戏剧各年级分布均衡。

本研究针对苏教版小学语文教科书选文文体提出了以下完善建议：(1) 适当增加信息

类文本的比例。(2) 标注文体,增强学生文体意识。(3) 选文应灵活多样,避免模式化。(4) 适当增加小说的数量。(5) 给戏剧一个生存的空间。

2.4 中美小学语文教科书比较研究之四: 苏教版与 McGraw-Hill 非连续性文本运用比较研究

总体看来,McGraw-Hill 语文教科书课文部分的非连续性文本运用更为丰富些,包括信息表、图表、矩阵、地图等。而且 McGraw-Hill 教科书中的非连续性文本运用十分灵活,同一种类型的非连续性文本可以结合课文的需要有多种不同的表现形式,比如,就信息表而言,可以为线条结构,也可以为三角结构;可以纵向表现,也可以横向表现。非连续性文本能够优化知识结构,激发学生的学习兴趣,促进学生思维的发展,巧妙地与课文内容结合,能够对学生的学习起到一定的促进作用。此外,McGraw-Hill 语文教科书中,不同学习阶段的非连续性文本结合学生的年龄、兴趣、学习能力进行设计,随着年级的升高,非连续性文本运用越来越成熟,难度也逐渐增加,充分体现了学生的身心发展变化规律。部分非连续性文本还与生活联系在一起,还展现了理论与实践相结合的理念。

由此,笔者得出以下结论: (1) McGraw-Hill 语文教科书中的非连续性文本更为丰富。(2) 苏教版语文教科书中的非连续性文本缺失。

本文针对苏教版小学语文教科书非连续性文本运用提出了以下完善建议: (1) 正确认识非连续性文本阅读的价值。(2) 适当增加非连续性文本在苏教版小学语文教科书中的比重,并且丰富表现形式。(3) 语文课程标准要细化非连续性文本阅读的要求。其一是起始年级的要求,其二为阅读要求。

2.5 中美小学语文教科书比较研究之五: 苏教版与 McGraw-Hill 表达训练比较研究

笔者将 McGraw-Hill 中学生用书 Workshop 与苏教版小学语文教科书中的表达训练内容进行比较,围绕板块内容、呈现方式、指导策略三方面展开论述。

苏教版小学语文教科书习作训练话题围绕生活实际展开,话题形式多种多样,比较特别的有: 传统节日、诗文理解、传统文化。另外,编者编排了跨学科的学习内容进行习作训练,加强教学内容的整合。Workshop 中、高年级的习作训练内容以实用性话题为主,但特别需要注意的是,低年级主要以趣味性话题为主。编者的这一安排更符合儿童的心理发展规律,贴近低年级儿童的心理实际,能够较好地培养学生的写作兴趣。

苏教版小学语文教科书习作训练内容单独编排,栏目设计包括前言、范文、写作要求、插图。插图在一到六年级的习作训练内容中均有安排,且根据具体习作训练内容特点进行设计。插图的颜色丰富多彩,但相比之下,范文的字体、背景插图略显单调、死板。Workshop 习作训练内容也是独立编排,低年级的栏目设计包括例句和习作策略,中、高年级的栏目设计包括范文、习作修改、习作策略、习作实践、精美细致的插图、活泼丰富的色彩搭配以及生动有趣的字体设计。

苏教版小学语文教科书在习作训练内容中大都安排了一定的习作指导策略,但都是从宏观而言,缺乏落实到字、词、句、篇训练中深层次的策略性知识指导。习作训练也通过范文进行指导,但修改策略指导仅仅只有一次。而 Workshop 注重读写结合、习作修改、习作指导、习作实践的策略,整个小学阶段习作训练的策略呈现出系统性、螺旋式的特点。

苏教版小学语文教科书安排了专门的口语交际训练,而美国版没有。

笔者在分析、比较的基础上,总结出以下结论: (1) 苏教版小学语文教科书习作训练以实用性话题为主,而Workshop的习作训练内容在低年级更注重趣味性。(2)两个版本的习作训练都是单独编排,但栏目设计不同。(3)苏教版小学语文教科书设计了口语交际训练内容,体现了综合性学习的理念。(4)两个版本在习作训练中都安排了策略指导,但美国版的指导更细致深入。

针对苏教版小学语文教科书中表达训练内容的不足之处,提出以下建议:(1)在低年级习作训练内容中添加趣味性话题。(2)适当增加中、高年级的习作数量。(3)插图、文字、颜色应与内容紧密联系,做到更精美、细致。(4)加强习作训练中的策略指导。(5)在中、高年级习作训练中添加习作修改的策略指导。(6)重视习作训练与阅读的联系,做到读写结合。

4 创新之处

4.1 开展中美小学语文教科书的系列性比较研究,具有国际视野和现实意义

本课题将中美小学语文教科书插图进行对比研究,选题具有国际视野和现实意义。现有的研究中对国外小学语文教科书进行研究的成果不多,开展系统性对比研究更是缺乏。本课题通过比较研究苏教版和美国McGraw-Hill版小学语文教科书,对苏教版小学语文教科书的完善提出一点拙见,以期为提高小学语文教科书编写质量,为学生更好地学习服务。本课题成果不仅对小学语文教科书的编写具有直接意义,对小学语文教学也具有借鉴价值。教科书作为教师教学的依据和学生学习的材料,教科书的改进必将促进教师的教和学生的学。

4.2 选取本领域的前沿问题进行比较研究,理念先进,研究方法科学

本研究结合先进的语文教育理念和教科书编写理念进行比较分析,研究的视角具有前沿性。本课题涉及中美两个版本小学语文教科书在插图、学习策略指导、选文文体、非连续性文本运用和表达训练五个方面的比较研究,都是当前国际母语教育研究中的热点话题。研究总结出的苏教版小学语文教科书存在的问题,也证明了我国的小学语文教科书与国际上的先进理念和做法还存在一定差距,如实物性插图的缺失、阅读策略指导的空白、非连续性文本运用的空白、信息类文本选文比例的严重失调等。本研究采用内容分析和比较研究等方法,数据统计和分析严谨,比较的维度全面科学。

参考文献

[1] 裴霞. 苏教版小学语文教科书写作教材的探析[J]. 新课程研究(上旬刊),2011(212):20—22.

[2] 邱笑红. 人教版、苏教版小学语文教材习作系统研究[D]. 南京:南京师范大学,2008.

[3] 蒋伟. 对小学语文教科书写作教材的探析——针对苏教版教材而言[J]. 课外语文,2012(10):11.

[4] 周正华,肖翠莲. 小学语文新教材(中年级)比较研究[C]. 江苏:江苏省教育学会2006年年会论文集(文科专辑),2006.

[5] 周梅. 中美小学母语写作教材比较研究[D]. 武汉:华中师范大学,2013.

[6] 张化万主编. 现代小学写话与习作教学[M]. 北京:语文出版社,2002.

[7] 韩艳梅. 语文教科书编制研究[D]. 上海:华东师范大学,2004.

[8] 顾颖. 让习作范文不再沦为"鸡肋"——浅谈如何用好苏教版小学语文教材中的习作范文[J]. 江苏教育研究,2013(5):39—41.

[9] 杨柳. 纸上得来终觉浅　绝知此事要躬行——例谈小学语文非连续性文本资源的开发与实践[J]. 教育观察，2014，3(26)：43—47.
[10] 徐谦. 非连续文本阅读教学现状与改进策略[J]. 七彩语文，2015(3)：35—37.
[11] 雍殷梅. 非连续性文本特征及其阅读策略研究[D]. 广州：暨南大学，2014.
[12] 黄德新. 基于阅读"非连续性文本"的四点思考[J]. 语文教学通讯，2013(5)：60—61.
[13] 魏小娜. 美国"非连续性文本"的读写实践及启示[J]. 语文教学通讯，2015：68—74.
[14] 王庭波. 小学语文"视域融合"教学范式研究[D]. 长春：东北师范大学，2013.
[15] 万桂圆. 学生"非连续性文本"阅读能力的培养[J]. 福建基础教育研究，2014(12)：43—45.
[16] 张彬晓. 中美小学母语教科书比较研究——以沪教版与美国哈顿·米福林版为例[D]. 上海：上海师范大学，2014.
[17] Ina V. S. Mullis etc. PIRLS 2016 Assessment Framework[M]. IRA，Amsterdam，the Netherlands，2013.
[18] OECD Publictions. Measuring Student Knowledge and Skills[J]. OECD，1999.

《心理咨询理论与实务》电子课本的开发与应用研究毕业设计团队总结报告

学生姓名：王丹丹、曲　珍、吴小蕾、张译文、史游翰、奚桂梅、陈　月、黄珊珊、杨　宁、陈　功
指导教师：朱兴国　沈永红　钱小龙
南通大学教育科学学院

1 团队课题的选题背景

在2016年的今天，现代信息技术得到迅速的发展，移动终端技术也日趋成熟，人们的阅读习惯正在从传统的纸媒体转向电子媒体，人们正在步入"移动终端学习——无纸书籍"的时代，未来的教学过程也呈数字化发展，电子课本作为数字化教育领域中新兴的教育形式，它的开发与应用研究备受瞩目。在教育改革的浪潮中，电子课本与电子书包等新型课本逐渐在现代教育中承担起更大的教育责任，推动着人类的阅读方式和学习方式的变革。

在现代网络与信息环境大发展的大背景下，计算机技术与信息技术逐渐被融入教育中，并与传统的教学相融合，促使传统教育向信息化教育的变革。随着各种数字化信息传播媒介的产生和发展，信息储存和传播方式呈现多样化趋势，传统的局限在纸质课本上的知识逐渐不能适应学生的学习需要，而电子课本的产生与发展却恰如其分地弥补了传统纸质课本的不足。将多种传播媒介融于一体的电子课本能为学生提供更多知识获取方式，激发学生的学习兴趣，有利于学生的学习与发展。《国家中长期教育改革和发展规划纲要(2010—2020年)》指出，为实现教育信息化的发展，必须要加快发展教育信息化的基础设备，努力开发优秀的教育资源，加快转变教育模式，并且以创新作为发展的核心，激励学生尝试借助先进的互联网技术进行自主学习，提高学习效率，而电子课本将有助于推进信息化教育进程，促进教育事业的蓬勃发展。

由于中国的心理咨询与治疗在这些年里有了相当大的发展，心理咨询行业变得更专业化，国家在2002年设立了心理咨询师资格考试，于是，人们对于心理咨询教材的需求也日趋上升。目前，国内的心理咨询教材有很多种，包括国内学者自主编写的著作以及翻译国外优秀的心理学专著，这些心理咨询教材存在较大的差异性和个性化特点。在数字化产品如此盛行发展的时代，心理咨询的教材却基本上是纸质印刷书，相关的电子书却少之又少，对心理咨询的普及和发展也存在一定的影响。因此，心理咨询的教材应该顺应潮流，及时改变自身的传播方式，开发出专业性强、高质量的电子课本。团队选择这个课题是基于我们自身对于电子课本制作的兴趣和一个新的平台——IOS，我们希望利用大学四年学到的理论知识和实践知识，开发出一本可以协助教师进行教学以及帮助学生进行课前辅导和课后巩固的电子课本。

2 团队成员组成及课题分配

课题团队内的成员，由应用心理学专业和教学技术学(数字媒体)专业的同学组成，吴小蕾同学担任组长，组长除负责完成自己的子课题研究外，还要负责组织其他成员探讨研

究进展情况和沟通协调工作。团队成员围绕《心理咨询理论与实务》电子课本的开发与应用研究这一课题进行科学的分工和密切合作，分配的子课题作为总课题的一部分，与总课题相辅相成。此外，团队还有3名指导教师，团队成员在3位老师的共同指导下，互相学习、互相帮助，在团队中学到了更多的知识和能力，还培养了互助、合作的团队精神，并且顺利地完成了毕业设计任务。具体的团队成员组成及子课题设置如下：

序号	学生姓名	性别	子课题
1	王丹丹	女	《心理咨询理论与实务》电子课本的开发与应用研究——第一章绪论文本内容设计
2	曲　珍	女	《心理咨询理论与实务》电子课本的开发与应用研究——第二章心理咨询概述文本内容设计
3	吴小蕾	女	《心理咨询理论与实务》电子课本的开发与应用研究——第八章人本主义的理论与方法文本内容设计
4	张译文	女	《心理咨询理论与实务》电子课本的开发与应用研究——第九章理情行为疗法文本内容设计
5	史游翰	男	《心理咨询理论与实务》电子课本的开发与应用研究——第五章心理咨询中当事人评估文本内容设计
6	奚桂梅	女	《心理咨询理论与实务》电子课本的开发与应用研究——界面设计
7	陈　月	女	《心理咨询理论与实务》电子课本的开发与应用研究——媒体设计
8	黄珊珊	女	《心理咨询理论与实务》电子课本的开发与应用研究——交互设计
9	杨　宁	男	《心理咨询理论与实务》电子课本的开发与应用研究——技术实现
10	陈　功	男	《心理咨询理论与实务》电子课本的开发与应用研究——前期策划

指导教师的组成及指导任务设置如下：

教师姓名	专业技术职务	承担指导任务
朱兴国	副教授	第一指导教师，电子课本的章节结构、内容设计和论文的规范性指导
沈永江	副教授	理论方面，电子课本的章节结构分析的指导
钱小龙	副教授	技术方面，软件的操作指导

3　团队设计的成果总结

团队同学按照自己毕业设计指定的任务，在团队指导教师的分配下，对课题进行分析、设计和研究，最终顺利地完成了《心理咨询理论与实务》电子课本的开发与应用研究工作。

3.1　成果分析

从学科内容结构角度来说，团队课题的研究对象《心理咨询理论与实务》电子课本作为高校的心理学教材，在编写开发时就需要保证其内容的科学性和客观性，课本所包含的事物和观点应该与心理学发展历史相吻合，避免出现偏差甚至歪曲。所以，在选择参考文献资料以及文本内容编写时，团队成员尽量搜集国内外的正规心理学教材和权威著作，汇总并整理出被不同作者或者学术界所认同的心理咨询理论，加入电子课本的文本编写中。

从使用者需求角度来说，《心理咨询理论与实务》电子课本是面向学生以及心理学爱好者的，所以要按照学科的特点和学习者的需求来组织编写。考虑到学习者的基础不同，甚至有的是初学者，编排结构上要做到从易到难、从简单到复杂逐步过渡。行为主义这一章就先从起源历史开始，在解释基本原理之后，再详细阐述行为治疗的具体过程和各种技术方法，其中穿插案例解读，并配上音像资料（如条件反射实验、斯金纳箱实验和波波玩偶实验的视频）帮助学习者更直观地学习原理。在学习者群体中，有一部分是应试教育的需求者，所以在章节前面标注了学习重难点，在章节最后又安排了思考习题和解析，帮助这些人学习和巩固知识，达到教育考试的要求。在阐述行为疗法技术的时候，从基本原理、实施步骤、注意事项三个方面着手，并且通过图片、音像和案例解析辅助说明治疗技术，有利于学习者对知识的理解和掌握。

从时代发展的需求角度分析，互联网的普及和科技的发展掀起了教育领域的变革，网络极大地拓展了知识传授的方式和渠道，为知识传授提供了更便捷的途径；而且现代人总是倾向于用手机、平板电脑等智能电子设备阅读文章和搜索知识，传统的纸质教材已难以满足现代人的需求，以网络为载体的电子教材成为新的时代潮流。我国心理咨询教育资源的分布并不均匀，电子课本的诞生，无缝连接了技术与教育，实现了知识多样化、内容信息化、课本轻便化、教材低碳化，打破了时间、空间的限制，减轻了学生的负担，有利于优质教育资源共享和教育公平。因此，为了迎合教育信息化和数字化的时代潮流，心理咨询教材的电子化也是必然的。《心理咨询理论与实务》电子课本能为学生学习心理咨询知识提供便利，促进心理咨询知识的传播和普及，有利于心理咨询的创新发展和传承。

3.2 创新与不足

在整个课题的研究过程中，我们既有创新也存在着不足，创新之处是在原有的教材基础之上，课本内容不仅仅是文字，还添加了图片、声音、视频等形式，帮助学生更加直观形象地学习心理咨询的相关实验和咨询技术方法。而且，在部分内容后面增加了相关链接，有助于学生拓展知识面，不再局限于已经呈现的文本内容，这需要学生主动去探索，增强学生与课本的互动性，使教学过程不再枯燥乏味，多样化的教学形式能够提升学生的学习兴趣，最终实现以学生为中心的教学模式。

然而，课题团队也有需要改进的地方。首先是文本内容不一致，《心理咨询理论与实务》各个章节由于是分配给团队里不同人编排设计的，所以在每个章节之间可能存在上下衔接的问题，不能够实现完美的连贯性，而且阐述的语言逻辑也可能存在差异，知识点的安排不能明确统一；其次是应用平台的局限性，团队所研究的电子课本是基于 IOS 平台设计开发的，仅适用于 IOS 系统的设备进行阅读，不能与 window 和安卓平台兼容，电子课本的受众受到平台限制，所以在今后的开发中需要考虑到平台兼容性；再次是素材缺乏原创性，因为团队自身能力的局限，所以电子课本中所用的图片、声音和视频等素材，基本都是从网络上下载得到，缺乏原创和独特性，这也是在今后的开发中需要关注和改进的地方。

四、总　　结

经过课题小组的共同努力，我们最终完成了《心理咨询与理论》电子课本的设计。从课题选定、资料收集和分析、文献综述、文本内容设计到电子课本的制作，课题成员都积极参与其中，经常召开讨论会议，鼓励大家发表自己的观点与看法，在解决研究问题时做到求同存异。

《心理咨询理论与实务》电子课本是一个团队合作的结晶,我们每个成员负责一个章节的文本内容设计,章节之间互相独立,但又有衔接,这不仅考验了我们4年来专业知识的掌握程度,丰富了心理咨询知识,增加了咨询实践,还培养了我们团队的合作能力和沟通能力。此次毕业设计是我们迈入社会的第一道门槛,也是一个试金石,提升了团队成员的合作意识,有利于今后的职场合作和人际交往。

随着信息化技术突飞猛进的发展,科学设计出符合时代要求的电子课本将成为一个新的研究方向。本课题研究的电子课本虽然存在一些问题和不足,但是在心理学电子课本前期的摸索和开发中,还是起到了创新的积极作用。在信息技术和教学方式的不断改革下,有关心理咨询的电子课本将会变得更加科学和人性化,用技术推动教育的发展,在教育应用中推动技术的革新。电子课本将充分发挥其在教育领域中的作用,服务于人类,改变大众社会。

论《到灯塔去》的空间叙事艺术

The Spatial Narrative in *To the Lighthouse*

学生姓名：梁 瑾 指导教师：佘 军

南通大学外国语学院，英语(英语翻译)专业，学号：1207032016

【摘 要】《到灯塔去》是弗吉尼亚·伍尔夫在1927年创作的小说，其较为典型地展现了伍尔夫在叙事技巧方面的多样性，也是很多学者研究伍尔夫的立足点。小说注重对人物内心的描写，故事的情节极为简单，集中于拉姆齐一家及其朋友们的日常生活及他们经过十年时间最终到达灯塔的历程。本文意在以空间叙事手法作为出发点，分析伍尔夫是如何将心理空间和客观空间相联系，结合故事情节和人物心理活动来见证这部作品别具一格的叙事艺术，并探讨作者想要传达给读者的生活哲理。

【关键词】 弗吉尼亚·伍尔夫；《到灯塔去》；空间叙事

1 Introduction

To the Lighthouse consists of impression, reminiscence and feelings. It manifests the difficulty and confusion that women experienced in that man-dominated society with the intention of realizing their own dreams. In the case of narrative techniques, Woolf combines psychological space with objective space. Objective space refers to the location where the story takes place. The story of *To the Lighthouse* takes place on an island off the coast of the north-western part of Scotland. The Ramsays and their friends all spend holiday there. Objective space can provide space-time coordinates that fit into the standard for the action and mental activity of characters. Thus an objective environment can be set to move the plot forward. A novel can be made up of a series of psychological space that is linked with each other instead of being isolated. (Long Diyong, 2008: 58 - 63) Fauconnier who is a famous cognitive linguists in America holds the view that psychological space is established for rough understanding of a certain topic by people who are discussing with each other and is a temporary container of the relevant information in the language structure. (Fauconnier, 1994: 66 - 80)

This thesis, based on the plot analysis, is intended to elaborate on the spatial narrative that Woolf utilizes in the novel, analyze the psychological change of character with the evolution of the story and further study how these changes can help reflect the theme.

2 Far to Near: The Family's Distance to the Lighthouse

2.1 Despair to Hope: Three Remainders Finally Reaching the Destination

The distance to the lighthouse is short because the Ramsays can arrive there by boat in several hours. But it is also very far because the plan can be influenced by many factors, such as the weather, the household affairs, the motivation of families and so on.

2.2 Remote to Intimate: The Relationship Between Father and Son

James' aspiration to go to the lighthouse manifests not only the confrontation of desire and reality but also the fight of authority between father and son. But when they succeeded in getting to the lighthouse, the two generations that together underwent the pain due to the war, the separation with close kin finally come to their own reconciliation.

3 Incomplete to Complete: Lily's Painting

3.1 Respectful to Rebellious: Her Attitude to Mrs. Ramsay

In the process of painting, Lily also reflects on her lifestyle and considers about whether to give up to face the reality which has been a tradition that women must marry and must submit to their husband. The moment she finishes her painting, she also finds the type of life she wants to live.

3.2 Unfair to Fair: The Status of Men and Women

What is improved at the end of the novel is not only Lily's painting but also her comprehension of the relationship between men and women. After ten years' postponement, Lily gets to realize that an artist should be away from what she wants to observe or the life itself. However, on the other hand, if an artist separates herself from reality excessively or rejects to play the role which social custom sets for her, she will fail to obtain the maturity of art and disclose the truth of life.

4 Intermittent to Finished: The Process of Storytelling

4.1 Uneasy to Calm: The Mood of Mrs. Ramsay

The world undergoing war needs time to cure itself, and it will be still in violence and disorder for a long time. Although those stories are too perfect to exist in our modern society, Mrs. Ramsay can contemplate and seek for the brightness in the book to rebuild her confidence. The process of storytelling can also manifest a process that Mrs. Ramsay changes herself from being exhausted to being reenergized.

4.2 Unbalanced to Harmonious: Sense and Sensibility

The strength of Mrs. Ramsay not only comes from her inherent maternity, but also derives from her spiritual acquisition from external things like stories. She creates a world that centers on her sensitivity and protects people from being swallowed by the world full of violence, evil and hostility. Stories told by her can be seen as the junction point of reality and imagination, sense and sensitivity, objective world and spiritual world.

5 Conclusion

This thesis directs at the space narrative in *To the Lighthouse*—one of Woolf's masterpieces. In the process of reading the novel, several questions must be thought about. What on earth would Woolf like to convey? Does she simply want to describe the family's trip to the lighthouse? The answer is "No". The trip lasts for a very long time. During the decade, the family suffer from much, such as the death of Mrs. Ramsay, her daughter Prue and her son Andrew and the threat of war. But they finally reach the destination and get the salvation of their spirits. Their friend, Lily Briscoe, also finishes her painting and succeeds in being off the psychological shackles. She once admires the lifestyle and the charm of Mrs. Ramsay but she does not ultimately give in to the social pressure but insists on living in her own way. The author of this thesis connects this novel's objective space with psychological space and helps readers have a better understanding of Woolf.

The thesis is written on the basis of the plots in *To the Lighthouse* and the theory of space narrative. Although much attention has been paid to it, Woolfian studies are not exhausted. (Collier, 2010: 153) Firstly, only one narrative technique is selected to elaborate on. Readers can not have an overall comprehension of the narrative techniques used by Woolf. Secondly, for lack of theoretical knowledge, the perception of space narrative in the thesis may not be adequate and may be short of reliability. Thirdly, with all focus on the space narrative, the theme of the novel is relatively neglected, such as the feminism, war and death reflected in the novel, let alone the symbol and significance of some images like the lighthouse. In a word, this thesis is not perfect and there is room for improvement.

References

[1] Collier, Patrick. Woolf studies and periodical studies. *Virginia Woolf and the Literary Marketplace*. New York: Palgrave Macmillan, 2010: 151-167.

[2] Fauconnier, Gilles. *Mental Space: Aspects of Meaning Construction in Natural Language*. Cambridge: Cambridge University Press, 1994: 66-80.

[3] Gordon, Lyndall. *Virginia Woolf: A Writer's Life*. New York: W. W. Norton & Company, 2001.

[4] Thakur, Nawin Chand. *The Symbolism of Virginia Woolf*. New York: Oxford University Press, 1965.

[5] Woolf, Virginia. "Modern Fiction," *Collected Essays* Ⅱ, Leonard Woolf (ed.). London: The Hogarth Press, 1966.

[6] Woolf, Virginia. *To the Lighthouse*. Ware: Wordsworth Editions Ltd., 1994: 28-151.

[7] 李森.《评弗吉尼亚·伍尔夫〈到灯塔去〉的意识流技巧》.《外国文学评论》,2000 年第 1 期: 第 62—68 页.

[8] 吕洪灵.《情感与理性: 论弗吉尼亚·伍尔夫的妇女写作观》. 南京: 南京师范大学出版社,2007 年.

[9] 龙迪勇.《空间叙事学: 叙事学研究的新领域》.《天津师范大学学报(社会科学版)》,2008 年第 6 期: 第 58—63 页.

[10] 龙迪勇.《论现代小说的空间叙事》.《江西社会科学》,2003 年第 10 期: 第 15—22 页.

[11] 梅·弗里德曼.《意识流,文学手法研究》. 申丽平译. 上海: 华东师范大学出版社,1992 年.

英语母语者名词短语序列特征的语料库研究

A Corpus-Based Phraseological Features of Chinese Nouns by Native English Speakers

学生姓名：吴　莹　指导教师：王　丽
南通大学外国语学院，英语(外贸英语)专业，学号：1207022023

【摘　要】 近年来，许多学者都从短语学视角研究了二语学习者的语言习得，但是大多数研究都是探讨英语二语习得的短语序列特征。本文以汉语高频名词"问题"和"人"为研究的对象，从搭配、类连接、语义偏好三个角度对本族语者和中高级水平的英语母语者的名词短语序列特征分别进行对比分析，并分析产生这些特征的原因。

【关键词】 名词短语序列；英语母语者；搭配；类连接；语义偏好

1　Introduction

As to the research of collocation and colligation, the traditional methods are based on intuition. And the main ideas and methods of research include the lexicon method of neo-Firthian school, the synthesis method of Mitchell et al, the concept of chapter cohesion of Halliday and Hasan, and the routinization of collocation study of Bollinger et al. The descriptions mentioned above are most based on personal intuition of linguists, so their validity, depth and breadth are often limited. Therefore, with the development of corpus-linguistics in China and the increasing popularity of corpus, more and more scholars begin to take advantage of corpus to do research. A corpus-based study is based on quantitative analysis in terms of its essential characteristics and is followed by qualitative research, on the basis of which, the linguistic description of collocation can be formed and the abstraction degree of theory can be improved. This corpus-based approach is so objective that it has important linguistic and realistic significance. This thesis, appling the corpus that provides a large quantity of authentic data for the study of noun collocation, attempts to make the results of the research more credible and convincing.

On the basis of the corpus, this research is oriented to investigate the similarities and differences of the collocation, colligation and semantic preference in terms of the use of the high-frequency nouns between native Chinese speakers and native English speakers at different levels.

2　Literature Review

2.1　Key Terms

Wei, held the view that "collocation is a word sequence used as a combination habitually in a certain grammatical form to make sense to a certain degree in the text, and the words that constitute the sequence are expected mutually, co-occurring with greater probability than by chance" (101 - 114). From the perspective of general language teaching and research, the concept of collocation he proposed is more practical. Colligation is not parallel to the abstraction of collocation, but it is at a more abstract level, for which the construct is specified by category rather than as a distinct lexical item. Up to date, the researchers have reached a consensus that semantic preference is the habitual collocational behavior of the co-occurrence of a node and lexical items with semantic features (Li and Wei 21 - 22).

2.2 The Theory of Co-selection

John Sinclair put forward the extended unit of meaning of the relationship of co-selection, which consists of five elements and four dimensions. The five elements are named the core (node) word, the collocation, the colligation, the semantic preference and the semantic prosody. And the four dimensions of co-selection are: the co-selection of the core word and its surrounding words from the dimension of lexicon (collocation), the co-selection of the core word and typical collocates from the dimension of grammar (colligation), the co-selection of the core word and typical collocates from the dimension of meaning (semantic preference), the co-selection of the words and the discourse attitude or recessive meaning from the dimension of pragmatic functions (semantic prosody). According to John Sinclair, this study focuses on the collocation, colligation and semantic preference.

2.3 Previous Studies on Phraseology

Based on corpus data, John Sinclair explored the behaviors of co-selection and proposed the phraseological meaning unit which stressed that the basic unit of the construction of linguistic meaning is a phrase rather than a single word (Sinclair 53 - 75). Based on a large number of parallel corpus data and comparable corpus data, Wei and Lu, discovered that the corresponding relation of the English and Chinese equivalents lies in the level of phrase (865 - 867). These statements and conclusions illustrate a fact: in the communication process of native speakers, they rely on the phrase unit to express the meaning and realize the purpose of communication. Extended units of meaning is the practical model of typical units of phrase and is defined by the elements such as collocation, colligation, semantic preference and semantic prosody. These elements respectively reflect the co-selection between lexicon and lexicon as well as grammar, semantic set and function (Stubbs 23 - 55).

3 Methodology

3.1 Research Questions

(1) What are the top 20 most frequently used monosyllable and disyllable nouns in the three corpora?

(2) What are the similarities and differences in terms of the use of collocation,

colligation and semantic preference of *wenti*(问题) between native Chinese speakers and native English speakers? And what are the similarities and differences in terms of that between the two levels of learners?

(3) What are the similarities and differences in terms of the use of collocation, colligation and semantic preference of *ren*(人) between native Chinese speakers and native English speakers? And what are the similarities and differences in terms of that between the two levels of learners?

3.2 Corpora of the Research

There are three sub-corpora altogether in this thesis to be compared, namely native speakers corpus, advanced learners corpus and intermediate learners corpus.

3.3 Research Procedures

3.3.1 Tagging the Corpus and Extraction of High-Frequency Nouns

The software Watrix was exploited to tag the three corpora.

3.3.2 Calculation of Collocational Strength

The software BFSU colligator was used to calculate the collocational strength.

4 Results and Discussion

4.1 General Description of Nodes

According to the top 20 most frequently used disyllable nouns listed, 9 nouns are shared in the three corpora. They were "父母" "问题" "社会" "生活" "代沟" "子女" "时候" "之间" "现在". Compared with the frequency of other nouns in the three corpora, *wenti* (问题) has rather higher frequency. Thus, it is chosen to represent the Chinese disyllable nouns in the study of their phraseological features. According to the top 20 most frequently used monosyllable nouns in the three corpora listed, it is found that 12 of those in native speakers corpus are shared with the advanced learners corpus and intermediate learners corpus. They are "人" "母" "上" "子" "生" "中" "活" "法" "会" "题" "后" and "间". And it is obvious that *ren* (人) had the highest frequency in every corpus. Therefore, it is chosen to represent the Chinese monosyllable nouns in the study of phraseological features. It follows that *ren*(人) and *wenti*(问题) are set as nodes to analyze their phraseological features from three aspects of collocation, colligation and semantic preferences respectively.

4.2 The Node *Wenti* (问题)

(1) In terms of collocation, the similarity between native speakers and learners is that they both use frequent collocates like "解决" "存在" and "面对". But there is also a considerable gap of collocational knowledge and collocational competence between Chinese native speakers and Chinese language learners. Through observation, the collocates used by advanced learners and intermediate learners only account for about 20% of those used by native speakers. And the collocations produced by advanced learners progress more closely towards the native-likeness and idiomaticity of native speakers than those by

intermediate learners. (2) In terms of colligation, the similarity is that both in native speakers and learners' corpora, the verbs are the most frequently used colligations of *wenti* (问题). And pronouns are the second frequently used ones. But both the two groups of learners overuse the colligation "Adjective+Noun" in language production. Besides, the advanced learners produce more various kinds of colligations than the intermediate ones. (3) In terms of semantic preference, the similarity is that native speakers and learners all use auxiliaries "面对" and "的" frequently. But the native speakers use most various semantic preference. What's more, native speakers are prone to use semantic preference of physiological activities, while learners are inclined to use semantic preference of characteristics. Besides, the advanced learners underuse the semantic preference of figures, while the intermediate learners overuse figures. However, the intermediate learners perform more similarly with native speakers in the semantic preference of collocates of *wenti*(问题) than the advanced learners.

4.3 The Node *Ren*(人)

(1) In terms of collocation, the similarity between native speakers and learners is that they both use typical collocates like "每个" "很多". The similarity between the collocations produced by the advanced learners and the native speakers is slightly inferior to that of the collocations produced by the intermediate learners. And the two levels of learners, even the advanced learners, produce inaccurate collocates. (2) In terms of colligation, the similarity is that both the native speakers and learners use the colligation "Verb+Noun" most frequently. However, the native speakers prefer using "Noun+Noun", while the learners both frequently use "Pronoun+Noun". And the advanced learners underuse "Conjunction+Noun". Therefore, compared with advanced learners, the intermediate learners produce more similar colligations of *ren*(人) with native speakers. (3) In terms of semantic preference, the similarity is that native speakers and learners all use the auxiliaries "都" and "的" frequently. Besides, the advanced learners underuse the semantic preference of abstract things and activities. And the advanced learners and intermediate learners are inclined to the semantic preference of characteristics and the latter ones perform more similarly with native speakers in the semantic preference of collocates of *ren*(人) than the former ones.

5 Conclusion

5.1 Major Findings

To sum up, there is still a considerable gap of collocational knowledge and collocational competence between Chinese native speakers and Chinese language learners. In terms of the collocation and colligation of *wenti*(问题), the learners progress towards the idiomaticity and accuracy of native speakers with the improvement of their second language proficiency. However, in terms of the semantic preference of *wenti*(问题) and the collocation, colligation and semantic preference of *ren*(人), the intermediate learners perform more similarly with native speakers than advanced ones. The reason may be that the intermediate learners are more inclined to imitate the regular usage of the second language than advanced ones. And it is found that mother tongue transfer was prevailing in the factors causing unconventional usage of unconventional collocations, colligations and semantic preferences in the process of the acquisition of the second language.

5.2 Implications

The data based on corpora provide us with a comprehensive picture of native English speakers' phraseological features. It follows that the researchers and teachers of teaching Chinese as a foreign language can gather authentic and extensive Chinese language learners' data. In this study, it is proved that collocation and colligation should be integrated in the teaching process because neither of them can operate separately. With respect to teaching, some factors such as learners' second language proficiency, objectives to be attained, and activities organized should be taken into consideration. To reduce the effect of mother tongue transfer on collocation, teachers should take advantage of the gathered learners' corpus data to point out the unidiomatic collocations produced by some learners and showing them the idiomatic use.

References

［1］ Firth, J. R. (1957). *Papers in Linguistics, 1934－1951*. London: Oxford University Press.

［2］ Howarth, P. (1998). Phraseology and second language proficiency. *Applied Linguistics* 19: 24－44.

［3］ Hunston, S. (2002). *Corpora in Applied Linguistics*. Cambridge: Cambridge University Press.

［4］ Mitchell, T. F. (1971). Linguistic "going on": Collocations and other lexical matters arising on the linguistic record. *Archivum Linguisticum* 2: 35－69.

［5］ Sinclair, J. (1991). *Corpus, Concordance, Collocation*. Oxford: Oxford University Press.

［6］ Stubbs, M. (1995). Collocations and semantic profiles. *Functions of Language* 2: 23－55.

［7］ 何安平. 语料库语言学与英语教学. 北京：外语教育与研究出版社，2004.

［8］ 何安平. 英语搭配框架的意义单位再探. 语料库语言学，2014(1)：16—24.

［9］ 李晓红，卫乃兴. 汉英对应词语单位的语义趋向及语义韵对比研究. 外语教学与研究，2012(1)：21—22.

［10］ 秦建华. 短语学视角下的学习者二语词汇习得发展性特征分析. 海外英语，2015，21—25.

［11］ 孙海燕. 英语名词搭配发展特征研究. 上海：上海交通大学出版社，2013.

［12］ 卫乃兴. 基于语料库和语料库驱动的词语搭配研究. 当代语言学，2002(2)：101—114.

［13］ 辛平. 面向对外汉语教学的常用动词 V＋N 搭配研究. 北京：世界图书出版社，2014.

［14］ 邢红兵. 第二语言词汇习得的语料库研究方法. 汉语学习，2012(2).

南通农村中学英语合作学习模式探究
——案例研究

Research on Nantong Rural Middle School English Cooperative Learning Mode——A Case Study

学生姓名：彭　雯　指导教师：张海燕
南通大学外国语学院，英语(师范)专业，学号：1207012014

【摘　要】 本论文旨在以JA中学的合作学习模式为研究对象，探究其合作学习模式开展的具体形式。在深入研究JA中学合作学习模式的基础上提出本论文的研究问题：学生的性别、年级、学习成绩是否会影响英语合作学习的开展？研究结果表明，合作学习的最终学习效果与这三个变量的相关度很高。由此提出：在构建符合农村中学英语教学特点的合作学习模式过程中应充分考虑学生的性别、年级和成绩因素，从而建立一套因地制宜的适合南通农村中学英语教学特点的合作学习模式。

【关键词】 合作学习模式；农村中学；英语合作学习

1　Introduction

In recent years, cooperative learning has been a hot topic, as it breaks the past rigid classroom teaching mode and to some extent it makes up the drawbacks of traditional teaching. And the following part is a brief introduction of JA mode, which is divided into 7 steps: grouping strategy, a preliminary solutions, resolving problems, bringing all the problems together, asking questions, evaluation strategy, and "excellent" training method. This essay mainly studies the cooperative learning mode which is adopted by JA middle school and summarizes the key factors hidden behind the success of JA mode. At the same time, through surveys, this essay tries to find out the insufficient part of this mode and put forward feasible improvement measures to provide references for the development of rural middle school English cooperative learning in the future.

2　Literature Review

2.1　Concept of Cooperative Learning

In this part, four typical definition of English cooperative learning will be reviewed, including Slavin' s[1], Johnsons'[2], Sharan' s[3] and Wang Tan' s[4].

2.2　Theoretical Basis for Cooperative Learning

In this part, three important related theories of cooperative learning will be presented, including social interdependence theory, motivation theory and developmental theory.

2.3　Research on English Cooperative Learning at Home and Abroad

This part mainly reviews the development of cooperative learning abroad[5] and lists the achievements of some Chinese scholars on cooperaive learning, like Wang Tan, Sheng Liqun, Ceng Qi and Pei Dina. [6]

3 Methodology

3.1 Research Questions

Research questions: (1) Does students' gender have an impact on their cooperative learning? If so, what are these impacts? (2) Do students' grades have an impact on their cooperative learning? If so, what are these impacts? (3) Do students' academic achievements have an impact on their cooperative learning? If so, what are these impacts?

3.2 Subject

The subject of the research is 515 students from JA middle school.

3.3 Instrument

In this study, a self-designed questionnaire is used. This questionnaire is designed from 9 dimensions: learning expectation, learning interest, learning initiative, emotional experience, cooperation awareness, cooperation ability, learning effectiveness, learning evaluation and English usage level.

3.4 Data Collection

600 copies of questionnaires on the effectiveness of English cooperative learning were distributed to the students in JA middle school on May 10th, 2016. The time to answer them was not restricted. Finally, a total of 515 copies of valid questionnaire were collected.

4 Results and Analysis

4.1 Results

Among the students who participated in the survey, 48.2% are female, and 48.2 are male. 39.6% belong to grade one, 33.1% from grade two, and 27.3% from grade three. As for academic achievements, 17.1% are excellent, 28.3% are good, 28.7% are fair, 17.5% are pass, and 8.4% are fail.

T test is used to compare 9 factors in gender. T test shows that there is a significant difference in gender for 8 factors; but for factor 9, there is no difference. For factor 1 learning expectation, $t(515)=-2.315, p<.05$; for factor 2 learning interest, $t(515)=-3.34, p<.01$; for factor 3 learning initiative, $t(515)=-2.43, p<.05$; for factor 4 emotional experience, $t(515)=-2.818, p<.01$; for factor 5 cooperation awareness, $t(515)=-3.663, p<.01$; for factor 6 cooperation ability, $t(515)=-3.604, p<.01$; for factor 7 learning effectiveness, $t(515)=-2.053, p<.05$; for factor 8 learning evaluation, $t(515)=-3.919, p<.01$.

One-way ANOVA is used to compare 9 factors in grade. One-way ANOVA shows there is a significant difference in grade for factor 1 learning expectation, $F(2,512)=$

3.430, $p < .05$, indicating the difference of grade on learning expectations in English cooperative learning. According to post hoc test, third year students have a higher expectation of their English learning than first year students. For factor 3 learning initiative, $F(2, 512) = 3.359$, $p < .05$, indicating the difference of grade on learning initiative. According to post hoc test, this kind of difference mainly exists between grade one and grade two students. In cooperative learning, grade one students are more initiative than other students. For factor 7 learning effectiveness, $F(2, 512) = 3.734$, $p < .05$, indicating the difference of grade on learning effectiveness. According to post hoc test, there is a significant difference between grade three and grade one. Grade one students have gained more during the English cooperative learning process. For factor 9 usage of English, $F(2, 512) = 13.559$, $p < .01$, indicating the difference of grade on usage of English. According to post hoc test, the first year students are more willing to use English to communicate with each other in English cooperative activities than the third year students.

One-way ANOVA is used to compare 9 factors in academic achievements. One-way ANOVA shows there is a significant difference in academic achievements for all the factors. Compared with other academic groups of students, students who belong to the excellent and good group have a higher expectation of their academic achievements. There is a remarkable difference among all these groups of students on learning effectiveness. And there is a greater difference between students of fail group and other students on learning evaluation. Also, there is a prominent difference between students of excellent and good groups on the usage of English.

4.2 Analysis

4.2.1 Gender's Impact on Students' Cooperative Learning

Compared with male students, female students have a higher expectation of their learning performance. They are more interested in English cooperative learning and enjoy this new learning style. Their affection of cooperative learning makes them take an active part in it with richer emotional experiences than male students. English cooperative learning has also improved female students' learning initiative and they will preview the text before class and reflect their performance after class. What's more, female students show a stronger sense of cooperation. They are easier to work with and their ability to cooperate improve faster than male students. Since English cooperative learning is more recognized by female students than male students, their overall skills have experienced a great improvement and they are more satisfied with their performance.

4.2.2 Grade's Impact on Students' Cooperative Learning

Based on the results above, third year students have a higher expectation to perform well in English learning. However, compared with first year students, they lack the motivation of action. First year students are the main beneficiaries of the conduction of English cooperative learning. Their integrated skills improve a lot during this process and they are more willing to use English in activities.

4.2.3 Academic Achievements' Impact on Students' Cooperative Learning

Firstly, the data tells that students of pass and fail groups have lower learning interest than students of other groups and students of excellent and good groups show higher interest and a higher learning expectation. Secondly, the students of fair and pass groups show lower learning initiative than students of excellent and good groups in that they do not perform well in English. They lack the inner power to catch it up. Thirdly, excellent students have a richer emotional experience than students from pass and fail groups. Students of excellent and good groups perform a higher level of cooperation ability than students of fair, pass and fail groups. The top students in the class are equipped with the ability to cooperate with other students. Finally, students who are in fail groups strongly support the implementation of cooperative learning although they do not harvest a lot from it, but excellent students who benefit a lot from this process are not determined supporters of this kind of learning mode. Instead, they prefer the old teaching style.

5 Conclusion and Suggestion

5.1 Findings

(1) Gender has an impact on students' cooperative learning. It will exert influence on every factor of English cooperative learning.

(2) Grade has an impact on students' cooperative learning. It will affect all the factors of English cooperative learning.

(3) Academic achievements have an impact on students' cooperative learning, thereby influencing every aspect of English cooperative learning.

5.2 Conclusion

For the current situation, cooperative learning seems to be the best way. On the one hand, the academic pressures on rural middle schools are lighter than urban middle schools, and schools can leave more time and space for students to cooperate and learn mutually. In terms of presentation and opportunity, rural students have more chances to express and show themselves in class. On the other hand, confronted with the fact of shortage of teachers, the unevenness of learning quality of students and limitation of teachers' capability, a new way has to be found out to make all of these up. Students' autonomous learning and cooperative learning seem to be the right way. Considering both the learning ability of students and teachers' teaching ability, JA mode, care and guide as the core of it, based on action research and problem interaction, is suitable for rural middle school English education.

5.3 Suggestion

5.3.1 Gender Division

According to the results above, it turns out that compared with male students, female students have a higher expectation of their learning performance. They are more interested in English cooperative learning and enjoy this new learning style. What's more, female students show a stronger sense of cooperation. They are easier to work with and their ability to cooperate improves faster than male students. Since English cooperative learning is more recognized by female students than male students, their overall skills have experienced a great improvement and they are more satisfied with their performance.

5.3.2 Grade Organization

Grade differences have an essential effect on the conduct of cooperative learning according to the data above. Although low-grade students are not as knowledgeable as high-grade students, they have higher learning initiatives. They are more willing to take part in these activities and they gain better learning effectiveness. Distinct English language storage and learning characteristics are the key factors teachers have to consider when they design diverse activities for cooperative learning. Another factor must be grade. For example, when low-grade students are the main teaching subject, emphasis should be given on students' initiative and creativity. Attention ought to be paid to the cultivation of students language skills instead of language knowledge.

5.3.3 Academic Achievements Organzation

The shift from the traditional learning mode to cooperative learning is a problem, because not all students can quickly be involved in cooperative learning and adapt to the rhythm of the cooperative learning process. Teachers should require students to have a preliminary study before they carry out cooperative learning. Besides, it is important to give graded assignments in cooperative learning, which not only monitors students but also ensures the degree of students' participation. Also the data reflects an important problem that low-achievment students have a higher recognition than those top students in English cooperative learning. Moreover, the open questions in the questionnaire show the same result. Students who perform well in class believe teacher' s explanation and prefer the traditional class, so it is highly significant to fully arouse the enthusiasm of these students. Low-achievment students recognize the way of cooperative learning, but they lack cooperation ability, which is an urgent problem to solve.

References

[1] Slavin, R. E. *Cooperative Learning: Theory, Research and Practice*. Allyn and Bacon, 1990: 11.

[2] Sharan, S. Cooperative learning in small: Recent methods and effects on achievements, attitudes, and ethnic relations. *Review of Educational Research*, 1980(50): 241-258.

[3] Johnson, D. W., Johnson. R. T. & Holubee. E. J. *Circles of Learning: Cooperation in the Classroom* [M]. Edina: Interaction Book Company, 1993.

[4] 王坦. 合作学习的理念和实践. 北京：中国人事出版社，2002.

[5] 斯莱文·R. E. 合作学习与学业成绩：六种理论观点. 王红宇(译).《外国教育资料》，1993(1)：63—67.

[6] 袁淑艳. 高中英语课堂中合作学习及合作学习评价的研究. 陕西师范大学，2012.

从翻译目的论视角分析女性产品广告的翻译

On Advertisement Translation of Women-targeted Products from the Perspective of Skopos Theory

学生姓名：薛成琦　指导教师：严晓江

南通大学外国语学院，英语(英语翻译)专业，学号：1207032042

【摘　要】 女性消费者是消费市场中的一支大军。随着经济全球化的深入，贸易平台的多元化发展使购物突破了时间和地域的限制。如何做好广告来激起更多女性消费者的购买欲，不仅是商家和广告策划者关注的问题，也牵涉翻译的艺术和技巧。广告是一种目的性很强的宣传方式，一直以来，将翻译目的论与广告翻译相结合的研究并不少见，但更为具体的对女性产品广告的翻译研究仍存在一些空缺。本文结合具体女性广告的文本及其翻译的实例，分析女性产品广告的特色，并从目的论视角出发，分析其翻译的可取之处并探讨优化方法，包括直译和意译的选择与灵活切换运用、词汇的增加或删减和适当的改写。

【关键词】 目的论；广告翻译；女性产品

1　Introduction

No one can deny the role female consumers play in the whole market as women are seemingly born with strong desire of shopping. With the deepening process of economic globalization, more and more shopping platforms have appeared and broken down the boundaries of time and regions. At the same time, there is a trend that advertisements become specific and well-directed, such as women-targeted advertisements for women-targeted products.

This challenge is not only settled for businessmen or advertising department staff, but also relevant to the field of translation. In order to maximize the effect of advertisements, and make sure that the translated advertisements can achieve the same goal as the original ones do, functionalist theory, or more specifically, skopos theory attaches great importance to the purpose of the target text and the communicative function of texts.

Although there have been numerous studies about skopos theory as well as advertisement translation at home and abroad, the studies about advertisement translation of women-targeted products remain insufficient. The whole thesis consists of three parts. The first part mainly provides some general ideas about advertisement translation and skopos theory. The second part is about the application of skopos theory. The author discusses the adorable parts of some translation work and tries to find a way to make the version better. It mainly mentions the following translation techniques: literal translation and free translation; omission and addition; proper adaptation. And in the final part of this thesis, a brief conclusion about the whole study is given.

2 Advertisement Translation of Women-targeted Products and Skopos Theory

2.1 Features of Advertisements for Women-targeted Products

To ensure high-quality translation work, it's necessary for a translator to have a comprehensive understanding of the original text. Therefore, the thesis tends to discuss features of advertisements for women-targeted products first.

As a branch of advertisements, advertisements for women-targeted products are certain to share some general features of all kinds of advertisements. "The advertisement is the nonpersonal communication of information usually paid for and usually persuasive in nature about products, services or ideas by identified sponsors through the various media. (by American Marketing Association)"[1] (Zhao Jing 1). To some degree, this definition implies the inherent features of advertisements. First, the language used tends to be colloquial and simple. Second, the overall design, including the lines, color matching and character settings, should be novel enough to grasp people' s attention. What' s more, as a special branch of advertisements, the advertisement for women-targeted products owns its unique features, which is related with women' s aesthetic standards and female consumers' psychology.

2.2 Advertisement Translation at Home and Abroad

The concept "advertisement translation" should be traced to 1972—the article named "Can one translate the language of advertising" (the original title is "Peut-on traduire la langue de la Publicite"). It suggests that a glossary of advertising vocabularies and expressions should be established. In this way, many of the fixed expressions and widely-used information will help translators a lot.[2] (Hurbin, P. 24) In the 1990s, equivalence-based theories were no longer the only authority. In 1995, the article "Translation and advertising: going global" appeared. Cultural elements are given importance in this research.[3] (Seguinot, C. 55) The scholars in China started the research work on advertising translation at the beginning of the 1990s, and many famous scholars sprung up gradually, such as Li Xiangde (1990)[4], Hu Kaibao and Chen Zaiquan (2000)[5], and Cao Shunfa (2002)[6], etc. Traditional Chinese translators once preferred adopting equivalence-based translation method. However, the situation has been improved dramatically over the past years as scholars realize that advertising is more than a mere way of promoting sales. Instead, it can be diversified cultural carriers. Thus, advertisement translation gains more concerns.

However, both in China and Western countries, direct and specific study about advertisement translation of women-targeted products is insufficient and requires more efforts.

2.3 Three Principles of Skopos Theory

Translation work has undergone a long process of evolution. When it came to the 1970s, linguistic-oriented translation theory became prosperous. However, with more and more practices, scholars found there were a lot of limitations of the equivalent theory. In the 1970s, another translation theory, skopos theory, was put forward. This theory narrows the gap between translation theory and practice. Mona Baker (235)[7] defines it as "a more functional and sociocultural oriented concept of translation".

To apply skopos theory into practical cases, one must have a thorough understanding of three important rules, namely, skopos rule, coherence rule and fidelity rule. Skopos rule is the most important among the three. Skopos means "purpose". That's to say, it's the writing purpose of the original text that determines the translation process.

Coherence rule is also called "intratextual coherence". According to Nord (32)[8], it refers to that the target text must have the feature that the translation text can be understood and accepted by the target text receivers. To abide by coherence rule requires much effort, as many factors may influence the degree of acceptability. Elements like education level, gender and religion belief can be decisive factors when translators set out to do translation.

Fidelity rule is also called "intertextual coherence". The word "intertextual" has well implied the direct or indirect relationship between the source text and the target text.

3 Translation Methods in the Light of Skopos Theory

Skopos theory, which attaches due weight to "the realization of purpose" during translation process, is consistent with those inherent features of advertisements. From the perspective of skopos theory, especially the three principles mentioned above, the following part tends to discuss the application of concrete translation methods into practical cases.

3.1 Literal Translation and Free Translation

Literal translation means can convey the literal meaning of the original text clearly. Literal translation can also achieve amazing results. Here is an example. "Every woman alive wants Chanel No. 5." (每一个女人活着都渴望有一款香奈儿五号。) First, the translation of brand name adopts direct transliteration. The Chinese character "香" is not only similar to the pronunciation of "ch" in the word "Chanel", but also implies the nature of products—fragrant. "Women" points out the target consumers forthright. Using the verb "want" rather than other verbs or phrases like "desire", "dying to", "thirsty for", shows the unaffected and natural feature of the advertisement as well as the product itself. What's more, there's no modification before the product's name. Therefore, to adopt literal translation shows faithfulness to the original style.

Free translation can be regarded as a "betrayal" of the original form. One example is "There's nothing between Calvin and me." The spokesman from CK company explained that the advertisement was tried to show their new jeans' sexy features and satisfying workmanship. If free translation is used, there are two versions—我和 CK 人裤合一/我和 CK 亲密无间. The two versions extract the implying meaning from the original text. To achieve this goal, the advertisement planner even adopts some ambiguous sexual message.

According to coherence rule, the target receivers' cultural background is sure to be an essential element that needs to be taken into consideration. Therefore, in the translation version, some ambiguous sexual message is replaced by a kind of intimate relationship, and words like "亲密" and "合一" are used to achieve the goal. In order to make it more appealing to Chinese customers, four-syllable words are used.

Thus, from the examples discussed above, it can be concluded that there is no absolute choice between literal translation and free translation. Factors like the original style, the purpose of the designing ideas, different cultural backgrounds between Eastern and Western female customers should all be taken into consideration.

3.2 Omission and Addition

Condensed translation, or omission happens when the source text provides too much information and appears not so concise. Supplementary translation, or addition, on the contrary, means that translators should try to dig out more from the source text.

Here's an example for the adoption of omission. "She takes over the chores, so you can rest, of course." Compared with the use of eleven words in English, the translation version only consists of six Chinese characters, "他工作,你休息", which makes the slogan more concise and persuasive.

The adoption of addition is more common in English-Chinese translation. Here's a short slogan for a foreign brand—UP2U, which means it's up to you. This slogan is translated as "美由你选择". Obviously, the Chinese character "美" is added to reflect the main nature of the product (it's a kind of product that can make you look beautiful) and successfully arise women's attention. Another famous example is "Maybe she's born with it. Maybe it's Maybelline." (美来自内心,美来自美宝莲。) Maybelline brings you the outside beautiful look, while the inner beauty comes from your heart (which can be fully concluded by the four Chinese characters—源自内心). And the supplementary translation well conveys the concept of the brand and builds up criteria of beauty.

To sum up, both omission and addition are very useful in translation practices to fulfill the target receivers' need. It requires the translator to reorganize the source message and delete some unnecessary ones, or supplement some indispensible ones.

3.3 Adaptation

As a kind of pragmatic text, advertisements require high flexibility. Therefore, adaptation is a very useful and fundamental method when translating advertisement texts. Adaptation means the translators can jump out of the fixed form and pick out part of the most useful information from the whole original text. Generally, adaptation should be conducted in two aspects: language structure and culture.

The first example is about adaptation to the target language structure. "NIVEA Hand Pure Moisture for Women is a quickly absorbed hand cream with an innovative and highly effective Aqua-cream formula. It proves long-lasting moisture for your hands and gives an immediate fresh skin-feeling." (妮维雅女士护手凝露采用水凝露配方,蕴含深海

矿物因子，为双手提供持久滋润。清盈水润，能快速被肌肤吸收，更有清香沁人心脾，时刻拥有清新感受。）The translation version has well preserved main information from the source text. However, the English version is made up of two long and complete sentences, while the Chinese version consists of seven short clauses. This adjustment is conducted based on the different language habits. Generally speaking, English language prefers hypostasis, while Chinese language prefers parataxis.

Another adaptation happens when huge cultural differences hinder the degree of acceptability and understanding of target receivers. For example, there's a well-known brand of eye cosmetic named KISS ME. Someone translates it into "吻我"。This might fail to bring ideal effects in the Chinese market and Chinese women still cannot be as straightforward as the Westerners, especially those in their late 30s or 40s. In order to solve this problem, "吻我" is replaced by "奇士美", which is more acceptable by Chinese customers based on their traditional cultural background and aesthetic value.

4 Conclusion

In the competitive global market nowadays, advertisement translation is doomed to play a more and more important role. Translation of advertisements for women-targeted products is typical part of it. In this thesis, skopos theory is adopted as the theoretic framework. Based on the three principles of skopos theory, the thesis tries to analyze several concrete examples of advertisements for women-targeted products. The author finds that some important factors should be taken into consideration, for example, different cultural backgrounds, female psychology, aesthetic value and different language habits. Concrete strategies such as literal translation, free translation, omission, addition and adaptation can greatly improve the quality of the translation text.

However, there are still many limitations in this thesis. It is hoped that in future researches, materials can be improved in quality and quantity, and more related examples of related advertisements can be taken into consideration.

References

[1] 赵静. 广告英语. 北京：外语教学与研究出版社，1997.

[2] Hurbin, P. (1972). Peut-on traduire la Langue de la Publicite. Paris.

[3] Seguinot, C. (1995). Translation and advertising: going global. *Mutilingual*. Matters.

[4] 李祥德. 广告中四字词组的英译法. 中国翻译，1990(3)：13—16.

[5] 胡开宝，陈在权. 商品名称的美学特征与英语商品名称的翻译. 中国翻译，2000(5)：51—53.

[6] 曹顺发. 广告用语的翻译. 中国科技翻译，2002(1)：43—45.

[7] Baker, Mona. (2004). *Routledge Encyclopedia of Translation Studies*. Shanghai: Shanghai Foreign Language Education Press.

[8] Nord, Christiane. (1997). *Translation as a Purposeful Activity: Functionalist Approaches Explained*. Manchester: St. Jerome Publishing.

一锅法制备金银纳米合金催化剂及其应用研究

学生姓名：李　弦　指导教师：顾学芳
南通大学化学化工学院，化学工程与工艺专业，学号：1208052001

【摘　要】 以枸橼酸钠为还原剂，$AgNO_3$ 与 $HAuCl_4$ 为原料，采取原位置换还原法制备了Au-Ag合金纳米颗粒，并通过 UV-vis-NIR、透射电镜、元素面扫描等手段进行表征。阐述了纳米颗粒形成机制，讨论了 $HAuCl_4$ 添加量、温度、还原剂用量等因素对合成反应的影响，并对 Au-Ag 合金的催化性能进行了研究。

【关键词】 Au-Ag 合金纳米颗粒；化学还原法；催化

1 前　言

作为典型的介观系统，纳米材料特有的光学性能、催化活性等特性使其在各领域得到了广泛研究及应用。诸多的实验研究表明，相比较单金属纳米颗粒，合金颗粒的催化效果更加显著，在催化领域有着极大的应用价值[1-7]。例如，蒋新、汪新杰等人利用吸附相反应技术制备了 Au-Ag 双金属负载型催化剂，并在无溶剂的条件下将其作为催化剂，催化氧化环已烷[7]，结果表明，Au-Ag 双金属的催化活性及稳定性均强于 Au、Ag 单金属。

本研究设计了以 $HAuCl_4$ 和 $AgNO_3$ 为原料，枸橼酸钠为还原剂，原位还原制备 Au-Ag 合金纳米颗粒的合成方法。通过 UV-vis-NIR、透射电镜(TEM)、元素面扫描等表征手段，探究 Au-Ag 合金形成的反应机制及影响因素，并利用催化还原及催化氧化体系对系列 Au-Ag 合金的催化活性进行验证及对比分析。创新点在于采用简单的方法制备出表面等离子体共振频率连续可调的纳米颗粒，用于光学及催化应用。

2 实验部分

2.1 Au-Ag 合金纳米颗粒的制备

以 200mL 超纯水、36mg $AgNO_3$、120mg 枸橼酸钠为原料，在 88℃～90℃下回流反应 0.5h，得到澄清透明的 Ag 溶胶。将所得 Ag 溶胶加热至一定温度并保持恒温，缓慢滴加一定体积 1mmol/L 的 $HAuCl_4$ 溶液，每滴加 20mL 间隔 10min，收集一定量的所得合金，直至溶液变为酒红色。

2.2 催化领域的应用

2.2.1 催化还原对硝基苯酚

移取一定量的 Au-Ag 合金纳米颗粒、1mmol/L 对硝基苯酚溶液以及 14.5mmol/L 硼氢化钠溶液，于比色皿中混合，利用 UV-vis-NIR 分光光度计实时检测。

2.2.2 催化氧化亚甲基蓝

移取一定量的 Au-Ag 合金纳米颗粒、44mmol/L 过二硫酸钾溶液以及 60μmol/L 亚甲基蓝溶液，于比色皿中混合，利用 UV-vis-NIR 分光光度计实时检测。

3 结果与讨论

3.1 Au-Ag 合金纳米颗粒的表征

3.1.1 Au-Ag 合金纳米颗粒的透射电镜(TEM)表征

如图 1 所示,初始溶液中的 Ag 纳米颗粒并非空心结构,加入 $HAuCl_4$ 溶液后,部分颗粒内部开始出现中空结构;随着 $HAuCl_4$ 加入量的增多,中空结构愈加明显,颗粒外层伴随着明显的包裹痕迹,Au-Ag 合金颗粒的粒径显著增大。

由图 2F 可见,反应成熟的 Au-Ag 合金空心结构进一步凸显。结合 Ag、Au 的 L 层电子元素成像图(图 2Ag-L、Au-L),我们发现,通过化学还原法制备所得的 Au-Ag 纳米合金中,Au 与 Ag 元素分布均匀,互相掺杂。

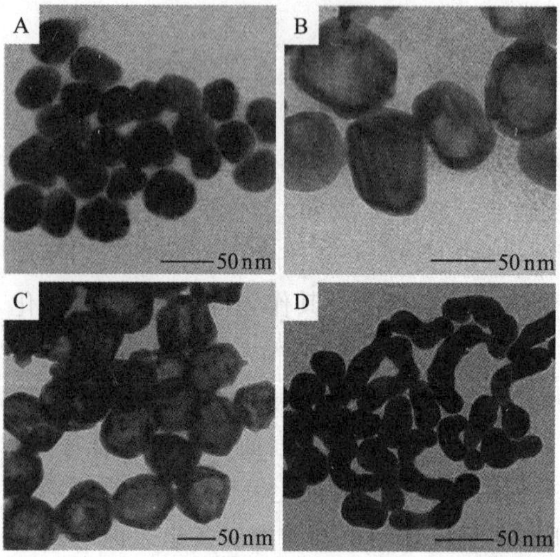

图 1 A 是预先制备的 Ag 溶胶 TEM 图;B、C、D 分别是 Ag 溶胶与不同体积 $HAuCl_4$ 溶液反应生成的 Au-Ag 合金 TEM 图

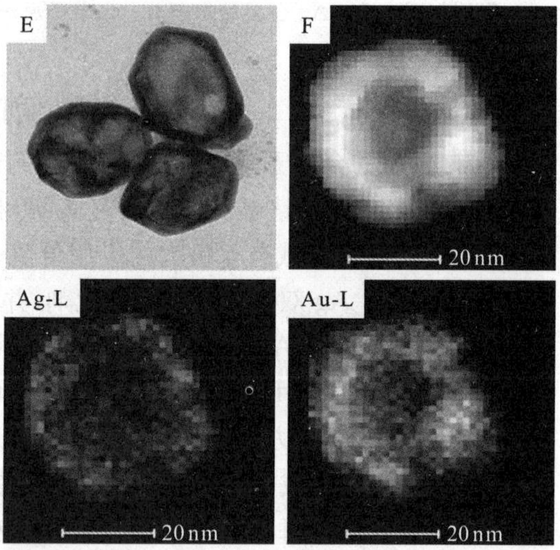

图 2 E 为 Au-Ag 合金纳米颗粒的高分辨 TEM 图;F 为 Au-Ag 合金纳米颗粒的暗场照片;Ag-L 与 Au-L 分别为 Ag、Au 的 L 层电子元素面扫描图

3.1.2 Au-Ag 合金纳米颗粒的 UV-vis-NIR 表征

为了进一步推断出 Ag 溶胶与 $HAuCl_4$ 溶液之间的反应机制,本研究将 80℃下制备所得的系列合金颗粒进行了 UV-vis-NIR 表征。如图 3 所示,400nm 附近的 Ag 纳米颗粒特征吸收峰随 $HAuCl_4$ 溶液加入量的增加而显著下降,同时在长波方向形成了一个新的吸收峰,该吸收峰随着 $HAuCl_4$ 溶液的添加逐步红移。当 $HAuCl_4$ 添加量增至一定程度时,Au-Ag 合金纳米颗粒的典型中空结构完全坍塌(图 1D),其特征吸收峰又重新回到 520nm 附近。

根据上述三种表征手段,我们初步推断出如下的反应机制:$HAuCl_4$ 首先与初始 Ag 溶胶颗粒内部的 Ag 发生反应,置换生成 Au 和 Ag^+;随后,溶液中过量的枸橼酸钠又将 Ag^+ 重新还原成 Ag,并随即与 Au 协同沉淀在初始 Ag 纳米颗粒的表面。随着溶液中 Au-Ag 纳米合金内部 Ag 原子的大量消耗,合金颗粒的中空结构出现解体倾向。当合金颗粒中 Ag 消耗完全后,Au-Ag 合金颗粒全部转化为 Au 纳米颗粒,Au-Ag 纳米中空结构发生彻底坍塌,此时 SPR 峰再次回到 520nm 附近。

3.2 不同温度下合成系列 Au-Ag 合金纳米颗粒的 UV-vis-NIR 表征结果

通过对 Au-Ag 合金纳米颗粒进行系列表征(图 1、图 3),我们已经可以直观看出

$HAuCl_4$ 添加量对于合金形貌变化存在直接作用。除此之外，在实验过程中，温度对于系列合金的形成同样具有重要影响。为了探究不同反应温度下制备所得系列合金紫外吸收特征的变化，本实验分别在 50℃、60℃、70℃、80℃、90℃下合成了系列 Au-Ag 合金纳米颗粒，并对其进行 UV-vis-NIR 表征。

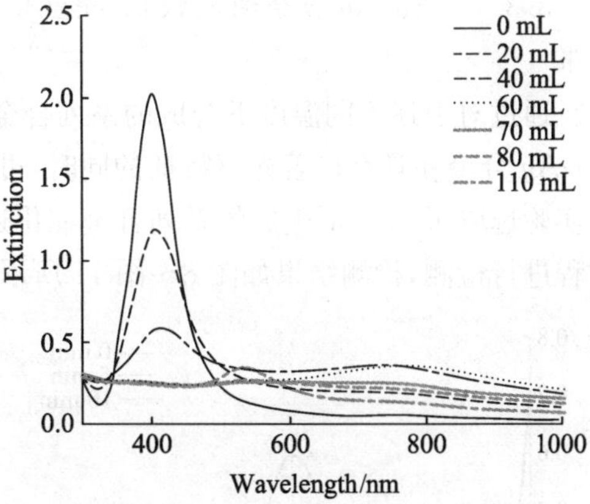

图 3　在 80℃下，不同体积 $HAuCl_4$ 溶液参与反应所得产物的 UV-vis-NIR 光谱曲线

图 3～图 7 为系列合金颗粒紫外吸收特征随温度的变化所呈现的规律性：反应生成的系列 Au-Ag 合金光谱特征明显且基本一致。随着温度的升高，反应进程有所减缓，而 Au-Ag 纳米合金的特征吸收峰信号却得以增强。根据溶液中存在的反应，推测温度的降低不利于枸橼酸钠将 Ag^+ 还原成 Ag。此时 $HAuCl_4$ 与颗粒内部 Ag 的置换反应占主导，但不再有新生成的 Ag 补充至纳米颗粒表面，导致反应进程加快。

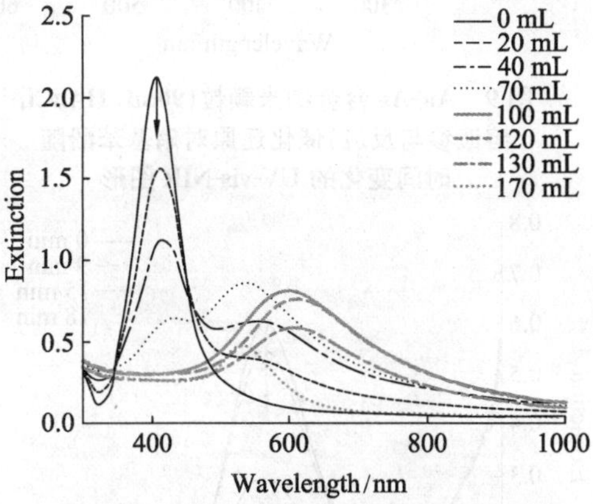

图 4　在 50℃下，不同体积 $HAuCl_4$ 溶液参与反应所得产物的 UV-vis-NIR 光谱曲线

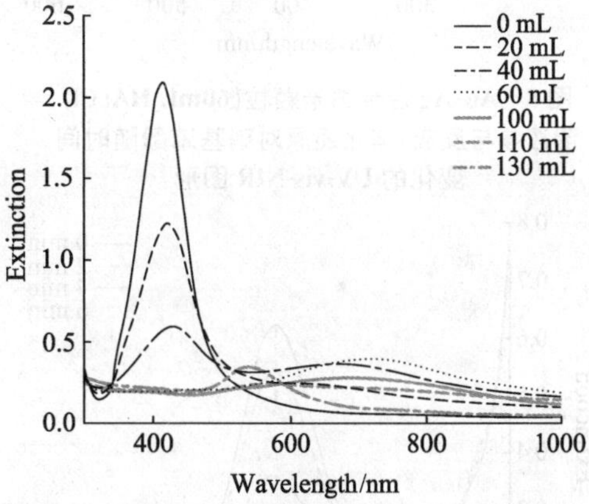

图 5　在 60℃下，不同体积 $HAuCl_4$ 溶液参与反应所得产物的 UV-vis-NIR 光谱曲线

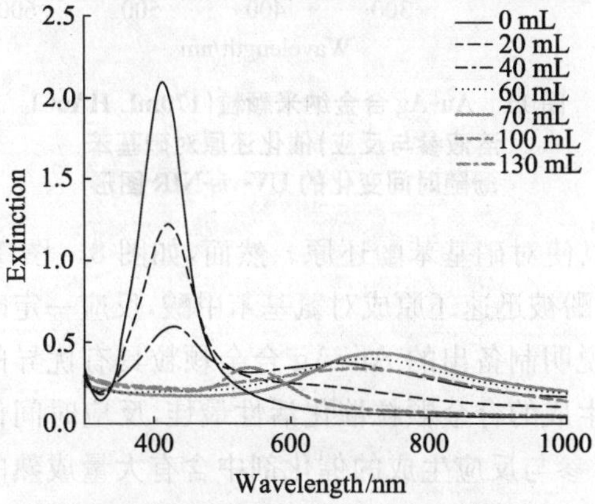

图 6　在 70℃下，不同体积 $HAuCl_4$ 溶液参与反应所得产物的 UV-vis-NIR 光谱曲线

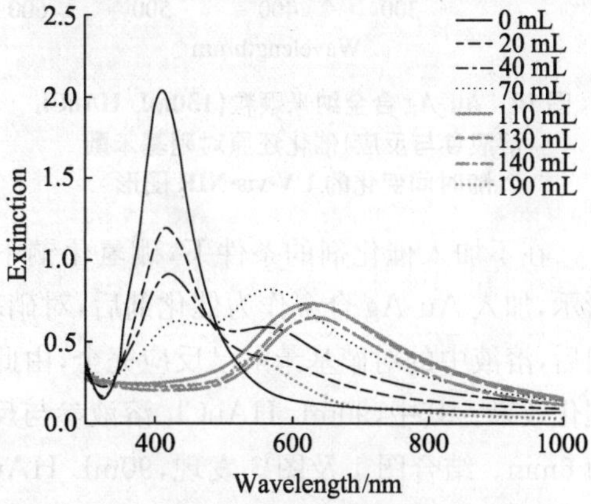

图 7　在 90℃下，不同体积 $HAuCl_4$ 溶液参与反应所得产物的 UV-vis-NIR 光谱曲线

3.3 Au-Ag 合金纳米颗粒在催化领域的应用

3.3.1 Au-Ag 合金纳米颗粒/硼氢化钠体系催化还原对硝基苯酚 UV-vis-NIR 表征结果

通过对上述不同温度下合成的系列合金颗粒进行表征及分析发现，80℃下合成的系列 Au-Ag 合金在具有显著光谱特征的同时，可以更好地满足催化需求、实现人为调控。因此，本实验选取了 80℃下生成的系列合金催化还原对硝基苯酚，同时利用 UV-vis-NIR 对反应过程进行检测，检测结果如图 8～图 11 所示。

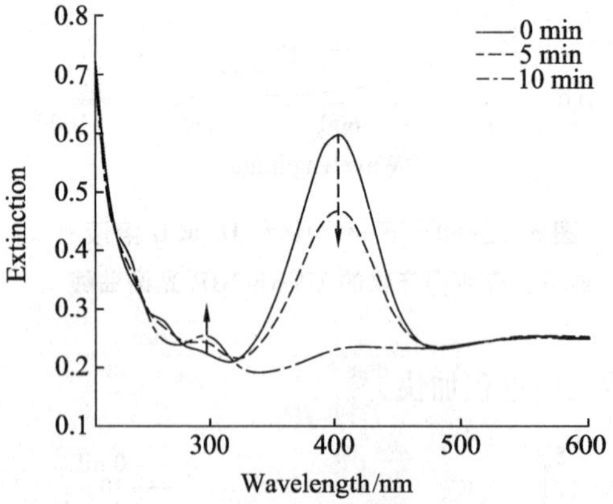

图 8 Au-Ag 合金纳米颗粒(60mL $HAuCl_4$ 溶液参与反应)催化还原对硝基苯酚随时间变化的 UV-vis-NIR 图形

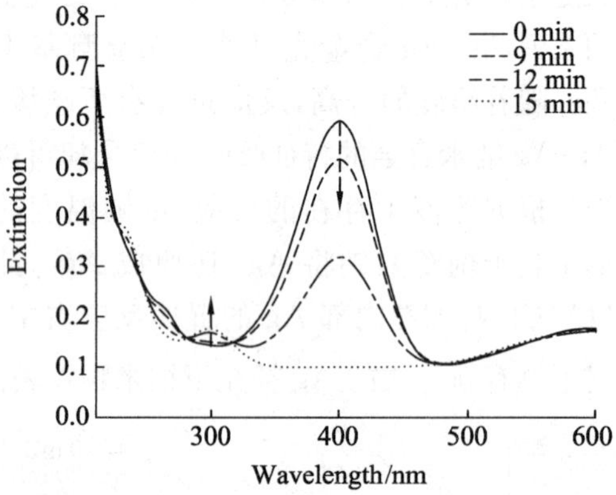

图 9 Au-Ag 合金纳米颗粒(90mL $HAuCl_4$ 溶液参与反应)催化还原对硝基苯酚随时间变化的 UV-vis-NIR 图形

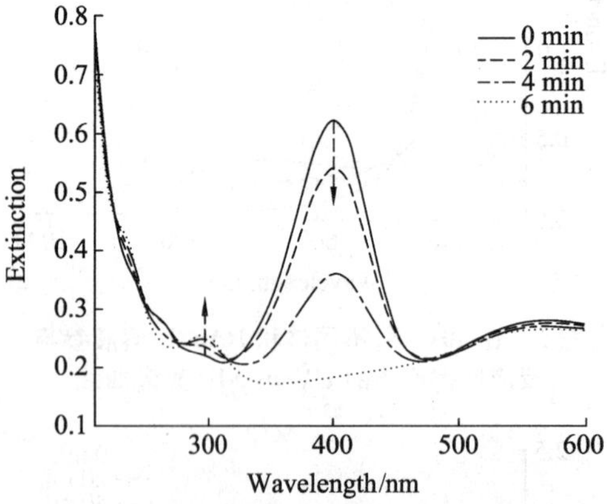

图 10 Au-Ag 合金纳米颗粒(130mL $HAuCl_4$ 溶液参与反应)催化还原对硝基苯酚随时间变化的 UV-vis-NIR 图形

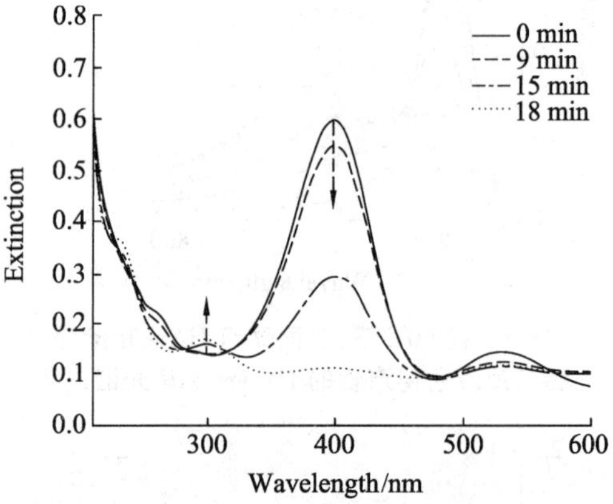

图 11 Au-Ag 合金纳米颗粒(170mL $HAuCl_4$ 溶液参与反应)催化还原对硝基苯酚随时间变化的 UV-vis-NIR 图形

在不加入催化剂的条件下，硼氢化钠不足以使对硝基苯酚还原。然而，如图 8～图 11 所示，加入 Au-Ag 合金作为催化剂后，对硝基苯酚被迅速还原成对氨基苯甲酸，反应一定时间后，溶液中的对硝基苯酚已反应完全，由此可说明制备出的 Au-Ag 合金颗粒具有优异的催化效果。其中，90mL $HAuCl_4$ 溶液参与反应生成的合金颗粒催化活性最佳，反应时间仅为 6min。结合图 1 及图 3 发现，90mL $HAuCl_4$ 参与反应生成的催化剂中含有大量成熟的 Au-Ag 合金纳米颗粒，并且随着成熟合金颗粒数量的减少，反应速率有所减缓。当催化剂中仅剩 Au 纳米颗粒时，催化效率最低。由此认为，Au-Ag 合金纳米颗粒硼氢化钠还原硝基苯酚体系展现了极佳的催化效果。

3.3.2 Au-Ag 合金纳米颗粒/过二硫酸钾体系催化氧化亚甲基蓝的 UV-vis-NIR 表征结果

本实验最终采取了催化还原体系中催化活性最佳的 Au-Ag 合金纳米颗粒(90mL $HAuCl_4$ 溶液参与反应生成)作为脱色降解亚甲基蓝溶液的催化剂。根据图 12 及图 13 可知,催化剂的加入使得反应溶液的紫外吸收光谱曲线发生了变化。但由朗伯比尔定律可知,在相同的反应时间下,Au-Ag 合金最终催化脱色降解了 68.75%的亚甲基蓝,比没有加入催化剂时的 64.85%提高了近 4%。从结论可以看出,Au-Ag 合金纳米颗粒在催化氧化亚甲基蓝的反应中催化效果有待提高,这可能由于我们选取的催化反应体系、氧化剂或反应条件等还有待优化,这些问题将在后续工作中加以完善。

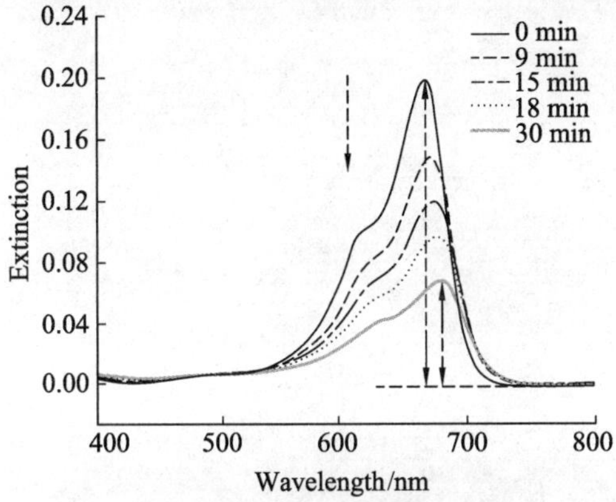

图 12 在没有催化剂的参与下,过二硫酸钾脱色降解亚甲基蓝溶液随时间变化的 UV-vis-NIR 图形

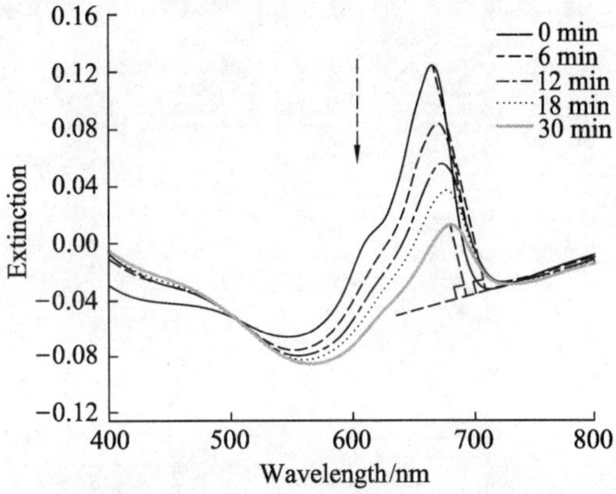

图 13 Au-Ag 合金纳米颗粒催化氧化亚甲基蓝溶液随时间变化的 UV-vis-NIR 图形

4 结 论

本实验以银纳米颗粒为牺牲模板,利用原位置换还原法,制备了表面等离子体共振频率连续可调 Au-Ag 合金纳米颗粒。结合 TEM、紫外可见等表征手段探究了纳米颗粒的形成机制及影响因素,确定了 $HAuCl_4$ 添加量及加料方式、温度等反应条件,并通过不同的氧化还原体系验证了颗粒的催化活性。

参考文献

[1] Yen CW, Liu ML, Wang A, et al. CO oxidation catalyzed by Au-Ag bimetallic nanoparticles supported in mesoporous silica[J]. J Phys Chem C, 2009, 113(41): 17831—17839.

[2] Solsona BE, Edwards JK. Direct synthesis of hydrogen peroxide from H_2 and O_2 using Al_2O_3 supported Au-Pd catalysts[J]. Cheminform, 2006, 37(31): 2689—2695.

[3] 柯国洲. Au-Ag/SBA-15 催化剂的制备及其对 CO 催化氧化性能的研究[D]. 大连: 大连理工大学, 2013.

[4] Iizuka Y, Miyamae T, Miura T, et al. A kinetic study on the low temperature oxidation of CO over Ag-contaminated Au fine powder[J]. J Catal, 2009, 262(2): 280—286.

[5] Moskaleva LV, Rohe S, Wittstock A, et al. Silver residues as a possible key to a remarkable oxidative

catalytic activity of nanoporous gold[J]. Phys Chem Chem Phys,2011,13(10):4529—4539.

[6] 黄学敏. Au-Ag 合金纳米颗粒的制备与催化应用[D]. 上海:上海大学,2013.

[7] 蒋新,汪新杰,邓辉. Au-Ag 双金属催化剂的制备及其对环己烷氧化的催化活性[J]. 高校化学工程学报,2011,25(5):787—792.

响应曲面优化介质阻挡放电协同纳米 TiO_2 催化氧化降解染料染色废水

学生姓名：赵 斌 指导教师：沈拥军
南通大学化学化工学院，环境工程专业，学号：1208042019

【摘 要】 在介质阻挡放电(DBD)体系中引入纳米 TiO_2 催化剂以提高污染物的降解效率和电源的能量利用率。中心复合设计实验表明，4 个因素对 3 种染料脱色效果影响的主次排序均为：输入功率＞初始电导率＞初始 pH＞TiO_2 投加量；活性黄 3RS 染料废水脱色的最佳工艺条件为：纳米 TiO_2 投加量 0.85g/L、输入功率 100W、初始 pH 3.16、初始电导率 500μs/cm，在此条件下活性黄 3RS 脱色率实测值为 90.19%。

【关键词】 纳米 TiO_2；介质阻挡放电；等离子体；染料废水；降解

1 绪 论

纺织印染是我国耗水及废水排放的高污染行业，80%纺织工业废水为印染行业产生的废水，约占 10%工业废水排放量[1]。表面活性剂等有机物进入印染废水，使其处理难度日益加大，常规水处理方法难以达标排放[2]。在节能减排的背景下，国家对印染污水[3]的治理力度大大加强，使得印染行业面临巨大压力，因此印染行业亟须解决的问题是通过研发新型高效水处理技术[4-7]来实现废水达标排放。

1.1 研究内容

1.1.1 DBD/TiO_2 处理活性黄 3RS 染料废水的研究

利用介质阻挡放电(DBD)技术协同纳米 TiO_2 光催化技术处理染料废水，以脱色率为指标，确定纳米 TiO_2 的最佳投加量。

1.1.2 活性黄 3RS 染料废水的降解产物及机制研究

测定降解过程中 COD_{Cr} 值，利用 UV-Vis、IR、IC 等分析手段，初步揭示活性黄 3RS 的降解机制。通过电压-电荷李萨如图形(放电功率)的测定，考察介质阻挡放电等离子体体系(有或无 TiO_2 催化剂)的电学特性以及降解活性黄 3RS 染料废水的能量效率。

1.2 创新点

本研究采用响应曲面法的中心复合设计对纳米 TiO_2 粉体制备以及染料废水的处理工艺进行优化。介质阻挡放电体系引入纳米 TiO_2，以充分利用放电体系的紫外光，考察了添加染料废水中常见无机离子及表面活性剂对染液脱色效果的影响，以及该体系对不同染料废水脱色及纳米 TiO_2 重复利用率的影响；介质阻挡放电等离子体技术协同催化技术降解活性黄 3RS 染料废水，研究反应体系中染料废水的降解机制及能量利用效率。

2 实验材料与方法

2.1 降解优化实验

称取一定量的以最佳条件(水配比＝2，乙酸配比＝3.42，煅烧温度＝577.55℃，煅烧时间＝3.25h)制备的纳米 TiO_2 粉体加入含 10mL 染液的反应釜。接通电源后调节输入功率，使平板电极开始放电。改变纳米 TiO_2 粉体投加量、输入功率、染液初始浓度、初始 pH

和初始电导率，在染液中添加一定浓度的无机阴离子、表面活性剂，考察其对染料废水脱色效果的影响，并考察体系对不同染料的降解效果。

3 结果与分析

3.1 单因素的影响

各因素对活性黄 3RS 的影响如图 1～图 10 所示。

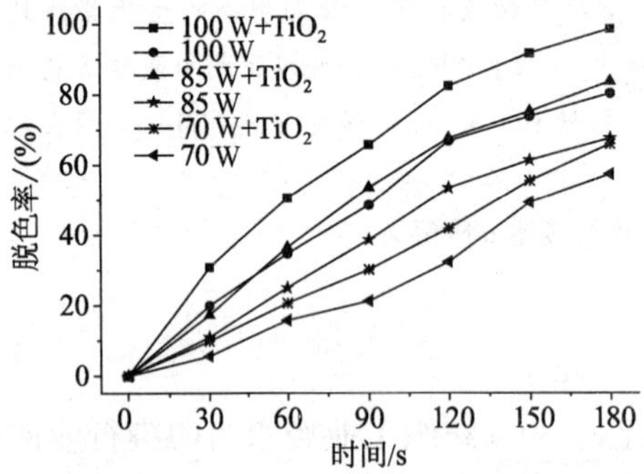

图 1 输入功率的影响

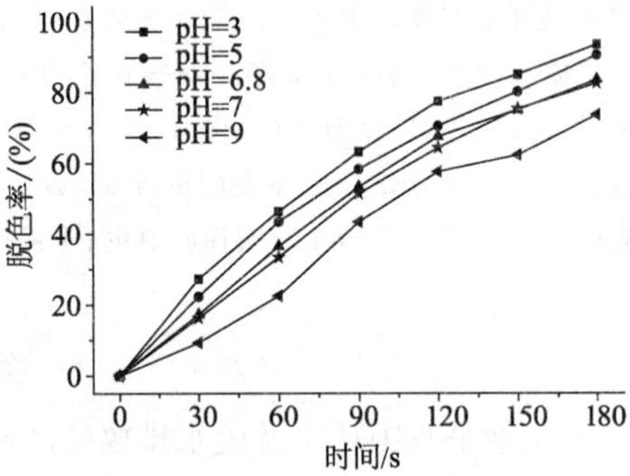

图 2 初始 pH 的影响

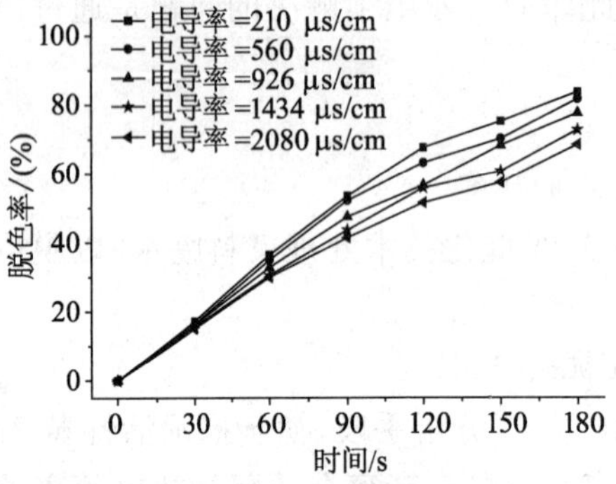

图 3 初始电导率的影响

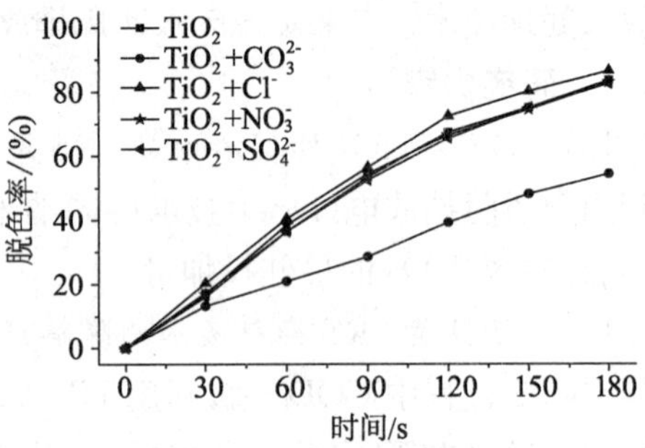

图 4 无机阴离子的影响

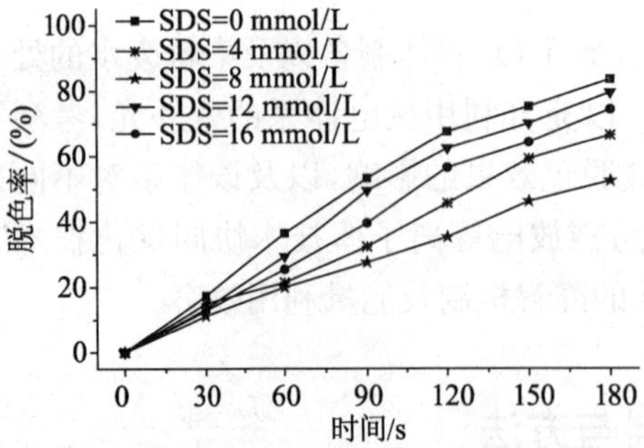

图 5 十二烷磺酸钠的影响

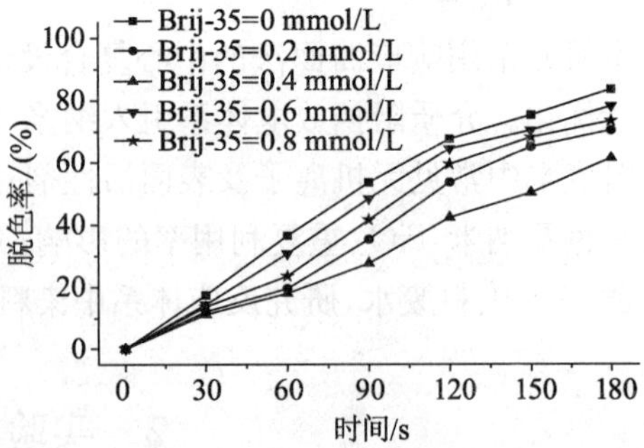

图 6 平平加 O 的影响

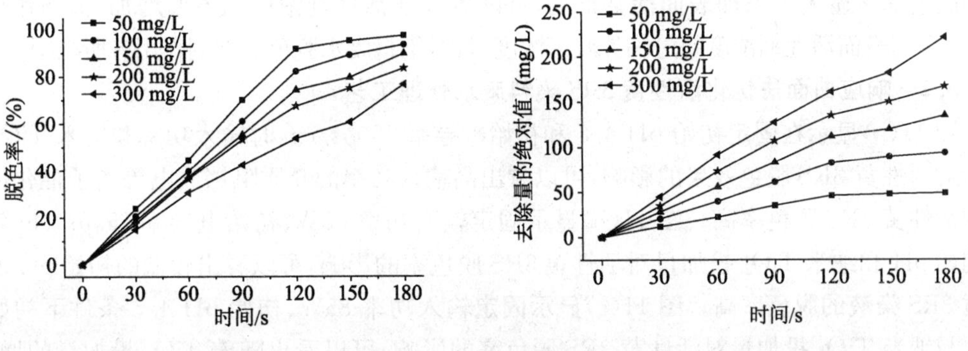

图7　初始浓度的影响

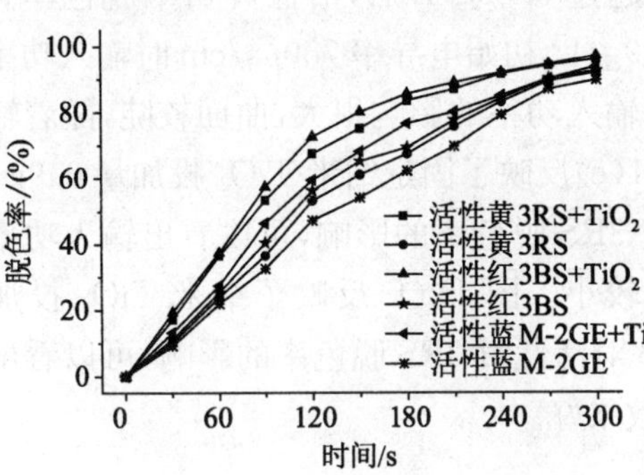

图8　三种染料脱色效果的比较

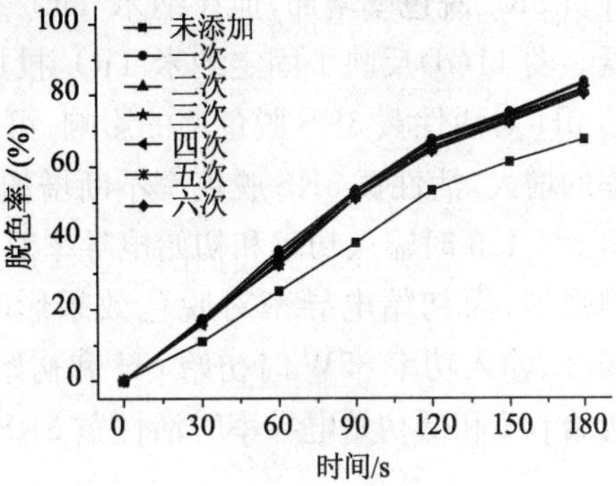

图9　TiO_2 使用次数的影响

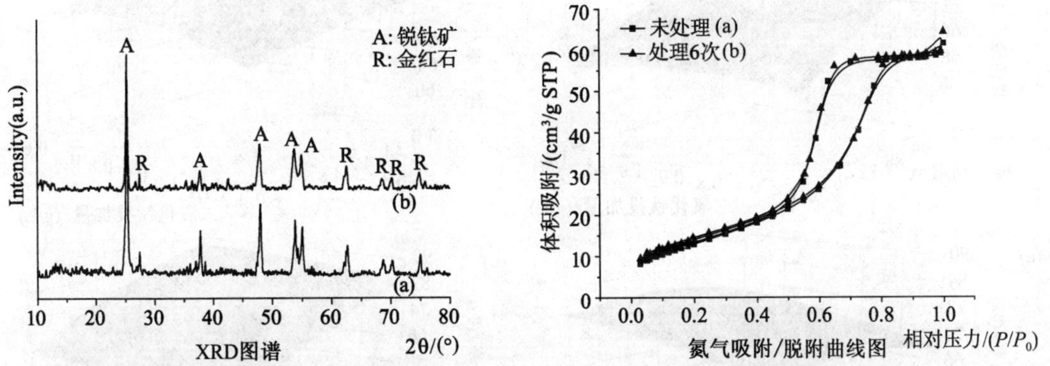

图10　未处理(a)和处理6次(b)纳米 TiO_2 粉末的XRD图谱以及氮气吸附/脱附曲线图

由图1～图10可知，纳米 TiO_2 粉体单独吸附活性黄3RS染料时，吸附作用不明显，且无降解作用[8,9]；介质阻挡放电等离子体处理活性黄3RS染液时，投加纳米 TiO_2 粉体的脱色率均大于未投加催化剂时的脱色率，纳米 TiO_2 投加量为0.9g/L时，脱色率最高，脱色反应对不同浓度 TiO_2 投加量下均符合一级反应动力学方程，添加 TiO_2 催化剂后，反应速率常数增加[10]；在相同输入功率条件下，添加 TiO_2 催化剂时比未添加时的染料脱色率大，在添加相同浓度 TiO_2 催化剂条件下，增大反应输入功率，染料脱色率增大[11]；随着初始浓度的增加，染料脱色率呈下降趋势，但随着染液初始浓度的增加，染料的绝对去除量升高；染液的初始pH和电导率均对脱色率有影响，低pH或低电导率有利于染料的脱色[12]；染液中加入 CO_3^{2-} 对染料的脱色效果具有一定的抑制作用，SO_4^{2-} 与 NO_3^- 不影响染料的脱色效果，而少量 Cl^- 的加入有利于促进活性黄3RS的脱色效果[13]；未添加表面活性剂的活性黄3RS染液的脱色率明显大于添加表面活性剂的，且随着表面活性剂浓度的不断增加，抑制作用增强[14]；但当表面活性剂浓度超过临界胶束浓度时，对染料废水脱色的抑制作用有所减缓。

3.2 响应曲面法优化活性黄 3RS 染料废水处理工艺

图 11(a)显示在固定初始 pH 4.5 和初始电导率 750μs/cm 时输入功率和纳米 TiO_2 投加量对活性黄 3RS 脱色效果的影响，可以看出高输入功率的介质阻挡放电等离子催化体系处理活性黄 3RS 脱色率高。图 11(b)显示固定输入功率 85W、初始电导率 750μs/cm 条件下初始 pH 和纳米 TiO_2 投加量对活性黄 3RS 脱色率的影响，可以看出较低的初始 pH 的活性黄 3RS 染液的脱色率高。图 11(c)显示固定输入功率 85W、初始 pH 4.5 条件下初始电导率与纳米 TiO_2 投加量对活性黄 3RS 脱色率的影响，可以看出随着 TiO_2 投加量的增加，活性黄 3RS 脱色率增加，但在纳米 TiO_2 投加量超过 0.85g/L 后，活性黄 3RS 脱色率有所降低。图 11(d)反映了固定纳米 TiO_2 投加量 0.9g/L、初始电导率 750μs/cm 时输入功率和初始 pH 对活性黄 3RS 脱色率的影响，可以看出输入功率的影响很大，曲面较陡，随着输入功率的增大，活性黄 3RS 脱色率不断增加。图 11(e)反映了固定纳米 TiO_2 投加量 0.9g/L、初始 pH 4.5 时输入功率和初始电导率对活性黄 3RS 脱色率的影响，可以看出输入功率的影响强烈，而初始电导率对脱色效果影响相对较小。图 11(f)反映了纳米 TiO_2 投加量 0.9g/L、输入功率 85W 时初始 pH 和初始电导率对活性黄 3RS 脱色率的影响，可以看出在低初始 pH 和低初始电导率时活性黄 3RS 脱色效果好。

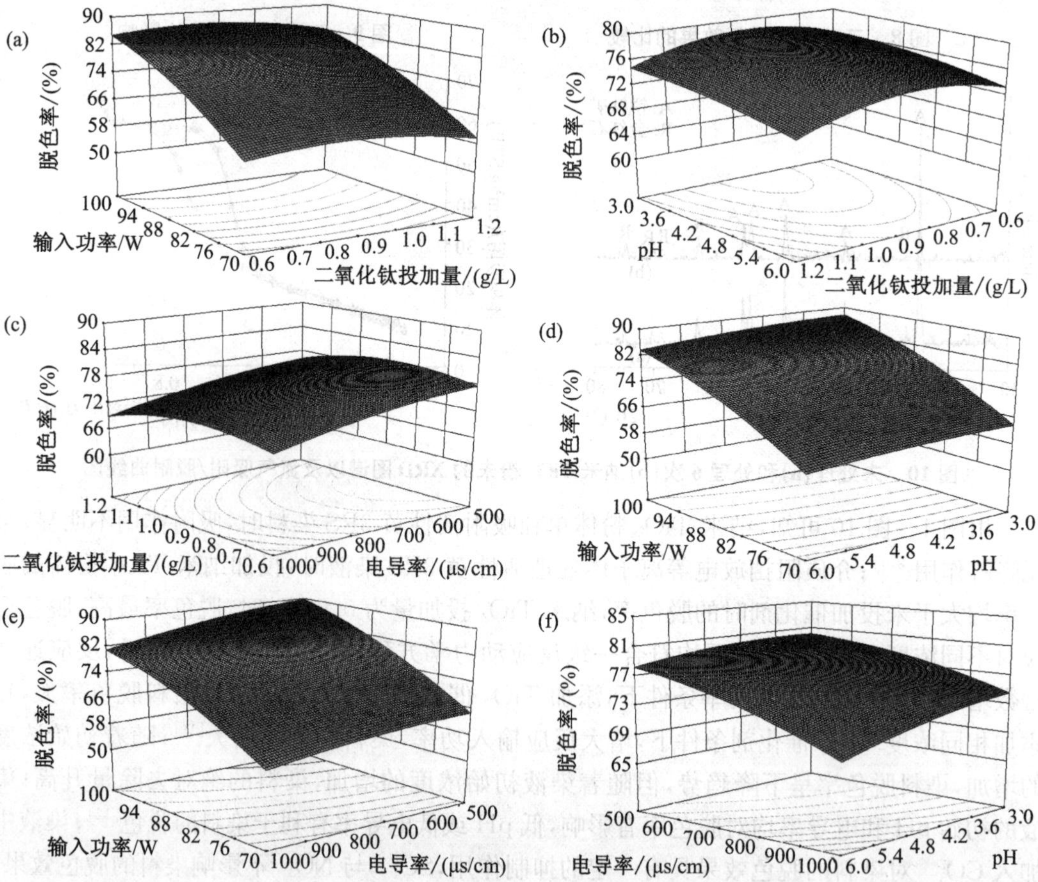

图 11 各因素对活性黄 3RS 脱色率影响的响应面

4 结　论

纳米 TiO_2 粉体单独吸附活性黄 3RS 染料时，吸附作用不明显，且无降解作用；介质阻挡放电等离子体处理活性黄 3RS 染液时，投加纳米 TiO_2 粉体的脱色率均大于未投加催化剂时的脱色率；纳米 TiO_2 投加量为 0.9g/L 时，脱色率最高；脱色反应对不同浓度 TiO_2 投加量下均符合一级反应动力学方程，添加 TiO_2 催化剂后，反应速率常数增加；在相同输入功率条件下，添加 TiO_2 催化剂时比未添加时的染料脱色率大，在添加相同浓度 TiO_2 催化剂条件下，增大反应输入功率，染料脱色率增大；随着初始浓度的增加，染料脱色率呈下降趋势，但随着染液初始浓度增加，染料的绝对去除量升高；染液的初始 pH 和电导率均对脱色率有影响，低 pH 或低电导率有利于染料的脱色；染液中加入 CO_3^{2-} 对染料的脱色效果具有一定的抑制作用，SO_4^{2-} 与 NO_3^- 不影响染料的脱色效果，而少量 Cl^- 的加入有利于促进活性黄 3RS 的脱色效果；未添加表面活性剂的活性黄 3RS 染液的脱色率明显大于添加表面活性剂的，随着表面活性剂浓度不断增加，抑制作用增强；但当表面活性剂浓度超过临界胶束浓度时，对染料废水脱色的抑制作用有所减缓。中心复合设计实验表明，TiO_2 投加量、输入功率、初始 pH 和初始电导率 4 个因素对 3 种染料脱色效果影响主次排序均为：输入功率＞初始电导率＞初始 pH＞TiO_2 投加量，拟合方程得活性黄 3RS 染料废水脱色的最佳工艺条件为：纳米 TiO_2 投加量 0.85g/L、输入功率 100W、初始 pH 3.16、初始电导率 500μs/cm，在此条件下活性黄 3RS 脱色率实测值为 90.19％。

参 考 文 献

[1]　奚旦立，马春燕. 印染废水的分类、组成及性质[J]. 印染，2010(14)：51—53.

[2]　马春燕，谭书琼，奚旦立. 印染废水处理原则及方法[J]. 印染，2010(16)：30—32.

[3]　李家珍. 染料、染色工业废水处理[M]. 北京：化学工业出版社，1997.

[4]　Chang MW, Chern JM. Decolorization of peach red azo dye, HF6 by Fenton reaction: Initial rate analysis[J]. J Taiwan Inst Chem E, 2010(41)：221—228.

[5]　侯文俊，余健. 印染废水处理技术的研究新进展[J]. 化工环保，2004，24(增)：105—107.

[6]　张建英，梁缘东，陈曙光等. 染色废水脱色混凝效应研究[J]. 环境污染与防治，1998，20(3)：9—12.

[7]　王静，张雨山. 超滤膜和微滤膜在污(废)水处理中的应用研究现状及发展趋势[J]. 工业水处理，2001，21(3)：4—7.

[8]　田玉萍，熊娇. 三种混凝剂处理大红染料废水的脱色研究[J]. 工业用水与废水，2012，43(1)，68—70.

[9]　俞宁，李纯茂. 高效好氧生物处理印染废水的方法与实践[J]. 工业水处理，2009，20(5)：88—89.

[10]　杨波，钟启俊，李方，等. ABR 反应器处理碱减量印染废水的启动研究[J]. 环境科学，2013，34(3)：968—973.

[11]　王鹏，孙柳. 催化湿式氧化法处理高浓度染料废水的研究[J]. 染料与染色，2006，43(5)：53—55.

[12]　杨蕴哲，杨卫身，杨凤林，等. 电化学法处理高含盐活性艳蓝 KN-R 废水的研究[J]. 化工环保，2005，25(3)：178—181.

[13]　陈杰瑢. 低温等离子体化学及应用[M]. 北京：科学出版社，2001.

[14]　陈瑜，许德玄，王占华，等. 低温等离子体降解染料废水[J]. 水处理技术，2008，34(9)：75—78.

新型含嗯二唑环结构的氰基丙烯酸酯类化合物的合成研究

学生姓名:汪　池　指导教师:石玉军
南通大学化学化工学院,应用化学专业,学号:1208032048

【摘　要】 含有杂环的目标产物一直以来都是创新型农药发展和研究中最关键的中间体化合物,而氰基丙烯酸酯结构中每一个位置连接官能团的不同及双键周围结构轻轻的变换都会引发它的活性发生不可思议的改变。本文着重探寻两种结构相连的化合物。

【关键词】 氰基丙烯酸酯;噁二唑;杂环化合物;生物活性;除草剂

1 前　　言

1.1 氰基丙烯酸酯的研究背景

含氰基丙烯酸酯结构的产物在以前的研究中都是以高效、低毒的除草剂类化合物为人们所知。因为它对光系统(PSII)电子传递系统有抑制作用,并且对动物的毒性低,是一种性能优良的除草剂[1]。而含有氰基丙烯酸酯结构的产物的作用机制是对光系统(PSII)中的D1蛋白核心进行占领,阻碍植物的光合作用导致杂草死亡。在后续的研究中,研究者们通过对氰基丙烯酸酯的取代基团进行变换发现,不同的氰基丙烯酸酯化合物具有一定的杀虫、抗菌和抗癌的活性[2-4]。其结构如图1所示。改变 R_1、R_2、R_3 中任一基团,其性质都会发生未知的改变。

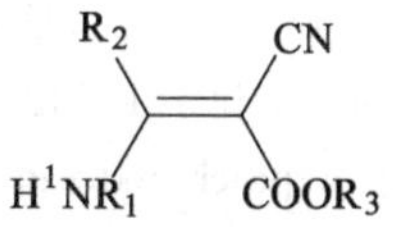

图1　氰基丙烯酸酯结构通式

1.2 噁二唑杂环的研究背景

杂环化合物向来都是新型农药研究和发展中关键的中间体结构,其中噁二唑杂环衍生物因有着广泛的生物活性而被广大的农药工作者重视[5,6]。噁二唑环上的氮原子、氧原子能够与受体结合形成氢键,因此在杀菌、除草、杀虫等方面具有良好的作用。

1.3 设计思路

本文在研究分析含氰基丙烯酸酯结构的产物的结构特征、活性数据的基础上,决定使用2-氰基丙烯酸酯为母体的活性单元结构,利用具有活性的亚结构拼接法及生物等排等方法,通过对现有的含氰基丙烯酸酯结构的活性化合物进行结构改变与变换,将具有延长链结构或多取代基的噁二唑杂环药效基团通过—NH—以桥连方式同2-氰基丙烯酸酯药效基团相连,构建存在噁二唑杂环取代的新型氰基丙烯酸酯结构的产物。通过改变合成条件,对相应的收率进行统计,选择较佳的合成路线,以较高收率合成出目标物。选择适当的病虫草害为作用对象及相应生物活性测定模型,测试目标化合物的生物活性,研究其构效关系,以期发现具有高活性的农药先导化合物,为进一步开展新型氰基丙烯酸酯类农药分子研究提供理论依据。

2 实验部分

2.1 中间体1的合成

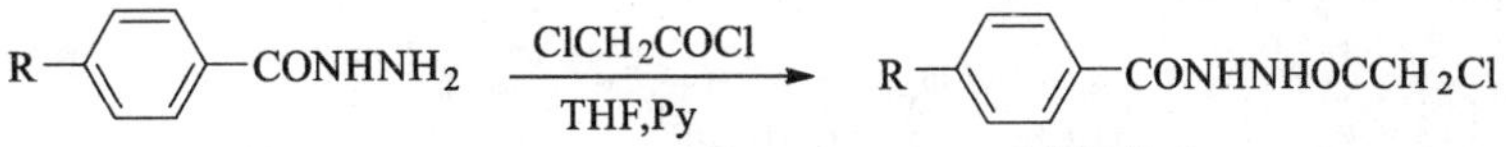

(中间体1)

化合物1：向250mL的圆底烧瓶中投进0.10mol含有取代基的对苯基取代酰肼，继续向反应容器中倒入50mL干燥过的四氢呋喃，开启磁力搅拌，让原料取代酰肼完全溶解，将反应器皿放入冰水浴中，于此条件下向反应体系中滴加2.7g氯乙酰氯(滴加时要慢)。滴完在同一个恒压低液漏斗中继续添加25mL干燥的四氢呋喃和2.5mL吡啶，滴完后反应2h。将烧瓶内的反应液倒入300mL冰水混合物中，出现大量白色的固体，减压抽滤，用无水乙醇对抽滤所得的滤饼进行重结晶，可以得到白色固体(中间体1)。

2.2 中间体2的合成

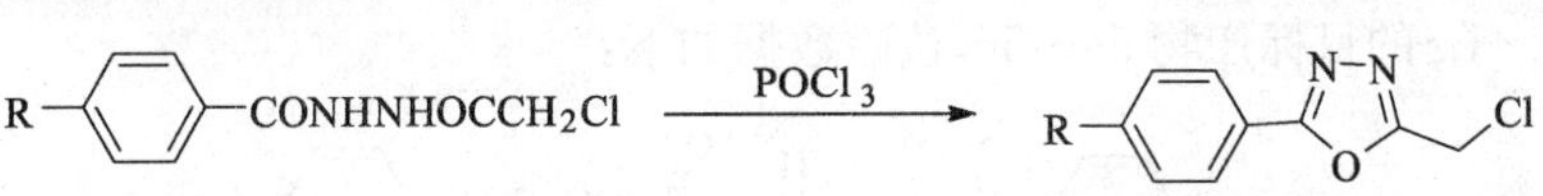

(中间体1) (中间体2)

化合物2：向250mL的圆底烧瓶中先加入0.06mol中间体1，再向其中加入30mL三氯氧磷，开启磁力搅拌，让反应液得以均匀混合，用气球充满氮气，为反应创造氮气的环境，让其回流过夜，把反应完成的液体缓慢地倒进100mL的冰水混合物中，用20%NaOH溶液中和，将反应液调至弱碱性，减压抽滤得到白色的固体，最后用75%的乙醇溶液溶解后进行重结晶，可以得到白色粉末(中间体2)。

2.3 中间体3的合成

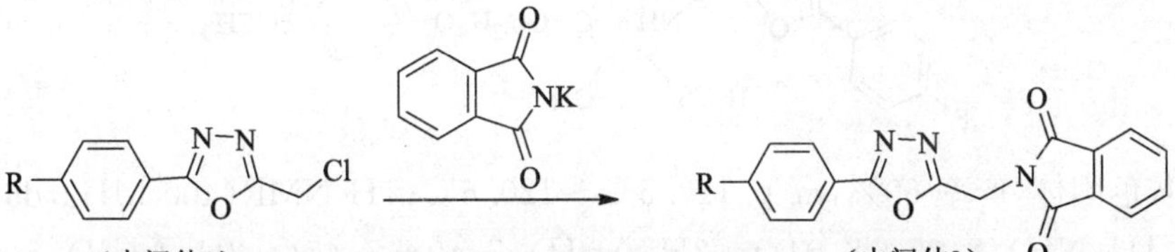

(中间体2) (中间体3)

化合物3：向250mL的圆底烧瓶中加入0.03mol中间体2，以及0.03mol邻苯二甲酰亚胺钾盐30mL和经过干燥的N,N-二甲基甲酰胺(DMF)，在室温条件下开启搅拌，让其常温反应4h。然后把反应液倒入盛有足量水的烧杯中，搅拌，让其凝结沉淀，减压抽滤，将滤饼用水洗，对滤饼用无水乙醇重结晶，得到淡黄色的固体(中间体3)。

2.4 中间体4的合成

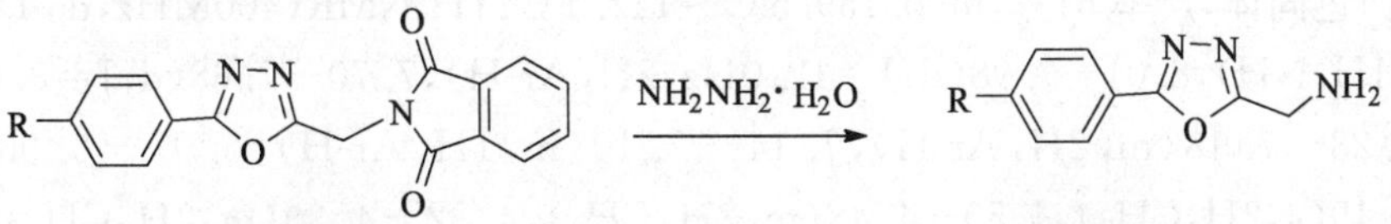

(中间体3) (中间体4)

化合物4：向50mL的圆底烧瓶中加入0.015mol中间体3、30mL干燥过的无水乙醇以及80%的水合肼0.02mol，在油浴锅中开启搅拌，进行加热回流4h，点板监测反应，原料点消失即为反应完毕。然后将反应液过滤，并用 2×20mL 的无水乙醇对滤饼进行洗涤。合并两次的溶液与反应液，将其减压蒸发浓缩得黄色的油状物(中间体 4)。未经进一步纯化。

2.5 目标产物 5 的合成

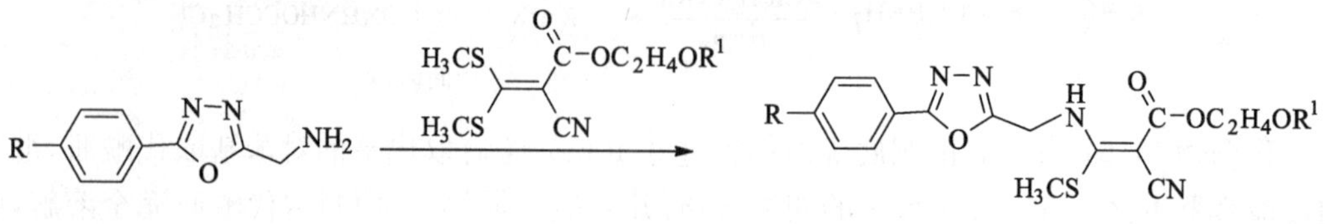

(中间体4)　　　　(目标产物5)

目标产物 5 的合成：向 50mL 的圆底烧瓶中加入 1.44mol 中间体 4，1.44mol 2-氰基-3，3-二甲硫基丙烯酸取代乙酯以及 20mL 干燥的无水 CH_3CH_2OH，在油浴锅中开启搅拌，在 85℃条件下进行加热回流，通过点板来监测反应中原料是否已经消失，当原料点消失后，随即停止反应。将反应瓶抬起冷却，等待其慢慢析出白色固体，减压抽滤，并用少量无水乙醇洗涤，得到 0.41g 的目标产物 5a～5c，核磁数据如下：

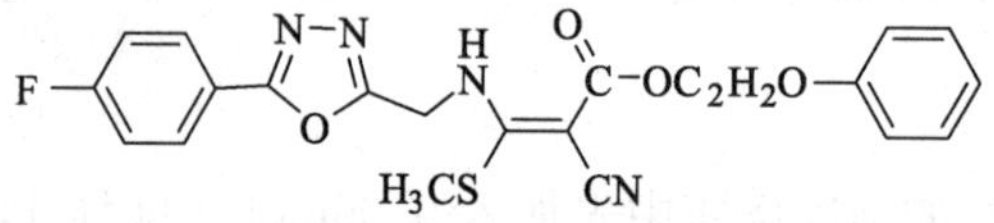

5a：红色固体，产率 57%，m.p. 123.5℃～125.3℃；1H NMR(400MHz，d6-DMSO)：δ 10.25(s，1H，NH)，8.07－8.04(m，2H，Ar-H)，7.49－7.44(t，2H，Ar-H)，7.31－7.27(t，2H，Ar-H)，6.98－6.95(m，3H，Ar-H)，5.19(s，2H，CH_2)，4.48(s，2H，CH_2)，4.23(s，2H，CH_2)，2.65(s，3H，SCH_3)。

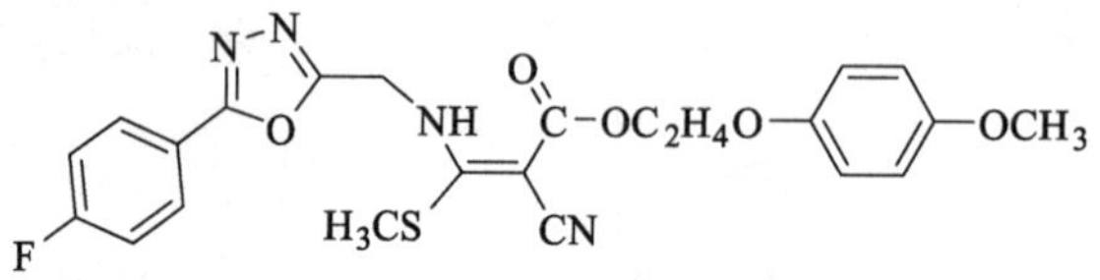

5b：灰色固体，产率 60%，m.p. 118.5℃～120.6℃；1H NMR(400 MHz，d6-DMSO)：δ10.25(s，1H，NH)，8.07－8.04(m，2H，Ar-H)，7.49－7.45(t，2H，Ar-H)，6.92－6.84(m，4H，Ar-H)，5.19(s，2H，CH_2)，4.45(s，2H，CH_2)，4.17(s，2H，CH_2)，3.70(s，3H，Ar-OCH_3)，2.65(s，3H，SCH_3)。

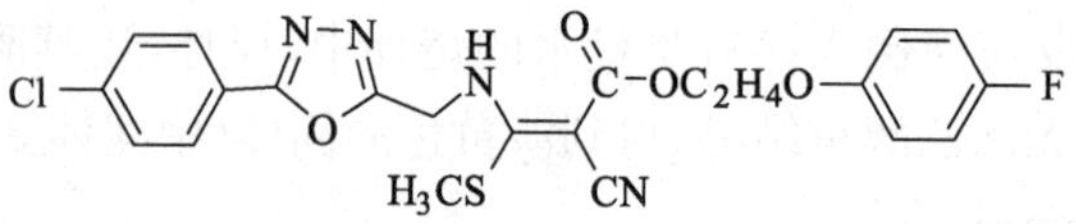

5c：白色固体，产率 61%，m.p. 139.5℃～142.1℃；1H NMR(400MHz，d6-DMSO)：δ 10.25(s，1H，NH)，8.01－7.98(d，J＝12.0Hz，2H，Ar-H)，7.70－7.68(d，J＝8.0Hz，2H，Ar-H)，7.23－7.18(m，2H，Ar-H)，7.14－7.10(m，1H，Ar-H)，6.97－6.95(m，1H，Ar-H)，5.19(s，2H，CH_2)，4.50－4.48(m，2H，CH_2)，4.32－4.30(m，2H，CH_2)，2.64(s，3H，SCH_3)。

3 结果与讨论

3.1 中间体 1 的制备

本研究是从酰肼作为原料开始制备的，最先是与氯乙酰氯反应生成双酰肼结构的。在中间体 1 的制备过程中，花费了不少时间对其收率进行提高，最先是对其溶剂进行选择。一开始使用的是乙醚作为溶剂进行反应，因为其挥发性大，沸点低，加热控制不良会影响回流，并且在常温时反应不够理想。因此用同为醚类结构的四氢呋喃作为溶剂。然后对其缚酸剂和反应条件进行了甄选。在不同的缚酸剂中，反应条件的变化都会引起收率的变化。当然，反应的共同点就是在 2h 后基本反应结束。

3.2 中间体 2 的制备

第二步反应实际上是对双酰肼结构进行关环。在试剂的选择上没什么争议，三氯氧磷是一定要有的，这是反应的原料及溶剂。这一步的关键在于反应条件的选择。最早用二甲苯作为溶剂加入三氯氧磷高温回流反应，但收率并不是太理想。经查文献发现，可以在氮气环境的保护下将双酰肼在三氯氧磷中回流过夜，相比较前面的方法，收率得到了提高。

3.3 中间体 3 的制备

第三步反应中注意钾盐需要烘干，因为钾盐容易吸水，平时都是放在干燥箱中的，所以取出后需要在钠灯下进行烤干，这是保证反应进行的前提。同样，DMF 也需要用无水硫酸钠进行干燥，这样可以保证反应体系无水。在处理方面，因为溶剂用的是 DMF，所以要加水淬灭。当析出固体后应令其沉淀，因为其中有一定的盐分和杂质，所以要对滤饼用水洗涤，并且要用乙醇重结晶，这样才能得到纯品中间体 3。

3.4 中间体 4 的制备

第四步反应是通过无水乙醇及水合肼进行的肼解反应。在投钾盐的时候要注意系统的封闭。过量加入水合肼会污染环境。因为水合肼是剧毒化学药品，所以称取和反应过程都要在通风橱里进行。抽滤后要注意对溶液进行干燥，因为水合肼中存在水。如不干燥，则会影响下一步反应。最后在浓缩时要注意将所用的真空泵放在通风橱里，避免水合肼污染环境。

3.5 目标化合物 5 的制备

最终产物的制备较为简单，最重要的是对反应程度的把握，要通过不断点板来监测反应进行的情况。因为反应较为彻底，一般都要等待硅胶板上的原料点消失才停止反应。最后处理时要注意等待其冷却。因为目标产物的溶解度因温度不同会有较大的差异。因此要用冷泵使其冷却才会有固体出来，抽滤后即可得目标产物。若产物不纯，则可以通过重结晶纯化；若仍然不纯，则通过柱层析的方法来分离杂质和产品。

参考文献

[1] Huppatz JL, Phillips JN, Rattigan BM. Cyanoacrylates. Herbicidal and photosynthetic inhibitory activity[J]. Agricultural and Biological Chemistry, 1981, 45(12): 2769—2773.

[2] Zhao YG, Liu X, Huang RQ, et al. Synthesis and biological activity of 3-(substituted) amion (or methylthio)-3-(2-chloro-5-pyridylmethyl) amino-2-cyanoacrylate [J]. Chin Pesti Sci, 1999 (1): 93—95.

[3] Liu X, Huang RQ, Cheng MR, et al. Synthesis and bioactivity of S, N-Ketene acetal coning pyridine

methylene[J]. Chem Chin Univ,1999(20): 1404—1408.
［4］ 王鑫,王朝强,傅翠蓉,等.新型含取代苯氧基的2-氰基-3-(2-取代吡啶-5-基)氨基丙烯酸酯类化合物的合成及除草活性[J].有机化学,2015(01): 92—99.
［5］ 范志金,刘斌,刘秀峰,等.含吡啶环的1,3,4-噁二唑衍生物的合成及生物活性研究[J].高等学校化学学报,2004,25(4): 663—666.
［6］ 朱有全,刘卫敏,刘斌,等.具有除草活性的3-(嘧啶基-2)-1,3,4-噁二唑-2(3H)-酮衍生物的设计,合成与定量构效关系的研究[J].有机化学,2009,29(04): 638—642.

基于柔性二羧酸配体构筑功能性配位化合物及其性能研究

学生姓名：魏媛萍　指导教师：江国庆

南通大学化学化工学院，化学师范专业，学号：1208012020

【摘　要】 柔性己二酸(adipate,adp)和1,3-双(4-吡啶基)丙烷(1,3-Di(4-pyridyl)propane,bpp)混配体分别与金属盐 $CuCl_2 \cdot 2H_2O$ 和 $Cd(NO_3)_2 \cdot 4H_2O$ 在溶剂热的反应条件下，得到了配合物 $Cu(bpp)_{0.5}(adp)$(1)和 $Cd_3(bpp)_3(adp)_2$(2)。选用柔性配体辛二酸(suberate,sub)、4,4′-联吡啶(4,4′-bpy)和金属盐 $CoSO_4 \cdot 6H_2O$ 在溶剂热的条件下合成了配合物 $Co_2(4,4'\text{-bpy})_2(sub)_2$(3)。利用X射线单晶衍射仪、X射线粉末衍射仪、热重分析仪和荧光分析仪对配合物1、2、3进行结构和性能研究。

【关键词】 柔性；配合物；结构

柔性金属有机框架(MOFs)是一类新型无机-有机杂化多功能分子材料，通常是由金属离子(作为节点)和柔性有机配体(作为连接剂)通过强金属配位键连接而成的网络配合物。柔性金属有机框架也被称为柔性多孔晶体(soft porous crystals,SPCs)。SPCs是一种多孔固态材料，具有高度有序并且可变换的网络结构。该类化合物是至少有一种晶相存在可以吸附客体分子的孔洞材料。物理和化学的刺激可使SPCs在开孔(open pore)和闭孔(closed pore,cp)之间或者小孔(narrow pore,np)和大孔(large pore,lp)之间转换[1]，这就是所谓的呼吸或膨胀现象。柔性MOFs在气体吸附与分离[2,3]、生物医学[4]和催化[5]等方面具有潜在应用价值。

1　实验部分

1.1　实验药品和仪器

实验中所用的己二酸、辛二酸、1,3-双(4-吡啶基)丙烷、4,4′-联吡啶、$Na_2CO_3 \cdot 10H_2O$、N,N-二甲基甲酰胺(DMF)、$CuCl_2 \cdot 2H_2O$、$Cd(NO_3)_2 \cdot 4H_2O$、$CoSO_4 \cdot 6H_2O$ 均为市场可售的分析纯试剂。

产物表征分析使用X射线粉末衍射仪、X射线单晶衍射仪、热重分析仪和荧光分析仪进行测定。

1.2　实验过程

配合物 $Cu(bpp)_{0.5}(adp)$(1)的合成：称取己二酸(0.1mmol,0.0148g)、bpp(0.1mmol,0.0198g)、$CuCl_2 \cdot 2H_2O$(0.1mmol,0.0177g)、$Na_2CO_3 \cdot 10H_2O$(0.05mmol,0.0146g)，使用水(3mL)和DMF(2mL)的混合溶剂作为反应溶剂，密封在20mL的硬质玻璃瓶中，置入程序升温烘箱内，5h内从室温升至100℃，恒温下放置3d，再以3℃/h降至室温。将反应产物用水洗并在室温下干燥，得到绿色块状晶体，产率为56%。元素分析结果：计算值为C,46.46,N,4.71,H,5.72%；实验值为C,46.12,N,5.02,H,5.43%。

配合物 $Cd_3(bpp)_3(adp)_2$(2)的合成：称取己二酸(0.2mmol,0.0292g)、bpp(0.2mmol,0.0395g)、$Cd(NO_3)_2 \cdot 4H_2O$(0.2mmol,0.0616g)、$Na_2CO_3 \cdot 10H_2O$(0.1mmol,0.0106g)，

用 6mL 水作为反应溶剂，密封在 20mL 的硬质玻璃瓶中，置入程序升温烘箱内，5h 内从室温升温至 100℃，恒温下放置 3d，再以 3℃/h 降至室温。将反应产物用水洗并在室温下干燥，得到无色块状晶体，产率为 43%。元素分析结果：计算值为 C，48.41，N，6.64，H，4.35%；实验值为 C，48.23，N，6.45，H，4.24%。

配合物 $Co_2(4,4'\text{-bpy})_2(sub)_2$(3)的合成：称取辛二酸(0.05mmol，0.0091g)、4,4'-bpy(0.1mmol，0.0155g)、$Co(SO_4)_2 \cdot 4H_2O$(0.1mmol，0.0278g)，用水(2mL)和 DMF(3mL)作为反应溶剂，密封在 20mL 的硬质玻璃瓶中，置入程序升温烘箱内，5h 内从室温升温至 100℃，恒温下放置 3d，再以 1.5℃/h 降至室温。将反应产物用水洗并在室温下干燥，得到无色块状晶体，产率为 39%。元素分析结果：计算值为 C，55.92，N，7.25，H，4.92%；实验值为 C，55.66，N，7.11，H，4.66%。

1.3 晶体结构测定

挑选适合单晶衍射的晶体，用透明胶水将晶体粘在玻璃纤维顶端。晶体衍射数据在布鲁克 SMART APEX Ⅱ衍射仪收集(采用石墨单色器，钼靶 X 射线，λ=0.071073nm)。然后用 SHELXTL 软件进行结构解析和精修。所有非氢原子用各向异性参数精修。而氢原子则根据几何位置产生。化合物 1、2、3 的晶体学参数见表 1。

表 1 化合物 1、2、3 的晶体学参数

	化合物 1	化合物 2	化合物 3
Molecular Formula	$Cu_4C_{46}N_4O_{16}H_{68}$	$Cd_3C_{51}H_{55}N_6O_{11}$	$Co_2C_{36}H_{38}N_4O_8$
Formula Weight	1118.70	1278.26	772.56
Crystal System	Orthorhombic	Monoclinic	Triclinic
Space group	Pccn	P21/c	P1
a/nm	1.23957	2.55399	0.96171
b/nm	2.85317	0.97814	0.98833
c/nm	0.91191	2.59292	1.06480
a/(°)	90.00	111.99	112.554
$β$/(°)	90.00	90.00	92.117
$γ$/(°)	90.00	90.00	107.564
V/nm^3	3.2252	6.0062	0.87760
Z	2	4	1
D(calc)/[g/cm^3]	1.152	1.414	1.462
R_1	0.1589	0.0766	0.0569
wR_2	0.5101	0.2690	0.2155
GOF	2.22	1.28	1.03
Temperature/K	296	296	296

$^aR_1 = \sum \| F_0 |-| Fc \| / \sum | F_0 |.^b \quad wR_2 = \{\sum.[w(F_0^2 - Fc^2)^2]/\sum[wF_0^2]^2\}^{1/2}.$

2 结果与讨论

2.1 晶体结构描述

配合物 $Cu(bpp)_{0.5}(adp)$(1)晶体空间群为 Pccn，晶系为正交晶系，其不对称结构单元包含一个金属铜、一个己二酸配体、半个 1,3-双(4-吡啶基)丙烷配体。Cu 采取五配位的四方锥构型，配位原子为来自四个羧基上的氧原子和一个氮原子。Cu—O 键长的范围在 0.1965(9)～0.1991(8)nm，Cu—N 键长为 0.2167(8)nm，O—Cu—O 的键角范围在 89.1°(3)～168.6°(3)，O—Cu—N 的键角范围在 94.1°(3)～98.0°(3)。配合物 1 的节点是由两个不对称单元构成的浆轮式双核铜次级结构单元(secondary building units,SBUs)，Cu—Cu 的距离为 0.2607nm。该 SBUs 通过己二酸连接形成一个 2D 平面格子层结构，相邻的 2D 平面格子结构通过 bpp 连接形成了一个三维多孔配位聚合物(图 1)。

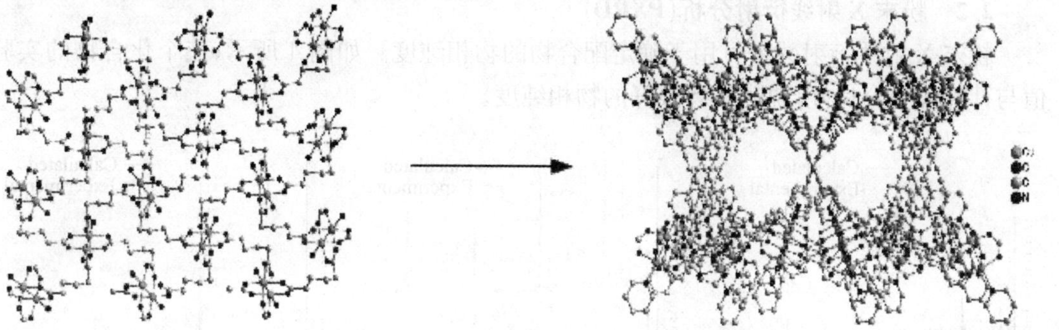

图 1 配合物 1 的二维格子结构图和三维结构图

配合物 $Cd_3(bpp)_3(adp)_2$(2)晶体空间群为 P21/c，晶系为单斜晶系。配合物 2 的不对称结构单元包含三个金属镉、两个己二酸配体、三个 1,3-双(4-吡啶基)丙烷配体。两端的 Cd 采取七配位，呈扭曲的五角双锥型，中间的 Cd 采取六配位的八面体构型。Cd—O 和 Cd—N 键长范围分别为 0.2287(5)～0.2367(6)nm 和 0.2316(6)～0.2365(8)nm，O—Cd—O、O—Cd—N 和 N—Cd—N 的键角在正常范围内。配合物 2 的节点是三金属核的次级结构单元，也就是由三个 Cd 原子通过己二酸的羧基氧原子利用双齿加单原子桥连配位模式构成了一个三金属核 SBU。这些三金属核 SBUs 通过己二酸长链连接形成一个 2D 平面格子层结构。相邻的 2D 平面格子结构通过 bpp 连接形成了一个三维多孔配位聚合物(图 2)。

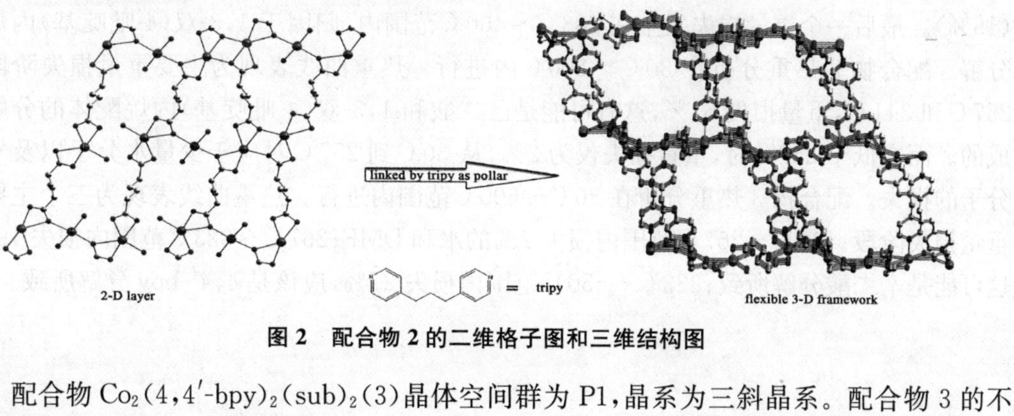

图 2 配合物 2 的二维格子图和三维结构图

配合物 $Co_2(4,4'\text{-bpy})_2(sub)_2$(3)晶体空间群为 P1，晶系为三斜晶系。配合物 3 的不对称结构单元包含两个金属钴、两个辛二酸配体、两个 4,4′-bpy 配体。Co 采取六配位，呈八面体构型，其节点是双金属核的次级结构单元，该 SBU 由两个 Co 原子通过辛二酸的羧基氧原子连接构成，羧基采用螯合配位和双齿配位模式。双金属核 SBUs 通过 4,4′-bpy 配体连接形成一个一维链，相邻的一维链通过辛二酸连接形成了一个二维多孔配位聚合物(图 3)。

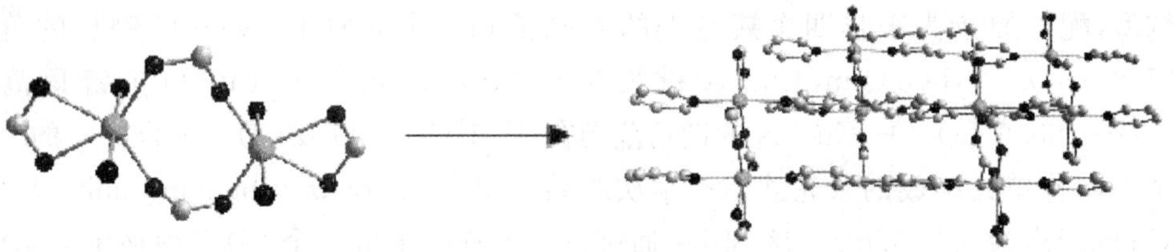

图 3　配合物 3 的结构图

2.2　粉末 X 射线衍射分析(PXRD)

粉末 X 射线衍射数据可用于确定配合物的物相纯度。如图 4 所示，三个化合物的实验值与计算值吻合良好，说明具有很好的物相纯度。

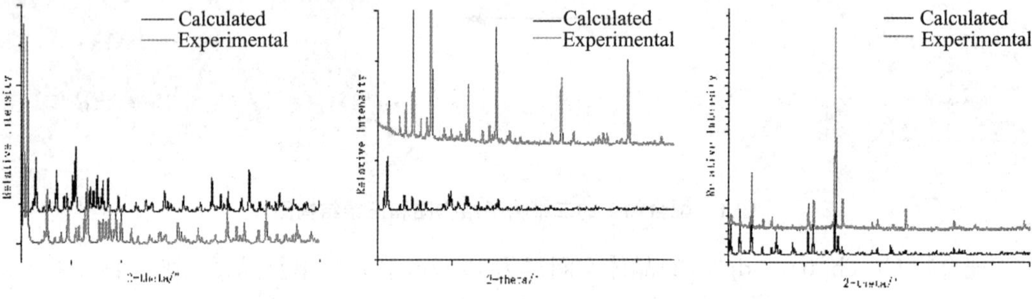

配合物1　　配合物2　　配合物3

图 4　配合物 1、2、3 的试验和计算粉末衍射图

2.3　热分析研究

如图 5 所示，配合物 1 热重分析在 30℃～800℃范围内进行。热重曲线表现为三个主要的重量损失阶段。其中，初始的重量损失 8%，从 30℃到 239℃对应于大量的客体分子(如水和 DMF 分子)和吸附气体分子的损失，DSC 曲线在 87℃和 239℃时出现了两个明显的吸热峰。另一个重量损失从 239℃到 283℃，这可能是由己二酸配体的分解引起的(15%)。最后一个重量损失发生在 283℃～460℃范围内，归因于 1,3-双(4-吡啶基)丙烷的分解。配合物 2 热重分析在 30℃～800℃内进行。热重曲线表现为主要重量损失阶段在 257℃和 341℃，重量损失 61%，这有可能是己二酸和 1,3-双(4-吡啶基)丙烷配体的分解造成的。而在低于 257℃时，重量损失仅为 2%，从 30℃到 257℃对应于少量水分子以及气体分子的损失。配合物 3 热重分析在 30℃～600℃范围内进行。热重曲线表现为三个主要的重量损失阶段。30℃～267℃范围内损失 2%的水和 DMF；267℃～323℃范围内损失 19%，这可能是辛二酸分解所致；323℃～550℃范围内损失 27%，应该是 4,4′-bpy 分解所致。

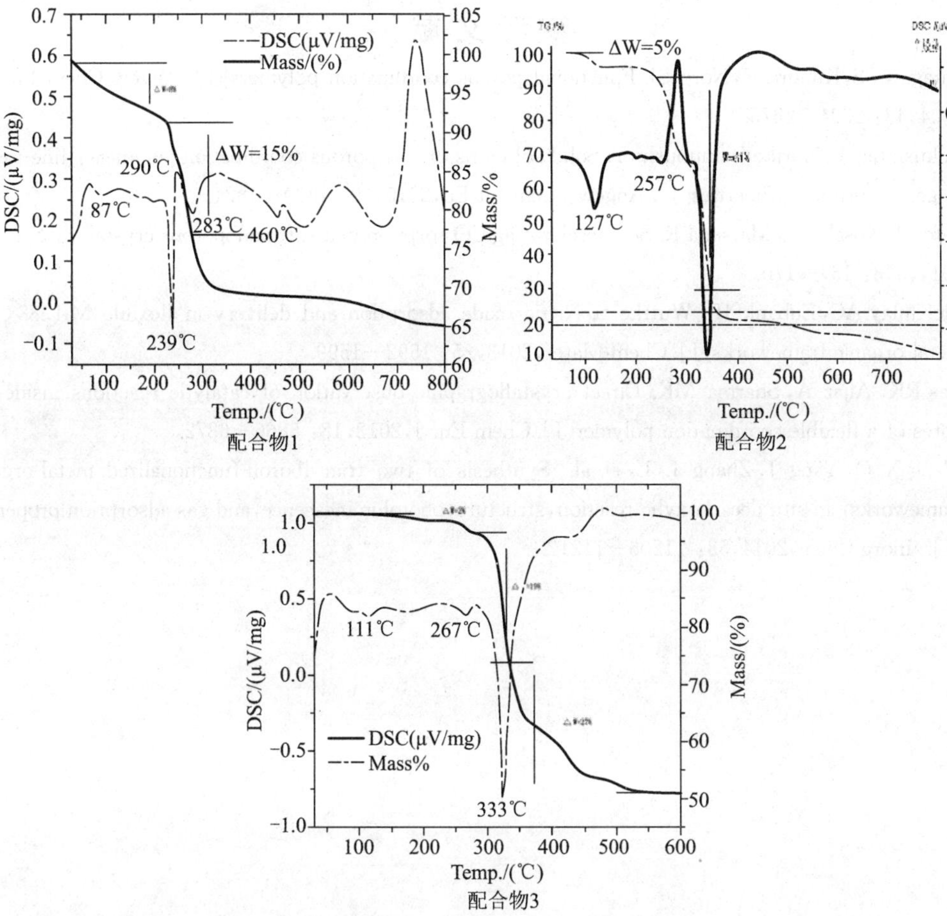

图5 配合物1、2、3的TG/DSC曲线

2.4 配合物2的荧光测试研究

测试结果显示，用288nm的光进行激发时，配合物2在399nm处有一个比较宽的荧光发射峰，而配体己二酸没有荧光性能，1,3-双(4-吡啶基)丙烷的荧光性能也不强；配合物2的发光性能明显增强，是金属Cd的d10电子与配体发生配位之后，非辐射跃迁的能量降低，从而荧光强度增强。Wang等[6]报道的化合物也有类似现象。

3 结 论

本课题以脂肪链柔性配体(己二酸、辛二酸)为主配体，氮杂环类配体(1,3-双(4-吡啶基)丙烷，4,4′-联吡啶)为辅配体，以过渡金属Cu、Cd和Co为中心合成了三种柔性MOFs：$Cu(bpp)_{0.5}(adp)(1)$、$Cd_3(bpp)_3(adp)_2(2)$、$Co_2(4,4'\text{-}bpy)_2(sub)_2(3)$，通过溶剂热法培养可供X射线单晶衍射仪检测的单晶，利用热分析探究单晶的热稳定性，并且利用荧光光谱仪检测配合物的荧光性质。此外，配合物1、2、3均是多孔结构，有一定的孔隙率，可对它们进行气体吸附性能和染料吸附性能研究。

参考文献

[1] Kitagawa S, Kitaura R, Noro SI. Functional porous coordination polymers[J]. Angew Chem Int Ed, 2004, 43: 2334—2375.

[2] Fukushima T, Horike S, Inubushi Y. Solid solutions of soft porous coordination polymers: fine-tuning of gas adsorption properties[J]. Angew Chem Int Ed, 2010, 49: 4820—4824.

[3] Sato H, Kosaka W, Matsuda R. Self-accelerating CO sorption in a soft nanoporous crystal[J]. Science, 2014, 343: 167—170.

[4] McKinlay AC, Eubank JF, Wuttke S. Nitric oxide adsorption and delivery in flexible MIL-88(Fe) metal-organic frameworks[J]. Chem Mater, 2013, 25: 1592—1599.

[5] Das RK, Aijaz A, Sharma MK. Direct crystallographic observation of catalytic reactions inside the pores of a flexible coordination polymer[J]. Chem Eur J, 2012, 18: 6866—6872.

[6] Wang X Q, Yang J, Zhang L L, et al. Synthesis of two triarylboron-functionalized metal-organic frameworks: in situ decarboxylic reaction, structure, photoluminescence, and gas adsorption properties [J]. Inorg Chem, 2014, 53: 11206—11212.

新型含噻唑杂环结构的1,4-戊二烯-3-酮类化合物的合成研究

学生姓名：张伟栋　指导教师：戴　红
南通大学化学化工学院，化学师范专业，学号：1208012040

【摘　要】 含氮杂环类化合物大多数具有广谱的生物、生理活性，一直在新农药的设计与合成中占据着不可或缺的地位，并多为高效和超高效农药。运用合理拼接原理，将1,4-戊二烯-3-酮结构引入分子中，设计制备了含有噻唑杂环结构的1,4-戊二烯-3-酮类化合物，并通过^{1}HNMR对目标产物进行了验证。

【关键词】 噻唑；1,4-戊二烯-3-酮；合成；生物活性

1 前　言

近年来，人们的生活水平逐步提高，都争相追求更好的生活方式。同时，对于粮食的需求量也很大，粮食的安全对国家的经济发展有着很大的影响。但是随着城镇化以及工业化的加快，大量耕地用于商业用途，农村土地不断减少，加上环境问题日益严重，适合耕种的土地不断减少。因此，如何在有限的耕地上最大限度地保证农产品的产量和质量成为现代科学研究的热点。其中，高效的新型农药在这类问题上扮演着重要的角色，毫无疑问，它是解决这类危机的重要途径之一。

当前，在保障人类环境、健康及自然生态的前提下，有效控制病、虫、草害对人类赖以生存的农作物及自然生态环境的危害，研究与开发高效、低毒、低生态风险的新型农作物虫害防治剂具有十分重要的现实意义。

含杂环结构的产物向来都是新型农药研究和发展中的关键结构，其中噻唑杂环衍生物因有着广泛的生物活性而被广大的农药工作者重视，在杀菌、除草、杀虫等方面具有不错的表现。噻唑环的结构赋予了噻唑类化合物许多特殊的性能，在众多领域具有广泛的潜在应用价值，因其独特的结构特点，相关商品已经大量投入生产且品种繁多[1-4]。

噻唑类衍生物(1)(图1)是绿色农药研究中重要的中间体，设计并制备不同噻唑类衍生物是最常见的方法，在业内对噻唑杂环衍生物的研究十分活跃。目前已经投入市场的具有农药活性的噻唑类衍生物不计其数，由Ihara化学工业公司和组合化学联合开发的苯噻唑菌胺是一种抗菌剂，其毒性低且环保，对水果和蔬菜无害[5-7]。

酰胺类化合物(2)(图2)具有抗菌性，能够很好地抑制纹枯病等麦类的疾病以及其他植物生长过程中的疾病。

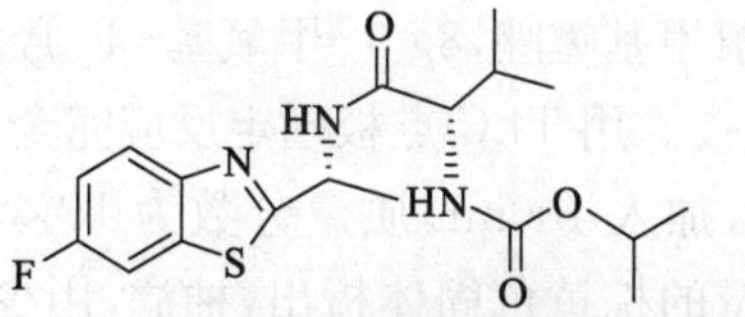

图1　化合物1的结构式

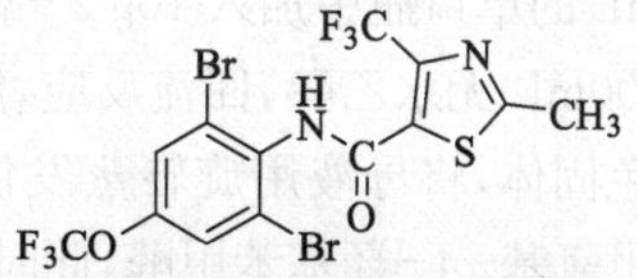

图2　化合物2的结构式

噻唑菌胺(3)(图3)具有内吸收的杀菌活性，经过大量的田间实验，能以较低的剂量抑

制马铃薯的晚疫病。

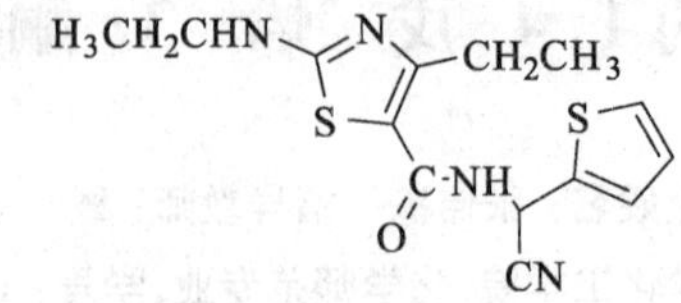

图 3　化合物 3 的结构式

合理使用药物能够使植物激发产生出一种叫激发子的物质，该物质能够增强植物的抵抗性，抵抗大部分细菌的攻击，有效地促进植物的生长，该类物质被发现后引起了研究者们的重视，并在农业方面已有较好的应用。为了得到这种物质，研究者们从含噻唑结构的物质着手，合成得到如图 4 所示的物质。该物质类似于激发子，能够增强植物抵抗性，这类物质的杀菌作用好于其他不同结构的杀菌剂。

2　实验部分

2.1　合成路线设计

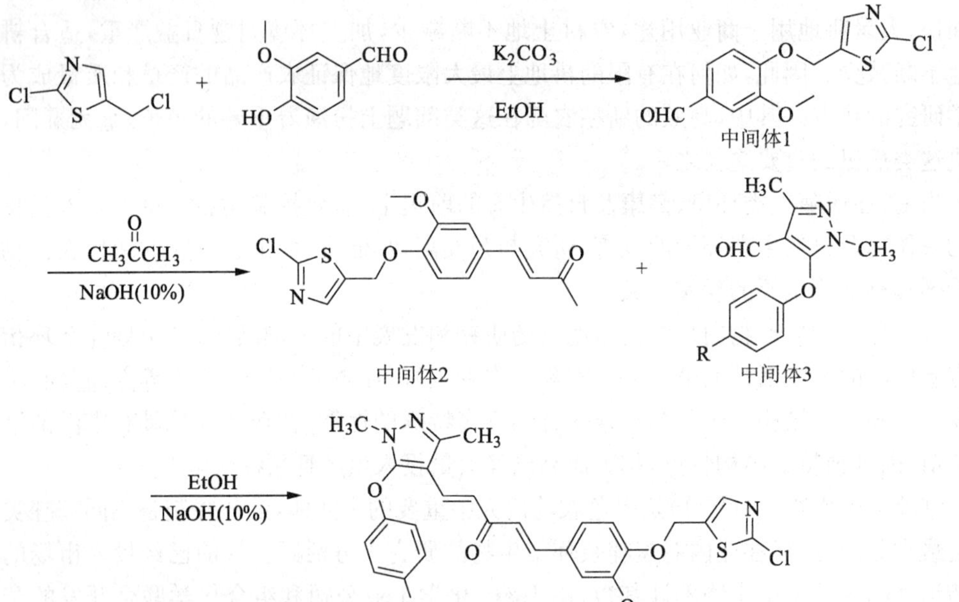

图 4　激发子的合成路线

2.2　中间体 1 的制备

在 250mL 的单口瓶中加入 10g 2 -氯- 5 -氯甲基噻唑，8g 3 -甲氧基- 4 -羟基苯甲醛，9.8g 碳酸钾，100mL 无水乙醇，回流反应，反应过夜。用 TLC 点板确定反应完全后停止反应，抽滤得棕黄色固体，将母液用旋转蒸发仪蒸干，加入 100mL 质量分数为 15%的 NaOH 溶液，洗去 3 -甲氧基- 4 -羟基苯甲醛，此时有大量的棕黄色固体析出，抽滤，用少量的水洗去产物中残留的碳酸钾。

2.3 中间体 2 的制备

在 50mL 的单口瓶中加入 4g 中间体 1 以及 15mL 丙酮，在室温环境下搅拌，搅拌一段时间后，向其中缓慢滴加 8g 质量分数为 10% 的 NaOH 溶液，滴毕，室温下反应 10h 左右。用 TLC 点板确定反应完全后停止反应，对溶液进行抽滤，得到淡黄色固体，通过乙醇进行重结晶。

2.4 目标产品 4 的制备

在 50mL 的单口瓶中加入 0.5g 中间体 2、0.48g 根据文献所制备的中间体 3 以及 15mL 无水乙醇，在室温条件下进行搅拌，搅拌一段时间后，向其中缓慢滴加质量分数为 10% 的 NaOH 溶液 0.88g，滴加完毕，继续在室温条件下反应 12h。用 TLC 点板确定反应完全后停止反应，对溶液进行抽滤，得到淡黄色固体。

3 结果与讨论

3.1 目标产品 4 的制备

在制备目标化合物 4 的过程中，为了提高目标化合物的产率、纯度以及缩短制备目标产物所需的时间，我们主要从以下两方面进行探索：(1) 中间体的制备；(2) 目标产物的制备。探讨每个制备过程中的反应条件，通过改变溶剂、加适量的催化剂、升高反应温度等来改变反应条件，从而达到提高纯度与产率的目的。

3.2 中间体的制备

在中间体的制备过程中，对反应条件进行了摸索，希望找到一种方便、收率更高的反应条件。我们通过试用不同的溶剂与缚酸剂对产品转化率的影响，实验中发现，以乙醇作为溶剂、碳酸钾作为缚酸剂，常温下搅拌，中间体 1 的产率比较高。

4 结　论

本研究选择以含噻唑杂环结构的化合物为先导物，运用活性基团相连接的合成思路，将 1,4-戊二烯-3-酮引入上述化合物中，从而成功合成了 3 个新型含噻唑杂环结构的 1,4-戊二烯-3-酮类化合物。我们通过改变制备中间体以及目标化合物的反应条件，提高目标化合物的产率、纯度以及缩短制备目标产物所需的时间。在制备目标化合物过程中，我们发现，以乙醇为溶剂、碳酸钾为缚酸剂、室温下搅拌的方法，可以得到较高产率的目标产物 4a、4b、4c。与此同时，我们对目标产物进行了核磁氢谱测试，通过分析核磁氢谱图，确定了目标化合物 4a、4b、4c 的结构。但新型含噻唑杂环结构的 1,4-戊二烯-3-酮类化合物的生物活性研究与探索仍在进行中。

参考文献

[1] 洪艳平，宋宝安，吴平，等. 苯并噻唑类农药生物活性研究进展[J]. 安徽农业科学，2005，33(7)：1254—1257.

[2] 胡德禹，宋宝安，何伟，等. 噻唑类杀菌剂的合成及生物活性研究进展[J]. 合成化学，2006，14(4)：319—328.

[3] 孙小军，周建峰. 具有生物活性的噻唑类杂环化合物的研究进展[J]. 安徽农业科学，2008，36(33)：

14389—14393.
[4] 翁建全，沈德隆，谭成侠，等. N-取代苯基-2-取代-1,3-噻唑烷-3-甲酰胺的合成、结构及生物活性[J]. 有机化学，2006，26(8)：1106—1110.
[5] 陈启辉. 新型杀菌剂苯噻菌胺[J]. 中国农村科技，2005，43(1)：31.
[6] 罗晓艳，任叶果，黄明智. 具杀菌活性噻唑类化合物的研究进展[J]. 农药研究与应用，2006(3)：5—8.
[7] 崔胜峰，王艳，吕敬松，等. 噻唑类化合物应用研究新进展[J]. 中国科学：化学，2012，42(8)：1105—1131.
[8] Shiga Y, Okada I, Fukuchi T. Synthesis and acaricidal activityof N-(1,3,4-thiadiazol-2-yl) pyrazole-5-carboxamides and N-(1,3,4-thiadiazol-2-yl) thiazole-5-carboxamides [J]. J Pestic Sci, 2003, 28: 310—312.
[9] Uneme H. Chemistry of clothianidin and related compounds[J]. J Agric Food Chem, 2011, 59(9): 2932—2937.

系列增塑剂合成研究

学生姓名：林　杰　指导教师：华　平
南通大学化学化工学院，化学工程与工艺专业，学号：1208052050

【摘　要】 该实验主要考察了邻苯二甲酸二异辛酯(DOP)与柠檬酸三辛酯(TOC)增塑剂的工艺优化。其中DOP最佳工艺条件为：以钛酸异丙酯作催化剂时，醇酐比2.7，钛酸酯为酸量的0.25%，0.075%酸量抗氧化剂，220℃；以QS-6作催化剂时，醇酐比2.7，QS-6为总质量的0.04%，0.075%酸量抗氧化剂，230℃。TOC较优工艺条件为：以钛酸酯作催化剂时，正品级比工业级较优，加入0.075%酸量抗氧化剂效果更好；以对甲苯磺酸作催化剂时，醇酸比4.5比4.2优，加入0.075%酸量抗氧化剂效果更好。后处理上DOP需要加入0.5%的水，TOC直接法后处理效果更优。

【关键词】 DOP；TOC；钛酸四异丙酯；QS-6；对甲苯磺酸

1　绪　论

增塑剂是一种能使产品性能变得更加柔软的一种高分子物质，是塑料、橡胶等产品的工艺合成中最重要的助剂之一[1]。增塑剂的发展历史可以追溯到塑料发展的源头"赛璐珞"，至今已经有150年的发展历史。我国现在是世界上增塑剂生产国、进口国、消耗国。并且亚太地区对于增塑剂的需求呈现逐年递增的态势，全球增塑剂市场已经扩大到200亿美元[2]。增塑剂可以分为传统增塑剂和新型增塑剂，其中传统增塑剂泛指邻苯二甲酸酯类(PAEs)，最重要的产品是邻苯二甲酸二异辛酯(DOP)，市场份额超过2/3[3]，90%则被应用于聚氯乙烯(PVC)工业。但是DOP有着使用的局限性[4]，已经被禁止使用在食品、医疗等行业中，对于无毒无害的新型增塑剂的需求正在逐年扩大[5]，其中柠檬酸三辛酯(TOC)就是满足这种性能的柠檬酸型增塑剂。本课题分别以非酸催化剂钛酸异丙酯与QS-6作为催化剂探究DOP的最佳工艺条件，以钛酸异丙酯与对甲苯磺酸作为催化剂对TOC进行工艺初探，期望为将来的工业化生产做出贡献。

2　实　验

2.1　原料

苯酐(济宁辰光)、工业辛醇(齐鲁石化)、钛酸异丙酯(济南子安)、QS-6(金陵石化)、无水柠檬酸(潍坊英轩)、正品辛醇(上海润捷)、甲苯-4-磺酸，一水(AR)、次亚磷酸钠(AR)。

2.2　合成原理

2.1.1　DOP合成原理

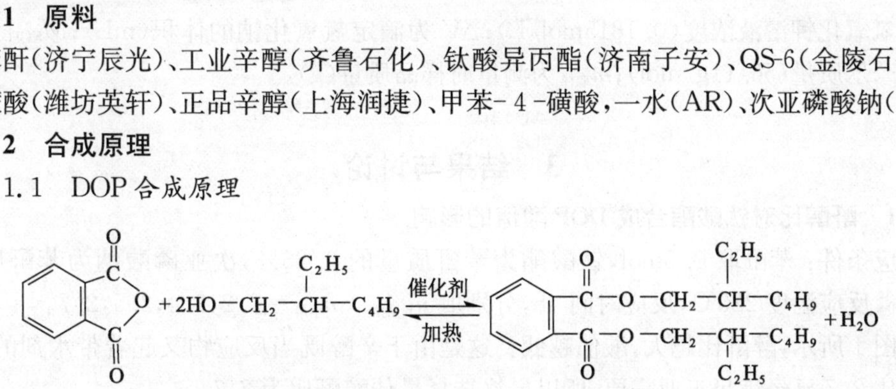

苯酐　　异辛醇　　邻苯二甲酸二辛酯

2.1.2　TOC合成原理

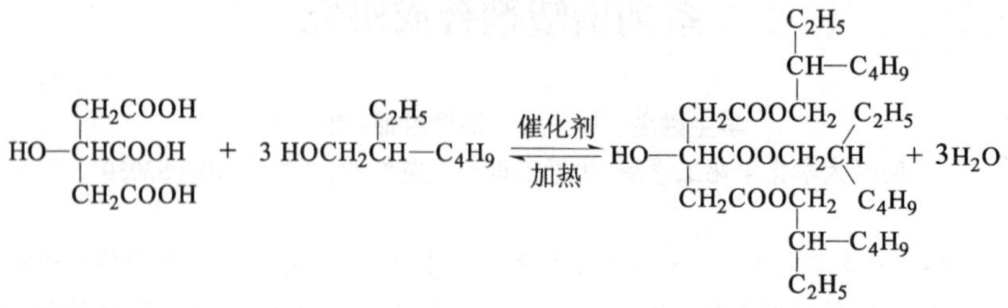

柠檬酸　　异辛醇　　柠檬酸三辛酯

2.3　合成步骤

实验中采用的都是一步酯化法：在500mL四口瓶中加入原料，再装上分水器、冷凝管，通入氮气，加热升温。当分水器中有水析出时，加入催化剂并开始计时。之后每隔0.5h测一次酸值。DOP反应4h结束。TOC为体系酸值降至一定数值时结束。

2.4　后处理研究

DOP粗品在一定真空度、160℃条件下脱醇2h，并分成两份。其中一份加入0.25%活性炭与1.5倍Na_2CO_3，一定真空度、100℃条件下反应1h；另一份加入0.25%活性炭、1.5倍碱与0.5%水，一定真空度、120℃条件下反应2h。TOC粗品在一定真空度、160℃条件下脱醇2h，并分成两份。其中一份加入0.25%活性炭、1.5倍碱与0.5%水，一定真空度、120℃条件下反应2h；另一份与溶入1.5倍碱的水以4∶1质量比在常压、80℃下反应45min，再在80℃下分层2h，上层125℃脱水2h，最后加入0.25%活性炭于100℃、常压下脱色1h。

2.5　酸值的测定[6]

反应过程中需要不断测定酸值，方法为：先在锥形瓶中加入溶剂乙醇，再滴入2～3滴酚酞，用已知浓度KOH溶液先滴定至粉红色，再取样称重，再次滴定至粉红色，记录每次取样的质量，每次消耗的KOH溶液体积。

酸值的计算公式如下：

$$A_v = \frac{C_{KOH} \times \Delta V \times M_{KOH}}{m_{取样}}$$

上式中，A_v为样品酸值，表示每克样品中所需要的氢氧化钾质量，单位为mg KOH/g；C_{KOH}为氢氧化钾溶液浓度(0.1815mol/L)；ΔV为滴定氢氧化钠的体积(mL)；M_{KOH}为氢氧化钾的摩尔质量(56.11g/mol)；$m_{取样}$为测量时样品质量(g)。

3　结果与讨论

3.1　酐醇比对钛酸酯合成DOP酸值的影响

反应条件：苯酐取0.5mol，钛酸酯为苯酐质量的0.25%，次亚磷酸钠为苯酐质量的0.075%，反应温度220℃，反应时间4h，分别取$n_{异辛醇} : n_{苯酐} = 2.2, 2.4, 2.5, 2.7$。

如图1所示，醇酐比越大，酸值越低。这是由于辛醇既当反应物又起着带水剂的作用。但醇酐比2.7已经满足工业需要，所以最终选择最佳醇酐比为2.7。

3.2 钛酸酯用量对钛酸酯合成 DOP 酸值的影响

考察钛酸酯用量的反应条件：$n_{苯酐}$ ：$n_{异辛醇}$ =1 ：2.7，次亚磷酸钠为苯酐质量的0.075%，反应温度 220℃，反应时间 4h，分别取钛酸酯为苯酐质量的 0.1%、0.17%、0.25%、0.33%、0.4%。图 2 表明，第一次测量时钛酸酯用量越大，酸值越小；后期 0.4%酸值略高于 0.25%与 0.33%。在 0.25%与 0.33%反应效果差不多的情况下，最终选择 0.25%的酸量。

3.3 反应温度对钛酸酯合成 DOP 酸值的影响

考察最佳反应温度的反应条件：$n_{苯酐}$ ：$n_{异辛醇}$ =1 ：2.7，钛酸异丙酯为苯酐质量的0.25%，次亚磷酸钠为苯酐质量的 0.075%，反应时间 4h，分别控制反应温度为 210℃、220℃、230℃。图 3 表明，升温有利于反应。但是实验时发现温度超过 220℃后体系颜色加深，所以最终选择反应温度为 220℃。

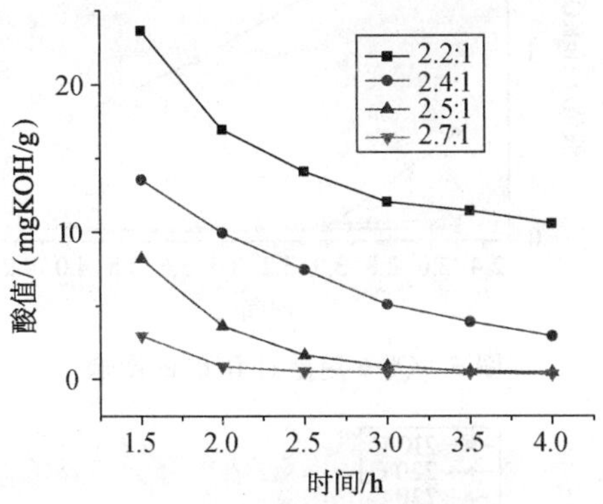

图 1 醇酐比对 DOP 的影响

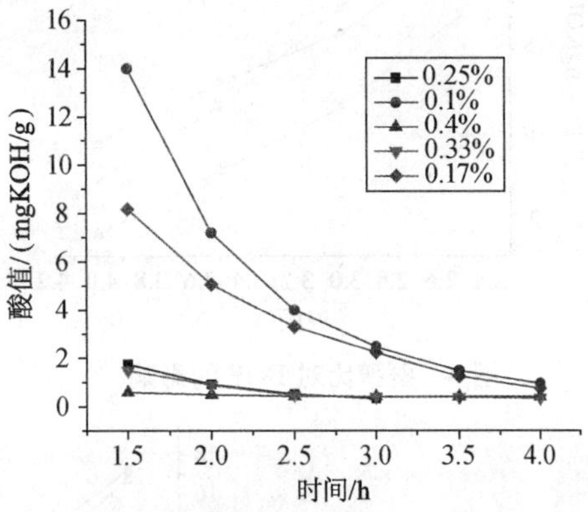

图 2 钛酸酯用量对 DOP 的影响

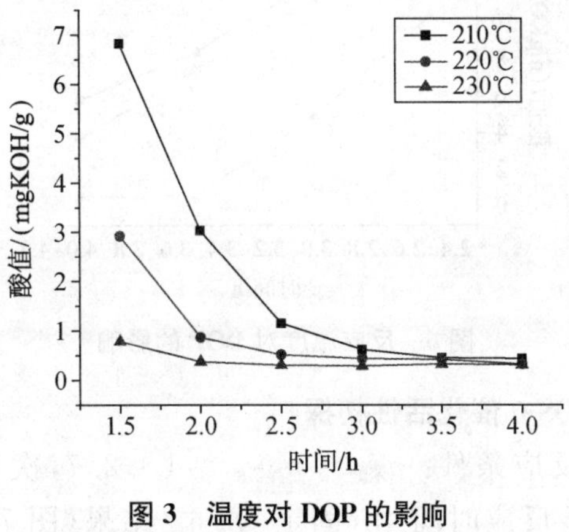

图 3 温度对 DOP 的影响

3.4 醇酐比对 QS-6 合成 DOP 酸值的影响

考察最佳醇酐比的反应条件：称取苯酐 0.5mol，QS-6 为总质量的 0.04%，次亚磷酸钠为酸量的 0.075%，反应温度 220℃，分别取 $n_{苯酐}$ ：$n_{异辛醇}$ =2.5，2.6，2.7。实验结果(图 4)显示：与钛酸酯作催化剂相似，2.7 醇酐比远好于 2.5 与 2.6。所以最佳醇酐比为 2.7。

3.5 QS-6 用量对 QS-6 催化 DOP 酸值的影响

考察催化剂的量的反应条件：$n_{苯酐}$ ：$n_{异辛醇}$ =1 ：2.7，次亚磷酸钠为苯酐质量的0.075%，反应温度 220℃，反应时间 4h，分别取 QS-6 为总质量的 0.02%、0.03%、0.04%、

0.05%、0.06%。实验结果(图 5)显示：当 QS-6 的量小于 0.04%时，催化效果较差；当 QS-6 的量大于 0.04%时，最终酸值反而会随着催化剂的量增多而增大，最终选择 QS-6 的量为总质量的 0.04%。

3.6 反应温度对 QS-6 合成 DOP 酸值的影响

考察最佳反应温度的反应条件：$n_{苯酐}$ ∶ $n_{异辛醇}$ =1∶2.7，QS-6 为总质量的0.04%，次亚磷酸钠为苯酐质量的 0.075%，反应时间 4h，分别控制反应温度为 210℃、220℃、230℃。实验结果(图 6)显示：QS-6 作为催化剂在高温下有更大的催化活性。与钛酸酯不同的是，温度升至 230℃时体系无变色现象，最终选择最佳反应温度 230℃。

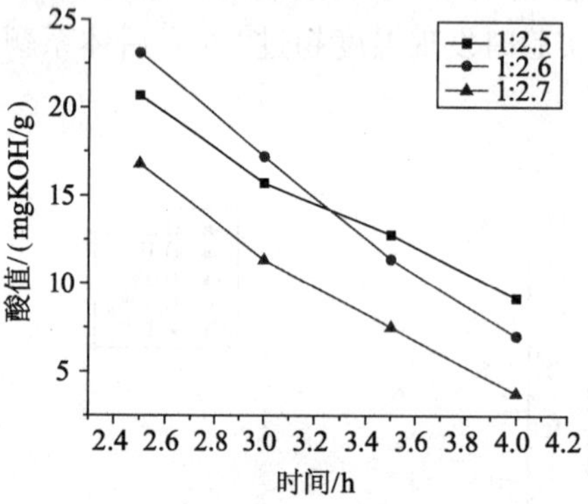

图 4　酐醇比对 DOP 的影响

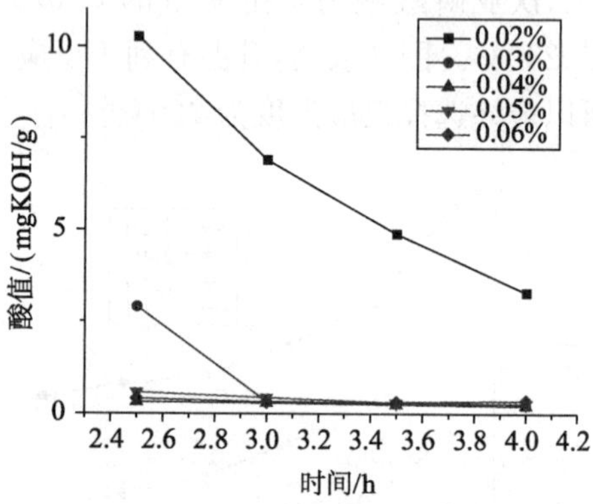

图 5　QS-6 用量对 DOP 的影响

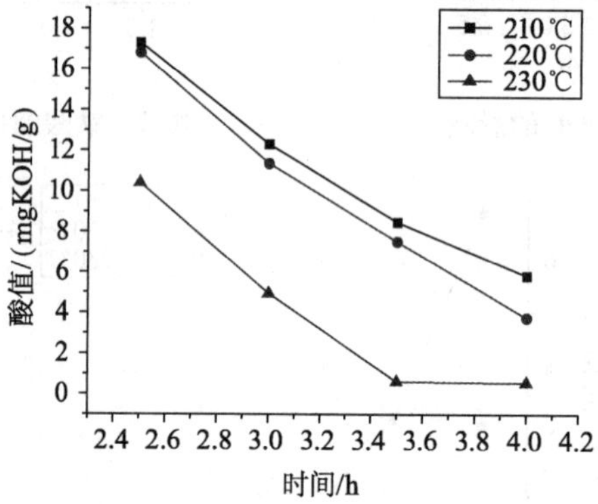

图 6　反应温度对 DOP 的影响

3.7 钛酸异丙酯与 QS-6 催化活性初探

考察催化剂活性的反应条件：$n_{苯酐}$ ∶ $n_{异辛醇}$ =1∶2.7，次亚磷酸钠为苯酐质量的 0.075%，反应温度 230℃，反应时间 4h，固定 QS-6。结果(图 7)显示：0.1000gQS-6 与 0.2500g 异丙酯的酸值变化曲线近似。因而，在 230℃的温度条件下，可以推测 QS-6 的催化活性约等于异丙酯的 2.5 倍。

3.8 辛醇品级对钛酸酯合成 TOC 酸值的影响

考察工业级异辛醇对钛酸酯合成 TOC 酸值的影响反应条件：$n_{柠檬酸}$ ∶ $n_{异辛醇}$ =1∶4.5，钛酸酯质量为酸量的 0.5%。工业级反应温度 210℃，正品级反应温度 200℃。如图 8 所示，工业辛醇与正品辛醇酸值区别不大，但是反应之初工业级产品的颜色就远深于正品级，最终选择正品辛醇。

3.9 抗氧化剂对钛酸酯合成 TOC 酸值的影响

考察次亚磷酸钠对钛酸酯合成 TOC 影响的反应条件：$n_{柠檬酸}:n_{异辛醇}=1:4.5$，钛酸酯质量为酸量的 0.25%，反应温度 195℃，其中一批加入 0.075%酸量抗氧化剂次亚磷酸钠。如图 9 所示，虽然加入抗氧化剂会使酸值略有升高，但是最终色泽要优于不加抗氧化剂的产品，因此综合考量应该加入 0.075%的抗氧化剂。

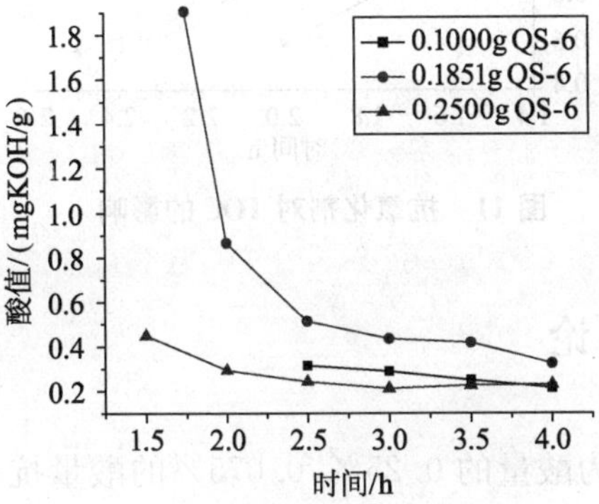

图 7　钛酸酯与 QS-6 催化活性

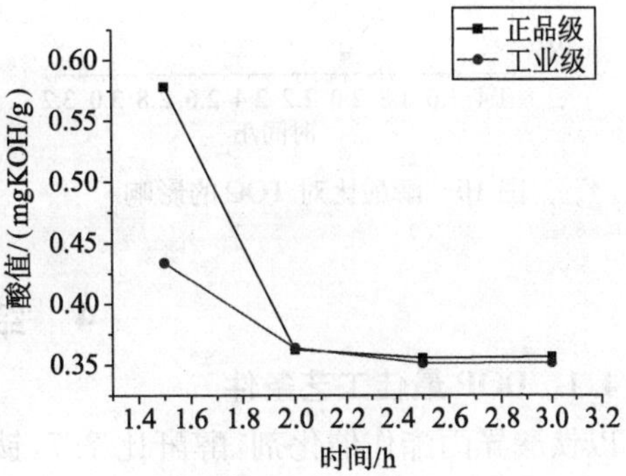

图 8　辛醇品级对 TOC 的影响

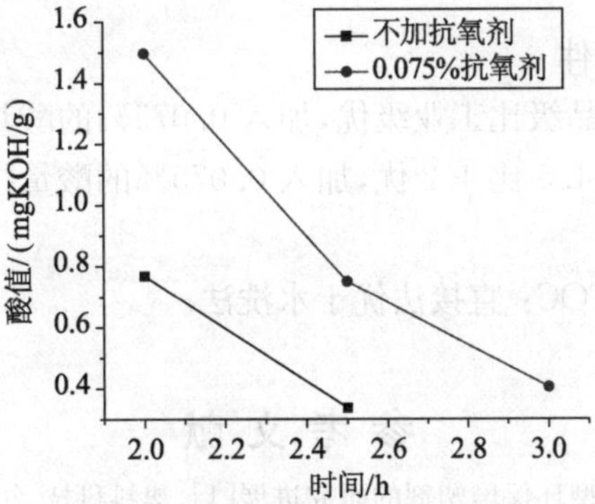

图 9　抗氧化剂对 TOC 的影响

3.10 醇酸比对对甲苯磺酸合成 TOC 酸值的影响

柠檬酸取 0.4mol，催化剂取酸量的 1%，反应温度 190℃。如图 10 所示，辛醇量越多，酸值下降的速度越快，最终选择 4.5 的醇酸比为较优醇酸比。

3.11 抗氧化剂对对甲苯磺酸合成 TOC 酸值的影响

考察抗氧化剂对合成 TOC 的反应条件：$n_{柠檬酸}:n_{异辛醇}=1:4.5$，催化剂为酸量的 1%，反应温度 190℃，其中一批加入酸量的 0.075%。如图 11 所示，虽然加入抗氧化剂会使酸值略有升高，但是最终色泽要优于不加抗氧化剂的产品，因此综合考量应该加入 0.075%的抗氧化剂。

3.12 后处理工艺研究

DOP：加入 0.5%水的产品酸值更小，颜色能达到 30 号标准液颜色，造成两者差异的原因可能是碱溶液更容易与粗品中的酸发生反应。TOC：直接法酸值高但是最终产品颜色浅，最终选择直接法。

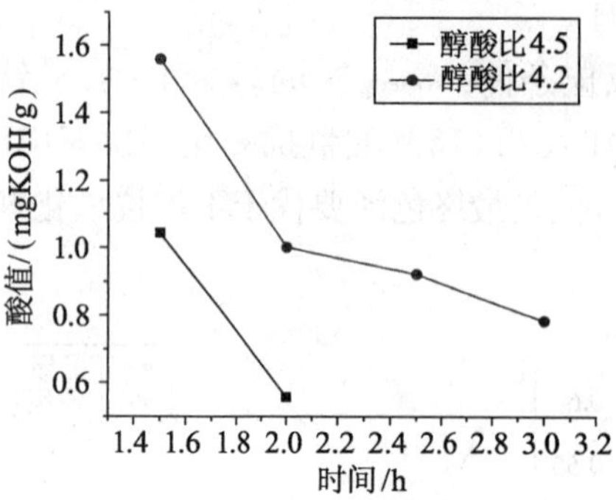

图10 醇酸比对TOC的影响

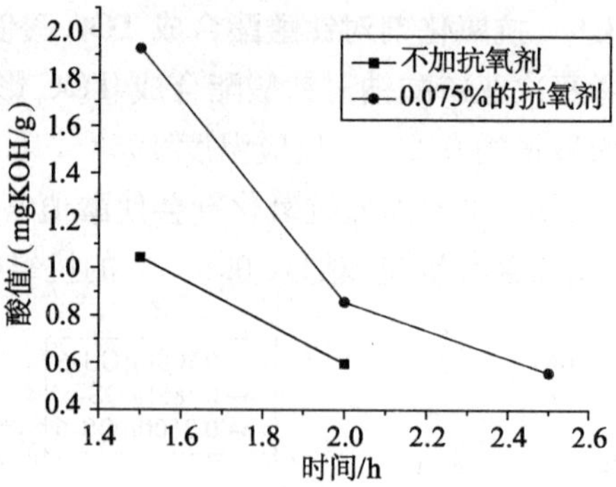

图11 抗氧化剂对TOC的影响

4 结 论

4.1 DOP最佳工艺条件

以钛酸异丙酯作催化剂,醇酐比2.7,钛酸酯为酸量的0.25%,0.075%的酸量抗氧化剂,220℃。以QS-6作催化剂,醇酐比2.7,QS-6为总质量的0.04%,0.075%的酸量抗氧化剂,230℃。

4.2 TOC较优工艺条件

以钛酸酯作催化剂,正品级比工业级优,加入0.075%的酸量抗氧化剂效果更好。以对甲苯磺酸作催化剂,醇酸比4.5比4.2优,加入0.075%的酸量抗氧化剂效果更好。

4.3 后处理

DOP:加入0.5%水;TOC:直接法优于水洗法。

参考文献

[1] 陈旻,来雷,李荣寨,等.新型环保增塑剂的研究进展[J].塑料科技,2011(09):110—115.

[2] 钱伯章.我国高档增塑剂发展趋势分析(一)[J].上海化工,2016(03):32—37.

[3] 金永良.国内外增塑剂生产现状与展望[J].化工时刊,1993(05):10—16.

[4] Howdeshell KL,Rider CV,Wilson VS,et al. Mechanisms of action of phthalate esters,individually and in combination,to induce abnormal reproductive development in laboratory rats[J]. Environ Res,2008(108):168—176.

[5] 魏建叠.S公司年产5万吨环保型增塑剂投资项目经济评价[D].长沙:中南大学,2014.

[6] 李小梅.氢氧化钾标准溶液标定的不确定度评定[J].科技创业月刊,2014(07):162—163,170.

黄萎病胁迫下黄褐棉基因组 DNA 甲基化分析

学生姓名：蔡茜茜　指导教师：汪保华

南通大学生命科学学院，生物科学专业，学号：1209012039

【摘　要】 通过分析在黄萎病胁迫下黄褐棉基因组 DNA 发生的甲基化差异，对重要差异片段回收测序；通过分析空白对照组和黄萎病胁迫下黄褐棉甲基化水平的变化和甲基化模式的改变，探讨棉花黄萎病胁迫的分子机制。

【关键词】 棉花；黄萎病；甲基化敏感扩增多态性；毛细管电泳

1　材料与方法

1.1　实验材料

本实验所用材料为抗黄萎病棉花黄褐棉以及落叶型棉花黄萎病菌 V991。

1.2　实验方法

1.2.1　棉花材料及其黄萎病接菌处理

配制 PDA 培养基，培养黄萎病病菌，种植棉花材料，在棉花长出 4 片真子叶以后，进行接菌和对照处理。

1.2.2　DNA 提取

每组棉花取第四片真叶装入事先写好标号的自封袋中，放在－80℃超低温冰箱中保存，准备提取基因组 DNA 以及 RNA。

用液氮磨样，CTAB 法提取棉花单株叶片 DNA。

1.2.3　MSAP 分析

基于毛细管电泳的 DNA 甲基化检测及差异条带的克隆测序参照钱晓伟等[1-4]的方法，包括酶切、连接、酶切产物的预扩增、预扩增产物的选择性扩增、使用多重遗传表达分析系统检测甲基化差异条带等步骤。

1.2.4　RNA 提取以及 qRT-PCR 分析

棉花叶中的 RNA 是用 EASY spin 植物 RNA 试剂盒（Aidlab，Beijing，China）提取的。qRT-PCR 检测的反应体系体积为 25μL，每个样品均做 3 个平行样。

2　结果分析与讨论

2.1　结果

2.1.1　黄褐棉基因组 DNA 甲基化水平

采用 MSAP 法检测了黄褐棉黄萎病胁迫及对照下的 DNA 甲基化情况，结果见图 1。MSAP 分析中共选用了 4 个 EcoR Ⅰ选择性扩增引物，8 个 Hpa Ⅱ/Msp Ⅰ选择性扩增引物，构成 32 个引物组合，对黄褐棉的黄萎病胁迫及对照下经不同组合双酶切所形成的 4 个样本进行扩增。

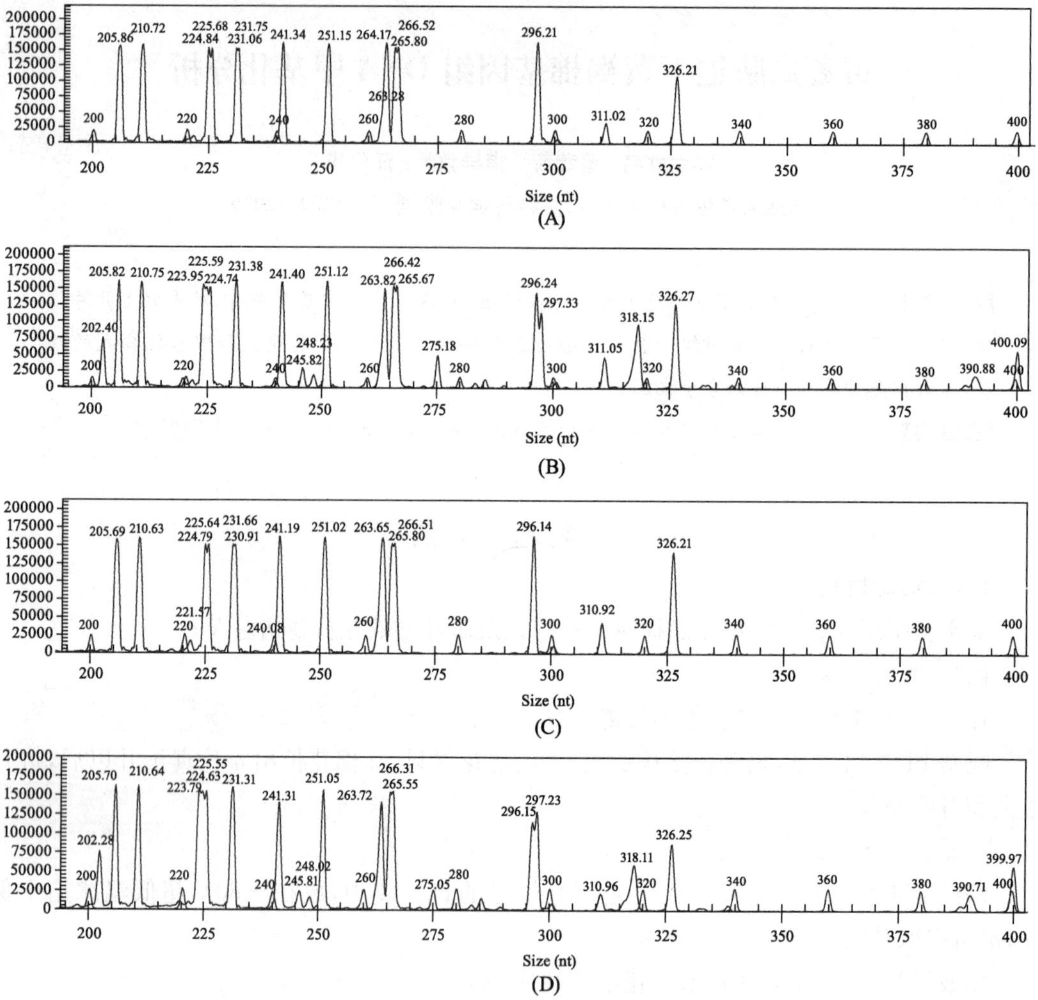

图 1　毛细管电泳检测到的引物组合为 E1H6 的黄褐棉甲基化模式

(A) 对照组 DNA 用 EcoR Ⅰ+Hpa Ⅱ进行消化；(B) 对照组 DNA 用 EcoR Ⅰ+Msp Ⅰ进行消化；(C) 病菌处理 DNA 用 EcoR Ⅰ+Hpa Ⅱ进行消化；(D) 病菌处理 DNA 用 EcoR Ⅰ+Msp Ⅰ进行消化。纵坐标表示相对荧光强度；横坐标表示 PCR 产物及内标的碱基数

毛细管电泳检测结果显示，应用 32 个引物组合，黄萎病胁迫及对照下均检测出 3440 个 CCGG 位点，其中，甲基化位点分别为 3149 个和 3204 个，分别占总扩增位点数的 91.5%和 93.1%；平均每引物组合检测甲基化位点分别为 98.4 和 100.1，黄萎病胁迫下的甲基化总位点数高于对照，差异达显著水平($P<0.05$)；在 3 种甲基化类型中，黄萎病胁迫下类型Ⅲ的位点数平均值比对照显著升高，差异达极显著水平($P<0.01$)。

2.1.2　黄褐棉黄萎病胁迫和对照组基因组 DNA 甲基化模式变化

本实验所有的扩增模式可分为 A、B、C 和 D 四大类 15 个亚类。类型 A 包含 4 个亚类，表示与对照相比，黄萎病胁迫下的 DNA 甲基化模式没有发生改变；且此种 DNA 甲基化模式变化类型占检测总条带的 81.5%。类型 B 包含 5 个亚类，表示与对照相比，黄萎病胁迫下有 6.5%的位点 DNA 甲基化水平降低——次甲基化(hypomethylation)。同样，类型 C 也包含 5 个亚类，该类型的黄褐棉黄萎病胁迫下，基因组内相应位点 DNA 甲基化水平上升(超甲基化)，且占 11.5%。研究中还检测到一种仅表现为甲基化模式的转变，但不能说明甲基化水平发生改变(类型 D),这种位点占总检测位点数的 0.5%。对 32 个引物组合扩增后带型类型进行分析比较发现,A、B、C、D 带型差异性非常明显。特别地,黄褐棉黄萎病胁迫与对照相比,发生 C 类(即超甲基化的位点数)高于 B 类(即次甲基化的位点数),且在所检测的 32 个引物组合下的位点数差异显著($P<0.01$,图 2)。

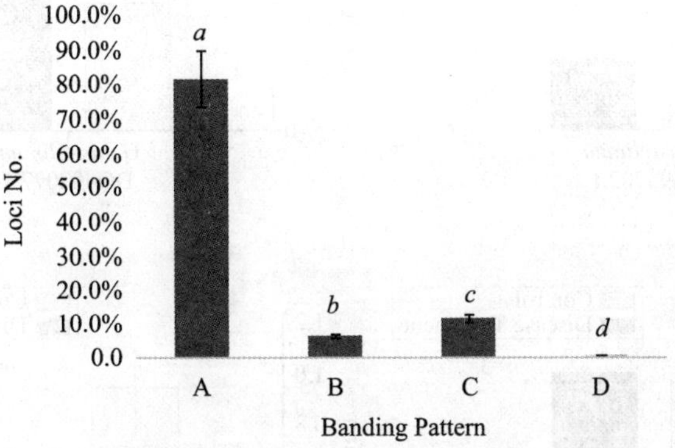

图 2　黄萎病处理后 DNA 甲基化不同变化模式比较

A. 对照与黄萎病胁迫下甲基化水平相同；B. 黄萎病胁迫下甲基化水平下降(次甲基化)；C. 黄萎病胁迫下甲基化水平上调(超甲基化)；D. 甲基化模式改变。字母 *a*、*b*、*c* 和 *d* 代表在不同类型甲基化间置信区间 $P<0.05$ 时的差异性。

2.1.3　克隆测序及 Blast 结果

对部分差异片段进行回收及克隆测序。序列经 NCBI 数据库进行 Blast 查询。比对得到与已知基因相似性较高的 4 个 DNA 片段。其中编号为 W-124 的基因序列与反转录因子有关,编号为 W-127 的基因序列与陆地棉肌动蛋白解聚因子 2(ADF2)mRNA 相关,编号为 W-135 的基因序列与赤霉素 20-氧化酶基因(GA20ox3)有关,编号为 W-161 的基因序列与可可的泛素蛋白连接酶 2(TCM_045033)mRNA 有关。

2.1.4　qRT-PCR 验证基因表达模式

根据 Blast 比对结果,针对这 4 个有意义的基因设计引物,运用实时定量 PCR 进行验证,结果见图 3。结果表明,基因 AY395702.1 和 XM_007010857.1 黄萎病胁迫下与对照相比表达量降低;基因 DQ402077.1 黄萎病胁迫下与对照相比表达量升高;而基因 FJ623274.1 在黄萎病胁迫前后表达量几乎没有变化。

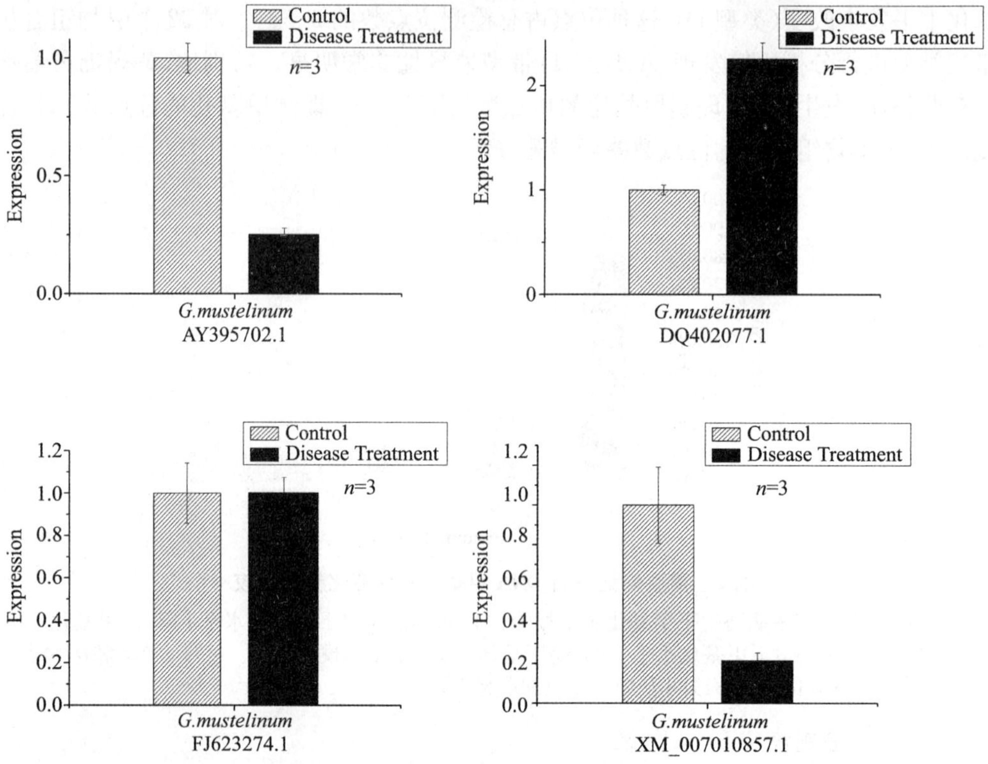

图 3　4 种引物的 RT-qPCR 验证结果图

2.2　讨论

本研究在棉花黄萎病胁迫的 DNA 甲基化情况检测中发现，黄萎病胁迫下发生超甲基化的位点数显著高于发生去甲基化的位点数。研究发现，各种甲基化类型中比例最高的甲基化类型Ⅲ，即至少有一个外部胞嘧啶甲基化的双链胞嘧啶甲基化在黄萎病胁迫下位点数明显升高，并且差异达极显著水平，表明该类甲基化水平的改变可能与棉花黄萎病抗性有一定关联。此外，黄褐棉在黄萎病胁迫下总体甲基化位点数显著高于对照，提示黄褐棉可以通过提高全基因组甲基化水平来应对黄萎病胁迫[5,6]。

进行 qRT-PCR 验证时发现，黄萎病处理和对照相比，反转录转座子基因(GenBank 号 AY395702.1)的表达量下降。由启动子区域 DNA 甲基化导致的转录沉默是植物中最常见的调控机制。本研究中黄萎病胁迫下反转录转座子基因甲基化水平上升，表达下调，可能对黄褐棉抗病性起一定作用。在病菌处理下，棉花肌动蛋白解聚因子 2 基因(GenBank 号 DQ402077.1)的表达水平明显上调，表明 ADF 可能是棉花黄萎病抗性相关基因。ADF 作为最关键的一种肌动蛋白结合蛋白参与并影响这些生物过程。本研究中的 ADF 表达增加表示黄萎病胁迫下肌动蛋白骨架聚合程度大于对照水平，从而抵抗病菌侵染。研究中发现，赤霉素 20-氧化酶基因(GenBank 号 FJ623274.1)的表达量在病菌侵染前后几乎没有显著差异，泛素蛋白连接酶基因(GenBank 号 XM_007010857.1)在黄萎病胁迫下表达下调，说明泛素蛋白连接酶基因的表达量下降与棉花的抗病性呈正相关[7-10]。

本研究以黄褐棉为材料，引入灵敏度较高的毛细管电泳检测甲基化敏感扩增多态性分析中，鉴定了黄褐棉在病害胁迫下的 DNA 甲基化及部分响应基因。后续将选用更多抗病性不同的棉花材料，对黄萎病胁迫下的棉花抗病分子机制展开深入研究。

参考文献

[1] 陈小强,王春国,李秀兰. 植物DNA甲基化及其表观遗传作用[J]. 细胞生物学杂志,2007(29):519—524.

[2] 顾本康,李经仪,顾萍等. 棉属野生种枯萎病、黄萎病抗性鉴定初报[J]. 江苏农业科学,1993(5):36—37.

[3] 李慧,彭立新,于玮玮,等. 盐胁迫下红花基因组DNA甲基化的MSAP分析[J]. 西北农业学报,2011,20(12):116—120.

[4] 钱晓伟,袁有禄,荣平,等. 盐胁迫下棉花基因组基于毛细管电泳的MSAP分析[J]. 中国生物化学与分子生物学报,2014,30(3):298—306.

[5] 徐青,余云舟,赵萌,等. DNA甲基化在动植物遗传育种中的研究进展[J]. 生物技术通讯,2001,22(1):113—117.

[6] 肖松华,吴巧娟,刘剑光,等. 高品质抗黄萎病棉花新种质的创造[J]. 江西棉花,2006,28(6):10—14.

[7] Labra M, Grassi F, Imazio S, et al. Genetic and DNA-methylation changes induced by potassium dichromate in *Brassica napus* L[J]. Chemosphere, 2004, 54(8): 1049—1058.

[8] Liu ZL, Han FP, Tan M, et al. Activation of a rice endogenous retrotransposon *Tos17* in tissue culture is accompanied by cytosine demethylation and causes heritable alteration in methylation pattern of flanking genomic regions[J]. Theoretical and Applied Genetics, 2004(109): 200—209.

[9] Paterson AH, Brubaker CL, Wendel JF. A rapid method for extraction of cotton (*Gossypium spp.*) genomic DNA suitable for RFLP or PCR analysis[J]. Plant Molecular Biology Reporter, 1993, 11(2): 122—127.

[10] Richards EJ. DNA methylation and plant development[J]. Trends in Genetics, 1997, 13(8): 319—323.

Fas L在大鼠坐骨神经损伤修复与再生过程中的作用

学生姓名：李雨婷　指导教师：姚登兵
南通大学生命科学学院，生物技术专业，学号：1209051011

【摘　要】 为了探讨Fas L在瓦勒溃变中的作用，构建大鼠坐骨神经损伤模型，采用实时PCR和Western Blot技术分析各时间点Fas L表达情况。利用细胞、组织免疫组化实验验证Fas L与SCs细胞膜共定位，转染siRNA到SCs中。EdU增殖、Annexin V凋亡检测结果表明，Fas L可抑制体外培养SCs增殖，促进其凋亡。

【关键词】 瓦勒溃变(Wallerian dengeneration)；Fas L；细胞增殖；细胞凋亡

1　体内实验

1.1　大鼠坐骨神经横断损伤模型构建与取材

1.1.1　大鼠坐骨神经横断损伤模型

取SPF级雄性SD大鼠，腹腔注射复合麻醉剂(0.2～0.4mL/100g)。待大鼠完全麻醉后，对其左臀部进行被毛处理，并在无菌条件下做斜切口，钝性分离肌肉直至在肌间隙暴露出坐骨神经。于距梨状肌下缘0.5cm处横断坐骨神经，同时将坐骨神经近侧端折叠，以防止神经断端再连接，后续缝合伤口，正常喂养。对照组不做任何处理。

1.1.2　灌注取材及标本处理

分别于术后0、4、7、14、28周时间点各取3只模型大鼠做灌注取材，腹腔注射复合麻醉剂(0.2～0.4mL/100g)，待其完全麻醉后在其腹部做切口，打开胸腔，暴露心脏和主动脉，利用粗的手术针头从左心室插入贯穿到主动脉中，固定好针头，剪破右心耳的同时，向主动脉中注入0.9%的生理盐水，并用水不断地轻微冲去流出的血液。将生理盐水换成4%的PA溶液继续灌注。对其左臀部做斜切口，钝性分离肌肉直至在肌间隙暴露出坐骨神经，取之前手术横断损伤后的远侧端坐骨神经约0.6cm，修剪多余的组织，将取出的坐骨神经放于4%的PA溶液中进行后固定，4℃下过夜。随后将其依次放入用0.1mol/L PB配制的10%、20%和30%蔗糖溶液中进行梯度脱水。

1.1.3　冰冻切片

将完全脱水的组织从30%的蔗糖溶液中取出，利用刀片修剪坐骨神经组织，标记好方向后，于冻台上滴加5%的蔗糖溶液，将坐骨神经竖着包埋于其上。待其完全冰冻固定后，进行冰冻切片。切片厚度为10～12μm，将组织切片依次贴附于载玻片上。切片完成后，将载玻片整理后放入37℃恒温烘箱中2h，以利于组织贴附，最后将其放入切片盒中4℃下保存。

1.2　免疫荧光Fas L、SCs双标定位

建立大鼠坐骨神经损伤模型后，分别于0、4、7、14、21、28周这5个时间点取材，取远端坐骨神经，免疫荧光对Fas L、SCs在大鼠坐骨神经中的表达进行定位。实验结果表明，Fas L表达于坐骨神经的髓鞘上。

1.3 远端坐骨神经 Fas L 表达情况

1.3.1 RNA 水平

对组织进行 Trizol 法提取细胞 RNA,RNA 浓度测定和反转录反应后,对 Fas L 在远端坐骨神经各个时间点的表达情况采用实时 PCR 技术进行分析。结果表明,瓦勒溃变中,远端坐骨神经的 Fas L 基因表达水平呈上升趋势。

1.3.2 蛋白质水平

对 Fas L 在远端坐骨神经各个时间点的表达情况采用 Western Blot 技术进行分析,结果表明,瓦勒溃变中,远端坐骨神经的 Fas L 蛋白表达水平呈上升趋势。

2 体外实验

2.1 SCs 纯化

在 SCs 纯化并培养后,因 SCs 特异性标记 S100B、Hoechst33342 标记细胞核,以免疫荧光双标实验来验证 SCs 纯度。实验结果显示,SCs 在纯化后的纯度达到 95%以上。

2.2 细胞免疫荧光 Fas L、SCs 双标共定位

选取上述 SCs 同时进行 Fas L 与 S100B 的免疫荧光共标染色,以检验 Fas L 在 SCs 上的具体定位。实验结果显示,SCs 上确实表达 Fas L。

2.3 细胞转染

2.3.1 SCs 转染 Fas L

为了验证 Fas L 是否对 SCs 的功能有影响,故进行 Fas L siRNA 特异性干扰实验和 Fas L 重组质粒过表达实验,观察 Fas L 在干扰之后 SCs 的功能变化。

2.3.2 利用实时 PCR 技术和 Western Blot 技术验证细胞转染的效率

选取生长状态好的 SCs,分别进行 si-NC 和 si-Fas L 的转染(si-NC 和 si-Fas L 试剂均为公司设计),转染后的 SCs 于 36～48h 内提取其总 RNA,以 Real-time PCR 技术分析其转染效率。结果表明 Fas L siRNA 序列 1(即 754)的转染有效率。在转染 Fas L siRNA 序列 1(即 754)后,SCs 继续培养 48h,提取其总蛋白,以 Western Blot 技术分析 Fas L 蛋白水平上的转染效率,结果表明,转染后 Fas L 蛋白表达水平有所增加。

2.4 Fas L 对施旺细胞增殖的影响

Fas/Fas L 信号通路与激活机体产生免疫应答反应相关。在 SCs 中转染 Fas L 的 siRNA,使得 Fas L 在 SCs 中的表达水平下调,利用 EdU 增殖检测分析 Fas L 对 SCs 增殖的影响。实验结果表明:当 Fas L 的表达水平受到抑制时,实验组相对于对照组的细胞增殖比例明显增加。由此可得出结论:Fas L 能抑制体外培养 SCs 的增殖。

2.5 Fas L 对施旺细胞凋亡的影响

当坐骨神经损伤修复时,部分 SCs 会增殖,也有部分 SCs 会凋亡。于是通过 SCs 体外培养转染 Fas L,验证分析 Fas L 是否对 SCs 的凋亡有影响。干扰 Fas L siRNA 表达后发现,SCs 的凋亡比例相对于对照组明显上升。结果表明,Fas L 可促进体外培养 SCs 的凋亡。

3 讨　论

1994 年，Fas L 首次被纯化出来，当时的发现者 Suda 等描述其为分子量 40kDa 左右的鼠糖蛋白，能和 Fas 结合，并且能诱导细胞死亡[1]。Fas L 基因属于肿瘤坏死因子（TNF）家族，位于人类 1 号染色体[2]。其编码的跨膜蛋白 Fas L 为Ⅱ型跨膜糖蛋白[3]。Fas L 序列由 281 个氨基酸分子组成，为偏碱性亲水的不稳定性结构，为跨膜蛋白，有一个 Fas 受体结合域。Fas L 的三维结构包含 α 螺旋 74 个、β 折叠 20 个、延展片段 56 个、无规卷曲 131 个[4]。通过与受体 Fas 结合来实现其诱导凋亡的功能[5]。Fas/Fas L 信号通路是实现免疫系统调控的关键信号通路[6]，同时它也参与多种癌症的进程[7,8]，与肿瘤免疫逃逸息息相关[9]。Fas/Fas L 在中枢神经特别是脊髓的损伤后修复的研究十分广泛[10]。国内外研究 Fas L 基因和其编码的跨膜蛋白 Fas L 主要集中在细胞凋亡、Fas/Fas L 信号通路、肿瘤逃逸等诸多方面，而本研究则侧重于 Fas L 在周围神经损伤和修复过程中的作用。

Fas L 与神经修复再生的相关性广被讨论。Fas L 在神经损伤修复方面长期以来一直被视为一个纯粹的抑制剂。Yu 等[11]的研究阐述了抑制 Fas/Fas L 信号通路之后，脊髓损伤后的细胞凋亡、炎症反应以及神经变性都得到了缓解。李全辉等[12]论证了大鼠脊髓神经修复与 Fas 表达的相关性。Rahman[13]的实验把严重牙周病中不存在疼痛归因于轴突回缩，与增加 Fas L 的水平有关。Dimosthenis[14]提出，干扰 Fas/Fas L 信号通路可能有潜在的视网膜神经变性治疗作用。

不同于中枢神经系统（CNS），受损的神经元通常是不能再生的，而周围神经系统（PNS）的轴突损伤后是能够再生的。然而，PNS 再生通常是不完整的，反过来，这会导致神经病理性变化[15]。PNS 在损伤后有显著的再生能力。成功的 PNS 再生依赖于损伤的轴突和非神经元细胞，包括神经膜细胞和免疫细胞。在周围神经损伤后，大量的巨噬细胞在损伤部位聚集，它们不仅有助于 Wallerian 变性，而且受局部微环境影响，极化为抗炎表型（M2），从而促进轴突再生。当 PNS 中的轴突受损时，远端部分逐渐退化（Wallerian 溃变），这一过程是由轴突和髓鞘分解产生的[16]。损伤轴突的固有退化已被确定为 Wallerian 变性的关键步骤[17]。然而，PNS 不是完全孤立的，受损的神经轴突触发一个复杂的多细胞反应，涉及多个组件[18]。除了损伤轴突 Wallerian 变性引起的细胞反应，Wallerian 变性通常还伴随着施旺细胞的去分化以及免疫反应的激活。此外，轴突再生依赖于一种损伤轴突的再生能力和非神经元细胞的协同贡献，包括免疫细胞[19]。

本研究在基因和蛋白质两个水平上证明了 Fas L 抑制 SCs 的增殖，同时促进 SCs 的凋亡作用，并论证了瓦勒溃变中 Fas L 的存在。体外实验结果表明，Fas L 可抑制 SCs 的增殖，同时促进 SCs 的凋亡。本实验中大鼠坐骨神经损伤后 Fas L 表达在 14d 达到顶点，该时间点与瓦勒变性提出的脱髓鞘时间节点（坐骨神经损伤后 12～15d）保持一致。本文利用论证瓦勒溃变中 Fas L 的存在提出了 Fas L 在神经损伤修复中可能存在积极作用的预测。

参考文献

[1] Suda T, Takahashi T, Golsetin P, et al. Molecular cloning and exprssion of the Fas ligand, a novel member of the tumor necrosis factor family[J]. Cell, 1993, 75(6): 1169—1178.

[2] Audo R, Calmon-Hamaty F, Papon L, et al. Distinct effects of soluble and membrane-bound fas ligand

on fibroblast-like synoviocytes from rheumatoid arthritis patient[J]. Arthritis Rheumatol, 2014, 66 (12): 3289—3299.
[3] Preta G, Fadeel B. AIF and scythe (Bat3) regulate phosphatidylserine exposure and macrophage clearance of cells undergoing fas(APO-1) -mediated apoptosis[J]. PLoS One, 2012, 7(10) : e47328.
[4] 麦秀英,周曼,李萍,等. *FASLG*蛋白的序列分析及结构研究[J]. 生物学杂志,2016,33(1):09—11.
[5] 翟中和. 细胞生物学[M]. 北京:高等教育出版社,2015.
[6] Yang Yili. Fas, more than just a cell death factor[J]. J Nephrol Dialy Transplant, 1998, 7(5): 307—311.
[7] 邓清,袁宏银. 大肠癌中 Fas、Fas L、Bcl-2 蛋白的表达及意义[J]. 肿瘤防治研究,2003,30(2):128—130.
[8] 向青,徐波,徐梅. Fas/Fas L 介导的人肺癌细胞免疫逃逸[J]. 中国病理生理杂志,2006,22(1):168—171.
[9] 孙麟. Fas/Fas L 凋亡系统与肿瘤免疫逃逸研究进展[J]. 医学综述,2008,14(6):833—835.
[10] 吕威. 脊髓损伤后神经再生相关信号通路研究进展[J]. 中国康复理论与实践,2016,22(3):293—298.
[11] Yu WR, Fehlings MG. Fas/Fas L-mediated apoptosis and inflammation are key features of acute human spinal cord injury: implications for translational, clinical application[J]. Acta Neuropathol, 2011, 122(6): 747—761.
[12] 李全辉,顾文浩,谢加兵,等. 大鼠脊髓损伤减压后神经功能恢复与 Fas 表达的相关性研究[J]. 中国修复重建外科杂志,2013,27(6):708—714.
[13] Rahman MA, Kim NH, Huh SO. Cytotoxic effect of gambogic acid on SH-SY5Y neuroblastoma cells is mediated by intrinsic caspase-dependent signaling pathway[J]. Mol Cell Biochem, 2013, 377: 187—196.
[14] Mantopoulos D, Murakami Y, Gregoryksander MS, et al. Protective role of soluble Fas L in photoreceptor cell loss[J]. Investigative Ophthalmology & Visual Science, 2012, 53(14).
[15] Benowitz Li, Popovich PG. Inflammation and axon regeneration[J]. Curr Opin Neurol, 2011(24): 577—583.
[16] Namikawa K, Okamoto T, Suzuki A, et al. Pancreatitis-associated protein-Ⅲ is a novel macrophage chemoattractant implicated in nerve regeneration[J]. J Neurosci, 2006(26): 7460—7467.
[17] Gaudet AD, Popovich PG, Ramer MS. Wallerian degeneration: gaining perspective on inflammatory events after peripheral nerve injury[J]. J Neuroinflammation, 2011(8): 110.
[18] Francesco-Lisowitz A, Lindborg JA, Niemi JP, et al. The neuroimmunology of degeneration and regeneration in the peripheral nervous system[J]. Neuroscience, 2015(302): 174—203.
[19] Benowitz Li, Popovich PG. Inflammation and axon regeneration[J]. Curr Opin Neurol, 2011(24): 577—583.

特定 lncRNA 在干细胞全能性维持中的作用

学生姓名：刘晓琴　指导教师：林社裕
南通大学生命科学学院，生物技术专业，学号：1209051065

【摘　要】 该研究利用 shRNA 干扰基因表达的方法构建了干扰 lncRNA-W 表达的 ES 细胞系，通过碱性磷酸酶染色实验、实时荧光定量 PCR（q-PCR）和蛋白质印记（Western blotting）明确了 lncRNA-W 在干细胞全能性维持中的作用，为揭示 lncRNA 在干细胞全能性中的作用和机制提供了理论依据。

【关键词】 胚胎干细胞；lncRNA-W；多能性；中内胚层分化

1　引　　言

干细胞是机体中能进行自我更新和具有多向分化潜能并形成克隆能力的一类细胞[1]。因此，它们在细胞分化和个体发育中发挥着关键和决定性的作用[2]。有研究发现，干细胞全能性维持主要缘于表观遗传因素，如 DNA 甲基化、组蛋白乙酰化和非编码 RNA 等[3]。

非编码 RNA（non-coding RNA，ncRNA）是指不能翻译为蛋白质的功能性 RNA 分子[4]，其中常见的非编码 RNA 包括短链非编码 RNA（如 microRNAs，miRNAs）和长链非编码 RNA（long non-coding RNA，lncRNA）。起初人们认为 ncRNA 在生物体内的作用有限，甚至认为其为转录的“噪音”[5]。lncRNAs 一般是指大于 200 个核苷酸的 RNA，位于细胞核或胞质内，不参与或很少参与蛋白质的编码[1]。最新研究表明，lncRNAs 不再是基因组转录的“噪音”[6]，其具有生物学功能，可以通过与 ncRNAs、mRNA、基因组 DNA 以及多种蛋白质相互作用，在转录、转录后、翻译水平以及表观遗传等多个层面影响细胞的生命活动[7]。

更重要的是，最近研究已经证实，lncRNAs 在胚胎干细胞（ES）维持自我更新能力和多能性以及分化相关的方面具有重要作用[2,8]。ncRNAs 作为一类重要的表观遗传调控因子，具有调控方式多样化、信息量丰富和检测方便的优点，因此在基因表达调控和细胞命运决定中具有重要作用，成为干细胞全能性相关调控机制的重要候选分子。但是，对于 lncRNAs 在干细胞多能性维持中的具体作用和调控机制，亟待系统、全面地研究和探讨。

2　实验材料与方法

2.1　实验仪器与设备

高压高温灭菌锅（HIRAYAMA，HVE-50）、电热恒温鼓风干燥箱（上海精宏实验设备有限公司，DHG-9140A）、4 度低温离心机（Thermo Scientific Heraeus，FRESCO-21）、微量浓度测定仪 E-spect（Malcom）、摇床（SUKUN，SKY-2102C）、恒温细胞培养箱（NUAIRTM US AutoFLOW）、单人单面超级净化工作台（苏州净化设备有限公司，BSC-11A2）、倒置相差显微镜（Nikon）、梯度 PCR 仪（Agilent）、实时荧光定量 PCR 仪（Agilent Mx3000P）、超灵敏化学发光成像仪（GE Image Quant LAS4000mini）。

2.2 实验材料

(1) 对应 lncRNA-W 设计好的 shRNA 序列。

(2) pLKO. 1-puro 质粒。

(3) 大肠杆菌 DH5α。

(4) E14 细胞系：该细胞系的培养基成分为 DMEM 培养液＋15％胎牛血清(FBS)＋1％非必需氨基酸 NEAA＋1％L-谷氨酰胺(Glutamax)＋1％丙酮酸钠(Sodium Pyruvate)＋白血病抑制因子 LIF(1∶10000)＋β-巯基乙醇(0.1mmol/L)；培养条件为 37℃、5％CO_2。

(5) Human Embryonic Kidney(HEK)293FT 细胞：该细胞系的培养基成分为 DMEM 培养液＋10％胎牛血清(FBS)；培养条件为 37℃、5％CO_2。

2.3 实验方法

2.3.1 构建 lncRNA-W 的干扰载体

shRNA-F 与 shRNA-R 退火，与经过 EcoR1 和 Age1 双酶切后的 pLKO. 1-puro 载体连接并转化，测序。

2.3.2 构建稳定干扰 lncRNA-W 表达的细胞系

通过 HEK293FT 细胞包装慢病毒并感染 E14 细胞系获得稳定干扰 lncRNA-W 表达的细胞系。

2.3.3 检测 shCtrl E14 细胞系和 sh1604 E14 细胞系的特性

通过碱性磷酸酶染色实验观察细胞克隆形成效率；抽提 RNA，通过 q-PCR 检测多能性基因和中内胚层基因在 mRNA 水平的表达情况；提取蛋白，通过 Western blotting 检测进一步说明多能性基因在蛋白水平的表达情况。

3 实验结果

3.1 lncRNA-W 对胚胎干细胞的全能性状态维持具有重要作用

在构建了 shCtrl 和 shlncW 的细胞系之后，通过 q-PCR 实验验证了 lncRNA-W 在细胞中的干扰效果(图 1)。通过荧光显微镜观察和碱性磷酸酶染色实验(AP 染色)发现，相比对照组，干扰 lncRNA-W 之后细胞难以维持全能性状态而呈现明显的分散状态，即更早地进入分化状态(图 2)；统计结果也表明，处于全能性状态的细胞数量减少，而处于杂化或者分化状态的细胞数量明显增多(图 3)。这些结果都表明，lncRNA-W 对 E14 细胞的全能性状态维持具有重要的作用。

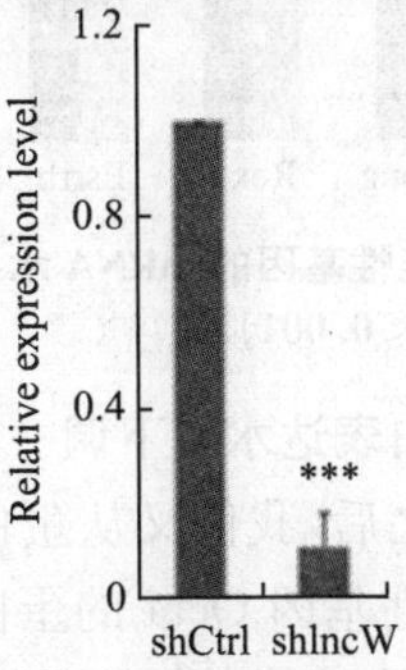

图 1 lncRNA-W 干扰效果
(* $P<0.001$)**

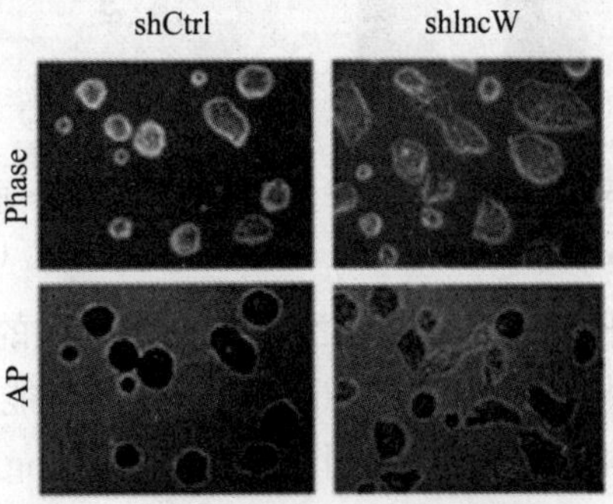

图 2 细胞形态差异
(Phase 表示在白光下观察，AP 表示碱性磷酸酶染色)

3.2 lncRNA-W 促进胚胎干细胞的克隆形成

为了更进一步研究 lncRNA-W 在 E14 细胞全能性维持中的作用,我们同时进行了对照组和干扰 lncRNA-W 的 E14 细胞系的克隆形成实验,通过碱性磷酸酶染色实验(AP 染色)可以观察到细胞克隆形成的情况,我们发现干扰 lncRNA-W 之后,细胞克隆形成效率明显降低(图 4);对细胞克隆数进行统计,也表明干扰 lncRNA-W 之后明显抑制了细胞克隆的形成(图 5)。这表明 lncRNA-W 在胚胎干细胞克隆形成中有重要作用。

3.3 干扰 lncRNA-W 之后,胚胎干细胞多能性基因的 mRNA 水平表达下调

为了更好地认识干扰 lncRNA-W 对胚胎干细胞全能性状态维持和克隆形成效率的影响,我们通过 q-PCR 实验从细胞的 mRNA 水平检测多能性基因的表达水平。实验中,选取 GAPDH 作为内参基因。我们发现,E14 细胞干扰 lncRNA-W 之后,关键多能性基因 Oct4 的表达水平出现明显的下调(图 6)。

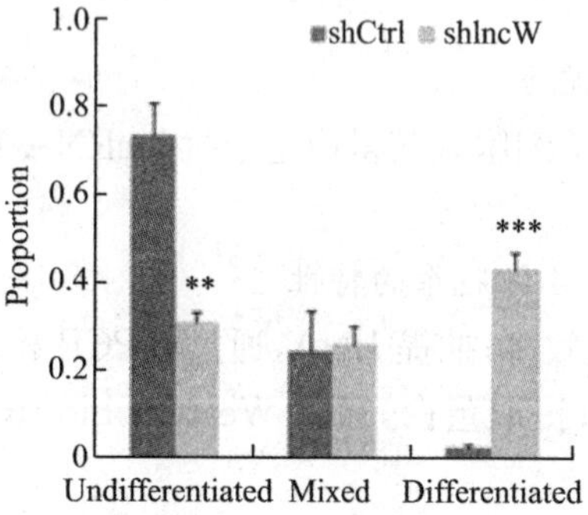

图 3 细胞各形态数量统计(Undifferentiated 表示细胞处于未分化状态,Mixed 表示细胞处于杂化状态,Differentiated 表示细胞处于分化状态; $P<0.01$,*** $P<0.001$)**

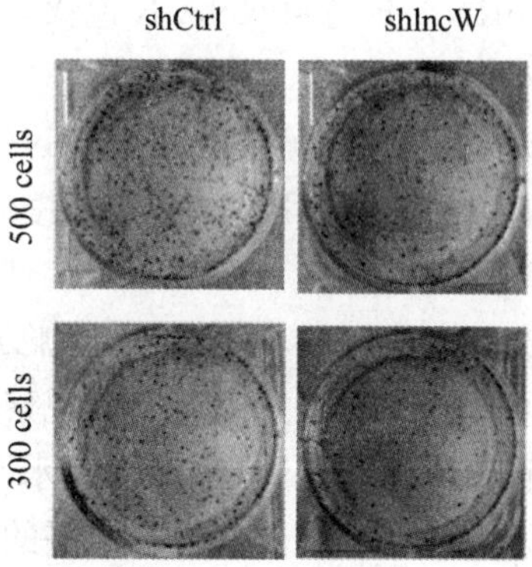

图 4 细胞克隆形成(500 cells 表示最初每个孔铺 500 个细胞,300 cells 表示最初每个孔铺 500 个细胞)

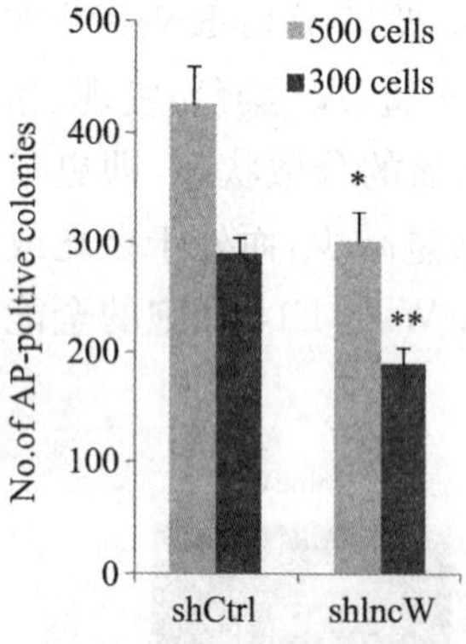

图 5 细胞 AP 阳性克隆数统计结果(* $P<0.05$, $P<0.01$)**

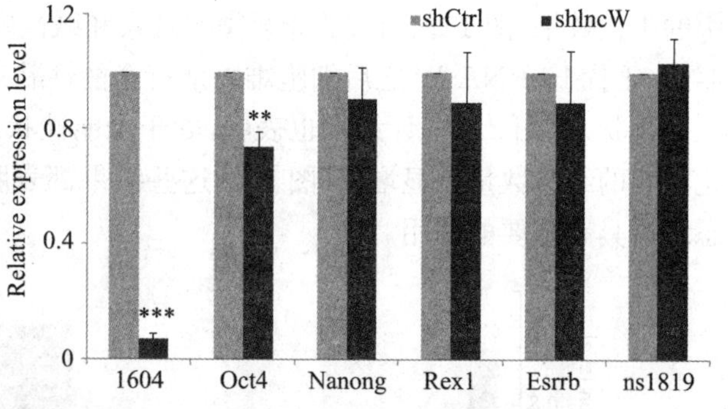

图 6 q-PCR 检测多能性基因的 mRNA 水平($P<0.01$,*** $P<0.001$)**

3.4 干扰 lncRNA-W 之后,胚胎干细胞的多能性基因的蛋白表达水平下调

从 mRNA 水平观察到 lncRNA-W 与多能性基因的相关性之后,我们又从蛋白水平探究它们之间的关系。我们用 Western blotting 分析了关键多能性基因 Oct4 的蛋白水平变化。与 q-PCR 检测结果相一致,干扰 lncRNA-W 之后,在作为蛋白内参的 GAPDH 量不变的情况下,Oct4 的蛋白表达水平出现下调(图 7)。这一现象也为以后揭示 lncRNA-W 的作

用机制奠定了一定的基础。

3.5 lncRNA-W 缺失促进胚胎干细胞倾向中内胚层分化

基于图 2 中观察到的现象，我们猜测 lncRNA-W 可能关系到胚胎干细胞向胚层分化的倾向性。为了研究 lncRNA-W 在胚胎干细胞分化过程中的作用，我们将对照组和干扰 lncRNA-W 的细胞系同时进行了 EB 分化，并收取了 EB 分化过程中第 0 天（D0）至第 8 天（D8）中不同时间点的 mRNA 样品，采用 q-PCR实验分析了上述两种细胞系的胚层特异基因的表达变化。同样以 GAPDH 作为内参基因，结果显示，干扰了 lncRNA-W 的 E14 细胞相对于对照组而言，中内胚层分化的基因包括 T，Gata4，Eomes，Gata6 表达水平明显上调（图 8），说明 lncRNA-W 缺失使得胚胎干细胞倾向于中内胚层分化。

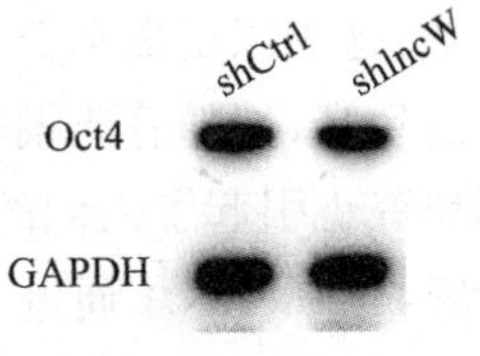

图 7 Western blotting 检测多能性基因的蛋白水平

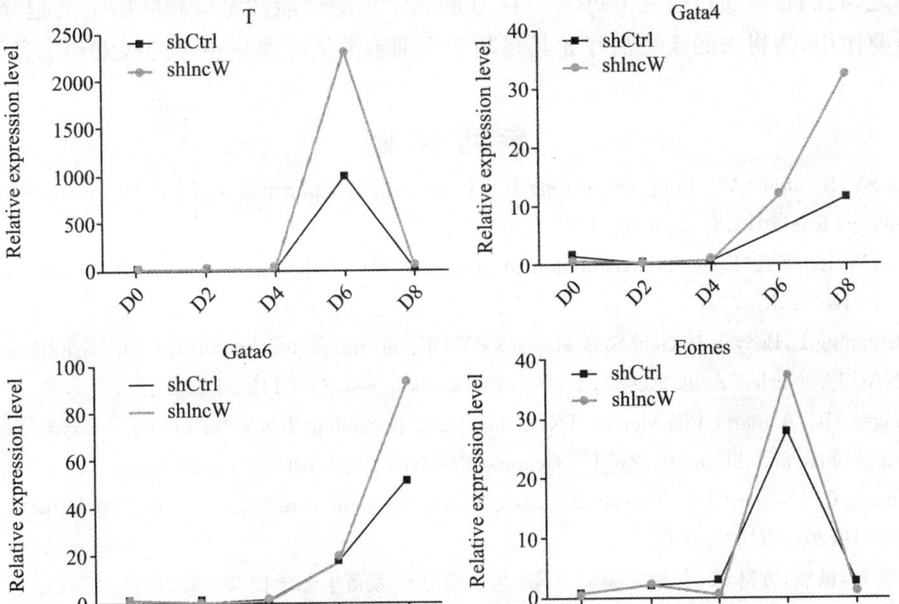

图 8 q-PCR 检测 EB 分化过程中中内胚层基因的表达

4 讨论

研究已经表明，lncRNA 在干细胞维持多能性和自我更新能力方面具有重要作用。

本课题中，我们通过实验数据分析得出结论：lncRNA-W 在干细胞的全能性维持中具有重要作用。通过碱性磷酸酶染色实验，我们发现，干扰 lncRNA-W 的表达之后，克隆形成效率出现明显的下调，说明 lncRNA-W 会影响干细胞的自我更新能力；通过 q-PCR、Western blotting 实验，同样发现在 lncRNA-W 缺失之后，胚胎干细胞关键多能性基因 Oct4 在 mRNA 水平、蛋白水平出现下调。以上实验结果说明，lncRNA-W 是胚胎干细胞全能性维持所必需的。通过 EB 分化实验及 q-PCR 检测三胚层分化基因，我们发现，在干扰 lncRNA-W 表达之后，中内胚层的基因表达出现明显的上调，这说明 lncRNA-W 缺失会使胚胎干细胞更倾向于向中内胚层分化。本课题确定了 lncRNA-W 在干细胞全能性维持中的功能，这为以后揭示 lncRNAs 在干细胞全能性维持中的作用提供了重要的理论依据。

近年来，伴随着非编码 RNA 重要性的提出，长链非编码 RNA(lncRNA)的作用及调控机制研究也引起了人们的广泛关注，特别是哺乳动物细胞中 lncRNA 参与调控的表观遗传学研究，如 lncRNA 通过干扰转录因子与启动子结合、诱导组蛋白修饰和使染色质发生重构等方式[13]直接抑制邻近蛋白编码基因表达，从而在细胞中发挥重要的调控作用，且 lncRNA 转录停止后抑制作用依然存在[9,10]。其中，lncRNA 在干细胞多能性维持中可能是连接 miRNAs 网络和核心转录因子，如 OCT4，SOX2 和 Nanog 的一种关键竞争性内源 RNA 发挥作用[11]。另外，lncRNA 作为重要的调节因子与靶蛋白结合后影响基因转录，lncRNA 可募集聚蛋白、胸板蛋白至目的基因，抑制或激活目的基因的表达[12]。本课题只是进行了对 lncRNA-W 对干细胞全能性的作用进行了初步的探讨，其具体机制还有待研究。

总之，我们希望通过研究 lncRNA-W 在胚胎干细胞全能性维持和胚胎干细胞分化过程中的重要作用，为将来的疾病治疗尤其是基于干细胞的治疗提供更多的线索和信息。

参考文献

[1] Ng SY，Stanton LW. Long non-coding RNAs in stem cell pluripotency[J]. Wiley Interdisciplinary Reviews Rna，2013，4(1)：121—128.

[2] Hao W，Eve SY. Epigenetic regulation of stem cell differentiation[J]. Pediatric Research，2006，59(2)：21R—25R.

[3] Changning L，Baoyan B，Geir S，et al. NONCODE：an integrated knowledge database of non-coding RNAs[J]. Nucleic Acids Research，2005，33(Database issue)：D112—D115.

[4] Dinger ME，A maral PP，Mercer TR，et al. Long noncoding RNAs in mouse embryonic stem cell pluripotency and differentiation[J]. Genome Research，2008，18(9)：1433—1445.

[5] Ponting CP，Belgard TG. Transcribed dark matter：meaning or myth[J]. Human Molecular Genetics，2010，19(20)：R162—168.

[6] 高霄霄，杨宸，方富贵. 长链非编码 RNA 与生殖[J]. 家畜生态学报，2016，37(2)：8—11.

[7] Guttman M，Donaghey J，Carey BW. lncRNAs act in the circuitry controlling pluripotency and differentiation[J]. Nature，2011，477(7364)：295—300.

[8] Kapranov P，Cheng J，Dike S，et al. RNA maps reveal new RNA classes and a possible function for pervasive transcription[J]. Science，2007，316(5830)：1484—1488.

[9] Rinn JL，Kertesz M，Wang JK，et al. Functional demarcation of active and silent chromatin domains in human HOX loci by noncoding RNAs[J]. Cell，2007，129(7)：1311—1323.

[10] Yu W，Gius D，Onyango P，et al. Epigenetic silencing of tumour suppressor gene p15 by its antisense RNA[J]. Nature，2008，451(7175)：202—206.

[11] Yue W，Xu Z，Jiang J，et al. Endogenous miRNA sponge lncRNA-RoR regulates Oct4，Nanog，and Sox2 in human embryonic stem cell self-renewal[J]. Developmental Cell，2013，25(1)：69—80.

[12] Zhao J，Sun BK，Erwin JA，et al. Polycomb proteins targeted by a short repeat RNA to the mouse X chromosome[J]. Science，2008，322(5902)：750—756.

利用 CRISPR / Cas9 介导的基因打靶技术构建 *GFP* 基因敲入细胞系

学生姓名：夏　晶　指导教师：刘鑫燕、孟飞龙
南通大学生命科学学院，生物技术专业，学号：1209051012

【摘　要】 抗体类型转换和体细胞高频突变促进了抗体多样化，产生各种不同类型的高亲和力抗体。本课题通过 CRISPR/Cas9 介导的基因打靶技术构建小鼠 *GFP* 基因敲入细胞系。利用该细胞系研究体细胞高频突变，进一步揭示抗体多样化过程的分子机制。

【关键词】 体细胞高频突变；CRISPR/Cas9；基因敲入；抗体多样化

1 课题综述

1.1 课题背景

B淋巴细胞介导的体液免疫应答反应是人体对抗外来病原体入侵的重要获得性免疫应答方式之一。外来抗原进入机体后诱导 B 细胞活化并产生特异性抗体，发挥重要的体液免疫作用。在此过程中，抗体基因经历一系列程序性的 DNA 断裂、重排和突变过程，最终产生抗原特异性的高效力抗体分子。抗体类型转换(class switch recombination，CSR)和体细胞高频突变(somatic hypermutation，SHM)促进了抗体多样化的产生[1]。在 B 细胞发育成熟过程中抗体多样化受到严格的精细调控，而抗体多样化失调将导致一系列的免疫系统疾病，如原发性免疫缺陷、B 细胞淋巴瘤等。研究体细胞高频突变的分子机制及翻译水平、翻译后水平的调控机制能够对相关免疫系统疾病的诊断和治疗提供可靠的理论依据。

本课题通过以 CRISPR/Cas9 系统为基础的新型基因打靶技术，将 *GFP* 标签基因敲入抗体可变区(variable region)，通过正负药物筛选系统筛出单克隆细胞，从而获得 *GFP* 基因敲入细胞系，为研究抗体重链和轻链 V 区基因位点发生的体细胞高频突变过程提供简便的细胞模型。

1.2 抗体结构及多样化过程

抗体(即免疫球蛋白，immunoglobulin，Ig)是介导体液免疫的重要效应分子。Ig 单体一般由两条相同的重链(IgH)和两条相同的轻链(IgL)靠二硫键连接而成，形成一个“Y”型结构。重链和轻链靠近 N 端的约 110 个氨基酸序列变化很大，称为可变区，由基因组上的不同片段通过 V(D)J 重排而产生。重链和轻链的可变区分别称为 V_H 和 V_L，V_H 和 V_L 的 3 个互补决定区(complementary determinant region，CDR)共同组成了抗原结合位，决定了抗体的特异性，负责识别和结合抗原，从而发挥免疫效应。而 C 端免疫球蛋白结构域由于其序列相对恒定，则被称为恒定区(constant region)，重链和轻链的恒定区分别称为 C_H 和 C_L。小鼠 B 细胞有 8 种不同的重链恒定区基因($C\mu$，$C\delta$，$C\gamma3$，$C\gamma1$，$C\gamma2b$，$C\gamma2a$，$C\varepsilon$ 和 $C\alpha$)和两种不同的轻链基因(κ 和 λ)[2]。按照其重链恒定区，小鼠抗体可以分为 IgM、IgD、IgG、IgE 和 IgA 五种类型。

在哺乳动物中抗体多样化主要分为两个阶段：(1) 在 B 细胞发育早期祖 B 细胞(pro-B)、前体 B 细胞(pre-B)中，V(D)J 重排将不同的基因片段拼接，在成熟 B 细胞中形成亲和

力较低的 IgM 抗体[3]；(2) 在外周淋巴系统中，受到抗原刺激的成熟 B 细胞，通过体细胞高频突变和抗体类型转换进一步形成各种不同类型的高亲和力抗体分子[4]。SHM 发生在抗体轻链和重链的可变区，通过改变抗体可变区基因编码序列，从而在细胞表面表达不同的抗体分子，即 B 细胞表面受体(B cell receptor，BCR)。BCR 在 GC 处竞争性结合 T 细胞表面抗原复合物分子，而表达高亲和力 BCR 的 B 细胞得以生存[5]。这一过程最终产生了高亲和力的抗体，也被称为抗体亲和力成熟(affinity maturation)[6]。在 CSR 过程中，恒定区基因产生 DNA 双链断裂(double strand breaks，DSB)。不同恒定区的 DSB 最终相互连接，从而将下游的恒定区基因与可变区基因外显子连接起来。这一过程最终将 BCR 从 IgM 转换成了其他类型的 Ig[7,8]。最终，生发中心 B 细胞进一步分化成为记忆 B 细胞或者浆细胞。

1.3 体细胞高频突变的分子机制

体细胞高频突变是抗体多样化过程中的重要一步，它使可变区外显子多样化并且选择高亲和力抗体与抗原结合。体细胞高频突变发生在次级淋巴组织特化的结构——生发中心处，由 B 细胞特异性的胞苷脱氨酶(activation-induced cytidine deaminase，AID)起始。AID 属于 APOBEC 胞苷去氨酶家族，能够将单链 DNA 上的胞苷(C)残基脱氨产生尿苷(U)[9]。AID 能够起始 SHM 和 CSR 两个截然不同的过程，AID 基因突变影响了正常的抗体类型转换，同时导致抗体可变区高频突变产生缺陷而使抗体亲和力受到影响[10]。在 DNA 一级序列上，AID 的靶向序列是 DGYW 和 WRCH(D=A/G/T，Y=C/T，W=A/T，H=T/C/A，R=A/G)，但更倾向于 WRCH 序列[11]。在不同的 WRCH 序列中，AGCT 回文序列由于正向和反向单链 DNA 序列都可以被 AID 脱氨而成为 AID 最倾向的底物[12,13]。在体细胞高频突变中，AID 使 V(D)J 外显子上的胞嘧啶(C)脱氨产生的尿嘧啶(U)通过碱基切除修复(base excision repair，BER)或错配修复(mismatch repair，MMR)产生点突变(point mutation)和低频率的碱基插入(insertions)或缺失(deletions)。

2 实验内容

利用 Cre-loxP 系统和正负药物筛选系统构建一个基因打靶载体，该载体含嘌呤霉素乙酰转移酶基因(*puro*)、胸苷激酶基因(*tk*)、白喉毒素 A 链基因(*DTA*)和 *GFP* 标签基因。将该质粒载体和 CRISPR/Cas9 质粒共转染 CH12 Lig4$^{-/-}$ 细胞，利用同源重组机制将 *GFP* 标签基因敲入 CH12 Lig4$^{-/-}$ 细胞，用嘌呤霉素(puromycin，PM)正向筛选发生同源重组的细胞。之后利用 Cre 酶切除 *puro-tk* 抗性基因，用丙氧鸟苷(ganciclovir，GCV)负向筛选切除抗性基因的细胞，最终得到 *GFP* 基因敲入细胞系。

3 实验方法

3.1 细胞转染

本文中细胞转染实验均选用电穿孔法，采用 NEPA GENE 电转仪，电转条件为 150V、2ms。将 pass1-1 PvuI 质粒载体和 Olfr491 CRISPR/Cas9 质粒共转染 CH12 Lig 4$^{-/-}$ 细胞，将 pMC-Cre 和 CAG-Cre 转染亚克隆细胞。(具体反应体系和反应参数详见毕业论文正稿。)

3.2 PCR 扩增

PCR 由变性、退火、延伸三个基本反应步骤构成。模板 DNA 经加热至 94℃左右，维持一定时间，使模板 DNA 双链或经 PCR 扩增形成的双链 DNA 解离，使之成为单链。模板 DNA 经加热变性成单链后，温度降至 60℃左右，引物与模板 DNA 单链的互补序列配对结合。DNA 模板——引物结合物在 TaqDNA 聚合酶的作用下，于 72℃左右，以 dNTPs 为反应原料，靶序列为模板，按碱基配对与半保留复制原理，合成一条新的与模板 DNA 链互补的半保留复制链，重复循环变性—退火—延伸三过程。本实验中多次使用 PCR 的方法鉴定所挑取的单克隆细胞。(具体反应体系和反应参数详见毕业论文正稿。)

3.3 引物设计和合成

本实验中所有引物合成工作均由生工生物工程(上海)股份有限公司完成(见表 1)。

表 1 PCR 引物序列

引物名称		序 列
Primer 1	GFP-F	ACAACCACTACCTGAGCACC
Primer 2	VB18 ki-R	GGAAACTAGAACTACTCAAGCTA

3.4 Southern Blot 检测

3.4.1 基因组 DNA 限制性内切酶酶切

用 EcoRI 限制性内切酶酶切基因组 DNA，酶切结束后将体系浓缩至 50μL。

3.4.2 DNA 琼脂糖凝胶电泳

加入 DNA 染料，68℃下煮 20min。0.6%的琼脂糖凝胶电泳，30V 过夜。取出凝胶，在紫外灯下拍照，并用紫外线照射 2min。

3.4.3 DNA 转移与固定

将凝胶置于 200mL 变性液中，浸泡 1h，并温和地不断振荡，使凝胶上的双链 DNA 转变为单链 DNA，然后用单蒸水冲洗凝胶数次。

取一个瓷盘，在底部放一块玻璃板，在玻板表面盖一张滤纸，滤纸两边浸没于 20XSSC 溶液中，在玻璃和滤纸之间，赶走所有的气泡。把凝胶底面朝上放在滤纸上，赶走两层之间的气泡。裁剪一张硝酸纤维素膜，先在去离子水中润湿，再放在 20XSSC 溶液中润湿 5min，然后放在凝胶表面，赶走两层之间的气泡。

再把两张与滤膜一样大小的滤纸，在 20XSSC 溶液中浸湿，覆盖在硝酸纤维素膜上，同样赶走气泡。把一叠吸水纸(或卫生纸，5～8cm 高，略小于滤纸)，放置在滤纸上，在吸水纸上再放一块玻璃板和重约 500g 的重物，放置过夜。

把已转移了 DNA 的硝酸纤维素膜放在 6XSSC 溶液中振荡浸泡 5min，然后放在滤纸上吸干溶液。再把它夹在两层滤纸之间，80℃下真空干燥 1h。将该膜置于短波长紫外线下照射数分钟。

3.4.4 预杂交与杂交

预杂交与杂交反应体系为：Reaction Mix 4μL，dNTPs(A/T/G) 3μL，α-dCTP(α ^{32}P) 2μL，JH4 probe 5μL，ddH_2O 6μL，共 20μL。

3.4.5 放射自显影

参见《分子克隆实验指南》。

4 结果及分析

4.1 基因打靶载体的构建

该载体包含5′和3′同源臂、loxP位点、PGK启动子、V启动子、嘌呤霉素乙酰转移酶基因(*puro*)、胸苷激酶基因(*tk*)、白喉毒素A链基因(*DTA*)和目的基因*GFP*。5′和3′同源臂是与CH12 Lig4$^{-/-}$细胞基因组DNA上基因敲入区域两端同源的序列。PGK启动子启动*puro*和*tk*基因的表达,V启动子启动*GFP*基因的表达。*DTA*是一种负筛选基因,位于3′同源臂外区域,在同源重组时丢失,相反在随机整合时被保留,可以淘汰随机整合的细胞。loxP位点设计在*puro*和*tk*基因的两端,方向相同,当加入Cre酶后,这一部分可被切除。*puro*是正筛选基因,在随机整合和同源重组细胞中均可正常表达,可用嘌呤霉素进行正筛选,选出表达*puro*基因的同源重组细胞株。*tk*是负筛选基因,当加入丙氧鸟苷后,胸苷激酶蛋白(TK)可使无毒的丙氧鸟苷转变为毒性核苷酸,而杀死细胞。Cre酶切除*puro-tk*抗性基因,用GCV淘汰未发生正确切除的细胞株。在*GFP*基因区域含有上游引物GFP-F序列,可以用作PCR鉴定和测序。(详见毕业论文正稿图1。)

4.2 PCR鉴定

pass1-1 PvuI质粒载体和Olfr491 CRISPR/Cas9质粒共转染CH12 Lig 4$^{-/-}$细胞。将电转后细胞种于96孔平板进行亚克隆,1周后挑取单克隆细胞至96孔U底板继续培养。裂解细胞,提取基因组DNA,用PCR鉴定单克隆细胞。(详见毕业论文正稿图2。)

挑出条带正确的单克隆细胞,用相同PCR条件再次验证。切胶回收相应条带(1.4kb)送测序。将测序正确的单克隆细胞种于96孔板进行亚克隆,用含嘌呤霉素的细胞培养液培养1周左右,挑出单克隆细胞。裂解细胞,提取基因组DNA,用PCR鉴定单克隆细胞。(详见毕业论文正稿图3。)

挑出条带正确的单克隆细胞,用含嘌呤霉素(PM)的培养基继续培养。提取基因组DNA并将部分细胞冻存保种。用pMC-Cre和CAG-Cre分别转染经嘌呤霉素筛选的细胞,培养两天后加丙氧鸟苷(GCV)筛选。将存活的细胞种于96孔板进行亚克隆,用含丙氧鸟苷的培养基培养1周左右,挑出单克隆细胞。(详见毕业论文正稿图4。)

4.3 Southern Blot检测

将经嘌呤霉素筛选的单克隆细胞基因组DNA和CH12 Lig 4$^{-/-}$细胞基因组DNA(空白对照)用EcoRI限制性内切酶消化后,通过琼脂糖凝胶电泳进行分离,将胶上的DNA变性在原位将单链DNA片段转移至硝酸纤维素薄膜上,经紫外线照射固定,再与用α ^{32}P同位素标记的DNA探针(JH4 probe)进行杂交。通过放射自显影技术进行检测,从而显示出待测片段及其相对大小。CH12 Lig 4$^{-/-}$细胞有两个等位基因,大小分别为5.4kb和5.6kb。发生同源重组后,*puro-tk*抗性基因和*GFP*基因等被整合进细胞基因组,大小变为9.1kb。(详见毕业论文正稿图5。)

5 小结与讨论

本课题主要分为三个部分:构建基因打靶载体、基因敲入、细胞筛选及鉴定。基因打靶载体的构建主要运用Cre/loxP系统和正负药物筛选系统。将loxP位点设计在*puro-tk*抗性基因的两端,且方向相同。用Cre质粒转染细胞,Cre重组酶通过识别loxP位点将抗性标记基因切除。打靶载体中含正负筛选基因,如正选择基因嘌呤霉素乙酰转移酶基因(*puro*)、负选择基因胸苷激酶基因(*tk*)和白喉毒素 A 链基因(*DTA*)。将 *puro*、*tk* 两种不同的正负选择基因均设计在同源区内,用嘌呤霉素筛选表达 *puro* 抗性的细胞,再用丙氧鸟苷淘汰未被 Cre 重组酶切除抗性基因的细胞。*DTA* 位于 3′末端,同源区之外,在同源重组时 *DTA* 基因被切除而丢失,细胞得以存活。相反在随机整合时,*DTA* 基因被保留,表达的白喉毒素导致细胞死亡。由于打靶载体和 CRISPR/Cas9 质粒较大,用脂质体转染比较困难,并且脂质体对细胞有一定的毒性,因此我们通过物理转染途径——电穿孔法转染细胞,将 pass1-1 PvuI 质粒载体和 Olfr491 CRISPR/Cas9 质粒共转染 CH12 Lig $4^{-/-}$ 细胞。后期用 pMC-Cre 和 CAG-Cre 两种 Cre 重组酶表达质粒分别转染亚克隆细胞。由于基因打靶载体设计的先进性,在复杂的细胞筛选过程中我们可以通过药物双向筛选细胞。用嘌呤霉素作为正向筛选药物选择表达 *puro* 抗性的细胞,用丙氧鸟苷作为负向筛选药物淘汰未被 Cre 重组酶切除抗性基因的细胞。每一次筛选的细胞均需通过一定的方法进行鉴定。本实验中采用的鉴定方法主要有 PCR 法、DNA 测序、Southern blot 检测等。

由于需要进行多次亚克隆和细胞筛选,本课题持续周期较长、任务较重。通过丙氧鸟苷筛选获得的单克隆细胞,设计不同的引物进行 PCR 鉴定和测序,还可以通过流式细胞术(fluorescence-activated cell sorting,FACS)等其他方法进行鉴定,最终获得正确的小鼠 *GFP* 基因敲入 B 细胞系,为研究体细胞高频突变提供了方便的实验模型。

参考文献

[1] Hwang JK, Alt FW, Yeap LS. Related mechanisms of antibody somatic hypermutation and class switch recombination[J]. Microbiol Spectr, 2015, 3(1): 3—37.

[2] Meng FL, Alt FW, Tian M. The mechanism of IgH class switch recombination[J]. Molecular Biology of B Cells, 2015: 345—362.

[3] Jung D, Alt FW. Unraveling V(D)J recombination; insights into gene regulation[J]. Cell, 2004, 116(2): 299—311.

[4] Alt FW, Zhang Y, Meng FL, et al. Mechanisms of programmed DNA lesions and genomic instability in the immune system[J]. Cell, 2013, 152(3): 417—429.

[5] Victora GD, Nussenzweig MC. Germinal centers[J]. Annual Review of Immunology, 2012, 30: 429—457.

[6] Di Noia JM, Neuberger MS. Molecular mechanisms of antibody somatic hypermutation[J]. Annual Review of Biochemistry, 2007, 76: 1—22.

[7] Gould HJ, Sutton BJ. IgE in allergy and asthma today[J]. Nature Reviews Immunology, 2008, 8(3): 205—217.

[8] Cerutti A, Chen K, Chorny A. Immunoglobulin responses at the mucosal interface[J]. Annual Review of Immunology, 2011, 29: 273—293.

[9] Smith HC, Bennett RP, Kizilyer A, et al. Functions and regulation of the APOBEC family of proteins[J]. Seminars in Cell & Developmental Biology, 2012, 23(3): 258—268.

[10] Chaudhuri J, Tian M, Alt FW, et al. Transcription targeted DNA deamination by the AID antibody diversification enzyme[J]. Nature, 2003, 422(6933): 726—730.

[11] Rogozin IB, Diaz M. Cutting edge: DGYW/WRCH is a better predictor of mutability at G: C bases

in Ig hypermutation than the widely accepted RGYW/WRCY motif and probably reflects a two-step activation-induced cytidine deaminase-triggered process[J]. Journal of Immunology, 2004, 172(6): 3382—3384.
[12] Yu K, Lieber MR. Nucleic acid structures and enzymes in the immunoglobulin class switch recombination mechanism[J]. DNA Repair, 2003, 2(11): 1163—1174.
[13] Han L, Masani S, Yu K. Overlapping activation-induced cytidine deaminase hotspot motifs in Ig class-switch recombination[J]. Proc Natl Acad Sci USA, 2011, 108(28): 11584—11589.

NKS1 基因的系统发育研究

学生姓名：黄雪娇　指导教师：朱新宇
南通大学生命科学学院，生物工程专业，学号：1209082011

【摘　要】 盐分是影响植物栽培和生产力的主要非生物胁迫因素。拟南芥的 NKS1 基因(At4g30996)是新近发现的耐盐基因，调节离子动态平衡，实验证明它定位于内质网(ER)。为了研究 NKS1 基因家族的进化史和功能分化，我们在陆生植物范围内对该基因家族进行了全面的进化分析。通过系统发育分析，我们将所有的 NKS1-like 基因划分成三大进化分支，并揭示了在单子叶和双子叶植物中 NKS1-like 基因可能产生了功能差异。

【关键词】 NKS1-like 基因；盐分；耐盐性；进化；陆生植物

1　前　言

耕地盐渍化是影响世界粮食产量的重要因素[1]。通过对模式植物拟南芥的研究，我们对植物抗盐分子机制的了解获得极大提高[2]。已经确定许多基因参与耐盐性[3]。拟南芥的 NKS1 基因(At4g30996)被确定为耐盐基因，它编码了一个 19kDa 的内质网定位蛋白质，该蛋白含有一个功能未知的结构域 DUF1068(PF06364)，该结构域在功能上可能参与了离子平衡调节[4]。拟南芥中 NKS1 有两个同源基因：AT2G24290 和 AT1G05070。对 NKS1 基因的消除导致盐过敏，似乎是拟南芥监管系统中参与控制 K^+/Na^+ 平衡的一部分。NKS1 突变表型比 SOS3 突变表型强化了根系生长迟缓，表明 NKS1 在存在或缺失 SOS 情况下，都积极调节 Na^+ 和 K^+ 的耐受性[4]。通过 RT-PCR 技术检测出 NKS1 的转录本在拟南芥组织中无处不在，它的参与为抵抗盐压力提供保护[4]。

鉴于 NKS1 蛋白质在盐耐受性方面的特殊作用，我们来追踪这个基因家族的进化史。大量完全测序的基因组的可用性为我们进行这项研究提供了有利的条件[5]。在这里，我们通过选取 33 种典型陆生植物样品来研究 NKS1 基因的系统发生与进化。这是首次在陆生植物范围内研究 NKS1 基因家族。本实验中，我们进行了系统发育分析，我们的分析结果将为进一步研究 NKS1-like 基因在陆生植物中的进化模式、进化机制提供新信息，为今后更进一步的实验研究设计打下基础。

2　材料与方法

2.1　NKS1-like 基因序列的检索

我们将拟南芥 NKS1 蛋白序列 AT4G30996 作为查询序列，通过 tBLASTn 程序在 Phytozome v 10.2(http://phytozome.jgi.doe.gov/)中搜索陆生植物中 NKS1 基因家族的潜在成员[5]。对于真正的 NKS1-like 基因，我们期待看到它们在搜索结果中被高分击中。当目标序列与查询序列之间成对氨基酸超过 40%时，提取出目标序列[6]。在 Phytozome 数据库中，如果出现不同拼接方式的基因模型，挑选转录本最长的拼接方式，如果出现缩短了的 NKS1 蛋白质，将使用基因组支架序列重新预测它们的基因模型。拥有 DUF1068(PF06364)结构的序列，被确定为拟南芥 NKS1 蛋白质序列的同系物。如果利用

Phytozome 预测平台检索不到蛋白质结构域，就利用 SMART 平台手动检索目标蛋白的相关注释[7]。

2.2　NKS1 基因家族的系统发育分析

全长蛋白质序列的多序列比对，首先使用 MUSCLE 3.52 执行[8]，其次是手工精制，然后根据 pal2nal 程序的比对结果构建相应密码子的比对[9]。PHYML 2.4.4 用于极大似然法(ML)分析，MrBayes 3.1.2 用于贝叶斯法(BI)分析。将来自江南卷柏的同系物作为外类群。在极大似然法中，使用 MEGA 6 测试进化模型并优化参数[10]。在贝叶斯法中，我们执行三条相互独立的马尔科夫链蒙特卡罗模拟法，每条链随机选择同时发生的四种拓扑异构结构。四种拓扑异构链的特性是：一种冷，三种逐渐变热。到马尔可夫链达到稳定状态，四条链至少要运行 200 万代，每 1000 代采样树中的前 200 代将作为老化样品丢弃，利用剩余的样品计算后验概率。

3　结果与分析

3.1　NKS1 的同系物

我们从 32 个陆生植物物种中采集到 129 条 NKS1 蛋白质序列信息。核酸序列的密码子比对，在去除歧义区域和独树一帜的插入区域后得一个长度为 507 位点的矩阵。在 AIC 标准的特定改良下，GTR 模型被选为最佳进化模型(G=1.20；I=0.04)。极大似然法(ML)分析得到一个 InL 得分为−31892.674650 的最佳树。BI 分析法重新获得了几乎完全一样的拓扑结构，支持了 ML 法的分析。ML 和 BI 法构建的树的大多数差异分布在极短枝上。

3.2　系统发育分析

我们所构建的树表明，所有成员被划分为三大进化分支，每大分支都受到强度较高的自举检验支持，在这里，我们定义三大分支分别为Ⅰ、Ⅱ、Ⅲ。在进化分支Ⅰ中，除了作为外类群的江南卷柏外，研究中涉及的所有物种均在这个分支中。尽管来自双子叶植物的成员没有形成亚支，但是来自单子叶植物的成员形成了具有强度较高的自举检验支持的亚支。在进化分支Ⅱ中，1/3 的双子叶植物(8 种)和所有单子叶植物被排除在外。在进化分支Ⅲ中，研究样本中大多数双子叶植物和所有单子叶植物都在这个分支，其中，所有的双子叶植物被认定为由强度较弱的自举检验所支持，单子叶植物被认定为由强度较强的自举检验所支持。

4　讨　　论

目前的研究首次提出 NKS1-like 基因在陆生植物中的进化。我们的分析表明，研究中取样的 NKS1-like 基因均包含于三大进化分支，通过 GENE VESTIGATOR 平台的聚类分析也同样支持我们的实验观点。我们的研究结果展示了 NKS1-like 基因的进化情况，陆生植物进化过程中的分子发射导致产生不同的同源组，其中分支Ⅱ中的成员可以广泛地参与到基因丢失和假基因中。

基于对 NKS1 基因的系统发育研究，我们提出观点，NKS1-like 基因的功能分化可能发生在分支Ⅰ和Ⅲ的单子叶和双子叶植物之间，当然这还有待进一步探究。后续对 NKS1 基因的功能位点分析、基因表达及相互作用的研究将建立在本研究的基础之上。尽管这是一个生物信息学研究，但仍然有必要开展进一步的实验研究。NKS1-like基因在单子叶和双子叶植物之间的功能分化应该被进一步的实验研究证实。

参考文献

[1] Pardo JM, Quintero FJ. Plants and sodiumions: Keeping company with the enemy[J]. Genome Biology, 2002, 3(6): 129—137.

[2] 刘春，李玉中，彭晚霞，等. 拟南芥耐盐、耐旱和抗寒的分子机理及其利用[J]. 生物技术通报，2011(12): 6—13.

[3] 李敏，张健，李玉娟，等，植物耐盐生理及耐盐基因的研究进展[J]. 江苏农业科学，2012(10): 45—48.

[4] Choi W, Baek D, Oh D H, et al. NKS1, Na^+-and K^+-sensitive 1, regulatesion homeostasis in an SOS-independent pathway in Arabidopsis[J]. Phytochemistry, 2011, 72(s 4/5): 330—336.

[5] Goodstein DM, Shu S, Howson R, et al. Phytozome: a comparative platform for green plant genomics [J]. Nucleic Acids Res, 2012, 40(Database issue): : D1178—D1186.

[6] Tian W, Skolnick J. How well is enzyme function conserved as a function of pairwise sequence identity [J]. Journal of Molecular Biology, 2003, 333(4): 863—882.

[7] Letunic I, Copley RR, Pils B, et al. SMART 5: domains in the context of genomes and networks[J]. Nucleic Acids Research, 2006, 34(Database issue): 257—260.

[8] Edgar RC. MUSCLE: multiple sequence alignment with high accuracy and high throughput[J]. Nucleic Acids Res, 2004, 32, 1792—1797.

[9] Suyama M, Torrents D, Bork P. PAL2NAL: robust conversion of protein sequence alignments into the corresponding codon alignments [J]. Nucleic Acids Res, 2006, 34 (Web Server issue): W609—W612.

[10] Tamura K, Stecher G, Peterson D, et al. MEGA6: molecular evolutionary genetics analysis version 6.0[J]. Molecular Biology & Evolution, 2013, 30(4): 2725—2729.

低雷诺数下三维后向台阶流的流动和传热特性研究

学生姓名：沈洁惠　指导教师：喜冠南
南通大学机械工程学院，测控技术与仪器专业，学号：1210022034

【摘　要】 为了研究低雷诺数下后向台阶流的流动和传热特性，建立三维稳态后向台阶的数值模型进行数值模拟研究，得出结论：(1) 随着雷诺数的增加，台阶底面中心线上努赛尔数峰值增大，并且达到的峰值处距离台阶变远。(2) 随着扩张比值的增大，底面中心线上努赛尔数达到的峰值越高，再附着点的位置距离台阶越近，回流区域的长度越短。

【关键词】 后向台阶；三维数值模拟；流动；传热；扩张比

1　绪　　论

1.1　研究目的与意义

近年来，各工业相关部门都在发展大容量、高性能的设备，随着能源危机的进一步加强，换热设备在工业领域得到了更加广泛的应用。本文研究的模型——后向台阶是工业中常用的几何模型之一，主要用于研究分离流动和强化传热，在流体机械、化工工业、水利工程、航空技术等领域的工程设计方面具有一定的参考价值。

1.2　国内外研究现状

早在1983年，Armaly等[1]首次对 $ER=1.94$ 后向台阶模型分别进行了实验研究和数值模拟。在这之后，越来越多的科研工作者进行了关于后向台阶模型的更多更全面的研究。Thangam[2]研究了在层流区域，台阶高度 S 不同时，再附着点位置与雷诺数 Re 的关系。Iwai[3]在层流工况下($Re=250$)研究了三维后向台阶的流动与传热特性，比较分析不同的宽高比下台阶底面努赛尔数和底面摩擦系数。Nie J H[4]采用定常方式研究了在三维不可压缩层流下，保持台阶通道宽度、台阶通道的出口高度不变，台阶高度的变化对流场的影响和对底面换热系数分布的影响。国内对后向台阶流场的流动特性和传热特性也有了很多的试验研究和数值研究。齐鄂荣等[5-8]利用PIV对二维后向台阶的流动特性进行仔细观察与研究。仲敏波等[9-11]研究了后向台阶在层流工况下，台阶高度、雷诺数、平板间高度的变化对底面传热特性的影响。但是国内的研究大部分都是在二维后向台阶模型的基础上进行试验研究与数值计算，有关三维后向台阶模型的研究还比较少，所以本文探讨的低雷诺数下三维后向台阶流的流动与传热特性有一定的研究价值。

2　数值研究

2.1　数值模型

用Creo软件建立三维后向台阶模型，以台阶垂直壁面与台阶下游底面交线的中点处为原点。在该模型下(图1)设置的计算模型为：台阶高度 $S=0.015\text{m}$(本文中定义 S 为特征长度)，上、下两平板间出口高度 $H=0.030\text{m}$，扩张比 $ER=H/(H-S)=2$，上游进口长 $L_0=S=0.015\text{m}$，下游出口长度 $L_1=30S=0.45\text{m}$，宽高比 $AR=WD/S=16$。

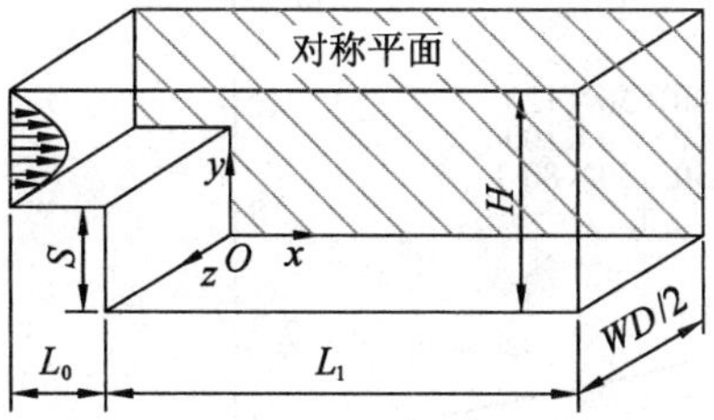

图 1　三维后向台阶模型

2.2　边界条件

(1) 进口条件：T_{in}＝283.15K，入口速度 u_{in}(udf 程序设置如图 2 所示)得到充分发展，满足抛物线状分布。

```
#include "udf.h"

DEFINE_PROFILE(inlet_x_velocity, thread, position)
{
  float x[ND_ND];
  float y,z,m,h,s,w,u;
  face_t f;
  h=0.030;
  s=0.015;
  w=0.12;
  u=0.047;
  m=26;

  begin_f_loop(f, thread)
    {
      F_CENTROID(x,f,thread);
      y = x[1];
      z = x[2];

      F_PROFILE(f, thread, position) = 1.5*u*((m+1)/m)*(1-((2*(y-s)/
(h-s)-1)*(2*(y-s)/(h-s)-1)))*(1-pow((z/w),m));
    }
  end_f_loop(f, thread)
}
```

图 2　udf 程序

(2) 台阶底面条件：恒温壁面 T_w＝313.15K。

(3) 其他：其余壁面都设置为绝热，台阶所有壁面无滑移，空气的物性参数按照283.15K下的标准设置。

3　模型验证

3.1　网格精度验证

本文在初步计算时选择了三种不同的网格精度，分别是 290×50×120、250×40×100、230×30×80。由图 3 可知三种网格下 Nu 分布基本吻合，并且峰值处的误差也比较小，同时可看出 290×50×120 的网格与 250×40×100 的网格在 Nu 峰值处基本重合，再继续增加网格密度反而会增加计算机的计算量，因此本课题最后选择 250×40×100 的网格。

3.2　数值模型验证

本文在低雷诺数状况下进行研究，再附着点位置将比较稳定。本文将上述建立的数值模型计算得到的再附着点的位置与 Armaly、Iwai 等人的研究结果进行比较，结果十分吻合，如图 4 所示。

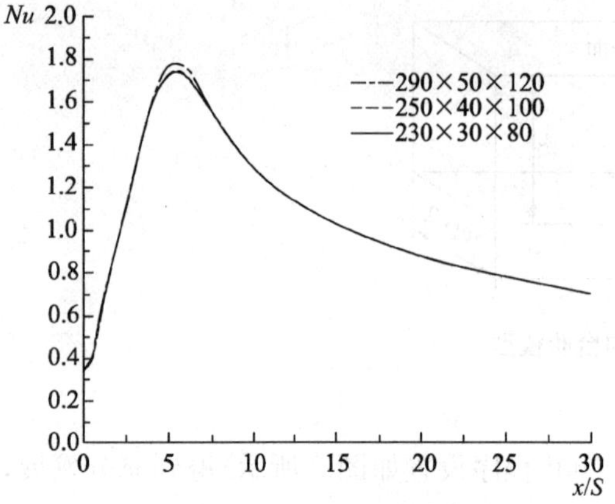

图 3　不同网格精度下的 *Nu* 分布

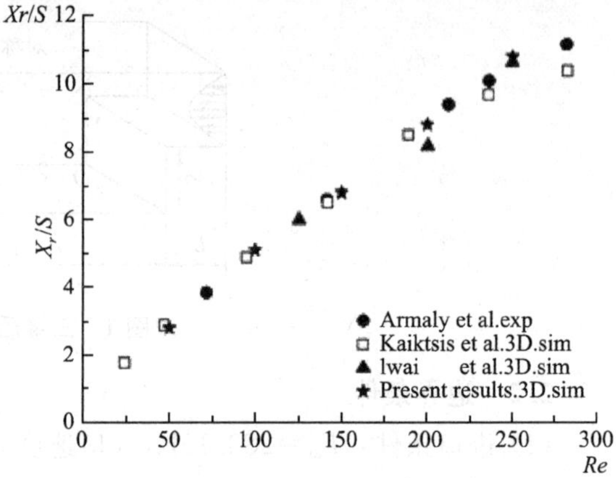

图 4　再附着点的位置

4　计算结果与分析

三维后向台阶流动与传热的影响因素诸多，比如工作介质的雷诺数、普朗特数、脉动幅度等，再比如台阶的宽高比、扩张比、倾斜角度等。本文主要研究了不同雷诺数下三维后向台阶流动与传热特性，以及不同扩张比下三维后向台阶流动与传热特性。

4.1　不同雷诺数下三维后向台阶流动与传热特性

分别选取了雷诺数为 50、100、150、200、250 的不同的情况（其余条件保持不变），观察台阶底面中心线上 *Nu* 的分布以及台阶底面 *Nu* 的分布云图，得出以下结论。

（1）随着雷诺数的增大，台阶底面中心线上努赛尔数峰值逐渐增大（见图 5），但增大趋势逐渐变小，并且达到峰值处距离台阶越来越远。

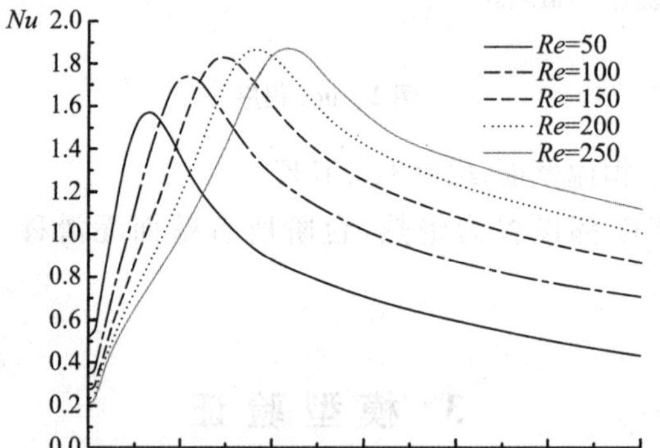

图 5　台阶底面中心线上 *Nu* 的分布

（2）由于受到前后两个侧壁的影响，在靠近壁面处区域的努赛尔数值明显高于其他地方，如图 6 所示，因此在靠近壁面处的区域换热效果比较好。

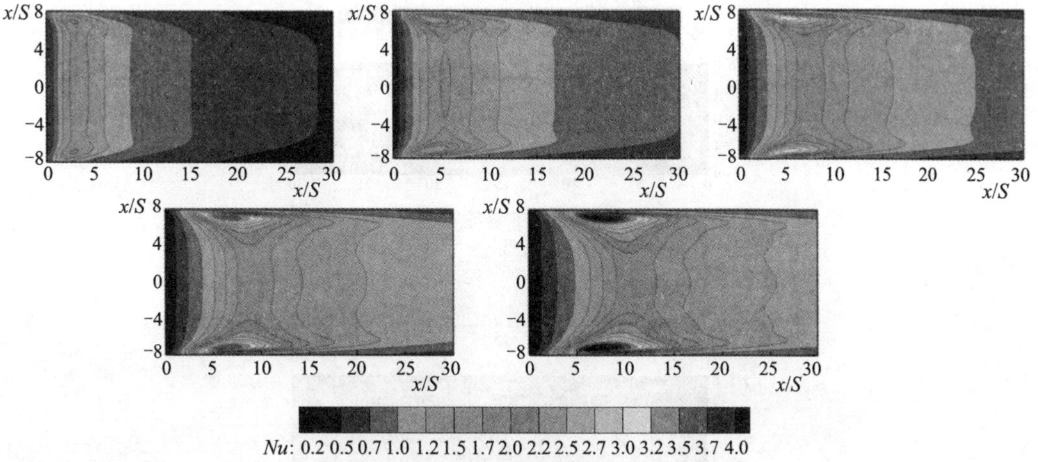

图 6　台阶底面 *Nu* 分布的云图

4.2　不同扩张比下三维后向台阶流动与传热特性

本文中研究不同扩张比[12−13](ER=1.5、ER=2、ER=3)的情况下，保持台阶高度 S(特征长度)不变，通过改变台阶上下平板间的出口高度 H 来改变扩张比，得出下列结论。

(1) 图 7 是在 Re=100 的情况下台阶底面中心线上努赛尔数的分布，由图可知，随着扩张比值的增大，努赛尔数达到的峰值变高。

(2) 截取三维台阶模型的对称平面(见图 1)，在 Re=100 的情况下，随着扩张比的增大，再附着点的位置距离台阶变近(图 8 中圆点标记处即为再附着点的位置)，同时回流区域的长度变短。

(3) 图 9 所示为在雷诺数 Re=100 的情况 下，台阶底面努赛尔数的分布情况。随着扩张比的增大，两侧壁的努赛尔数值变大，换热效果变好。

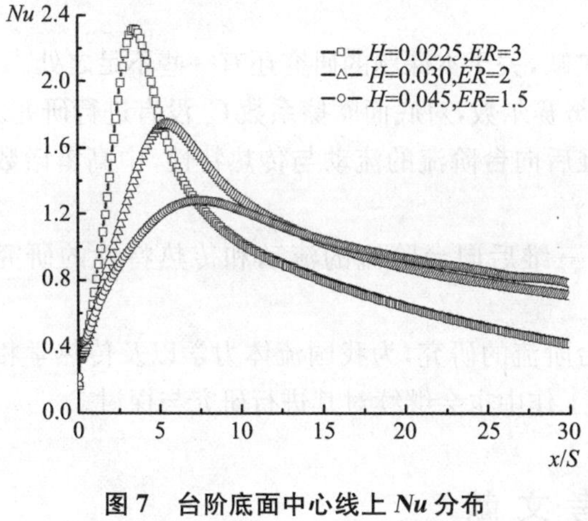

图 7　台阶底面中心线上 *Nu* 分布

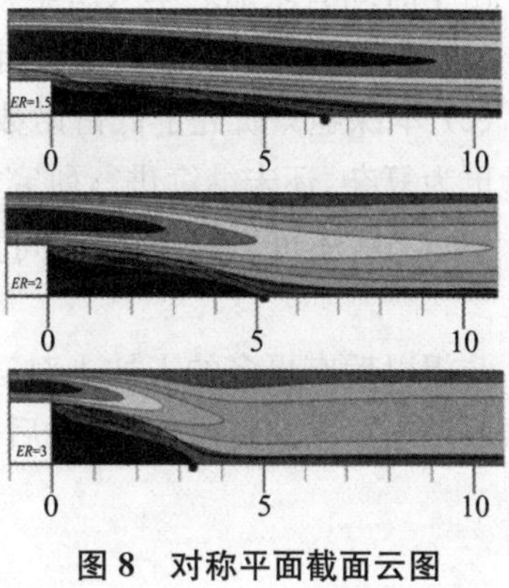

图 8　对称平面截面云图

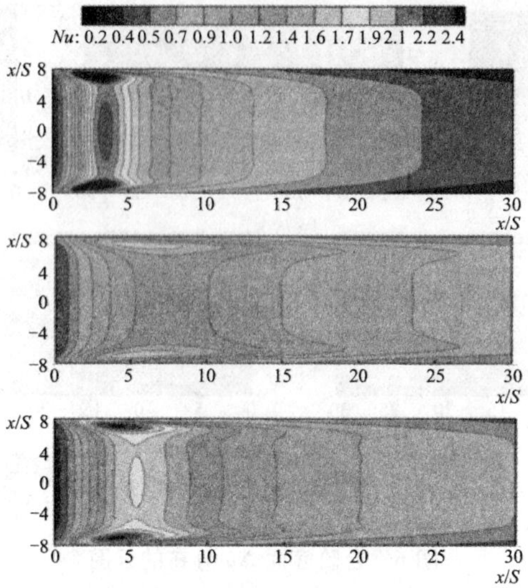

图 9 台阶底面 Nu 分布云图

5 结论与展望

5.1 结论

(1) 随着雷诺数的增加,台阶底面中心线上努赛尔数峰值逐渐增大,并且达到峰值处距离台阶越来越远。

(2) 随着扩张比值的增大,底面中心线上努赛尔数达到的峰值越高,再附着点的位置距离台阶越近,与此同时回流区域的长度越短。

(3) 由于受到前后两个侧壁的影响,在靠近壁面处区域的努赛尔数值明显高于其他地方,因此在靠近壁面处的区域换热效果比较好。

5.2 展望

由于时间有限加之本人所学知识有所欠缺,关于本课题的研究还有一些不足之处。

(1) 本文涉及的无量纲参数有雷诺数、努赛尔数,对底面摩擦系数 C_f 没有进行研究。

(2) 本课题只研究了低雷诺数下的三维后向台阶流的流动与传热特性,中高雷诺数下特性更为复杂,还未继续进行研究。

(3) 之后还可以展开在不同宽高比下三维后向台阶流的流动和传热特性的研究等工作。

希望以后有更多的人加入对三维后向台阶流的研究,为我国流体力学以及传热学相关的领域做出更多的贡献,我在以后的学习与工作中也会继续对其进行研究与探讨。

参 考 文 献

[1] Armaly B F, Durst F, Pereira J C F, et al. Experimental and theoretical investigation of backward-facing step flow[J]. J Fluid Mech, 1983(127): 473—496.

[2] Thangam S, Knight D D. Effect of stepheight on the separated flow past a backward-facing step[J]. Physics of Fluids A: Fluid Dynamics, 1989(1): 604—606.

[3] Iwai H, Nakabe K, Suzuki K. Flow and heat transfer characteristics of backward-facing step laminar

flow in a rectangular duct[J]. International Journal of Heat & Mass Transfer, 2000, 43(3): 457—471.

[4] Nie J H, Armaly B F. Three-dimensional convective flow adjacent to backward-facing step-effects of step height[J]. International Journal of Heat and Mass Transfer, 2002, 45(12): 2431—2438.

[5] 齐鄂荣,黄明海,李炜,等. 应用 PIV 进行二维后向台阶流流动特性的研究(1)——二维后向台阶流的旋涡结构的研究[J]. 水动力学研究与进展(A 辑),2004,19(4): 525—532.

[6] 齐鄂荣,黄明海,李炜,等. 应用 PIV 进行二维后向台阶流流动特性的研究(2)——二维后向台阶流起动流的研究[J]. 水动力学研究与进展(A 辑),2004,19(4): 533—539.

[7] 黄明海,齐鄂荣,李炜. PIV 在二维后向台阶流实验研究中的应用[J]. 武汉大学学报(工学版),2005,38(2): 35—38.

[8] 齐鄂荣,黄明海,李炜,等. 二维后向台阶流流动特性的实验研究[J]. 实验力学,2006,21(2): 225—232.

[9] 仲敏波,谢纬安,袁银男,等. 二维后向台阶层流传热特性的数值模拟[J]. 江苏大学学报(自然科学版),2014,35(4): 397—402.

[10] 仲敏波,王丽娟,喜冠南,等. 出口高度对过渡流态后向台阶传热特性的影响[J]. 江苏大学学报(自然科学版),2015,36(6): 655—660.

[11] 仲敏波,包雅媛,袁银男,等. 过渡流下后向台阶壁面传热的时均特性研究[J]. 机械工程学报,2014,50(10): 149—154.

[12] Kuehn D M. Some effects of adverse pressure gradient on the incompressible reataching flowover a rearwarding-facing step[J]. AIAA, 1980(18): 343—344.

[13] RA S H, Chang P K. Effects of pressure gradient on reattaching flow downstream of a reaward-facing step[J]. Aircraft, 1990(27): 93—95.

基于生物视觉的智能小车的视觉导航控制系统研究

学生姓名：钱鸿飞　指导教师：邢　强
南通大学机械工程学院，机电一体化专业，学号：1210011023

【摘　要】 以家蝇复眼视平衡思想为理论基础，以蓝宙智能小车为平台，以微控制器 K60 为核心，通过对采集的信号进行分析，针对特征信号，提出并实现了基于生物视觉的智能小车的"视平衡导航算法"。

【关键词】 视觉导航；线图像传感器；信号分析；K60；PD 控制

1　绪　论

传统导航策略在智能小车高速运动的情况下受到速度、干扰、光源等的影响较大，将所得的信息进行算法处理时，在外界条件的影响下整个算法的处理效果大大降低，造成图像失真。其次，处理器处理能力的限制、遍历图像及特征点匹配等像素级别的计算方式降低了实时性。因此，用传统导航方法难以满足智能小车通过实时图像采集来实现导航控制的要求。

在自然界中，昆虫的复眼结构简单但却拥有出色的导航能力，家蝇的视觉导航控制对研究视觉导航有一定的借鉴意义。本课题研究昆虫的视觉导航机理和仿生导航方法，将其应用于智能车的导航系统中，提高其导航效率，为导航理论带来新的发展。

2　基于线 CCD 的信号采集与处理

2.1　视觉检测元件

线图像传感器的接口电路比较简单，它只有 5 个引脚，即 VCC、GND、SI、CLK 和 AO，其中 VCC 是电源接口，GND 是接地口。只须 MCU 控制给 CLK 及 SI 两个引脚接入特定的时序，发出方波信号，AO 引脚就会依次输出 128 个像素点的模拟信号，AO 再接入单片机的 AD 转换模块，即可进行模数转换。

2.2　基于线 CCD 的采集信号

CCD 传感器的信号采集主要包括：CCD 传感器曝光方式设定、基于蓝牙技术的上位机图像采集、CCD 传感器焦距的设定。

曝光时间对单片机来说就是中断的周期，一般有自适应曝光时间和固定曝光时间两种。由于在小车的运行状态下，环境光线相对均匀，在光线非常强烈相当于太阳光直射时加上偏振片图像依旧明暗清晰，因此固定曝光时间即可满足使用需求。

上位机采用蓝宙公司开发的 CCD 上位机软件，K60 单片机采集传感器数据后，通过蓝牙串口实时地发送到上位机软件。它的每一帧数据都是以 ASCII 码的形式进行发送的，由于传输一帧数据的时间大约为 18ms，因此采用 20ms 的定时器进行中断发送数据。

焦距是镜片中心到底片成像平面的距离，由于正确的焦距会使图像清晰、黑白分明，因此焦距的选择对于 CCD 图像意义重大。上位机根据接收采集到的图像来选择合适的焦距。

2.3 传感器与车模的位置结构关系

CCD采集数据及单片机进行处理,需要一定的计算时间,通过引入前瞻使传感器采集当前位置之前的信息,以弥补计算时间。

将小车放置在试验场地内,当它从正常的赛道变换到十字交叉路口时,图像边界线变为全白的时候有瞬间突变。在变化的瞬间,测量十字路口到小车传感器的距离,即为传感器的前瞻。根据以上的方法,多次测量取平均值后,测得选取的前瞻为55cm。

3 信号分析与视觉定位方法研究

赛道上存在的元素有"圆弧弯""S弯""十字路口"和"直角弯",依次对所有元素通过人为控制行走的方式采集相关信号,重点对"90度圆弧弯"进行分析,从正向、反向、内切多种情况进行分析,找到信号的特征。根据这些信号特征,结合光流场平衡的理论,建立视平衡导航算法。

3.1 预定轨迹下的CCD信号采集

通过人为控制行走的方式,让小车在不同路径下采用标准的行走方式,并以此进行数据采集、处理、分析。

90度圆弧弯:采集20个特征点进行分析得到三组图像(如图1～图3所示),图4为20个特征点对应的实际位置区域。

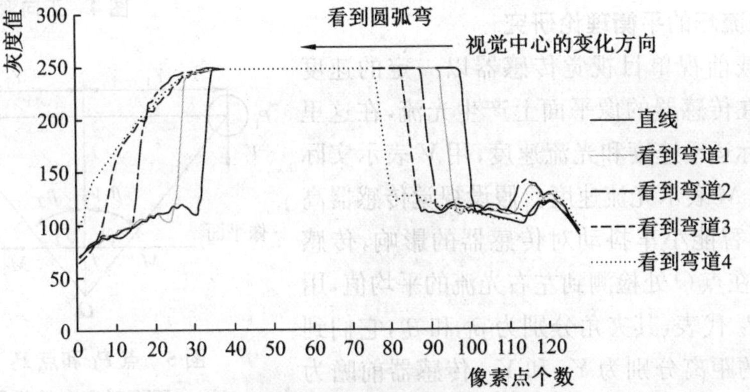

图1 正向弯道数据图(一)

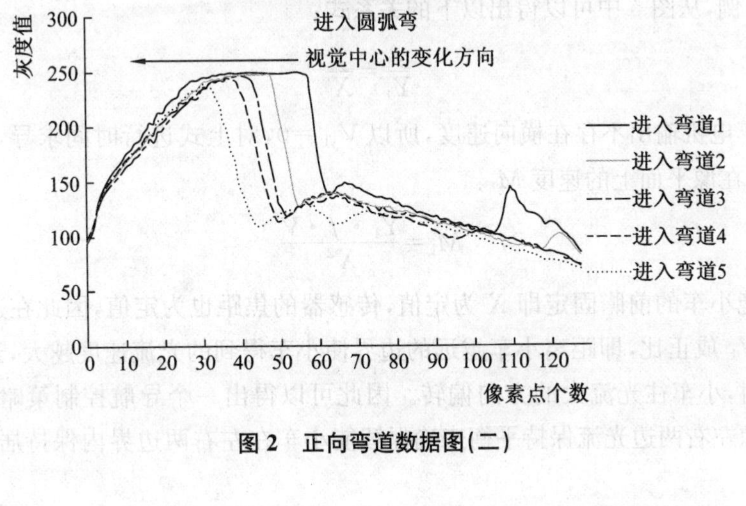

图2 正向弯道数据图(二)

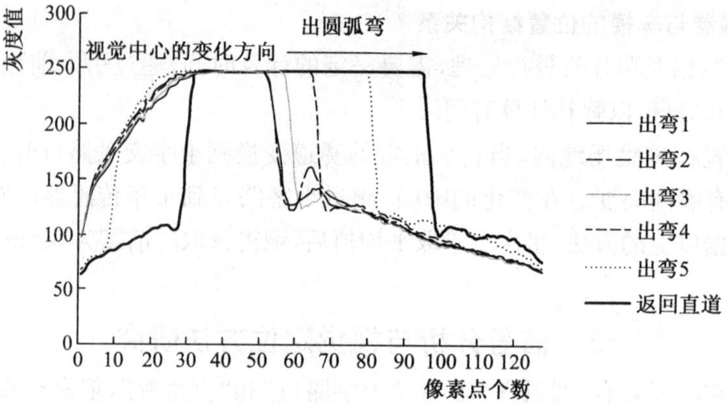

图 3　正向弯道数据图(三)

从图 1～图 4 中得出：在向左转的圆弧弯中图像会有一个向左的压缩，之后会有一个对称的向右的反弹，由此得出一个信号特征，即连续的单向视觉中心的偏移，在出现这个信号特征后出现单边丢线时进行补线处理，使单片机能计算真正的光流偏差值。

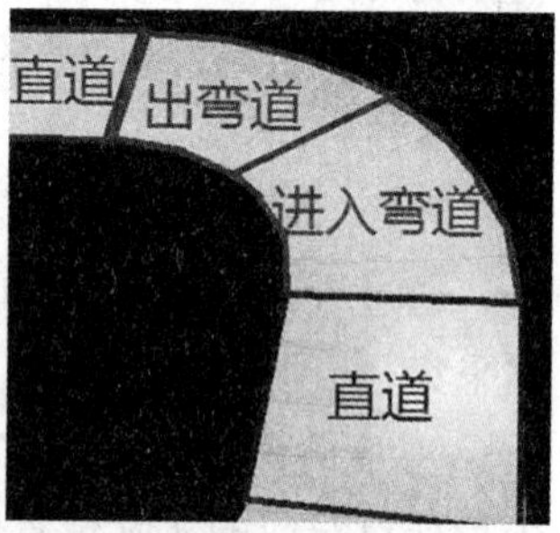

图 4　正向弯道位置区域图

对其余元素进行信号采集，对其分析，得到各自的信号特征。

3.2　光流场的平衡理论研究

假设车载前视单目视觉传感器以一定的速度向前运动时在传感器的像平面上产生光流，在这里为了区分实际运动速度和光流速度，用 V 表示实际运动速度，用 M 表示光流速度。假设视觉传感器高度固定，忽略智能小车抖动对传感器的影响，传感器焦距为 f，在点 O 处检测到左右光流的平均值，用点 P_1 和点 P_2 代表，其夹角分别为 β_1 和 β_2，它们到传感器前瞻的距离分别为 Y_1 和 Y_2，传感器前瞻为 X，如图 5 所示。

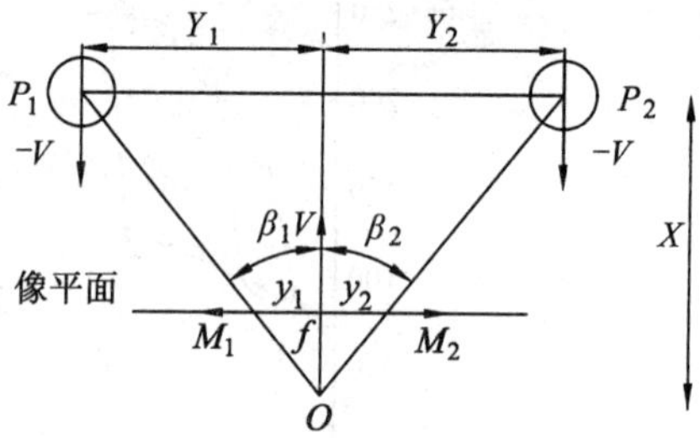

图 5　点 P_1 和点 P_2 与其像平面对应点的投影图

以 P_1 为例，从图 5 中可以得出以下的关系式：

$$\frac{y_1}{Y_1}=\frac{f}{X}$$

因为小车电机输出不存在横向速度，所以 $V_{y1}=0$，对上式进行时间求导，经过变换后，最终得到 P_1 在像平面上的速度 M_1：

$$M_1=\frac{Y_1 \cdot f \cdot V}{X^2}$$

因为智能小车的前瞻固定即 X 为定值，传感器的焦距也为定值，因此在速度一定的条件下，M_1 与 Y_1 成正比，即距离小车越远的边界使小车得到的光流速度越大，当左右两边的光流不相等时，小车往光流大的方向偏转。因此可以得出一个导航控制策略，这种控制方法通过使图像左右两边光流保持平衡来确保智能小车在左右两边界内保持居中行驶，当在任意一边遇到障碍时，可以理解为该边界线缩短了，因此小车该边得到的光流迅速减少，小车往光流大的方向偏转实现避障。这种控制方法叫作光流平衡法。

3.3 视平衡导航算法

主函数中完成模块的初始化工作并由定时器1进行中断，通过中断，每20ms进行一次线性CCD采集并进行转向控制，同时将信息发送到上位机。

4 基于蓝宙平台的视平衡导航算法的验证

在蓝宙智能小车平台上，通过前文得到的控制算法得出舵机PWM的计算值，运用PD控制的方法对舵机进行控制，并通过实验论证的方法采集运动状态下的CCD图像，验证视觉导航算法的可靠性。

4.1 平台介绍

本课题将运用蓝宙智能模型车为实验平台进行CCD信号采集、传输。舵机和电机均由PWM(脉冲宽度调制)实现控制，由单片机发出不同脉宽宽度的方波来改变输入电压的大小，最终实现转向控制和速度控制。系统采用PD(比例-微分)控制对舵机进行转向控制，舵机本身具有比较大的滞后性，因此不能引入积分控制，同时因为其滞后性需要引入微分控制进行超前处理以降低其滞后性的影响。

4.2 视平衡导航下的采集信号

小车在运动状态下采集到的信号图像与静态下的图像基本保持一致，在运动状态下，一些反光、噪声等干扰源在图像上的反应加强，控制算法对于这一情况能够进行识别，去除这些干扰。

4.3 测试结果

多次的实验论证表明基于光流平衡的方法在智能小车导航上是可行的。智能小车在不同情况下都能识别出弯道特征，并有效地进行弯道打角，顺利地通过弯道，通过蓝牙传输到上位机的信号表明，在转弯过程中的信号与前文人为控制下的信号基本一致。

5 总结与展望

采集各个元素的标准信号，通过对特征信号进行分析，编写了基于生物视觉的视平衡算法，并通过动态验证证明了算法的可靠性。目前车模在运动状态下的震动导致了动态采集到的图像干扰的增强，车模本身的硬件结构的完善减少了干扰的影响，提高了控制算法对于干扰的处理能力。

参考文献

[1] 沈连丰.蓝牙技术[J].科技术语研究，2001(3)：30—37.

公交系统用自动整理纸币、硬币的机构设计

学生姓名：李凌峰　指导教师：张　磊
南通大学机械工程学院，测控技术与仪器专业，学号：1210022027

【摘　要】基于一元纸币与各硬币的尺寸、质量等特性设计了纸币、硬币分离容器，通过晃动纸币、硬币分离容器，可将硬币从分离口中分离出去并留下纸币。基于一元纸币的尺寸设计了纸币整理容器，通过纸币整理容器做振动、摆动四自由度运动，结合纸币整理容器的约束作用，使纸币一致地趋向最低势能处，并在该最低势能处整齐叠放。该装置能将散乱的一元纸币整理成可供点钞机点钞的一沓，也可将硬币从纸币、硬币堆里快速分离，填补了至今国内外没有相应整理装置的空白。经加工装配与调试，形成了样机，针对效率与成功率进行了多项实验，实验结果表明该装置达到较好的运行效果。

【关键词】整理；分离；钱币

1　绪　论

随着科学技术的不断发展，自动化装置在减轻劳动强度，提高生产效率方面发挥着巨大的作用。在公交公司等单位，每天需要处理大量散乱的零钱，虽然目前国内也有类似柳长庆团队发明的纸币自动清分机，然而经过调查发现，公交公司散乱钱币的整理工作往往还需要工作人员通过手工去完成，这大大加重了工作人员的工作负担。虽然目前市场上纸币与硬币的清点装置很多，但是缺少钱币整理装置，特别是在散乱纸币整理装置方面几乎是空白，而且类似柳长庆团队的机器往往体积庞大、价格昂贵。因此，钱币整理类装置有着广阔的市场空间。

为此，针对目前公交公司钱币处理手工化的问题以及市场上缺少钱币整理装置的现状，设计出了一款新型的公交系统用钱币整理自动化装置——公交系统的钱币整理自动化装置，并于近期申报了发明专利。该装置能实现将一元纸币与硬币分离，特别是能完成对散乱纸币的整理，其对其他面额纸币的整理也有着借鉴作用，有着较高的推广价值。

2　机械结构设计

公交系统用钱币整理自动化装置由纸币硬币分离机构、钱币整理容器以及钱币整理传动机构构成(图1)。

2.1　纸币硬币分离机构

纸币硬币分离机构的结构较为简单，其由纸币硬币分离容器、盛币盘机构以及连接支架构成。纸币硬币分离容器由亚克力板连接而成，整个容器可通过直流减速电机的转动来实现晃动。盛币盘机构通过摆臂的旋转，使盛币盘绕舵机轴线转动，以

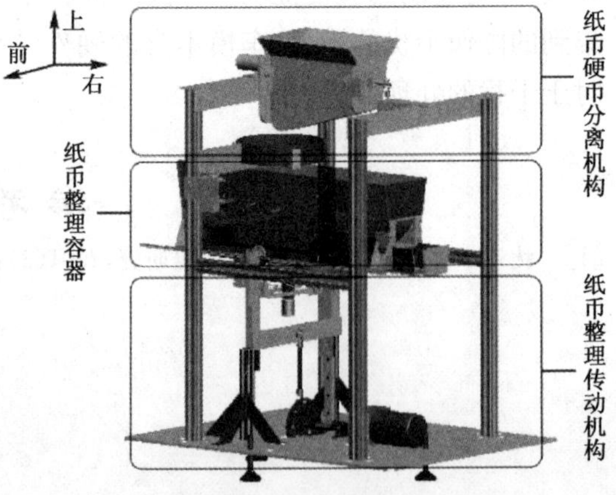

图1　公交系统用钱币整理自动化装置

此来输送硬币。两机构间的连接支架选择了市场上常见的铝型材和直角铝。该机构具有结构简洁、加工装配简单、可靠性高、成本低廉的特点,图 2 为纸币、硬币分离机构三维图。

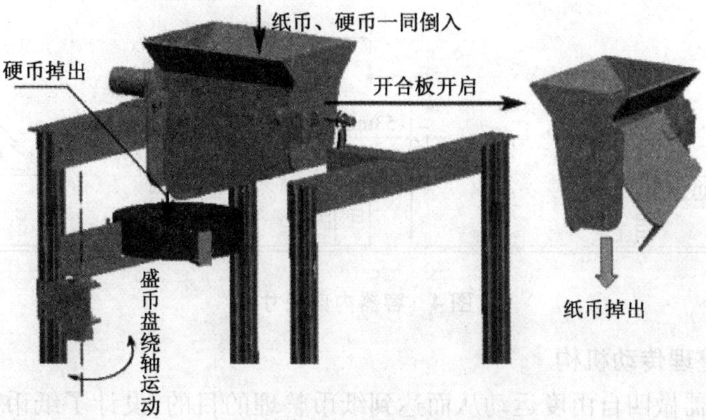

图 2　纸币、硬币分离机构三维图

2.2　纸币整理容器

本装置通过纸币整理容器实现在散乱纸币整理过程中对纸币运动的约束作用,图 3 为纸币整理容器外观图。依据一元纸币的尺寸(长 130mm,宽 65mm)设计了该容器的各尺寸。

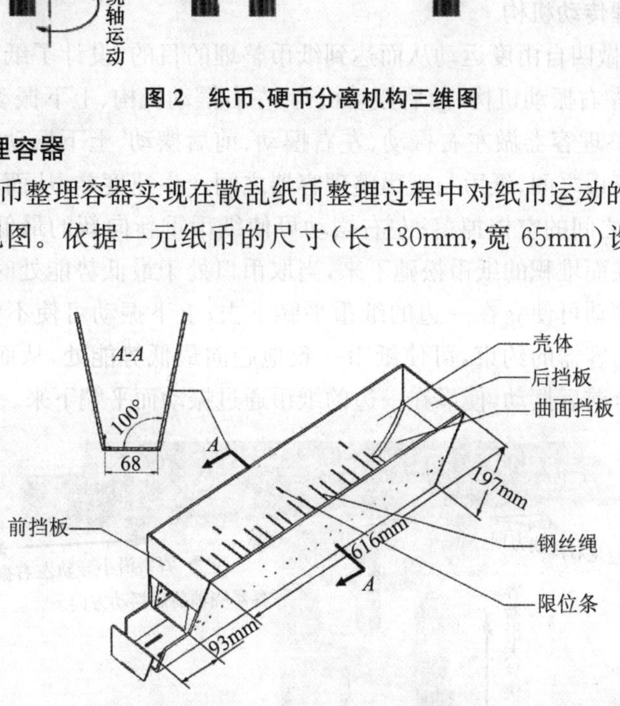

图 3　纸币整理容器外观图

(1) 底面宽度为 68mm,若过窄,会出现大量纸币竖起来的情况;若过宽,则纸币平躺方向不能保持一致,变得散乱无序。

(2) 高为 197mm,若过高,纸币掉落的距离会加大,在掉落的过程中会改变自身状态,掉落到底面会变得散乱;若过短,纸币最后不会平躺在底面,达不到整理效果。

(3) 两边倾角为 100°,倾角过大,纸币在底部不能整齐重叠;倾角过小,放币口会过窄,影响投币效率,且会使整理空间变小,降低整理效率。

(4) 长为 616mm,过长会使机构过于臃肿;过小会使每次的整理量降低,影响效率。

(5) 取币口长为 93mm,便于取出纸币。

(6) 曲面挡板的设计可以防止纸币在容器两端扎堆,影响整理效果。

钢丝绳(图 3 的 4)按左右对称、上下两排一根根固连在主壳体上(见图 4 中),该设计可使纸币在整个机构左右振动结合上下振动的条件下,顺着主容器的主轴方向掉到主容器底面上，便于实现纸币掉下后整齐叠加。

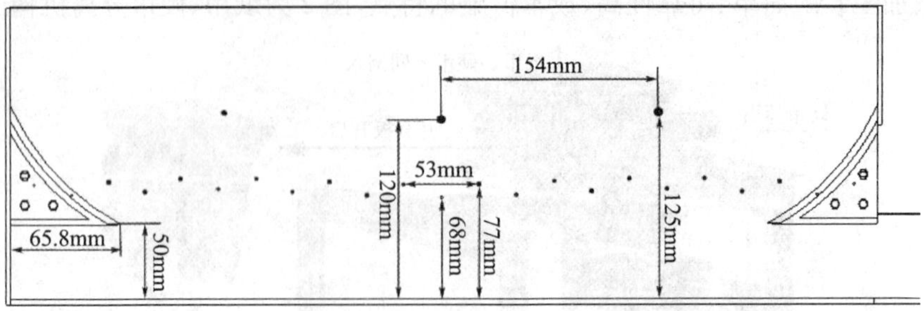

图 4　容器内部尺寸图

2.3　纸币整理传动机构

为使整理容器做四自由度运动从而达到纸币整理的目的，设计了纸币整理容器传动机构(图 5)。其包含左右振动机构、前后摆动机构、左右摆动机构、上下振动机构，通过四个电机驱动，可使纸币整理容器做左右振动、左右摆动、前后摆动、上下振动四自由度运动。其中，左右振动可使纸币之间、纸币与纸币整理容器之间产生速度差，从而使纸币沿着容器主轴方向通过钢丝绳之间的空档掉落；左右摆动可使纸币重新向新的最低势能点移动，配合上下振动，可使卡住而堆积的纸币松弛下来，当取币口处于最低势能处时，纸币会在取币口处整齐重叠；前后摆动可使立在一边的纸币平躺下去；上下振动可使不整齐堆积的纸币松弛，配合左右摆动与容器的约束，可使纸币一致地趋向最低势能处，从而使纸币整齐重叠，另外，该运动可配合前后摆动，使靠在一边的纸币通过振动而平躺下来。

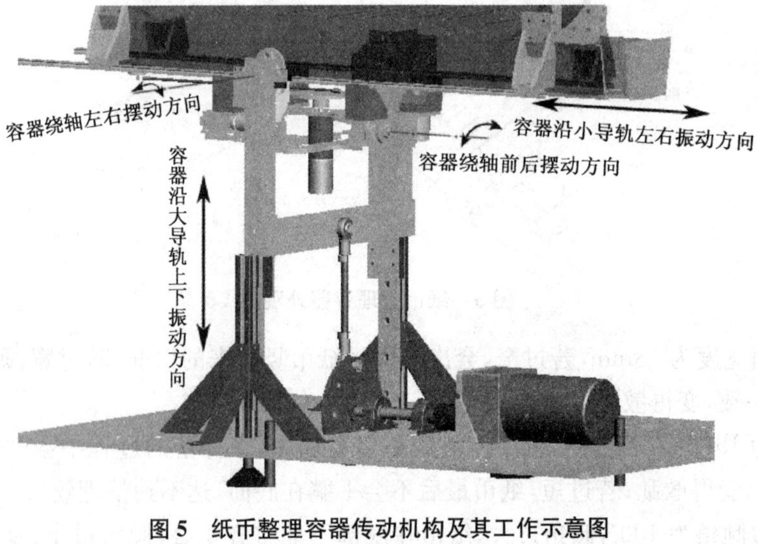

图 5　纸币整理容器传动机构及其工作示意图

3　样机实验

根据本课题提出的纸币、硬币分离方案以及纸币整理方案，设计并装配完成了公交系统的钱币整理自动化装置一代样机(图 6)。该样机能初步完成对散乱的纸币、硬币进行分离的工作，并且主要能完成将散乱的纸币进行整理的工作。通过样机实验，得出了该样机的各组实验数据，并对这些数据进行了分析。

3.1 纸币、硬币分离时间统计

为清楚地知道纸币、硬币分离的效率，需要对纸币、硬币分离时间进行统计。以 50 张一元纸币、50 枚硬币为单次的处理量进行 10 次，记录每次完全分离所用的时间，得出每次分离的平均时间为 5.09s，所以该分离机构的分离效率较高。

图 6　实物样机图

3.2 纸币、硬币分离成功率统计

对纸币、硬币分离成功率的考察点是纸币是否随硬币一同从分离口中出去，若纸币随硬币一起出去，则分离失败，反之则成功。为此，以 50 张一元纸币、50 枚硬币为单次的处理量进行 5 轮实验，每轮的样本容量为 10，发现纸币、硬币分离的成功率为 88%。

3.3 单次纸币整理时间统计

为确定纸币张数对单次整理效率的影响从而得到纸币的最佳处理张数，要对不同张数纸币的整理时间进行统计。为此，以 20 张、30 张、40 张、50 张、60 张、70 张、80 张为单位对纸币各进行 10 次整理，从而得到各张数纸币的平均整理时间。图 7 为不同张数的纸币所需整理时间的走势图。由图 7 可见，当以 50 张为单次处理量时，整理效果最佳。

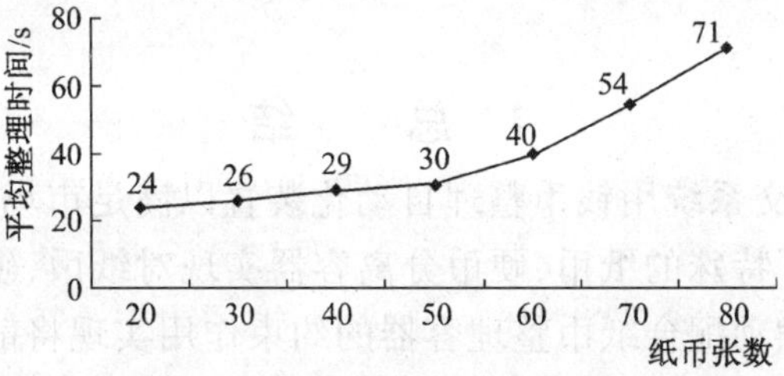

图 7　不同张数的纸币所需整理时间走势图

3.4 单次纸币整理成功率统计

整理纸币的时候，纸币并不会每次都被全部整理好，还有一些纸币会留在纸币整理容器中，留在容器中的纸币被算作整理失败的纸币。这里须统计单次纸币整理的成功率，该成功率为已经整理好的纸币占单次所投放的纸币量的比例。将 50 张纸币作为每次的实验量，如图 8 所示，当实验的样本容量为 10 时，单次纸币整理的平均成功率为 74%。由此可见，单次整理的成功率尚可。但是该装置是持续工作的，前一次未处理的纸币可以留到下一次来进行整理，这样可以进一步提高成功率。

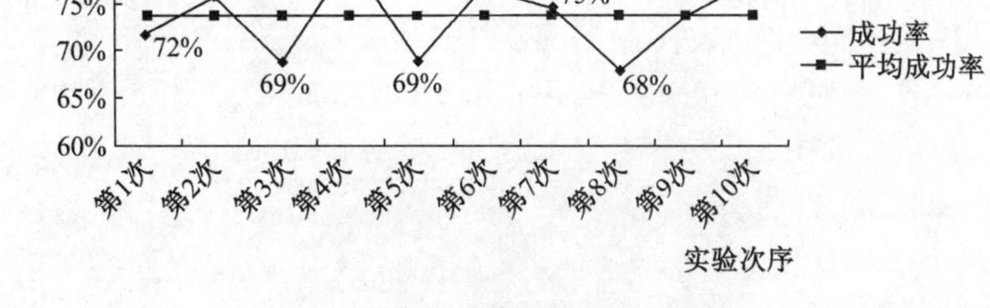

图 8　单次纸币整理成功率走势图

3.5 连续工作时纸币整理成功率及处理量统计

本装置可持续工作，因此前一次未被完全整理好的纸币可以在之后的运行中再次进行整理。实验时，每次放入 50 张一元纸币，每次整理动作完成后取出已被完全整理好的纸币，留下未被整理好的纸币，共进行 10 次实验。图 9 为连续工作时各次序的成功率走势图。可见，连续工作时的平均成功率为 95%，这相对于单次整理提高了很多。另外，通过此实验还得出了该装置连续工作时的平均出钞量为 47，这是该装置的实际工作效率。人工整理如此数量的散乱纸币大概需要 31s，而该装置的一个工作周期为 25s，所以该装置的纸币整理效率高于人工。

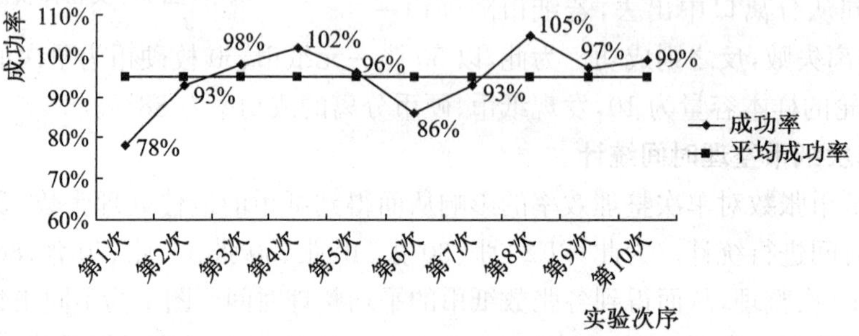

图 9 连续工作时成功率走势图

4 总 结

本文设计了一种公交系统用钱币整理自动化装置以满足市场所需。本设计以大量的模型实验为基础，设计了特殊的纸币、硬币分离容器实现对纸币、硬币的快速分离，通过上下、左右振动及一定的摆动配合纸币整理容器的约束作用实现将散乱的纸币快速放整齐。本装置能持续工作，因此其可对钱币进行不间断地整理，能够将人们从繁杂的钱币整理工作中解放出来，大大减小工作负担。本装置具有结构简单、成本低廉的特点，且它对其他面额纸币的整理具有借鉴意义，有较强的适应性。本成果有着较高的推广应用价值，市场空间广阔。

参考文献

[1] 肖丽英. YB50 全自动硬币计数、包卷机的研制[J]. 包装工程，2003(3)：28—29.

[2] 张新未，郭晗萌，董雪，等. 振动式硬币清分机的设计[J]. 装备制造，2009(11)：212.

通用式五自由度机械手结构设计

学生姓名：夏　梦　指导教师：杨玉萍

南通大学机械工程学院，机械工程及自动化专业，学号：1210012113

【摘　要】 设计了一通用式关节型机械手，可用于机器人教学实验等研究，机械手包括手爪、腕部、肘部、肩部及腰部五个关节，即五个自由度。整个机械手采用电机驱动，要求其具有一般的负载能力和运动速度，同时动作相对灵活，有较大的工作范围。

【关键词】 五自由度；机械手；结构设计；电机驱动

1　绪　　论

20世纪60年代初机器人问世，机器人技术迄今为止已经发展了40多年，取得了很多实质性的进步和成果，机器人的研究、制造和应用程度，在一定程度上代表了一个国家或一个公司的科学技术水平和经济实力。因此，研究机器人技术具有重要的意义。

2　总 体 设 计

2.1　研究内容和方案拟定

对本课题所研究的五自由度机械手，依据人体结构，设计了与人体相对应的腰关节、肩关节、肘关节。操作臂的前端装有末端执行机构，可以通过开合来实现抓取动作或细微操作。该机械手有五个自由度，分别是腕部的绕 X 轴的转动，腕部绕 Y 轴的转动，肘部绕 Y 轴的转动，肩部绕 Y 轴的转动和腰部绕 Z 轴的转动。机械手抓重为100N，驱动方式为电动。关节驱动系统采用步进电机连接谐波减速器的间接驱动方式。手爪驱动系统采用步进电机丝杆滑块驱动方式。机械主要结构设计分为六个部分，分别是手爪结构设计，腕部旋转关节设计，腕部俯仰关节设计，肩部、肘部和腰部结构设计。

2.2　机械手设计参数

该机械手的定位精度为±0.5mm，可以抓取质量在10kg以下、直径在20～60mm之间的工件，底座底部到肩关节主轴轴线高度为831mm，大臂长度为277mm，小臂长度为475mm，腕部俯仰关节到指尖的距离为254mm，腰部和腕部回转关节的旋转角度范围均为－180°～＋180°（最大速度为90°/s），肩部、肘部以及腕部俯仰关节旋转角度范围均为－90°～＋90°（最大速度为60°/s），手指开合角度为0～120°。它的工作空间是和腰部转动轴同心的圆环型的立体空间。

3　手爪结构设计

手部是用来抓取或吸附工件的部件，常见的手部结构有气吸式、电磁式、夹钳式以及其他形式。本文采用的是二指平动型手爪，它通过平行四杆机构驱动手指，这种手部结构相对简单，具有手指开闭角度大、动作灵活的特点。

3.1 手爪的设计原理

手爪的结构简图如图1所示。当电动机驱动左端的连杆向左平移时，手爪处于张开的状态；反之，当电动机驱动左端的连杆向右平移时，手爪处于闭合的状态。这样，就可以用电动机驱动左端的连杆，带动其他杆件运动，达到控制手爪的张开和闭合的目的。

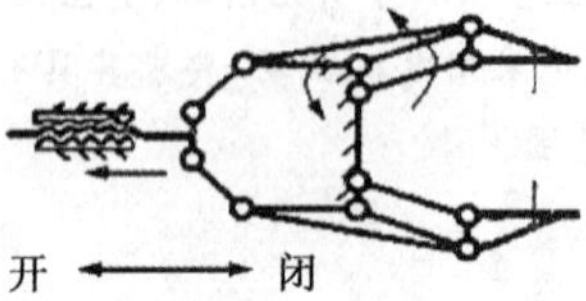

图1 二指平动型手爪的结构简图

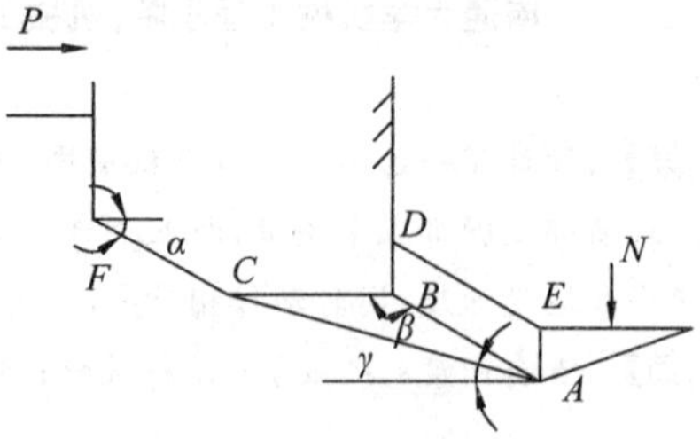

图2 手爪受力分析

3.2 手爪夹紧力和驱动力的计算

手爪受力分析如图2所示。在平行四杆机构 $ABCD$ 中手爪的夹紧力 N、驱动力 P 方向如图2所示，设 α 为驱动力 P 与杆 CF 的夹角（$\alpha<90°$），γ 为驱动力 P 与杆 AC 的夹角，β 为杆 AB 和杆 BC 的夹角，l 为 AB 的杆长，L 为 BC 的杆长，所需夹紧力为

$$N=\frac{L\cos(\alpha+\beta+\gamma)}{2l\sin\alpha\cos\beta}P \tag{1}$$

从公式(1)中可知，α 角越小，获得的增力比就越大。当工件尺寸变化时，夹紧位置的 α 角也跟着变化，当取极限位置，手指完全闭合时，α 角最大，此时增力比最小，计算所得夹紧力符合要求时，其他情况所需夹紧力也完全符合要求。将极限位置的参数 $l=38\text{mm}$、$L=20\text{mm}$、$\alpha=53°$、$\gamma=23°$、$\beta=100°$ 代入公式(1)，得出夹紧力 $N=1.902P$。

手部电机选用57系列混合式直线步进电机，型号是57HBWL56，步矩角为1.8°，静转矩为1.2N·m，质量0.68kg。手爪驱动方式为丝杆驱动。负载转矩的计算公式为

$$T_L=\left(\frac{F\cdot P_B}{2\pi\cdot\eta}+\frac{\mu_0\cdot F_0\cdot P_B}{2\pi}\right)\cdot\frac{1}{i}(\text{N}\cdot\text{m}) \tag{2}$$

$$F=F_A+m\cdot g(\sin\theta+\mu\cdot\cos\theta)(\text{N}) \tag{3}$$

上式中，F 为运行方向负载；F_0 为预负载，大小为 $F/3$；μ_0 为预压螺母的内部摩擦系数(0.1～0.3)；g 为重力加速度，单位为 m/s^2；η 为效率(0.85～0.95)；i 为减速比；P_B 为滚珠螺杆的导程，单位为m/rev；F_A 为外力；m 为工作台及工作物的总质量，单位为kg；μ 为滑动面的摩擦系数；θ 为倾斜角度。

夹紧力 N 应该取到工件重量的2～3倍，这里取最大值3倍。当工件质量为10kg时，夹紧力 N 的大小为300N，代入公式 $N=1.902P$，可得作用力 $P=157.7(\text{N})$。

将下列数据代入公式(2)、公式(3)：

$$\mu_0=0.3, g=10, \eta=0.85, i=1, P_B=0.002, F_A=15.4, \mu=0.05, \theta=0, m=0$$

得出 $F=157.7(\text{N})$，$F_0=52.6(\text{N})$，$T_L=0.632(\text{N}\cdot\text{m})$，所选电机符合要求。

4　五个关节设计

机械手五个关节的主要构件包括底座、基座、腰部连接件、肩部关节、肘部关节、腕部旋转关节和俯仰关节、手爪、五个关节主轴、轴用弹簧挡圈、套筒、轴承、轴承端盖、步进电机及谐波减速器等。这五个关节分别是腕部旋转关节、腕部俯仰关节、肘关节、肩关节和腰关节，这五个关节都做旋转运动，驱动系统都采用步进电机带动谐波减速器的间接驱动方式，所以采用同样的计算公式来计算驱动力，选择电机。

驱动回转关节时的驱动力矩必须克服关节启动时所产生的惯性力矩、关节的转动轴与支承孔处的摩擦阻力矩和由于转动件的重心与转动轴线不重合所产生的偏重力矩，关节转动时所需的驱动力矩可按下式计算，即

$$M_{驱}=M_{惯}+M_{摩}+M_{偏}(\mathrm{N\cdot m}) \tag{4}$$

式中，$M_{驱}$ 为驱动关节转动的驱动力矩；$M_{惯}$ 为惯性力矩；$M_{摩}$ 为关节转动轴与支承孔处产生的摩擦阻力矩；$M_{偏}$ 为参与转动的所有零部件的重量（包括工件、手部零件等）对转动轴线所产生的偏重力矩。

（1）对摩擦阻力矩 $M_{摩}$，为简化计算，一般取 $M_{摩}=0.1M_{驱}(\mathrm{N\cdot m})$

（2）偏重力矩

$$M_{偏}=G_1e_a+G_0e_b(\mathrm{N\cdot m}) \tag{5}$$

式中，G_1 为工件重力，单位为 N；e_a 为工件重心到关节转动轴线的偏心距，单位为 m；G_0 为关节转动件的重力；e_b 为关节转动件的重心到关节转动轴线的偏心距。

（3）关节加速运动时所产生的惯性力矩

$$M_{惯}=(J+J_1)\cdot\omega/\Delta t(\mathrm{N\cdot m}) \tag{6}$$

式中，J 为参与关节转动的部件对转动轴线的转动惯量，单位为 $\mathrm{kg\cdot m^2}$；J_1 为工件对关节转动轴线的转动惯量，单位为 $\mathrm{kg\cdot m^2}$；Δt 为启动过程所需的时间，一般取 0.05～0.3s。

以腕部回转关节为例，代入数据 $e_a=0.03\mathrm{m}$，$G_1=100\mathrm{N}$，$G_0=9.6\mathrm{N}$，$e_b=0.07\mathrm{m}$，得出 $M_{偏}=3.672(\mathrm{N\cdot m})$，因为此时的转动惯量 J_1+J 不是很大，所以腕部回转关节启动过程产生的惯性力矩也不是很大，可以简化计算，即 $M_{驱}=1.1(M_{偏}+M_{摩})$，计算出 $M_{驱}=4.538(\mathrm{N\cdot m})$。这里采用的电机是步进电机，步进电机的安全系数 $S=2$，$M_{驱}'=9.076(\mathrm{N\cdot m})$，关节电机通过谐波减速器连接转动轴，谐波减速器的传动比为 $i=100$。所以负载转矩 $T_L=M_{驱}/i(\mathrm{N\cdot m})$。腕部回转关节采用的步进电机，型号为 56BYG250B-SASS-BL-0241，静转矩是 0.65N·m，步距角为 0.9°/1.8°，符合要求。

再以腕部俯仰关节为例，代入数据 $e_a=0.203\mathrm{m}$，$G_1=100\mathrm{N}$，$G_0=13.41\mathrm{N}$，$e_b=0.108\mathrm{m}$，得出 $M_{偏}=21.75(\mathrm{N\cdot m})$。查转动惯量公式有：$J=G_1e_b^2/g=0.412(\mathrm{kg\cdot m^2})$，$J_1=G_0e_b^2/g=0.0156(\mathrm{kg\cdot m^2})$，这里 $\omega=2.616\mathrm{rad/s}$，将 J、J_1 代入公式(6)得 $M_{惯}=3.73(\mathrm{N\cdot m})$。将计算所得 $M_{惯}$、$M_{偏}$ 代入式(4)得出 $M_{驱}=28.31(\mathrm{N\cdot m})$。这里同样采用步进电机，安全系数 $S=2$，$M_{驱}'=56.62(\mathrm{N\cdot m})$，关节电机通过谐波减速器连接转动轴，谐波减速器传动比为 $i=100$。所以负载转矩 $T_{L_1}=M_{驱}'/i(\mathrm{N\cdot m})$，腕部俯仰关节采用混合式步进电机，型号为 56BYG250C-SASS-BL-0241，静转矩为 1.04N·m，步距角为 0.9°/1.8°，符合要求。

根据以上计算公式，可以计算出肘部、肩部、腰部的负载转矩。肘部负载转矩为 0.9735N·m，肘部关节的电机型号为 56BYG250D-SASS-BL-0241，静转矩为 1.72N·m，

步距角为 0.9°/1.8°，满足要求。肩部负载转矩为 0.9735N·m，肩部电机型号为 110BYG550D-SAKRMT-0301，静转矩为 18.0N·m，步距角为 0.36°/0.72°，符合要求。腰部负载转矩为 23.513N·m，腰部关节的电机型号为 130BYG550D-SAKRMT-0501，静转矩为 25.0N·m，步距角为 0.36°/0.72°，符合要求。

5 总　结

本次毕业设计对机械手的手部、腕部、臂部及腰部做了设计与计算，在这个过程中，了解了一些机械手的相关知识，了解了机械手的设计过程，掌握了一定的机械设计方面的知识，为以后相关方面的工作学习奠定了基础。

参 考 文 献

[1] 韩建海. 工业机器人[M]. 武汉：华中科技大学出版社，2012：1.

[2] 苏子昊，孔庆忠. 关节型机器人二指平动手爪的设计[J]. 机械工程与自动化，2008(5)：80—84.

[3] 高慧仁. 工业机械手设计[M]. 合肥：合肥工业大学出版社，2014：49—51.

[4] 王越超. 我国危险作业机器人研究开发取得新进展[J]. 机器人技术与应用，2005(6)：11—14.

[5] 机器人技术国家工程研究中心，中科院沈阳自动化研究所. AGVS 产品及其应用[J]. 机器人技术与应用，1999(5)：3—15.

[6] 吕广明，孙立宁，唐余勇. 五自由度上肢康复机器人的运动学逆解[J]. 黑龙江大学学报(自然科学版)，2007，24(1)：54—57.

[7] 董文杰，徐文立. 移动机械手的鲁棒控制[J]. 控制理论及应用，2002(6)：345—349.

[8] 蔡自兴. 中国的智能机器人研究[J]. 莆田学院学报，2002，9(3)：36—39.

[9] 方建军. 智能机器人[M]. 北京：化学工业出版社，2004：133—156.

[10] 俞水强，吴洪涛. 串联工业机器人的通用动力学仿真平台[J]. 机械设计与制造，2008(8)：179—180.

[11] 刘宇，孙立宁. 一种七自由度仿人手臂动力学仿真分析[J]. 机械设计与制造，2004(2)：33—35.

[12] 石炜，郄安民，张玉宝. 基于凯恩方法的机器人动力学建模与仿真[J]. 微计算机信息，2008，10(2)：222—226.

[13] 付丽，刘卫国，伊强. 单片机控制的多路舵机用 PWM 波产生方法[J]. 微特电机，2006(2)：28—29.

深冷处理对 6061Al 组织与性能的影响

学生姓名：张　丽　指导教师：倪红军

南通大学机械工程学院，机械工程及自动化专业，学号：1210012112

【摘　要】深冷处理又被称为超低温处理，是将试验材料放在有着冷却介质的机器中在一定温度下（一般是－130℃以下）处理一段时间，以提高材料综合性能的方法，具有良好的发展前景。通过五组实验考察深冷处理对 6061 铝合金的组织力学性能的影响，研究结果表明，深冷处理提高了材料的延展性，但降低了其耐磨性。

【关键词】深冷处理；6061 铝合金；金相组织；延展性；耐磨性

1　绪　　论

冷处理分为两种，0℃～－100℃（173K）的冷处理被称为冰冷处理；－100℃以下的冷处理被称为深冷处理。通过研究不同深冷处理工艺对 6061 铝合金组织及力学性能的影响，再通过各种力学实验数据对比及金相显微实验观察到的现象，得到最佳处理方案，为铝合金发展和之后品质 6061 铝合金的研究提供理论指导。

2　深冷处理的机理

以钢铁类为例，深冷处理的机理是残余奥氏体向马氏体转变，由原来的面心立方晶格转变成体心立方晶格即 FCC 转变成了 BCC，从而提高强度和硬度。一方面残余奥氏体转变成了马氏体，材料内应力增加，使马氏体基体上析出大量的超微细碳化物；另一方面马氏体体积收缩加上铁的晶格常数缩小，增加了碳原子析出的动力，致使马氏体基体上析出大量的超细碳化物。由于细化材料的组织部分转移了金属原子的动能，从而使材料更加强韧化。此外，材料内部缺陷（微孔、内应力集中部位）的塑性流变，降低了材料内部的残余应力，提高了尺寸稳定性。

3　6061Al 深冷处理实验及分析

3.1　实验材料

实验所用的材料为 6061 铝合金，根据实验所需，购买佛山市荣丰有色金属制备的符合要求的 6061 铝合金。试样如图 1、图 2 所示。

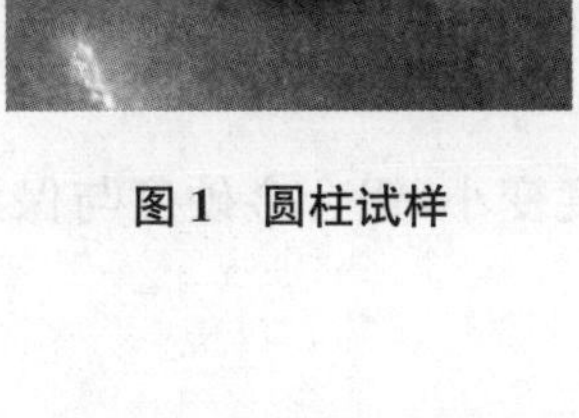

图 1　圆柱试样

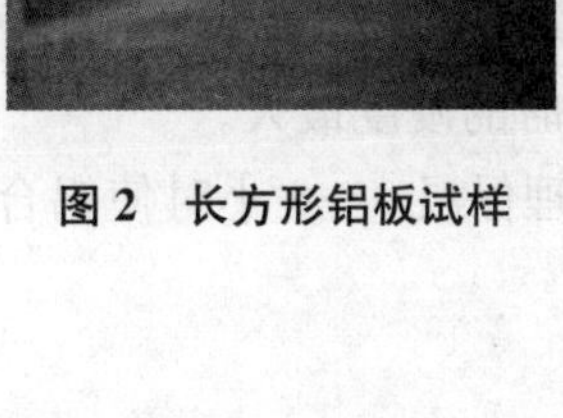

图 2　长方形铝板试样

3.2 实验设备

实验中所用的设备包括：

SLX-80 程序控制深冷箱	北京中科宇麒科技有限公司
X 射线荧光分析仪	帕纳科公司
BX12C-VC 金相显微镜	上海金相机械设备有限公司
HR 150A 洛氏硬度计	上海产伦捷有限公司
XQ-1 金相实验镶嵌机	上海光学仪器厂
MP-2B 研磨抛光机	莱州市实验器械制造有限公司
CMI5204 万能拉伸试验机	深圳新三思
BMW3000 往复走丝式线切割电火花机床控制机	苏州市宝玛数控设备有限公司

3.3 实验内容及分析

3.3.1 成分测试

用 X 射线荧光分析仪测出合金相应的化学成分，如附表所示。

附表 合金的化学成分(%)

元素	Al	Mg	Si	Fe	Cu	Zn	V	Mn	Cr
标准	余量	0.8～1.2	0.4～0.8	<0.7	0.15～0.4	<0.25	<0.05	<0.15	0.04～0.35
实际	97.117	0.803	0.532	0.689	0.180	0.247	0.004	0.143	0.285

通过上述分析可以知道：各个合金元素都在 6061 铝合金要求的范围之内，又因为 6061 铝合金的强化相 Mg_2Si 中的 Mg、Si 质量比为 1.73，可大致推测该合金中 Si 元素稍过量。但是依旧可以确定该材料是 6061 铝合金，可以继续进行之后的其他研究。

3.3.2 6061 铝合金的深冷处理

深冷处理的五组实验具体如下。

(1) 深冷处理 0 小时：在本次实验中作为对照组。

(2) 深冷处理 3 小时：从室温定速地降温至－190℃，然后再在液氮里保温 3 小时。

(3) 深冷处理 6 小时：从室温定速地降温至－190℃，然后再在液氮里保温 6 小时。

(4) 深冷处理 9 小时：从室温定速地降温至－190℃，然后再在液氮里保温 9 小时。

(5) 深冷处理 12 小时：从室温定速地降温至－190℃，然后再在液氮里保温 12 小时。

3.3.3 力学性能的测试

力学性能的测试主要包括对未深冷处理的和各种不同深冷处理工艺处理后的铝合金进行落实硬度测试、抗拉性能实验和耐磨性能实验。

3.3.3.1 硬度测试

本实验采用的是南通大学 HR 150A 洛氏硬度计。经过上述分析对比实验，可以得到如下结论。

(1) 通过对比可以看出不是所有的深冷处理都可以使材料的硬度有所提高，－190℃深冷处理保温 3 小时、6 小时、9 小时的硬度均比未处理时的铝合金硬度小。

(2) －190℃深冷处理保温 6 小时使铝合金硬度最小，保温 3 小时与保温 9 小时硬度相当，而保温 12 小时的硬度最大。

(3) 深冷处理保温 0～6 小时使铝合金的硬度变小，铝合金硬度与保温时间大致成反比，而保温时间 6 小时以上使铝合金硬度增大，合金硬度与保温时间大致成正比。

(4) 对 6061 铝合金来说，－190℃深冷处理保温 6 小时是一个转折点，而保温 12 小时可以提高铝合金的硬度，为提高铝合金强度的最佳处理工艺。

3.3.3.2 拉伸强度测试

在本次实验中所使用的实验设备是电子万能试验机 CMI 5204。该设备是深圳新三思生产的实验设备。通过实验可以得到以下结论。

(1) 本次实验条件下的深冷处理可以提高 6061 铝合金材料的延展性，使材料的可塑性更高。

(2) 深冷处理保温时间与伸长量成正比关系，即处理时间越长越有助于延展性的提高。

(3) 深冷处理时间并不是越长越好，它与材料的本身也息息相关，本次实验在－190℃处理后保温 6 小时，材料的抗拉强度要小于保温 3 小时的抗拉强度，同时也不是所有深冷处理都可以提高材料的抗拉强度。经过－190℃处理后保温 6 小时，材料的抗拉强度甚至小于未处理材料的抗拉强度。

(4) 与硬度实验做对比，可以发现效果最好的是 6061 铝合金在－190℃处理后保温 12 小时，此时材料的抗拉强度和延展性是最好的。

3.3.3.3 耐磨性能测试

本次实验机器的型号是 MP－2B 研磨抛光机，是由莱州市实验器械制造有限公司生产的。实验结果如下。

(1) 由经过处理和没有处理的 6061 铝合金试样的对比发现，深冷处理并没有使铝合金的耐磨性能有所提高，这一表现从硬度这一指标中也可以得到反映，深冷处理并没有提高铝合金的硬度。

(2) 就深冷处理的时间而言，与抗压实验组所表现的不同，深冷处理时间对实验的影响很大。在深冷处理这个实验中，处理 12 小时的试样的耐磨性能要低于处理 3 小时的试样。同时，深冷处理 12 小时的试样的耐磨性能也是最差的，这可能与深冷处理导致铝合金内部结构发生变化有关。

(3) 深冷处理试样 3 小时的这个组，试样的耐磨性能与未处理组相比没有太大的变化，说明深冷处理 3 小时不能改变铝合金的耐磨性能。

3.3.3.4 显微金相实验

通过上述对铝合金经过各深冷处理工艺后显微金相组织的分析可以得到如下结论。

(1) 各深冷处理工艺并没有使晶粒大小发生太大的变化。

(2) －190℃深冷处理 6 小时的组织并没有比深冷处理保温 3 小时的组织更均匀，这与在力学性能测试时所得到的结论相对应，深冷处理保温 6 小时的抗拉强度不高，耐磨性能也最差。即可以从两个角度证实，－190℃深冷处理保温 6 小时的效果不如深冷处理保温 3 小时。

(3) 除了－190℃深冷处理 6 小时这一个特例以外，保温时间越长，材料组织越均匀，力学性能也越好。

(4) 深冷处理保温时间在 0～3 小时时，保温时间与组织细化程度成正比；保温 3～6 小时，保温时间与组织细化程度成反比；保温 6～12 小时，保温时间与组织细化程度成正比。

(5) 深冷处理的过程中体积的收缩不仅仅使材料的内部产生了大量的位错和亚晶等，而且能使材料的晶体结构也发生重大的变化，并且能够在深冷回复的过程中产生回复再结晶，致使晶粒发生转动，择优选择形成再结晶结构，所以当晶粒选择取向有利于阻碍位错滑移的时候，材料的强度性能便能够得到提高。

4 总结与展望

本课题以 6061Al 为研究对象，通过深冷处理研究其力学性能。主要从力学性能和显微组织两个大的方面对比分析深冷处理与未经深冷处理的铝合金的变化。通过对上述实验得到的各类数据及图片的对比分析可以得到如下结论：深冷处理提高了材料的延展性，但降低了其耐磨性。除深冷处理 6 小时外，均提高了材料的硬度和抗拉强度。经过深冷处理后铝合金力学性能的提高主要是由于晶包内组织变得更均匀了。由于各种因素的限制，研究过程存在一些问题，尚待改进。

参考文献

[1] 尹洪臣. 液氮深冷处理的应用研究[J]. 国外金属热处理，1999(4)：45.
[2] 陈文革，沈宏芳，丁秉均，等. 深冷处理对 W-Cu 合金组织与性能的影响[J]. 金属热处理，2005，14(3)：28—31.
[3] Reitz W，Pendray J. Cryoprocessing of materials：a review of current status [J]. Material and Manufacturing Processes，2001，16(6)：829—840.
[4] 赵国华. 深冷处理对 Cr12Mo V 钢组织和耐磨性能的影响[J]. 热处理，2010，25(6)：59—62.
[5] 阎红娟，徐宏海，李凯. W6Mo5Cr4V2 高速钢钻头深冷处理工艺试验研究[J]. 现代制造工程，2010(9)：81—83.
[6] 蔡红，葛凯晨，卢军，等. 95Cr18 不锈钢的深冷处理[J]. 金属热处理，2009，34(5)：86—88.

固体粉料防搭桥试验装置及脱氢乙酸自动传输系统设计

学生姓名：王璐璐　指导教师：邱自学
南通大学机械工程学院，机械工程及自动化专业，学号：1210012085

【摘　要】设计了固体粉料防搭桥试验装置，采用机械搅拌及振动助流的方法解决固体粉料搭桥的问题，为粉料自动传输提供可行的优化方案。设计脱氢乙酸自动传输系统，采用三台螺旋输送机以实现自动传输，同时运用称重传感器对传输过程进行实时检测。

【关键词】固体粉料；搭桥；脱氢乙酸；自动传输

1　绪　论

固体粉料在生产过程中由于流动性较差，存在搭桥现象，不利于下一道工序的顺利进行，所以需要研制一套固体粉料防搭桥试验装置。脱氢乙酸在我国已大量投入工业化生产，但是生产过程中粉尘与输送问题仍是一个难题，因此，研制一套自动化程度高、可靠性高、生产效率高且环保的自动传输系统具有非常重要的意义。

2　固体粉料防搭桥试验装置总体设计

2.1　研究内容和方案拟定

针对目前生产现场存在的固体粉料搭桥问题及南通某工厂提出的一系列要求，根据当前工况，初步拟订了该试验装置的整体方案。采用机械搅拌法作为主要方法，辅助以振动助流法来实现防搭桥的预期效果。机械搅拌法在料斗内部设置带有倾斜叶片的旋转轴，轴的上端与下端叶片倾斜方向相反，主要由电机带动轴运动，通过轴上叶片的旋转破坏粉料的成拱结构，上端叶片的旋转使得粉料向上运动，呈松散状态，下端叶片对粉料起推动作用，可以带动粉料从出料口卸出。采用脉冲气锤将强冲击力传递给料斗壁，击落附着在料斗壁上的粉尘。通过设定脉冲气锤在粉料基本卸出后间歇性敲打料斗壁，使粉料能够顺利流出。

2.2　电机选型

根据生产及设计要求，计算出中间旋转轴的转矩，进而选择合适的减速电机。已知工厂现有生产过程中要求一次性堆积固体粉料 200kg，粉料密度为 $660kg/m^3$，一次性堆积 $0.303m^3$。本课题所设计的固体防搭桥试验装置将这些粉料堆积在料斗中，通过电机带动机械搅拌装置克服粉料的重力及摩擦力，保证料斗内的粉料是一种运动的状态以达到防搭桥的效果。

机械搅拌装置中相邻两叶片间隔 60mm，将相邻叶片之间粉料的体积近似为圆台的体积，从而计算出相邻两叶片之间粉料的质量以及每个叶片的受力情况，以得出带动机械搅拌装置旋转运动所需的转矩，估算出电机功率，并根据现场实际安装情况选择减速电机型号。每个叶片的受力情况计算结果如附表所示。

附表 叶片受力计算结果

	叶片1	叶片2	叶片3	叶片4	叶片5	叶片6	叶片7	叶片8
圆台下半径 r/mm	200	250	310	355	400	445	490	535
圆台上半径 R/mm	250	310	355	400	445	490	535	575
圆台体积 $V/10^6\,mm^3$	9.58	14.83	20.87	26.90	33.68	41.22	49.54	58.10
质量 m/kg	6.3	9.8	13.8	17.8	22.2	27.2	32.7	38.3
重力 G/N	63	98	138	178	222	272	327	387
叶片受力 F/N	31.5	49	69	89	111	136	163.5	191.5
叶片面积 S/mm^2	7300	8500	9750	11600	12800	14000	15300	17200
均布力 $q/N/m^2$	4315	5765	7080	7670	8670	9715	10685	11135
转矩 T/N·m	3.452	7.21	13.61	19.33	27.74	38.48	51.31	63.74

机械搅拌装置结构方案设计叶片倾斜角度为20°，取安全系数 $S_f=1.8$，则总转矩为 $T_{总}=T_{总}\times\cos20°\times S_f=380.36(N\cdot m)$。由 $T=9550\dfrac{P}{n}$，预估转速为60rpm，求得 $P=2.39kW$，取电机功率为3kW。参考厂家提供的减速电机手册，本试验装置选择法兰安装斜齿轮减速电机，采用 V_3 安装方式。

2.3 轴承支座的设计计算

考虑到防止在支撑位置堵料、搭桥，故在保证强度的情况下，轴承支座截面积应尽可能小。该安装支撑方式可简化为简支梁支撑，其受力情况如图1所示。

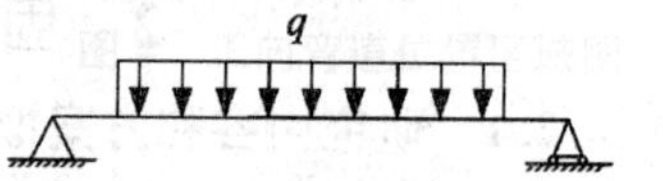

图1 轴承支撑受力图

料斗内固体粉料总质量 $m=200kg$，重力 $G=2000N$，支撑总长 $l=520mm$，支撑宽度 $b_1=40mm$，$b_2=10mm$，高度 $h=20mm$，支撑受力处与支撑点距离为45mm。支撑处料斗截面半径 $r=220mm$，则其截面积 $S=\pi r^2=152053mm^2$；支撑上表面面积 $S'=b_1\cdot l=20800mm^2$；支撑处受力 $F=G\cdot\dfrac{S'}{S}=273.6N$；支撑处受均布力大小 $q=\dfrac{F}{S''}=\dfrac{F}{b_2\cdot l}=52615.4N/m^2$。支撑剪力如图2所示，支撑弯矩如图3所示。

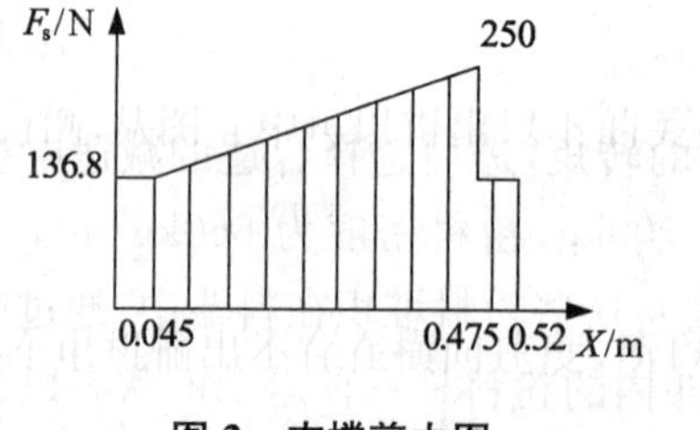

图2 支撑剪力图

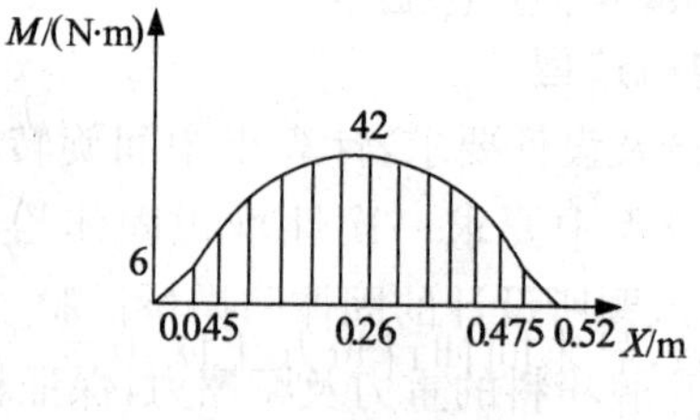

图3 支撑弯矩图

根据公式 $M(x_2)-M(x_1)=\int_{x_1}^{x_2}F(x)\mathrm{d}x$，求得 $M_{max}=42(N\cdot m)$；抗弯系数 $W=\dfrac{b\cdot h^2}{6}=6.7\times10^{-7}m^3$；则 $\sigma_{max}=\dfrac{M_{max}}{W}=63MPa$。查手册得不锈钢的许用弯曲应力 $[\sigma]=137MPa$。$\sigma_{max}<[\sigma]$，本课题所设计的轴承支座满足要求。

3 脱氢乙酸自动传输系统设计

3.1 研究内容和方案拟定

针对工厂生产现场对脱氢乙酸粉料传输的要求和现场布局中离心机与烘干机之间需要留出安全通道的要求，设计自动传输系统采用螺旋输送机进行粉料传输。水平方向采用 LS 型螺旋输送机，考虑到离心机位于烘干机两侧，采用左右正反螺旋的输送机，以达到将粉料向中间传输的效果。水平螺旋输送机相对于离心机落料口处偏心放置，承接与脱氢乙酸粉料的料斗设计为非对称结构，可在一定程度上防止料斗内结拱、堵料。考虑到需要将粉料提升一定高度，故设计二级螺旋输送机倾斜 45°角。针对要保证烘干机料斗内进料不间断的要求，选用称重传感器对烘干机料斗处粉料的质量进行实时检测，在烘干机料斗处增加了四个称重模块，保证粉料质量在 50～80kg 之间，防止烘干机出现故障。

3.2 称重模块的选型及安装

称重传感器的工作原理是将因重力的变化而产生的机械形变转换成一个 mV 级的电压信号。本课题中选择西门子 SIWAREX 称重传感器，其测量工作采用应变式原理。根据本课题设计中称重传感器负载及防爆要求，选择型号 SIWAREX WL 230 BB-S SA 波纹管称重传感器，安装方式选择自定位紧凑型安装。

3.3 控制系统设计

本课题的控制检测系统采用 PLC 作为主控器。为便于工厂投入使用，设计了人性化的工作界面，用户可通过人机界面对系统相关参数进行输入与控制。由于称重传感器的输出量为变化的电压模拟量，故采用 FX2N-4AD 特殊功能模块进行信号采集。本自动传输系统中对三台电机的运动控制通过变频器实现，采用 FX2N-485-BD 的通信方式实现对三台电机的连续调速，控制系统简易示意图如图 4 所示。

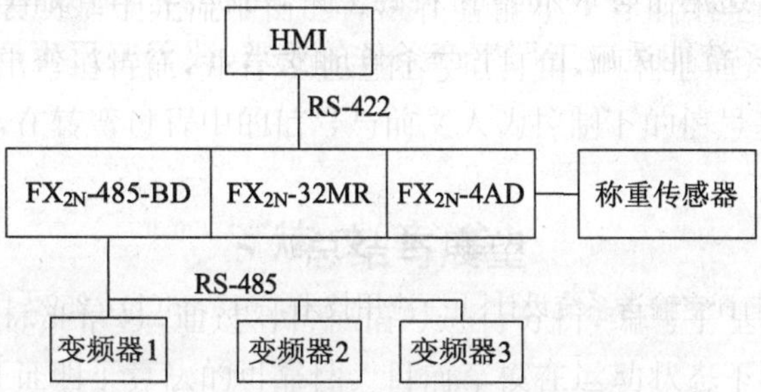

图4 控制系统简易示意图

根据脱氢乙酸自动传输系统的控制检测系统的设计要求，PLC 程序的功能主要是根据称重传感器检测信号控制三台电机的运动。根据对控制检测系统的硬件设计及粉料传输生产过程的要求，绘制出本自动传输系统的 PLC 控制流程图，如图 5 所示。

由图可知，按下启动按钮，三台电机全部启动，螺旋输送机工作送料，同时称重传感器检测烘干机料斗内粉料质量是否在 50～80kg 之间，低于 50kg 时，控制电机转速加快，以适当增加料斗内粉料质量；高于 80kg 时，控制电机转速减小，以适当减小料斗内粉料质量。此控制系统通过控制电机转速来保证烘干机内持续有粉料进入，满足生产现场要求。

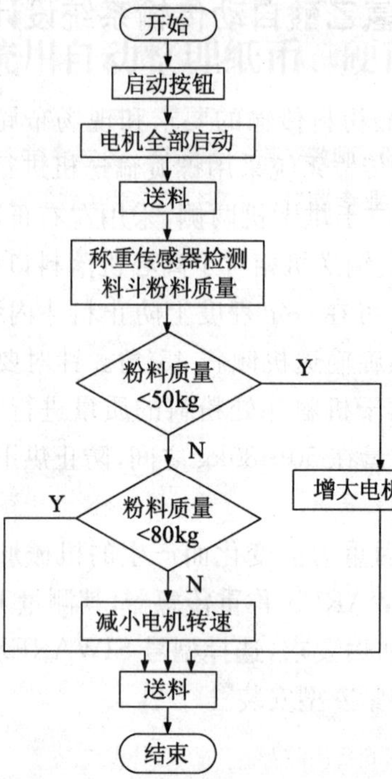

图5 控制流程图

4 总 结

本课题所设计的固体粉料防搭桥试验装置很好地解决了固体粉料的搭桥、结拱问题，并具有一定的通用性，适用于多种固体粉料的生产，可提高生产效率。本课题所设计的脱氢乙酸粉料自动传输系统能适应工厂生产条件的要求，改善工厂生产环境，减轻工人劳动强度，提高生产效率。

参 考 文 献

[1] 龚树河. 颗粒状粉末真空输送系统设计[J]. 应用技术，2015，36(1)：252.

基于压缩感知的视频目标跟踪算法研究

学生姓名：刘旸波　指导教师：李洪均
南通大学电子信息学院，通信工程专业，学号：1211051031

【摘　要】 主要研究了压缩跟踪算法，并提出了目标自适应的压缩跟踪算法，该算法针对压缩跟踪算法无法自动检测运动目标，且丢失目标后无法再次跟踪的问题，采用图像预处理模块，自动识别运动目标并进行稳定跟踪。为了提高算法实时性，提出基于运动预测的压缩跟踪算法，降低了运算时间并提高了算法的鲁棒性。对所提算法在自建库和公共库上进行测验，结果表明，该算法较同类算法在鲁棒性和实时性上有很大的优势。

【关键词】 压缩感知；多目标跟踪；自适应；运动预测

1　绪　论

随着电子计算机技术的飞速发展，计算机视觉成为热门的研究课题。智能视频监控已逐渐渗透至人们的日常生活，它可利用视频序列图像自动分析来检测、跟踪和识别监控场景中的目标，进而分析判断目标并给出对策。而视频目标跟踪是智能监控系统中的关键部分，它是融合了图像处理、模式识别、信号处理和控制等学科的课题。

2　压缩跟踪算法概述

压缩跟踪算法主要分为三个部分，分别是特征提取、压缩特征、构建和更新分类器。

2.1　压缩感知理论概述

随机矩阵 $\boldsymbol{R}\in\mathbf{R}^{n\times m}$，可以使数据从高维度空间 $\boldsymbol{x}\in\mathbf{R}^{m}$ 投影到低维度空间 $\boldsymbol{v}\in\mathbf{R}^{n}$，

$$\boldsymbol{v}=\boldsymbol{R}\boldsymbol{x} \tag{1}$$

其中，$n\ll m$。如果式(1)中的随机矩阵 $\boldsymbol{R}$ 也满足 Johnson-Lindenstrauss 引理[1]，且 $\boldsymbol{x}$ 是可以压缩的信号，那么，可以以很大概率和最小的误差从 $\boldsymbol{v}$ 来重建 $\boldsymbol{x}$。

2.2　特征提取

Haar-like 因特征[2]类似于 Haar 小波而得名，其特征值使用两种矩阵的像素差值。在计算 Haar-like 特征值的时候采用积分图的方法来简化运算。

2.3　压缩特征

对特征进行压缩，采用一个十分稀疏的矩阵，定义如下：

$$r_{ij}=\sqrt{s}\times\begin{cases}1, & p=\dfrac{1}{2s}\\ 0, & p=1-\dfrac{1}{s}\\ -1, & p=\dfrac{1}{2s}\end{cases} \tag{2}$$

Achlioptas[3] 证明，当 s 取 2 和 3 的时候，矩阵是满足 Johnson-Lindenstrauss 引理的。

2.4 构建和更新分类器

朴素贝叶斯分类器构建模型如下：

$$H(v)=\log_2\frac{\prod_{i=1}^{n}p(v_i\mid y=1)p(y=1)}{\prod_{i=1}^{n}p(v_i\mid y=0)p(y=0)}=\sum_{i=1}^{n}\log_2\frac{p(v_i\mid y=1)}{p(v_i\mid y=0)} \tag{3}$$

3 视频目标自适应的压缩跟踪算法

压缩跟踪算法无法自动识别目标，目标丢失后无法继续跟踪。本文提出了监控视频多目标自适应跟踪算法，该算法通过背景建模和背景差分法，实现了自动检测运动目标，使用更新机制解决目标漂移和丢失的问题。

3.1 背景建模

背景差分法实现运动目标的检测，它由背景建模和背景更新两部分组成。背景更新的实质是使用当前帧的变化信息去修正使用过去帧建立的模型。

$$B_n(x,y)=(1-\alpha)B_{n-1}(x,y)+\alpha C_n(x,y) \tag{4}$$

式中，$B_n(x,y)$是经过更新后的背景；$B_{n-1}(x,y)$是之前的背景模型；$C_n(x,y)$是当前帧，α 是学习效率，代表当前帧中每个位置上的像素与背景相对应位置上的像素值的加权和。

在得到背景模型之后，进一步通过背景相减法进行运动目标的检测。设当前帧图像是 $C(x,y)$，背景模型是 $B(x,y)$，经过背景相减和二值化之后可得

$$I(x,y)=\begin{cases}1,|I(x,y)-B(x,y)|\geqslant T\\0,|I(x,y)-B(x,y)|<T\end{cases} \tag{5}$$

通过滤波，抑制图像中可能出现的噪声。为了能够更好地消除噪声，并且使目标形态更加明显，将采用形态学处理中的开运算进行处理。

3.2 提取和压缩特征

为了选取具有代表性的 Haar-like 特征，本文将采用随机选择矩形框的位置和大小的方法。在目标区域，使用随机函数构建 4 个位置和大小不同的矩形区域，计算这 4 个矩形区域图像的灰度积分，相加即为 Haar-like 特征。为了能够完整表述图像，对每个目标区域进行同样的 50 次的 Haar-like 特征的提取。由于提取的特征值比较庞大，运算量比较大，因而需要采用压缩感知理论进行特征的压缩。本文将使用十分稀疏的矩阵对 4 个矩形区域的灰度积分图进行加权取和得到 Haar-like 特征。在稀疏矩阵为零的地方，不进行图像积分的运算，使得特征提取的运算量降低。同样，根据压缩理论，该方法具有完整重建图像的能力。

3.3 构建和更新分类器

本文算法中，对于贝叶斯分类器的构建是通过对正负样本的学习完成的。在目标区域附近 4 个像素点的范围中取 50 个等大区域，提取 Haar-like 特征作为正样本特征，在目标 8～30个像素点的范围中取 50 个等大区域作为负样本。在跟踪过程中，之前目标附近 20 个像素点作为候选目标，通过分类器选取出最大匹配值，作为跟踪目标。对于更新分类器，在当前帧中，采用同样的方法进行分类器的构建，即更新。

3.4 实验仿真与结果

实验在自建视频库和公共视频库上进行。实验设备配置为：2.5GHz 主频四核 Core

i5CPU,内存 4GB,Windows 7 32 位操作系统,MATLAB 2014a 开发平台。

表 1 为本文算法和 CT 算法对于不同视频的错识率。

表 1 漏识率和错识率

视频	本文算法	CT 算法
Crossing	0.0083	0.0840
Walking2	0.1763	0.6112
Board	0.2242	0.4151
Biker	0.04225	0.9787
Sylverster	0.1292	0.0000
Walking	0.0131	0.4672
Pedestrian1	0.0000	0.3942
Pedestrian2	0.0096	0.1629

由上可见,本文算法具有明显的优势,可以稳定地对多目标同时进行跟踪,并且可以对重新出现的目标进行自动识别跟踪,适用于实际的监控系统。但是,当跟踪目标数目增多的时候,算法运行时间较长。

4 基于运动预测的压缩跟踪算法

4.1 算法介绍

(1) 运动预测。使用前两帧图像的跟踪结果,计算出运动矢量,通过运动矢量进行目标的运动方向的预测。知道了运动方向,可减少候选区域搜索目标数,以降低运算速度。

(2) 搜索范围优化。在压缩跟踪算法中,对于所有的视频都使用相同的搜索范围。对目标运动较慢的视频来说,这样的方法比较浪费资源。本文通过运动距离的计算,动态调整搜索范围的大小。

(3) 正负样本优化。在压缩跟踪算法中,对于正负样本的采集策略所有视频都是相同的,这样对于不同目标而言,正负样本的采集会混淆,不利于分类器的构建。本文根据目标大小,自动调整正负样本的采集范围。

(4) 跟踪窗口优化。根据跟踪目标的大小,自动调整窗口大小,这样就会少引入噪声。采取重采样,保持候选区域中心点不变,跟踪框变化 4 个像素。重新找出最大分类器相应数的候选区域,作为最后的跟踪结果。

4.2 算法流程介绍(图 1~图 3)

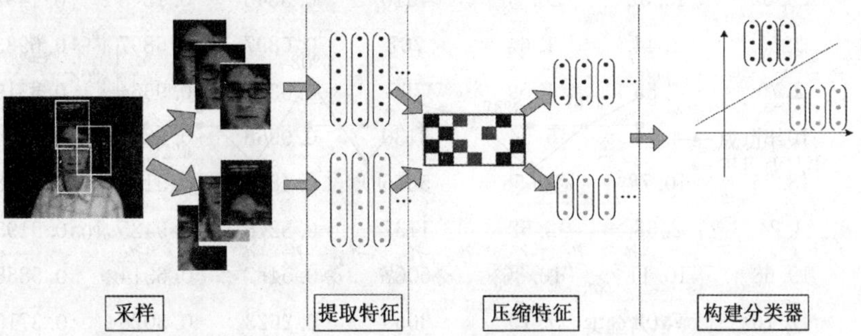

图 1 初始化阶段

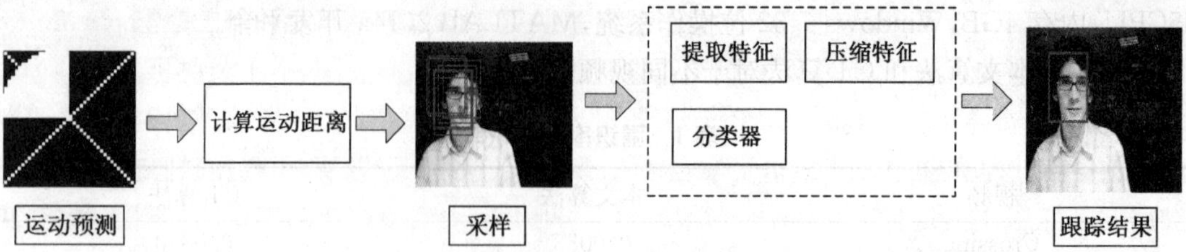

图 2　加速压缩跟踪算法(ISCT)算法流程

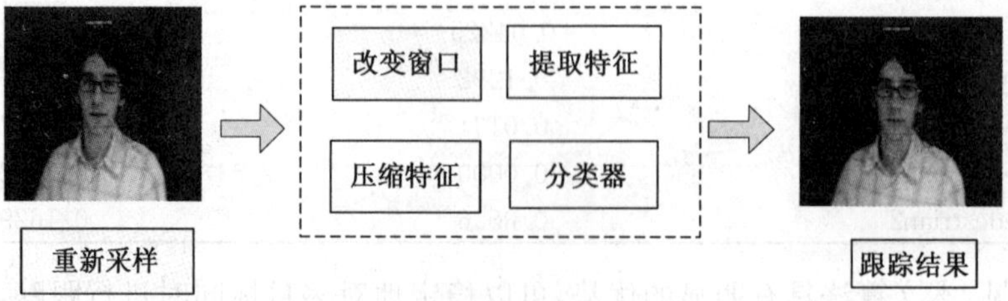

图 3　窗口自适应压缩跟踪算法(ASSWCT)算法流程

压缩跟踪分为初始化构建贝叶斯分类器和跟踪两个阶段。ISCT 算法在跟踪阶段增加运动预测模块,减少候选目标数目来减少运算时间。ASSWCT 算法在初始化阶段对正负样本的选择进行优化,然后在 ISCT 跟踪结果基础上进行重新采样,并调整窗口大小,将最大分类器相应数的样本作为最后的跟踪结果。

4.3　实验仿真与结果

对提出的两个改进算法、CT 算法及卷积神经网络算法(Convolutional Networks without Training, CNT)[4]进行实验,并对这四种算法的主观和客观性能进行对比分析。实验在 15 种具有挑战的序列中进行,总共测试了 7531 帧图像。这 15 种视频是从公共视频库中随机选取的。表 2 为不同算法对于选取的 15 种视频的时间和成功率。

表 2　时间和成功率

图像	时间/s				成功率			
	CT	ISCT	ASSWCT	CNT	CT	ISCT	ASSWCT	CNT
Basketball	22.87	18.77	32.31	4644	0.7735	0.9144	0.9848	0.0649
Bird1	11.33	8.80	9.47	2593	0.2604	0.1990	0.3882	0.3096
Bird2	3.65	2.20	2.39	648	0.1327	0.5714	0.5714	0.5612
Board	26.02	16.52	20.70	4510	0.3343	0.1248	0.1492	0.2095
ClifBar	2.53	1.44	1.64	767	0.6897	0.6897	0.6983	0.8448
Crossing	2.70	1.56	1.59	795	0.6387	0.9664	0.8319	1.0000
Fish	10.37	4.76	5.54	3130	0.0968	0.8337	0.9474	0.2758
RedTeam	18.35	10.78	10.55	5316	0.4828	0.5160	0.5848	1.0000
Subway	4.24	2.68	2.62	1137	0.8276	0.9425	0.9195	0.2241
Suv	19.63	10.11	10.36	6067	0.5487	0.6314	0.5858	0.9989
Trellis	12.76	7.02	7.19	3650	0.2623	0.3028	0.3715	0.2940
Walking	19.69	14.85	13.84	2679	0.5183	0.4574	0.5377	0.9976

续表

图像	时间/s				成功率			
	CT	ISCT	ASSWCT	CNT	CT	ISCT	ASSWCT	CNT
Walking2	12.98	7.53	7.63	3224	0.3888	0.3888	0.3808	1.0000
Dudek	41.09	27.19	33.67	7550	0.7806	0.9275	0.9205	0.6740
Coupon	8.30	4.70	5.21	2209	0.8865	0.7423	0.7485	0.3436
总值	216.5	138.92	164.69	48918	3907	4514	4769	4477
平均值	0.0287	0.0184	0.0219	6.496	0.5188	0.5994	0.6333	0.5945

由表2可知，改进的ASSWCT算法和ISCT算法在主观和客观方面对跟踪的鲁棒性都有提高，且使用的时间有明显的降低。相比CNT算法，ASSWCT算法在实时性方面有很大的优势。从跟踪成功率来看，CNT算法在个别视频中的表现很好，但是整体来说和ASSWCT算法相差不大。

5 总 结

本文提出的视频目标自适应跟踪算法解决了压缩跟踪算法无法自动跟踪目标的问题，提出的基于运动预测压缩跟踪的算法，提高了算法的实时性，降低了算法的运行时间，并提高了跟踪的鲁棒性，具有较好的应用前景。

参考文献

[1] Candes E J, Tao T. Decoding by linear programming[J]. IEEE Transactions on Information Theory, 2006, 51(12): 4203—4215.

[2] Viola P, Jones M J. Robust real-time face detection[J]. International Journal of Computer Vision, 2004, 57(2): 137—154.

[3] Achlioptas D. Database-friendly random projections: Johnson-Lindenstrauss with binary coins[J]. Journal of Computer and System Sciences, 2003, 66(4): 671—687.

[4] Zhang K H, Liu Q S, Wu Y, et al. Robust Visual tracking via convolutional networks without training[J]. IEEE Transactions on Image Processing, 2016, 25(4): 1779—1792.

小型化微带环形天线及其极化可重构设计

学生姓名：王　健　指导教师：施　金
南通大学电子信息学院，电子信息工程专业，学号：1211031046

【摘　要】 首先提出一个小型化的微带环形天线，通过在环形微带上加载四个缝隙，使得该天线以圆极化方式工作，且该天线具有较宽的3dB轴比带宽和3dB轴比波束范围。然后，通过构建直流偏置电路，形成一个单刀双掷开关，可使天线在不同开关状态下实现左旋和右旋圆极化的切换，即实现了天线的极化可重构。

【关键词】 圆极化；环天线；小型化；极化可重构

1　引　　言

在现代无线通信系统中，小型化、微型化趋势是研究热点，这对天线的发展也提出了小型化要求。目前，微带天线使用较为广泛，由于其具有体积小，重量轻，剖面低，易于加工制造，能和有源器件、电路集成等优点，使得天线的小型化发展有了可能[1]。传统的线极化天线不能应用于卫星通信，为了保证收发信号的极化匹配，必须要设计出圆极化天线。目前，许多环形微带被用于实现天线的圆极化，其主要方法分为两类，一类是加入正交馈电网络，另一类是采用单馈源结构。近来，Y. sung 通过在微带上开槽并加载电抗元件，使得天线能够以圆极化方式工作。同时，随着微带环天线在圆极化方面的应用越来越多，基于环的极化可重构研究也逐渐出现并取得了进展。本文提出了一个缝隙负载的环天线，与同类型天线相比，降低了天线的剖面，增加了3dB轴比带宽。同时，基于该圆极化天线实现了极化可重构设计，提高了系统应用的灵活性。

2　圆极化微带环形天线设计

2.1　圆极化微带环形天线的结构及原理

图1为所提出的圆极化微带环形天线的结构示意图。该天线使用单层的 FR_4 介质基板，介电常数为4.5，介质损耗为0.02，高度为 h，采用同轴馈电方式。基板的顶层为主辐射结构，由加载四个缝隙负载的微带环和环绕微带环一周的微带线构成，同轴线上馈入的能量通过一段耦合线耦合到主辐射结构上。基板的底层为金属地。由圆极化波的特点可知，当微带环形天线以圆极化方式工作时，要激励起两种正交模式，且这两种模式具有90°相位差。由文献[2]可知，当在环上引入缝隙时，在环本身的主模 TM_{11} 附近会产生两个额外的模式，称之为负载模式，且第一个负载模式的谐振频率远低于主模，而第二

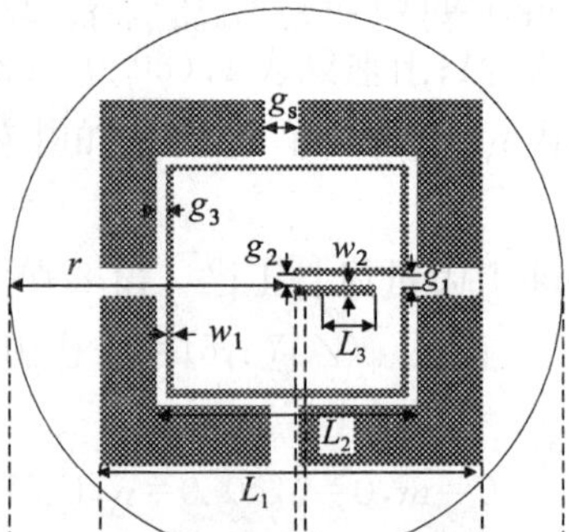

图1　圆极化微带环形天线结构示意图

个负载模式的谐振频率却远高于主模。此时，把主模称为无负载模式，三个模式之间依次会有 90°相位差。而在本设计中，引入了四个缝隙并加入了环绕微带环一周的微带线，使得环的第二个负载模式和无负载模式相互靠近，因两个模式的特点相似且具有 90°相位差，所以该天线能以圆极化方式工作。

如图 2 所示为该微带环形天线在不同时刻的电流密度分布图。可以看出，在半个周期内电流密度的最大值依次出现在环的右对角线、左右两边、左对角线、上下两边，即场旋转一周，满足圆极化特性。

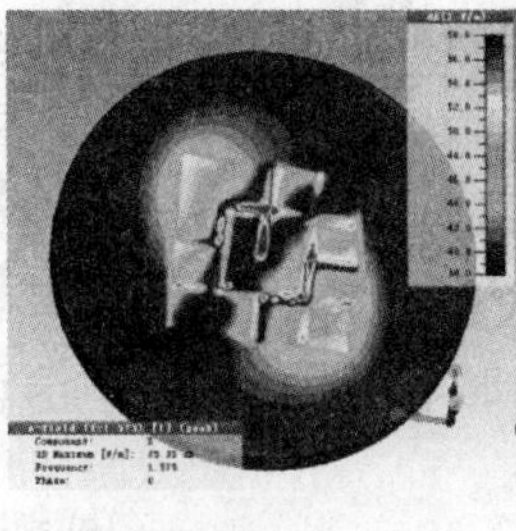

(a)

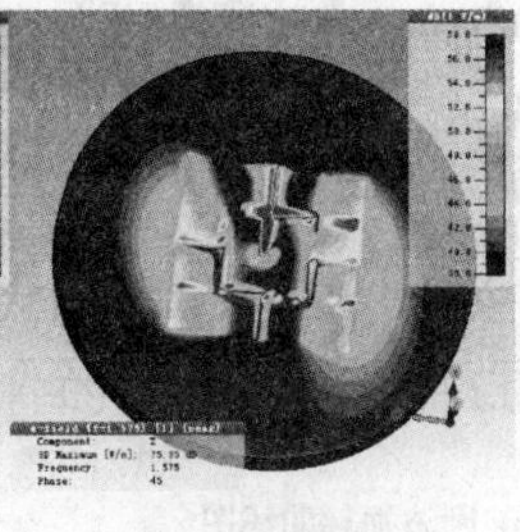

(b)

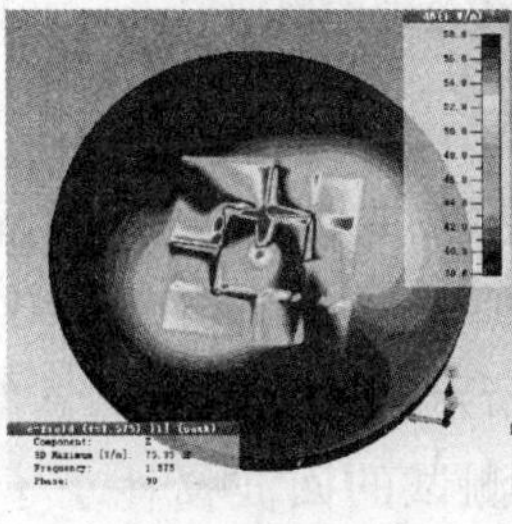

(c)

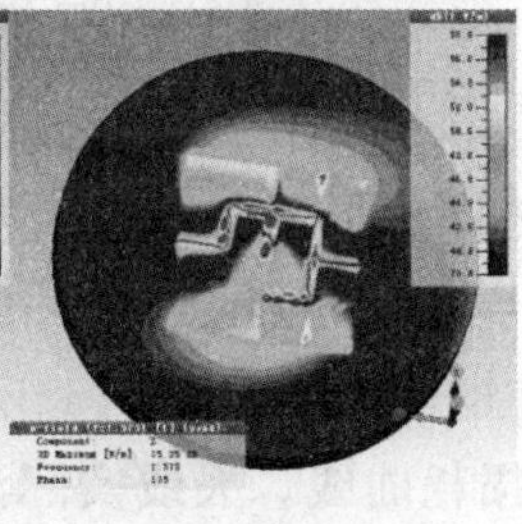

(d)

图 2　各个时刻环上的电流密度分布(a) $t=0$ (b) $t=T/8$ (a) $t=T/4$ (a) $t=3T/8$

2.2　参数扫描

如图 3 所示为环上的缝隙宽度 g_a 对天线性能的影响，由图 3(a)可知，g_a 对天线的回波损耗影响十分明显，随着 g_a 的增大，天线工作的两个谐振点逐渐靠近，然后又分开，即对应天线两种工作模式的耦合先变强而后变弱。从图 3(b)中天线轴比的变化可以看出，当 g_a 为 0.6 时，即两个模式被激励的程度相同时，天线的轴比最低，满足最优的圆极化性能。

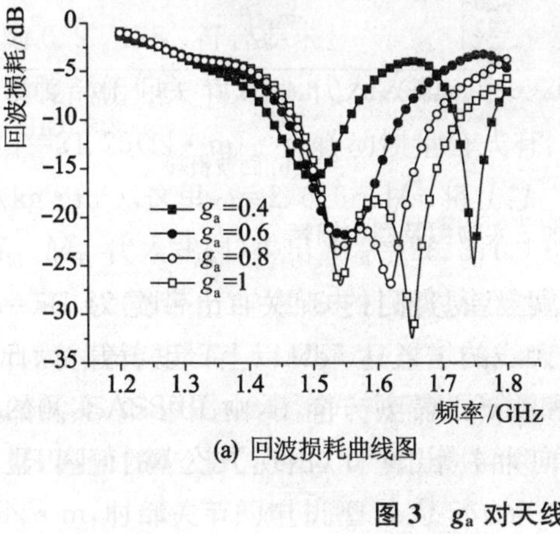

(a) 回波损耗曲线图

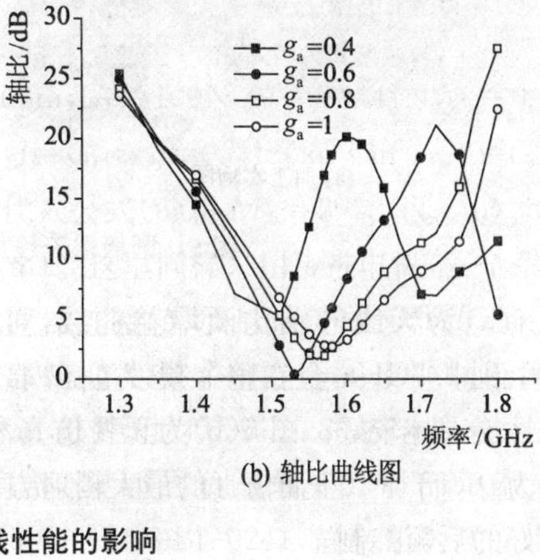

(b) 轴比曲线图

图 3　g_a 对天线性能的影响

图4表示了微带环与环绕其一周的微带线之间的间距 g_3 对天线性能的影响。由图4可知，g_3 对天线性能的影响与 g_a 相似，随着 g_3 的增大，天线的基模和第二负载模式的频谱距离先减小再增大，且频率稍微向高频偏移。所以从图4(b)中可以看到，随着 g_3 的增大，轴比先变小后变大，这使得天线增益先升高然后变小。当 g_3 为0.5mm时，天线性能最优。

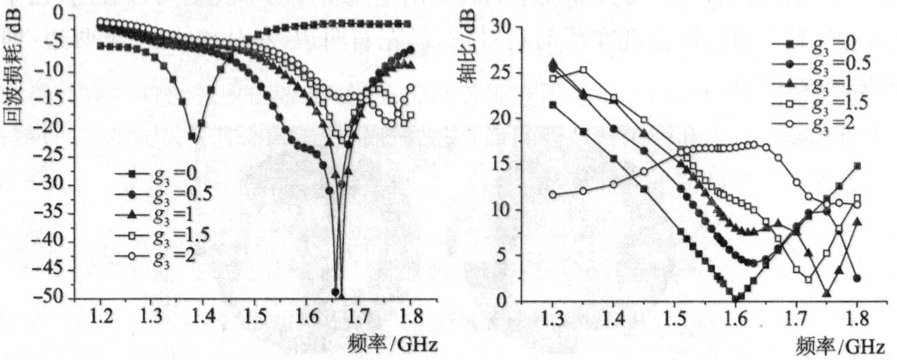

(a) 回波损耗曲线图　　(b) 轴比曲线图

图4　g_3 对天线性能的影响

2.3　加工测试

根据以上分析，最终优化得到的天线结构参数为 $L_1=48.7\text{mm}$、$L_2=27.4\text{mm}$、$L_3=11\text{mm}$、$w_c=0.5\text{mm}$、$w_2=1.5\text{mm}$、$g_1=0.2\text{mm}$、$g_2=0.2\text{mm}$、$g_3=0.5\text{mm}$、$g_a=0.7\text{mm}$。对天线进行加工测试，加工的实物图如图5(a)所示。对加工与测试的结果进行比较，如图5(b)所示为天线的回波损耗曲线。天线实际测试的回波损耗小于－10dB的频率范围从1.53GHz到1.8GHz，约为270MHz，可得天线相对于中心频率的相对带宽为16.3%，与仿真结果相符合。

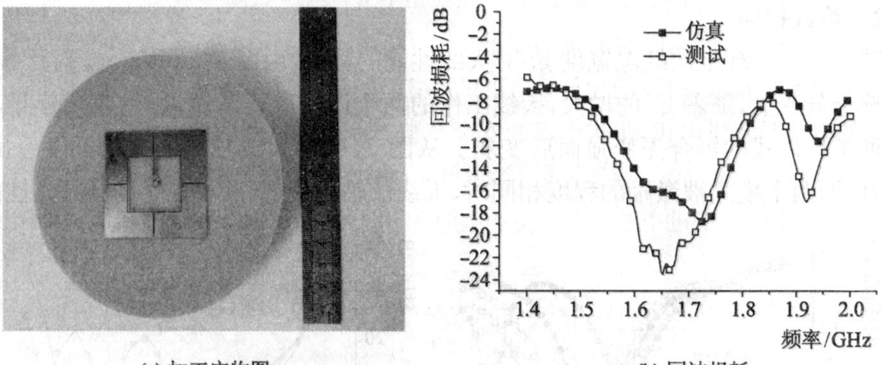

(a) 加工实物图　　(b) 回波损耗

图5　圆极化天线加工实物图及回波损耗

图6(a)为天线的轴比及增益曲线，可见天线实测的3dB轴比带宽为110MHz，从1.59GHz到1.7GHz，且在整个频带范围内，天线的增益达5dB以上，最大增益为5.67dB，圆极化性能总体较好。图6(b)为天线仿真和测试的辐射方向图，由图可知，实测的最大辐射方向为 θ 等于－10°，而仿真的最大辐射方向为 θ 等于－5°，出现了较小的偏离，且该天线具有较好的后瓣抑制。

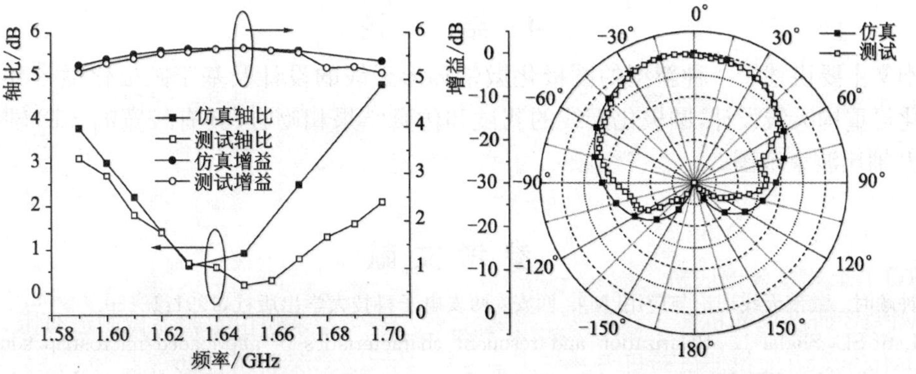

(a) 轴比及增益　　(b) 方向图

图 6　测试与仿真的天线辐射性能

3　基于圆极化微带环形天线的极化可重构天线设计

图 7 为极化可重构天线的结构示意图，此时加入了带有 PIN 二极管的直流偏置电路，构成一个开关，在不同的开关状态下，天线工作于不同的极化状态。当天线工作在右旋圆极化时，天线的性能如图 8(a)所示；当工作在左旋圆极化时，天线的性能图 8(b)所示。可以看出，此时天线基本保持单独圆极化天线的性能。

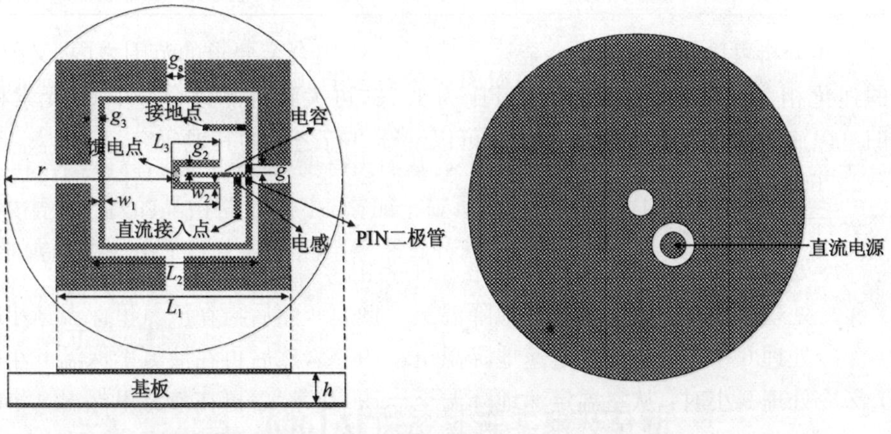

(a) 顶层　　(b) 底层

图 7　极化可重构天线结构示意图

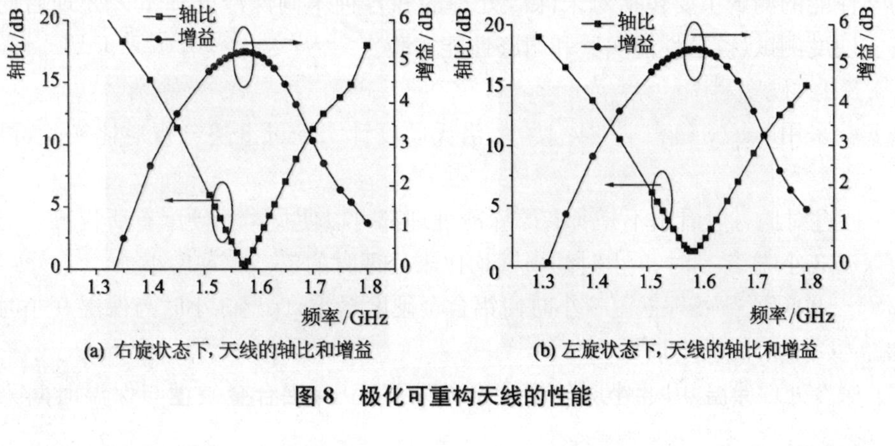

(a) 右旋状态下，天线的轴比和增益　　(b) 左旋状态下，天线的轴比和增益

图 8　极化可重构天线的性能

4 结　论

本文主要讲述了一种新型的圆极化微带环形天线的设计及基于圆极化微带环形天线的极化可重构天线设计，圆极化天线的测试和仿真结果相吻合，具有较宽的 3dB 轴比带宽和 3dB 轴比波束范围。

参考文献

[1] 钟顺时. 微带天线理论与应用[M]. 西安：西安电子科技大学出版社，1991：1—20.

[2] Latif SL, Shafai L. Polarization and resonant characteristics of gap-loaded microstrip square ring antennas[J]. IET Microwaves, Antennas & Propagation, 2010, 4(6): 733—742.

基于肌电信号识别的假肢动作控制与实现

学生姓名：陈丹丹　指导教师：沈晓燕
南通大学电子信息学院，生物医学工程专业，学号：1211082004

【摘　要】研究基于表面肌电信号模式识别的假肢控制方法，设计了曲臂、伸臂、握拳、张手四种动作，采集与这四种动作最为相关的肱二头肌、肱三头肌、指伸肌和指浅屈肌的表面肌电信号。采用学习速率可变的附加动量因子的BP算法，对实验中采集到的四块肌肉的表面肌电信号分别求取平均值，并组成特征向量作为分类器的输入进行模式识别，通过MATLAB程序语言和神经网络工具箱两种方式实现了对这四种动作的模式识别，动作识别率高达98%。根据识别结果，利用80C52单片机对假肢相应的电机置高低电平，实现了对假肢的离线控制。

【关键词】肌电信号；模式识别；神经网络；假肢控制

1　引　言

肌电信号因为包含众多与肢体运动相关的信息，最能直接反映肢体的运动特征，所以对肌电信号进行分析具有重要的临床意义。我国目前的肌电假肢产品有两自由度、三自由度的上臂肌电假肢和单自由度、两自由度的前臂肌电假肢。早期的肌电假肢产品一般采用阈值控制，这种方法简单实用，但存在很大的局限性。近年来肌电信号模式识别方法渐渐发展起来，该方法通过现代信号处理技术来提取EMG的统计特征，能够获得信号更多的信息。适用于肌电信号的模式识别的方法总体上可以分为：基于统计的分类方法、混沌分析法、参数模型法、神经网络分类法等[1]。其中，人工神经网络（Artificial Neural Networks，ANN）以其超强的自学习能力、自适应能力、非线性映射能力、信息并行处理方式以及良好的容错性能，在模式识别、信号处理、系统控制等诸多领域得到了广泛应用。为此，我们拟采用神经网络作为分类器，对所采集的肌电信号进行模式识别。

2　肌电信号的采集

肌电信号是一种生物电信号，信号幅值为100～500μV；对于健康人，其肌电信号的峰峰值可达1～3mV；对于截肢患者，信号幅值大多小于350μV；信号的有用能量的频率范围为0～500Hz，主要集中在50～150Hz之间。此外，肌电信号还易受干扰，主要是50Hz工频干扰。考虑到这些特点，要先对原始信号进行放大、滤波等预处理。

肌电信号的采集电极主要分两种：针电极和表面电极。其中，表面电极能反映整块肌肉的活动状况，使用方便并且无须刺入皮肤，因而更容易为实验者所接受。图1是实验所采用的一次性表面电极，(a)为电源面，通过导联线与传感器相接；(b)为肌肉面，表面有泡沫胶片，可以直接贴在皮肤表面，中间则是填充了电凝胶的管柱。

图2所示为采集过程中所用的肌电传感器及配套的导联线。实验中，每块肌肉上分别连接一个肌电传感器，并采用±5V工作电压对传感器供电。设置差分放大器的放大倍数为2000倍，带通滤波器的通带范围为20～500Hz，采样率为2k/s。另外还设置了一个50Hz的陷波器以滤除主要的工频干扰。

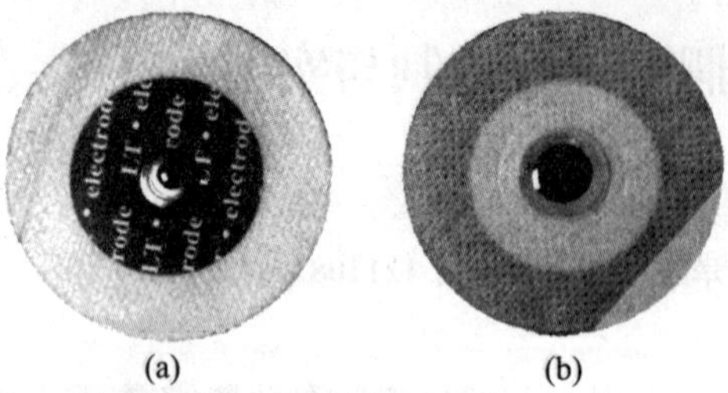

图 1　表面电极

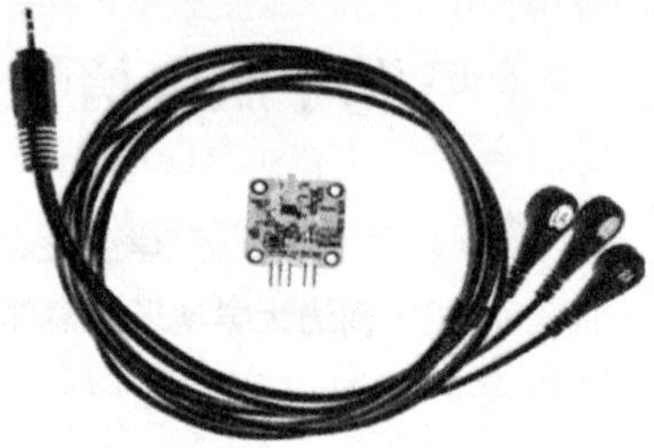

图 2　肌电传感器及导联线

实验所选择的四块目标肌肉的位置如图 3 所示。每组目标肌肉用 3 个电极来测量,其中 2 个电极置于肌肉肌腹位置,间隔约 2cm,剩下的作为参考电极置于肘部。图 4 所示即是实验中采集到的做曲臂动作时四块肌肉的表面肌电信号。采集完信号以后,分别对每种动作下采集到的四块肌肉的信号求取平均值,组成特征向量作为分类器的输入,以便进行模式识别。

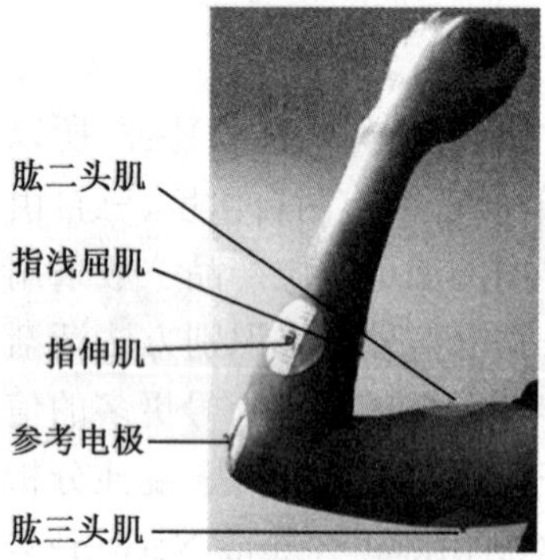

图 3　肌肉位置示意图

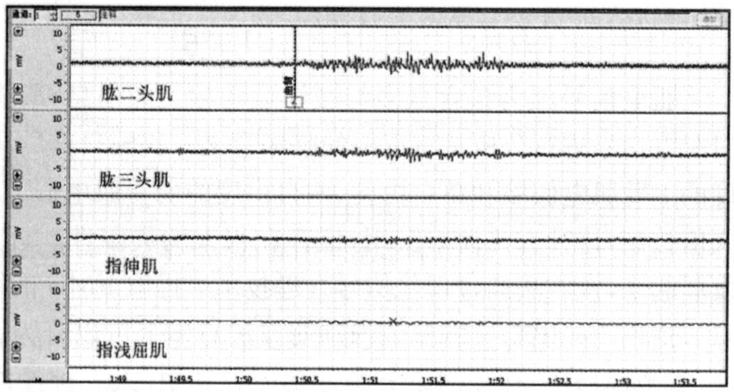

图 4　曲臂动作下采集的表面肌电信号

3　基于肌电信号的模式识别

3.1　BP 神经网络结构及特点

目前神经网络已有几十种不同的模型[2],常用的有线性神经网络、误差反向传播(BP)神经网络、学习矢量量化(LVQ)神经网络及径向基函数(RBF)神经网络等。实验中选择 BP 神经网络进行模式识别。BP(Back Propagation)神经网络是一种多层前馈网络,一般包括输入层、隐含层和输出层,权值的调整按误差逆传播算法训练。BP 网络的学习规则是使用最速下降法,当训练样本输入给网络后,各神经元的权值自输入层经隐层向输出层逐层传播,输出层的神经元获得输入响应,然后按照减小目标输出与实际输出的误差的方向,将误差值沿着连接通路从输出层逐层传递并调整各层权值,直至最终返回输入层[2]。如此,通过将实际输出与期望输出间的偏差反向传播并多次迭代,来连续调整网络的权值和阈值,使网络的误差降低至最小。图 5 为典型的三层 BP 神经网络模型。

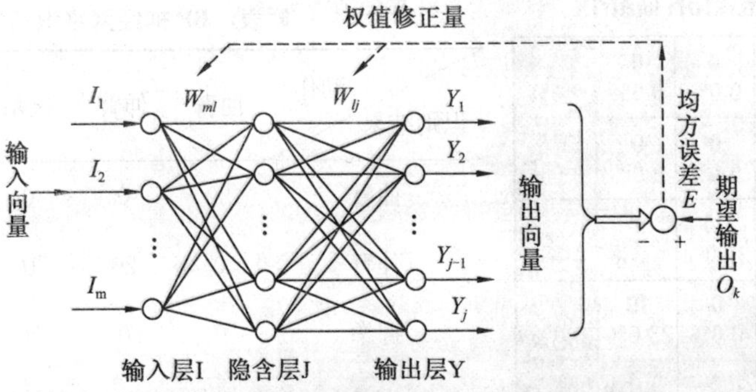

图 5　典型的三层 BP 神经网络模型

3.2　改进的 BP 算法

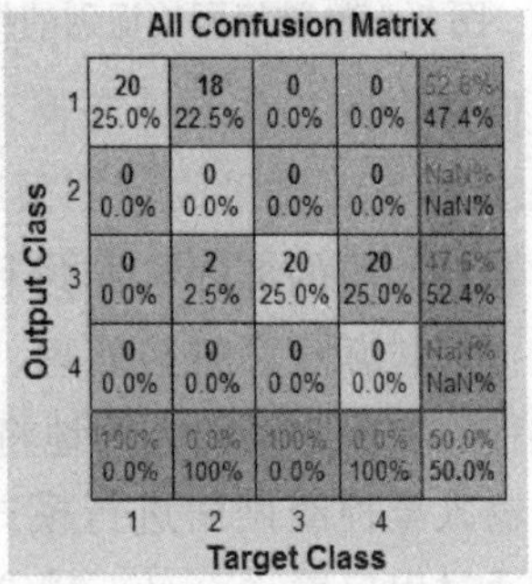

图 6　基本 BP 算法识别结果

图 6 是对输入样本进行模式识别得到的混淆矩阵。可以看出，除曲臂和握拳外，其余动作都识别错误，整体识别率仅为 50%。这是因为基本 BP 算法采用的是误差梯度下降法，训练从某一初始点沿性能函数的斜面逐渐达到误差的最小值。初始权值选取不当时，网络会在初始值附近的局部极小值点处收敛，达不到全局最优。此外，基本 BP 算法还存在收敛速度慢，容易发生振荡等局限性。改进的 BP 算法是在梯度下降法基础上加入特定因素来提高算法性能的。文中采用的是变学习速率附加动量的 BP 算法。可以在一定程度上提高算法的收敛速度并同时保证算法的稳定性。

3.3　模式识别的实现

在了解神经网络的类型和学习算法，综合考量各方面参数后，决定建立一个三层 BP 网络，输入样本为 P，目标向量为 T。网络的训练函数为有自适应学习率的动量梯度下降反向传播算法训练函数 traingdx；性能函数为均方误差 MSE；学习函数为附加动量因子的梯度下降学习函数 learngdm；性能函数默认为 MSE；隐层节点数为 12（据经验公式 $l=\sqrt{n+m}+a$，n 和 m 分别为输入、输出节点数；a 为调节常数，范围在 1～10 之间；l 为隐层节点数）；输入输出节点都为 4；传递函数为 logsig。

在 MATLAB 的工作间中输入 nntool 命令，即出现工具箱界面，通过该界面可导入输入样本、目标向量并创建网络。完成参数设置后可查看创建好的网络模型，对网络进行训练，仿真，查看和更改权值、阈值。对采集到的 80 组输入样本进行模式识别，得到混淆矩阵并转换成更为直观的图表，如图 7 及附表所示。可以看到，对前三个动作，网络都能够正确识别，而对于张手的动作，20 组样本中有 1 组被错误识别为握拳。但是总体的识别率可达到 98%左右，这表明采用改进 BP 算法识别效果非常好。

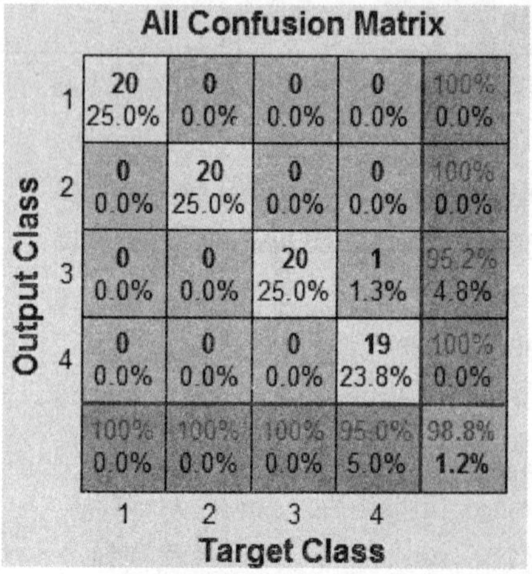

图 7　BP 神经网络识别的结果

附表　BP 神经网络识别的结果

识别结果 \ 动作	曲臂	伸臂	握拳	张手	整体识别率
曲臂	20	0	0	0	98.8%
伸臂	0	20	0	0	
握拳	0	0	20	1	
张手	0	0	0	19	
正确识别率	100%	100%	100%	95.0%	

4　假肢离线控制

在假肢的离线控制过程中，主要涉及三个过程：肌电信号采集与处理、模式识别和假肢驱动过程。实验中需要人为地将之前处理好的肌电信号输入至神经网络进行模式识别，模式识别的结果通过串口输送至 80C52 单片机，编写程序以便单片机根据不同结果驱动与假肢不同动作相关的电机，控制假肢做出相应动作，实现对假肢的离线控制。假肢离线控制的总体流程如图 8 所示。

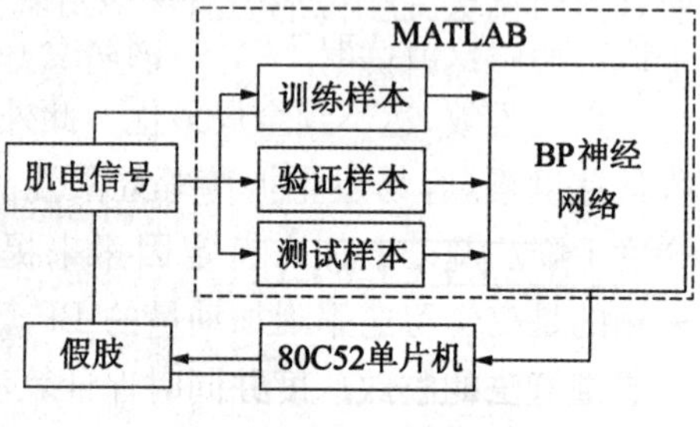

图 8　假肢离线控制场景

采用串口通信来实现 MATLAB 与单片机之间的数据传输，具体的软件设置分为两部分：上位机 MATLAB 设置和下位机单片机设置。在 MATLAB 软件中，根据 80C52 单片机连接至计算机后所占用的串口，创建并使能一个串口对象。设置串口通信的波特率为默认值 9600，在完成模式识别后，向串口输出识别结果。使用数字 0～3 分别代表曲臂、伸臂、握拳和张手四种不同的动作。

根据 80C52 单片机中四种串口通信的特点，选择最常用的串口方式 1：将 SCON 寄存器中 SM0 设置为 0，SM1 设置为 1。单片机的串口通信波特率应与上位机一致，故设置为 9600。控制曲臂、伸臂、握拳和张手的假肢的四个电机控制端分别连接在单片机的 P1.0～P1.3 口。利用 Keil 软件对单片机内部编程以进行串口检测。当接收到来自串口的数据时，判断接收到的数据是 0～3 之间的哪一个数字，然后将相应的 P1.0～P1.3 口置位。置位后的端口输出正电压，驱动假肢产生运动。动作完成后对端口进行复位，使假肢停止运动。假肢离线控制实验场景如图 9 所示。

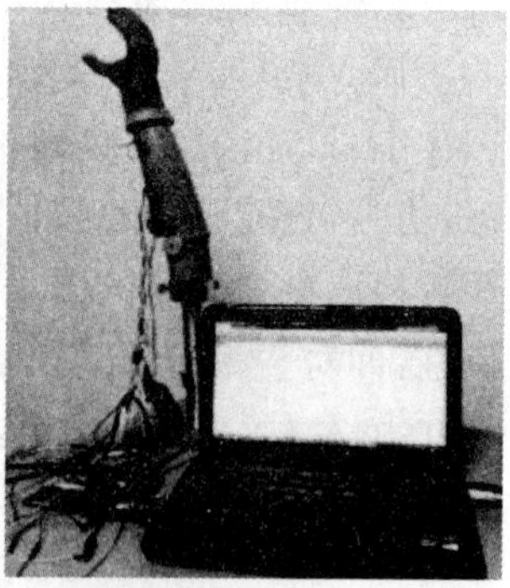

图 9　假肢离线控制流程图

5 小 结

本文根据肌电信号的产生与特点，采集人体在四种动作下相关肌肉上的表面肌电信号，并通过特征值提取得到了信号的时域特征。在完成肌电信号特征提取的基础上，选择合适的学习算法，通过 MATLAB 程序语言和神经网络工具箱实现了肌电信号的模式识别，并且根据识别的结果实现了对假肢的离线控制。

参考文献

[1] 查理. 肌电假手的研究进展[J]. 国防科技，2007(9)：6—13.

[2] 高成，董长虹，郭磊，等. MATLAB 神经网络与应用[M]. 2 版. 北京：国防工业出版社：1—20.

光纤光栅信道中心波长分析

学生姓名：陈 琪 指导教师：朱晓军
南通大学电子信息学院，通信工程专业，学号：1211051016

【摘 要】 针对使用解析法来确定采样光纤光栅信道中心波长位置进行研究，能否精确定位采样光纤光栅各信道的中心波长将直接影响到多信道通信系统的性能或者光栅传感的精度，因而信道中心波长如何精确计算也是一个十分重要的内容。

【关键词】 采样光纤光栅；解析法；中心波长

1 绪 论

作为新型的光纤器件光纤光栅具备很多长处，如成本低、滤波特性好、轻便、插入的消耗小等，这使它在光通信和光传感领域均有广泛的应用。采样光栅具有极佳的波长选择特性，同时输出带宽窄、间隔稳定、通道数目多，这让其成为研究的热点。光纤光栅信道中心波长是光纤最重要的参数。

2 采样光纤布拉格光栅的基本理论

2.1 矩阵传输法

矩阵传输法[1]是常用的光纤光栅分析方法，能用于模拟各种形式的光纤光栅。算法的中心思想是将光栅拆分成很多大小一致的子光栅，将每个子光栅当成一个 2×2 的矩阵，并将其相乘以得到它的频谱特性。但是其计算极其复杂，需要进行多个矩阵的迭代才能得到反射矩阵，对计算机的内存及配置有极高的要求，因此我们可以使用解析法来求取特殊结构的光栅的中心波长的位置。

2.2 解析法

傅里叶级数法是常用的分析光栅的解析方法，该方法通过傅里叶级数法展开折射率调制函数 $\Delta n(z)$得到光栅周期 $\Lambda(k)$的公式，再通过布拉格条件推导得到中心波长表达式，实际上就是将具有复杂结构的光栅分解成多个独立的子光栅进行分析。

3 采样光纤光栅中心波长分析及计算

通常情况下我们将折射率调制函数 $\Delta n(z)$表示如下：

$$\Delta n(z)=S(z)\times\Delta n_{\mathrm{eff}}(z)\left\{1+\cos\left[\frac{2\pi}{\Lambda_0}z+\varphi(z)\right]\right\} \tag{1}$$

通过傅里叶级数法展开折射率调制函数 $\Delta n(z)$即可得到

$$\Lambda(k)=\frac{P\Lambda_0}{P-k\Lambda_0} \tag{2}$$

根据布拉格条件得到中心波长表达式

$$\lambda(k)=2n_{\mathrm{eff}}\Lambda(k)\left(1+\frac{\delta n_{\mathrm{eff}}}{n_{\mathrm{eff}}}\right) \tag{3}$$

若采样光纤光栅是啁啾的，那么其采样周期 p 则是呈线性分布的，其表达式如下：

$$p=p_0[1+(M-1)\times c_s/2] \tag{4}$$

化简后可以获得啁啾型采样光纤光栅[2]的中心波长表达式：

$$\lambda_{\max-c_s}(k)=2n_{\text{eff}}\cdot\frac{p_0\Lambda_0[2+(M-1)c_s]}{p_0[2+(M-1)c_s]-2k\Lambda_0} \tag{5}$$

4 实验仿真

4.1 占空比不同时解析解与数值解的对比

分别取占空比为0.1、0.2，再通过矩阵传输法模拟光纤光栅得到其反射谱，如图1所示，取图上数据作为数值解，通过式(3)计算解析解，如表1所示。将解析解的值用线条表示，数值解的值用点表示，再将其作成散点图进行对比，结果如图2所示。

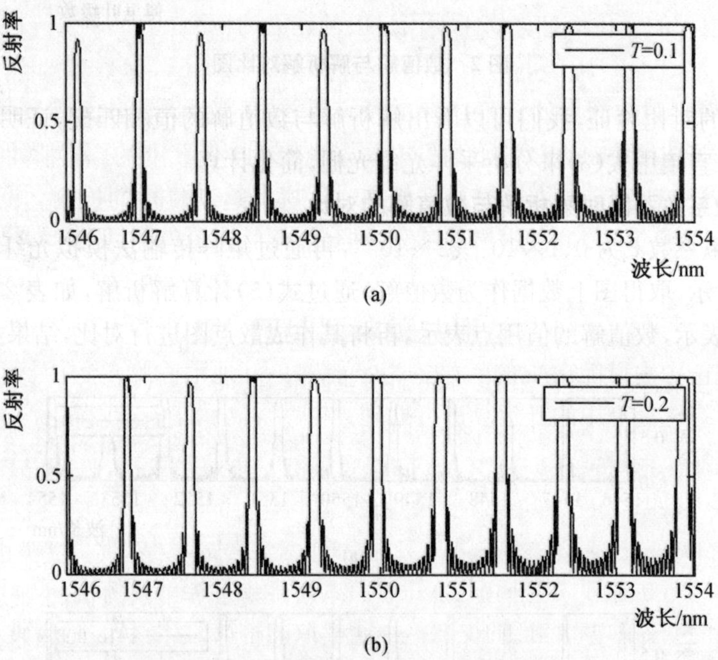

图1 占空比不同时 SFBG 反射谱示意图

表1 不同占空比时实际计算所得信道中心波长值解析解与数值解的对比(单位：nm)

傅里叶级数		−4	−3	−2	−1	0	1	2	3	4
数值解	$T=0.1$	1546.91	1547.72	1548.47	1549.29	1550.07	1550.84	1551.66	1552.40	1553.22
	$T=0.2$	1546.92	1547.74	1548.55	1549.39	1550.07	1550.86	1551.80	1552.58	1553.33
解析解	$T=0.1$	1546.84	1547.64	1548.45	1549.26	1550.07	1550.87	1551.69	1552.50	1553.31
	$T=0.2$	1546.89	1547.69	1548.50	1549.31	1550.12	1550.93	1551.74	1552.55	1553.36

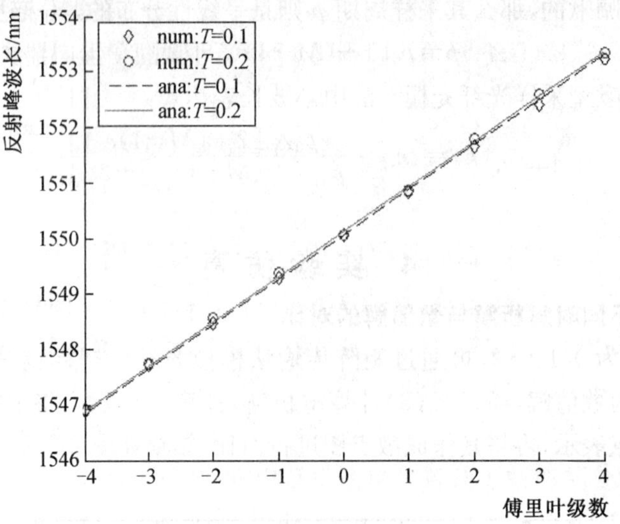

图 2　数值解与解析解对比图

通过上面的对比验证，我们可以看出解析解与数值解的值相匹配，证明了表达式的正确性，因此可以直接用式(3)来分析采样光纤光栅，简化计算。

4.2　啁啾系数不同时解析解与数值解的对比

分别取啁啾系数 c 为 0、1×10^{-8}、2×10^{-8}，再通过矩阵传输法模拟光纤光栅得到其反射谱，如图 3 所示，取得图上数据作为数值解，通过式(5)计算解析解，如表 2 所示。将解析解的值用线条表示，数值解的值用点表示，再将其作成散点图进行对比，结果如图 4 所示。

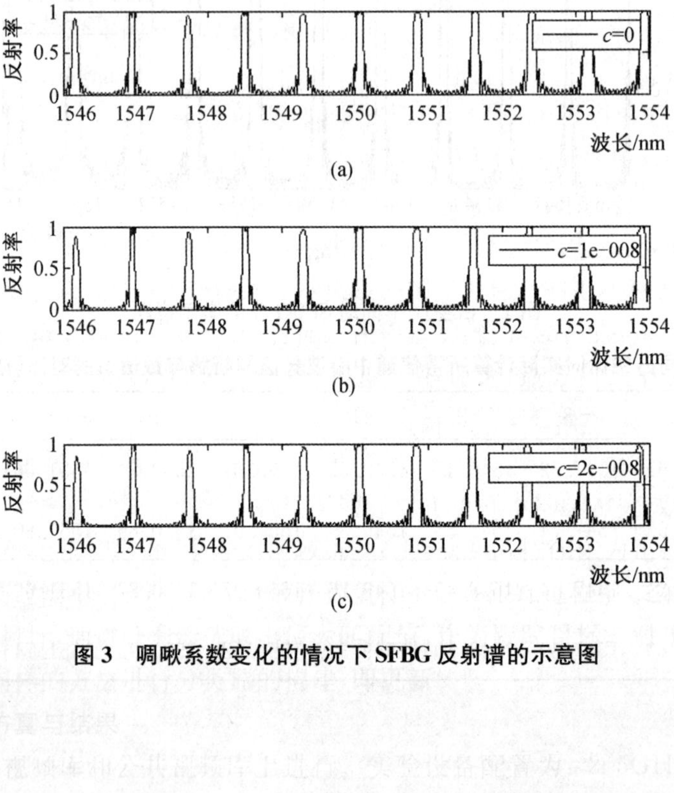

图 3　啁啾系数变化的情况下 SFBG 反射谱的示意图

表 2 不同啁啾系数下啁啾型 SFBG 实际计算所得最大反射峰值的解析解与数值解的对比(单位：nm)

	傅里叶级数	−4	−3	−2	−1	0	1	2	3	4
数值解	$c=0$	1546.92	1547.72	1548.47	1549.28	1550.02	1550.84	1551.64	1552.40	1553.21
	$c=1\times10^{-8}$	1546.93	1547.73	1548.48	1549.29	1550.02	1550.84	1551.63	1552.37	1553.17
	$c=2\times10^{-8}$	1546.98	1547.75	1548.49	1549.30	1550.02	1550.83	1551.63	1552.35	1553.15
解析解	$c=0$	1546.78	1547.59	1548.40	1549.20	1550.01	1550.82	1551.63	1552.44	1553.25
	$c=1\times10^{-8}$	1546.81	1547.61	1548.41	1549.21	1550.01	1550.82	1551.62	1552.42	1553.23
	$c=2\times10^{-8}$	1546.83	1547.62	1548.42	1549.22	1550.01	1550.81	1551.61	1552.41	1553.21

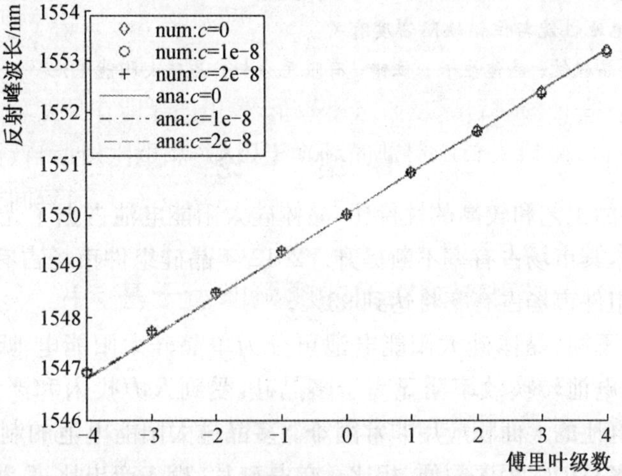

图 4 数值解与解析解对比图

通过上面的验证对比，可以发现解析解与数值解的值相吻合，从而验证了式(5)的正确性，说明该式可以直接用来分析啁啾型采样光纤光栅。

5 总结与展望

通过实验分别对采样光纤光栅与啁啾型采样光纤光栅的中心波长表达式进行验证，结果表明解析解与数值解的值是相吻合的，因此可以直接用解析法求中心波长的值，避免使用矩阵传输法，这样可以节省时间，简化计算。

参考文献

[1] Huang S, LeBlanc M, Ohn MM. Bragg intragrating structural sensing[J]. Appliedoptics, 1995, 34(22): 5003—5009.

[2] 马伟涛，周骏，徐铁峰. 多级联线性啁啾光纤光栅梳状滤波器的优化设计[J]. 中国激光，2010，37(5)：1284—1289.

基于板状籽晶的类单晶硅锭凝铸工艺研究

学生姓名:周海锋　指导教师:王　强
南通大学电子信息学院,电子科学与技术专业,学号:1211002091

【摘　要】 进行了基于板状籽晶的类单晶硅锭凝铸实验,通过优化实验工艺,使用双电源加热系统,并且延长熔化长晶时间,进一步提升了中心单晶比例,整体类单晶硅锭单晶比例达到65%。同时,通过优化实验装料,创新采用板状籽晶,验证了15mm厚度板状籽晶符合类单晶铸锭实验要求,能够有效解决传统块状籽晶拼接缝产生的十字晶花问题。通过制备类单晶太阳能电池,发现了其电池性能与位错缺陷密度有关。

【关键词】 类单晶硅锭;晶体生长;位错;有限元分析;晶硅太阳能电池

1　绪　论

凭借着其完善的工艺和较高的性价比,晶体硅太阳能电池占据了光伏产品的大部分市场,自2009年至今,其市场占有率不断提升。2012年晶硅组件市场占有率突破90%大关,预计2016年晶硅组件市场占有率将达到93%。

依据材料种类不同,晶体硅太阳能电池可分为单晶硅太阳能电池和多晶硅太阳能电池。单晶硅太阳能电池转换效率明显高于多晶硅,受到人力投入和严苛的拉制工艺的影响,单晶硅太阳能电池的大面积应用非常困难。多晶硅太阳能电池的制作工艺与单晶硅太阳能电池相同,但多晶铸锭程序简便,相比于单晶硅片,投入产出比高,生产成本低,因此得到大规模的发展。但多晶硅转化效率低于单晶硅,如何找到最佳平衡点,是光伏行业亟待解决的问题[1]。

2　类单晶硅概述

定向凝固法凝铸类单晶硅锭(Mono Like Ingot Casting),在定向凝固铸锭工艺的基础上,铺设在坩埚底部的Cz籽晶辅助晶体生长,按照籽晶晶向进行晶格组合,获得的类单晶硅片具有类似单晶的外观形貌,制备出的晶硅电池具有接近单晶的电学性能[2]。类单晶铸锭技术主要有两种,即无籽晶铸锭和有籽晶铸锭[3],目前,进入产业化的都是有籽晶铸锭技术。有籽晶铸锭技术增加了Cz籽晶铺底,通过调节温度场保留部分籽晶层和固液相的温度梯度,确保单晶从籽晶位置开始生长,同时控制温度梯度均匀分布,提高晶体生长速度和晶体质量,确保形成高品质类单晶硅锭。

3　类单晶硅研究现状

目前,国内外科研院所集中研究了类单晶硅锭红区拉长效应、籽晶间位错生长和类单晶硅太阳电池制备工艺。国内外学者归纳了硅锭底部红区和铁分布特征[4],建立了位错生长理论模型,侧重于以理论模型分析来解释红区拉长效应和位错生长原因。同时,专家学者们也详尽探索了籽晶的熔化剩余高度、籽晶类型等对硅锭品质的影响,并对形成差异的原因进行了探讨。

4 基于板状籽晶的类单晶硅锭凝铸工艺研究

4.1 定向凝铸类单晶硅锭实验流程

基于板状籽晶的类单晶硅锭实验步骤包括：装料、投炉、抽真空、加热、熔化、晶体生长、退火、冷却、后续处理等。图 1 为类单晶硅锭实物图。

图 1 类单晶硅锭实物图

4.2 实验工艺优化

4.2.1 双电源加热系统对热场控制的影响

定向凝固法制备的类单晶硅锭，由中心单晶区域和周围多晶区域结合产生。研究发现，单晶比例越大，制备出的太阳能电池光电转换效率越高[5]。因此，本文使用了双电源多晶铸锭技术，即在定向凝固铸锭炉(DDS furnace)处进行改进，使其拥有两套相互辅助的加热系统，分别控制坩埚顶部与侧边的加热器，有利于在坩埚内部形成均匀的垂直温度梯度，从而更好地控制长晶速度，使得长晶界面更加平缓，减少了硅锭中热应力及机械应力诱发晶界产生的可能。相比于传统的单电源铸锭炉技术，该技术在热场控制方面有着明显的优势。图 2 为利用双电源技术凝铸的硅锭中心切面，可见坩埚两侧多晶区域得到了有效抑制，整体类单晶硅锭单晶比例达到 65%。

图 2 利用双电源技术凝铸硅锭的中心切面红外探伤扫描图

4.2.2 延长铸锭时间对晶体生长的影响

类单晶铸锭实验在籽晶半熔时，籽晶硅原子通过共价键吸附其他热熔体中的硅原子，组成完整的晶格，然后按晶向依次堆叠，形成类单晶硅锭。现有文献显示，目前类单晶铸锭实验采用 15 小时加热化料、40 小时长晶冷却的铸锭工艺[6]。本文采用了 26 小时加热化料、76 小时长晶冷却的铸锭工艺。图 3 为 26 号、32 号硅锭 PL 扫描的缺陷区域比例图，结果表明,延长铸锭时间,放慢长晶速度,减小垂直温度梯度,能够在硅锭底部形成较大的低位错区域,减少了硅锭长晶前表面应力,提升了类单晶硅片单晶区域的品质。

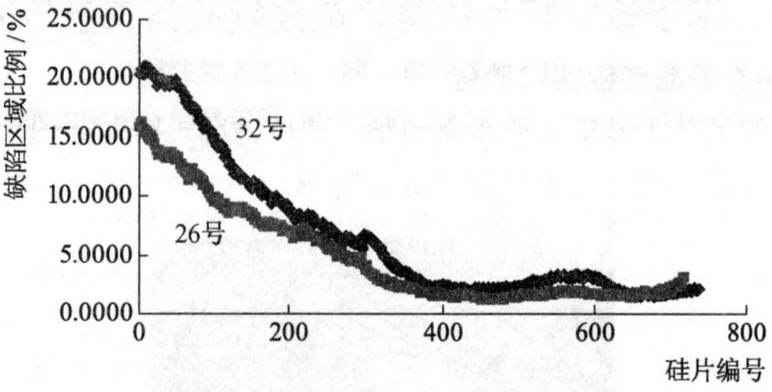

图3　类单晶硅片缺陷区域比例分布图

4.3　实验装料优化

4.3.1　数值模拟籽晶板承重形变影响

本次实验将Cz单晶硅棒竖切,选用6块980mm×156mm×15mm的板状籽晶,代替了原有块状籽晶,在现有类单晶铸锭实验中尚属首例。铸锭实验前,考虑到使用G6工艺,针对籽晶板能否承受800kg质量,展开仿真验证。采用四种不同的支撑方式,分别为间隔支撑、短边支撑、长边支撑、底部全支撑。实验结果表明,间隔支撑,即沿籽晶板长边方向每间隔100mm处建立支撑,如图4(a)所示,结果形成波浪形变,形变高度52nm;短边支撑,即固定其156mm短边,如图4(b)所示,中间最大形变400μm;长边支撑,即固定980mm长边,如图4(c)所示,中间最大形变250nm;底部全支撑,如图4(d)所示,最大形变0.5nm。结果表明,形变范围都不足以造成籽晶板承重断裂。因此,15mm厚度板状籽晶符合类单晶铸锭实验要求。

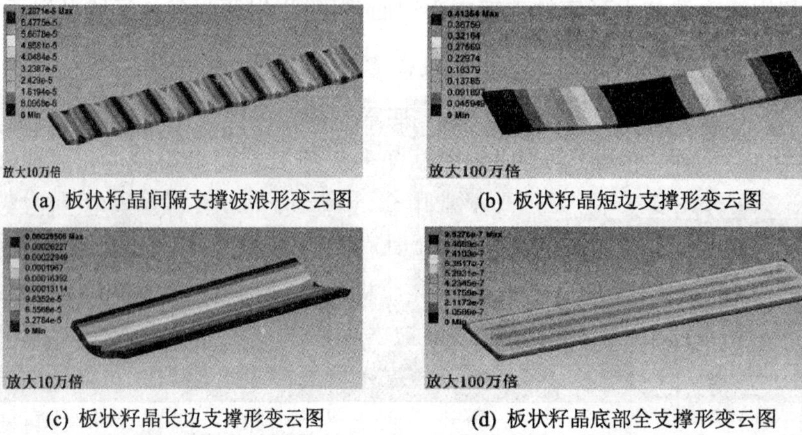

(a) 板状籽晶间隔支撑波浪形变云图　(b) 板状籽晶短边支撑形变云图

(c) 板状籽晶长边支撑形变云图　(d) 板状籽晶底部全支撑形变云图

图4　板状籽晶数值模拟支撑形变云图

4.3.2　板状籽晶对拼接缝位错的影响

本文对比块状籽晶与板状籽晶进行类单晶铸锭实验。在以块状籽晶铺底进行铸锭实验时,由于籽晶铺设在坩埚底部,块状籽晶受到热熔体流动会产生平滑、翻转等小角度偏移,这些都会形成位错源。硅锭切片后由拼接缝产生十字花纹问题,会严重影响类单晶太阳能电池短路电流，使得类单晶电池性能下降，如图 5 所示。在以板状籽晶铺底进行铸锭实验时，使用了 6 条籽晶板沿 TC 方向紧密并排铺在坩埚底部，由于有效减少了籽晶块之间的自由度，所以减少了板状籽晶偏移翻转的可能。图 6 为硅锭切片 PL 扫描图，可见硅片表面不存在十字花纹问题。制备电池后进行 EL 扫描，EL 图显示不存在十字花纹隐裂问题。实验证明：使用板状籽晶代替块状籽晶，能够有效解决十字晶花问题，减少了籽晶拼接缝产生位错的数量。

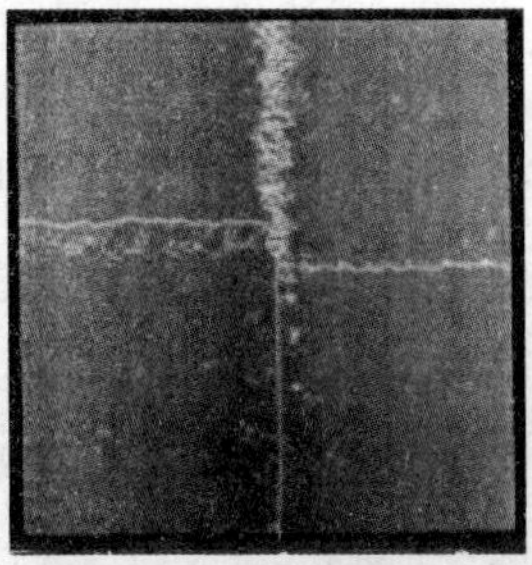

图 5　块状籽晶铸造类单晶硅锭切片 EL 图

图 6　板状籽晶铸造类单晶硅锭切片 PL 图

4.4　类单晶太阳能电池结果分析

本次实验选取 AEG1621001R-23 号方锭，其表面呈现全单晶的外观，切割硅片 733 片，酸制绒制成类单晶硅太阳能电池，共计获得 639 片太阳能电池。如图 7 电池转换数据显示，太阳能电池转换效率底部最高，达到 18.29%，远超多晶太阳能电池。随着晶体生长，前 150 片电池转换效率下降，硅锭中上部呈现一个低效率的“长尾部”，并且越往顶部，电池转换效率越差，电池效率最差为 16.41%。

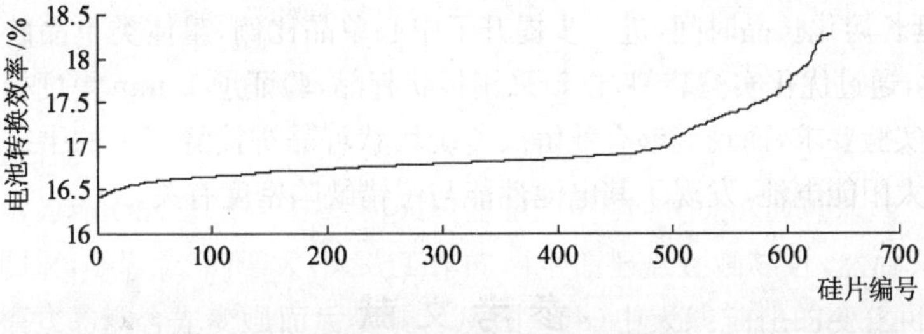

图 7　类单晶电池转换效率分布图

通过附表可知，随着晶体生长，填充因子保持不变，开路电压、短路电流、转换效率呈现同样走势，表明电池表面复合能力以及栅线收集电量能力一致，硅片缺陷比例对电学参数的作用是影响电池性能的主要原因。对比类单晶硅锭 AEG1621001R-23 硅片的 PL 扫描图(图 8)和 hennecke 数据，可见硅片表面缺陷比例从 1.45%不断上升，硅片单晶区域受到缺陷侵蚀，顶部硅片缺陷比例达到 22.95%。结果表明，作为硅片缺陷，类单晶硅锭中大量传播的位错影响了太阳能电池的整体性能，板状籽晶长边拼接缝成为位错源。晶体生长过程中，硅锭散热不均匀带来的热应力导致位错缺陷在类单晶硅锭中大量传播，不但向上传播，形成位错簇，而且向四周扩散，侵蚀其他单晶区域。硅锭内部形成明显晶界，吸引金属杂质在晶界处以化合物、沉淀物形式析出，不但阻碍了短路电流，而且也使得硅禁带宽度收缩，减小了电池片的并联电阻，降低了类单晶太阳能电池的开路电压，导致了较低的电池转换效率。

附表　类单晶硅 23 号锭太阳能电池电学参数

电池顺序	开路电压/mV	短路电流/A	填充因子/%	转换效率/%	缺陷比例/%
1～20	601.3573	8.507231	78.34377	16.4692	22.9555
101～120	603.096	8.538535	78.74289	16.6621	17.0825
201～220	605.232	8.552975	78.7251	16.7455	15.3600
301～320	607.119	8.556764	78.72158	16.8044	9.8795
401～420	607.586	8.576011	78.75897	16.8624	7.1195
501～520	606.152	8.896123	77.37645	17.1466	5.9045
601～620	616.181	8.96391	78.62139	17.8459	1.4535
整体平均	606.817	8.639189	78.58586	16.9296	10.7356

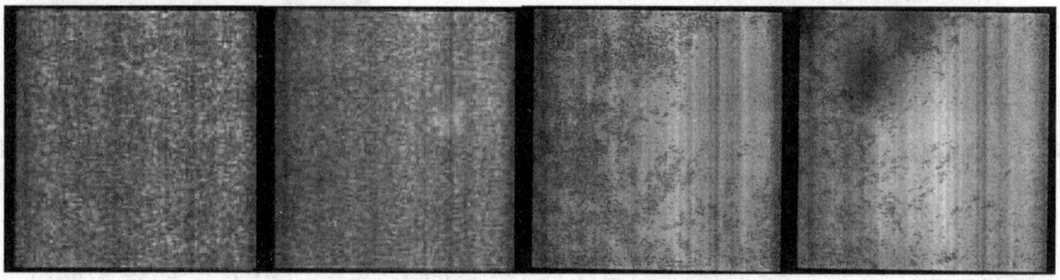

图 8　类单晶 23 号方锭 PL 扫描图

5 结　论

本文进行了基于板状籽晶的类单晶硅锭凝铸实验，通过优化实验工艺，使用双电源加热系统，并且延长熔化长晶时间，进一步提升了中心单晶比例，整体类单晶硅锭单晶比例达到 65%。同时，通过优化实验装料，创新采用板状籽晶，验证了 15mm 厚度板状籽晶不仅符合类单晶铸锭实验要求，而且能够有效解决传统块状籽晶拼接缝产生的十字晶花问题。通过制备类单晶太阳能电池，发现了其电池性能与位错缺陷密度有关。

参 考 文 献

[1] 王晓宁. 中国太阳能光伏产业链剖析及其对产业的影响[J]. 电器工业，2008(7)：44—45.
[2] 苏柳，郝秋艳，解新建，等. 准单晶硅技术研究进展[J]. 硅酸盐通报，2012(3)：609—612.
[3] 王敬蕊，蔡晓晨，陈锐，等. 太阳能用硅片技术及其进展[J]. 通信电源技术，2013(2)：38—40.
[4] Yu XG，Gu X，Yuan S，et al. Two-peak characteristic distribution of iron impurities at bottom of cast quasi-single-crystalline silicon ingot[J]. Scripta Materialia，2013(68)：655—657.
[5] Zhong GX，Yu QH，Huang XM，et al. Performance of solar cells fabricated from cast quasi single crystalline silicon ingots[J]. Solar Energy，2015(111)：218—224.
[6] Zhong GX，Yu QH，Huang XM，et al. Influencing factors on the formation of the low minority carrier lifetime zone at the bottom of seed-assisted cast ingots[J]. Journal of Crystal Growth，2014(402)：65—70.

基于 USRP_X310 的无线通信系统设计与实验

学生姓名：刘 倩 指导教师：章国安
南通大学电子信息学院，电子信息工程专业，学号：1211031008

【摘 要】 基于由 GNU Radio 和 USRP_X310 组成的软件无线电平台设计和实现一个无线通信系统，通过硬件连线，在 gnuradio-companion(grc)中构建一个无线通信系统流程图，并设置相应模块的参数，运行程序，观察频谱图，并在 wireshark(网络分析软件)中对实验结果进行分析。

【关键词】 软件无线电；GNU Radio；USRP_X310；无线通信系统

0 引 言

软件无线电是一种新的无线电系统体系结构，是现代无线电工程的一种设计方法、设计理念，它的基本思想是以开放性、可扩展、结构精简的硬件为通用平台，把尽可能多的无线电功能用可重构、可升级的构件化软件来实现。软件无线电的架构体系突破了无线通信系统以专用硬件为核心的传统设计模式，通过将宽带的 AD 和 DA 器件尽可能地靠近射频天线，尽早地将获得的模拟信号转换成数字信号，并以通用软件作为基本平台，尽可能多地由通用处理器上的软件实现无线及通信功能，以实现无线通信系统的可升级和可重配置[1]。将软件无线电技术应用于无线通信系统的设计和实现上，能够发挥其架构开放、灵活、多层次协同、软硬结合的特性，解决传统软件工具存在局限的问题。另外，任何技术的推广和应用都不可回避成本的问题，高速数字化器件过于昂贵，而软件无线电技术正好解决了此项问题，即在基带和中频部分的处理完全是数字方式的。

1 基于 GNU Radio 和 USRP_X310 的软件无线电系统

1.1 GNU Radio 简述

GNU Radio 是一个开源的软件无线电平台，可用它来设计应用程序，并对结果进行仿真，同时也可以在此平台上构建真实的通信系统。GNU Radio 软件是一个模块化很高的、可以进行图形界面设计编程的平台，它为使用者提供了许多编好的程序模块，使用者可以在创建流图的时候直接使用，使用起来也比较方便。

GNU Radio 中大致有七种信号处理模块，分别是调制解调、计算、测试验证、信号输出、滤波器、信号输入、数据类型转化模块。GNU Radio 的编程语言通常是由 C＋＋和 Python 的结合。其中，C＋＋是用来编写信号处理模块的，例如信道编码、解调和调制等；Python 脚本语言因其简单和新型的语法受到广大用户的欢迎，它能够连接各个信号处理模块，无须编译可直接执行，然后就能构成一个应用程序，此外，Python 也能够用来编写 GNU Radio 应用程序的图形化界面和接口[2]。

1.2 GNU Radio 流程图编程

GNU Radio 可以说是一个很大的“容器”，里面装了各类信号处理模块[3]。图形化界面通过在终端输入 gnuradio-companion 打开 GRC。GRC 是在安装 GNU Radio 时就一起装好的。在 GRC 中创建程序流程图是非常简单的，且同时会自动生成一个 Python 脚本。通过在文本编辑器中编写Python文件,然后直接在终端运行,可以看到程序结果。我们通常把GNU Radio编程说成是Python编程。

图1是GRC界面。GRC包括几个区域,界面上端通常和其他界面一样都是工具栏;工具栏的下面就是画流程图的地方,即工作区域;再下面就是函数输出窗口,程序运行的时候,结果就会显示在其中;模块库在界面的最右面,里面包含了很多可用的模块。GNU Radio是个高度模块化并采用流程图形式的软件架构平台,它本身为用户提供了许多模块库,根据这些现有的模块用户能够非常快速地建立关于信号处理的流程。

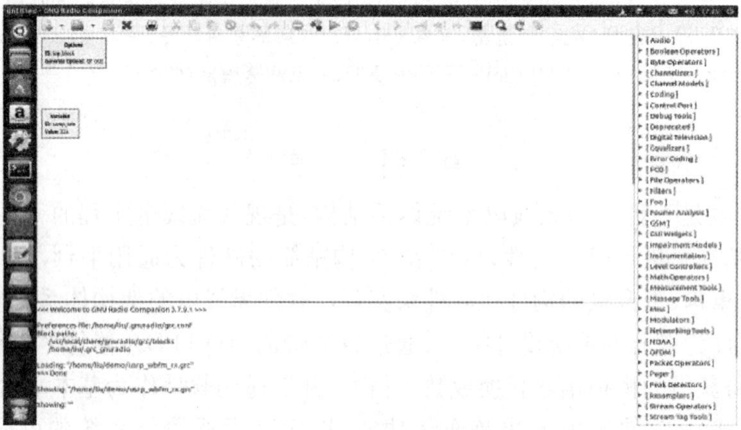

图1 GRC界面

1.3 USRP_X310简述

USRP_X310是一个通用软件无线电外设,主要用于发送GNU Radio处理之后的信号和接收来自外界的信号。它可完成一些通用操作,比如内插、抽样、上下变频等,在整个信号处理中担当数字基带和中频的角色。在众多的硬件设备中,USRP_X310性能优越且为设计和开发新的应用提供比较高端的服务。它配置了两块子板,频率范围是直流到6GHz,带宽最高能够达到160M,有千兆口、万兆口和PCIe三个连接方式可供选择。它的核心是一个资源丰富、用户可编程的Kintex-7 FPGA。此外,USRP_X310支持的软件环境很多并有许多相关的开源项目,还能够直接使用跨平台UHD驱动。

USRP_X310的主要特点[4]是:具有两张射频子板,最大160M(UBX)或120M(WBX、CBX、SBX)带宽;最高支持的覆盖频率为6GHz;具有资源丰富、用户可编程的Kintex-7 FPGA;具有多种高速接口;具有UHD支持的多种框架(GNU Radio、C++/Python API、Amarisoft LTE 100、OpenBTS)和其他一些框架;具有灵活的时钟处理结构;具有半宽1U形状便于操作;具有可实现自定义的数字接口面板。

1.4 USRP_X310内部结构

图2是USRP_X310的原理结构图,USRP_X310主要包含射频子板、模数/数模转换器和用于数据快速处理的FPGA等。

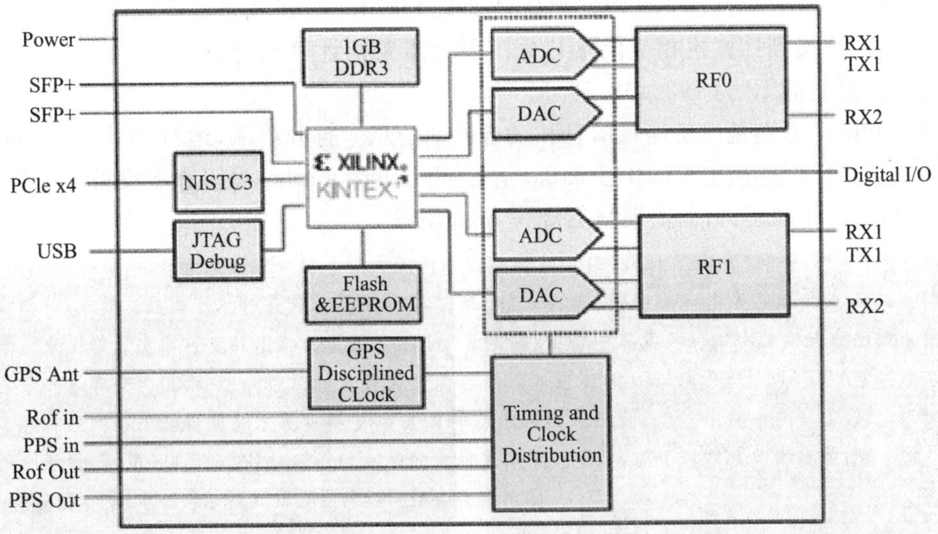

图 2　USRP_X310 内部结构图

图 3 是 USRP_X310 的母板。USRP_X310 的母板主要包括两个采样速率最大达 14bit/200M 的 ADC、两个 16bit/800M 的 DAC、一个高速处理的 FPGA 和两个用于收发射频信号的射频子板等。它配置了两块子板，频率范围是直流到 6GHz，带宽最高能够达到 160M。

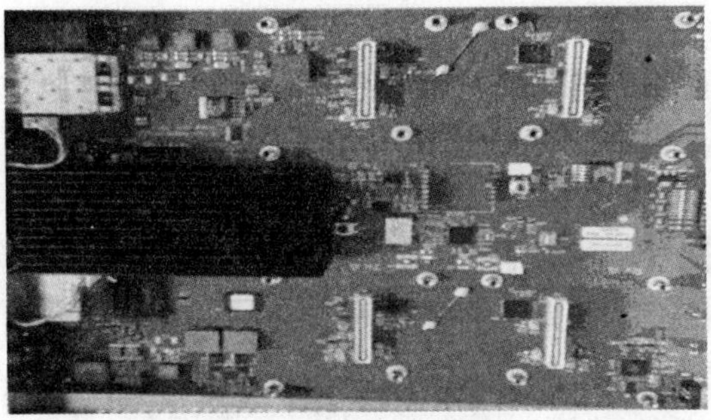

图 3　USRP_310 母板

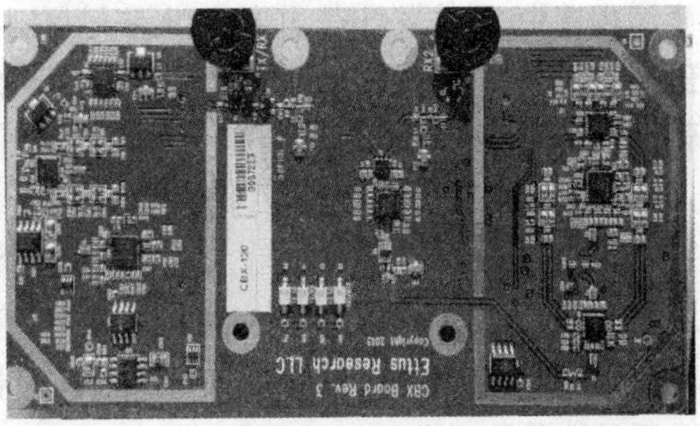

图 4　CBX_120 子板

本课题中 USRP_X310 采用的射频子板为 CBX_120，如图 4 所示。CBX_120 子板有一个全双工宽带收发器，频率范围为 1.2～6GHz，瞬时带宽能够达到 40MHz 的。CBX 型号的子板应用范围很广，如基站收发系统设计、雷达检测和 WiFi 等。

USRP_X310 具有资源丰富、用户可编程的 Kintex-7 FPGA，它具有快速而高效的数据处理能力。FPGA 是 USRP_X310 数字处理的重心，能够和主要元件进行相连，如射频前端、内存等，它主要负责数字上下变频、比较细微的调谐频率和数据处理等。

1.5　初次使用 USRP_X310 配置计算机和设备

将 USRP_X310 配套的万兆转千兆适配器(SFP Adapter for 1 GigE)接在 USRP_X310 的 port 0 万兆网口，如图 5 所示。

图 5　USRP_X310 网口连接

图 5 中千兆网口对应的 IP 地址默认是 192.168.10.2，在万兆转千兆适配器里插入网线，另一端再连接到计算机相应的端口处。因为需要把计算机与设备连在同一个网络中，所以设置计算机的 IP 为 192.168.10.1。

图 6 和图 7 分别是设备连接信息和设备详细信息。打开终端，运行 uhd_find_devices，看计算机是否已经连接上 USRP_X310。运行 uhd_usrp_probe，可以查看设备详细信息，提示 fpga 和 uhd 不兼容的话，需要重新烧写 fpga 镜像[5]。

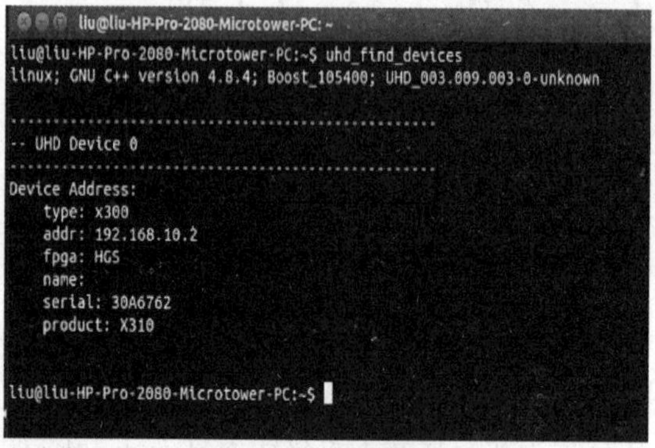

图 6　设备连接信息

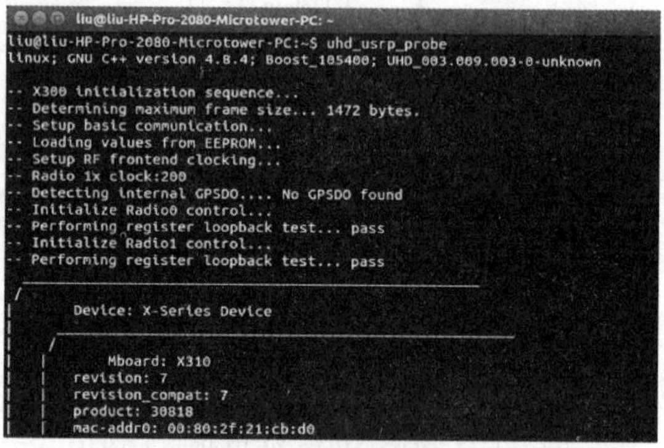

图 7　设备详细信息

2　程序设计

程序中，首先 USRP 源接收到信号，信号经过相位校正后到达信宿模块，对相应频率的信号进行频谱分析。当找到基站准确的频点时，经过软件模块译码等操作后，输出窗口中就会有解码后的十六进制信息，在 wireshark 中查看和分析数据结果。

3　实验调试及结果分析

wireshark 是一个非常流行的网络封包分析工具，它的主要功能是抓取网络中的数据信息，并把信息较为详细地展现出来。本设计方案中利用这个软件来进行结果分析。首先采用最简单的千兆网口连接方法把 USRP_X310 和计算机连接起来，接通电源，运行程序，然后在终端打开 wireshark，进行数据分析。

图 8 和图 9 分别是接收信号频谱图及解调后的十六进制信息。图 8 是频点在 1811800000 处的频谱图，从图中可很清晰地看到在频谱能显示的范围即采样率范围内，信号比较强。当正好调到频点时，输出窗口就能不停地输出解调后的十六进制信息了。

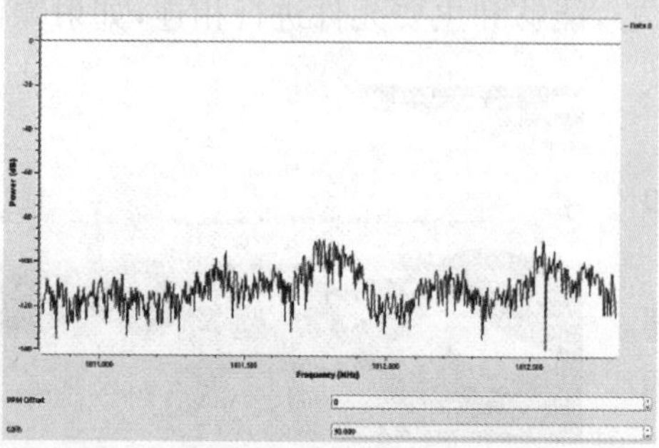

图 8　接收信号频谱图

```
59 06 1a 8f 00 20 00 1d ca 40 0a 00 20 80 00 00 00 00 00 f7 bd 00 00
15 06 21 00 01 f0 2b 2b 2b 2b 2b 2b 2b 2b 2b 2b 2b 2b 2b 2b 2b 2b 2b
15 06 21 00 01 f0 2b 2b 2b 2b 2b 2b 2b 2b 2b 2b 2b 2b 2b 2b 2b 2b 2b
15 06 21 00 01 f0 2b 2b 2b 2b 2b 2b 2b 2b 2b 2b 2b 2b 2b 2b 2b 2b 2b
15 06 21 00 01 f0 2b 2b 2b 2b 2b 2b 2b 2b 2b 2b 2b 2b 2b 2b 2b 2b 2b
15 06 21 00 01 f0 2b 2b 2b 2b 2b 2b 2b 2b 2b 2b 2b 2b 2b 2b 2b 2b 2b
15 06 21 00 01 f0 2b 2b 2b 2b 2b 2b 2b 2b 2b 2b 2b 2b 2b 2b 2b 2b 2b
15 06 21 00 01 f0 2b 2b 2b 2b 2b 2b 2b 2b 2b 2b 2b 2b 2b 2b 2b 2b 2b
15 06 21 00 01 f0 2b 2b 2b 2b 2b 2b 2b 2b 2b 2b 2b 2b 2b 2b 2b 2b 2b
25 06 21 20 05 f4 c4 12 4b 0b 2b 2b 2b 2b 2b 2b 2b 2b 2b 2b 2b 2b 2b
49 06 1b c6 df 64 f0 00 50 5a ce 00 05 17 60 4d bd 00 00 b7 00 42 1b
15 06 21 00 01 f0 2b 2b 2b 2b 2b 2b 2b 2b 2b 2b 2b 2b 2b 2b 2b 2b 2b
15 06 21 00 01 f0 2b 2b 2b 2b 2b 2b 2b 2b 2b 2b 2b 2b 2b 2b 2b 2b 2b
15 06 21 00 01 f0 2b 2b 2b 2b 2b 2b 2b 2b 2b 2b 2b 2b 2b 2b 2b 2b 2b
```

图 9　解调后的十六进制信息

图 10 是 wireshark 分析信道信息图。从结果图来看，最上面所显示的是封包列表，可以在这里看到发送或接收方的地址、协议或者封包的内容。接着就是封包的详细信息，信息按照不同的 OSI layer 进行了分组，可以展开每个项目详细地查看。最底下是十六进制信息，此处显示的内容与封包详细信息是一样的，只不过换成用十六进制的格式进行显示和表达。

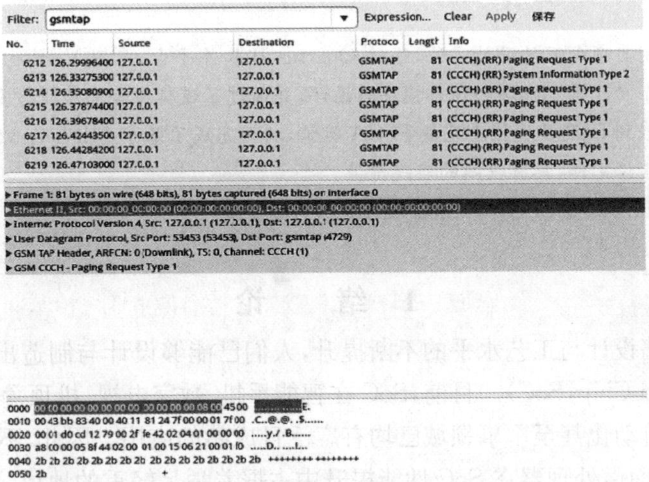

图 10　wireshark 分析 GSM 基站发出的 CCCH 信道信息

4 结 束 语

本课题基于由 USRP_X310 和 GNU Radio 组成的软件无线电平台来设计和实现一个无线通信系统，软件无线电的架构体系突破了无线通信系统以专用硬件为核心的传统设计模式，强调了以开放性的最简单的硬件为通用平台，尽可能用可升级、可重配置的应用软件来实现各种无线电功能的设计思路，以实现无线通信系统的可升级和可重配。将软件无线电技术应用于无线通信系统的设计和实现上，能够发挥其架构开放、灵活、多层次协同、软硬结合的特性。

参 考 文 献

[1] 杨宏，孙耀辉，茹晨光，等. 基于 GNU Radio 和 USRP 的无线通信系统建模仿真[J]. 现代技术，2013，36(18)：73—77.

[2] Carey D, Lowdermilk R, Spinali M. Testing software defined and cognitive radios using software defined synthetic instruments[J]. IEEE Instrumentation & Measurement Magazine, 2015, 18(2): 19—24.

[3] El-Hajjar M, Nguyen Q A, Maunder R G, et al. Demonstrating the practical challenges of wireless communications using USRP[J]. IEEE Communications Magazine, 2014, 52(5): 194—201.

[4] Chen X M, Einarsson B P, Kildal P S. Improved MIMO throughput with inverse power allocation-study using USRP measurement in reverberation chamber[J]. IEEE Antennas and Wireless Propagation Letters, 2014, 11(5): 1494—1496.

[5] Robert M, Sun Y, Goodwin T, et al. Software frameworks for SDR[J]. Proceedings of the IEEE, 2015, 103(3): 452—475.

基于MIPS的32位微处理器设计

学生姓名：张 超 指导教师：徐 晨
南通大学电子信息学院，集成电路设计与集成系统专业，学号：1211002149

【摘 要】 采用自顶向下的设计方法，通过Quartus II软件平台，采用Verilog HDL硬件描述语言完成了各个功能单元模块和顶层模块的设计，并通过了逻辑综合和功能仿真。最后将通过仿真的程序下载到DE2开发板上完成FPGA验证，从而完成了基于MIPS的32位单周期微处理器的设计及验证工作，具有较高的实践价值。

【关键词】 MIPS指令；CPU；Verilog HDL；FPGA验证

1 绪 论

随着集成电路设计与工艺水平的不断提升，人们已能够设计与制造出高度复杂的系统级芯片(System on Chip，SoC)。目前，SoC在智能手机、数字电视、机顶盒等电子产品，以及仪器仪表、通信、自动化甚至军事领域已均有广泛且成熟的应用。因此，不断提升SoC的性能变得尤为重要，而微处理器在SoC性能提升中占据着举足轻重的地位，可以这样说，如果把SoC比喻为一个人，那么微处理器毫无疑问就是这个人的大脑。

近年来，虽然我国集成电路设计行业在国家方针政策的大力支持下取得了举世瞩目的长足发展，但目前我国微处理器设计能力仍未达到国际先进水平，这直接制约了我国集成电路设计行业的进一步发展，进而不可避免地影响到我国国防与信息安全领域的建设和发展。因此，尽快研究出具有我国自主知识产权并且在国际领先的高性能微处理器变得至关重要。本文对微处理器的设计进行了有益的探索，并设计了基于MIPS的32位单周期处理器。

2 单周期CPU数据通路的设计

顾名思义，单周期CPU意味着每条指令都是在一个时钟周期内执行结束的。其中，一个时钟周期是指两个相邻时钟上升沿之间的时间间隔。本次使用Verilog HDL语言设计的基于MIPS的单周期CPU主要包括程序计数器PC、主控制器、ALU单元、寄存器组模块、符号/无符号数扩展模块、指令存储器和数据存储器等功能模块单元，通过顶层模块将它们实例化，从而形成一个完整的CPU数据通路。图1给出了本次设计的单周期CPU完整的数据通路图。在CPU时钟的第一个上升沿根据程序计数器当前的pc值将指令从指令存储器中取出，然后将取出的指令送到主控制器和寄存器组模块进行译码，从而产生数据通路中需要的控制信号并将指令需要的数据从寄存器堆读出，接着在ALU执行指令指定的运算操作，在时钟下降沿根据数据存储器的读/写使能信号对数据存储器进行数据的存/取操作并将下一个pc值赋给pc，最后在时钟第二个上升沿将需要回写的数据写入寄存器堆，从而实现在一个时钟周期内执行一条指令。

在数据通路图中，多路选择器mux1根据控制信号regrd在寄存器号rd和寄存器号rt中选择一个作为其输出；再经过模块f依据jal的值和mux1的输出值产生寄存器写地址

reg_wn。mux2 由控制信号 shift 来决定输出给 ALU 的 inputa 输入端的数据是移位次数 sa 还是寄存器 rs 中的内容。mux3 通过控制信号 aluimm 决定选择指令的后 16 位还是寄存器 rd 中的数据作为 ALU 的 inputb 端的输入数据。寄存器组的输入端 d 的输入数据 regwritedata 由 mux4 和 mux5 这两个二选一多路选择器从三个不同的输入源中选出，首先通过 mux4 根据控制信号 m2reg 的值选择其输出是从数据存储器读出的 memreaddata 还是 ALU 单元运算的结果 aluRes，再由 mux5 根据控制信号 jal 的值从 npc（返回地址）和 mux4 的输出值中选择将要写入寄存器组的数据。由于在执行 beq、bne、j、jr 和 jal 这 5 条指令时，程序会发生转移和跳转，故通过多路器 mux6 根据 pc_sel[2：0]的值在 add4(pc+4)、jumpaddr（跳转地址）、branchaddr（转移地址）和 regaddr（寄存器跳转地址）这四个地址中选择出下一条指令的地址。

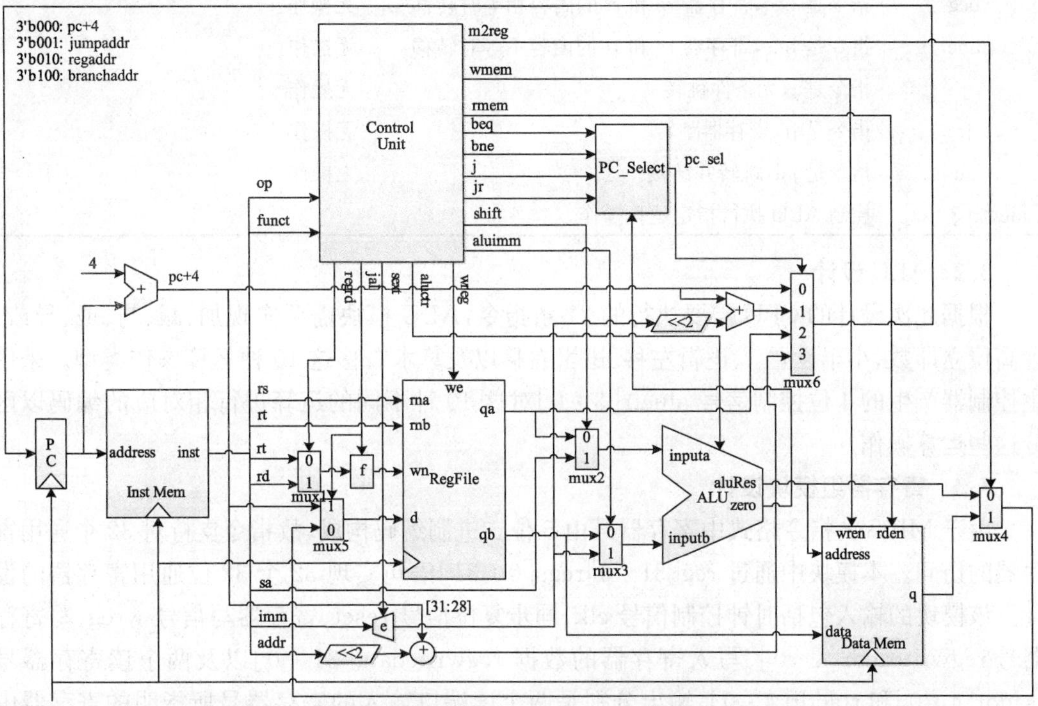

图 1　单周期 CPU 完整的数据通路图

3　主要功能模块的设计

3.1　主控制器设计

主控制器根据指令的 6 位操作码 op 即 inst[31：26]以及 6 位功能码 funct 即 inst[5：0]译码产生不同的控制信号来使数据通路中的各种功能部件协调工作。其中，对于 R 型指令来说，由于它们的操作码都是 6 位二进制数“000000”，所以还需要 6 位功能码来进一步指定这些指令的具体功能；而对于其他类型指令，由它们的操作码就能确定该指令的具体功能。此次设计的 CPU 主控制器共产生 14 个控制信号。表 1 给出了这些控制信号的名称及其具体的功能。

表 1　各控制信号名称及其功能

控制信号	置 1	清 0
regrd	mux1 的输出选择寄存器号 rd,即 inst[15∶11]	选择寄存器号 rt,即 inst[20∶16]
shift	ALU inputa 端输入是移位次数,即 inst[10∶6]	输入是寄存器 rs 中的值
aluimm	ALU inputb 端输入是立即数,即 inst[15∶0]	输入是寄存器 rt 中的值
m2reg	存储器数据写入寄存器组	ALU 运算结果写入寄存器组
wmem	写存储器	不写
rmem	读存储器	不读
wreg	写寄存器	不写
sext	将立即数符号扩展	将立即数零扩展
beg	指令是 beq,寄存器 rs 和 rt 的内容相等时转移	无操作
bne	指令是 bne,寄存器 rs 和 rt 的内容不等时转移	无操作
j	指令是 j,无条件跳转	无操作
jr	指令是 jr,寄存器跳转	无操作
jal	指令是 jal,跳转并链接	无操作
aluctr[3∶0]	控制 ALU 执行指定运算操作	

3.2　ALU 设计

根据此次设计的 CPU 需要执行的 21 条指令,ALU 模块需要实现加、减、与、或、异或、置高位立即数、小于设置 1、逻辑左移、逻辑右移以及算术右移这 10 种运算操作类型。采用主控制器产生的 4 位控制信号 aluctr[3∶0]对这 10 种不同的运算进行相对应的编码以区分这些运算操作。

3.3　寄存器组模块设计

由于 MIPS32 指令格式中寄存器号由 5 位二进制编码构成,故指令支持对 32 个通用寄存器的访问。本模块中通过 reg[31∶0]regs[0∶31]语句实现 32 个 32 位通用寄存器的设计。该模块的输入包括时钟控制信号 clk、同步复位信号 reset、寄存器写信号 wreg、写寄存器号 regwriteaddr[4∶0]、写入寄存器的数据 regwritedata[31∶0]以及两个读寄存器号 rsaddr[4∶0]和 rtaddr[4∶0];输出分别是两个读端口输入的寄存器号所指明的寄存器中的 32 位数据 rsdata[31∶0]和 rtdata[31∶0]。其中,在时钟信号上升沿且复位信号为低电平时,将 32 个寄存器中的数据都初始化为 0;在时钟信号上升沿且 wreg 信号为 1 时,将数据写入指定寄存器。

3.4　程序计数器

程序计数器模块用来取出下一条指令所在的存储器地址,它是整个程序能够持续不断地执行下去的关键所在。该模块在时钟的下降沿向 32 位 reg 型变量 pc 赋新的 pc 值,并采用同步复位的方式,在复位信号 reset 低电平时将其清 0。此外,还定义了一个 32 位 reg 型变量 npc 来保存 pc+4 的值。

3.5　指令存储器和数据存储器的设计

指令存储器用来保存 CPU 将要执行的全部指令,数据存储器用来放置指令需要写入和读取的内容。它们分别通过 Quartus II 提供的 LPM_ROM 宏模块和 LPM_RAM 宏模块来实现,其中 pc[8∶2]指定指令存储器 7 位地址线的值,aluRes[7∶2]指定数据存储器 6 位地址线的值。

4 CPU的仿真与验证

4.1 功能仿真

在通过全编译后，为了验证设计出的CPU能否准确执行全部21条指令，编写了包括全部指令在内的测试程序，并把它存储到指令存储器中。包含所有21条指令的测试程序如表2所示。图2给出了该测试程序的功能仿真波形图，在地址32′H00000004处执行指令jal，程序跳转到32′H0000003C处，并将返回地址32′H00000004写入寄存器r31。在地址32′H00000058处执行指令jr，程序跳转到r31中的目标地址32′H00000004。之后顺序执行，当执行到32′H00000030处的beq指令时，由于寄存器r4和r5的值都为32′H0001FFFF，故程序跳转到指令地址32′H00000038处，执行j指令，从而进入死循环。

表2 包含21条指令的测试程序

地址	指令	汇编程序代码	地址	指令	汇编程序代码
00	8C010000	main: lw r1,0(r0)	30	10850001	beq r4,r5,end
04	0C00000F	call: jal loop2	34	08000006	j loop1
08	0041102A	slt r2,r2,r1	38	0800000E	end: j end
0C	00220822	sub r1,r1,r2	3C	8C060004	loop2: lw r6,4(r0)
10	00221824	and r3,r1,r2	40	00263826	xor r7,r1,r6
14	00221825	or r3,r1,r2	44	3828FFFF	xori r8,r1,0xffff
18	2004FFFF	loop1: addi r4,r0,−1	48	01014820	add r9,r8,r1
1C	000427C0	sll r4,r4,31	4C	31280000	andi r8,r9,0x0000
20	00042403	sra r4,r4,16	50	AD090008	sw r9,8(r8)
24	000423C2	srl r4,r4,15	54	14E9FFF9	bne r7,r9,loop2
28	3C050001	lui r5,0x0001	58	03E00008	jr r31
2C	34A5FFFF	ori r5,r5,0xffff			

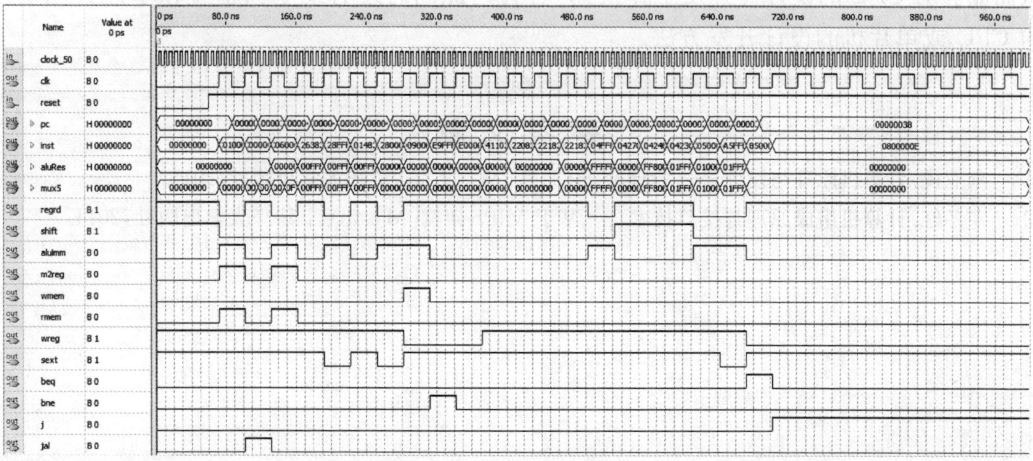

图2 功能仿真波形图

4.2 FPGA 仿真验证

在 FPGA 仿真环节中，编写了用于 FPGA 验证的测试程序。通过引脚绑定将设计的 CPU 程序下载到 DE2 开发板。其中，将时钟输入 clock_50 绑定 DE2 的 50MHz 晶振，复位信号 reset 绑定按键 0，输出 qout[31∶0]的低 4 位绑定 4 个红色 LED 灯，高 28 位绑定 4 个七段数码管。FPGA 仿真验证结果如图 3 所示，仿真成功实现了 LED 灯由 LEDR[0]至 LEDR[3]依次循环点亮，4 个七段数码管由左至右依次循环显示 2、0、1、6。

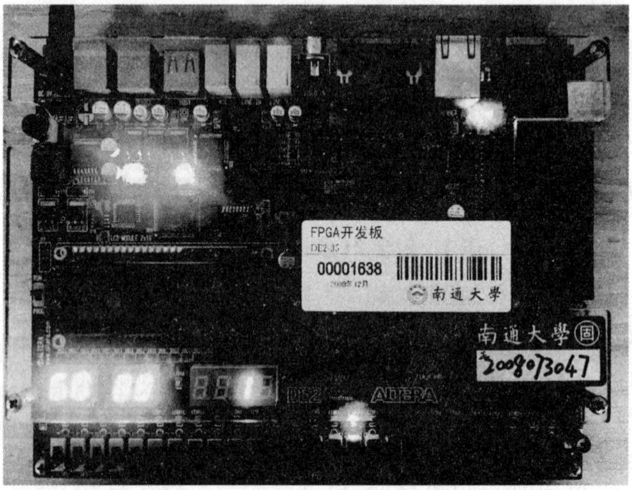

图 3　FPGA 仿真验证结果

5 总　　结

本文在了解 MIPS32 指令集架构的基础上，分析了单周期 CPU 数据通路的实现思路及主要功能模块的设计方法，采用 Verilog HDL 语言实现了基于 MIPS 的 32 位处理器的设计，能够执行 21 条具有代表性的 MIPS 指令，并且成功完成了 FPGA 仿真验证的工作。本文设计思路清晰，易于初学者快速理解和掌握 32 位单周期 CPU 的内部架构及工作原理，从而能够对 CPU 的设计与开发工作快速入门，与此同时还有助于其学习和掌握其他型号的 CPU 或单片机的设计开发方法。

参考文献

[1]　李亚民. 计算机原理与设计——Verilog HDL 版[M]. 北京：清华大学出版社，2011.

[2]　左冬红. 计算机组成原理与接口技术——基于 MIPS 架构[M]. 北京：清华大学出版社，2014.

《基于北斗和无线通信技术的水产养殖监测系统设计与实现》团队毕业设计报告

学生姓名：付康为、霍中兴、周志伟　指导教师：孙　玲、黄　静、施　佺
南通大学电子信息学院

《基于北斗和无线通信技术的水产养殖监测系统设计与实现》是一个紧跟当今物联网技术发展步伐的本科毕业设计。该毕业设计由南通大学电子信息学院集成电路设计与集成系统专业的三名大四学生组成，分别是集成 122 班的付康为同学、霍中兴同学和集成 123 班的周志伟同学，团队成员既分工明确又团结合作；指导老师团队有孙玲老师、黄静老师和施佺老师。本团队毕业设计工作的开展，一方面增强了大家的团队合作意识，使大家切身体会到强大的团队凝聚力可帮助团队更好地完成毕业设计；另一方面拓展了大家的知识面，提高了大家自主学习的能力和理论联系实际的能力。

本课题的选题、相关研究、软硬件设计、系统测试及论文撰写前前后后历经半年多，通过大家的共同努力较好地完成了课题目标，并取得了一些成功。这些成果一定程度上反映了团队的每位导师和学生具备了相关的信息获取和分析处理的能力；有很好的软硬件开发实战能力；有系统开发的理论知识及文献和数据的支撑；有较强的钻研精神、科研能力和较高的写作水平。

一、课题背景与选题意义

近年来，物联网技术作为现代信息技术的重要组成部分受到了人们的极大关注，正被越来越广泛地应用于各行各业。物联网，即通过射频识别、红外感应器、全球定位系统、激光扫描器等信息传感设备，按约定的协议，将任何物品与互联网相连接，进行信息交换和通信，以实现智能化识别、定位、追踪、监控和管理的一种网络技术，可见其是在互联网技术基础上延伸和扩展的一种网络技术，其用户端延伸和扩展到了任何物品，和物品之间进行信息交换和通信。物联网技术与传感器技术以及嵌入式技术相结合，已经广泛地应用于现代化生产中，它可以对生产生活中的各个环节进行检测，确保其中的每一个环节都安全高效，在未来有着广泛的应用前景。本课题可以说是物联网技术在现代水产养殖业中的一个应用示例。

随着我国社会经济的发展，人们的物质生活越来越丰富，各类农副产品、水产品的需求量也越来越大，传统的水产养殖方式已经越来越不能满足快速发展的市场要求了。针对现有水产养殖方式不仅耗费人力物力，而且管理效率低的不足，本课题团队设计了一套基于物联网技术的智能水质监测、控制和管理系统，以便养殖户及时了解养殖池状态，更加方便地控制养殖设备，提高生产效率。项目具体实施过程中，考虑到传感器节点的可移动性，我们设计了基于北斗的无人船自动巡航系统；考虑到水面传感器采集数据与岸上上位机通信的方便性，我们设计了基于短距离无线通信技术的无线数据传输系统。这也是本团队设计总题目《基于北斗和无线通信技术的水产养殖监测系统设计与实现》的由来。

二、创新性与实用性

根据总任务目标和工作量，并结合同学们各自的兴趣和特长，本团队将课题分为三个子课题，分别是《面向水产养殖的水质参数采集系统设计》《面向水产养殖的无人船水质参数传输系统设计》和《面向水产养殖的水质参数上位机管理系统设计》，涉及水质参数数据采集、水质参数数据传输、水质参数上位机管理系统三大部分。每个子课题都有各自的创新点，三者相辅相成，有机地融合在一起。

首先，本课题调研了不同水产品对水体温度、溶氧量以及 pH 等水质参数的要求，针对本次设计的养殖对象进行了水质参数数据采集系统的研究。利用 pH 复合电极及其参数设计出了 pH 传感器电路，实现了对水质 pH 参数的数据采集；利用防水型 DS18B20 温度传感器设计出了温度检测电路，能够对水质温度参数进行实时检测。最终，参数数值可以在数据显示电路的显示屏进行显示。该数据采集系统采用的是本团队自己设计的电路板，相对于市场上价格高昂的检测设备，该系统的设计与制作成本极小。

其次，本课题为了实现对数据采集系统采集到的数据进行传输，设计了一套水质参数传输系统。该系统利用 SI4432 无线传输模块，将采集到的水质参数数据传输到嵌入式主控板上，由主控板对这些数据做进一步处理。本课题的第一个创新点是使用无线传输模块对参数数据进行传输。为了降低智能监控系统的成本，系统的设计由原先的静态多点监控改为动态的单点监控，这是本课题的第二个创新点。具体方法为将检测的节点放置在一条移动的小船上，而该小船能够根据北斗信号实现在水中自动寻迹，由此可以实现对一片养殖水域的多点检测。

最后，为了实现对采集到的数据进行有效管理以及对养殖设备的控制，本团队设计出了水质参数上位机管理系统。它是以网页的形式呈现的，可以有效地管理登录用户的账号信息，对水质参数的数据进行显示并对嵌入式主控电路发送控制指令，以实现对养殖设备的有效控制。

在实用性方面，由于本课题的选题来源于实际需求，故而在实用性上也很有优势。南通市如东县有许多养殖虾类的专业户，对该智能监控系统进行推广后，能够大大地减少人工养殖的成本，可以对养殖水域的水质环境进行实时监控，极大降低水产养殖的风险，为实现水产养殖品的高产打下良好的基础。

三、团队成员分工

智能监控系统相关技术涉及领域广，技术复杂度高。找到一个切入点后，也需要相应的软硬件系统设计能力作为研究支撑。故而，团队的成功和每个人的努力是分不开的。课题设计要求比较高，工作量比较大，团队成员的个人素质都较高，在完成设计的过程中，团队成员合理分工、齐心协力，每个人的能力均得到充分发挥，团队工作效率高。在毕业设计过程中，各成员经常交流工作，积极出谋划策，做好不同模块之间的衔接工作，从而使得整个设计工作顺利完成。在整个设计过程中，包括指导老师在内的每个人都投入了大量的时间和精力，也学到了很多以往不太重视或者没有接触过的知识，并开阔了视野。每个人的业务能力和团队合作能力得到了锻炼。本系统分为三个子系统，现将团队中的成员信息及具体分工介绍如附表所示。

附表　团队成员分工

学生姓名	专业	承担任务	指导教师
付康为	集成电路设计与集成系统	设计硬件平台，完成水质参数传感器采集电路的软硬件设计。	黄静、孙玲
霍中兴	集成电路设计与集成系统	研究基于北斗的无人船自动巡航方法；完成水质参数数据传输系统的软硬件设计并进行系统整体调试。	孙玲
周志伟	集成电路设计与集成系统	采用B/S架构设计水质参数上位机系统，完成浏览器实时显示数据及远程控制增氧机、投食机等设备的设计。	施佺、孙玲

付康为，集成电路设计与集成系统专业，对嵌入式系统较为熟悉，熟悉 Keil、Altium Designer 等嵌入式开发的常用软件，能够运用 Keil 设计嵌入式软件程序、运用 Altium Designer 绘制电路原理图并生成 PCB 版图且进行合理的布局布线。在电路分析、数模电、信号与系统方面有较为扎实的理论基础。曾获得全国物联网设计大赛华东赛区二等奖、校级二等奖学金。

该同学在本课题中主要负责水质参数数据采集系统的设计与制作，并且在生产生活中寻找应用点。在本次设计中，使用 PSpice 软件对电路进行设计与仿真，使用 Altium Designer 软件对采集系统进行电路原理图与 PCB 版图的绘制。电路板工作效果出色，性能稳定，达到了系统测试的要求，能够实现对水产养殖水域进行水质参数数据采集。

霍中兴，集成电路设计与集成系统专业，对嵌入式系统较为熟悉，能够运用各种开发环境开发单片机 C 语言程序，在信号与系统、通信原理和通信网络基础方面具有比较扎实的理论基础。曾获得全国物联网设计大赛华东赛区二等奖、校级二等奖学金。

在本课题中，霍中兴同学主要负责设计与实现水质参数数据传输系统。利用 SI4432 无线传输模块实现对水质参数数据进行传输，设计了基于北斗信号的寻迹小船，实现寻迹功能，与上位机管理系统进行联系。

周志伟，集成电路设计与集成系统专业，对计算机系统较为熟悉，熟悉 PHP 与 Python 等计算机程序设计语言，能够开发网页后台程序和上位机系统。在通信原理、计算机网络和服务器方面具有比较扎实的理论基础。

该同学在本课题中主要负责上位机管理系统的设计与实现，对数据库系统与网页进行较为深入的学习与研究。该系统能够对用户的账户信息进行有效管理，对采集到的数据进行显示与存储，并对养殖设备进行有效的控制。在计算机上完成对系统最后的测试，达到了预期的效果。

四、毕业设计过程

在毕业设计中，首先查阅文献和阅读专业数据，进行需求分析和系统设计；之后进行详细设计和代码程序的编写、相关文档与测试数据的书写、中期答辩、论文撰写、整理与总结、终期结题答辩。整个设计过程划分为三个阶段，分别是前期准备工作、中期开发工作和后期整理测试工作。

(1) 前期准备工作。

前期工作主要是阅读大量的文献与书籍，确定小组的具体分工，明确系统的整体架构，学习常用的开发工具。其中涉及的相关理论基础有：数模电分析与设计、数据库原理与应用、计算机操作系统、通信网络基础、C语言基础等。

在完成文献阅读后，对三位同学进行分工。付康为同学使用PSpice软件设计水质参数数据采集系统，并进行电路的仿真工作。霍中兴同学对北斗定位模块与指南针模块进行驱动程序的编写，研究数据无线传输的方法，对数据传输系统进行设计与实现。周志伟同学根据团队的实际需求，对数据库系统与网页后台技术进行研究，学习PHP与Python等编程语言。

(2) 中期开发工作。

在课题的中期阶段，水质参数数据采集系统的水体pH检测部分、水体温度检测部分及数据显示部分的电路原理图与PCB图已经设计完成，并交给PCB工厂进行制作。水质参数数据传输系统成功地实现了数据的无线传输，已经完成基于北斗信号寻迹小船硬件驱动的编写工作。水质参数的上位机管理系统确定了与下位机进行通信的格式，使用模拟数据完成了对数据的显示与存储，完成了前台UI的设计工作。

(3) 后期整理测试工作。

首先，水质参数数据采集系统能够对数据进行显示，测试图如图1所示，水质检测数据显示如图2所示。

(a) 水质参数数据采集主控板　　(b) 水质参数数据采集传感器

图1　水质参数数据采集系统测试图

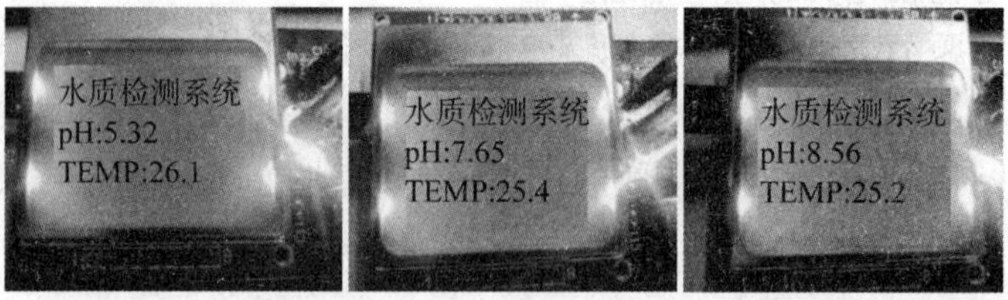

(a) 情况1测试结果　　(b) 情况2测试结果　　(c) 情况3测试结果

图2　水质数据采集系统对三种水质的测量结果

图3为水质参数数据传输系统中的北斗导航无人小船实物照片及其在测试水域中的远距离和近距离照片；图4为系统硬件实物图；图5为上位机管理系统的网页显示示例。

(a) 无人小船实物图　(b) 小船在测试水域的远景照　(c) 小船在测试水域的近照

图 3　移动传感器采集与数据传输装置

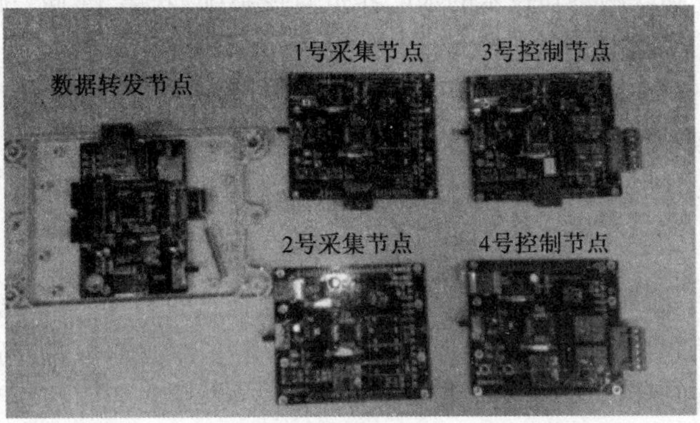

图 4　系统硬件实物图

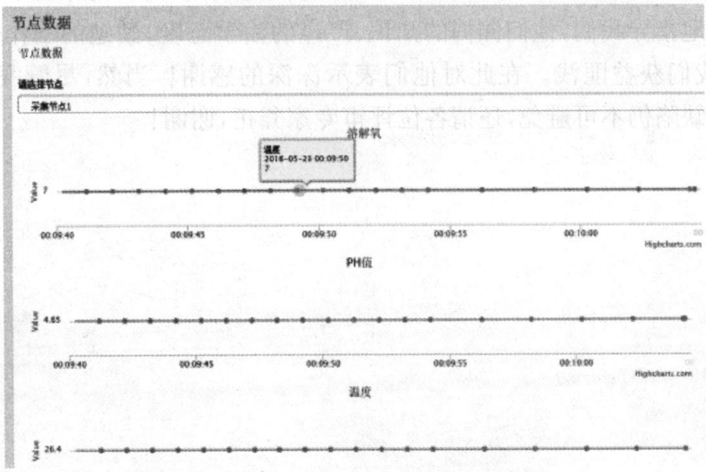

图 5　上位机管理系统网页显示示例

五、课 题 成 果

本课题主要实现了水质参数数据采集与传输系统、基于北斗卫星的小船寻迹系统和水质参数上位机数据管理系统的设计。经过测试，这三个系统能够很好地实现各自的功能，并顺利完成了整个系统的调试工作。测试结果表明：该智能监控系统能够对养殖水域的水质环境进行检测，实现数据的显示与存储功能，并能够对养殖设备进行控制。本课题取得的初步成果如下：

(1) 授权软件著作权,基于物联网的水产养殖系统 V1.0,登记号 2015SR1560841,授权时间：2015.8.12。

(2) 授权实用新型专利,基于物联网感知技术的水产养殖监控系统,登记号 201520333804.3,授权时间：2015.5。

(3) 申请国家发明专利,一种基于北斗导航的水质监测系统,专利申请号：201610323433.x,申请日期：2016.5。

(4) 作品《基于北斗卫星导航的无人巡逻船系统设计与实现》获第 11 届全国大学生交通科技大赛二等奖,获奖日期：2016.5。

(5) 作品《基于物联网感知技术的水产养殖监控系统》获第 14 届“挑战杯”江苏省大学生课外作品三等奖,获奖日期：2015.6。

(6) 作品《基于物联网嵌入式 Web 技术的水产养殖监控系统》获 2015 江苏省计算机大赛优胜奖,获奖日期：2015.5。

六、结 束 语

科学的探究是一个艰苦的过程,执着和坚持中也有收获和快乐。在整个系统的实现过程中,团队每个人都付出了艰辛的劳动,也都学到了很多专业知识,提高了动手实践能力。在过去的这段时间里,团队也遇到过不少困难,但是在指导老师的指导下,团队齐心协力,克服困难,最终实现了系统的所有功能。

在整个系统设计与实现的过程中,指导老师们不仅给予我们良好的学习环境,还认真负责、循循善诱地指导我们,他们渊博的知识、严谨的治学态度、勤勉的工作作风、为人师表的处世风范使我们获益匪浅。在此对他们表示深深的感谢！当然,尽管我们做了不少努力,但设计中的缺陷仍不可避免,还请各位评审专家斧正,谢谢！

船舶修造安全信息监测管理系统研制

学生姓名：张　晴　指导教师：华　亮

南通大学电气工程学院，电气工程及其自动化专业，学号：1212021003

【摘　要】 采用网络化管理方式实现物与物、物与人、所有的物品与网络的连接，具有高性价比、高智能化的特点，为船舶敏捷制造、安全制造提供保障，具有产生较大社会效益和经济效益的潜力。

【关键词】 船舶修造；安全监测系统；物联网系统；船舶安全生产；ZigBee 网络；传感器

1　引　　言

如今大型轮船船体是由很多金属隔间构成的，在制造过程中，其内通风不良，已有的除尘、排毒设施效果不佳，如此的工作环境严重威胁工作人员的人身安全。此外，高处坠落、物体打击和起重伤害等各类事故伤害率也较高。因此，随时跟踪定位轮船内的工作人员显得至关重要。现有的监控措施一般是通过人与人之间的对话进行联系或由专门人员定时查岗跟踪工作人员。这种方式存在较大的偶然性，对轮船内的操作人员的生命安全带来极大风险，应准确定位轮船内的工作人员，实时检测他们的身体状况。但由于轮船特殊的钢结构设计，给信号的检测与传输带来困难。现有的 GPS 系统实现的条件是在户外或没有障碍物遮挡的地方，由此，在轮船内应用 GPS 实现工作人员的定位可行性不高。根据上述分析，船舶修造安全监测应使用无线通信技术。使用物流网关键技术作为船舶修造安全监测系统的通信基础成了船舶修造业安全监测发展的大势所趋。

2　系统总体方案设计

2.1　系统总体设计思路

本课题所研究的船舶修造安全信息监测管理系统结构图如图 1 所示。考虑到船舶修造的恶劣工况，采用具备传感、运算、通信的无线传感节点实现各舱室环境、人员、设备信息的采集和传输。考虑到船舶密闭钢体结构屏蔽的特殊性，采用 WiFi 无线局域网组网技术实现船舶内部无线网络的组建。环境感测模块可实现温度、粉尘浓度、乙炔、液化气、氮气、二氧化碳等易燃、易爆、有毒气体的检测，结合 WiFi 技术可实现环境分布式检测、统一管理，以防设备伤害、触电、火灾、爆炸和中毒事故的发生。

人员动态信息感测模块采用高频 RFID 技术实现，监控器终端通过读取安装在施工人员安全帽上的电子标签信息，识别身份，并将检测信息通过 WiFi 传输到监测中心进行集中管理，可完成人员运动轨迹记录、工种区分、非正常作业报警，有效实现人员安全管理、生产过程监管。人员生理信息感测模块可实现人员心率、跌倒等生理信息感测，结合 Zigbee、WiFi 技术实现生理信息的统一管理和危险预警。为高空作业、闷舱室作业、电焊气割作业等特种作业领域人员伤害提供报警信息，以减少和降低触电、烧伤、灼伤、坠落、砸伤、中毒、中暑等造成的安全事故。船舶修造安全信息由总监控室监测管理，并传输至手机 APP 软件，实现安全巡检员实时监测。以网络化、智能化感测及信息处理软硬件平台为基础，实现事故三级处理模式,低程度危险,由系统自动处理;中程度危险,由企业管理人员排查处理;高程度危险自动通知政府应急处理部门处理,系统可自动为消防局等应急处理部门提供事故处理建议和方法,为事故处理方式的安全有效提供依据。

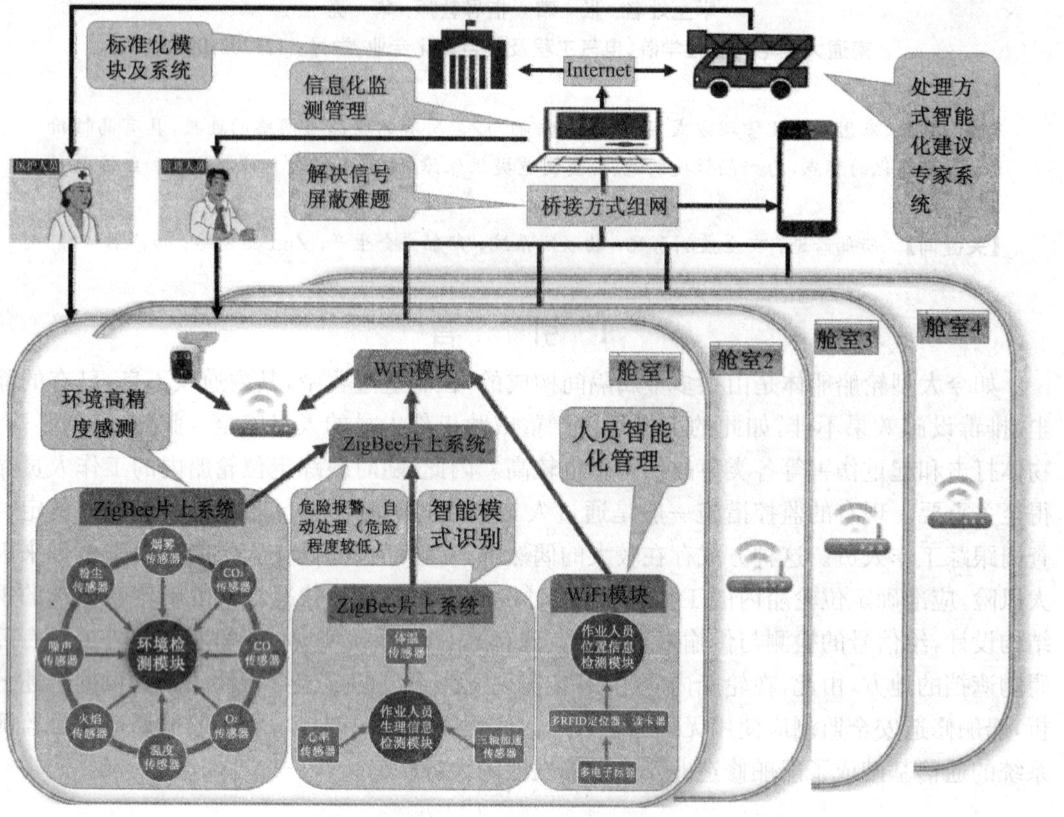

图1　系统结构图

系统实物模型如图2、图3所示,系统构建具备传感、运算、通信、简单控制的无线传感器节点,实现底层功能节点“无线化/即入即用”,可工作于各种恶劣环境,系统开放性强,便于拓展及二次开发。

图2　系统实物模型(一)

图3　系统实物模型(二)

2.2　基于RFID的识别及定位系统设计

RFID读卡器、激活器及电子标签选用现成产品。根据系统定位要求,要实现区域及轨迹的较精确定位，所以选择低频 RFID(125kHz)激活器和带低频唤醒的 RFID 标签。125kHz 低频电磁波基本不受环境影响，识别距离可稳定控制在 1～3m，精度小于 1m。根据系统设计要求，有多个舱室、多个人员及物品需要定位，所以对现成产品外加电路进行改造，以适应系统定位要求。主要针对读卡器外加电路进行设计。所选读卡器具有 RS232、RS485、TCP/IP、USB 等通信接口，设计中采用 RS232 和主控处理器通信。图 4 为读卡器主控电路，图 5 为安全帽内置传感器。

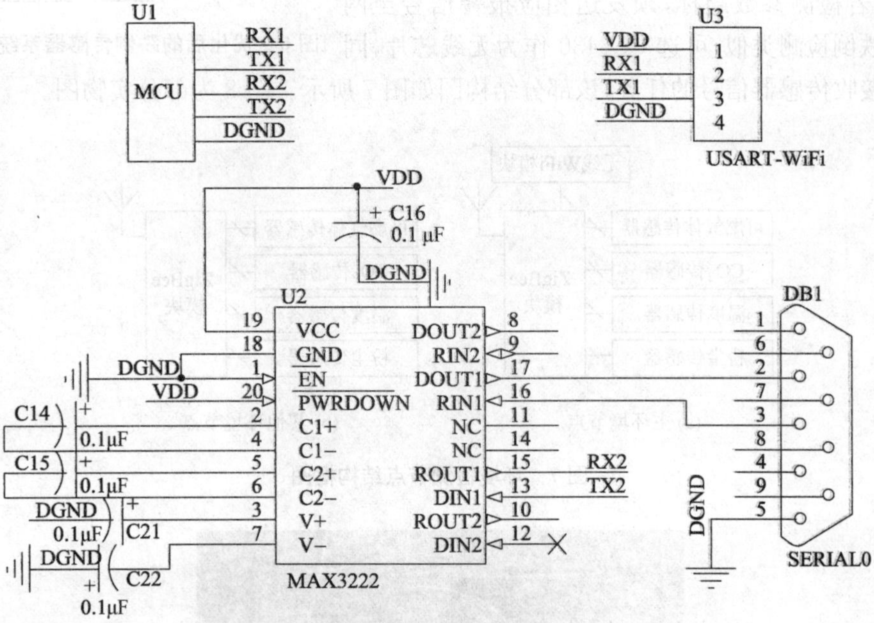

图 4　读卡器主控电路

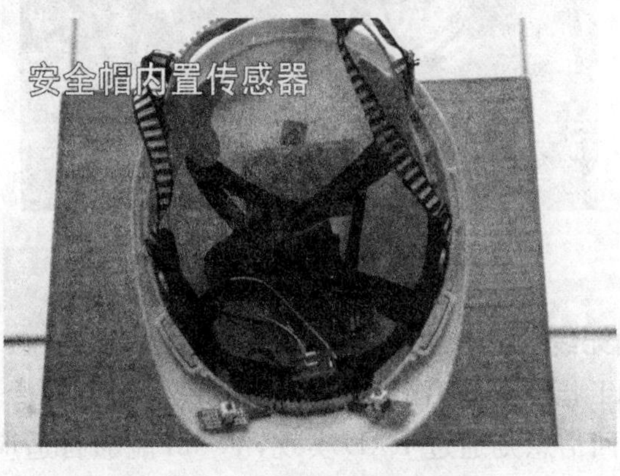

图 5　安全帽内置传感器

2.3　人员跌倒监测模块设计

结合跌倒传感器对 CPU 的要求，可以考虑选择合适的 ZigBee 模块，CPU 完成的功能也由 ZigBee 模块片上系统完成，则跌倒传感器系统结构图可简化成图 6。建立人体跌倒模型，并对三轴加速度传感器采集来的不同人体跌倒姿态的高维数据做主成分分析(PCA)，降维处理使其特征投影到低维空间，再利用降维后的特征向量并借助多权值神经元网络算法识别人体跌倒姿态。最后，实际采样的人体跌倒姿态数据验证了该方法的有效性。此外，与支撑向量机（SVM）算法相比较，实验结果表明，多权值神经元网络算法在人体跌倒应用中具有优越性。

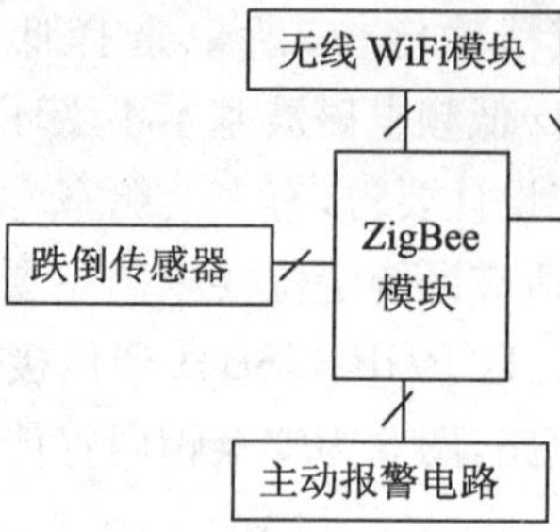

图 6 优化后的跌倒传感器系统结构图

2.4 环境监测系统设计

根据系统设计需求，对环境的检测包括一氧化碳、二氧化碳、甲烷、丙烷、氧气、噪音、温度、粉尘和烟雾检测，若检测参数超标，须发送相应报警信号至网络。和跌倒检测类似，可选 CC2430 作为无线芯片，同时承担接收传感器信号的任务，该部分结构图如图 7 所示。图 8 为部分实物图。

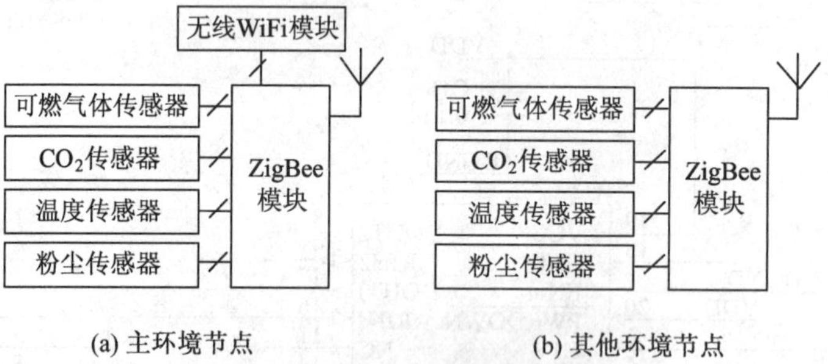

图 7 环境检测节点结构框图

图 8 部分实物图

2.5 基于 GSM 的无线报警节点设计

TC35i 模块采用 AT 指令。单片机对 TC35i 模块的控制指令写入通过串口的 TXD 实现，接收 TC35i 的返回信息则通过 RXD 实现，TC35i 能够自适应与单片机通信的波特率。当串口设置完毕、程序初始化后，程序对调制解调器进行初始化。短信发送流程图如下。

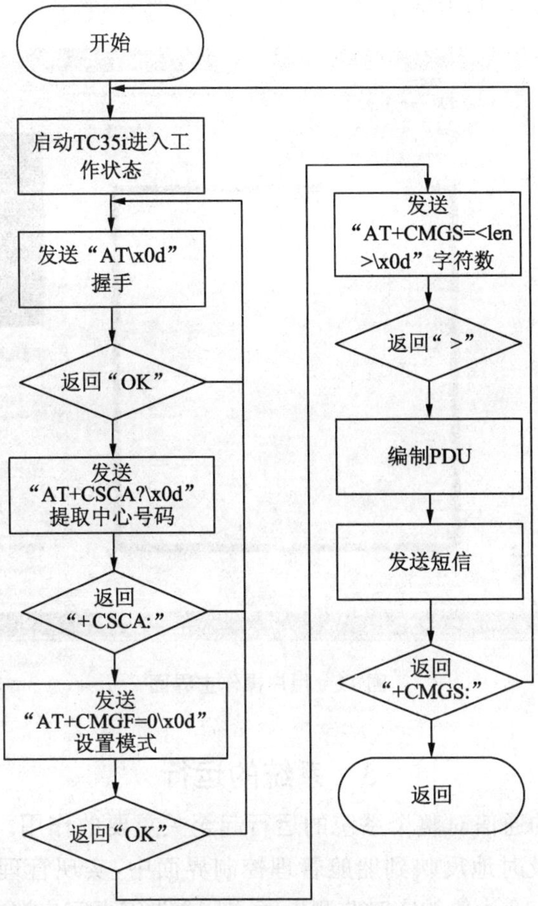

图9　短信发送程序流程图

2.6　上位机监测系统设计

系统的界面显示部分按照系统的功能需求和界面功能模块划分，分为船舱状态、员工设置、用户设置、工程设置、记录查询、系统帮助几部分。组织结构如图10所示。

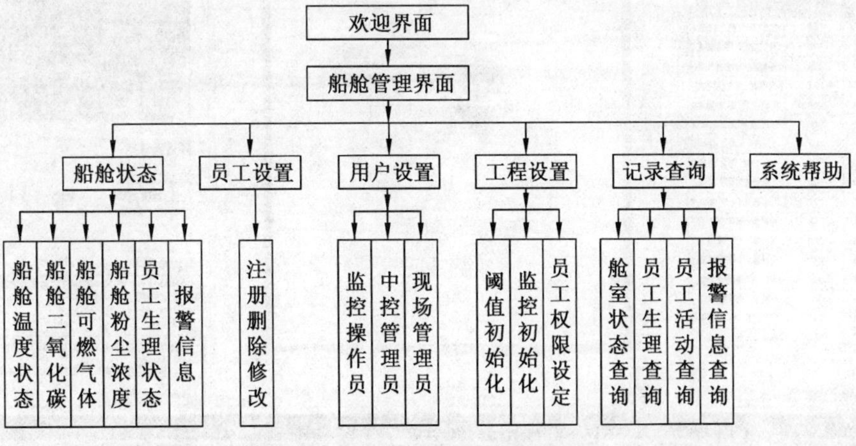

图10　控制界面组织结构图

用户操作主界面如图 11 所示。

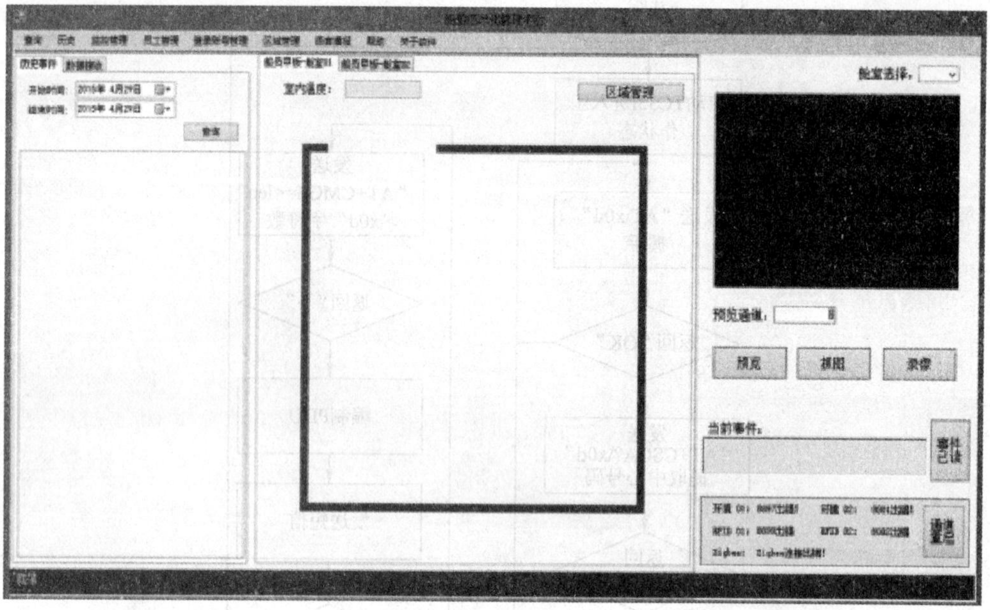

图 11　用户操作主界面

3　系统的运行

上位机与下位机的通信对整个系统的运行起至关重要的作用。船舱监测集控系统返回的船舱内部信息要及时地反映到船舱管理控制界面中，实现管理人员对船舱的实时监控，提高安全水平。图 12 为船舶实时监测界面，图 13 为安卓客户端主要界面。

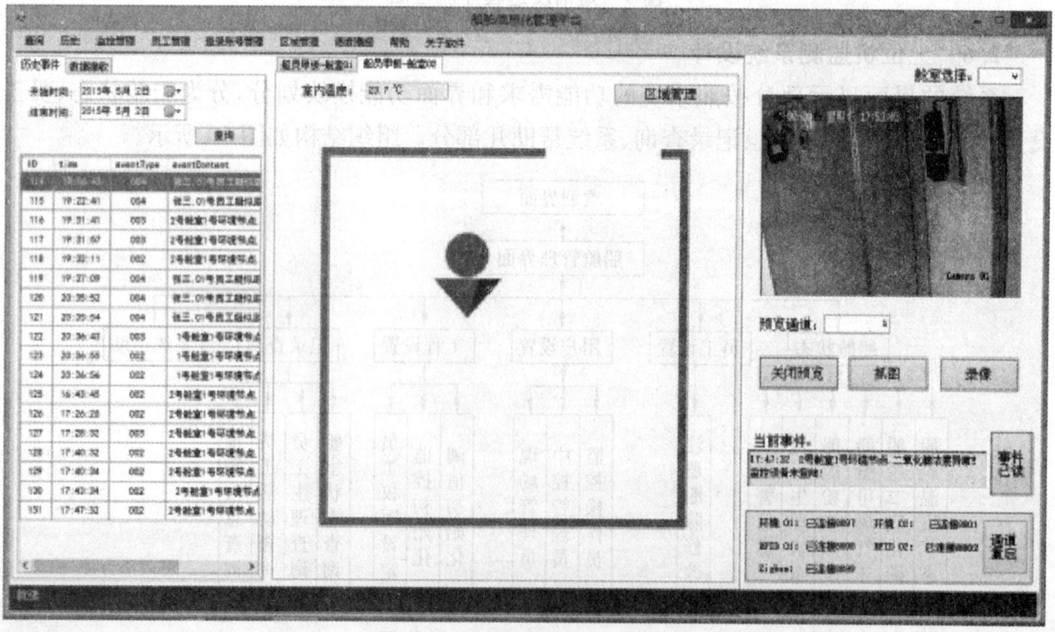

图 12　船舶实时监测界面

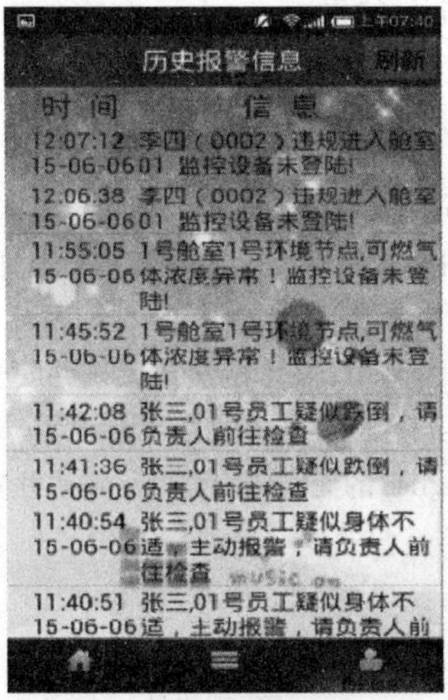

图 13　安卓客户端主要界面

4 总　　结

本课题针对船舶制造业修造人员安全及管理、生产物资管理及作业环境安全问题设计监测报警系统。该系统分布范围广，需要监测的参数繁多，包括所有作业人员的生理参数及跌倒监测、人员及生产物资定位、作业环境参数监测等。系统节点布局合理、组网能力强、监测节点定位精度高、监测数据实时性好、传感器及监测节点灵敏度高、系统拓扑性及多环境适应性好、监控范围广、身份识别精确。系统能够支持无线网络通信，终端节点与上位服务器可建立通信联系。系统中，根据距离的远近，在舱室外及各舱室中合理布置无线路由，所有路由节点采用桥接的方式构成一个完整的网络。服务器采用有线或无线的方式接入网络，通过此 WiFi 网络，将船舶修造中的参数、视频信息传至服务器。同时服务器端可以通过短信模块将相关报警信息发送至手机端。另外，安装有安卓客户端软件的手机可以连入系统，进行相关信息的查询并实时接收报警信息。其所具有的先进性和科学性的特点如下：

(1) 在国内现有的类似安全系统中，本系统目前安全系数较高，能有效降低生产事故突发率，同时采用多传感器信息融合技术有效对环境做出全面检测，并及时做出报警信息的处理与传递。

(2) 可将船舶修建体采集到的检测信息传输到中心监控室，方便对信息进行统一、集中、高效处理，采用 WiFi、ZigBee 多种无线通信技术构成完善的异构网络，保障了信息传输的准确性与稳定性。

(3) 改善检测设备安装结构，降低修建成本，减少因意外因素发生而未及时得到报警信息而带来的重大经济损失，提高经济效益。

(4) 将船舶修建过程中工件材质、形状、结构、场地、环境等因素对检测设备的影响降到最低，同时提高自身的系统稳定性与应急性。

(5) 使报警可以具体到点，探测器灵敏度可调，系统灵活性较强。

(6) 适用于大型船体的高难度作业监控，同时也可用于深海、高空环境作业，可广泛应用于多领域工业生产与开发环境安全检测。

参考文献

[1] 林鸿彬. 船舶建造中质量与安全的关系[J]. 安全与健康,2013(4):28.

[2] 孙中元,周真,蒋永清,等. 船舶修造企业安全生产标准化管理系统设计[J]. 舰船电子工程,2010(1):151—155.

[3] 邓杏松,朱昌平,韩庆邦,等. 基于 Wi-Fi 技术的嵌入式矿井安全监测终端设计[J]. 现代电子技术,2010(3):109—113.

[4] 李辉,张晓光,高顶,等. 基于 Zigbee 的无线传感器网络在矿井安全监测中的应用[J]. 仪表技术与传感器,2008(4):21—23.

阴影条件下光伏最大功率跟踪控制研究

学生姓名：张爱显　指导教师：杨　奕
南通大学电气工程学院，电气工程及其自动化专业，学号：1212021026

【摘　要】 针对光伏阵列局部阴影情况下的最大功率跟踪控制(MPPT)问题进行研究，在修正后的光伏组件工程应用模型的基础上，搭建光伏阵列的仿真模型，对其在不同阴影模式下的输出特性进行分析，给出局部阴影情况下的MPPT控制优化策略，利用实验室资源对光伏组件进行部分实验测试研究。仿真结果显示，分布式MPPT控制优化策略可以有效地跟踪局部阴影情况下光伏阵列最大功率点。

【关键词】 光伏阵列；局部阴影；最大功率跟踪；输出特性

1　绪　　论

为达到能源结构改善和生态环境保护的需求，以光伏发电为代表的新能源利用方式成为各国能源和环境可持续发展的突破点。但是由于光伏发电系统周围环境日益复杂，光伏阵列因局部阴影问题的出现，输出特性发生了改变，导致光伏发电系统光电转换效率降低。在这种情况下，传统的MPPT控制算法已经不能有效地跟踪到实际的最大功率点，因此本文对被局部阴影覆盖的光伏阵列的输出特性和MPPT优化控制进行了分析研究。

2　光伏组件模型及其输出特性分析

根据光伏组件工程应用模型式(1)建立光伏组件仿真模型：

$$I=I_{sc}\left\{1-C_1\left[\exp\left(\frac{U}{C_2U_{oc}}\right)-1\right]\right\} \tag{1}$$

$$C_1=\left(1-\frac{I_m}{I_{sc}}\right)\exp\left(\frac{-U_m}{C_2U_{oc}}\right) \tag{2}$$

$$C_2=\left(\frac{U_m}{U_{oc}}-1\right)\left[\ln\left(1-\frac{I_m}{I_{sc}}\right)\right]^{-1} \tag{3}$$

为了符合实际情况，考虑光照强度和温度变化的影响，对上述的简化工程实用模型进行修正，引入修正量ΔU、ΔI，将式(1)做以下修正：

$$I=I_{sc}\left\{1-C_1\left[\exp\left(\frac{U-\Delta U}{C_2U_{oc}}\right)-1\right]\right\}+\Delta I \tag{4}$$

$$\Delta I=\alpha\frac{S}{S_{ref}}(T-T_{ref})+\left(\frac{S}{S_{ref}}-1\right)I_{sc} \tag{5}$$

$$\Delta U=-\beta(T-T_{ref})-R_s\Delta I \tag{6}$$

式中，α和β分别为标准条件下的电流温度系数和电压温度系数；T和S分别为一般情况下的温度和光照强度；T_{ref}和S_{ref}为标准条件(STC)下的温度和光照强度，$T_{ref}=25$℃，$S_{ref}=1000\text{W/m}^2$；R_s为等效串联电阻，通常情况小于1Ω，故为了便于仿真研究，取值为0.8Ω。对于原材料为硅的光伏组件，α和β的实测值为$\alpha=0.0012I_{sc}$，$\beta=0.005U_{oc}$。

根据修正后的光伏组件工程实用模型，在MATLAB/Simulink中搭建如图1所示的仿真模型，该模型中的开路电压 U_{oc}、短路电流 I_{sc}、最大功率点处的工作电压 U_m 和电流 I_m 按无锡尚德公司的 STP150S-24c/AC 太阳能电池板的基本技术参数设定。

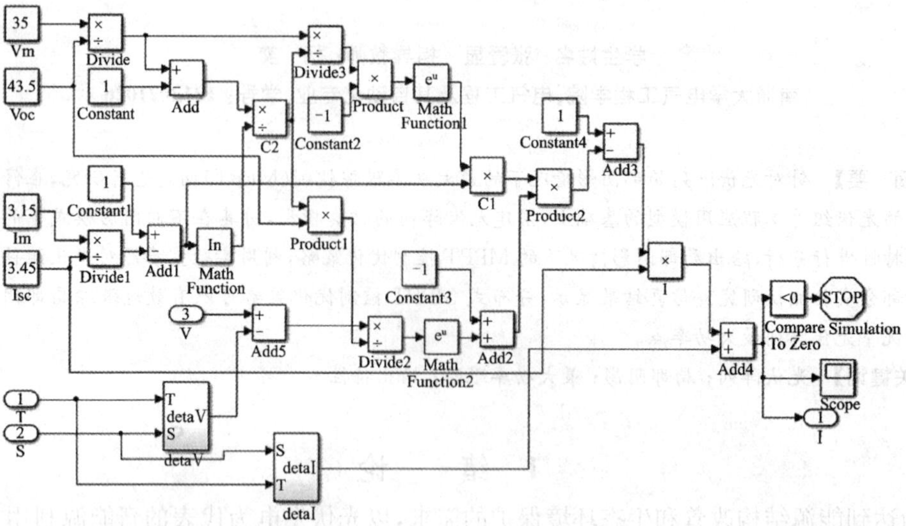

图 1 光伏组件仿真模型图

在不同环境条件下对光伏组件的输出特性进行仿真分析。

(1) 标准情况($T=25$℃，$S=1000\text{W/m}^2$)下，光伏组件的 *I-V* 曲线与 *P-V* 曲线分别如图 2(a)、(b)所示。

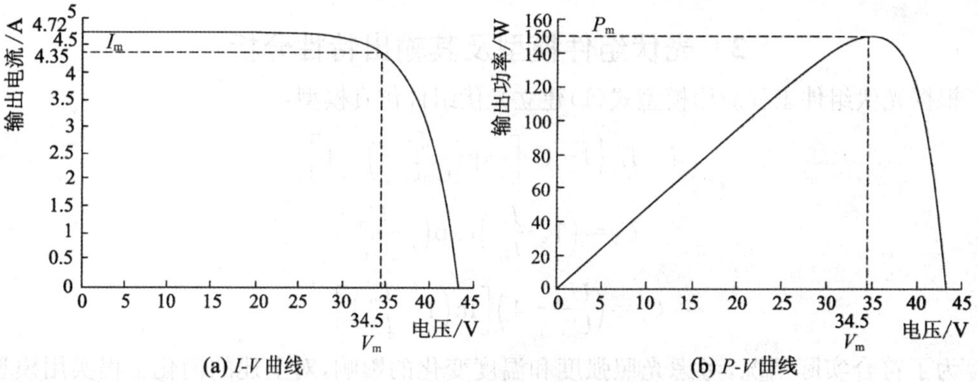

图 2 标准情况下光伏组件的输出特性

(2) 当光照强度保持 1000W/m^2 不变时，对不同温度情况下的光伏组件进行输出特性仿真测试，温度分别取 0℃、25℃、50℃、75℃，其 *I-V* 曲线与 *P-V* 曲线分别如图 3(a)、(b)所示。

(3) 当温度保持 25℃不变，对不同光照强度情况下的光伏组件进行输出特性仿真测试，光照强度分别取 1000W/m^2、800W/m^2、600W/m^2 和 400W/m^2，其 *I-V* 曲线与 *P-V* 曲线分别如图 4(a)、(b)所示。

由图 3 和图 4 可以看出，光伏组件受光照因素的影响较大，光照强度越大，输出功率也越大，且输出功率的变化幅度比其受温度影响时的大，并且随着温度的升高，光伏组件的输出功率反而略微下降。

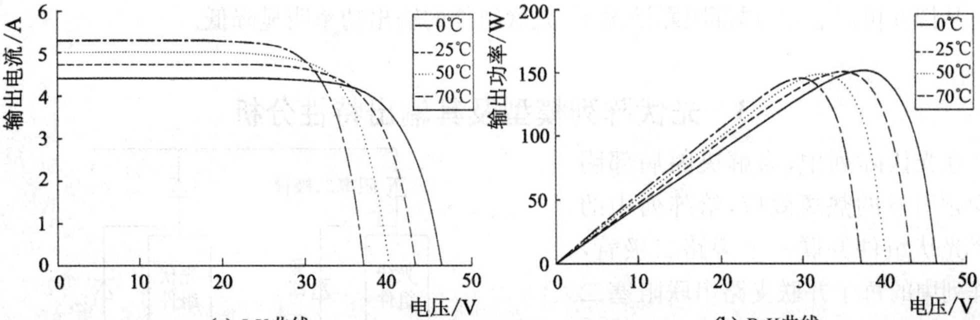

(a) *I*-*V* 曲线　　(b) *P*-*V* 曲线

图 3　不同温度下光伏组件的输出特性

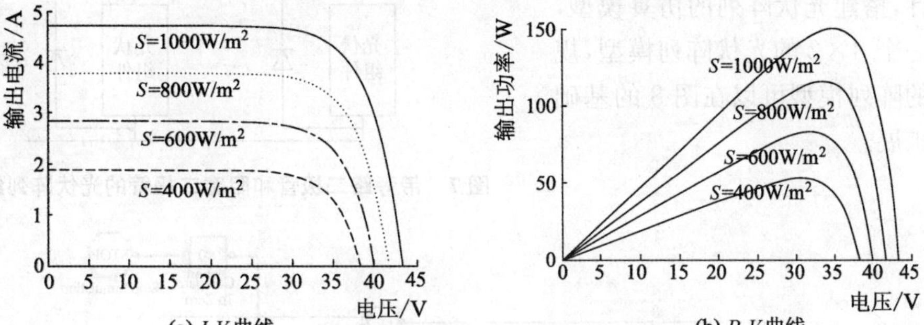

(a) *I*-*V* 曲线　　(b) *P*-*V* 曲线

图 4　不同光照强度下光伏组件的输出特性

利用实验室资源，测试无锡尚德 STP150S-24c/AC 太阳能电池板输出特性，其在温度为 25℃和光照强度为 800W/m² 情况下的输出特性曲线如图 5 所示。

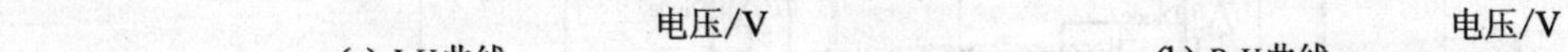

(a) *I*-*V* 曲线　　(b) *P*-*V* 曲线

图 5　STP150S-24c/AC 输出特性实验测试曲线

图 6 为通过实验测试的 STP150S-24c/AC 被阴影遮蔽 50%情况下的输出特性。

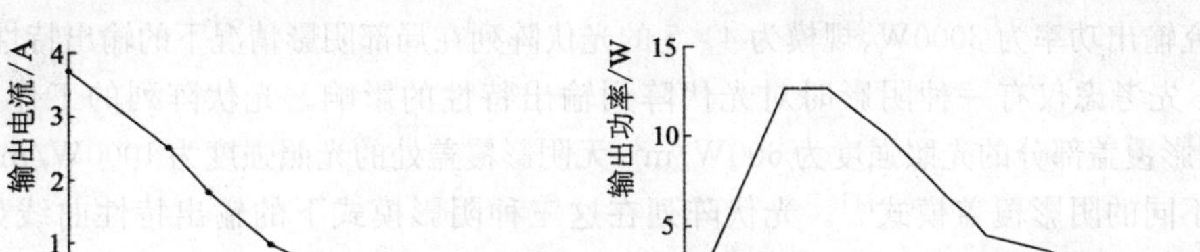

(a) *I*-*V* 曲线　　(b) *P*-*V* 曲线

图 6　光伏组件被遮挡 50%时的输出特性曲线

从图 6 可以看出，局部阴影情况下，光伏组件的输出功率明显降低。

3　光伏阵列模型及其输出特性分析

在光伏阵列中，为解决因局部阴影问题引发的热斑效应，给阵列中的每个光伏组件并联一个旁路二极管，给阵列中的每个并联支路串联阻塞二极管，其结构图如图 7 所示。

对光伏组件的仿真模型进行物理接口设计，搭建光伏阵列的仿真模型，图 8 为一个 3×2 的光伏阵列模型，规模更大的阵列模型可以在图 8 的基础上进行扩展。

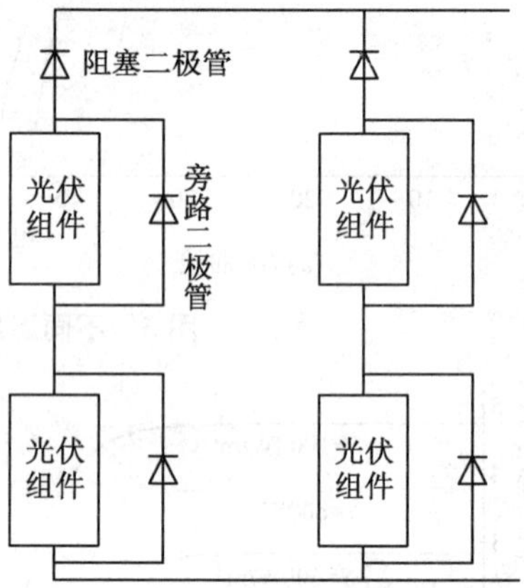

图 7　带旁路二极管和阻塞二极管的光伏阵列结构图

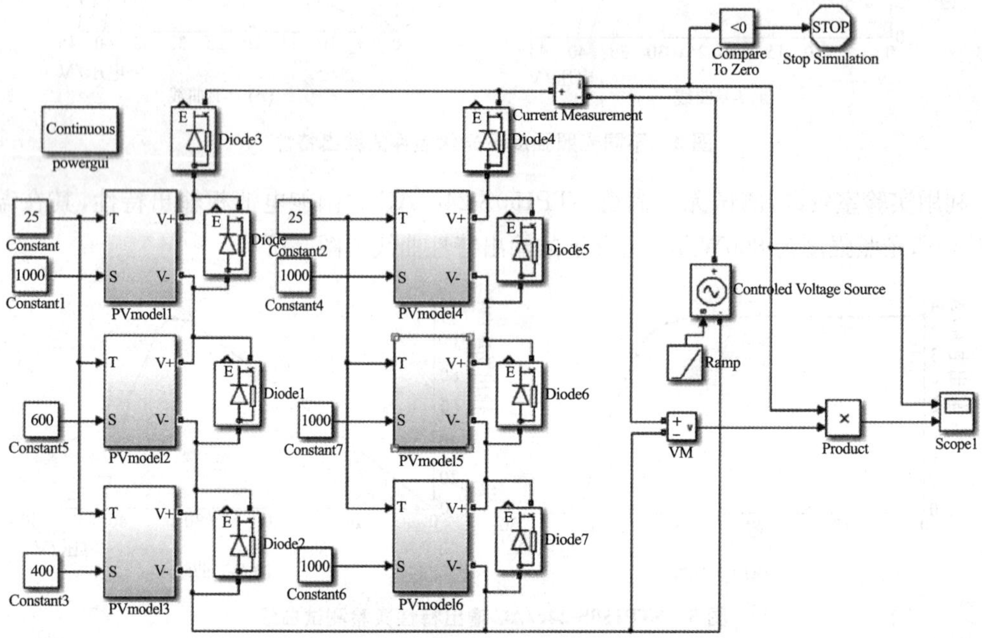

图 8　3×2 的光伏阵列模型图

研究输出功率为 3000W、规模为 4×5 的光伏阵列在局部阴影情况下的输出特性。

(1) 先考虑仅有一种阴影时对光伏阵列输出特性的影响。光伏阵列的工作温度为 25℃，阴影覆盖部分的光照强度为 600W/m^2，无阴影覆盖处的光照强度为 1000W/m^2。图 9 为三种不同的阴影覆盖模式[1]。光伏阵列在这三种阴影模式下的输出特性曲线如图 10 所示。

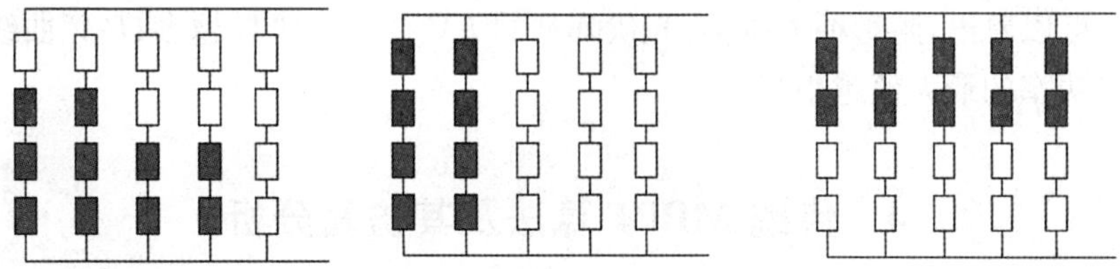

(a) (b) (c)

图 9　三种阴影覆盖模式

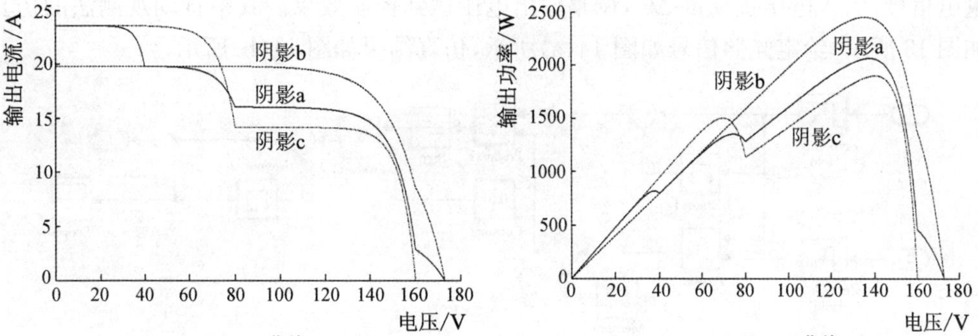

(a) *I-V* 曲线　　(b) *P-V* 曲线

图 10　三种阴影模式下光伏阵列输出特性曲线

由图 10 可以看出不同的阴影覆盖模式对输出特性的影响不同，阴影覆盖并联支路数越多，输出功率的最大值也就越小。

(2) 再分析研究有两种阴影覆盖阵列时对光伏阵列输出特性[2]的影响。图 11 为具有相同阴影覆盖形状但阴影覆盖种类不同的阴影模型图，其中，图(a)为一种阴影覆盖光伏阵列，图(b)为两种阴影覆盖光伏阵列。图 11 中，阴影最深部分的光强为 200W/m^2，阴影次深部分的光强为 600W/m^2，无阴影覆盖处的光强为 1000W/m^2，阵列的工作温度设定为 25℃。基于上述的阴影覆盖模式，3000W 光伏阵列的输出特性曲线如图 12 所示。

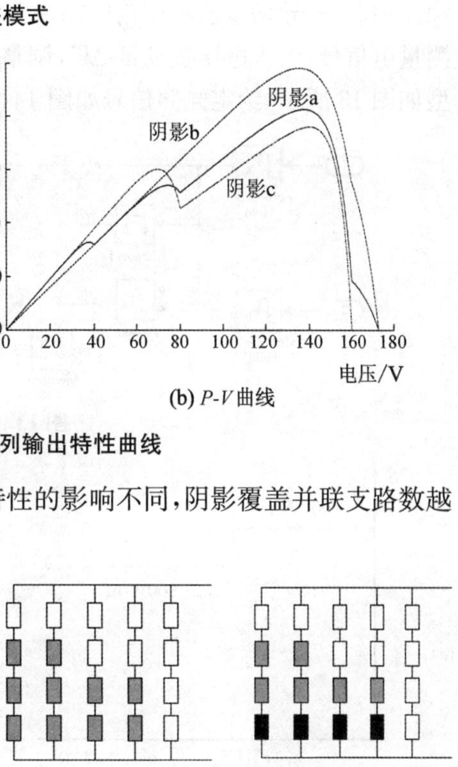

(a) (b)

图 11　多种阴影覆盖模型图

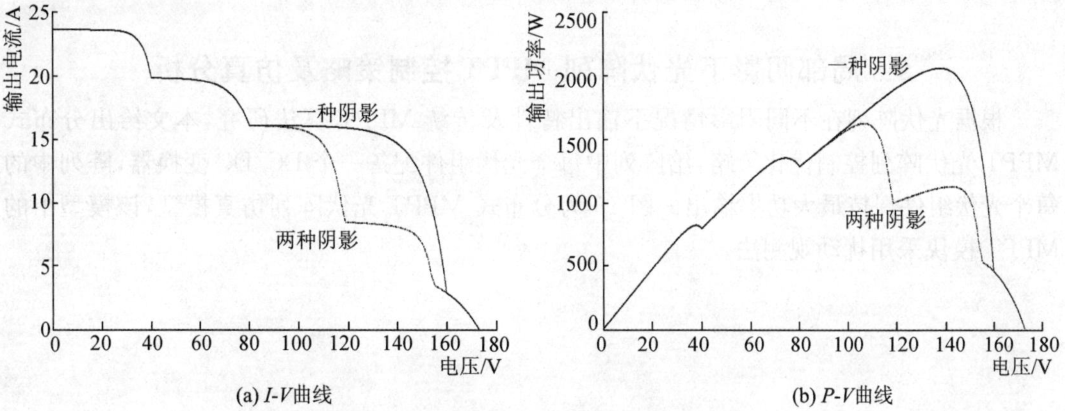

(a) *I-V*曲线　　(b) *P-V*曲线

图 12　多种阴影下光伏阵列输出特性曲线

由图 12 可以看出，阴影种类越多，光伏阵列的 I-V 曲线的阶梯越多，P-V 曲线的极值点越多，且输出功率的最大值越小。

4 传统 MPPT 算法及其仿真分析

传统 MPPT 算法有固定电压法、电导增量法、扰动观测法等[3]，固定电压法可近似看作稳压控制；电导增量法利用输出功率与输出电压之间的关系实现 MPPT；扰动观测法直接测量电信号，引入电压扰动量 ΔU，调整输出电压达到控制效果。其中扰动观测法的仿真模型如图 13 所示，给定光照信号如图 14(a)所示，仿真结果如图 14(b)所示。

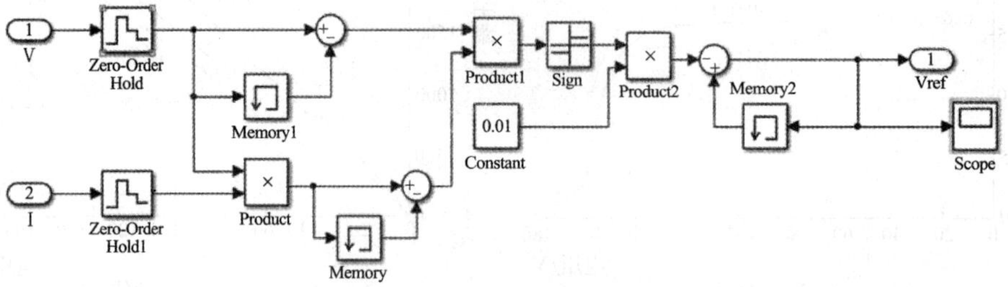

图 13 扰动观测法仿真模型

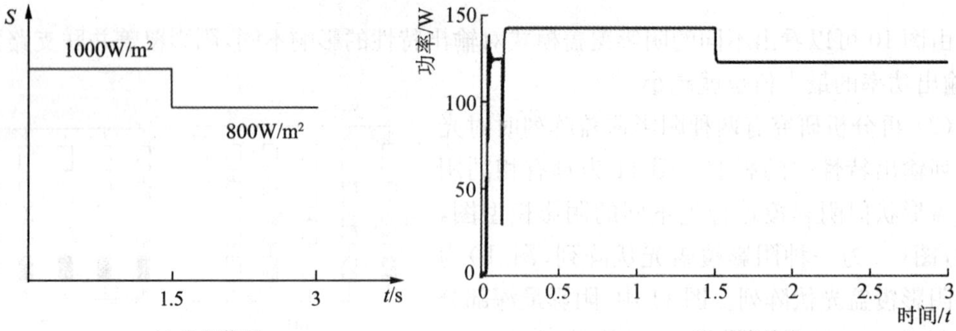

(a) 光照信号　　(b) 仿真结果

图 14 扰动观测法仿真结果

从图 14 可以看出，扰动观测法可有效地跟踪最大功率点，且跟踪迅速，灵敏度高，但在跟踪控制过程中可能出现误判。

5 局部阴影下光伏阵列 MPPT 控制策略及仿真分析

根据光伏阵列在不同阴影情况下输出特性及传统 MPPT 算法研究，本文给出分布式 MPPT 光伏阵列控制优化策略，给阵列中每个光伏组件配备一个 DC/DC 变换器，阵列中的每个光伏组件保持最大功率输出。图 15 为分布式 MPPT 光伏阵列仿真模型，该模型中的 MPPT 模块采用扰动观测法。

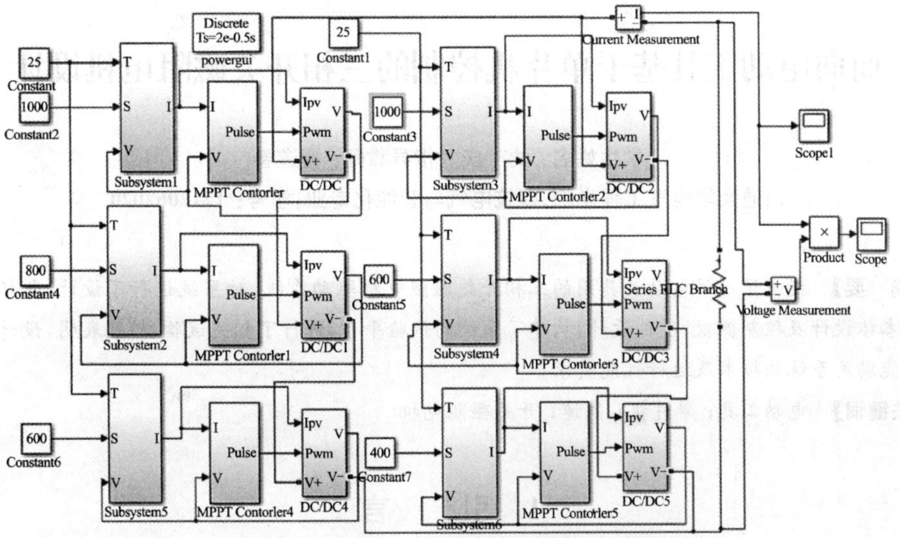

图 15　分布式 MPPT 光伏阵列仿真模型

该模型在给定阴影情况下的 *P*-*V* 曲线如图 16(a)所示，仿真结果如图 16(b)所示。

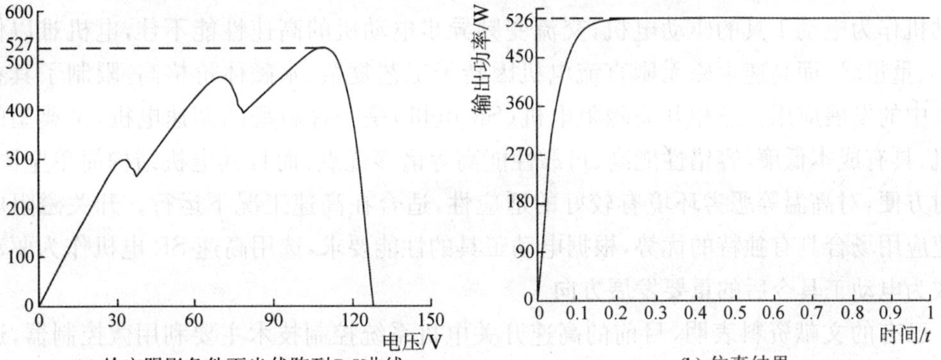

(a) 给定阴影条件下光伏阵列*P*-*V*曲线　　(b) 仿真结果

图 16　分布式 MPPT 光伏系统最大功率跟踪仿真结果

从图 16 中可以看出，应用分布式 MPPT 控制策略可有效地对局部阴影情况下光伏阵列 MPPT 进行跟踪，且跟踪迅速、稳定、误差小。

6　总结与展望

本文通过在 MATLAB/Simulink 环境下建立分布式 MPPT 光伏阵列的仿真模型，验证该控制策略能否满足有效跟踪局部阴影情况下光伏阵列最大功率的控制要求。仿真结果表明，该优化控制策略完全满足设计要求。

参 考 文 献

[1]　刘晓艳，齐新梅. 局部阴影下光伏阵列的建模与分析[J]. 电网技术，2010，34(11)：192—197.

[2]　Hiren Patella，Vivek Agarwal. MATLAB-based modeling to study the effects of partial shading on PV arrary charateristics[J]. IEEE Transactions on Industrial Electronics，2008，23(1)：302—310.

[3]　魏学业，王立华. 光伏发电技术及其应用[M]. 北京：机械工业出版社，2013：1—20.

面向电动工具基于单片机控制的三相开关磁阻电机设计

学生姓名：沈　庆　指导教师：瞿遂春
南通大学电气工程学院，建筑电气与智能化专业，学号：1212062020

【摘　要】 提出了一种电动工具用的三相开关磁阻电机驱动系统，对系统进行了设计，包括电机本体设计及控制器软、硬件设计，构建了系统的试验平台，进行了相关试验，结果表明，设计基本能满足系统的技术及运行性能要求。

【关键词】 电动工具；单片机；高速；开关磁阻电机

1 引　　言

目前，国内的电动工具用驱动电机主要采用有刷的直流串激电动机和交流串激电动机两种，这种有刷的结构使得电动工具的可靠性能较差、使用寿命普遍不长，通常累计工作100多个小时就需要更换电刷或者换向器。也有的采用永磁无刷直流电机和交流变频异步电动机作为电动工具的驱动电机，交流变频异步电动机的高速性能不佳，电机难以做到体积小、重量轻，而高速永磁无刷直流电机因转子工艺复杂、永磁体价格高，限制了其在电动工具中的发展应用。三相开关磁阻电机（SR电机）是一种新型的调速电机，是典型的无刷电机，具有成本低廉、容错性能高、可靠性能高等诸多优点，而且其电机结构简单坚固、冷却相对方便，对高温等恶劣环境有较好的适应性，适合在高速工况下运行。开关磁阻电机在高速应用场合具有独特的优势，根据电动工具的性能要求，选用高速SR电机作为驱动电机已成为电动工具今后的重要发展方向。

已有的文献资料表明，目前的高速开关电机系统控制技术主要利用微控制器，通过编写软件程序算法来实现位置姿态解算和实时速度、角度控制。如何为电动工具用高速SR电机寻找一种低成本又能满足系统性能要求的控制方式，正是本文需要研究的问题。

2 总 体 设 计

三相开关磁阻电机（SR电机）的本体结构简单，传统的硬件芯片控制系统会相对复杂些，而选用单片机控制则大大简化了控制系统设计。整个系统由电源部分、控制部分、功率部分、开关磁阻电机及所带负载构成，此外还包括一些其他相关外围电路，如图1所示。

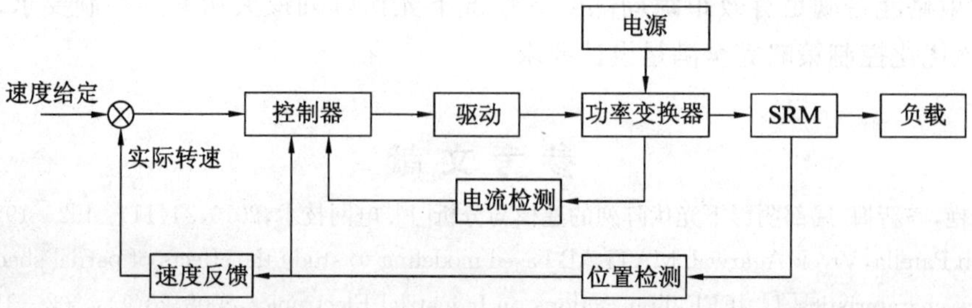

图1　开关磁阻电机驱动系统总体框图

本文研究的三相高速开关磁阻电机是运用在电动工具上的，对于精度的要求不是特别高，再加上出于降低成本的考虑，此次三相高速开关磁阻电机控制系统选用国产STC12C5A60S2 单片机控制，如图 2 所示。

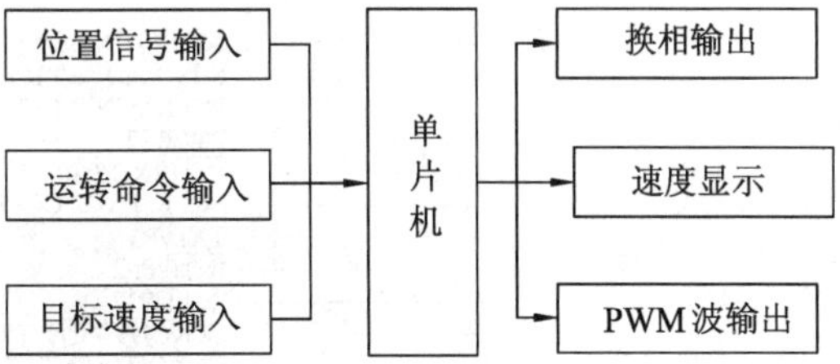

图 2　单片机硬件系统框图

3　电机本体设计

样机的技术参数为：$P_N=1$kW，$n=17000$r/min，$V_N=270$V，风冷。通过电机的预设计、有限元数值仿真验证及对电机优化得到的样机的主要参数及结构尺寸如表 1 所示。

表 1　三相开关磁阻电机的具体尺寸

额定功率/kW	1	额定转速/(r/min)	17000
额定电压/V	270	每相绕组匝数	66
冲片材料	35DW360	定子外径/mm	72
转子外径/mm	37	气隙/mm	0.35
定子极弧/(°)	30	转子极弧/(°)	32
定子轭高/mm	6	转子轭高/mm	6
轴径/mm	12	轴长/mm	45
定子槽深/mm	11.15	定/转子极数	6/4

4　系统硬件设计

STC12C5A60S2 单片机的硬件设计主要是其最小系统的电路设计，其硬件主要包括电源、复位电路、晶振电路等，其实物图如图 3 所示，单片机外围电路图如图 4 所示。

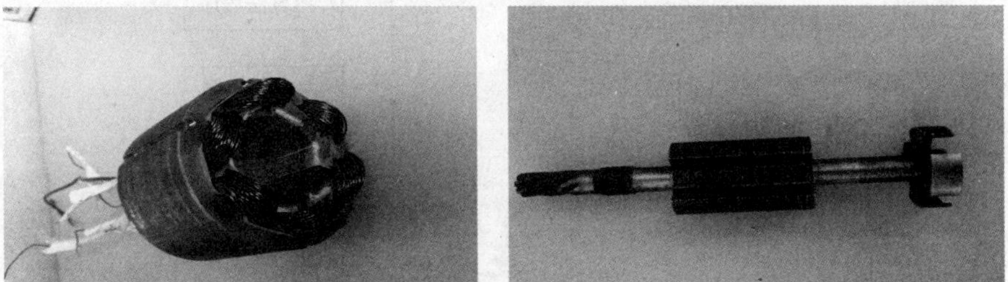

图 3　样机定、转子实物图

5　系统软件设计

在开关磁阻电机开始启动时，为了防止电流过大，损坏电机，通过软启动的方式来降压启动。通过逐步加大 PWM 占空比，来缓慢增加电机的转速。在开关磁阻电机启动的过程中，检测到开关磁阻电机转速＞1000r/min 时，电机启动完成。启动程序流程图如图 5 所示。

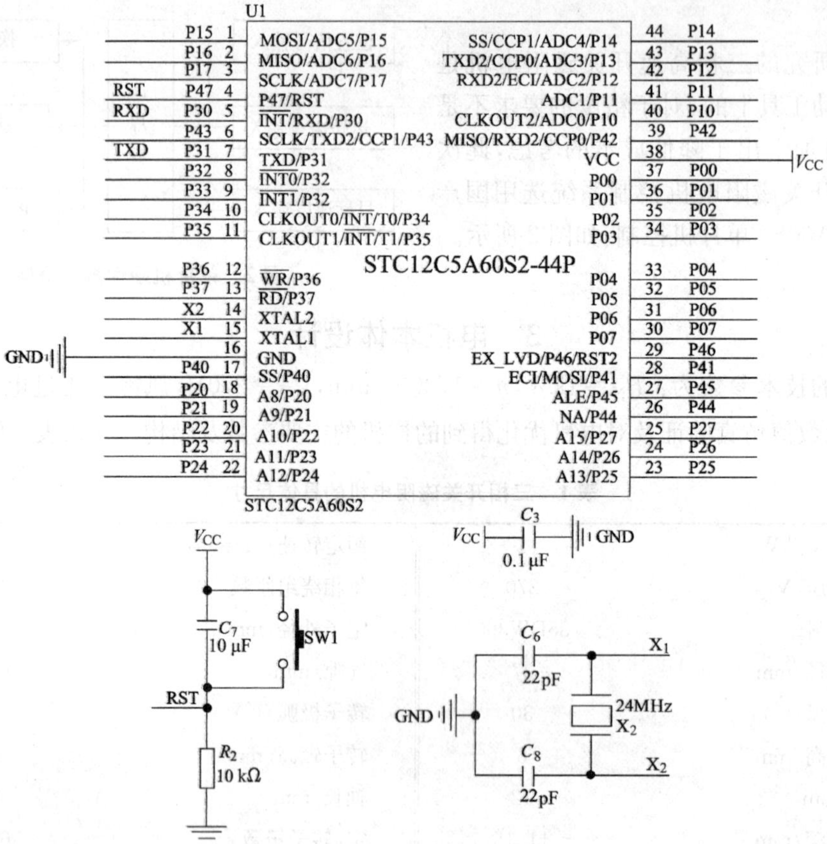

图 4　单片机外围电路图

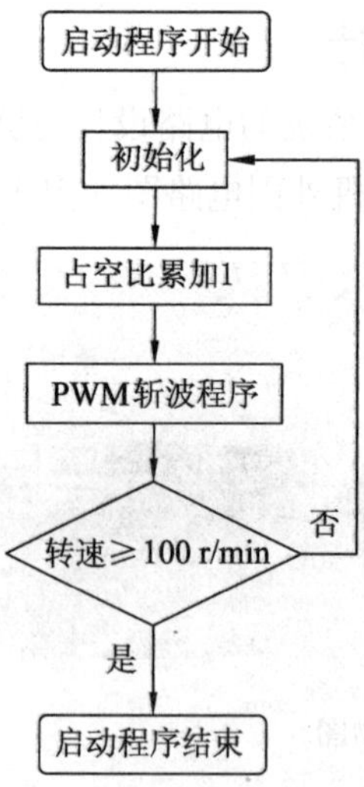

图 5　启动程序流程图

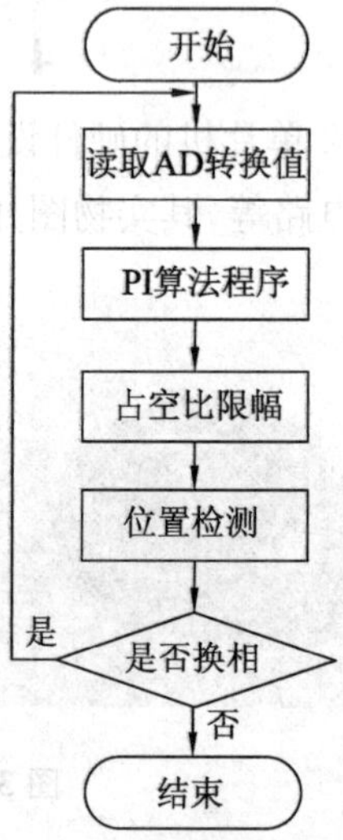

图 6　系统主控模块流程图

面向电动工具基于单片机控制的三相开关磁阻电机成功启动后，即进入运行状态。主控模块流程图如图 6 所示，主要控制开关磁阻电机的高速运行。本控制程序使用 PI 控制算法，通过比较所给定的转速值和检测到的电机转速值，将差值输入速度调节器程序，再反馈到 PWM 控制端，由 PWM 设置占空比来调节相绕组平均电压，从而控制电机调速，如此循环，使电机最终能以给定值运行。

6 系统试验

为验证本次设计的可行性，我们搭建了一个面向电动工具基于单片机控制的三相开关磁阻电机试验平台，利用测功机作为负载，记录下一些面向电动工具基于单片机控制的三相开关磁阻电机的参数，如表2所示。试验平台如图7所示。

图7 高速SR电机试验平台

绕组电流是反映三相高速SR电机系统运行性能的重要参数之一。实验中，我们保持面向电动工具基于单片机控制的三相高速开关磁阻电机试验平台的转速不变，连续给三相高速开关磁阻电机加载，测得的电流波形如图8～图9所示。

表2 实验平台各项参数测试数据

负载转矩 $T/(\mathrm{N\cdot m})$	输入功率 P_1/W	输出功率 P_2/W	功率因素 $\cos\varphi$	母线电流 I/A	系统效率 η
0.38	365	0	0.588	1.8	0
0.5	589	135	0.6	2.78	0.229
1.0	622	315	0.62	4.63	0.506
1.3	720	390	0.63	5.25	0.542
1.6	840	483	0.64	5.95	0.575
1.9	983	586	0.65	6.93	0.596
2.3	1128	700	0.66	7.9	0.621
2.5	1234	777	0.66	8.46	0.630
3.0	1415	900	0.67	9.55	0.636
3.1	1494	952	0.678	10	0.637
3.4	转速下降，输出功率为1008W				

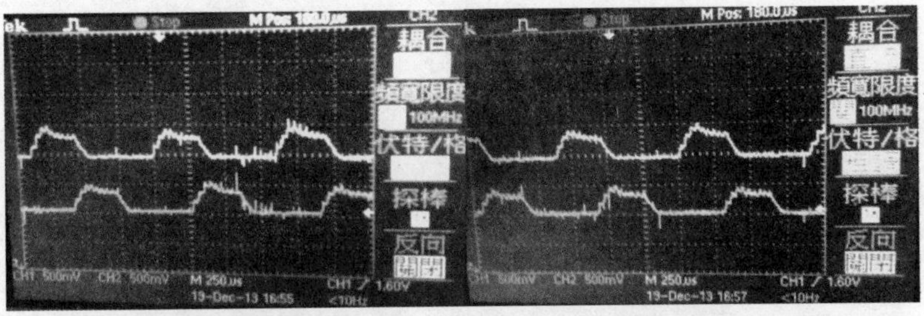

图8 空载时示波器显示三相电流波形图

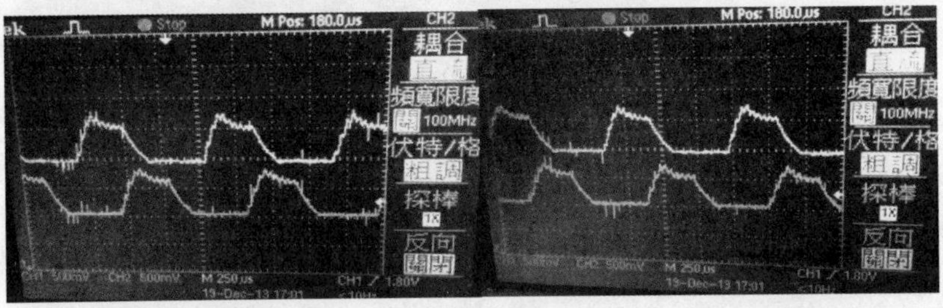

图9 负载转矩 $T=1.0\mathrm{N\cdot m}$ 时示波器显示的三相电流波形图

7 结　论

由表 2 中的实验数据分析可知，此次设计的面向电动工具基于单片机控制的三相高速开关磁阻电机过载能力较强，功率因数较高，而效率不是很高的原因可能是存在一些其他损耗，这也是今后研究中值得探索的问题。

参 考 文 献

[1] 瞿遂春，邱爱兵，沈庆，等. 一种电动工具用高速开关磁阻电机控制装置：中国，CN204633666U[P]. 2015-09-09.

[2] 张允彪，瞿遂春，邱爱兵，等. 径向和横向磁场直线开关磁阻电动机的比较分析[J]. 微特电机，2016(4)：26—28，36.

[3] 郑宁. 新型开关磁阻电机及其在电动工具上的应用[J]. 电动工具，2011(6)：9—16.

[4] 王旭，瞿遂春，邱爱兵，等. 单相和三相开关磁阻电动机的比较分析[J]. 微特电机，2015(6)：48—49，54.

[5] 吴建华. 开关磁阻电机设计与应用[M]. 北京：机械工业出版社，2000.

[6] Hofmann Andreas，Al-Dajani Ahmed，Osing，et al. Direct instantaneous force control：a method to eliminate mode-O-borne noise in switch reluctance machines[J]. IEEE International Electric Machines and Drives Conference，2013(1)：1009—1016.

[7] 周飞，瞿遂春，朱宏基，等. 一种计算开关磁阻电机径向力的新方法[J]. 南通大学学报，2013，12(2)：16—20.

[8] 李建忠，瞿遂春，周飞，等. 开关磁阻电机自抗扰控制研究[J]. 湖南工业大学学报，2013，26(5)：37—40.

基于多网络融合的风力发电数据采集系统

学生姓名：李学祥　指导教师：茅靖峰
南通大学电气工程学院，电气工程及其自动化专业，学号：1212021086

【摘　要】 从建设"智慧风场"出发，采用智能传感器进行数据采集，依靠 ZigBee 和 WiFi 信号融合进行数据传输，借助 LabVIEW 上位机进行数据显示和存储，从而为垂直轴风力发电机的研发和设计提供测试数据支撑。

【关键词】 垂直轴风力发电机；传感器；调理电路；PCB 板；数据采集

1　课题的背景和意义

垂直轴风力发电机组是一种低风速风电机型，其风轮旋转轴与风向垂直，风轮的转动方向与风向无关，相比于水平轴风力发电机组，其具有结构简单、噪音低、安全性好、易维护等优点[1]，目前逐渐在分散式风电和低风速风电产业中，以独立运行风电系统、多源互补分布式电源系统及能源建筑一体化系统等发电形式，获得了越来越广泛的关注和应用。

垂直轴风力发电机组属于大型旋转设备，安装运行位置特殊，采用传统的人工有线测试方式，存在劳动强度高、数据精度分散性大、布线复杂、成本高、安全性差等不足。为此，本文依据机组运行的工作原理，结合国标《离网型风力发电机组第 2 部分：试验方法部分(GB/T 19068.2—2003)》给出的测试要求，设计了一套基于 LabVIEW 软件平台和无线通信技术的多网络融合的风力发电数据采集系统，实现了对垂直风力发电机输出功率的测量及实时发电运行状态的监测，从而提前采取相应的智能化控制策略，提高风机发电量与可靠性。

2　数据采集系统的设计需求分析

对于垂直轴永磁同步风力发电机，国家标准(GB/T 19068.2—2003) 给出了对其性能评价的两大主要技术指标：风速与发电机输出电功率关系曲线和风速与发电机效率的关系曲线。

垂直轴风力发电机输出电功率为

$$P_1 = UI \tag{1}$$

式中，P_1 为发电机输出电功率；U 为风力发电机的输出电压；I 为风力发电机的输出电流。因此，要想对风力发电机的性能进行评估，就需要对风力发电机在不同风速下输出的电压和电流进行测量。

风力发电系统的整机效率为

$$\eta = \frac{P_1}{P_2} \tag{2}$$

式中，η 为风力发电机的效率；P_2 为理论风功率。

$$P_2 = \frac{\pi}{2}\rho R^2 v^3 \tag{3}$$

式中，ρ 为当地空气密度；R 为风轮半径；v 为当地风速。

风力发电机工作效率为

$$\eta_1=\frac{P_1}{P_3} \tag{4}$$

式中，η_1 为发电机的效率；P_3 为发电机的输入功率。

$$P_3=\frac{T_m n}{9.55} \tag{5}$$

式中，T_m 为风力发电机轴上的输入扭矩；n 为风力发电机转速。

由公式(5)可知，只要测得风力发电机传动轴的扭矩，再测得风力发电机风轮的转速，就可以求得发电机的工作效率。

垂直轴永磁同步风力发电机的 f-n 关系式为

$$f=\frac{pn}{60} \tag{6}$$

式中，n 为风力发电机风轮转速；f 为风力发电机输出交流电的频率；p 为风力发电机极对数。由公式(6)可知，通过测量风力发电机输出交流电的频率就可测得风力发电机的转速。

综上所述，对于垂直轴永磁同步风力发电机性能的测试，至少需要测量以下参数：自然环境中的风速、风力发电机的输入扭矩及风轮转速、风力发电机输出电压及输出电流。

3 系统设计结构框图

基于多网络融合的风力发电数据采集系统需要对被检测信号进行数据采集、模数转换、数据处理、无线传输、信号接收、上位机显示及存储等工作。该系统包括信号采集模块、信号调理模块、数据处理及通信模块、数据存储及显示模块等，如图1所示。其中信号采集、信号调理、数据处理和通信模块构成了风力发电数据采集系统的硬件系统，数据显示及存储则通过计算机及 LabVIEW 软件来实现[2]。

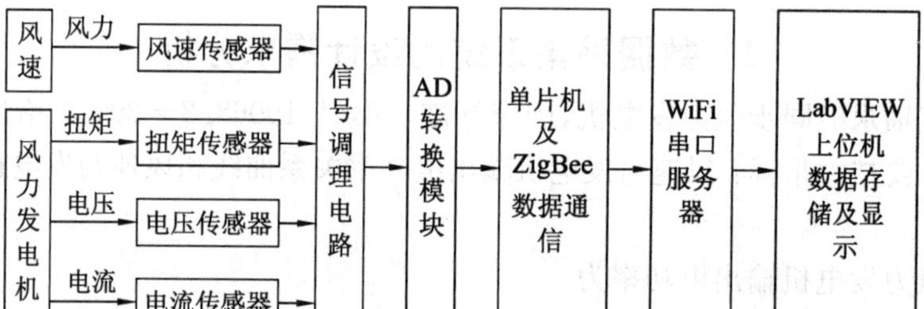

图1 风力发电检测系统设计结构图

在系统设计中，我们将风速仪和垂直轴风力发电机输出的电压、电流信号，通过相应的传感器转化为低电压、小电流信号，再经过相应的信号调理电路后，输入到 AD 转换模块中，实现模数转换，将得到的信号输入到单片机内部进行相关的数据处理，再将处理好的结果通过 ZigBee 无线传输模块发送给上位机，由上位机的 LabVIEW 界面进行显示，并将风力发电系统的各项运行参数、数据信息存储在数据库中，方便研发人员查阅。

4 硬件电路设计及仿真

4.1 风速采样电路及仿真

由于风杯式风速传感器的输出信号是频率与风速成正比的正弦波信号(0～125Hz),因而需要将传感器输出的正弦波信号进行低通滤波、过零检测及整形后,引入到 MSP430 的 I/O 口进行测频。硬件电路如图 2 所示。

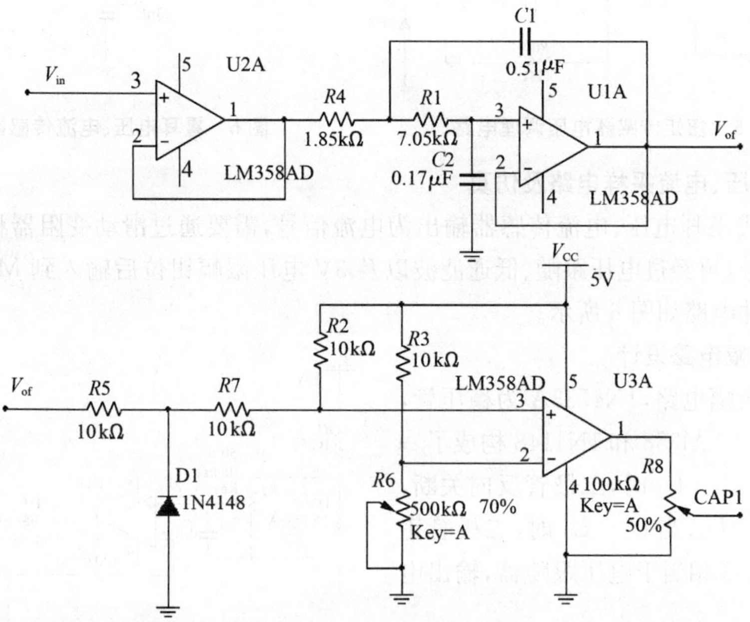

图 2 风速传感器电压调理电路

图 2 所示的电路的低通滤波器的幅频特性曲线如图 3 所示,由于篇幅限制,后面电路设计的低通滤波器只给出具体参数,仿真图与图 3 相似,区别只在于截止频率不同。整形电路输出波形如图 4 所示。

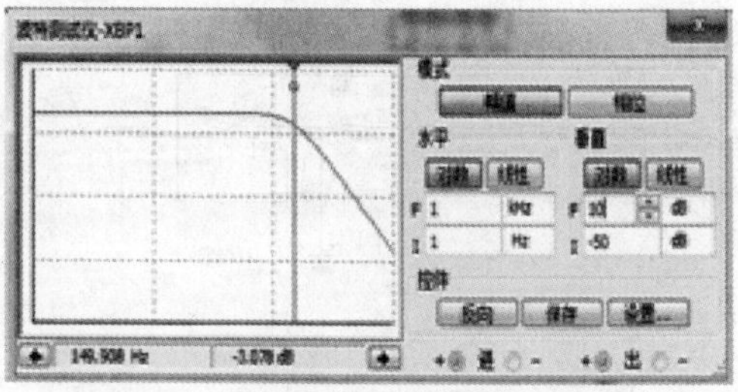

图 3 低通滤波器幅频特性曲线

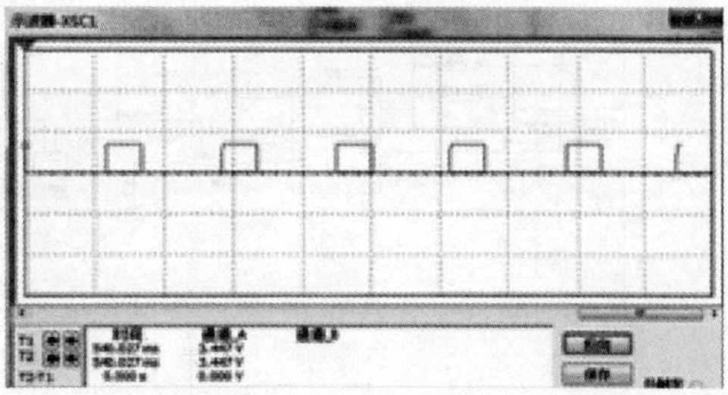

图 4 整形电路输出波形

4.2 扭矩采样电路及仿真

磁电式扭矩传感器输出 1～5V 的电压信号。电压输入信号 V_{in} 经过电压跟随、低通滤波(巴特沃斯响应)、比例变换及 3V 限幅钳位后输入到 MSP430 的 AD 采样口。硬件电路如图 5 所示。

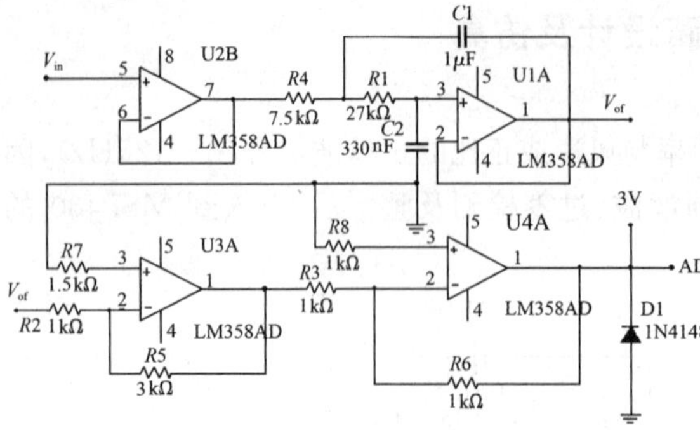

图 5　扭矩传感器电压调理电路

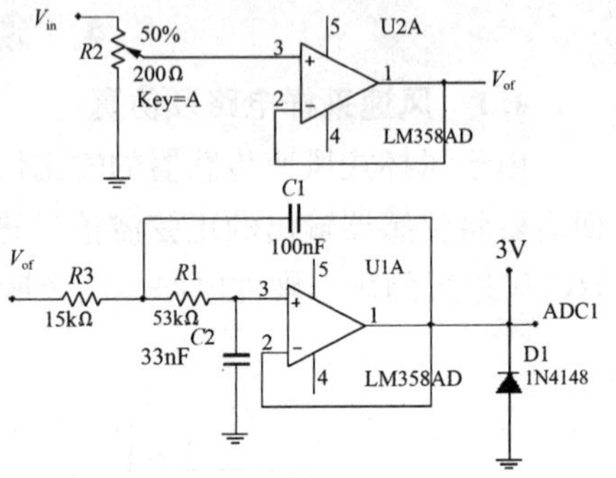

图 6　霍耳电压、电流传感器电压调理电路

4.3　电压、电流采样电路及仿真

磁平衡式霍耳电压、电流传感器输出为电流信号，需要通过滑动变阻器将电流信号转化为电压信号，再经过电压跟随、低通滤波以及 3V 电压限幅钳位后输入到 MSP430 的 AD 引脚中。硬件电路如图 6 所示。

4.4　限幅电路设计

图 7 为限幅电路，1N4733A 为稳压管，稳压值为 5V。LM358 和 1N4148 构成了一个比较器，当 $U_r > U_f$ 时，二极管反向关断，输出电压 $U_o = U_f$；当 $U_r < U_f$ 时，二极管正向开通，LM358 相当于电压跟随器，输出电压 $U_o = U_r$。

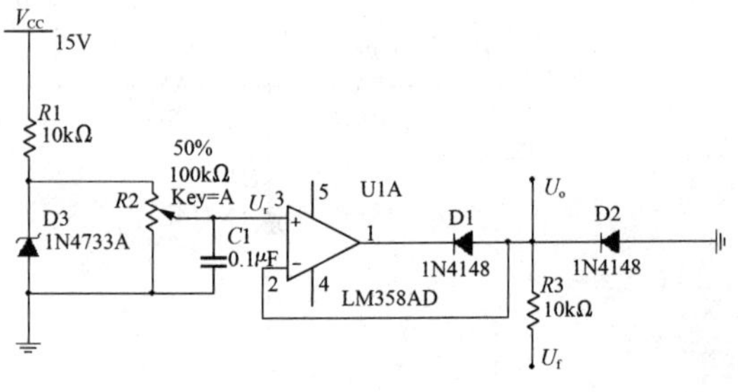

图 7　限幅电路

4.5　PCB 板原理图设计

在制作 PCB 板前，我们首先要在 Protel 中画出电路原理图，本设计中，需要在原理图中画出采样电路、滤波电路、比例变换电路、限幅电路及稳压电路。原理图设计往往包括以下步骤：元件放置、电气连接、元件封装、注释说明。

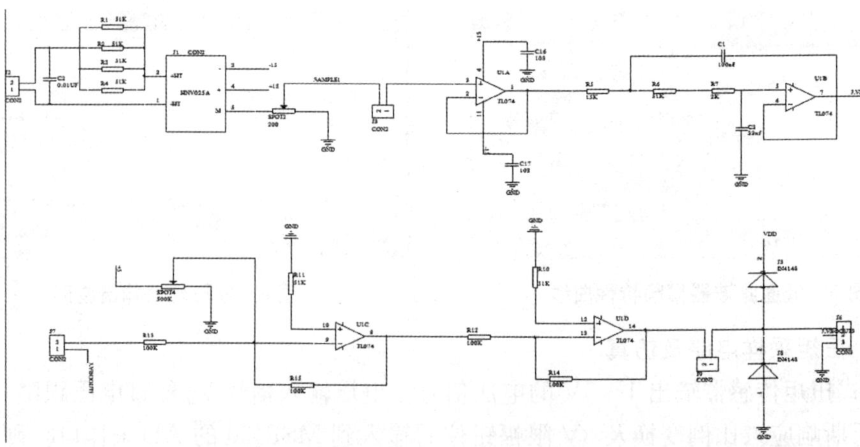

图 8　霍耳电压传感器调理电路原理图设计

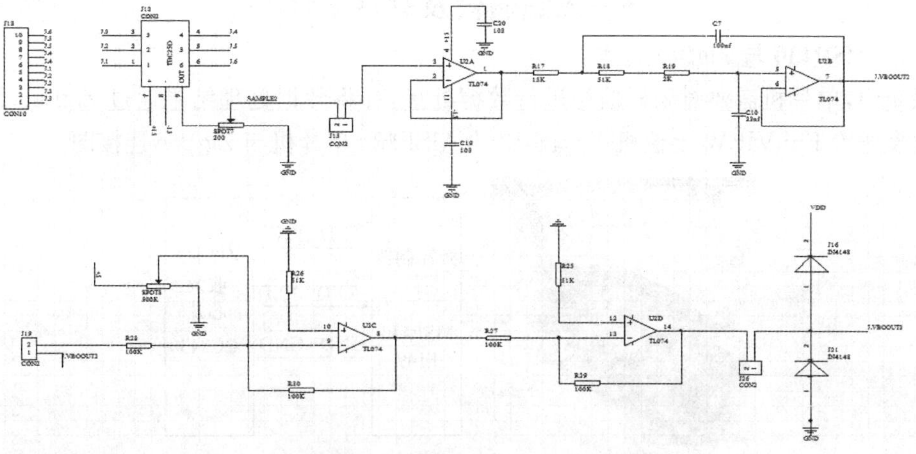

图 9　霍耳电流传感器调理电路原理图设计

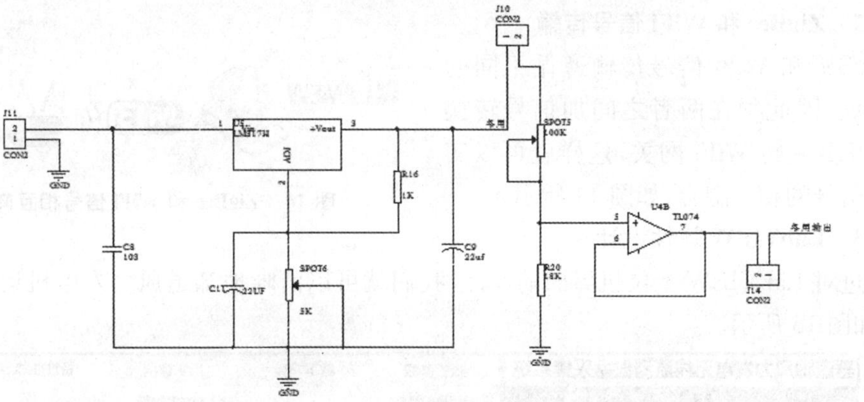

图 10　辅助电源及限幅电路原理图设计

4.6　PCB 板制作

制作 PCB 板往往包括以下步骤：原理图设计、元件封装、电气检查、生成网络表、印制电路板制作、PCB 板加工、元件焊接、PCB 板测试。图 11 为调理电路的 PCB 电路板，图 12 为 PCB 板实物。

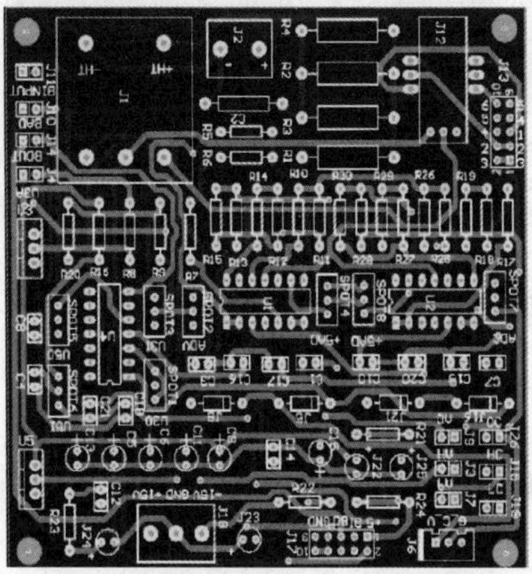

图 11　调理电路的 PCB 电路板

图 12　PCB 板实物

5　无线通信及软件设计

5.1　MSP430 与 ZigBee 通信

系统中,单片机需要对采样信号进行数据处理,并将数据处理结果通过 ZigBee 无线通信模块发送给 LabVIEW 上位机[3]。图 13 为 MSP430 单片机与 ZigBee 连接图。

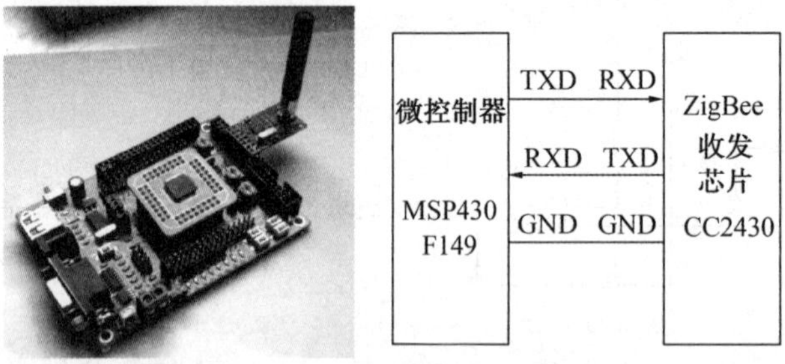

图 13　MSP430 单片机与 ZigBee 连接图

5.2　ZigBee 和 WiFi 信号传输

ZigBee 和 WiFi 信号传输遵循不同的传输协议,因此须在两者之间加信号转换器,即 ZigBee 转 WiFi 网关,这样就可以实现不同信号的相互融合,如图 14 所示。

图 14　ZigBee 和 WiFi 信号相互转换

5.3　LabVIEW 软件设计

通过对 LabVIEW 上位机界面的设计,我们就可以清晰地知道风力发电机运行的相关数据,如图 15 所示。

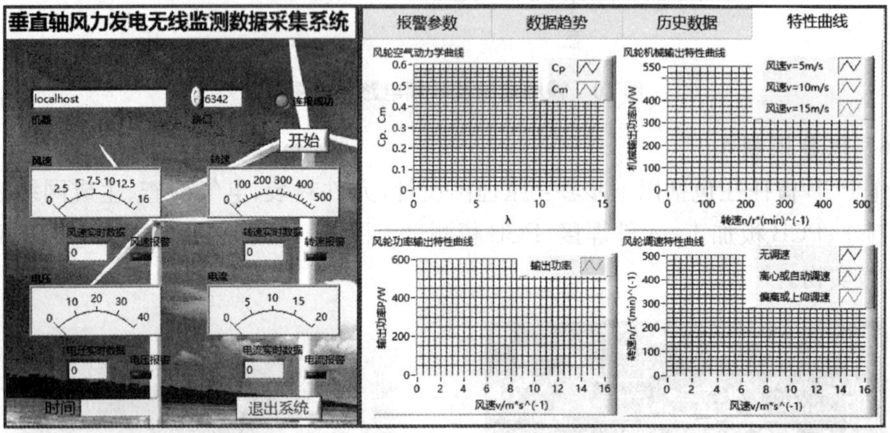

图 15　LabVIEW 上位机界面图

6　系 统 测 试

6.1　PCB 板测试

对风力发电机输出的电压、电流信号应进行准确的测量,它们是评估垂直轴风力发电机性能的关键性参数。而 PCB 电路板设计的正确性是准确测量参数的前提,图 16 是 PCB 板测试过程。

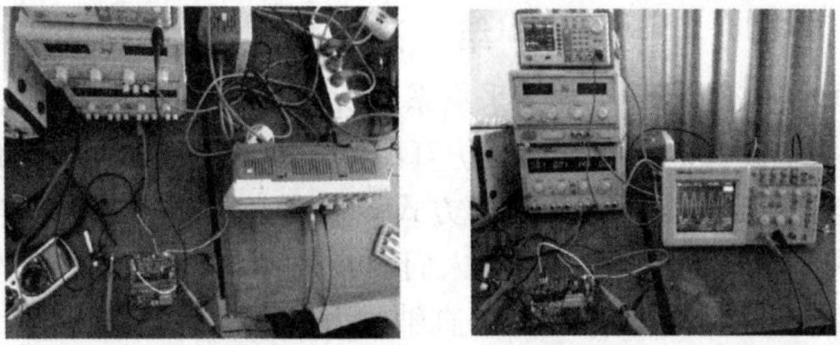

图 16　PCB 板测试过程

本实验通过改变测试电压的频率及幅值，来验证 PCB 板上滤波电路与限幅电路的正确性。实验结果如表 1 和表 2 所示。

表 1　测试电压为幅值为 1V 的正弦波时的实验结果

序号	频率	输出电压幅值
1	50Hz	1.324V
2	100Hz	0.996V
3	200Hz	0.331V
4	300Hz	0.151V

表 2　测试电压为幅值为 4V 的正弦波时的实验结果

序号	频率	输出电压幅值
1	50Hz	3V

由表 1 可知，随着正弦波频率的不断增加，输出电压幅值不断减小，在 100Hz 时，大约为 1V，这恰好验证了 PCB 板上低通滤波器参数设置的正确性。由表 2 可知，当输入电压幅值为 4V 时，系统输出限幅值为 3V，这恰好验证了 PCB 板上限幅电路的正确性。

6.2　数据通信测试

ZigBee 和 WiFi 之间的数据通信是系统对风力发电机实时监测的前提，图 17 为数据通信测试过程。本实验在不同风速下进行测试，借助 LabVIEW 上位机绘制了不同风速下发电机输出功率，如图 18 所示。

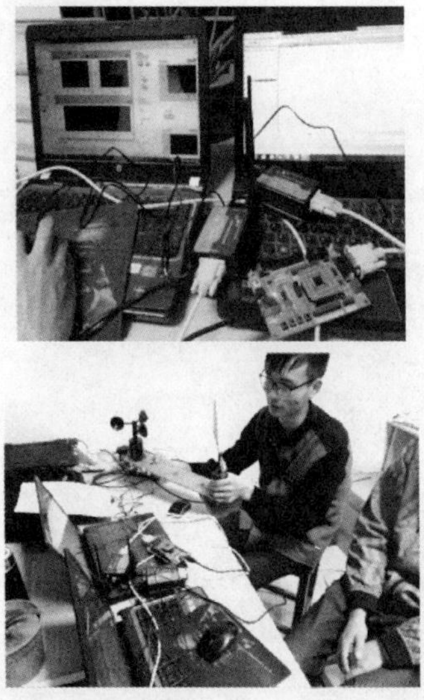

图 17　ZigBee 与 WiFi 通信测试

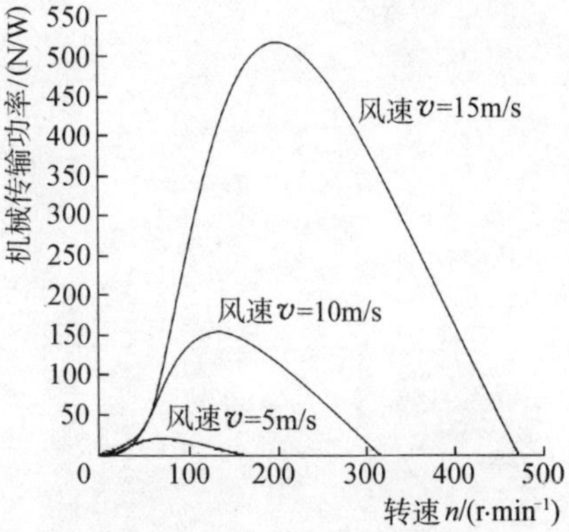

图 18　不同风速下发电机输出功率

7 结 束 语

本课题依据国家标准，推导了数据采集系统所需的参数，在此基础上确定了系统设计的结构框图，并完成了硬件电路的设计与仿真测试。本系统借助无线通信技术，能够将风速、扭矩、电压和电流等运行数据以无线的方式传输到上位机监控系统，实现了多节点、多状态数据的实时采集、显示及储存，从而使人们能够提前采取相应的智能化控制策略，提高风机发电量和可靠性。本系统还可以为垂直轴风力发电机的研发和设计提供有力的数据支撑。

参 考 文 献

［1］ 刘宏杰，李维哲. 中国能源消费状况和能源消费结构分析[J]. 国土资源情报，2006，25(10)：49—44.

［2］ Zaher A，McArthur S D J，Infield D G，et al. Online wind turbine fault detection through automated SCADA data analysis[J]. Wind Energy，2009，12(6)：574—593.

［3］ 原羿，苏鸿根. 基于 ZigBee 技术的无线网络应用研究[J]. 计算机应用与软件，2004，21(6)：89—91.

智能制造生产线码垛机器人控制系统设计

学生姓名：孙　凯　指导教师：周根荣
南通大学电气工程学院，自动化专业，学号：1212011095

【摘　要】 以 FX_{3U} PLC 为控制核心，码垛机器人各轴由高精度步进电机控制，配备接近开关、光电开关、气缸等传感执行器件。通过分析码垛机器人的机械传动结构，建立它的运动学坐标系，由原点回归指令确定各轴的原点，使用绝对定位的控制方法实现码垛机器人的各轴联动。通过 CC-Link 现场总线实现与监控层通信，使整个生产线协调工作。

【关键词】 智能制造；码垛机器人；可编程逻辑控制器

1　绪　论

码垛机器人凭借着自身速度快、精度高、性能稳定的优势，在智能生产线中被广泛应用。随着制造业的不断发展，人工成本不断提高，普通的人力生产线已不能跟上大规模的生产进程，码垛机器人将代替人类进行各种工业操作，以节约成本、提高效率。因此，对本课题进行研究，不仅具有实际意义，且通过本课题的学习，可丰富理论知识，提高动手能力及学习能力。

2　总体方案

2.1　设计方案

码垛控制系统负责将流水线上的物块搬运到 AGV 小车上并将它们整齐有序地堆放，同时与监控层通信，实现子系统之间的信息交互。为了实现这些功能，首先对系统进行硬件设计，框图如图 1 所示。

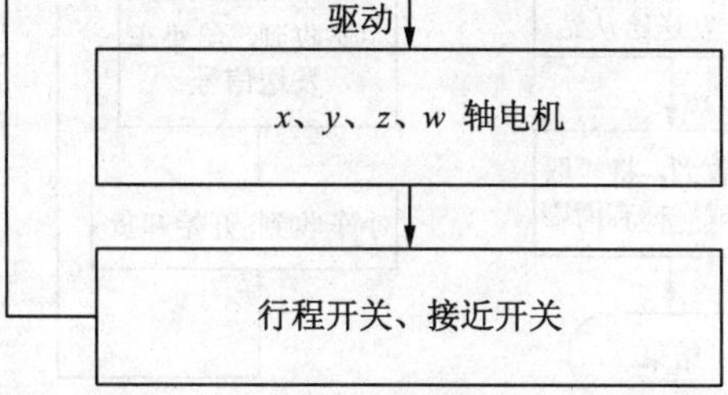

图 1　系统硬件结构框图

系统以 FX_{3U}-48MT 小型 PLC 为控制核心，具有 3 路高速输出口，通过 2M542-N 步进电机驱动器分别控制 x、y、z 轴电机，由 FX_{2N}-1PG 模块控制 w 轴电机[1]。PLC 通过 CC-

Link 现场总线从站模块 FX_{2N}-32CCL 与主站 PLC 通信，由主站 PLC 协调整个智能制造生产线，进而命令码垛控制系统进行物块的搬运与码垛。机械臂上安装了多个传感器，用于确定原点、DOG 点或防止电机超出运动范围。

2.2 软件设计

2.2.1 码垛控制设计

码垛控制流程如图 2 所示，在 PLC 第一个扫描周期内，对相关寄存器进行初始化，针对设置的相关脉冲坐标，计算对应的码垛点坐标。通过触摸屏启动原点回归。机器臂将首先移动到夹取上方点。若 PLC 收到货物就位的信息将进行夹取、搬运等操作，直到它到达码垛上方点。若小车就位，开始码垛，完成后将货号加 1，同时机械臂回到原点，等待下一次码垛。

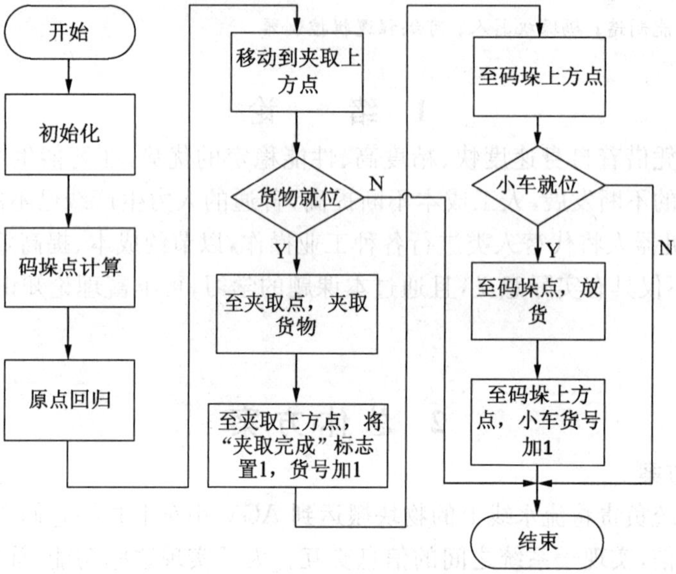

图 2 码垛控制流程图

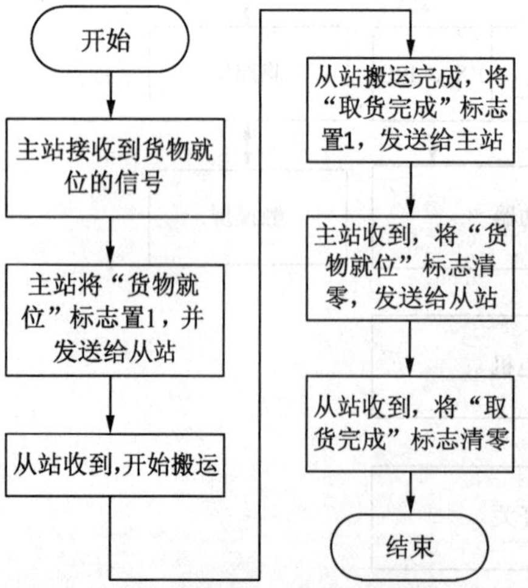

图 3 机器人取货流程图

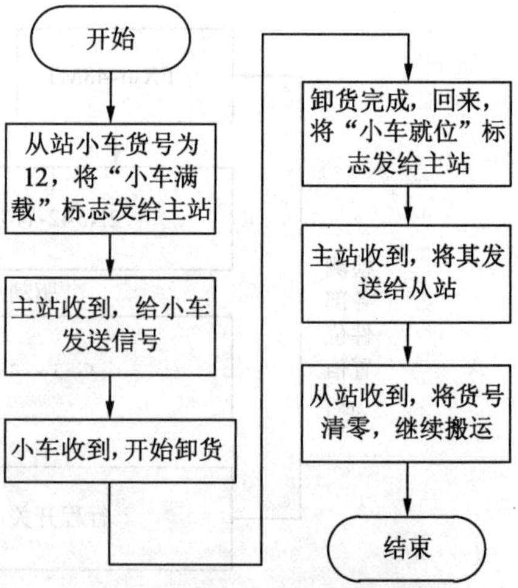

图 4 机器人卸货流程图

2.2.2 CC-Link 通信设计

码垛控制子系统可以通过 CC-Link 与生产线的其他子系统通信，监控层 PLC 负责监视并控制每个子系统的信息，从而使子系统之间相互配合，协调工作[2]。具体控制流程如图3、图4所示。

3 运动学算法

3.1 点位确定

码垛机器人要将物块堆成2层，每层3×2个，共12个码垛点，将通过以下4个步骤确定每个码垛的位置。

（1）先用示教法确定抓取点和第一个码垛点的脉冲坐标。

（2）利用反运动学解出第一个码垛点的距离坐标(x_1，y_1，z_1)。

（3）根据码垛方式确定余下各码垛点的距离坐标，公式如下：

$$x_n=x_1-\{[(n-1)/6]/3\}\times rel_x$$
$$y_n=x_1-[(n-1)/3]\times rel_y$$
$$z_n=z_1+[(n-1)/6]\times rel_z \tag{1}$$

式中，n为码垛号，rel_x、rel_y、rel_z分别是相邻物块在x、y、z轴上的距离。

（4）再利用正运动学求解余下各码垛点的脉冲坐标。

位置坐标用于确定物块的实际物理位置，脉冲坐标用于确定PLC需要发出的脉冲值，从而控制电机到达指定位置[3]。

3.2 正运动学求解

所谓正运动学求解，就是通过目标位置D的距离坐标(x_d，y_d，z_d)，求出它对应的脉冲坐标(x_pls，y_pls，z_pls)，如图5所示。

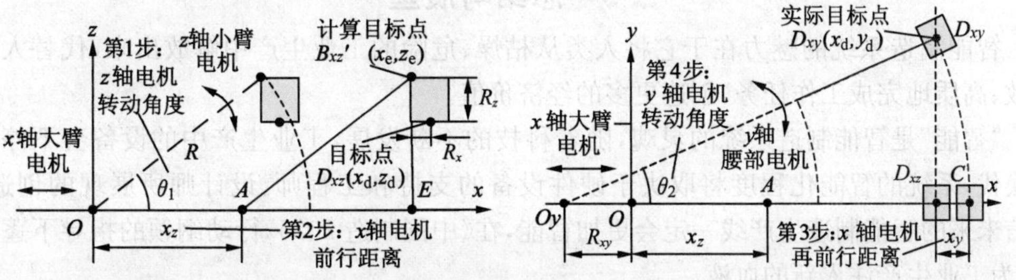

图5 求解示意图

z轴、y轴电机转动的过程中，会影响到x轴电机的坐标，因此要结合求解示意图，引入三角函数进行求解。

若要到达目标点位，z、y轴电机需要转动的角度为θ_1、θ_2(rad)，而x轴需要前行的距离为x_dis(mm)。通过示教计算出z_div、y_div(pls/rad，z、y轴每弧度对应脉冲数)及x_div(pls/mm，x轴电机每毫米对应的脉冲数)。得到目标位置D的脉冲坐标(x_pls，y_pls，z_pls)：

$$x_\mathrm{pls}=x_\mathrm{dis}x_\mathrm{div}=(x_\mathrm{e}-r\cos\theta_1+\sqrt{(x_\mathrm{d}+rel)^2+y_\mathrm{d}^2}-x_\mathrm{d}+rel)\times x_\mathrm{div} \tag{2}$$

$$y_\mathrm{pls}=\theta_2 y_\mathrm{div}=\arctan[y_\mathrm{d}/(x_\mathrm{d}+rel)]\times y_\mathrm{div} \tag{3}$$

$$z_\mathrm{pls}=\theta_1 z_\mathrm{div}=\arcsin(z_\mathrm{e}/r)\times z_\mathrm{div} \tag{4}$$

3.3 反运动学求解

所谓反运动学求解，就是通过目标位置D的脉冲坐标(x_pls，y_pls，z_pls)，求出它对应的距

离坐标(x_d, y_d, z_d)。

通过分析求解示意图,引入三角函数,得到

$$x_d = \cos\theta_2 (x_z + x_y + R_x + r\cos\theta_1 + rel) - rel \tag{5}$$

$$z_d = r \times \sin\theta_1 - R_z \tag{6}$$

$$y_d = \tan\theta_2 \times (x_d + rel) \tag{7}$$

4 人机界面的设计

触摸屏界面选用 GT Designer3 对整个控制系统进行设计,如图 6、图 7 所示。

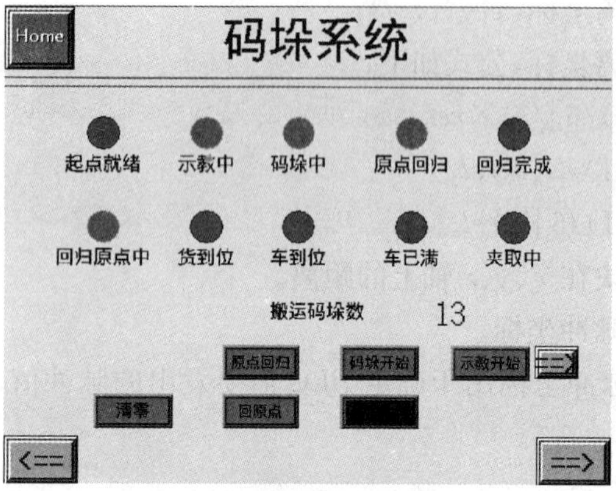

图 6 码垛系统主界面

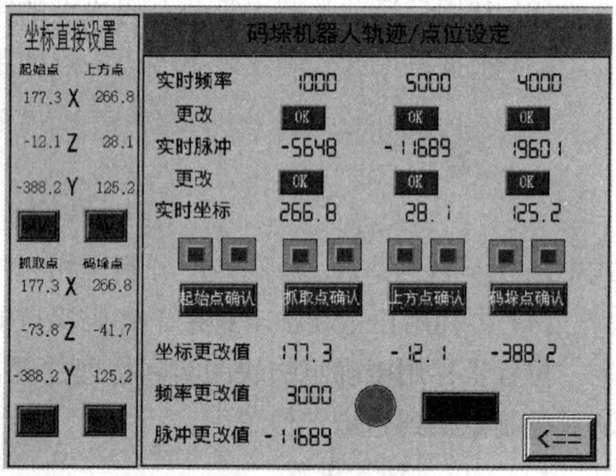

图 7 示教界面

5 总结与展望

智能制造系统的魅力在于它将人类从枯燥、危险的工业生产中解放出来,代替人类更高效、高质地完成工作任务,创造更多的经济价值。

“智能”是智能制造系统的灵魂,随着科技的不断发展,工业生产中的设备会不停地更新换代,系统的智能化程度将取决于硬件设备的支持和工程师、设计师所展现的创造力。相信未来的智能制造生产线一定会更加智能,在《中国制造 2025》行动纲领的指导下蓬勃发展,为工业生产注入新的血液。

参考文献

[1] 崔屹嵘.三菱变频器 PU 操作模式应用[J].中小企业管理与科技,2001(22):282.

[2] 郁汉琪.电气控制与可编程序控制器应用技术[M].南京:东南大学出版社,2012:141—144.

[3] 刘勇.基于 PLC 技术的材料自动分拣系统的设计[J].中国科技投资,2014(A19):300.

基于DSP的光伏逆变控制系统设计与研究

学生姓名：郭浩波　指导教师：杨　奕

南通大学电气工程学院，自动化专业，学号：1212011046

【摘　要】对光伏系统的工作原理、系统模型、控制策略、电路参数的选择等方面进行详细的分析和研究，研究设计了基于DSP的SPWM控制程序，实现对光伏并网逆变器的控制[1]。

【关键词】光伏逆变；SPWM；仿真研究；DSP

1　绪　　论

太阳能作为一种高效、清洁的绿色能源，逐步成为全球各国资源研究方面的焦点。光伏逆变技术是将太阳能转化成电能最主要的手段，而这项技术中的核心部件就是光伏逆变器。本课题对光伏发电系统的结构、逆变器的控制策略、驱动方法进行分析；以TI公司的数字信号处理器TMS320LF2812为核心，研究设计了基于DSP的SPWM控制程序，实现对光伏并网逆变器的控制[1]。

2　光伏逆变器控制策略研究

逆变器依据其直流输入端和交流输出端有没有隔离，可分成隔离型逆变器、非隔离型逆变器。隔离型又可分为工频变压器型和高频变压器型。并网逆变器还能按照功率变换的级数来分，分为单级式和多级式两种拓扑结构。

本课题选择单级式非隔离型逆变器进行研究，其电路仿真图如图1所示。

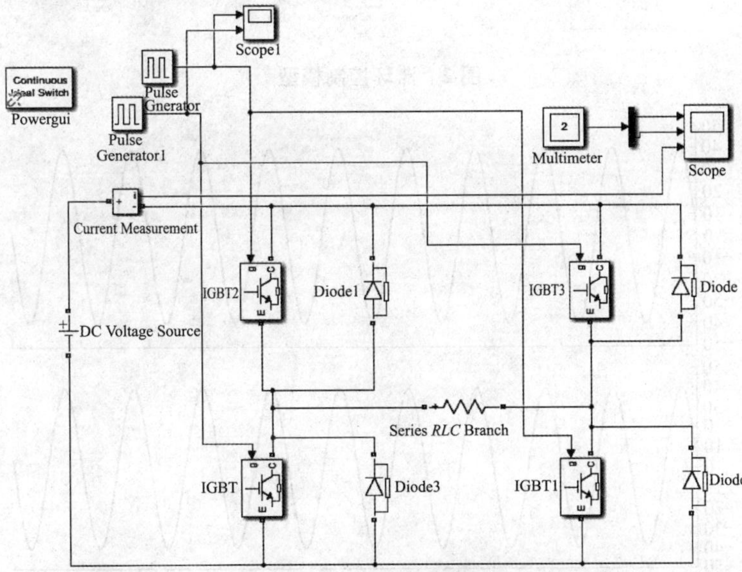

图1　逆变模块电路仿真图

选择滞环电流控制、PID控制、无差拍控制对逆变器进行仿真控制研究[2]。

2.1 滞环电流控制

滞环电流控制是由电流跟踪偏差来控制功率器件通断的一种方法。它将参考电流值与逆变器实际电流值进行比较，当电流误差值超出特定环宽时，滞环比较器就产生对应的开关信号来调节逆变器，使其回归正常，跟随参考值变化；滞环电流控制不用建立精确的主电路模型，比较容易实现，稳定性好。

图 2 为滞环控制模型，其仿真参数为：$R1=0.01\Omega$，$RL1$ 中的 $R=0.1\Omega$，$L=3\text{mH}$。原则上电感值越大越好，这样可以保证输出电流连续，但是不能过大，还应该考虑到电感的感抗，所以选取 $L=3\text{mH}$。设定直流电压为 400V，电网电压幅值为 311V，频率为 50Hz，仿真结果如图 3 所示，由图 3 可知输出电流与参考电流同频同相，符合要求。

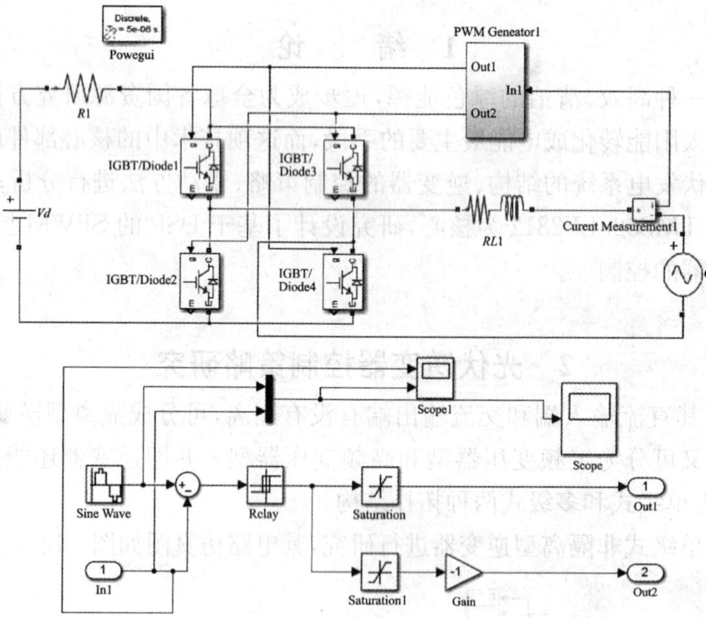

图 2　滞环控制模型

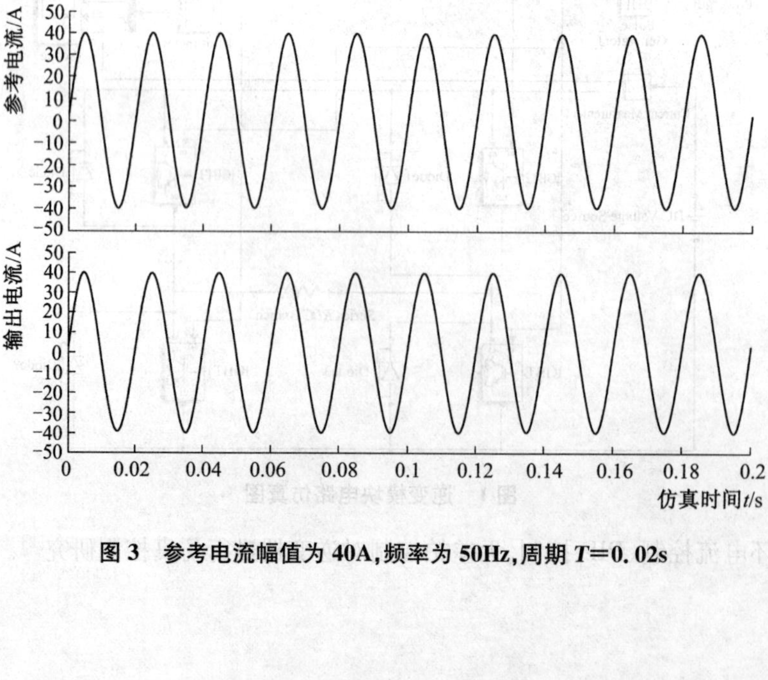

图 3　参考电流幅值为 40A，频率为 50Hz，周期 $T=0.02\text{s}$

2.2 PID 控制

PID 控制技术成熟，应用非常广泛。在实际的工业应用中，利用经验可以不断调整 PID 各项参数，从而获得较为满意的控制效果。图 4 为采用 PID 控制的逆变器仿真模型，图 5 为 PID 控制封装图。

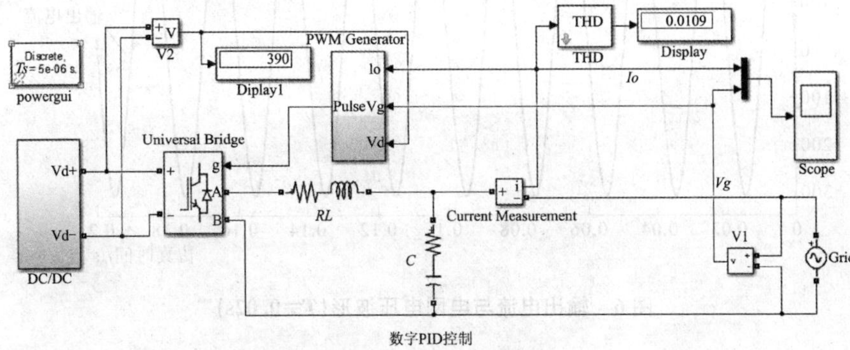

图 4　PID 控制模型

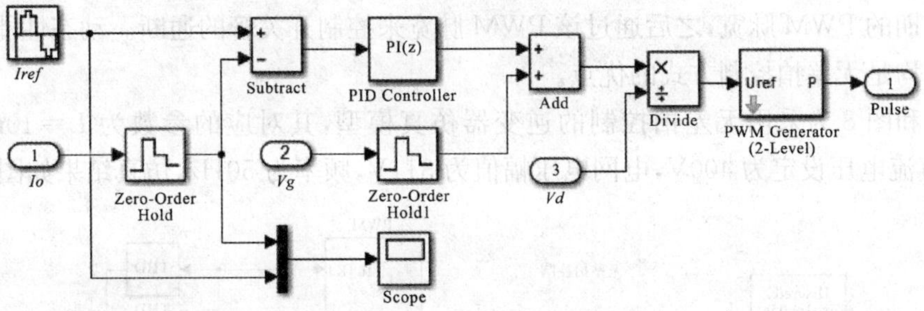

图 5　PID 控制封装图

滤波电感和滤波电容按如下所述进行选择。

$$\Delta I_L = a \times \frac{P}{U} \tag{1}$$

在式(1)中，a 为纹波电流系数，功率为 1000W，电压为 220V，所以纹波电流为 15%×1000W/220V=0.68A。

$$\Delta I_L = \frac{U_d - U_c(t)}{L} \times D(t) T_s = \frac{U_d - U_c(t)}{L} \times \frac{U_c(t)}{U_d} T_s \tag{2}$$

由式(2)知，当 $U_c(t)$ 为 U_d 一半时，ΔI_L 取到最大值。

$$\Delta I_{max} = \frac{U_d T_s}{4L} \Rightarrow L \geqslant \frac{U_d T_s}{4 \Delta I_{max}} \tag{3}$$

本文中频率均为 50Hz，所以有

$$20 \times 2\pi f = \frac{1}{\sqrt{LC}} \Rightarrow C = \frac{1}{L(2\pi f \times 20)^2} \tag{4}$$

将相关数据代入得 $L=12.159\text{mH}$，$C=7.64\mu\text{F}$。

此电路中直流电压设定为 400V，电网电压幅值为 311V，频率是 50Hz，$R=0.01\Omega$。根据临界比例度法可得 PID 仿真参数为：$KP=80$，$KI=20$，$KD=0$；零阶保持器的 sample time 为 10μs。仿真结果显示：并网电流为标准正弦波，满足要求。图 6 为输出电流与电网电压波形。

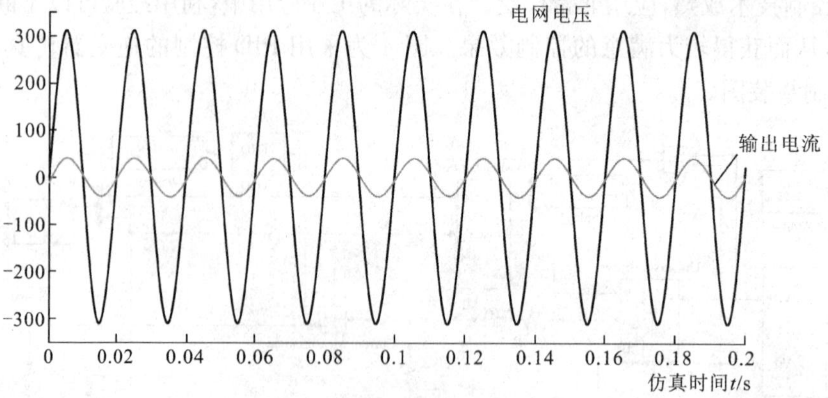

图 6　输出电流与电网电压波形(T=0.02s)

2.3　无差拍控制

无差拍控制根据光伏并网逆变器的状态方程和下一个采样时刻的参考值来预测下一个采样周期的 PWM 脉宽,之后通过该 PWM 脉宽来控制开关管的通断。动态性能好、动态响应快等均是无差拍控制方式的优点。

图 7 和图 8 为采用无差拍控制的逆变器仿真模型,其对应的参数为 $L=10\text{mH}$,$R=0.01\Omega$,直流电压设定为 400V,电网电压幅值为 311V,频率为 50Hz,仿真结果如图 9 所示。

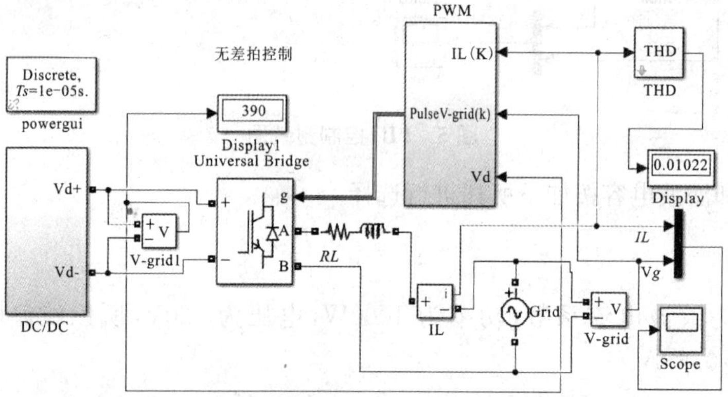

图 7　无差拍控制模型

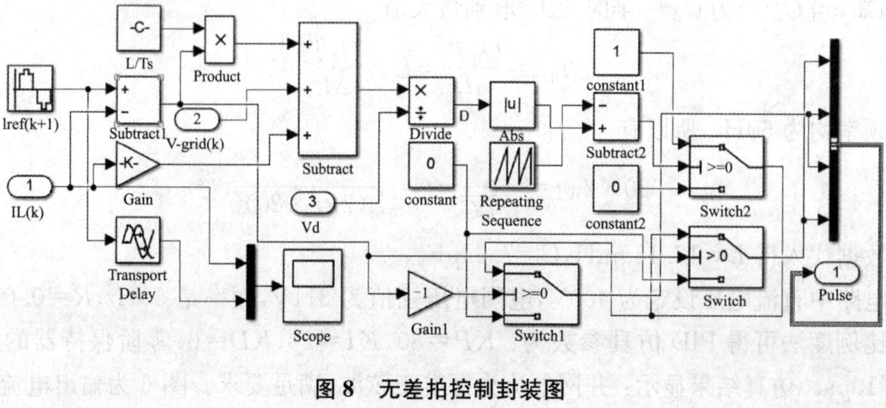

图 8　无差拍控制封装图

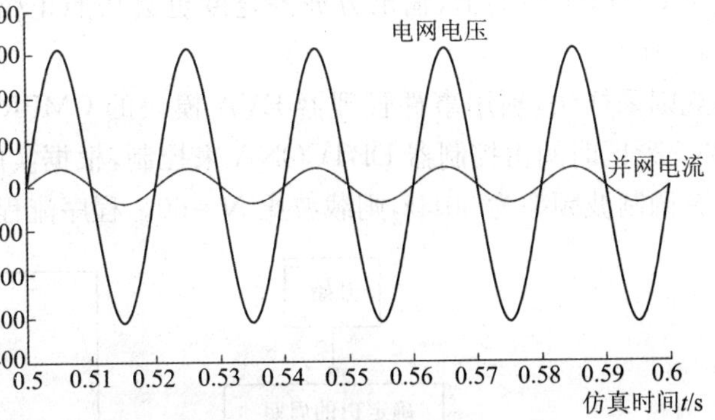

图 9　并网电流与电网电压波形(T=0.02s)

由以上仿真研究可知,滞环电流控制中滞环比较器环宽设置过大则控制精度不够,环宽过小则开关频率过快。无差拍控制对参数的变化比较敏感,鲁棒性差。相对而言,参数设置恰当的 PID 控制效果最好。

3　光伏逆变系统的驱动控制程序设计

单相并网逆变控制系统如图 10 所示,系统主要包括光伏电池模块、升压模块、逆变(IPM)模块、IPM 电路驱动模块及 DSP 控制模块等。

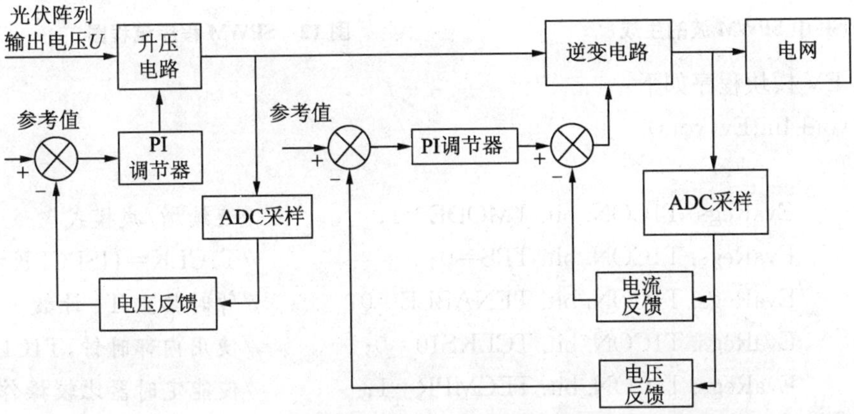

图 10　单相逆变系统控制框图

3.1　SPWM 程序设计

SPWM 就是正弦脉宽调制,即按正弦规律变化来改变脉冲宽度,其生成方法主要有自然采样法和规则采样法[3]。

自然采样法得到的 SPWM 波形和正弦波非常相似,可是比较复杂;在采用微机控制技术时,计算的时间消耗太长,效率比较低,所以在实际应用中这种方法并不多见。和自然采样法相比较,还有一种效果与它接近但是复杂度远没有它大的方法——规则采样法。

设置 DSP2812 芯片的 EVA 模块中的定时器 T1 为连续递增、递减计数模式,计数寄存器(T1CNT)输出为一等腰三角波,当比较寄存器(CMPR1)中的值与 T1CNT 中的值相等时,相应的引脚(PWMx,x=1、2)上的电平就会发生跳变,从而输出一系列的方波信号。如果按正弦规律来设置CMPR1中的值，输出方波的宽度也会按照正弦变化，这样就能得到SPWM波[4]，如图11所示。

本文采用的是规则采样法，利用事件管理器EVA模块的CMPR1产生两路PWM信号，这两路信号互补。死区时间由控制器DBTCONA来控制，根据实际情况选取三角载波频率为3000Hz，正弦调制波频率为50Hz，则载波比$N=60$。程序流程图如图12所示。

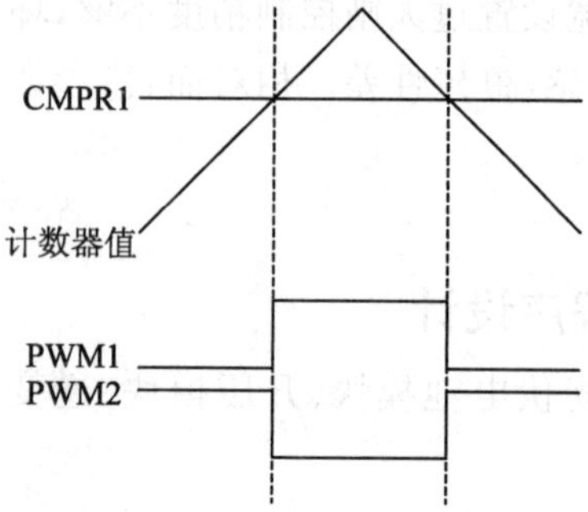

图11 DSP中SPWM波的生成

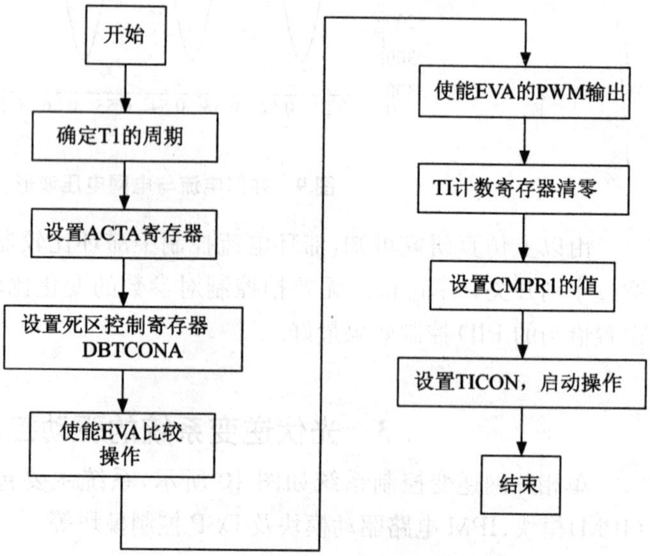

图12 SPWM程序流程图

主要EV模块程序如下：

```
void InitEv(void)
{
    EvaRegs.T1CON.bit.TMODE=1;           //连续增/减模式
    EvaRegs.T1CON.bit.TPS=0;             //T1CLK=HSPCLK=75M
    EvaRegs.T1CON.bit.TENABLE=0;         //暂时禁止T1计数
    EvaRegs.T1CON.bit.TCLKS10=0;         //使用内部时钟,T1CLK
    EvaRegs.T1CON.bit.TECMPR=1;          //使能定时器比较操作
    EvaRegs.T1PR=0x927C;                 //3kHz的载波
    EvaRegs.T1CNT=0;
    EvaRegs.COMCONA.bit.CENABLE=1;       //使能比较单元的比较操作
    EvaRegs.COMCONA.bit.FCOMPOE=1;       //全比较输出
    EvaRegs.COMCONA.bit.CLD=0;           //当T1CNT=0时装载
    EvaRegs.DBTCONA.bit.DBT=10;          //死区定时器周期,m=10
    EvaRegs.DBTCONA.bit.EDBT1=1;         //死区定时器1使能位
    EvaRegs.DBTCONA.bit.DBTPS=5;         //死区定时器预定标因子
    EvaRegs.ACTR.all=0x0006;             //设置引脚PWM1-PWM6的
                                         动作属性
    EvaRegs.CMPR1=0x0C35;                //初始化占空比为25%
```

```
        EvaRegs.EVAIMRA.bit.T1PINT=1;        //使能定时器T1周期中断
        EvaRegs.EVAIFRA.bit.T1PINT=1;        //清除T1周期中断的标志位
    }
```

3.2 SPWM波展示

SPWM波如图13所示。

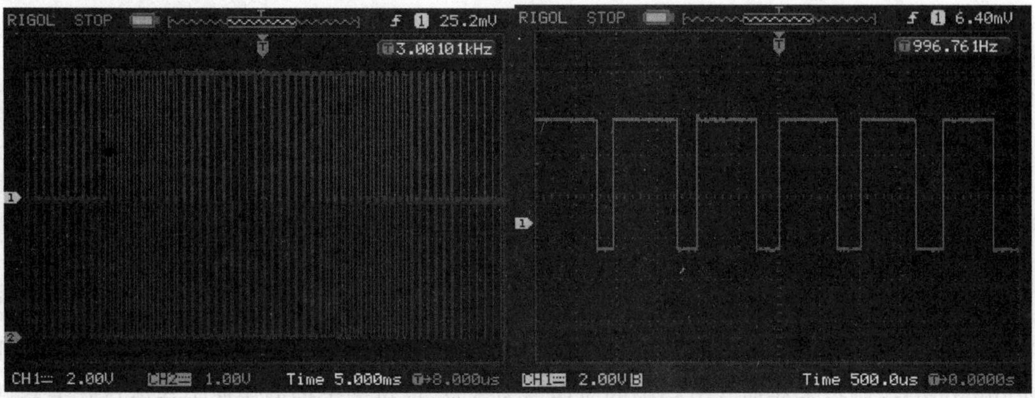

图13 SPWM输出波形

3.3 孤岛效应分析

孤岛效应是光伏并网系统普遍存在的一个常见问题，孤岛效应产生的原因有很多，其中最为重要的有：① 电网发生故障，导致投切开关跳闸，而并网发电系统并未及时停止并网；② 电网维修造成供电中断；③ 工作人员的误操作或蓄意破坏；④ 自然灾害造成部分并网发电系统和用电设备失去检测控制。孤岛效应的检测和防护是国家对并网逆变器的一项重点要求，是人员和设备安全的保障。由于孤岛效应的检测与防护需要检测器件的配合，不便于仿真，因此在本课题中并未对孤岛效应做仿真研究。

4 结 论

基于单级式非隔离型逆变器，研究了太阳能发电系统网侧电流的控制策略，并在MATLAB中搭建了一个完整系统，对几种常用的跟踪策略进行了相应的仿真研究。选择TMS320LF2812设计了逆变控制系统工作的部分程序，并对孤岛效应进行了讨论。太阳能光伏发电技术仍有很多问题没有得到彻底解决。由于实践经验的限制和学识水平的不足，本文中还存在着一些尚待解决的问题。相信在不久的将来，光伏发电在能源应用中将占有至关重要的地位。

参 考 文 献

[1] 何苏勤，韩阳，张杰. DSP系统与实验教程[M]. 北京：电子工业出版社，2013.
[2] 张兴，曹仁贤. 太阳能光伏并网发电及其逆变控制[M]. 北京：机械工业出版社，2010.
[3] 王兆安，刘进军. 电力电子技术[M]. 北京：机械工业出版社，2009.
[4] 瞿成明，陈进，江明，等. SPWM波形优化算法及其DSP实现[J]. 电源世界，2007(2)：29—31.

SVPWM过调制算法研究及其在逆变器中的应用

学生姓名：胡雨蒙　指导教师：吴晓新
南通大学电气工程学院，电气工程及其自动化专业，学号：1212002075

【摘　要】 对适用于三电平逆变器的双模式过调制算法进行详细介绍，又采用MATLAB/Simulink对基于三电平逆变器的双模式SVPWM过调制算法搭建了仿真模型，并在实验平台上进行了实验验证，仿真和实验结果验证了这种SVPWM过调制算法是正确的。

【关键词】 变频调速；电压空间矢量脉宽控制(SVPWM)；逆变器；过调制

1　引　言

交流变频器在异步电动机的变频调速中必不可少，通常交流变频器都是由电力电子器件构成的，这些器件的开通与关断是由一系列的脉冲波控制的[1]。所以PWM(Pulse Width Modulation)控制技术在逆变电路中的应用最为普及，反过来全控型快速半导体自开关器件的发展也导致了PWM控制技术的迅速发展[2]。1964年，欧洲学者Schoung A和Stemmler H初次将通信系统的调制技术应用到交流变频器中，产生了SPWM技术。1975年，英国学者Bowes SR对SPWM技术进行了推广和应用，使这种基于通信调制技术的SPWM技术得到广泛的应用。学者Van Der Broek HW等在20世纪80年代中期提出磁链轨迹控制思想，后来衍生出了电压空间矢量脉宽调制(SVPWM，Space-Vector Pulse Width Modulation)方法。在多电平逆变器的多种调制方法中，空间矢量PWM技术能间接使电动机产生恒定的电磁转矩[3]，且它能通过直接使用控制系统中给定的控制变量确定复杂空间的某一点为相应的开关矢量。同时，空间矢量PWM技术易于采用DSP实现，可优化开关模态。在工程应用领域，适宜的过调制算法可以让逆变器从线性调制工作模式较好切换到六拍阶梯波工作模式[4]。在电机控制领域，SVPWM过调制技术的应用使得定子输出电压提高了，即提高了电机的瞬时过载能力，加快了电机的启动过程，便于电机的弱磁控制[5-6]。过调制技术间接地在各种场合应用中提高了经济性能，并且具有非常好的环保性能。

2　SVPWM过调制

定义调制度M为

$$M=\frac{|V_{\mathrm{ref}}|}{\frac{2}{\pi}V_{\mathrm{dc}}} \tag{1}$$

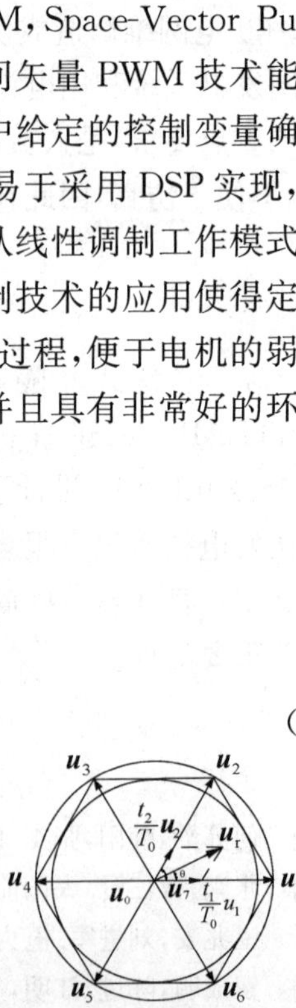

图1　空间电压矢量图

V_{ref}即参考电压矢量的幅值，$2V_{\mathrm{dc}}/\pi$即逆变器六拍波时的相电压基波电压幅值。如图1所示，当参考电压矢量的轨迹处在正六边形内切圆的内部(此区域称为线性调制区)时，对应的调制度为$0\leqslant M\leqslant 0.907$；当参考电压矢量的轨迹处于正六边形的内切圆与外切圆当中(此区域称为过调制1区)时，对应的调制度为$0.907<M\leqslant$

0.952；当参考电压矢量的轨迹超过这个外切圆（此区域称为过调制 2 区）时，对应的调制度为 $0.952<M\leqslant 1$。

3 基于三电平逆变器的双模式过调制算法

3.1 过调制 1 区（$M_1<M\leqslant M_2$）

以扇区 1 为例，如图 2 所示，每个扇区都存在两个典型的区域——Q 和 R。图 2 中粗虚线表示参考电压矢量 V_{ref} 在过调制 1 区的实际轨迹，这时 V_{ref} 的轨迹在正六边形边界之外，此时通过适当修正 V_{ref} 的幅值和相位来补偿过调制时的输出交流电压损失，使修正后的参考电压矢量 $V_{ref}{}^*$ 沿着轨迹 $LMNP$ 运行，如图 2 中粗黑线所示。

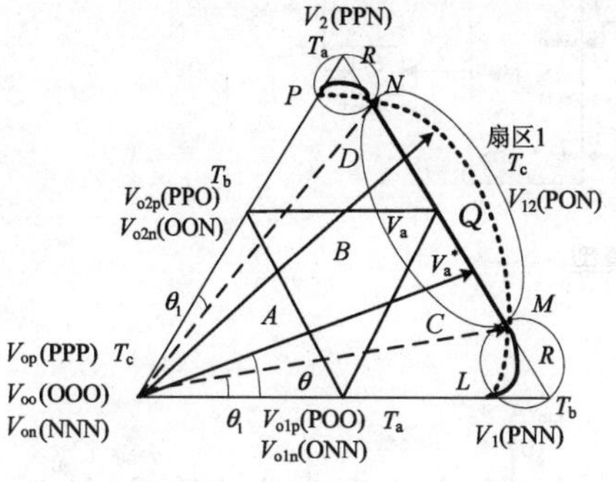

图 2 过调制 1 区中空间电压矢量分配

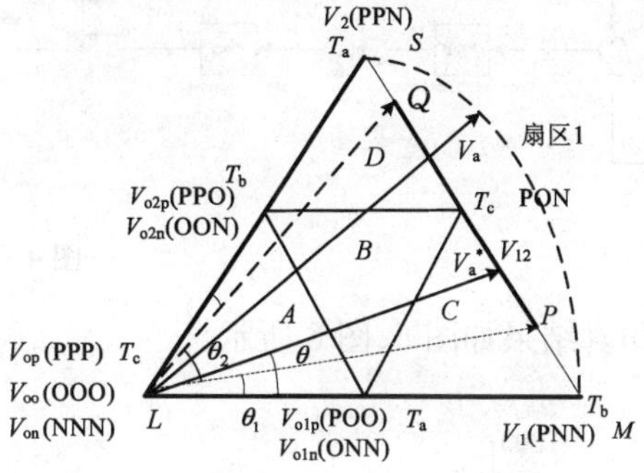

图 3 过调制 2 区中空间电压适量分配

θ_1 为 $V_{ref}{}^*$ 与正六边形的夹角，修正后的角度 θ_1 为

$$\theta_1=\frac{\pi}{6}-\arccos\left(\frac{\pi}{2\sqrt{3}M}\right) \tag{2}$$

3.2 过调制 2 区（$M_2<M\leqslant 1$）

图 3 中，V_{ref} 的整个运行轨迹都超过了六边形边界。此时需要适当的修正 $V_{ref}{}^*$ 的幅值和相位，以获得恰当的补偿量。修正后的 $V_{ref}{}^*$ 如图 3 所示，圆弧部分轨迹没有了，$V_{ref}{}^*$ 沿着直线轨迹 LM、PQ、SL 运行，如图 3 中粗黑线所示。引入保持角 θ_2，θ_2 与 M 的关系为

$$\theta_2=10.5\left(1.05-\frac{1}{M}\right) \tag{3}$$

4 实验验证

4.1 MATLAB 仿真

在 MATLAB/Simulink 环境下建模，模型主要由异步电动机模块、坐标变换模块、控制模块、SVPWM 模块、PWM 生成模块组成。

选择的电动机参数为：额定功率 3000W，额定电压 380V，额定频率 50Hz，定子电阻 2.220Ω，定子电感 0.0083H，转子电阻 3.108Ω，转子电感 0.0083H，互感 0.2324H，转动惯量 0.1425，极对数 2。

仿真模型如图 4 所示。

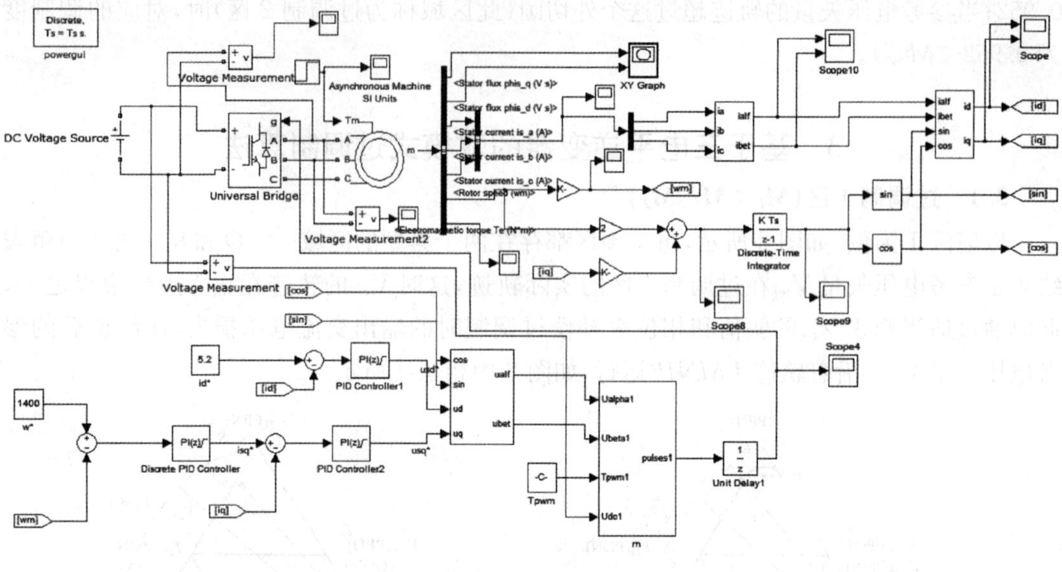

图 4　仿真模型

仿真结果如图 5、图 6 所示。

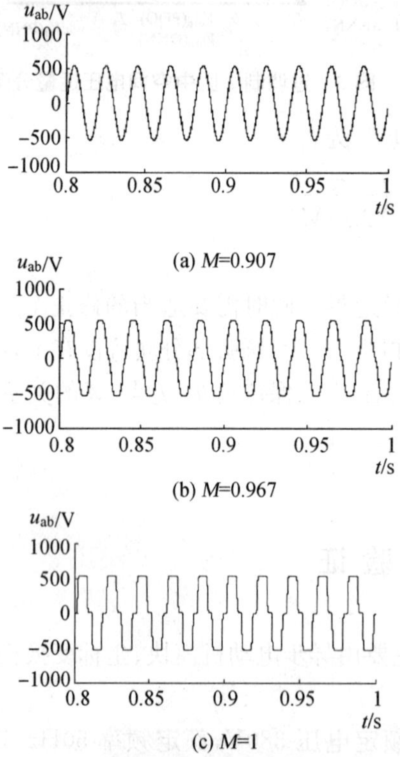

(a) M=0.907

(b) M=0.967

(c) M=1

图 5　线电压波形

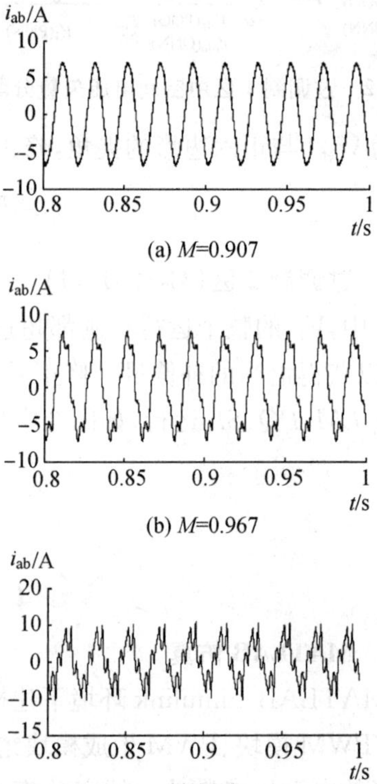

(a) M=0.907

(b) M=0.967

(c) M=1

图 6　线电流波形

图 5、图 6 表示的是不同调制度下的线电压和线电流波形，可以看出，在线性调制区时，电压和电流都是正弦波，随着电压利用率的增加，进入过调制区，电压和电流波形都发生畸变，直到系统工作在六阶梯波状态。

图 7 表示直流母线电压出现变化后的线电压和线电流的瞬时响应。可以看出，逆变器

能够平滑地从线性调制状态过渡到六阶梯波工作状态，也能够平滑地从六阶梯波工作状态过渡到线性调制状态。

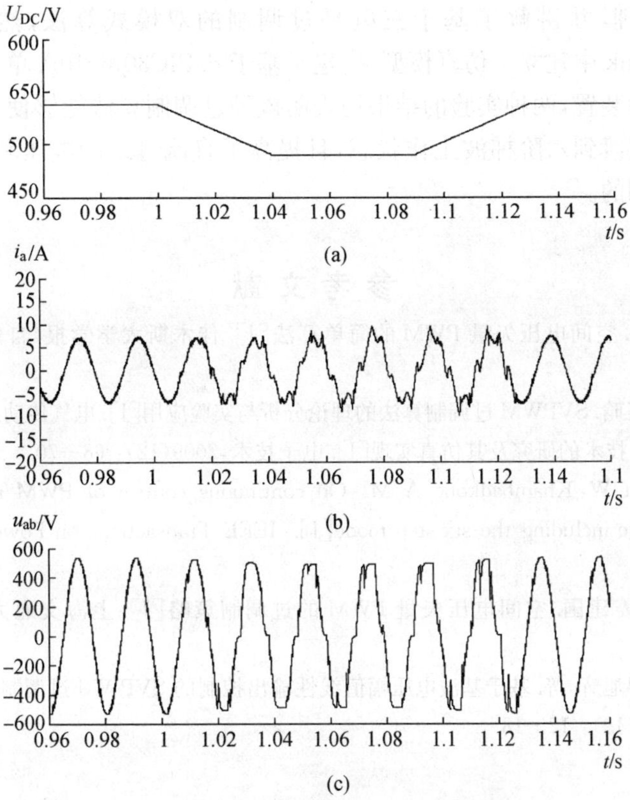

图 7　直流母线电压变化时的瞬态响应

4.2　具体实验

在实验室基于 dsPIC30f6010A 系统的异步电动机矢量控制系统实验装置上对所提过调制策略进行动态实验验证。电机为上海沪江电机厂所生产的 3kW 异步电动机。所得实验波形如图 8 所示。

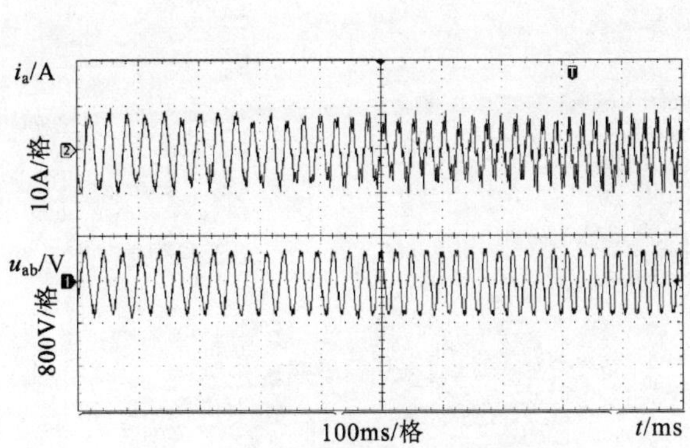

图 8　调制度增加时的瞬态响应

当调制度 M 从 0.907 增加到 1 时，线电压和线电流的动态响应曲线如图 8 所示。可以看出电流是平滑地变化的，没有突变，说明系统动态过渡过程较好。

5 总　结

本课题从 SVPWM 的角度，对过调制算法在逆变器中的应用进行了深入探讨。首先介绍了过调制的原理，并讲解了基于三电平过调制的双模式算法，然后基于该算法在 MATLAB/Simulink 中建立了仿真模型，搭建了基于 dsPIC30f6010A 单片机的异步电动机矢量控制系统实验装置，两种实验的结果均表明该种过调制算法能够使逆变器从线性调制工作状态平滑地过渡到六阶梯波工作状态，且提高了直流母线的电压利用率，对于社会经济和环境都是有利的。

参 考 文 献

[1] 王长兵，王明彦. 空间电压矢量 PWM 的简单算法[J]. 佳木斯大学学报(自然科学版)，2002(3)：276—280.

[2] 吕敬，张建文，王晗. SVPWM 过调制算法的理论分析与实验应用[J]. 电气传动，2011(8)：7—11.

[3] 邵杰. SVPWM 技术的研究及其仿真实现[J]. 电子技术，2009(12)：68—70.

[4] Holtz J, Lotzkat W, Khambadkone A M. On continuous control of PWM inverters in the overmodulation range including the six-step mode[J]. IEEE Transactions on Power Electronics, 1993, 8(4)：546—553.

[5] 杨文强，蔡旭，姜建国. 空间电压矢量 PWM 的过调制策略[J]. 上海交通大学学报，2005(S1)：53—56.

[6] 张立伟，刘钧，温旭辉，等. 基于基波电压幅值线性输出控制的 SVPWM 过调制新算法[J]. 中国电机工程学报，2005(19)：12—18.

功率平滑兼准确预报风/储系统能量管理设计

学生姓名：李晓强　指导教师：朱建红

南通大学电气工程学院，电气工程及其自动化专业，学号：1212002050

【摘　要】 首先在研究功率平滑和准确预报的功能需求基础上建立了储能嵌入系统的控制仿真方案；然后设计混合储能系统的等效模型、结构、接入方式和控制方式，以功率平滑和准确预报及保护储能系统为目标，建立了动态能量管理系统；最后，借助 PSCAD/EMTDC 仿真平台系统，通过静态与动态误差松弛因子调节仿真比较，实现了功率平滑兼准确预报任务，保护了储能系统，验证了课题方案的可行性及有效性，以提高风/储系统在社会、环境、安全、经济等方面的价值。

【关键词】 混合储能系统；功率平滑；风功率准确预报；能量管理

1　引　　言

随着经济的飞速发展，社会对能源的需求越来越大。然而，传统的化石能源的大量消耗严重污染了人类赖以生存的自然环境，为了实现经济和社会的可持续发展，人们越来越关注清洁能源的开发和利用。当前具有代表性的风力发电技术发展还不成熟，受自然环境的影响较大，风机发出的功率具有随机性和波动性的特点，并网时，对电力系统稳定性和电网调度带来了不利影响。储能系统可以时空平移电能，改善风电并网特性，方便电力部门调度。但是，储能本身有缺点，过充过放等会对储能造成永久性伤害，这些都会减少储能的寿命。因此，一套科学的能量管理方式在风/储系统中显得至关重要。

2　功率平滑和准确预报方案

本方案首先利用一阶低通滤波器原理平滑预测得到的风功率数据，平滑结果作为风功率预报曲线，然后基于预报曲线建立预报误差带，利用储能吞吐误差超限部分实际风功率，实现功率平滑和准确预报任务。

2.1　利用一阶低通滤波器原理平滑风功率

本文以一阶低通滤波器原理作为滤波算法使用，目的是平滑风功率输出，所以算法要求具有较强的抗干扰性，可以选取较大的时间常数来实现。一阶低通滤波器的电路结构如图1所示，该电路的微分方程如式(1)所示。x 为电路的输入信号；y 为输出信号；R 为电阻值；C 为电容值。

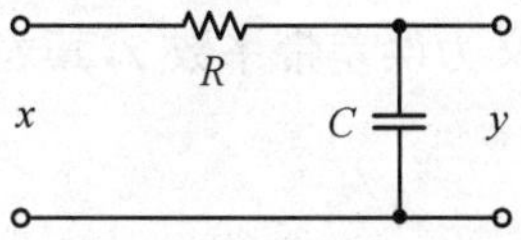

图1　一阶低通滤波器电路结构

$$RC\frac{\mathrm{d}y}{\mathrm{d}t}+y=x \tag{1}$$

当该电路的初始条件为 0 时，传递函数如式(2)所示，s 为拉氏算子；$T=RC=\frac{1}{2\pi f_c}$，为时间常数。

$$H(s)=\frac{1}{RCs+1}=\frac{1}{Ts+1} \tag{2}$$

时间常数取值越大，截止频率也就越小，通过低通滤波器处理后的信号频率越低，输出的信号也就越平滑。通过对实际风功率快速傅里叶变换得图2所示的幅频特性曲线，取截止频率 $f_c=1\times10^{-4}$ Hz，可得 $T=\frac{1}{2\pi f_c}=1591.5$s，取 $T=1800$s。

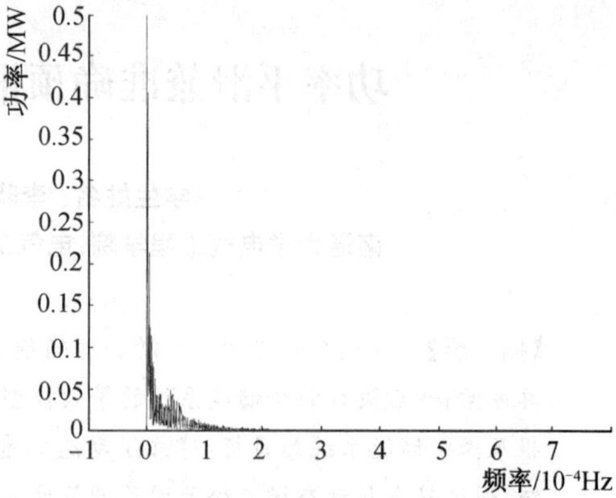

图2 风功率幅频图V

平滑后的功率如式(3)所示：

$$P_{out}=\frac{1}{Ts+1}P_{in} \tag{3}$$

式中，P_{out}为经过低通滤波后的输出功率；P_{in}为原始输入功率。不计线路及器件损耗，由功率守恒可得

$$P_{in}=P_{out}+\Delta P_{smo} \tag{4}$$

$$\Delta P_{smo}=\frac{Ts}{Ts+1}P_{in} \tag{5}$$

式中，当HESS需要吞吐的功率 $\Delta P_{smo}>0$ 时，HESS将多余的能量储存起来；当 $\Delta P_{smo}<0$ 时，HESS把储存的能量释放出来。

2.2 准确预报方案设计

利用储能装置提高并网风功率预报精度，减小实际风功率与预报风功率之间的误差，其基本原理如图3所示。图中，储能系统将吸收超出误差上限区域的多余功率，补充误差下限外的功率差，将这部分功率差定义为 ΔP_{fors}，数学表达式如式(6)所示：

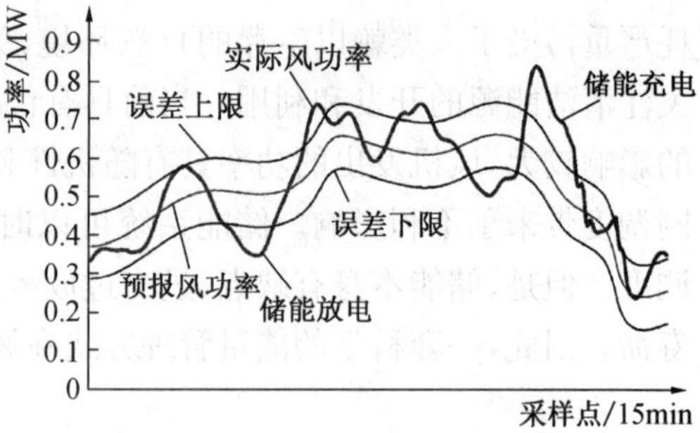

图3 准确预报策略示意图

$$\Delta P_{fors}=\begin{cases}P_{min}-P_w, P_{min}>P_w\\ P_w-P_{max}, P_w>P_{max}\end{cases} \tag{6}$$

将实际风电场输出功率减去此时预报风功率所得的值的绝对值与预报风功率的比值定义为误差带系数γ，其表达式如式(7)所示：

$$\gamma=\frac{|P_w-P_{fors}|}{P_{fors}} \tag{7}$$

式中，γ为误差带系数；P_w为实际风功率；P_{fors}为预报风功率。风功率准确预报的上下限值的表达式如式(8)所示：

$$\begin{cases}P_{max}=(1+\gamma)P_{fors}\\ P_{min}=(1-\gamma)P_{fors}\end{cases} \tag{8}$$

式中，P_{max}为预报误差上限；P_{min}为预报误差下限。

3 基于平滑兼准确预报的风/储系统能量管理

SOC是能量管理控制策略的重要参数和主要依据，只有在获取准确的SOC的前提下，才能有效保护电池并实现风/储系统的能量管理。本文将改进的安时积分法和开路电压法相结合，共同实时矫正储能 SOC 及容量变化，该方法成本低，估算简单，易于实现。

3.1 基于期望预报功率的 SOC 预测

为了确保储能在自身安全状态下响应和完成计划任务，需要对储能行为提前安排，即预测下一采样周期储能的荷电状态(SOC)。本文从储能需求功能出发，基于风功率预测曲线和平滑后的风功率预测曲线(即预报曲线)进行 SOC 预测。由于电池两端电压决定直流母线电压，且电池两端电压变化缓慢，本文假设一个采样周期内直流母线电压近似不变。下一采样周期结束后变化的电量预测计算如式(9)所示：

$$\Delta Q=\int_{t}^{t+\Delta t}\left(\frac{P_{\mathrm{for}}-P_{\mathrm{fors}}}{U_{\mathrm{dc}}}\right)\mathrm{d}t \tag{9}$$

式中，ΔQ 为下一周期结束后的电池电量变化；P_{for} 为预测风功率；P_{fors} 为平滑后的预测风功率；U_{dc} 为储能直流母线电压。

下一采样周期结束后 SOC 的预测如式(10)所示：

$$\begin{cases}\mathrm{SOC}_{\mathrm{for}}=\mathrm{SOC}_{\mathrm{t}}+\Delta\mathrm{SOC}\\ \Delta\mathrm{SOC}=\dfrac{\Delta Q}{C_{\mathrm{HESS}}}\end{cases} \tag{10}$$

式中，$\mathrm{SOC}_{\mathrm{for}}$ 为下一采样周期结束后预测的 SOC 预测值；$\mathrm{SOC}_{\mathrm{t}}$ 为下一采样周期初始 SOC 值，即实际值；ΔSOC 为下一采样周期结束后预测得到的 SOC 变化值，C_{HESS} 为混合储能总容量。

3.2 改进的安时积分法在线实时估算策略

安时积分法的基本原理是通过对测量电流的积分来计算电池电量的变化，但它不能确定 SOC 初值，温度、循环次数、测量仪器精度影响它的估算准确度，如果不进行校正，误差累计会越来越大。本文主要对储能容量进行修正，不管使用次数如何，当累计充电电量和放电电量均达到标称容量的 90%(即 $0.9C_{\mathrm{A}}$)就视为一次完整的充放电循环，循环次数 k 加 1，用流程图表示如图 4 所示。

充电电量和放电电量的计算如式(11)所示：

$$\begin{cases}Q_{\mathrm{cha}}=Q_{\mathrm{cha0}}+\int -I\mathrm{d}t,\ I<0\\ Q_{\mathrm{dis}}=Q_{\mathrm{dis0}}+\int I\mathrm{d}t,\quad I>0\end{cases} \tag{11}$$

式中，Q_{cha} 为充电电量；Q_{cha0} 为初始充电电量；Q_{dis} 为放电电量；Q_{dis0} 为初始放电电量。

在健康状态 SOH=0.8 时易于修复。由于实验条件有限，本文根据文献[1]的试验结果，并为了便于计算，将健康状态 SOH 和循环次数 k 近似看成正比例关系。设锂电池可循环次数为 n，则锂电池健康状态 SOH 与循环次数 k 的关系如式(12)所示：

$$\mathrm{SOH}=1-\frac{k}{5n} \tag{12}$$

改进安时法的估算公式如式(13)所示：

$$\mathrm{SOC}=\mathrm{SOC}_{0}+\frac{1}{\mathrm{SOH}\cdot C_{\mathrm{A}}}\int_{0}^{t}\eta I\,\mathrm{d}t \tag{13}$$

式中，SOC 为实时电池的荷电状态；SOC_0 为电池初始荷电状态；C_{A} 为电池标称容量；η 为充放电效率，此参数由厂家提供；I 为实时电池的充放电电流，设定电流流出方向为正方向。

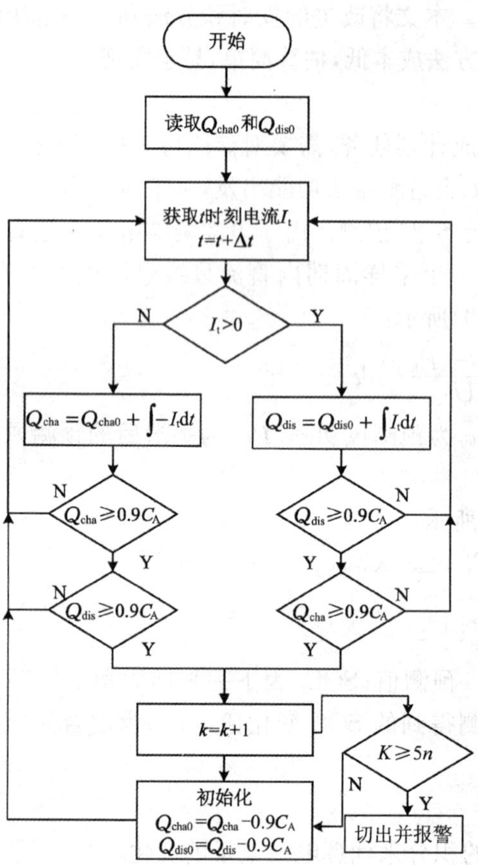

图 4　循环次数 *k* 计算流程图

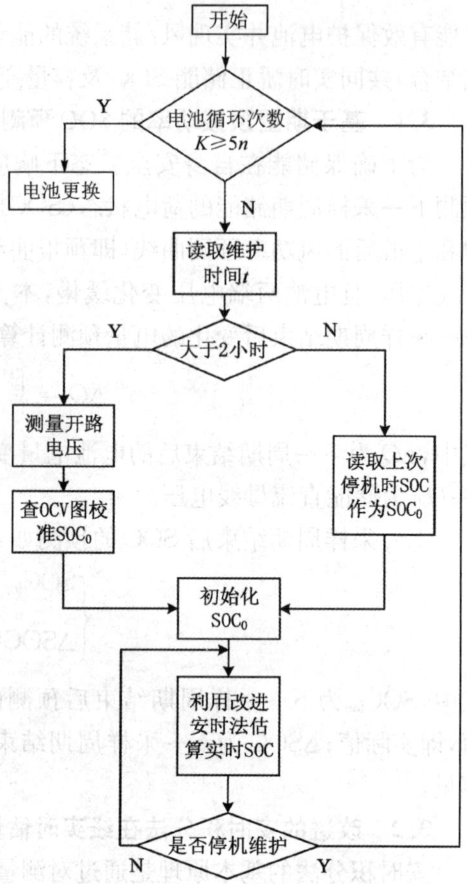

图 5　电池组 SOC 停机维护校准流程图

3.3　改进的安时积分法和开路电压法结合的估算和校准策略

开路电压法主要依据电池组开路电压判断 SOC 的大小。由厂家提供的电池的充放电特性 OCV 图可以得到，开路电压法简单易行，但此方法需要蓄电池静止至少 2 小时才能得到稳定准确的开路电压，所以单独应用开路电压法有局限性。文献[2]提出初始 SOC_0 对后续 SOC 估算准确度影响很大。在实际运行中，风电机组经常遇到停运检修或维护的情况，这时给初始 SOC 的校准提供了充分的时间。本文将两种方案结合，给出了如图 5 所示的方案流程图。当风机停机时，记录当前 SOC，并开始停机时间计时，若停机时间大于 2 小时，利用开路电压法对 SOC 进行校正；若停机时间小于 2 小时，继续沿用上次停机时的 SOC。

3.4　混合储能系统过充过放约束

考虑到锂电池和超级电容器的性能和使用寿命，过度充放电会对储能装置造成不可逆转的伤害，需要限制储能工作时的 SOC 范围。图 6 为混合储能实际工作区间的四

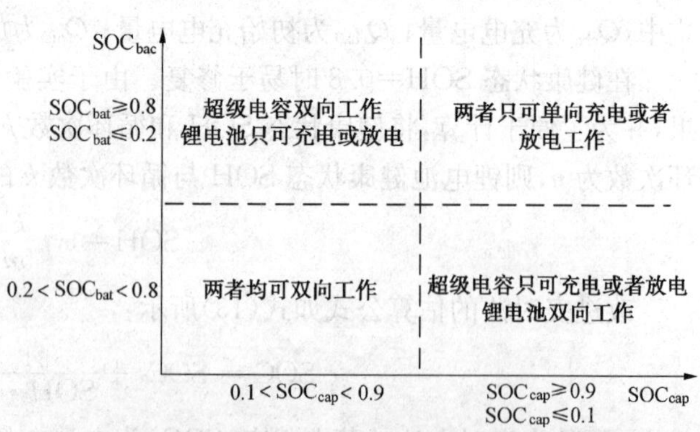

图 6　四宫格判据

宫格判据[3]。设定锂电池安全工作范围为 0.2<SOC_{bat}<0.8，当 SOC_{bat}≤0.2 时，禁止锂电池对外放电，只允许充电；当 SOC_{bat}≥0.8 时，禁止锂电池充电，只允许对外放电。设定超级电容器的安全工作范围为 0.1<SOC_{cap}<0.9，当 SOC_{cap}≤0.1 时，禁止超级电容器对外放电，只允许充电；当 SOC_{bat}≥0.9 时，禁止超级电容器充电，只允许对外放电。

在某些的情况下，锂电池和超级电容器的充放电功率可能达到其工作的极限值，如果不加以限制保护，会造成储能过载，严重影响储能的寿命。当吞吐功率达到储能的安全工作设定值时，应该让其以安全工作设定值进行工作，储能充放电必须设置安全功率最大值。

3.5 兼顾功率平滑和风功率准确预报的能量管理策略

本文策略如图 7 所示，先对日预测曲线利用一阶低通滤波原理进行平滑，首先保证预报曲线符合平滑要求，然后采用动态调整误差带系数改变储能吞吐能量需求。当储能系统的能量状态在充足区域，按照严格的标准功率输出，即完全跟踪预报曲线出力，即误差区域系数 $\gamma=0$；当储能系统的能量状态过高或过低时，松弛限制误差带，即误差区域系数 $\gamma=0.1$，使实际输出曲线介于误差带之间。本文受文献[4]启发，提出了一种基于双电池的紧急备用策略，电池一组工作，另一组备用，备用电池可以在突发情况或者当现役的电池寿命结束后进行替换工作。紧急备用方案流程图如图 8 所示。如果预测到 SOC_{for} 会超越警告线，则切入备用电池，备用电池初始 SOC 为 50%，同时切出原工作超限电池，对其进行充放电操作或者 SOC 校准操作。实际工作中，超级电容器的 SOC 也会随着新切入锂电池组电压恢复到正常范围。

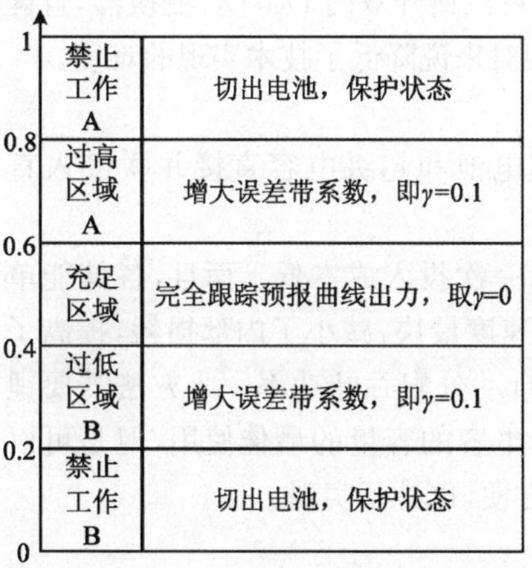

图 7 基于锂电池 SOC 的误差带系数能量管理策略

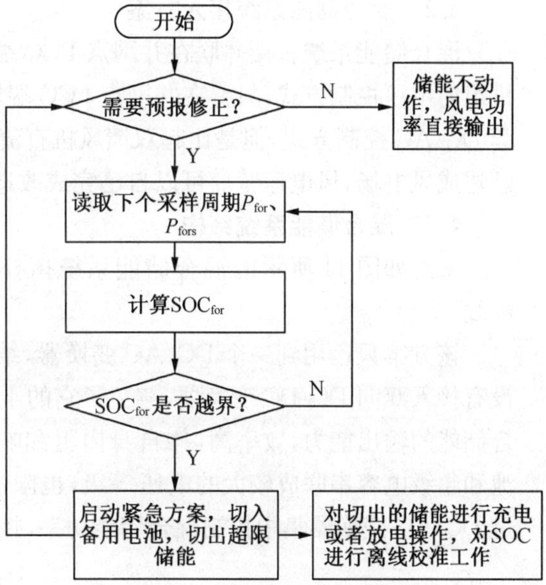

图 8 紧急备用方案流程图

4 混合储能嵌入系统平台构建及方案仿真

功率平滑兼准确预报风/储系统的仿真主要倾向于系统整体协调动作性能。在储能方面，通常使用电压恒定的直流电压源来代替储能电池，忽视了电池的自身特性，因此，需要将更精确的储能模型加入风/储系统的仿真中，提高仿真的真实性。本文主要研究了以超级电容和锂电池为组合的混合储能系统，并设计了相应的拓扑结构和接入方式。

4.1 储能装置等效模型

储能装置由锂电池与超级电容组合构成,锂电池等效模型采用文献[5]中的结构。此模型由可控电压源和固定电阻串联组成,其将电池内阻的变化转化为非线性的电压变化,各个量之间的耦合度很低,在仿真实验中应用比较方便。锂电池等效电路如图9所示,其受控电压通过非线性方程来计算,该非线性方程主要以锂电池的 SOC 为自变量。

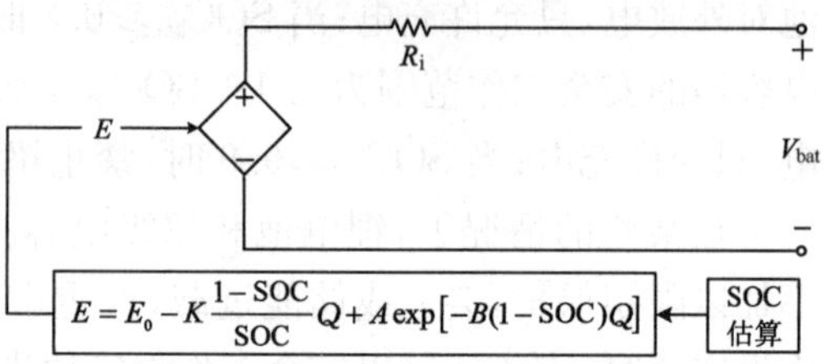

图9 锂电池恒内阻模型等效电路

$$E=E_0-K\frac{1-\mathrm{SOC}}{\mathrm{SOC}}Q+A\exp[-B(1-\mathrm{SOC})Q] \tag{14}$$

$$V_{\mathrm{bat}}=E-R_{\mathrm{i}}\cdot i_{\mathrm{bat}} \tag{15}$$

式中,R_{i} 为锂电池恒定内阻;i_{bat} 为锂电池电流;V_{bat} 为锂电池电压;E 为受控电压源的值;E_0 为电池开路电压;K 为极化阻抗;Q 为电池容量;A 为指数区幅度;B 为指数区的时间常数的倒数。

超级电容经典等效模型采用文献[6]中的结构,以由一个简单的阻容单元构成的 RC 模型来模拟其外特性。此经典等效模型结构简单、参数易于得到,也是实际的工程和仿真中使用频率最高的等效模型。

4.2 混合储能系统接入方案

混合储能系统直接并联在并网点PCC端,如图10所示。该方案无须改变原风力发电机组的出厂控制方式,只要在并网点PCC端增加能吞吐HESS容量的变换器。虽然多了一套DC/AC控制方式,但是比起双馈风机直流母线侧,可以避开双向DC/DC变换器,且国内已建成风电场,风电运营商可以自己完成改造过程,相对来说降低了技术实现的难度。

4.3 混合储能系统结构

采用如图11所示的混合储能系统拓扑结构,锂电池和超级电容直接并联接入直流母线。

该方案只运用到一个DC/AC变换器,结构简单,一次投入成本低。而且,各储能单元没有接入双向DC/DC变换器,避免了它的干扰,响应速度最快,减小了内部损耗,提高了混合储能的输出能力,效率高,靠自身内阻和响应时间自动分配吞吐功率。此方法需要锂电池和超级电容串联成较大的电压等级,也限制了超级电容的容量的最佳使用,但是可以通过DC/AC变换器集中控制混合储能功率,控制较为方便,也易于实现。

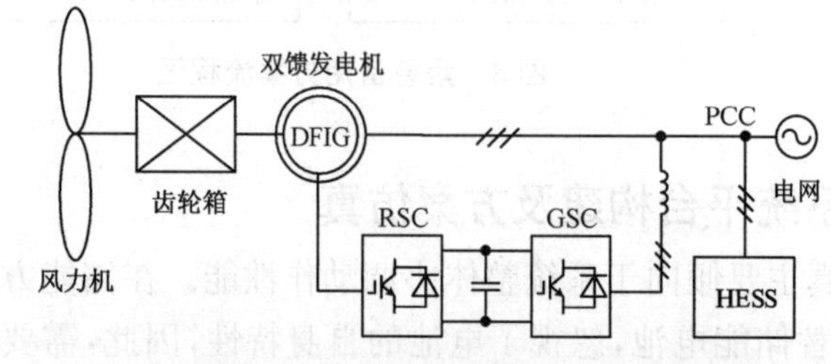

图10 混合储能系统接在并网点PCC端原理图

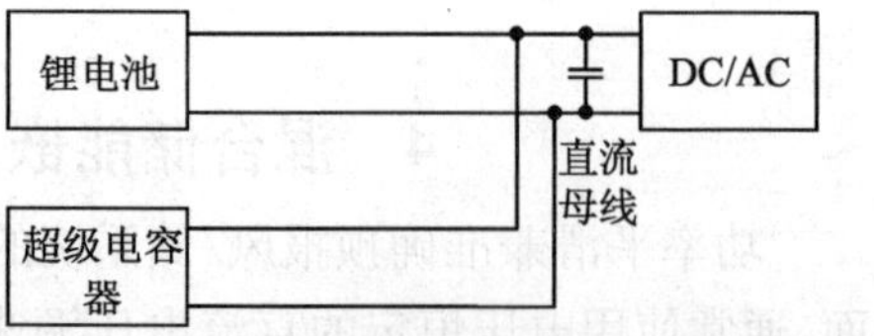

图11 混合储能系统拓扑结构

4.4 仿真比较分析

将平滑兼准确预报的静态误差修正及动态误差松弛因子调整的几种策略通过 PSCAD 平台仿真，验证动态方案的有效性。其一为完全跟踪计划出力，即 $\gamma=0$；其二为 10%预报误差带输出风功率，即 $\gamma=0.1$；其三为松弛误差因子动态策略。仿真参数对比如附表所示。

附表 仿真参数对比表

参数名称	完全跟踪预报出力	10%预报误差出力	动态策略
最大波动量/MW	0.256	0.492	0.402
平均波动量/MW	0.05	0.089	0.078
预报均方根误差率	0.025026	0.072186	0.061191
锂电池 SOC 越界次数	1	0	0
混合储能系统总消耗容量/(A·h)	614.35	267.85	276.1

从附表知，完全跟踪计划出力的平滑和准确预报效果最好，但所消耗的储能容量最大，是动态策略的 2.22 倍，平均波动量却只比动态策略减少了 36%。在预报精度方面，前者也只比动态策略提升了 35%。按 10%预报误差带出力的储能容量消耗最少。动态策略比按 10%预报误差带出力消耗容量多 3.1%，但最大波动量却减少了 18%。且按 10%预报误差带出力的最大波动量几乎快要达到规定的 0.5MW，平滑效果不好。在预报精度方面，动态策略预报误差降低了 15%之多。动态策略仿真期间并未出现储能 SOC 越界情况。

5 总 结

本文建立了功率平滑和准确预报方案，设计了混合储能嵌入系统，提出了动态的能量管理策略。通过在 PSCAD 仿真，验证了动态能量管理策略的有效性。不仅实现了风功率平滑，提高了准确预报精度，满足了风电并网和调度要求，而且避免了锂电池过充过放，延长了锂电池寿命，降低了混合储能容量配置等。

参考文献

[1] 鲍慧，于洋. 基于安时积分法的电池 SOC 估算误差校正[J]. 计算机仿真，2013，30(11)：148—151.

[2] 李哲，卢兰光，欧阳明高. 提高安时积分法估算电池 SOC 精度的方法比较[J]. 清华大学学报(自然科学版)，2010(8)：1293—1296.

[3] 石涛，张斌，晁勤，等. 兼顾平抑风电波动和补偿预测误差的混合储能容量经济配比与优化控制[J]. 电网技术，2016(2)：477—483.

[4] 张新松，顾菊平，袁越，等. 基于电池储能系统的风功率波动平抑策略[J]. 中国电机工程学报，2014，34(28)：4752—4760.

[5] Daud M Z，Mohamed A，Hannan M A. An improved control method of battery energy storage system for hourly dispatch of photovoltaic power sources[J]. Energy Conversion & Management，2013，73(5)：256—270.

[6] Kuperman A，Mellincovsky M，Lerman C，et al. Supercapacitor sizing based on desired power and energy performance[J]. IEEE Transactions on Power Electronics，2014，29(10)：1.

基于变换的LNN可逆逻辑线路构建及优化

学生姓名：曲　艺　指导教师：管致锦

南通大学计算机科学与技术学院，计算机科学与技术专业，学号：1213022074

【摘　要】 线性最近邻(LNN)量子线路是量子线路物理实现的重要架构。为了构造LNN量子线路，提出了一种基于预评估的线性最近邻量子线路逻辑综合算法。该算法通过预评估，一方面可以准确计算出量子线路中是否具有可删除的冗余交换门并删除之；另一方面使每一个非近邻量子门转化为LNN量子门时添加交换门的数量最小，因而得到量子代价最小的量子线路。对于一个n线m个基本量子门的量子线路，该算法及其优化算法的时间复杂度为$O(m\hat{}3)$，空间复杂度为$O(n\hat{}n+m)$，量子代价优化率更高。

【关键词】 逻辑线路综合；可逆逻辑线路；量子线路；线性最近邻；量子代价

1　绪　　论

LNN可逆逻辑线路是近年来的研究热点。为了降低由于线性最近邻增加的量子代价，达到减少量子线路的量子代价的目的，交换门数量的优化也是降低量子代价的方法之一。如何实现在线性最近邻LNN结构的量子线路中添加交换门的数量最少，量子线路的量子代价最小，是相关领域研究中最关注也是最具研究意义的问题。

本文主要对量子线路在综合过程中构建线性最近邻结构LNN和优化量子线路量子代价值为目标进行量子线路的综合优化算法设计。

2　逻辑门与逻辑线路

逻辑门与逻辑线路围绕可逆逻辑门、可逆逻辑线路和可逆逻辑综合以及量子逻辑门、量子线路和量子逻辑综合展开介绍。逻辑线路为了便于以物理方式实现最近邻结构LNN，需要一个添加交换门的基本操作以及产生一些冗余的量子代价和最近邻代价。

3　可逆逻辑线路近邻化

3.1　启发式排布算法

为了使每个不满足线性最近邻的可逆门都可以使用交换门通过换线使其满足近邻化，本节提出了启发式排布算法，该算法提供了该门需要最少交换门数量的最佳位置排布，该算法描述如下：

第一步：初始化两个长度为k的容器swaps，gates，将原始门的位置存储到gate中；

第二步：遍历gates，对于每个gate执行第三步；

第三步：初始化一个容器swap，计算gate的最佳位置，并将完成换线所需的交换门存储到swap中，将gate及后面级联的门按照swap交换线序，swaps. push_back(swap)；

第四步：返回gates，swaps。

该算法部分实验结果如表1所示。

表 1　与文献[3]比较结果

Circuit	n	swaps			Impr. /%	
		[4]	穷举	启发式	穷举	启发式
ham3_102	3	2	0	0	∞	∞
miller_11	3	3	2	2	33	33
toffoli_double_4	4	3	2	2	33	33
gt13-v1_93	5	6	3	3	50	50
mod5-v1_19	5	6	4	4	33	33

3.2　基于 NCV-|V₁>门库的 MCT 可逆逻辑门分解方法

NCV-|V_1>门库是在 NCV 门库的基础上补充了不带控制位的 V 和 V^+ 两个基本量子门。NCV-|V_1>门库会更高效地实现 MCT 门的分解，最终实现可逆逻辑线路向量子线路的转换。

如图 1 所示是基于 NCV-|V_1>门库的 MCT 可逆逻辑门分解方法的分解样例。在该可逆逻辑线路中一个 MCT 门分解后的每一条控制位线都有一组 V 和 V^+ 量子门来实现其原有逻辑函数功能。

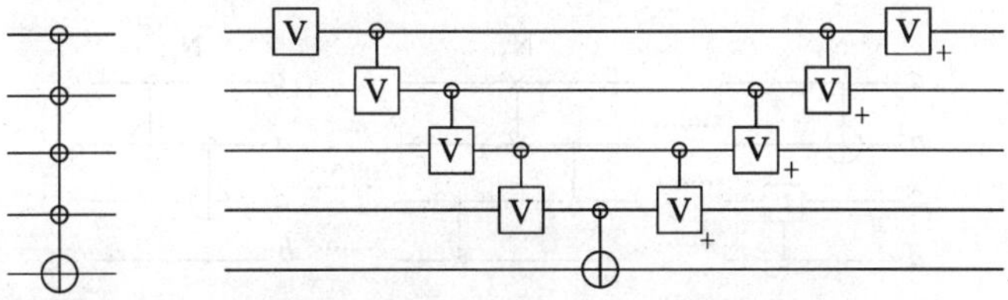

图 1　基于 NCV-|V_1>门库的 4 控制 Toffoli 门分解

4　量子线路近邻化

为了解决量子线路近邻化问题，本文提出了一种量子线路综合算法。该算法是在全局重排序和局部重排序算法基础上提出的，具体算法步骤如下：

第一步：初始化 N_l 为空、N_m 为空，$N_r=N$；

第二步：扫描，由量子线路 N_r 的输入端开始，寻找第一个非近邻量子门(即量子线路中第一个近邻代价不为 0 的量子门)，若存在，则设为 g，执行第三步；否则执行第七步；

第三步：以该量子门 g_l 为界，g_l 左侧的量子线路为 N_l，g_l 与其右侧的量子线路部分为 N；

第四步：换线，对量子线路 N_r 进行非重复全局重排序操作，产生量子线路集合 $N_l(i)$ 和交换门组集合 $N_m(i)$；(i 表示集合中的第几个元素，下同。)

第五步：近邻化，把量子线路集合 $N_r(i)$的第一个非近邻门 $g_l(i)$转化为近邻门，采用添加交换门算法处理，算法处理完成后将 i 值相同的 $N_m(i)$与 $N_r(i)$量子线路级联；

第六步：计算 QC 值，每次近邻化操作计算 $N_r(i)$量子代价 QC(i)值，最终选择一个量子代价值最小的 $N_r(i)$作为 N_r，然后转至第二步；

第七步：整理，对已经构造好的线性最近邻量子线路进行最终的冗余交换门排查检测，消除量子线路中一些冗余的交换门。

量子线路近邻化综合算法的实验结果如图 2 所示。与文献[4]进行对比分析发现，本节提出的算法优化率具有明显优势，其量子线路的 NNC 代价平均优化率达到 47.22%。

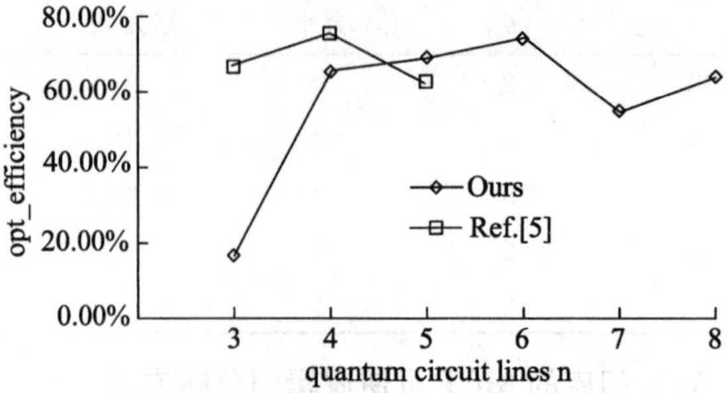

图 2　综合算法优化率实验结果

5　量子线路代价值优化

5.1　量子逻辑线路 N-3 结构

对于一个已知的量子逻辑线路，以线路中从左到右第一个非近邻量子门为中轴，可以将该量子逻辑线路分割成独立的三个量子逻辑线路级联网络，即 N-3 结构，如图 3 所示。

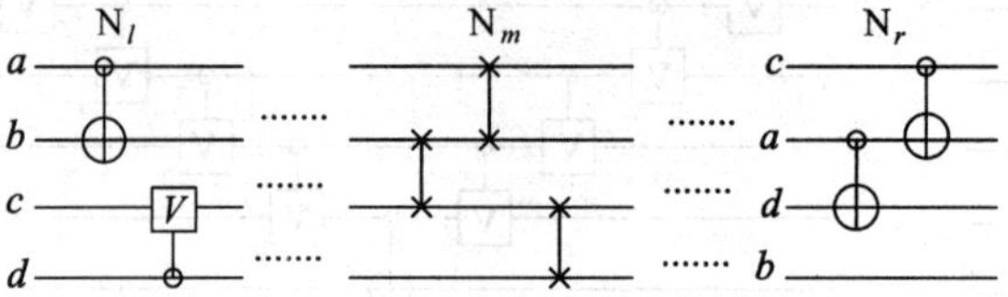

图 3　量子逻辑线路 N-3 结构

N_l 结构，在初始量子逻辑线路中从左到右第一个非近邻量子门左侧的量子逻辑线路级联网络为 N_l 结构，其中不包含该非近邻量子门。N_l 结构的 NNC 代价值为 0，属于最近邻结构的量子逻辑线路。

N_r 结构，在初始量子逻辑线路中从左到右第一个非近邻量子门右侧的量子逻辑线路级联网络为 N_r 结构，其中包含该非近邻量子门。N_r 结构一般为 NNC 代价值不为 0 的量子逻辑线路，其需要经过最近邻算法优化为 NNC 代价值为 0 的量子逻辑线路级联网络结构。

N_m 结构是为了使 N_1 与 N_r 两个局部量子逻辑线路网络级联起来所需要的一组只含交换门的量子逻辑线路级联网络结构。

混乱值。在 N_m 的量子逻辑线路级联网络结构中，为了将 N_l 与 N_r 两部分量子逻辑线路网络级联起来所需要添加的一组交换门的数量值称为混乱值。而 N_m 结构中的最小混乱值是指所需添加交换门数量的最小数值。

评估值。量子逻辑线路的评估值是该量子逻辑线路 N-3 结构中 N_m 结构的最小混乱值与 N_r 结构的 NNC 代价值两者之和，其表示如下：

$$est = m\_chaos + nnc, \tag{1}$$

其中 *est* 为评估值，*m_chaos* 为最小混乱值，*nnc* 为最近邻代价值。

5.2　量子线路最小混乱值算法

为了找到一种合适的 N_m 结构去级联 N_l 与 N_r，以解决量子线路线序的重新排布问题

并计算出 N_m 的混乱值，本文给出了一种求最小混乱值的算法。具体算法描述如下：

第一步：从 $n=0$ 开始，读取 origin[n]的元素；

第二步：判断读取的元素是否为 origin[n]的最后一个元素，如果不是最后一个元素，执行第三步；否则执行第五步；

第三步：将 origin[n]在 target[n]数组中的位置信息存储在 t[n]中；

第四步：删除 target[n]数组中该位置上的元素(后续位置元素前移)，执行第二步；

第五步：删除 target[n]中全部元素，计算 t[n]中所有元素之和，记为 t。

5.3 量子线路最小评估值算法

因为全局重排序操作，会导致量子线路中的一些量子门 NNC 代价值减少，一些量子门的 NNC 代价值增大。所以我们只有对整个量子线路的 NNC 代价值进行一个预先的求和评估，才能综合评估出代价值最优的量子线路。量子线路最优评估算法具体描述如下：

第一步：初始化，计算量子线路 N_r 的 NNC 代价值，运用最小混乱值算法求出 N_m 结构的最小混乱值，将上述两个值求和记为 SUM，SUM 为最小值标记变量；

第二步：换线，对量子线路 N_r 进行一次全局重排序操作；

第三步：计算，计算量子线路 N_r 的 NNC 代价值，运用最小混乱值算法求出 N_m 结构的最小混乱值，将上述两个值求和记为 SUM(i)；(i 代表 N_r 量子线路进行的第 i 次非重复的换线操作。)

第四步：比较，将计算出的 SUM(i)值与最小值 SUM 变量进行比较，如果 SUM(i)的值小于或等于标记变量，那么将与 SUM(i)值相对应的 $N_l(i)$、$N_m(i)$、$N_r(i)$局部量子线路一同暂时存入最优结果集栈中，并将 SUM(i)的值赋给最小值 SUM 变量，然后执行第五步；如果 SUM(i)值大于该标记变量，直接执行第五步；

第五步：判断循环是否结束，判断量子线路 N_r 是否完成了全部的换线操作，如果换线操作全部完成，则循环结束，执行第六步；否则执行第四步；

第六步：将最优结果集栈中的 N_l、N_m、N_r 局部量子线路从栈中取出并级联起来记为 $L(i)$。

量子线路最小评估值实验结果如表 2 所示。

表 2 量子线路代价值优化算法实验结果

Benchmark	n	Gate	交换门	最小混乱值	评估值	QC	最佳线序
3_17_13	3	13+1	5	2	32	3	abc
4gt11_83	5	12	6	6	36	6	abecd/abedc/aebcd/aebdc
4gt11_84	5	7	1	1	13	1	cbaed/dcbae
4gt11-v1_85	5	7+1	1	1	14	1	cbaed/dcbae
4gt13-v1_93	5	15+1	9	6	46	6	aedcb
4mod5-v0_19	5	12+1	6	6	37	4	aedcb/badec
4mod5-v0_20	8+1	3	2	21	2	aecbd	

6 总　结

本文主要围绕线性最近邻可逆量子线路的构建与优化来进行优化算法设计与实现。为了解决逻辑线路近邻化和代价值优化问题，本文提出了基于可逆线路的启发式重排布算法、基于 NCV -|V_1>门库的 MCT 可逆门分解方法、基于量子线路的最近邻综合优化算法和量子线路的最小混乱值算法和最小评估值算法。

参考文献

[1] 管致锦. 可逆逻辑综合[M]. 北京：科学出版社，2011.

[2] Saeedi M, Wille R, Drechsler R. Synthesis of quantum circuits for linear nearest neighbor architectures [J]. Quantum Information Processing, 2011, 10(3)：355—377.

[3] Wille R, Lye A, Drechsler R. Exact reordering of circuit lines for nearest neighbor quantum architectures [J]. Computer-Aided Design of Integrated Circuits and Systems, 2014, 33(12)：1818—1831.

[4] Chakrabarti A, Surkolay S. Nearest neighbour based synthesis of quantum boolean circuits [J]. Engineering Letters, 2007, 15(2)：356—361.

[5] 陈汉武，李文骞，阮越，等. 基于汉明距离递减变换的可逆逻辑综合算法[J]. 计算机学报，2014，37(8)：1839—1845.

基于 Tesseract-OCR 的文字识别系统的设计与实现

学生姓名：张馨丹　指导教师：顾　晖

南通大学计算机科学与技术学院，计算机科学与技术专业，学号：1213022010

【摘　要】 研究了文字识别的工作原理以及提高文字识别率的方法，搭建了文字识别测试平台。该平台调用开源识别引擎 Tesseract-OCR 的接口，对汉字和标点符号混合排版的图片进行识别。为了提高识别率，本文针对汉字和符号建立了用于识别训练的训练集。经测试，利用 Google 中文训练集的识别率为 75%左右，而采用本课题设计建立的中文字符的训练集的识别率可达 99%，识别效果明显提高。

【关键词】 文字识别；汉字识别；训练语言；有向无环词图

1 引　　言

1.1 选题背景及意义

字符识别作为模式识别领域的一个重要研究方向，对于人工智能有着非常重要的意义。我国针对文字识别的研究相对英、美等发达国家来讲，还处于弱势地位。与英文 26 个字母不一样，中国汉字的多样性和复杂性给汉字识别的研究工作带来了很大的困难。目前文字识别的正确率普遍不高，中文字符的识别率更加不高。本文重点研究文字识别中文字符的识别技术以及识别正确率的提高方法，推进汉字识别系统的应用。

1.2 论文主要内容

本文主要研究识别文字图片中的文字，提高其识别率。首先分析文字识别技术原理、文字识别技术和相关算法，针对 Tesseract-OCR 中运用的 DAWG 文件(字典文件)进行研究；然后搭建了文字识别系统，完成了文字识别、测试；最后进行结果分析。

2 相关技术概述

2.1 文字识别技术

文字是人类历史传承与文明发展的重要工具，也是人类社会信息交流和文化交流的主要载体。文字识别是指用计算机自动地将现实中物理介质上的文字信息识别出来的技术，是模式识别应用的一个重要领域。

文字的识别过程包含以下几个阶段：(1) 首先要能够无误地将待检测图片切割成各个文字图像区域；(2) 可以正确地从文字区域中找出单个文字；(3) 能够区分并识别每个单个文字；(4) 最后可以将单个文字连成合适的句子。

2.2 光学字符识别

光学字符识别(Optical Character Recognition，OCR)是指利用电子设备(例如数码相机或扫描仪)检查纸上打印的字符，使用检测暗、亮的方式确定其形状，然后用字符识别方法将形状翻译成计算机文字的过程。

2.3 OpenCV

OpenCV 的全称是 Open Source Computer Vision Library，是一个跨平台的开源计算

机视觉库[1]，它被广泛地应用于图像处理、模式识别以及计算机视觉程序的开发中。本文使用 OpenCV 处理图片，首先将图片转为灰度图，利用阈值转换算法将灰度图转换为黑白图；再利用梯度锐化，使得图像更加突出，去除离散的噪声；进而分割字符，找出每个字符的区域，记录每个字符的矩形数据，将字符归一化；最后紧密排列字符[2]。

2.4 Tesseract-OCR 算法

Tesseract 的 OCR 引擎最先由 HP 实验室于 1985 年开始研发，至 1995 年已经成为 OCR 业内最准确的三款识别引擎之一[1]。它是 Google 的开源项目，其最新版本 3.02 已经支持中文 OCR，并提供了一个命令行工具。本课题便使用了最新版的 Tesseract 开源工具进行课题研究。

2.5 N-Gram 模型

N-Gram 模型是汉字语言模型中的一种。N-Gram 模型假设第 N 个词的出现只与前面 N－1 个词相关，而与其他任何词都不相关，整句的概率就是各个词出现概率的乘积。常用的是二元的 Bi-Gram 和三元的 Tri-Gram。本课题开发的文字识别系统就是利用了 N-Gram 语言模型中的二元模型实现的。

2.6 有向无环词图

以字符为节点经过若干边连接成词的有向无环图便是有向无环词图，又称 Directed Acyclic Word Graph(简称 DAWG)，是一种可以对词快速搜索的数据结构。

3 文字训练集的定制

现有的提高文字识别率的方法有两种：一种是语言模型的改进，另一种是字符集文件的改进。改进文字训练集这种方法相对复杂的语言模型来讲更为简便。本文通过针对幼圆字体进行训练，并利用定制字典文件来改进训练集。本文收集了 20 多万个词组添加到字典中。利用字典文件对识别错误的结果进行校正，可以有效地提高文字识别率。

3.1 字符集字体的选定

谷歌提供的中文训练集对于不同字体的识别率不同，对常用字体的识别率较高，而对于不常用的字体的识别率就差很多。通过使用谷歌提供的训练集测试不同字体图片的识别率，得到的结果是幼圆体的识别率仅为 73%。因此，以提高幼圆字体的识别率作为本文的研究目标，训练生成特定的针对幼圆字体的文字训练集，以提高幼圆字体汉字的识别率。

3.2 字典的定制

字典文件，即各种 DAWG 文件，是训练集文件的组成部分之一。在语言分析过程中利用字典文件兼顾上下文关系，可以对文字识别结果进行校正。可以根据需要选择是否添加这些文件，并且可以根据个人需要扩充文件内容。

本文定制的字典文件的内容符合以下几个规则：(1) 每个字词都要按照字符集的顺序来排列，字符集中没有便跳过；(2) 以相同字开头的词组也要按照字符集的顺序来排列，字符集中没有便跳过；(3) 字符编码使用 Unicode(UTF-8-代码页 65001)，无签名版；(4) 每个字、词组占一行，换行符号编码为 0×0A，不能使用回车换行(0×0D,0×0A)；(5) 数字、标点符号的字典文件中使用空格表示任意字符；(6) 文本文件的结尾空一行，表示结束。根据以上规则建立的词组表文件需要转化为 DAWG 文件合并到文字训练集文件中才能使用。本文利用工具 wordlist2dawg.exe 进行转化。

下面以识别词“大家”为例，说明利用字典文件对识别错误的结果进行校正的过程。使用没有字典文件的训练集识别“大家”一词的结果是“太家”。将“大家”这个词加入字典文件中，然后合并到训练集里，利用改进后的训练集识别“大家”的识别结果是“大家”。利用字典文件可以成功校正识别的错误结果。在识别“大”字的时候，字符识别为错误的结果“太”，到字典里面查找以“太”字开头的词组，并未查找到“太家”这个词，那么继续到字典里面查找以“大”字开头的词组，成功查找到“大家”这个词，便将“大家”这个新的词添加到识别结果中替换掉错误识别结果“太家”，最终识别结果正确。

图 1 是没有扩充字典文件内容的谷歌自带中文训练集的识别结果，识别率为 73%。图 2 是使用经过扩充过字典文件后的自制中文训练集的识别结果，识别正确率为 100%。由此可见，利用字典文件改进字符集，可大大提高识别正确率。

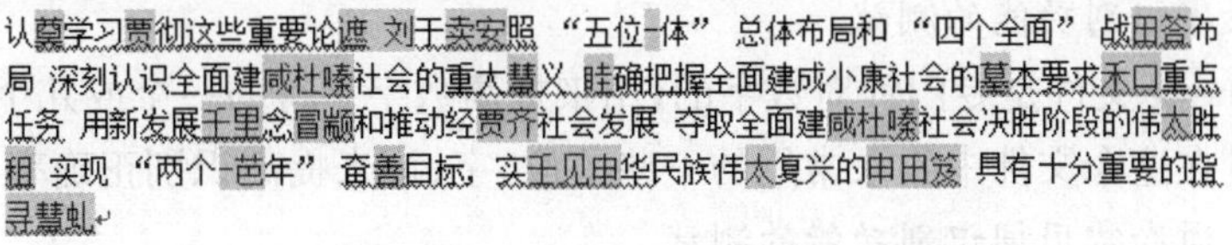
认藁学习贯彻这些重要论遮 刘干志安照 “五位一体” 总体布局和 “四个全面” 战田签布局 深刻认识全面建咸杜嗪社会的重太慧义 睚确把握全面建成小康社会的墓本要求禾口重点任务 用新发展王里念冒飙和推动经贾齐社会发展 夺取全面建咸杜嗪社会决胜阶段的伟太胜租 实现 “两个一芭年” 奋善目标，实壬见由华民族伟太复兴的申田笈 具有十分重要的指灵慧乩↵

图 1　谷歌中文训练集的识别结果

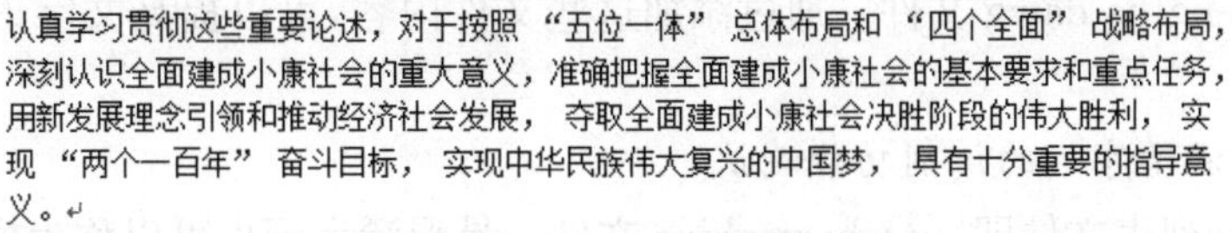
认真学习贯彻这些重要论述，对于按照 “五位一体” 总体布局和 “四个全面” 战略布局，深刻认识全面建成小康社会的重大意义，准确把握全面建成小康社会的基本要求和重点任务，用新发展理念引领和推动经济社会发展， 夺取全面建成小康社会决胜阶段的伟大胜利， 实现 “两个一百年” 奋斗目标， 实现中华民族伟大复兴的中国梦， 具有十分重要的指导意义。↵

图 2　自制中文训练集的识别结果

4　文字训练集的获取

文字训练集在文字识别过程中发挥着重要的作用，在文字识别的每一个过程中都需要训练集中的文件信息，没有文字训练集，文字识别系统是识别不出文字的。现有的谷歌训练集虽然适应性强，但是由于针对性不强，字库文件不够丰富，从而导致识别正确率低。因此，需要根据自己的要求制作自己的训练集。

4.1　文字训练集获取过程

自己制作的训练集需要进行字体的选择、词组表的添加、Box 文件的修正、训练图像的选定和词组表的确定等步骤，生成优化的训练集。第一步就是生成字符集文本文件；第二步生成 TIF 文件；第三步生成 Box 文件；第四步是判断 Box 文件是否需要修正，如果需要修正，那么就打开 jTessEditor 工具修改；如果不需要那就进入第五步；第五步是生成字符集文件(.unicharset 文件)；第六步是生成字符特征文件(.tr 文件)；第七步是生成形状表文件(.shapetable文件)；第八步是生成.inttemp 文件和.pffmtable 文件；第九步是生成.normproto文件；第十步是合并所得文件，得到最终生成的.traineddata 文件，也就是我们系统测试要使用的文字训练集。

4.2　识别参数的设置

在 Tesseract 中有大量可以设定的控制参数，可用来定制它的识别以及训练行为。可以通过调用 Tesseract-OCR 接口和设置配置文件(config file)这两个环节来设置。

5 文字识别系统测试及结果分析

5.1 系统配置环境

使用 Cmake 等工具生成文字识别所需的依赖库，然后配置项目属性，搭建系统环境。

5.2 测试方案

本文的测试，按字符的类型不同，分为：符号识别功能测试、数字识别功能测试、普通和常用词识别功能测试和易混淆字词的识别功能测试。

5.2.1 符号识别功能的测试

要识别符号需要用到符号识别文件，即. punc-dawg 文件。它的主要作用是用来提高带有标点符号的中文文章中的符号的正确率。它收录了一系列的字符组合，如句号、逗号、单引号、双引号等常用的标点符号以及其组合。

5.2.2 数字识别功能的测试

Number-dawg 文件是专门针对数字的，用来提高数字字符的一个或几个字符识别的正确率，可以通过在这个文件中收录常用的一些单位、字、词来提高识别正确率。

5.2.3 普通和常用词识别功能的测试

普通和常用词组文件，即. word-dawg 文件和. freq-dawg 文件，其中中文特有固定长度词文件为. fix-lengths-dawg 文件。通过添加这些文件内容，可以提高文字识别系统对于字词的识别率。

5.2.4 易混淆字词的识别功能测试

易混淆字词列表文件即. unicharambigs 文件。易混淆字词也可以称为模糊字词。模糊字词文件存储了一个以一个相同字符开始的模糊词的列表。在识别过程中通过增加此文件中的内容来提高正确率。

不同字符的识别需要不同的 DAWG 文件，它们是. word-dawg、. freq-dawg、. fix-length-dawgs、. number-dawg、. punc-dawg 和. unicharambigs 文件，分别用于普通词组、常用词组、固定长度词组、数字、符号和易混淆字词的识别。在识别一个符号与汉字混合的文档时，这些文件被汇总到 traineddata 文件中使用。

5.3 测试过程及结果分析

运行文字识别系统，按照表 1 中的命令参数说明，设置命令参数，测试样本。

表 1 命令参数说明

tesseract. exe	imagename	outputbase	[－l lang]	[－psm pagesegmode]	[configfile]
执行程序	图片名	输出文件名	字库文件	页面分割码	配置文件

使用文字识别系统测试多个样本，每个样本分别使用谷歌提供的中文训练集和自制的幼圆训练集进行文字识别，统计正确率。两个训练集测试的结果比较见折线图图 3。

实验结果表明，Google 提供的中文训练集的平均识别率为 73%，而利用本文定制的文字训练集可以使平均识别率达到 99%，识别效果显著提高。

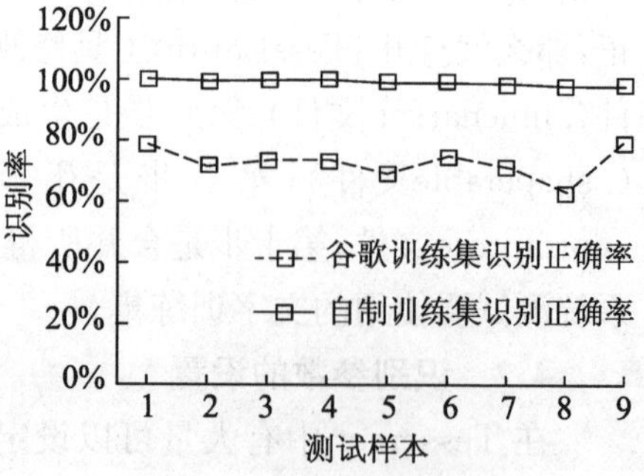

图 3 测试结果折线图

6 结 束 语

本文研究了现有的文字识别技术，分析了目前中文文字识别存在的问题。针对中文的特点，自制了幼圆字体训练集。该训练集能用于识别汉字和数字混排的图像。将该字符集用于开源的 Tesseract-OCR 中，进行多篇识别文档测试。测试结果表明，利用 Google 中文训练集的平均识别率为 73%左右，而采用本文设计建立的中文字符的训练集则可以把平均识别率提高到 99%，识别效果明显提高。这个字符集的开发和使用是本文的创新之处，也是中文文字识别率提高的关键。实践也表明，本文研究的扩展字符集的方法有一定的推广价值。例如，制作并添加用于训练英文的 DAWG 文件，就能够解决中英文混排文档识别率不高的问题。

参 考 文 献

[1] 刘远志，潘宏侠，赵润鹏. 基于 OpenCV 和 Adaboost 算法的人脸检测[J]. 机械管理开发，2012(01)：185—188.

[2] 赫健，王克成. 李洪白线焊缝跟踪系统中的图像处理方法[J]. 鞍山科技大学学报，2007(30)：224—248.

[3] 刘迪，李耀峰. 模式识别综述[J]. 黑龙江科技信息，2012(28)：120.

Android手机短信提取与分析的系统设计与实现

学生姓名：万雨阳　指导教师：徐　慧

南通大学计算机科学与技术学院，软件工程(服务外包)专业，学号：1213122058

【摘　要】 提出的系统以银行短信和快递短信为例，实现了 Android 手机短信提取及分析的技术。针对银行短信进行信息精简通知并给出按月统计的收支图，针对快递短信，对当日未取件进行及时提醒。系统具有良好的视觉效果和人性化的交互体验。

【关键词】 信息提取；数据分析；安卓；银行；快递

1　引　　言

随着移动互联网的发展，越来越多的业务以手机短信作为服务方与客户方的沟通和业务确认手段，因此帮助用户从繁杂的短信中提取关键信息并进行分析处理的手机短信提取与分析系统应运而生。本系统的设计与实现是为了解决短信中蕴藏的重要信息无从提取分析的问题，以直观安全的方式完成关键信息的展示，让用户充分体验智能手机的智能性。

2　系统设计

系统基于 Android 平台开发，系统功能模块图如图 1 所示。

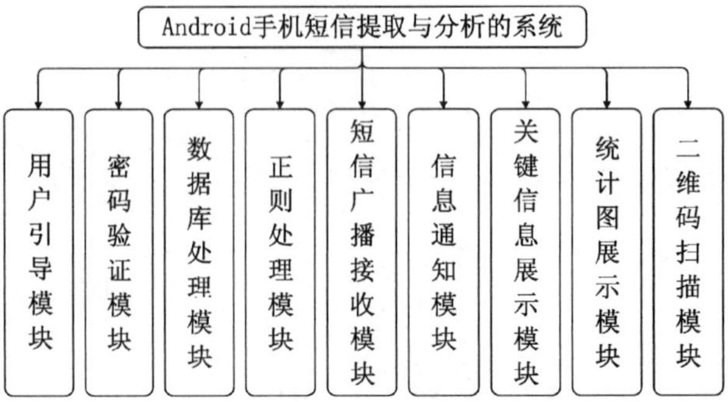

图 1　系统功能模块图

2.1　用户引导模块

本模块的主要功能是在安装完成首次启动时向用户展示项目 App 的功能和特点，同时对用户进行相关操作引导。本模块设计精美，采用扁平化设计，过渡动画自然流畅。在留给用户美好印象的同时，很好地隐藏了后台运行的数据库处理模块的处理时间。

2.2　密码验证模块

本模块的主要功能是保障个人隐私安全。由于 App 涉及银行卡等重要信息，属于个人经济隐私范畴，故在进入 App 前采取身份验证机制，包括 Pin 密码验证和指纹密码验证。

- Pin 密码验证：采用 4 位数字作为身份验证信息，由用户自行设置。
- 指纹密码验证：使用手指指纹作为身份验证方案，做系统级验证，关键信息存取在 TrustZone 硬件中进行，安全性得到保障。

2.3 数据库处理模块

本模块的主要功能是在 App 首次启动时，扫描系统短信数据库，并调用正则处理模块完成信息提取任务，同时写入 App 自有数据库中，以待后期数据分析处理时使用。本模块属于核心模块，是提取短信中信息的关键模块之一。数据库处理业务流程图如图 2 所示。

图 2 数据库处理业务流程图

2.4 正则处理模块

本模块的主要功能是利用正则表达式[1]进行关键信息提取，是信息提取的关键模块之一。针对不同类型的短信采取不同的正则表达式[2]，部分正则表达式、功能及其匹配结果如表 1 所示。提取的关键信息也不尽相同，下面以银行短信和快递短信为例。

• 银行短信：需提取银行名称、银行卡号、交易金额、交易时间、交易详情等信息，同时对信息进行格式化处理，方便后续统计图的生成。

• 快递短信：需提取快递名称、快递时间、快递取货号等关键信息，方便后续进行信息通知。

表 1 部分正则表达式及匹配结果

功能	正则表达式	匹配结果
提取银行卡尾号	尾号 w+	尾号 6666
提取银行	(? <=[)[\u4e00－\u9fa5]+(? =])	建设银行
提取余额	余额\d+.\d+元	余额 1000.00 元

2.5 短信广播接收模块

本模块的主要功能是当手机收到新短信时，获取短信广播并对短信发信人和短信内容进行分析，如符合判断条件，是银行短信或快递短信，则调用正则处理模块进行关键信息提取，并调用信息通知模块进行关键信息的通知，同时将关键信息写入数据库进行存储。其流程图如图 3 所示。

图 3 短信接收处理流程图

2.6 信息通知模块

本模块的主要功能是当短信广播接收模块判断为特定短信类型并处理后获得关键信息时进行通知栏通知处理，简洁直观地展示最关键的信息，剔除无用信息。

2.7 关键信息展示模块

本模块的主要功能是针对存储在数据库中的银行短信进行读取展示。采用 CardView 和 RecyclerView 布局，只展示最关键的信息，如银行 Logo、银行卡尾号、交易类型、交易时间、交易金额等。其中一些关键技术包括动态隐藏和分步加载。

• 动态隐藏：上滑操作时隐藏使用率不高的 Toolbar，增大可视面积，展示更多数据信息。

·分步加载：界面初始化加载 20 条数据，配合下拉刷新和上拉加载，当动作触发时加载更多数据，减少页面绘制时间。同时加入刷新和载入动画，符合操作直觉。

2.8 统计图展示模块

本模块的主要功能是针对存储在数据库中的银行短信进行提取，并以月为单位生成统计图例，直观展示当月消费情况。收入为正方向绿色，支出为负方向红色。同时支持双指缩放，放大可以查看数据细节。在表的下方展示当月统计信息，包括当月总收入和总支出。无须手动设定，自动完成图表和统计。

2.9 二维码扫描模块

本模块的主要功能是读取快递单号，同时为 App 加入更多扩展功能提供可靠的接口。

3 系统实现

3.1 引导界面

采用浅色的背景色搭配扁平化的示意图，介绍 App 特色的同时完成后台扫描数据库任务。运行界面如图 4 所示。

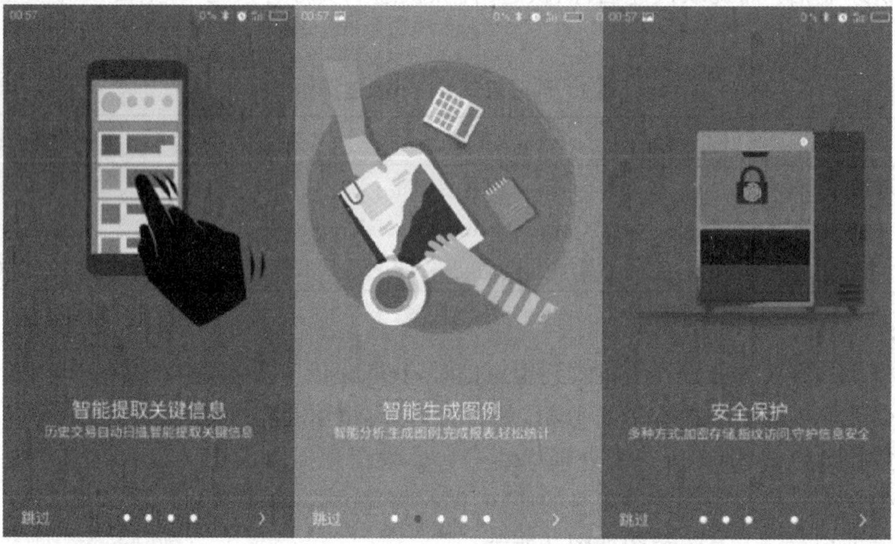

图 4 部分引导页截图

3.2 身份验证页面

同时指出指纹验证和 Pin 验证，如图 5 所示，其中左图为指纹验证错误界面，中间图为指纹验证成功界面，右图为输入 Pin 码验证界面。

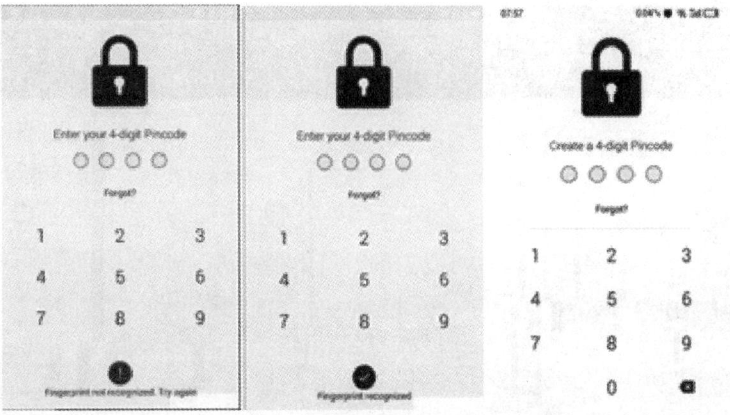

图 5　身份验证界面截图

3.3　信息展示页面

采用卡片式布局,左图为常规界面,中间图为下拉刷新,右图为上拉加载与动态隐藏 ToolBar。

图 6　信息展示界面截图

3.4　统计图表页面

运行界面如图 7 所示,支持切换月份,左图与中间图分别为 5 月和 4 月的统计图。支持双指缩放,中间图与右图同为 4 月,柱状图的宽度不同。

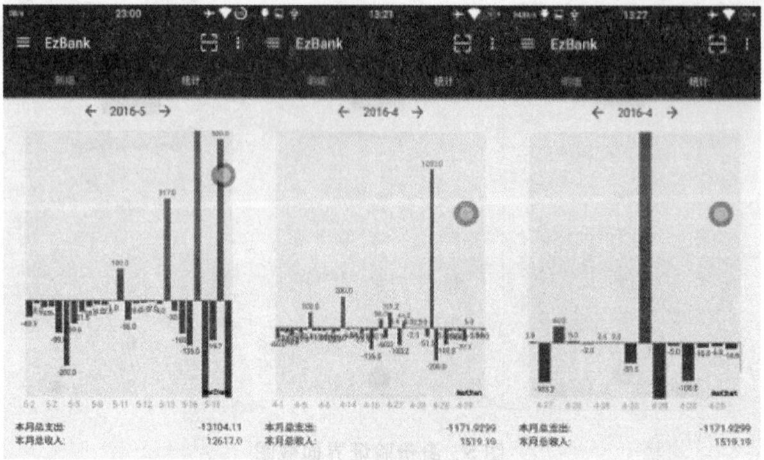

图 7　统计图界面截图

4 结　　语

本系统是基于 Android 平台，使用 Java 语言开发的一个功能较为完善的 Android 短信提取与分析系统。系统采用 MVC 架构设计完成，系统的界面设计采用 Google 官方的 Material Design 设计风格，具有良好的视觉效果和交互体验。短信信息采用正则表达式进行提取，具有较好的灵活性和扩展性。同时，项目在腾讯的优测 Android 应用程序测试中，顺利通过 602 款常见机型的匹配运行。

参考文献

［1］ Friedl J E F. 精通正则表达式[M]. 余晟，译. 北京：电子工业出版社，2007.

［2］ 梁茂成. 词性赋码语料库的检索与正则表达式的编写[J]. 中国外语教育，2009，2(2)：65—73.

［3］ 郭霖. 第一行代码 Android[M]. 北京：人民邮电出版社，2014.

［4］ 邱清盈. 基于正则表达式的专利信息提取方法研究[J]. 中国机械工程，2007，18(19)：2326—2329.

［5］ Biswas S, Haipeng W, Rashid J. Android permissions management at App installing[J]. International Journal of Security and Its Applications, 2016, 10(3)：223—232.

基于安卓的生活服务平台的设计与实现（浓缩版）

学生姓名：薛　翔　指导教师：王　进

南通大学计算机科学与技术学院，网络工程专业，学号 1213072022

【摘　要】 基于安卓平台开发了一款以“居家生活”为主题的生活服务平台的手机应用软件，为人们提供了一套完善的居家解决方案。

【关键词】 移动互联网；安卓平台；生活服务平台

1　绪　　论

1.1　课题的研究背景

移动互联网是信息技术领域的研究热点之一，它以“无处不在的网络、无所不能的业务”的思想改变着人们的生活方式和工作方式。借助移动互联网，人们可以通过随身携带的移动终端随时随地获取互联网服务。随着通信技术的迅速发展，全球已经进入移动互联网时代。

1.2　课题研究的意义及价值

目前市场上很少有以一个家庭为单位的生活类应用。本文以“生活服务平台（居家乐）”为开发对象，以一个家庭为单位来思考生活，运用 Java EE、ADT 等开发工具，建立一个生活服务平台。

本文设计生活服务平台的初衷是站在一个家庭的角度，为每一个热爱生活的人们提供一套完善的居家解决方案，解决他们在居家生活中出现的烦心事，解放他们的双手和时间，让他们能够真正地享受到生活的乐趣，还他们一个舒适、便捷、愉快的居家生活。

1.3　开发环境

本文研究和设计的生活服务平台的客户端是基于 Android 平台开发的手机应用，使用的是 Java 语言开发，开发工具为 Eclipse[1]，服务端使用“JSP＋Servlet”开发技术，使用的数据库为 MySql 数据库，开发工具为 MyEclipse。

2　功能模块

根据功能类型的不同，可以将平台大体分为移动应用端模块和服务器端模块。

移动应用端模块又可分为用户管理、用户中心、系统设置、维修、家装、家政、认证、外卖、上门服务和发现这十个功能模块。详情如图 1 所示。在这些功能模块中，维修、家装、家政、认证、外卖、上门服务和发现这七个模块为业务功能模块，用户管理和用户中心为用户模块，系统设置为应用模块。

服务器端模块又可分为消息推送、图片上传、数据交互这三个功能模块。

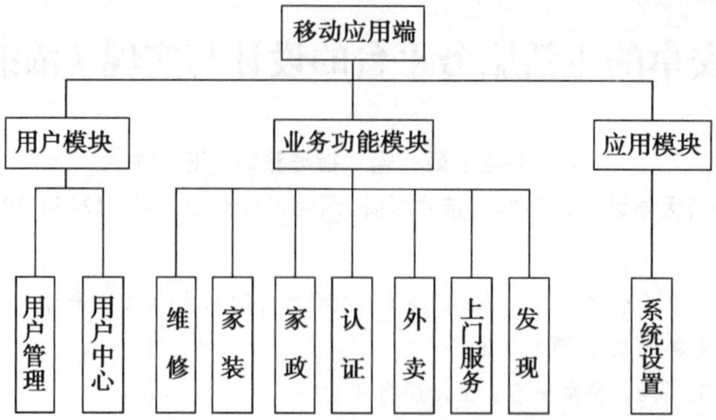

图1 移动应用端功能模块体系

3 平台总体框架设计

3.1 移动应用端的架构设计

Android的实质是在标准的Linux系统上增加了Java虚拟机Dalvik，并在Dalvik虚拟机上搭建了一个Java的Application Framework，所有的应用程序都是基于Java的Application Framework之上[2]。

在编程上，本文使用类似MVC[3]的模式框架，将应用程序分为三层：UI层（Activities层）、调度层（Dispatch层）和应用服务层（Services层）。

3.2 服务器端的架构设计

服务器端的业务处理相对比较简单，主要使用Servlet对移动端的Http请求进行拦截，解析获得请求实体对象后，根据请求类型进行相对应的操作，并将结果打包加密后响应给移动应用端。

3.3 数据库总体设计

在“居家乐”生活平台中，由于设计的功能模块比较多，数据的信息量比较大，包括：用户信息、会员信息、消息推送信息、应用版本信息、地理位置信息、支付信息、订单信息、商铺信息、商品服务信息、促销信息、评论信息等，每个模块都需要与数据库进行交互，因此数据库的设计尤为重要，而数据库设计得好坏就直接影响数据库系统的性能。

一个数据库系统性能的好坏表现在存取效率和存储效率上，或者说速度和空间以及维护代价三个方面[4]。对于“居家乐”未来的设想来说，数据的增量必然是巨大的，为了能够最大程度地节约存储空间，在存取效率和存储效率之间，本文选择后者。“居家乐”数据库的设计思想就是“消除数据冗余，注重数据之间的关系”。

依据数据之间的关系可将数据库信息整合归类为四类：

(1) 用户类。具体包括：用户信息、地理位置信息、用户反馈信息、订单信息、银行卡信息、乐居宝支付信息。

(2) 消息推送类。具体包括：消息推送信息、应用版本信息。

(3) 商铺类。具体包括：商铺信息、商品服务信息、促销信息。

(4) 信息服务类。具体包括：发现信息、评论信息、上门服务信息、维修信息。

4 平台详细设计与实现

4.1 通用模块的设计与实现

通用模块的设计包括了轮播广告、新闻头条、限时抢购、图片上传以及城市定位等。限于篇幅，此处仅以“新闻头条”和“图片上传”模块为例介绍模块设计与实现。

4.1.1 新闻头条

本文通过 ScrollView 嵌套 Listview 来实现这一效果，主要的实现方式如下：

(1) 自定义一个自动滚动字幕的控件 AutoScrollView 继承 ScrollView。

(2) 在自动滚动控件 AutoScrollView 中嵌套一个 Listview。

(3) 由于 ScrollView 中嵌套一个 ListView 会出现 ListView 数据加载不完全的问题，因为默认情况下 Android 是禁止在 ScrollView 中放入另外的 ScrollView 的，它的高度是无法计算的。因此需要在设置完 ListView 的 Adapter 后，根据 ListView 的子项目重新计算 ListView 的高度，然后把高度再作为 LayoutParams 设置给 ListView，这样它的高度就正确了。

4.1.2 图片上传

本文设计的是生活服务平台应用，涉及的图片上传比较多，因此本文使用的网络请求库是 Android-Async-Http，但是这个开源框架存在一个致命的问题，那就是只能上传一张图片，于是本文上传图片就使用 Httpmime 框架(附带图片上传的进度条)，主要的实现方法如下：

(1) 自定义一个带进度条监听接口的网络请求消息体 CustomMultipartEntity 继承 MultipartEntity，实现将上传文件转化为 Byte 流的方法。

(2) 在文件上传工具类中，实现具体的网络请求方法，使用 HttpClient 的 post 方法进行网络请求。

(3) 最后只需在 Activity 中使用 AsyncTask 异步执行即可完成图片上传的操作。在 doInBackground(List<File>... params)方法中执行图片上传网络请求操作。

4.2 服务端模块的设计与实现

4.2.1 数据库的连接方法

由于服务端做的业务几乎都有用到 MySQL 数据库，因此对数据库的操作比较频繁，这就需要对数据库的连接进行封装，实现数据库连接、断开连接、关闭结果集等方法[5]。

使用 MyEclipse 连接本地 MySQL 数据库需要使用 mysql-connector-java. jar 包，还需要提供相关的数据库信息：数据库的链接地址、用户名和密码。

4.2.2 请求服务的方法

“居家乐”生活服务平台使用的网络请求框架是 Android-Async-Http，为了能够比较灵活地进行网络请求，本文对 Android-Async-Http 框架进行了一层封装，定义了网络请求管理类 AsyncHttpClientManager，统一了网络请求的接口，通过传递 Json 字符串、请求地址 Url 以及请求的方法 Mode 即可完成网络请求。

4.3 移动应用端模块的设计与实现

移动应用端模块的设计包括了系统设置、用户个人中心、地址管理、维修、美食、发现、上门服务、全部分类等。限于篇幅，此处仅以系统设置模块和维修模块为例介绍模块设计与实现。

4.3.1　系统设置模块

“居家乐”作为一款移动应用，系统设置模块是必须要有的。系统模块主要包含个人资料的设置、消息推送的开关设置、缓存管理、版本更新、免责声明以及关于我们。其中消息推送的开关可以通过 Shared Preferences 进行保存。免责声明的 txt 文件保存在 assets 的目录下，待需要显示的时候读取文件进行转换即可。

其中实现消息推送[6]的方式有很多，当前主流的实现方式有三种：轮询方式、SMS 方式和持久连接方式。这三种方式中最容易实现的就是轮询方式。“居家乐”生活平台就是使用轮询方式实现消息推送功能。推送的消息类型有两种：文本推送以及网页推送。实现这套轮询消息推送需要一个轮询服务、一个消息推送广播接收器以及一套消息推送服务。轮询服务只是单纯地向服务器请求当前设备是否有推送消息，而消息推送广播接收器则是具体向服务器请求相应的推送消息。这样做的好处是节约了轮询服务的系统开销，提高了系统的效率。

4.3.2　维修模块

维修可以说是居家生活中最常见也是最烦人的事情了。“居家乐”生活平台为了解决这一问题，单独开辟了“维修”这一功能模块。该模块主要包括维修信息发布和信息浏览这两个部分。

4.3.2.1　维修信息发布

维修信息可分为两种：报修信息和维修服务信息。如果你是报修者，那你发布的是报修信息；如果你是维修者，那你发布的则是维修服务信息。

维修信息的发布内容主要包括：信息发布类型、维修标题、具体描述、预约价格、维修类型、相关描述性图片等。

4.3.2.2　维修信息浏览

维修信息按维修类型可分为水电类、木工类、泥瓦类、油漆类；按信息的类型可分为报修信息和维修服务信息。

为了能够更加全面具体地展现这两种不同分类的信息，本文分别采取了分类九宫格以及 Fragment＋Viewpaper 的方式进行信息展示。

5 小　　结

本文主要探讨的是基于安卓的生活服务平台的设计与实现。在分析了当下中国的发展形势，并研究了未来移动互联网的发展趋势之后，提出了“科技服务生活”的理念，然后分析了目前市场上主流的几款生活类应用，创新性地提出了以“居家生活”为主线的生活服务平台“居家乐”。

本文的主旨是“科技进步服务生活”，设计理念是站在一个家庭的角度，去为每一个热爱生活的人们提供一套完善的居家解决方案，解决他们在居家生活中出现的烦心事，解放他们的双手和时间，让他们能够真正地享受到生活的乐趣，还他们一个舒适、便捷、愉快的居家生活。

由于时间等方面的限制，本平台还存在一些不足之处。首先，平台的家装、家政以及认证这三个模块还没具体实现，目前只是预留了一些接口；其次，目前平台的数据信息设计得比较原始，数据代码的耦合性较高，不利于后期功能的拓展；最后，平台应用对于不同机型的兼容工作做得不够，目前只在几款型号的手机上运行测试过。

参考文献

[1] Agusti A, Calverley P M, Celli B, et al. Characterisation of COPD heterogeneity in the ECLIPSE cohort[J]. Respiratory Research, 2010, 11(1): 1—14.

[2] Linda Harasim. A Framework for online Learning[J]. IEEE Computer Society, 2002, 24(9): 32—37.

[3] 宋伟，杨振峰，杨丽华，等. 基于J2EE和MVC模式的Web应用程序开发方法[J]. 河北工业科技，2005，22(4)：189—191.

[4] 张仕成. 基于Google Android平台的应用程序开发与研究[J]. 电脑知识与技术，2009，5(10)：7959—7962.

[5] 宋善德，郭飞. 基于Java的Web数据库连接池技术的研究[J]. 计算机工程与应用，2002，38(8)：201—203.

[6] 倪红军. 基于Android平台的消息推送研究与实现[J]. 实验室研究与探索，2014，33(5)：96—100.

基于物联网的农业大棚软件系统的设计与实现

学生姓名：郑亚平　指导教师：施　佺

南通大学计算机科学与技术学院，计算机科学与技术，学号：1213022070

【摘　要】 主要采用REST、Bootstrap、Golang技术进行开发，实现农业大棚环境参数实时监测、展示以及移动端远程控制的功能，使其具有很好的扩展性和集成性。

【关键词】 物联网；农业大棚；环境参数；设备控制

1　绪　　论

农业是关系着国计民生的基础产业，传统农业存在技术水平落后、生产率低下等问题[1]。随着物联网和互联网技术的出现与快速发展，农业技术发展迎来了新的机遇与挑战。

物联网技术在农业大棚中的应用，需要在农业大棚中接入传感器，这些传感器能够监测农业大棚中影响农作物生长的参数，通过改善农业大棚内的环境，能大大提高农业生产效益。目前市面上的基于物联网的管理平台大多成本高昂、操作麻烦、难于部署并且拘泥于现场不能做到远程监控、实时监控，致使农业信息化进程发展缓慢。因此，需要建立一个平台能够自动地通过无线传感器技术接收记录传感器监测的环境参数，进而保证通过物联网技术能够准确地获取农作物的产量信息和周围的环境信息，实现农业信息化管理，推进中国现代化农业的发展进程[2]。

2　开发工具以及开发技术

2.1　开发工具

本系统开发的工具主要包括Sublime，InfluxDB时序数据库，SQL Server 2008 R2关系数据库，Fiddler、Firefox浏览器。

2.2　开发技术

本系统开发的技术主要包括：REST技术、Ajax技术、Bootstrap技术、Golang技术。

REST是一种简单的、可扩展的、针对Web开发而设计的架构风格，是一种对网络系统架构的约束准则，符合这个准则的就是RESTful框架。REST架构风格把网络上分布的各种数据看作资源，分布在各处的资源由URI来标识，而客户端应用通过URI来获取资源的表现形式，同一个资源可以有多个表现形式，具体的表现形式通过在URI请求中加入限定参数来描述。

Ajax技术是一种客户端脚本可以通过异步方式与Web服务器交换数据的技术，它打破了传统Web应用的工作模式[3]。传统Web应用的工作模式是用户通过动作触发了一个HTTP请求，服务器经过一系列的操作后，向客户端返回HTML页面。从用户触发事件到Web服务器返回数据到客户端的整个过程，用户必须一直等待，这样就导致用户体验非常差。取而代之的Ajax技术，使得用户无须等待服务器的响应，可以继续访问浏览器并进行输入数据、点击按钮等操作。

Bootstrap 技术是 HTML 和 CSS 的集合，可以通过现成的 ui 组件迅速搭建前端页面。并且 Bootstrap 技术提供了响应式 Web 设计，这种技术可以使得网页页面布局会自动根据屏幕的大小而进行相应的响应和调整[4]。这种设计使得开发者无须再为每一个终端设备做特定的版本，大大减少了开发者的开发工作。

Golang 是一种全新的编程语言，有如下几大优势：一是 go 的开发效率高；二是运行速度快，在并发问题上，性能尤为突出；三是部署简单，目标机器上只需要一个基础的系统和必要的管理、监控工具，完全不需要考虑应用所需的各种包、库的依赖关系，大大减轻了维护者的负担。

3 需求分析

本系统是要研发一套适用于物联网行业应用及行业终端的统一开放式管理平台，实现农业大棚环境参数实时监测、展示以及移动端远程控制的功能。本系统采用 B/S 的模式。但选择 B/S 架构，也随之带来一个问题。当前浏览器和屏幕尺寸碎片化严重，不同的浏览器支持 W3C 标准的程度也不尽相同，而且浏览器的版本新旧不同，支持的特性也不一样。更重要的是，不同的屏幕尺寸，显示效果也不一样。因此，采用 CSS3 技术可以适应各类浏览器和屏幕尺寸。前端框架选择开源的 Bootstrap，在此基础上开发自己的样式和做响应式 Web 设计，以适配 PC 端和移动端各类浏览器和屏幕尺寸。

为支持对下位机实时传送的传感器数据监听和对设备的自动控制，需要服务端在并发问题上提供高效的处理能力，因此在 Server 端采用 Golang 开发。Go 在语言级别上支持了并发，通过简单的关键 go 就可以充分利用多核。

4 系统的实现与分析

4.1 系统架构

经过需求分析，并结合主流技术设计的系统架构如图 1 所示。

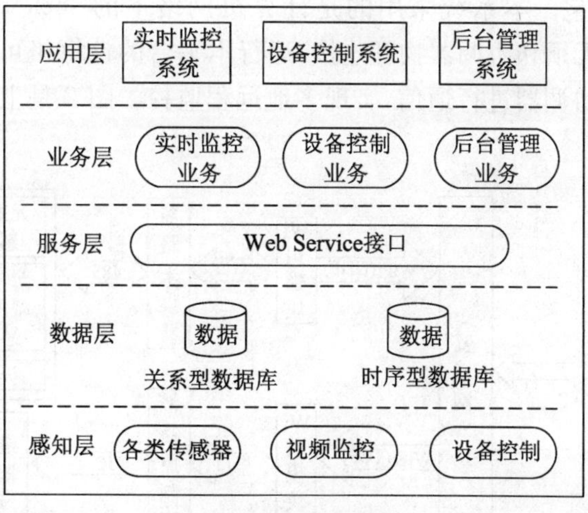

图 1 系统架构图

4.2 数据库的设计

通过对农业大棚管理系统的需求分析可知，本系统需要采用两种数据库，一种是InfluxDB时序数据库，存储实时采集的传感器数据；另一种是SQL Server 2008 R2关系数据库，存储基础的关系数据。

4.3 关键部分的实现

4.3.1 访问安全验证

本系统采用后台和前台完全分离的思想。服务端通过go-restful包提供的API来指定服务端资源的URL，客户端通过此URL进行HTTP请求，就可以获取服务端的资源，但是，这会使得服务端提供的API服务完全暴露，因此服务端必须提供有效的安全措施，例如只有有权限的用户才能访问指定的数据资源。

go-restful支持对每一层对象添加对应的fliter，用于对方法进行一层封装，进行pre-function操作也很简单。

4.3.2 单点登录

用户根据用户名和密码进入系统，经映射到控制器进入Service Server验证凭据；用户若登录成功，则服务端向客户端返回一个cookie值。若此cookie值没有过期，此用户与服务器的会话会一直保持；若此cookie值过期，session Id就会被销毁，用户需重新登录；若登录不成功，则返回失败，用户无法继续访问后续页面。

4.3.3 视频显示的设计

先在本机上安装视频插件，用户通过获取到的用户名、密码、NVR设备的IP地址和端口号，登录NVR(网络硬盘录像机)设备，然后通过调用视频插件提供的API，可对摄像头视频进行实时查看、分屏、全屏、退出等操作。

4.3.4 上位机和下位机通信的设计

本系统中上位机和下位机通信主要涉及两个方面。一个是传感器采集，数据采集节点通过WiFi将UDP数据包传输到路由器上，再由路由器传输到Web服务器；另一个是设备控制，先由Web服务器通过网络发送TCP包到路由器上，再由路由器通过WiFi向设备控制节点传输控制数据包。本系统采用的是计算机网络下的socket方式通信方式，通过socket通信的好处是无须和协调器物理连接，运行本平台的计算机可以在任何有网的地方与分布在多地的多个协调器进行通信，实现多地远程监控。图2是上位机与下位机的通信模式。

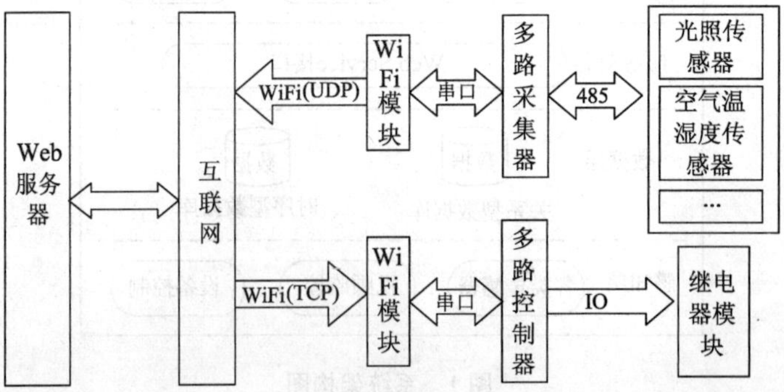

图2 通信模式

4.3.5 系统截图

系统主页主要包括系统的三个子系统：移动端远程控制子系统、实时监控子系统和后台管理子系统。

(1) 移动端远程控制子系统如图 3 所示，包括设置阈值、手动控制设备和自动控制设备。

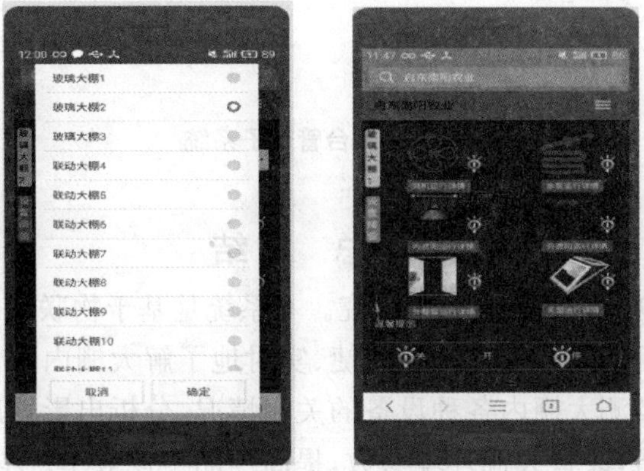

图 3 移动端远程控制子系统

(2) 实时监控子系统如图 4 所示，包含基于百度地图显示、传感器数据实时显示、视频监控三个功能。

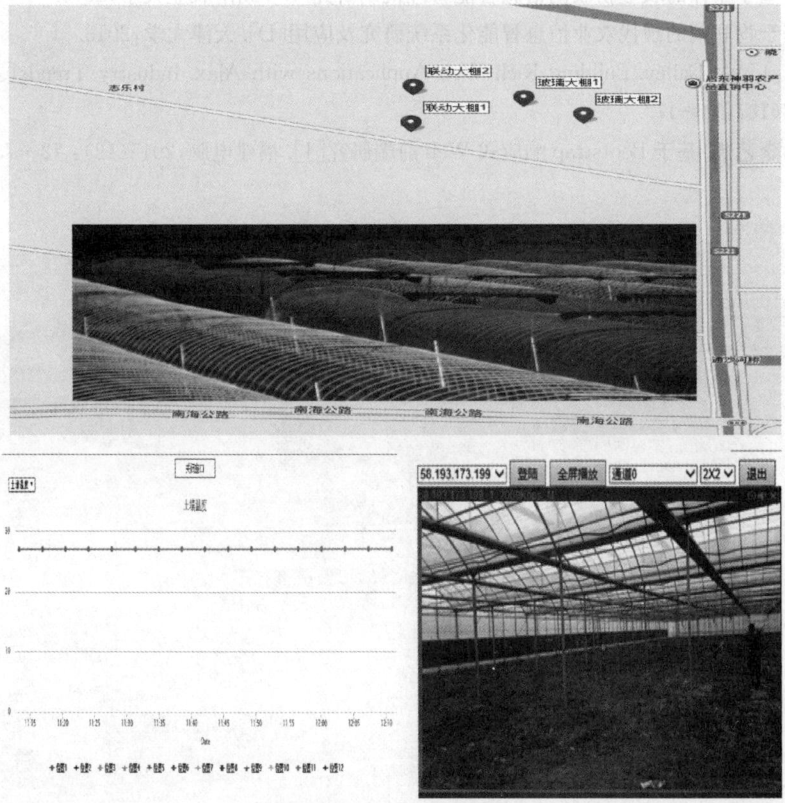

图 4 实时监控子系统

(3) 后台管理子系统如图 5 所示,包括实时监控管理和用户管理。

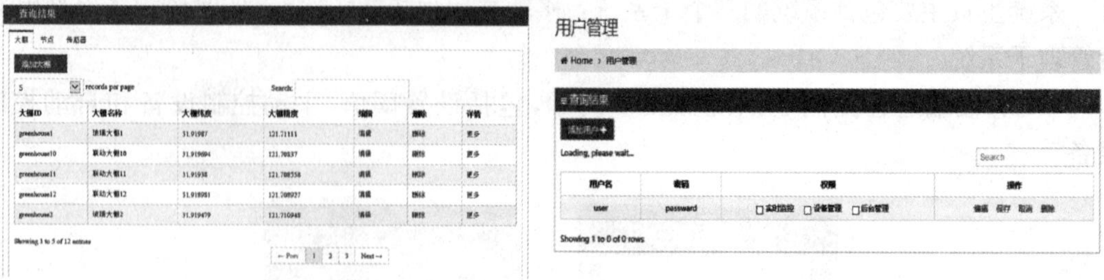

图 5 后台管理子系统

5 总 结

本文对农业推行现代化建设进行了探究。本系统是基于物联网的农业管理系统,希望通过视频对农作物进行实时监控,快速、便捷、实时地了解大棚内农作物的生长状况,通过环境数据监测和视频监测大棚内各种设备的关闭情况,分析出影响产品生长的因素,再通过自动或手动控制设备,改善大棚环境参数,提高产品生产效率。本课题的实现有助于农业大棚信息的管理实现规范化、科学化和信息化,给工作人员带来极大的方便。

参考文献

[1] 熊大红. 基于本体的农业物联网信息智能管理机制研究[D]. 湖南农业大学,2013.

[2] 冯颖. 基于物联网的现代农业信息智能化系统研究及应用[D]. 天津大学,2013.

[3] Paulson, Linda Dailey. Building Rich Web Applications with Ajax. Industry Trends[J]. Computer, 2014,38(10):14—17.

[4] 陈员义,李艺志. 基于 Bootstrap 响应式 Web 前端研究[J]. 福建电脑,2015(12): 72—73.

基于安卓平台的家庭云账本设计与实现（浓缩版）

学生姓名：顾海波　指导教师：王　进

南通大学计算机科学与技术学院，计算机科学与技术专业，学号：1213022021

【摘　要】为解决用户的理财需求，通过研究分析，设计并实现了一套基于安卓平台的家庭云记账系统，致力于为用户提供更加便捷的理财方式。

【关键词】理财；安卓；云记账

1　绪　论

通过调查发现，现在许多年轻人往往不能够做到理性消费，他们花钱通常没有节制，当月工资当月花完。通过校园调查，大部分同学都不能够很好地处理好自己的生活费，消费不够理性。这是当今社会的一个严重的问题，人们需要了解自己的收支情况，进而合理分配自己的财产，避免花钱不能够节制。所以需要一个方便的理财平台来帮助人们进行理财。

移动端为记账提供了一个便捷的平台，只需轻松地操作几步，便可以实现记账。通过程序设计，还可以帮助用户进行数据统计与分析，了解最近的消费与收入情况，方便用户实时调整自己财产的收支状况。而传统的手工记账只具备数据录入功能，不具备数据分析功能，这便是移动记账的优势所在。

云服务为使用者带来了更好的服务，可以让使用者随时随地同步自己的数据，不必担心手机遗失或者软件卸载导致数据丢失。同时，通过将数据上传云端，可以实现用户之间的数据共享。通过数据共享，家庭成员之间能够了解家庭流水账，并且能够相互监督，促使相互间能够做到理性消费。

2　相关技术

2.1　安卓平台概述

Android是一个基于Linux内核的开源平台，同时也是一个完全定制、开放以及免费的手机平台。使用时不需要任何的授权费用，并且该平台包含大量的应用程序，因此很大程度上降低了开发者在应用开发时的难度[1]。Android底层是通过开源Linux内核来实现的，并且它开放了开发应用所需的开发工具。这样能够让开发者在一个统一并且开放的平台上进行开发，能够确保应用程序的可移植性。安卓平台使用Java语言[2]进行开发，并且支持SQLite数据库、2D/3D图形加速、多媒体播放以及摄像头等硬件设备。

2.2　LeanCloud 平台概述

LeanCloud云服务[3-5]是为了加快应用程序开发速度而建立的，其目标是为开发者提供一系列便捷的工具、平台以及服务。数据存储、能够进行实时的消息传输以及多平台的支持是LeanCloud的特色。它能够尽一切力量帮助开发者从繁重的后端的开发任务中解脱出来，能够帮助开发者加快软件的开发效率，加快产品更新换代的速度。

2.3 ORM 框架 GreenDAO

在开发过程中，或多或少会接触到 SQLite。然而安卓原本提供的接口过于简单，所以开发者往往需要做许多工作。因此，适用于 Android 的 ORM 框架就应运而生了。

GreenDAO 是一个轻量且快速的 ORM[6] 解决方案，它能够将对象映射到 SQLite 数据库中。其设计的主要目标是保证库的精简、能够发挥最大的性能、能够减少内存的占用、方便开发者使用。GreenDAO 的主要特点是：GreenDAO 相对于同类的 ORM 框架，其性能远远领先；GreenDAO 通过“Code generation”的方式使用，与其他同类框架不同，因此性能也有了极大的提升。

2.4 科大讯飞[7]

该公司主要从事语言技术以及智能语音的研究。通过该公司开发的语音技术能够实现真人和机器之间的语音交互，能够把人与机器的沟通变得十分容易。它的两项关键技术是将人说的话转换成文字描述和将文字描述转换成机器发声。除了这两项功能之外，还有语音的编码以及音色的转换等功能，前景非常广阔。

本系统通过使用讯飞语音提供的语音转文字服务，将语音转换成文字，进行拆词解析，实现语音记账。

3 系统分析

该系统需要实现如下模块：

(1) 用户管理：用户注册与登录，密码找回功能。

(2) 账户管理：对账户进行添、删、改、查操作。

(3) 记录管理：用户可以添加收入、支出、转账记录等操作。

(4) 记录类型管理：用户可以自己定义收支类型。

(5) 数据分析：用户可以根据数据生成的图表查看每个月的总体收支情况以及每个项目的收支情况。

(6) 数据同步：用户上传与恢复数据。

(7) 账号关联：用户间可关联账号，查看近期消费情况。

(8) 其他设置：用户可以设定提醒，每天定时提醒记账；用户可以选择在 WiFi 状态下同步数据，为用户节省流量；用户可以自定义软件配色；启动手势设置。

4 系统实现

4.1 开发环境 Android Studio 简介

Android Studio 是一个 Android 开发环境，它是基于 IntelliJ IDEA 进行开发的，和 Eclipse ADT 相似，Android Studio 给开发者提供了集成的 Android 开发工具以方便开发以及调试。

4.2 新建项目

步骤：开启 Android Studio，依次打开左上角的 File→New→New Project，然后在编辑框中填写项目属性，Application name：项目名称，Company Domain：公司域名，Project location：存放路径。再点击“Next”，选择安卓版本相关信息，依次点击“Next”直至项目建立完成，最后需要配置 build. gradle 文件，在依赖库添加项目所需要的 sdk[8]。

4.3 项目结构

本系统是根据传统的 MVC 框架模式组织代码的。将业务逻辑、数据和用户界面隔离开来，降低耦合性，在更改系统视图时无须重写数据层和业务逻辑层。同样，当业务逻辑发生变化时只需变动模型层即可。

本系统将业务逻辑单独放在 manager 包，视图界面（包括 Activity 和 Fragment）放在 ui 包。在 manager 中，有的逻辑需要一定时间完成，为了避免出现 ANR（Application Not Responding）情况，就必须要用到 Handler 消息传递机制[9]。

安卓的消息处理类（Handler）可以把 Message 以及 Runnable 对象发送到其所在线程消息队列之中。当开发者在主线程中绑定了 Handler，并在上面所创建新的线程完成了一些耗时的操作触发后，当逻辑功能在子线程中完成，就会发送一个完成信号给 Handler，当 Handler 接收到此信号后，它就会告知主线程来更新 UI 界面。因此，本系统在 BaseManager 类中分别定义了 sendEmptyMessage（Handler handler，int what）和 sendMessage（Handler myHand，Object obj）方法，分别用来处理只需通知界面更新和需要发送数据到的界面的情况。

4.4 UI 设计

在应用开发中，UI 设计十分重要，好的交互体验会给人良好的第一印象。因此本软件整体采用 Material Design 设计规范，做到了界面的整洁与美观，风格统一。考虑到每个人喜欢的颜色不同，所以本系统开发了一套主题机制，可实现主题配色的更换。实现原理是：首先新建一个主题类 ThemeDO，其中有如下属性：themeID（主题 id）、mainColorID（主色）、mainDarkColorID（主深色）、textColorID（字体颜色），然后重写 onResume（ ）方法，当系统切换主题后，返回之前的 Activity，系统会调用 onResume（ ）方法，此时会再次获取颜色配置，应用到需要切换主题的控件上，实现整体变色功能。

4.5 记录轴实现

当数据录入后就需要进行展示。本系统是以时间轴展示数据的，首先展示月份，然后展示日期，并显示当日收支情况，最后展示当天具体收支情况。

实现过程中遇到的问题及解决方案：

（1）在数据量不大的情况下，一次性把数据全取出来是没有多大问题的，但如果数据量过大，必然会导致程序加载过慢，影响用户体验，并且随着时间的推移，部分很久以前的数据的价值也会变低，没必要每次展示。

解决方案：分页查询，先记录日期倒序查询所使用的年月，然后以月份作为页数查询每个月的数据，这样能保证在每次进入时不必查询全部数据。

（2）当删除当天某个数据时，日期节点的收支数据也必须进行更新。

解决方案：将日期节点进入 Map 中，key 为记录日期，当某个数据被删除时，根据 key 找到 Map 中的值进行更新。

（3）当删除当天最后一个数据时，日期节点也要删除；当这个数据也是这个月的最后一个数据时，月份节点也需要删除。

解决方案：删除 position 节点数据时，判断 position+1 节点的数据是不是日期节点或者月份节点，如果不是，则说明 position 节点数据不是这天的最后一个数据，所以直接删除这个数据；如果是，则在删除 position 节点的数据后还需要判断 position－1 数据是不是日期节点；如果是，则说明 position 节点是今天的最后一个节点，那么就要删除 position－1 日期节点，此时还要判断 position－2 节点数据是不是月份；如果 position－2 节点数据是月份节点并且 position＋1 数据也是月份节点，则说明 position 节点数据也是这个月的最后一条数据，所以 position－2 月份节点也需要删除。

4.6 记录面板拖拽实现

为了满足用户能够自定义记录排序的需求，本系统实现了一个可拖拽的面板，并且能够实现以下效果：

(1) 实现拖拽置换顺序，并且带移动动画。

(2) 由于最后一个按键是“添加”按钮，所以最后一个按键是不可移动的，并且其他按钮也是不可以移动到此位置的。

(3) 向上滑动时，数据输入面板能够隐藏，向下滑动时，数据输入面板能够显示出来。

实现方式：自定义 MyDragView 继承 GridView，重写 dispatchTouchEvent 与 onTouchEvent 方法，通过监听触摸事件实现移动。当用户长按该自定义 View 后，通过点击位置获取此时所点击的子 View 的位置，并且获取此 View 的 Tag 值，如果 Tag 值不为空，则不做响应；如果 Tag 值为空，则创建该 View 的镜像。通过 WindowManager 来显示移动后的镜像。当移动到某个位置时，获取该位置的子 View，如果该 View 的 Tag 值不为空，说明该 View 是添加按钮，则不创建移动动画；若要创建移动动画，则需更新位置。通过定义 onMoveListener 接口实现，在 onTouchEvent 中判断 y 轴的移动方向，分别调用 onTop 与 onBottom(　)方法，然后在 CreateOrEditRecordActivity 中实现该接口即可实现输入面板的隐藏与显示。

5 总结与展望

本课题来源于生活实际。本系统除实现传统记账的功能外，还实现了更多的扩展功能。通过实现移动端记账，让记账变得自由简单。通过软件提供的分析统计功能帮助用户理财，合理使用自己的财产，平衡家庭收支，实现利益最大化。

本系统界面整体 Material Design 化[10]，用户交互体验良好，并开发了语音记账功能，添加趣味性，让记账不再枯燥；通过云服务，让数据能够上传与恢复；关联账号，能够让家庭成员间共享数据，了解家庭收支情况。

当然，本系统还有一些需要提升的地方，还有一些待实现的功能。例如，在初始化的时候可以根据性别、职业做一些初始化工作，有些默认收支选项可以根据条件进行筛选；月报功能可以使用 html5 实现。另外，家庭成员之间共享数据其实也存在一定的争议性，毕竟不是每一笔账目都是想让其他家庭成员看到的，所以该系统还需要不断改进和完善。

参考文献

[1] 李培林. 安卓系统的应用及发展趋势展望[J]. 计算机光盘软件与应用，2012(18)：161—162.

[2] 史胜辉，王春明，沈学华. JavaEE 基础教程[M]. 北京：清华大学出版社，2010：3—13.

[3] 周可，王桦，李春花. 云存储技术及其应用[J]. 中兴通讯技术，2010，16(4)：24—27.

[4] Hayes B. Cloud computing[J]. Communications of the ACM,2008,51(7):9--11.
[5] Kulkarni G, Patil N, Patil P. Private cloud secure computing[J]. International Journal of Soft Computing & Engineering,2012,2(1):2231—2307.
[6] 周志刚,王彬. ORM框架的底层实现机制[J]. 软件导刊,2011,10(2):8—9.
[7] 高弋坤. 科大讯飞:移动互联网进入语音时代[J]. 通信世界,2010(42):34.
[8] 张国防,白晓波,孙超. 基于Android的App开发平台的搭建[J]. 通讯世界,2015(6):68—69.
[9] 明日科技. Android从入门到精通[M]. 北京:清华大学出版社,2012:269—412.
[10] Zhang peng. Material Design实现安卓应用的新界面[J]. 计算机与网络,2015,41(8):24.

量子逻辑设计仿真平台的研究与实现团队毕业设计总结报告

学生姓名：谈莹莹、潘雨坤、郁可人　指导教师：管致锦
南通大学计算机科学与技术学院

我们团队从大一开始接触并研究量子电路最近邻算法，并以此为切入点学习量子电路的相关知识。在大二时确立了团队的课题大方向——设计量子电路的软件仿真平台。这期间团队成员还学习研究了量子电路综合方法、量子电路的检测等相关课题，通过接触这些相关课题，我们更加明确了仿真平台的适用对象和功能需求。

一、准 备 阶 段

在查阅资料阶段，团队指导老师强烈推荐从 Dr. Ioannis Karafyllidis 于 2005 年发表的《Quantum Computer Simulator Based on the Circuit》入手，先学习量子逻辑和量子电路的相关知识，再学习仿真平台的设计意义，最后了解国内外已有的量子仿真平台。从该文可以看出，当时已有了仿真平台的概念和一些平台雏形。此外我们还研读了数百篇国内外文献。真正意义上的仿真平台是由 University Bermen 的研究团队在 2008 年推出的 RevKit，该团队还设计了量子电路文件的通用文件格式，并推出了电路库 RevLib。该平台及电路库广为使用，许多研究者以 RevKit 为基础设计了专用仿真平台。同时，IBM 进行的量子计算机研究也在进行。随着云思想的深入，IBM 在 2016 年 5 月推出了量子计算云平台，不过物理实现量子电路才刚刚起步，仿真平台的建立仍然很必要。

我们团队最初也希望以 RevKit 为基础构造上层平台。不过在分析了部分技术问题和工作量后我们决定自己从底层开始搭建仿真平台：RevKit 虽然提供设计量子算法的功能，但是并不会整合上层算法并再次发布，且 RevKit 的量子电路运算功能有限。这些都纳入了我们考虑的范围。此外团队还决定将一直以来进行的线性最近邻研究成果整合到仿真平台中，使本平台既不失通用性，也有自己的平台特点。

二、选 题 阶 段

量子逻辑设计仿真平台功能应包括底层电路构造、电路算法存储、仿真演示等，线性最近邻化作为量子电路的物理实现的必然要求也被纳入仿真平台的功能之一。在随后的设计中，大平台逐渐细分为以电路构造及运算为核心的量子电路仿真平台和以实现线性最近邻并演示为核心的 LNN 量子电路逻辑综合系统。然而线性最近邻优化问题至今没有最优解法，而且现行算法复杂度都不低，因此部分团队成员继续进行了线性最近邻的算法优化研究，以高效实现线性最近邻优化电路。这也是我们团队毕业设计与论文的三个组成部分，分别简称为量子电路仿真平台、LNN 量子电路逻辑综合系统以及线性最近邻存储研究。

三、研 究 阶 段

团队首先进行的是量子电路相关文件格式设计，整个平台的各个子平台应采用同样的文件格式以完成子平台间的交互，同时标准输入输出文件也应遵循该格式。设计时确定了量子电路的文件格式采用 RevLib 标准格式，这样符合国际标准。对于量子门信息文件、量子门库信息文件，由于本平台采用了与 RevKit 略有不同的计算和存储策略，这些文件格式是自行设计的。真值信息文件则没有设计相关格式。量子电路仿真平台以缓存、操作这些相关文件蕴含的电路信息的方法为核心设计了一整套编程类库，并提供量子电路算法的实现材料。

在线性最近邻方面，LNN 综合系统最初打算采用已有的最近邻优化算法，但是该算法的复杂度高，因此团队中有成员继续研究线性最近邻算法的复杂度问题。然而负责实现系统的成员在实现平台时也对原有的最近邻算法进行了优化，并且该优化方法在一些情况下十分有效，在小规模量子电路方面甚至优于研究得到的新算法。最后我们团队产生了两种思路完全不同的最近邻优化方案，其中实现平台并完成对 RevLib 电路最近邻优化的是原有的改进算法。

两个平台都搭建完后，团队提出了统一的量子电路仿真平台架构以整合各部分功能，架构以量子电路仿真平台为底层和基础，LNN 量子电路逻辑综合系统作为上层功能。架构是模块化的，实际上 LNN 综合系统可以以编程架构为基础进行设计，但时间有限，团队各子平台的设计是一起进行的，因此并没能这么做。

在使用与界面方面，团队提供了可编程模块、量子电路计算软件和一个主题网站。网站服务器中存储了 RevLib 库中绝大多数电路的最近邻优化结果，并提供电路计算软件的下载，网站会在不久后对外发布。

四、收获与感想

团队毕业设计与论文蕴含了我们几个团队成员在大学四年中的最主要研究成果。四年里，我们团队申请了两个软件著作权、两个专利，发表了一篇论文，获得了一次省一等奖。当然，实际上我们得到的收获远远不止这些。

量子逻辑是个很复杂的课题，横跨了各个学科领域，仅凭我们 3 年多的接触是远远不够的。我们团队尽量去理解这些逻辑基础，以已有知识为立足点，建立逻辑框架，并努力向上层研究扩展，取得了一定的成绩。

最重要的是，量子逻辑的很多理念十分新颖，比如可逆逻辑、量子计算逻辑、多态逻辑。这些或是已有的，或是我们自己总结的逻辑思想大大扩展了我们的思维方式，或将在我们今后解决问题时发挥作用。

软件缺陷预测数据集优化的关键方法研究团队毕业设计总结报告

学生姓名：王秋萍、陆凌姣、贺　成　指导教师：陈　翔
南通大学计算机科学与技术学院

《软件缺陷预测数据集优化的关键方法研究》属于本科毕业设计的一次创新，从数据集优化角度对软件缺陷预测这一当前软件工程领域中的热点问题展开了深入研究。团队由计算机科学与技术学院的大四学生组成，分别是来自计算机科学与技术专业的王秋萍同学、软件工程（服务外包）专业的贺成同学和陆凌姣同学。指导老师是计算机科学与技术学院的陈翔老师。团队成员既分工明确又团结合作，一方面在合作中加强了团队的凝聚力，另一方面也拓展了知识面，增强了实际解决问题的能力。

本课题从选题、调研、实现和验证，前后共经历了半年的时间，通过大家的共同努力最终取得了初步的成功。而团队的指导老师和学生都具备相关的研究背景及知识，具有数据挖掘的基本能力，熟练掌握Java编程语言，有系统开发的理论知识及文献和数据的支撑；有较强的钻研精神、科研能力和较高的写作水平。

一、选题背景和意义

软件缺陷（software defect）产生于开发人员的编码过程中。需求理解不正确、软件开发过程不合理或开发人员的经验不足，均有可能产生软件缺陷。而含有缺陷的软件在运行时可能会产生意料之外的结果或行为，严重的时候会给企业造成巨大的经济损失，甚至会威胁到人们的生命安全。在软件项目的开发生命周期中，检测出内在缺陷的时间越晚，修复该缺陷的代价也越高。尤其在软件发布后，检测和修复缺陷的代价将大幅度增加。因此项目主管借助软件测试或代码审查等软件质量保障手段，希望能够在软件部署前尽可能多地检测出内在缺陷。但是若关注所有的程序模块会消耗大量的人力物力，因此项目主管希望能够预先识别出需要重点关注的程序模块，并对其分配足够的测试资源。软件缺陷预测是一种可行方法，具体来说，通过分析软件代码或开发过程，设计出与软件缺陷相关的度量元，随后通过挖掘软件历史仓库（software history repositories）来创建缺陷预测数据集。目前可以挖掘与分析的软件历史仓库包括项目所处的版本控制系统（例如CVS、SVN或Git等）、缺陷跟踪系统（例如Bugzilla、Mantis、Jira或Trac等）或相关开发人员的电子邮件等。最后基于上述搜集的缺陷预测数据集，构建缺陷预测模型，并用于预测项目内的潜在缺陷程序模块。

软件缺陷预测属于当前软件工程数据挖掘领域中的一个重要研究问题。随着新的数据挖掘技术的不断涌现，以及研究人员对软件历史仓库挖掘的日益深入，软件缺陷预测研究在近些年来取得了大量的研究成果，其缺陷预测结果也逐渐成为判断一个系统是否可以交付使用的重要依据。因此针对该问题的深入研究，对提高和保障软件产品的质量具有重要的研究意义。

二、创新性与实用性

本课题从数据集质量优化角度入手来提高缺陷预测模型的性能。课题可以细分为两个子课题。其中第一个课题针对的是缺陷预测数据集内存在的维数灾难问题，旨在提出新颖有效的特征选择方法来识别并移除数据集内的冗余特征和无关特征。第二个课题针对目标项目缺乏训练数据的问题，提出有效的异构跨项目缺陷预测方法，可以充分利用其他项目的训练数据来构建预测模型，从而保障对目标项目中缺陷模块的精准预测。每个子课题都有自己的创新点，同时这些子课题之间相辅相成，可以有机融合在一起。

毕业设计的主要贡献可以总结如下：

贡献1：

针对缺陷预测数据集中的维数灾难问题，提出一种能够有效移除冗余特征和无关特征的两阶段混合过滤式特征选择方法HFS。具体来说，首先基于特征子集评估器评估特征和类别之间、特征和特征之间的相关性，移除已有特征集中的无关特征和冗余特征，随后基于特征排序评估器评估特征和类别之间的相关度进一步移除其中的无关特征。

为了验证HFS方法的有效性，在实证研究中，以基于实际开发项目的数据集作为评测对象，以NONE、CFS和CAR三种方法作为与HFS方法比较的经典方法。最终基于三种不同类型的分类器(包括决策树法、支持向量机和最近邻法)，采用AUC指标作为分类器性能的评估方法。实验结果表明，HFS方法不仅能够选出更小规模的特征子集，而且在大部分情况下，尤其是以决策树作为分类器时，能够有效提高缺陷预测模型的性能。

贡献2：

借助基于搜索的软件工程思想，针对缺陷预测数据集中的维数灾难问题，提出一种有效的基于搜索的特征选择方法SBFS。具体来说，该方法首先基于训练集选出一个最优特征子集，其在选择过程中借助基于搜索的方法。随后根据选择出的特征子集，对训练集和测试集进行数据预处理(即保留选中的特征)，最后借助特定的分类算法，基于预处理后的训练集构造模型，并在预处理后的测试集上完成模型性能的评估。本文基于遗传算法这一经典的基于搜索的方法完成了特征的选择，并针对软件缺陷预测问题，对其中的染色体编码、适应值函数设定、选择算子、交叉算子、变异算子的设置进行了探讨。除此之外，为了缓解数据集内存在的类不平衡问题，SBFS方法在特征选择时考虑了SMOTE这一经典的类不平衡学习方法。

本文基于Weka软件包实现了SBFS方法。在实证研究中采用了来自实际项目的NASA数据集。基于AUC评测指标和5次2折交叉验证，考虑了三种经典分类方法(即决策树法、朴素贝叶斯法和Logistic回归法)。实证研究结果表明：(1) 本文提出的SBFS方法要优于基于前向搜索策略的方法FW、基于后向搜索策略的方法BW以及未进行特征选择的Origin方法。基于W/D/L的分析结果表明：在90%的情况下，不差于Origin法；在82.3%的情况下，不差于BW法；在69.3%的情况下，不差于FW法。(2) 在基于决策树的分类法中，考虑类不平衡学习方法(SMOTE)可以在71%的情况下，有效提高模型的预测性能。而基于朴素贝叶斯法和Logistic回归分类法中，考虑类不平衡学习方法时，仅可以在47%和43%的情况下，提高模型的预测性能。

贡献3：

在实际软件开发中，需要进行缺陷预测的项目可能是一个全新的项目，或这个项目已有的训练数据较少，一种解决方法是使用其他项目的训练数据来构造预测模型，然后将该模型应用于目标项目。但不同项目的特征并不一样，因此简单的跨项目缺陷预测模型的性能通常比较差。如何有效迁移其他项目的知识来构造缺陷预测模型，吸引了研究人员的关注并将该问题称为跨项目缺陷预测。研究人员针对该问题进行了深入的研究，但已有的研究工作更多地关注于同构跨项目软件缺陷预测，即源项目与目标项目采用相同的度量元。在实际跨项目软件缺陷预测中，给定一个目标项目，可能很难在已有的缺陷预测数据集中选出采用相同度量元的源项目。本文将源项目与目标项目采用不同度量元的跨项目软件缺陷预测称为异构跨项目软件缺陷预测。随后重点分析了一种基于特征映射的异构跨项目软件缺陷预测方法 FEM-HDP。该方法主要包括三个阶段：(1) 特征选择阶段：该阶段的主要目的是借助特征选择方法，从源项目中识别并移除无关特征和冗余特征。(2) 特征映射阶段：该阶段尝试根据源项目与目标项目之间的相似度，对源项目中的特征与目标项目中的特征进行映射。(3) 跨项目缺陷预测模型构建阶段：该阶段借助特定机器学习方法，针对处理后的源项目数据构建缺陷预测模型，并预测处理后的目标项目数据。

基于 Weka 软件包对 FEM-HDP 方法进行了实现。在实证研究中，以实际开源项目作为评测对象，重点考虑了三组项目进行跨项目缺陷预测。这三组项目是 AEEEM 项目组、Relink 项目组和 MORPH 项目组。基于 AUC 评测指标，借助盒图和显著性分析，发现 FEM-HDP 方法在大部分情况下与 WPDP 方法性能相当，甚至有时要优于 WPDP 方法。接着对成功特征映射后的特征数以及与预测效果的相关性进行了深入分析。结果发现，90%的可跨项目缺陷预测的项目仅对1～2 个特征完成映射，而且成功映射后的特征数与预测效果之间并没有明确的相关性。最后对 FEM-HDP 方法能够取得好的预测性能进行了深入分析，本文发现若映射的特征具有一致的缺陷倾向性，就可以取得好的跨项目缺陷预测效果。即有缺陷模块的特征取值范围与无缺陷模块的特征取值范围的倾向性要保持一致。

三、团队成员分工

对于整个团队来说，对已有工作的调研、方法的正确实现和有效性验证与每个人的努力是分不开的。课题设计从总体上来讲：要求比较高，工作量比较大。但在研究过程中，因为团队成员的个人素质都较高，团队成员的合理分工、齐心协力，所以每个人的能力均能得到充分发挥。在毕业设计过程中，各成员经常交流工作，积极出谋划策，从而使得整个研究过程能够顺利完成。在整个研究过程中包括指导老师在内，每个人都投入了大量的时间和精力，也学到了很多以往没有接触过的知识(例如机器学习、特征选择、迁移学习等)，并开阔了视野。在研究过程中，对软件缺陷预测中的数据集优化方法展开了深入的研究。现将团队中的成员信息介绍如下：

表 1　团队成员分工信息

学生姓名	专业	承担任务	指导教师
贺成	服务外包	面向软件缺陷预测的混合特征选择方法及实证研究	陈翔
王秋萍	计算机科学与技术	基于特征映射的异构跨项目缺陷预测方法的实现及实证研究	陈翔

续表

学生姓名	专业	承担任务	指导教师
陆凌姣	服务外包	面向软件缺陷预测的基于搜索的特征选择方法及实证研究	陈翔

四、毕业设计过程

在毕业设计中，首先在前期阶段，主要查阅相关研究文献，对软件缺陷预测数据集优化问题进行分析，并确定每个程序需要重点关注的具体研究问题，完成开题答辩。随后在中期阶段，主要搜集数据集，对解决方法进行调研并编码实现，完成中期考核。最后在后期对编程实现的方法展开实证研究，并对最终结果进行分析，撰写论文，完成最终论文答辩。

1. 前期工作总结

前期主要阅读与软件缺陷预测相关的论文。以预测模块的缺陷倾向性为例，其典型的模型构造和预测过程如图 1 所示。

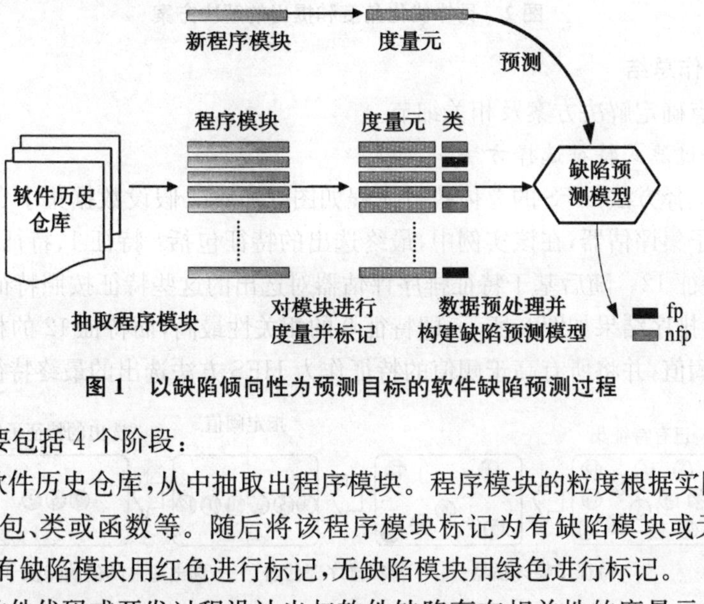

图 1　以缺陷倾向性为预测目标的软件缺陷预测过程

该过程主要包括 4 个阶段：

(1) 挖掘软件历史仓库，从中抽取出程序模块。程序模块的粒度根据实际应用的场景，可设置为文件、包、类或函数等。随后将该程序模块标记为有缺陷模块或无缺陷模块，在图 1中，我们将有缺陷模块用红色进行标记，无缺陷模块用绿色进行标记。

(2) 分析软件代码或开发过程设计出与软件缺陷存在相关性的度量元，通过这些度量元对程序模块进行软件度量并构建出缺陷预测数据集。

(3) 对缺陷预测数据集进行必要的数据预处理(例如噪音移除、特征子集选择、数据归一化等)后，借助特定的建模方法构建出缺陷预测模型。大部分建模方法都基于机器学习方法，其常用的模型性能评测指标包括准确率(accuracy)、查准率(precision)、查全率(recall)、F-measure 或 AUC(area under the ROC curve)取值等。

(4) 当面对新程序模块时，在完成对该模块的软件度量后，基于缺陷预测模型和度量元取值，可以完成对该模块的分类，即将该模块预测为有缺陷倾向性(defect-proneness，简称 FP)模块或无缺陷倾向性(non defect-proneness，简称 NFP)模块。

通过分析上述流程，我们重点关注缺陷预测数据集的质量优化问题。具体来说：若需要预测的目标项目存在充分训练数据的时候，则从识别和移除数据集中的冗余特征和无关特征入手，分别设计出新颖有效的包裹式特征选择方法和过滤式特征选择方法。若需要预测的目标项目不存在训练数据,则从利用其他项目搜集的数据入手,来迁移出与目标项目相关的知识。具体优化角度和提出的解决方案如图 2 所示。

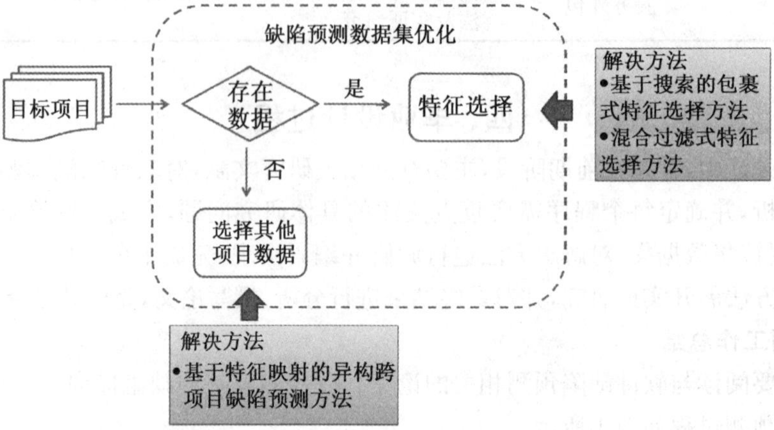

图 2 具体优化角度和提出的解决方案

2. 中期工作总结

该阶段重点确定解决方案及相关细节。

2.1 混合过滤式特征选择方法

混合特征选择方法 HFS 的总体执行流程如图 3 所示。假设数据集中含有 12 个特征,首先执行特征子集评估器,在该实例中,最终选出的特征包括:特征 1、特征 3、特征 6、特征 9、特征 10 和特征 12。随后基于特征排序评估器对选出的这些特征按照特征与类的相关性进行排序,假设排序结果如图 3 所示,即特征 9 的相关性最高,而特征 12 的相关性最低。最后我们计算出阈值,并将所有高于阈值的特征作为 HFS 方法选出的最终特征子集。

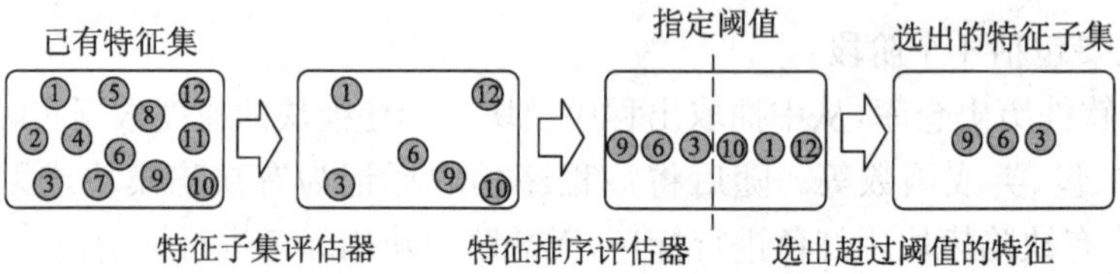

图 3 HFS 方法的流程图

其中在第一阶段借助 CFS 方法来实现特征子集评估器。在第二阶段通过皮尔逊相关系数来计算特征与类型之间的相关性。

2.2 基于搜索的包裹式特征选择方法

图 4 显示的是基于搜索的特征选择方法 SBFS 的整体执行过程。该方法首先基于训练集选出一个最优特征子集,其在选择过程中借助基于搜索的方法。随后根据选出的特征子集,对训练集和测试集进行预处理(即仅保留选中的特征),并形成预处理后的训练集 *Train′* 和预处理后的测试集 *Test′*。最后借助特定的分类算法(例如决策树、朴素贝叶斯或 Logistic 回归等),基于训练集 *Train′* 训练出模型 M,并基于测试集 *Test′* 得到模型的预测性能。

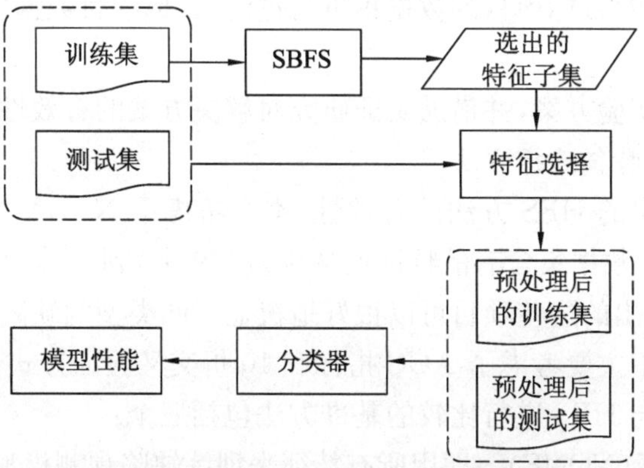

图 4　SBFS 方法的整体执行过程

由于缺陷在被测软件内部的分布存在不平衡问题，即大部分缺陷都集中存在于少数程序模块之内，因此搜集的缺陷预测数据集的内部存在明显的类不平衡问题，即缺陷模块的数量要远远少于无缺陷模块的数量。因此在我们提出的 SBFS 方法中加入了类不平衡方法。其具体流程如图 5 所示。

图 5　SBFS 方法的流程图

2.3　基于特征映射的异构跨项目缺陷预测方法

该方法的主要框架如图 6 所示，论文将该方法称为 FEM-HDP 方法。从图 6 中不难看出，该方法主要包括三个阶段：

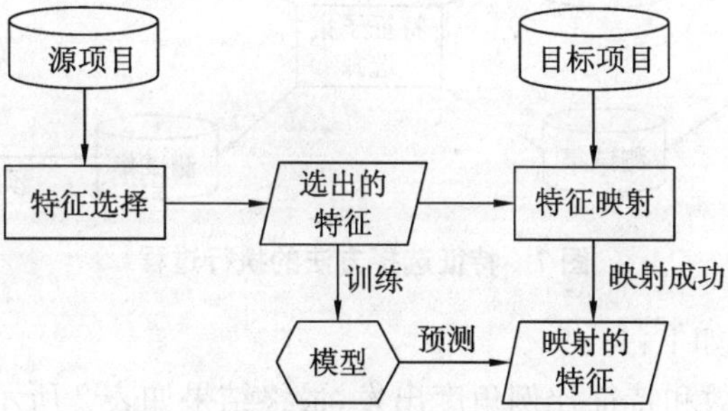

图 6　FEM-HDP 方法框架

(1) 特征选择阶段：该阶段的主要目的是借助特征选择方法，从源项目中识别并移除无关特征和冗余特征。

(2) 特征映射阶段：该阶段尝试根据源项目与目标项目之间的相似度，对源项目中的特征与目标项目中的特征进行映射。

(3) 跨项目缺陷预测模型构建阶段：该阶段借助特定机器学习方法，针对处理后的（即根据选出的特征对源项目数据集进行过滤）源项目数据构建缺陷预测模型，并预测处理后的(即根据映射的特征对目标项目的数据集进行过滤)目标项目数据。

3. 后期工作总结

该阶段重点确定实验方案,并借助实证研究对解决方案的有效性进行评估。

3.1 混合过滤式特征选择方法

为验证本文所提出的 HFS 方法的有效性,本文考虑了 NASA 项目、Eclipse 项目的数据集和 Scarab 数据集,数据集含有的特征数从少量(39 个)到中等(155 个)再到大量(5710 个)。因此我们认为选出的这些项目可以很好地覆盖不同类型的缺陷预测数据集。

在性能评测指标中主要考虑了 AUC 指标和 10 折交叉验证方式。

实证研究中用于与 HFS 进行比较的基准方法包括三个:

(1) 不做特征选择(NONE)。即用所有特征来训练缺陷预测模型。

(2) 仅基于特征子集评估器的方法(CFS)。其中特征子集的评价函数和搜索方式与 HFS 方法保持一致。

(3) 仅基于特征排序评估器的方法(CAR)。其中类型与特征间的相关性以及阈值设定与 HFS 方法保持一致。

论文所有方法的执行过程如图 7 所示。首先将数据集细分为训练集和测试集。随后选择一个特征选择方法,基于训练集数据返回选出的特征子集。然后基于选出的特征子集,形成新的训练集和测试集。最后基于新的训练集,用指定的分类器构造出缺陷预测模型,用该模型在新的测试集上进行预测并返回预测结果。为了减少数据集划分过程中随机因素对结果的影响,上述执行过程将基于图 7 所示的 10 折交叉验证的设计方式重复执行 10 次。

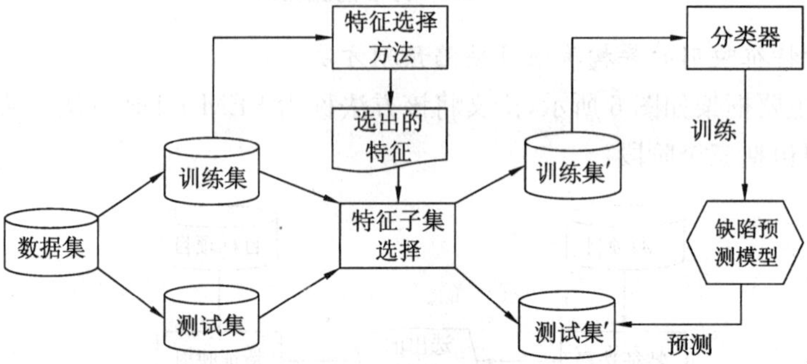

图 7 特征选择方法的执行过程

最终结果简要总结如下:

(1) 从选出的特征数和特征比例角度出发,最终结果如表 2 所示,其选出的特征数取 10 次运行结果的均值。

表 2 选出的特征数及选择比例

数据集名称	CFS	CAR	HFS
Eclipse 2.0	30.3(19.55%)	75.8(48.90%)	12.6(8.13%)
Eclipse 2.1	13.1(8.45%)	61.4(39.61%)	4.7(3.03%)
Eclipse 3.0	26.4(17.03%)	80.1(51.68%)	11(7.10%)

数据集名称	CFS	CAR	HFS
kc3	4.9(12.56%)	17.2(44.87%)	2.9(7.44%)
mc2	8.1(20.77%)	14.5(37.18%)	4.7(12.05%)
scarab	67.1(1.18%)	299.9(5.25%)	34.4(0.60%)

可以看出 HFS 方法可以选出最小规模的特征子集，其选出的特征比例介于 0.60%～12.05%之间。其次是 CFS 方法，最后是 CAR 方法。

(2) 随后我们使用选出的特征子集来构造缺陷预测模型，基于 AUC 评测指标，以 SVM 分类器为例，最终结果如表 3 所示。

表 3　基于 AUC 评测指标，基于 SVM 分类器，使用不同特征选择方法后的缺陷预测模型的平均性能

数据集名称	NONE	CFS	CAR	HFS
Eclipse 2.0	0.523	0.527	0.518	0.524
Eclipse 2.1	0.505	0.513	0.504	0.514
Eclipse 3.0	0.516	0.520	0.513	0.519
kc3	0.500	0.509	0.498	0.509
mc2	0.495	0.496	0.491	0.477
scarab	0.726	0.681	0.721	0.696
Win/Draw/Loss	4/0/2	2/1/3	4/0/2	—

基于上述分析，我们可以看出：虽然 HFS 方法选出的特征子集规模要显著少于其他基准方法，但在大部分情况下(尤其以 J48 作为分类器的时候)，可以通过移除冗余特征和无关特征来有效提高软件缺陷预测模型的性能。

3.2　基于搜索的包裹式特征选择方法

在实证研究中，以 NASA 数据集为实验对象，以 AUC 作为评测指标，借助 5 次 2 折交叉验证。考虑的分类方法主要包括：决策树法、朴素贝叶斯法和 Logistic 回归法。

论文重点考虑的三种基准方法：

(1) 前向搜索方法(简称 FW)。该方法从空集开始，每次尝试选出一个特征，并加入到特征子集中，当新的特征子集的预测性能不如上一轮的特征子集的预测性能时，添加过程结束。

(2) 后向搜索方法(简称 BW)。该方法从考虑所有特征开始，每次尝试移除一个特征，当新的特征子集的预测性能不如上一轮的特征子集的预测性能时，移除过程结束。

(3) 不进行特征选择(简称 Origin)。该方法不做特征选择，即保留已有特征。

基于决策树的结果如表 4 所示。

表 4　基于决策树的 AUC 值分析

数据集	FW	BW	Origin	SBFS
CM1	0.564	0.577	0.559	0.677
KC3	0.629	0.6595	0.641	0.6835
MC1	0.704	0.68	0.613	0.729
MC2	0.616	0.565	0.5975	0.694

续表

数据集	FW	BW	Origin	SBFS
MW1	0.63	0.538	0.595	0.6335
PC1	0.7355	0.7065	0.646	0.7465
PC2	0.606	0.611	0.6025	0.731
PC3	0.7095	0.6545	0.6565	0.7357
PC4	0.851	0.817	0.7865	0.8675
PC5	0.705	0.666	0.652	0.712
W/D/L	10/0/0	10/0/0	10/0/0	—

大部分情况下，我们提出的 SBFS 方法要优于前向搜索方法 FW、后向搜索方法 BW 和未进行特征选择的方法 Origin。具体来说：

• 若以 J48 分类器作为建模方法，我们提出的 SBFS 法均要优于前向搜索方法 FW、后向搜索方法 BW 以及未做特征选择的方法 Origin。其 W/D/L 值依次为 10/0/0、10/0/0 和 10/0/0。

• 若以 NB 分类器作为建模方法，我们提出的 SBFS 法在大部分情况下要优于前向搜索方法 FW、后向搜索方法 BW 以及未做特征选择的方法 Origin。其 W/D/L 值依次为 7/1/2、9/0/1 和 8/1/1。

• 若以 LR 分类器作为建模方法，我们提出的 SBFS 法均要优于前向搜索方法 FW、后向搜索方法 BW 以及未做特征选择的方法 Origin。其 W/D/L 值依次为 9/0/1、10/0/0 和 10/0/0。

随后我们分析了类不平衡方法对结果的影响，其中基于 J48 分类器的结果如表 5 所示。

表 5　基于 J48 的 AUC 值分析

数据集	SBFS(未进行类不平衡学习)	SBFS(进行类不平衡学习)
CM1	0.6365	0.677
KC3	0.6395	0.6835
MC1	0.631	0.729
MC2	0.6375	0.694
MW1	0.6165	0.6335
PC1	0.7655	0.7465
PC2	0.5	0.731
PC3	0.7165	0.7357
PC4	0.867	0.8675
PC5	0.692	0.712
W/D/L	9/0/1	—

基于上述结果，我们发现：

(1) 考虑类不平衡学习的 SBFS 方法在基于 J48 分类方法上，在大部分情况下，要优于未考虑类不平衡学习的 SBFS 方法。

(2) 但考虑类不平衡学习的 SBFS 方法在基于 NB 分类方法上，只有在一半情况下，要优于未考虑类不平衡学习的 SBFS 方法。

(3) 与基于 NB 分类方法相似,考虑类不平衡学习的 SBFS 方法在基于 LR 分类方法上,也只有在一半情况下,不差于未考虑类不平衡学习的 SBFS 方法。

3.3 基于特征映射的异构跨项目缺陷预测方法

本文共考虑了三组数据集: AEEEM 数据集、ReLink 数据集和 MORPH 数据集。

本文重点比较的是我们提出的 FEM-HDP 方法和同项目软件缺陷预测方法(WPDP)。WPDP 方法基于同一项目的部分数据来构造缺陷预测模型,并用剩余数据来评估模型的性能。在方法性能评测时,FEM-HDP 方法和 WPDP 方法的实验设计过程分别总结如下:

(1) WPDP 方法的执行过程总结如下:将目标项目的数据集 D 划分成两半,即 D1 和 D2。随后,首先基于 D1 构建模型,并用 D2 进行预测;其次基于 D2 构建模型,并用 D1 进行预测。上述过程重复 50 次。具体过程如图 8 所示。

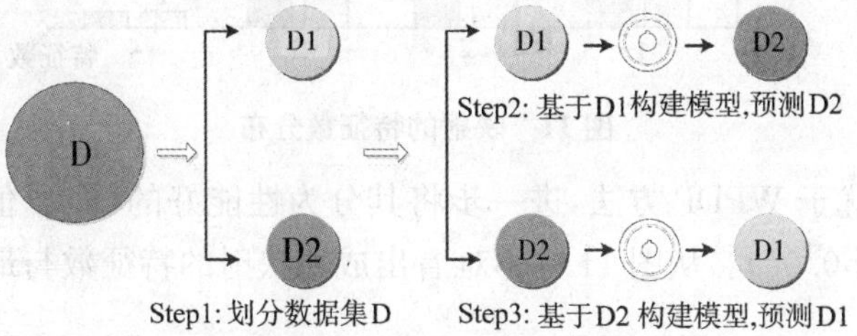

图 8 WPDP 方法的执行过程

(2) 而 FEM-HDP 方法的执行过程总结如下:以源项目构建模型,随后,首先基于 D1 进行预测,再基于 D2 进行预测。上述过程重复 50 次。具体过程如图 9 所示。

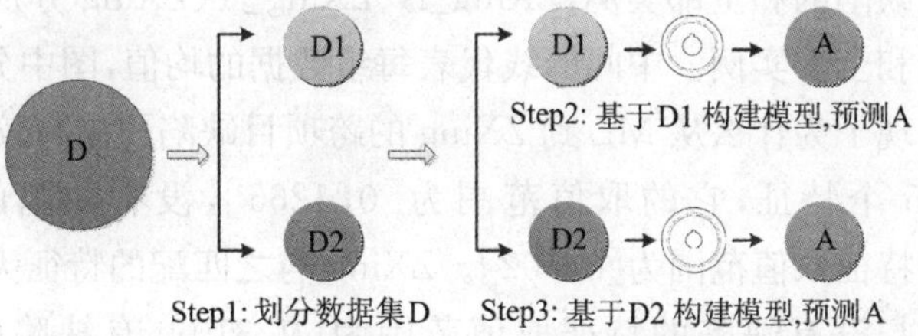

图 9 FEM-HDP 方法的执行过程

本文以 AUC 作为模型的性能评测指标,进行了大规模的实证研究。例如:若以 EQ 为目标项目,则 elink 项目组中可以成功映射的项目有 2 个,是 Apache 和 Safe;MORPH 项目组中可以成功映射的项目为 skarbonka,其结果如图 10 所示。可以看出,以 Apache、Safe 和 skarbonka 为源项目,其效果均要优于 WPDP 方法(即 baseline. EQ)。

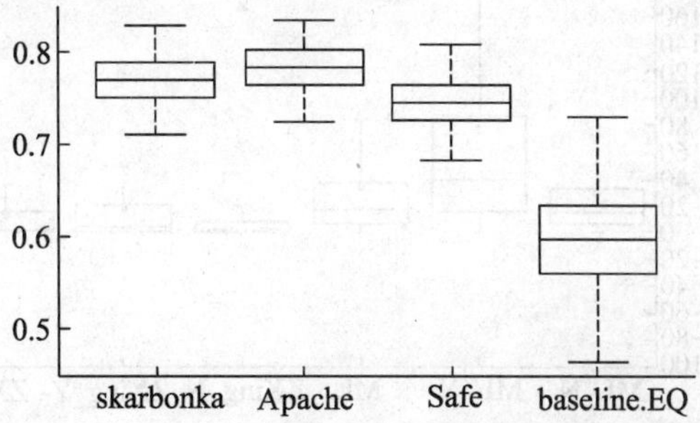

图 10 以 EQ 为目标项目

最终结果表明：FEM-HDP 方法在大部分情况下与 WPDP 方法性能相当，甚至有时要优于 WPDP 方法。

在可映射的 60 组中，首先根据映射后的特征数进行分组，最终分布如图 11 所示，可以看出大部分映射(共 53 组)的特征数介于 1～2 之间。

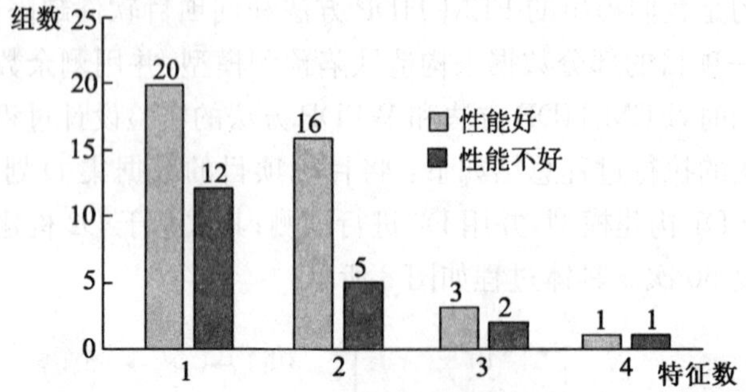

图 11　映射的特征数分布

随后根据是否优于 WPDP 方法，进一步将其分为性能好的(即 p 值小于 0.05)和性能不好的(即 p 值大于 0.05)。从图 11 中不难看出成功映射的特征数与最终性能并没有明显关系。

首先，本文分析一组完成特征映射后，其性能优于 WPDP 方法的跨项目对(即 AUC 值超过 0.5)。该项目对为 ML⇒ZXing，即以 ML 为源项目，ZXing 为目标项目，最终仅有一对度量元进行匹配。其度量元分布如图 12 所示。其中 ML_N、ML_Y 和 ML 分别表示源项目的没有缺陷的、有缺陷的和全部实例，ZXing_N、ZXing_Y、ZXing 分别表示目标项目的没有缺陷的、有缺陷的和全部实例。中间的线代表每组数据的均值，图中分离的点为异常点。

图 12 向我们展现了为什么从 ML 到 ZXing 的跨项目缺陷预测有较高的 AUC 值，源项目 ML 中选出第 35 个特征，它的取值范围为[0,1266]，没有缺陷的特征取值范围为[0,1266]，有缺陷的特征取值范围为[0,902]。ZXing 与之匹配的特征为第 15 个特征，它的取值范围为[0,310]，没有缺陷的特征取值范围为[0,310]，有缺陷的特征取值范围为[0,169]。在图中去掉异常点之后，特征主要的取值区域还是比较接近的，说明它们的取值分布具有一定的相似性。

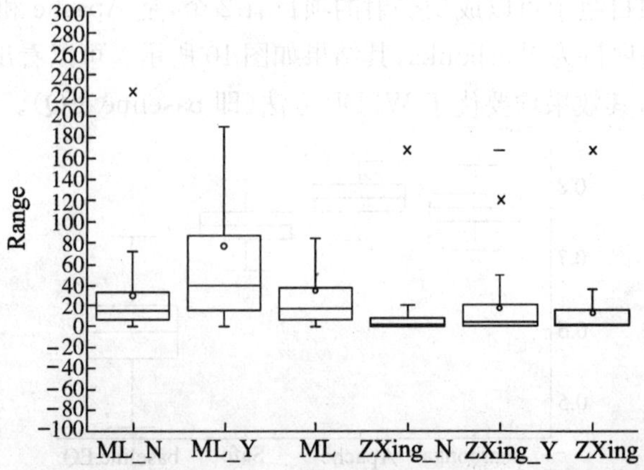

图 12　ML⇒ZXing 度量元分布

然后我们找到了一组项目 Safe⇒redaktor，这个跨项目缺陷预测的效果比同项目缺陷预测的效果差，该映射以 Safe 为源项目，redaktor 为目标项目。Safe⇒redaktor 中源项目选出的特征包括：[16,11,12,15]，映射的特征包括：[4,−1,−1,−1]，即 Safe 项目中的第 17 个度量元与 redaktor 中的第 5 个度量元得到了匹配。Safe⇒redaktor 度量元分布如图 13 所示。Safe _N、Safe _Y 和 Safe 分别表示源项目中没有缺陷的、有缺陷的和全部实例，redaktor_N、redaktor_Y、redaktor 分别表示目标项目中没有缺陷的、有缺陷的和全部实例。

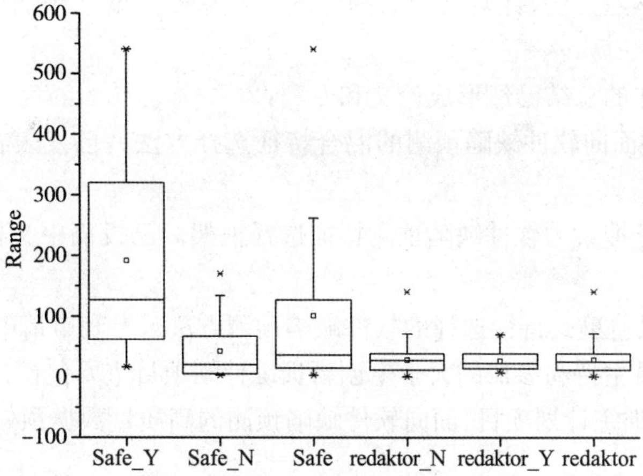

图 13　Safe⇒redaktor 度量元分布

源项目 Safe 中选出的特征取值范围为[2,540]，没有缺陷的特征取值范围为[16,540]，有缺陷的特征取值范围为[2,170]。ZXing 与之匹配的特征取值范围为[0,140]，没有缺陷的特征取值范围为[0,140]，有缺陷的特征取值范围为[6,69]。由于数值分布差异较大，所以缺陷预测的结果也稍差。

综上所述，若映射的特征具有一致的缺陷倾向性，就可以取得好的跨项目缺陷预测效果。即有缺陷模块的特征取值范围与无缺陷模块的特征取值范围的倾向性要保持一致。

五、课题成果

课题的主要成果有三项：

(1) 为解决缺陷预测数据集中的维数灾难问题，设计并实现了混合过滤式特征选择方法。具体来说，首先基于特征子集评估器评估特征和类别之间、特征和特征之间的相关性，移除已有特征集中的无关特征和冗余特征，随后基于特征排序评估器评估特征和类别之间的相关度，进一步移除其中的无关特征。

(2) 为解决缺陷预测数据集中的维数灾难问题，设计并实现了基于搜索的包裹式特征选择方法。具体来说，该方法首先基于训练集选出一个最优特征子集，其在选择过程中借助基于搜索的方法。随后根据选出的特征子集，对训练集和测试集进行数据预处理(即保留选中的特征)，最后借助特定的分类算法，基于预处理后的训练集构造模型，并在预处理后的测试集上完成模型性能的评估。论文基于遗传算法这一经典的基于搜索的方法完成了特征的选择，并针对软件缺陷预测问题，对其中的染色体编码、适应值函数设定、选择算子、交叉算子、变异算子的设置进行了探讨。除此之外，为了缓解数据集内存在的类不平衡问题，SBFS方法在特征选择时考虑了SMOTE这一经典的类不平衡学习方法。

(3) 针对目标项目没有训练数据的问题，通过充分利用其他项目的训练数据，设计并实现了基于特征映射的异构跨项目缺陷预测方法。该方法主要包括三个阶段。阶段1是特征选择阶段：该阶段的主要目的是借助特征选择方法，从源项目中识别并移除无关特征和冗余特征。阶段2是特征映射阶段：该阶段尝试根据源项目与目标项目之间的相似度，对源项目中的特征与目标项目中的特征进行映射。阶段3是跨项目缺陷预测模型构建阶段：该阶段借助特定机器学习方法，针对处理后的源项目数据构建缺陷预测模型，并预测处理后的目标项目数据。

对上述研究工作的总结已经形成论文和专利：

• 《HFS：一种面向软件缺陷预测的混合特征选择方法》，已发表在中文核心期刊《计算机应用研究》上。

• 《SBFS：基于搜索的软件缺陷预测特征选择框架》，已投稿中文核心期刊《计算机应用研究》。

• 《基于两阶段包裹式特征选择的软件缺陷预测方法》，专利申请中。

项目组部分成员主持和参加的大学生创新训练计划项目主要包括：

• 大学生创新训练计划项目《面向软件缺陷预测的高质量数据预处理核心技术研究》，已结题。

• 大学生创新训练计划项目《基于迁移学习的跨项目缺陷预测模型构建方法研究》，已结题。

六、结 束 语

在指导老师的辛勤指导下，我们逐渐认识到科学研究是一个艰苦的过程。在整个研究过程中，团队中每个人都付出了艰辛的劳动，也都学到很多较为前沿的知识(例如机器学习、特征选择、迁移学习、类不平衡学习等)，提高了动手实践能力。在过去的这段时间里，团队也遇到过困难，但是在指导老师的指导下，团队成员齐心协力，克服困难，最终完成了预定的研究目标。

在整个研究过程中，我们的指导老师陈翔老师认真负责、循循善诱，亲自指导我们，鼓舞我们。指导老师渊博的知识、严谨的治学态度、勤勉的工作作风、为人师表的处世风范使我们获益匪浅，指导老师给予我们良好的学习环境，在这样的环境下，大家相互帮助、互相鼓励、互相讨论学习，在此要感谢老师的指导。作为大学本科生的毕业论文，研究过程中存在的缺陷乃至错误仍不可避免，请各位专家老师批评指正。

南通城南社区活动中心建筑设计
——游园三折

学生姓名：方晓苏　指导教师：薛华培

南通大学建筑工程学院，建筑学专业，学号：1114032026

【摘　要】 通过社区活动中心的设计，结合儿童的心理行为，强调设计方法对于人们行为的引导作用。本课题的主要目的，一方面是通过社区活动中心的设计来促进儿童的成长与发展；另一方面，希望通过社区活动中心的建立以及一系列活动的设置来增强社区居民之间的交流和相互之间的学习，并在一定程度上增强居民对于社区的归属感和幸福感，从而推进社会主义和谐社会的构建。

【关键词】 儿童；活动空间设计；幸福社区；和谐社会；建筑设计

1 工程概况

本项目位于江苏省南通市青年西路，西依东方大厦，东邻金桥大厦，北面是南通体育馆，南面背靠虹桥新村，与西南角的虹桥主题公园相对望。基地地势较平坦，形状比较方正，基本呈长方形。总建设用地 10000m² 左右，总建筑面积 10000m² 左右，建筑密度不大于35%，容积率不大于1.2，绿地率不低于30%。建筑退界应符合《江苏省城市规划管理技术规定》(2011 年版)。基地内供水、供电、通信系统完善，配套设施齐全，完全可以满足本项目建设的要求。

拟建设的社区活动中心应包含社区人群健身、学习培训、娱乐餐饮、参观展览以及办公、会议等活动的功能，并适应城市的发展和文明建设的需要，完善和提升城市功能，与周边既有建筑相协调，同时能营造出有活力、有内涵的建筑室内外空间。

建筑经济技术指标：

总用地面积：10000m²　占地面积：3793m²　建筑总面积：10200m²

建筑密度：45.7%　建筑容积率：1.2　绿地率：23%　建筑高度：18.8m

2 设计依据

(1) 设计任务书提出的设计要求及区域位置图。

(2) 国家现行的相关法律、法规、条款、规范等的规定。

(3)《民用建筑设计通则》(GB 50352—2005)。

(4)《建筑设计防火规范》(GB50016—2014)。

(5)《城市道路和建筑物无障碍设计规范》(JGJ50—2001)。

(6)《办公建筑设计规范》(JGJ67—2006)。

(7)《托儿所、幼儿园建筑设计规范》(JGJ39—87)。

(8)《汽车库建筑设计规范》(JGJ100—97)。

3 设计说明

3.1 设计理念

关注特定的人群,植入特殊的空间,追溯社区活动中心的本身意义。在设计上将不同种类的人群和空间进行分化和并置。通过大小院落和廊的布置来完成建筑室内和室外的融洽连接,这也是作为建筑的一种传统而又经典的过渡表达。运用围合手法创造出不同程度的开敞和封闭空间。

3.2 功能设计

3.2.1 健身部分

健身部分主要布置在场地的北部,与基地北部的体育馆形成互补。健身部分主要包括瑜伽、台球、健身房、乒乓球室等。健身部分的休息厅单独设置,也可作为其他部分的休闲空间。

3.2.2 儿童学习和培训部分

主要包括娱乐空间、儿童展厅、儿童阅览室、英语培训室等。对于儿童培训部分的空间主要考虑两个方面,一是儿童活动的安全感,二是儿童空间的趣味性。安全感主要通过色彩和家具的质感以及栏杆扶手的设置来增强儿童的安全感;空间的趣味性主要是通过材质的不同构造方式和室内外空间的相互融合以及柱林的设置来达到空间的趣味性效果。

3.2.3 餐饮娱乐部分

餐饮娱乐空间作为服务部分,主要布置在建筑中部,北邻健身空间,南邻儿童培训空间,很大程度上提高了建筑的服务功能。同时,餐饮部分有其小范围的出入口,这在功能和流线上都不会对主要空间形成较大的干扰。另一部分是娱乐活动,主要为KTV。

3.2.4 报告厅和会议办公部分

该部分分为两种。一种为内部无柱大空间,包括报告厅(布局在基地东北角,临街设计,可对内对外实现双重使用)和多功能厅。报告厅虽然置于多功能厅的上部,结构却没有问题,主要解决方法是通过下部密集柱加大空间以及通过井字梁承重。另一种为常规空间,包括办公、会议(常规布置在人流干扰最小的东部)。

3.2.5 广场、院落设计

由于基地面积的限制,建筑中所围合出的庭院的尺度也有所限制。因此,选择将大空间进行极大的细化,在视觉上产生空间尺度的放大感。细化的主要方式是设计一种景观形式,这种形式包括楼梯、平台、座椅和绿化,然后将这种形式进行无限展开,组合时形成的空隙作为水池之用,这样就形成了包含高低地形、大小平台、疏疏密密的树木和柱林、水体的微景观。即便以一种类型展开,也能产生出多种类型的空间,从而产生多种空间体验。

3.3 建筑空间形态构思

3.3.1 建筑形态

方案始终遵循"形式追随功能",建筑的形态完全由建筑的功能所决定。整体的矩形造型是根据矩形的基地条件决定的。北部立面的凹凸则是因为健身部分本身需要休息空间,所以在主要健身空间的两边设置休息空间,这就形成了上下凹凸的体块和造型。而南部的培训部分,则主要是因为儿童房间尺度一般比较小,而且儿童喜欢在室外活动,所以房间小而灰空间面积大,这自然而然地形成了建筑比较开敞的建筑形态。

3.3.2　空间设计

(1) 整体空间设计：设计首先从两个对等的关系入手，即相对围合和相对开敞。并在此基础上从单元体的分化组合开始，强调在设计中对秩序的追求与表达。

(2) 建筑立面天际线：采用远山、近山相交错重叠的形式，营造一种山峦起伏、连续不断的动态感，并以此呼应社区活动中人群的活跃性。

(3) 单体空间设计：在整体空间设计的基础上，细化单体空间设计。设计的最主要手法便是空间的秩序排列。空间的围合和开敞，服务空间和被服务空间大致对称而有序的排列。

(4) 柱林空间：儿童空间中大致均匀地分布着白色的钢柱，这些钢柱如星辰般分布在建筑空间中，有圆柱、扁柱，柱子角度虽然不同，但是排布疏疏密密，形成张力，因此可以挑起4.2m高的大屋顶。建筑四面是空的，没有围合。整个建筑仿佛是由四个插片插入四个建筑体块中，又像是由四个大板将四个形同体块的建筑托起，既有建筑的稳定感，又有建筑的轻盈感，整个建筑流通自如，人游走其中，像是漫步在一个个不同的地域中。

3.3.3　片墙与桥

南北两部分单体建筑的连接用片墙与桥组成。一方面可以解决建筑内部复杂的高度差问题，另一方面踏步平台可以兼作桥梁，穿过片墙，眺望庭院内部。地平面上将庭院的水引入，当观察者站在底层，向上眺望，仿佛置身峡谷之中；当处于三四层的位置向下看，又像是处于悬崖峭壁。

3.3.4　建筑立面虚体

立面的凹凸和开窗完全根据内部的功能而来。例如，餐饮部分需要很大的玻璃墙面，而上部的KTV则需要相对阴暗的空间，因此开窗面积小而窄，这就自然而然地在垂直方向上形成了下虚上实的表现效果。北立面则根据内部的功能在立面上形成了较大的凹凸。而东西两面大片的实墙，主要是厕所和大报告厅，这两部分都不需要大面积的开窗，因此在水平方向上形成了中间虚两边实的效果。

3.3.5　建筑剖面设计

南部儿童娱乐空间，作为开敞空间，院内和院外的景色自然引入其中，一层与庭院直接贯通，二层、三层眺望院落，四层则形成屋顶平台，形成属于自己内部的庭院，这就形成了高低两个层次的院落。

4　建筑材料选择

社区活动中心为大众服务部分的墙面主要是白色和灰色的，在很小的部分使用了红砖墙，这是因为砖墙能将内外空间以比较自然的方式区分开来。儿童部分的空间则采用了特殊的材质——木格栅和玻璃。内部的家具也大多使用木头及软质材料，且色彩比较显眼多变，更容易吸引儿童的注意力。

4 方案设计图纸

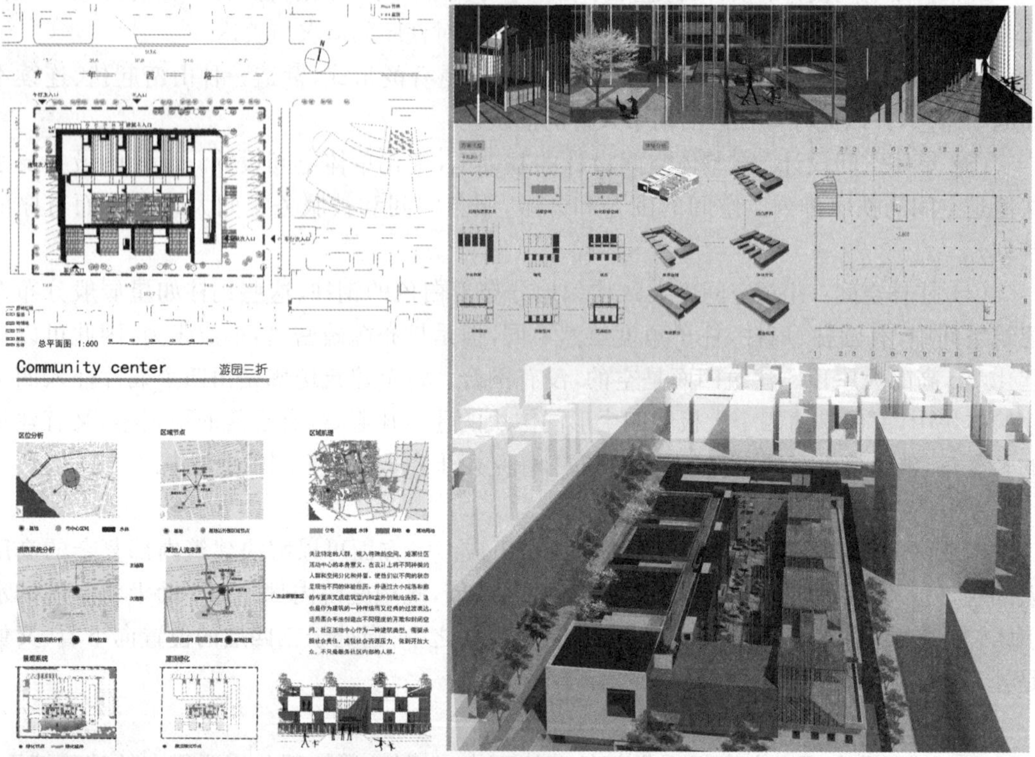
青年西路
总平面图 1:600
Community center
游园三折
区位分析
区域节点
区域肌理
消防系统分析
基地人流来源
景观系统
屋顶绿化

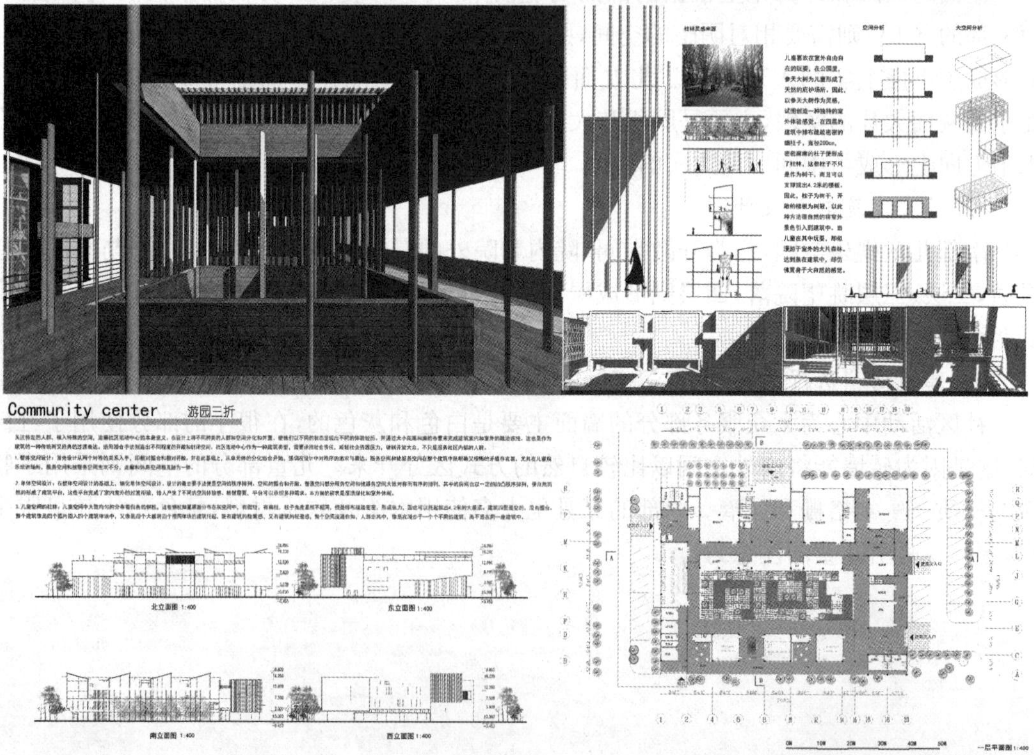
Community center
游园三折
北立面图 1:400
东立面图 1:400
南立面图 1:400
西立面图 1:400
一层平面图 1:400

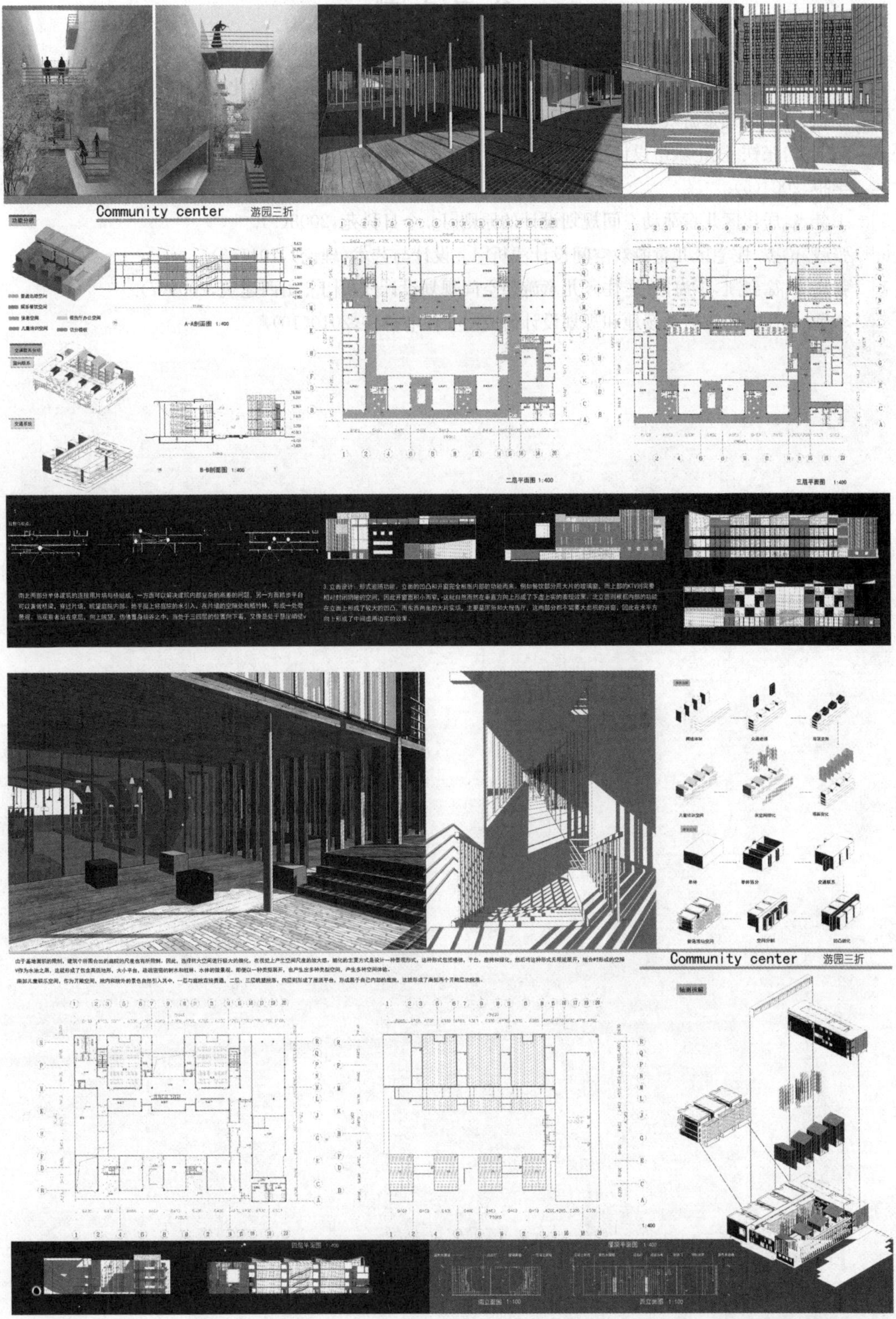

Community center 游园三折
功能分析
A-A剖面图 1:400
B-B剖面图 1:400
二层平面图 1:400
三层平面图 1:400
Community center 游园三折
轴测拆解
四层平面图 1:400
屋顶平面图 1:400
南立面图 1:100
西立面图 1:100

参考文献

[1] 徐雪芳.城市住区儿童户外活动空间设计研究[J].安徽建筑工业学报,2010(2).

[2] 陈岚,施维克.基于儿童安全的居住区公共活动空间设计[J].商场现代化,2011(1).

[3] 罗靖宇.小区儿童游戏空间设计[J].建筑设计与装饰,2007(2).

[4] 蔡文军,张铁.浅论城市设计理念——沈阳市图书馆、儿童活动中心设计分析[J].沈阳建筑工程学院学报,2004(5).

[5] 王梦飞.居住区儿童活动空间规划设计的原则[J].今日科苑,2008(9).

[6] 张葳,梁杰.住宅区儿童游戏空间设计浅析[J].设计与艺术(理论),2011(3).

[7] 张高锋,徐新凯,李海霞.居住区儿童游憩空间规划设计浅析[J].山西建筑,2009(7).

[8] 李勤.居住区儿童活动场地和规划设计研究[J].住宅科技,2010(10).

南通海塞尔纺织品公司办公楼设计

学生姓名：易　雷　指导教师：徐勋倩
南通大学建筑工程学院，土木工程专业，学号：1214012068

【摘　要】 南通海塞尔纺织品公司办公楼共8层，建筑高度为27.15m，建筑面积约7000m²。按要求完成建筑平、立、剖面设计。经比较结构方案，确定结构类型为框架结构。采用手算和电算对比方法完成荷载效应、内力组合及构件设计，并绘制结构施工图。最后完成工程的施工方案设计。

【关键词】 办公楼；建筑设计；结构设计；框架结构；施工图绘制

0　工程背景

本工程地处南通市，为南通海塞尔纺织品公司办公楼；总建筑面积约为7000m²，共8层。建筑高度为27.1m，属于高层结构。建筑设防类别为标准设防类，抗震设防烈度为6度，抗震等级为三级。建筑合理使用年限为50年。

1　建筑设计

从抗震的角度考虑，建筑及抗侧力结构的平面布置宜规则、对称，并应具有良好的整体性；建筑的立面和竖向剖面宜规则，结构的侧向刚度宜均匀变化，避免抗侧力结构的侧向刚度和承载力突变。

1.1　平面设计

建筑平面是表示建筑物各部分在水平方向的组合关系，根据使用性质、建设规模与标准的不同，确定各类用房。

(1) 功能分区。根据办公楼的性质、功能和规模，分别设置办公室、会客室及会议室。

(2) 平面组合。根据各房间的使用性质、结构类型和设备管线确定其组合关系，使用中间走道式的组合方式。

(3) 交通组织及防火疏散设计。本建筑为高度超过24m的公共建筑，建筑等级为二级，耐火等级为二级；设电梯两部，楼梯两处，分散布置于建筑两端。楼梯处设置防火门，防火门应为向疏散方向开启的平开门，并在关闭后应能从任何一侧手动开启。高层建筑内应采用防火墙等划分防火分区，每个防火分区允许最大建筑面积为1500m²。

1.2　立面设计

在办公楼的东立面和西立面分别采用完全对称的形式，形成结构的整体性。由初步确定的建筑内部空间组合的平面关系（建筑的大小、高低、门窗的位置等），绘制建筑各立面的基本轮廓。

1.3　剖面设计

净高为房间地面到顶棚或其他构件地面的垂直距离，它与房间的使用性质、活动特点、采光、通风、空间观感等因素有关。该建筑底层层高为3.6m，其余层高为3.3m。为防止室外雨水流入室内并防止墙身受潮，将室内地面适当抬高，本建筑室内外高差为0.45m，各层卫生间比相应的各层结构标高低 0.02m。

本办公楼的首层平面图如图 1 所示。

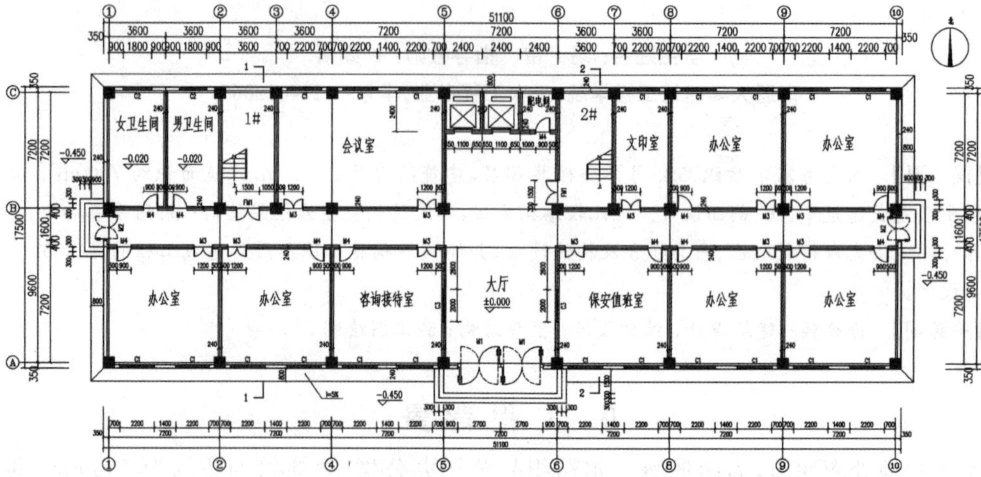

图 1　首层平面图

2　结构设计

2.1　结构方案设计

本结构采用钢筋混凝土框架结构体系。框架结构布置灵活，可形成大的使用空间，施工简便且较为经济，延性较好，但横向侧移刚度小，水平位移大，比较适用于大空间的多层及层数较少的高层建筑。框架结构的变形特征为剪切型。

框架纵横向布置，形成双向框架结构形式，以抵抗水平荷载及地震作用，双向框架作用结构布置形式具有较强的空间整体性，可以承受各个方向的侧向力，具有较好的抗震性能。

2.1.1　构件尺寸估算

梁：梁的截面高度可按(1/12～1/18)梁的计算跨度取值，梁截面宽度取(1/2～1/3)梁截面高度。根据梁的计算跨度，主梁的截面尺寸为 350mm×700mm，次梁的截面尺寸为 300mm×600mm。

柱：柱的截面尺寸由轴压比进行估算。柱截面尺寸为 700mm×700mm。

板：板厚均为 120mm。

2.1.2　基础方案

本场地的地质勘探报告表明该地质较差，基础采用桩基础[1-2]。

2.2　荷载计算

由相关规定计算竖向荷载及水平风荷载。由于该工程平面、立面都非常规则，结构高度也不是非常高，对本工程采用底部剪力法近似计算水平地震作用。

2.3　水平荷载作用效应分析

水平地震作用及风荷载作用下框架结构的弯矩图如图 2、图 3 所示。

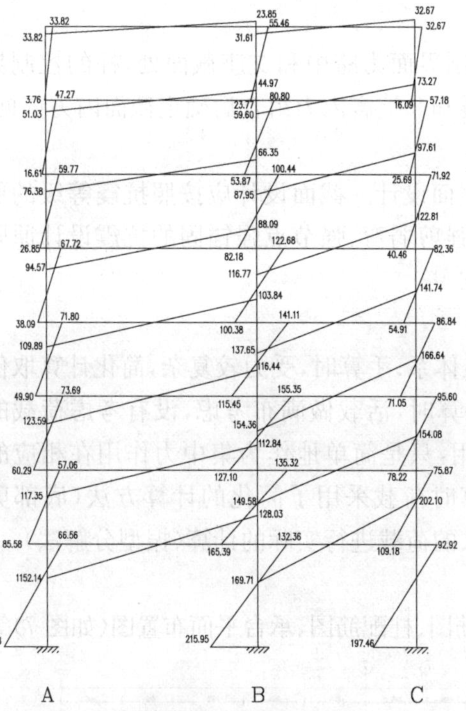

图 2　地震荷载作用下弯矩图(kN·m)

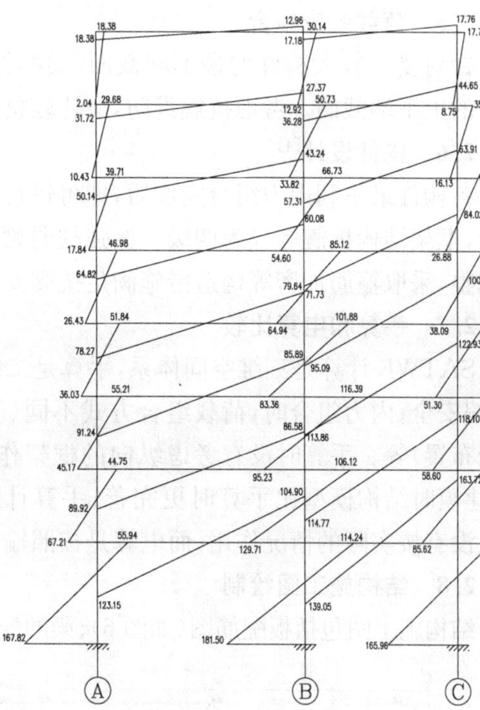

图 3　风荷载作用下弯矩图(kN·m)

2.4　竖向荷载作用效应分析

恒荷载及活荷载作用下框架弯矩图如图 4、图 5 所示。

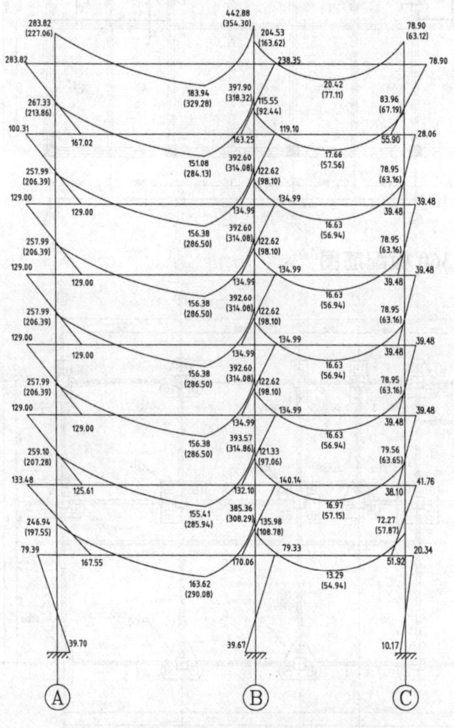

注：括号内为调幅后的弯矩(调幅系数为 0.8)。

图 4　恒荷载作用下弯矩图(kN·m)

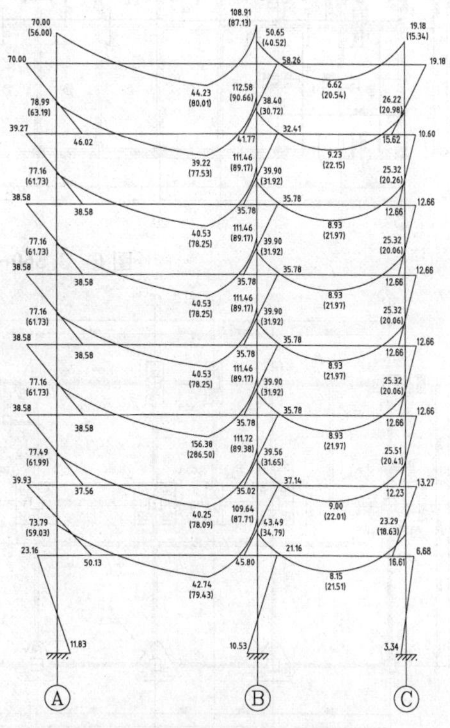

注：括号内为调幅后的弯矩(调幅系数为 0.8)。

图 5　活荷载作用下弯矩图(kN·m)

2.5 荷载效应组合

针对受力较大构件的最不利截面，梁的控制界面为跨中和支座截面处，柱的控制界面为柱的上下端截面。考虑抗震设防，应比较抗震和非抗震内力组合后确定截面内力依据。

2.6 构件设计[4]

各构件最不利内力组合完成后，即可进行截面设计。截面设计应按照抗震等级的要求进行，框架结构抗震等级为四级。按强柱弱梁、强剪弱弯、强节点强锚固的抗震设计原则进行调整，采取箍筋加密等构造措施满足抗震要求[5]。

2.7 手算和电算比较

SATWE 计算是三维空间体系，手算是二维体系；手算时，受力较复杂，简化计算取值偏大，偏安全；内力组合时，荷载组合方式不同（手算时，活载做满布考虑，没有考虑荷载的不利于布置）等。手算时没有考虑纵向的框架作用，只是简单地作为集中力作用在相应的柱上；建模时结构模型比手算时更完善；手算计算时荷载采用了简化的计算方法（底部剪力法），没有按实际的情况作用，而电算是按照输入的荷载进行实际的计算（振型分解法）。

2.8 结构施工图绘制

结构施工图包括板配筋图（如图 6）、梁的配筋图、柱配筋图、承台平面布置图（如图 7）等。

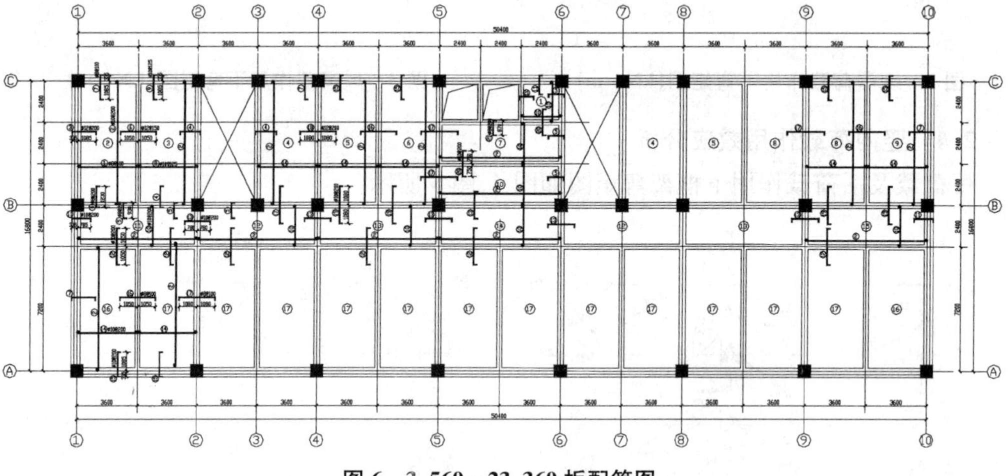

图 6 3.560～23.360 板配筋图

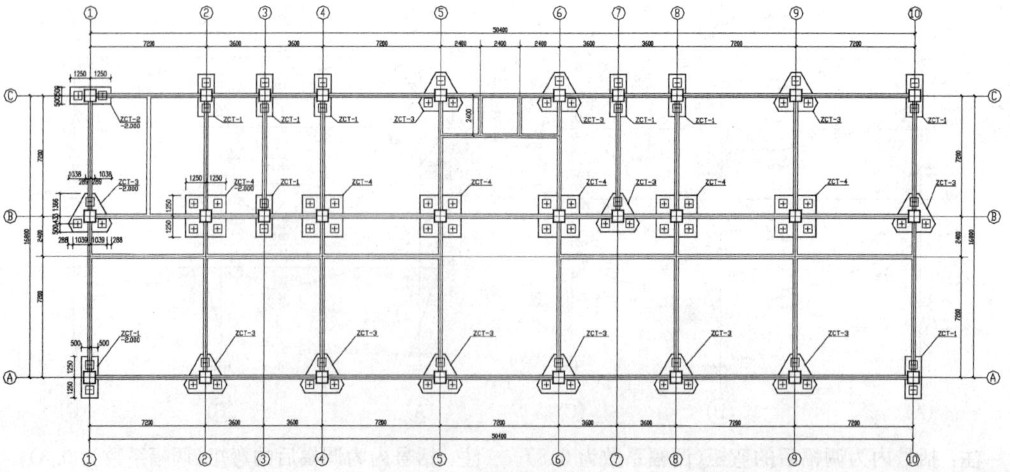

图 7 承台平面布置图

3 施工方案设计

施工顺序及方向：本工程采用先地下后地上，先主体后维护，先结构后装饰，先土建后设备的施工顺序。根据本工程特点及工期要求，拟在工程中实行平面分布，主体分层，同步流水施工。按照总平面图布置，施工流向采用分段控制的原则。

参考文献

[1] 朱兴旺，张旺锋. 建筑结构中桩基础设计分析[J]. 建筑安全，2016(01)：19—21.

[2] 周宏，杨代群. 浅析高层建筑桩基础设计[J]. 城市建筑，2013(10)：119—124.

[3] 钟小平，金伟良. 钢筋混凝土结构基于耐久性的可靠度设计方法[J]. 土木工程学报，2016，49(5)：31—39.

[4] 杭银龙，冯宏团. 结构设计中的抗震措施与抗震构造措施[J]. 陕西建筑，2008(12)：29—30.

南通学田中学教学楼设计

学生姓名：高　远　指导教师：陈　静
南通大学建筑工程学院，土木工程专业，学号：1214012080

【摘　要】 主要讲述了中学教学楼设计。设计的内容包括：建筑的平、立、剖面设计，结构平面布置及计算简图确定、荷载计算、内力计算、内力组合、框架梁柱截面设计和配筋计算、楼梯设计以及基础设计等。取其中一榀框架进行内力计算。风荷载采用D值法计算，恒荷载和活荷载采用二次弯矩分配法计算。在整个设计过程中，严格遵循相关的专业规范。手算后用 PKPM 软件进行电算，并绘制结构施工图，最后编制施工方案，完成外文翻译。

【关键词】 框架结构；钢筋混凝土；抗震；内力计算

1　工 程 概 况

1.1　工程概况

南通学田中学教学楼建设地点位于南通市，共 6 层，建筑面积为 5694.04m^2，主体地上 6 层，无地下层，屋顶为平屋顶；室内外高差为 0.45m，底层层高为 3.6m，标准层层高为 3.6m。建筑为东西走向。该工程结构采用钢筋混凝土框架结构。南通学田中学教学楼设计使用年限为 50 年，为乙类建筑，地基基础设计等级为丙类。

1.2　设计资料

基本风压：$w_0=0.45\text{kN/m}^2$，基本雪压：$s_0=0.25\text{kN/m}^2$。地震设防为 6 度(设计时考虑到是教学楼，重要建筑计算时提高 1 度，7 度设防计算)，抗震等级为三级，设计基本地震加速度为 0.05g，设计地震第二组。场地平整，土质较好，宜选用第三层粉砂夹细砂作为持力层，可按天然地基上浅基础进行设计。

2　建 筑 设 计

2.1　综述

南通学田中学教学楼设计主要包括建筑平面设计、建筑立面设计、建筑剖面设计。

2.2　建筑平面设计

使用房间为教室和办公室，功能分区简单。卫生间内设置前室，使卫生间与走廊连接处自然，并且可以改善走廊卫生条件。走廊根据防火规范要求在楼梯与走廊之间设置防火门进行分隔，宽度为 2.7m。设两个现浇板式楼梯。

2.3　建筑立面设计

建筑的立面设计尤其是外立面设计关系到建筑给人的感觉，主要包括窗的设计和外饰面的设计，应能达到采光和美观的基本设计要求。

2.4　建筑剖面设计

建筑的剖面设计主要包括房间的形状、窗高度、各层层高以及楼梯的细部尺寸等，剖面设计可以使建筑的细部更加清楚。

3 结构设计

3.1 结构选型及结构材料尺寸确定

本工程是一幢6层的中学教学楼（南通学田中学教学楼），采用钢筋混凝土框架结构。横向最大柱距为7.2m，最小柱距为2.7m；纵向柱距为4.5m。底层高度为3.6m，标准层高度为3.6m，室内外高差为0.45m，基础顶面距离室外地坪1.05m。由此绘出柱网轴线布置图（图1）。

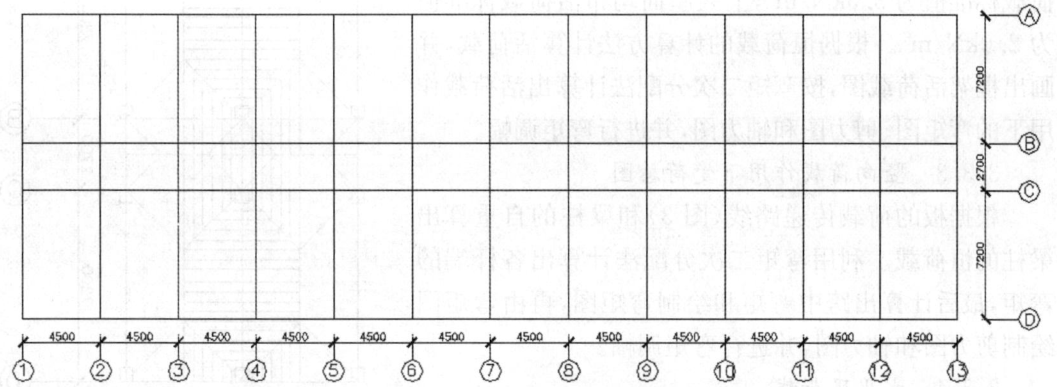

图1 柱网轴线布置图

柱、梁、基础：采用C30混凝土，主筋采用HRB400钢筋，箍筋采用HPB300钢筋；板：采用C30混凝土，钢筋采用HRB400钢筋；内外墙均采用200厚加气混凝土砌块，$\gamma=5.5\ kN/m^3$。梁截面尺寸：300mm×500mm、300mm×600mm等。柱截面尺寸为500mm×500mm。

3.2 计算简图及梁柱线刚度

取一榀框架计算，假定框架柱嵌于基础顶面，框架梁与柱刚接。底层柱子高度从基础顶面算到二层楼面，$H_1=3.6+0.45+1.05=5.1$m。其余各层柱高从楼面算到上层楼面。由此绘出计算简图（图2）。

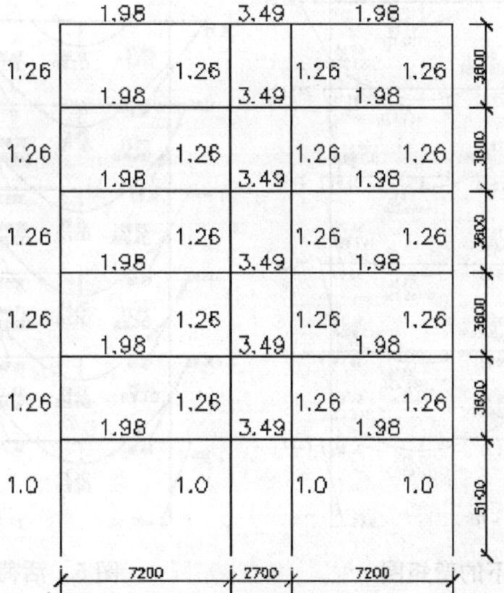

图2 计算简图及相对线刚度

3.3　荷载计算和内力计算

3.3.1　恒荷载

屋面恒载为 6.89kN/m^2，楼面恒载为 3.82kN/m^2，主梁自重为 3.82kN/m^2，次梁自重为 3.03kN/m^2，柱自重为 6.59kN/m^2，外纵墙自重为 2.87kN/m^2。

3.3.2　活荷载

楼面均布活荷载标准值为 2.5kN/m^2，走道均布活荷载标准值为 3.5kN/m^2，上人屋面均布活荷载标准值为 2.0kN/m^2。根据恒荷载的计算方法计算活荷载，并画出框架活荷载图，按弯矩二次分配法计算出活荷载作用下的弯矩图、剪力图和轴力图，并进行弯矩调幅。

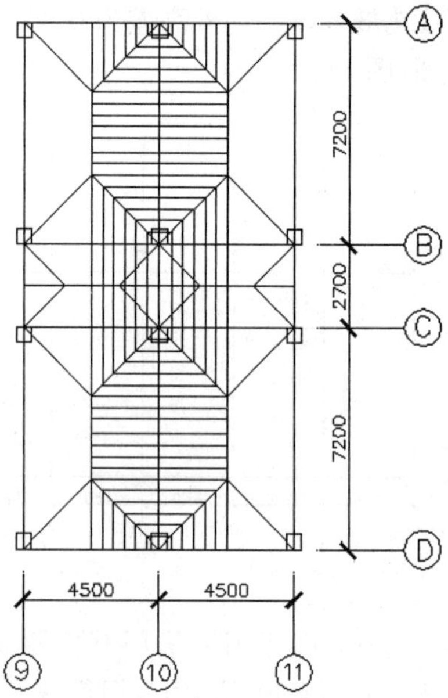

图 3　荷载的传递路线

3.3.3　竖向荷载作用下受荷总图

根据板的荷载传递路线(图 3)和梁柱的自重算出梁柱的恒荷载。利用弯矩二次分配法计算出各杆端的弯矩，最后计算出跨中弯矩和绘制弯矩图，再由弯矩图绘制剪力图和轴力图，并进行弯矩调幅。

3.3.4　水平风荷载

风压标准计算公式为：$w_k=\beta_z\mu_s\mu_z w_0$。因建筑物高度 25.5m<30m，可取 $\beta_z=1.0$；矩形 $\mu_s=1.3$；μ_z 根据各楼层标高处高度查表确定，将风荷载换算成作用于框架每层节点上的集中力荷载。各柱的剪力分配应放在整个楼层中，按照抗侧刚度在同层柱中分配，求出各柱的反弯点的高度比 $y=y_0+y_1+y_2+y_3$。风荷载作用下内力分析运用 D 值法。根据计算结果绘制风荷载作用下的弯矩图、剪力图和轴力图。图 4、图 5 为恒荷载作用下的弯矩图和活荷载作用下的弯矩图。

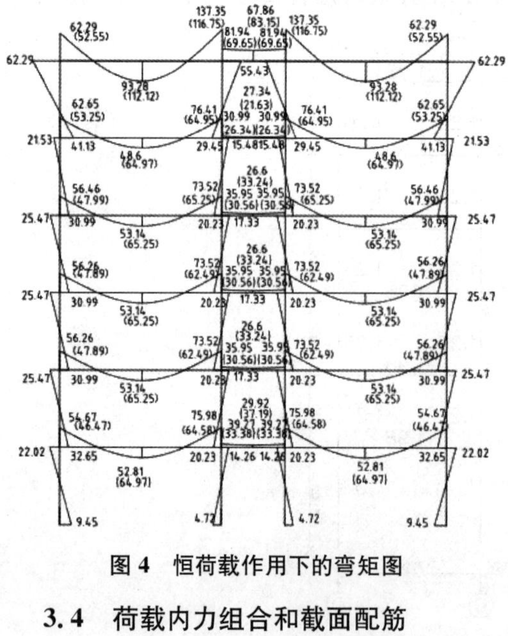

图 4　恒荷载作用下的弯矩图

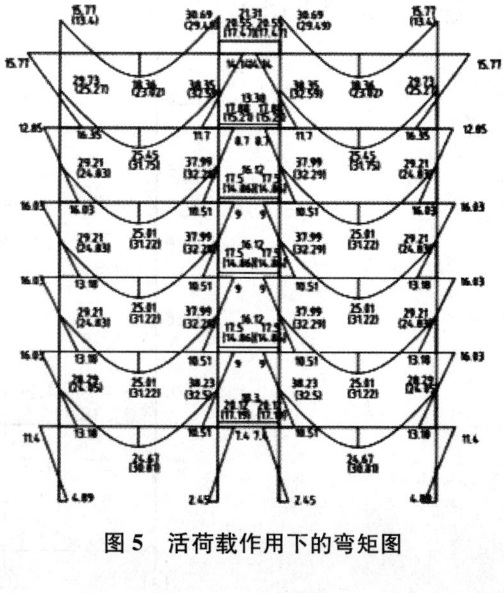

图 5　活荷载作用下的弯矩图

3.4　荷载内力组合和截面配筋

每根梁一般有三个控制截面：左端支座截面、跨中截面和右端支座截面，每个柱每层有两个控制截面：上端和下端两个截面。主要考虑六种荷载的组合：(1) 1.35 恒荷载＋1.4(0.7 活荷载＋0.6 左风)由恒荷载控制的，恒载不利；(2) 1.35 恒荷载＋1.4(0.7 活荷载＋0.6 右风)由恒荷载控制的，恒载不利；(3) 1.2 恒荷载＋1.4(活荷载＋0.6 左风)由可变荷载控制的，以活载为主，恒载不利；(4) 1.2 恒荷载＋1.4(活荷载＋0.6 右风)由可变荷载控制的，以活载为主，恒载不利；(5) 1.2 恒荷载＋1.4(0.7 活荷载＋左风)由可变荷载控制的，以风载为主，恒载不利；(6) 1.2 恒荷载＋1.4(0.7 活荷载＋右风)由可变荷载控制的，以风载为主，恒载不利。此外，在内力组合中，没有考虑活载的最不利布置而把活载同时作用在所有框架上，活载乘以放大系数 1.1 进行内力组合。当涉及地震作用时，将式中风荷载用地震荷载代替即可。组合各种荷载内力时，风荷载要分别考虑不同的风向。在恒载、活载和风荷载作用下，将框架梁、柱各控制截面内力进行组合并分析得出梁、柱各控制截面控制值。

框架梁、柱截面配筋除满足承载力要求和构造要求外，还应满足裂缝宽度要求。本工程梁、柱截面尺寸在常用跨高比范围内，可不进行挠度验算。

3.5 基础计算

本工程选用浅基础，混凝土强度采用 C30，钢筋采用 HRB400 级。地基承载力特征值为 230kPa，承载力沿宽度修正系数为 0.5，沿高度修正系数为 3.0，修正后的地基承载力特征值 fa＝292.1kPa，分别进行地基承载力和抗冲切验算，分别对基础长、短边进行配筋。

3.6 楼梯计算

选择楼梯进行计算，采用板式楼梯，为等跑楼梯，踏步宽 0.24m。板采用 HRB400 钢筋。楼梯板、平台和平台梁的配筋计算，并采取构造措施。

4 PKPM 计算结果与手算比较

PKPM 电算与手算的对比包括用 PK 形成内力图进行对比以及施工图配筋的对比。首先要使用 PMCAD 建模，然后利用 PK 计算一榀框架内力，最后使用 SATWE 进行配筋计算。

比较发现，电算和手算所得的梁端弯矩差别不大，但是总体上手算的结果偏大，这对配筋计算来说相对安全。这可能是由于荷载的原因，也可能是因为电算未将板视为完全刚性体，而手算时却视为完全刚性体。另外，手算求弯矩是用弯矩二次分配的方法，这种方法本身就存在误差。但是从结果来看，两者基本上是相符合的。

5 施工方案设计

5.1 工程施工准备

包括组织准备、技术准备、物资准备、交接准备、施工现场准备、劳动力准备等六个准备过程。

5.2 施工步骤

土建施工顺序安排：根据施工现场的情况，对土建施工、安装施工的现有成品进行保护，做到措施具体有效，对施工区域做到全封闭。

5.3 施工现场总平面布置

包括施工大临布置、施工道路布置、施工用电布置、施工用水布置、施工现场排水方案、施工消防布置、安全通道及安全设施、材料堆放、加工场布置等方面。

建立完善的质量保证体系、质量保证措施和制度，工作人员各司其职。建立保证工程质量措施、筋工程的质量控制、砼施工质量措施、墙体砌筑施工质量措施等。

5.4 施工测量方案

首先根据测量依据来建立平面控制网，其次建立高程控制网，根据业主提供的水准点，水准点高程值以闭合回路法将水准引至新建建筑周围，并与桩基单位的点进行校核、调整，水准点要求设在周围永久性建筑上，减小施工过程中地面沉降对基准点的影响。平面控制网及高程控制网建立后，进行复核，复核无误后请监理及相关单位复测，并做好书面签证工作。

5.5 分项工程施工工艺

具体分为土方工程、模板工程、钢筋工程、砼工程、屋面施工等工程的施工工艺。

5.6 质量标准

略。

5.7 施工安全生产总体措施

略。

5.8 文明建设措施

略。

5.9 冬期施工措施

略。

参考文献

[1] 申朋. 浅谈建筑工程中混凝土结构设计[J]. 建筑工程技术与设计，2015(7).

[2] 李春阳. 楼梯设计对建筑抗震的影响探讨[J]. 城市建设理论研究，2013(18).

[3] 陈武. 楼梯设计常见问题分析及建议[J]. 建筑工程技术与设计，2015(9).

[4] 沈佳，丁文慧. 谈建筑策划对建筑设计的意义——以四川省宣汉中学主教学楼为例[J]. 华中建筑，2006,24(7).

[5] 李培超，张涛. 预制装配式建筑的发展前景及结构设计要点[J]. 建筑工程技术与设计，2015(9).

[6] 齐宝库，李长福. 基于BIM的装配式建筑全生命周期管理问题研究[J]. 施工技术，2014(15).

[7] 李滨. 我国预制装配式建筑的现状与发展[J]. 中国科技信息，2014(7).

[8] 黄小坤，田春雨. 预制装配式混凝土结构研究[J]. 住宅产业，2010(9).

东升南通石材有限公司29号楼工程设计

学生姓名：刘家巍　指导教师：包　华

南通大学建筑工程学院，土木工程专业，学号：1214012130

【摘　要】 项目为东升南通石材产业园29号楼，建筑为产品研发车间，框架结构，共5层，建筑高度为21m，建筑面积约为9700m²。设计主要任务包括建筑初步设计、结构施工图设计、施工方案设计等三部分。

【关键词】 结构设计；框架结构；施工方案；钢筋混凝土

1　概　　述

该工程为5层车间，主要功能为产品研发用房；建设地点在南通市区；地上5层，无地下室；柱网8.0m×8.0m、主体为三跨；建筑面积约9700m²。底层层高6.0m，第二层层高4.2m，标准层层高3.6m，顶层层高3.6m，室内外的高度差为0.1m。本工程上部采用框架结构，基础采用桩基础，柱下承台。该建筑抗震设防烈度6度，标准设防，防火等级二级。该建筑工程设计使用年限为50年。

2　建筑设计

建筑设计是根据建筑的地理条件和建筑使用功能、场地周边环境特点，确定建筑位置与建筑功能空间组合。设计过程如下：建筑平面设计，包括柱网布置、平面交通组织和平面功能布局；立面设计、剖面设计、消防设计。本设计力求结构规则，受力合理，满足通风、采光、消防等技术指标，外观大方，美观，在保证建筑美观实用的基础上，力求结构体系的优化合理。

该设计主要包括建筑平面设计、建筑立面设计、剖面设计、装饰说明。使用空间设计：本工程为产品研发车间，大部分空间留出用作生产研发。辅助房间设计：卫生间内设置前室，厕所地面标高低于该层其他楼面0.02m，防止冲刷厕所时水流入走廊。走廊：联系各房间、楼梯、门厅等各部分的重要通道，以解决层间水平联系和疏散问题。本设计房间较少，活动空间大。楼梯、电梯：房屋及各层间的垂直交通联系部分，是楼层人流疏散必经的通道。根据建筑防火要求和人流通行情况，本办公楼设两部楼梯、两部电梯。

建筑立面要求美观、大方，能够与周围环境相融合。该设计框架结构的墙体不承重，因此在设计时立面可以尽可能合理开窗，须满足节能要求，且满足建筑采光要求，一般情况下窗地比不小于1∶6，立面适当多布置窗也能增加立面的整体视觉效果。本设计柱中心与墙中心重合，突出柱的轮廓，增加了立面的立体感。根据建筑物的耐久等级，选择雨水管，管径为100mm。雨水管的数量与雨水口相等，雨水管间距不大于24m。该设计雨水管为可见雨水管。

建筑剖面图是表示建筑物在垂直方向上房屋各个部分的组合关系。设计首层层高6.0m，二层层高4.2m，其余每层层高均为3.6m。为了防止室外雨水流入室内，将室内地坪高出室外地坪0.4m；外墙与地面交接处设置散水装置，防止雨水浸入建筑基础。同时建筑以±0.000为分界,上下采用不同墙体砌筑材料,并设防潮层,防止墙身受潮。女儿墙:立面设置女儿墙1100mm高,100mm厚混凝土压顶。楼梯:楼梯宽度满足疏散要求,首层踏步为40阶,二层踏步为28阶,其余每层踏步均为24阶,且每层踏步高150mm、踏步宽300mm。

装饰说明。屋面:采用40厚C20细石混凝土刚性防水,三毡四油铺小石子柔性防水,20厚水泥砂浆找平,80厚矿渣水泥保温及10厚混合砂浆抹灰。楼面:普通楼面采用水磨石地面,10厚混合砂浆结合层;卫生间楼面采用小瓷砖地面,20厚水泥砂浆结合层,二毡三油改性沥青防潮及20厚水泥砂浆找平。墙体:外墙均采用水刷石外墙,水泥粉刷内墙面;内墙均采用水泥粉刷。门:南面和西面入口处采用玻璃门,消防控制室设乙级防火门,其余均为普通木门。窗:均为铝合金窗。

3 结构设计

3.1 结构选型布置

包括结构选型、结构布置、柱网布置与梁布置。本工程选用钢筋混凝土框架结构,边跨为8.0m,中间跨为8.0m,底层高取6.0m,二层层高取4.2m,其余层层高取3.6m。

3.2 框架截面确定

选②轴线为计算单元。初步估算截面尺寸,主梁、次梁截面尺寸为$h=700$mm,$b=250$mm,柱截面尺寸为600mm×600mm。确定框架结构的计算简图,进行梁柱线刚度计算。

3.3 荷载计算

主要包括恒荷载标准值计算、活荷载标准值计算。

3.4 竖向荷载作用下框架内力计算

先确定计算单元,再进行框架竖向荷载计算和框架在竖向荷载作用下的内力计算。

3.5 水平风荷载作用下框架内力计算

包括风荷载作用计算、横向框架在风荷载作用下的位移计算和横向框架在风荷载作用下的内力计算。

3.6 框架梁柱内力组合

一般规定为求出各个荷载作用下的结构内力后,根据最不利原则进行内力组合,考虑塑性内力重分布的有利影响时,应先对竖向荷载作用下的内力进行85%的调幅。对于梁跨中正弯矩,可利用平衡条件进行跨中弯矩计算,也可近似乘以1.2的放大系数,调幅后数据表示在之前计算的弯矩图的括号内。在竖向荷载作用下,支座截面可能产生最大负弯矩和最大剪力;在水平荷载作用下,跨中一般情况下出现正弯矩,也会出现负弯矩,支座截面还可能出现正弯矩。框架梁的最不利内力组合:梁支座截面按$-M_{max}$及相应的V进行正截面设计,按V_{max}及相应的M进行斜截面设计;梁跨中需要组合$+M_{max}$进行截面设计,框架柱的控制截面通常是柱上、下两端截面。之后进行框架梁的内力组合、框架柱的内力组合。

3.7 框架梁柱设计

主要包括框架横梁正、斜截面配筋计算,框架柱正、斜截面配筋计算,梁柱裂缝宽度验算。

3.8 基础设计

先将基础内力组合，进行基础荷载计算，选用桩基础。然后对桩长与桩径进行选择，本设计根据设计要求采用混凝土预制桩。本建筑的桩基基础设计等级为丙级。拟采用450mm×450mm的混凝土预制桩。根据任务书给出的地质资料，室内外高度差为0.10m，地基表层为人工填土，厚3.0m；第二层为粉土夹粉砂，厚度为3.5m；第三层为粉砂夹粉土，厚6.0m；第四层为粉土，厚1.0m；第五层为粉砂，厚度为10.0m。选取第五层为桩断持力层，取桩长15m。之后进行承台及桩身设计、桩身结构设计和桩身构造设计。

根据桩身构造要求配筋，选用8Φ12的HRB400级钢筋通长配筋，箍筋选用ϕ6@200的HPB300级钢筋，距桩顶2m所在范围内间距为50mm，距桩顶2～4m的范围内间距为100mm。采用静压桩，桩顶设置三层ϕ6@50的钢筋网，层距50mm，桩尖所有主筋应焊接在一根圆钢上，距桩尖0.60m范围内箍筋加密，间距50mm，桩身纵向主筋混凝土保护层厚取30mm。

3.9 楼梯设计

进行踏步板计算、平台板计算和平台梁计算。踏步取300mm×150mm，板取120mm厚。平台梁尺寸为200mm×400mm，选用C30混凝土，钢筋选用HRB400。

4 施工方案

4.1 施工方案

方案选择原则：技术要先进，工期要高速，成本讲效率，质量保全优，施工机械化。

4.2 施工方法

包括施工测量及找平放线，开挖及回填，钢筋工程，模板工程，混凝土工程，砌体工程，防水工程，垂直运输方案，脚手架工程，装饰工程和配套设施安装工程。

参考文献

[1] 陈章洪.建筑结构选型手册[S].北京：中国建筑工业出版社，2000.

[2] 何培玲.建筑结构选型[M].武汉：武汉理工大学出版社，2013.

[3] 黄冬萍.对框架结构设计的原则分析[J].民营科技，2011(7).

[4] 陈威宇.建筑框架结构设计心得体会[J].中国新技术新产品，2010(7).

[5] 于桥.建筑框架结构设计原则及存在问题和解决措施[J].山西建筑，2013(4).

[6] 吴晓祥.框架结构设计若干问题探讨[J].中国技术新产品，2010(5).

[7] 丁维娜.框架结构设计的基本原理、重要准则和设计方法[J].科技创新导报，2012(15).

[8] 李宏男，崔熙光，邹超英.多层及高层建筑结构设计[M].北京：中国建筑工业出版社，1998.

[9] 张丽红.多层建筑框架结构设计问题的几点研究[J].中国科技财富，2011(3).

[10] 李文庆.浅析钢筋混凝土框架结构设计[J].沿海企业与科技，2010(6).

[11] TIAN Ming-ge, YI Wei-jian. Dynamic behavior of reinforced concrete frame structure during construction[J]. J. Cent. Univ. Technol, 2008(15).

南通市竹行2号楼工程工程量清单及报价文件编制

学生姓名：郭文墨　指导教师：王冬梅

南通大学建筑工程学院，工程管理专业，学号：1214022063

【摘　要】 课题为南通市竹行2号楼工程工程量清单及报价文件编制。先根据工程量计算规范计算工程量清单，编制工程量计算书；再根据建设工程工程量清单计价规范编制该工程工程量清单；最后根据计价定额规则计算分部分项工程量和单价措施项目工程量，套用计价表价格，利用广联达套价软件编制出工程量清单报价文件。同时完成建施图的抄绘和英文翻译一篇。

【关键词】 工程量；工程量清单；工程量清单报价

1　工程概况

该工程建筑结构类型为剪力墙，建筑工程设计等级为二级，设计合理使用年限为50年，建筑工程抗震设防类别为丙类，建筑抗震设防烈度为6度，总建筑面积为15563.92m²，本工程耐火等级地上二级，地下一级，屋面防水等级Ⅱ级，防水层采用卷材＋刚性防水层，±0.000相当于85国家高程5.100m，室内外高差0.900m。

2　设计过程与成果

2.1　工程量清单及报价文件编制

清单报价文件的编制是本次毕业设计中非常重要的一项任务。因为工程量清单计价是目前全国盛行的一种计价模式，清单报价文件的编制在整个招投标过程中起着至关重要的作用，一份规范的、高质量的清单报价文件是取得招投标工作成功的关键。工程量清单报价文件的编制包含工程量计算和清单报价文件编制两个重要步骤。

(1) 工程量计算。工程量清单报价文件的编制主要是工程量的计算。首先是根据给定的建施图和结施图计算三线一面。因为在后面的分部分项工程工程量统筹计算时会重复用到，所以做好基数计算可以减少后面的计算量，同时要确保计算结果的准确性。根据本工程的建筑、结构施工图纸，查阅建筑安装工程构配件标准图集、通用图集，按照土方工程→砌筑工程→混凝土及钢筋混凝土工程→门窗工程→屋面及防水工程→保温、隔热、防腐工程→楼地面装饰工程、墙、柱面装饰与隔断幕墙工程→天棚工程→油漆、涂料、裱糊工程→其他装饰工程→措施项目的顺序进行清单工程量计算，其中单价措施项目包括脚手架工程、混凝土模板及支架工程、垂直运输机械、大型机械设备进出场、超高施工增加、施工降排水，再根据《江苏省建筑与装饰工程计价定额》规则计算分部分项工程量，最后进行工程量的汇总，编制工程量计算书。

(2) 工程量清单文件编制。根据《房屋建筑与装饰工程工程量计算规范》(GB 50854—2013)、《建设工程工程量清单计价规范》(GB50500—2013)编制建设工程工程量清单，内容包括：封面、填表须知、招标工程量清单扉页、工程计价总说明、分部分项工程量清单、单价措施项目清单、总价措施项目清单、其他项目清单、规费、税金项目清单、清单工程量计算书。遵照工程量清单"四统一"的规定，在编制工程量清单时，必须按照国家统一的项目编码、项目划分、计量单位和工程量计算规则设置清单项目，计算工程数量，遵守招标文件的相关要求。工程量清单作为招标文件的组成部分，必须与招标文件的原则保持一致，与招标须知、合同条款、技术规范等相互照应，较好地反映本工程的特点，体现项目意图。

(3) 工程量清单报价文件编制。根据《江苏省建筑与装饰工程计价定额》(2014 年)(上下册)、《建设工程工程量清单计价规范》(GB50500—2013)、《江苏省建设工程工程量清单计价项目指引》编制建设工程工程量清单报价文件，内容包括：投标总价封面、投标总价扉页、工程计价总说明、单位工程投标报价汇总表、分部分项工程清单与计价表、单价措施项目清单与计价表、总价措施项目清单与计价表、其他项目清单与计价汇总表、规费、税金项目计价表、计价定额工程量计算书。根据单位工程施工图计算出各个分部分项工程的清单项所包含的子目工程量，编制分部分项工程量清单与计价表。然后对所包含子目进行组价(根据图纸做法选取定额)，进行人工、材料、机械调差、取费，形成子目综合单价，各子目组价项的工程量乘以其综合单价，得出综合合价，各子目综合合价之和成为清单综合合价，清单综合合价除以清单工程量得出清单项的综合单价分析表。

措施项目清单计价应依据工程的施工组织设计，可以计算工程量的措施项目宜采用分部分项工程量清单方式采用综合单价计价，如本工程中的脚手架费用、混凝土模板及支架脚费用、垂直运输机械费用，得出单价措施项目清单与计价表。总价措施项目以“项”为单位的方式计价，应包括除规费、税金以外的全部费用，总价措施项目费中安全文明施工费基本费费率取 3%，冬雨季施工增加费费率取 0.1%，已完工程及设备保护费费率取 0.05%，临时设施费费率取 2.2%，住宅工程分户验收费费率取 0.4%，其中取费计算均为：分部分项工程＋单价措施项目费－工程设备费。其他项目费主要包括暂列金额、暂估价、计日工以及总承包服务费。

规费、税金的计取标准是依据有关法律、法规和政策规定来进行计取，本工程规费包括社会保障费、住房公积金和工程排污费。

2.2 CAD 绘图

CAD 工程图纸绘制时，按照尽可能体现工程整体情况的原则，绘制了一整套建筑施工图，建筑施工图主要用于表达建筑物的规划位置、内外装修及构造施工要求，主要包括：建筑设计说明、平面图、立面图、剖面图、节点大样图。CAD 工程图的绘制按照建筑制图规范进行绘制，通过 CAD 建筑施工图的绘制，对本工程有了全面的认识，对节点的施工做法有了直观的了解。

2.3 外文翻译

英文翻译题目为《控制建筑行业的腐败：魁北克方法》，主要讲了 1968—1975 年间，魁北克省制定了一些法律来打击建筑业中的暴力和腐败，其中有一项要求是所有的建筑工人都要属于某个工会，所有承包商都要属于单独的雇主协会；在任何时候，该省的建筑工人和雇主都要有单一的集体协议；对于被指控在行业中从事犯罪活动的任何人可以做有罪推定；规定多种劳动力来源，防止人员配置的垄断；强制用选举产生工会干事，防止出现指定干事的权力滥用现象；禁止有犯罪记录的人在工会办公室工作；以及由政府托管一些地方的分会。作者指出，这些措施可以大幅减少暴力和腐败，但得注意的是，它们可能不适用于魁北克省以外的劳动关系体系中。

3 总 结

毕业设计是我们作为大学生在大学阶段学习的最后一个环节,是对大学四年所学习的基础知识及专业知识的综合应用,是再学习、再提高的过程。这一过程是对学生综合能力的有效锻炼。同时毕业设计亦是我们在步入社会、参与实际工作之前的一次极好的演练,也是对我们自学能力和解决问题能力的一次考验,是学习与工作的过渡。经过一个学期的奋战,我的毕业设计终于完成了。毕业设计不仅是对前面所学知识的一种检验,而且也是对自己能力的一种提高。在做毕业设计的时候,我尽量把书本上的知识和实际工程情况有机结合起来,努力做到实践与理论相结合。

这次毕业设计无疑是对我查阅资料的能力、自学的能力、工程量计算的能力、编制报价文件的能力、CAD绘图等能力的综合考验。为了完成工程量计算这一部分的工作内容,我又重新将学习过的知识复习了一遍,进一步熟悉各个工程量的计算规则。这一过程培养了我的专心、细心和耐心。在套清单和定额的时候,需要参考图纸,但也有些是没有明确给出的,只能套相近的或补充定额,这也考验了自己对专业知识的熟悉程度。通过这次毕业设计,我更加熟悉了CAD、广联达套价软件的操作技能,掌握了计价定额、清单规范、图集、费用定额等资料中相关的专业知识,熟悉了工程预算的步骤和方法,掌握预算的关键内容和要点,学会如何编制一份工程量清单文件和工程量清单报价文件,学会如何理论联系实际,如何将书上的知识灵活地运用到具体工程中来。同时,也锻炼了我独立思考和查阅相关资料的能力。此外,考虑问题要学会综合考虑影响结果的各种因素,学会灵活解决各种较为复杂的问题。在这次毕业设计过程中所学到的寻找解决问题的方法是这次毕业设计中最大的收获,这将会使我终身受益。

参 考 文 献

[1] 李希伦.建筑工程工程量清单计价编制实用手册[M].北京:中国计划出版社,2003:34.

[2] 北京广联达慧中软件技术有限公司.建筑工程工程量的计算与软件应用[M].北京:中国建材工业出版社,2005:64.

南通市紫金苑6号楼工程投标文件编制

学生姓名：王 婧 指导教师：洪伟民

南通大学建筑工程学院，工程管理专业，学号：1214022066

【摘 要】 课题为南通市紫金苑6号楼工程投标文件编制。设计来源于实际工程，包括英文翻译、抄绘建筑图纸，通过手算工程量和计价软件进行工程投标报价，以施工方案、施工进度计划和施工总平面布置为重点，编制一份施工组织设计文件。

【关键词】 投标；文件编制；工程投标报价；施工组织设计

1 工程概况

本工程是南通市紫金苑6号楼多层框架结构住宅楼，属于新建民用居住建筑。工程位于江苏省南通市，总建筑面积3536.45m^2，其中非机动车库建筑面积500.61m^2，标准层总建筑面积2480.09m^2，阁楼面积363.57m^2，阳台雨篷面积161.01m^2（按一半计），保温板面积31.17m^2。本工程± 0.000设计标高为建筑底层车库室内地坪标高，相当于国家85高程3.75m，住户入口处室内外高差0.150m。住宅共五层，层高2.8m（其中顶层带阁楼，阁楼层高3.433m）；地上车库一层，层高2.5m。建筑高度为19.933m。建筑使用年限为50年，屋面防水等级为二级，建筑耐火等级为二级，填充墙耐火极限为1h，房间隔墙为0.5h，柱耐火极限为2.5h，梁为1.5h，楼板、楼梯为1h。建筑抗震防裂度为6度。± 0.000以下采用MU10长江淤泥烧结砖，M7.5水泥砂浆砌筑；±0.000以上外墙及厨卫间的四周墙体采用KP1砖及M5混合砂浆，内墙采用KM1砖及M5混合砂浆，强度等级为MU5砌筑。基础垫层采用C15，2.470m标高以下柱为C35，其余部分均为C30。

2 投标文件的编制

2.1 商务标文件

商务标文件即工程的投标报价，本次毕业设计需要进行工程量的计算，并通过广联达计价软件获得工程总造价。

本工程的工程量计算按照《江苏省建筑与装饰工程计价定额》（上、下册）规则进行计算[1]。根据建筑施工图和结构图计算出基数，即内墙净长线、外墙外边线、外墙中心线和建筑面积，有助于减少接下来分部分项工程的统筹计算并保证前后数据的统一性和准确性。计算土石方工程时，根据施工顺序，分别计算平整场地、基坑开挖、垫层和承台等混凝土的体积、土方回填、余土外运。混凝土工程则是分别计算出框架柱、有梁板、楼梯和小型构件等的浇筑工程量。砌筑工程分内外墙分别计算，扣除框架梁、柱、门窗洞口等的体积，根据不同砌块分别计算所需材料量。屋面防水及保温隔热工程则是按照图纸设计要求，计算屋面所需材料等的工程量，包括20厚水泥砂浆找平层，其中，坡屋面三遍，平屋面两遍；30厚硬泡聚氨酯保温层；50厚细石混凝土找平层、DWD120防护卷材、聚氨酯涂膜防水层；20厚水泥砂浆保护层，坡屋面上还需要挂瓦条。楼地面工程根据卫生间及厨房与其他部分不同做法进行计算。墙柱面工程分内外墙单独计算，内墙面还要区分出卫生间和厨房的不同做法，外墙面直接求出真石漆饰面的喷涂面积。天棚工程则主要是计算出所有平顶和楼梯顶板的面积。重新对门窗工程中门窗的个数和尺寸进行了测量，把原工程施工图纸上的统计错误加以改正。钢筋工程中则根据结构设计说明要求及 11G101 图集计算标准层的梁和板的钢筋量，其余部分则进行大致计算。脚手架工程采用综合脚手架，通过建筑面积计算而得。模板工程则是根据含模量进行计算。油漆、裱糊工程等根据木扶手、金属构件油漆喷涂等方面进行计算。最后进行工程量的汇总，并根据手稿内容编制工程量计算书。

计算出工程量后，便开始套用 2016 年度南通市第二季度信息价确定工程报价。利用广联达计价软件，采用定额计价，取费标准为三类工程，最终成果包括单位工程费汇总表、分部分项工程计价表、人材机汇总表、人材机价差表、实体项目单价分析表、单价措施项目计价表、总价措施项目计价表和规费、税金项目计价表。其中，不可竞争费费率计取如下：安全文明施工费包括基本费按 3.3%，增加费按 0.7%计取。税金费率取为 3.477%，规费中工程排污费费率为 0.1%，社会保险费取为 3%，住房公积金取为 0.5%，规费的计算基数为分部分项工程费用、措施项目费用与其他项目费用的总和。

2.2 技术标文件

施工组织设计文件是以施工方案、施工进度计划和施工平面布置图为重点，以外脚手架为对象编制专项施工方案，还包括工程概况、编制依据、工程质量保证措施、安全文明保证措施、夏雨季施工保证措施等内容，争取完成工程的质量、进度、费用目标[2]。

施工方案根据施工部署里划分的工程施工顺序进行编制。首先是地基基础工程部分，对于土方工程，采用机械挖土，坑上作业，则放坡系数为 1∶0.67，开挖深度为 1.80m，考虑到基础放坡重叠以及施工方便，采用大开挖方式。基础里的模板工程采用组合木模板保证工程质量。基础柱的模板安装时应先固定模板位置，加强柱模板底部的固定，防止漏浆。钢筋在进场前应仔细检查级别、直径和种类等方面，并按照规定进行力学性能的抽样测验，合格后进场使用。基础采用 MU10 长江淤泥烧结砖，M7.5 水泥砂浆砌筑。砌筑应保证横平竖直，砂浆饱满，组砌得当。混凝土等级不同，柱采用 C35，垫层采用 C15，其余部分采用 C30，应当分别进行浇筑。其次是主体工程部分。模板在使用之前应做好清洁工作，并按照规格堆放好。钢筋在进场前，应根据要求进行检验，合格后根据编号堆放整齐，防止混放。混凝土采用机械搅拌，同一施工段的混凝土的浇筑工作应连续进行，应先浇筑柱，梁板可以一同浇筑。砖墙的砌筑包括抄平、放线、摆砖样、立皮数杆挂线、铺灰砌筑和勾缝等工序，主体结构的外墙砖采用 KP1 砖及 M5 混合砂浆，内墙砖采用 KM1 砖及 M5 混合砂浆砌筑。再次是屋面工程，建筑图纸上表明本工程平屋面是复合防水屋面，坡屋面是混凝土彩瓦屋面。应组织专业人员进行防水工作，按照图纸设计要求，结合南通本地下雨量、雨季持续时间等方面进行施工，作业方法应当严格按照规范标准进行。接下来是装饰工程部分。本工程内墙面装饰包括内墙涂料、混合砂浆粉刷，厨房、卫生间采用水泥砂浆粉刷并设置止水带，平顶、楼梯部分采用水泥砂浆粉刷。外墙采用真石漆饰面，包括 25 厚水泥石灰砂浆、20 厚水泥砂浆找平层、泡沫玻璃保温板、专用抹面砂浆等，装饰面所采用的材料、颜色、图案应根据设计要求进行。油漆工程包括木扶手、木门窗的喷涂，楼梯栏杆处喷涂银粉漆。楼地面工程应该安排专门人员进行楼地面工作，施工前先保持工作面干净整洁，避免楼地面鼓包开裂。

依据施工部署的内容制订施工进度计划，依据不同工种的工作面确定工人人数，保证施工安全，通过工人人数拟算出施工天数，即按照公式：劳动量＝工程量/产量定额、工人人数＝工程量/工人工作的最小工作面、作业天数＝劳动量/工人人数，进行分部分项工程持续时间的计算。

施工平面布置图[3]应该遵循下列原则：施工现场平面图应当布置合理，尽量减少使用面积；办公场地和生活区应该远离施工作业区，避免对工作人员的生活造成干扰；合理安排运输道路和机械放置，尽量减少二次搬运问题；服从当地相关部门的管理，实施文明施工；可以利用现有资源为工程提供服务，减少临时设施的花费。其布置内容包括生活、办公区设置、施工区设置、临时道路设置、水电设置和消防安全设施。其中，生活服务区的面积尺寸应该按照资源需求量计划表中所需劳动量来按比例设置，同时应充分考虑高峰时期的施工人员数量，进行宿舍大小示意图的设置，食堂、厕所也是场地必需的。本工程将警卫室、宿舍、办公室、会议室、食堂等办公、生活区安排在工程北侧，并用围墙与作业区分隔开，表示中间安排有较长的距离。本工程设置了钢筋堆放场和钢筋作业区、工具房、模板堆放区和木工作业区、水泥罐、砖堆场、砂石堆场等。为保证施工车辆的正常进出，本工程设置了两个进出口，道路设置成环形，防止交通堵塞，方便通行，路面采取硬化处理。本工程中水电都形成很好的铺设道路，方便使用。为确保文明施工，保证施工现场的安全，应设置消火栓等消防设施。在施工现场设置消防通道，保证车辆和人员进出畅通，同时避免非工程相关人员进入施工场地。

专项施工方案是以外脚手架为对象，对主要施工方案、监控措施、安全文明施工措施等部分进行阐述，各部分要求需满足《建筑施工扣件式钢管脚手架安全技术规范》(JGJ130—2011)。计算书主要验算大小横杆的应力、挠度、扣件抗滑力、立杆稳定性、连墙件稳定性和地基承载力。

2.3 外文翻译

英文翻译的题目为《衡量腐败的公理化方法》。文章设置一种公理化方法，对腐败行为进行识别、聚合，衡量腐败行为的性质，并通过实证应用对实践检验的结果与预估情况进行比较，并判断时间、投资等影响因素与腐败之间的影响关系。

2.4 抄绘 CAD 图纸

运用 Auto-CAD 软件进行工程建筑施工图的抄绘工作，绘图内容包括平面图、立面图、剖面图、楼梯详图。在绘制图纸的过程中，应当符合制图规范。在抄绘图纸的过程中，可以加强对工程的认识，为进一步计算工程量提供方便。

3 总　　结

本毕业设计对我来说是一个很大的挑战。首先，对于建筑结构图纸的抄绘，虽然自己曾经取得了 Auto-CAD 的专业证书，但已经有两年多没有涉及这方面的内容，例如，如何设置比例绘图，如何建立图层，如何进行图形修改以及很多快捷键的使用已记得不是很清楚，因此我需要重新学习并练习，直到熟能生巧，这样在绘图过程中就会轻松很多。在抄绘图纸的过程中，我对工程的基本信息有了初步的了解，学会了识图认图。根据施工图纸计算工程量是一个浩大的工程，也是花费时间最多的一项工作。大三学期学习过工程造价这门课，所以计算起来稍微容易上手些，首先要详细翻看图纸查阅图集，其次要熟悉工程量计算规则，尽可能做到不漏项不少项。施工组织设计作为毕业设计的又一大重点，所进行的工作也不容小觑。它包括施工项目的工程概况、施工部署、施工方案的选择、施工进度计划、各种资源需要量计划、施工现场平面图布置、技术组织保证措施等。对于专项施工方案，我选择的是外脚手架的施工方案编制。对于外脚手架的受力计算等，刚开始我是一窍不通，因为平时学习中只是了解过脚手架的使用，对于脚手架的搭设、受力、分析构件等则需要我从钢管扣件式脚手架施工规范入手。另外，在施工总平面布置图和施工进度计划方面我也花了比较多的时间，了解了施工现场的布置情况和应该遵守的规则，同时对施工流水段的划分、施工工序的搭接等进行了进一步的学习。

通过这次毕业设计，我明白了学习是一个长期积累的过程，自己要学习的东西还很多，在以后的学习生活中更要加倍努力。整个毕业设计过程，既培养了我独立思考的能力，又提升了我的综合素质，加深了对专业知识的学习，相信这对我今后的工作会有很大的帮助。

参考文献

[1] 江苏省住房和城乡建设厅. 江苏省建筑与装饰工程计价定额(上、下)[M]. 南京：江苏凤凰科学技术出版社，2014.

[2] 李启明. 土木工程合同管理[M]. 南京：东南大学出版社，2008.

[3] 郭正兴. 土木工程施工[M]. 南京：东南大学出版社，2012.

南通市荣威科技有限公司综合楼设计

学生姓名：郑宇倩　指导教师：赵玉新

南通大学建筑工程学院，土木工程专业，学号：1214012149

【摘　要】 课题为南通市荣威科技有限公司综合楼设计，采用钢筋混凝土框架结构。首先确定结构形式以及结构布置方案；然后选取一榀框架进行内力以及配筋计算和施工组织设计；最后用 PKPM 软件进行电算校核，并绘制结构施工图。

【关键词】 框架结构；钢筋混凝土；内力计算；配筋计算

1　工程设计基本资料

1.1　工程概况

建筑面积约 4500m^2；主体地上 5 层，3 跨，无地下层；建筑层高底层 4.5m、标准层3.6m、顶层 3.9m；建筑功能为综合楼；建设地点为南通市。

1.2　设计技术资料

设计技术资料包括工程地质资料、气象条件、抗震设防要求和基本参数及设置依据等相关内容。

1.3　建筑扩初图设计

利用 CAD 软件进行建筑扩初图设计，其中包括建筑平面图、立面图、剖面图和楼梯详图。因为篇幅有限，所以仅附上首层平面图。首层平面图如图 1 所示。

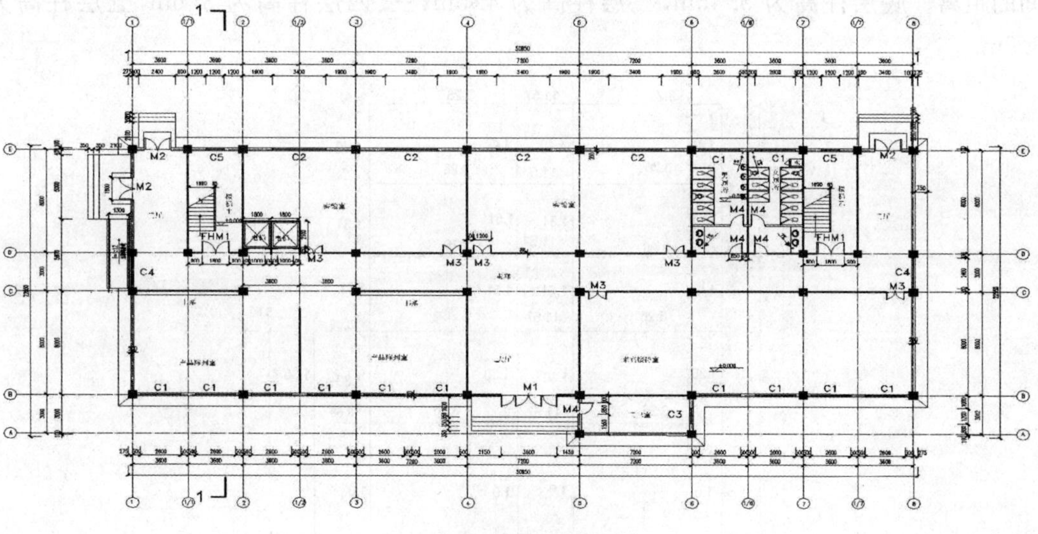

图 1　建筑首层平面图

1.4 结构平面布置

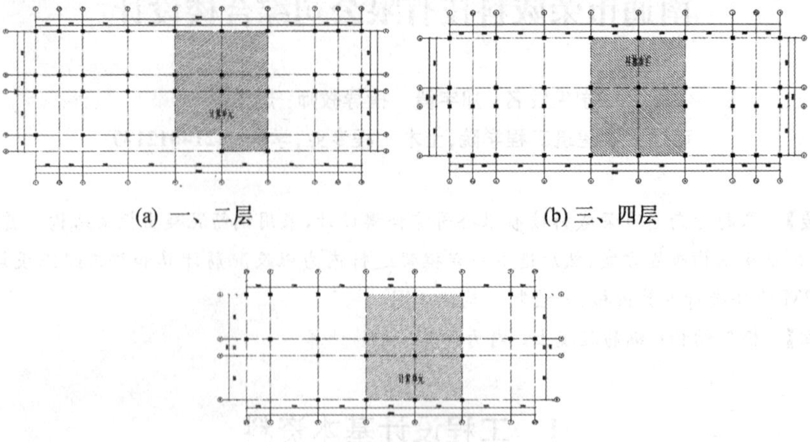

(a) 一、二层　　(b) 三、四层

(c) 五层

图 2　结构柱网布置图

1.5 框架梁柱的截面尺寸

横向框架梁的截面尺寸为 400mm×900mm；纵向框架梁的截面尺寸为 350mm×800mm；横向次梁的截面尺寸为 400mm×900mm；卫生间纵向两跨次梁的截面尺寸为 200mm×400mm。框架柱的截面尺寸为 550mm×550mm。

1.6 框架的计算简图及梁柱线刚度

框架的计算简图及线刚度如图 3 所示，取⑤轴上的一榀框架计算。假定框架柱嵌固于基础顶面，框架梁与柱刚接。由于各层柱的截面尺寸不变，故梁跨等于柱截面形心轴线之间的距离。底层柱高为 5.45m，二层柱高为 4.5m，三、四层柱高为 3.6m，五层柱高为 3.9m。

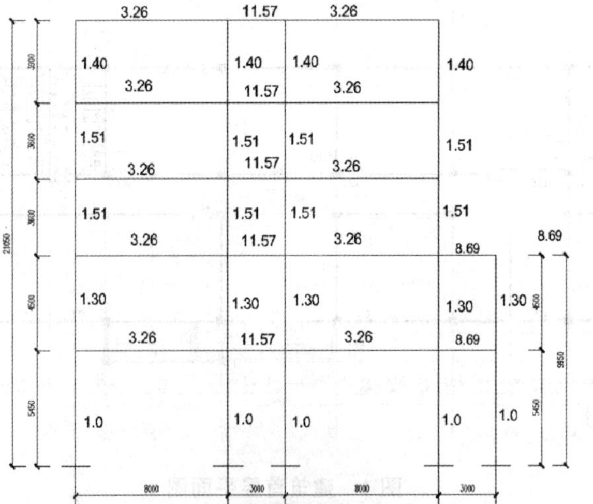

图 3　框架的计算简图及梁柱线刚度

2 结构内力计算与组合

2.1 荷载分析

恒荷载计算包括不上人屋面恒荷载，普通楼面及卫生间楼面，计算梁自重，墙自重。

活荷载计算包括不上人屋面活荷载，一般房间，走廊门厅，楼梯，卫生间，风荷载及雪荷载。

2.2 框架的计算单元在荷载作用下的计算简图

框架在各种荷载的计算简图见图 4，其中包括框架在恒荷载、活荷载和风荷载作用下的计算简图。

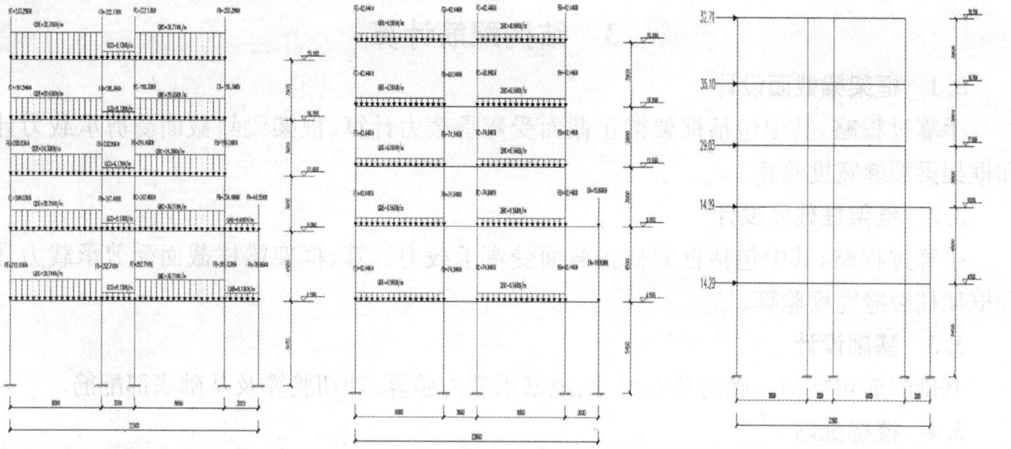

图 4 框架的计算单元在荷载作用下的计算简图

2.3 内力计算

框架在恒荷载和活荷载作用下的弯矩运用弯矩二次分配法进行计算，在风荷载作用下的内力运用 D 值法计算。下面以恒荷载作用下的内力图为例，具体见图 5。

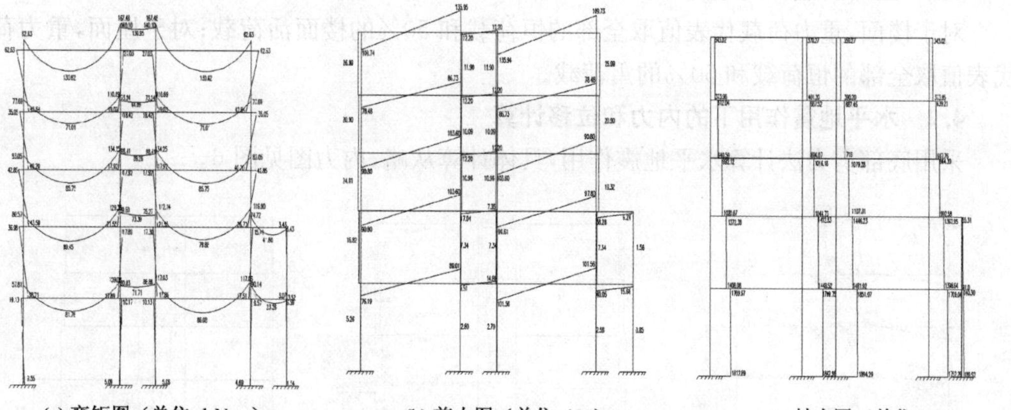

(a) 弯矩图（单位：kN·m） (b) 剪力图（单位：kN） (c) 轴力图（单位：kN）

图 5 框架在恒荷载作用下的内力图

2.4 框架梁柱内力组合

框架梁控制截面是梁端支座截面和跨中截面。框架柱的控制截面通常是柱上、下两端截面。

框架结构的内力组合：

以永久荷载效应控制的基本组合：

$$1.35\times S_{GK}+1.4\times(0.7\times S_{QK}+0.6\times S_{WK})。$$

以可变荷载效应控制的基本组合：

$$1.2\times S_{GK}+1.4\times S_{QK}+1.4\times 0.6\times S_{WK},$$

$$1.2S_{GK}+1.4\times 0.7S_{QK}+1.4\times S_{WK}。$$

荷载效应的准永久组合：

$$1.0\times S_{GK}+0.4\times S_{QK}。$$

3 结构配筋计算

3.1 框架梁截面设计

手算过程略，其中包括框架梁正截面受弯承载力计算、框架梁斜截面受剪承载力计算和框架梁裂缝宽度验算。

3.2 框架柱截面设计

手算过程略，其中包括框架柱正截面受弯承载力计算、框架梁柱截面受剪承载力计算和框架柱裂缝宽度验算。

3.3 基础设计

基础配筋包括初步确定基础尺寸、地基承载力验算、冲切验算及基础底部配筋。

3.4 楼梯配筋

楼梯包括板配筋、平台梁配筋等，其中应进行荷载计算、内力计算、正截面斜截面承载力计算，并配筋。

4 抗震设计

4.1 重力荷载作用下的内力计算

对于楼面，重力荷载代表值取全部的恒荷载和50%的楼面活荷载；对于屋面，重力荷载代表值取全部的恒荷载和50%的雪荷载。

4.2 水平地震作用下的内力和位移计算

采用底部剪力法计算水平地震作用，具体计算从略，内力图见图6。

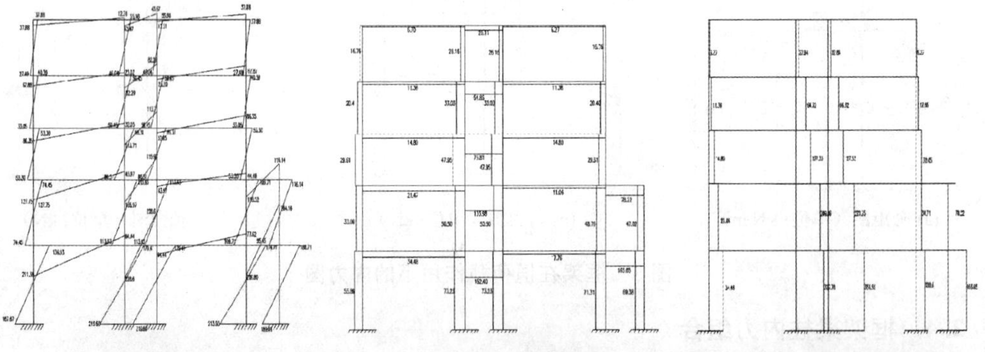

(a) 弯矩图（单位：kN·m）　(b) 剪力图（单位：kN）　(c) 轴力图（单位：kN）

图6 ⑤轴线框架在水平地震作用下的内力图

4.3　地震作用效应和其他荷载效应的基本组合

方法同2.4。

4.4　框架梁柱的抗震截面设计

方法同3.1与3.2。

5　PKPM电算与绘制结构施工图

利用PKPM软件进行电算校核并绘制结构施工图。结构施工图包括基础布置及配筋详图、柱的平法施工图、梁的平法施工图、板的配筋图以及楼梯的配筋详图。因篇幅有限，下面以一层板的配筋图和一层梁的平法施工图为例，具体见图7与图8。

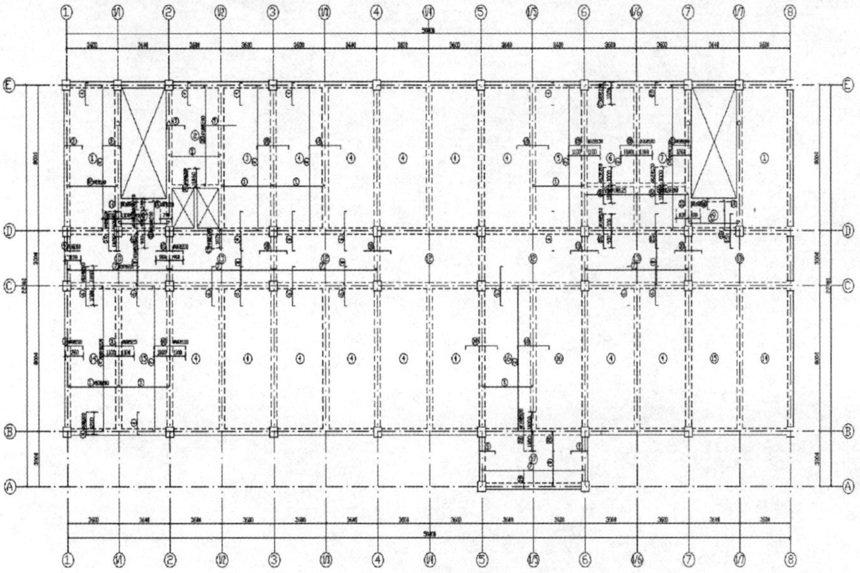

图7　一层梁平法施工图

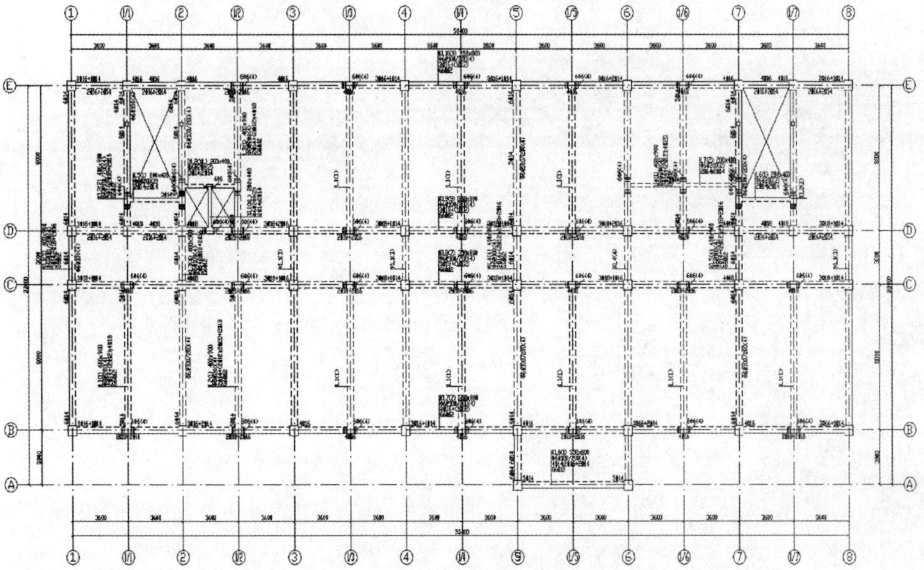

图8　一层楼板配筋图

6 施工方案设计

略。

参考文献

[1] 周俐俐. 多层钢筋混凝土框架结构设计实例详解——手算与PKPM应用[M]. 北京：中国水利水电出版社,2012.

[2] 中华人民共和国行业标准. 混凝土结构设计规范(GB50010—2010)[S]. 北京：中国建筑工业出版社,2010.

[3] 中华人民共和国行业标准. 建筑结构抗震设计规范(GB50011—2010)[S]. 北京：中国建筑工业出版社,2010.

棉/棉秆皮纤维混纺产品的开发和染色性能研究

学生姓名：韦娇艳　指导教师：董　震

南通大学纺织服装学院，纺织工程专业，学号：1215012031

【摘　要】 在本研究中，将细度细、木质素含量低的棉秆皮纤维与棉按照 70∶30 的比例在传统环锭纺设备上加工成 26 英支的细纱，在 Z652 型手摇横机上加工成 1+1 罗纹针织物，然后对棉/棉秆皮纤维混纺纱的结构、力学性能及棉/棉秆皮纤维混纺织物的手感和染色性能进行了分析。研究结果显示：棉/棉秆皮纤维混纺纱比棉/黄麻混纺纱具有更好的条干和断裂强度；棉/棉秆皮纤维混纺织物比棉/黄麻混纺织物具有更高的顶破强力，更柔软、平滑的手感；活性红 120 在棉秆皮纤维上的上染率比在棉纤维上的高 15.7%，这是因为棉秆皮纤维的 Zeta 电位比棉的高，结晶度比棉的低；染色后的棉/棉秆皮纤维混纺织物 K/S 值比纯棉织物高，L^* 值比棉织物低。染色后的棉/棉秆皮纤维混纺织物水洗、耐光及干摩擦牢度与纯棉织物的相同，但沾色和湿摩擦牢度略低。认为棉秆皮纤维是传统韧皮纤维的一个优质替代品，可用于高附加值纺织产品开发。该研究成果不仅可以减轻环境压力，还有助于促进纺织工业的可持续发展。

【关键词】 棉秆皮；天然纤维；针织物；风格；染色性能

1　绪　论

1.1　课题背景

棉秸秆是棉花种植的主要副产物，来源丰富，但并未得到充分的利用。据调查统计，我国的农作物秸秆资源总量约为 8.4×10^{11} kg，其中棉秸秆约为 2.6×10^{10} kg[1]。由于各种原因，国内外棉秸秆的利用率都很低。目前，我国棉秸秆的处理方式是在田地里焚烧或填埋处理。然而，这两种处理方式不仅会对田间作物的生长造成影响，还有可能使病虫害增加。焚烧秸秆在排放二氧化碳的同时，还会对空气造成严重污染，由此引发大气环境问题。

目前，棉秸秆纤维的提取研究已有文献[2-4]报道，但棉秆皮纤维纺织产品的开发及其染色性能研究还未见报道。棉秆皮纤维纺织产品的开发利用可以促进棉秸秆的综合利用，提高棉花种植的附加值，并有助于减少秸秆焚烧引起的环境污染。

1.2　主要内容

本课题将细度细、木质素含量低的棉秆皮纤维与棉按照 70∶30 的比例在传统环锭纺设备上加工成 26 英支的细纱，在 Z652 型手摇横机上将细纱加工成 1+1 罗纹针织物，并进行染色。分析了棉/棉秆皮纤维混纺纱的结构、力学性能及其与纯棉、棉/黄麻混纺纱的性能差异；分析了棉/棉秆皮纤维混纺织物与纯棉织物顶破强力及手感风格的差异；研究了棉秆皮纤维与棉、棉/棉秆皮纤维混纺织物与纯棉织物染色性能的差异，并分析了原因。

2　棉/棉秆皮纤维混纺纱及其针织物

2.1　棉/棉秆皮纤维混纺纱的结构和性能

棉秆皮纤维和棉按照梳棉（FA201 型，青岛鑫润源机械有限公司）→并条（FA306A，青岛东润发机械有限公司）→粗纱（FA458，青岛纺机）→细纱（FA506，经纬纺织机械有限公司)的传统环锭纺流程加工成细度为22.4tex的棉秆皮纤维混纺纱。纯棉纱和混纺纱的条干、毛羽及力学性能测试结果见表1。从表1可以看出,当棉秆皮纤维的比例从10%升至30%后,棉/棉秆皮纤维混纺纱的条干CV%升高了69.9%,毛羽指数上升了78.6%,而断裂强度和断裂伸长率分别降低15.1%和6.5%。棉秆皮纤维比棉粗,表面缺少天然转曲,其可纺性不如棉。因此,棉秆皮纤维比例的升高会造成混纺纱线品质的下降。混纺比同为90/10时,棉/棉秆皮纤维混纺纱的条干不匀率比棉/黄麻混纺纱低25.9%,而断裂强度高39.5%。这种差异与混纺纱的结构有关。图1显示了棉/棉秆皮纤维及棉/黄麻混纺纱的结构。由图1可以看出,棉秆皮纤维可以与棉均匀地混合在一起,形成比较完善的纱线结构(见图1a)。黄麻纤维粗且木质素含量高,易突出纱线表面,形成纱疵(见图1b)。这种明显的结构缺陷会造成黄麻混纺纱各项性能的下降。由此可知,棉/棉秆皮纤维混纺纱的性能不如纯棉纱,但优于棉/黄麻混纺纱。

表1 棉/棉秆皮纤维混纺纱与纯棉及棉/黄麻混纺纱的性能

纱线种类	混纺比	条干CV(%)	毛羽指数(number·m^{-1})	断裂强度(cN·tex^{-1})	断裂伸长(%)
纯棉纱	—	12.5±1.1	10.8±2.2	17.8±1.6	6.5±0.5
棉/棉秆皮混纺纱	70/30^{M}	28.2±2.0	22.5±2.2	14.1±1.5	5.8±0.3
	90/10	16.6±1.5	12.6±1.5	16.6±1.5	6.2±0.5
棉/黄麻混纺纱	90/10^{M}	22.4±2.6	16.5±3.3	11.9±1.3	4.4±0.4

注:棉秆皮纤维用4%的碱在130℃脱胶后获得。所有纱线细度为26英支(22.4tex),捻系数统一为390。^{M}代表混纺纱中棉秆皮纤维或黄麻可能达到的最高比例。

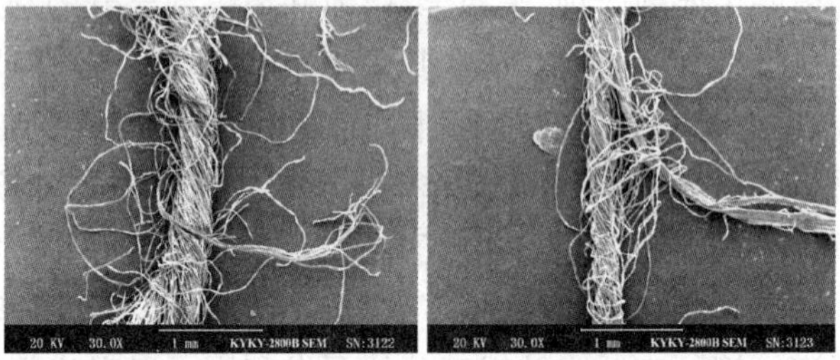

a. 棉/棉秆皮纤维(90/10)混纺纱　　b. 棉/黄麻(90/10)混纺纱

图1 两种纱线的结构

2.2 棉/棉秆皮纤维混纺针织物的成型及性能

棉/棉秆皮纤维混纺纱在手摇横机(Z652C,常熟市国盛针织机械厂)上加工成1+1螺纹织物。织物横密72纵行/50mm,纵密42横列/50mm,克重230g/m^2。棉/棉秆皮纤维混纺织物和纯棉织物及棉/黄麻混纺织物的顶破强力及织物风格的对比见表2。

表2 棉/棉秆皮纤维混纺织物、纯棉织物及棉/黄麻混纺织物的顶破强力与手感

织物种类	混纺比	顶破强力(N)	相对手感	韧度	软度	平滑度
纯棉织物	—	325	0	27.8	92.9	88.6
棉/棉秆皮纤维混纺织物	70/30^{M}	216	5.4	46.6	73.5	65.5
	90/10	296	0.6	29.7	89.6	82.8
棉/黄麻混纺织物	90/10^{M}	160	1.2	35.6	83.6	78.1

注:^{M}代表混纺纱中棉秆皮纤维或黄麻纤维可能达到的最高比例。

由表 2 可以看出，纯棉织物的顶破强力最高，织物最柔软。棉秆皮纤维比例为 10%的混纺织物的相对手感值与纯棉织物接近。当棉秆皮纤维的比例从 10%升高至 30%后，混纺织物的顶破强力下降了 27%。其韧度值升高，而软度和滑度值下降，织物的手感变得更硬、更粗糙。混纺比相同时，棉/棉秆皮纤维混纺织物的顶破强力比棉/黄麻混纺织物高 85%，手感更柔软、平滑。本研究中的棉秆皮纤维木质素含量比黄麻低，纤维比黄麻柔软，更易与棉混合，形成较完善的纱线结构。因此，棉秆皮纤维的混纺织物比黄麻混纺织物具有更好的强度和手感。

3　棉秆皮纤维的染色

将活性红 120 分别在 50℃、60℃、70℃条件下上染棉和棉秸秆纤维，浴比 1∶1000，o.w.f 2%，测试不同时间条件下的上染率，实验结果见图 2。从图 2 可看出，活性红 120 在棉秆皮纤维上的上染率的变化和棉相似。在染色的起始阶段，染料的上染率迅速增加；30min 后上染率的增加趋于平缓。染色温度为 60℃时，染料在棉秆皮纤维上的上染速率最快，半染时间短。在染色的任意阶段，染料在棉秆皮纤维上的上染率始终高于相同条件下染料在棉上的上染率。染色结束时，活性红 120 在棉秆皮纤维上的上染率比棉纤维的高 15.7%。较高的上染率与棉秆皮纤维较高的 Zeta 电位(较小的 Zeta 电位绝对值)及较低的结晶度有关。棉秆皮纤维的 Zeta 电位为－11.5mV，高于棉纤维的－17.2mV。由于染液中的活性染料分子带负电，而棉秆皮纤维表面的负电荷较棉纤维的少，染料和棉秆皮纤维之间的库仑斥力较低。因此，活性红 120 更容易上染到棉秆皮纤维上。此外，棉秆皮纤维的结晶度比棉的低 14.7%(见表 3)，其无定型区的比例比棉的高。由于染色过程中染料主要在纤维的无定型区内扩散，较高比例的无定型区使活性染料更易进入棉秆皮纤维内部，产生更高的上染率。

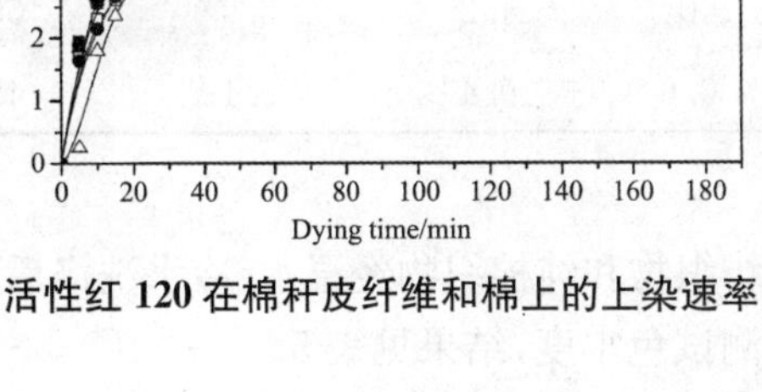

图 2　活性红 120 在棉秆皮纤维和棉上的上染速率曲线

表 3　棉秆皮纤维与棉纤维的结晶度对比

样品	结晶度(%)	参考文献
棉秆皮	38.6±2.1	本文
棉秆皮纤维	60.6±4.6	本文
棉	69.5±5.8	[2]

4　棉/棉秆皮纤维混纺针织物的染色

纯棉织物和棉/棉秆皮纤维混纺织物在染色前采用 25g/L 的碱液煮炼两次，以充分去除纤维上的油剂和杂质。浴比 1∶50，温度 100℃，煮练时间 2h。

4.1　上染速率曲线

染色浴比 1∶20，o.w.f 2%，始染温度 60℃，染色 5min 后加入 10g/L 元明粉，15min 时

再加入 10g/L 元明粉，染色 30 min 后加入 15g/L Na_2CO_3 固色，然后升温至 85℃。染料在纯棉织物及棉/棉秆皮纤维混纺织物上的上染率的变化见图 3。

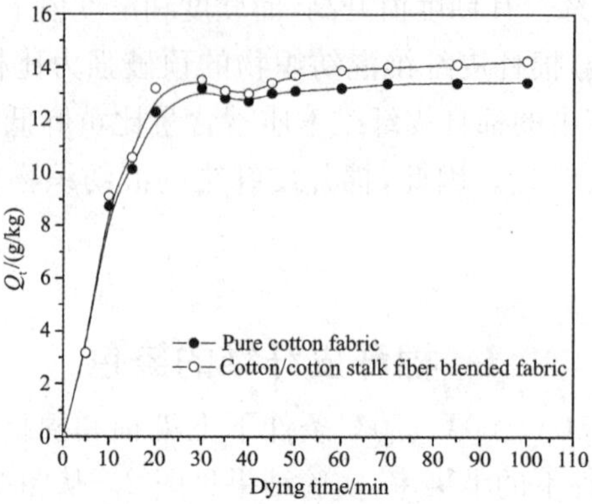

图 3 活性红 120 在棉/棉秆皮纤维混纺织物和纯棉织物上的上染速率

由图 3 可看出，在染色的初始阶段(0～30min)，染料在两种织物上的上染率迅速增加，30～40min 范围内上染率的下降是升温造成的，40min 后上染率的回升是加碱固色造成的。在染色的任意阶段，染料在棉/棉秆皮纤维混纺织物上的上染速率始终高于纯棉织物，这一结论与纤维的染色规律完全一致，即活性红 120 染料在棉秆皮纤维上的上染率和上染速率明显高于在棉纤维上的。

4.2 染色织物的颜色特征值

染色前后纯棉及棉/棉秆皮纤维混纺织物的颜色特征值见表 4。从表 4 可以看出，染色前纯棉织物的白度和 L^* 值比棉/棉秆皮纤维混纺织物高，但 a^* 和 b^* 值略低，这是因为棉秆皮纤维本身的颜色偏黄。染色后，棉/棉秆皮纤维混纺织物的 K/S 值比纯棉织物高而 L^* 值比纯棉织物低。此外，染色后混纺织物的颜色也比纯棉织物更鲜艳，这是因为活性红 120 在棉秆皮纤维的上染率比在棉纤维上的高。

表 4 染色前后棉/棉秆皮纤维混纺织物与纯棉织物的颜色特征值

织物种类	煮练后织物的颜色特征值				染色后织物的颜色特征值	
	Whiteness	L^*	a^*	b^*	K/S	L^*
纯棉织物	47.7	88.3	0	4.2	8.5	50.6
棉/棉秆皮纤维混纺织物	20.4	83.4	0.6	9.4	9.1	48.0

4.3 染色织物的色牢度

按 4.1 的方法染色后的棉/棉秆皮纤维混纺织物和纯棉织物经温水、冷水洗涤后进行皂煮处理。皂煮后的织物经漂洗和自然风干后，测试色牢度，结果见表 5。

表 5 染色后棉/棉秆皮纤维混纺织物与纯棉织物的色牢度

染色后的织物	耐洗色牢度(Grade)		耐光色牢度(Grade)	耐摩擦色牢度(Grade)	
	变色	沾色		干	湿
纯棉织物	4.5	4.5	L4	4	4
棉/棉秆皮纤维混纺织物	4.5	4	L4	4	3.5

由表 5 可以看出，染色后棉/棉秆皮纤维混纺织物的水洗、耐光及干摩擦牢度和纯棉织物相同，但沾色和湿摩擦牢度略低。本研究中的棉秆皮纤维木质素含量较低，对混纺织物的色牢度影响小。但是，在溶剂和摩擦力的共同作用下，与木质素结合的染料易发生转移，造成沾色和湿摩擦牢度的轻微降低。

5 结　论

本课题研究了棉秆皮纤维的纺纱性能，分析了棉/棉秆皮纤维混纺织物的风格和染色性能。研究发现，混纺比同为 90/10 时，棉/棉秆皮纤维混纺纱的条干不匀率比棉/黄麻混纺纱低 25.9%，断裂强度高 39.5%。混纺比为 90/10 的棉/棉秆皮纤维混纺织物的相对手感与纯棉织物接近。与混纺比为 90/10 的棉/黄麻混纺织物相比，棉/棉秆皮纤维混纺织物的顶破强力高 85%，手感更柔软、平滑。棉秆皮纤维及其混纺织物的染色研究表明，活性红 120 在棉秆皮纤维上的上染率比在棉纤维上的高 15.7%。充分去除纤维表面的油迹和杂质后，染料在棉/棉秆皮纤维混纺织物上的染色规律和纤维的染色规律一致。染色后混纺织物的 K/S 值比纯棉织物的高，而 L^* 值比纯棉织物的纤维上的低，棉/棉秆皮纤维混纺织物的水洗、耐光及干摩擦牢度和纯棉织物的相同，但沾色和湿摩擦牢度略低。总之，本研究中的棉秆皮纤维是传统韧皮纤维的一个优质替代品，可用于高附加值纺织产品的开发。

参考文献

[1] 王双磊，李金埔，赵洪亮，等. 棉花秸秆利用现状与还田潜力分析研究[J]. 山东农业大学学报：自然科学版，2014，45(2)：310—315.

[2] Reddy N, Yang Y. Properties and potential applications of natural cellulose fibers from the bark of cotton stalks[J]. Bioresource Technology, 2009, 100(14): 3563—3569.

[3] Dong Z, Hou X, Sun F, et al. Textile grade long natural cellulose fibers from bark of cotton stalks using steam explosion as a pretreatment[J]. Cellulose, 2014, 21(5): 3851—3860.

[4] Hou X, Sun F, Zhang L, et al. Chemical-free extraction of cotton stalk bark fibers by steam flash explosion[J]. Bioresources, 2014, 9(4): 6950—6967.

连身袖的结构分析与研究

学生姓名：单露露　指导教师：徐蓼芫
南通大学纺织服装学院，服装设计与工程专业，学号：1215022003

【摘　要】 连身袖的外观造型和其运动度的矛盾限制了其发展。该文在保持袖山高和袖肥不变的前提下，分析了连身袖外观造型和运动度之间的关系，并通过实验进行验证，得出影响连身袖外观造型和运动度的影响因素；归纳、总结解决这一矛盾的结构设计方法并将其运用到女装连身袖结构设计中。

【关键词】 连身袖结构；外观造型；运动度；解决方法

1　连身袖概述

从现代服装结构理论上讲，连身袖是指袖窿结构线部分或袖窿结构线彻底消失后，袖片与衣片整体或局部合为一体的袖子结构。

1.1　连身袖的起源和演变

连身袖结构是最古老的服装结构形式之一，是一种古老的服装“纸样”。在西方，它可追溯至古希腊时期；在我国，最早出现在新石器时代，直到清末民初，在西式装袖和立体裁剪的冲击下，它才渐渐退出了袖型结构的主流。从此，袖型大都采用装袖结构，但是它并没有消失，至今仍然被广泛地运用于舞台服装、休闲运动系列服装或针织服装中，有时也用于时装中[1]。总的来说，连身袖从古至今已经发生了根本性的变化，从传统到现代，从平面到立体，从宽松到合体，随着时代的变迁，它的形态也在不断演变[2]。

1.2　连身袖的分类

连身袖的分类方法有很多。按肩部做缝形态可分为平连袖和斜连袖；按分割线形式可分为肩部分割袖和袖窿分割袖，肩部分割袖又可分为插肩袖、半插肩袖、落肩袖、覆肩袖，袖窿分割袖又可分为袖身分割袖、衣身分割袖、袖身衣身分割袖；按腋下有无插角可分为有插角连身袖、无插角连身袖[3]。

2　影响连身袖外观造型及运动度的因素

2.1　上肢运动对皮肤伸缩量的影响

上肢是由上臂、前臂和手组成的。上肢的运动不仅比较频繁，而且运动幅度较大。上肢静止时和运动时皮肤的伸缩量不同，会随之发生变化，尤其是肩部和腋下皮肤变化最大，其中以腋下为甚[4]。

从图1中可以发现，当手臂抬起到不同角度时，线段 $A\text{-}B\text{-}C$（从腰节线至手腕）和线段 $D\text{-}E\text{-}F$（从侧颈点到手腕）的长度也随之变化。

(1) 当手臂垂直倾角（手臂与垂直方向夹角）为0°时，如图1中a所示，线段 $A\text{-}B\text{-}C$ 的长度最短，线段 $D\text{-}E\text{-}F$ 的长度最长，此时肩部皮肤伸展至最大值，腋下皮肤收缩至最大值。

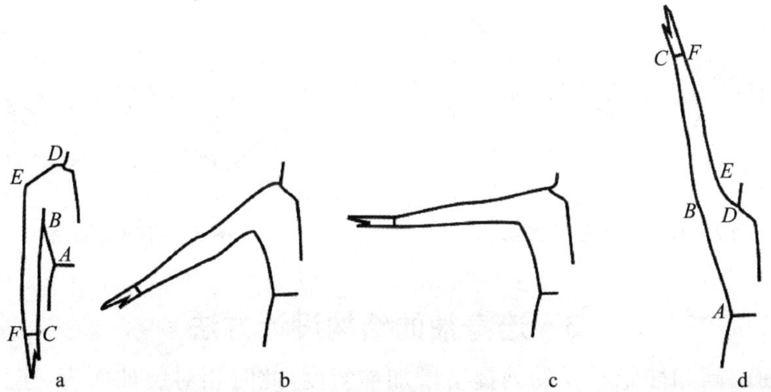

图 1　上肢运动的不同角度

(2) 当手臂垂直倾角为 180°时，如图 1 中 d 所示，线段 *A-B-C* 的长度最长，线段 *D-E-F* 的长度最短，此时肩部皮肤收缩至最大值，腋下皮肤伸展至最大值。

(3) 在手臂抬起角度从 0°增加至 180°的过程中，线段 *A-B-C* 的长度从最短增加至最长，线段 *D-E-F* 的长度从最长缩至最短。这个过程中，肩部皮肤随手臂上举而收缩，腋下皮肤随手臂上举而伸展。

分析得出，上肢的运动带动肩部皮肤和腋下皮肤的伸展和收缩，但肩部和腋下皮肤的伸展和收缩不是同步的。人体的皮肤有足够的弹性能满足人体上肢带静止时和各种运动时所需的量，但并不是所有的服装面料都有弹性，为此，通过结构设计弥补服装面料的缺陷是很好的选择。

2.2　影响连身袖外观造型及运动度的因素

通过 2.1 的分析可发现，线段 *D-E-F* 的长度对应结构设计中的袖外缝长度，线段 *A-B-C* 的长度对应其腋下缝长度。袖外缝长度影响着连身袖的外观造型，腋下缝长度影响着连身袖的运动度，也就是说影响袖外缝和腋下缝长度的因素就是影响连身袖外观造型和运动度的因素，即袖斜度和衣袖交接点的位置。

2.2.1　袖斜度

袖斜度是指袖中线与水平线的夹角。如图 2 所示，袖斜度的表示方法为肩线延长线与水平线的夹角 α 加实际袖中线与肩线延长线的夹角，即 $\alpha+\angle 1$、$\alpha+\angle 2$ 或 $\alpha+\angle 3$。

(1) 若按图 1 中 a 图手臂外形特征设计连身袖结构，即袖斜度接近 90°，手臂放下时，服装腋下面料堆积量最少，肩部最舒适且面料无褶皱，但当手臂抬起时，所受阻力较大，即运动度差。

(2) 若按图 1 中 c 图手臂外形特征设计连身袖结构，即袖斜度接近 0°，手臂放下时，服装腋下面料堆积量最多，肩部会有紧绷感且面料褶皱较多，但当手臂抬起时，无阻力，即运动度好。

简而言之，袖斜度的大小是否合适会影响服装肩部造型的平服性和袖子的运动度。

2.2.2　衣袖交接点

衣袖交接点是指在进行连身袖结构设计时，袖下缝和侧缝相交的点，图 3 中 *A*、*B*、*C*、*D* 四点均为在保持袖山高和袖肥不变的情况下，改变袖斜度后衣片和袖片的交接点。随着袖斜度的增加，衣袖交接点也在不断增加，即袖斜度和衣袖交接点深呈正比关系。

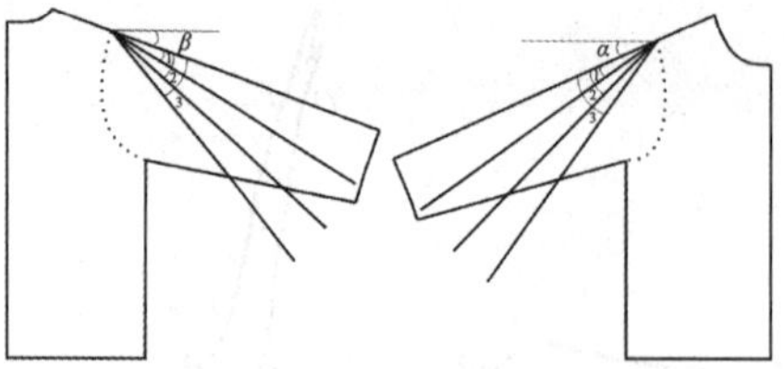

图 2　袖斜度的表示方法

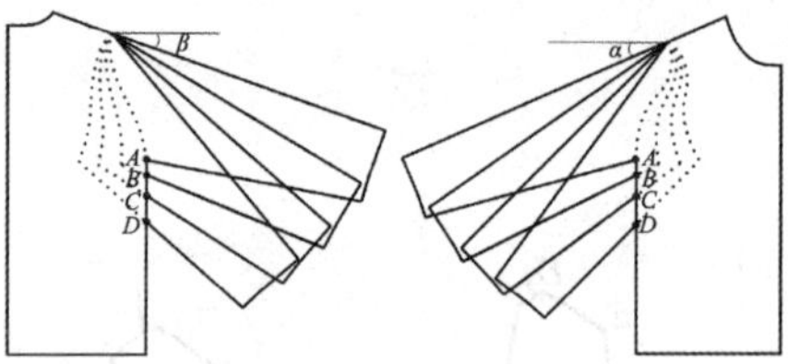

图 3　衣袖交接点

3　连身袖的结构设计方法

在保持袖山高和袖肥不变的前提下增加袖斜度，此时相对装袖而言，连身袖的衣袖与衣身重叠量会随着袖斜度增加而增加[5]。这就导致线段 A-B-C 的长度即腋下缝长度的减短，减小了连身袖活动量。所以，设计连身袖结构时，在选择合适的袖斜度来保持其外观造型的情况下，如何增加腋下缝长度以减少腋下重叠量是解决连身袖运动度的关键所在。

3.1　选择合适的袖斜度

由于袖斜度的大小主要影响连身袖的外观造型及肩部合体度，所以在选择袖斜度时，要根据具体的设计要求而变化[6]。此外，在肩端点处还需要一个转角(结构设计中的肩位点)，以适应肩胛骨的需要[7]。通常，越合体的袖子转角所需的量就越多。这种方法也起到了增加袖外缝(线段 D-E-F)长度的效果，使肩部线条合体、圆顺且流畅。

3.1.1　结构设计原理

为了选择合适的袖斜度，本章节从外观造型、运动度两个方面分析袖斜度为 0°(平连袖)、α(斜连袖)、α＋arctan1/5、α＋arctan2/5、α＋arctan3/5 五款连身袖，以确定合适的袖斜度。在进行结构设计时，考虑到袖山高和袖肥同样会影响袖子的造型和运动度，所以本次实验保持袖山高和袖肥不变，以袖斜度作为自变量，衣袖结合点为因变量，结构设计原理如图 4 所示。

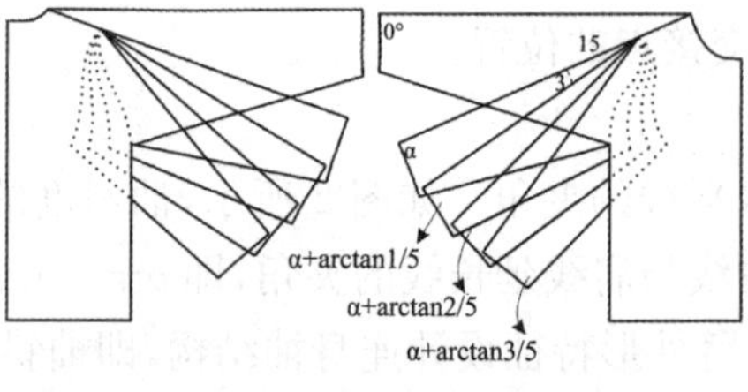

图 4　实验结构设计原理

3.1.2　实验分析

在图 5 中，试穿者做了三个动作：手臂垂直倾角为 0°；手臂垂直倾角为袖斜度的大小；手臂垂直倾角大于袖斜度。

(1) 当手臂垂直倾角为 0°时，从图 5 中第一列可以看出，随着袖斜度的增加，肩部及腋下部位服装面料褶皱减少，即肩部造型趋向圆顺、平服、美观，腋下面料堆积量减少，肩部越来越舒适，逐渐无紧绷感。

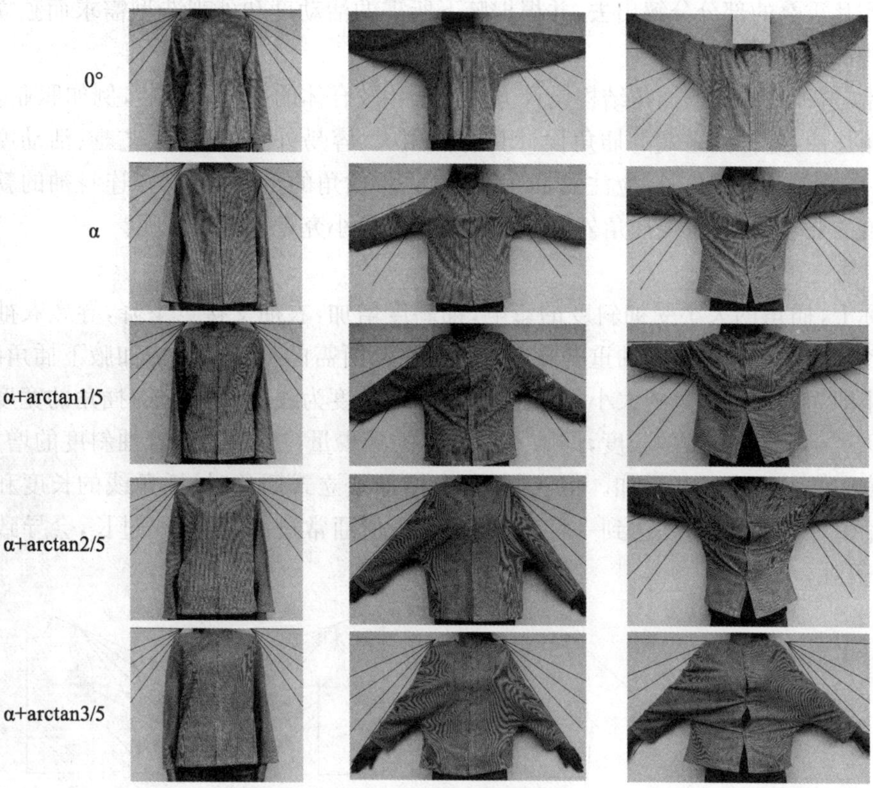

图 5　实验分析图

(2) 当手臂垂直倾角为袖斜度的大小时，从图 5 中第二列可以看出，随着袖斜度的增加，手臂垂直倾角在逐渐增加，总体来说，服装外观造型较好，穿着较舒适。

(3) 当手臂垂直倾角大于袖斜度时，如图 5 中第三列所示，袖斜度为 α＋arctan3/5 的连身袖基本不能运动，袖斜度为 0°的连身袖运动度最好，其他三款连身袖虽然可运动至手臂垂直倾角为 90°的位置，但衣身牵扯较大，服装已无外观造型可言，且手臂上举所受阻力越来越大。简而言之，随着袖斜度的增加，手臂上举所受阻力增加，连身袖服装的运动度减小。

实验分析可得，连身袖的外观造型和运动度不可兼得，认为选择袖斜度为 α＋arctan1/5 时最为合适，在 α＋arctan1/5 至 α＋arctan2/5 之间次之。此时，在一定程度上，连身袖服装既具有外观造型，又具有运动度，但这不足以满足日常生活中手臂运动所需，这就需要我们寻找解决方法，使连身袖服装既外形美观，表现出不同的风格，又保证具有一定的运动度[9,10]。

3.2　解决连身袖运动度的方法

腋下插角最基本的构成原理是在连身袖袖身和衣身配伍的过程中，当袖斜度达到一定程度时，为满足连身袖服装的造型风格和运动度，合理利用衣片与袖片在腋下形成的间隙或者重叠部分而另外增加的一个部件结构，以满足连身袖的腋下运动度。

3.2.1　独立式插角结构设计

(1) 独立式插角结构设计

独立式插角结构设计是指为了在袖斜度满足服装外观造型需求而达到一定角度时，将袖片和衣片重叠的部分分解出去,并根据腋下所需的活动度和外观造型需求而独立绘制的一个结构部分[11,12]。

通常,这种独立式的插角结构设计方法适合比较合体的连身袖服装,例如职业装。图6为插四角连袖,这种独立式的插角设计具有插角大、容易外露、制作工艺难、活动度大等特点,所以在设计独立插角时,应注意插角线的长短、插角的形状,以符合连身袖的款式造型和运动度的要求,同时避免插角外露。那么插角的大小究竟怎么取值呢?

(2) 独立式插角大小

实际上,插角的大小受袖斜度的影响,袖斜度增加,衣袖交接点下降,导致衣袖重叠量增加,腋下缝长度减少,而衣袖重叠量就是腋下活动所需的量,所以,增加腋下插角时,插角线的大小即为衣袖重叠量的大小。理论上,插角线长度为线段EF的长,插角的宽度为线段$(AB+BC)-(DE+EC)$的长度,即腋下缝长度的减少量(图7)。随着袖斜度的增加,插角线的长度和插角宽度逐渐增加。但实际上,在增加独立式插角时,插角线的长度和宽度不能取理论值,因为当袖斜度达到一定角度时,理论值通常过大,插角线过长,会导致插角外露,影响美观。

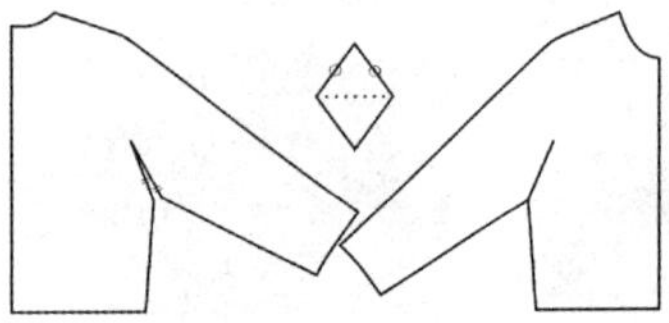

图6 独立式插角结构

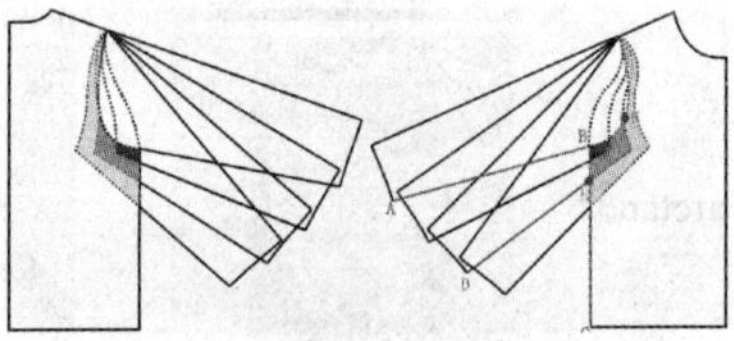

图7 插角线理论测量方法

表1 插角线长和插角宽理论测量值(cm)

袖斜度		α+arctan1/5	α+arctan2/5	α+arctan3/5
插角线长理论值	前片	5.74	12.98	34.64
	后片	6.57	17.62	35.67
插角宽$(AB+BC)-(DE+EC)$		9.0	17.5	24.7

袖斜度为α+arctan1/5、α+arctan2/5、α+arctan3/5的连身袖运动度较差,此时,若增加独立式插角,在不大幅度牵扯衣身面料且不露插角的情况下,使手臂运动时垂直倾角达到90°−α,插角的实际大小值为多少呢?本文将通过实验给出参考值和其理论测量值做对比。

Ⅰ 实验方案:

① 在成衣上找出衣袖交接点和衣袖结合点。通常,衣袖结合点是指胸背宽线的下1/3处。连接衣袖结合点和衣袖交接点即为插角线的位置,用贴纸做出标记,并在贴纸上画出刻度线。

② 试穿者穿着服装在指定位置站好后,沿标记线逐渐剪开面料,直至手臂可抬起角度达到90°−α,记录此时插角线的大小和插角宽。

③ 将手臂放下,从侧面、正面观察插角线是否会外露(图8)。

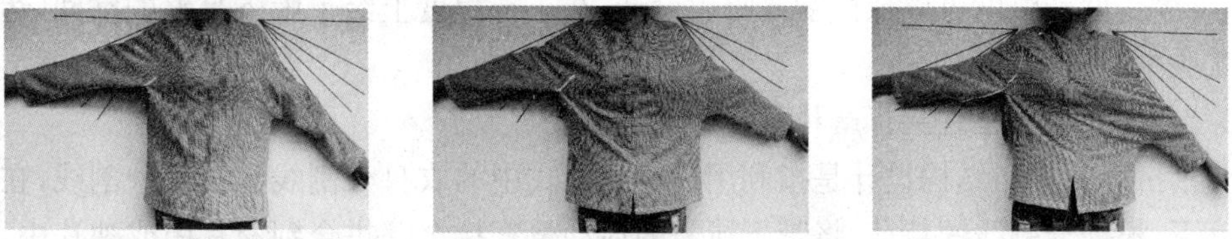

袖斜度=α+arctan1/5　　袖斜度=α+arctan2/5　　袖斜度=α+arctan3/5

图 8　插角线剪开实验

Ⅱ　实验分析：

① 袖斜度为 α＋arctan1/5：当手臂抬起角度达到 90°－α 时，前插角线长为 6cm，接近理论值。此时，从服装侧面看不到插角线，手臂稍微抬起，也看不到插角线。若想增加其运动度，还可加大插角线长。

② 袖斜度为 α＋arctan2/5：当手臂抬起角度达到 90°－α 时，前插角线长为 12cm，接近理论值。此时，从服装侧面看不到插角线，但手臂只要稍微抬起，就可看到插角线，不宜再增加插角线长。

③ 袖斜度为 α＋arctan3/5：当手臂抬起角度勉强达到 90°－α 时，前插角线长为 21cm，远小于理论值。此时，连身袖的运动度仍不好，但已不适合再增加插角线，因为从服装正面已经可以看到插角线。

Ⅲ　实验总结：

袖斜度越大的连身袖服装，所需插角越大，插角线越容易外露。通常，在袖斜度小于 α＋arctan2/5 时，插角的大小可取其理论值。当插角理论值过小时，若想再增加运动度，可增加插角线长，但不得超过 12cm，应尽量控制在 11cm 以下且插角宽也不宜过大，其形状可根据实际情况再做合适的选择；在袖斜度大于 α＋arctan2/5 时，理论上应增加胸宽，但实际上可抬高衣袖交接点的位置。

表 2　插角线长和插角宽的实验值(cm)

袖斜度		α＋arctan1/5	α＋arctan2/5	α＋arctan3/5
插角线长实际值	前片	6	12	21
	后片	7	13	23
插角宽		8	13	29

3.2.2　融入式插角结构设计

融入式插角结构设计是指在袖斜度较大时，为了满足服装的宽松风格要求，将袖身的袖下线和衣身的侧缝线之间形成的空隙部分或全部转为插角。它是将独立插角直接和衣袖融在一起的一种插角结构设计方法，这种结构设计方法适合宽松风格的连身袖。例如，常见的中式服装、蝙蝠衫、罩衫等就经常采用融入式插角结构设计方法(图 9)。

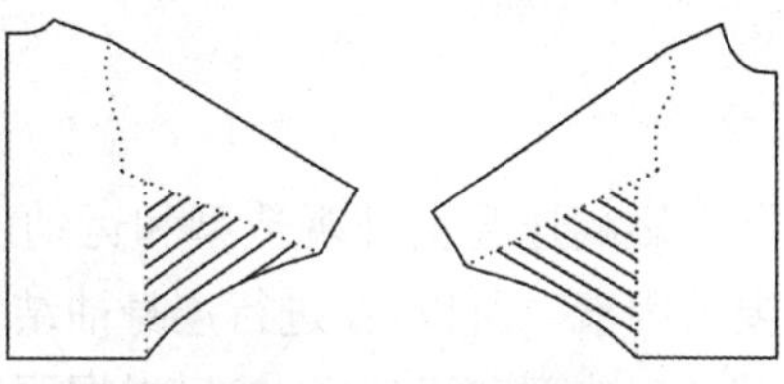

图 9　融入式插角结构

融入式插角结构设计方法虽然没有增加腋下缝长度，但是可使腋下部位面料低且悬垂,腋下缝长度和弧度可以依据款式自由设计,在一定程度上给了腋下足够的空间,运动度相对实验中的较好。

3.2.3　分割拼合式插角结构设计

分割拼合式插角结构设计是指利用连身袖款式中的衣身分割线和袖身分割线,在既定袖斜度下,根据分割线的特征,将腋下所需的活动量直接全部拼合到衣片中或袖片中,或者部分拼合到衣片中,部分拼合到袖片中,以使插角和衣身、袖身的分割片融为一体,形成新的裁片,这种延伸式的插角具有很强的隐蔽性。

在休闲类服装中,这种结构设计方法很常见,虽然这种插角结构设计方法在造型上的随意性、自由度受到了限制,可是在工艺制作上它更容易处理,这是注重宽松性以及运动度的分割形式的休闲连身袖服装中常用的一种拼合式插角结构设计方法(图 10)。

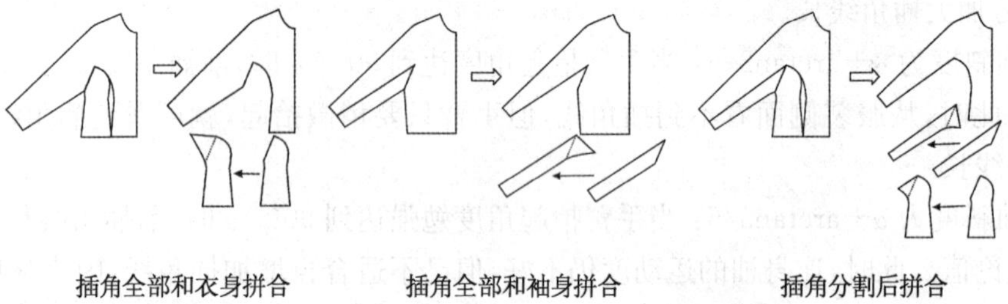

图 10　分割拼合式插角结构

3.2.4　设置分割线

没有分割线的连身袖服装在人体运动时,牵扯其他部位面料的面积较大,但是若沿着人体结构和皮肤伸展方向对衣身和袖子纸样分别进行合理的分割,能提高它的运动度(图 11),这种纸样的分割组合最为适用于运动服、工作服等。

图 12 纸样通常要求服装在衣身上具有育克分割线,且分割线延伸至袖子并连成一体。此种结构设计方法既能使连身袖服装保持其肩部圆顺的造型,又使腋下有充足的运动量,且工艺简单,便于制作。唯一的缺陷是在款式设计上的自由度、随意性受到了限制。

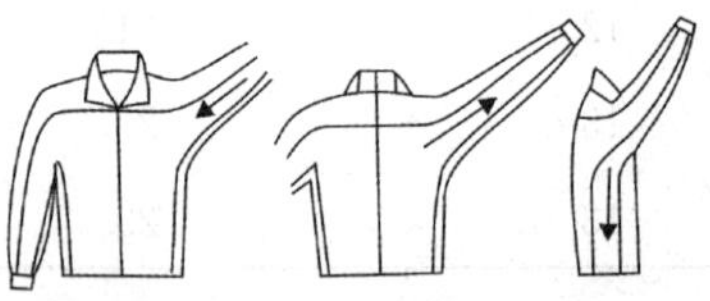

图 11　设置分割线款式图

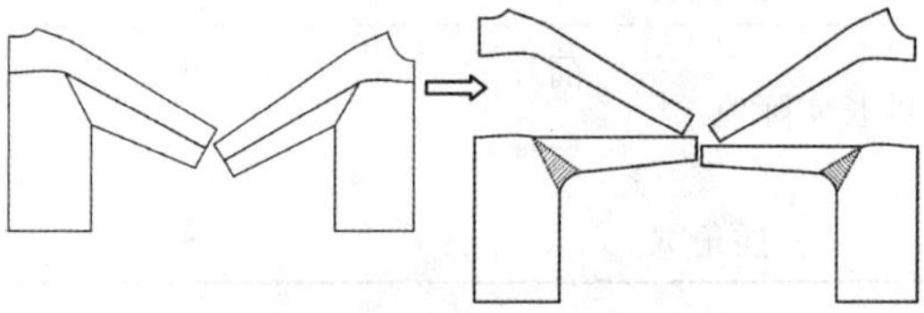

图 12　设置分割线结构图

4 结　　语

影响连身袖外观造型和运动度的因素包括袖斜度和衣袖结合点,其中,袖斜度是最重要的因素。所以,在进行连身袖结构设计时,应先根据服装风格选择合适的袖斜度,以保持其外观造型和运动度;然后根据服装款式选择合适的结构设计方法(包括独立式插角、融入式插角、分割拼合式插角和设置分割线),以增加其运动度。

参考文献

[1] 花芬.解析连身袖的起源和造型演变[J].山东纺织经济,2015(7):43.

[2] 李当岐.西洋服装史[M].北京:高等教育出版社,2005.

[3] 朱广舟,赵静秒.服装细部件结构设计与纸样[M].上海:东华大学出版社,2014.

[4] 张昭,徐东.借身袖结构设计量与型的关系[J].中国服饰,2007(4):140—143.

[5] 吴经熊,孔志.最新时装配袖技术[M].上海:上海科学技术出版社,2007.

[6] 张文斌,刘冠彬.服装男装结构设计[M].北京:高等教育出版社,2011.

[7] 张文斌.服装结构设计[M].北京:中国纺织出版社,2006.

[8] 李哲.连身袖变体袖裆的结构设计[J].嘉兴学院学报,2004(6):61—62.

[9] 倪进方,戴鸿,杨贤春.连身袖袖裆构成原理及设计方法探讨[J].纺织科技进展,2009(6):77—79.

[10] 吴经熊,孔志,邹礼波.服装袖型设计的原理与技巧[M].上海:上海科学技术出版社,2013.

[11] 刘驰,张星.连身袖的外观造型及运动功能性[J].西北纺织工学院学报,2001(3):35—38.

[12] 中泽愈.人体与服装[M].袁观洛,译.北京:中国纺织出版社,2000.

熔喷/静电纺复合材料的制备及其过滤性能研究

学生姓名：张　姝　指导教师：臧传锋
南通大学纺织服装学院，非织造材料与工程专业，学号：1215062011

【摘　要】以水和乙醇作为混合溶剂，采用静电纺丝工艺将聚丙烯酸(PAA)纳米纤维喷覆在PP熔喷基材表面，制备PP熔喷/PAA双溶剂静电纺复合材料。不断改变静电纺丝参数，根据纤维细度和分布特点，确定最优参数；改变熔喷材料表面静电纺丝时间，探讨时间对复合材料过滤性能的影响。扫描电镜图像分析发现，当水/乙醇体积比为6∶4，纺丝液质量分数为8%，电压为15kV，接收距离为20cm，挤出速率为0.020mL/min时，PAA纤维直径较细且分布均匀。过滤性能测试结果表明，当纺丝时间为10min时，复合材料滤效较高且滤阻较低，最适合作为口罩用过滤材料。

【关键词】聚丙烯酸；熔喷；静电纺；非织造过滤材料

1　引　　言

熔喷非织造技术是一种聚合物直接挤压成网工艺。采用熔喷工艺制备出的纤维很细，材料蓬松、多孔，且孔隙很小，非常适用于制备空气过滤材料。然而，熔喷材料在过滤性能上始终无法实现高效，如今很多人将研究方向转向熔喷材料与驻极技术的复合工艺，但驻极体存储电荷的长寿命问题一直无法得以解决[1]。静电纺丝技术是一种采用电场力对带电射流进行牵伸的工艺，聚合物射流经牵伸后可以得到直径为几十纳米到几微米的超细纤维，且材料具有很高的比表面积、很强的吸附能力和优异的过滤性能。但由于纳米纤维层强力过低，很容易撕破，必须与基布进行复合[2]。

本研究采用熔喷/静电纺复合技术，制备PP熔喷/PAA双溶剂静电纺复合材料，其中静电纺纳米纤维层可以改善熔喷材料的过滤性能，实现高效；熔喷材料的存在也进一步弥补了纳米纤维层强力低的缺陷。实验中以PAA作为静电纺丝原料，聚丙烯酸中含有很多羧基极性基团，所以PAA纤维很容易吸收空气中的水分子而变得黏滞，从而改善复合材料吸附空气中粉尘颗粒的能力。

2　实验原料与方法

2.1　实验原料

丙烯酸(AA)、过硫酸铵、无水乙醇(EA)、PP熔喷非织造材料(48.50g/m^2)。

2.2　实验方法

实验具体工艺流程如图1所示。

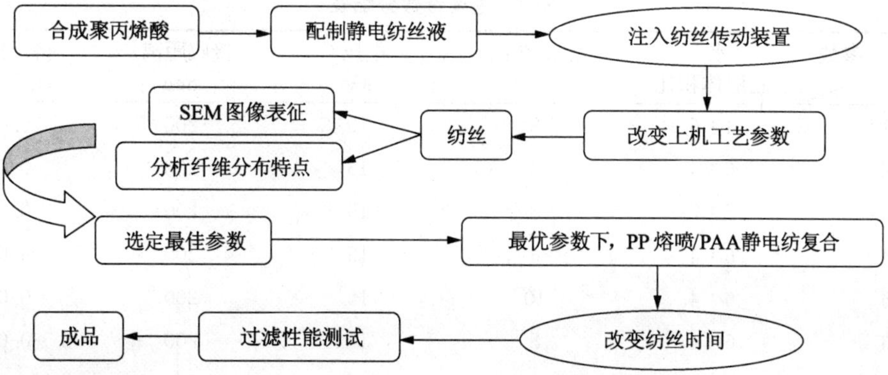

图1　实验工艺流程

2.2.1　聚丙烯酸的合成

采用自由基聚合法对丙烯酸进行合成。配制20%的丙烯酸溶液，加入8%的过硫酸铵引发剂，室温下搅拌均匀后放置在60℃左右的水浴锅中，一段时间后，丙烯酸发生了聚合反应。缓慢增加水浴温度，直至78℃时，引发剂基本反应完毕，丙烯酸聚合成黏稠状的聚丙烯酸，质量分数为20%，相对分子质量为6000～10000。实验工艺流程如图2所示，合成机制如图3所示。

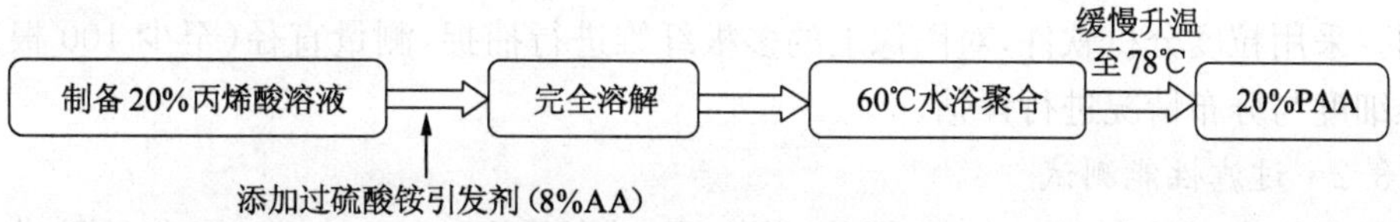

图2　聚丙烯酸合成工艺

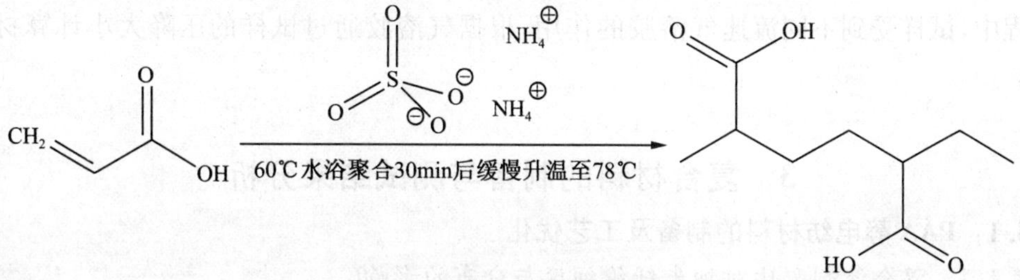

图3　聚丙烯酸的合成机制

2.2.2　实验方案

采用控制变量法，主要纺丝参数的分配见表1和表2。

表1　主要纺丝参数

水平＼参数	水/乙醇体积比	溶液质量分数/(%)	电压/kV	接收距离/mm	挤出速率/(mL/min)
1	4∶6	6	10	150	0.010
2	6∶4	8	15	200	0.020
3	8∶2	10	20	250	0.030

表 2 主要参数分配表

水平 \ 参数	水/乙醇体积比	溶液浓度/(%)	电压/kV	接收距离/mm	挤出速率/(mL/min)
1	4∶6	8	15	200	0.020
2	6∶4	8	15	200	0.020
3	8∶2	8	15	200	0.020
4	6∶4	6	15	200	0.020
5	6∶4	10	15	200	0.020
6	6∶4	8	10	200	0.020
7	6∶4	8	20	200	0.020
8	6∶4	8	15	150	0.020
9	6∶4	8	15	250	0.020
10	6∶4	8	15	200	0.010
11	6∶4	8	15	200	0.030

2.3 测试方法

2.3.1 电镜扫描测试

将试样剪成一定大小并黏贴在试样台上，镀金后，置于20kV的电压下观察，并进行拍照存图。采用粒度分析软件，对图像上的多根纤维进行捕捉，测量直径(至少100根)，然后对纤维细度与分布情况进行评估。

2.3.2 过滤性能测试

将试样剪成直径为17.5cm的圆片，装入后，对直径为0.2～3.0μm的气溶胶进行分级过滤。采用计数器计入滤后通过试样的气溶胶数目，计算得到材料过滤效率值。滤阻的测试过程中，试样受到不同流速气溶胶的作用，根据气溶胶通过试样的压降大小计算材料的滤阻。

3 复合材料的制备与测试结果分析

3.1 PAA静电纺材料的制备及工艺优化

3.1.1 混合溶剂配比对纳米纤维细度与分布的影响

实验中配制水/乙醇体积比为4∶6、6∶4和8∶2的8%静电纺丝液。图4是不同混合溶剂配比下，PAA纳米纤维扫描电镜(SEM)图像与直径分布趋势。实验中其余上机参数分别设置为：电压15kV，接收距离20cm，挤出速率0.020mL/min。

图4中，当溶剂配比为4∶6和6∶4时，纤维成形状况较好(图4A、4B)；而图4C中纤维吸收了锡箔纸表面的喷射液滴而溶解成膜状，说明此时溶剂中水分含量过高，不利于纤维成型。

由图4D我们可以发现，水与乙醇配比中乙醇含量过高或过低，静电纺纤维直径都有增大的趋势，且纤维直径分布(CV值)离散。综合决定，将选择水/乙醇的体积比为6∶4进行进一步研究。

A. 4:6 (×3000)

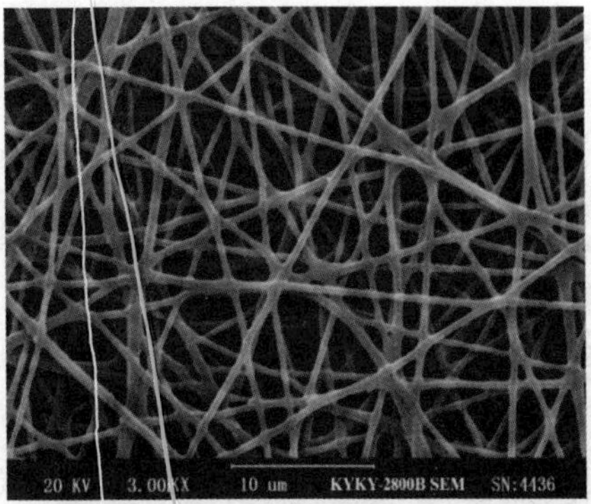

B. 6:4 (×3000)

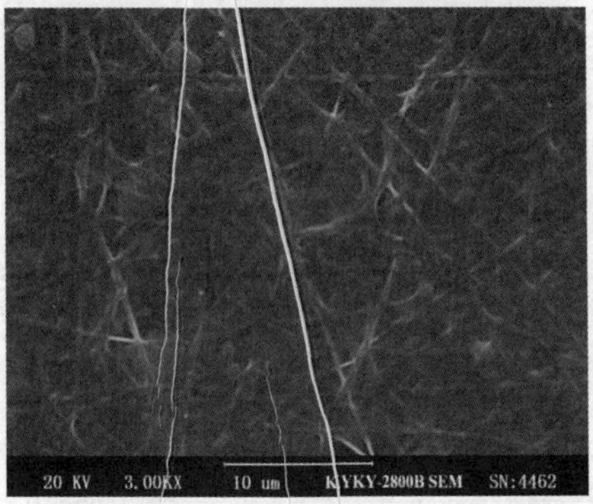

C. 8:2 (×3000)

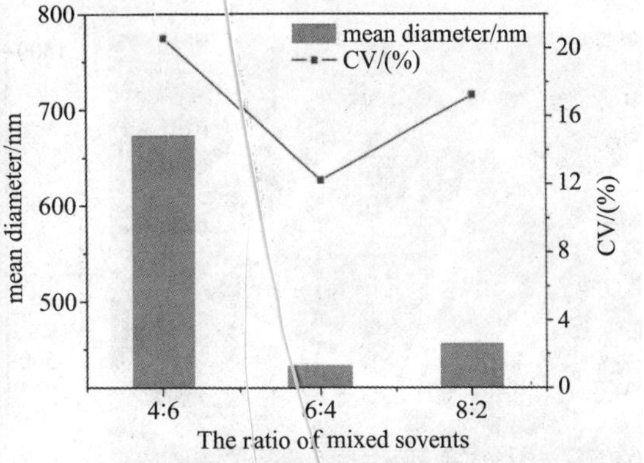

D. 纤维直径与分布趋势

图 4　不同混合溶剂配比下静电纺 PAA 纤维 SEM 图像与直径分布情况

3.1.2　纺丝液浓度对纳米纤维细度与分布的影响

配制了水/乙醇体积比为 6∶4 条件下的 6%、8%和 10%三种不同质量分数的静电纺丝液。图 5 是不同质量分数纺丝液下，静电纺 PAA 纳米纤维形貌图与直径分布趋势，实验过程中设置电压为 15kV，接收距离为 20cm，纺丝液挤出速率为 0.020mL/min。

由图 5 可以看出，三种不同质量分数纺丝液纤维成型状况都比较好。但 A 图中纤维分布较为紊乱，粗细很不均匀。直径分布图中也呈现出这样的趋势，其中纤维直径随着纺丝液浓度的增加而增加，但当纺丝液质量分数很低，达到 6%时，纤维直径分布离散。

这说明，随着 PAA 静电纺丝液质量分数的增加，纺丝液的黏度和表面张力增加，电场力对聚合物射流的牵伸力下降，因而导致纤维直径增加[3]。但如果纺丝液浓度太低，纺丝液中溶剂含量过大，相对于有限的纺程而言，溶剂挥发不充分而导致聚合物射流之间产生粘连，从而影响了直径的分布。经综合分析后决定，选择质量分数为 8%的纺丝液做进一步研究。

A. 6% (×3000)

B. 8% (×3000)

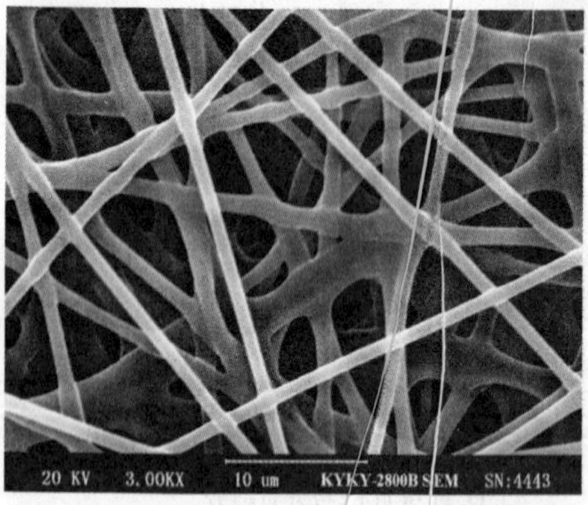

C. 10% (×3000)

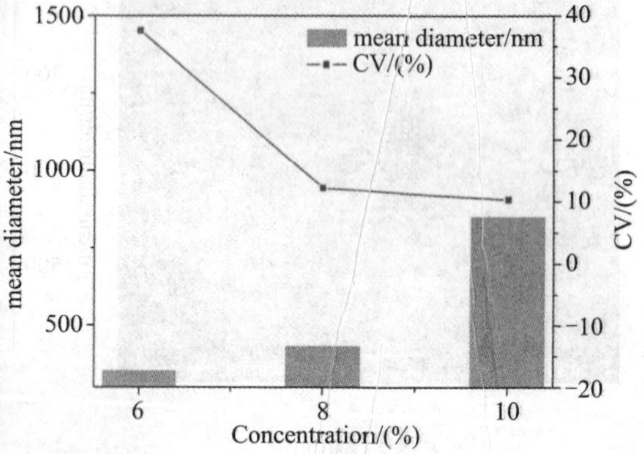

D. 纤维直径与分布趋势

图 5　不同质量分数的静电纺 PAA 纤维 SEM 图像与直径分布趋势

3.1.3　静电压对纳米纤维细度与分布的影响

根据上述讨论结果，配制水/乙醇体积比为 6∶4 的 8%静电纺丝液，注入后开启静电纺丝装置，分别设置静电压为 10kV、15kV 和 20kV 进行纺丝。图 6 为不同静电压下的 PAA 纳米纤维形态与直径分布趋势，实验中设置接收距离为 15cm，挤出速率为 0.020mL/min。

由图 6 可以看出，三个不同静电压下 PAA 纤维的成形状况良好，纤维较为光滑且分布均匀。从直径角度来看，随着纺丝静电压的增加，聚合物射流受到的牵伸作用力增加，纤维直径变细。但当电压达到 20kV 时，纤维直径变粗且分布不匀率变大。这说明，纺丝电压设置过高，电场力过大，相对于有限的 PAA 纺丝液黏度和表面张力而言，出现了细流整体牵伸的情况[4]，从而影响了纤维的平均直径与直径分布。为制备细而均匀的纳米纤维网，综合决定选择静电压为 15kV 做进一步研究。

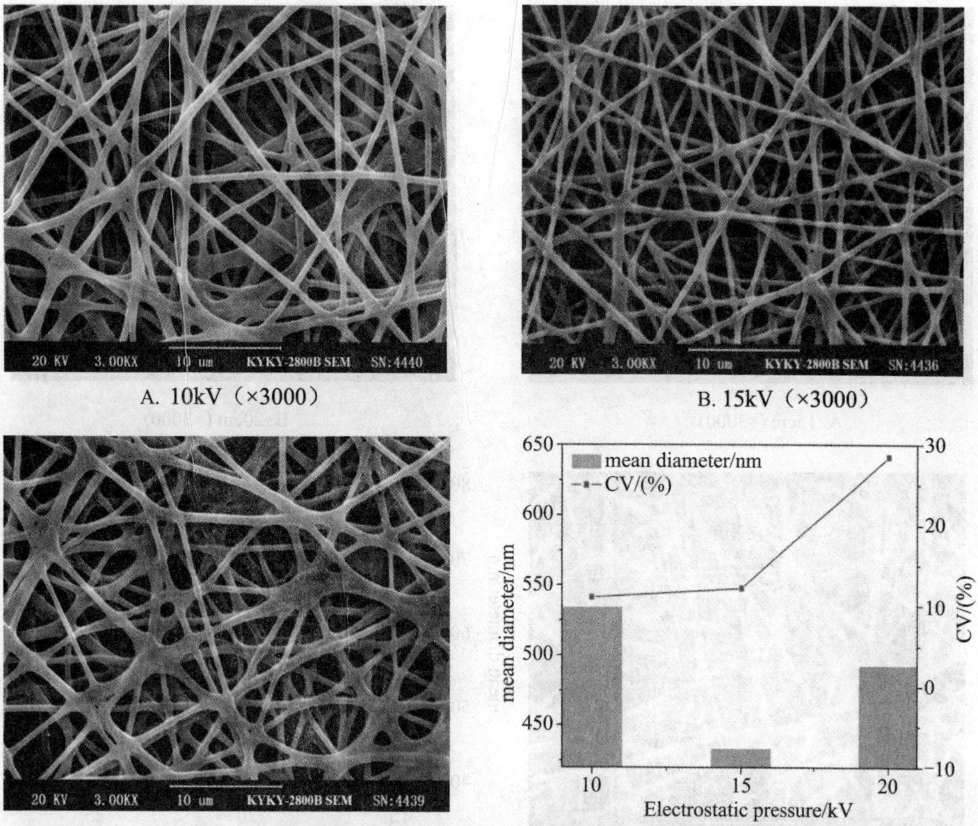

A. 10kV（×3000） B. 15kV（×3000）

C. 20kV（×3000） D. 纤维直径与分布趋势

图 6 不同静电压下静电纺 PAA 纤维形态和直径分布情况

3.1.4 接收距离对纳米纤维细度与分布的影响

配制水/乙醇体积比为 6∶4 的 8%静电纺丝液，设置接收距离分别为 15cm、20cm 和 25cm，挤出速率为 0.020mL/min，进行静电纺丝。图 7 是不同接收距离下的纤维形貌图和直径分布情况。由图 7 可以看出，随着接收距离的增加，聚合物射流受到的牵伸作用时间增加，纤维直径变细。但接收距离达到 25cm 时，纤维直径不匀率变大，分布得很不均匀。这与纺丝过程中的喷射流状态有关，接收距离越大，喷射流分布越广，纤维较多接收在锡箔纸外围，使其分布紊乱不均；同时，较大的接收距离中，电场强度变化不均，导致纤维缠结或者回缩，影响直径分布[5]。综合决定，最优纺丝接收距离为 20cm。

A. 15cm (×3000)

B. 20cm (×3000)

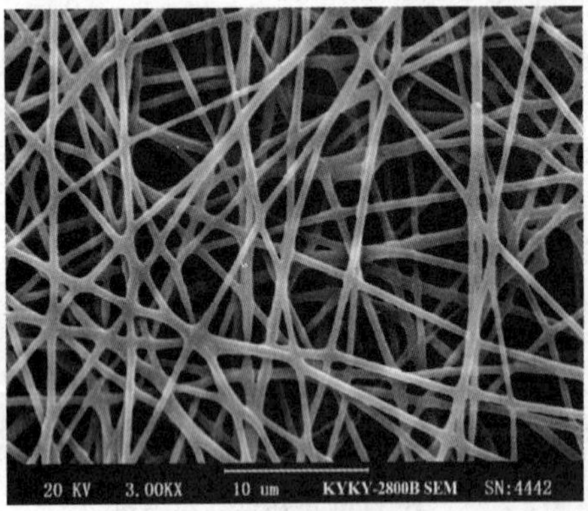

C. 25cm (×3000)

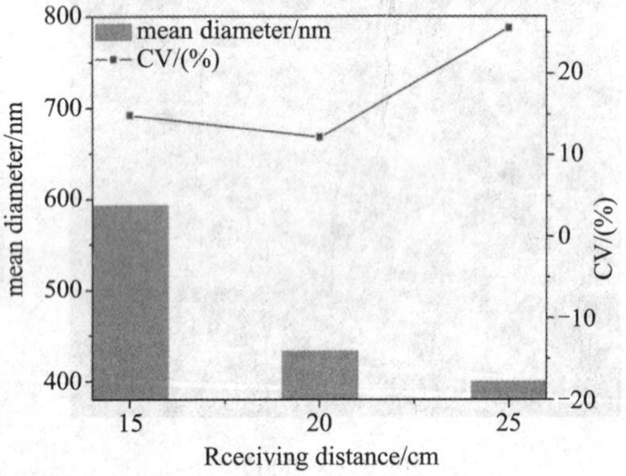

D. 纤维直径与分布趋势

图7 不同接收距离条件下静电纺 PAA 纤维形貌图和直径分布情况

3.1.5 纺丝液挤出速率对纳米纤维细度与分布的影响

配制水/乙醇体积比为 6∶4 的 8%静电纺丝液，纺丝过程中设定静电压为 15kV，接收距离为 20cm，挤出速率分别为 0.010、0.020、0.030mL/min。图 8 是不同条件下的 PAA 纤维 SEM 图像和直径分布趋势。由图 8 可以看出，随着纺丝液挤出速率的增加，单位体积的聚合物射流受到的牵伸作用力下降，纤维直径变粗。但挤出速率过小(0.01mL/min)时，纤维因吸潮而发生了大面积溶解。由图 D 中也可以看出，纤维有因溶胀而直径变大的趋势。这是由试样存放环境湿度过大而导致的，也可能是在参数设置时，由于推进器转换失灵而使得聚合物喷射紊乱，影响了直径的分布[6]。最终，将 0.02mL/min 的纺丝液挤出速率作为最优参数。

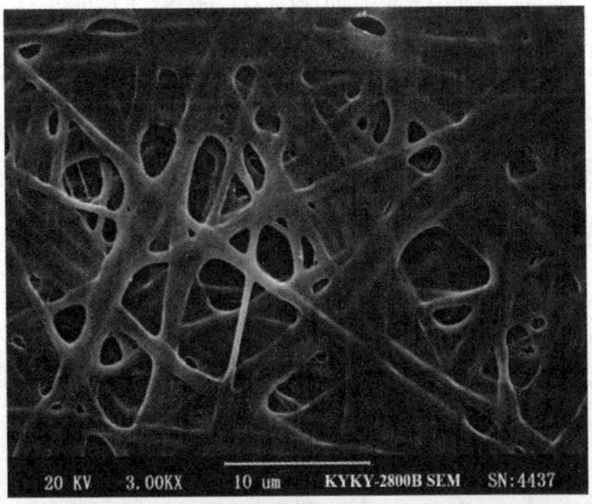

A. 0.01mL/min

B. 0.02mL/min

C. 0.03mL/min

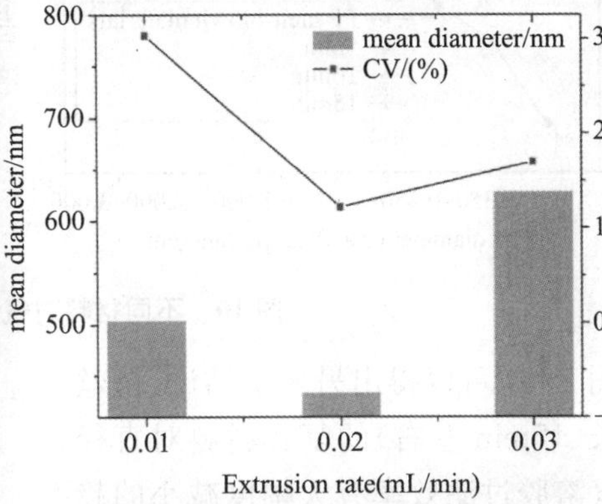

D. 纤维直径与分布趋势

图 8　不同挤出速率条件下静电纺 PAA 纤维 SEM 图像和直径分布情况

3.2　最优参数条件下制备熔喷/静电纺复合材料

选用最优纺丝参数，配制水/乙醇体积比为 6∶4 的 8%静电纺丝液，注入储液槽后设置接收距离为 20cm，挤出速率为 0.020mL/min，静电压为 20kV，将细而均匀的纳米纤维网喷覆在 PP 熔喷基布表面，制备复合材料。

图 9 是 PP 熔喷材料表面静电纺丝 5min 的电镜扫描图。图中，纳米纤维基本呈网络状而并非膜状嵌于熔喷材料的表面，两种不同工艺条件下制备的纤维形成很明显的细度梯度结构，且纳米纤维直径很小，因而复合后材料的比表面积增加，对细小杂质的拦截作用增强，因而过滤效率会有较大提升。由于静电纺丝的时间较短，纳米纤维层薄而透明，孔隙率很高，所以材料滤阻也应该增加不明显。

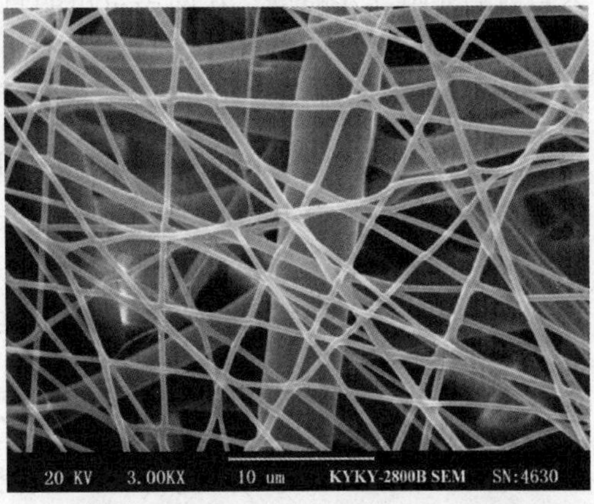

图 9　PP 熔喷/PAA 静电纺复合材料

3.3　复合材料的过滤性能分析

实验中选用最优参数，设置熔喷材料表面静电纺丝时间分别为 5min、10min 和 15min，探讨时间对复合材料过滤性能的影响。将试样剪成直径为约 17.5cm 的圆片，采用计数法过滤性能测试仪对不同材料的滤效滤阻进行量化测定,测试结果如图 10 和图 11 所示。

由图 10 可以很明显地看出,材料经复合后对粒径非常小(<0.3μm)的气溶胶具有极好的过滤效率,这再次印证了静电纺非织造材料在过滤领域具有高效的特点。纵向对比后不难发现,熔喷非织造材料的表面纺丝时间越长,复合材料的滤效就越早达到饱和(100%),且趋于定值。这说明,复合材料的过滤效率随着静电纺丝时间的延长而增加。

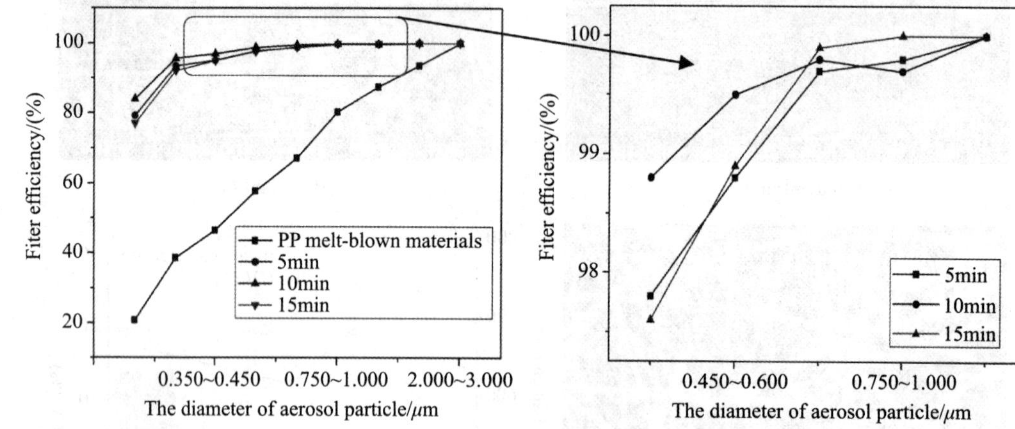

图 10　不同材料对气溶胶的过滤效率

由图 10 也可以得出另一个结论,纺丝时间很长(15min 左右)的复合材料对直径较小的气溶胶过滤效率有大幅度减小的趋势,这是由材料滤阻过大所导致的。由于复合时间很长,熔喷材料表面有一层孔隙率很小的薄膜,气溶胶通过材料时无法得到有效拦截,而是从侧面喷出,所以材料的滤效反而降低了。

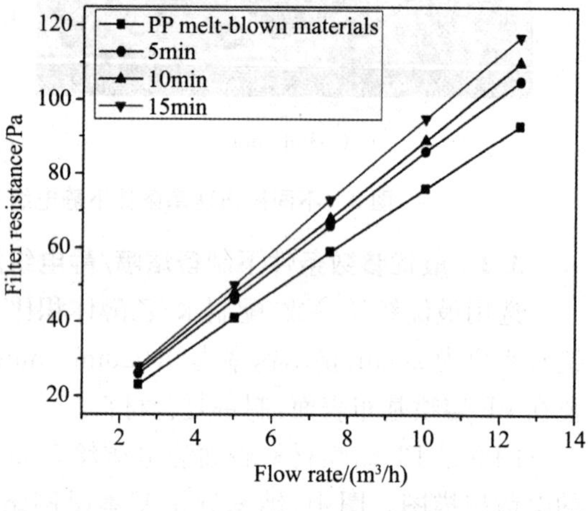

图 11　不同材料对气溶胶的过滤阻力

图 11 显示了不同静电纺丝时间下复合材料的滤阻变化幅度。从图中可以明显地看出,材料经复合后,复合材料的滤阻明显上升,透气性也明显变差。考虑到静电纺丝时间为 10min 时复合材料兼具滤效高且滤阻较低的优势,决定将熔喷材料与静电纺材料的复合时间选定为 10min。

4　结　　论

静电纺丝过程中采用挥发性差异较大的水与乙醇双溶剂配制一定浓度的 PAA 纺丝液。双溶剂的优势在于,可以根据溶剂中乙醇含量的多少灵活地控制纺丝液黏度和 PAA 的可纺性。根据 SEM 图像分析发现,当各种纺丝参数分别设置为水/乙醇体积比 6∶4、纺丝液质量分数 8%、静电压 15kV、接收距离 20cm、纺丝液挤出速率 0.020mL/min 时,纳米纤维最细且分布最为均匀。

过滤性能测试结果发现,熔喷材料表面覆上一层薄薄的纳米纤维网后,复合材料对小颗粒(直径<0.3μm)的滤效大大提高。为了制备一种高效低阻的口罩用滤材，经综合分析后决定将熔喷材料表面的静电纺丝时间设定为10min。

参考文献

[1] 饶剑辉，靳向煜. PP熔喷过滤滤芯聚合物材料的性能研究[J]. 非织造布，2009(02)：27—29.

[2] 刘亚. 熔喷/静电纺复合法聚乳酸非织造布的制备及过滤性能研究[D]. 天津：天津大学，2009.

[3] 肖婉红，曾泳春. 静电纺丝工艺参数对纤维直径影响的研究——实验及数值模拟[J]. 东华大学学报：自然科学版，2009(06)：632—638.

[4] 覃小红，王新威，胡祖明，等. 静电纺丝聚丙烯腈纳米纤维工艺参数与纤维直径关系的研究[J]. 东华大学学报：自然科学版，2005(06)：16—22.

[5] 杨柳青，汤玉斐，张恒，等. 静电纺丝法制备聚苯乙烯微纳米纤维膜及其过滤性能[J]. 化工新型材料，2014(06)：55—58.

[6] Subbiah T，Bhat GS，Tock RW，et al. Electrospinning of nanofibers[J]. Journal of Applied Polymer Science，2005，96(2)：557—569.

载金黏胶活性炭纤维的制备及表征

学生姓名：陈　尚　指导教师：姚理荣
南通大学纺织服装学院，纺织工程专业，学号：1215012111

【摘　要】 采用 100×10^{-6} 的纳米金溶液和黏胶纤维，通过调节不同的浴比制备出载金黏胶纤维，对其微观结构和抗菌性能进行表征和测试。然后对载金黏胶纤维进行预氧化和碳化活化，制备出载金活性炭纤维，并对其微观结构、比表面积和抗菌性能进行表征和测试。

【关键词】 纳米金溶液；黏胶纤维；载金活性炭纤维；抗菌性能

1　绪　　论

活性炭纤维是由机纤维制得的新型活性炭材料，广泛应用于环境保护、化学化工、生物医学等领域。但活性炭纤维本身不具有抗菌性，众多的微孔又可为细菌滋生提供温床，加速细菌的繁殖滋长，易于附着细菌等微生物[1]。载金活性炭纤维将两者结合，可同时具备吸附和抗菌作用。活性炭应用领域包括生物医学、水质净化、废气处理、食品工业、制药工业、大气污染防治等[2]。

2　载金活性炭纤维的制备

2.1　载金黏胶纤维的制备

利用 100×10^{-6} 的纳米金溶液和黏胶纤维在浴比分别为 1∶50、1∶100、1∶200 的水浴条件下制备出载金黏胶纤维。

2.2　载金活性炭纤维的制备

利用真空气氛管式炉，碳化活化工艺如下：先从室温升到 300℃（5℃/min），保温半小时；再从 300℃升到 900℃（10℃/min），保温 5min 并通入水蒸气，制备出载金活性炭纤维。

3　载金活性炭纤维的表征及其性能分析

3.1　纳米金溶液浓度的选择

图 1A 是纳米金溶液浓度与 pH 的关系曲线，图 1B 是纳米金溶液浓度与 Zeta 等电点的关系曲线。从图 1A 不难看出，随着纳米金溶液浓度的增大，溶液的 pH 是不断减小的，但是当溶液的浓度在 100×10^{-6} 以后，溶液的 pH 就趋于稳定，保持在 7.0 左右。这时的 pH 对于需要载金的黏胶纤维来说是最适合的 pH。从图 1B 来看，Zeta 等电点随着溶液浓度的增加是不断增大的。当溶液浓度增加到 100×10^{-6} 时，Zeta 等电点也趋于稳定，基本保持在 42 左右，溶液的稳定性也是最好的。所以，无论是出于实验的客观原因，还是从制备载金黏胶纤维的成本来看，100×10^{-6} 的纳米金溶液都是最合适的。

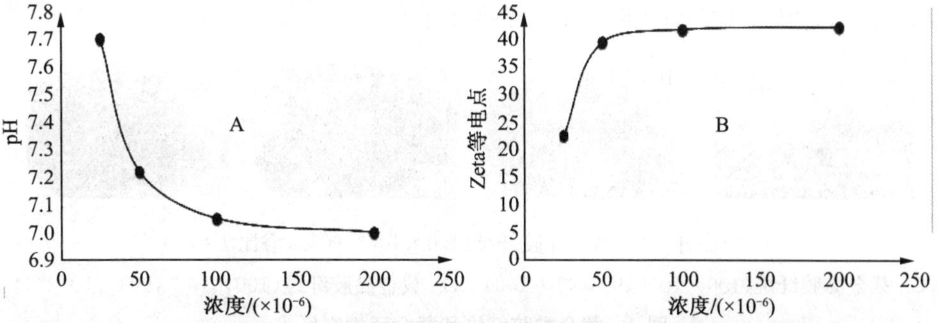

图 1　纳米金溶液浓度与 pH 和 Zeta 等电点的关系曲线

如图 2 所示，在 520nm 附近有最大吸光度，符合纳米金的出峰位置，说明溶液中的颗粒为金颗粒，最大吸光度约为 1. 53，可计算出纳米金的粒径约为 10nm，通过紫外光谱的峰形也可知溶液中纳米金颗粒的粒径分布均匀，并且由图可知，随着溶液浓度的增大，吸光强度也增大。

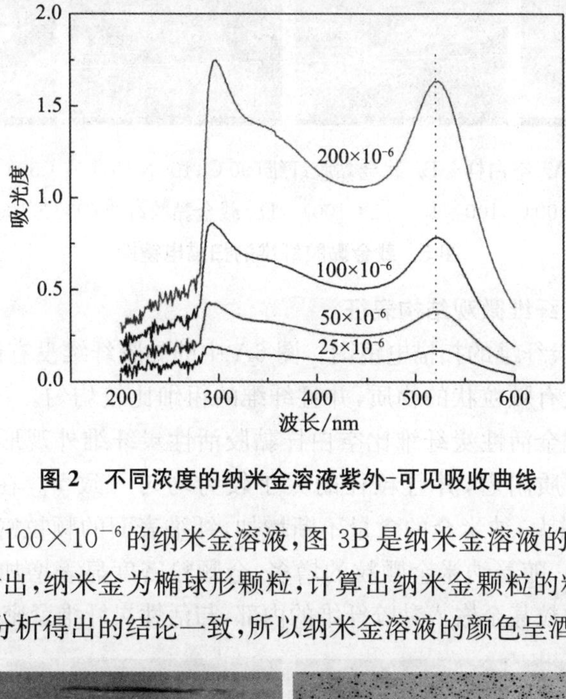

图 2　不同浓度的纳米金溶液紫外-可见吸收曲线

图 3A 是浓度为 100×10^{-6} 的纳米金溶液，图 3B 是纳米金溶液的透射电镜图片。根据扫描电镜图片可以看出，纳米金为椭球形颗粒，计算出纳米金颗粒的粒径在 10nm 左右，与紫外-可见吸收光谱分析得出的结论一致，所以纳米金溶液的颜色呈酒红色[3]。

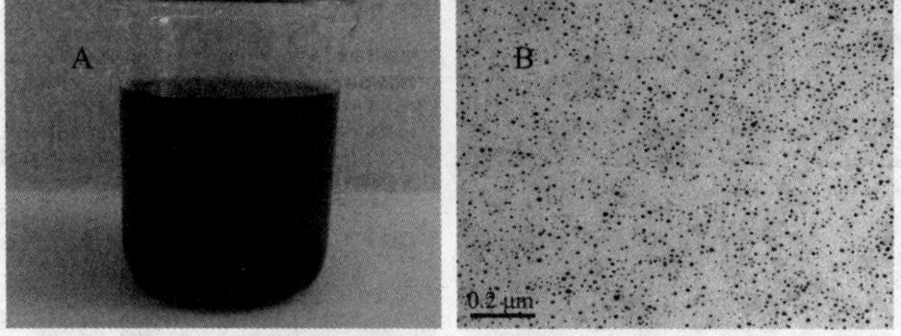

100×10^{-6} 纳米金溶液　　纳米金溶液透射电镜图

图 3　纳米金溶液及透射电镜图片

3.2　载金黏胶纤维宏观外貌表征

在 90℃，纳米金溶液浓度为 100×10^{-6}，浴比分别为 1∶50、1∶100、1∶200 条件下所制备出的载金黏胶纤维如图 4 所示。在温度不变的情况下，随着浴比的扩大，黏胶纤维的颜色是越来越深的，这从一个方面说明载金的量变多了。

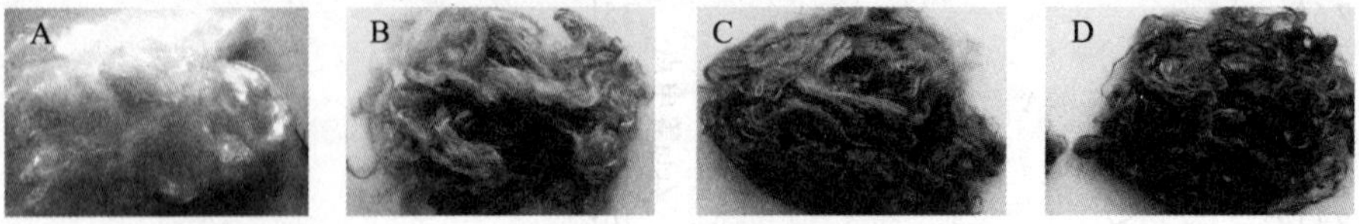

A. 空白样　B. 载金黏胶纤维(100×10^{-6}，90℃，浴比 1∶50)

C. 载金黏胶纤维(100×10^{-6}，90℃，1∶100)　D. 载金黏胶纤维(100×10^{-6}，90℃，1∶200)

图 4　载金黏胶纤维和载金活性炭纤维

图 5 为载金黏胶纤维的扫面电镜图片，图 5A 为空白样；图 5B、图 5C 和图 5D 分别为在 90℃，浴比分别为 1∶50、1∶100、1∶200 所制备的载金黏胶纤维扫描电镜图。对比四张图片不难看出，纳米金颗粒的量是逐渐增加的，纤维的表面由光滑变得粗糙。

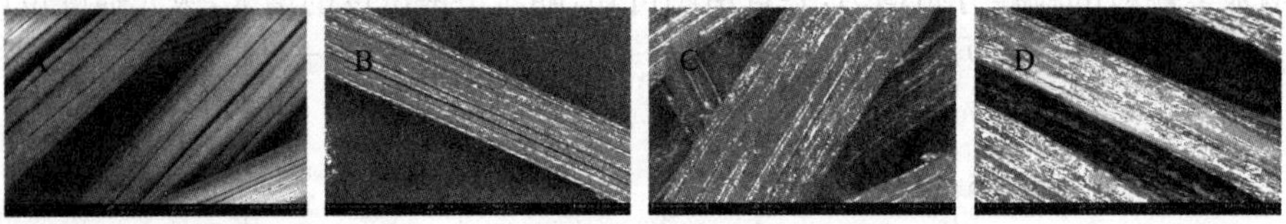

A. 空白样　B. 载金黏胶纤维(90℃，100×10^{-6}，1∶50)

C. 载金黏胶纤维(90℃，100×10^{-6}，1∶100)　D. 载金黏胶纤维(90℃，100×10^{-6}，1∶200)

图 5　载金黏胶纤维的扫描电镜图

3.3　载金活性炭纤维微观结构表征

图 6 是载金活性炭纤维的扫描电镜图。图 6A 中的黏胶纤维没有经过纳米金溶液的处理，所以纤维上明显没有颗粒状的物质，并且纤维的粗细比较均匀。与图 6C、图 6E、图 6G 相比可以明显看出，载金活性炭纤维比空白样黏胶活性炭纤维外观形态更加粗糙，纤维表面有明显颗粒状的物质附着，并且粒径的大小较为均匀一致[4]。在温度一定的情况下(90℃)，随着浴比的增大，纳米金的含量不断增加，纤维表面的颗粒密度也明显增加，纳米金颗粒分布比较均匀。随着纳米金颗粒的增多，金颗粒密度显著增加，但是未见明显的团聚现象，有的纳米金颗粒甚至嵌入黏胶纤维的内部，与活性炭纤维紧密结合。

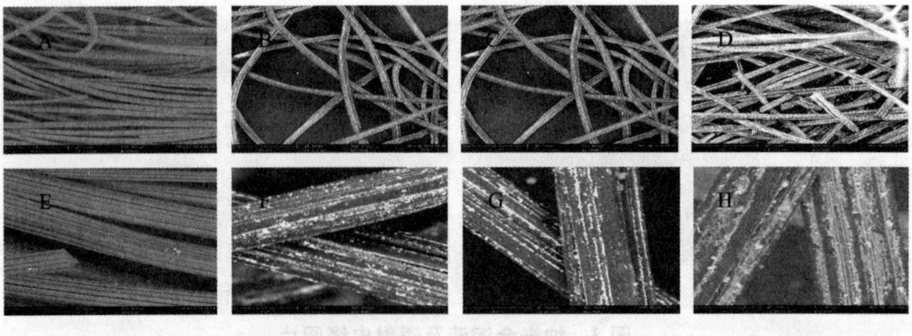

A、B：活性炭纤维(放大倍数分别为 1000、5000)

C、E、G：载金活性炭纤维(90℃，100×10^{-6}，浴比分别为 1∶50、1∶100、1∶200，1000×)

D、F、H：载金活性炭纤维(90℃，100×10^{-6}，浴比分别为 1∶50、1∶100、1∶200，5000×)

图 6　载金活性炭纤维扫描电镜图(5kV，1000×)

3.4 载金活性炭纤维的 X 射线衍射分析

图 7 分别为空白样和浴比分别为 1∶50、1∶100、1∶200 的载金黏胶活性炭纤维的 X 射线衍射（XRD）图谱，从图中可以发现，2θ 在 38.20°、44.40°、64.5°、77.5°处出现 4 个明显的衍射峰，这四个峰全都对应着金的特征峰，分别于面心立方（FCC）结构 Au（111）、（200）、（220）、（311）晶面相对应[5]。

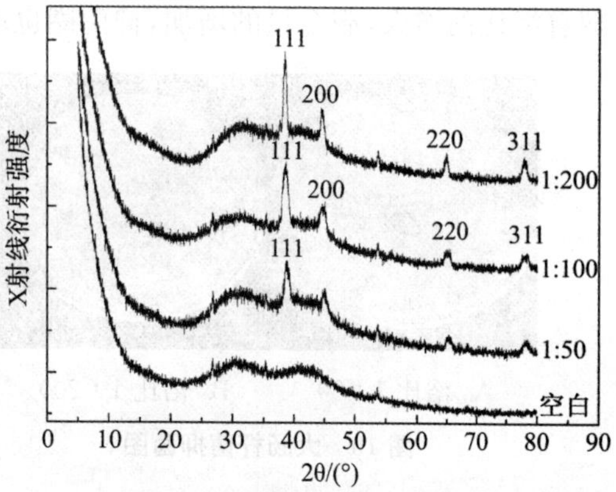

图 7　活性炭纤维 XRD 图谱

3.5 载金黏胶活性炭纤维的比表面积分析

比表面积的测试是通过将活性炭纤维研磨至一定程度的粉末状后再进行分析，通过观察图 8 可得出，活性炭孔隙半径在 3nm 以上的孔基本为零，微孔的孔隙半径集中在 2nm。随着浴比的增大，孔容的峰值不断增大，即 2nm 附近的孔容也不断增大。

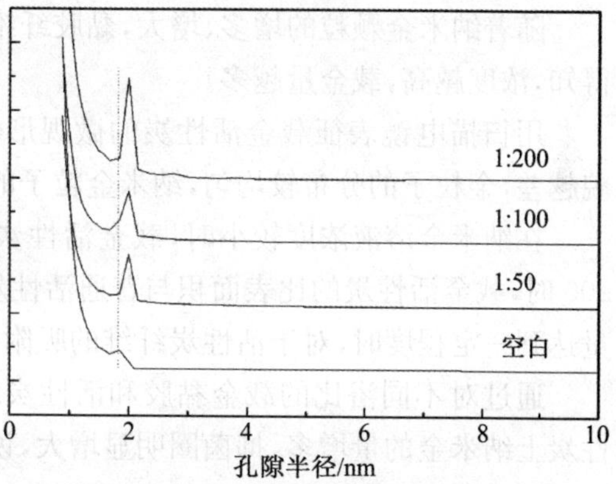

图 8　不同浴比载金活性炭纤维孔容

通过分析图 9 可得知，在浴比为 1∶50 和 1∶100 时，纤维上的纳米金颗粒不是很多，大多进入了活性炭纤维的大孔，导致大孔或者部分中孔消失，从而导致比表面积减小。而随着浴比增大到 1∶200 时，活性炭纤维上的纳米金颗粒已经足够多，金颗粒之间又形成了一个个的微孔，导致与未载金的活性炭纤维的比表面积相差无几，这也就不会影响到活性炭纤维的吸附效应。

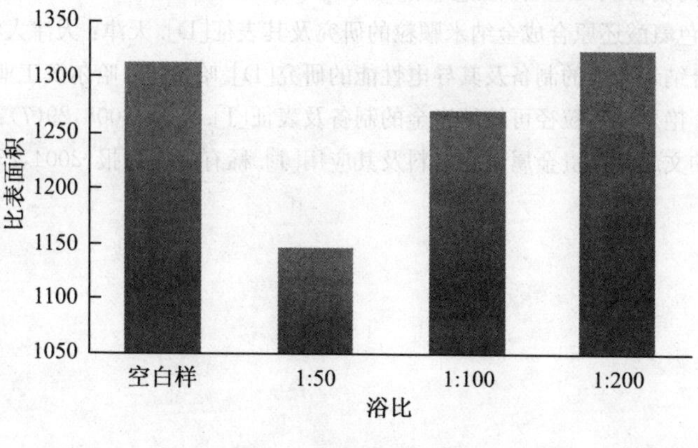

图 9　比表面积柱形图

3.6 载金活性炭纤维的抗菌性能结果与分析

在 90℃、浴比分别为 1∶50 与 1∶200 条件下制备出的载金活性炭纤维的大肠杆菌和金黄葡萄球菌抑菌圈图如图 10、11 所示。对比图 10A、图 10B 和图 11A、图 11B 可以看出，随着浴比的增大，载金量的增加，抑菌圈也增大，说明抑菌效果增强好。

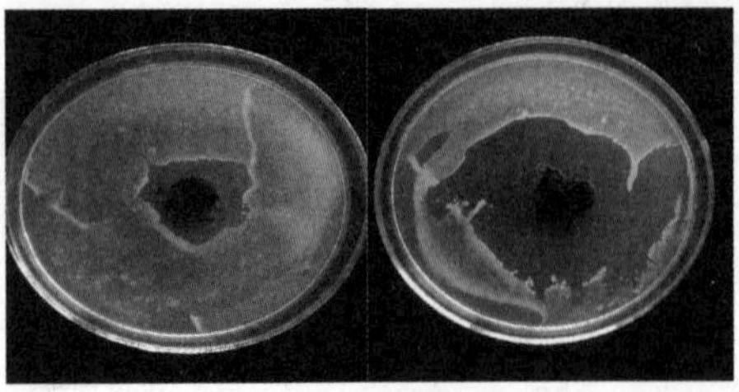

A. 浴比 1∶50　　B. 浴比 1∶200

图 10　大肠杆菌抑菌图

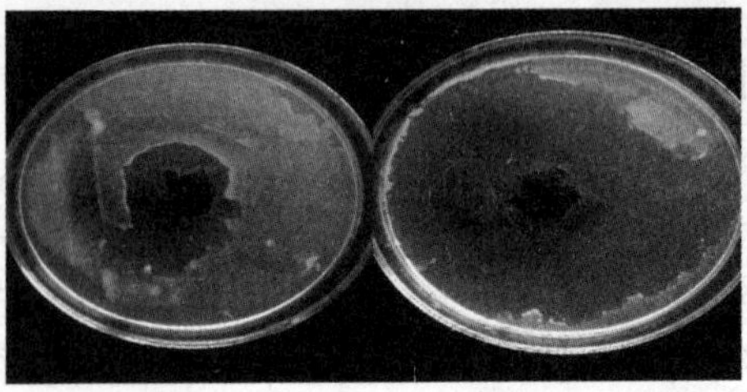

A. 浴比 1∶50　　B. 浴比 1∶200

图 11　金黄葡萄球菌抑菌图

4　结　　论

随着纳米金颗粒的增多、增大，黏胶纤维的颜色越深；通过计算黏胶纤维的前后质量可得知，浓度越高，载金量越多。

用扫描电镜表征载金活性炭的微观形貌之后发现，载金量越多，载金活性炭纤维的形貌越差，金粒子的分布较均匀，纳米金粒子的粒径也较均匀。

在纳米金溶液浓度较小时，载金活性炭纤维的比表面积明显减小，随着浴比达到 1∶200 时，载金活性炭的比表面积与普通活性炭纤维的比表面积相差无几。这也说明，当载金量达到一定程度时，对于活性炭纤维的吸附性能不能造成明显的影响。

通过对不同浴比的载金黏胶和活性炭纤维抗菌性能的测试发现，随着浴比的增大，活性炭上纳米金的量增多，抑菌圈明显增大，说明杀菌效果增强。

参 考 文 献

[1]　陶玥，张峰，陈宇岳. 载银活性炭纤维的制备及其应用现状[J]. 沙洲职业工学院学报，2013(04)：12—15.

[2]　曾琦斐. 纳米金的制备及其应用研究[J]. 嘉应学院学报，2011，29(5)：54—59.

[3]　蔡芳. 水溶液中色氨酸还原合成金纳米颗粒的研究及其表征[D]. 天津：天津大学，2013.

[4]　胡健. 银/碳复合纳米纤维的制备及其导电性能的研究[D]. 哈尔滨：哈尔滨工业大学，2013.

[5]　谢娟，王延吉，李艳廷，等. 粒径可控纳米金的制备及表征[J]. 黄金，2008，29(7)：3—6.

[6]　李明利，徐颖，柏文超，等. 贵金属纳米材料及其应用[J]. 稀有金属快报，2004，23(3)：10—13.

碳基钒酸铋光催化材料对染料降解性能的研究

学生姓名：李晓晨　指导教师：瞿建刚

南通大学纺织服装学院，轻化工程专业，学号：1215072045

【摘　要】 通过原位生长法在活性炭上制得负载型钒酸铋可见光光催化材料，利用扫描电镜、X射线衍射等对合成的碳基钒酸铋进行表征。实验结果表明，前驱液 pH 为 7、加热时间为 9h、加热温度为 80℃的条件下制得的光催化材料负载量大、颗粒小、结晶度好且光催化活性高。

【关键词】 $BiVO_4$；活性炭；光催化；染料；原位生长

1 前　言

科学技术日新月异的今天，如何运用取之不竭、用之不尽的太阳能一直是社会关注的热点。半导体光催化技术也日益得到国家的支持，特别是对染料废水处理越来越严格的当下。TiO_2 作为优秀的半导体光催化剂[1]，却因为禁带宽度在紫外光中不得重用[2]。$BiVO_4$ 光催化材料运用应运而生[3]。粉末状 $BiVO_4$ 光催化剂材料存在易沉淀、不易回收重复利用等缺点[4]。活性炭或石墨作为优异的吸附和光稳定无机材料，已受到研究者的关注。它不仅可以自沉降，便于回收，且具有一定的吸附性，可以富集污染物或目标降解物，将有利于 $BiVO_4$ 光催化效率的提高[5-7]。将 $BiVO_4$ 通过原位生长法将钒酸铋负载在活性炭上制备成的碳基钒酸铋，将拥有活性炭的优异特点，有利于对染料的吸附。本课题通过太阳光照条件下碳基 $BiVO_4$ 对活性红 3BS 染料的降解性能，探究碳基 $BiVO_4$ 的光催化降解活性与合成钒酸铋材料各种因素之间的关系，为制备高效的新型碳基 $BiVO_4$ 光催化剂提供实验依据。

2 实验部分

2.1 实验试剂

实验中所用的硝酸铋、偏钒酸铵来自国药集团化学试剂有限公司，乙二胺四乙酸二钠盐购自上海润捷化学股份有限公司，活性红 3BS(分子式：$C_{31}H_{19}ClN_7Na_5O_{19}S_6$)由安诺其纺织化工有限公司提供。实验中所用活性炭为黏胶性活性炭，实验室自制。

2.2 催化剂的制备

2.2.1 活性炭纤维的活化改性

取活性炭纤维置于 2mol/L 的浓硝酸溶液中，放入水浴锅 60℃条件下浸泡 30min。取出活性炭，用蒸馏水洗净，放入真空干燥箱中真空烘干后取出，待用。

2.2.2 碳基钒酸铋的制备工艺

取 2.91g 硝酸铋，溶解在 10mL 1mol/L 的浓硝酸水溶液中，得到溶液 A；将 0.702g 偏钒酸铵溶解在 10mL 1mol/L 的氢氧化钠溶液中得到溶液 B。将经过改性的 0.1g 活性炭纤维放入溶液 A 中，磁力搅拌 30min，然后将溶液 B 逐滴加入溶液 A 中，加入 0.5g 乙二胺四乙酸二钠盐，然后用 1mol/L 的 NaOH 溶液调节 pH，在磁力搅拌下加热一定时间后取出，用蒸馏水清洗活性炭纤维 3 次，放入真空干燥箱中真空烘干，得到新型碳基钒酸铋光催化材料。

2.3 样品的表征

2.3.1 X射线衍射(XRD)分析

样品晶型分析采用德国 BRUKER 公司生产的 D&ADVANCE X 射线衍射仪进行分析,以 CuKa 辐射作为衍射靶,扫描角度 2θ 范围为 5°~80°,速度为 0.1 步长/秒。

2.3.2 扫描电镜(SEM)分析

采用北京中科科仪技术发展有限责任公司生产的 KYKY-2800B 扫描电镜对碳基钒酸铋材料的表面形貌和颗粒大小进行分析,电镜加速电压 20kV。

2.4 光催化性能表征

通过紫外分光光度计测得活性红 3BS 溶液的最大吸收波长为 540nm。

取 20mL 20mg/L 的活性红 3BS 溶液置于烧杯中,放入 0.05g 碳基钒酸铋,置于阴暗处放置 1h,使催化剂与活性红 3BS 溶液达到吸附平衡。将烧杯放置于阳光下,辐照 3h 后用吸光光度计测得溶液在 540nm 处的吸光度。根据朗伯比尔定律计算活性红 3BS 的脱色率。

$$D=\frac{C_o-C_t}{C_o}\times 100\%=\frac{A_o-A_t}{A_o}\times 100\%$$

上式中,D 为脱色率(%);C_o 为活性红 3BS 溶液初始质量浓度(mg/L);C_t 为降解之后的活性红 3BS 溶液质量浓度(mg/L);A_o 为活性红 3BS 溶液初始吸光度;A_t 为降解之后的活性红 3BS 溶液的吸光度。

3 结果与讨论

3.1 pH 对碳基钒酸铋光催化材料合成的影响

3.1.1 pH 对钒酸铋在活性炭上负载度的影响

从图 1 中可以清晰地看出,当 pH 为 3 时,钒酸铋在活性炭上的负载最多,但是有部分团聚现象;当 pH 升高到 9 时,负载在活性炭上的钒酸铋团聚现象非常严重;当 pH 为 7 时,得到的钒酸铋在活性炭上的负载适中,团聚现象较少。这是由于 pH 较低时,钒酸铋的生成反应较快,在溶液中很快生成钒酸铋颗粒,而不能负载在活性炭上。而 pH 较高时,钒酸铋溶液发生团聚而脱离活性炭表面。由此可以得出,当前驱液的 pH 为 7 时,钒酸铋在活性炭上的负载情况比较好。

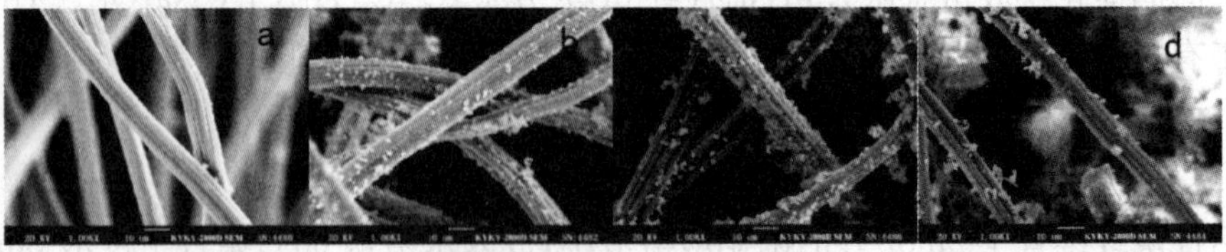

图 1 不同反应 pH 条件下钒酸铋在活性炭上的负载情况 SEM 图

3.1.2 pH 对钒酸铋晶型的影响

从图 2 中可以看出,在 2θ 为 28.726°、18.713°时有比较强的吸收,与单斜晶相钒酸铋标准衍射卡(JCPDS 数据库,pdf 卡号:14068)一致,说明有纯度较高的单斜晶系钒酸铋存在,而在全图中没有明显的四方晶型吸收峰,说明 pH 为 3、7 和 9 时没有四方晶型钒酸铋生成。此外,随着 pH 的提高,XRD 衍射峰积分半高宽度减小,由 Debye-Scherrer 公式可知,合成的钒酸铋颗粒越来越大。因此，可以分析得出不同 pH 对钒酸铋晶型的影响不是很大，但随着 pH 的增大，钒酸铋的颗粒变大。

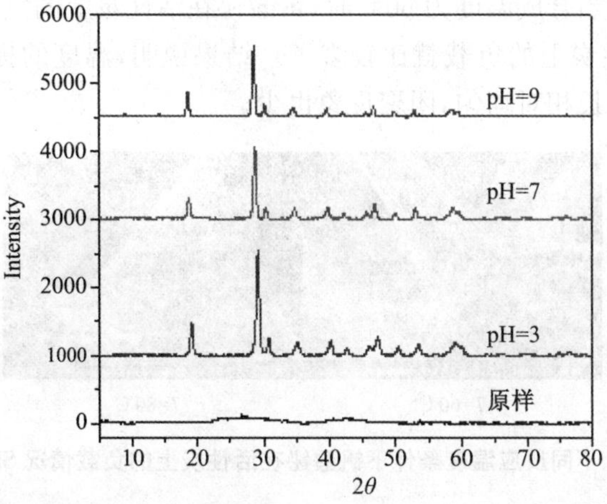

图 2　不同 pH 前驱液合成的碳基钒酸铋的 XRD 图

3.1.3　pH 对钒酸铋微观形貌的影响

由图 3 可知当 pH 为 3 时，钒酸铋颗粒的微观形貌是多面体状和球状，几乎没有形成明显的晶体状；当前驱液的 pH 为 7 时，钒酸铋的微观形貌是单斜结晶状；当前驱液的 pH 为 9 时，得到的钒酸铋颗粒形状是棒状和片状。由此可以推测，随着 pH 的增大，钒酸铋颗粒由多面体和球状向棒状、片状转换，且会发生团聚。

图 3　不同 pH 条件下合成的碳基钒酸铋的微观形貌 SEM 图

3.1.4　pH 对碳基钒酸铋光催化活性的影响

从表 1 中可以看出，当 pH 为 7 时，制备出的碳基钒酸铋光催化降解率最高，脱色率可以达到 60.6%；其次是 pH 为 9 时，制得的碳基钒酸铋光催化脱色率为 52.0%；而在 pH 为 3 时，制得的催化剂催化脱色率最低，只有 49.5%。这是由于在 pH 为 7 时制得的钒酸铋负载量最大，单斜晶型且晶体颗粒较小，有利于提高碳基钒酸铋的光催化效率。由此可以得出，在前驱液 pH 为 7 时制得的碳基钒酸铋的光催化活性最好，所以 pH 应控制为中性。

表 1　不同 pH 前驱液合成的钒酸铋降解染料的脱色率

pH	A_o	A_t	$D/(\%)$
3	0.457	0.231	49.5
7	0.459	0.181	60.6
9	0.459	0.224	52.0

3.2 温度对合成碳基钒酸铋的影响

3.2.1 温度对钒酸铋在活性炭上负载度的影响

从图 4 可以看出，当合成温度为 60℃时，钒酸铋在活性炭上的负载较稀少；而当温度在 80℃时，钒酸铋在活性炭上的负载就比较多了。结果说明，温度的提高有利于钒酸铋在活性炭上的生长，而且生长相对均匀，团聚现象也少。

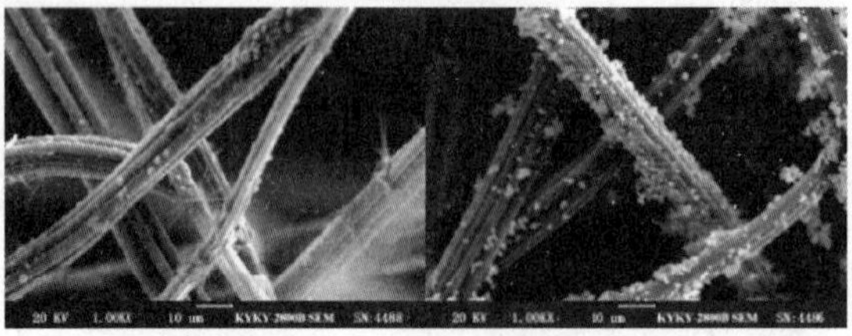

图 4 不同反应温度条件下钒酸铋在活性炭上的负载情况 SEM 图

3.2.2 温度对钒酸铋晶型的影响

由图 5 可知，当反应温度为 60℃时，钒酸铋的结晶度很差，且结晶相中四方相和单斜晶相共同存在；而当温度达到 80℃时，制备出的钒酸铋都是单纯的单斜晶相钒酸铋。由此可以推断出，较高的温度有利于生成单斜晶相钒酸铋，而低温不适宜单斜晶相钒酸铋晶体的形成。

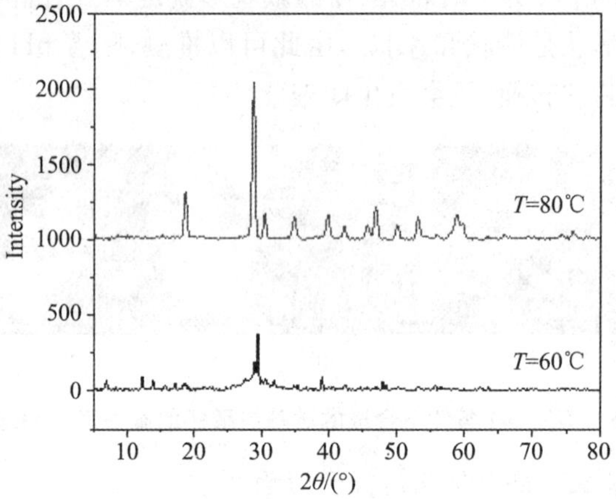

图 5 不同温度条件下合成的碳基钒酸铋的 XRD 图

3.2.3 温度对钒酸铋微观形貌的影响

由图 6 可知，当温度为 60 ℃时，钒酸铋没有形成明显的颗粒状；当温度为 80 ℃，钒酸铋的微观形貌以结晶状颗粒存在。由此可以认为温度对钒酸铋的微观形貌有较大的影响。

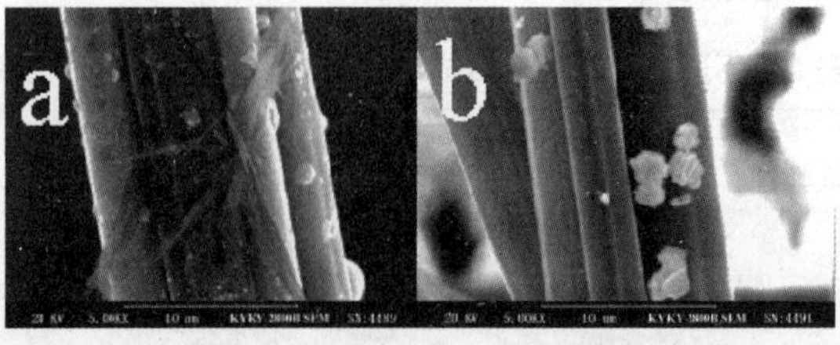

图 6 不同温度条件下合成的钒酸铋微观形貌 SEM 图

3.2.4 温度对碳基钒酸铋光催化活性的影响

从表 2 中可以看出，当温度为 60℃时，合成的碳基钒酸铋的光催化活性很低，这是由于温度太低，钒酸铋没有结晶完全，这也与上文中的扫描电镜、XRD 图得出的结论一致。当温度达到 80℃时，得到了光催化活性相对较理想的碳基钒酸铋。

表 2 不同温度条件下合成的碳基钒酸铋降解活性红 3BS 的脱色率

T	A_o	A_t	D/(%)
60℃	0.458	0.403	12.0
80℃	0.457	0.185	59.5

3.3 加热时间对碳基钒酸铋的影响

3.3.1 加热时间对钒酸铋在活性炭上负载度的影响

从图 7 中我们可以清晰地看出，加热时间为 9h 的钒酸铋比加热时间为 5h 的钒酸铋在活性炭上负载的更多，这是由于延长加热时间更有利于钒酸铋在活性炭上的生长。

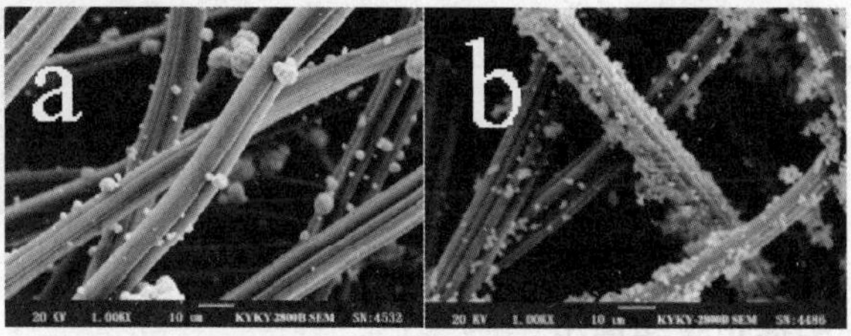

图 7 不同加热时间条件下合成的钒酸铋在活性炭上的负载情况 SEM 图

3.3.2 加热时间对钒酸铋晶型的影响

从图 8 中衍射峰的变化可以看出，加热时间的延长使得衍射峰积分半高宽度减小了。由 Debye-Scherrer 公式可知，衍射峰半高宽越小，晶体的颗粒尺寸越大，而加热时间的变长对钒酸铋晶型的改变不是很明显。因此可以推断，加热时间越长，晶体的颗粒越大。

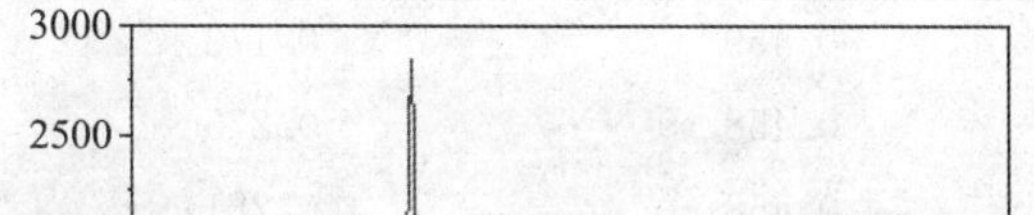

图 8 不同加热时间条件下合成的碳基钒酸铋的 XRD 图

3.3.3 加热时间对钒酸铋微观形貌的影响

由图 9 可知，当加热时间为 5h 时，钒酸铋颗粒主要呈颗粒状，且负载量较少；当加热时间为 9h 时,钒酸铋颗粒主要呈片状,且分布比较均匀。这与前文中提到的随着加热时间的延长颗粒会变大的结论相吻合。

t=5h　　　　t=9h

图 9　不同加热时间条件下合成的钒酸铋微观形貌 SEM 图

3.3.4　加热时间对碳基钒酸铋光催化活性的影响

从表 3 中可以看出,当加热时间为 5h 时,合成的碳基钒酸铋的光催化活性较低,这是由于碳基钒酸铋的负载量较少。

表 3　不同加热时间条件下合成的碳基钒酸铋降解活性红 3BS 的脱色率

t	A_o	A_t	D/(%)
5h	0.460	0.306	33.5
9h	0.458	0.179	60.9

3.4　催化剂的稳定性和重复使用

根据以上实验结果(前驱液的 pH 为 7,加热时间为 9h,温度为 80℃)制备出效果新型、高效的碳基钒酸铋光催化材料。将制得的碳基钒酸铋光催化材料用于降解活性红 3BS 溶液,降解之后取出催化剂,用蒸馏水洗净,真空烘干,重复使用 4 次,测得的实验结果如表 4 所示。

表 4　催化剂重复使用的脱色率

次数	A_o	A_t	D/(%)
1	0.459	0.173	62.3
2	0.458	0.275	40.0
3	0.458	0.281	38.6
4	0.457	0.287	37.2

从表 4 中可以看出,碳基钒酸铋重复使用后的脱色率有所下降,从 62.3%下降到 40.0%。脱色率的降低说明光催化活性的催化活性有所降低,原因可能是钒酸铋与活性炭纤维间的负载不是很牢固,第一次使用后脱掉。重复使用 4 次后的催化活性仍保持在 37%以上,说明制得的催化剂有良好的稳定性。

4　结　论

(1) 在制备碳基钒酸铋实验中,过高的 pH 和过低的 pH 都会使钒酸铋发生团聚现象,pH 为 7 时负载最好。较高的温度有利于钒酸铋的负载和单斜晶系钒酸铋的形成,较长的加热时间有利于钒酸铋的负载和单斜晶系钒酸铋的合成。

(2) 在前驱液 pH 为 7、加热温度在 80℃、加热时间为 9h 的情况下成功制备出光催化效果最佳的碳基钒酸铋光催化材料。

(3) 在太阳光光催化降解活性红 3BS 的实验中，用 0.05g 的碳基钒酸铋光催化降解浓度为 20mg/L 的活性红 3BS 溶液 3h 后脱色率达到 60%，重复使用 4 次后对染料溶液催化脱色率仍保持在 37%以上。

参考文献

[1] Fujishima A, Honda K. Electrochemical photolysis of water at a semiconductor electrode[J]. Nature, 1972, 238(5358): 37—38.

[2] 白雪. 钒酸铋光催化材料的制备与性能调控[D]. 北京：北京工业大学，2012.

[3] 龚焱. $BiVO_4$ 的水热合成改性及其可见光的催化性能研究[D]. 大连：大连工业大学，2011.

[4] Qu JG, Li NN, Liu BJ, et al. Preparation of $BiVO_4$/bentonite catalysts and their photocatalytic properties under simulated solar irradiation[J]. Materials Science in Semiconductor Processing, 2013, 16(1): 99—105.

[5] 刘正朋. 钒酸铋的制备及降解亚甲基蓝的研究[J]. 科技传播，2010，12(24)：126—127.

[6] 张进. 钒酸铋的制备及可见光催化降解孔雀石绿溶液研究[J]. 化工时刊，2012，26(11)：4—6.

[7] 朱永法. 前景光明的纳米光催化剂[J]. 国外科技动态，2001，22(9)：28—29.

面料混搭手法在运动风格时装设计中的运用

学生姓名：黄顺卿　指导教师：周开颜

南通大学纺织服装学院，服装设计与工程（服装艺术设计）专业，学号：1215042009

【摘　要】受现代运动时尚的影响，原本单一的服装面料已经不能够满足人们对自由个性化着装的需求，而面料混搭的方式则赋予了服装不同的格调。本课题通过对面料混搭手法的艺术特征和运用规律的研究，对多材质面料混搭在运动风格时装中运用的基本形式进行分析，进一步拓展现代风格时装设计的创新思路。

【关键词】服装设计；面料混搭；运动风格

随着人们对个性化生活方式的追求，混搭的形式适应了现代人多元化的审美观念。通过研究面料混搭手法的设计方法和规律，探索其在现代运动风格时装设计中的搭配、组合形式，利用不同面料的性质差异来进行混搭设计，丰富人们的着装体验，对于开拓运动风格时装的新市场有积极的促进作用。

1　服装设计中的面料混搭设计手法

1.1　混搭设计手法概述

混搭（MIX-MATCH）是一个时尚界专用名词，指将不同风格、不同材质、不同身价的东西按照个人喜好拼凑在一起，从而混合搭配出完全个人化的风格。混搭设计手法内容多样，包括服装风格的混搭、面料材质的混搭、服饰品的混搭、服装品类的混搭以及着装方式的混搭等。

1.2　服饰中的面料混搭设计

服饰中的面料混搭虽然强调的是面料之间的差异性搭配，但并非无规律的、偶发性的搭配。在满足个性化风格的基础上，它始终要遵循美的形式感规律，讲究一种有节奏的、融合的韵律，是具有时尚感的美学。

1.2.1　面料混搭设计的原则和方法

(1) 面料混搭的设计原则：① 风格主次分明。面料混搭虽然由多种面料组成，但是首先要确定一种类型的面料为主线，其他类型的面料为点缀，面料风格有主次之分。② 适量设计元素。在进行面料混搭时，要注意进行混搭的材质、色彩等变化元素不超过3～4种。③ 强调差异性对比。在进行面料混搭时，将差异性较大的面料放在一起，形成强对比的视觉效果。

(2) 面料混搭的设计方法：① 反季节面料搭配。例如，将春夏季节常用的轻薄的面料与秋冬季节常用的厚重面料进行搭配的方式。② 异质面料的搭配。例如，将质地疏松的针织面料与质地紧实的皮革面料组合在一起，强势而不失柔软，优雅又不失时尚感。③ 常规服装面料与非常规面料搭配。例如，使用纺织品面料和回形针、折纸、镜子、麻绳等特殊材料的结合，给人以另类夸张的感觉。

1.2.2 面料混搭形式与服装风格的联系

面料混搭通常使用两种或者三种不同属性的面料，其中服装整体面积最大的面料占服装风格的主导位置，决定整体服装的主要风格倾向。此外，面料的色彩、质地、纹理、形状等因素也会对服装风格起到一定的影响。

1.3 面料混搭手法在现代服装中运用的发展趋势

在这个追求个性与自由的多元化社会，面料混搭手法以一种新的理念、新的意识形态及新的设计表现手法活跃在人们的视线中，具有不同于之前各个时期的多样性、灵活性和随意性的特点。由于混搭面料的使用范围越来越广，适合的人群也就不再局限于年轻人，任何群体都可使用面料混搭来彰显自己的个性。

2 运动风格时装的特征分析与设计要点

2.1 运动风格时装的特征分析

2.1.1 基于传统运动服装的款式设计

运动风格时装来源于传统运动服装，借鉴传统运动服装的设计元素，对服装款式进行设计，在具备运动风格的同时加入时装中的特殊裁剪工艺和时尚流行元素，使得服装的造型更为细致化。

2.1.2 注重服装的功能性

使穿着者感到自由舒适是运动风格服装最基本的要求，并且运动风格服装作为功能性的服装，对于穿着实用性的要求也是不可或缺的。所以，运动风格时装同样重视服装的舒适性和实用性。

2.1.3 追求自由个性化

随着现代社会的发展，现代人对着装的需求度和细微的感知度越来越高，以及对于自由个性化的追求，运动风格时装将时尚运动样式融入了现代人对品质、潮流的追求中。

2.2 运动风格时装的设计要点

2.2.1 款式结构

廓形以 H、O 型居多，自然宽松，便于活动；分割线多使用直线和斜线，形成块面、条状的分割，线造型与面造型居多，较少使用点造型设计(图 1)。

2.2.2 面料选择

最常使用的是棉针织等功能性强的材料，这类面料吸水性、透气性强，弹性大，制作的服装便于人体活动(图 2)。

2.2.3 色彩图案

色彩单纯明亮，黑白类无彩色以及不同明度与纯度的红、黄、蓝等鲜艳色，都时常在运动风格时装中搭配运用(图 3)。

2.2.4 装饰手法

在运动风格时装中最常使用的装饰手法就是拼接，那些经过块面分割、线性分割而成的服装裁片，通过饰边、拼缝等工艺，连接成对称或不对称的衣片形式，起到了明显的装饰作用(图 4)。

图1　款式自然宽松

图2　功能性面料

图3　黑色与彩色搭配

图4　拼接装饰

2.3　运动风格时装的代表品牌和设计师

LACOSTE是一个都市风格的运动品牌，它的服装风格简洁、干练，体现一种舒适、优雅的生活态度。近年来，品牌风格趋向于年轻休闲风，色彩更靓丽，常使用大色块处理和POP图案，恰到好处地顺应了近年流行的高品质运动时尚风潮。

3　面料混搭手法在运动风格时装中运用的形式与特点

3.1　面料混搭手法在运动风格时装中的运用形式

3.1.1　同色异质

运用相同色彩在视觉感官上具有很强的整体性，通过不同质地的组合可以增加服装的层次性(图5)。

3.1.2　同质异色

通过运用不同色彩、相同材质的面料进行拼接的设计，是运动风格服装中最为常见的手法(图6)。

3.1.3　异质异色

由不同色彩、不同材质的面料混搭而成的形式，称为异质异色。这种形式在面料的选择和组合上更加自由，但这两者之间讲究的是统一中有变化，变化中有和谐(图7)。

图5　同色异质

图6　同质异色

图7　异质异色

3.2 面料混搭手法在运动风格时装中运用的基本规律

(1) 在进行面料混搭时,要以运动化性质强烈的面料为主线,混搭的其他风格面料为副线,装饰围绕主线展开,副线以点缀的形式与主线呼应结合,主次分明,使之具有一定的节奏与韵律。

(2) 在进行面料混搭时,要注意面料的种类和设计元素不宜过多,以面造型和线造型设计为主,设计元素不宜琐碎。

(3) 在进行面料混搭时,面料肌理或色彩对比要强烈,能形成一定的视觉效果。

3.3 面料混搭手法在运动风格时装中的作用意义

在造型上,通过面料混搭可以增加运动风格时装的触感体验,丰富它的轮廓造型,探索面料混搭手法的设计运用方法和规律,对于开拓现代风格时装设计的创新思路具有指导意义。

在审美上,随着人们对个性化生活方式的追求,混搭手法所涵盖的形式元素更为丰富,所展现的服装风格更加多样,适应了现代人多元化的审美观念。

对于商业而言,因为在面料、色彩的选择等方面不再拘泥于传统运动装,在运动风格时装的产品开发上,对各种素材有了更为广阔的选择性,从而带动了各个支线产业的发展,同时对于开拓运动风格的新市场有积极的促进作用。

4 《自我》系列女装设计说明

4.1 灵感来源与设计主题

本系列的设计主题为《自我》,灵感主要源于一些具有未来主义风格特点的家居设计、Rene Gruaud 的插画以及近些年的运动风元素。在运动风格时装里运用面料混搭手法,既不过分阳刚,又不耽于柔美,表达对自由个性化的着装方式的追求。

4.2 面料混搭手法在运动风格时装中运用的具体思路

在款式上,首先多采用较为宽松、舒适的廓形,搭配上会考虑服装长款短款、裤装裙装等。在面料选择上,大多使用可塑性强并且较为硬挺、能制造出立体感的面料。色彩上,以经典的黑白色为主,然后加上色彩明度、纯度都较高的色彩,或者对比度高的,或者荧光色面料等。工艺上,运用近几年的流行元素,如流苏、镂空、重工刺绣、拼接等装饰手法。

4.3 系列成衣说明

本系列服装为 4 套 8 件的形式,使用太空棉、漆皮、空气层网纱三种不同材质、不同色彩的面料进行混搭,整体服装廓形宽大舒适,色彩活泼明亮,运动感十足(图 8)。

A 款上衣领型采用宽大的套头圆领设计,便于穿脱;袖型圆润宽大,微微隆起的效果增加了体积感;上衣的下摆拼接了网纱面料,使之具有一定的空气感;上身假两件的形式加强了整体的层次感。裤子采用漆皮面料,在裤脚处拼接橙色的面料,打破了沉闷感。

B 款上衣领型采用圆领开衫的设计;肩部拼接一块插肩式的皮料,在肩部和袖子的连接处增加了弹性较好且透气性强的空气层网面面料;袖子是中间大、两头小的夸张的廓形,体现时尚感。裤子上半段采用太空棉面料,下半段使用同色系网眼面料,大面积网眼面料的加入使整个裤子的造型更加丰富。

图 8　系列成衣展示图

C款上衣领型采用经典的连帽开衫的设计；在衣身的下半段拼接了两块网眼面料，形成口袋；袖子采用喇叭形的廓形，上半段偏小，下半截通过做褶裥使袖口变大，形成类似荷叶边的造型，增加女性柔美的感觉；短裤的设计外部为宽松运动短裤的造型，里面是拼接色的较为紧身的设计，看似两件，实为一件，丰富造型层次的同时也便于穿脱。

D款里层是一件太空棉质地的圆领紧身包臀连衣裙，外部是一件创意造型的连衣裙，露肩的设计恰到好处地露出性感的肩部，使整个设计散发性感的气息；衣摆的部分是一个非常宽大的设计，手臂可以自然下垂，放置在其中；手臂上网状的护腕更添了运动的韵律。

4.4　设计难题及解决办法

首先是整体廓形，由于服装廓形夸张、立体感强，需要在制作时不断调整板型，才得出令人满意的廓形效果。其次，由于所有面料的弹性都不同，在进行缝制时需要拉紧弹性较小的面料，使面料尽可能缝合一致。

通过课题研究，深入了解面料混搭手法的运用原则和方法、运动风格时装的特征与形式等相关内容，明确两者之间的联系与设计要点，从而在成衣过程中，找到突破点，进行创新运用，尝试探索其在造型、审美、商业等不同领域的深刻意义。

参 考 文 献

[1]　于胡生. 服装面料及其服用性能[M]. 北京：中国纺织出版社，2003.
[2]　朱远胜. 面料与服装设计[M]. 北京：中国纺织出版社，2008.
[3]　Jenny Udale. 时装设计元素：面料与设计[M]. 朱方龙，译. 北京：中国纺织出版社，2010.
[4]　刘晓刚. 服装设计元素论[J]. 东华大学学报，2003，29(2)：13—15.

中国高校教职工高血压危险因素的Meta分析

学生姓名：陈晓炜　指导教师：董建成、施李丽
南通大学医学院，医学信息学专业，学号：1217102004

【摘　要】本研究通过应用文献法和Meta分析法，综合评价我国高校教职工高血压的危险因素。研究发现，男性、年龄、家族史、高盐饮食、饮酒史、吸烟史、超重、肥胖、腰臀比超标、高血糖、高血脂、高尿酸血症、糖尿病、教师岗位、高级职称等为我国高校教职工高血压发病的危险因素，而规律运动则为保护因素。

【关键词】高血压；危险因素；Meta分析；高校；教职工

1　研究背景及研究目的

近年来，随着社会的发展，我国成人高血压发病率不断攀升，高血压相关疾病给家庭和社会带来了沉重负担[1]。流行病学研究结果显示，作为社会知识分子代表的中国高校教职工科研任务繁重、精神紧张、缺乏运动，其高血压的患病率已经高达25.5%[2]。本研究拟通过系统评价的方法全面收集、系统分析我国高校教职工高血压危险因素的相关文献，全面了解我国高校教职工高血压的危险因素，旨在为制定中国高校教职工高血压的防治策略提供科学依据。

2　材料与方法

2.1　文献来源

以教师、教职工、教员、高校、大学、院校、学校、高职、高血压等作为检索词在中国知网(CNKI)的中国学术期刊全文出版总库、维普中文科技期刊数据库、万方中国学术期刊数据库中进行检索，以hypertension、high blood pressure、China、Chinese、teacher、instructor、faculty、staff等作为检索词在PubMed进行检索，同时补充检索相关文献的参考文献。

2.2　文献纳入标准与排除标准

纳入标准：(1) 有明确的高血压诊断标准及确认方法，在未用高血压药物的情况下，收缩压≥140mmHg和(或)舒张压≥90mmHg或既往有高血压史，目前应用抗高血压药物，血压虽然<140/90mmHg，亦为高血压；(2) 研究对象为中国高校教职工；(3) 研究内容为高血压的危险因素，危险因素定义一致或基本一致；(4) 研究设计类型为病例对照研究或分成病例组和对照组进行比较的现况研究；(5) 原始文献数据真实、可靠。

符合以下条件之一即为排除文献：(1) 重复文献；(2) 研究综述；(3) 研究对象不是我国高校教职工；(4) 研究内容不是高血压的危险因素；(5) 信息量少、数据计算错误或数据不足导致质量差、无法利用的文献。

2.3　质量评价

对纳入的病例对照研究文献使用纽卡斯尔-渥太华量表(Newcastle-Ottawa Scale, NOS)[3]进行文献质量评价，现况调查研究则使用澳大利亚乔安娜循证护理中心(Joanna Briggs Institute, JBI)[4]研制的横断面研究偏倚风险评价标准进行文献质量评价。

2.4 统计学分析

使用 Revman5.3.3 软件进行 Meta 分析。根据异质性检验结果选择固定效应模型或随机效应模型,并计算高血压各危险因素的合并比值比(odds ratio,OR)及 95%可信区间(CI),绘制森林图。使用 Stata14.0 软件对纳入研究 10 个及以上的危险因素绘制 Begg 漏斗图,以 Begg 秩相关检验及 Egger 线性回归法检验漏斗图的不对称,评价是否存在发表偏倚。

3 研究结果

3.1 文献检索结果

文献检索流程、筛选步骤和筛选结果如图 1 所示。按照制定的文献检索策略进行数据库检索和手工检索,PubMed 数据库初步检索到 430 篇有关中国高校教职工高血压危险因素的文献,CNKI 中国学术期刊网络出版总库、维普中文科技期刊数据库、万方中国学术期刊全文数据库初步检索到 7861 篇,通过其他资源补充检索获得 5 篇相关文献,共获得 8296 篇文献。根据纳入和排除标准,去除重复文献后剩余 4942 篇文献,通过阅读这 4942 篇文献的题名和摘要及其中 257 篇文献的全文后,最终有 136 篇文献被纳入本次研究。

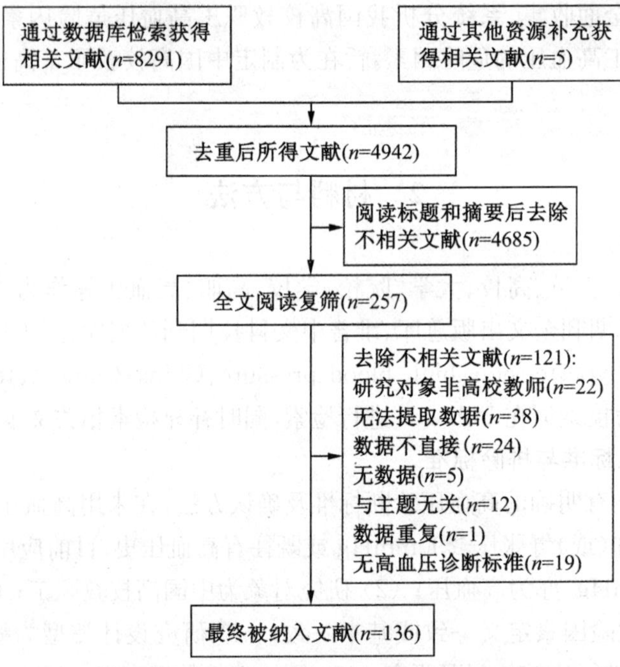

图 1 文献检索流程图

3.2 被纳入文献的基本特征

136 篇文献中,中文文献 134 篇,英文文献 2 篇;病例对照研究文献 58 篇,现况调查研究文献 78 篇。136 篇被纳入文献共涉及 17 个我国高校教职工高血压的相关因素。

3.3 文献质量评价

针对病例对照研究文献的质量评价采用 NOS 评分,满分为 9 分。58 篇文献中,6 篇文献得分为 9 分,8 篇文献得分为 8 分,29 篇文献得分为 7 分,15 篇文献得分为 6 分。针对现况调查研究文献的质量评价采用 JBI 评分，满分为 20 分。78 篇文献中，3 篇文献得分为 18 分，35 篇文献得分为 17 分，21 篇文献得分为 16 分，11 篇文献得分为 15 分，8 篇文献得分为 14 分。由此可见，本次被纳入文献的整体质量尚可。

3.4 我国高校教职工高血压危险因素的 Meta 分析结果

对 17 个相关因素分别进行 Meta 分析，各相关因素的合并 OR 值及 95%CI 以及每个相关因素纳入的文献数如表 1 所示。学历的合并 OR 值为 0.84，95%CI 为 0.44～1.61，表明现有证据尚不能证明学历与高校教职工高血压有关。其余 16 个相关因素的合并 OR 值均有统计学意义。其中，性别、吸烟史、高尿酸血症、教师岗位等因素的合并 OR 值大于 1，高盐饮食、饮酒史、超重、腰臀比超标、高血糖、高血脂、职称的合并 OR 值大于 2，家族史、肥胖、糖尿病的合并 OR 值大于 3。年龄在不同文献中的分组方式不一，不同年龄段的 Meta 分析结果显示，50 岁以后的合并 OR 值大于 1，且具有统计学意义。50～75 岁这一年龄段，随年龄的增长，OR 值增大。OR 值越大代表年龄与高血压的联系强度越大，提示高校教职工在 50～75 岁这个年龄段的年龄越大，高血压的患病率越高。只有规律运动的合并 OR 值小于 1 且具有统计学意义，合并 OR 值及 95%CI 为 0.44(0.21～0.88)。

表 1 我国高校教职工高血压相关因素的 Meta 分析结果

相关因素	分析模型	*Z*	*P*	合并 OR	95%CI	被纳入文献数
性别	随机效应模型	17.65	<0.00001	1.72	1.62～1.83	113
家族史	随机效应模型	4.66	<0.00001	3.51	2.07～5.96	10
高盐饮食	随机效应模型	2.84	0.004	2.37	1.31～4.29	3
饮酒史	随机效应模型	3.19	0.001	2.34	1.39～3.94	7
吸烟史	随机效应模型	3.36	0.0008	1.81	1.28～2.56	8
规律运动	随机效应模型	2.30	0.02	0.44	0.21～0.88	4
超重	随机效应模型	14.89	<0.00001	2.53	2.24～2.86	32
肥胖	随机效应模型	16.22	<0.00001	5.00	4.12～6.07	22
腰臀比超标	随机效应模型	6.28	<0.00001	2.05	1.64～2.57	3
高血糖	随机效应模型	3.34	0.0009	2.53	1.47～4.36	12
高血脂	随机效应模型	8.06	<0.00001	2.85	2.21～3.68	19
高尿酸血症	随机效应模型	5.09	<0.00001	1.81	1.44～2.27	3
糖尿病	随机效应模型	7.90	<0.00001	3.54	2.59～4.84	8
教师岗位	随机效应模型	2.66	0.008	1.26	1.06～1.49	23
职称	随机效应模型	5.25	<0.00001	2.26	1.66～3.06	4
学历	固定效应模型	0.53	0.59	0.84	0.44～1.61	3

3.5 发表偏倚评价

对纳入文献数≥10 的 7 个高血压相关因素(性别、家族史、超重、肥胖、高血糖、高血脂和教师岗位)分别进行 Begg 漏斗图的绘制。Begg 秩相关检验及 Egger 线性回归法检验结果显示，高血脂和高血糖这两个因素漏斗图不对称检验的 *P* 值小于 0.05，提示存在发表偏倚，其余 5 个因素检验的 *P* 值均大于 0.05，可认为不存在发表偏倚。

4 讨　论

国内外的研究结果均表明,性别、年龄为高血压的危险因素[5,6]。男性高血压的患病率高于女性,高血压的患病率随年龄增大而上升。本次 Meta 分析结果与此一致。男性的生活习惯、健康观念、家庭社会压力、体内激素情况与女性存在较大差异,这可能是男性高血压患病率高于女性的原因,提示男性应更注重培养健康的生活习惯。

生活方式与高血压之间的关系早已被确定,某种程度而言高血压就是一种生活方式疾病。本研究发现,高盐饮食、吸烟、饮酒的合并 OR 值分别为 2.37、1.81 和 2.34,表明这三种生活方式是我国高校教职工高血压的危险因素,提示生活方式的宣传能适当降低高血压的发生率。因此,各高校需加强高血压的宣传教育工作,提醒教职工养成良好的饮食习惯和生活习惯。

高血压患病的家族聚集性明显,遗传度高达 60%[7]。本次 Meta 分析结果显示,高血压的发生与高血压家族史之间存在较强关联,其 OR 值高达 3.51。此外,有研究显示,有高血压家族史的家庭成员中,相比非高血压患者,高血压患者的不良生活方式更多[8]。因此,高血压家族史与不良生活方式共同促进了家庭成员高血压的发生。有高血压家族史者需更加注意培养健康的生活方式,减少因不良生活方式导致高血压的可能性。

本研究中超重的合并 OR 值为 2.53,肥胖的合并 OR 值为 5.00,腰臀比的合并 OR 值为 2.05。此外已有研究显示,腰围(WC,男≥102cm,女≥88cm)、内脏脂肪断面积指数(VFA)和体脂率是高血压的影响因素[9,10]。腰围及腰臀比对预测高血压意义较明显,VFA 和体脂率偏高者高血压患病率高于体型正常者。本次研究显示,体型与高校教职工有密切关系,故中国高校教职工需注意自己的体型,控制体重。

Meta 分析结果显示,糖尿病的合并 OR 值为 3.54,在危险因素联系强度中位列第二,提示糖尿病患者是高血压的高危人群。高血糖、高血脂、高尿酸血症的 OR 值均大于 1,提示均为高血压的危险因素。以上危险因素的表现均为代谢异常。代谢异常导致大血管内皮损害是其基本病变。代谢异常疾病的快速增长同时促进了高血压的快速增长,由此导致的高血压也被称为代谢性高血压[11]。结果提示,以上疾病患者更应重视自身血压变化情况并及时进行治疗。

文献综述结果表明,职业压力、心理健康、个性等心理因素是高血压发生的一个重要因素[12]。研究显示,高校教师高血压患病率普遍较高,属于高血压易患群体[13]。本次 Meta 分析结果显示,相对于高校内的非教师,教师患高血压的合并 OR 值为 1.26,具有高级职称者的合并 OR 值为 2.26,说明高校内职业类型及职称高低与高血压都存在一定关联。这可能与高校教师面临教学、科研的双重压力,精神长期处于高度紧张状态,而职称越高者承担的科研任务越重所带来的心理压力越大有关。因此,具有高级职称的教师需格外注意自身血压情况。

规律运动的合并 OR 值为 0.44,95%CI 为 0.21～0.88,结果提示规律运动是我国高校教职工高血压的保护因素。运动会对毛细血管及血管内皮细胞生长因子(VEGA)产生影响,对因高血压而导致的血管损伤有改善作用[14]。因此,适当的身体锻炼可以起到预防高血压的作用。

本研究虽统一了中国高校教职工高血压的诊断方法和诊断标准,对被纳入的文献严格使用文献质量评价，但仍存在一定的局限性，表现在：(1) 部分文献因诊断标准不明、诊断方法未提及和数据缺失等原因未被纳入，这部分未被纳入的研究可能会对最后结果产生影响；(2) 本次 Meta 分析被纳入文献均为国内外已发表的中英文文献，未检索尚未发表的文献，漏斗图分析结果显示，高血脂和高血糖这两个危险因素均存在发表偏倚，偏倚在一定程度上会影响 Meta 分析结果。因此，在下一步研究中，应更注意研究对象和设计类型的选择，以提高研究质量。

5 结 论

综上所述，本次 Meta 分析结果表明，男性、年龄、家族史、高盐饮食、饮酒史、吸烟史、超重、肥胖、腰臀比超标、高血糖、高血脂、高尿酸血症、糖尿病、教师岗位、高级职称等为我国高校教职工高血压发病的危险因素，而规律运动则为保护因素。本研究为针对高校教职工采取相应的高血压防治措施提供了一定的依据。

参 考 文 献

[1] 刘力生. 中国高血压防治指南 2010[J]. 中华高血压杂志，2011(08)：701—743.

[2] 辛青，张成秋，谭小燕，等. 高校教职工高血压患病情况及影响因素[J]. 中国卫生统计，2013(06)：874—876，878.

[3] Wells GA，Shea B，O' Connell D，et al. The Newcastle-Ottawa Scale(NOS) for assessing the quality if nonrandomized studies in meta-analyses[EB/OL]. [2016－03－23]. http：//www. ohri. ca/programs/clinical_epidemiology/oxford. html.

[4] 胡雁. 循证护理学[M]. 北京：人民卫生出版社，2012：73—87.

[5] 王健，张跃进，任苏坪，等. 东南大学教职工高血压患病状况分析[J]. 中国公共卫生，2010，26(3)：277—278.

[6] Liu X，Rodriguez CJ，Wang K. Prevalence and trends of isolated systolic hypertension among untreated adults in the United States[J]. J Am Soc Hypertens，2015，9(3)：197—205.

[7] 刘丽，邵宇涵. 高血压家族史与腰臀比异常对高血压发病的交互作用研究[J]. 中国现代医学杂志，2015，25(15)：93—95.

[8] 王燕宁. 社区家庭干预对有高血压家族史家庭成员行为生活方式的影响研究[J]. 中国全科医学，2012，15(32)：3761—3763.

[9] 陈亦敏. 6830 名老年人体质指数、腰围、腰臀比与高血压的关系研究[J]. 浙江中西医结合杂志，2014(04)：303—305.

[10] 赵宏林，佟伟军，巴图，等. 蒙古族人群体重指数、腰围、腰臀比对高血压预测价值的 ROC 曲线评价[J]. 中国卫生统计，2011，06：696—697，700.

[11] 祝之明. 代谢性高血压：一个值得探索的问题[J]. 中华高血压杂志，2006，14(11)：859—860.

[12] Cuffer Y，Ogedegbe C，Williams NJ，et al. Psychosocial risk factors for hypertension：an update of the literature[J]. Curr Hypertens Rep，2014，16(10)：483.

[13] 杨丽，寿晓玲，唐新华，等. 浙江省部分高校教职工高血压患病情况及相关影响因素分析[J]. 中华高血压杂志，2015(01)：52—56.

[14] 景会锋. 运动、高血压与血管内皮细胞生长因子研究进展[J]. 延安大学学报：自然科学版，2015，34(3)：109—112.

江苏省晚期血吸虫病患者疾病经济负担、生命质量及医疗救助调查

学生姓名：李伊婷　指导教师：高月霞
南通大学公共卫生学院，预防医学专业，学号：1118012034

【摘　要】目的　了解江苏省晚期血吸虫病患者疾病经济负担及生命质量的现状，分析医疗救助政策实施的效果。**方法**　采取现场问卷调查和病案首页资料相结合的方法。数据来源于现场调查和晚期血吸虫病(简称晚血)患者住院的病案首页。2015年1月7日—23日在江苏省昆山市、盐城市和扬州市进行现场入户调查，以2014年接受晚血救助的患者为病例组，没有接受救助的曾经患过血吸虫病的居民作为对照组。共发放问卷850份，回收有效问卷819份，有效回收率96.35%。病案首页的资料来源于江苏省晚期血吸虫病医疗救助数据库，采用多阶段整群系统抽取2012年1月—2014年12月的1313例晚血住院病人的病案首页资料。用SPSS21.0软件进行数据描述性分析，不同组之间的均数比较采用t检验或方差分析，不同组间率的比较用χ^2检验，以$P<0.05$为差异有统计学意义。**结果**　晚血患者生命质量EQ-5D指数得分(0.69±0.16)低于对照组(0.74±0.14)，EQ-5D VAS得分(53.96±17.70)低于对照组(63.64±17.40)(均$P<0.001$)。本研究发现，年龄、性别、医疗保险类型、教育水平和临床分型是晚血患者生命质量的影响因素($P<0.05$)。晚期血吸虫病患者疾病经济负担较重，住院总费用中位数为8272元，其中个人自付比例48%。医疗救助费用的中位数为3875元，救助后个人自付费用下降了40%左右，极大地降低了患者的个人费用负担。地区差异(苏南、苏北和苏中)和医疗机构级别(乡镇和县级以上医院)是晚血患者医疗总费用和自付费用的影响因素。**结论**　政府部门应加强部门间协作，制定精准化的晚血救助扶持政策，以提高救助效率，实现精准救助。开展多种形式的社会支持和心理帮助活动，以提高患者的生命质量，实现人人享有卫生保健的目标。

【关键词】　晚期血吸虫病；医疗救助；疾病负担；生命质量

1　研究现状

晚期血吸虫病(以下简称“晚血”)是由于长期反复或大量感染血吸虫尾蚴后，未予及时治疗或治疗不彻底而导致的肝纤维化门脉高压综合征[1]。血吸虫病是世界卫生组织确定的六大重点热带病之一，是严重危害人民身体健康、阻碍经济发展的重大传染病[2]，其危害严重程度仅次于疟疾[3]。患者健康受损严重，需要长期进行治疗，疾病负担显著增加，生命质量较低。2004年中国各个疫区总的直接经济负担为4.439亿元，因伤残及死亡而导致社会劳动力的损失所造成的间接经济负担为5.15亿元[4]。晚血病人的劳动能力、经济收入和社会交往能力均低于正常水平，因病致贫和因病返贫常常发生。2006年，江苏省开始实施晚血医疗救助工作，现有的研究对晚血救助现状描述较多，缺乏对晚期血吸虫病患者疾病负担以及医疗救助政策实施效果的经济学评价。本研究旨在了解江苏省晚期血吸虫病患者的生命质量、疾病负担及医疗救助政策的实施效果，为降低晚期血吸虫患者的疾病负担、提高患者生命质量提供政策建议。

2 对象与方法

数据来源于现场调查和晚血患者住院的病案首页。于 2015 年 1 月 7 日—23 日分别在江苏省苏南、苏北和苏中等地进行现场调查。整群抽样抽取 2014 年在当地接受救助的晚血患者 450 例,作为病例组,方便抽取当地晚血库中曾经患过血吸虫病但已经痊愈的居民 400 例,作为对照组。共发放问卷 850 份,回收有效问卷 819 份,有效回收率 96.35%。病案首页的资料来源于江苏省晚期血吸虫医疗救助数据库,采用多阶段整群系统抽样方法,抽取 2012 年 1 月—2014 年 12 月的 1313 例晚血住院病人的病案首页资料。生命质量测量采用包括 EQ-5D 量表,调查问卷的内容包括受访人员的基本情况、疾病经济负担、救助政策知晓、社会经济状况和消费支出等。

3 结 果

3.1 基本情况

819 例调查对象中,男性 363 人,占 44.30%;女性 456 人,占 55.70%。年龄 20～94 岁,平均 71.19 岁。其中,病例组 434 人,占 53.00%;对照组 385 人,占 47.00%。文化程度:文盲占 56.7%,小学文化占 31.5%。病例组中,巨脾型占 61.6%,腹水型占 36.4%,结肠增殖型仅 7 例;对照组中以巨脾型较多,占 83.10%,腹水型占 13.9%。

3.2 晚期血吸虫病患者疾病经济负担

434 例血吸虫病患者直接医疗费用平均为 9409 元,其中住院费用所占比重最大,平均为 7676 元;直接非医疗费用包括因患病所产生的交通费、住宿费、伙食费,平均 337 元,间接导致的劳动力损失平均 140 天,卧床天数平均 30 天,照顾者损失的工作天数平均 23 天。

3.3 晚期血吸虫病患者生命质量

在 EQ-5D 指数得分和 EQ-5D VAS 得分方面,病例组均低于对照组,差异均有统计学意义(均 $P<0.05$),详见表 1。在 EQ-5D 量表行动能力、自我照顾、日常活动能力、疼痛或不舒服及焦虑或抑郁五个维度,病例组存在轻度或中重度问题的比例分别为 19.4%、15.0%、24.0%、71.2%和 51.1%,远远高于对照组的 12.1%、7.8%、13.8%、56.0%和 36.2%,差异均有统计学意义(均 $P<0.05$)。疼痛和焦虑情绪是晚血患者生命质量的主要影响因素。

表 1 819 例江苏省晚期血吸虫病患者 EQ-5D 生命质量得分比较

变量	病例组($n=434$)	对照组($n=385$)	t 值	P 值
EQ-5D 指数得分	0.69±0.16	0.74±0.14	4.003	<0.001
EQ-5DVAS 的得分	53.96±17.70	63.64±17.40	7.873	<0.001

生命质量五个维度的单因素分析表明:在行动能力维度,年龄、性别、教育水平和临床分型对晚血患者的行动能力有影响($P<0.05$),对照组只有年龄是影响行动能力的因素($P<0.05$);在自我照顾能力维度,年龄、医疗保险类型、教育水平和临床分型均影响晚血患者的自我照顾能力($P<0.05$),对照组的年龄和职业因素均有统计学意义($P<0.05$);在日常活动能力维度,年龄、医疗保险类型和临床分型对患者的日常活动能力有影响($P<0.05$),对照组只有年龄因素和临床分型均有统计学意义($P<0.05$)。在疼痛维度,性别、医

疗保险类型、职业、教育水平和临床分型均影响晚血患者的疼痛自评($P<0.05$);对照组年龄和医疗保险类型均有统计学意义(均 $P<0.05$)。在焦虑或抑郁维度,年龄、性别、临床分型是晚血患者焦虑或抑郁感知的影响因素($P<0.05$),对照组中变量均显示为无统计学意义。

3.4 医疗救助效果评价

3.4.1 患者基本情况描述

2014 年江苏省共计 1313 名血吸虫病患者接受了晚期血吸虫病救助,住院总费用中位数为 8272 元,其中西药费的中位数为 3515 元,检查费的中位数为 373 元,化验费的中位数为 1057 元,个人自付费用的中位数为 3966 元,个人自付比的中位数为 48.08%。

3.4.2 患者医疗费用及其影响因素

总住院费用中位数,男性为 7181 元,低于女性(8910 元);苏北地区中位数为 4390 元,苏中地区为 4775 元,苏南地区为 10358 元;乡镇机构总费用(4317 元)低于县级以上机构(10190 元),差异均具有统计学意义(均 $P<0.05$)。个人自付费用的单因素方差分析显示,性别、地区分布、医疗机构级别的差异具有统计学意义(均 $P<0.05$),详见表 2。

表 2 1313 例晚期血吸虫病救助患者医疗费用(元)

变量	组别	总住院费用			个人自付费用		
		中位数(四分位数)	t 或 F 值	P 值	中位数(四分位数)	t 或 F 值	P 值
性别	男	7181(3998,11710)	7.500	0.006	3656(1511,5000)	6.120	0.013
	女	8910(4926,11589)			4304(1878,5000)		
地区	苏北	4390(2697,7635)	127.025	<0.001	1166(619,2629)	187.084	<0.001
	苏中	4775(3408,8969)			3423(1348,4892)		
	苏南	10358(6558,12782)			5000(2877,5350)		
医疗机构级别	乡镇	4317(2747,6237)	327.834	<0.001	1568(862,3402)	335.054	<0.001
	其他	10190(5891,12797)			5000(2742,5553)		

3.4.3 医疗救助对个人自付费用的影响

在 1313 例接受了晚期血吸虫病救助的患者中,实施晚期血吸虫病救助后,男性个人自付平均降低 43.38%,女性个人自付平均降低 42.50%;在乡镇机构就诊的患者平均降低 43.96%,在其他机构就诊的患者平均降低 42.47%,详见表 3。

表 3 1313 例晚期血吸虫病救助政策对个人自付费用的影响

变量	组别	个人自付费用/元			个人自付百分比/(%)		
		救助前	救助后	降低	救助前	救助后	降低
年龄	<60 岁	5795	2599	3196	54.65	7.51	47.14
	60~75 岁	4623	1296	3327	46.85	5.80	41.05
	>75 岁	4350	922	3428	49.44	4.98	44.46
性别	男	4390	1180	3210	49.40	6.02	43.38
	女	4709	1219	3490	47.63	5.13	42.50

续表

变量	组别	个人自付费用/元			个人自付百分比/(%)		
		救助前	救助后	降低	救助前	救助后	降低
地区	苏北	1984	215	1769	32.14	1.42	30.72
	苏中	4524	1541	2983	59.74	7.39	52.35
	苏南	5300	1352	3948	48.80	5.99	42.81
婚姻状况	已婚	4572	1210	3362	48.46	5.57	42.89
	其他	4141	649	3492	45.53	2.22	43.31
医疗机构级别	乡镇	2220	130	2090	45.70	1.74	43.96
	其他	5518	1637	3881	49.53	7.06	42.47

3.4.4 医疗救助政策知晓及满意度

在819例血吸虫病患者中，知晓晚期血吸虫病救助政策的患者588例，占71.8%；在知晓途径中，88.8%的患者是通过卫生工作人员得知晚期血吸虫病救助政策的。97.0%的患者对晚血救助政策较为满意，96.6%的患者对晚血救助效果满意。

4 讨 论

本研究发现，江苏省晚期血吸虫病患者平均年龄(71.19±7.95)岁，远高于湖南[2]、成都[5]等地。农民占94.10%，文盲率达56.70%，说明晚血患者以农民为主，文化程度普遍较低，这与国内多数报道[6-8]相一致。本次调查中，发病类型以巨脾型多见，其次为腹水型，这与绵阳市的报道[7]相同，而与安徽[8]、湖北[9]调查中腹水型较多不同。EQ-5D量表评价生命质量简单易行，可以计算效用值去评价救助政策的实施效果[10]，应用该量表报告晚血患者的生命质量还未见报道。腹水型患者的生命质量及活动能力均低于其他三型。这可能与部分腹水型是由巨脾型转变而来的，其治疗难度较大、预后差有关。腹水型患者的活动能力及自我照顾能力均处于严重受损的状态，与陈武朝[2]的研究结果相一致。社会经济状况是影响患者健康的重要因素[11]。本研究发现，医疗保险类型和教育水平是影响晚血患者生命质量的因素，晚血患者的焦虑和抑郁情绪较重。

自2004年，各地政府相继实施晚血救助治疗政策，各地通过审核的患者每年接受免费救治金额在3000～7000元[3]。救助前，大多数患者在无合适的社会保障体系下，难以筹集治疗疾病所需的高额医疗费用[12]。该救助政策对控制晚期血吸虫病的发生发展、提高患者的生存质量起到了一定的促进作用[7]。本研究发现，救助后的自付金额和自付比例大幅度降低，也极大程度地缓解了患者的经济负担。

地区差异和医疗机构级别是影响晚血医疗救助效果的重要因素，这是本研究的创新点和突破点，现有研究中未见报告。本次调查发现，经济发达的苏南地区患者接受救济的金额显著高于经济欠发达的苏北和苏中地区，救助后个人自付比降低也较多。医疗机构中，县级及以上机构往往接受的是病情更为严重的患者，需要更多的医疗救助。本次调查中，乡镇与县级及以上机构的自付比降低相似。改善贫困人群的健康状况，对贫困人群实施医疗救助也是政府的职责之一[13]。医疗救助不仅要符合公平原则，而且要符合效益原则。在我国经济新常态背景下，精准扶贫是一项需要与时俱进的工作，也是一项需要理论支持和理论创新的工作[14]。为了精准扶贫目标的实现，必须确保精准识别和精准帮扶，以及科学的动态管理[15]。实行贫困分类机制化，实施有效的扶贫模式，根据不同的地区制定不同的救助政策。

5 结论与建议

江苏省晚期血吸虫病患者的健康相关生命质量较低，疾病负担较重，对居民的健康造成了严重的威胁。医疗救助政策的实施有效地降低了患者的个人自付费用，极大地降低了灾难性医疗支出的发生可能性，可有效地防止患者因病致贫问题的发生。医疗救助是当前我国多层次医疗保障体系的托底制度，也是保障贫困弱势人群健康的最后一道防线。根据本研究，我们建议，晚血救助工作应加强多部门的协作，制定精准化的扶持政策，提高医疗救助的效率。应加强晚期血吸虫病患者的心理关怀和社会支持，提高晚血患者的健康生命质量。

参考文献

[1] 邓瑶，周晓农，贾铁武，等. 晚期血吸虫病社会负担评价指标的研究[J]. 中国寄生虫学与寄生虫病杂志，2008，2(3)：205—209.

[2] 陈武朝，徐慧兰，刘兆春，等. 湖南省晚期血吸虫病医疗救助工作调查[J]. 中国寄生虫学与寄生虫病杂志，2013，31(5)：342—345.

[3] 邓瑶，贾铁武，何未龙，等. 晚期血吸虫病社会负担研究[J]. 中国血吸虫病防治杂志，2009，21(2)：107—110.

[4] 陈理，阎正民，杨升智，等. 2004 年全国血吸虫病疾病经济负担研究[J]. 现代预防医学，2007，34(6)：1101—1102.

[5] 汪乐媛，陈刚，宋志勇，等. 成都市晚期血吸虫病患者现况调查[J]. 寄生虫病与感染性疾病，2012，10(1)：51—52.

[6] 黄永军，谢杨. 扬州市江都区 2006—2011 年晚期血吸虫病病人医疗救助调查[J]. 中国热带医学，2012，12(5)：631—632.

[7] 史映红，刘昌弟. 绵阳市晚期血吸虫病患者现状及救治情况调查[J]. 中国寄生虫学与寄生虫病杂志，2012，30(6)：474—479.

[8] 张瑜，潘新平，田学根. 安徽铜陵县 2007 年晚期血吸虫病内科医疗救助效果评价[J]. 热带病与寄生虫学，2008，6(2)：78—81.

[9] 肖瑛，戴裕海，朱惠国，等. 2004—2007 年湖北省晚期血吸虫病病人救治效果[J]. 中国血吸虫病防治杂志，2008，20(6)：467—468.

[10] 李明辉，罗南. 欧洲五维健康量表(EQ-5D)中文版应用介绍[J]. 中国药物经济学，2009，4(1)：49—57.

[11] 张莲子. 安徽绩溪县晚期血吸虫病患者经济负担与影响因素[J]. 热带病与寄生虫学，2011，9(1)：16—18.

[12] 黄宏云，柳斌，张淑梅，等. 132 例晚期血吸虫病医疗救治 6 年追踪观察[J]. 中国临床研究，2010，23(10)：894—895.

[13] 田丽春，张开宁，唐松源. 贫困人群医疗救助的若干关键问题[J]. 市场与人口分析，2002，8(1)：60—66.

[14] 刘解龙. 经济新常态中的精准扶贫理论与机制创新[J]. 湖南社会科学，2015，18(4)：156—159.

[15] 邓维杰. 精准扶贫的难点、对策与路径选择[J]. 农村经济，2014，11(6)：78—81.

乙肝抗病毒治疗药物副作用的网络 Meta 分析

学生姓名：王媛媛　指导教师：沈　毅

南通大学公共卫生学院，预防医学专业，学号：1118012035

【摘　要】 系统检索 Pubmed、Embase 数据库纳入 36 篇文献，运用 Winbugs1.4.3 软件进行贝叶斯网络 Meta 分析，通过 Stata13.0 实现频率派森林图。五种药物副作用从小到大依次为拉米夫定、恩替卡韦、替比夫定、阿德福韦酯、替诺福韦酯。

【关键词】 乙型肝炎病毒；网络 Meta 分析；副作用；核苷(酸)类似物

1　前　言

乙型肝炎病毒感染是全球重大公共卫生问题[1]。随着慢性乙肝进展到肝硬化、肝衰竭和肝癌，会影响患者的生存质量和期望寿命。抗病毒治疗是阻止慢性乙型肝炎进展的有效方式。本课题通过对目前用于乙肝抗病毒治疗的五种药物(恩替卡韦、阿德福韦酯、替诺福韦酯、拉米夫定、替比夫定)副作用的研究，为临床医生选择合适的抗病毒药物提供参考依据。

2　资料与方法

2.1　文献检索

通过对 Pubmed、Embase 电子数据库进行系统检索，采用"乙肝"、"药物"、"副作用"三大主题词进行查询。

2.2　纳入和排除标准

2.2.1　文献纳入标准

(1) 有严密设计的流行病学研究，包括队列研究、横断面研究、病例对照研究和随机对照试验(RCT)。(2) 据中国肝病指南[2]，患有慢性乙型肝炎并出现以下临床指标：血清中出现 HBsAg 或 HBeAg 超过 6 个月、HBV DNA 水平≥105copies/mL、ALT 水平超过 2 倍正常上限值。(3) 接受核苷酸类似物治疗超过 6 个月的病人，其中恩替卡韦剂量为 0.5mg/d，替诺福韦酯剂量为 300mg/d，阿德福韦酯剂量为 10mg/d，拉米夫定剂量为 100mg/d，替比夫定剂量为 600mg/d。(4) 含有对照组。(5) 英文发表的文献。

2.2.2　文献排除标准

(1) 合并感染甲、丙、丁、戊型肝炎病毒，巨细胞病毒或 HIV 病毒感染的病人。(2) 由自身免疫性疾病、药物或酒精导致的肝硬化、肝衰竭、肝癌或其他肝病相关并发症。(3) 特殊人群，包括儿童、孕妇、接受肝肾移植的患者、透析患者。(4) 采用两种及以上抗病毒药物联合治疗的研究。(5) 治疗中由一种抗病毒药物转换成另一种抗病毒药物治疗的研究。

2.3　文献筛选和质量评价

根据文献纳入标准和排除标准，文献筛选由双人独立进行，对有差异的结果与第三个人讨论后再做定夺。文献质量评价 RCT 研究采用改良 Jadad 量表，队列研究采用 NOS 量表进行[3]。

2.4 数据提取

数据提取由双人独立进行，有差异的结果与第三个人讨论后再做定夺，我们记录了每篇研究的以下信息：(1) 一般信息(第一作者、发表时间、研究的国家、每组总人数)；(2) 病人特征(平均年龄)；(3) 治疗的细节(所用药物、治疗时间)；(4) 观察时间和结局；(5) 纳入文献的质量评价。

2.5 统计学分析

本篇研究中贝叶斯网络 Meta 分析结果采用 Winbugs1.4.3 软件进行数据分析，频率派森林图用 Stata 软件 network 包做出。在网络 Meta 分析中，我们通过先验信息应用贝叶斯蒙特卡罗马尔科夫链计算出相应的后验概率。分类资料结果以比值比(OR)及其 95%置信区间(CI)表示。若 95%CI 不包含无效值 1，则认为有统计学意义。

3 结 果

3.1 文献收集情况及纳入研究的基本特征

按照上文中制定的检索策略共检索到 1519 篇潜在的相关文献，其中 Pubmed 657 篇，Embase 852 篇，其他途径 10 篇。最终被纳入本研究中的文献有 36 篇，如图 1 所示。36 篇文献中，共有 32 篇文献为 RCT 研究，4 篇文献为队列研究，所有文献共包括 11087 名参与者，样本量从 17 人到 1633 人不等。被纳入文献的基本信息如表 1 所示。

表 1 被纳入文献的基本信息

研究者	研究类型	治疗时间	干预类型		男性占总人数比例		文献质量
			实验组	对照组	实验组	对照组	
Hadziyannis SJ(2003)	RCT	48 周	ADV	PLA	102/123	50/61	5
Lim SG(2007)	RCT	48 周	ADV	PLA	110/138	77/122	4
Chan HL(2007)	RCT	52 周	ADV	LDT	40/44	35/45	3
Chen EQ(2011)	队列	24 月	ETV	ADV	37/48	37/52	6
Chang TT(2005)	RCT	76 周	ETV	LAM	37/41	34/45	5
Gish RG(2007)	RCT	96 周	ETV	LAM	—	—	5
Lai CL(2002)	RCT	24 周	ETV	LAM	30/46	35/41	5
Ren FY(2007)	RCT	48 周	ETV	LAM	12/21	11/21	2
Schiff E(2008)	RCT	48 周	ETV	LAM	—	—	5
Shindo M(2009)	RCT	24 周	ETV	LAM	23/34	28/34	5
Shouval D(2009)	RCT	96 周	ETV	LAM	—	—	5
Yao G(2007)	RCT	96 周	ETV	LAM	211/258	217/261	5
Ozaras R(2014)	队列	48 月	ETV	TDF	92/130	72/121	5
Yu HM(2015)	队列	48 周	ETV	TDF	33/58	22/49	4

研究者	研究类型	治疗时间	干预类型		男性占总人数比例		文献质量
			实验组	对照组	实验组	对照组	
de Man RA(2001)	RCT	24周	ETV	PLA	7/9	7/8	6
Suh DJ(2010)	RCT	12周	ETV	LDT	12/21	18/23	5
Zheng MH(2010)	RCT	24周	ETV	LDT	42/66	49/65	6
He Z(2012)	RCT	24周	ADV	LAM	35/50	36/50	3
Peters MG(2004)	RCT	48周	ADV	LAM	17/19	14/19	5
Dienstag JL(1999)	RCT	52周	LAM	PLA	57/66	57/71	4
Lai CL(1998)	RCT	52周	LAM	PLA	—	—	4
Lai CL(1997)	RCT	4周	LAM	PLA	7/12	4/6	4
Schiff ER(2003)	RCT	52周	LAM	PLA	99/119	49/56	3
Wiegand J(2014)	RCT	52周	LAM	PLA	17/18	13/17	4
Yao G(1999)	RCT	12周	LAM	PLA	239/322	74/107	3
Chan HL(2012)	RCT	52周	LAM	LDT	81/114	87/114	5
Han Z(2013)	队列	48周	LAM	LDT	61/72	76/93	6
Hou J(2008)	RCT	52周	LAM	LDT	126/165	135/167	5
Lai CL(2005)	RCT	52周	LAM	LDT	14/19	18/22	4
Liaw YF(2009)	RCT	104周	LAM	LDT	528/687	507/680	5
Osborn MK(2009)	RCT	2年	LAM	LDT	—	—	4
Safadi R(2011)	RCT	52周	LAM	LDT	96/124	90/122	4
Hou JL(2014)	RCT	48周	TDF	ADV	214/257	210/252	4
Marcellin P(2008)	RCT	48周	TDF	ADV	312/426	161/215	6
Murray KF(2012)	RCT	72周	TDF	PLA	38/52	35/54	4
Leung NW(2014)	RCT	48周	TDF	LDT	9/14	9/16	4

注：PLA—安慰剂；LAM—拉米夫定；TDF—替诺福韦酯；ADV—阿德福韦酯；ETV—恩替卡韦；LDT—替比夫定

3.2 被纳入研究的方法学质量评价

RCT根据被纳入研究中随机序列产生、随机化隐藏、盲法、退出与失访进行评分，队列研究根据被纳入研究中对象的选择、组间可比性和暴露/结局的确定进行评分。32篇RCT评分平均分为4.41分，4篇队列研究评分平均分为5.25分。本研究所纳入文献的质量较好。

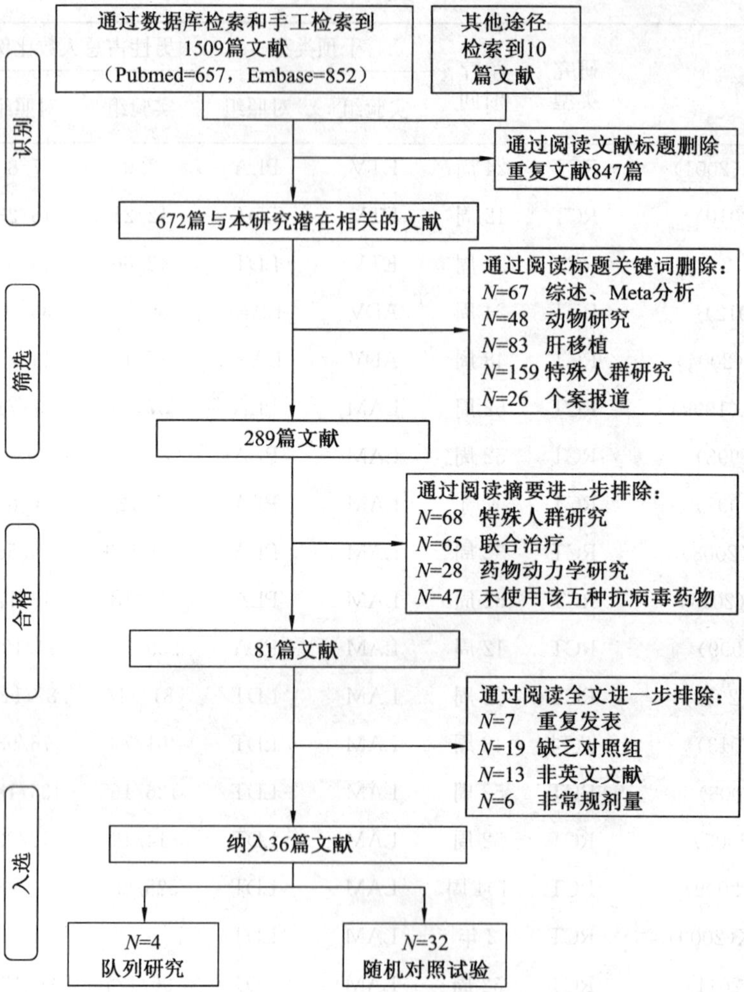

图 1　文献筛选流程图

3.3　网络关系图

将相关数据输入 Stata 的数据管理器中，绘制五种抗病毒药物和安慰剂直接比较的关系图（图 2）。网络关系图中点的大小表示研究涉及人数的多少，点越大，说明比较的人数越多；线的粗细表示研究数量的多少，线越粗，表示研究数目越多。

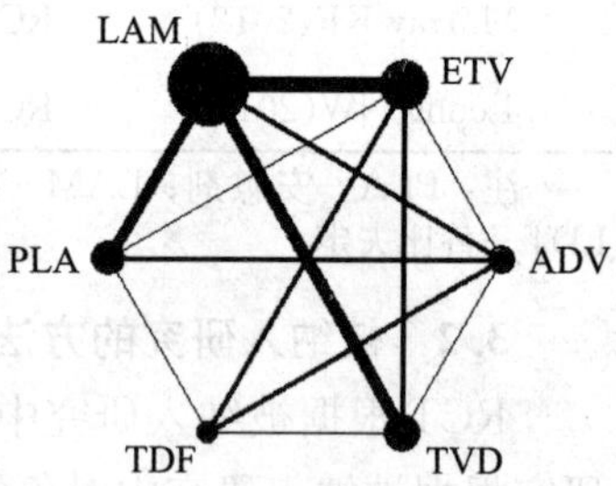

图 2　网络关系图

3.4　传统频率学派 Meta 分析结果

3.4.1　网络 Meta 分析森林图

由图 3 可见，6 种干预措施总共比较了 15 次。两两比较均显示无统计学差异，提示按传统频率学派尚不能得出五种抗病毒药物导致严重不良反应不同。

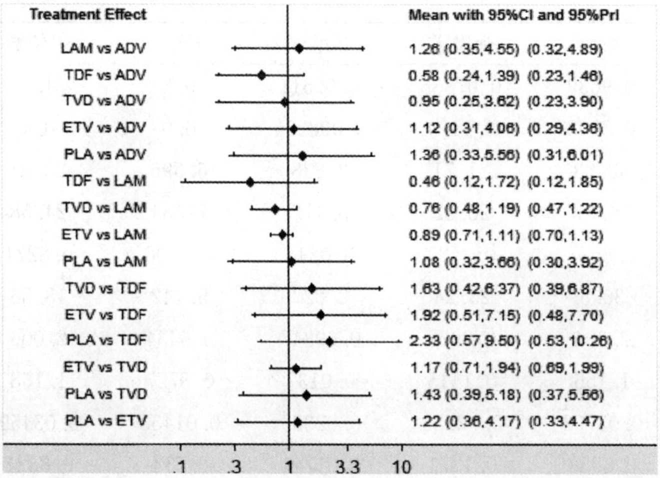

图 3　森林图

3.4.2　偏倚风险结果

此研究的发表偏倚是通过漏斗图来评估的。从图 4 中可以看出，各个研究的散点比较对称，基本呈倒漏斗状，说明各个比较组研究的异质性较小。

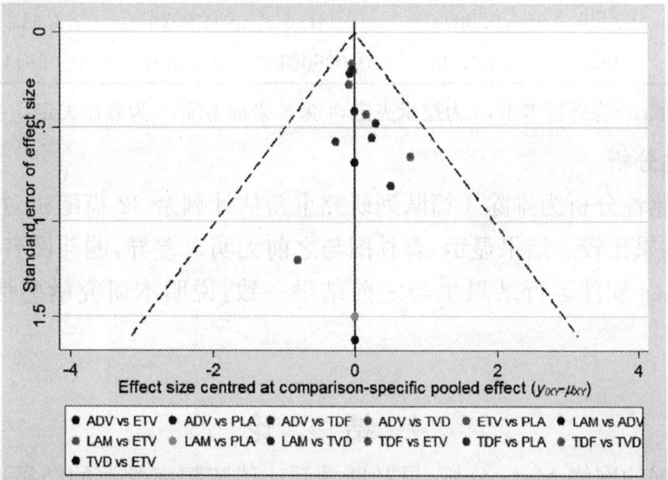

图 4　漏斗图

3.5　贝叶斯网络 Meta 分析结果

表 2 中"OR"为五种药物副作用的比值比，"SUCRA"为五种抗病毒药物副作用的排序，五种药物副作用从大到小依次为替诺福韦酯、阿德福韦酯、替比夫定、恩替卡韦、拉米夫定。

表 2　winBUGS 软件计算结果

节点*	均数	标准差	标准误	P2.5	中位数	P97.5
SUCRA[1]	0.8142	0.1023	0.007004	0.6	0.8	1.0
SUCRA[2]	0.2165	0.1345	0.009052	0.0	0.2	0.4
SUCRA[3]	0.05272	0.09272	0.004995	0.0	0.0	0.2

续表

节点*	均数	标准差	标准误	$P2.5$	中位数	$P97.5$
SUCRA[4]	0.9639	0.07885	0.00511	0.8	1.0	1.0
SUCRA[5]	0.3308	0.1194	0.008226	0.0	0.4	0.4
OR[1,2]	32.88	21.71	2.638	6.596	23.04	70.87
OR[1,3]	39.37	28.42	3.472	7.534	24.58	89.53
OR[1,4]	0.8577	0.2423	0.0248	0.4306	0.8271	1.315
OR[1,5]	30.5	23.24	2.827	5.142	18.36	80.23
OR[1,6]	2.094	0.8979	0.09347	0.6434	2.006	3.578
OR[2,3]	1.156	0.1415	0.0137	0.8727	1.168	1.402
OR[2,4]	0.03792	0.02335	0.02335	0.01453	0.03459	0.097
OR[2,5]	0.8858	0.1771	0.01741	0.514	0.8821	1.264
OR[2,6]	0.08425	0.04425	0.005024	0.03546	0.08042	0.1851
OR[3,4]	0.0337	0.02072	0.002432	0.01159	0.03206	0.08182
OR[3,5]	0.7648	0.1142	0.01068	0.5373	0.7571	1.019
OR[3,6]	0.07461	0.03903	0.00449	0.02816	0.07514	0.1539
OR[4,5]	33.41	20.51	2.486	9.143	23.54	64.38
OR[4,6]	2.456	0.0874	0.08196	0.9929	2.41	4.421
OR[5,6]	0.0995	0.0538	0.006064	0.03894	0.09844	0.201

* 1 为阿德福韦酯，2 为恩替卡韦，3 为拉米夫定，4 为替诺福韦酯，5 为替比夫定，6 为安慰剂。

3.6 敏感性分析

本研究的敏感性分析为排除4篇队列研究重新估计剩余32篇随机对照试验合并效应量，并与排除前结果比较。结果显示，森林图与之前无明显差异，漏斗图各研究散点对称呈倒漏斗状，Winbugs软件运行结果也与之前结果一致，说明本研究敏感性比较低，结果稳健、可信。

4 结 论

对于稀疏数据的网络Meta分析，贝叶斯学派比传统频率学派的结果更稳定，可以更准确地发现比较组之间的差异。本研究结果可为核苷类似物副作用比较提供临床循证指南。

参 考 文 献

[1] Poland GA, Jacobson RM. Clinical practice: prevention of hepatitis B with the hepatitis B vaccine[J]. The New England Journal of Medicine, 2004, 351(27): 2832—2838.

[2] 中华医学会肝病学分会，中华医学会感染病学分会. 慢性乙型肝炎防治指南(2010年版)[J]. 中华肝脏病杂志，2011，19(1)：13—24.

[3] Hartling L, Hamm M, Milne A, et al. Validity and inter-rater reliability testing of quality assessment instruments[M]. Rockville(MD), 2012: 78—79.

细胞砷抵抗的分子机制研究

学生姓名：王晓颖　指导教师：陈　刚
南通大学公共卫生学院，预防医学专业，学号：1118012010

【摘　要】 筛选出对三氧化二砷耐受性 HepG2 和 Huh7 细胞株，发现耐砷性 HepG2 细胞株 AQP3 表达下降，GCLC 和 GCLM 表达增加，耐砷性 Huh7 细胞株 GCLC 和 GCLM 基因表达增加。说明砷代谢相关基因表达水平的改变影响细胞对砷的耐受性。

【关键词】 Huh7 细胞；HepG2 细胞；砷耐受；细胞凋亡

1　引　言

三价无机砷可以通过水通道蛋白（AQPs）进入细胞，其表达水平增加，从而增加组织对砷的吸收[1,2]。

谷氨酰半胱氨酸连接酶（GCL）是谷胱甘肽（GSH）的合成限速酶，能够催化和调节 GCLC 和 GCLM，是非常重要的抗氧化蛋白酶，可以提高细胞的抗氧化应激能力[3]。

多药耐药相关蛋白（MRP1）是肝细胞膜上重要的转运蛋白，正常生理状态下，它的主要作用是减少有害物质对细胞的危害。当它在肿瘤细胞中高表达时，由于 MRP1 基因扩增，细胞的多药耐药性增加[4]。

为了研究细胞对于砷的耐受性，筛选出人肝癌细胞 Huh7 和 HepG2 细胞耐砷细胞株，通过半定量 RT-PCR 与实时 PCR 比较抵抗性细胞和敏感性细胞对三价无机砷的吸收、代谢和排出方面的差异，从而明确其分子机制，为预防砷对健康的危害和治疗白血病提供分子机制方面的依据。

2　方法与结果

2.1　砷耐受性细胞株 AQP3、AQP7、AQP9 mRNA 表达水平的改变

采用半定量 RT-PCR 检测，结果发现，HepG2 细胞 AQP3 mRNA 表达水平低于对照组，AQP7 mRNA 表达水平并无明显改变（图 1）。Huh7 细胞 12μmol/L 耐砷细胞株 AQP3 mRNA 表达水平降低（图 2）。内参为 β-actin。

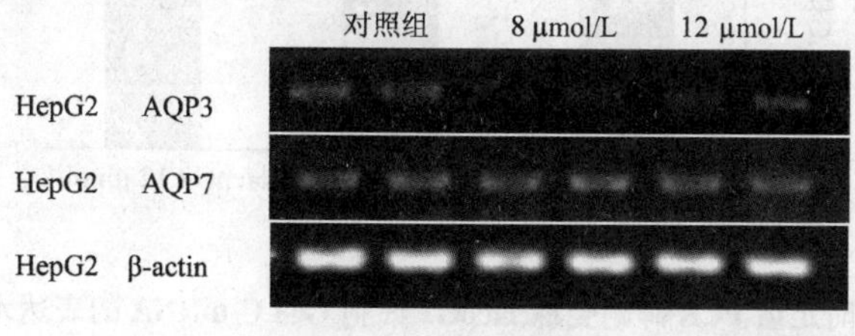

图 1　砷耐受株 HepG2 细胞 AQP3、AQP7 mRNA 表达水平的改变

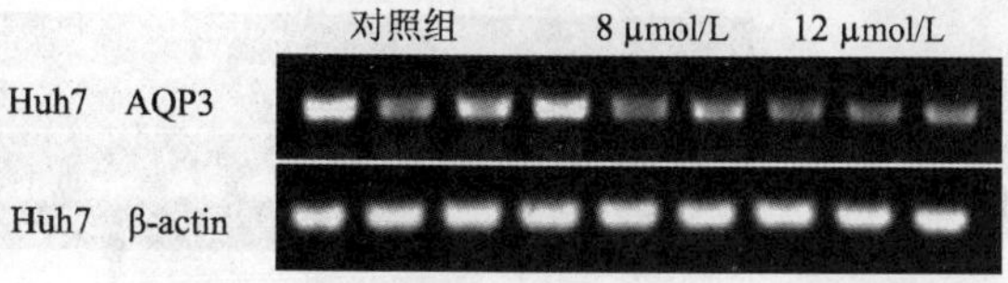

图 2　砷耐受株 Huh7 细胞 AQP3 mRNA 表达水平的改变

HepG2 和 Huh7 细胞及不同耐受细胞株 AQP9 mRNA 的表达水平，PCR 使用了 28 个循环数后，未见明显条带，Huh7 细胞及不同耐受细胞株 AQP7 mRNA 表达水平在 PCR 使用了 27 个循环数后，未见明显条带，结果均未呈现在此。

2.2　砷耐受性细胞株 AS3MT mRNA 表达水平的改变

采用半定量 RT-PCR 检测，结果发现，耐受细胞株 HepG2 细胞 AS3MT mRNA 表达水平高于对照组(图 3)；耐受细胞株 Huh7 细胞 AS3MT mRNA 表达水平无明显变化，结果未在此呈现。

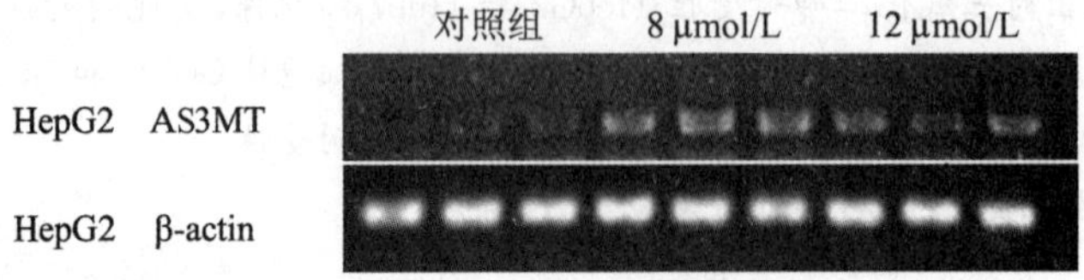

图 3　砷耐受株 HepG2 细胞 As3MT mRNA 的表达水平改变

2.3　砷耐受性细胞 GCLC 和 GCLM mRNA 表达水平的改变

半定量 RT-PCR 和实时定量 RT-PCR 法检测结果如图 4～11 所示。结果表明，HepG2 细胞 GCLM 和 8μmol/L 耐砷细胞株的 GCLC mRNA 表达水平高于对照组，Huh7 细胞 GCLC、GCLM mRNA 表达水平高于对照组，内参为 β-actin。

2.4　砷耐受性细胞 MRP1 和 MRP2 mRNA 表达水平的改变

半定量 PCR 检测结果发现，砷耐受细胞株 HepG2 和 Huh7 细胞 MRP1、MRP2 mRNA 表达水平与对照组相比，无明显变化，结果未在此呈现。内参为 β-actin。

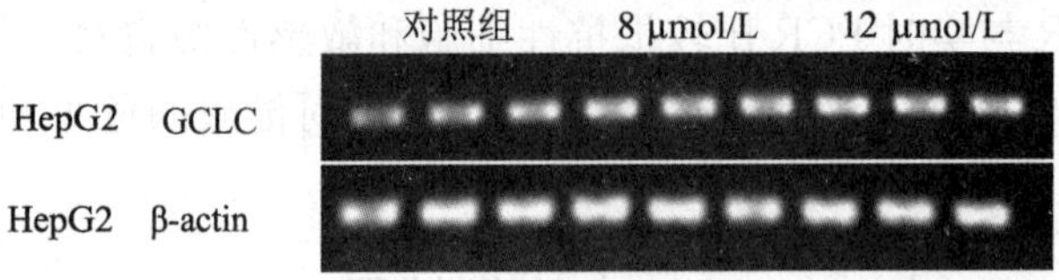

图 4　砷耐受株 HepG2 细胞 GCLC mRNA 的表达水平改变

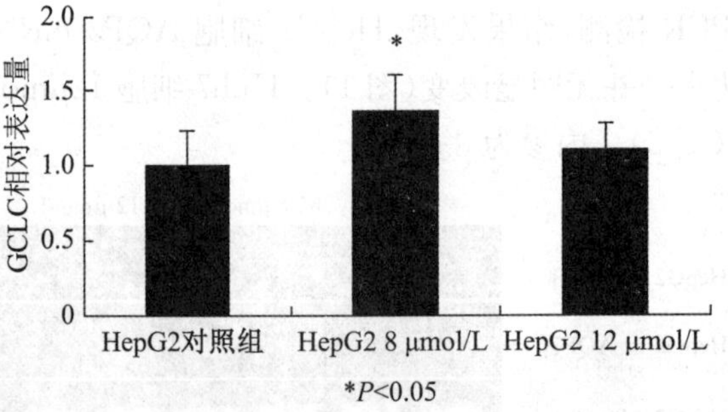

图 5　实时定量 PCR 砷耐受株 HepG2 细胞 GCLC mRNA 的表达水平改变

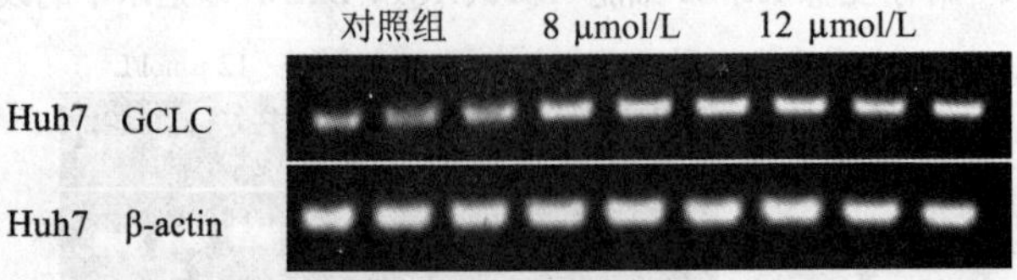

图 6　砷耐受株 Huh7 细胞 GCLC mRNA 的表达水平改变

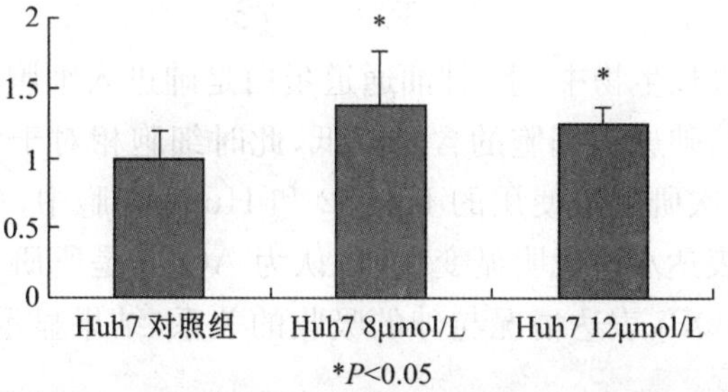

图 7　砷耐受株 Huh7 细胞 GCLC mRNA 的表达水平改变

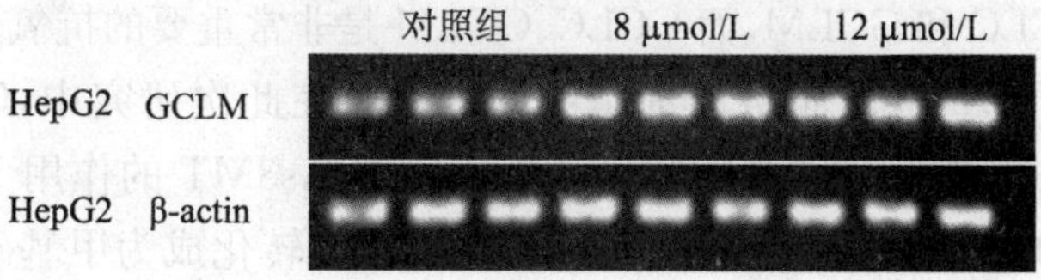

图 8　砷耐受株 HepG2 细胞 GCLM mRNA 的表达水平改变

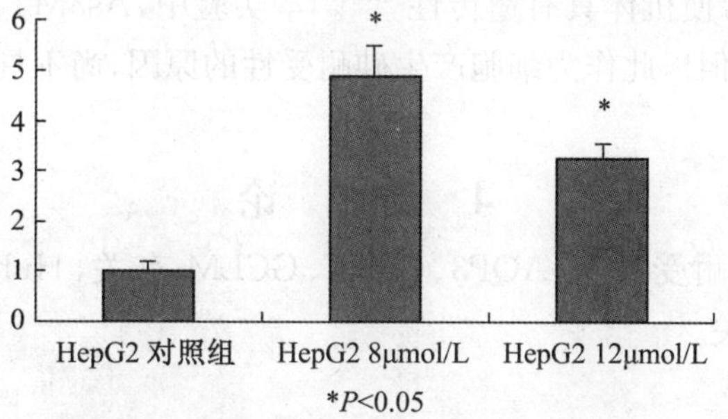

图 9　砷耐受株 HepG2 细胞 GCLM mRNA 的表达水平改变

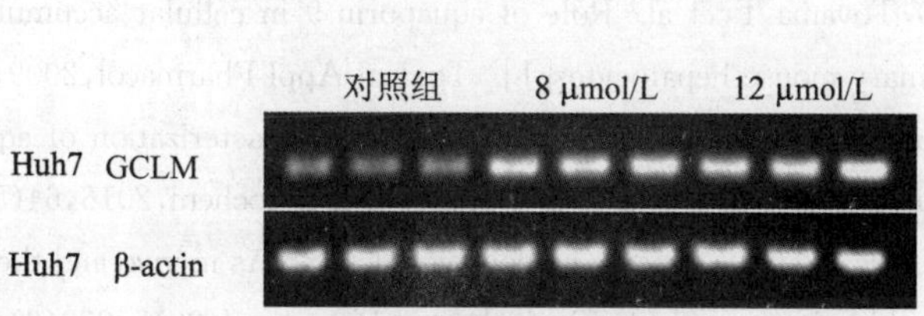

图 10　砷耐受株 Huh7 细胞 GCLM mRNA 的表达水平改变

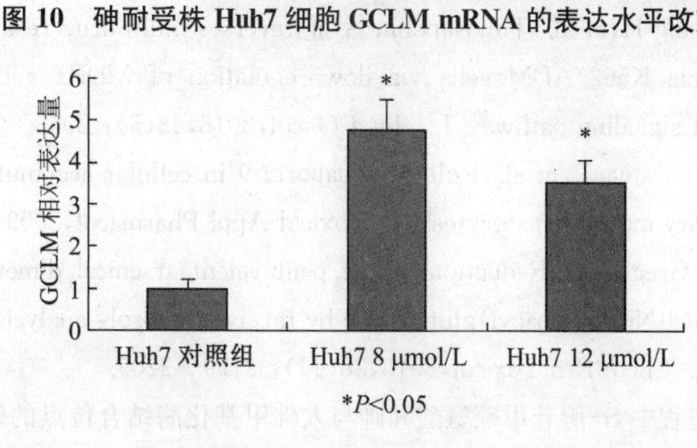

图 11　砷耐受株 Huh7 细胞 GCLM mRNA 的表达水平改变

3 讨　论

很多研究表明,在真核生物中,水-甘油通道蛋白是砷进入细胞的主要途径。当水通道蛋白的表达水平降低时,砷进入细胞的含量降低,此时细胞相对于水通道蛋白表达水平高的细胞具有耐砷性。本次研究所使用的 HepG2 和 Huh7 细胞中,AQP3 mRNA 表达水平降低,AQP7、AQP9 的表达水平无明显变化,可认为 AQP3 是所研究细胞产生耐受性的原因。有动物实验研究 AQPs 表达情况与砷的吸收的关系,结果显示,当 AQPs 表达水平增高时,胞内砷浓度增加[5]。

目前已知砷与谷胱甘肽-S-转移酶反应还原成砷-GSH 复合物[6],谷胱甘肽的含量对细胞对砷是否耐受起着重要作用。谷氨酰半胱氨酸连接酶(GCL)是 GSH 的合成限速酶,能够催化和调节 GCLC 和 GCLM,而 GCLC、GCLM 是非常重要的抗氧化蛋白酶,可以提高细胞的抗氧化应激能力[3],从而增加细胞的耐砷性。在此次研究中,GCLC、GCLM 基因 mRNA 表达水平增加,增加了细胞的抗氧化能力。在 As3MT 的作用下,砷的甲基化也是一种代谢过程。人砷甲基化酶对 As^{3+} 进行甲基化代谢,转化成为甲基砷酸和二甲基砷酸,它们的致癌性比无机砷更强[7]。研究发现,长期暴露于砷环境,可以增加 As3MT mRNA 的表达,抑制 DNA 甲基转移酶的表达,进而增加有机砷的表达水平,而有机砷比无机砷更容易直接作用于 DNA,使机体具有遗传性[8,9]。本实验中,As3MT 表达水平较低,这可能是人体易感性差异[10],但以此作为细胞产生砷耐受性的原因,尚不具有强烈的说服力。

4 结　论

HepG2 细胞的砷耐受性与 AQP3、GCLC、GCLM 有关,Huh7 细胞的砷耐受性与 GCLC、GCLM 基因有关。

参考文献

［1］ Shinkai Y, Sumi D, Toyama T, et al. Role of aquaporin 9 in cellular accumulation of arsenic and its cytotoxicity in primary mouse hepatocytes[J]. Toxicol Appl Pharmacol, 2009, 237(2): 232—236.

［2］ Lindskog C, Asplund A, Catrina A, et al. A systematic characterization of aquaporin-9 expression in human normal and pathological tissues[J]. J Histochem Cytochem, 2016, 64(5): 287—300.

［3］ Ren X, Gaile DP, Gong Z, et al. Arsenic responsive microRNAs in vivo and their potential involvement in arsenic-induced oxidative stress[J]. Toxicol Appl Pharmacol, 2015, 283(3): 198—209.

［4］ Chen JR, Jia XH, Wang H, et al. Timosaponin A-Ⅲ reverses multi-drug resistance in human chronic myelogenous leukemia K562/ADM cells via downregulation of MDR1 and MRP1 expression by inhibiting PI3K/Akt signaling pathway[J]. Int J Oncol, 2016, 48(5): 2063—2070.

［5］ Shinkai Y, Sumi D, Toyama T, et al. Role of aquaporin 9 in cellular accumulation of arsenic and its cytotoxicity in primary mouse hepatocytes[J]. Toxicol Appl Pharmacol, 2009, 237(2): 232—236.

［6］ Németi B, Poór M, Gregus Z. Reduction of the pentavalent arsenical dimethylarsinic acid and the GSTO1 substrate S-(4-Nitrophenacyl)glutathione by rat liver cytosol: analyzing the role of GSTO1 in arsenic reduction[J]. Chem Res Toxicol, 2015, 28(11): 2199—2209.

［7］ 李响利. 砷甲基化过程中 S-腺苷甲硫氨酸和砷与人砷甲基化酶结合位点的研究[D]. 南京: 南京大学, 2014: 8—14.

[8] Liu XY, Liu SP, Jiang J, et al. Inhibition of the JNK signaling pathway increases sensitivity of hepatocellular carcinoma cells to cisplatin by down-regulating expression of P-glycoprotein[J]. Eur Rev Med Pharmacol Sci, 2016, 20(6): 1098—1108.
[9] Ajees AA, Rosen BP. As(Ⅲ) S-adenosylmethionine methyltransferases and other arsenic binding proteins[J]. Geomicrobiol J, 2015, 32(7): 570—576.
[10] 吴军,师喆,郑玉建,等. 不同价态砷对DNA和砷甲基转移酶的影响[J]. 环境与健康杂志,2012(01): 20—25.

跆拳道运动对大学生自我效能感的影响研究

学生姓名：何凤娟　指导教师：车旭升

南通大学体育科学学院，社会体育专业，学号：1220022001

【摘　要】为了探索跆拳道运动对大学生自我效能感的影响，对南通市四所高校的跆拳道练习者和普通大学生进行了比较研究。结果显示，同组大学生的自我效能感在性别上不存在差异，跆拳道组大学生的自我效能感显著高于普通组大学生，表明跆拳道运动对大学生自我效能感的提高有显著作用。

【关键词】大学生；自我效能感；跆拳道

自我效能感是指一个人相信自己具备完成一项制定任务、达到一个预设目标或克服前方障碍的潜力或能力，是一种特定的自信心[1]。大学生作为国家发展的后备力量，个体自我效能感的高低，涉及其生活的方方面面。有研究表明，自我效能感强的人有向困难挑战的精神，自我效能感低的人在困难面前畏首畏尾。因此，如何有效培养大学生自我效能感水平，进而提高大学生心理健康水平，是目前社会、学校、家庭急需解决的问题。

本文通过对普通大学生和跆拳道练习者进行对比研究，分析跆拳道运动对大学生自我效能感有何影响，期望通过研究得出跆拳道运动与大学生自我效能感的关系，从而为用跆拳道运动来提高大学生的自我效能感提供一定的理论依据和科学指导。

1　研究对象与方法

1.1　研究对象

为了研究跆拳道运动对南通市大学生自我效能感的影响，随机抽取了南通市四所大学共200名跆拳道练习者和普通大学生作为调查对象。

1.2　研究方法

1.2.1 文献资料法

通过查阅书籍、检索门户网站等方法，为论文搜集理论资料。

1.2.2　问卷调查法

采用由德国柏林自由大学Ralf Schwarzer教授与其同事编制的一般自我效能感量表(GSES)。该量表由中国的张建新、德国的拉尔夫等人于2000年修订成中文版式，量表包含10个项目，采用了4点计分，所得分越强，自我效能感则越强。根据研究需要加入跆拳道和体育锻炼等选项形成跆拳道组和普通组两份问卷。发放200份问卷，回收问卷193份，有效问卷192份。普通大学生99人中，男生54人，女生45人；跆拳道练习者93人中，男生51人，女生42人。

1.2.3　数理统计方法

采用SPSS17.0对两者间的比较进行了独立样本 t 检验处理，结果以 $P<0.05$ 表示差异有统计学意义。

2　结果与分析

2.1　不同组别男女生自我效能感差异分析

对跆拳道组不同性别学生自我效能感进行独立样本 t 检验，结果(表 1)显示，男生的自我效能感总均值高于女生，但是不存在显著性差异，说明跆拳道练习者中男女大学生之间总体上自我效能感没有差别。具体问题中，跆拳道组在问项⑩显示出明显的差异。普通组 t 检验结果表明，男生自我效能感总均值高于女生，但是不存在显著性差异，说明普通组男生与女生之间自我效能感没有差别。具体问题中，普通组男生和女生在问项②和问项④有显著差异。

通常认为，男性自我效能感高于女性，但是检验结果表明，处在相同的环境条件下，两者之间不存在显著性差异。与陈凌[2]的研究结果一致，不同性别自我效能感的差异不大。在中国传统社会中，女性的发展受到了限制，容易受到他人言语和行为的约束，社会的迅速发展，自由平等的观念深入人心，女性的地位慢慢地得到提高，同时受到同等的教育和拥有更多的发展机遇和空间，在面对事物时对自身能力的肯定也发生了变化。但曾泽林[3]、答会明[4]的研究结果显示，女性自我效能感高于男性，陈俐[5]、孔祥军[6]的研究结果是男性高于女性，与本结论不同，所以针对性别之间自我效能感的差异还有待进一步研究。

表 1　不同组别男女生自我效能感比较分析

	跆拳道组		普通组	
	男	女	男	女
自我效能感	29.25±4.664	27.79±3.639	26.41±4.214	24.87±4.506
① 尽力去做能解决问题	2.94±0.732	2.95±0.731	2.83±0.607	3.00±0.426
② 别人反对仍取得所要	2.86±0.775	2.62±0.795	2.67±0.549	2.36±0.609*
③ 轻而易举达成目标	2.76±0.764	2.67±0.721	2.30±0.861	2.29±0.626
④ 有效应对突如其来的事情	2.82±0.740	2.69±0.715	2.56±0.664	2.27±0.720*
⑤ 能应付意料之外的情况	2.78±0.808	2.55±0.803	2.41±0.659	2.27±0.863
⑥ 付出努力解决大多数难题	3.16±0.703	3.14±0.647	2.87±0.584	2.78±0.704
⑦ 面对困难信赖自己的处理能力	3.04±0.824	2.88±0.832	2.72±0.685	2.51±0.757
⑧ 面对难题找到几个解决方法	3.04±0.720	2.83±0.730	2.57±0.742	2.47±0.726
⑨ 有麻烦能想到一些应对方法	2.90±0.700	2.88±0.633	2.89±0.718	2.73±0.654
⑩ 任何事都能应对自如	2.94±0.645	2.57*±0.737	2.59±0.599	2.20±0.588

与男生比较，* $P<0.05$；** $P<0.01$；*** $P<0.001$

2.2 跆拳道组与普通组大学生自我效能感差异分析

对跆拳道组与普通组大学生的自我效能感进行比较，结果显示，跆拳道组的自我效能感得分均比普通组高(表 2)，两组之间存在非常显著性差异，具体的问项②、③、④、⑤、⑥、⑦、⑧、⑩存在显著性差异，说明跆拳道运动对提高大学生自我效能感有一定的促进作用。

对跆拳道组男生与普通组男生之间，跆拳道组女生与普通组女生之间进行比较可见，跆拳道组的男女生的自我效能感均高于普通组男女生的自我效能感(表 2)，两者之间存在显著性差异。

李晓文[7]指出，自我效能感对个体的影响主要分为以下几个方面：一是个体的行为选择，二是在困难状况下的坚持，三是面临任务的准备和努力程度，四是思想方法和情绪。跆拳道是一项通过速度、力量、柔韧、耐力等训练来提高训练者身体素质和心理素质的一项充满活力的运动。跆拳道练习者经过长期的动作学习，培养其在挫折面前不放弃、顽强拼搏、不畏困难的意志品质，练习者在遇到困难时要坚持不懈，面对他人的否定不放弃自己的目标，积极拼搏，从而取得成功。经过不断的比赛，练习者付出很多的汗水和经历，在这样的过程中积累成败经验，对自我的行为选择更具针对性和理性，坚持自己的目标，同时培养练习者面对不同的对手要有不同的应对方法。跆拳道的进攻方式、防守方式多种多样，面对对手的进攻可攻可守、攻守结合，这一过程极大地提高了个体的思维敏捷程度，对情绪的调节也有促进作用，面对困难和险阻时不慌张，迅速想出可应对的方法。在练习过程中，会专门进行气势的练习，主要是通过坚定的眼神和洪亮的声音，在给他人压力的同时提升自我的斗志，对个体自我效能感的提高也具有一定的促进作用。

同性别之间在日常生活环境中接触的事物、锻炼的机会大体是相等的，喜欢跆拳道运动并参与其中的个体，在经过一段时间的艰苦练习后，对自身能力的肯定与面对困难的努力都有明显的提升，这跟跆拳道的锻炼方式方法有很大的关系。人们大多对谦逊的人会产生好感，更愿意和其成为朋友，老师也对谦卑有礼的学生青睐有加，但是男生大大咧咧的性格容易使人产生误会。跆拳道"礼始礼终"的精神培养尊重他人、宽容忍让等高尚品质，增加了大学生与同学、老师交往的自信心[8]。

表 2 跆拳道组与普通组自我效能感差异分析

	跆拳道组	普通组	男性		女性	
			跆拳道组	普通组	跆拳道组	普通组
自我效能感	28.59±4.274	25.71±4.394***	29.25±4.664	26.41±4.214**	27.79±3.639	24.87±4.506**
① 尽力去做能解决问题	2.95±0.728	2.91±0.536	2.94±0.732	2.83±0.607	2.95±0.731	3.00±0.426
② 别人反对仍取得所要	2.75±0.789	2.53±0.595*	2.86±0.775	2.67±0.549	2.62±0.795	2.36±0.609
③ 轻而易举达成目标	2.72±0.743	2.29±0.759***	2.76±0.764	2.30±0.861**	2.67±0.721	2.29±0.626*
④ 有效应对突如其来的事情	2.76±0.728	2.42±0.701**	2.82±0.740	2.56±0.664	2.69±0.715	2.27±0.720**

续表

	跆拳道组	普通组	男性		女性	
			跆拳道组	普通组	跆拳道组	普通组
⑤ 能应对意料之外的情况	2.68±0.810	2.34±0.758**	2.78±0.808	2.41±0.659*	2.55±0.803	2.27±0.863
⑥ 付出努力解决大多数难题	3.15±0.675	2.83±0.640**	3.16±0.703	2.87±0.584*	3.14±0.647	2.78±0.704*
⑦ 面对困难信赖自己的处理能力	2.97±0.827	2.63±0.723**	3.04±0.824	2.72±0.685*	2.88±0.832	2.51±0.757*
⑧ 面对难题找到几个解决方法	2.95±0.728	2.53±0.733***	3.04±0.720	2.57±0.742**	2.83±0.730	2.47±0.726*
⑨ 有麻烦能想到一些应对方法	2.89±0.667	2.82±0.691	2.90±0.700	2.89±0.718	2.88±0.633	2.73±0.654
⑩ 任何事都能应对自如	2.77±0.709	2.41±0.623***	2.94±0.645	2.59±0.599**	2.57±0.737*	2.20±0.588*

与跆拳道组比较，* $P<0.05$；** $P<0.01$；*** $P<0.001$

3 结论与建议

3.1 结　论

经对南通市四所高校普通大学生和跆拳道练习者自我效能感的分析对比，得出以下结论：

(1) 通过对跆拳道组和普通组不同性别大学生自我效能感的差异进行独立样本 t 检验，结果表明，大学生不同性别之间不存在显著性差异。

(2) 通过对跆拳道组和普通组大学生自我效能感进行比较，结果表明，跆拳道运动对大学生自我效能感的增强和提高有显著作用。

(3) 跆拳道组男生和普通组男生之间存在显著性差异，说明跆拳道运动能有效提高男性大学生的自我效能感。

(4) 跆拳道组女生和普通组女生之间存在显著性差异，说明跆拳道运动对女性大学生自我效能感的提高具有积极作用。

由于地域性等差异，本结论仅体现南通市高校大学生的特点。

3.2 建　议

(1) 通过研究表明，跆拳道运动对提高大学生自我效能感有积极的影响。建议高校将跆拳道课程列为普修课，让更多的大学生有机会参加到跆拳道运动中。

(2) 建议学校积极举办大学生跆拳道联赛，引导学生积极报名参加，通过比赛激发学生的学习兴趣，培养大学生自我意识的形成，以便更好地提高大学生自我效能感。

(3) 在跆拳道课程中，教师积极引导学生，将培养大学生自我效能感作为教学任务之一，从而使大学生在面对某些问题时，能意识到自己能否解决这一问题。

参考文献

[1] Bandura A. Social foundations of thought and action : A social cognitive theory[M]. Englewood Cliffs,NJ: Prentice-Hall,1986.

[2] 陈凌.音乐专业大学生学习自我效能感的测量研究[D].北京:首都师范大学,2009.

[3] 曾泽林.大学生自我效能感CET-4成绩之关系[J].山西高等学校社会科学学报,2004(6):78—79.

[4] 答会明.英语自我效能感问卷的编制及信效度检验[J].中国临床心理学杂志,2006(6):567—571.

[5] 陈俐.大学生自我效能感与毕业去向的关系研究[D].南京:南京师范大学,2014.

[6] 孔祥军,李惠萍.大学生一般自我效能感与应付方式的关系研究[J].中国行为医学科学,2006(2):171.

[7] 李晓文.成就动机研究的新发展[J].心理科学,1991,5:43—47.

[8] 太玉.跆拳道运动对大学生自信心与耐挫力的影响研究[D].北京:首都体育学院,2013.

高邮市青少年体育生活方式的调查研究

学生姓名：张　旭　指导教师：陈　旭
南通大学体育科学学院，体育教育专业，学号：1220012037

【摘　要】 该文就高邮市青少年体育生活方式的现状进行调查分析。通过分析364名青少年体育活动态度、体育活动动机和体育活动消费等问题，得出以下结论：高邮市青少年生活方式现状良好，影响其形成体育生活方式的积极因素有班级学校体育活动的开展和朋友、同学的影响，消极因素有场地设施的缺乏和学业负担。

【关键词】 高邮市体育生活方式；青少年

体育生活方式是指在一定社会客观条件制约下，社会中的个人、群体或全体成员为一定的价值观所制导的满足多层次需要的全部体育活动的稳定形式和行为特征[1]。体育作为一种生活方式，具有健身、娱乐、益智、育德等功能，其在社会发展和人们需求的作用下不断发展和变化，这就要求我们对体育生活方式进行研究和总结，为科学的体育生活方式提供更多的实际参考。

1　研究对象与方法

1.1　研究对象

本文以扬州高邮市青少年体育生活方式为研究对象，以高邮市四所中学的364名学生为调查对象。

1.2　研究方法

采用文献资料法、问卷调查法、数据统计法、逻辑分析法进行研究。

2　结果与分析

2.1　健康生活方式现状

调查对象基本上是在校生，所以他们的三餐和作息时间都比较规律，并且感到精力充沛且活力四射。他们很关注自身的健康状况，生病时会及时就医，这说明青少年对健康生活的要求较高。

2.2　对参加体育活动的态度

被调查的青少年中，有114名青少年对体育活动表示“很喜欢”，占调查总数的31.3%；144名青少年对体育活动“喜欢”，占调查总数的39.6%；100名青少年对于体育活动的参与态度一般，占调查总数的27.5%。统计结果说明，大多数青少年对体育活动是喜欢的。

2.3　参与体育活动的动机

青少年对体育活动动机的认同程度依次为提高身体素质、提高运动能力、调整情绪、预防疾病、增加交流、改善体型、消遣娱乐、美容减肥。

2.4　体育活动的场所

除体育课外，有57.7%的青少年选择学校体育场进行活动，4.4%的青少年选择社区体育中心，2.7%的青少年选择健身房，活动场所不确定的占35.2%。

2.5　参加体育活动的时间和次数

周一至周五进行活动的占30.8%；周末进行体育活动的占20.3%；48.9%的青少年体育活动的时间不固定，有时间就进行活动。连续活动半小时以上的占66.5%，31.3%的青少年每周参加两次体育活动，每周参加三次及以上的共占58.3%。

2.6　体育活动的项目和内容

球类项目是高邮市青少年最喜欢的体育活动项目，其次是散步和慢跑这类便于简单、易操作且对场地器材要求不高的活动项目。其中羽毛球和足球的比例分别为45.1%和41.2%。

2.7　体育消费现状

每年体育消费在100元以上的占调查总数的45.0%，人数有164人，其中500～1000元的有42人，比例为11.5%；100元以下的占调查总数的55.0%。体育消费内容排在前两位的是：运动器材占64.8%，运动服装占61.5%；参与体育培训、购买体育杂志和比赛门票的分别占12.6%、8.8%和3.3%。

2.8　青少年参与体育活动后的价值体现

排在前四位的分别是：使身体强壮与提高身体素质和技能的比例都达到了77.5%；其次是防治疾病，占调查总数的72.5%；第四位是养成坚持运动的习惯，占62.1%。

2.9　影响高邮市青少年体育生活方式形成的因素

2.9.1　促进体育生活方式形成的积极因素

促进青少年体育生活方式形成的积极因素处于前四位的分别是：班级学校体育活动占调查总数的95.1%，同学和朋友的影响占82.4%，社会竞争激励占81.7%，体育新闻及电视广播占79.1%。家庭是孩子教育的基础，所以家庭的支持和鼓励也显得尤为重要(表1)。

表1　促进青少年体育生活方式形成的积极因素(N=364)

因素	男生(n)	女生(n)	总数(n)	比例	序列
班级学校体育活动	172	174	346	95.1%	1
同学和朋友的影响	150	150	300	82.4%	2
社会竞争激励	154	144	298	81.7%	3
体育新闻及电视广播	152	136	288	79.1%	4
家庭成员支持	144	138	282	77.5%	5
体育读物	130	122	252	69.2%	6
体育明星或名人的影响	122	112	234	64.3%	7

2.9.2　影响体育生活方式形成的消极因素

83%的青少年认为场地设施的缺乏是制约他们参加体育活动的首要因素，学习压力的剧增也影响了他们参与体育活动的热情，对此他们感到身心疲惫；超过50%的青少年选择"缺乏指导"，一部分青少年在参与体育活动时缺乏专业技能知识和健康运动的常识，在进行体育活动时多少会出现动作错误和运动损伤等问题(表2)。

表 2　影响青少年体育生活方式形成的消极因素(N=364)

因素	男生(n)	女生(n)	总数(n)	比例	序列
缺乏场地设施	150	152	302	83.0%	1
学业重,身心疲劳	154	144	298	81.9%	2
不能坚持	92	118	210	57.7%	3
没兴趣、没时间	88	108	196	53.8%	4
缺乏指导	92	94	186	51.1%	5
缺乏同伴陪同	82	90	172	47.3%	6
身体弱,不宜参加	62	60	122	33.5%	7

3　结论与建议

3.1　结　论

绝大多数青少年生活方式现状良好,喜欢体育活动,有明确的体育动机,能够基本意识到参与体育活动的重要性。增强身体素质和运动技能是高邮市青少年体育需求的主导动机。

高邮市青少年基本在学校体育场进行运动,对于活动时间的掌握较合理,在体育活动项目的选择上男女生存在一定的差异性。女生偏爱慢跑和散步类简单、易操作且对场地要求不高的运动项目,而男生则比较喜欢篮球、足球、乒乓球等竞技性较强的项目。

青少年体育消费主要是以购买运动服装、运动器材为主的实物性消费。家长参与体育活动的频率也影响着青少年参加体育活动的热情和积极性。青少年由于没有独立的经济基础,所以体育消费水平普遍不高,体育消费总额在 500 元以下的占 83.6%。

班级学校体育活动的开展和朋友的影响是促进他们体育生活方式形成的重要因素[2],场地设施不足和学业压力重,缺少同伴陪同锻炼和技术指导等因素制约着青少年参加体育活动。

通过体育活动,青少年能够体验到不一般的情绪体验,不仅心情愉快、生活充实,而且技能得到提高,体型得到改善,并且能通过体育活动挖掘出体育活动的价值,使自身得到全面发展。

3.2　建　议

3.2.1　营造良好学校体育氛围,激发学生的运动兴趣,培养终身体育意识

学校教育应从学生特点入手,专注学生兴趣和意向,以学生为本,开展丰富多彩的体育游戏和竞赛等,增强学校体育氛围,激发学生的兴趣;结合阳光体育活动,合理设计校本课程,有意识地培养他们对体育的各种高级需要,为提升体育价值观水平打下基础。在体育课上应帮助学生掌握基本保健知识、锻炼方法及保护与帮助的方法。体育教师在课余时间也应给予适当的专业指导,加强学生对动作的理解,帮助学生树立终身体育锻炼意识,养成体育锻炼的习惯。

3.2.2　优化场地设施条件,合理缓解学习与体育活动之间的矛盾

高邮市中小学的体育设施状况不容乐观,多数学校的场地偏小、场地质量不过关,而且场地设施与器材的数量不够。所以,应根据学校的实际情况合理添置器材,满足需求。对

学校体育馆进行合理的分配及管理，改善学生的体育活动条件，满足他们对生活和健身的需要。体育教师在课堂教学中也可以发挥同一种器材的多种功能，物尽其用。同时，完善社区体育场设施与器材条件，方便青少年参加体育活动。

学生的学习压力较大，一到考试期间，体育课便会给其他文化课程“让道”，这也是中学生的基本常态。首先，应保证学生在校的体育课次数；其次，学校和班级应该强制学生课间走出教室、走向操场，利用可利用的时间进行体育活动。

3.2.3 体育运动项目多元化发展，培养青少年健康的体育消费观念[2]

在本次调查中发现，高邮市青少年体育运动项目主要集中在羽毛球、足球、篮球、乒乓球等传统运动项目上，受到学校运动场地、器材和师资的制约，一部分同学参与体育活动的热情不能得到释放。应开设学生感兴趣的体育项目和社团活动，让学生根据自己的兴趣程度自由选择。只有学生喜欢的运动，他们才会更愿意参与其中，并且表现出持久的热情。

家长对于合理的体育消费应该持支持态度，并满足孩子的基本消费需求。正确的消费能缓解其他方面的压力，同时增强他们的自信。但对于盲目崇拜、追星所导致的消费，家长应该极力制止，并通过讲道理和举例子的方法帮助孩子调整心态，一切消费应该以自身家庭的状况为基础，合理消费，理智消费。

3.2.4 丰富家庭体育生活，家庭教育和学校教育齐头并进

家庭是孩子成长的第一课堂，父母是孩子的第一任老师，家庭的早期教育是一项复杂、细致的系统工程。首先要支持孩子参加体育活动，因为文化分数不是衡量一个人的绝对条件。其次，要做好孩子的榜样，自己要主动参加活动，将体育活动当作生活的一部分。带着孩子去参加适宜身心发展的体育活动，不仅能帮助孩子养成锻炼的习惯、增强自信，还能加深与孩子之间的交流，增进感情。另外，家庭体育教育要与学校体育教育共同发展。一方面，家庭体育意识为学校体育的实施打下基础；另一方面，学校体育为家庭体育提供技术指导。只有通过家庭和学校的共同教育，让学生把知识和能力有效地结合起来，才能使青少年得到全面发展。

参考文献

[1] 苗大培.论体育生活方式[M].北京：北京体育大学出版社，2013，7.
[2] 吕彦.常熟市中学生体育生活方式实证研究[D].苏州：苏州大学，2010.

奇思妙想

——浅谈动画广告中创意的表现手法

学生姓名：李楚阳　指导教师：陈　强

南通大学艺术学院，动画专业，学号：1221072024

【摘　要】 动画广告的创意可以围绕主题进行天马行空的思考，各种奇思妙想的创意都可以自由地想象与发挥。本文结合毕业设计作品对动画广告的创意表现手法进行了探讨，绝妙的动画广告创意使广告的表现题材得到充分的展现，也吸引人的关注，达到广告的目的。

【关键词】 动画广告；创意；手法

创意作为思维活动，是一种打破常规哲学的超越自我和超越常规的思维引导，具有新颖性和无限创造性的想法。在制作动画广告的过程中，我们要在熟知商品、市场销售计划等多种信息的基础上发展并获取成功，这就是广告创意具有的真正内涵。别出心裁、与众不同是动画广告创意的基本要求与前提，要寻求创作最适合动画广告主题表达的创意，将最有效的广告语言、表现手法运用其中。

1　突破常规模式——重新确立动画广告创意的思维方式

动画广告要达到吸引人及宣传的效果，那么创意就必须要呈现多样化的形式，诸如比较式、多情节式、纪实式等各种风格要综合运用，才能使动画广告受到越来越多观众的喜爱和推崇。早期的动画广告，如1983年上海手表四厂拍摄的“钻石牌”手表系列广告《吃俺老孙一棒》，将手表拟人化，通过借用法表现方式将孙悟空的形象融入其中，突破了单纯的“叫卖式”方式；1998年《海尔兄弟》将动画与企业紧密结合，促进了海尔企业的壮大，提高了知名度。[1] 如今动画广告中的动画形象越来越多，观众对广告中的幽默和正能量的宣传越来越认可，例如中央电视台为更好地发挥公益广告培育和弘扬社会主义核心价值观的积极作用，为实现“中国梦”凝聚正能量而创作的《梦娃》系列动画广告获得了广大人民群众的称赞。

基于形象和逻辑思维能力创作出来的早期广告属于产品介绍型，整个广告特点是直白、具象，例如“某某产品美观大方，用了都说好”之类，在广告的创意方面毫无亮点可言。常规的思维模式是按照认知和分析对可感知的具体形象进行表象分析，去认识事物的本质，如形象思维和逻辑思维。《SUPER—MLGB》（中文名：超级玛丽）是为一款游戏做的动画广告，通过将不同的角色融于游戏中，在创意表现手法上将游戏中的每个环节打散解构后重新组合在一起，在重构的过程中与其他游戏混搭，作为此前游戏的一种辅助，丰富了游戏的趣味性。《SUPER—MLGB》这款游戏主要是要体现游戏的好玩，在创意文本的时候就考虑到了多场景的制作方式，游戏的开始阶段首先展现的是游戏中正常的场景，经过闯关成功后映入眼帘的却是以往没有见过的场景，取而代之的是电脑中某款软件的界面，运用后期技术将Flash界面中的舞台作为故事发生的场景设计成陷阱使用，整个广告中都是将游戏打散后再重构为新的有趣游戏，这是本广告最具特色的创意点。

广告创意在发展的过程中通过表象进行解构和重构创造出完整的艺术形态，随之而来的逆向思维方式逐渐在广告创意中被运用，并获得了成功，逆向思维作为一种反向思维和求异思维，是对司空见惯的事物或者观点通过相反的方向进行思考的一种思维方式。常规的思维模式是从原因到结果，逆向思维的方式是从结果推理到原因，广告创意中的逆向思维如果是原因出乎意料，从相反的方向提出假设，这样出现的新观点和新内容就是广告的成功创意。[2]动画广告《SUPER—MLGB》在表现游戏趣味性这个点上，处处设置陷阱作为铺垫可以说是本片动画广告的得意之处：玩家在最终躲过重重危机，理应成功开心的时候，谁知道又出来一陷阱，在大意之余主角被消灭。这样的戏剧冲突性表现手法主要靠跌宕起伏的情节来吸引眼球，使广告像故事片一样流传开来，在娱乐之余传达产品信息。笔者做这款游戏的动画广告目的就是宣传《SUPER—MLGB》游戏关卡多，这个过程中会给玩家带来不同的惊喜，设置这样的结局既是游戏本身的需求，也是动画广告创意的需求。

2　立足数字技术——寻找动画广告创意表现的新式媒介

数字化时代的到来给动画广告的发展带来了新机遇，动画广告不仅仅只在电视和电影上看到，在“互联网＋”时代，移动手机、数字报纸、移动电视、桌面视窗、数字电视、数字电影、触摸媒体等新兴媒体都给动画广告带来了新的发展途径和动力。相对于影视广告而言的动画广告传播途径逐渐跳出了电视和电影传播的局限，在数字时代中形成了更易于传播的空间和载体，从而使广告主题的内涵在数字动画广告创意中以新的视觉元素、表现形式、手法来呈现。我们可以虚拟数字化，模拟出现实生活中没有的场景与空间，通过数字技术再现真实的环境，这是以往技术所不能解决和达到的，虚拟画面的运用，大大满足了受众的视觉需求，使观者有身临其境的感受，也丰富了动画广告的创意方向。

例如著名的《T4・Logo 篇》动画广告，广告利用流体动力学模拟与表现数字技术，通过这种技术来模拟水的各种流动状态。《T4・Logo 篇》中大量的镜头都是用流体技术制作的，随着人的舞蹈动作而跳动的水都是这种数字技术下的产物，通过流体技术使水花和跳舞的人密切贴合，而水符合水的形态与流动形态，达到完美的境界，取得了绝佳的模拟效果。

洁婷品牌广告叙事镜头的创新以及剪辑的多变手法、丰富的镜头语言给动画广告的视觉表现带来了特别效果，利用数字特效合成软件制作出的画面具有非凡的视觉冲击力。广告塑造了一个青春少女在生理期的各种不适应的生理烦恼，郁闷中通过洁婷卫生用品解决了不适的感觉，整个广告简洁明了，通过飞毯的各种动作寓意少女心情爽朗，从郁闷的少女变成了一个精神焕发的小公主，这就是洁婷的功劳。片中的镜头语言都是通过 Flash 软件技术来完成的，这是一种与实景写真不同的艺术形式，在现代广告片中独具一格，而动画本身又富有视觉动感和个性元素，能够使观众在欣赏动画的同时，又得到明确的广告信息。洁婷卫生用品以动画广告的宣传影响了年轻女性的思维习惯和生活方式，为产品的营销立下了汗马功劳。

3　运用传统文化——展现永不落伍的广告创意视觉艺术

动画广告制作中常根据不同的广告内容采用新颖的表现手法来创作动画广告，传统的艺术可以为广告创意的视觉表现提供支持，水墨、雕塑、陶艺、皮影、戏剧等艺术都可以用在创意当中，增加民族艺术的同时又使作品具有更宽泛的艺术形式。例如《点滴文明》系列动画公益广告大量采用美术片式的中国传统动画形式；剪纸动画广告片《出国旅游文明当先》中融入了年画的风格。这些具有中国风味、中国形象、中国精神的动画公益广告获得了广泛的传播和认可。央视拍摄的《梦娃》动画广告中的角色就是以中国传统民间艺术泥人张的“梦娃”泥塑为素材，制作了系列动画，弘扬了中华优秀文化和传统美德。

动画公益广告《Family》中用字母巧妙演化成家庭之“爱”，画面很简洁，却很温馨，通过对 Family 这个单词的巧妙解读和演化，春风化雨般地击中了观者的心田。F 是 Father，M 是 Mother，I 是 Me，每个字母再组个词儿，便凑成了“Father and mother I love you”(爸爸妈妈我爱你)的亲情表达，再配上不断演化的字母，将中国传统文化的孝道演绎得非常感人，获得了好评。在动画创意制作中将中国文化融入其中，将动画本身所具有的虚幻、生动、夸张、幽默等特点展现出来，使动画广告拥有了大批的观众和追随者。

4 制作卡通角色——打造引人入胜的广告创意情节趣味

动画广告中经常运用卡通人物和吉祥物来做形象代言，例如米其林轮胎的米其林小子、肯德基餐厅门口的山德士上校、北京奥运会的福娃等，将卡通人物角色运用到极具趣味性的故事情节当中，来作为广告创意发挥的依据。卡通角色具有可爱、有趣的特征，这样很容易吸引青少年的注意，可以让消费者在看到这些形象后联想到此类产品或者服务。例如一些食品、饮料等广告，经常使用这种方式，卡通人物式的创意比较容易流传。[3]香港生力清啤广告中的卡通主角是一个坏小子，他的原型是现实生活中的顽皮少年，经过夸张的处理，加上“生力清啤，有 D 野哦”的广告语，受到年轻人的喜欢。脑白金保健品广告中的卡通老人跳舞的创意已经家喻户晓，让大家一看到卡通形象就联想到了脑白金，起到了促销作用。

动画广告的风格在数字化时代可以呈现各种各样的特征，可以幽默风趣、可以高大上与小清新并存，还可以创造手绘涂鸦的风格并塑造一种后现代主义的风格与方式。后现代主义广告塑造的是我行我素、敢于打破传统的形式，把广告从传统引导到新式的表现风格上。冰力克果粉糖广告，就塑造了一个手绘涂鸦式的街舞小子的卡通形象，客户要求广告要体现年轻人畅快、运动和活力的形象，于是在设计角色的时候就将年轻人喜欢的街舞场景、动作、服饰展现在卡通角色中，在节奏感方面主要体现年轻人的欢快，寓意冰力克果粉糖具有时尚、年轻、引领时尚的特点。

5 结 语

“互联网+”时代的到来为动画广告的创意提出了新的要求，传播的途径越来越丰富，经济社会对动画广告的需求越来越大，同时动画广告也面临一场“数字革命”，如何抓住“数字革命”这样的机遇来提高和发展动画广告的制作、创意，是我们面对和思考的问题。各种新的制作媒体材料以及传播媒介的结合为其他诸如影视广告的创作提供了广阔的空间，我们应顺应时代潮流，开始探寻在新的媒介环境下动画广告创作的方法和手段，以满足广大市场的需求。在广告创意上还需要进一步探索和提高，动画广告还要在新的历史发展时期寻求更大的突破。

参考文献

[1] 张瑞静.中国动漫广告传播的历史与现状[J].山东理工大学学报,2011(5):82.

[2] 钱恒.数字化时代动画广告创意表现策略[J].现代装饰,2011(9):96.

[3] 苏夏著.影视广告创意与制作[M].上海:上海人民美术出版社,2013:24.

行书创作中的意韵美浅探

——《行书宋词五首轴》创作综述

学生姓名：石金丽　指导教师：吴旭春

南通大学艺术学院，美术学（师范）专业，学号：1221012004

【摘　要】本文以笔者毕业作品《行书宋词五首轴》的创作体验来浅探行书的意韵美。文章围绕书法创作中的行书宋词与意韵、笔法技法与意韵、章法墨法与意韵来阐述行书创作中的意韵美。笔者通过深入分析并取法赵孟頫、苏轼、王羲之等书家的经典作品，探寻行书创作中的意韵美的表现形式。

【关键词】行书意韵

1　作品构思与意韵

书法中"意韵"的产生，离不开书家这一载体。自古以来，在书法品评中"宋元尚意"。宋元时代的文人学者书家所推崇的"意"是在他们的书法作品中所表现出来的精神世界、思想感情通过笔墨线条而产生的"意韵"美。"意"需通过书家的执笔体验、感受予以表现。首先在书法创作过程中，书家的创作意图、创作思路、艺术观念、个人情绪和笔墨技巧皆可透过书法作品体现"意韵"。正如王羲之《题卫夫人笔阵图后》中说："夫欲书者，先于研墨，凝神静思，预想字形大小、偃仰、平直、振动，令筋脉相连，意在笔前，然后作字。"在《书论》中王羲之同样提到："凡书贵乎沉静，令意在笔前，字居心后，未作之始，结思成矣。"这在我们的书法创作中，即作意。也就是要求在书写前对书写各个方面进行周密认识与考虑，包括通篇布局结字笔法等方面。

范温在《潜溪诗眼》中提到"有余意之谓韵"。在中国书法史上，"晋字尚韵"是在玄学思潮引领下所形成的一种书法美学。张大千评论魏晋"人各有一种风骨，不拘泥于一格也"，在"从容镇定，喜怒不形于色，雍容气度的雅量担当，重视对人品评鉴的品目、品藻，中和恬淡美"的魏晋风度的美学追求下，书法艺术上出现了一种神韵异常、风度翩翩的行书字体。故而，以行书为书体书写本身就具有一种意韵美。

在王羲之、王献之等此类人品字品高妙的书家的带领下，行书昌运。"晋字尚韵"中的"晋字"主要的书体就是行书。行书是介于草、楷之间的书体，它将草书笔法与楷书笔法有机融合，运用一部分草法，以更率意的用笔、更流动的结体，获取无穷的韵味，偏于草的为行草，偏于楷的为行楷。在我的毕业作品《行书宋词五首轴》的创作过程中，行书中有行楷，同时又掺以行草的笔法进行书写。

近代人马宗霍在《书林藻鉴》中说："书以晋人为最工，亦以晋人为最盛。晋之书，亦犹唐之诗、宋之词、元之曲，皆所谓一代之尚也。"这里将"晋字"与唐诗宋词元曲相提并论、相互媲美，实则是对"晋字尚韵"的绝对肯定。我的书法创作选材内容为宋词，宋词作为中国文学史上光辉夺目的明珠，以其独特风韵美备受古往今来众多文人学者所推崇，其词调悠美，"豪放""婉约"各派争流。我选取宋词中晏殊《浣溪沙》、欧阳修《朝中措》和《采桑子》、柳永《雨霖铃》、李清照《一剪梅》作为创作内容。四位词人皆属"婉约派"，他们的词曲音律婉转和谐、语言圆润清丽，柔婉之美流溢其间。以行书为书体书写“婉约派”宋词，听闻之，意韵秀美就萦绕脑海。

2 笔法技法与意韵

朱和羹在《临池心解》中说“意在笔先，实非易事。穷微则奥，通乎神解，方到此高妙境地。夫逐字临摹，先定位置，次玩承接，循其伸缩攒捉，细心体认，笔不妄下，胸有成竹，所谓意在笔先也”。这里的“意”指的是执笔的方法、用笔的特点、墨色的变化以及章法布局等。宋代书家黄庭坚所说的“折钗骨”“屋漏痕”“锥画沙”就是笔法的体现。就我的毕业作品《行书宋词五首轴》中的笔法而言，在每一笔的笔势绞转中，中锋用笔、逆锋起笔，书写投入、情绪高涨时则用托锋，笔画间转换自然。对笔法技法的学习运用，使我原先不够大胆、拘于象形的结字变得富于变化。

赵孟頫在《兰亭跋》中说：“盖结字因时相传，用笔千古不易。”这正说明他对前人书家用笔技法的肯定。萧衍所理解的钟繇书法十二意为“平、直、均、密、锋、力、轻、决、补、损、巧、称”，这里所讲的笔法十二意就是用笔的方式与技巧。笔法技巧如此详尽，也难怪元代大书家赵孟頫对前代书家用笔的推崇了。由于我对用笔技法的理解还很浅薄，所以在我的书法作品中所体现的笔法有所欠缺。但是我在反复练习之后，掌握了一些用笔的技巧，比如：在字与字的连带承接关系方面，在刻意为之的心理暗示中，字与字之间自然呼应，使得通篇流畅自如，还有在情绪饱满的状态下偶然得之的笔意，也体现了一种“意韵”美。

在我的毕业作品《行书宋词五首轴》的创作过程中，我对笔法做了全面的理解并运用到我的书法创作中。在确定书体及内容后，首先我对我所选材的宋词五首内容做了详尽的研读并将具体内容背默下来，这样才能做到最基本的“意在笔先”。接下来，我对结字做了反复的推敲与揣摩，在“如何大度地表现字形的气势流美，不拘于象形”这个问题上困惑良久，在通篇布局时不够大胆，或往往在大胆书写后忽略了字形本身的秀美。在向我的指导老师指教后，老师给出了一个总结性的解释：“不够大胆、放不开、拘结字于象形，与自己本身的性格秉性有一定的关联。”我平时做事认真严谨，却又过于死板、不够灵活，必然会影响我的书写，成为我前进路上的绊脚石。

3 章法墨法与意韵

“石如飞白木如籀，写竹还应八法通。若也有人能会此，须知书画本来同。”元代大书家赵孟頫主张“书画同源”，他认为书法和绘画无法分割。南齐谢赫著作《画品》中提出了“六法论”，“六法”之首就是“气韵生动”，这里的“韵”是指精神气质、情味和韵致，主要表现对象是人。“气韵生动”置于书法作品中，则表现书法作品的秀劲飘洒、韵味流美，体现一种“虚静”美，也是一种章法的表现。明代董其昌在《画禅室随笔》中说：“古人论书，以章法为一大事。右军《兰亭序》章法古今第一，其字皆映带而生，或大或小，随手所如，皆入法则，所以为神品也。”章法上讲究布局，古人在布局方面常计白当黑，在空白处见功夫，字与字、行与行之间常留较大的空白，给人一种特别的审美体验。

我的毕业作品《行书宋词五首轴》中，章法上的变化趋于平淡，无太大变化，这也是我较为遗憾之处。在创作过程中，我对章法布局的意识还不够充分，在参考诸多当今优秀书法佳作后，在“如何安排章法”这个问题上有了些微的认识。然而在创作过程中，为了“章法”而“章法”，将“章法”刻意为之，杂乱无章，毫无“章法”可言。在老师的指导下，我对章法布局做了一些调整，改变了没有理由的转换行，以一词一隔断的表现形式来展现章法，虽然没有新意，较之以前的“乱”却已经是很大的改善了。

结字在章法布局上也起着重要的作用。如王羲之《题卫夫人笔阵图后》中“若平直相似，状如算子，上下方整，前后平直，便不是书，但得其点画耳”。困于在章法布局上缺乏新意，于是我就想通过结字上的变化来带动整个章法上的变化，如字与字的连带关系与独字立意之间的表现手法。墨法的运用也在章法中起到至关重要的作用，墨色的变化使得整体不平滞、呆板，使画面意韵秀美、流转风媚。

再谈“意韵”美中的墨法。墨分五色：浓、淡、枯、湿、干。古人对墨性较多的认识以及较广泛的尝试运用，使得墨法在书法作品中的表现更加生动、富有灵性。清张庚在《论墨》中提出：“墨不论浓淡干湿，要不带半点烟火食气，斯为极致。”起初接触“墨法”时，是在老师通俗易懂的解说下有了细微的认识。老师在指点我平日里的练习稿时，曾说“整体太平，没有变化，写的时候不能光用墨，还得在笔毫间掺水”，我并不是完全理解此用意何在，后来在老师给我做示范的过程中，我注意到当老师蘸了一次墨之后，在笔毫间的墨用尽之时方才蘸墨或蘸水，并没有频繁蘸墨，这样在纸上呈现的墨色由“浓—枯—淡”产生变化，时而也会出现涨墨的墨法效果。所谓涨墨，即笔毫接触纸后迅速向外涨晕，流露出一种自然笔意美，使结字“肥而不腻”，但在书写中要控制涨墨的运用，否则令整体书写含糊不清。写到兴致浓时，随意书写蘸墨蘸水，墨色变化多端，趣味横生。于是，我意会神领，也将此墨法运用到我的书写中。

平日里在毛边纸上练习时，写一个字或几个字就蘸一次墨，以至于写得太平，没有变化。为了改掉频繁蘸墨的习惯，于是我就把我书桌上的砚台拿得离我远远的，这样书写的时候就不会太容易蘸到墨，我也会有意识地在笔毫间掺水，却往往掌控不好水与墨的平衡关系，出现涨墨的情况较多，在我反复尝试练习的过程中，逐渐掌握了墨法的运用。

4　师古先贤意韵流美

历来的书法发展史中，任何一个时代都会承继前代的优良传统，在继承中创新，没有继承就没有创新。只有在继承中，书法才会作为一种艺术载体得以延续并流传下来，成为中华民族独特的文化标志，成为文学艺术的主流。一代大书家王羲之在中国书坛上以“书圣”闻名古今，其书法成就之高令众多文人书家望尘莫及。但就算是享有如此盛名的王羲之也师承了卫夫人，其子王献之又继承了王羲之的笔意流派并加以创新，将行书一分为二，创作了“破体”，所谓“破体”就是打破楷书、草书界限，创立了行草与行楷新书体。后来的唐宋元明清各个时代的书家都有所师承创新，这样，书法才得以在历史的长河中流传并发展壮大。

我的毕业作品《行书宋词五首轴》的创作，是基于大量临写古帖后略得其笔意、通其笔法后创作出来的行书宋词书法作品。我所师法的书家是元代大书家赵孟頫。赵孟頫在书法方面造诣极高，楷书四体之一的“赵体”就是他所创立的。虽然赵孟頫主张“用笔千古不易”，但他在较好地继承了前人笔法的同时，也形成了自己特有的尽极秀美的书体，还是有一定的创新于其中。

在指导老师的引荐下，我以《赵孟頫书札》为切入点接触并研习行书。《赵孟頫书札》笔力精到，清健俊美。曾有人评赵孟頫书法“唐人临摹古迹，得其形似而失其气韵。米元章得其气韵而失其形似。气韵、形似俱备者，唯吴兴赵子昂得之”。可见，赵孟頫用笔的意韵显露于外。他对笔法高标准的律己使得其书别出风尘。“笔法弗精，虽善犹恶。字形弗妙，虽熟犹生”体现了他对笔法和结体的高层次追求。自是缘于赵孟頫对自身的要求极高，他才在书法方面取得较高的成就，在书法书论方面受到后人的信服与推崇。这也是我师法赵孟頫的根本原因。

《赵孟頫书札》的内容是赵孟頫的家书，既是家书，自然是随意、不拘一格。其结字、章法、笔法、墨法无不是随性而为，浑然天成，却不失其书体本身章法、墨法的自然，实为天然之作，自然流美。以我当前的书写水平和书论体知阶段，在笔法技法、章法布局、墨法变化、结字方面的认知和笔力比较薄弱，所以我在临摹取法的过程中，必须要有意识、有目的地练习才会有所感悟和理解。临帖在进行书法创作之前是必不可少的一个阶段，同样，读帖也至关重要。我拜读了苏轼的《黄州寒食帖》、颜真卿《祭侄文稿》等书法名作，从中取法笔法技法、章法布局等。经过长时间的大量临习，得其笔法、通其笔意，不断地克服笔法技法上的不足，对赵孟頫《行书十札卷》中的笔意笔法有所继承，方可进入创作阶段。在创作阶段，一遍遍地对宋词五首内容反复书写，推敲每一个字的结体，思考字与字之间的连带关系，以及如何安排章法布局。在老师细致入微的讲解指导下，通过量的积累促成了质的飞跃。

最终，我的书法作品《行书宋词五首轴》以条幅的形式呈现。

参考文献

［1］ 上海书画出版社. 历代书法论文选[M]. 上海：上海书画出版社，1997：28—740.

［2］ 朱仁夫. 中国古代书法史[M]. 北京：北京大学出版社，1992：130—182.

［3］ 倪文东. 书法创作导论[M]. 南昌：江西美术出版社，2012：88.

［4］ 秦轩. 笔墨风韵写丹青——历代书法绘画[M]. 成都：四川人民出版社，1996：158.

［5］ 孔见. 书沐儒风[M]. 北京：人民出版社，2014：236.

师法古人，融汇创新

——毕业创作《博弈论》创作感想

学生姓名：宗康有　指导教师：徐　卫、梁　锋

南通大学艺术学院，美术学(师范)专业，学号：1221012063

【摘　要】 工笔花鸟画以自然界的动植物为表现的对象，用极尽精妙的表现手法，给观者呈现独特的审美形象，是中国画艺术表现形式中极为成熟的一种样式。工笔花鸟画《博弈论》运用传统工笔花鸟画的勾勒晕染技巧，在表现“羊”这一具体形象的同时，有意识地加入了些西画写实表现方法和日本的“浮世绘”的装饰意味，试图给观者以新的审美感受。

【关键词】 工笔花鸟画；融汇创新

1　作品简介

毕业作品《博弈论》(工笔花鸟)，纸本水墨，是一幅以羊的搏斗为表现对象，融入现代元素的工笔花鸟画，画面大小为六尺整张，采用横构图的形式，借鉴西画透视方法，以营造出画面的纵深感，羊的搏斗姿势为画面表现的主体，地面描绘地砖，以其纵深感表现不同时空。背景采用浮世绘的元素，奔涌的海浪，强化了羊争斗的氛围，同时也使画面更有装饰性和现代感。《博弈论》意在借羊之争斗来表现生命与环境和自身博弈的精神意象状态。

2　创作灵感由来

大学的学习生涯即将结束，在这难忘的四年里我学到了很多知识与技能。在学习的过程中，工笔花鸟那工整细润的表现手法，极尽精微的画面效果让我深深地着迷，我渐渐喜欢上工笔花鸟，并在学习过程中强化了工笔花鸟理论与实践的学习。工笔花鸟学习的过程是一个从传统入手，逐渐掌握其技法语言和艺术特质，继而结合时代的审美感受，又须从传统走出来的一个艰难的过程。就学习传统而言，对宋人花鸟的临习是绕不开的一环。宋人花鸟是工笔花鸟的巅峰，那极尽精妙的构图，一丝不苟的造型，不着笔痕的渲染让人着迷。宋人花鸟的技法极为丰富。努力掌握传统工笔画的基本功，是我学习工笔花鸟的重点。在由临摹进入创作阶段，就传统与创新的关系而言，我觉得如果只谈继承传统，就忽视了创新的重要性，而完全抛开传统，一味求新以图夺人眼球，这样的创新又是无根之木。为形式而形式，其创作倾向就不能避免偏斜于当代中国画界所批评的那种“视觉化”。如何在传统与现代中找到平衡，着实让我犯愁。一次偶然的机会，我去苏州博物馆看到了名为《赋格》的画展，画家徐累的绘画，游走于东西方文化的边缘，其画面表现充满了主观色彩，却没有抛开客观物象，还是在客观物象基础上进行创作的。在适当融入西洋元素的同时并没有丢失掉传统中国画的韵味，其图式是新颖的，但落实到具体的画法上还是传统工笔的勾勒渲染，表现媒介还是千古未变的熟宣。观其画，西洋元素的适当加入，使其画面富于文学性，给人以哲学的思考，提供了关于表现内容的多样化的解读，极大地丰富了画面的内涵。看完徐累的画展，我感觉找到了创作的方向，我决定在一定程度上学习徐累的绘画语言。我开始细

细品读徐累的绘画，我发现不同于传统工笔花鸟平面化的处理，徐累的工笔画大量地运用了透视，营造出前后景，强化空间感，在画面中运用墙面或帷幔作为空间的隔断，增加空间的层次。在具体描绘作为画面主体的动物的时候，强化描摹对象的素描关系来获得体积感。读了徐累的绘画我似乎有了《博弈论》的雏形，欲尝试把许多新感受融入我自己的绘画创作中。

3 创作方法过程

3.1 选题选材

徐累在《世界的壳》一书中提到："从更宽泛的角度来说，人的内心景象，也许是更为复杂的现实。相比而言，我更迷恋这样的'内界'，它是现实世界的反转，这是毫无疑问的。""人的内心景象，也许是更为复杂的现实"这一句话让我思考良久。表现怎样的内心景象，我一直在寻觅。"物竞天择，适者生存"严复《天演论》中的一段话点醒了我，是啊，小到作为个体的人，大到一个国家一个民族，其发展都是一个同自身、同环境博弈的过程，在博弈的过程中，双方力量此消彼长，促成了发展。想到这里，我决定表现"博弈"这一主题，一个虚化的主题必须有具体的物象作为载体，才能给人以直观的感受。我开始寻找能够承载"博弈"这一主题的物象，寻觅许久，我想到了羊。羊外表温顺却有好斗的天性，外在与内在的反差更增添画面的感染力。我把这一想法向指导老师请教，指导老师给予了我肯定，并让我寻找具体的富于感染力的羊的形象。导师的肯定让我信心倍增，我立即在网上寻找许多关于羊搏斗的图片，挑了一些给导师看，导师最终选择了其中的两张图片，并让我把两张图片做一下组合。

3.2 构思构图

"经营位置"在工笔花鸟画的创作过程中占有重要的地位，传统工笔花鸟的构图趋向于平面化的处理，而以徐累为代表的新工笔则在构图上融入了西方透视的原理，增加了画面的空间感，在物象形制上趋向于对称，从而获得了画面的稳定感。在看了许多关于新工笔的画册、书籍后，我决定采取类似于舞台的表现形式，这种形式在新工笔中颇为常见，将描绘的主体置于画面的正中央，强化画面的戏剧冲突效果。在描绘地面时，采用格子地砖的形制，这样做一来可以丰富画面，加强装饰性，二来可以通过地砖的透视变化，表现空间的延伸，再者，地砖这一元素的加入也加强了画面的现代感。在描绘背景时我决定加入屏风的元素，一来是从空间上作一个隔断，另外，屏风的面又为新的艺术形态提供了表现的空间。为了加强画面的装饰性，我决定在屏风上加入日本浮世绘的元素，它虽然是版画，但其艺术表现手法与传统工笔画有诸多相似的地方，这样做使得不同的艺术表现形式融于同一画面。在关于背景元素的选择上，为了表现"博弈"这一主题，我想到了海浪，奔涌的海浪不正能表现博弈的激烈吗？我把这一想法告诉了导师，导师建议我寻找具有典型性的海浪形象。我一下子想到了葛饰北斋的《神奈川冲浪里》，画面中如利爪般的浪花，高高耸立的浪头具有极强的艺术感染力，堪称描绘海浪的最经典图式之一。为了更好地表现"博弈"这一主题，我把这幅浮世绘做了些许改动，去掉了原画中随浪摆动的小船，将原画中的一个浪头改为对峙着的一大一小两个浪头，以表现博弈双方力量的消涨，也与背景前两只搏斗的羊相呼应。形成了完整的构思，我把小稿给导师看，导师给予了我肯定，提出了一些修改意见，我听取意见，对小稿进行了改动，开始画正稿。

3.3 勾勒渲染

在完成了《博弈论》的铅笔底稿之后，我开始了具体的勾勒渲染。在绘画的具体技法上，我所选择的依旧是传统工笔的勾勒渲染的方法。我在画面表现方面借鉴了新工笔的元素，所画主体又是走兽，这就决定了在我的画面上，线的表现不能太过明显，主要的功夫还得在渲染上。为了拉开画面的前后关系，我用淡墨勾勒作为背景的浮世绘浪头，用稍重的墨勾勒作为主体的羊角和羊蹄，采用的是比较传统的钉头鼠尾描，这样的勾勒能使绘画对象在渲染之后线不是那么突兀，有利于画面整体的融合。为了表现羊毛茸茸的感觉，我必须对羊身上的毛做一下分组，分组主要是按照羊的身体结构来做的，分组分得太多显得碎，太少又不够丰富，分组完毕后我便开始沿着羊毛分组的结构用赭石加墨调制出淡色，把白云笔的笔端岔开，开始渲染羊毛的暗部，具体画的时候有点类似于素描，在颜色重的暗部多渲染几遍。在羊毛暗部渲染完成之后，我开始用白粉先淡后重，层层渲染羊毛的明部，在渲染时注意暗部和明部的整体性。为了画面的整体性我对画面需要渲染的地方做整体的淡色铺染，以尽快获得画面的大效果。在渲染地砖时，为了表现空间的延伸，我需要使地砖产生前实后虚的效果，在渲染时也是前重后浅。白色的浪花我用较淡的白粉分染，以拉开背景与画面主体的前后关系。

在大效果出来之后，为了更好地表现羊的体积感，丰富一下画面的层次，我决定刷一层较重的底色。我用藤黄花青赭石墨调出偏暖的底色，用排笔将底色刷于画面之上，这样许多在画面上需要虚化的部分就自然而然地隐在了底色之下，那些在画面上需要强化的部分，在画面刷完底色未干之时，用纸巾将浮于画面上的底色擦去。待画作干后，我用清水将画作洗一遍，洗去画面上多余的颜料，待画作再次干时，画面较之以前，有了更为丰富的层次，虚实关系也强化了。在画面大效果出来之后，我开始了画面细节的刻画。作为画面主体的两只正在搏斗的羊，其体积感需要进一步地强化，根据羊的身体结构，我在需要强化的地方进一步加重白粉，这样一来羊身上的虚实对比就更为强烈，体积感也凸显出来。整个画面，我开始丰富描绘对象的细节。在完成画面细节的丰富后，画面已大致完整，这时我便暂时不再去动我的画，把画放于远处，反复推敲还有哪些地方有待调整。在画面大致调整完之后我便开始这张画创作的最后一个步骤，给作为描绘主体的羊丝毛。给羊丝毛需要丝得很细，这样一来可以丰富绘画主体的细节，二来可以表现羊毛茸茸的质感。丝毛时我用勾线笔，蘸以厚重的白粉，一根一根沿着羊毛的生长方向丝。在最后一步丝毛完成之后，羊已有毛茸茸之感，整个绘画创作也算大功告成。

4 感想一二

虽然我的毕业作品《博弈论》还有诸多不足之处，但这幅作品的创作过程也算是对我大学四年学习生涯的总结。

古人云：“三思而后行”。我以为作画之前有所思，此即构思；二是笔笔有所思，此即笔无妄下；三是边画边思。此三思，也包含‘中得心源’的意思。”在这次创作过程中，我更为深刻地理解了这句话的意思。创作不像临摹，有一个范本可以去参照，它是一个从无到有的过程，它是一个融汇所学，抛开程式的过程。“三思而后行”，对于我们工笔画创作尤其重要，工笔的创作，想法比技法重要，当我们思虑再三准备动笔之时，必然已是胸有成竹，接下来的便是把一切的构想落实于笔端，也就是所谓的制作了。

“细节决定成败”，这句话对工笔画而言是又不全是，工笔画是以工细见长，但比单纯的细密繁复更重要的是一个“整”字，有细无整便是碎，整中有细才能锦上添花。现在回看我的工笔创作，还有诸多地方显得琐碎，没有整体感，这也是我在今后的绘画创作中需要改进的地方。

“警惕形式大于内容”，这是工笔画创新中经常会犯的一个毛病，要在画面新颖与内容丰富之间做好平衡，其功夫就不仅仅在于绘画技巧本身的锤炼，画外个人文化修养的提高也是至关重要的。

参考文献

［1］ 江宏伟. 江宏伟教育篇［M］. 河北：河北教育出版社，2003.

［2］ 徐卫. 中国画意象形态研究［M］. 长春：吉林人民出版社，2003.

［3］ 徐累. 世界的壳［M］. 北京：北京文化艺术出版社，2013.

当下概念书设计的材料与形式探析

学生姓名：薛　骄　指导教师：陆晓云
南通大学艺术学院，艺术设计专业，学号：1221052086

【摘　要】随着人们阅读方式的改变，书籍的形式和设计观念也发生着变革，而概念书籍必然是最能传达现代设计思想和审美的读物。概念书籍设计更能表现出设计者的设计灵感、生活理念和文化积淀，尤其在材料运用和形式风格上更彰显出其独特的审美价值。文章从概念书籍设计的材料运用、形式体现和发展展望三个方面来解读概念书籍，探索和尝试现代书籍设计的新途径。

【关键词】概念书；书籍设计；材料；形式；创新

当代概念书籍设计，是书籍设计范畴中一种倍具尝试性的设计领域。伴随人类社会科技进步和生活方式的不断变化，人们能够通过多种多样的方式和途径来获取信息，这就使阅读习惯和方式发生极大的变化。概念书籍无疑是最能传达现代设计理念和审美气质的读物，给读者营造出时代气息和感官感受。通过对书籍的材料进行研究和探索，并在形式上创新多样，让读者得到"五感"综合下的阅读新体验。一本好的书，不仅仅在于用它的内容来吸引读者，作为概念书籍的设计者，应该改变传统的书籍表达形式，将书籍内部的思想通过外在的表现形式传递给读者，让读者能够感受到书籍所传达出来的深意。

1　概念书籍设计的材料运用

材料在书籍设计中起着重要的作用，材料的选择往往决定着书籍的品格。不同的质感和肌理特征，给人们不一样的视觉和触觉体验。材料不同，其软硬度、涩滑度、柔韧性等都不同，让人体验到不同的感觉，引发不一样的情感。

1.1　材料的语言

材料所具备的丰富表现力被发现后，人们开始利用不同材料的特征，创造丰富的材料语言。一本好书，不仅在于它的设计所体现出来的特质气息，更在于它的材质带给读者触觉的感受，让读者与书籍能有进一步的交流，从而引发读者的想象，感受到书籍所要传达的深意。

作为书籍设计师，往往其考虑的最直接介质就是材料。对于材料要有深入的认识，了解材料的不同，能够让书籍有不同的质感。这就使得材料的运用影响到书籍带给读者的整体感觉。要对书籍有深入的了解，其内容和形式都要与所选的材料相匹配。设计师不能只追求花哨的材料来进行设计，即仅用一个漂亮的外皮来取悦读者，而忽略了笔者最初想表达的思想情感。

1.2　材料的分类

材料是设计者思想和理念的最直白体现，具有独特的审美意义。除了我们使用最多的纸以外，书籍材料还有其他种类，木、塑料、皮革等都可作为书籍材料来使用。

大部分的书籍制作都采用纸材。纸，是古代劳动人民通过长久的经验积累产生的成果，是人类文明史上的一项卓越发明。在19世纪，工业不断发展，人工造纸已经被机器造纸所取代，纸逐渐成为书籍制作中的重要材料。纸作为一种媒介，既是文字的载体，也承载了信息传播的重要使命，它与我们的生活、工作息息相关。

非纸质材料又分为自然材料、人工材料和合成材料。自然材料一般有竹、木、藤类等，这些都是大自然经过长时间的沉淀和累积形成的，其特质较为淳朴。人工材料和合成材料有玻璃、金属、皮革、织物等，给人一种科技和时代感。

非纸质材料的特点更为明显，有着其特有的质感，具有突出的个性、鲜明的气质。所以在材料的选择上，要充分认识材料的性格特质和表达语言，不能盲目运用，更不能因为过度加工而破坏了材料本身的吸引力。

1.3 材料的表达

不同材料制作的书籍表达出不同的情感和性格，读者能感受到刺激和惊喜。感觉是人认知活动的根本，也是审美感受中不可或缺的一种心理要点。当前的书籍设计结合多种感官进行综合设计，使书籍具有丰富的感染力。日本设计师杉浦康平提出了关于书籍设计的“五感”理论，即视觉、听觉、触觉、嗅觉、味觉。书籍的材料，能带动读者进入设计者的精神空间，获得前所未有的阅读及“五感”上的体验。读书的过程就是渐进地去体验“五感”的过程，它的设计覆盖了整个书籍。

由我设计的概念书《遥禽古兽》，希望读者拿到竹木函套时，首先有朴实自然的视觉感受，通过特别的材料和造型激起人们阅读的欲望；打开函套，翻开书页，用指尖去感受木板的坚实与艺术纸的柔软，这便产生了触觉；阅读过程中，耳朵能捕捉纸张声和木板声；随之，字体印刷的油墨香气伴随着木头的清香扑面而来，钻进鼻腔，最终进入大脑，让人宁神静气；末了，读者得到味觉的体验，即“品书”。

针对书籍设计的全方位表达与书籍主体内涵的深层发掘，吕敬人先生在“五感”的基础上做了进一步论述：把握当代书籍形态的特征，要提高书籍形态的认可性、可视性、可读性，要掌握信息传达的整体演化，掌握信息的单纯性，掌握信息的感官传达。概念书籍设计要注重“五感”的综合设计，才能够将书籍的内在信息和外在形态完美结合。“五感”的交融必然会引发新的概念书籍形式的产生，以此构筑概念书籍设计独特的艺术魅力。

2 概念书籍设计的形式体现

与传统的书籍设计所不同的是，概念书籍设计在形式上往往极具个性的特征，因而在风格上也有了鲜明的特色。

2.1 形式的概念

在西方15世纪之前，人类文明进程的主要记录都是建筑艺术，一些重要的文学戏剧作品也通过建筑这一载体而诞生，如《伊利亚特》《创世纪》等。而15世纪印刷术的发明，使人类思想的表现方式随之改变，古腾堡的铅字替代了石头文字，思想文化较之之前更容易被传播。

中国悠久的书籍设计史，为我们留下了丰富的文化遗产。古代书籍装帧形式的演化规律，与书籍选用的材料、制作方法、阅读方式和书籍的保护等方面的发展变化紧密相关，简策、纸书卷轴、梵夹、包背、线装等形式随之出现。在每种形式形成的背后，都有各自不一样的文化、民族和历史背景。

在设计方面，与传统的设计相比，概念书籍形式的范围更加广泛。根据设计师想要表达的思想情感，概念书籍的形式也更加多样化，它的载体不仅仅局限于纸张和文字的构成。概念书籍设计找寻的是一种新的承载模式，旨在创造出新的、超越阅读本身的体验。

2.2 形式的内涵

对书籍进行设计，并不只是对表面进行装饰。书籍，是“外在”和“内在”的连接与统一，即外部构造的美观、便捷、实用与内在的信息、图像、色彩、符号的整合。内外风格呼应、形式统一的书籍，才能体现出整体之美。为了对概念书籍有更加好的诠释和解读，我们要在设计形式和表现手法上进行调整，使其通过繁简、明暗和大小等手段更好地表达内容。架设书籍的每一个构件，例如天和地、外部与内在，内容的整理、对各要素的提取和对主体零件的构造要精心设计，最终使设计体现书籍精神气息。

书籍设计不是单纯的形式上的构成，也不是内容上的牵强堆砌。让书有了一件“漂亮”外衣的同时，还要向其倾注主观情感及内在书籍设计的整体概念。设计是一种态度，文本叙述的丰富才能给读者带来阅读的动力。

2.3 形式的创新

不同于传统书籍的设计，概念书籍的设计过程应该不断创新，打破约束。同时，在书籍形式上，也产生丰富变化和独特个性。书籍的形式是一本书的灵魂，是构成一本书的框架，所以书籍的形式设计更需设计者的文化素养和灵感火花。

书籍的形式不单单是书籍外部呈现的形态，还有内容的编排、文字信息处理、版式设计、色彩的运用、空间结构、制作的工艺流程等。概念书籍的形式应该突破原有的书籍形态，选择更自由更有效的方法，依据内涵进行创新设计，使用更自由大胆的方法，创造出新的视觉体验和阅读方式。

在《遥禽古兽》设计中，我使用了木板作为书籍的主要材料载体，采用类似经折装的形式，将木板与艺术纸完美结合。并通过对文字和插图、照片以及各类印刷方式的替换使用与设计，引起读者兴趣，使其获得不一样的阅读体验。既突破常规阅读的约束，同时还帮助读者更好地理解这一个个古兽背后的故事。

3 概念书籍设计的发展展望

读者对读书品味愈发提高，期盼设计师能设计出好的书籍，吸引他们去翻阅、购买、收藏，这些都成了设计师们的原始动力，他们在设计的同时，更专注于构筑书籍艺术的阅读方式、内涵文化、科技承载和情感表达。

3.1 现代科技电子书

16 世纪以来，书籍的社会地位不断地发生变化，成为一种不可或缺的信息交流媒介。随着科技的进步，电子信息技术的普及，数码载体高速、快捷、海量的阅读形式逐步成为人们快节奏生活的一部分。而电子书籍、网络信息和多媒体设备等也会在传统的文化信息载体之后，形成完全不同于以往的传播文化和知识的新型载体。电子载体的优点在于它分担了一部分信息传播的任务，节省了自然资源，提升了信息获取的速度，方便了人们的生活。

电子书具有快捷、信息量大、方便获取、可以共享音频和视频等优点，这些都是传统纸面载体的书籍所不具备的。而智能手机和平板电脑等的出现，也将电子书籍推向新的高度，立即成为新时代的宠儿。智能手机没有纸质书籍那么沉重，它方便携带，能随时随地开启阅读,海量的存储空间和直接连接网络的便捷,更加符合现代社会的需求。此外,电子书还更加人性化和智能化,例如有声阅读能便于盲人对知识的获取;视频音频与文字的结合,也使阅读增加了趣味性。

3.2 纸不再是唯一的载体

面对新的时代特征,纸面载体到底还有没有生命,传统的纸质书籍会不会就此寿终正寝,最终被电子书所替代? 这一问题值得人们深思。如今电子书籍的形式还只是简单地局限于图片和色彩上的设计,内容的排版也大多相似,也没有所谓的封面设计等。电子书只是满足了人们的基本阅读要求,人们的阅读缺乏“五感”上的体验,阅读变得单调乏味。如果使用手机时间过长,眼睛很容易疲劳酸痛,长此以往,视力就会受到损害。我们传统的纸质书却能够让读者在阅读的同时体会文字之外的美。和电子书比起来,纸质书更有存在感,通过阅读者眼视、手触、心读来感受纸面载体的魅力。

当然,新型技术的发展与应用,也使概念书籍的形式发生着变化,将会有更多的独特载体的新型概念书籍面世。概念书籍也将进入一个全新的科技领域。

3.3 未来概念书籍设计的新形态

当今科学技术飞速发展,新的技术、新的材料、新的工艺,将引发概念书籍设计形态的无限种可能。从传播媒介上看,智能手持设备、可穿戴智能设备、3D 打印、虚拟现实、全息投影等每一个视觉传播途径都可以与信息传播撞出靓丽的火花。这两年十分火热的虚拟现实,一旦与书籍和阅读结合起来,只要带上跟踪头部运动的虚拟现实头套,人们就可以对其所展示的纸质书籍进行熟悉的动作和感觉,无论是视觉、触觉或者是重力感官都可以完美呈现。全息投影在信息展示的效果上可以说是尽如人意的,唯一的缺陷只是设备价格的高昂与较高的操作要求,不过一旦对效果的要求超过成本的限制,一定能带给人们绝对的震撼与欣喜。至于 3D 打印的作品,同样有全息投影的种种好处和缺点。但最重要的是,3D 打印出来的是实体,是手可以触摸的存在。

未来概念书籍能够让获得信息具有更多方式,范围更广,传播的效果更强,这样对于书籍中的内容传播能起到很好的帮衬作用,更利于读者和作者的文字对话、思想交流和情感沟通。

4 结　　语

随着社会的不断进步,文化的继承和知识的传播需要人们不断地创新。在文化的传播过程中,书籍占据着重要的地位,有着极大的作用。经过长时间的积累和变化,有着其特有的形式与美感。目前,数字媒体已经得到了快速的发展,越来越多的电子书籍受到了人们的欢迎,从而忽略了纸质的书籍。在设计方面,书籍也面临着许多亟待解决的问题,需要不断优化和改进。概念书籍作为一类较新的书籍形式,它不仅需要重视人们需求的多样化与个性化,还要与书籍发展的轨迹相契合。对于书籍的设计方面而言,要注重材料的应用,以及内容上的创新、形式上的新颖等。要使概念书籍成为探索和尝试现代书籍设计的新途径,作为设计者应该用设计来授予书籍精神,用独特的眼光去审视概念书籍,使书籍成为立体的信息文化载体。

参考文献

[1] 武小红.现代书籍设计的发展现状[J].群文天地,2011(11).
[2] 苗利丽,洪缨,杨宇彤.现代书籍设计中的质感传达[J].设计,2015(19).
[3] 李永轮,陈晓鹏."概念书籍"设计新形式的探究[J].美术大观,2008(2).
[4] 燕宏.概念书设计——书籍设计的开拓之路[J].美术大观,2014(8).
[5] 葛俊英.从吕敬人书籍创作谈现代书籍形态设计[D].呼和浩特：内蒙古师范大学,2012.
[6] 刘萍.触摸材质——书籍设计材料的触感研究[D].长沙：湖南师范大学,2007.
[7] 杨鹏.概念书籍设计研究[D].长春：长春工业大学,2011.
[8] 乐凤.体验质感——现代书籍质感设计研究[D].南京：南京艺术学院,2013.
[9] 邢书磊.当代概念书籍设计的探索与研究[D].西安：西安美术学院,2014.
[10] 郭振华,余秉楠,章桂征.中外装帧艺术论集[M].长春：时代文艺出版社,1988.
[11] 汉斯·彼得·维尔堡.发展中的书籍艺术[M].余秉楠,译.北京：人民美术出版社,1997.

生态视角下城市滨水区景观设计探析

学生姓名：郭　瑞　指导教师：吴　婕
南通大学艺术学院，艺术设计专业，学号：1221052093

【摘　要】此次的城市滨水区景观设计主要通过探析城市形象的建立、景观生态的设计创新以及南通西公园生态景观改造分析这三个方面去解决生态化问题改造。希望借助海绵城市建设的理念对南通西公园进行改造升级，把生态设计作为出发点，在铺装、绿地、树池等方面进行设计方面的创新，从而解决当今现代化城市所出现的一些热点问题。

【关键词】滨水景观；海绵城市；生态改造；城市形象

1　城市滨水景观设计项目背景

1.1　课题研究的现状和发展趋势

在当今快速发展经济的社会背景下，滨水空间渐渐被城市住房所替代，原本城市中的自然空间以及绿化面积也渐渐缩小，人们开始对滨水地带有了新的认识，希望通过整治水体环境，营造滨水景观绿地，提升地区功能与活力，从而塑造城市个性及特色。此外，城市滨水景观开发方式单一，人们参与其中会觉得枯燥乏味，不能调动人们参与其中的积极性，同时也减少了人与水亲密接触的机会。

城市滨水景观是对社会大众开放的，它的功效性可以从三个方面体现：其一，在拥挤城市中为人们提供一方绿洲，为城市居民提供一个活动场所；其二，让人身处自然，增进人与自然的亲密关系；其三，城市滨水景观的成功设计可以有效地塑造城市品牌，从而提高城市影响力。[2]城市滨水景观开发可以有效地解决环境问题，在设计中应结合生态设计的手法，在经济发展和环境保护中维持平衡，在改善自然环境的同时更好地为周围居民提供优质的活动空间。

1.2　课题研究的目的与意义

1.2.1　城市滨水景观如何影响城市形象

城市滨水区景观是生态敏感区，景观设计方式和土地使用的不合理都会造成滨水区景观活动空间划分不协调、生态功能弱化以及城市滨水环境的恶化，影响城市形象。[3]城市滨水公园的生态化设计能够有效地解决城市滨水公园景观结构不合理、景观功能混乱等问题，对美化和改善滨水环境、优化城市公共开放空间、提升城市的宜居性、增加滨水公园的生态净化功能等具有重要的意义。通过生态改造的手段来提高城市的整体环境质量来改善居民体验感受，提高城市形象。

1.2.2　城市滨水景观设计对营造城市形象的意义

城市滨水公园生态改造可以重新塑造城市环境，来凝聚公众的注意力，提升城市居住环境质量。城市舒适的居住环境会给外部公众留下深刻的第一印象，产生良好的体验感受，无形中给该城市的形象加分，提升城市自身的魅力。在体验城市环境时，会不由自主地表现出符合该城市形象的行为举止，提升了城市的竞争力和整体形象。

2 重塑滨水公园生态化设计创新来源

2.1 生态改造的概念及意义

2.1.1 金华燕尾洲公园

金华燕尾洲公园是浙江省金华市比较有代表性的公园之一，也是“海绵城市”景观设计理念下的成功案例之一，如今公园每天都有数万人的客流量。金华燕尾洲公园的设计思路以及设计手法是值得我们学习的，公园的设计主题是去思考如何与洪水成为“朋友”，即如何和谐有效地去处理洪水问题，重点在于通过防洪堤的弹性设计更完美地做好湿地保护工作。金华燕尾洲公园设计的成功也在于通过优秀的设计让洪水得到有效的处理甚至利用，通过“海绵城市”的设计理念让公园弹性地去处理自然灾害：对雨水、洪水的弹性处理可以让公园在水位不同的情况下呈现不同的景观。

金华燕尾洲公园对于当下城市的生态改善做出了很多贡献，也为我们环境设计专业提供了先进的设计思想与理念。公园的成功设计让原本喧嚣的城市多了一处绿洲，可以让现代快节奏生活下忙碌的人们静下心来去亲近自然，去审视人与自然的关系。[4]金华燕尾洲公园的成功设计让人们去关心环境保护问题，当人们走进公园，呼吸清新的空气，观赏多样的植物以及大片的湿地时，人们会珍惜此刻的美好，从而注重日常生活中的环保问题，会从身边出发，从小事做起，从而逐渐形成环保意识。

2.1.2 美国波特兰雨水花园

波特兰雨水花园是美国比较著名的生态园之一，雨水处理方面的先进设计理念让其受到世界瞩目。如果说伦敦的多雾让其拥有“雾都”的称号，那么波特兰完全可以被称为“雨都”，所以波特兰的雨水问题一直困扰着当地居民。

雨水花园的设计难点在于对雨水的有效处理、高效利用，然而波特兰雨水花园设计的成功，让难题的解决成为亮点所在，这也是雨水花园功能性的体现。雨水的处理以及利用是完全呈现在大众面前的：夹杂着沉积物的雨水透过铺装的砂石，然后接触土壤，经过一段时间的渗透慢慢地接触植物本身的根系，最后雨水中的沉积物会留在砂石层、土壤层以及植物的根系中。这样的呈现会让人们一方面感叹设计的创新与巧妙，另一方面会被大自然本身的力量所折服，不再一味地依靠城市地下的管道对雨水进行疏导处理。波特兰雨水花园在雨水处理上的先进理念，提醒我们环境设计专业在设计过程中要注重人与自然的和谐统一。

2.2 本次设计创新点

城市发展的步伐无形之中变得越来越快，一些环境问题也随之产生，然而只引起了小部分人群的关注。近年来在世界范围内很多媒体都曾报道过雨水泛滥的环境问题。本次设计创新点在于将“海绵城市”这一生态理念融入整个景观设计当中，协调社会经济发展与保护自然环境的关系，让生态化理念与环境设计达到更好的融合，从而让景观在设计中得到更好的优化。“海绵城市”这一理念可以让我们设计出现代化的绿色城市，可以有效地缓解雾霾、还原纯净天空和再现青山绿水，从根本上改善城市滨水空间的环境。

本设计采用下凹式绿地、街边生态滞留区、透水铺装、生态树池等设计手法有效地净化和处理雨水。在遇到中小型降雨时能够对雨水进行吸收、蓄水、渗水、净水，减少径流，增加雨水的下渗，对补充地下水、改善城市环境、减少城市内涝发生的概率等起到了重要的作用。[5]此外，净化过的雨水可循环利用，比如用于公园内绿地的灌溉、喷泉水景用水等，缓解城市用水紧张、用水难的压力，体现出可持续发展的生态理念。土壤的蓄水在一定程度上是有限的，所以在遇到大型降雨时，当土壤的蓄水达到饱和状态的时候，我们通常利用排水管道将雨水引入周围的河流与湖泊，然后利用大自然本身强大的净化功能处理雨水。

3 设计创意过程

3.1 设计草图与创意过程

以“水”为设计主题，提炼不同形式的水元素符号应用到方案和小品设计中。在草图设计阶段将水的流动感展现在方案中，打破原有直线形式的设计，更好地为居民提供不同的游览路线，使整个场地更具有灵活性。草图设计阶段将区域划分成两部分进行设计，北侧一块区域主要为居民提供活动场所，南侧一块区域为居民提供休闲娱乐和观赏风景的场所。设计之初为连接两块区域设计了人行天桥，以便人们在不穿过马路的情况下到达另一个活动空间，起到了连接和通过的作用。通过水的不同的形态提炼出景观小品的设计元素，设计出水纹生态花坛、水滴喷泉和曲桥小品。

3.2 设计初稿

经过不断的修改，整体的功能区域和小品形式已逐渐完善，最终形成设计初稿。设计之初的人行天桥，经过深入的分析之后，决定将原有直线形式的设计推翻，取而代之设计出“曲桥”来连接两个广场，曲桥在形式上设计成三段式，中间一段将两个活动空间连接到一起，起到通过的作用，另外两段设计由低到高，最远处伸到水面上方，更好地为居民提供欣赏濠河风光的场所。景观小品将草图阶段的形式进一步优化，同时结合“海绵城市”的概念，在形式和功能上都得到了丰富。

4 南通濠东绿地西公园生态改造分析

4.1 西公园生态设计的表现

南通濠东绿地西公园位于濠河西侧，临近南通市城市中心的繁荣地段，北临人民中路，南临青年中路，周围交通便捷，既有大型商场，又有居民小区和医院，配套设施齐全。该地段人流量较大，但公园整体设计过于呆板、毫无特色，没有明显的特征，只能满足周围居民简单的休息散步的需要。

面对这些问题，从南通濠河绿地西段着手，包括周围的环境状况，通过生态改造的方法来改善城市发展所带来的环境污染等问题。利用低影响开发的策略进行一系列的生态改造，将濠河西公园打造成能改善环境问题的生态艺术公园。

4.2 西公园生态设计的表现

生态改造主要是对旧公园的重新规划并赋予生态性质，在深入了解西公园的现状之后，对整体的功能区域进行重新划分，融入“海绵城市”的设计理念。

通过区域的重新规划来解决之前绿地面积过大、活动面积太小等问题，为周围居民提供集休闲、娱乐、锻炼、散步等功能为一体的优质活动空间。借助滨水这一特性设计亲水平台和曲桥，以便外来游客和居民欣赏濠河的风景，体验江风海韵的特色文化。

4.3 西公园生态设计手法

4.3.1 功能分区设计

整体的功能区域上划分为休闲活动区、儿童活动区、滨水区和观赏区。中央下沉式的活动场所为不同年龄段的人提供活动锻炼空间，广场上的景观小品也能为人们提供乘凉的地方，以便人们活动累了的时候可以放松休息。儿童活动区采用艳丽的色彩和小型的花坛迷宫来吸引儿童参与，周围设有树池座椅为家长们提供休息的地方。滨水步道区作为整个设计中最接近水的部分，为人们提供了与水亲密接触的机会，滨水步道上还设置休闲座椅，人们在休息的同时也能够欣赏周围的风景。阶梯景观和曲桥为居民提供了观赏濠河风光的空间，人们坐在阶梯上抑或是倚靠在曲桥的栏杆上都能很好地欣赏濠河的美景，感受江风海韵的文化气息。

4.3.2 道路设计

道路设计以休闲步道和滨水步道为主要游览路线，两条路线相互连接，使得人们可以自由地行走其间，居民在各个景点内都可以更加仔细地欣赏，改变了原有呆板的路线设计。

4.3.3 空间设计

在空间上将两个场地划分为“动”空间和“静”空间，位于北侧的场地有活动广场、儿童游乐区、滨水区等，居民在广场上锻炼、跳舞，在滨水步道上散步，儿童在活动场所内嬉戏打闹，描绘出一副动态的画面。南侧的场地主要为居民提供休闲散步的“静”空间，人们可以坐在座椅上愉快地聊着天抑或是走在曲桥上欣赏着濠河的风光，勾勒出一副舒适安静的画面。

4.3.4 设计要素的应用

以“水”为设计主题，通过不同的水的形态特征提炼出不同的设计元素。以“水滴”为灵感来源，通过提炼、演变，然后应用到平面设计形式中，显得富有灵动感。此外，还通过“水纹”“水滴”以及“水浪”等不同的水的形态提炼出景观小品的设计元素，将公园的体验感受提升了一个档次。当居民游走在公园中时可以从地面上、半空中感觉到设计的生态性。充分利用滨临南通濠河这一特点，突显出南通江风海韵的文化气息，同时也使人感受到自然环境的美。

4.4 西公园主要景观小品分析

4.4.1 水纹生态花坛设计分析

以“水纹”为设计元素，通过提炼演变，最终设计出生态花坛景观小品，平面上改变大小，立面上改变高低，从而形成最终的形体。在材质上由透水混凝土和耐候钢板相结合，给人强烈的视觉冲击。顶部具有种植的功能，给由混凝土主宰的城市增添些许绿意。此外，该景观小品融入了“海绵城市”的设计理念，具备下雨时对雨水蓄积、渗透、净化的功能，晴天时则是居民休闲乘凉的地方。

4.4.2 水滴喷泉设计分析

整个形体结构由水滴演变而来，材质由混凝土和耐候钢板相结合，在视觉上给人强烈的冲击。结合喷泉的设计，水流通过顶部造型溢流形成水帘效果，再搭配周围小型喷泉，在夏季的时候营造出一种清新凉爽的氛围。小品中的水源是通过收集雨水并净化而来的，充分体现“海绵城市”循环利用的生态概念。同时孩童可以穿梭水帘喷泉中参与互动，让小品不仅具有观赏性，还具有参与互动的功能性。

4.4.3　曲桥设计分析

整个形体结构由水波的曲线演变而来，材质由耐候钢板和木质相结合，形体结构大气，富有水的灵动感。设计分成三段，中间一段跨过一条市政道路，起到连接两个活动区域的作用，使居民不用跨过马路便可到达另一个活动区。另外两段采用由低到高的设计，人们可以在桥上欣赏濠河的风光，感受江风海韵的文化气息。此外，人们可以在它提供的阴影处休息乘凉，周末的时候一家人可以在阴影下野餐，营造出一幅幸福美满的画面。

5 结　语

这次西公园的生态改造设计让我深入了解并学习了“海绵城市”这一生态设计理念在景观设计中的应用，对景观设计有了更深一步的了解。此方案是一个旧公园的生态改造，将水元素和“海绵城市”理念运用到设计中，让旧公园恢复活力。当下城市发展的迅猛让人们所处的生活环境渐渐遭到破坏，“海绵城市”的设计理念给我们环境设计专业带来了新的启发，让我们可以有效地解决这些问题。然而还感觉到方案有些不太满意的地方，通过这次的设计我们会更加努力地学习景观知识。

参考文献

[1]　孟刚，李岚，李瑞冬，等. 城市公园设计[M]. 上海：同济大学出版社，2005.
[2]　唐剑. 浅谈现代城市滨水景观设计的一些理念[J]. 江苏建筑，2001，18(S1).
[3]　吴文玉. 景观设计生态理念的培养与应用[J]. 林产工业，2012，39(6).
[4]　俞孔坚. 构建美丽中国的水生态基础设施[N]. 现代水利周刊，2015.
[5]　刘畅. 构建“海绵城市”——让城市水资源“活”起来[J]. 国际人才交流，2016(4).

装饰元素在二维动画中的应用

学生姓名：狄　秀　指导教师：卢　阳

南通大学艺术学院，动画专业，学号：1221072002

【摘　要】装饰性艺术作为一种独特的、古老的、表现力丰富的艺术形式在原始社会就已出现。作为一种个性创作风格，装饰性艺术在动画创作中的渗透及运用在20世纪便得到肯定，动画艺术中的装饰性也被不断挖掘与发挥，通过夸张、抽象、变形等非写实的表现手法赋予二维动画独特的感染力和生命力。

【关键词】装饰性；二维动画；元素

1　装饰性艺术概述

1.1　装饰性艺术的定义

装饰性艺术就是把大自然中的客观事物，通过提炼、夸张、抽象、概括、变形和简化等方法，按照形式美法则创造出具有单纯美、形式美、秩序美和理想化的新视觉图形的一种艺术。"装饰"实际上是一个包含名词和动词双重属性的词：一方面，它是指一定的艺术形态，是一种审美的静态结构，是人们用来美化生活和满足审美需求的高度理想化、秩序化、规律化、程序化的物化形式，是指艺术活动的结果；另一方面，它是指一定的艺术加工手法，是将美的构思付诸行动的艺术技巧或制作方法，是指艺术活动的过程。

1.2　装饰性艺术的特征

装饰性艺术作为一种独特的艺术表现形式在原始社会就已出现。装饰图形可以说是介于具象与抽象两者形态之间，它既不是以逼真的再现客观事物为目的，也不是纯抽象的元素组合，而是通过审美联想，提取客观事物的造型、形式和色彩等方面的典型特征，并加以秩序化、条理化、规则化处理，强化其形态美感和形式特征以获得更加典型、更理想化的新视觉图形。装饰性艺术存在于各个绘画领域，不同的装饰图案蕴含着不一样的情感、理念等，不同的装饰风格，形成各具特色的理想化的视觉图形。装饰元素是视觉元素，装饰绘画追求超出常态的新视觉形象，吸引广大群众的眼球，如果装饰效果达不到共鸣，那观众只会觉得无聊和枯燥。

2　装饰性艺术中的元素表现形式

2.1　图腾纹样

提到图腾和纹样自然就会联想到人类初期遗留下来的具有视觉效果的艺术。如造型朴拙、线条粗犷的巨大岩画，形状、纹饰丰富多变的彩陶墨绘，色彩浓烈、刻画细致的帛画，造型夸张变形、线条飞舞流畅、色彩鲜明却均衡的敦煌壁画和美人姿态传神、风格迥异、线条复杂而又精致、色调艳丽的日本浮世绘艺术，这些纹样都是值得我们收藏和借鉴的财富。它们以不同的形式形成不同的装饰性艺术，丰富了装饰图形的表现语言，美化了人们的生活，陶冶了人们的情操。

这些精美的图案元素在二维动画中也很常见。彩色动画长片《大闹天宫》，片中仙女夸张的造型，飞舞的流线就是借鉴敦煌壁画飞天形象。取材于敦煌壁画艺术的《九色鹿》在画面色彩表现上直接借鉴壁画艺术的色彩风格，使得动画作品犹如一幅幅活动的壁画，带来一种古朴、自然的视觉效果。动画《怪化猫》中，视觉效果上则完美地融入了日本浮世绘的画风，精致的线条和艳丽的色彩让整部影片具有华丽的装饰效果。

2.2 几何图形

几何图形也是一种装饰元素。几何图形都是由点、线、面、体组成的，点运动成线，线运动成面，面运动成体，它可以有效地帮助人们把错综复杂的世界简单地概括出来。从客观实物中抽象提炼出来的图形都叫几何图形，简单的拼贴、组合、重复、叠加出来的不同的几何图形都会给人不一样的感受。几何图形是一种极具概括力的视觉语言，一个三角形放在正方形上面就会变成一座房子，圆形可以当作太阳，月牙形状就可以变为月亮，所有的自然事物都可以简单完美地创造出来。

点，是视觉表现艺术的最小单位。几何概念中点是没有长度和宽度的，只用来表示位置，而在作为元素用来造型时它已经在视觉范围内被感知，当其与视觉范围内其他元素进行对比时又显得微小。

线，是装饰风格中最被广泛应用的形态。线分虚实、长短、粗细、曲直等，不同的线有不同的性格、不同的方向，不同的形态会给观者不一样的视觉体验和心理感受。

面，相较于点和线占据最大的比重，是线移动产生的轨迹，有长和宽，没有厚度。所以在装饰性画面中它的大小、方向、位置就显得尤为重要。面是有形状的，与点和线相比，面可以塑造画面，更具有冲击力，更容易在画面当中突出出来。面的形状具有可塑性，不同情况下的面可以拥有无数的形状，而这些形状往往决定了面的性格特征，方形给人稳定、有力、厚重感，圆形给人柔和、完整、动感，不规则的形状给人不安、多变、复杂感。

在二维动画中，几何图形元素频繁出现，以简单的几何图形为主体会给人单纯、强烈的感受。像动画作品《飞天小女警》，椭圆形的脑袋，简单的身体线条，简洁流畅，让人物造型具有强烈的个性。在动画《凯尔经的秘密》中，影片主人公们的形象设计类似于简笔画，半圆或圆形的脑壳，或修长或矮胖的身体线条，简洁流畅，表现力相当丰满的几何图形，让角色造型更有形式感，让人耳目一新。

2.3 禅绕画

禅绕画对很多人来说是个新名词，它被称为“来自美国的心灵画作”。禅绕画是一种全新的绘画方式，旨在通过轻松地涂画来使人进入一种冥想的状态，达到身心平和。禅绕画是一种线条艺术，在设定好的空间内用不断重复的基本图形来创作美丽图案。画出来的图案，有点类似最近流行的“秘密花园”填色书上图案的模样。盘曲缠绕的线条构成了禅绕画的基本纹样，多种多样的自由组合则构成了一幅完整的禅绕画。禅绕画的素材取自自然、取自生活，再加上人的无限想象力，可以无限地延伸，产生出各种各样的可能性。

3 二维动画《Secret Area》中装饰元素的运用

3.1 装饰元素美化造型

笔者认为把装饰元素与二维动画融合起来创作动画作品，会让二维动画片里的各种造型更加富有趣味性和感染力。

《Secret Area》中主要以禅绕画和几何图形元素为主，鱼的造型，采用鱼的基本形状梭形，在此基础上，加上一些圆形、长方形、不规则图形、直线和曲线进行自由组合，进行理想化的创造，鱼的中间部分给它添加一些机械式样的零件，会让角色造型更加富有趣味性且带有机械感。片中的乌龟在不改变它外貌形体的情况下，通过联想，乌龟的壳就是它的家，所以用多边形、三角形和半圆自由组合成房子当作它的龟壳，乌龟的头部、腿部、屋顶上加一些禅绕画图案，这样的组合方式会让造型更加引人注目。

在自然景物的造型上，树叶、房子、花、月亮、水、云、树等常见的大自然景物，都用最恰当的几何形状进行概括和加工，创造出现实生活中似曾相识但前所未见的新视觉事物。片中的房子由大大小小的长方形堆积而成，或半圆或三角形的屋顶，组合方式变换多端，非常态、不规则的房子造型会给人自由、灵活的感觉。再适当加一些禅绕画图案，会让整个房子细节更加丰富。月亮采用了不是满月时候的月牙形状，通过联想，给月亮带了一顶禅绕画绘制的帽子，然后在月牙形状上进行再创作，把它分成多个几何形，各自画上不同的禅绕画图案进行装饰，这样创作出来的月亮富有趣味性，且视觉效果非常明显。花的造型以圆形为主，半圆或三角形作为它的花瓣，这样会组合出各种各样的花卉装饰图案，几何图形的组合使花的造型形式更加丰富多变。

综上所述，装饰元素的合理运用，会使角色造型打破常规的约束，变得更加生动、丰富、灵活，而且更能吸引观者的注意。

3.2 装饰元素丰富画面

笔者觉得在动画画面中，禅绕画图案的点缀，会丰富角色造型的细节。几何图形元素变化多端的组合、叠加、拼贴会产生新的图形及新的视觉效果，然后按照一定的秩序合理布局，组合在一个画面中，会丰富动画画面。

如《Secret Area》中的场景1，以半圆、扇形、长方形和不规则图形通过联想组合成一座桥梁，每个几何图形上面都绘制了禅绕画图案丰富细节，不规则形的桥梁图形会显得生动、自然。在装饰艺术中，“黑”不是黑颜色，而是指在空间中占据的实体形象；“白”也不是指白颜色，而是虚空间。用“白”来表现空间，并决定实体的构成；用黑颜色去布白颜色，实体的占据影响空间的构图。所以黑白颜色构成的几何图形往往更容易吸引眼球。桥梁上面的每个图形用黑白两色进行装饰，黑白的对比和变化会让画面显得丰富，视觉效果也更加强烈。接下来，在桥上用圆形、半圆、四边形组合成不同的花卉形状排成一列，给人一种条理化、秩序化的感觉。

如场景2，其中占据画面的两个主要元素，它们的原形是自己闲暇时候用禅绕的方式手绘的孔雀和恐龙的造型。通过裁剪选取它们的一部分摆放在画面中。为避免平均对待，以孔雀的部分为主，恐龙的部分为辅。然后再对次要元素进行补充，添加一些装饰花卉造型，使得画面构图主次分明，统一协调。背景以水的形状为主，片中水的外形以浮世绘艺术中的水为基本纹样，由各种几何曲线组合出水的形状，几何曲线巧妙地组合在一起会给人温和而有弹性、优雅而有节奏的感觉。水是一种不规则的几何图形，让它虚实有层次地排列在画面中，水错落有致的运动会让画面更加有节奏、有韵律、有层次感。几何图形元素没有严格限定地摆放在画面里，加上黑白两色的对比、水的虚实结合，使画面更加富有层次感和空间感。

4 结 语

装饰性艺术表现方式多种多样，其装饰元素的种类繁多。在目前自己的毕业设计中，主要以禅绕画、几何图形装饰元素为主，用几何图形有条理地组合创造了一些角色造型，加上禅绕画图案的点缀，组合出一些极具装饰效果的场景，虽然画得不是很到位，但是联想的角色和场景还是比较富有装饰意味的，装饰艺术的感觉也在一点点积累。装饰元素在二维动画中的作用还是很大的，不仅能夸张塑造角色造型，还能美化各个画面，让人耳目一新。当今时代，人们已经进入了快节奏的时代，动画已成为我们生活中不可缺失的一部分，装饰图形的运用在这凸显时代特征的时代更是成为不可忽视的重要部分。在一大批艺术设计者不断联想创作的努力下，装饰图形的设计日益完善，成为一种独立的艺术形式，相信在不久的将来，装饰性艺术风格的二维动画将风靡全球。

参考文献

[1] 刘英男. 二维动画美术设计中装饰性风格的应用研究[D]. 上海：上海大学，2015.

[2] 高清雪. 从《凯尔经的秘密》看装饰性风格在动画造型中的运用[J]. 吉林艺术学院学报，2015(5).

[3] 马辉. 装饰图案在景观设计中的应用[D]. 杨凌：西北农林科技大学，2014.

[4] 冯炜.《凯兰书卷》装饰风格探索[J]. 中国出版，2012(12).

[5] 宝克孝. 风景装饰艺术设计[M]. 北京：人民美术出版社，2009.

[6] 李厚清. 论图案在服装设计中的装饰性特征[D]. 苏州：苏州大学，2008.

[7] 刘文华. 剖析动画场景设计中装饰性风格的运用[J]. 神州旬刊，2014(9).

[8] 蔡咏梅.《海洋之歌》场景中的装饰性风格运用研究[J]. 北京印刷学院学报，2016(1).

[9] 邹柳笛. 浅谈装饰性元素在动画场景设计中的艺术渲染力[J]. 电影评介，2014(18).

家用电动工具设计

学生姓名：立　鹏　指导教师：陆　泉
南通大学艺术学院，工业设计专业，学号：1221062016

【摘　要】随着经济的发展与繁荣，人们更加注重生活的品质。如今，人们更乐意自己动手装点家园，自己做一些木工活，或做一些 DIY 的工作。而电动工具作为人们动手工作必不可少的帮手，逐渐从工地进入普通家庭。通过研究家庭用户对电动工具的需求，依据工业设计系统设计观，分析现有电钻的功能、形态与相关技术，创新设计一款简单易用、多功能、安全可靠、适用于不同环境且造型美观的智能电动工具，满足家庭用户的需求。

【关键词】智能；简单易用；多功能

1　课题背景研究

1.1　课题背景

随着经济的发展与繁荣，人们更加注重生活的品质。如今，人们更乐意自己动手装点家园，自己做一些木工活，做一些 DIY 的工作。而电动工具作为人们动手工作必不可少的帮手，逐渐从工地进入普通家庭。与工地上高强度的工作不同，普通家庭用户所做的工作一般强度较低，所以工地上的工人对于电动工具的需求是高性能、安全、可靠，而普通家庭用户对于电动工具的需求则是操作简单、轻便、多功能，能够很方便地完成各种类型的工作。目前市场上已经出现了为家庭用户设计的电动工具，但是这些产品一般都是将工地上的专业工具简单修改，降低功率，功能仍然单一，造型不美观，并没有真正解决普通家庭用户对于该产品的需求。本次设计深入研究普通家庭用户的需求，采用较为成熟的相关技术，力求设计出一款简单易用、功能多样、安全可靠、造型美观的家用电动工具。

2　设计研究

2.1　家用电动工具定义

家用电动工具是能够满足普通家庭用户需求，简单易用、功能多样、造型美观的智能产品。设计这款家用电动工具，主要深入研究普通家庭用户对该产品的功能需求与审美需求，以及在使用电动工具时所遇到的困难，帮助家庭用户解决这些问题。

2.2　家庭用户对电动工具的需求

普通家庭用户在使用电动工具时，进行的都是一些低强度的工作，如钻孔、木工活或其他 DIY 的工作，他们对电动工具的性能没有太大要求，不需要高性能，他们更希望电钻用起来更加简单，不需要花大量时间来学习。家用电动工具一般都操作简单，机身上的按钮不多，用户的学习成本较低。普通家庭用户使用电动工具干活，可能做木工活，也可能做其他类型的 DIY 工作，或者安装家具等，这时对电动工具的功能要求便会增加，所以家用电动工具的功能一定是多样的。

2.3　国内外发展现状

国外家用电动工具发展较早，20 世纪 70 年代以来，家用电动工具在国外得到大力发展。以欧洲和美国为例，这些西方国家的家庭历来就有自己动手制造家具与装点家园的传统，所以对家用电动工具有着较高的需求。随着生产技术的不断发展，以及消费者需求的提高，国外相关公司纷纷研发适用于家庭用户的电动工具，也推出了一些较为优秀的产品。近年来随着中国经济的高速发展，尤其是房地产以及制造业的繁荣，对专业电动工具的需求较大，国内电动工具市场也是持续稳定高速增长。国内电动工具制造企业虽然意识到家庭用户对电动工具的需求，但是重视程度不够，只是将专业的电动工具降低功率简单修改，几乎没有研究用户，没有针对家庭用户的需求进行设计，目前并没有优秀的家用电动工具出现。

3 设计实践

3.1 设计定位

为普通家庭用户设计的家用电动工具，第一，简单易用，不需要过多的学习成本，能够帮助用户轻松完成任务；第二，功能多样，能够完成不同的工作任务；第三，适应不同的工作环境；第四，造型时尚美观。在设计时，不仅要考虑到用户的功能需求，如钻垂直孔、控制钻孔深度等，也要考虑用户的审美需求。

3.2 设计创新

为了满足家庭用户的各项需求，本次设计采用了传感器与可视化的显示屏，使主要数据可视化。可视化的数据有钻速、扭矩、钻孔深度、旋转方向以及握持时的偏移角度，用户通过这块显示屏可以轻松获取各项数据，完成各类工作任务。考虑家庭用户在使用电动工具时可能处于不同的工作环境，如在较低处工作，本次设计了两种握持形态。很多家庭用户使用电动工具只是为了在墙面上打一个孔并且是一个垂直孔，但家庭用户不是专业的工人，很难完成这个工作。本次设计采用了加速度传感器与陀螺仪传感器，结合显示屏，用户通过显示屏上的角度坐标系可以很轻松地了解到目前的机身倾斜状态，当确认机身钻头垂直于墙面时，就可以打出一个垂直孔。家庭用户在做一些 DIY 的工作时，或许需要钻特定深度的孔，本次设计使用激光测距传感器，通过软件算法，可以获知目前的钻孔深度，用户可以在钻孔之前，设置深度，当钻到设置的深度时，电钻将自动停转。家庭用户在使用电动工具时，工作对象有很多，如墙面、木材、塑料等，不同的工作对象需要不同的扭矩与转速，本次设计针对不同的工作对象提供了多种工作模式，这些工作模式针对不同的工作对象提供了最合适的扭矩与转速，用户可以直接选择工作模式而不用调节扭矩与最高转速。

3.3 深入设计

本次设计在功能上主要着力解决四个问题。第一，不同环境下的使用问题；第二，在墙面上打垂直孔的问题；第三，钻孔深度的控制问题；第四，由于工作对象的不同需要调节不同的扭矩与转速的问题。而本次设计解决问题的思路是通过传感器技术与软件算法来解决，将数据可视化。为此设计增加了一块显示屏，并为此设计了一整套软件系统。第一，为了解决不同环境下的使用问题，共设计了两种握持状态，按住机身上的解锁按钮，360 度旋转机身，便可在两种握持方式中来回切换，如在低处作业，就可以切换为横式的状态。第二，在墙面打垂直孔，为了解决这个问题，本次设计采用了加速度传感器与陀螺仪传感器，通过这两个传感器可以精确算出机身与钻头的偏转角度，并且通过显示器与软件系统将偏转角度可视化，用户通过显示器上的角度坐标系来确认目前机身的倾斜状态，保持垂直状态即可打垂直孔。第三，控制钻孔的深度，本次设计采用了激光测距传感技术，已知数据与激光测距获得的数据经过软件算法计算，从而获得钻孔深度。将钻头与夹头的长度设为 a，激光测距获得的长度设为 b，钻孔深度设为 c，那么 $c=a-b$。用户在使用过程中，只需提前设置好深度，当钻孔深度达到预设深度时，电钻将自动停转。第四，不同的工作对象需要不同的扭矩与转速，如在水泥墙面上钻孔与在木材上钻孔需要的扭矩与转速并不相同，本次设计提供了多种工作模式，分别为自由模式与其他针对工作对象而设置的工作模式，如木工模式、墙面模式等。用户可以根据具体的工作对象，选择相对应的工作模式，不需要设置扭矩与转速。当然用户也可以根据情况，选择自由模式。

参考文献

[1] 董佳丽，滕鹏. 电动工具的工业设计要素与方法[J]. 机械工程师，2006(11)：22—25.

[2] 陆顺平，秦泳元. 电动工具发展概况和趋势[J]. 电动工具，2005(3)：1—6.

[3] 朱强，秦泳元. 人体工程学与电动工具[J]. 电动工具，2005(2)：1—10.

[4] 杨随先，沈显华. 电动工具的色彩设计分析与应用[J]. 机械设计与制造，2003(6)：117—119.

[5] 王毅，白晓波，熊大庆. 现代工业产品色彩研究与艺术设计[J]. 包装工程，2007(8)：189—191.

[6] 周美玉. 工业设计应用人类工程学[M]. 北京：中国轻工业出版社，2001.

[7] 阚志刚. 产品设计中的情感化因素[J]. 长春理工大学学报，2006(6)：75—77.

[8] 秦兆生. 人体工程技术与工具设计[J]. 电动工具，2002(2)：5—8.

[9] 唐纳德・A. 诺曼. 设计心理学[M]. 梅琼，译. 北京：中信出版社，2003.

[10] 张宇红. 人机工程与工业设计[M]. 北京：中国水利水电出版社，2011.

基于轨迹分析的既定路线公路车辆监控方法研究

学生姓名：王　姝　指导教师：周　侗

南通大学地理科学学院，地理信息系统专业，学号：1222062006

【摘　要】依据现有车辆轨迹数据的探索性分析结果，构建了一种基于车辆轨迹时空数据的车辆监控模型，模型可以对车辆进行实时、动态地监控预警，筛选出行驶异常的车辆。通过现有的多类型的轨迹数据对模型进行测试，验证了该模型的可行性及实效性。并在此基础上针对车辆非正常停滞情况，提出了可恢复车辆监控状态的模型优化方案，以完善模型在监控系统中的应用模式。

【关键词】车辆监控系统；车辆轨迹分析；车辆监控模型；监控方案

1　绪　论

近年来，伴随着世界经济的快速发展，交通运输已经成为社会经济生活中的重要组成部分，智能交通系统(ITS)应运而生并得到迅速发展，车辆监控系统作为ITS的一个重要组成部分也受到了人们越来越多的重视。

近年来，我国公路物流网络平台企业积极实践，基于公路信息化、网络化、集约化的车辆监控系统已经得到良好的发展，运用于诸多领域，但其系统功能还存在不足，不够健全。目前国内公路物流车辆的实时监控，主要通过GPS、北斗等定位系统获取车辆行驶过程中的状态数据，通过监控中心的管理系统进行可视化操作。现在大多数的监控平台只是将获取的车辆轨迹数据进行记录，用来进行简单的轨迹回放、行驶记录查询等工作，对于超速、偏航、疲劳驾驶等问题的监控工作，只是通过人工的判断来实现，并没有基于轨迹的时间、空间数据展开分析，从而缺乏对车辆监控的实时性，使得车辆行驶途中产生安全隐患的问题较为突出。

本文基于车辆轨迹数据，分析研究车辆行驶规律，基于规律构建一种车辆监控模型，并依据模型提出一种监控方案，对车辆进行实时、动态地监控，筛选出异常行驶的车辆，保障车辆正常行驶，提高车辆在途运输的安全性，并为企业带来更多的利益。

2　车辆监控系统与轨迹分析

2.1　车辆监控系统及其构成

车辆监控系统是ITS的重要组成部分，可实现对车辆行驶过程的全程定位监控、调度管理，保障车辆在途运输的安全，又可方便车辆调度管理人员掌控车辆的在途信息，实现管理人员指挥调度，提升车辆管理效率。车辆监控系统由车载终端、通信系统、监控中心三大部分构成。

2.2　轨迹分析与车辆监控

2.2.1　车辆轨迹概述

轨迹是移动实体运动目标、运动方式以及环境因素综合作用的结果，它具有极大的研究价值，目前有一批基于轨迹的位置服务，如导航、智能定位等。车辆轨迹是轨迹数据挖掘中的重要研究对象，它的获取和采集较容易。

2.2.2 车辆轨迹分析的价值体现

鉴于车辆轨迹数据的研究价值，基于它的研究与分析在构建监控模型及完善车辆监控系统中发挥着巨大的作用，车辆轨迹分析主要体现以下两个价值。

(1) 车辆轨迹具有大量潜在的价值信息，挖掘轨迹中蕴含的信息，发现其共同规律，将其研究结果进行深化，可以构建出一些新的监控模型、服务方式，从而实现对现有车辆监控系统的优化和功能完善，将其不断推向智能化、智慧化。

(2) 车辆轨迹是一种时空数据，不同的公路车辆轨迹在时间和空间维度上既存在着相似的规律，也存在着不同的地方，通过对它们的分析、统计，能够获得准确有效的车辆行驶时空规律[1]。针对实时的、动态的、连续的时空数据进行专门的分析，研究它们在时空上所蕴含的规律，挖掘出它们所隐含的车辆行驶模式，可实现对车辆未来行驶情况的预测，做到实时地监控预警。

3 基于车辆轨迹分析的监控模型构建

3.1 车辆轨迹分析方法

本研究使用的数据分析方法主要是探索性数据分析，它是将观察、调研所得到的一些杂乱无章的原始数据，在尽可能少的先验假定下处理分析，通过制表、作图、计算特征量、方程拟合等手段，探索数据蕴含的潜在规律和其结构的一种数据分析方法。相比于传统分析方法，探索性数据分析能根据数据的特点和研究目的来选择最合适的方法去研究数据内在的信息，具有灵活性，简单方便，普及性强。

3.2 车辆轨迹数据探索分析

3.2.1 实验数据获取

本文车辆轨迹数据是从相关企业监控中心获取的南通某长途旅客车行驶数据，共包括2015年9～11月三个月的定位数据，获取的原始文本数据记录包括编号、行驶状态、时间、速度、纬度、经度、里程、高程等信息。以此为基础，对数据进行预处理、统计计算等操作。

3.2.2 轨迹数据处理过程

(1) 车辆轨迹筛选。首先将获取的车辆轨迹原始数据通过 ArcGIS 软件转换为矢量数据，然后对路线轨迹进行分析，删除不合理或错误路线，最终筛选出合理的既定路线轨迹。

(2) 车辆路线弧段划分。为了得到轨迹在不同环境下更为精确的时空规律，将轨迹分为若干弧段，即在起点与终点之间选取若干节点，分弧段研究。以经纬度坐标为基础，依据车辆行驶路况和分段后每个弧段合理的行驶时间，通过探索性分析，可获取该路线运行车辆的正常运动节点，并将轨迹路线划分为若干个弧段。

(3) 统计计算各弧段车辆行驶时间。对弧段划分后的轨迹数据运用探索性数据分析方法剔除不合理的弧段行驶时间值，保留合理值，然后作出行驶时间频数分布直方图进行统计，总结出各弧段的行驶时间范围数据。

3.3 车辆监控模型构建

3.3.1 车辆监控模型概述

基于车辆轨迹数据的分析，在此提出一种车辆监控模型，即时空缓冲区模型，如附图所示。本模型的构建中，根据探索分析得到的轨迹时间规律，形成时间缓冲区，结合现有的空间缓冲区，既能够判断车辆是否在未通知监控中心的情况下，超出了规定路线范围，又能判断车辆在路况正常的情况下，是否按正常的时间节点进行行驶。

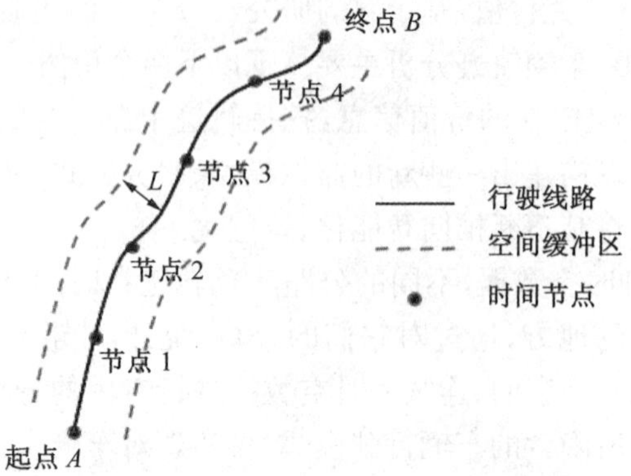

附图　时空缓冲区车辆监控模型示意图

3.3.2　车辆监控模型参数探究

对于时空缓冲区模型而言，涉及的主要参数包括：空间缓冲扩展距离 L、时间节点数量 N、弧段行驶时间范围 H、时间阈值 h、弧段平均行驶速度 $\boldsymbol{v}$、距离阈值 s。

(1) 空间缓冲区扩展距离 L。此参数控制了车辆偏移预定路线的阈值，车辆行驶超出空间缓冲区，又事先未和监控中心进行沟通，则系统判定属于空间越界状态。

(2) 时间节点数量 N。此参数决定了车辆轨迹自动预警监控方法的时间精度。

(3) 弧段行驶时间范围 H。该参数表明车辆在相应弧段内的行驶时间，它决定了车辆的运行状态，该参数是计算时间阈值和距离阈值的数据基础。

(4) 时间阈值 h。该参数是依据弧段行驶时间范围而确定的值，它为车辆行驶时发生突发状况提供了时间伸缩的可能。

(5) 弧段平均行驶速度 $\boldsymbol{v}$。弧段平均行驶速度 $\boldsymbol{v}$ 由各弧段每天行驶平均速度计算平均值求得，它反映了弧段内车辆行驶的状态，是计算距离阈值 s 的数据依据。

(6) 距离阈值 s。该参数是由时间阈值 h 和弧段内平均速度 $\boldsymbol{v}$ 决定的。距离阈值为行驶的里程提供伸缩的可能，以适应突发情况。

3.3.3　模型监控过程设计

(1) 实时获取车辆的行驶轨迹点数据，数据包含轨迹点的经纬度坐标(x_1, y_1)及定位时间 h_1。

(2) 模型将会逐点对轨迹进行分析，根据经纬度坐标(x_1, y_1)判断出该时刻车辆所在弧段，然后根据判断得出的弧段数确定弧段的经纬度坐标(x_0, y_0)、弧段平均行驶速度 $\boldsymbol{v}_0$ 及车辆经过弧段起点时的时间 h_0。

(3) 利用弧段平均行驶速度 $\boldsymbol{v}_0$ 和车辆在该弧段的行驶时间计算出车辆理论行驶距离 TS。

(4) 依据各轨迹点的经纬度坐标累积计算从弧段起点(x_0, y_0)至轨迹点(x_1, y_1)之间的距离，作为车辆实际行驶距离 S。

(5) 与车辆理论行驶范围$(TS-S, TS+S)$比较，判断车辆是否按时行驶到指定区，从而决定车辆行驶至该轨迹点时是否发出警报。

4　车辆监控模型的应用测试

本文实现测试算法利用的编译器是 Microsoft　Visual Studio 2010 旗舰版，并配置 ArcGIS Engine 开发引擎，编写出程序供后续实验使用。

本文使用 ArcGIS Engine 将模型程序化是因为它拥有一套完备的嵌入式 GIS 组件库和工具库，能提供比较高级的可视化控件，利用它可以在现有的 GIS 软件中增加所需功能，也可以创建一个全新的地图应用程序，适合开发处理轨迹数据这样的 GIS 数据的应用程序。

4.1　模型程序化实现

(1) 变量定义和自定义数据结构。本文模型实现程序定义了三种数据结构，TPoint(车辆行驶轨迹点)、Arc(弧段)、Distance(车辆行驶范围)。变量定义部分主要任务是将程序所需的主体变量定义并初始化。在程序实现过程中，为减少内存消耗，需要反复调试修改程序，减少变量的使用数量。

(2) 获取图层数据。获取轨迹图层数据的功能是处理轨迹数据的前提，继而获取轨迹的属性数据进行处理。如果轨迹图层数据获取成功，使用的 ILayer 类型的变量将会被赋值，如果图层读取失败，ILayer 类型的变量将为空，MessageBox 消息框提示变量为空并终止程序。

(3) 图层数据处理。轨迹数据图层处理的主要功能是判断车辆的实际行驶距离是否在理论行驶距离范围内，并将判断结果写入图层属性表"状态"字段中。该过程包含图层类型接口转换、获取图层属性表、判断轨迹点所属弧段、获取相应弧段信息、获取相应弧段起点信息、计算车辆理论行驶距离范围、计算车辆实际行驶距离及理论和实际距离对比分析等子过程。

4.2　模型可行性测试

4.2.1　模型对长途车辆监控模拟测试

将 2015 年 12 月的车辆轨迹数据导入应用程序，运行程序，模型对车辆行驶状态进行越界判断。观察模拟监控结果并结合车辆实际行驶速度信息，发现越界区域多出现在车辆速度为 0 的情况。由于车辆的实际行驶距离 S 和理论行驶距离 TS 都是以各弧段起始点为基础点累计计算的，当弧段内出现多处速度为 0 的情况时，弧段后期的 S 将会小于 TS，若小于的距离值大于弧段的距离阈值 s，系统则判断车辆越界，且若之后车辆不能及时调整行驶状态的话，越界的情况将持续到弧段行程行驶完成。所以轨迹出现越界的区域与车辆行驶实际情况基本一致，表明此监控模型对长途车辆行驶轨迹的监控是有效的，具有应用意义。

4.2.2　模型对短途车辆监控模拟测试

将 2016 年 1 月的车辆轨迹数据导入应用程序，运行程序，模型对车辆行驶状态进行越界判断。观察模拟监控结果发现，越界情况在各弧段都有分布，且越界连续长时间段出现的情况较少。结合轨迹数据的速度信息分析后，发现越界区域出现速度为 0 的情况，这点与长途车辆轨迹监控结果分析一致。且由于短途车辆行驶轨迹较短，对其进行轨迹弧段划分的结果较长途车轨迹弧段划分的结果更为精细，从而提高了时间精度，增强了各参数的准确度，使得因为累积计算而导致的 TS 与 S 的距离差不再长时间积累，模型对越界情况的判断也更加准确。由此可以得到结论，此模型对短途车辆行驶轨迹的监控是有效的，且相比于长途车辆,对短途车辆监控效果更佳。

4.2.3 模型对高速路段监控模拟测试

对高速路段占比不同的既定路线车辆轨迹进行模拟监控,分析高速路段对模型监控效果的影响程度。测试方法:获取高速占比不同的车辆轨迹数据,将其导入应用程序进行模拟监控,然后依据监控结果计算轨迹路线中高速路段所占比例,通过电话回访统计计算监控模型对轨迹越界状态判断的正确率。结合高速占比和越界判断正确率信息分析发现,高速路段在行驶路线中所占比例越高,监控模型对越界状态的判断正确率越高,误判率越低,高速占比与误报率成反比。因此,本模型对高速占比越高的既定路线的监控效果越好。

4.3 模型优化方案

结合长途和短途车辆的模拟监控结果可以发现,当某弧段内出现越界情况时,模型的监控效率就会有所降低,为了解决这一问题,提出了一种模型优化方案。优化方案的核心思想就是,当出现越界情况时,司机可以通过车载设备调用"一键恢复功能",或者是监控后台通过定时调用模型更新模块,实时更新弧段的起点及弧段对应的模型参数值,使非正常停滞一定时段后的车辆仍然可以采用本监控模型。

参考文献

[1] Li X. Prediction of urban human mobility using and large-scale taxi traces and its applications[J]. Frontiers of Computer Science, 2012, 6(1): 111—121.

智慧旅游提升旅游体验途径研究
——以南通市为例

学生姓名：倪荣鑫　指导教师：黄玉梅
南通大学地理科学学院，旅游管理专业，学号：1222052009

【摘　要】 从智慧景区、智慧酒店、智慧交通三方面分析南通智慧旅游发展现状，通过问卷调查了解智慧旅游手段对于提升旅游体验的重要程度，并有针对性地从政府、旅游企业及旅游者三个方面提出发展对策。

【关键词】 智慧旅游；旅游体验；南通

1　研究背景

2014 年被国家旅游局定为“智慧旅游年”，南通是 18 个国家首批智慧旅游试点城市之一。智慧旅游的发展充分考虑到了旅游者的旅游体验需求，注重以人为本，更好地满足旅游者的个性化需求，提升旅游者在旅游目的地的体验满意度。智慧旅游借助了智能化手段和技术来满足旅游者的个性化需求，使旅游者获得精神上的享受。

2　南通智慧旅游发展现状

目前我国各大城市都正在大力推动智慧旅游城市的建设，智慧旅游是行业内一个全新的旅游形态，它引起了很大的社会关注度[1]。本文通过实地考察及发放问卷，对南通智慧旅游发展情况进行总结。

2.1　智慧景区发展现状

目前南通景区智慧旅游发展程度可分为低端、中端和高端水平。低端智能技术包括网上订票、无线网覆盖；中端智能技术包括二维码语音讲解、互动体验；高端智能技术包括自助导游讲解、景区 APP 及客流量监控。本文根据目前各大景区智能化发展水平，归纳总结了南通景区智慧旅游发展现状。

(1) 基础智能技术全覆盖。

基础智能技术包括网上订票和无线网覆盖，本文根据实地调查发现南通景区除南通博物苑、苏中七战七捷纪念馆等免费开放景区外，其余均支持网上订票，并且 3A 级以上景区基本实现无线网覆盖。网上预定门票节省了旅游者传统购票排队的时间，不仅方便了游客，提升了旅游者的旅游体验，也给景区管理带来了很大的便利。景区基本实现无线网覆盖，这也提升了旅游者的旅游体验。

(2) 中高端智能技术有待提高。

南通景区中高端智能技术发展有所欠缺，一些景区几乎没有发展中高端智能技术，仅局限于基础智能技术。中高端智能技术设备是指采用声、光、电多媒体和各种无线终端技术，增加展示体验性的设备，如互动体验设备。景区 APP 能覆盖用户旅途中所需的各个方面，能为游客提供比较贴心的服务。这些中高端智能化手段对提升旅游者的旅游体验有非常重要的作用，而南通景区的中高端智能手段比较匮乏。

2.2 智慧酒店发展现状

本文根据对南通高星级酒店的实地考察及与酒店工作人员的交流，结合智慧酒店应具备的条件，分析目前南通酒店智慧旅游的开发现状。

(1) 具备无线网覆盖及网上订票功能。

南通高星级酒店均覆盖无线网，入住酒店的大多为商旅人士，这个群体对网络的需求率较高，全面覆盖无线网可提升旅游者的旅游体验。另外，南通高星级酒店也都支持网上预订，入住者可在第三方网站如携程、同程等上预定房间，到店时直接将验证码给前台即可办理入住手续。

(2) 智能入住、导航、门禁系统发展有所欠缺。

根据对南通酒店实地调研发现，其智能入住、导航、门禁系统发展有所欠缺。智能入住系统的功能是客人抵达酒店后，将身份证放在自助终端机上，即可获取房卡，64.47%的旅游者认为智能入住系统对提升旅游体验非常重要。智能导航系统的功能是房卡具有客房导航功能，使客人沿着发亮的箭头找到房间，61.42%的旅游者认为智能导航系统对提升旅游体验非常重要。智能门禁系统的功能是在房客不便应答的时候若有人按门铃，房客可通过电视屏幕观看门外的图像，从而确定以什么形象去开门，58.38%的旅游者认为智能门禁系统对提升旅游体验非常重要。

2.3 智慧交通发展现状

智慧旅游中涉及智慧交通，旅游者在旅游目的地出行过程中会体验当地的交通，本文研究了南通的公交、铁路、汽车等方面的智慧旅游发展情况，整理出南通智慧交通的发展现状。

(1) 智慧交通APP"畅行南通"普及程度较高。

智慧交通APP"畅行南通"公众服务平台已经成为许多南通市民便捷出行的必备软件，利用该APP在手机上可显示公交、路况、铁路等交通信息。作为"智慧南通"城市建设的重点项目之一，智慧交通"南通掌上公交"系统自2012年11月6日开通以来共有13.3万的用户安装了客户端软件。

(2) 运用自媒体平台为旅游者提供便利。

南通汽运公司推出了官方微信购票平台，乘客可在手机上查询出发地到目的地的汽车班次，选择所需班次进行购买。平台上还显示了旅客须知、购票流程、如何取票等内容，让乘客知晓相关信息。在每张汽车票的反面印有"巴士管家"APP的二维码及南通汽运官方微信购票平台的二维码，让更多的乘客了解并使用。

(3) 南通火车站智能设备优化。

随着动车时代的到来，南通火车站目前已启用了自助验票闸机和自动售取机，自助验票闸机能自动识别乘客车票并进行检票，为旅客提供快速通过服务；乘客通过网络、电话订了火车票之后，将二代身份证放在自动售取机上即可识别取票。这些都为乘客提供了便利，省去了在传统的窗口排队买票的时间，充分利用了计算机、网络、自动化等科技手段，提升了旅游者的旅游体验。

3 基于提升旅游体验途径的智慧旅游发展对策

3.1 政府层面

在智慧旅游的建设与运营过程中政府发挥着非常重要的作用，由于智慧旅游所涉及的是涵盖食、住、行、游、购、娱六大旅游要素的经济活动，因此政府要充分调动各方的积极性来促进智慧旅游的发展。

(1) 给予资金和政策支持。

由政府制定并发布智慧旅游建设规范，对智慧旅游的建设给予详细的内容指导及量化规范，从而使旅游业有针对性地实现技术转型升级，避免盲目建设。对于智慧旅游企业，政府可出台相应优惠政策，减轻其发展过程中的资金压力，更好地促进智慧旅游的发展。

(2) 引入产、学、研、用机制。

南通现有开设旅游管理专业的院校较多，比如南通大学、南通商贸职业学院、南通旅游中等专业学校等，政府可促进高校与地方开展形式多样的产、学、研、用合作项目，大力扶持校地合作设立的技术研究所、研究生工作站及联合研发中心，建立当地与学校合作的长期运行机制。

(3) 建立南通智慧旅游公共服务平台。

政府可建立南通智慧旅游公共服务平台，平台上应有涵盖南通的食、住、行、游、购、娱六大方面的详细信息。旅游者来到南通后登录南通智慧旅游公共服务平台后，即可了解南通旅游相关信息，该平台可将旅游景区、酒店、旅行社、交通等信息进行整合并反馈给游客，这样可使旅游者获得更加全面精细的旅游信息，更好地安排出游计划。

3.2 旅游企业层面

旅游企业需积极响应国家提出的旅游发展计划以及相关的政策方针，为企业自身营造发展智慧旅游的良好人文氛围及技术环境，增强旅游企业的市场竞争力[2]。

(1) 提升自身智慧旅游建设整体水平。

旅游企业要在智慧旅游发展的大背景下，加强自身建设，提升智慧旅游发展水平。问卷调查显示超过一半的旅游者认为上述智能化手段对提升旅游体验非常重要，并且旅游者普遍认为智慧交通对提升旅游体验的重要程度高于智慧酒店与智慧景区。因此旅游企业应从游客的旅游体验角度，提升智慧旅游的建设水平。

(2) 加快旅游信息化的融合发展。

智慧旅游即在互联网发展大背景下，借助移动终端设备，主动感知旅游资源，满足旅游者的个性化需求。因此南通旅游企业要搜集、传输及处理旅游相关信息，从而使游客方便快捷地掌握旅游所需的各方面信息[3]。

(3) 构建智慧旅游体验中心。

智慧旅游的发展会受到旅游者的年龄层次、受教育水平等多种因素的制约，这就限制了智能技术的推广[4]。旅游企业可设立智慧旅游体验中心，并配备专门的工作人员讲解如何使用移动终端及如何使用景区 APP 等。建立智慧旅游体验中心不仅可推广智慧旅游，而且也可提升旅游者的旅游体验。

3.3 旅游者层面

在智慧旅游发展的大背景下，旅游者的行为模式发生了改变，旅游者在旅途过程中有很高的灵活度，可不被出游前的旅游行程设计所限制，快速地变更行程安排，知晓旅游目的地的最新资讯[5]。因此旅游者要与时俱进,学会使用智能化手段来提升旅游体验。

(1) 主动融入智慧旅游体验。

出游前,旅游者可通过第三方网站如携程、同程等或者旅游目的地景区官方网站搜索相关信息,了解旅游目的地的景点、美食、购物等信息,可在网上进行门票的购买、酒店的预定等。在旅游过程中可借助移动终端设备体验智慧旅游的便利之处,比如可连接景区无线网进行上网;可下载景区 APP,更加详细地了解景区相关资讯及周边景点、美食等;也可通过扫描二维码收听景区的详细介绍,对景区有更深入的了解。

(2) 借助自媒体平台积极参与评价。

旅游者在出游后可在第三方网站如携程、同程上进行评价,将自己的所见、所闻、所感发布在上面,以供其他旅游者参考;也可在 QQ、微信、人人等社交软件上发表动态,将自己的游玩状态告诉好友,这些有利于促进智慧旅游的发展,能提升旅游者的旅游体验。

4 结　　语

本文从旅游体验的角度出发研究南通智慧旅游的发展现状,具体从智慧景区、智慧酒店及智慧交通三个方面展开,并通过发放调查问卷,研究智慧旅游中涉及的智能技术对提升旅游体验的重要程度。根据实地考察、发放调查问卷及与相关旅游企业工作人员交谈,总结出南通智慧旅游发展现状。

根据分析出的南通智慧旅游发展现状,本文从政府层面、旅游企业层面、旅游者层面提出了发展对策,具有一定的实践性。政府层面可给予资金和政策支持,引入产、学、研、用机制,建立南通智慧旅游公共服务平台;旅游企业层面可提高自身智慧旅游建设整体水平,构建智慧旅游体验中心;旅游者层面可利用智能技术进行智慧体验及借助自媒体平台发表智慧评价。提出发展对策的目的在于使南通的智慧旅游更好地服务于旅游者,提升游客的旅游体验。

参考文献

[1] 杨晓红.基于智慧城市建设的智慧旅游发展研究[J].东方企业文化,2014(2):168—169.
[2] 刘光荣.智慧旅游在旅游企业管理中的应用[J].长春教育学院学报,2015(9):12—14.
[3] 丁风芹.我国智慧旅游及发展对策研究[J].城市经济,2012(1):32—34.
[4] 李笑白.智慧旅游提升旅游体验途径的探讨[J].旅游管理研究,2015(2):59—61.
[5] 李云鹏,胡中州.旅游信息服务视阈下的智慧旅游概念探讨[J].旅游学刊,2014,29(5):106—115.

影响大学生学习效果的因素研究

学生姓名：蒋艳芳　指导教师：任雪梅

南通大学地理科学学院，地理科学(师范)专业，学号：1222012005

【摘　要】通过问卷调查发现影响大学生学习效果的主要因素是：学习场所、考试形式、教师的教学态度、备考状态、教师的教学水平和教学方式以及学校的教学设施。大学生对自己的学习效果评价较高，但大学生的课堂学习效果极为低下。总的来说，现在大学生的学习效果较好。最后还提出了提高大学生学习效果的措施。

【关键词】大学生；学习效果；影响因素

对于大学生学习效果影响要素的研讨，从 20 世纪 80 年代就已开展。大多数学者都把大学生的学习成绩作为权衡学习效果的重要指标[1]。关于什么是学习效果，大多数研究者都没有直接进行界定，一般认为是学习的产出(学习质量、成绩等)与学习的投入(学习时付出的功夫、精力、金钱等代价)之比。吴越发现影响大学生学习效果的主要因素是学习策略[2]；谢丽霞则认为是社会因素、高等教育负面因素、部分大学生自身存在的不足[3]。本文通过问卷调查进行分析和总结，最后得出影响大学生学习效果的主要要素，为提高大学生的学习效果提供依据。

1　研究方法

1.1　被试

通过发放问卷链接获得 450 份问卷，其中有效问卷为 433 份。男生 174 人，女生 259 人；大一 69 人，大二 98 人，大三 114 人，大四 152 人；文科类大学生 108 人，理科类大学生 159 人，工科类大学生 116 人，其他专业大学生 50 人。

1.2　研究工具

主要借助自行设计的《影响大学生学习效果的因素研究调查问卷》进行本课题的研究。其中问卷第一部分是影响大学生学习效果的因素，问卷第二部分是学习效果。

1.3　数据处理

回收有效问卷后，将有效问卷的所有具体数据录入 Excel 和 SPSS。本研究的所有数据都采用 Excel 及 SPSS 进行分析、统计、处理。

2　研究结果

2.1　问卷变量的描述性统计结果

根据表 1 可以发现：在 15 种学习情景中，绝大多数大学生都选择了 D 选项和 C 选项，即“多数正确”和“不确定”。问卷分为 5 种程度，以 3 为中间值。影响因素(内因)基本上得分在 3.0～3.8 之间，影响程度为中等到中等偏高水平。值得提出的是，谈恋爱的得分为 2.11，影响程度较低。

表1　影响因素(内因)统计结果

题号	题　目	A	B	C	D	E	平均分
1	你对目前所学的专业感兴趣。	32 (7.39%)	72 (16.63%)	82 (18.94%)	175 (40.42%)	72 (16.63%)	3.42
2	你有着明确的学习目标、学习动机。	29 (6.7%)	60 (13.86%)	117 (27.02%)	172 (39.72%)	55 (12.7%)	3.38
3	你有着良好的学习计划、时间安排。	38 (8.78%)	68 (15.7%)	148 (34.18%)	142 (32.79%)	37 (8.55%)	3.17
4	你有一套适合自己的学习方法。	25 (5.77%)	67 (15.47%)	140 (32.33%)	158 (36.49%)	43 (9.93%)	3.29
5	你从不逃课。	63 (14.55%)	69 (15.94%)	58 (13.39%)	126 (29.1%)	117 (27.02%)	3.38
6	你上课时基本上坐在前三排。	62 (14.32%)	93 (21.48%)	123 (28.41%)	95 (21.94%)	60 (13.86%)	3
7	上课时你基本上在认真听课、做笔记。	36 (8.31%)	91 (21.02%)	128 (29.56%)	139 (32.1%)	39 (9.01%)	3.12
8	你经常去上自习。	42 (9.7%)	74 (17.09%)	116 (26.79%)	122 (28.18%)	79 (18.24%)	3.28
9	你认为在图书馆或自习室上自习的学习效果比较好。	37 (8.55%)	35 (8.08%)	73 (16.86%)	134 (30.95%)	154 (35.57%)	3.77
10	你上自习时大多数时间都专心致志。	25 (5.77%)	68 (15.7%)	137 (31.64%)	157 (36.26%)	46 (10.62%)	3.3
11	你花很多时间在娱乐活动上，比如打游戏、看视频、看小说等。	52 (12.01%)	93 (21.48%)	132 (30.48%)	112 (25.87%)	44 (10.16%)	3.01
12	你花很多时间在谈恋爱(包括异地恋)。	198 (45.73%)	78 (18.01%)	89 (20.55%)	49 (11.32%)	19 (4.39%)	2.11
13	你总是认真复习，迎接考试。	24 (5.54%)	58 (13.39%)	111 (25.64%)	165 (38.11%)	75 (17.32%)	3.48
14	你认为考试内容可以很好地检验你的学习效果。	46 (10.62%)	88 (20.32%)	127 (29.33%)	123 (28.41%)	49 (11.32%)	3.09
15	你参加的考试形式多样，如开卷、闭卷、小论文、课堂展示等。	32 (7.39%)	45 (10.39%)	74 (17.09%)	125 (28.87%)	157 (36.26%)	3.76

注：A完全不正确；B不是很正确；C不确定；D多数正确；E完全正确。

表2是关于影响因素(外因)的统计结果，绝大多数人选择的是D选项和C选项，即“多数正确”和“不确定”。问卷分为5种程度，以3为中间值。我们发现，影响因素(外因)前4项得分在3.0～3.7之间，影响程度为中等到中等偏高水平。

表 2　影响因素(外因)统计结果

题号	题　目	A	B	C	D	E	平均分
1	你的很多老师都非常认真地对待教学。	21 (4.85%)	43 (9.93%)	85 (19.63%)	165 (38.11%)	119 (27.48%)	3.73
2	你的老师知识水平很高,授课方式新颖。	13 (3%)	68 (15.7%)	120 (27.71%)	173 (39.95%)	59 (13.63%)	3.45
3	你的学校或者学院的教学设施很完善,利于学习。	34 (7.85%)	71 (16.4%)	116 (26.79%)	156 (36.03%)	56 (12.93%)	3.3
4	你的学校或学院的学习氛围很好。	28 (6.47%)	72 (16.63%)	133 (30.72%)	149 (34.41%)	51 (11.78%)	3.28
5	你的家庭经济状况较富裕,让你没有后顾之忧地去学习。	88 (20.32%)	121 (27.94%)	105 (24.25%)	88 (20.32%)	31 (7.16%)	2.66

注: A 完全不正确;B 不是很正确;C 不确定;D 多数正确;E 完全正确。

图 1 为大学生自我评价学习效果,图 2 为大学生课堂知识吸收率,图 3 为大学生自习的效果,图 4 为大学生的学习成绩在本专业的排名。

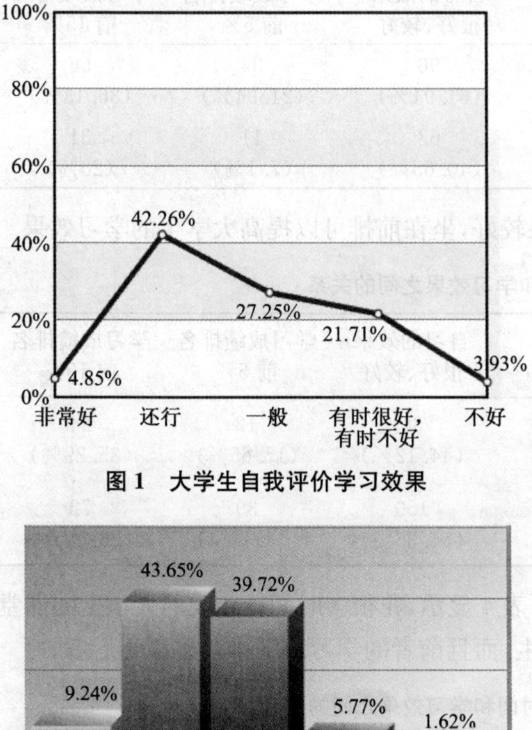

图 1　大学生自我评价学习效果

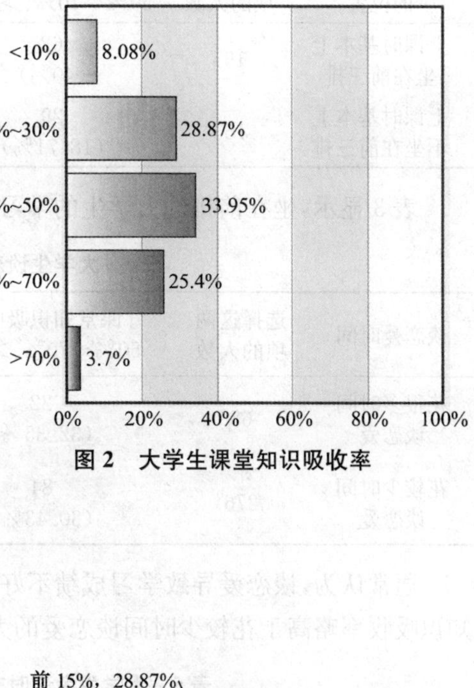

图 2　大学生课堂知识吸收率

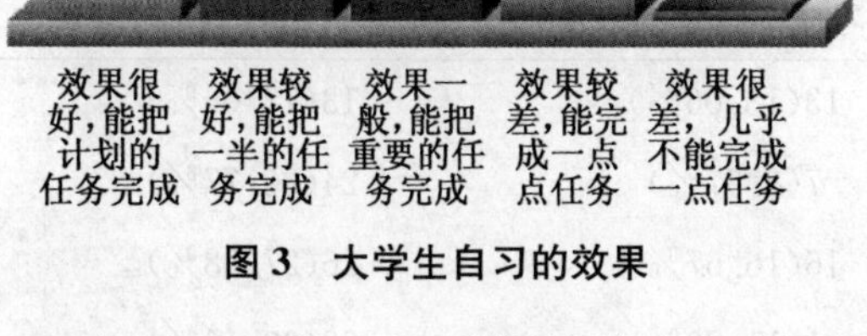

图 3　大学生自习的效果

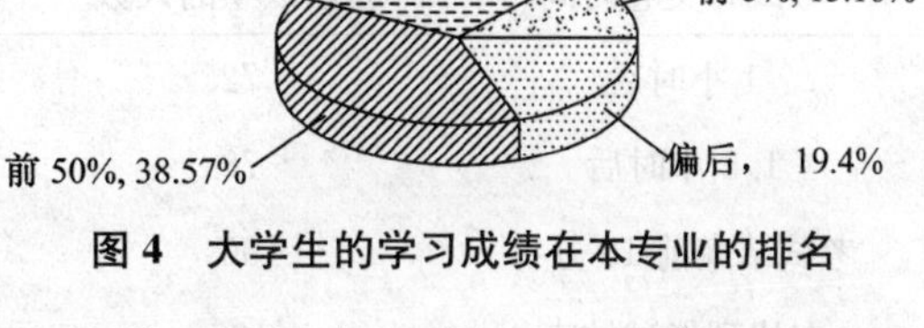

图 4　大学生的学习成绩在本专业的排名

由图 1 可见,42.26%的大学生自我评价自己的学习效果为“还行”,4.85%的自我评价为“非常好”。也就是说，当代大学生对自己的学习效果评价较高。由图2发现，大学生的课堂知识吸收率在70%以上的比例仅为3.7%，即大学生的课堂学习效果极为低下。由图3发现，大学生自习效果较好的比例明显高于大学生自习效果较低的比例，说明目前大学生的自习效果较好。由图4可见参与本次调查的大学生的学习成绩情况，比例占据第一位的是学习成绩位于专业前50%，占38.57%。

2.2 影响大学生学习效果的因素

本文将影响大学生学习效果的因素分为内因和外因，内因是由学习者本身决定的，外因则来自于学习者的学校、老师、家庭等方面。得分位于前三名的内因是：学习场所(3.77分)、考试形式(3.76分)、备考状态(3.48分)。得分位于前三名的外因是：教师的教学态度(3.73分)、教师的教学水平和教学方式(3.45分)、学校的教学设施(3.3分)。值得一提的是，家庭经济条件得分仅为2.66分，这就是说，家庭经济条件虽然会影响大学生的学习效果，但是影响程度较小。

2.3 各因素对大学生学习效果的作用

(1) 正面作用(表3～表5)。

表3 大学生上课坐的位置和学习效果之间的关系

上课时坐的位置	选择这两项的人数	课堂知识吸收率 50%～70%、>70%	自习的效果很好、较好	学习成绩排名前5%	学习成绩排名前15%
上课时基本上坐在前三排	155	62 (40%)	96 (61.94%)	34 (21.94%)	56 (36.13%)
上课时基本上不坐在前三排	155	29 (18.71%)	63 (40.65%)	11 (7.1%)	31 (20%)

表3显示，坐在前排的大学生的学习效果较好，坐在前排可以提高大学生的学习效果。

表4 大学生谈恋爱和学习效果之间的关系

谈恋爱时间	选择这两项的人数	课堂知识吸收率 50%～70%、>70%	自习的效果很好、较好	学习成绩排名前5%	学习成绩排名前15%
花很多时间谈恋爱	68	22 (32.35%)	30 (44.12%)	12 (17.65%)	24 (35.29%)
花较少时间谈恋爱	276	84 (30.43%)	150 (54.35%)	39 (14.13%)	72 (26.09%)

通常认为，谈恋爱导致学习成绩不好。可表4显示，花很多时间谈恋爱的大学生的课堂知识吸收率略高于花较少时间谈恋爱的大学生，而且前者的学习成绩排名也高于后者。

表5 大学生考试时交卷时间和学习效果之间的关系

考试时交卷时间	选择该项的人数	学习成绩排名前5%	学习成绩排名前15%
1小时后	72	13(18.06%)	13(18.06%)
1.5小时后	78	7(8.97%)	24(30.77%)
考试结束前15分钟	96	16(16.67%)	26(27.08%)
奋战到考试结束	187	21(11.23%)	62(33.16%)

表 5 显示,考试时交卷时间偏后(选择“考试结束前 15 分钟”和“奋战到考试结束”)的大学生,学习成绩排名比较靠前,学习效果较好。

(2) 负面作用(表 6)。

表 6　大学生娱乐活动时间和学习效果之间的关系

娱乐活动时间	选择这两项的人数	课堂知识吸收率 50%~70%、>70%	自习的效果很好、较好	学习成绩排名前 5%	学习成绩排名前 15%
娱乐活动时间较长	156	41(26.28%)	68(43.59%)	17(10.9%)	37(23.72%)
娱乐活动时间较短	145	46(31.72%)	81(55.86%)	24(16.55%)	49(33.79%)

表 6 显示,花很多时间在娱乐活动上的大学生的学习效果较差。因此,大量的娱乐活动对大学生的学习效果有着抑制作用。

3　提高大学生学习效果的方法

不逃课、上课时认真听讲、尽量去图书馆或自习室学习、上课时尽量坐在前排、交卷时间靠后、合理安排娱乐活动时间,将有利于提升大学生的学习效果。

4　结　论

影响大学生学习效果的主要因素是:学习场所(3.77 分)、考试形式(3.76 分)、教师的教学态度(3.73 分)、备考状态(3.48 分)、教师的教学水平和教学方式(3.45 分)及学校的教学设施(3.3 分)。总的来说,目前大学生的学习效果较好。

参 考 文 献

[1]　孙睿君.大学生学习成效的影响因素研究[J].国家教育行政学院学报,2012,9(7):65—71.

[2]　吴越.大学生学习策略、场认知方式、学习动机与学业成就关系的研究[J].理工高教研究,2005,24(3):71—73.

[3]　谢丽霞.大学新生学习低效的原因及对策[J].经济与社会发展,2006,4(3):206—208.

基于动态数据的校园停车评价与管理

学生姓名：徐汇晴　指导教师：施　佺
南通大学交通学院，交通工程专业，学号：1226032035

【摘　要】 利用校园智能交通系统中的机动车进出校园记录，从进出校园的机动车车流量、进出校园的潮汐现象、车辆在校内的停留时间等多角度进行研究，对校园机动车停放特性进行分析，提出改善校园停车管理的参考建议。

【关键词】 校园智能交通系统；数据挖掘；校园停车

1　引　言

近年来，高校的开放使之与社会间的联系日益密切，外来来访车辆数量不断增加，造成校内车流量剧增，机动车与行人的冲突，给校园带来了很大的安全隐患，校园内车辆停放的无序性、随意性破坏了高校应有的文明。以高校为背景的交通调查与研究，有利于及时发现校园交通存在的问题，调节校园停车供需平衡，改善校园停车环境，优化校园交通管理方案，实现校园环境的可持续发展，进一步营造良好的校园学习氛围[1]。

本文以南通大学启秀校区为研究对象，将从机动车停车位改进、校园机动车通行证管理、校园机动车停放管理等角度给出解决校园停车难问题的对策。

2　校园智能交通系统

启秀校区自2016年起试行校园智能交通系统，该系统融合图像存储技术、通信信号处理技术、自动识别技术及自动控制技术于一体，实现校园内的交通智能化管理[2]。经系统识别的车牌号为系统已登记车牌，识别后道闸自动起杆(或抬杆)放行，对于需要通行的校外车辆则通过人工放行。本文所用的数据起止日期为2016年1月1日至2016年4月20日。

3　校园机动车交通现状分析

启秀校区位于江苏省南通市市中心，校园面积狭小。整个校区在启秀路、南大街、青年中路、城山路的交叉区内，养老院路横跨南大街与城山路，分隔了启秀校区的南北区。

3.1　停车设施布局与停车方式

启秀校区南北区机动车停车均采用地面停车位设置形式，其优点是布局灵活、停车简单、管理方便，但是用地面积较大。停车位具体区域分布情况见图1及表1。另外，P9区作为停车位待规划区将在后文加以阐述。

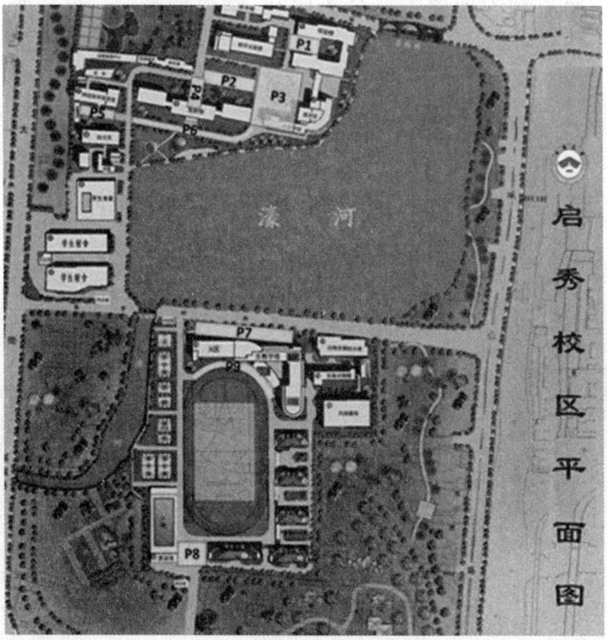

图 1　校园停车位分布

表 1　校园机动车停车设施详细列表

停车位区域		停车位数量/个	停车位设置方式
北区	P1	7	垂直式
	P2	12	平行式
	P3	43	垂直式
	P4	4	平行式
	P5	13	垂直式
	P6	24	平行式
	小计	103	
南区	P7	42	垂直式、斜放式
	P8	20	垂直式
	小计	62	
	合计	165	

3.2　校园交通使用者出行特征

校园交通使用者主要分为学生、校内教职工、外来来访者三类。调查显示，启秀校区内学生的出行方式以步行、自行车为主，校内教职工及来访人员以小汽车、电动车为主。受用地布局及校园道路设置的影响，和行人、非机动车流线相比，机动车出行流线相对显得更为单一固定，主要为各教学楼、实验楼群及校园主干道。

对校园智能交通系统中进出校园机动车车流量以周为单位进行统计，共 15 周，其中，春节假周进出校园车流量最少，约为正常学期周的三分之一。北区、南区正常学期周平均进校交通量为 5292 辆/周、3954 辆/周，北区校园内机动车交通流量比南区大。任选两周分别对南北区进出校园交通流潮汐现象进行分析研究,结果如图 2～图 5 所示。

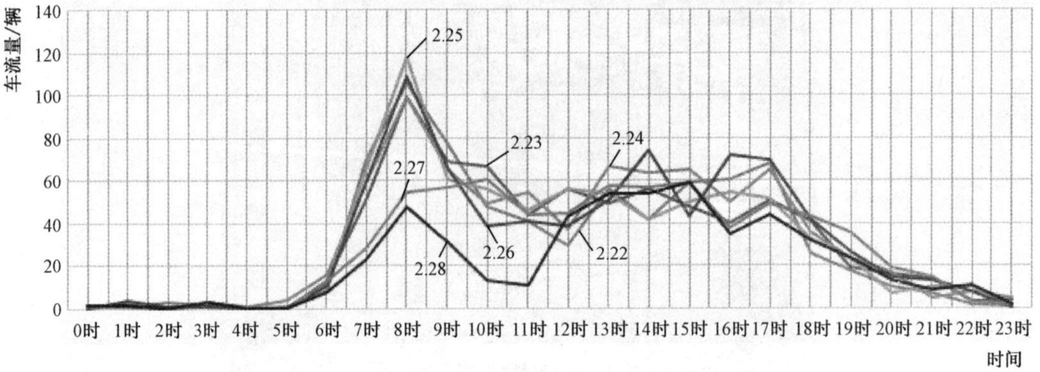

图 2　北区(2.22—2.28)车辆进校时间-流量分布

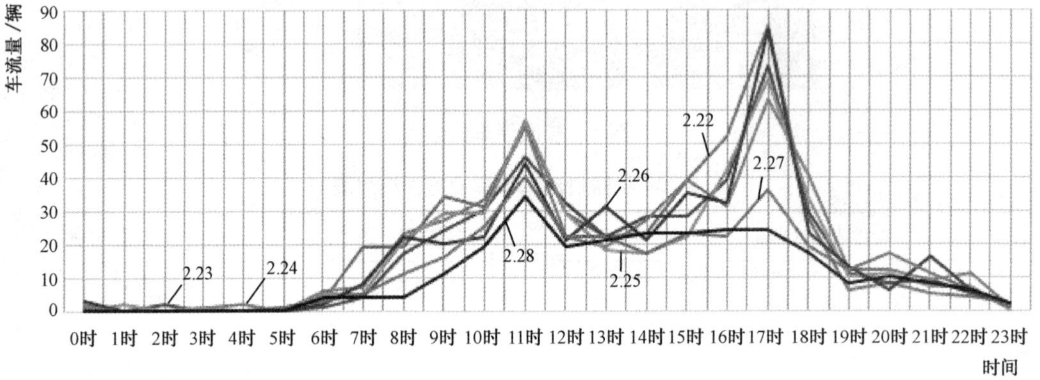

图 3　北区(2.22—2.28)车辆出校时间-流量分布

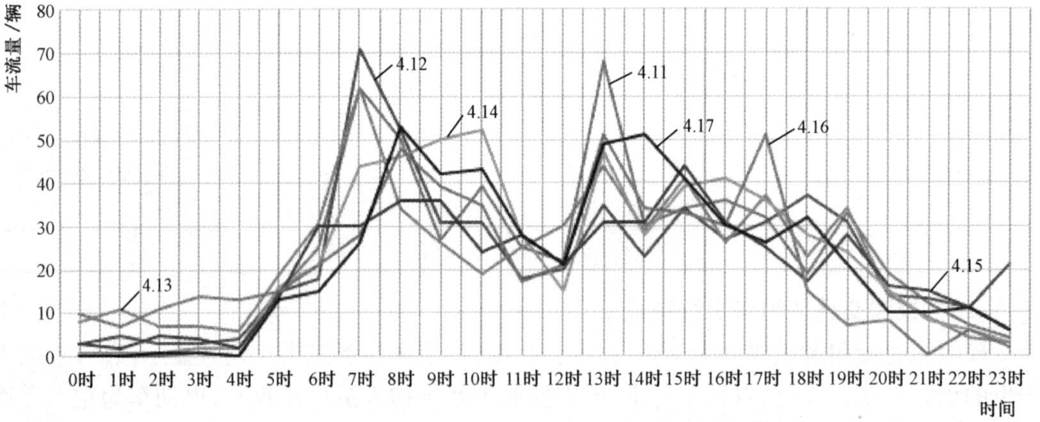

图 4　南区(4.11—4.17)车辆进校时间-流量分布

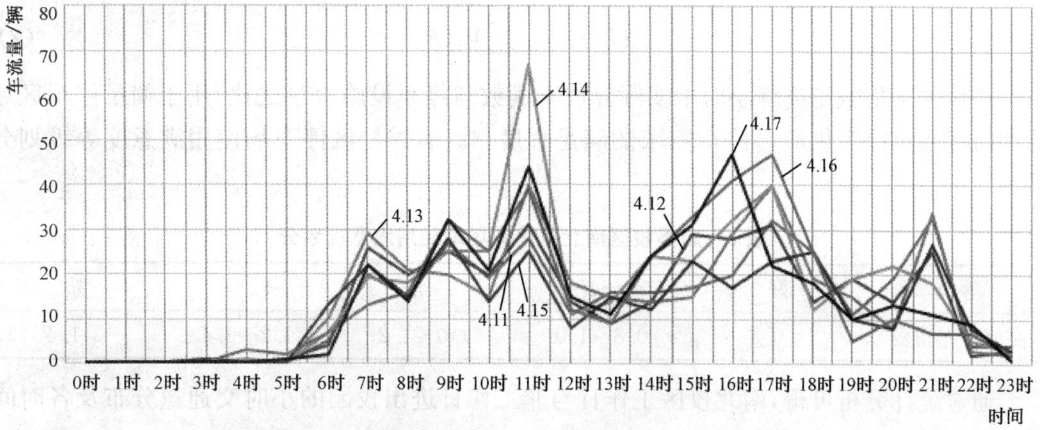

图5　南区(4.11—4.17)车辆出校时间-流量分布

南北区机动车进出校园高峰时间段如表2所示。南区在工作日车辆进出的高峰时间段与北区相似，但是非工作日中，南北区车辆进校高峰时间段差异明显。

表2　车辆进出校园高峰

	北区		南区	
	进校园	出校园	进校园	出校园
工作日	8：00—9：00	11：00—12：00 17：00—18：00	7：00—9：00	11：00—12：00 17：00—18：00
非工作日	8：00—9：00 13：00—16：00	11：00—12：00 17：00—18：00	14：00—15：00 17：00—18：00	11：00—12：00 17：00—18：00

3.3　校园机动车停车特征分析

3.3.1　校内车辆停放数量分析

在上述研究基础上，分别对南北区各选取工作日一天和非工作日一天对校内车辆停放数量进行分析研究。

由数据统计可知，启秀校区北区工作日车辆进出校的日交通量约为非工作日的1.89倍，南区进出校车流量工作日与非工作日之比约为1.17：1。其中，工作日北区进入校园的临时车占比约为14.54%，非工作日临时车占比约为19.23%，南区进入校园的临时车在工作日和非工作日中占比分别约为43.38%和65.70%。非工作日进入南北校区的临时车均比工作日进校的临时车占比多，其中南区周末临时车占比表征比工作日高出超过50个百分比。

北区机动车在0：00—6：00及22：00—0：00进出量保持平衡，忽略不计，小时交通量研究区间定为$T_1=[6:00, 22:00]$，同理，将南区的研究区间定为$T_2=[5:00, 22:00]$。整个研究区间$[0,T]$被分成n个等长度的时间段，$t\in(0,1,\cdots,T)$，则有$n\delta=T$，其中δ是一个时段的长度，$\delta=1\text{h}$，设时间段k进入停车区i($i=1$时为北区，$i=2$时为南区)的车辆数为$f_i(k)$，驶出停车区i的车辆数为$g_i(k)$，则时间段k校区内车辆净入量$V_i(k)$可表示为

$$V_i(k)=f_i(k)-g_i(k) \tag{1}$$

到时间段t(包含时间段t)为止，启秀校区北区或南区校内累计停放车辆数$U_i(t)$可表示为

$$U_i(t) = \sum_{k=1}^{t} V_i(k) \tag{2}$$

高峰停车指数是高峰小时中实际停放车辆数与停车设施容量之比，用于衡量停车区域的拥挤程度及停车供应对停车需求的满足程度[3]。启秀校区停车场使用满意度等级划分见表3。

表3 启秀校区南北区停车场地使用满意度划分

等级	好	较好	一般	较差	差
高峰停车指数	＜0.8	0.8～1.0	1.0～1.2	1.2～1.4	＞1.4

通过统计分析可得，南北校区工作日与非工作日进出校园的小时交通量分布及各时间段内校内累计停放量如图6～图9所示。

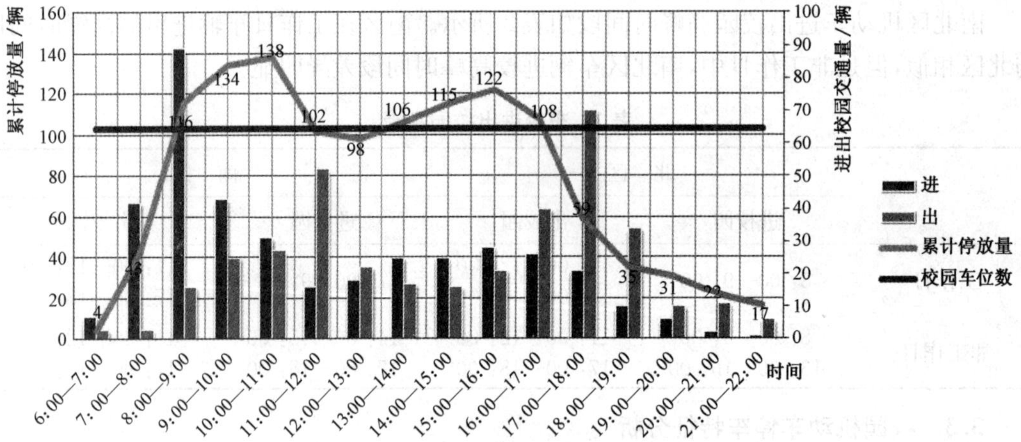

图6 北区工作日校内车辆累计停放分布

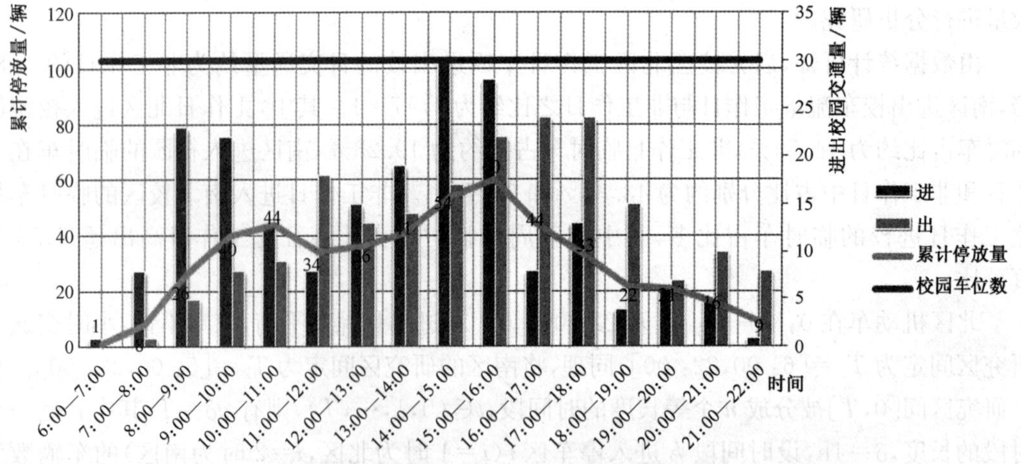

图7 北区非工作日校内车辆累计停放分布

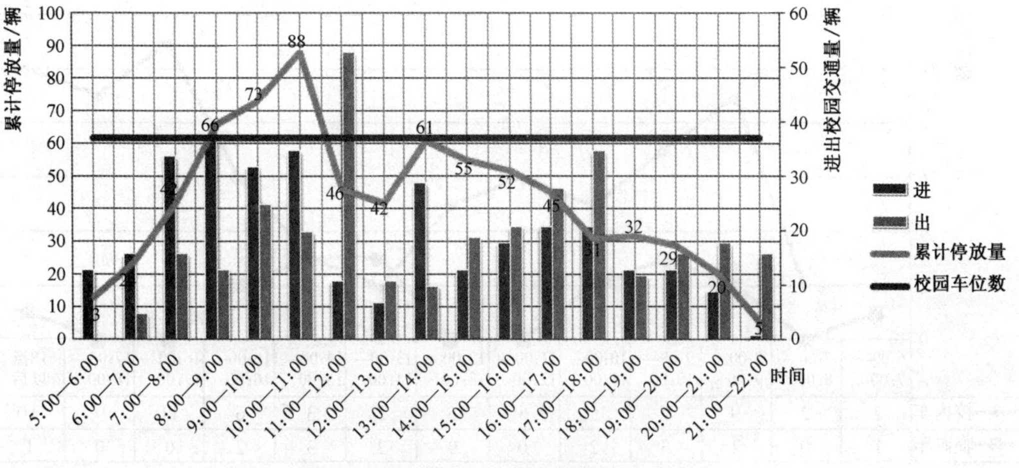

图 8　南区工作日校内车辆累计停放分布

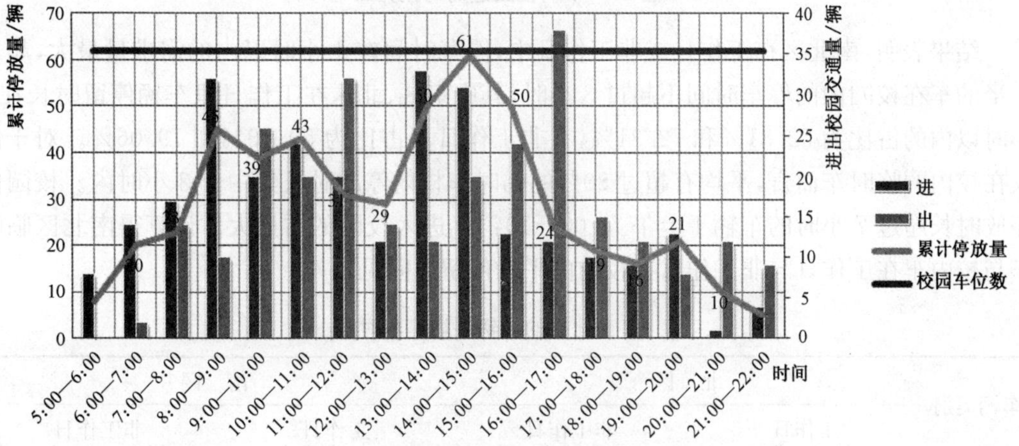

图 9　南区非工作日校内车辆累计停放分布

由图 6～图 9 知，10：00－11：00 为南北校区工作日校内车辆停放的高峰小时，上午 8：00—11：00 是校内停车位需求量较大的时间段，北区在 8：00—12：00、13：00—17：00 内，南区在 8：00—11：00 内，停车位供应无法满足停车需求。由于一部分车辆的驶出，中午 12：00—13：00 是校园车辆累计停放量过渡的低谷时间段。北区工作日高峰小时停车集中指数为 1.34，校内停车满意度等级为“较差”；南区工作日的高峰小时停车集中指数为 1.42，校内停车满意度等级为“差”。北区非工作日的高峰小时停车集中指数为 0.58，停车满意度等级为“好”；南区非工作日的高峰小时停车集中指数为 0.94，校内停车满意度等级为“较好”。非工作日中，南北区校园停车位供应都能较好地满足机动车的停放需求，但是在工作日中都出现了较为严重的停车位供应不足的问题。

3.3.2　校内车辆停放时长分析

假设某辆车在 t_1 时刻进入校园，t_2 时刻驶离校园，则 $\Delta t = t_2 - t_1$ 为该车辆在校内的停驻时间。将车辆从“北区北门进—北区南门出”或“北区南门进—北区北门出”或“南区北门进—南区南门出”或“南区南门进—南区北门出”的校内短暂停驻的交通行为称为校园过街。根据实际情况，本文对北区、南区过街设定阈值 4min 和 2.5min。在校园过街的车辆中，校内车比临时车数量平均高出 5 个百分点。车辆校内过街情况见图 10。

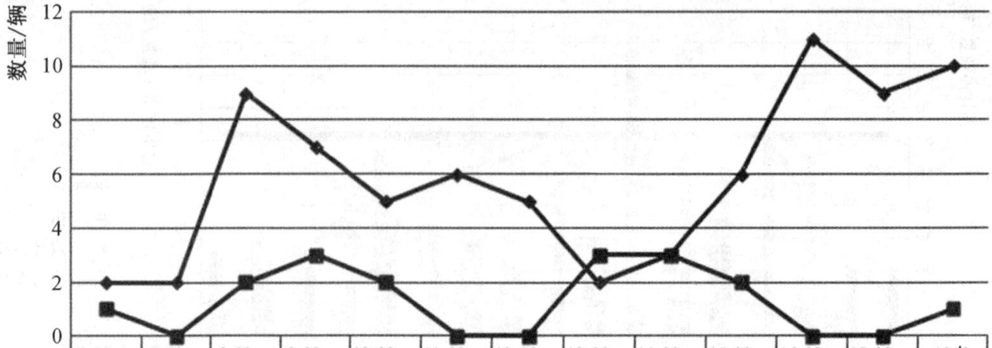

	6:00—7:00	7:00—8:00	8:00—9:00	9:00—10:00	10:00—11:00	11:00—12:00	12:00—13:00	13:00—14:00	14:00—15:00	15:00—16:00	16:00—17:00	17:00—18:00	18点以后
—◆—校内车	2	2	9	7	5	6	5	2	3	6	11	9	10
—■—临时车	1	0	2	3	2	0	0	3	3	2	0	0	1

图 10　车辆校园过街时刻分布

结果表明,南北区在工作日或非工作日中,停车时间在 1 小时以内的需求量最大,超过一半的车在校园内的停车时间不超过 3 小时,其中南区、北区在工作日里车辆停留时长在 3 小时以内的占比为 52.81%和 72.31%,在非工作日里占比为 59.13%和 79.06%。对于停放在校内的临时车而言,平均有超过 80%的临时车校内停放时长集中于 3 小时内。校园内停放时长超过 7 小时的车辆于上午 7：00－10：00 进入校园的占比大。计算得南北区临时车与校内车在工作日与非工作日在校内的平均停留时间见表 4。

表 4　南北区的车辆平均停车时间

车辆类别	北　区		南　区	
	工作日	非工作日	工作日	非工作日
临时车	1 小时 40 分 13 秒	2 小时 44 分 52 秒	1 小时 25 分 55 秒	1 小时 52 分 52 秒
校内车	4 小时 21 分 49 秒	3 小时 5 分 22 秒	3 小时 8 分 52 秒	1 小时 59 分 27 秒

校内过街的时间段集中在 8：00—9：00 及 16：00—17：00 这两个城市道路车流量密集的时间段,也即车辆进校、出校的高峰时间段。这种通行方式在一定程度上缓解了城市交通压力,但对于用地面积有限的启秀校区而言,校园停车位供应不足、路边违停现象严重等现状已经对校园交通环境产生了极大的影响。

4　校园机动车交通需求管理对策建议

停车位供给与需求相互作用原理表明,停车位需求相对稳定的情况下,停车位供给的满足程度越高,会引发越多的潜在停车位需求;但如果停车位供给水平过低,又不采取有效的管理措施,将会出现违章占道的停车现象。由于工作日中校内停车位需求远超停车位供应,校园内违停现象极为严重。本文提出以下的停车管理建议。

4.1　校内机动车停车位优化

对于目前校内的停车位需求与停车位供给不平衡的现状,制定停车位增改方案。

(1) 启秀校区北区：根据停车需求增设停车位。

在P1区域南侧增设与北侧对称的垂直式停车位7个，在P5区域南侧已画线区同侧向西增设4个垂直式停车位，在北侧神经科学实验室楼东侧增设5个垂直式停车位。P3区域为重点规划区，将综合楼前的非机动车停车区改为4个垂直式停车位，水池北侧划为3个平行式停车位，水池南侧增设垂直式、平行式停车位各2个，将老图书馆西侧区改为3个平行式机动车停车位。

（2）启秀校区南区：合理设置路侧停车方式。

在P7区域靠近南区北门进出通道处，自东侧绿地起向西依次增补10个垂直式停车位。将主教学楼北面东侧残疾人通道处的一停车位删减，在P9区域主教学楼前操场北侧的校园次干道上，增补平行式停车位10个，主教学楼南侧D区预留空间增设停车位8个。

4.2 校园交通需求管理

在城市交通中，交通需求管理是指运用各种经济、行政、法律、现代化信息技术等手段调整交通参与者对现有交通系统的需求行为。校园内的违停主要表现为与工作性质相关的随意停放，特点是停放时间不长、占用消防通道或校园道路，主要分布于各实验楼门前、食堂门前、行政楼前。校内机动车停车位管理优化方案如下。

（1）加强校内交通安全宣传，完善校内交通标识，明确校园机动车、非机动车停放区域，严格管制机动车与非机动车无序互占现象。

（2）根据校园用地属性及校园功能布局对机动车停车位分区（固定停放区、临时停放区、备用停放区）管理，引导车主停车。

（3）对于机动车停车位分时间管理，在校内停放需求高峰时间段内，加强人工管理。

增设停车位后，南区工作日与非工作日停放需求基本得到满足。在停车位供应仍无法满足停车位需求的时间段内易出现违停，管理人员应引导车辆到临时停放区或备用停放区安全停放。

（4）做好校内车流量激增情况下的停车引导预案。

开学日送学生的临时车多，车辆进校时间集中、停放时间短、主要在学生公寓附近停放，因此仅开放北区南门入口、南区南门作为进校通道，采用车辆校内单向流形式疏散车流，引导北区南门进入的车辆从北区北门出，南区南门进入的车辆从南区北门出，提高车流疏散效率。

（5）校园机动车通行证发放管理。

① 按对象分类，对校内教职工、在校学生采用绿色通行证；对校园合作商户、食堂个体户、校园商贩采用黄色通行证；对临时车辆发放红色通行证，采用以证换证的形式，即进校时凭机动车行驶证分别在北区北门入口或南区南门入口处换取入校的红色通行证，并做好该类车进出时间登记。

② 控制发放规模。经计算南北区临时车通行证上限控制分别为30个、20个。在工作日车辆进校园高峰时间段，对校外临时车实行严格的准入制度。其余时间段，在临时通行证发放完毕后对进校园临时车进行准入限制，不予放行。

（6）机动车校内停放收费管理。

机动车在校园的通行与停放，占用了极大的校内空间资源，启秀校区用地紧张，实行机动车停放收费政策有利于减少临时车在校内的停放时长、提高校内停车位的周转率。

（7）校园机动车停车位共享。

根据启秀校区特殊的用地性质,结合校内停车需求时变分析,南北区停车位在工作日的夜间、非工作日、寒暑假中停车位闲置率较高,在城市道路违停现象层出不穷的现状下,可对启秀校区实行校园停车位共享政策[4],对有停放需求的社会车辆发放特殊时段准停证,按日计费,既能缓解城市交通压力又能使校园停车位资源充分利用。

5 结 束 语

大学校园是城市的一个部分,大学校园交通问题是个系统问题。本文在校园智能交通系统数据记录的基础上进行数据分析,该系统目前属于试行阶段,在车牌识别、数据传输、数据存储方面存在一定的缺陷,这会对数据处理造成无法避免的误差。对于智能交通在校园的应用,应结合健全、科学的停车规范及严格的管理手段,才能真正体现智能校园的方便、快捷、高效,并展示出更好的校园形象。全校师生的共同参与及相关管理政策的落实,是校园交通安全、校园环境和谐的保障。

参 考 文 献

[1] Shang Huayan, Lin WenJi, Huang HaiJun. Empirical study of parking problem on university campus [J]. Journal of Transportation Systems Engineering and Information Technology, 2007, 7 (2): 135—140.

[2] 马亮,马健霄,颜桃为. 大学校园停车规划与管理研究[J]. 现代交通技术,2011,8(1): 76—82.

[3] Mohd Zulhanif Abd Razak. Toward a sustainable campus: comparison of the physical development planning of research university campus in Malaysia[J]. Journal of Sustainable Development, 2011(8): 210—211.

[4] 陈峻,谢凯. 中心城区高校停车泊位共享的动态分配模型及效果评价[J]. 中国公路学报,2015,11(11): 104—111.

山地城市道路交通安全预警与评价方法及其应用

学生姓名：柴 雪 指导教师：魏 明

南通大学交通学院，交通设备信息工程专业，学号：1226022007

【摘 要】 系统地研究了山地城市道路的交通事故产生机理，在剖析交通事故影响因素的基础上，构建山地城市道路交通安全的评价模型，并利用神经网络揭示影响因素之间的最佳耦合关系。将部分成果开发为软件系统并推广应用，研究成果具有重要的理论意义，同时还具有一定的实施价值。

【关键字】 山地城市道路交通安全；交通事故影响因素；BP 神经网络；评价系统

1 研究背景和意义

山地城市的面积占我国陆地总面积的百分之六七十，自然条件限制了其道路发展，其公路状况、道路横纵坡度和路面线形等条件往往较差，容易发生交通事故。因此，亟待寻求适用于山区道路交通流特性的交通事故产生机理及预警决策技术[1]。

目前，国内外众多学者、专家已经比较熟悉普通城市的道路交通事故影响因素机理，大多数采用结构方程、回归分析等数理统计方法从历史交通事故数据中挖掘它们之间的内在规律，但很少考虑交通流的载体——道路及外部环境的影响，故现有研究不适用于山地城市。

本文研究山地城市道路交通安全评价与预警方法，利用评价方法评估现有影响山地城市道路交通安全的因素关联性的优劣，在此基础上利用神经网络揭示影响因素之间的最佳耦合关系，为山地城市道路交通提供可实施的安全预警技术。

2 山地城市道路交通安全的评价模型

2.1 山地城市道路交通安全的评价指标构建

构建山地城市道路交通安全的评价指标是建立评价模型的核心。从道路线形条件、车辆系数和路面因素等多个角度出发，结合专家经验法或者 AHP 层次分析法[2]，给出该问题的二级评价指标体系，总共 15 个指标，如图 1 所示。

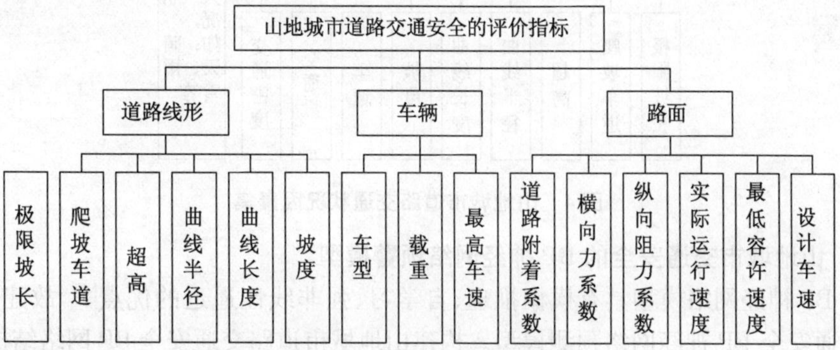

图 1 山地城市道路交通安全评价指标体系

2.2 基于多层次模糊综合评价方法的山地城市道路交通安全评价模型

在上述山地道路交通安全评价指标体系的基础上，构建该问题的模糊综合评价矩阵，对其进行数据标准化处理后，利用信息熵理论，刻画测度指标的不确定性，计算权重系数，据此确定每个方案综合测度的值，从而评估其优劣。由上可知，山地城市道路交通安全的多层次模糊综合评价过程如图 2 所示。

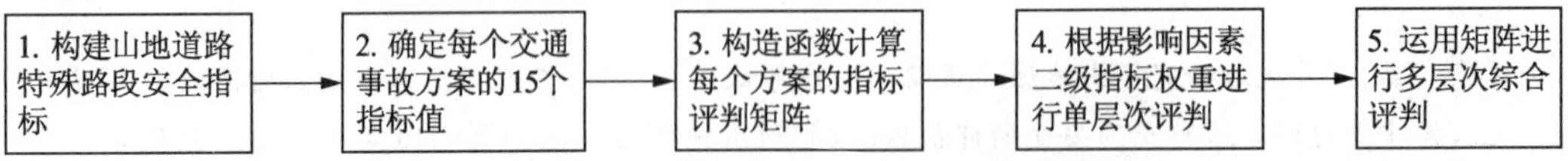

图 2　山地城市道路交通安全的多层次模糊综合评价过程

2.3 基于复合物元法的山地城市道路交通安全评价模型

由于部分山地城市道路交通安全的评价指标之间相互矛盾，2.2 中的多层次模糊综合评价方法不适用，因此这里提出基于复合物元法的山地城市道路交通安全评价模型。山地城市道路交通安全的复合物元综合评价过程如图 3 所示。

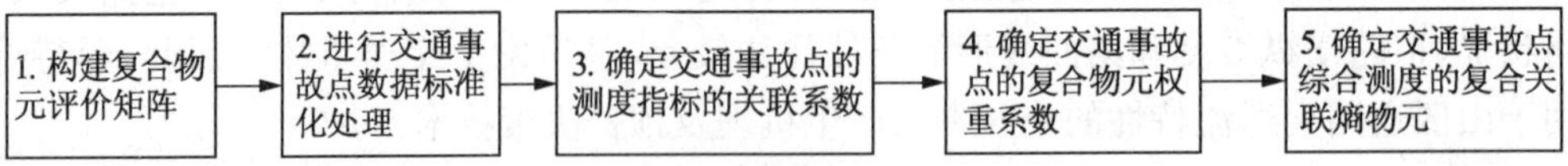

图 3　山地城市道路交通安全的复合物元综合评价过程

3　山地城市道路交通安全的预警模型

第 2 小节的两个评价模型只能评估不同山地城市道路交通安全影响因素的优劣，无法揭示它们之间的最佳耦合关系，进而为道路交通提供可实施的安全预警。

3.1 山地城市道路交通安全的预警因素构建

从道路线形、交通流、天气状况三个视角出发，确定影响山地城市道路交通状况的因素集，如图 4 所示。图 4 给出了该三者之间的内在关联性，据此根据实时交通状态可对道路交通提供预警，从而降低山地城市的交通事故。

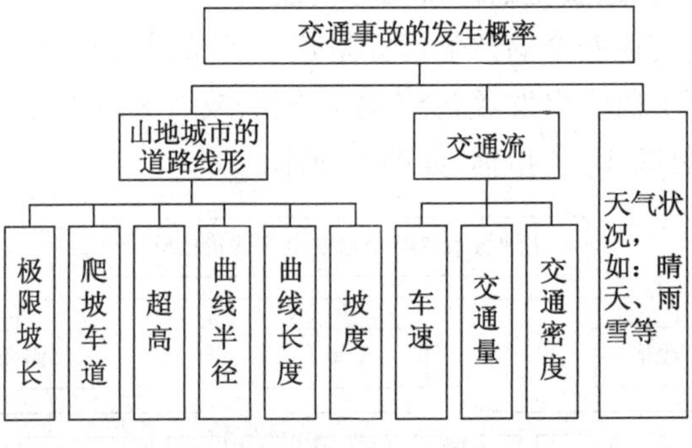

图 4　山地城市道路交通状况因素集

3.2 山地城市交通安全的 BP 神经网络预警模型

由于 BP 神经网络模型具有模糊推理、自学习、强非线性逼近的优点[3]，故建立山地城市道路交通安全 BP 神经网络预测模型。构建山地城市道路交通安全 BP 网络结构，对其数据标准化处理后，采用随机初始化权值的方法进行训练和隐含层节点的选取，在此基础上预测结果并进行误差分析(可利用 MATLAB 进行模拟训练),如图 5 所示。

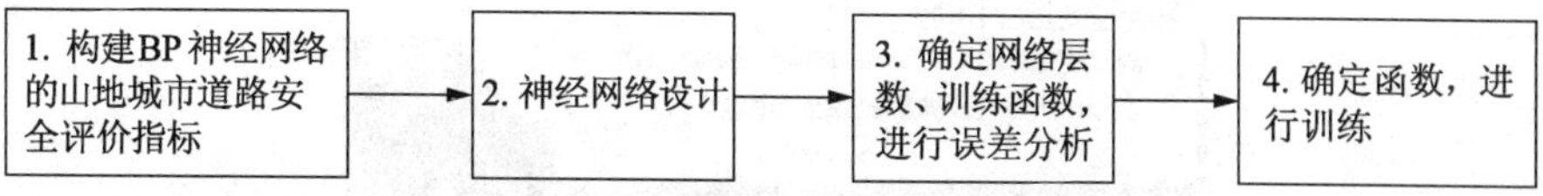

图 5　神经网络预警过程

4　系统研制

4.1　开发环境

山地城市道路交通安全评价与预警系统选用 Visual C# 编程语言编写。Visual C# 是由 Microsoft. NET 计划的核心编程语言,它使得开发人员能够快速方便地开发基于. NET 平台的解决方案。它全面继承了 C 和 C++的优点,同时提供了更高的开发效率、更好的灵活性和安全性,是. NET 应用的首选。下面是系统软件设计的流程。

4.2　总体功能

本系统主要包括评价和预警两大部分,涉及影响因素数据录入、权重指标维护、模型计算等,系统功能设计图如图 6 所示。

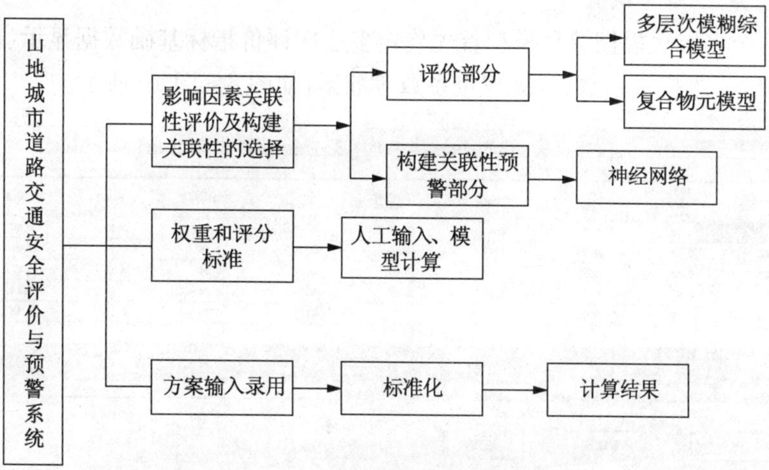

图 6　系统功能设计图

4.3　主要实现界面

4.3.1　主界面

点击桌面上的快捷方式,进入山地城市道路交通安全评价与预警系统。用户可以在菜单中选择所需的评价和预警模型。操作界面如图 7 所示。

图 7　主界面

4.3.2　评价模型基础数据的获取

该部分主要实现参与两个模型评价的方案的个数、评价指标的类型和相应评价指标个数的输入。

(1) 第一个多层次模糊综合模型首先确定多层次评价指标基础数据显示、新建、修改等功能，然后确定一级权重系数、二级权重系数等数据，如图 8～图 10 所示。

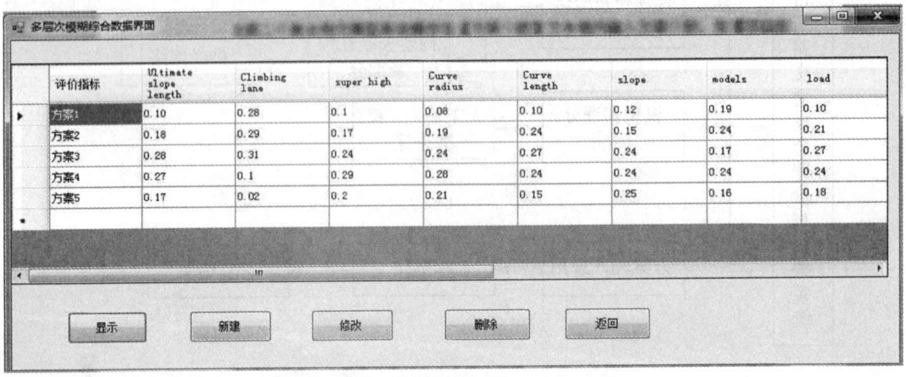

评价指标	Ultimate slope length	Climbing lane	super high	Curve radius	Curve length	slope	models	load
方案1	0.10	0.28	0.1	0.08	0.10	0.12	0.19	0.10
方案2	0.18	0.29	0.17	0.19	0.24	0.15	0.24	0.21
方案3	0.28	0.31	0.24	0.24	0.27	0.24	0.17	0.27
方案4	0.27	0.1	0.29	0.28	0.24	0.24	0.24	0.24
方案5	0.17	0.02	0.2	0.21	0.15	0.25	0.16	0.18

图 8　多层次评价指标基础数据

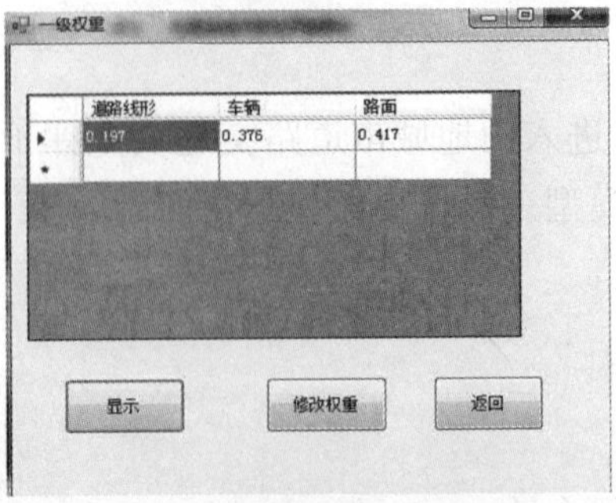

道路线形	车辆	路面
0.197	0.376	0.417

图 9　一级权重系数

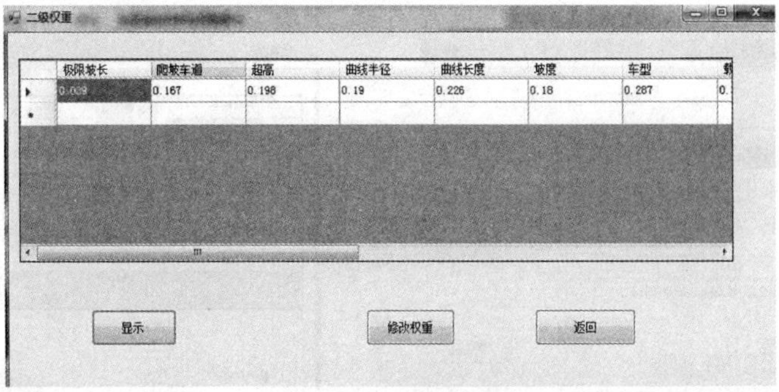

图 10　二级权重系数

(2) 第二个复合物元模型首先确定效益型指标的个数、成本型评价指标个数、固定型评价指标个数和区间型指标个数，然后确定指标数据的显示、新建、修改等功能及指标对应的权重系数的人工编写、修改功能。操作界面如图 11～图 13 所示。

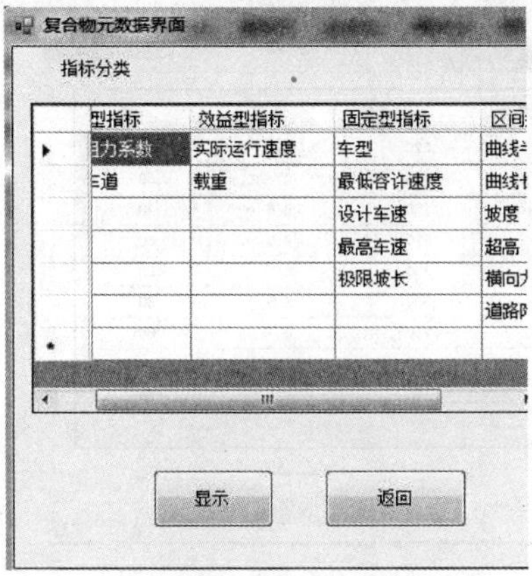

图 11　指标分类

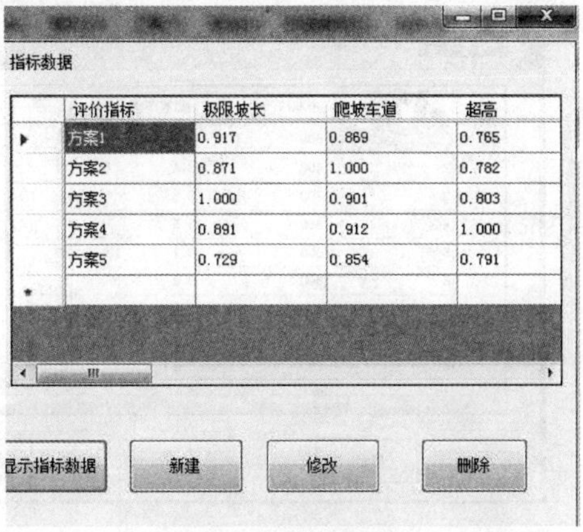

图 12　指标数据

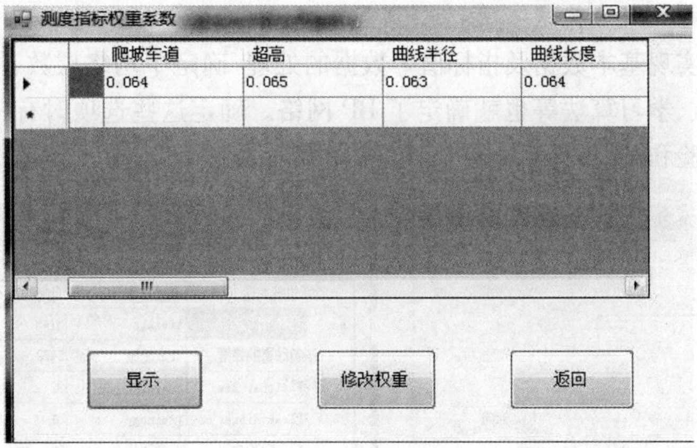

图 13　指标权重系数

4.3.3　评价结果的显示

该部分主要实现基本数据及指标值等数据的处理，完成山地城市道路交通安全评价与预警系统方案的评价，最后将综合评价效果显示到评价窗体。结果显示界面如图 14 和图 15 所示。

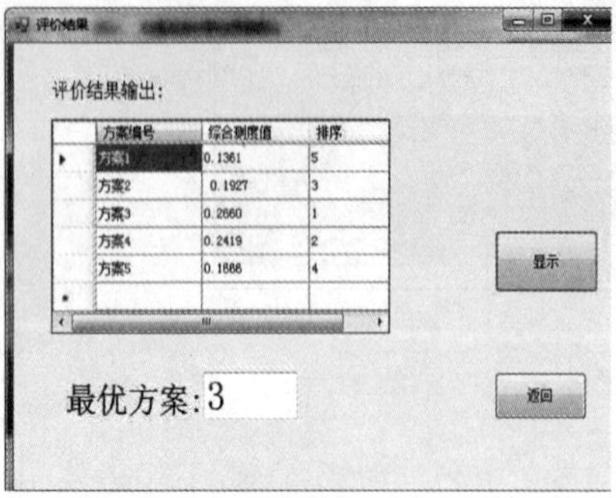

图 14　评价结果显示窗体 1

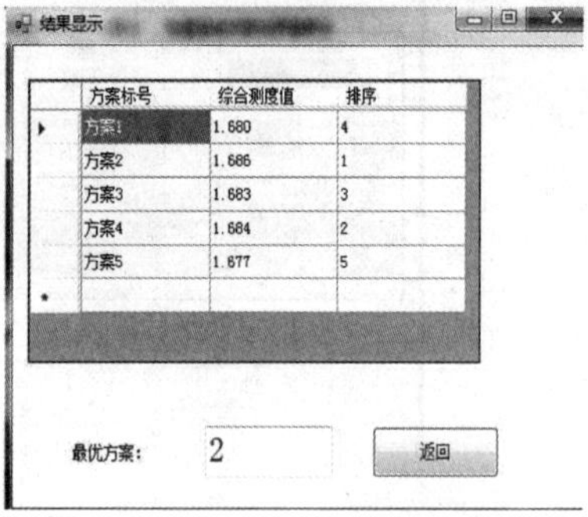

图 15　评价结果显示窗体 2

4.3.4　BP 神经网络基础数据的获取

该部分主要实现参与构建关联性分析的数据个数、关联性指标的类型和相应关联性指标个数的输入，数据显示界面如图 16 所示。

图 16　数据显示界面

4.3.5　BP 神经网络构建

该部分主要实现基本数据及指标值等数据的处理，确定了网络层数、每层节点数、传递函数、初始权系数、学习算法等也就确定了 BP 网络。确定这些选项时有一定的指导原则，但更多的是靠经验和试凑，界面如图 17 和图 18 所示。

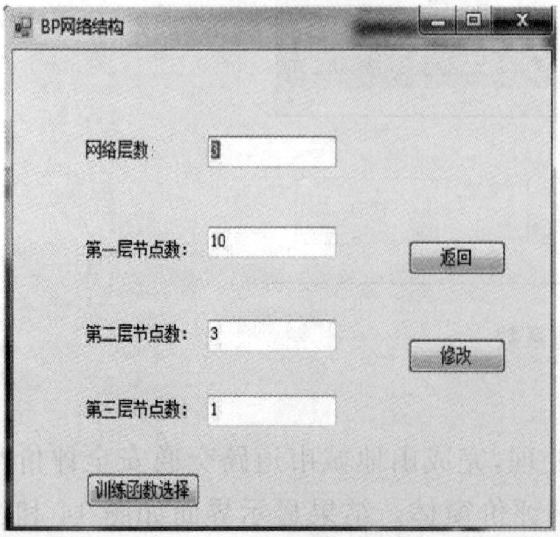

图 17　网络结构的确定

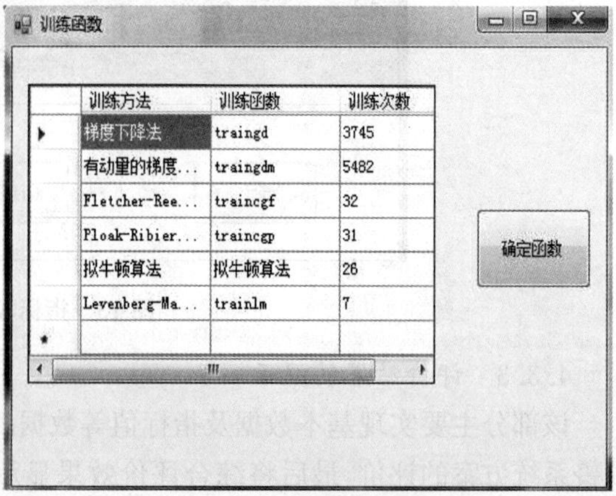

图 18　训练函数选择

4.3.6 BP 神经网络训练结果

该部分主要实现基本数据及指标值等数据的处理，完成山地城市道路交通安全因素关联性的分析，最后将综合分析效果显示到窗体。结果显示界面如图 19 所示。

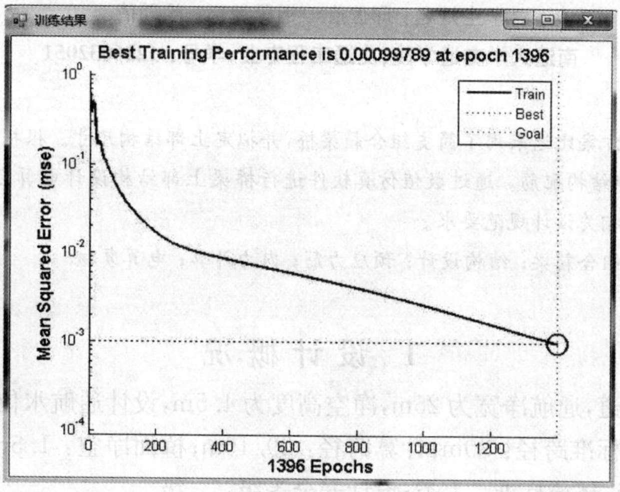

图 19 训练结果

5 结论与展望

山地城市道路交通安全引起了国内外学者的普遍关注。本文主要探讨影响山地城市道路交通安全的众多因素，从交通流、道路线形和天气变化三方面出发，结合所获取的历史和实时数据，利用评价理论、预警技术，揭示影响因素之间关联性并评估其优劣，预测山地城市道路的交通事故情况，部分开发安全评价和预警系统。本文工作对降低山地城市道路交通事故的发生概率具有一定理论和现实意义。

参考文献

[1] 魏明，柴雪，孙博. 山区道路特殊路段安全性的多层次模糊综合评价方法[J]. 道路交通与安全，2014，4(6)：26—28.

[2] 姚红云，黄键，蒙井玉. 基于模糊数学的山区道路安全度模型评价[J]. 交通信息与安全，2011，5(28)：58—60.

[3] 李翔，朱全银. Adaboost 算法改进 BP 神经网络预测研究[J]. 计算机工程与科学，2013(8)：831—837.

九总桥设计

学生姓名：邱俊彦　指导教师：徐勋倩
南通大学交通学院，交通工程专业，学号：1226032051

【摘　要】 通过方案比选采用了简支组合箱梁桥，并拟定上部结构尺寸。根据上部结构荷载效应，确定桥梁上部结构配筋。通过数值仿真软件进行桥梁上部结构设计电算复核，验算结果表明该桥设计满足相关设计规范要求。

【关键词】 简支组合箱梁；结构设计；预应力筋；内力计算；电算复核

1　设计概况

本桥属4级航道，通航净宽为25m，净空高度为4.5m，设计通航水位为1.7m，桥梁接线道路性质为县道。标准跨径：30m；计算跨径：29.16m；桥面净空：1.5m＋10m＋1.5m；设计荷载：公路-Ⅱ级；环境标准：Ⅰ类；设计安全等级：二级。

2　桥型方案设计与比选

2.1　方案设计

对三种类型的桥，即钢筋混凝土拱桥、简支T形梁桥、简支组合箱梁桥进行比较。

2.2　方案比选

钢筋混凝土拱桥材料用量和费用较T形梁桥更多，且技术要求较高，施工机具也较多。简支T形梁桥的抗扭刚度和稳定性都比箱形梁桥低[1]，景观上来说也比较单调，因此，在受力施工和造价成本等方面，简支组合箱梁结构具有明显优势。综上所述，选择简支组合箱梁桥作为最优方案。

3　结构设计

3.1　材料

(1) 混凝土：预制箱形主梁、端部横隔梁、每个梁之间的湿接缝、端部封锚、现浇接头、桥面的现浇层的混凝土类型均为C50；上层桥面铺装采用0.1m的沥青混凝土，下层采用0.08m的沥青混凝土。

(2) 普通钢筋：本次设计选择R235钢筋和HRB335钢筋。普通钢筋分为两类，第一类是直径大于12mm的钢筋，这类钢筋采用HRB335热轧螺纹钢；第二类是直径小于12mm的钢筋，这类钢筋采用R235钢。

3.2　箱梁的结构及参数

箱梁梁高为1.6m，本次桥梁设计中主梁采用等截面箱梁设计。在桥梁的跨中和端部设置横隔梁，横向一共5片箱梁，中间采用湿接缝进行连接。顶板和底板均厚0.18m，使用0.25m宽、0.20m厚的湿接缝，采用宽度2.0m的预制箱梁顶板。跨中的腹板厚度大约在0.2m左右，承托在腹板及顶板之间。

4 主梁作用效应计算

4.1 永久作用效应计算

略。

4.2 可变作用效应计算

可变作用效应计算包括冲击系数及车道折减系数、主梁的荷载横向分布系数、车道荷载取值和可变作用效应计算[2]。

4.3 主梁作用效应组合

根据规定，选择短期效应组合、标准效应组合还有承载力极限状态基本组合这三种最不利效应组合。

5 预应力钢束的计算和配置

5.1 预应力钢束数量估算

在进行预应力混凝土桥梁设计时，应该满足桥梁结构的两个要求：一个是在正常使用极限状态下应力要求，另一个是承载能力极限状态强度要求。下面就以跨中截面为例，在各种作用效应组合下，按照上述的设计对主梁所需的钢束数量进行估算，并且根据估算的钢束数确定主梁配束数。

5.2 预应力钢束布置

在跨中截面，本设计采用了内部直径是 70mm、外部直径是 77mm 的预埋铁皮波纹管[3]，根据规定，管道到梁底的净距应大于 3mm，到梁侧的净距离应大于管道直径的一半。根据规定，水平净距不应小于 4mm(或管道直径的 0.6 倍)，竖向可以叠加放置。跨中截面以及端部截面的构造如图 1 所示，8 根钢筋都需要进行平弯。

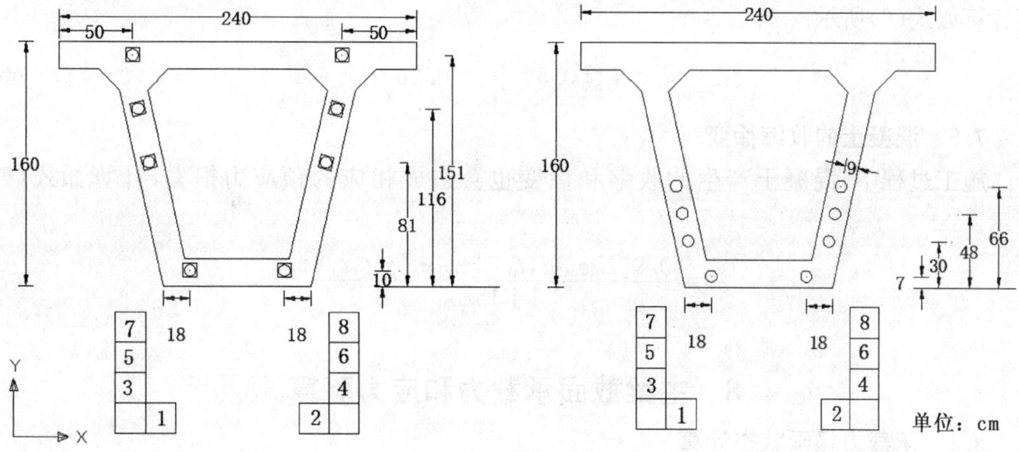

图 1 钢束布置图

6 主梁截面几何特征计算

6.1 截面面积和惯性矩计算

在预加应力阶段，较小截面的几何特性是唯一需要计算的[4]，计算如式(1)、式(2)所示。

净截面面积 $$A_n = A - n\Delta A \tag{1}$$

净截面惯性矩 $$I_n = I - n\Delta A(y_{js} - y_i)^2 \tag{2}$$

6.2 剪应力计算

在张拉和使用过程中，预应力钢筋和预应力混凝土都会产生剪应力[5]，并且这两部分的剪应力在后期计算中应该加起来。所有中性轴的位置和面积发生变化的地方的剪应力[6]都应算出。

7 钢束预应力损失计算

7.1 预应力钢束与管壁摩擦

预应力管道与钢束之间的摩擦损失计算如式(3)所示。

$$\sigma_{l1} = \sigma_{con}\left[1 - e^{-(\mu\theta + kx)}\right] \tag{3}$$

7.2 钢束回缩和锚具变形

曲线预应力筋锚固后的反向摩擦会影响到由钢束回缩和锚具变形而引起的预应力损失，反向摩擦影响长度计算如式(4)所示。

$$l_f = \sqrt{\frac{\sum \Delta l E_p}{\Delta\sigma_d}} \tag{4}$$

7.3 混凝土弹性压缩

在施工过程中，被张拉的钢束会产生由混凝土弹性压缩而引起的应力损失，计算如式(5)所示。

$$\sigma_{l4} = \alpha_{EP} \sum \Delta\sigma_{pc} \tag{5}$$

7.4 钢绞线的松弛

钢绞线有时会产生松弛，因而引起相应的应力损失，这也是我们需要考虑在内的因素，其计算如式(6)所示。

$$\sigma_{l5} = \Psi\zeta\left(0.52\frac{\sigma_{pe}}{f_{pk}} - 0.26\right)\sigma_{pe} \tag{6}$$

7.5 混凝土的收缩徐变

施工过程中，混凝土产生的收缩和徐变也会造成相应的预应力损失，计算如式(7)所示。

$$\sigma_{l6} = \frac{0.9\left[E_p\varepsilon_{cs}(t,t_0) + \alpha_{EP}\sigma_{pc}\phi(t,t_0)\right]}{1 + 15\rho\rho_{ps}} \tag{7}$$

8 主梁截面承载力和应力验算

8.1 承载力极限状态计算

计算跨中截面、正截面承载力；验算截面的最小配筋率(跨中截面)；计算斜截面抗剪承载力。

8.2 持久状况正常使用极限状态抗裂验算

通常情况下，桥梁部件混凝土的拉应力超过规范规定的数值与否，是桥梁预应力混凝土构件抗裂性验算的标准。验算一般分为两个部分，一个是正截面抗裂性验算，一个是斜截面抗裂性验算。

8.3 持久状况构件应力计算

对按持久状况设计的预应力受弯构件，应该计算它在使用阶段中的三种压应力：一种是正截面混凝土的法向压应力，一种是受拉区钢筋的拉应力，还有一种是斜截面混凝土的主压应力，它们不可以超过规定的限值。

9 主梁端部的局部承压

9.1 局部承压截面尺寸验算

混凝土构件中若含有间接钢筋，局部受压区的截面尺寸应该满足如式(8)所示要求。

$$\gamma_o F_{ld} \leqslant 1.3\eta_s \beta f_{cd} A_{ln} \tag{8}$$

9.2 局部抗压承载力验算

根据规定，对锚下设置间接的局部承压构件，局部抗压承载力验算如式(9)所示。

$$\gamma_o F_{ld} \leqslant 0.9(\eta_s \beta f_{cd} + k\rho_v \beta_{cor} f_{sd}) A_{ln} \tag{9}$$

10 桥梁计算模型建立及验算

在利用"桥梁博士"进行桥梁建模结构计算分析时，一般需要完成以下几个步骤：对结构单元编制节点号以进行划分，分析施工阶段，分析荷载计算，新建项目组，输入模型总体信息、单元信息、钢束信息、施工信息、使用信息，进行模型计算分析，输出计算结果等。全桥钢束布置图和全桥内力包络图如图 2 和图 3 所示。

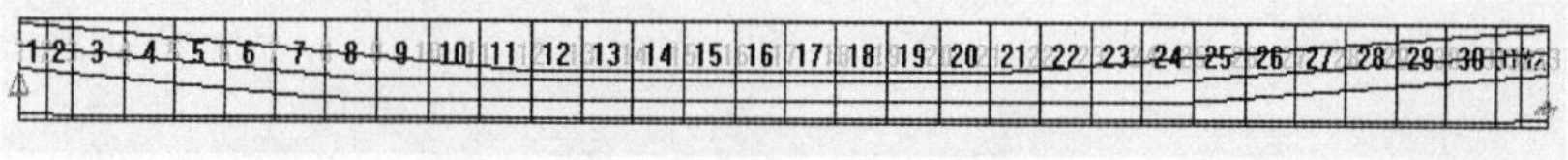

图 2　全桥钢束布置图

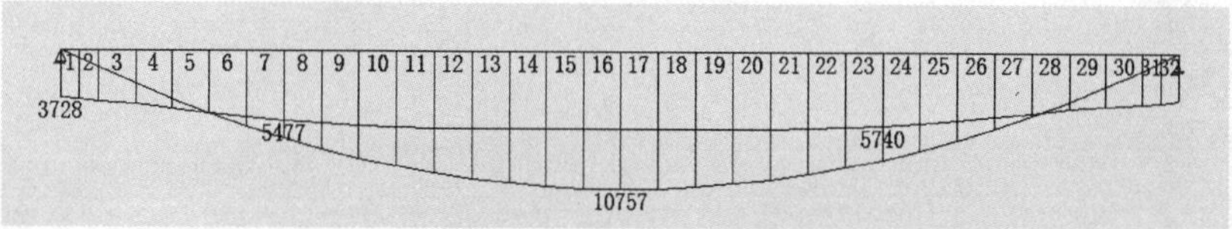

图 3　全桥内力包络图

11 施工组织设计

包括编制依据、工程概况、施工准备和施工设施、施工方案和施工工艺及主梁安装和运输方案[7]。

12 电算与手算对比

通过"桥梁博士"、MIDAS 等数值仿真软件对桥梁上部结构设计进行电算复核，包括承载能力极限状态强度验算、正常使用极限状态抗裂验算和应力验算等，最终电算结果与手算结果基本一致，验算结果表明该桥设计满足相关设计规范要求。

参 考 文 献

[1] 周念先. 桥梁方案比选[M]. 上海：同济大学出版社，1997：24—31.

[2] 易建国. 桥梁计算示例集——混凝土简支梁(板)桥[M]. 北京：人民交通出版社，1991：45—85.

[3] 《桥梁设计常用数据手册》编写委员会. 桥梁设计常用数据手册[M]. 北京：人民交通出版社，2005：1—29.

[4] 徐光辉. 梁桥(上册)[M]. 北京：人民交通出版社，1996：393—480.

[5] 范立础. 桥梁工程[M]. 北京：人民交通出版社，2001：30—118.

[6] 叶见曙. 结构设计原理[M]. 北京：中国建设工业出版社，2002：26—101.

[7] 陈忠延. 土木工程专业毕业设计指南[M]. 北京：中国水利水电出版社，2000：9—39.

《基于北斗定位的冷链物流车监测系统的设计与实现》团队毕业设计总结报告

学生姓名：滕维城、张　琨、司晓明　指导教师：施　佺、邵叶秦、周晨琛
南通大学交通学院

《基于北斗定位的冷链物流车监测系统的设计与实现》是本团队本科毕业设计的题目。冷链物流监控系统是伴随着通信技术、信息技术、定位技术的发展成熟而产生的，定位及通信是两大关键技术；同时，针对冷链物流车辆的监控，实时地对车辆内货物温湿度信息进行采集也是非常有必要的。据此，本系统以 SHT10 芯片来实现对温湿度信息的采集，综合了北斗定位技术、无线数据传输技术(GPRS)，提出了冷链物流中基于北斗卫星的冷链物流监控系统的解决方案。

团队成员有交通设备信息工程专业的滕维城同学、网络工程专业的张琨同学、计算机科学与技术专业的司晓明同学。在交通学院施佺老师、邵叶秦老师、周晨琛老师的指导下，团队成员努力克服毕业设计过程中的困难，团结合作。本团队成员具备相关的信息获取和计算机分析处理能力，有很好的软件开发实战能力和理论基础，为系统的顺利开发提供了保证。

一、选题背景和意义

随着工业化技术的不断发展，在对医药行业中疫苗、生物制剂和药品等对温湿度敏感的商品进行加工、储存、运输、销售等的过程中，须对温湿度参数进行记录跟踪，以保证产品质量，这就是冷链体系。目前冷链物流行业存在很多监管疏漏，冷藏运输及配送环节很容易出现问题，因而冷链食品在运输过程中的温湿度监测十分重要。

为完善冷链车监测系统的稳定性、可靠性，提高冷链食品运输过程中的安全性，我们设计并实现了一种冷链车监测系统。系统通过北斗定位模块和温湿度采集模块获取车辆位置信息和温湿度信息，通过 GPRS 模块传输数据到上位机，可即时监测冷链车的温湿度信息，从而实现对冷链车进行监控的目的。

本系统的特点有功耗低，可移植性强，支持电源或 USB 供电，性价比较高。本课题运用物联网技术，对于传感器数据的远程采集有一定的参考价值，项目具有良好的应用前景。

二、创新性与实用性

本系统硬件使用 STC12C5A60S2 单片机、AMS1117-3.3V 等低功耗、低成本的芯片，降低硬件成本。使用 GPRS 无线传输模块，既达到了数据传输的目的，又大大减少了硬件成本和使用成本。基于 Web 的监测平台与基于 Android 的手机客户端紧密配合，既满足了不同用户的不同需求，又解决了手持监测终端的费用问题和携带问题，使得监测无处不在。系统可以保证运输人员在第一时间发现问题，可有效地提高管理效率，大大减少人力物力的支出。

毕业设计团队的整体水平较高，设计的系统具有如下创新性与实用性：

(1) 因为利用 GPRS 等无线通信技术，所以该系统的安装布置十分便捷，省略了烦琐的物理布线，可移植性强。

(2) 本系设计利用国产北斗定位系统，该系统相对于 GPS 覆盖范围更大，应用更丰富；因为北斗是我国自主研发的，所以更加安全可靠。本设计也能在一定程度上促进北斗的商业化发展。

(3) 本系统利用较高性价比的 51 单片机作为终端监测节点的主控芯片，在保证系统功能的同时，大大降低了硬件成本。

(4) 本系统软件部分有计算机端管理系统，包括冷链车电子地图查看平台和冷链车实时温度监测平台，可以显示冷链车的行车路径、行车时间及相关温度数据，当温湿度数据发生异常时可发出警告提示，方便指挥中心的管理。同时还开发了相应的手机客户端软件，以方便用户随时随地了解冷链车的运转情况，整个系统功能全面，系统实用性强。

三、团队成员分工

由于课题设计要求比较高，工作量比较大，在完成设计的过程中，需要团队成员的合理分工。整个设计过程中包括指导老师在内的每个人都认真对待，团队成员学到了很多以往不太重视或没有接触过的知识，开阔了视野，每个人的业务能力和团队合作能力都得到了锻炼。本系统分为三个子系统，团队成员信息及分工介绍如附表所示。

附表　团队成员信息及分工

学生姓名	专业	承担任务	指导教师
滕维城	交通设备信息工程	基于 Web 的冷链物流车监测系统软件的设计晨璨	
张　琨	网络工程	基于北斗定位的冷链车监测系统硬件的设计与实现	施　佺
司晓明	计算机科学与技术	基于 Android 的冷链物流车监测系统软件的设计与实现	施　佺 邵叶秦

滕维城，交通设备信息工程专业，擅长 PHP、C＃、HTML5、JavaScript 等编程语言，熟悉 VS 和 EditPlus 开发环境。有.NET 项目和 PHP 项目开发的实际经历，具有较强的软件开发和编程能力。

在此设计中，滕维城同学主要负责 PC 端的设计与实现。在设计中使用 PhpStudy、EditPlus 和 PhpMyAdmin 开发了基于 Web 冷链物流车监测系统，并负责系统数据库的设计与实现。Web 监测平台具备数据的接收、处理、保存、展示和查询的功能，信息的展示有多种形式，如图表、文字和曲线图等，用户可以通过浏览器在百度地图上实时观测到冷链物流车的位置，同时用户可查询任意一段时间内监测的数据(如温湿度)。平台界面优美，操作简单，方便用户离开现场时远程移动监控。此外，系统还具备系统用户管理、冷链车管理等功能，可以实时保证冷链物流车的正常运行，有效提高了管理效率，大大减少了人力物力的支出。

张琨，网络工程专业，擅长 C＃编程语言，熟悉嵌入式系统开发，对硬件设计有较为浓厚的兴趣。

在此次设计中，张琨同学设计和实现了基于北斗定位的冷链车监测系统的硬件部分。该系统主要用来采集温湿度信息和经纬度信息，并且利用 GPRS 无线传输模块，将终端监测节点采集到的数据发送到指定 IP 地址和端口号的服务器，保证了数据传输的稳定性。

司晓明，计算机科学与技术专业，能够熟练使用 Java 语言进行网站开发、Android 项目的开发等，有三年的 Java 开发经验。

在此设计中，司晓明同学负责数据库编程、服务器端程序开发和 Android 手机端 APP 开发。数据库设计完全符合三范式。服务器端主要接收冷链车采集的参数信息并校验、处理、存储、转发。手机端主要通过 HTTP 协议与服务器进行交互，接收信息并显示在手机地图上，发出指令操控服务器端，保证手机端和服务器端的通信。

四、毕业设计过程

在毕业设计中，首先进行需求分析，然后编写代码并测试，之后进行详细设计和代码程序的编写，最后编写相关文档和撰写论文。整个设计过程划分为三个阶段，分别是前期分析准备工作、中期开发工作和后期整理测试工作。

前期主要阅读相关文献，对系统中的模块进行分析并提出可行性方案。学习和熟悉毕业设计相关的理论与技术：Android 应用开发、Web 开发、51 单片机开发、TCP/IP 协议等。接着根据硬件原理框图设计出相应的完整的电路图，然后设计出 PCB 板，并交由厂家生产打样。本系统主要包括三大模块：温湿度采集模块、北斗 GPS 定位模块和 GPRS 无线传输模块，三个模块一起组成了一套完整的系统。前期设计了系统中各个模块的草图，为进一步的设计做好准备。

整个系统架构如图 1 所示，图 2 给出了其中冷链车的内部结构示意图。由图可见，采集节点和主控节点组成的冷链车内部网络用于采集车厢内的温湿度数据并实现与 GPRS 和北斗卫星的通信。本设计包含多个温湿度采集节点、Si4432 无线通信模块、数据汇聚转发主控节点、北斗定位模块、GPRS 数据通信模块、监控中心服务器及手机客户端。

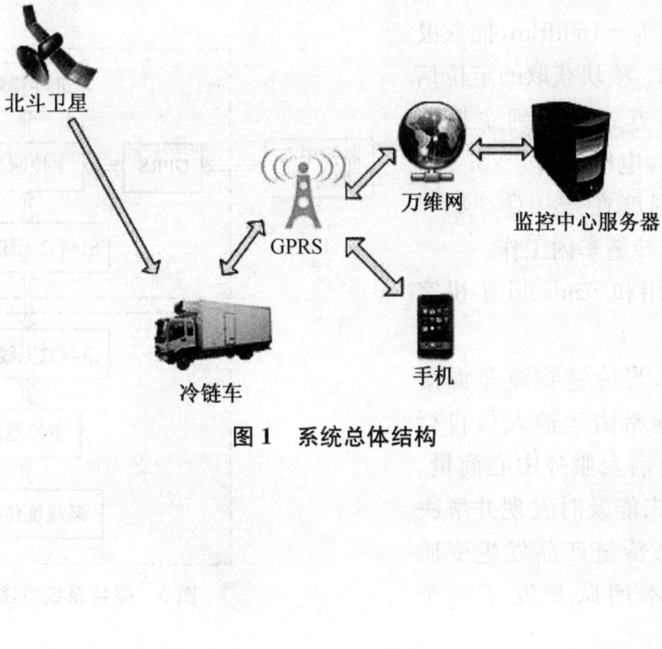

图 1　系统总体结构

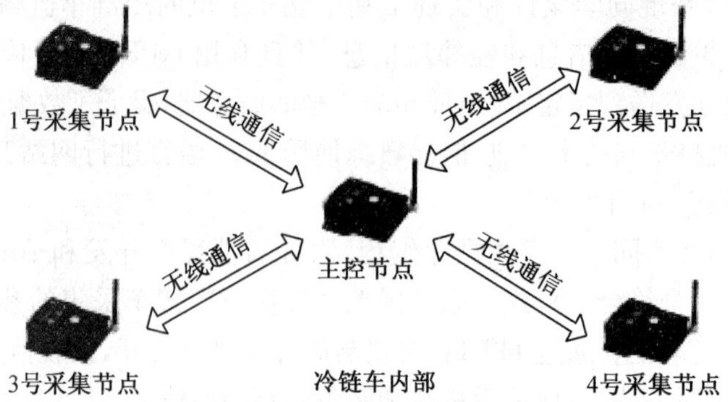

图 2　冷链车内部结构

冷链物流车中装配多个温湿度采集节点和一个主控节点，构成温湿度采集子网络，各个节点的无线收发方式采用 Si4432 无线模块，同时主控节点上配有北斗定位模块和 GPRS 数据通信模块。子节点在整个系统中负责采集冷链车车厢不同位置的温湿度，然后通过 Si4432 无线模块将数据发送给主控节点，主控节点通过其 Si4432 模块接收各个子节点发送过来的信息，然后将汇聚的子节点数据及所获取的北斗定位信息，通过 GPRS 数据通信模块发送到监控中心服务器。系统每隔一定时间将获取到的位置信息和温湿度信息通过 GPRS 网络传送到监控中心服务器，当用户登录监控中心服务器上的相关网页即可查看物流车的当前温湿度，并在地图图层上看到车辆所在位置。服务器获得的温湿度和位置等信息也同时同步至用户 Android 手机 APP 客户端，用户点击应用即可查看相应信息，当温湿度偏离设定的阈值时会有相应的报警提醒。

(1) 系统的硬件设计。

本系统以 STC12C5A60S2 单片机作为主控芯片，结合 GPRS 模块、北斗模块、温湿度采集模块和 SI4432 模块，实现了基于北斗卫星定位的冷链物流车监测系统。系统的硬件由主控节点和多个温湿度信息采集子节点组成，如图 3 所示。

图 3 中北斗模块采用 UM220-Ⅲ N 双系统高性能 GNSS 模块，该模块支持 BD2 B1 频点，其跟踪灵敏度为－160dBm，捕获灵敏度为－145dBm。模块获取的定位信息可以采用串口方式发送到主控制器。模块工作电源电压为 2.7～3.3V，功耗较低；工作温度在－40℃～80℃之间，完全可以在冷链车内工作。

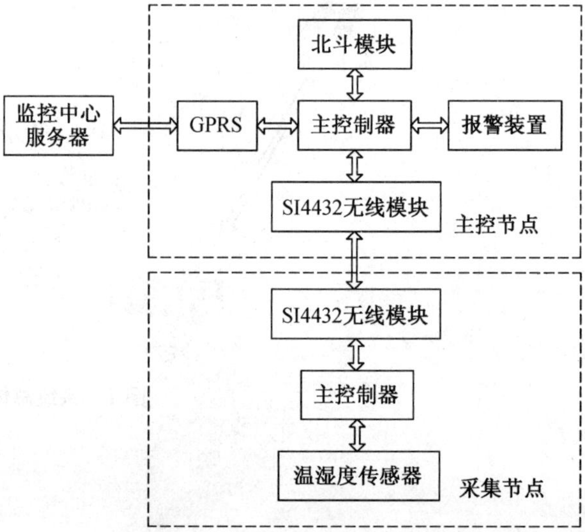

图 3　硬件系统框图

(2) Web 应用和 Android 手机客户端的开发。

在运输途中，当冷链物流车温湿度超过阈值时，通常由运输人员自行解决，或打电话与后台服务中心商量。但如果运输人员未能及时发现并解决问题，可能会导致冷链产品发生变质等事故。因此，本团队开发了一个

Android 手机客户端和 Web 应用，使得管理人员能够实时获得车辆在运输过程中的温湿度、地理位置、车牌及车速等信息，并当温湿度超过阈值时通过手机报警提醒用户。

① Web 应用的设计。

在本团队设计的 Web 应用中，用户首先登录网页，输入用户名与密码进行身份认证，认证通过后跳转到如图 4 所示的车辆信息显示界面。该界面展示了当前冷链物流车的数量和车牌号，点击车牌号后，将会显示此车牌号对应冷链车的位置、温湿度等信息。另外，用户可以点击此界面上的“查看详细”按钮来查看车辆的温湿度变化曲线，如图 5 所示。

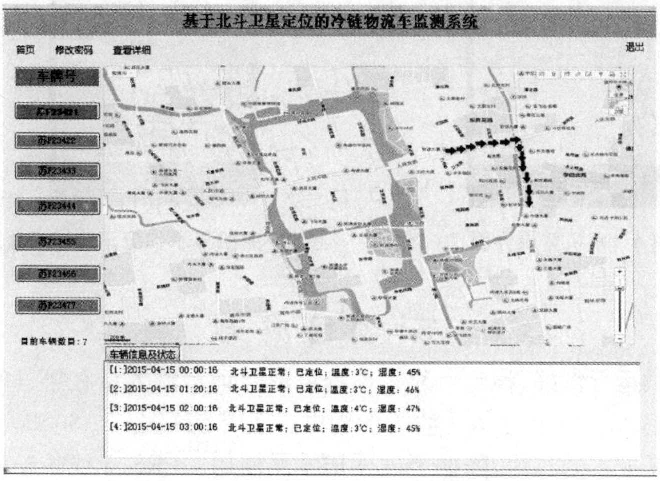

图 4　车辆信息显示界面

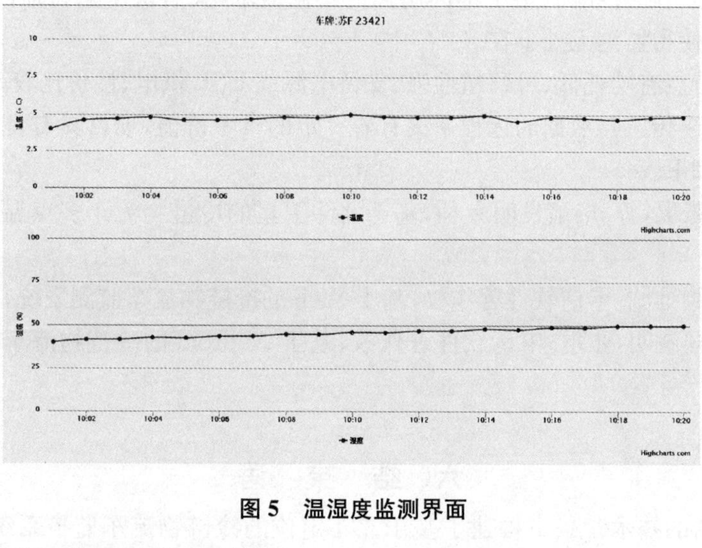

图 5　温湿度监测界面

② Android 手机客户端的设计。

本团队设计的 Android 手机客户端收到服务器传来的数据后，能解析提取出温湿度、经纬度等信息并实时显示。用户点击软件进入如图 6 所示的登录页面，输入用户名、密码进入主界面。主界面显示当前所有冷链物流车的列表，点击其中一个列表项可查看所选冷链物流车的详细信息，点击地图可查看冷链物流车所在位置，且 Android 应用在地图覆盖层上重新绘制，用曲线将车辆经过的点连起来，形成冷链物流车行车路线图，如图 7 所示。若某一时刻有冷链物流车的温湿度超过预设的温湿度值，则通过手机短信提醒用户及时处理问题。

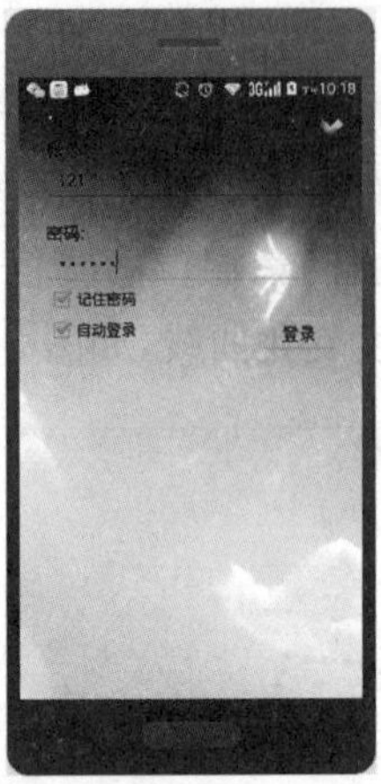

图6　手机登录界面

图7　手机显示物流车的行车路线

五、项 目 成 果

本系统经测试运行良好、稳定可靠。系统可以保证运输人员在第一时间发现问题，有效提高了管理效率，大大减少了人力物力的支出。使用STC12C5A60S2单片机、AMS1117-3.3V等低功耗、低成本的芯片，降低了硬件成本。使用GPRS无线传输模块，既达到了数据传输的目的，又大大减少了硬件成本和使用成本。基于Web的监测平台与基于Android的手机客户端紧密配合，既满足了不同用户的不同需求，又解决了手持监测终端的费用问题和携带问题，使得监测无处不在。

本系统的特点有功耗低、可移植性强、支持电源或USB供电、性价比较高。本课题运用物联网技术，对于传感器数据的远程采集有着一定的参考价值，项目具有良好的应用前景。本课题的成果如下。

(1) 施佺，张琨，等. 申请发明专利，基于北斗卫星的冷链物流车多点温湿度监测系统，2016.6。

(2) 施佺，滕维城. 申请软件著作权，基于Web的冷链物流车监测系统，2016.6。

(3) 施佺，司晓明，张琨. 申请软件著作权，基于Android的冷链物流车实时监控系统，2016.5。

六、结　束　语

本系统在新的技术背景下构建了基于北斗定位的冷链物流车监控系统。系统实现了冷链行业管理的基本功能：实时的数据显示、历史数据的查询、用户管理、冷链物流车管理等。同时利用百度地图的接口，提供了流畅的地图服务。

整个系统的设计与实现，需要感谢我们的指导老师。老师们认真负责，小到开题答辩的PPT、论文的格式，大到课题的选择、系统功能的需求，老师们都仔细认真地检查，并给出指导性的意见。最后还要感谢我们的团队，大家彼此之间互相帮助，互相讨论，营造了和谐的学习氛围，让漫长而又辛苦的毕业设计，变得充满趣味和快乐。

没药甾酮 Z 通过激活 BDNF 信号通路发挥抗抑郁作用

学生姓名：胡文凤　指导教师：黄　超

南通大学药学院，药学专业，学号：1216092055

【摘　要】 该研究主要探究没药甾酮 Z 在抑郁症调控中的作用及信号机制。研究结果显示，没药甾酮 Z 慢性给药 12d 可以逆转由慢性不可预测应激(CUS)引起的小鼠强迫游泳、悬尾和糖水消耗行为异常，也可逆转由 CUS 引起的 CREB-BDNF 信号及海马神经再生功能受损；阻断 BDNF 信号能减弱没药甾酮 Z 的抗抑郁作用。

【关键词】 抑郁症；没药甾酮 Z；CUS；CREB；BDNF

1　没药甾酮 Z 对 CUS 诱导的小鼠抑郁样行为的影响

悬尾、强迫游泳和糖水消耗实验是评价抗抑郁药物疗效的经典实验[1,2]。本研究结果显示，赋形剂＋CUS 组小鼠在悬尾(图 1A)和强迫游泳(图 1B)实验中的不动时间明显高于对照组，而糖水消耗量明显低于对照组(图 1C)，10mg/kg 或 30mg/kg 没药甾酮 Z 处理能逆转小鼠的上述行为学变化(图 1)。氟西汀作为阳性对照。

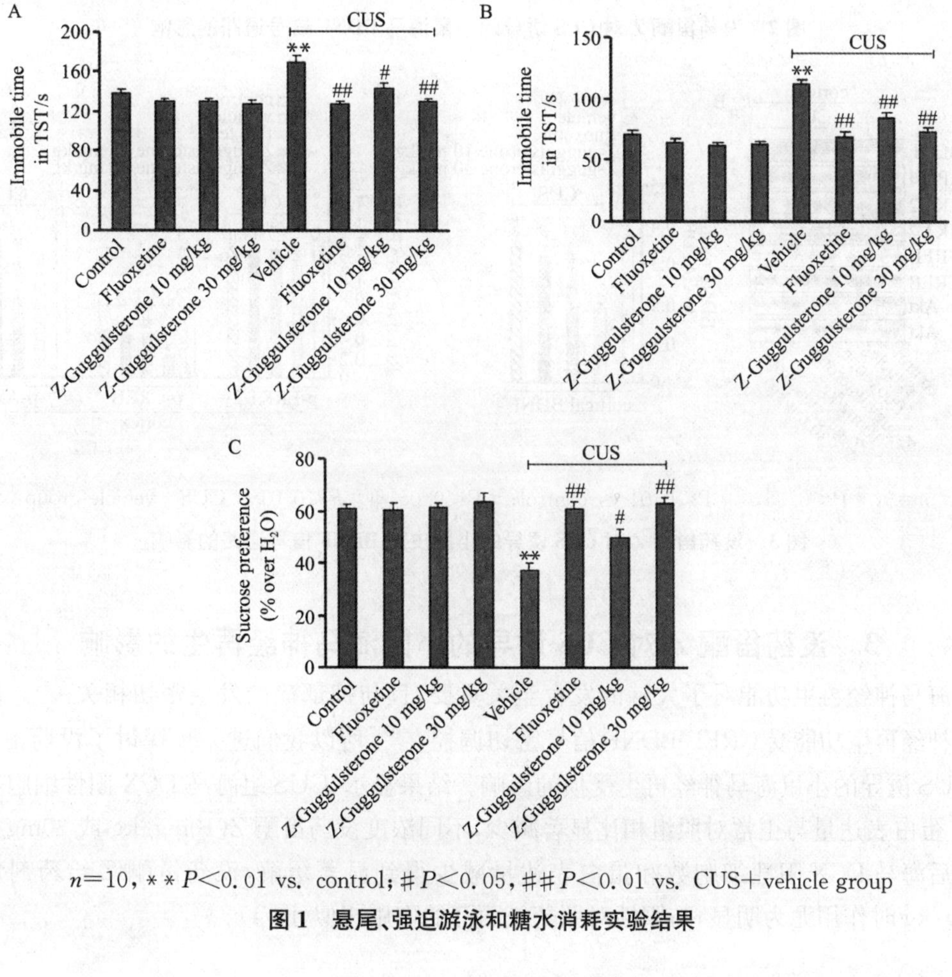

$n=10$，$**P<0.01$ vs. control；$\#P<0.05$，$\#\#P<0.01$ vs. CUS＋vehicle group

图 1　悬尾、强迫游泳和糖水消耗实验结果

2 没药甾酮 Z 对 CUS 诱导的小鼠海马和皮质 BDNF 信号通路的影响

CREB-BDNF 信号功能失调是抑郁症发生的关键[3,4]。本研究结果显示，CUS 能使小鼠海马（图 2）和皮质层（图 3）BDNF 表达量及 ERK1/2、Akt、CREB 磷酸化水平下降，没药甾酮 Z 不同剂量给药（10mg/kg 或 30mg/kg）时小鼠海马（图 2A～C）、皮质（图 3A～C）BDNF 表达量及 ERK1/2、Akt、CREB 磷酸化水平均显著上调，在 30mg/kg 时的作用与阳性对照药氟西汀相似（图 2、3）。

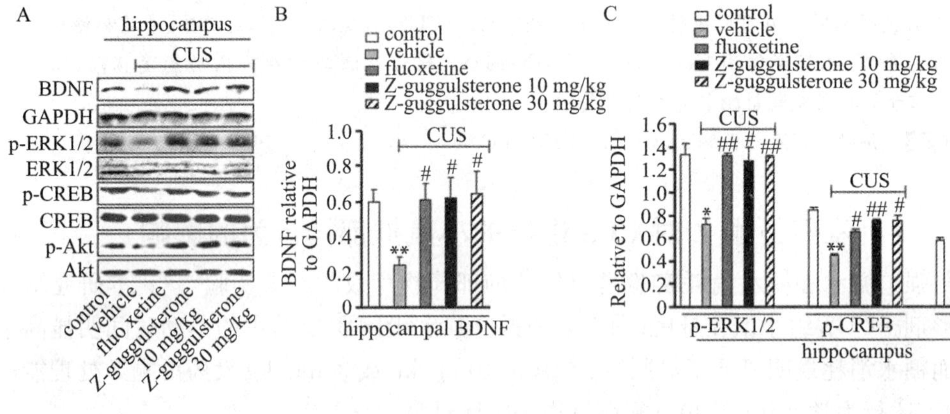

$n=5$，$*P<0.05$，$**P<0.01$ vs. control；$\#P<0.05$，$\#\#P<0.01$ vs. CUS+vehicle group

图 2　没药甾酮 Z 对 CUS 诱导的小鼠海马 BDNF 信号通路的影响

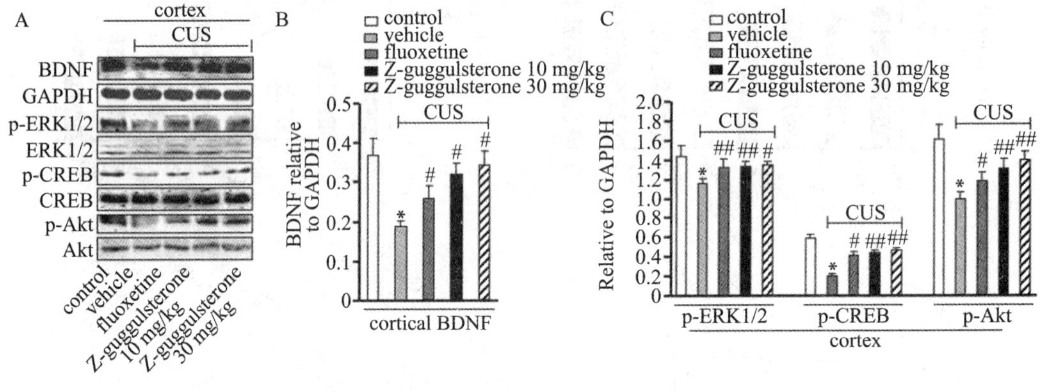

$n=5$，$*P<0.05$，$**P<0.01$ vs. control；$\#P<0.05$，$\#\#P<0.01$ vs. CUS+vehicle group

图 3　没药甾酮 Z 对 CUS 诱导的小鼠皮质 BDNF 信号通路的影响

3 没药甾酮 Z 对 CUS 诱导的小鼠海马神经再生的影响

海马神经再生功能对于大脑的发育至关重要，且与抑郁症的发生密切相关[5,6]。由于海马神经再生功能受 CREB-BDNF 信号密切调控[7-9]，所以我们进一步探讨了没药甾酮 Z 对 CUS 诱导的小鼠海马神经再生受损的影响。结果显示，CUS 组海马 DCX 阳性细胞数和 DCX 蛋白表达量与正常对照组相比显著减少，不同浓度没药甾酮 Z（10mg/kg 或 30mg/kg）处理后海马 DCX 阳性细胞数和蛋白表达量减少得到显著缓解，没药甾酮 Z 给药剂量为 30mg/kg 时作用尤为明显，与阳性对照药氟西汀的作用相似（图 4）。

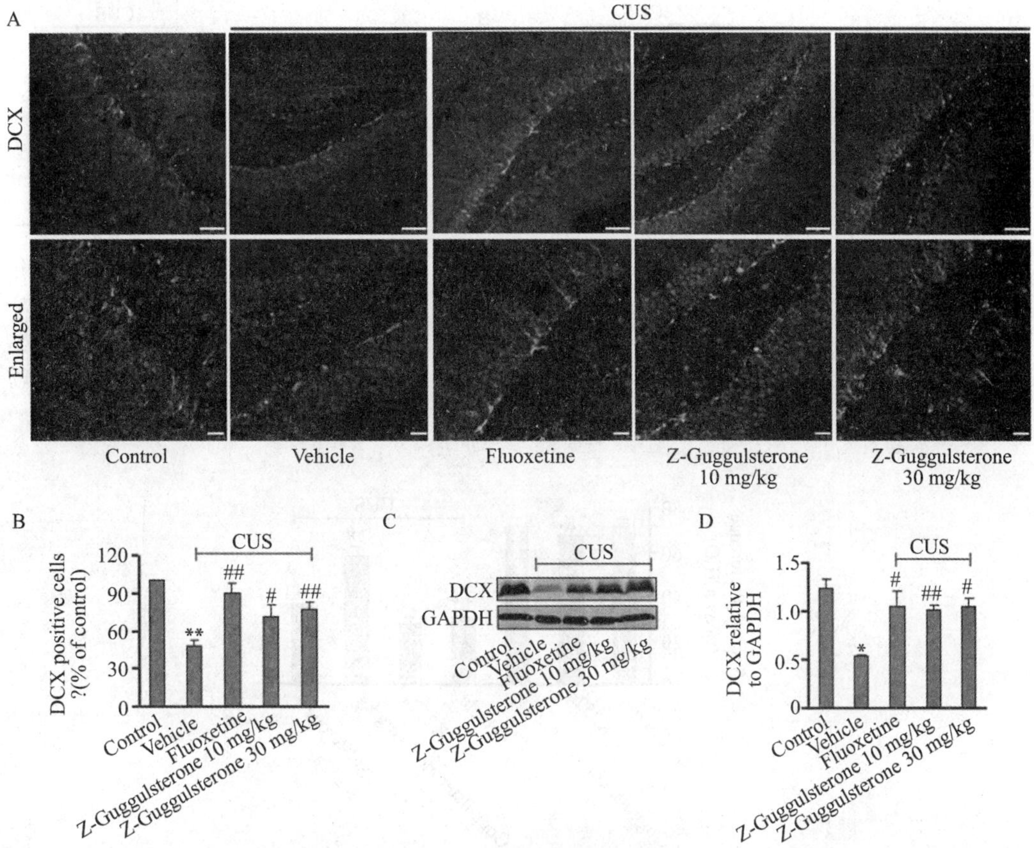

$n=5$，$*P<0.05$，$**P<0.01$ vs. control；$\#P<0.05$，$\#\#P<0.01$ vs. CUS+vehicle group

图4　没药甾酮Z对CUS诱导的小鼠海马神经再生的影响

4　阻断BDNF信号减弱没药甾酮Z的抗抑郁作用

4.1　阻断BDNF信号减弱没药甾酮Z对抑郁样行为的改善作用

悬尾、强迫游泳和糖水消耗实验结果显示，BDNF受体抑制剂K252a[10]药物单独处理对小鼠悬尾、强迫游泳不动时间及糖水消耗量无改善作用，没药甾酮Z可以显著逆转CUS引起的小鼠悬尾、强迫游泳不动时间增加及糖水消耗量减少，而K252a预处理则显著减弱没药甾酮Z的逆转作用（图5）。

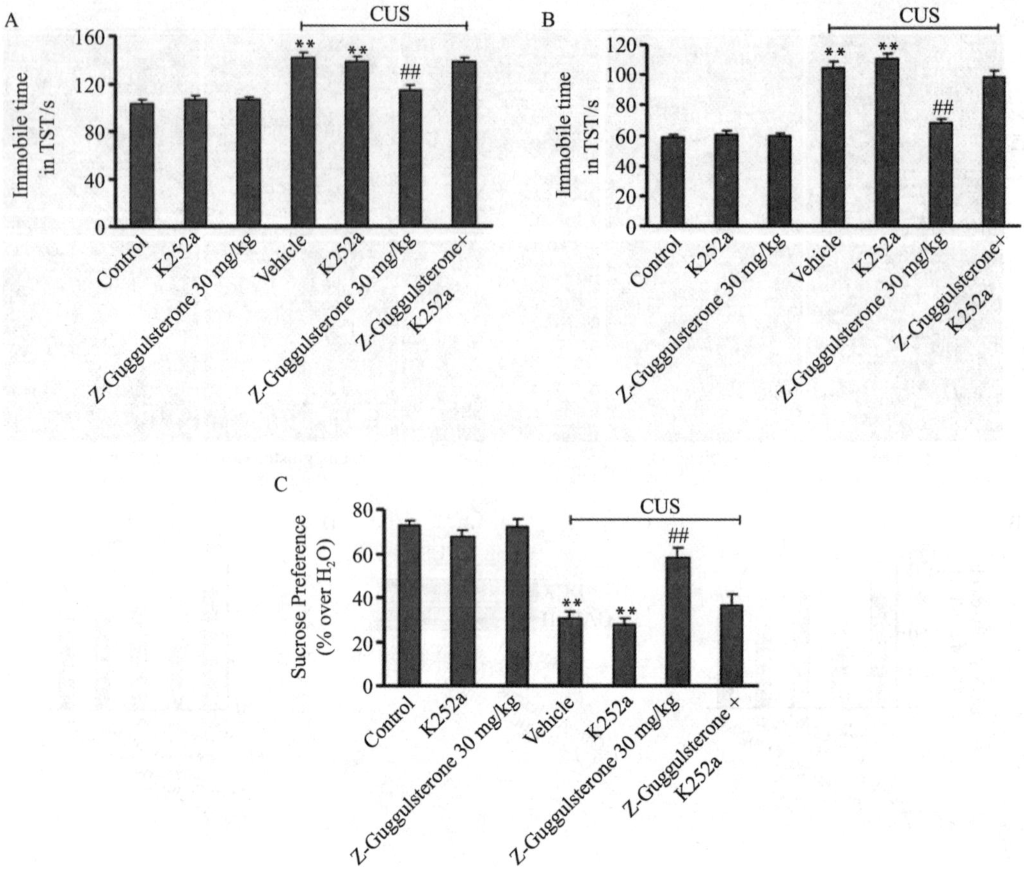

$n=5$, $*P<0.05$, $**P<0.01$ vs. control; $\#P<0.05$, $\#\#P<0.01$ vs. CUS+vehicle group

图 5　阻断 BDNF 信号减弱没药甾酮 Z 对抑郁样行为的改善作用

4.2　阻断 BDNF 信号减弱没药甾酮 Z 对抑郁小鼠海马和皮质 BDNF 信号的改善作用

Western blot 结果显示，30mg/kg 没药甾酮 Z 显著逆转由 CUS 引起的小鼠海马和皮质 BDNF 表达量及 ERK1/2、Akt 和 CREB 磷酸化水平的下降；当联合给予没药甾酮 Z、K252a 两种药物时，没药甾酮 Z 的上述逆转作用均被阻断（图 6、图 7）。

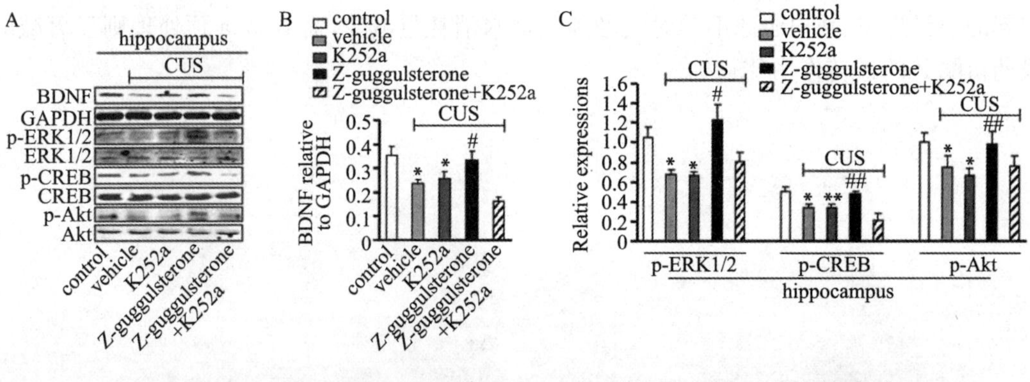

$n=5$, $*P<0.05$, $**P<0.01$ vs. control; $\#P<0.05$, $\#\#P<0.01$ vs. CUS+vehicle group

图 6　阻断 BDNF 信号减弱没药甾酮 Z 对抑郁小鼠海马 BDNF 信号的改善作用

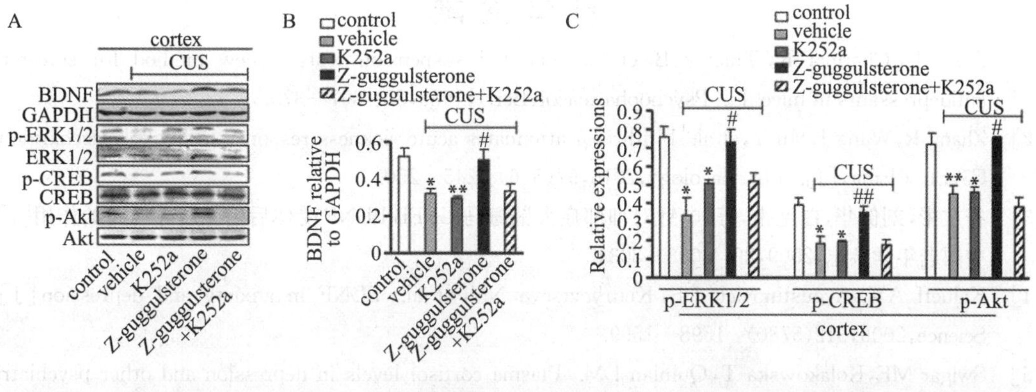

$n=5$, $*P<0.05$, $**P<0.01$ vs. control; $\# P<0.05$, $\#\# P<0.01$ vs. CUS+vehicle group

图 7 阻断 BDNF 信号减弱没药甾酮 Z 对抑郁小鼠皮质 BDNF 信号的改善作用

4.3 阻断 BDNF 信号减弱没药甾酮 Z 对抑郁小鼠海马神经再生的改善作用

结果显示，CUS 模型处理组小鼠相比正常对照组小鼠海马 DCX 阳性细胞数和蛋白表达量均显著减少，没药甾酮 Z(30mg/kg)慢性处理可改善由 CUS 引起的小鼠海马 DCX 阳性细胞数和蛋白表达量减少。联合注射没药甾酮 Z 和 K252a 两种药物，减弱没药甾酮 Z 的促 DCX 阳性细胞和蛋白表达增加作用(图 8)。

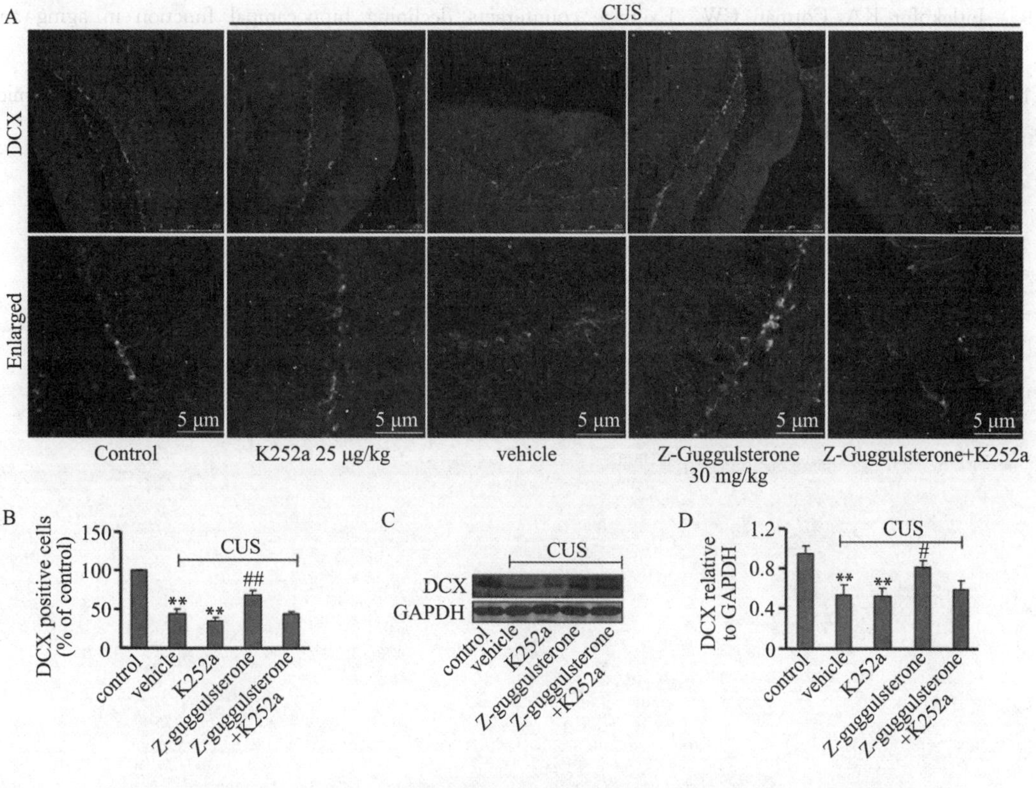

$n=5$, $*P<0.05$, $**P<0.01$ vs. control; $\# P<0.05$, $\#\# P<0.01$ vs. CUS+vehicle group

图 8 阻断 BDNF 信号减弱没药甾酮 Z 对抑郁小鼠海马神经再生的改善作用

参考文献

[1] Steru L, Chermat R, Thierry B, et al. The tail suspension test: a new method for screening antidepressants in mice[J]. Psychopharmacol(Berl),1985,85: 367—370.

[2] Zhang R,Wang J,Hu Y,et al. Pifithrin-μ attenuates acute sickness response to lipopolysaccharide in C57BL/6J mice[J]. Pharmacology,2016,97(5/6): 245—250.

[3] 符文彬,刘健华,白艳甫,等.电针对抑郁症大鼠海马 CREB-BDNF 受体后信号转导通路的作用[J].中国老年学杂志,2009,29: 3038—3034.

[4] Kalueff AV, Avgustinovich DF, Kudryavtseva NN, et al. BDNF in anxiety and depression[J]. Science,2006,312(5780): 1598—1599.

[5] Swigar ME,Kolakowska T,Quinlan DM. Plasma cortisol levels in depression and other psychiatric disorders: a study of newly admitted psychiatric patients[J]. Psychol Med,1979,9(3): 449—455.

[6] Hashimoto K. Depression and BDNF[J]. Nihon Yakuriguku Zasshi,2006,127(3): 201—204.

[7] Yang JL,Lin YT,Chuang PC,et al. BDNF and exercise enhance neuronal DNA repair by stimulating CREB-mediated production of apurinic/apyrimidinic endonuclease 1[J]. Neuromolecular Med,2014,16(1): 161—174.

[8] Banerjee R,Ghosh AK,Ghosh B,et al. Decreased mRNA and protein expression of BDNF NGF,and their receptors in the hippocampus from suicide: an analysis in human postmortem brain[J]. Clin Med Insights Pathol,2013,6: 1—11.

[9] Intlekofer KA, Cotman CW. Exercise counteracts declining hippocampal function in aging and Alzheimer' s disease[J]. Neurobiol Dis,2013,57: 47—55.

[10] Yan HC,Qu HD,Sun LR,et al. Fuzi polysaccharide-1 produces antidepressant-like effects in mice[J]. Int J Neuropsychopharmacol,2010,13(5): 623—633.